collana di istruzione scientifica
serie di scienze umane

W0348253

Fabio de Nardis

Sociologia politica

Per comprendere i fenomeni politici contemporanei

McGraw Hill

Copyright © 2013 McGraw-Hill Education (Italy) S.r.l.
Corso Vercelli, 40 - 20145 Milano
tel. 02.535718.1 - www.mheducation.it

I diritti di traduzione, di riproduzione, di memorizzazione elettronica e di adattamento totale e parziale con qualsiasi mezzo (compresi i microfilm e le copie fotostatiche) sono riservati per tutti i Paesi.

Date le caratteristiche intrinseche di Internet, l'Editore non è responsabile per eventuali variazioni negli indirizzi e nei contenuti dei siti Internet riportati.

L'Editore ha fatto quanto possibile per contattare gli aventi diritto delle immagini e dei testi che compaiono nel volume e resta a disposizione di chi non è stato possibile contattare.

Nomi e marchi citati nel testo sono generalmente depositati o registrati dalle rispettive case produttrici.

Le fotocopie *per uso personale* del lettore possono essere effettuate nei limiti del 15% di ciascun volume/fascicolo di periodico dietro pagamento alla SIAE del compenso previsto dall'art. 68, commi 4 e 5, della legge 22 aprile 1941 n. 633.

Le riproduzioni effettuate per finalità di carattere professionale, economico o commerciale o comunque *per uso diverso da quello personale* possono essere effettuate a seguito di specifica autorizzazione rilasciata da CLEARedi, Corso di Porta Romana n. 108, 20122 Milano, e-mail info@clearedi.org e sito web http://www.clearedi.org.

Realizzazione editoriale: Graphic Center, Torino
Immagine di copertina: ©Dariush M/shutterstock
Grafica di copertina: Feel Italia, Milano
Stampa: LogoS.r.l.,Borgoricco (PD)

ISBN: 9788838668142

0 8 1 2 3 4 5 6 7 9 - 26 25 24 23 22

INDICE SINTETICO

INDICE

Elenco degli approfondimenti

L'AUTORE

Fabio de Nardis è professore di Sociologia politica all'Università del Salento e Presidente dei Corsi di Laurea (triennale e magistrale) in Sociologia presso la stessa Università. Ha insegnato all'Università di Napoli "L'Orientale", all'Università di Roma "La Sapienza", alla LUM "Jean Monnet" e alla Link Campus University of Malta. PhD in Sociologia della cultura e dei processi politici presso il Dipartimento di Studi Politici dell'Università di Roma "La Sapienza", è stato anche Research Fellow presso il Center for European and Eurasian Studies della University of California, Los Angeles (UCLA). È Direttore della rivista internazionale di sociologia politica *Partecipazione e Conflitto* [Participation & Conflict] e del Centre for the Study of Politics and Society (CSPS). È membro dell'Editorial Board di numerose riviste o collane editoriali nazionali e internazionali. Oltre ai circa ottanta saggi pubblicati su riviste italiane e internazionali, si ricordano i volumi: *La complessa transizione*, Milano 2000; *Sport e vita buona*, Roma 2000; *L'irreversibilità del moderno*, Roma 2001; *Logomachia*, Roma 2002; *Cittadini globali*, Roma 2003 (nuova edizione 2005); *Dio salvi l'America?*, Lecce 2004; *Introduzione alla sociologia dei movimenti*, Roma 2006; (ed.) *La società in movimento*, Roma 2007; (ed.) *Governance multilivello e partecipazione politica transnazionale*, Milano 2009; *La Rifondazione Comunista*, Milano 2009; *Sociologia comparata*, Milano 2011; *Sociologia politica*, Milano 2013; (ed.) *New Directions in Political Sociology*, Paco 2014.

PREFAZIONE

La politica è importante, la politica è bella. Essa rappresenta il tentativo degli esseri umani di organizzare la loro vita insieme, secondo un principio di ordine e armonia. È sulla base di questa convinzione che abbiamo pensato di produrre un testo che, nel nostro auspicio, possa fornire gli strumenti concettuali e teorici per comprenderne le dinamiche e gli sviluppi.

Mentre scriviamo queste righe, il mondo è martoriato da numerose guerre che colpiscono soprattutto le popolazioni più povere. Ancora sembra lontana una via d'uscita pacifica a quella spirale violenta che, dopo gli attentati dell'11 Settembre 2001, sembra aver ridefinito i parametri di un nuovo ordine internazionale fondato sullo scontro tra civiltà. Al contempo, una pesante crisi economica e finanziaria affligge il mondo occidentale facendo traballare la fiducia cieca verso i dettami di una globalizzazione neoliberale che si è configurata attorno alla convinzione della capacità dei mercati di produrre ricchezza e benessere, senza il bisogno di un sistema di regole che solo la politica può fornire. Proprio nel momento in cui si esporta *manu militari* la democrazia in quei paesi che ne sono privi, essa sembra entrare in crisi in quei contesti in cui è stata elaborata e si è consolidata, almeno nella sua variante liberale. Si assiste in Occidente a una crisi di rendimento delle istituzioni democratiche rappresentative cui fa seguito un tendenziale allontanamento dei cittadini dall'impegno pubblico, se non nelle forme non istituzionali dei nuovi movimenti di protesta. Le classi politiche sembrano impreparate al nuovo corso post-ideologico e faticano a immaginare una società del futuro, limitandosi alla difficile quanto asfittica gestione dell'esistente. La crescente incertezza, che è parte di una crisi sociale generalizzata, accende un po' ovunque le sirene di nuovi populismi che si alimentano di sentimenti individualistici e antipolitici. L'arte nobile della politica è ridotta, nella rappresentazione mediatica, a un fenomeno di costume che barcolla tra il gossip e lo scandalismo.

Di fronte a questo quadro poco roseo, decidiamo di intraprendere il faticoso compito di riconsegnare alla politica la complessità che le è propria, cercando di problematizzarla da un punto di vista sociologico. Il nostro obiettivo è dunque quello di rendere conto del reale impatto della politica sulla società e della società sulla politica, senza per questo negare l'autonomia del politico dal sociale. A questo fine, il merito dell'editore sta nell'aver scommesso su un testo che non sia una semplice introduzione alla sociologia politica, ma che, in controtendenza rispetto alle regole informali che da anni sembra essersi dato il mercato editoriale, cerchi di analizzare i processi politici nel profondo, toccandone tutti, o quasi tutti, gli aspetti salienti. Ne è fuoriuscito, speriamo, un testo abbastanza completo, che non solo può rappresentare un utile strumento didattico nei corsi di area sociologica e politologica, ma anche un importante strumento di approfondimento per quei dottorandi e ricercatori che si accingono all'affascinante studio dei fenomeni politici.

Il piano dell'opera

Il testo si compone di diciannove capitoli suddivisi in quattro parti.

Nella prima parte, che abbiamo intitolato *Politica, scienza, società*, definiamo il campo della sociologia politica come «scienza sociale connettiva», che si pone cioè l'obiettivo di analizzare i fenomeni politici secondo una lente sociologica, ma sapendo al contempo ben integrare gli approcci provenienti da altre discipline che diversamente analizzano la sfera del politico. Prima di ciò, analizziamo le condizioni storiche e culturali che hanno portato alla configurazione della politica moderna come sfera autonoma della società, svincolata da altri aspetti pur rilevanti come la religione e l'economia. Definiamo poi la politica sociologicamente anche attraverso il contributo di quei pensatori, ormai classici, che hanno a nostro avviso maggiormente contribuito allo sviluppo di un approccio sociologico allo studio dei processi politici. In questo sforzo, non perdiamo mai di vista i caratteri della sociologia politica come scienza sociale empirica che, come le altre scienze sociali, ha una logica e un metodo di indagine su cui ci soffermiamo in un capitolo specifico nel quale cerchiamo di rendere conto della logica dell'indagine scientifico-sociale, per poi concentrarci sulle attività di comparazione e sul rapporto, a nostro avviso sempre proficuo, tra storia e sociologia. La prima parte si conclude con un capitolo in cui ripercorriamo lo sviluppo della sociologia politica a partire dalle tradizioni teoriche prevalenti attorno a cui essa, dalla metà del ventesimo secolo, si è strutturata come disciplina accademica.

Nella seconda parte, che abbiamo intitolato *Il Potere e lo Stato*, ci soffermiamo sui due oggetti classici della sociologia politica che si è storicamente strutturata come scienza del potere inteso, anche e soprattutto, nella sua configurazione politico-statuale. Analizziamo il potere politico come una forma specifica del più generale potere sociale che si confronta e, sovente, si scontra con altre forme di potere, da quello economico a quello ideologico. Un'attenzione particolare rivolgiamo al rapporto tra potere politico, che si realizza soprattutto nel controllo delle risorse necessarie all'esercizio della forza legittima, e quelle strutture coercitive (forze dell'ordine ed esercito) che hanno il compito di gestire e organizzare il monopolio della violenza nei contesti statuali moderni. Ci soffermiamo poi sullo Stato nella sua evoluzione storica, dall'assolutismo al costituzionalismo democratico, per poi contestualizzarlo nel più ampio sistema internazionale e nelle più recenti condizioni determinate dai processi di globalizzazione politica ed economica. Concludiamo con un capitolo specifico dedicato al rapporto tra «Stato» e «violenza», analizzando le diverse forme di violenza politica, sia quando questa è esercitata in nome e per conto delle autorità legittime, sia quando è invece esercitata contro quelle autorità. Un'attenzione particolare la rivolgiamo poi alla «guerra» nelle sue evoluzioni storiche, dalle forme tradizionali a quelle, per così dire, postmoderne, che si realizzano nelle dinamiche di quella che abbiamo definito «guerra globale asimmetrica». Il capitolo termina con un'approfondita analisi dei fenomeni rivoluzionari moderni.

Nella terza parte, che abbiamo intitolato *Democrazia e partecipazione*, analizziamo alcuni aspetti cruciali della politica contemporanea e per la sociologia politica in particolare. Prima di tutto, ci soffermiamo sulla questione democratica che, lungi dallo strutturarsi come fenomeno statico, si configura piuttosto come «processo», perlopiù incompiuto, che esprime l'esigenza di individuare la migliore forma istituzionale attraverso cui organizzare la relazione specifica e, sovente conflittuale, tra cittadini e istituzioni. Dopo un breve accenno ai regimi non democratici, entriamo nel merito della «partecipazione», terreno cruciale di incontro tra dimensione sociale e dimensione politica. Se ne analizzano i processi, le dinamiche e gli attori, con un'attenzione particolare ai partiti politici, ai gruppi di interesse e di pressione e, infine, ai movimenti sociali che da tempo rappresentano i soggetti principali di un'aspirazione partecipativa non necessariamente inserita nei parametri istituzionali prescritti dagli ordinamenti costituzionali liberaldemocratici.

Nella quarta parte, che abbiamo intitolato *Processi sociali e funzioni politiche*, ci dedichiamo ad alcuni fenomeni di rilevanza sociopolitica. Ci concentriamo dunque sul tema fondamentale della «cultura politica» e delle «ideologie», soffermandoci poi sulla classica dicotomia destra/sinistra attorno a cui, dalla fine del diciottesimo secolo in poi, si è strutturato il conflitto politico moderno. Il capitolo si conclude con alcune riflessioni su «antipolitica» e «populismo», due temi analiticamente distinti, ma sociologicamente connessi. In un diverso capitolo analizziamo invece i processi di «socializzazione» e «reclutamento politico», con un'attenzione particolare rivolta al tema, ricco di spunti analitici, delle «generazioni politiche». Uno spazio significativo lo dedichiamo alla «comunicazione», un tema centrale in un'epoca di radicale mediatizzazione e personalizzazione politica. Concludiamo infine con un capitolo sulle amministrazioni e le politiche pubbliche, due temi legati e di vitale importanza perché, proprio attraverso di essi, è spesso possibile osservare il reale impatto della politica sulla società e, soprattutto, i livelli di gradimento dei cittadini rispetto al rendimento delle istituzioni democratiche.

Il volume si conclude con un indice analitico, attraverso cui il lettore potrà orientarsi nella molteplicità dei temi affrontati nel testo, e con una lunga lista di oltre mille riferimenti bibliografici che possono rappresentare un importante strumento di lavoro soprattutto per quei laureandi, dottorandi e ricercatori che intendono orientarsi in un letteratura fitta accumulatasi nel corso di oltre due secoli di storia politica. Quasi tutti i capitoli sono inoltre arricchiti da alcuni approfondimenti su temi specifici non direttamente affrontati all'interno del testo. Si tratta di elaborazioni dell'autore, documenti inediti o, molto più frequentemente, di brevi selezioni antologiche tratte dai classici della disciplina, nella speranza che i nostri lettori possano ritrovare la passione per lo studio diretto di quei pensatori che hanno dato diversamente corpo a un'analisi sistematica della politica moderna.

Strumenti di valutazione

Un volume tanto intenso e ambizioso non è mai il prodotto di uno sforzo del tutto individuale, ma si configura sovente come un'impresa quasi collettiva in cui diversi soggetti partecipano alla definizione dei temi e controllano la stesura dei diversi capitoli. Anche in questo caso, ci siamo dotati di strumenti di controllo e valutazione che, nell'obiettivo dell'autore e dell'editore, potessero garantire una maggiore qualità del prodotto finale soprattutto in rapporto alle finalità del lavoro e al suo pubblico di destinazione. Nello specifico, ci siamo organizzati su due livelli di controllo, uno precedente alla stesura e un altro che ha invece accompagnato l'autore durante tutto il percorso di elaborazione.

Quanto al primo livello, l'editore ha predisposto un **questionario** standardizzato che ha poi somministrato via e-mail a venticinque docenti di sociologia politica per sondare l'esigenza effettiva di un manuale ed eventualmente ricevere alcuni spunti che potessero orientare l'autore nella definizione dei temi da contemplare. Da questo punto di vista, la reazione dei colleghi intervistati è stata positiva rispetto all'opportunità di un manuale di sociologia politica che non fosse solo una introduzione alla disciplina. Essi hanno inoltre fornito importanti suggestioni che sono state fondamentali all'autore per definire le tematiche da affrontare. Molti dei temi che sono presenti nel volume semplicemente non ci sarebbero senza questo pre-test intelligentemente predisposto dall'editore.

Quanto al secondo livello, l'editore ha costituito un **gruppo di controllo** composto da nove valutatori che rispecchiassero il target editoriale del volume. Hanno fatto dunque parte di tale gruppo: quattro studenti iscritti a corsi di studio (triennali e specialistici) di area sociologica e politologica, individuati tra le Università di Milano, Roma, Bologna e Salento; tre dottorandi e due docenti di ruolo di sociologia politica. L'intero gruppo ha valutato capitolo per capitolo fornendo importanti consigli stilistici e di merito. L'autore si scusa se non sempre è riuscito a rispettare come si deve le importanti sollecitazioni ricevute che, crediamo, abbiano contribuito notevolmente a migliorare la qualità del prodotto finale.

Naturalmente, ogni eventuale errore, svista e omissione sono da addebitare alla sola responsabilità dell'autore.

Ringraziamenti

Dopo mesi di lavoro intenso e defatigante si accumulano inevitabilmente alcuni debiti di riconoscenza che a volte prescindono dalla mera congiuntura del lavoro in oggetto. Desidero ringraziare Luciana Dambra della McGraw-Hill, che ha seguito per l'editore l'intero percorso di elaborazione e stesura del testo, faticando non poco a contenere le aspirazioni fin troppo enciclopediche dell'autore.

Ringrazio gli amici e colleghi Fabrizio Gentile, Luca Antonazzo, Katia Lotteria e Tommaso Vitale che hanno letto in anticipo il lavoro fornendomi importanti consigli di metodo e di merito. Ringrazio poi Ludovica Eleonora Doria che, oltre a sopportami e supportarmi nei momenti di inevitabile stanchezza, mi è stata di grande aiuto nella selezione e trascrizione dei testi antologici presenti nel volume. Desidero anche ringraziare quei colleghi e amici che negli anni hanno contribuito notevolmente alla mia formazione intellettuale: ringrazio quindi tutti i redattori della rivista di sociologia politica *Partecipazione e conflitto* che abbiamo creato con entusiasmo e che continua ad essere per noi un grande stimolo scientifico. Un ringraziamento sentito va a due studiosi che purtroppo non sono più tra noi; mi riferisco a Umberto Cerroni e Charles Tilly. Grazie ai loro consigli e al loro magistero ho imparato che la conoscenza è un piacere.

11 settembre 2012 *Fabio de Nardis*

Nota dell'editore

L'Editore ringrazia i revisori che con le loro preziose indicazioni hanno contribuito alla realizzazione di *Sociologia Politica*:

- Maria Cristina Antonucci (Università degli Studi di Roma Tre)
- Mauro Barisione (Università degli Studi di Milano)
- Gianfranco Bettin (Università degli Studi di Firenze)
- Sergio Belardinelli (Università degli Studi di Bologna
- Roberto Biorcio (Università degli Studi di Milano-Bicocca)
- Andrea Borghini (Università degli Studi di Pisa)
- Tiziana Caponio (Università degli Studi di Torino)
- Luigi Ceccarini (Università degli Studi di Urbino)
- Giuseppe Cotturri (Università degli Studi di Bari)
- Ernesto d'Albergo (Università Sapienza di Roma)
- Aide Esu (Università degli Studi di Cagliari)
- Marcello Fedele (Università Sapienza di Roma)
- Giancarlo Gasperoni (Università degli Studi di Bologna)
- Roberto Gritti (Università Sapienza di Roma)
- Umberto Melotti (Università Sapienza di Roma)
- Giulio Moini (Università Sapienza di Roma)
- Arianna Montanari (Università Sapienza di Roma)
- Andrea Pirni (Università degli Studi di Genova)
- Rossana Sampugnano (Università degli Studi di Catania)
- Roberto Segatori (Università degli Studi di Perugia)
- Paolo Segatti (Università degli Studi di Milano)
- Marcello Strazzeri (Università degli Studi del Salento)
- Simone Tosi (Università degli Studi di Milano-Bicocca)
- Francesco Verducci (Università degli Studi di Macerata)
- Tommaso Vitale (SciencesPo, Parigi)

Sul sito web **www.mheducation.it** dedicato al libro sono disponibili materiali di supporto per docenti e studenti:

- **area studenti**: documenti e approfondimenti teorici e di attualità sociopolitica
- **area docenti**: lucidi in formato Power Point.

GUIDA ALLA LETTURA

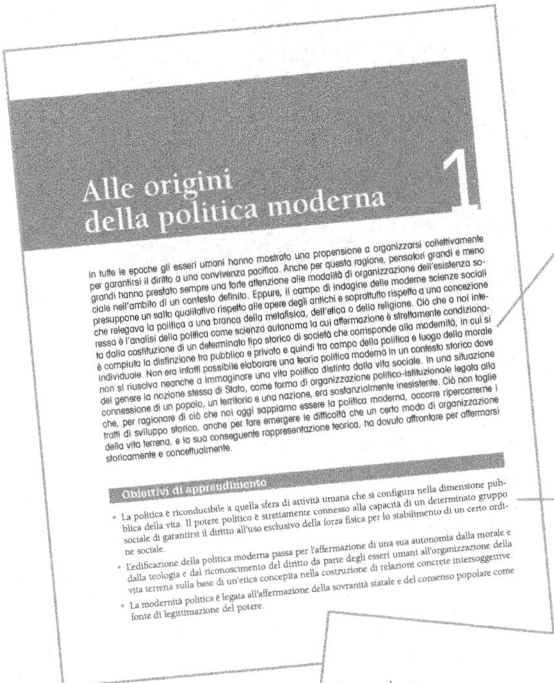
Alle origini
della politica moderna
1

In tutte le epoche gli esseri umani hanno mostrato una propensione a organizzarsi collettivamente
per garantirsi il diritto a una convivenza pacifica. Anche per questa ragione, pensatori grandi e meno
grandi hanno prestato sempre una forte attenzione alle modalità di organizzazione dell'esistenza so-
ciale nell'ambito di un contesto definito. Eppure, il campo di indagine delle moderne scienze sociali
presuppone un salto qualitativo rispetto alle opere degli antichi e soprattutto rispetto a una concezione
che relegava la politica a una branca della metafisica, dell'etica o della religione. Ciò che a noi inte-
ressa è l'analisi della politica come scienza autonoma la cui affermazione è strettamente condiziona-
ta dalla costituzione di un determinato tipo storico di società che corrisponde alla modernità, in cui si
è compiuta la distinzione tra pubblico e privato e quindi tra campo della politica e luogo della morale
individuale. Non era infatti possibile elaborare una teoria politica moderna in un contesto storico dove
non si riusciva neanche a immaginare una vita politica distinta dalla vita sociale. In una situazione
del genere la nozione stessa di Stato, come forma di organizzazione politico-istituzionale legata alla
connessione di un popolo, un territorio e una nazione, era sostanzialmente inesistente. Ciò non toglie
che, per ragionare di ciò che noi oggi sappiamo essere la politica moderna, occorre ripercorrerne i
tratti di sviluppo storico, anche per fare emergere le difficoltà che un certo modo di organizzazione
della vita terrena, e la sua conseguente rappresentazione teorica, ha dovuto affrontare per affermarsi
storicamente e concettualmente.

Obiettivi di apprendimento

- La politica è riconducibile a quella sfera di attività umana che si configura nella dimensione pub-
blica della vita. Il potere politico è strettamente connesso alla capacità di un determinato gruppo
sociale di garantirsi il diritto all'uso esclusivo della forza fisica per lo stabilimento di un certo ordi-
ne sociale.
- L'edificazione della politica moderna passa per l'affermazione di una sua autonomia dalla morale e
dalla teologia e dal riconoscimento del diritto da parte degli esseri umani all'organizzazione della
vita terrena sulla base di un'etica concepita nella costruzione di relazioni concrete intersoggettive.
- La modernità politica è legata all'affermazione della sovranità statale e del consenso popolare come
fonte di legittimazione del potere.

La **sintesi di apertura** introduce i principali argomenti che verranno affrontati nel capitolo, contestualizzandoli dal punto di vista del taglio proposto.

Gli **obiettivi di apprendimento** identificano i temi principali di cui si occuperà il capitolo e ciò che lo studente dovrebbe essere in grado di acquisire dopo averlo studiato

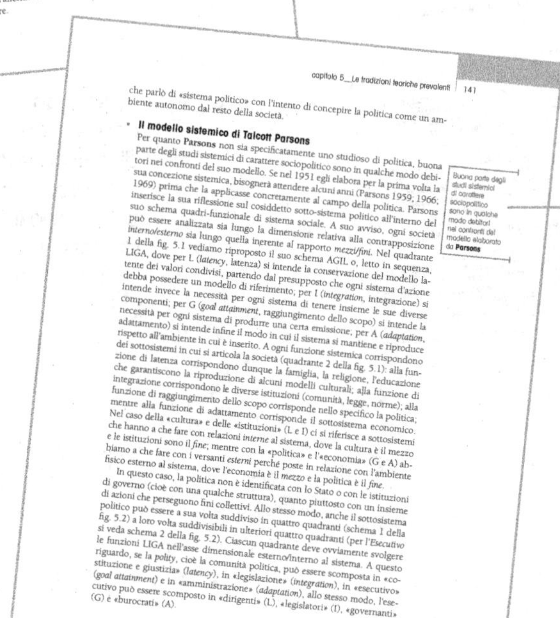
capitolo 5__Le tradizioni teoriche prevalenti 141

che parlò di «sistema politico» con l'intento di concepire la politica come un am-
biente autonomo dal resto della società.

- **Il modello sistemico di Talcott Parsons**

Per quanto **Parsons** non sia specificatamente uno studioso di politica, buona
parte degli studi sistemici di carattere sociopolitico sono in qualche modo debi-
tori nei confronti del suo modello. Se nel 1951 egli elabora per la prima volta la
sua concezione sistemica, bisognerà attendere alcuni anni (Parsons 1959; 1966;
1969) prima che la applicasse concretamente al campo della politica. Parsons
inserisce la sua riflessione sul cosiddetto sotto-sistema politico all'interno del
suo schema quadri-funzionale di sistema sociale. A suo avviso, ogni società
può essere analizzata sia lungo la dimensione relativa alla contrapposizione
interno/esterno sia lungo quella inerente al rapporto *mezzi/fini*. Nel quadrante
1 della fig. 5.1 vediamo riproposto il suo schema AGIL o, letto in sequenza,
LIGA, dove per L (*latency*, latenza) si intende la conservazione del modello la-
tente dei valori condivisi, partendo dal presupposto che ogni sistema d'azione
debba possedere un modello di riferimento; per I (*integration*, integrazione) si
intende invece la necessità per ogni sistema di tenere insieme le sue diverse
componenti; per G (*goal attainment*, raggiungimento dello scopo) si intende la
necessità per ogni sistema di produrre una certa emissione; per A (*adaptation*,
adattamento) si intende infine il modo in cui il sistema si mantiene e riproduce
rispetto all'ambiente in cui è inserito. A ogni funzione sistemica corrispondono
dei sottosistemi in cui si articola la società (quadrante 2 della fig. 5.1): alla fun-
zione di latenza corrispondono dunque la famiglia, la religione, l'educazione
che garantiscono la riproduzione di alcuni modelli culturali; alla funzione di
integrazione corrispondono le diverse istituzioni (comunità, legge, norme); alla
funzione di raggiungimento dello scopo corrisponde nello specifico la politica;
mentre alla funzione di adattamento corrisponde il sottosistema economico.
Nel caso della «cultura» e delle «istituzioni» (L e I) ci si riferisce a sottosistemi
che hanno a che fare con relazioni *interne* al sistema, dove la cultura è il mezzo
e le istituzioni sono il *fine*; mentre con la «politica» e l'«economia» (G e A) ab-
biamo a che fare con i versanti *esterni* perché poste in relazione con l'ambiente
fisico esterno al sistema, dove l'economia è il *mezzo* e la politica è il *fine*.
In questo caso, la politica non è identificata con lo Stato o con le istituzioni
di governo (cioè con una qualche struttura), quanto piuttosto con un insieme
di azioni che perseguono fini collettivi. Allo stesso modo, anche il sottosistema
politico può essere a sua volta suddiviso in quattro quadranti (schema 1 della
fig. 5.2) a loro volta suddivisibili in ulteriori quattro quadranti (per l'*Esecutivo*
si veda schema 2 della fig. 5.2). Ciascun quadrante deve ovviamente svolgere
le funzioni LIGA nell'asse dimensionale esterno/interno al sistema. A questo
riguardo, se la *polity*, cioè la comunità politica, può essere scomposta in «co-
stituzione e giustizia» (*latency*), in «legislazione» (*integration*), in «esecutivo»
(*goal attainment*) e in «amministrazione» (*adaptation*), allo stesso modo, l'ese-
cutivo può essere scomposto in «dirigenti» (L), «legislatori» (I), «governanti»
(G) e «burocrati» (A).

Buona parte degli studi sistemici di carattere sociopolitico sono in qualche modo debitori nei confronti del modello elaborato da **Parsons**

Le **glosse** forniscono una definizione sintetica ma compiuta dei termini più importanti, per aiutare lo studente a dotarsi del lessico peculiare della disciplina e a focalizzare con efficacia i concetti chiave

Gli **approfondimenti** completano e arricchiscono la trattazione soffermandosi su temi specifici non direttamente affrontati all'interno del testo

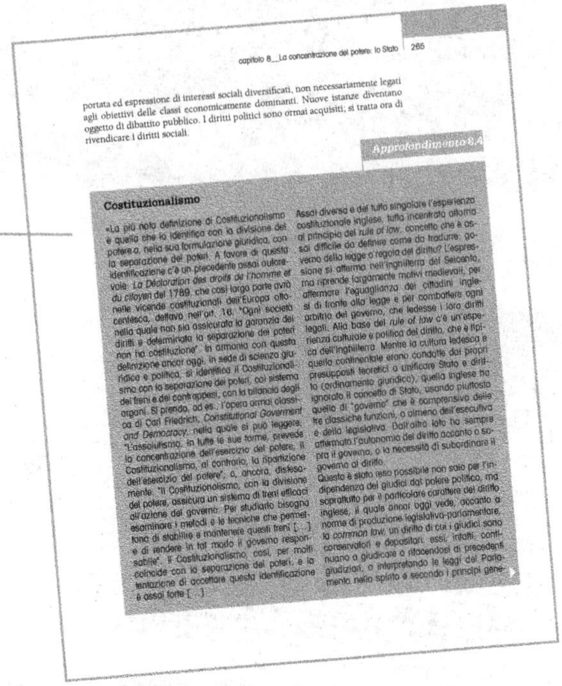

capitolo 8__La concentrazione del potere: lo Stato 265

portata ed espressione di interessi sociali diversificati, non necessariamente legati agli obiettivi delle classi economicamente dominanti. Nuove istanze diventano oggetto di dibattito pubblico. I diritti politici sono ormai acquisiti; si tratta ora di rivendicare i diritti sociali.

Approfondimento 8.A

Costituzionalismo

«La più nota definizione di Costituzionalismo è quella che lo identifica con la divisione del potere o, nella sua formulazione giuridica, con la separazione dei poteri. A favore di questa identificazione c'è un precedente assai autorevole: *La Déclaration des droits de l'homme et du citoyen* del 1789, che così larga parte avrà nelle vicende costituzionali dell'Europa ottocentesca, dettava nell'art. 16: "Ogni società nella quale non sia assicurata la garanzia dei diritti e determinata la separazione dei poteri non ha costituzione". In armonia con questa definizione ancor oggi, in sede di scienza giuridica e politica, si identifica il Costituzionalismo con la separazione dei poteri, col sistema dei freni e dei contrappesi, con la bilancia degli organi. Si prenda, ad es., l'opera ormai classica di Carl Friedrich, *Constitutional Government and Democracy*, nella quale si può leggere: "L'assolutismo, in tutte le sue forme, prevede la concentrazione dell'esercizio del potere; il Costituzionalismo, al contrario, la ripartizione dell'esercizio del potere", o, ancora, diffusamente: "Il Costituzionalismo, con la divisione del potere, assicura un sistema di freni efficaci all'azione del governo. Per studiarlo bisogna esaminare i metodi e le tecniche che permettono di stabilire e mantenere questi freni [...] e di rendere in tal modo il governo responsabile". Il Costituzionalismo, così, per molti coincide con la separazione dei poteri, e la tentazione di accettare questa identificazione è assai forte [...]

Assai diversa e del tutto singolare l'esperienza costituzionale inglese, tutta incentrata attorno al principio del *rule of law*, concetto che è assai difficile da definire come da tradurre: governo della legge o regola del diritto? L'espressione si afferma nell'Inghilterra del Seicento, ma riprende largamente motivi medievali, per affermare l'eguaglianza dei cittadini inglesi di fronte alla legge e per combattere ogni arbitrio del governo, che ledesse i loro diritti legali. Alla base del *rule of law* c'è un'esperienza culturale e politica del diritto, che è tipica dell'Inghilterra. Mentre la cultura tedesca e quella continentale erano condotte dai propri presupposti teoretici a unificare Stato e diritto (ordinamento giuridico), quella inglese ha ignorato il concetto di Stato, usando piuttosto quello di "governo" che è comprensivo delle tre classiche funzioni, o almeno dell'esecutiva e della legislativa. Dall'altro lato ha sempre affermato l'autonomia del diritto accanto o sopra il governo, o la necessità di subordinare il governo al diritto.

Questo è stato reso possibile non solo per l'indipendenza dei giudici dal potere politico, ma soprattutto per il particolare carattere del diritto inglese, il quale ancor oggi vede, accanto a norme di produzione legislativa-parlamentare, la *common law*, un diritto di cui i giudici sono conservatori e depositari: essi, infatti, continuano a giudicare o rifacendosi ai precedenti giudiziari, o interpretando le leggi del Parlamento nello spirito e secondo i principi gene-

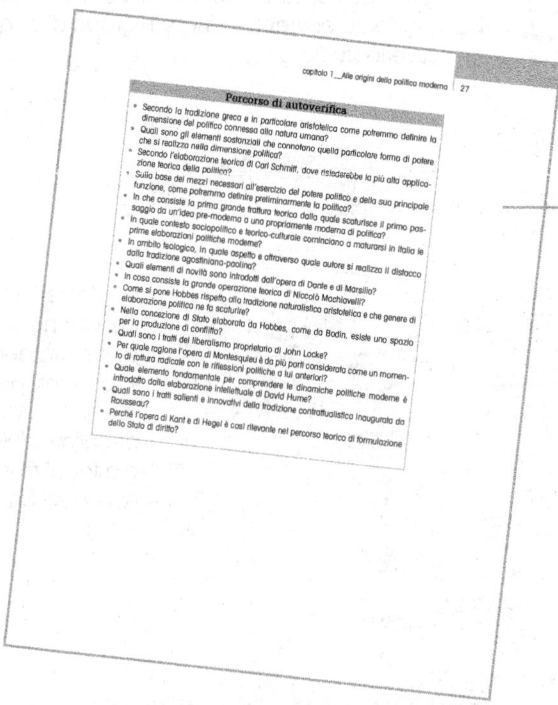

capitolo 1__Alle origini della politica moderna 27

Percorso di autoverifica

- Secondo la tradizione greca e in particolare aristotelica come potremmo definire la dimensione del politico connessa alla natura umana?
- Quali sono gli elementi sostanziali che connotano quella particolare forma di potere che si realizza nella dimensione politica?
- Secondo l'elaborazione teorica di Carl Schmitt, dove risiederebbe la più alta applicazione teorica della politica?
- Sulla base dei mezzi necessari all'esercizio del potere politico e della sua principale funzione, come potremmo definire preliminarmente la politica?
- In che consiste la prima grande frattura teorica dalla quale scaturisce il primo passaggio da un'idea pre-moderna a una propriamente moderna di politica?
- In quale contesto sociopolitico e teorico-culturale cominciano a maturarsi in Italia le prime elaborazioni politiche moderne?
- In ambito teologico, in quale aspetto e attraverso quale autore si realizza il distacco dalla tradizione agostiniana-paolina?
- Quali elementi di novità sono introdotti dall'opera di Dante e di Marsilio?
- In cosa consiste la grande operazione teorica di Niccolò Machiavelli?
- Come si pone Hobbes rispetto alla tradizione naturalistica aristotelica e che genere di elaborazione politica ne fa scaturire?
- Nella concezione di Stato elaborata da Hobbes, come da Bodin, esiste uno spazio per la produzione di conflitto?
- Quali sono i tratti del liberalismo proprietario di John Locke?
- Per quale ragione l'opera di Montesquieu è da più parti considerata come un momento di rottura radicale con le riflessioni politiche a lui anteriori?
- Quale elemento fondamentale per comprendere le dinamiche politiche moderne è introdotto dalla elaborazione intellettuale di David Hume?
- Quali sono i tratti salienti e innovativi della tradizione contrattualistica inaugurata da Rousseau?
- Perché l'opera di Kant e di Hegel è così rilevante nel percorso teorico di formulazione dello Stato di diritto?

Il **percorso di autoverifica** consente allo studente di verificare la propria preparazione, offrendo nel contempo interessanti spunti di riflessione

PARTE I

Politica, scienza, società

Alle origini della politica moderna

1

In tutte le epoche gli esseri umani hanno mostrato una propensione a organizzarsi collettivamente per garantirsi il diritto a una convivenza pacifica. Anche per questa ragione, pensatori grandi e meno grandi hanno prestato sempre una forte attenzione alle modalità di organizzazione dell'esistenza sociale nell'ambito di un contesto definito. Eppure, il campo di indagine delle moderne scienze sociali presuppone un salto qualitativo rispetto alle opere degli antichi e soprattutto rispetto a una concezione che relegava la politica a una branca della metafisica, dell'etica o della religione. Ciò che a noi interessa è l'analisi della politica come scienza autonoma la cui affermazione è strettamente condizionata dalla costituzione di un determinato tipo storico di società che corrisponde alla modernità, in cui si è compiuta la distinzione tra pubblico e privato e quindi tra campo della politica e luogo della morale individuale. Non era infatti possibile elaborare una teoria politica moderna in un contesto storico dove non si riusciva neanche a immaginare una vita politica distinta dalla vita sociale. In una situazione del genere la nozione stessa di Stato, come forma di organizzazione politico-istituzionale legata alla connessione di un popolo, un territorio e una nazione, era sostanzialmente inesistente. Ciò non toglie che, per ragionare di ciò che noi oggi sappiamo essere la politica moderna, occorre ripercorrerne i tratti di sviluppo storico, anche per fare emergere le difficoltà che un certo modo di organizzazione della vita terrena, e la sua conseguente rappresentazione teorica, ha dovuto affrontare per affermarsi storicamente e concettualmente.

Obiettivi di apprendimento

- La politica è riconducibile a quella sfera di attività umana che si configura nella dimensione pubblica della vita. Il potere politico è strettamente connesso alla capacità di un determinato gruppo sociale di garantirsi il diritto all'uso esclusivo della forza fisica per lo stabilimento di un certo ordine sociale.
- L'edificazione della politica moderna passa per l'affermazione di una sua autonomia dalla morale e dalla teologia e dal riconoscimento del diritto da parte degli esseri umani all'organizzazione della vita terrena sulla base di un'etica concepita nella costruzione di relazioni concrete intersoggettive.
- La modernità politica è legata all'affermazione della sovranità statale e del consenso popolare come fonte di legittimazione del potere.

1.1. La Politica: una definizione preliminare

Il termine «politica» deriva dall'aggettivo greco πολιτικός (*politikós*), inteso come tutto ciò che si riferisce alla *polis*, cioè alla città, quindi, in termini generali, può essere ricondotto a **tutto ciò che si configura come civile, socievole, collettivo, pubblico contrapposto, alla dimensione individuale e privata della vita**. Il termine è stato tramandato nei secoli grazie all'influsso della monumentale opera di Aristotele (383-322 a.C.), grande sistematizzatore della logica, della fisica, della metafisica e dell'etica, nonché autore del trattato sulla natura e le funzioni dello Stato che ha maggiormente influenzato il pensiero politico pre-moderno (*Politia*). Egli intende ricavare la migliore costituzione dello Stato non tanto attraverso la semplice speculazione, come fece Platone prima di lui, ma piuttosto attraverso una ricognizione attenta della stessa natura umana. Per Aristotele, l'uomo è per natura uno ζῷον πολιτικόν (*zòon politikón*, animale politico) e dunque solo all'interno della comunità politica esso può realizzare compiutamente se stesso. La costituzione politica è di per sé un «sistema di vita», dove l'individuo opera come parte integrante di una totalità organica. Egli giunge quindi alla conclusione che il cittadino, partecipando alla direzione politica della città, possiede una caratterizzazione umana piena, mentre chi cittadino non è si distacca dalla comunità umana. Gli stessi schiavi, che sono privati di ogni diritto civile, sono per Aristotele degli «animali parlanti», tali per natura, estranei a ogni dimensione etica comunitaria (tr.it. 1983).

Sotto l'influsso aristotelico, la politica è stata per secoli anche la caratterizzazione di tutte le opere che diversamente si sono concentrate sullo studio di **quell'insieme di attività umane finalizzate all'organizzazione dello Stato e della convivenza civile nell'ambito di un territorio delimitato**. Dunque, nota Bobbio (1990, 800), «Di questa attività la *polis* è talora il soggetto, onde appartengono alla sfera della politica atti come il comandare (o proibire) alcunché con effetti vincolanti per tutti i membri di un determinato gruppo sociale, l'esercizio di un dominio esclusivo su un determinato territorio». Ma l'organizzazione della convivenza umana non si fonda solo sull'esercizio di potere, ma anche sulla produzione e distribuzione delle risorse (scarse) necessarie al mantenimento di un determinato gruppo sociale. Inoltre, come capita a ogni assetto di potere, anche le strutture politiche generano il proprio antagonista storico, allorquando accanto a una forma di potere costituito è possibile che si configuri una forma di contropotere formato da tutti coloro che si oppongono agli assetti sociali dominanti, ponendosi come agenti di conflitto, sovente a carattere rivoluzionario.

Così inteso, il concetto di «politica» è strettamente connesso a quello di **potere** che **consiste in sostanza nell'insieme dei mezzi necessari a ottenere un qualche vantaggio** (Hobbes) **o in genere a produrre effetti desiderati** (Russell). Ovviamente, il potere così inteso presuppone una relazione almeno tra due soggetti che politicamente si è configurata nelle diverse forme di autorità o di dominio. Nell'ambito di ogni relazione politica (cioè di potere), l'attenzione non può non spostarsi sulla specificità dei mezzi controllando i quali si può configurare la forma specifica del potere politico, cioè dell'uomo sull'uomo. Ci si riferisce a questo punto alle diverse tipologie di risorse attraverso cui storicamente alcuni attori sociali sono riusciti a garantirsi il diritto al comando. Prestigio, ricchezza, capacità di controllo sulle fonti di informazioni sono senza dubbio risorse importanti, talvolta fondamentali, ma in generale il **potere politico** si fonda sul possesso degli strumenti necessari a esercitare la forza fisica, «è il potere coattivo nel senso più stretto della parola» (ibid., 802). Esso è in ogni società il potere supremo proprio per la sua capacità di subordinare a sé qualsiasi altra forma di potere. Questo non significa che il potere politico si risolva esclusivamente nell'uso della forza, cioè nell'esercizio di violenza. Se così fosse, qualunque gruppo sociale che in determinate condizioni storiche fosse in grado di esercitare violenza su altri gruppi potrebbe essere considerato un soggetto dotato di potere politico, e così evidentemente non è. La forza (e la violenza) è dunque una condizione necessaria ma non sufficiente, occorre anche una certa dose di **esclusività** dell'uso della forza rispetto a qualunque altro gruppo che agisce all'interno di un determinato contesto storico-sociale. Si parla in questo caso di «monopolio dell'uso della forza» che, nell'ipotesi di Hobbes, starebbe a fondamento della teoria moderna dello Stato.

Il **potere politico** si fonda sul possesso esclusivo degli strumenti necessari a esercitare la forza fisica

Forza e conflitto rappresentano dunque due caratteri importanti per connotare il concetto di politica, tanto che uno studioso del calibro di Carl Schmitt (1927, tr.it. 1972), poi ripreso da Julien Freund (1965), arriva ad affermare che la politica coincide *de facto* con la sfera del rapporto amico-nemico. La più alta applicazione della politica risiederebbe nella natura dell'antagonismo tra gruppi contrapposti che puntano alla reciproca dissoluzione:

> *Quanto più un'opposizione si sviluppa nella direzione della distinzione amico-nemico, tanto più essa diviene politica. La caratteristica dello Stato è di sopprimere all'interno del suo ambito di competenza la divisione dei suoi membri o gruppi interni in amici e nemici, allo scopo di non tollerare se non le semplici rivalità agonistiche o le lotte dei partiti, e di riservare al governo il diritto di designare il nemico esterno*
>
> ibid., 445

Come nota Bobbio (ibid., 806), sia Schmitt che Freund condividono l'idea che la politica abbia sostanzialmente a che fare con la conflittualità umana e, in particolare, con i conflitti di tipo antagonistico che non presuppongono una semplice competizione, come nel caso dei conflitti agonistici, ma una vera e propria contrapposizione. Secondo questa prospettiva, ogni conflitto tra interessi divergenti diventa politico nella misura in cui viene tradotto in una lotta di potenza. Appaiono però chiari i limiti di tale impostazione che esclude la possibilità che il conflitto (violento) possa essere "politicamente" disinnescato attraverso strategie cooperative e integrative degli interessi socialmente contrapposti. Inoltre, la politica, come concetto generale, non può essere identificata solo con il mezzo, in questo caso la forza, di cui si avvale. Occorre arricchirne la definizione per esempio individuandone la funzione.

I filosofi hanno per secoli cercato di rispondere all'interrogativo relativo ai fini della politica, sforzandosi di rintracciarne l'«essenza». Ma, grazie alle acquisizioni della moderna scienza sociale, oggi possiamo affermare che non esiste un fine valido in assoluto. Se il potere politico può essere parzialmente identificato con l'uso esclusivo della forza, appare chiaro che lo stesso fine della politica, cioè la direzione verso cui si orienta l'esercizio potenziale o fattuale della forza fisica, è quello stabilito di volta in volta dal gruppo sociale dominante. Da questo punto di vista, **non esiste un fine universale, ma piuttosto un insieme di fini storicamente determinati**. La storia della filosofia politica è però fortemente condizionata da una prospettiva teleologica. I più grandi pensatori politici si sono infatti affrettati a individuare il fine ultimo della politica, assumendo perlopiù una posizione di carattere prescrittivo. Già Aristotele affermava che il fine della politica fosse la «vita buona». Ma oggi sappiamo che i parametri del buon vivere variano in base ai bisogni soggettivi degli individui e agli interessi dei gruppi che si organizzano politicamente. L'assenza di una declinazione storico-sociale del concetto *etico* di vita buona lo rende analiticamente inefficace. Altri pensatori medievali hanno proposto come fine ultimo della politica il «bene comune» o la «giustizia», scadendo nello stesso limite eticistico. Vita buona, bene comune, giustizia, sono infatti concetti astratti (di per sé a-storici) a meno che non li si connetta alle aspirazioni di gruppi sociali (e politici) che riescano «soggettivamente» e dunque «non universalmente» a riempirli di contenuti.

Se le risorse della politica sono riconducibili alla capacità di alcuni gruppi sociali di assicurarsi il monopolio della forza, il suo **fine minimo** si fonda sul preventivo stabilimento dell'ordine nell'ambito di uno specifico contesto sociale

Se dunque la ricerca di un fine ultimo della politica rischia di essere uno sforzo analiticamente vano, è comunque possibile individuarne un **fine minimo** che, con linguaggio sociologico, potremmo definire la **funzione** della politica. Gli studiosi sembrano a questo riguardo convergere sull'idea che, se da un lato, le risorse della politica siano diversamente riconducibili alla capacità di alcuni gruppi sociali di assicurarsi il monopolio della forza (e della violenza), dall'altro, tali strumenti sono altresì finalizzati al preventivo stabilimento dell'**ordine** nell'ambito di uno specifico contesto sociale. Dunque, la funzione (o fine minimo) della politica è quella di garantire una situazione di ordine sociale che rappresenta la *conditio sine qua non* per il perseguimento di qualunque altro fine. Anche i movimenti più conflittuali che puntano al sovvertimento dell'ordine costituito in un determinato contesto storico-sociale hanno in realtà l'obiettivo di costruire una nuova società fondata su un nuovo ordine. Avendone individuato mezzi e fini possiamo dunque azzardare una definizione generale della **politica come quell'insieme di attività volte a regolare la convivenza umana in un determinato contesto sociale attraverso un preventivo stabilimento dell'ordine. Tale ordine può essere garantito solo se un gruppo sociale riesce ad acquisire il potere dato dall'uso esclusivo della forza**.

1.2. Inseguendo la modernità politica

Già attraverso questa prima definizione generale ammettiamo l'esistenza di uno spazio autonomo della politica distaccandoci parzialmente dalla concezione classica di derivazione aristotelica, che presupponeva una sostanziale coincidenza tra politica e società. La sussistenza di tale distinzione, che ci avvicina a una concezione moderna di politica, ha una specifica derivazione storica legata, in Europa, sia alla diffusione del cristianesimo, che presupponeva una certa divaricazione tra potere spirituale e potere temporale, sia allo sviluppo dell'economia mercantile, che sottrae alla politica il controllo sui rapporti economici, configurando la distinzione, poi raffinata solo in epoca moderna, tra società politica e società civile, cioè tra pubblico e privato. Come a dire che la politica si assume il compito di organizzare la vita sociale e, in particolare, la convivenza ordinata e pacifica nell'ambito di un territorio definito, senza però travalicare la sfera della vita privata di ogni individuo che in quel territorio vive.

In questo contesto, matura storicamente la prima grande frattura teorica che crea le condizioni per la formazione della politica moderna, cioè la **separazione tra politica e morale** (e tra analisi politica e teologia), le cui linee di confine sono state per secoli annacquate a causa dell'ipertrofico potere temporale assunto dalle istituzioni ecclesiastiche. Politica e morale religiosa si contendono infatti il dominio sullo stesso territorio che poi è il campo della prassi umana, con la differenza che, **se la morale si riferisce all'azione e alla coscienza individuale, la politica e la sua etica si riferiscono invece a una dimensione sociale e collettiva**, «con la conseguenza che ciò che è obbligatorio in morale non è detto sia obbligatorio in politica, e ciò che è lecito in politica non è detto che sia lecito in morale» (Bobbio 1990, 807). Sono infatti diversi i parametri attraverso cui si giudica positivamente un'azione politica e un'azione puramente individuale. Questa consapevolezza tutta moderna richiama la distinzione weberiana tra **etica della responsabilità**, propria del buon politico, ed **etica della convinzione**, propria del buon cristiano:

La prima grande frattura teorica che crea le condizioni per la formazione della politica moderna è rappresentata dalla **separazione tra politica e morale**, tra analisi politica e teologia

> *Dobbiamo renderci chiaramente conto che ogni agire orientato in senso etico può oscillare tra due massime radicalmente diverse e inconciliabilmente opposte: può essere cioè orientato secondo l'«etica della convinzione» (gesinnungsethisch) oppure secondo l'«etica della responsabilità» (verantwortungsethisch). Non che l'etica della convinzione coincida con la mancanza di responsabilità e l'etica della responsabilità con la mancanza di convinzione. Non si vuol certo dir questo. Ma v'è una differenza incolmabile tra l'agire secondo la massima dell'etica della convinzione, la quale – in termini religiosi – suona: «Il cristiano opera da giusto e rimette l'esito nelle mani di Dio», e l'agire secondo la massima dell'etica della responsabilità, secondo la quale bisogna rispondere delle conseguenze (prevedibili) delle proprie azioni*
>
> Weber 1919, tr.it. 1971, 109

In realtà, l'interiorizzazione della sostanza laica della politica è stata una delle più lente e difficili acquisizioni intellettuali. Per secoli gli studiosi hanno infatti collegato il reggimento della comunità e dello Stato alle grandi questioni della metafisica, dell'etica e della teologia. Eppure non si può parlare fino in fondo di politica moderna senza affermarne contemporaneamente la natura affatto secolare.

Come nota Michele Prospero all'inizio di un suo brillante volume: «Segnare il punto di avvio del politico moderno rimane una questione controversa» (Prospero 2002, 13). La tendenza generale è quella di farne risalire i tratti all'opera di Montesquieu che, nel suo *De l'esprit des lois* (1748), si focalizza sulle tecniche di funzionamento del potere. Altri studiosi ne rintracciano le forme nell'opera di Hobbes che si pone il problema del passaggio dal disordine del conflitto all'ordine determinato dalla costruzione giuridica dello Stato. Altri retrodatano i primi tratti di un approccio antitradizionale all'opera di Machiavelli che nel XVI secolo ha già pienamente metabolizzato la separazione tra analisi politica, concepita come tecnica di governo, e teologia. Ma in realtà è possibile spingersi ancora più indietro, fino al XIII secolo, per individuare le prime definizioni delle categorie proprie della politica moderna (sovranità, popolo, legittimazione, territorio) già chiaramente discriminate nelle elaborazioni dei Glossatori e della scuola giuridica medievale italiana, attorno a cui si costituì il primo nucleo universitario in Europa. Essi per primi si discostano dalla tradizione teologica all'interno della quale, specie attraverso Tommaso d'Aquino, già cominciava a essere concepita una dimensione politica autonoma dalla metafisica religiosa. Eppure, nota sempre Prospero, per quanto la Chiesa medievale abbia mostrato una forte propensione verso la *vita activa*, attraverso l'opera dei giuristi che all'epoca riflettevano a ridosso dell'esperienza statuale e assolutistica di Federico II, «risalta con evidenza che il moderno non è la pura secolarizzazione di categorie teologiche ma sviluppa un forte connotato eversivo rispetto alla teologia» (Prospero 2002, 17).

L'Italia, tra il XII e il XIV secolo, non è infatti solo il luogo dello scontro tra Chiesa e Impero, con una netta preponderanza della prima sul secondo, ma è anche il luogo della rinascita (pagana) della cultura greco-latina e dell'incontro culturalmente proficuo tra la cultura arabo-musulmana e quella cristiano-europea. Nell'ambito del processo di secolarizzazione delle concezioni e delle istituzioni politiche, nota Cerroni (1995, 13-14), vanno sottolineati tre elementi che hanno condizionato gli sviluppi successivi: il «razionalismo arabo» che si scontra con la tradizione mistica del cristianesimo agostiniano-paolino, la riscoperta del «naturalismo» aristotelico e infine la rinascita del «diritto romano», proprio grazie al recupero effettuato ad opera dei glossatori e della scuola giuridica che si sviluppò attorno al primo nucleo dell'università di Bologna.

Il razionalismo arabo è legato all'opera di **Averroè** (1126-1198) e del conseguente averroismo latino che sviluppa in ambito teologico sei temi che influenzeranno in maniera sorprendente l'opera di numerosi pensatori politici, come Dante Alighieri e Marsilio da Padova. Si tratta: 1. Della cosiddetta «doppia verità» di fede e ragione e della conseguente legittimazione della scienza; 2. Dell'eternità del mondo e della sostanziale negazione del creazionismo; 3. Dell'eternità della specie umana; 4. Dell'unità dell'intelletto e della cultura; 5. Della mortalità dell'anima individuale; 6. Dell'immutabilità razionale del mondo. Accanto a questi temi «eversivi», si innesta la riscoperta della fisica aristotelica che mette seriamente in crisi il pensiero teologico dominante. La Chiesa all'epoca non possedeva una propria fisica ed era ferma al dogma delle sacre scritture. Di fronte a una concezione cosale-naturalistica del mondo se ne comincia ad ammettere la sua conoscibilità scientifica, ma soprattutto la sua organizzazione politica attraverso i principi di una *ratio* che ancora a lungo sarà intesa come corrispondenza della norma umana alla *veritas* della norma divina.

> *La sapienza intesa come conoscenza razionale subentra alla* santità *come modello di vita spirituale. Con il teologismo razionale si afferma una* visione positiva *della natura e della stessa convivenza terrena della specie umana. Essa culmina nella concezione dantesca delle «due felicitadi» e della comune derivazione divina del potere spirituale della Chiesa e di quello politico dell'Impero*
>
> Cerroni, ibid., 15

È in questo contesto intellettualmente rivoluzionario che si innesta l'esperienza del primo Stato assoluto di tipo moderno grazie alla spinta di Federico II che fu al contempo *Imperator* e *Rex Siciliae*. La corte federiciana fu il centro attorno a cui si poterono sviluppare liberamente il pensiero laico averroista, le prime forme di lingua e letteratura e una centralizzazione di carattere politico-giuridico. Le **Costituzioni di Melfi** (1231), volute da Federico II, sono appena sedici anni successive alla *Magna Charta* inglese anche se per diversi aspetti rappresentano un documento molto più organico e articolato. In esse è sancita la sovranità imperiale di derivazione divina e dunque superiore a qualunque altra forma di potere terreno. Vi è affermato il primato della legge (del Re), l'unità territoriale e la centralizzazione burocratica dello Stato, cioè tutti quei tratti che avrebbero connotato gli Stati nazionali moderni. Il giudizio di Dio (e della Chiesa) è sostituito da un complesso normativo riconducibile a una forma già avanzata di diritto civile e penale. In questo senso, **Federico II fu il primo vero realizzatore di una sovranità laica e della nazione italiana**, che non riuscì però a concretizzarsi in unità politico-statuale a causa della presenza in territorio italiano dello Stato pontificio. Per secoli la cultura nazionale si svilupperà in ambito intellettuale (cioè elitario) senza la possibilità di riconoscersi in uno Stato nazionale.

Approfondimento 1.1

Le Costituzioni di Melfi o *Liber Augustalis* (1231)

«Le Costituzioni di Melfi delineano il primo Stato laico europeo, la prima monarchia assoluta che si installa in Italia su basi largamente italiane. Con questa grandiosa codificazione si realizza la conversione dal diritto personale al diritto territoriale, primo essenziale passo nella costruzione di uno Stato sovrano unito e coeso sotto il primato della legge nazionale. Appunto nel Proemio di Marino da Caramanico si afferma il principio *Lex omnium rex*. La legge regna su tutti perché deriva dal re sovrano inviolabile che è tanto la fonte quanto la garanzia della legge che egli stesso è tenuto a rispettare [...] Questo Stato che ha in se stesso la fonte della sovranità sarà separato dalla Chiesa, estenderà a tutti, quindi anche agli ecclesiastici la sua sovranità, separando per così dire la professione religiosa dagli affari civili. Così Federico per un verso istituirà primo in Italia un regime di rispetto e pacifica convivenza fra cristiani, musulmani e ebrei mentre, per altro verso, sarà egli stesso sospinto dalla curiosità intellettuale ad una visione scientifica e laica di quella che egli chiama "la macchina del mondo" entro la quale l'uomo, fatto a immagine di Dio, è in grado di salire alla conoscenza razionale [...] L'unità e autonomia dello Stato è alla base dell'opera di centralizzazione della organizzazione pubblica. La lotta contro i baroni, la definizione e regolazione delle proprietà feudali, il bando alle guerre locali e alle rappresaglie, l'abolizione della esenzione dalla pena per il ratto di donna e l'abolizione della multa per il reato di contumacia sono aspetti diversi della costruzione di un unico regime giuridico sul territorio dello Stato sovrano. In esso ci sarà un solo "ordinamento di giustizia" tutelato da un corpo strutturato e gerarchico di pubblici funzionari che sopprima la dispersione e il frastagliamento del potere dell'epoca feudale. I pubblici funzionari e i giudici sono nominati dal re e debbono prestare giuramento [...] La servitù della gleba viene abolita prima ancora che nei Comuni del nord stabilendo il divieto di obbligarsi a servizi feudali. È sancito il divieto a portare armi per chi non è pubblico funzionario, mentre viene introdotto l'esame pubblico per esercitare la medicina. Diventa obbligatorio il matrimonio civile. Una grande riforma investe il processo che ora viene distinto in civile e penale. L'ordalia e ogni altra prova di Dio viene abolita e si imposta un processo rigorosamente documentale, basato sulle prove e concluso obbligatoriamente con una sentenza scritta e motivata [...] Le Costituzioni di Melfi saranno estese progressivamente a tutte le terre d'Italia che passano sotto Federico e avranno vigore nel Regno di Napoli fino al 1809. Con esse ... Federico II fonda lo Stato moderno»

Tratto da U. Cerroni, *L'identità civile degli italiani*, 1996, pp. 126-128

Vale comunque la pena ripercorrere, seppur brevemente, gli sviluppi intellettuali (pre-sociologici) che hanno dato corpo in Europa a una concezione moderna della politica distinta dalla morale religiosa, anche se non necessariamente contrapposta ad essa. Si tratta del primo passo per poter poi sviluppare le grandi riflessioni politiche sull'ordine e sul conflitto, così come sul ruolo degli interessi (materiali) e del diritto statualizzato.

1.3. Teologia e politica

Come si è accennato nel precedente paragrafo, la **costruzione della politica moderna passa in primo luogo per l'affermazione di una sua sostanziale autonomia dalla morale e dalla teologia**, ostacolata per secoli dalla ipertrofica presenza mondana dell'organizzazione ecclesiastica, che pone di fronte ai grandi pensatori politici un insieme di problemi riguardanti la natura della partecipazione dell'uomo alle due comunità terrena e spirituale. Questa situazione si configura storicamente nell'articolazione dei rapporti tra Chiesa e Stato. I primi tentativi di sistematizzare questa situazione avvengono proprio in ambito teologico, a partire dal grande filone paolino-agostiniano, che però si fondava sul presupposto del primato assoluto della città celeste sulla città terrena e sulla fondamentale cittadinanza extra-mondana dell'uomo rispetto al mondo terreno, identificato come il luogo del peccato. Sarà invece Tommaso, sempre in ambito teologico, a rivalutare il pieno inserimento terreno degli uomini e la non contrapposizione tra le due sfere. Dopo di lui saranno Dante e Marsilio a compiere ulteriori passi avanti verso il superamento completo della concezione teologica agostiniana.

Tommaso tenta una sistematizzazione razionale del pensiero cristiano fondata sull'armonizzazione tra fede e ragione e sul riconoscimento del mondo umano la cui specificità naturale non può essere negata

- **Tommaso d'Aquino** [1225-1274], cugino alla lontana di Federico II, visse nell'epoca della massima espansione temporale della Chiesa di Roma, ma fu un attento studioso ed estimatore della tradizione classica aristotelica attraverso

cui tenterà una sistematizzazione «razionale» del pensiero cristiano fondata sull'armonizzazione tra fede e ragione e sul riconoscimento del mondo umano, la cui specificità naturale non debba essere negata né tantomeno soppressa. La legge naturale non si oppone infatti alla legge eterna divina, ma vi partecipa razionalmente. Il problema a questo punto si sposta sull'organizzazione politica del mondo terreno e sull'equilibrio possibile tra la razionalità del diritto naturale e la convenzionalità del diritto dell'uomo. Dentro questo equilibrio, la comunità politica (lo Stato) è identificato come uno strumento necessario al «buon vivere». Nel pensiero tomista è ancora presente la distinzione agostiniana tra sfera della vocazione celeste e l'esigenza di riconoscere istituzioni terrene sostanzialmente peccaminose. Gli uomini sono infatti intesi come spiritualmente uguali, ma il peccato terreno li discrimina in schiavi e padroni.
Malgrado ciò, Tommaso, nel suo *De Regimine principum*, identifica nella politica lo strumento umano necessario al raggiungimento di una convivenza felice: «l'edificio politico è il frutto di esigenze naturali che ovunque sono avvertite anche senza il bisogno di un intervento divino ravvicinato» (Prospero 2002, 22). È dunque la natura e non più la grazia a segnalare l'urgenza di un corpo politico, inteso come una *congregatio hominum* con finalità di benessere mondano. La dimensione del *fidelis* riguarda la sfera individuale coscienziale e dunque sfugge al potere regolativo della *lex* umana. La politica si occupa in-

Approfondimento 1.2

Come è necessario che gli uomini vengano governati da alcuno

«Poiché in tutte le cose ordinate ad un fine e in cui si posson usare procedimenti diversi, è necessario un dirigente, mediante il quale, si possa ad esso pervenire.
La nave che si trova sbattuta in varie direzioni dall'impulso di venti contrari, mai perverrebbe alla sua mèta, se non fosse diretta al porto dall'abilità del suo nocchiero.
Così è certo che l'uomo tende ad un determinato fine, al raggiungimento del quale è ordinata tutta la sua vita e son rivolte tutte le sue azioni. Egli è infatti *agente per intelletto,* proprietà è appunto del quale è di agire per un determinato scopo.
Ma poiché capita anche agli uomini di procedere verso di esso in diverse maniere [...] così è evidente che l'uomo abbia bisogno di chi lo diriga.
Insito è poi, per natura, in ogni individuo il lume della ragione dal quale nei suoi atti egli è diretto.
Ora se all'uomo capitasse di viver da solo, come avviene a molti animali, non ci sarebbe bisogno di alcun dirigente: ciascuno sarebbe di se stesso re e signore, sottoposto soltanto al sommo Dio o re, poiché per il lume della ragione *divinitus* insito in lui, potrebbe da sé dirigersi nelle sue operazioni.
Ma l'uomo è animale politico e socievole che vive in compagnia, anche più degli altri animali, il che dimostra ed è conseguenza di una *naturale necessità.*
Agli altri animali infatti la natura ha preparato il cibo, il vestito del pelame e i mezzi di difesa: i denti, le corna, le unghie e la velocità

per la fuga; al contrario all'uomo nessuna di queste proprietà la natura concesse e solo, in cambio di ciò, gli dette la ragione per prepararsi tutte codeste cose con l'opera delle sue mani.
Ma siccome per far ciò un uomo solo non basta, un uomo cioè da per se stesso non può procurarsi una *sufficienza di vita*, si capisce come sia naturale che egli abbia a vivere in compagnia.
[...] Se adunque una moltitudine di uomini liberi sarà dal reggente ordinata al comun bene, tal regime sarà retto e giusto e quale conviene ad uomini liberi. Se mirerà invece non al comun bene ma a quello particolare del reggente, sarà ingiusto e perverso»

Tratto da Tommaso d'Aquino, *De regimine principum* XIII sec., Libro I

vece del *civis* nell'ambito di una sfera esterna (oggi diremmo sociale, pubblica) che esige misure regolative che si articolano in un sistema legale-normativo. Morale e politica sono già chiaramente delineati come ambiti separati governati da principi distinti. Per organizzare la comunità degli uomini non è sufficiente contemplare la *veritas* divina, ma occorre organizzare la convivenza di soggetti diversi a cui bisogna garantire livelli di esistenza accettabili. Il mondo di Agostino è ormai filosoficamente tramontato e con lui la diffidenza nei confronti del *malignum saeculum*; rimane però il tentativo di organizzare gli strumenti della ragione attraverso i precetti della fede.

Per **Dante** la politica va oltre la pura risposta umana al rischio congiunturale del peccato, essa risponde a esigenze strutturali di organizzazione pacifica della convivenza

- Se Tommaso è ancora parte di una tradizione teocratica che rivendica il primato del potere spirituale su quello temporale, **Dante Alighieri** [1265-1321] è già pienamente interno alla tradizione medievale-cristiana di impronta secolare. Nel suo trattato politico (*De monarchia*), scritto probabilmente tra il 1310 e il 1313, già si pone chiaramente in rilievo la funzione dell'*imperium* rispetto al *sacerdotium*. Dante non è esterno al suo tempo e dunque non è estraneo all'idea del mondo terreno come luogo peccaminoso, ma rispetto ad Agostino giunge a conclusioni affatto diverse e decisamente propense a valorizzare la natura secolare del reggimento politico. La politica va oltre la pura risposta umana al rischio congiunturale del peccato, essa risponde a esigenze strutturali di organizzazione pacifica della convivenza. Il modello a cui Dante fa riferimento è, non a caso, quello del tutto pagano dell'impero romano, che incarna a suo avviso un esempio paradigmatico di virtù politica. Dunque è possibile impiantare una *monarchia perfecta* anche senza l'ausilio della grazia divina, perché un regime politico deve rispondere a interessi terreni: «come la Chiesa ha un proprio fondamento, così anche l'Impero ha il suo. Infatti, fondamento della Chiesa è Cristo [...] Ma fondamento dell'Impero è il diritto umano (*De Monarchia*, I, X). Dante afferma con forza che «quando la Chiesa non esisteva o non esercitava la propria virtù, l'Impero possedeva già intera la propria virtù» (ibd., III, XII).
In Dante, l'elemento sacrale del potere passa in secondo piano rispetto al ruolo positivo della legge come veicolo di felicità in terra. Nel *Convivio*, scritto tra il 1304 e il 1307, la distinzione tra le due forme di potere è ancora più netta. Dante giunge alla elaborazione della sua teoria delle due felicità, quella terrena

e quella spirituale: «Nella vita umana sono diversi cammini» e in base a questa consapevolezza è dunque possibile «avere in questa vita due felicitadi: l'una è la vita attiva, e l'altra la contemplativa» (*Convivio*, IV, XVII). La sfera della *vita activa* è dunque l'ambito della politica e del diritto dell'uomo. Il referente del *fidelis* è senza dubbio la grazia, ma il fondamento dell'*homo* è invece la virtù intesa come prudenza e onestà su cui si dovrebbe erigere il diritto che è il referente del *civis*. Il più grande dono che Dio ha fatto agli uomini è la libertà attraverso cui si è felici in cielo come dei, ma in terra come uomini.

Marsilio afferma l'autonomia terrena delle forme di organizzazione politica arrivando a teorizzare il carattere elettivo del governo e la centralità popolare nella costruzione dello Stato

- La prima vera aggressione al primato ecclesiastico proviene però dall'opera di **Marsilio da Padova** [1278-1342] che, declinando in maniera innovativa la teoria aristotelica, fonda una teoria laica dello Stato che gli costò nel 1327 la condanna come eretico da parte della Chiesa di Roma. Nel suo *Defensor pacis*, pubblicato in forma anonima a Parigi nel 1324, Marsilio afferma che l'analisi sull'origine del potere può essere condotta o attraverso la fede o attraverso la ragione. Se infatti la causa remota delle istituzioni politiche è riconducibile a una volontà divina, è pur vero che Dio istituisce i governi per mezzo delle menti umane. In questo modo Marsilio afferma l'autonomia terrena delle forme di organizzazione politica e va anche oltre, teorizzando due elementi della sovranità laica che saranno oggetto degli sviluppi successivi della teoria politica: da un lato, il carattere elettivo del governo; dall'altro, la centralità popolare nella costruzione dello Stato, perché la *coactiva potentia* può essere trasmessa all'autorità legittima solo attraverso il consenso dei cittadini.

Come segnala Prospero: «Nel *Defensor pacis* viene demolita ogni tutela della fede sulla ragione» (Prospero 2002, 33). La fede, infatti, in quanto elemento umano irrazionale, deve essere messa analiticamente da parte per rintracciare una *humana certitudem* nei processi politici. È infatti la *humana voluntas* a determinare gli assetti istituzionali. Lo stesso Stato non è un fatto scontato e naturale, esso potrebbe anche non esserci. Non è altro che un artificio umano razionale. Qui si verifica una cesura netta rispetto al passato che rappresenta un passo avanti determinante nella elaborazione della politica moderna. Con Marsilio si passa dalla *veritas* alla razionale e contingente *voluntas*, come fonte

Approfondimento 1.3

I due lumi

«Come nelle superiori quistioni abbiamo fatto, similmente nella soluzione di questa si vuole pigliare qualche principio fermo, nella virtù del quale si formino gli argomenti della verità, che al presente si ricerca. Imperocché senza un principio prefisso, non giova affaticarsi ancora dicendo il vero; conciossiacché solo il principio è la radice del pigliare i mezzi. Adunque si presuppone questa verità irrefragabile: che Iddio non vuole quello che repugna alla natura. Imperocché, se questo non fusse vero, il suo contraddittorio non sarebbe falso; il quale è: che Iddio voglia quello che repugna alla intenzione della natura. E se questo non è falso, non sono false ancora quelle cose che di questo seguitano [...] Coloro adunque, contro a' quali sarà tutta la seguente disputazione, affermano l'autorità dello imperio dipendere dall'autorità della Chiesa, come lo artefice ministro dal capo maestro; ed abbenché siano mossi da più opposti argomenti tratti dalla Scrittura, ed ancora da alcune cose fatte dal pontefice e dallo imperadore, nientedimeno hanno indizio alcuno di ragione. In prima dicono, secondo il Genesi, che Iddio fece due grandi lumi, cioè uno maggiore e uno minore, acciocché l'uno fosse sopra il dì e l'altro sopra la notte: e questo intendono per allegoria, che l'uno sia lo spirituale e l'altro il temporale reggimento. Dipoi argomentano così: che come la luna, che è il minore lume, non ha luce se non in quanto la riceve dal sole; così il regno temporale non ha autorità se non in quanto dallo spirituale la riceve. E per sciogliere questa loro ragione e le altre, è da notare, che, come dice Aristotele negli Elenchi, la soluzione dello argomento è la manifestazione dello errore [...] Dico adunque che benché la luna non abbia luce abbondantemente, se non dal sole, non seguita però che la luna sia dal sole. Sicché si debbe sapere, che altro è l'essere della luna, altro la virtù sua, altro l'operazione. Quanto all'essere, ella non dipende in alcun modo dal sole; né eziandio in quanto alla virtù, né quanto alla operazione semplicemente; perché il suo movimento è dal primo motore, e la influenza sua è da' suoi propri raggi. Ella ha per sé alcuna luce, come nella sua oscurazione si manifesta; ma quanto all'operare meglio e più efficacemente, riceve qualche cosa dal sole, il quale è abbondanza di luce, ricevuta la quale, più virtuosamente adopera. Similmente dico, che il temporale non riceve dallo spirituale l'essere, né ancora la virtù che è la sua autorità, né ancora l'operazione semplicemente; ma bene riceve da lui questo: che più virtuosamente adoperi per lo lume della grazia, il quale, in cielo e in terra, gl'infonde la benedizione del pontefice [...] così: la luna riceve lume dal sole, il quale è reggimento spirituale; il reggimento temporale è la luna: adunque il temporale reggimento riceve l'autorità dallo spirituale. Imperocché nella estremità della maggiore egli pongono la luce; e nel predicato della conclusione l'autorità; le quali sono cose diverse in soggetto e in ragione, come veduto abbiamo»

Tratto da Dante, *De monarchia*,1310-1313, Libro III, 1-4

di spiegazione degli ordinamenti politici. La teologia a questo punto diventa ininfluente rispetto alla politica perché il luogo della «vita buona» è rintracciabile solo nella coscienza umana, che trova il suo banco di prova nella dimensione, esterna all'individuo, delle relazioni intersoggettive. Il compito del legislatore umano è dunque quello di edificare un ordine legale stabile, dentro cui possa trovare soddisfazione la molteplicità dei bisogni. Con Marsilio entrano in gioco gli appetiti naturali. I bisogni e gli interessi degli uomini non possono essere rimossi dalla ragione e vanno dunque tutelati e regolati per evitare il disordine. Subentra quindi la funzione «ordinatrice» della politica che diventerà oggetto di riflessione nei secoli successivi e che, vedremo, sarà presente con forza nell'opera di Niccolò Machiavelli, comunemente considerato il fondatore dell'analisi politica moderna.

1.4. La questione dell'ordine (e del conflitto)

Abbiamo detto che se il potere politico si fonda sul possesso degli strumenti necessari all'esercizio esclusivo della forza, il fine minimo della politica è, in sostanza, quello di garantire un certo ordine nell'ambito di un territorio definito. **La questione del rapporto dicotomico ordine/conflitto è dunque centrale nella teoria politica** ed è stata oggetto di riflessione anche ben prima che si configurassero gli assetti istituzionali moderni.

Per **Machiavelli** la politica rappresenta una sfera umana autonoma, l'arte del reggere e del conservare (cioè governare) gli Stati considerati come enti dotati di vita propria. Essa diventa tecnica del potere esercitato con virtù

- Uno dei primi pensatori che si sono posti il problema della funzione ordinatrice della politica è stato **Niccolò Machiavelli** [1469-1527] che, a questo riguardo, ci ha lasciato due opere fondamentali: i *Discorsi sopra la prima deca di Tito Livio* (1513-1519) e *il Principe* (1513). Come nota Cerroni (1966, 322): «La grande essenziale operazione teorica di Machiavelli, condotta bensì in forme non sistematiche ma con eccezionale forza di rappresentazione e acutezza di rilevazione empirica, è di delineare le caratteristiche specifiche e tecniche della nuova politica che si esprime nel nascente Stato laico svincolato dalla religione e dall'eticismo». La politica è concepita come una sfera umana autonoma, come l'arte del reggere e del conservare (cioè governare) gli Stati considerati come enti dotati di vita propria. Essa, con Machiavelli, **diventa tecnica del potere esercitato con virtù** e cioè con coerenza rispetto ai fini e, al contempo, attraverso una attenta valutazione delle condizioni storiche oggettive e delle forze in campo.
  Machiavelli si configura come il pensatore della «crisi» determinata dalla corruzione dilagante a cui si può far fronte solo sollecitando misure straordinarie, finalizzate alla costruzione di un sistema ordinato e sicuro. L'uomo politico può fare fronte alla sfida del buon governo solo emancipandosi dalla pretesa assolutezza della vecchia morale. L'etica tradizionale con i suoi principi di amore e carità risulta spesso politicamente inutile. Non è infatti nella coscienza individuale dell'uomo politico che risiede la buona politica, ma piuttosto nella capacità di perseguire determinati esiti pubblici. **La virtù politica si fonda sull'esigenza di mantenere il potere e non può essere confusa con la morale privata**. Questa consapevolezza non lo spinge verso una deriva nichilistica che sovente è stata interpretata dai suoi detrattori con la massima del "fine che giustifica i mezzi". Al contrario, **l'etica politica si fonda sulla coerenza dei fini con un sistema di valori, pur nell'ambito delle circostanze date che fanno della politica non un sistema eticistico quanto piuttosto l'arte del possibile**. Le tecniche politiche non sono ipostasi, ma vanno immesse all'interno di un recinto istituzionale che storicamente determina i confini dell'azione pubblica. Come nota Prospero (2002, 38-39), in Machiavelli, «non ogni mezzo è dunque lecito in quanto la liceità di uno strumento di lotta dipende dalla concreta articolazione istituzionale esistente. Non è il fine in quanto tale a giustificare il mezzo cui fare ricorso, ma la presenza o meno di ordini politici e di istituzioni solide». Da questo punto di vista, Machiavelli è il

primo teorico dello Stato concepito come veicolo storico in grado di superare l'universo della corruzione sociale. Perché solo attraverso lo Stato è possibile evitare i soprusi determinati dalla presenza di fonti di potere estranee a quelle istituzionali. La sovranità statale è possibile solo espropriando i poteri privati nel nome di una sfera pubblica generale.
Al di fuori della dimensione statale c'è il caos che può essere evitato solo confidando in una «mano regia che con la potenza assoluta ed eccessiva ponga freno alla eccessiva ambizione e corruttela de' potenti» (*Discorsi*, I, IV). La *securitas* generale non si può fondare solo sulle aspettative di lealtà e di altruismo perché «gli uomini non sanno essere né al tutto tristi né al tutto buoni» (ibid., I, XXX). In questo Machiavelli precede sia Bodin che Hobbes con la differenza che l'ordine di Machiavelli non presuppone la sterilizzazione del conflitto. Le pratiche conflittuali rivestono per Machiavelli un ruolo sempre produttivo e di stimolo purché non assumano un carattere distruttivo nei confronti dell'ordine costituito. Egli critica il conflitto che degenera in fazione e che rischia dunque di disgregare la dimensione pubblica comune. Altrimenti ogni interesse in conflitto è politicamente legittimo e non può essere in alcun modo esorcizzato, purché le passioni private non prevalgano sul più alto senso dello Stato e quindi sull'interesse generale. Qui risiede la forza del pensiero machiavellico che poco ha a che vedere con la rilettura quasi caricaturale di cui è stato oggetto e che lo condanna a essere il teorico dell'astuzia politica e della rincorsa spregiudicata del potere fine a se stesso.

Approfondimento 1.4

Del principato civile

«Un principe cittadino, non per scelleratezza e altra intollerabile violenza, ma con il favore degli altri suoi cittadini diventa principe della sua patria, il quale si può chiamare principato civile, né per pervenirvi è necessario o tutta virtù o tutta fortuna, ma più presto un'astuzia fortunata, dico che si ascende a questo principato o con il favore del popolo o con il favore dei grandi, perché in ogni città si trovano questi due umori diversi, e nasce da questo, che il popolo desidera non essere comandato né oppresso dai grandi, e i grandi desiderano comandare ed opprimere il popolo; e da questi due diversi appetiti surge nelle città uno de' tre effetti, o principato o libertà o licenza. Il principato è causato o dal popolo oi da' grandi, secondo che l'una o l'altra di queste parti ne ha l'occasione; perché vedendo i grandi non poter resistere al popolo, cominciano a voltare la reputazione ad uno di loro, e lo fanno principe per poter sfogare sotto la ombra sua il loro appetito. Il popolo ancora volta la reputazione ad uno solo, vedendo non poter resistere ai grandi, e lo fa principe per poter essere con l'autorità sua difeso. Colui che viene al principato con l'aiuto dei grandi si mantiene con più difficultà che quello che diventa con l'aiuto del popolo, perché si trova principe con di molti intorno che a loro pare essere eguali a lui, e per questo non gli può né comandare né maneggiare a suo modo. Ma colui che arriva al principato con il favor popolare, vi si trova solo, ed ha intorno nessuno o pochissimi che non siano parati ad ubbidire. Oltre a questo, non si può con onestà satisfare a' grandi, e senza ingiuria d'altri, ma sibbene al popolo; perché quello del popolo è più onesto fine che quello dei grandi, volendo questi opprimere, e quello non essere oppresso [...] E per chiarire meglio questa parte, dico, come i grandi si debbono considerare in due modi principalmente, cioè, o si governano in modo col procedere loro, che si obbligano in tutta alla tua fortuna, o no. Quelli che si obbligano, e non siano rapaci, si debbono onorare ed amare; quelli che non si obbligano, si hanno a considerare in due modi: o fanno questo per pusillanimità e difetto naturale d'animo, ed allora tu ti debbi servir di loro, e di quelli massime che sono di buon consiglio, perché nelle prosperità te ne onori, e nelle avversità non hai da temerne. Ma quando non si obbligano ad arte, e per cagione ambiziosa, è segno come e' pensano più a sé che a te. E da quelli si debbe il principe guardare, e temerli come se fussero scoperti nimici, perché sempre nelle avversità l'aiuteranno rovinare. Debbe pertanto uno che diventi principe mediante il favore del popolo, mantenerselo amico, il che gli fia facile, non domandando lui se non di non essere oppresso»

Tratto da N. Machiavelli, *Il principe*, 1513, Cap. IX

Bodin è convinto che il sovrano sia un suddito di Dio ma è proprio questa sua derivazione divina che gli garantirebbe una piena sovranità sulla sua sfera di influenza

- Anche il francese **Jean Bodin** [1529-1596], insieme all'italiano Machiavelli e all'inglese Thomas Hobbes, merita di essere ricordato tra i fondatori dell'analisi politica moderna per quanto, tra i tre, sia senza dubbio quello più legato alla tradizione «mistica» medievale. Egli è convinto che il sovrano sia in sostanza un suddito di Dio, ma è proprio questa sua derivazione divina che di fatto gli garantirebbe piena sovranità sulla sua sfera di influenza. Il compito del re sarebbe infatti quello di produrre leggi positive capaci di garantire la convivenza sociale e politica in uno specifico territorio. Nei suoi *Sei libri dello Stato* (1576) porta avanti un'analisi attenta del concetto di sovranità e delle diverse forme e funzioni dei regimi politici, concentrandosi in maniera ancora non del tutto articolata sul rapporto tra sudditi e potere costituito. Egli supera il concetto premoderno di sovranità, intesa come puro dominio e la caratterizza come una *maiestas* che incorpora appieno l'effettività del comando. Per quanto egli ancora attribuisca alla famiglia, intesa come fondamentale unità sociale, l'essenza di una comunità organica naturale (concetto di per sé non troppo moderno), nella necessaria distinzione tra pubblico e privato percepisce l'urgenza di configurare il moderno rapporto politico, che riconduce all'idea di un ordine gerarchico. Lo Stato diventa quel principio di unità organica tra le parti e la sovranità stessa diventa esercizio di potere assoluto all'interno di un territorio delimitato. Il sovrano impone le leggi interpretate soprattutto nella forma del comando a cui esso stesso non può essere soggetto. In questo senso egli, che è pienamente figlio del suo tempo, diventa l'apologeta della monarchia assoluta, rifiutando ogni possibile evoluzione del regime in senso democratico. Anzi, la democrazia è intesa come il più rischioso tra i regimi politici, proprio a causa della cultura egualitaria che sottostà alla sua elaborazione progettuale.

Per **Hobbes** la società politica cessa di essere il modo naturale dell'uomo e diventa un prodotto storico atto a esorcizzare gli effetti potenzialmente distruttivi della propensione naturale di ogni individuo al perseguimento di passioni private

- Di segno più moderno è la riflessione di **Thomas Hobbes** [1588-1679] che va considerato come il primo vero sistematizzatore di una teoria laica della sovranità. Egli rivendica la piena autonomia del mondo umano, e quindi della sfera politica, che non riduce, come fu per Machiavelli, in pura tecnica del potere, ma arricchisce di principi morali senza per questo annacquare il sostanziale realismo delle sue riflessioni. Egli è pienamente interno alla tradizione giusnaturalistica che spiega la politica partendo dalla natura degli uomini, ma nega la «naturale» socialità (e politicità) che Aristotele attribuiva al genere umano. Al contrario, per Hobbes, come scrive nel suo *De Cive: elementi filosofici sul cittadino* (1641) e conferma poi nel *Leviatano* (1650), ciò che caratterizza la natura umana è la mutua diffidenza e l'istinto di conservazione. La società cessa dunque di essere il modo naturale dell'uomo e diventa un prodotto storico atto a esorcizzare gli effetti potenzialmente distruttivi della propensione naturale di ogni individuo al perseguimento di passioni private e dunque al conflitto. Hobbes è terrorizzato dagli effetti distruttivi della guerra e pensa alla politica come al sistema in grado di garantire la convivenza pacifica anche contro le «naturali» attitudini individuali. Lo Stato non rappresenta più una risposta istituzionale al peccato, ma piuttosto al rischio di un conflitto permanente di tutti contro tutti. **Il fondamento dello Stato sta dunque nella paura**, un rimedio razionale a un sentimento irrazionale. «La sicurezza fisica immediata o vita gradevole è il solo obiettivo che si ha di mira costruendo entità politiche artificiali che non sono più una mera proiezione dell'energia individuale di un principe nuovo ma un solido ordinamento formalizzato» (Prospero 2002, 49). **L'obiettivo dello Stato è dunque il monopolio della violenza pubblica che impedisce l'esercizio della violenza privata** e il potere (assoluto) che ne deriva è sganciato dal soggetto materiale che, congiunturalmente, lo detiene. Il comando viene così giuridicizzato anche se, come Bodin, anche Hobbes è convinto che non possa esistere responsabilità del sovrano nei confronti del cittadino. La legge è in questo senso il prodotto di un esercizio di volontà da

Approfondimento 1.5

L'uomo non è animale politico

«La maggior parte degli scrittori politici suppongono o pretendono o postulano che l'uomo sia un animale già atto sin dalla nascita a consociarsi ... e su questa base costruiscono le loro teorie politiche come se non vi fosse bisogno per conservare la pace e l'ordine di tutto il genere umano, di null'altro che di una concorde osservanza, da parte degli uomini, di determinati patti e condizioni che essi stessi chiamano senz'altro leggi. Ma questo assioma è falso, benché accettato dai più; e l'errore viene da un esame troppo superficiale della natura umana. Infatti, ad osservar più affondo le cause per cui gli uomini si consociano, e fruiscono di reciproci rapporti sociali, si noterà facilmente che questo consociarsi non avviene ▶

in modo che, per natura, non possa accadere altrimenti, ma è determinato da circostanze contingenti. Se l'uomo, infatti, amasse il suo simile per natura, cioè proprio in quanto è un uomo, non vi sarebbe nessuna ragione perché ciascuno non amasse indifferentemente tutti gli altri nella stessa misura, proprio perché si tratta allo stesso modo di uomini; e dovesse invece frequentare quelli la cui amicizia conferisce a lui, a preferenza di altri, un qualche onore o una qualche utilità. Noi non cerchiamo quindi, per natura, amici, ma ci avviciniamo a persone da cui ci venga onore e vantaggio: questo cerchiamo in primo luogo, e quelli solo secondariamente [...] Poiché infatti i legami sociali si stringono di libera volontà, in ogni consociazione è da ricercarsi l'oggetto di questa volontà, che è quel che sembra, a ciascuno dei membri, il Bene. Qualunque cosa poi sembri buona, ci procura un certo diletto, e come tale si riferisce o al corpo o all'animo. Ogni piacere dell'animo o consiste nella vanità, o se vogliamo, nella presunzione, oppure si può ricondurre in ultima analisi alla vanità; tutti gli altri piaceri o non escono dalla sfera dei sensi, o in qualche modo vi conducono, e come tali possono venir compresi sotto la nozione dell'utile. Dunque, ogni patto sociale si contrae o per utilità o per ambizione, cioè per amor proprio e non già per amor dei consoci [...] Se è vero poi che le comodità di questa vita possono essere aumentate dal reciproco aiuto, è pur vero che questo si può ottenere molto meglio dominando sugli altri che unendosi a loro su un piano di uguaglianza: onde nessuno potrà dubitare che gli uomini, per loro natura, sarebbero portati, se non vi fosse il timore, piuttosto a dominare che ad associarsi. Bisogna dunque concludere che le origini delle grandi e durevoli società deve essere stata non già la mutua simpatia degli uomini, ma il reciproco timore»

Tratto da T. Hobbes, *De Cive. Elementi filosofici sul cittadino*, 1642, I, 3

parte di un organo dello Stato che, in quanto autore, ne è di fatto svincolato, ma che è altresì obbligato a tutelare l'ordine garantendo la sicurezza dei cittadini intesa in senso ampio. Il governo pubblico deve infatti regolare la pacifica convivenza e al contempo garantire ai cittadini una condizione accettabile di esistenza attraverso la promulgazione di politiche finalizzate alla tutela di un certo benessere sociale.

1.5. I *moderni*... prima della sociologia politica

Per **Locke** gli individui fondano contrattualmente la società politica per porre un freno all'incertezza della libertà assoluta e per garantirsi la mutua conservazione delle loro vite e della loro proprietà

Con Hobbes i fondamenti politici moderni sono ormai acquisiti. Rimane da risolvere il problema della responsabilità politica dei sovrani e della conseguente questione del consenso. Il nodo irrisolto è infatti quello della relazione specifica tra potere costituito e cittadini che al momento è stata configurata come una pura relazione di comando.

- È a questo punto che diventa fondamentale l'intervento teorico di **John Locke** [1632-1704], primo teorizzatore di una sorta di liberalismo proprietario.

Nell'ambito degli studi politici, il suo nome è legato ai *Due trattati sul governo* (1690) e, in particolare, al secondo trattato in cui per la prima volta si afferma il fondamento consensuale del potere costituito. Anche egli è legato a una impostazione giusnaturalistica ma, nel suo caso, il diritto naturale si configura come teoria laica dell'individuo presociale e come affermazione della naturale eguaglianza di tutti gli uomini che, in quanto tali, possiedono gli stessi diritti. La fuoriuscita dallo stato di natura avviene per Locke sempre su basi volontarie e consensuali. Gli individui fondano contrattualmente la società politica per porre un freno all'incertezza della libertà assoluta e, in particolare, per garantirsi la mutua conservazione delle loro vite e della loro proprietà. Lo Stato diventa il perimetro legale dentro cui dispiegare un dinamismo competitivo tutto individuale nel perseguimento di una felicità intesa come benessere privato. La sfera pubblica nasce perché ogni singolo ha deliberatamente rinunciato a parte del proprio potere naturale per affidarlo alla comunità che, nelle forme dello Stato, diventa un arbitro imparziale sulla base di norme stabilite. Tale neutralità pubblica mal si concilia con la monarchia assoluta, che invece era stata la forma di governo preferita dalla maggior parte dei pensatori a lui anteriori. L'assolutismo monarchico ha infatti il limite di mantenere in vita un giudice privato che si reputa al di sopra della legge che esso stesso emana continuando dunque a operare in uno stato di natura che contraddice i dettami di una forma di governo civile. Questo non vuol dire che non debba esistere una gerarchia dei poteri. A questo riguardo, Locke si affida al principio di maggioranza. Se tutti scelgono di aderire alla società politica, all'interno di essa è giusto che la maggioranza deliberi anche sulle minoranze, pur nell'ambito di una delimitazione dei poteri necessaria a bilanciare le funzioni dello Stato. Assemblea legislativa e certezza del diritto diventano dunque i capisaldi della teoria politica liberale che trova in Locke il principale interprete e fondatore.

Approfondimento 1.6

Della società politica

«L'uomo, in quanto nasce, come dimostrato, con titolo alla perfetta libertà e al godimento illimitato di tutti i diritti e privilegi della legge di natura, egualmente che qualsiasi altro uomo o gruppo di uomini al mondo, ha per natura il potere non soltanto di conservare la sua proprietà, e cioè la propria vita, libertà e fortuna, contro le offese e gli attentati di altri, ma anche di giudicare e punire le altrui infrazioni di quella legge, secondo quanto egli crede che l'offesa meriti, anche con la morte, in delitti in cui l'atrocità del fatto, secondo la sua opinione, lo richieda. Ma poiché una società politica non può esistere né sussistere senza avere in sé il potere di conservare la proprietà, e, a questo fine, punire le offese di tutti i membri di essa, vi è società politica soltanto là ove ciascuno dei membri ha rinunciato al proprio potere naturale, e lo ha rimesso nelle mani della comunità, in tutti i casi che non gl'impediscano di appellarsi per protezione alla legge da essa stabilita. E così, essendo escluso ogni giudizio privato di ciascun membro particolare, la comunità diviene arbitra, in base a norme fisse e determinate, imparziali e identiche per tutte le sue parti, e, per mezzo di uomini che sono autorizzati dalla comunità a far eseguire quelle norme, decide tutte le divergenze che possono aver luogo fra i membri di quella società in materia di diritto, e punisce quelle offese che un membro abbia commesso contro la società, con le penalità che la legge ha stabilito, dal che è facile distinguere quelli che vivono da quelli che non vivono in società politica. Coloro che sono riuniti in un sol corpo e hanno una legge comune stabilita e una magistratura a cui appellarsi, insignita dell'autorità di decidere le controversie che nascono fra di loro, si trovano gli uni con gli altri in società civile, ma coloro che non hanno un simile appello comune, intendo sulla terra, sono sempre nello stato di natura, poiché là ove non c'è altro giudice, ciascuno è giudice ed esecutore per proprio conto, il che è, come ho mostrato sopra, il perfetto stato di natura [...] Ogniqualvolta, dunque, un certo numero di uomini è riunito in una sola società, in tal modo che ciascuno rinuncia al suo potere esecutivo della legge di natura e lo rimette al pubblico, allora e allora soltanto v'è società politica e civile»

Tratto da J. Locke, *Secondo trattato sul governo*,1690, Cap. VII

Per **Montesquieu** le istituzioni politiche non sono il prodotto arbitrario di un legislatore e tantomeno il prodotto logico di un razionalismo astratto ma piuttosto il risultato storico della connessione di diversi elementi fisici, metereologici e sociali

- L'impianto giusnaturalistico di Hobbes e Locke viene in parte demolito dall'opera di **Charles Louis de Secondat**, barone di **Montesquieu** [1689-1755], che lega il suo nome alla monumentale opera su *Lo spirito delle leggi* (1748), che rappresenta la prima sistematizzazione organica del costituzionalismo moderno. Montesquieu non si pone il problema della natura umana, ma è piuttosto interessato a indagare lo sviluppo delle istituzioni che contestualizza storicamente, geograficamente e culturalmente e, in questo, il suo studio assume dei forti connotati sociologici. Le istituzioni politiche di un popolo cessano di essere il prodotto arbitrario di un legislatore e tantomeno il prodotto logico di un razionalismo astratto, ma sono piuttosto il risultato storico della connessione di diversi elementi fisici, metereologici, sociali. Non esiste una migliore forma di governo perché essa va commisurata al contesto storico-sociale in cui si configura. A questo riguardo, egli tenta una classificazione delle diverse tipologie di governo a partire dalla classica tripartizione di monarchia, repubblica e dispotismo, qualificati dai principi corrispondenti di onore, virtù e paura. Come scrive Cerroni (1966, 499): «Montesquieu getta le basi di una collocazione moderna degli studi politici e giuridici nel quadro più largo delle discipline sociali e dà un primo esempio, pur intrinsecamente limitato, di una metodologia sconosciuta alla tradizione». Con la sua opera si chiude definitivamente l'epoca della politica intesa come branca della metafisica, o come pura tecnica del potere, e si gettano le basi per una moderna sociologia delle istituzioni.
La sua principale preoccupazione non risiede nelle dinamiche di conquista del potere, ma nelle sue specifiche modalità di funzionamento. Contro ogni forma di dispotismo e assolutismo egli ricerca la possibilità di una forma di governo moderata che si ponga al contempo il problema dell'autoconservazione e quello

Approfondimento 1.7

Diversi significati dati alla parola libertà

«Non c'è parola che abbia ricevuto maggior numero di significati diversi, e che abbia colpito gli spiriti in tante diverse maniere, come quella di *libertà*. Gli uni l'hanno scambiata per la facilità di deporre colui al quale avevano conferito un potere tirannico; gli altri per la facoltà di eleggere colui al quale essi devono obbedire; altri, per il diritto di portare le armi, e di esercitare la violenza; altri ancora, per il privilegio di non esser governati che da un membro della loro nazione, o dalle loro leggi [...] Certuni hanno riferito questo termine a una determinata forma di governo, escludendone le altre. Coloro che avevano apprezzato il regime repubblicano, l'hanno posta in questo governo; quelli che avevano profittato del governo monarchico, l'hanno posta nella monarchia. In sostanza, ciascuno ha chiamato *libertà* il tipo di governo che era consono ai suoi costumi o alle sue inclinazioni; e, siccome in una repubblica non si hanno sempre davanti agli occhi, in una maniera immediata, gli strumenti dei mali di cui ci si lamenta, e le leggi sembra parlino di più, e gli esecutori delle leggi di meno, si pone di solito la libertà nelle repubbliche, e la si esclude dalle monarchie. Infine, poiché nelle democrazie pare che il popolo possa fare quasi tutto ciò che vuole, si è attribuita la liberta a questo tipo di governo, confondendo il potere del popolo con la libertà del popolo.

[...] È vero che nelle democrazie il popolo sembra fare ciò che vuole, ma la libertà politica non consiste affatto nel fare ciò che si vuole. In uno Stato, vale a dire in una società nella quale esistono delle leggi, la libertà non può consistere che nel poter fare ciò che si deve volere e nel non essere costretti a fare ciò che non si deve volere.

Bisogna mettersi bene in mente che cosa sia l'indipendenza, e che cosa sia la libertà. La libertà è diritto di fare tutto ciò che le leggi permettono; e s un cittadino potesse fare ciò che esse proibiscono, non sarebbe più libero, poiché tutti gli altri avrebbero anch'essi questo stesso potere»

Tratto da Montesquieu, *Lo spirito delle leggi*, 1748, Libro XI, Cap. II e III

del rispetto delle libertà e dei diritti individuali. Egli commisura sempre il potere politico alle forme dell'organizzazione sociale e la sua convinzione sulla necessità di un equilibrio tra i poteri coincide con l'idea di un equilibrio corrispondente tra le forze sociali. Pur dentro un quadro per certi aspetti contraddittorio, Montesquieu si fa portavoce di una moderna teoria della rappresentanza parlamentare senza vincoli di mandato che diventerà uno dei fondamenti del moderno Stato di diritto, delineando i tratti di un potere legislativo non più ritagliato attorno a poteri intermedi e a interessi corporativi, ma rappresentativo dell'intera nazione.

- L'eticismo del passato è superato attraverso gli strumenti della ragione, ma di un razionalismo astratto che si articola nella connessione logica di idee e concetti. Le pulsioni degli uomini sono ancora relegate alla dimensione di uno stato pre-sociale da esaltare o, più spesso, da contenere nel nome del vivere comune. Sarà **David Hume** [1711-1776] a rivalutarne il ruolo sociale e politico. Filosofo della conoscenza più che studioso di politica, Hume, nel suo *Trattato sulla natura umana* (1739-1740) e nella più snella *Ricerca sull'intelletto umano* (1749), riabilita il ruolo delle «passioni» e degli «interessi» come elementi fondamentali anche dell'etica e della politica. Dal suo punto di vista, ciò che chiamiamo ragione non è altro che il portato dell'abitudine e l'indagine si deve spostare dalla riflessione alla specificità dell'uomo. **L'obbligazione politica è fondata sull'interesse comune di un popolo che non può essere analizzato come una sorta di principio, quanto piuttosto come una realtà effettuale fatta di individui dotati di coscienza e corpo**. La sola ragione non può essere fonte di azione perché non agisce da impulso attivo. Gli individui sono perlopiù spinti da appetiti originari il cui soddisfacimento produce piacere. Si tratta di quei «bisogni» sui quali la ragione è ininfluente. Solo dopo averli appagati è possibile che gli individui possano essere attratti da appetiti secondari finalizzati a oggetti specifici (potere, prestigio, ecc.) che la ragione può governare. Con Hume viene dunque riconosciuto il carattere fondativo dei bisogni e delle passioni che diventeranno elementi cardine della moderna riflessione sociologica. In questo senso, il diritto e la politica hanno il compito di stabilire un rapporto di equilibrio tra interessi spesso divergenti. La socialità non rappresenta un appetito naturale dell'uomo, ma è perseguita per necessità di regolamentazione dei bisogni. La ragione suggerisce una costruzione sociale sulla base dell'utilità pubblica e dell'interesse collettivo allo stabilimento di un ordine. Svelando la trama delle passioni, Hume si distacca dalla tradizione contrattualistica di Hobbes e Locke. L'interesse, e non più il contratto razionale, è alla base della costituzione dello Stato.

> Con **Hume** viene riconosciuto il carattere fondativo dei bisogni e delle passioni che diventeranno elementi cardine della moderna riflessione sociologica

- La stessa attenzione al corpo sociale è rintracciabile nell'opera di **Jean Jacques Rousseau** [1712-1778], anche se la orienta verso presupposti del tutto inediti. Egli propone l'antitesi tra stato di natura e società così come si è storicamente configurata. La sua attenzione è rivolta all'uomo naturale, senza per questo declinarlo nei termini razionalistici dei suoi predecessori. Il limite del razionalismo è a suo avviso quello di rendere gli uomini filosofi prima ancora di averne dispiegato la natura eminentemente umana. La società civile fondata, con Locke, sulla convivenza tra individui proprietari è in realtà all'origine della corruzione del genere umano. Occorre la costruzione di un sistema contrattualistico che consenta agli uomini di rimanere liberi e questo è possibile solo attribuendo ad essi la vera sovranità. Nelle sue due opere maggiori, *Il Contratto sociale* e *L'Emilio*, entrambe pubblicate nel 1762, Rousseau pone il problema della legge come espressione della «volontà generale», preconizzando una forma di democrazia radicale che faccia anche a meno delle istituzioni di rappresentanza, perché dal momento che gli individui delegano parte del proprio potere a dei rappresentanti cessano di essere liberi.

> Per **Rousseau** il contratto sociale non può fondarsi su una asimmetria di potere ma su una libertà perseguita attraverso la rinuncia del particolare e l'accoglimento dell'interesse generale

La legge non può preesistere al popolo in quanto essa è il prodotto della volontà generale. Gli interessi particolari, che erano centrali nell'opera di Montesquieu, ora passano in secondo piano, nel nome del concetto etico-politico della volontà (e dell'interesse) generale. Qualunque assetto di potere, per sopravvivere, deve porsi il problema della **legittimità** che non si può fondare sul semplice comando, né sulla rappresentazione di interessi particolari. Il contratto sociale non può dunque fondarsi su un'asimmetria di potere, ma su una libertà perseguita attraverso la rinuncia del particolare e l'accoglimento dell'interesse generale: lo Stato stesso, che per Rousseau è una «persona morale», esige unità contro ogni parzialità. Egli si distacca dunque dalle concezioni giusnaturalistiche, pur rimanendo legato a un concetto ipotetico di diritto naturale che lo allontana dall'analisi storico-sociale. La società preconizzata dal filosofo ginevrino si realizza in una sorta di *Io sociale* dove il tema della sovranità popolare diventa centrale. In questo senso, pur nei limiti di una pesante ricaduta eticistica, l'opera di Rousseau annuncia il tema della democrazia moderna e dei suoi istituti. Come nota Cerroni (1966, 559): «Il grande tema politico, dopo Rousseau, diviene l'analisi dello Stato in rapporto alla sovranità del popolo, nonché l'analisi del popolo come connessione reale di uomini in società». La politica moderna, fatta di interessi, passioni e ragioni, trova finalmente se stessa e il suo sviluppo interamente laico.

Approfondimento 1.8

Del patto sociale

«Io suppongo che gli uomini siano arrivati al punto in cui gli ostacoli che nuocciono alla loro conservazione nello stato di natura prevalgano con la loro resistenza sulle forze di cui ciascun individuo può disporre per mantenersi in quello stato. Allora tale stato primitivo non può sussistere, e il genere umano perirebbe se non cambiasse le condizioni della sua esistenza.
Ora, siccome gli uomini non possono creare nuove forze, ma soltanto unire e dirigere quelle che esistono, essi non hanno altro mezzo per conservarsi che quello di formare per aggregazione una somma di forze che possa prevalere sulla resistenza, mettendole in moto per mezzo di un unico impulso e facendole così agire d'accordo.
Questa somma di forze non può nascere che dal concorso di più uomini; ma, essendo la forza e la libertà di ciascun uomo i primi strumenti per la sua conservazione, come potrà impegnarli senza danneggiarsi e senza trascurare le cure che deve a se stesso? Questa difficoltà ricondotta al mio argomento, si può enunciare in questi termini:
"Trovare una forma di associazione che difenda e protegga con tutta la forza comune la persona e i beni di ciascun associato, e per la quale ciascuno, unendosi a tutti, non obbedisca tuttavia che a se stesso, e resti libero come prima". Questo è il problema fondamentale di cui il «Contratto Sociale» dà la soluzione.
Le clausole di questo contratto sono determinate in tal modo dalla natura dell'atto che la minima modificazione le renderebbe vane e di nessun effetto; di modo che, sebbene forse non siano mai state formalmente enunciate, esse sono dovunque le stesse, dovunque tacitamente ammesse e riconosciute, fino a

quando, nel caso che il patto sociale venga violato, ciascuno rientri nei suoi originari diritti, e riprenda la sua libertà naturale, perdendo la libertà convenzionale in cambio della quale aveva rinunciato alla prima.Queste clausole, bene intese, si riducono tutte a una sola: cioè l'alienazione totale di ciascun associato con tutti i suoi diritti a tutta la comunità. Infatti, innanzi tutto, poiché ciascuno si dà tutto intero, la condizione è uguale per tutti, ed essendo la condizione uguale per tutti, nessuno ha interesse a renderla onerosa per gli altri.
Inoltre, essendo l'alienazione fatta senza riserve, l'unione è la più perfetta possibile e non resta ad alcun associato niente da rivendicare; Infatti, se restasse qualche diritto ai singoli, non essendovi nessun superiore comune che possa far da arbitro tra loro e la collettività, ciascuno, essendo in qualche caso il proprio giudice, pretenderebbe ben presto di esserlo sempre; lo stato di natura si perpetuerebbe, e l'associazione diverrebbe necessariamente tirannica o vana.
Infine, chi si dà a tutti non si dà a nessuno; e siccome non vi è associato sul quale ciascuno non acquisti un diritto pari a quello che gli cede su di sé, tutti guadagnano l'equivalente di quello che perdono, e una maggiore forza per conservare quello che hanno.
Se dunque si toglie del patto sociale quello che non gli è essenziale, si troverà che esso si riduce ai termini seguenti: "Ciascuno di noi mette in comune la sua persona e ogni suo potere sotto la suprema direzione della volontà generale; e riceviamo inoltre ciascun membro come parte indivisibile del tutto"»

Tratto da J.J. Rousseau, *Il contratto sociale*, 1762, Libro I, Cap. VI

Kant risolve le questioni sollevate dalla tradizione giusnaturalistica elaborando una teoria razionale dello Stato costruito attorno al diritto positivo

- La critica alla ragione astratta avviata da Hume e Rousseau si salda nella scoperta del primato della ragion pratica ad opera di **Immanuel Kant** [1724-1804] che contesta ogni dogmatismo razionalistico svincolato dal piano esperienziale. Egli risolve le questioni sollevate dalla tradizione giusnaturalistica elaborando una teoria razionale dello Stato costruito attorno al diritto positivo. L'individuo, in quanto essere razionale, trova nell'ordinamento giuridico dello Stato la condizione di vita pienamente rispondente alla propria natura. Il «contratto» di Kant non è più sociale, ma politico-giuridico, come si evince nelle pagine del suo *Principi metafisici della dottrina del diritto* (1797). La sfera politica si configura come una dimensione impersonale chiamata a produrre regole (leggi) socialmente vincolanti. La legge possiede una struttura metaindividuale finalizzata a proteggere l'autonomia del cittadino nei confronti di eventuali abusi di potere. Il diritto viene in parte depoliticizzato liberandosi dalla pura fenomenologia del comando e diventando garante del libero dispiegamento delle relazioni intersoggettive. L'attività decisionale assume dunque un carattere formale-razionale, tipicamente moderno, che rischia però di far passare in secondo piano la questione dirimente del consenso e della legittimazione politica.

Per **Hegel** lo Stato assume un carattere etico-spirituale perché ha il compito di riconnettere volontà disperse nelle società individualizzate. Esso è il mondo che si fa spirito

- Proprio questo formalismo kantiano sarà messo in discussione da **Georg Wilhelm Friedrich Hegel** [1770-1831], altro gigante della filosofia classica tedesca, che approderà all'identità di «reale» e «razionale», riducendo il mondo alla sfera di per sé astratta della logica di cui la storia non rappresenta altro che l'articolazione tangibile. Il merito di Hegel sta nel recupero, accantonato da Kant, del nesso tra bisogni e politica e dell'importanza del diritto che trae origine da particolari relazioni sociali. In questo senso, lo Stato non è solo un artificio ingegneristico, ma sta nel mondo e, in quanto tale, non può recidere ogni aggancio con gli interessi sensibili. Il suo fine è la felicità dei cittadini che è resa difficile dalla natura non comunitaria della società moderna. Il tratto della modernità sta infatti nella individualizzazione delle relazioni sociali. Come rileva nei suoi *Lineamenti di filosofia del diritto* (1821), la società civile si profila come un rapporto che lega individui del tutto atomizzati, tra loro intrecciati solo dalle anonime esigenze della divisione del lavoro. Lo Stato assume quindi un carattere etico-spirituale, perché ha il compito di riconnettere volontà nei fatti disperse. Lo Stato è anzi il mondo che si fa spirito, o meglio, l'ingresso dello spirito nel mondo, una cosa pensata e quindi una espressione della razionalità. In questa esaltazione statalistica, Hegel enfatizza il momento etico-politico, sacrificando la dimensione materiale dei bisogni. Come scrive Cerroni (1966, 615): «D'un tratto il processo teorico, che nel corso del XVII e del XVIII secolo aveva gradualmente penetrato il nesso tipicamente laico dello Stato moderno ragione-consenso-interesse, sembra ribaltarsi tornando – su un piano naturalmente diverso – a una nuova teologia, a una teologia laica». Spetterà a Marx riportare la teoria hegeliana nella dimensione reale degli interessi concreti e del consenso commisurato alla sovranità popolare. Ma a questo punto entriamo appieno nella sfera della sociologia politica. ■

Percorso di autoverifica

- Secondo la tradizione greca e in particolare aristotelica come potremmo definire la dimensione del politico connessa alla natura umana?
- Quali sono gli elementi sostanziali che connotano quella particolare forma di potere che si realizza nella dimensione politica?
- Secondo l'elaborazione teorica di Carl Schmitt, dove risiederebbe la più alta applicazione teorica della politica?
- Sulla base dei mezzi necessari all'esercizio del potere politico e della sua principale funzione, come potremmo definire preliminarmente la politica?
- In che consiste la prima grande frattura teorica dalla quale scaturisce il primo passaggio da un'idea pre-moderna a una propriamente moderna di politica?
- In quale contesto sociopolitico e teorico-culturale cominciano a maturarsi in Italia le prime elaborazioni politiche moderne?
- In ambito teologico, in quale aspetto e attraverso quale autore si realizza il distacco dalla tradizione agostiniana-paolina?
- Quali elementi di novità sono introdotti dall'opera di Dante e di Marsilio?
- In cosa consiste la grande operazione teorica di Niccolò Machiavelli?
- Come si pone Hobbes rispetto alla tradizione naturalistica aristotelica e che genere di elaborazione politica ne fa scaturire?
- Nella concezione di Stato elaborata da Hobbes, come da Bodin, esiste uno spazio per la produzione di conflitto?
- Quali sono i tratti del liberalismo proprietario di John Locke?
- Per quale ragione l'opera di Montesquieu è da più parti considerata come un momento di rottura radicale con le riflessioni politiche a lui anteriori?
- Quale elemento fondamentale per comprendere le dinamiche politiche moderne è introdotto dalla elaborazione intellettuale di David Hume?
- Quali sono i tratti salienti e innovativi della tradizione contrattualistica inaugurata da Rousseau?
- Perché l'opera di Kant e di Hegel è così rilevante nel percorso teorico di formulazione dello Stato di diritto?

Il campo della sociologia politica

2

La sociologia politica va oltre la tendenza normativa tipica del tradizionale modo di pensare all'organizzazione delle società e si pone il problema di connettere le forme del potere al sistema di interessi che una società complessa esprime. La nascita dello Stato nazionale e lo sviluppo del modello capitalistico di produzione nell'ambito di società industrializzate hanno accelerato i processi di mutamento sociopolitico, giustificando uno sguardo più attento che si ponesse il problema di osservare le dinamiche sociali attraverso la logica e i metodi delle scienze sociali empiriche. A questo proposito, per quanto la sociologia politica come disciplina sia nata e si sia consolidata effettivamente solo nel XX secolo, è possibile rintracciarne le origini nell'opera di alcuni studiosi legati in maniera critica e innovativa alla società europea del XIX secolo, pur vivendo – almeno due di loro – a cavallo di due secoli. Tra questi, scegliamo di approfondire le riflessioni teoriche e le ricerche di Tocqueville, Marx, Durkheim e Weber, ripercorrendo solo quegli aspetti del loro pensiero che hanno avuto una più diretta ripercussione nei successivi sviluppi della sociologia politica. Trascureremo invece altri pur importanti aspetti del loro pensiero che, a nostro avviso, sono meno essenziali ai fini del presente capitolo. Il rapporto tra Stato e società civile, tra politica e interessi sociali, tra consenso e conflitto e, in genere, l'analisi delle forme di organizzazione politico-istituzionale in un contesto di mutamento sociopolitico e socioeconomico generalizzato sono al centro della loro e della nostra riflessione.

Obiettivi di apprendimento

- Sociologicamente, la politica è quella sfera dei rapporti sociali che si articola a partire da un territorio delimitato nelle forme dello Stato e, nell'ambito del quale, o oltre il quale, agiscono attori collettivi più o meno organizzati che hanno come riferimento il controllo delle risorse considerate essenziali per l'organizzazione dell'esistenza umana.
- La sociologia politica è la disciplina che studia i rapporti tra quel sistema di relazioni sociali multiple che si è storicamente articolato nelle forme della società e quel sistema delle decisioni collettivamente vincolanti che è universalmente riconosciuto come il campo della politica.
- Concetti centrali per l'analisi sociologica della politica, oltre al concetto di potere e autorità e al concetto di Stato, sono dunque i concetti di interesse, di conflitto, di consenso, di associazione politica, di partecipazione e di ideologia connessi alle pratiche concrete di organizzazione sociale.

2.1. La politica... sociologicamente

Nel precedente capitolo abbiamo delineato i caratteri della politica moderna. In base agli scritti dei grandi giganti del pensiero politico, a partire dal XIII secolo fino alla prima metà del XIX, siamo stati in grado di definire la politica come «quell'insieme di attività volte a regolare la convivenza umana in un determinato contesto sociale attraverso un preventivo stabilimento dell'ordine. Tale ordine può essere garantito solo se un gruppo sociale riesce ad acquisire il potere dato dall'uso esclusivo della forza». Abbiamo dunque individuato nell'«ordine» il fine minimo della politica e nel «potere», e in particolare nel potere coattivo, la sua principale risorsa fattuale o potenziale. Abbiamo poi stabilito che la politica moderna si configura in primo luogo attraverso la sua separazione dalla teologia e dalla morale così come, al contempo, attraverso la sua articolazione autonoma (ma non per questo indipendente) dal resto della società. «Politica» e «società» indicano dunque due sfere di relazioni distinte ma connesse. Sarà il compito delle scienze sociali studiarne i caratteri a partire dalla fine del XVIII secolo e gli inizi del XIX quando, molto lentamente, la sociologia comincia a configurarsi come campo di studi autonomo dalla filosofia, fondata su una propria logica e su un proprio metodo, che è quello tipico delle scienze sociali empiriche, che si basano cioè sull'osservazione diretta dei processi sociali.

L'urgenza di una «scienza della società» viene determinata da una improvvisa accelerazione dei processi di mutamento. Tra il XVI e il XIX secolo, le società europee entrano infatti in un'epoca di mutamento sociale accelerato che investe la sfera economica, giuridica, politica e culturale. Nasce quella che noi moderni abbiamo definito «modernità» che, sul piano economico, è inaugurata dalla rivoluzione industriale e, in particolare, da quella particolare forma di accumulazione della ricchezza che ha assunto l'etichetta di «capitalismo», mentre, sul piano politico, viene caratterizzata dalla nascita e dal consolidamento degli Stati nazionali e, in particolare, da quella forma di organizzazione della politica che si riconosce nello «Stato di diritto», nell'ambito del quale il potere politico diventa potere legittimo e soggetto a uno specifico ordinamento giuridico. Se un tempo le società mutavano con molta gradualità e ciò che ogni individuo rappresentava era sostanzialmente legato alla sua origine familiare, ormai «individualismo» e «razionalismo» diventano i tratti culturali dominanti. Gli esseri umani, svincolati dalla gabbia sociale di un potere politico oppressivo e di un sistema ideologico e religioso troppo pervasivo, cominciarono a sviluppare idee di libertà e trasformazione legate alla legittima aspirazione all'autorealizzazione, in primo luogo individuale.

Il connubio tra nuove acquisizioni culturali e imponenza delle trasformazioni socioeconomiche e sociopolitiche strutturali giustificano il tentativo di configurare i caratteri di una scienza nuova che, con logica e metodi innovativi, si ponga il problema di osservare, prima di spiegare, questi grandi processi di mutamento. Si deve aspettare il XX secolo affinché tale logica e tali metodi si perfezionino e affinché la sociologia si configuri come campo disciplinare veramente autonomo ma, già alla fine del XVIII secolo e in particolare nel XIX, autori come Tocqueville, Marx, e soprattutto come Durkheim e Weber gettarono le basi della moderna sociologia, di cui la **sociologia politica** rappresenta un campo di specializzazione. Per quanto già Montesquieu e Rousseau, come abbiamo visto, attraverso le loro opere, abbiano contribuito allo sviluppo della futura sociologia politica, il pensiero politico pre-sociologico ancora era fermo a una dimensione speculativa e normativa. Attenti a elaborare i tratti della politica buona e della migliore forma di organizzazione dello Stato, in pochi si posero il problema di osservare la politica nel suo rapporto con quel complesso sistema di relazioni sociali che non sono direttamente riconducibili alla sfera del politico. Insomma, nota Lipset (1969, 7), tra i compiti della moderna sociologia politica vi sarà anche quello di indagare se e in quale misura eventi politici e istituzioni siano diversamente influenzati da fattori extra-politici (culturali, economici e in genere sociali).

la **Sociologia Politica** è quella disciplina che indaga i rapporti tra quel sistema di relazioni sociali multiple che si è storicamente articolato nelle forme della società e quel sistema delle decisioni collettivamente vincolanti che è universalmente riconosciuto come il campo della politica

In base a quanto appena scritto, siamo nelle condizioni di definire la politica alla luce delle acquisizioni delle scienze sociali. In particolare, possiamo oggi affermare che: **da un punto di vista sociologico, la politica si configura come quella sfera specifica dei rapporti sociali che si articolano a partire da un territorio delimitato che storicamente si è configurato nelle forme dello Stato, nell'ambito del quale e, talvolta, oltre il quale agiscono attori collettivi più o meno organizzati, come movimenti, gruppi e partiti, che hanno come riferimento ultimo, non sempre esplicito, il controllo delle risorse considerate essenziali per l'organizzazione dell'esistenza umana e di un certo ordine sociale**. Da questo punto di vista, assumono rilevanza tutte quegli aspetti culturali che, a partire dalla tradizione, ma anche sotto la spinta di grandi visioni ideologiche, motivano l'azione collettiva dentro un'articolazione sempre asimmetrica delle forme di potere. In un contesto del genere, assume importanza la dimensione degli interessi particolari, sovente in stato di conflitto, e generalmente avanzati da quei soggetti collettivi che, per dirla con Gallino (1989, 166), «formano ed esauriscono un sistema sociale a base territoriale» e non necessariamente limitato entro i confini rigidi di uno Stato. Lo stesso modello, continua Gallino (ibid.), «si può vedere riprodotto su scala internazionale: qui i soggetti sono singoli paesi o gruppi di paesi, il territorio quello di continenti o dell'intero pianeta, il sistema è il sistema dei rapporti internazionali».

La sociologia, fin dalle sue origini, ha mostrato un interesse profondo per i fenomeni politici, anche se ci sono voluti decenni prima che riuscisse a concepire uno spazio della politica autonomo dal resto delle relazioni sociali, a lungo schiacciata da una concezione di ispirazione marxista che, vedremo, concepiva la politica e i rapporti istituzionali come una sorta di epifenomeno delle relazioni di classe all'interno delle strutture economiche e, più recentemente, si fa per dire, un approccio di tipo funzionalista che, con Talcott Parsons, concepiva la politica come il tessuto connettivo della società in generale e quindi l'oggetto generico della sociologia, negando di fatto l'urgenza di un ramo disciplinare autonomo che ne studiasse i caratteri e le strutture. Ma se da un lato è vero che tutti i rapporti sociali, in quanto rapporti di potere, possiedono una componente politica, è dall'altro altrettanto vero che le dinamiche di strutturazione e destrutturazione di rapporti e azioni sociali, che si realizzano per il controllo delle risorse scarse, meritano un'attenzione particolare che giustifica l'esistenza della sociologia politica.

Ammessa l'importanza della sociologia politica come disciplina autonoma dalla sociologia generale, almeno quanto la politica lo è dalla società in generale, occorre però definire il suo focus analitico, cioè il problema centrale della disciplina. Le varie scuole di pensiero concordano sul fatto che la sociologia politica sia sostanzialmente la **scienza del potere** e, in particolare, del potere istituzionalizzato nell'ambito di una comunità politica, in genere uno Stato. Non a caso, Max Weber definiva la politica «come l'aspirazione a una partecipazione al potere o ad un'influenza sulla distribuzione del potere, sia tra Stati che nell'ambito di uno Stato, tra i gruppi di uomini che esso comprende» (Weber 1922, tr.it. 1968, vol. II, 681). Alla luce di quanto scritto, potremmo dire che: **la Sociologia Politica è quella disciplina che indaga, attraverso la logica e i metodi delle scienze sociali empiriche, i rapporti ora conflittuali ora cooperativi tra quel sistema di relazioni sociali multiple che, a partire da un territorio delimitato, si è storicamente articolato nelle forme della società e quel sistema delle decisioni collettivamente vincolanti che, a partire dallo Stato e delle relazioni di potere che vi si realizzano, ma non limitatamente ad esso, è universalmente riconosciuto come il campo della politica**.

A partire da questa definizione, gli oggetti della sociologia politica possono essere molteplici, ma tutti girano intorno alle modalità di produzione e organizzazione del potere, e di quello specifico potere che è il potere politico, che garantisce a chi lo detiene la possibilità di produrre decisioni socialmente vincolanti sulla distribuzione delle risorse scarse necessarie alla costruzione di uno specifico ordine sociale. È dunque centrale in sociologia politica l'analisi del **dominio** e delle sue principali manifestazioni sotto forma di potere, influenza e autorità. Altrettanto centrale è lo studio della stratificazione degli **interessi** sociali tradotti politicamente e contrapposti reciprocamente nelle varie forme di **conflitto**, o reciprocamente integrati attraverso le diverse pratiche di produzione del **consenso**. Oltre al potere istituzionalizzato nello **Stato**, studiato sia come ordinamento giuridico che come apparato burocratico, diventa essenziale lo studio dei diversi attori della **partecipazione** politica (partiti, movimenti, gruppi) e della loro capacità di produrre azione collettiva anche e soprattutto attraverso l'elaborazione di specifiche **ideologie** che, sovente, rappresentano il volano di grandi trasformazioni sociali che hanno talvolta assunto i caratteri di importanti **sconvolgimenti rivoluzionari**.

Prima che la sociologia politica si affermasse come disciplina e campo di indagine, nota Coser (1966, 6), era comunemente accettata l'idea che il processo politico moderno si configurasse, nella sostanza, secondo il modello normativo proposto da Locke e i suoi successori. Al contrario, le scienze sociali hanno posto l'accento sulla relazione asimmetrica tra élites politiche e popolo e, in particolare, tra governanti e governati. In questo modo, la politica e le sue strutture vengono considerate nella loro costante relazione con le strutture sociali e, nello specifico, con l'articolazione degli interessi che le società esprimono. Accettando il postulato sociologico secondo cui tutte le società siano sostanzialmente caratterizzate da tensioni irrisolte che comprendono sia gli attori sociali che ne sono protagonisti che le regole del gioco che governano i ricorrenti sforzi per risolvere tali tensioni, dobbiamo al contempo accettare l'idea che ogni società sia caratterizzata da soggetti portatori di interessi distinti e non necessariamente conciliabili. La sociologia politica, scrivono Bendix e Lipset (1966, 25), «ha il compito specifico di analizzare tali tensioni così come le fratture che prendono corpo a partire dall'ordine sociale ed economico della società. E dovrebbe farlo su basi comparate, cercando cioè di mostrare la gamma delle alternative astrattamente disponibili, a partire dalle quali vengono prodotte le principali scelte politiche».

Come abbiamo scritto, la sociologia politica si consolida soprattutto a partire dalla prima metà del XX secolo, ma sarà nel XIX secolo che alcuni autori getteranno le basi per un'analisi sociologica della politica. In particolare, Tocqueville e Marx si posero il problema del conflitto tra gli interessi sociali. Entrambi enfatizzarono la dimensione della solidarietà tra i gruppi sociali anche se, mentre Tocqueville li identificava soprattutto nelle comunità locali e nelle associazioni volontarie, Marx le riconduceva alle classi sociali dentro un quadro conflittuale nell'ambito della struttura socioeconomica e dei rapporti di produzione. Se Tocqueville partiva dall'analisi del conflitto per porsi il problema dell'unità sociale che potesse garantire sia la lotta politica che il consenso politico dentro un quadro istituzionale condiviso, Marx diventa il teorico della rivoluzione contro un sistema di dominio non riformabile dentro il quadro giuridico dello Stato. Altri autori, come Durkheim e Weber, si pongono invece il problema di delineare il ruolo della politica come mezzo di integrazione sociale dentro i parametri di una società complessa. Durkheim la identifica soprattutto nei legami sociali, che si articolano dentro una marcata differenziazione sociale e divisione del lavoro, mentre Weber cerca di inserirla nell'ambito di una teoria del potere e della sua istituzionalizzazione «razionale» all'interno dei confini burocratici dello Stato moderno.

Nei prossimi paragrafi cercheremo di delineare gli aspetti del pensiero di questi autori che, a nostro avviso, hanno avuto una ripercussione sui successivi sviluppi della sociologia politica. Ovviamente ci limiteremo a individuarne il quadro teorico generale, approfondendone la posizione nel corso del volume quando discorreremo nel merito dei vari temi di interesse sociopolitico per la comprensione dei quali hanno fornito un notevole contributo.

2.2. Alexis de Tocqueville [1805-1859]

Tocqueville cerca di elaborare un modello di società democratica capace di coniugare libertà individuali ed eguaglianza sociale senza degenerare in dispotismo politico

L'importanza del lavoro di Tocqueville per la futura sociologia politica deriva soprattutto dal suo studio sulla civiltà americana, la cui prima parte fu pubblicata a Parigi nel 1835 e attraverso cui egli cerca di elaborare un modello di società democratica capace di coniugare libertà individuali ed eguaglianza sociale, senza degenerare in dispotismo politico. Per la prima volta **Tocqueville** si pone il problema di un sistema in cui l'armonia degli interessi sociali possa essere garantita da un complesso ordinamento politico-giuridico fondato sulla rappresentanza democratica, dove il potere è dunque legittimato da una investitura popolare e distribuito tramite un ampio decentramento delle strutture costituzionali. Egli è convinto che le decisioni politiche debbano essere prese dalla maggioranza, evitando però il rischio di una **sua tirannia**. Per questa ragione è esplicito in Tocqueville il primato della libertà sull'uguaglianza, convinto che l'istanza egualitaria sia sostanzialmente in contrasto con quella libertaria e che l'equilibrio del sistema possa essere garantito solo attraverso l'azione dinamica della società civile, che identifica nell'associazionismo volontario. Quello di Tocqueville è dunque un **liberalismo della società civile** e della pluralità di interessi che essa esprime. I fondamenti democratici non sono dunque individuati, almeno nel caso americano, da accorgimenti tecnico-istituzionali legati alla forma di governo, ma nelle articolazioni di una società ricca e dinamica (Prospero 2002, 96).

La rilevanza del pensiero di Tocqueville per la sociologia politica risiede in primo luogo nella sua convinzione che la democrazia non rappresenti solo una forma di organizzazione del potere politico in uno Stato, ma anche uno specifico assetto sociale legato allo sviluppo di una cultura civica condivisa. Oltre alle leggi sono dunque importanti anche le tradizioni di un popolo, cioè i suoi costumi, ciò che egli definisce le **abitudini del cuore e dello spirito**. Come nota Prospero:

> *Ogni concetto in Tocqueville ha un doppio significato. L'eguaglianza significa sia un'astratta possibilità, cioè la condizione tipica della modernità che «lascia a ciascuno la possibilità di arrivare a tutto», sia una concreta pratica di vita che perverte il significato dell'eguaglianza e lo tramuta allora in livellamento, in sovranità dei poveri.*
>
> ibid. 98

Allo stesso modo, l'**individualismo**, che è una componente essenziale della modernità, può riguardare un sentimento ponderato fondato sulla consapevolezza dei propri interessi come separati da quelli del pubblico, ma può altresì degenerare in un istinto cieco e depravato che indica al contrario una carenza di carattere etico-politico. Esso è valore quando favorisce la normale dialettica democratica, ma si trasforma in disvalore quando scade in un privatismo meschino.

Tocqueville è dunque uno dei primi studiosi che, pur nei limiti della strumentazione dell'epoca, ha svolto i suoi studi cercando di seguire una logica che oggi potremmo assimilare alla sociologia politica. Tutta l'opera di Tocqueville, nota Smelser (1971, 20; 1976, tr.it. 1982, 46), è dominata dall'esigenza esplicita di analizzare gli effetti del contrasto tra uguaglianza e disuguaglianza sociale. Lo studioso francese individuava due modalità opposte rispetto all'atteggiamento nei confronti dell'uguaglianza: la prima, aristocratica, che tende a minimizzarne la portata; la seconda, democratica, che al contrario la enfatizza al massimo. L'individuazione di queste due modalità fa pensare all'utilizzo di una metodologia simile a quella che sarebbe stata teorizzata da Max Weber nelle forme degli «ideal-tipi», cioè concetti sostanzialmente astratti a cui nessun caso empirico corrisponde alla perfezione (Richter 1969).

Abbiamo detto come Tocqueville fosse convinto che ogni regime democratico corra il rischio di degenerare in dispotismo. Specie nelle fasi di maggiore apatia politica, quando cioè i cittadini si allontanano dalle questioni pubbliche, il governo si centralizza e l'opinione pubblica finisce col coincidere con la tirannia della maggioranza. Malgrado ciò, egli crede di aver individuato negli Stati Uniti una serie di forze sociali, in primis leggi e costumi, che, operando congiuntamente, rappresenterebbero un antidoto a tali rischi degenerativi (Tocqueville 1835-40, tr.it. 1969a). In particolare, in ambito strettamente legislativo, diede risalto alla particolare articolazione istituzionale sotto le forme dell'**unione federale**, all'**istituzionalizzazione dei comuni** e allo specifico **sistema giudiziario**; mentre sul piano dei costumi, diede risalto alla **separazione tra Chiesa e Stato**, alla presenza di **una religione comune** che garantisce il libero sviluppo degli individui, alla **lingua comune** e al **livello di istruzione** medio-alto. Strettamente connessi alla presenza di certe tradizioni e di quello specifico sistema istituzionale, Tocqueville considerò la **libertà di stampa** e la presenza di un **tessuto associativo vasto** e vitale come due fattori molto importanti per evitare possibili degenerazioni sistemiche in senso dispotico.

La curiosità di Tocqueville verso il passaggio dall'aristocrazia alla democrazia alla tirannia era strettamente legato all'interesse che l'autore riponeva verso lo studio dei processi politici in Francia, un paese le cui origini storiche non erano troppo distanti da quelle di molte altre società europee e in cui, nel diciottesimo secolo, si erano verificate le condizioni per una distruzione parziale dell'antico regime dispotico per la realizzazione altrettanto parziale di un sistema democratico fondato dunque sul principio dell'uguaglianza. Una strana combinazione tra aristocrazia e vocazione democratica in Francia avrebbe secondo Tocqueville favorito lo sviluppo di quei sentimenti di insoddisfazione, individualismo e conflitto che alla fine avrebbero poi portato allo sbocco rivoluzionario (Tocqueville 1856, tr.it. 1969b). Gli americani, rispetto agli europei, e in particolare ai francesi, avevano potuto godere del vantaggio di poter costruire una società democratica senza prima preoccuparsi di abbattere una società aristocratica. Come nota Smelser, sono dunque essenzialmente due le fondamentali distinzioni che danno corpo al lavoro comparato di Tocqueville: «la distinzione tra l'aristocrazia e la democrazia, e la relazione tra queste due situazioni, conformemente istituzionalizzate, e la condizione sociale costruitasi sulla combinazione di entrambe» (Smelser 1976, tr.it. 1982, 49).

Secondo Tocqueville, furono in particolare **due congiunture storiche** a minare le basi dell'aristocrazia nella Francia dell'antico regime: la **centralizzazione,** connessa al **paternalismo del governo**, e il graduale **avanzamento verso l'uguaglianza** di alcune classi sociali. Naturalmente il percorso di queste due tendenze non fu lineare. A compensare lo strapotere del governo centrale sussistevano ancora le assemblee locali per quanto ininfluenti. I membri della vecchia classe dirigente mantenevano buona parte dei propri titoli e privilegi per quanto l'autorità effettiva era stata loro gradualmente sottratta. In questo senso, il potere dell'aristocrazia era evidentemente in declino, mentre altri gruppi avevano sperimentato un graduale mutamento della propria condizione sociale, soprattutto la borghesia, che nel vecchio regime era stata estromessa da qualsiasi posizione di influenza. Per quanto privi di effettivi diritti feudali, **i borghesi divennero sempre più ricchi e istruiti, interpreti ideali di una nuova epoca**.

Per comprendere le ragioni delle conseguenze di questi sviluppi, Tocqueville ricorse inconsapevolmente al concetto, tipico della moderna psicologia sociale, della «deprivazione relativa». Le trasformazioni sociali nella Francia dell'epoca produssero tali e tanti sconvolgimenti da determinare un certo senso di destabilizzazione tra i gruppi sociali. Nobili, Borghesi e contadini erano più insoddisfatti delle proprie condizioni rispetto alle epoche passate. Tale senso di deprivazione favorì la determinazione di una forte tensione che si articolò nelle forme di un antagonismo sociale.

Il potere centrale, pur non favorendolo, accettò quel livello di divisione dal momento che tale tensione impediva l'organizzazione di una massa critica sufficientemente coesa da determinare le condizioni del cambiamento:

> *Ma quando il borghese fu così totalmente separato dal nobile, e il contadino dal nobile e dal borghese; quando, per la prosecuzione di analogo processo nel seno di ogni classe, si formarono nell'interno di ciascuna numerosissimi piccoli aggregati particolari, quasi altrettanto divisi quanto le classi stesse, avvenne che il tutto non altro costituì che una massa omogenea, ma totalmente priva di coesione. Più nulla esisteva di organico, che potesse fermare il governo nella sua azione; nulla, del pari, che potesse coadiuvarlo. Per tal modo, l'intero edificio di quella grandezza regale poté crollare d'un colpo e in un attimo, appena si mosse la società che ne costituiva la base.*
>
> Tocqueville 1856, tr.it. 1969b, 727

Al contrario, negli Stati Uniti, Tocqueville osservò una molteplicità di fattori che a suo avviso impedirono lo sviluppo dell'aristocrazia, favorendo una generale uguaglianza delle condizioni. Alcuni di questi fattori provenivano da una certa tradizione coloniale, come l'effetto senza dubbio unificante di una lingua comune, una comune origine sociale per la maggioranza degli immigrati, la presenza di terra in abbondanza, una tradizione religiosa, che pare alimentasse un certo spirito di libertà, e l'importanza attribuita all'istruzione. Inoltre, la nascita di realtà comunali relativamente autonome rappresentò un antidoto alla centralizzazione del potere. Nel rispetto di questa articolazione sociopolitica, gli americani avevano da subito creato una costituzione federale, un sistema di partiti connesso a un sistema elettorale, e una stampa libera. Queste condizioni di generalizzata uguaglianza e libertà ebbero quindi delle conseguenze anche sullo spirito degli americani che lo stesso Tocqueville, che ne era un estimatore, definì un popolo di individui ambiziosi, irrequieti e cronicamente insoddisfatti. Tale insoddisfazione, che ci porta anche in questo caso ad adottare la nozione di deprivazione relativa, è per Tocqueville effetto dell'uguaglianza attraverso cui si articolava la società americana; questo perché, in una situazione di sostanziale uguaglianza sociale, anche le più piccole disuguaglianze possono diventare fonte di grande frustrazione e invidia:

> *Nelle democrazie gli uomini otterranno facilmente una certa uguaglianza; non possono però raggiungere quella desiderata: essa rincula ogni giorno davanti a loro, ma senza mai svelarsi ai loro occhi, e, ritirandosi, li alletta a inseguirla. Continuamente gli uomini credono di stare*

per afferrarla e continuamente essa sfugge alla loro presa: la vedono abbastanza da vicino, per conoscere il suo fascino, ma non le si avvicinano abbastanza, da poterne godere, e muoiono prima di averne assaporato pienamente le dolcezze.

ibid., 630

Nelle aristocrazie, prevalgono invece grandi disuguaglianze, ma non grande insoddisfazione perché gli individui finiscono per abituarsi alla propria condizione, «i poveri alla povertà, i ricchi all'agiatezza». Quando invece la posizione sociale e i privilegi cominciano a logorarsi, quando cioè comincia ad avanzare il principio di uguaglianza, entra in gioco l'ambizione. In questi momenti di mutamento sociale, il popolo eredita i modelli di ricchezza della vecchia società e li combina con i parametri e le ambizioni della società nuova. Questo crea uno **iato tra aspettative e realtà**. Secondo Tocqueville, le società democratiche sono dunque caratterizzate anche da una notevole dose di ambizione ed invidia ma, dal momento che le diversità sociali sono meno drastiche, anche le distinzioni sociali tendono ad essere meno offensive. Anche le ambizioni degli individui sono sostanzialmente limitate ad aspettative modeste. Per dare forza al suo studio egli, secondo la ricostruzione operata da Smelser (1976, tr.it. 1982), propone tre differenti ordini di spiegazione:

- In primo luogo, **parte dal presupposto che la stessa condizione di uguaglianza possa spiegare le differenze tra i due paesi**: si è visto come Tocqueville avesse osservato che in Francia tutte le classi sociali si erano parzialmente mosse verso il principio di uguaglianza nell'ambio di una sostanziale inconsistenza delle istituzioni. Questo aveva prodotto un sentimento di insoddisfazione radicale che avrebbe portato allo sviluppo di una ideologia rivoluzionaria. Di fronte alla percezione di ingiustizie subite dalle singole classi, seppur secondo canoni e modalità differenti, fu possibile la determinazione ideologica di «una società immaginaria, in cui tutto appariva semplice e coordinato, uniforme, equo, e conforme ai principi della ragione» (Tocqueville 1856, tr.it. 1969b, 738). Nell'America osservata da Tocqueville invece, per l'esistenza di una condizione di sostanziale uguaglianza, le grandi idee rivoluzionarie erano invece perlopiù assenti, mentre le insoddisfazioni sociali assumevano piuttosto le forme di «un'agitazione fastidiosa, una specie di ribollimento incessante degli uomini che turba e distrae lo spirito senza vivificarlo né elevarlo» (Tocqueville 1835-40, tr.it. 1969a, 531). La maggioranza degli individui era perlopiù attratta dai profitti individuali e materiali e si mostrava poco sensibile alle idee generali di trasformazione. Per questa ragione, conclude Tocqueville: «In America si hanno idee e passioni democratiche; in Europa, abbiamo ancora idee e passioni rivoluzionarie» (ibid., 749).

- In secondo luogo, lo studioso francese **propone l'assunto che la partecipazione politica produca differenze nella concezione politica**: in America, per esempio, dove le istituzioni creano le condizioni affinché tutti i cittadini partecipino alla vita pubblica, è diminuita «l'eccessiva tendenza per le teorie generali in fatto di politica che la condizione di uguaglianza suscita» (ibid.);

in Francia, invece, la particolare situazione sociale «portava già ad avere idee generali in fatto di governo, mentre ancora la nostra costituzione politica ci impediva di correggere queste idee attraverso l'esperienza e di scoprirne poco alla volta l'insufficienza» (ibid., 506). I francesi, non trovando spazi istituzionali di espressione politica sarebbero stati più suscettibili di influenza da parte dei grandi principi astratti elaborati dai filosofi. Da ciò, nota Smelser, Tocqueville formulò il suo assioma sociologico secondo cui **la frustrazione e l'esclusione politica producono una generalizzata disaffezione e un pensiero utopico, mentre la partecipazione politica genera moderazione e attenzione al particolare** (1976, tr.it. 1982, 58).

- In terzo luogo, Tocqueville si sofferma sul ruolo della **religione che a suo avviso crea delle differenze nel modo di concepire la politica**: in America, egli osservò che la religione, oltre ad essere separata dalla politica, tendeva ad alimentare i principi democratici. In Europa, dove invece la rottura dei regimi feudali era rimasta perlopiù incompiuta, tanto da confondere il piano politico con quello religioso, si realizzarono forme di protesta più radicali e più diffuse.

Da queste riflessioni emerge l'idea di Tocqueville secondo cui le istituzioni francesi siano sostanzialmente predisposte a grandi eventi rivoluzionari, al contrario dell'America le cui istituzioni sarebbero invece inclini a una sostanziale stabilità sociale, per quanto combinata con una certa frenesia individuale. Lo studioso francese si mostrava tra l'altro consapevole dei diversi livelli di generalità dei fattori utilizzati per dimostrare gli sviluppi rivoluzionari in Francia. Egli cercò anche di considerare alcuni fattori di ordine particolare, meno legati dunque allo svolgersi di grandi processi storici, ma fondamentali per comprendere la genesi e il carattere della Rivoluzione francese. Il concetto di deprivazione già considerato rientra tra questi fattori a cui si aggiungono alcune misure repressive come l'abolizione dei parlamenti nel 1771, la promulgazione di alcune riforme frettolose e sbagliate e numerose pratiche giudiziarie ai danni dei ceti più poveri. In questo modo, Tocqueville fa emergere un modello generale di causalità storica, cioè «un modello di cause generali ed indeterminate, nel cui ambito vengono identificati rapporti causali più particolari e determinati» (Smelser 1976, tr.it. 1982, 60). In base a questo modello, Tocqueville considerò la rivoluzione francese come un fatto analiticamente prevedibile.

Approfondimento 2.1

Su individualismo e democrazia

«L'isolamento degli uomini gli uni dagli altri e l'egoismo, che ne è la conseguenza, sono particolarmente evidenti nel momento in cui una società democratica si sta formando sui rottami di un'aristocrazia.

Queste società non soltanto contengono un

grande numero di cittadini indipendenti, ma sono piene di uomini arrivati da poco all'indipendenza, inebriati dal loro nuovo potere, i quali concepiscono una fiducia eccessiva nelle proprie forze e, convinti di non aver mai più bisogno dell'aiuto dei loro simili, non fanno difficoltà a mostrare che pensano solo a se stessi. Un'aristocrazia soccombe generalmente solo dopo una lotta prolungata, durante la quale fra le varie classi si accendono odi implacabili. Queste passioni sopravvivono alla vittoria ed è possibile seguirne le tracce in mezzo alla confusione democratica che le succede.
Quei cittadini, che nella gerarchia distrutta avevano i primi posti, non possono dimenticare subito l'antica grandezza e a lungo si considerano stranieri nella nuova società. In tutti gli eguali che questa società mostra loro vedono degli oppressori, il cui destino non può destare alcuna simpatia; hanno perso di vista gli antichi eguali e non si sentono più legati alla loro sorte da un interesse comune; ognuno, ritirandosi in disparte si crede dunque costretto a occuparsi solo di se stesso. Quelli, invece, che prima erano in basso e che sono stati portati al livello comune da una rivoluzione improvvisa, godono dell'indipendenza appena acquistata con una specie di segreta inquietudine e, se trovano accanto a sé qualcuno dei loro antichi superiori, gettano su di loro uno sguardo di trionfo e di timore e se ne allontanano.
Dunque, generalmente i cittadini sono più propensi a isolarsi nella fase iniziale delle società democratiche.
La democrazia porta l'uomo a non avvicinarsi al suo simile, le rivoluzioni democratiche lo dispongono a fuggirlo e perpetuano in seno all'eguaglianza gli odi nati dall'ineguaglianza. Il grande vantaggio degli americani è di essere giunti alla democrazia senza avere dovuto soffrire rivoluzioni democratiche e di essere nati eguali invece di diventarlo»

Tratto da Tocqueville, *La democrazia in America* (1835-40), tr.it. 1982, pp. 517-518

2.3. Karl Marx [1818-1883]

La critica di **Marx** investe tutte le componenti intellettuali dell'Ottocento scoprendone la causazione storica, tanto che la critica della teoria diventa critica della pratica, cioè critica degli istituti politici ed economici, la critica dell'economia politica diventa critica del capitalismo e la critica della teoria politica diventa critica della politica, del diritto e dello Stato

Come nota Umberto Cerroni (1972, 9), «nessuno dei grandi pensatori che hanno segnato la storia umana ha avuto come Marx la capacità di incidere non soltanto sull'orientamento della cultura, ma anche sulle istituzioni e quindi sul destino di milioni di uomini». Il merito di Karl Marx è stato infatti quello di connettere i processi culturali direttamente alla pratica dell'esistenza umana, fornendo di questa esistenza una spiegazione che parte dall'esistenza stessa, dunque non idealistica. Egli ci ha lasciato una valida interpretazione della modernità a partire dal suo impianto materiale connesso alla capacità umana di produrre coscienza e organizzazione. Egli non specula sull'esistenza del mondo, come avevano fatto tutti i grandi pensatori a lui anteriori, ma riconduce la spiegazione del mutamento sociale alla connessione necessaria tra pensiero e azione. Questa consapevolezza filosofica, ma anche e soprattutto sociologica, si deve alla riscoperta nella prima metà del ventesimo secolo di alcuni inediti di **Marx** in cui veniva diversamente dispiegata la sua «concezione materialistica della storia» che è il fondamento di tutti i suoi lavori. Attraverso di essa egli prende radicalmente le distanze dalla tradizione filosofica (speculativa) tedesca che aveva visto in Hegel il suo più degno interprete, ma anche dal paleo-materialismo di Feuerbach e dall'a-storicismo dell'economia politica classica:

> *Si deve concludere che la critica di Marx investe tutte le componenti intellettuali dell'Ottocento. Ma v'è di più. La critica di Marx, infatti, non si limita al pur essenziale scontro teorico con la cultura del suo tempo. Essa ne scopre, per così dire, la causazione storica, tanto che la critica della teoria diventa per Marx obbligatoriamente critica della pratica, cioè critica degli istituti politici ed economici. È così che la critica dell'economia politica diventa critica del capitalismo e la critica della teoria politica diventa critica della politica, del diritto e dello Stato borghesi.*
>
> ibid., 14

L'apporto di Marx alla futura sociologia politica sta dunque nell'aver impostato una critica non speculativa dello Stato e di aver connesso l'analisi dei processi politici alla struttura economico- materiale delle società, individuando nelle istituzioni dello Stato rappresentativo e nel dualismo moderno di Stato e società civile l'espressione della struttura dissociata dei rapporti economici. Con la rottura dei vincoli politici feudali, Marx intravede infatti la costituzione di uno Stato basato sull'eguaglianza politica e giuridica che presuppone però la disuguaglianza sociale fondata su un'ideologia privatistica. Da questa considerazione egli avvia la sua critica allo Stato liberale inteso come connessione diretta tra istituzioni politico-rappresentative e società civile borghese-capitalista fondata sulla proprietà privata e sullo sfruttamento dell'uomo sull'uomo. Libertà formale e disuguaglianza reale sarebbero dunque i fondamenti teorico-pratici della società moderna occidentale.

Marx rivoluziona la tradizionale concezione razionalistica occidentale, accordando all'intelletto umano una reale funzione sociale e alla storia, intesa come progresso in divenire, la capacità di generare quello stesso intelletto attraverso il condizionamento sulle vite sociali dei suoi istituti fondamentali. L'analisi della società capitalistica moderna non è altro che il necessario punto di partenza per la comprensione (e spiegazione) del passato e quindi anche per la «progressiva ricostruzione differenziale e scientifica dei tipi storici determinati in cui si è in realtà dipanata e svolta ciò che solitamente racchiudiamo nelle idee di storia, società, spirito, uomo, cultura» (ibid., 15).

> Il **materialismo storico** si fonda sulla convinzione che non sia la coscienza degli uomini a determinare il loro essere ma che, in quanto soggetti storici, sia al contrario il loro essere sociale a determinare la loro coscienza

2.3.1 La concezione materialistica della storia

Tratteggiamo ora per grandi linee il suo **materialismo storico**, cioè quella concezione che obbliga tutti noi a vedere nella storia un qualcosa di esterno alla nostra mente e che quindi non si può ridurre a un prodotto dell'intelletto umano; concezione che avvicina profondamente Marx al metodo scientifico-sperimentale. In realtà, egli non ha mai prodotto un'esposizione organica della sua teoria materialistica della storia, che va quindi ricostruita attraverso uno studio attento delle sue opere. Il punto di partenza è comunque quello di capovolgere la tradizionale impostazione analitica della filosofia classica, passando dal piano strettamente filosofico della pura speculazione a quello dello studio scientifico (logico-empirico) della società intesa come insieme di rapporti sociali storicamente determinati. Da questa impostazione, deriva il carattere propriamente scientifico della conoscenza storico-sociale che passa soprattutto per l'individuazione di tipi storici concreti da verificare attraverso l'analisi e l'osservazione. Egli rifiuta la nozione generica di sviluppo storico (e di progresso), che lo avrebbe portato a studiare la società a partire dalle origini per poi procedere per stadi progressivi, e parte invece dallo studio della società moderna borghese per poi estrarne le connessioni storiche e genetiche e individuare dunque i parametri di tipi storico-sociali diversi (e antecedenti).

> *Nella produzione sociale della loro esistenza, gli uomini entrano in rapporti determinati, necessari, indipendenti dalla loro volontà, in rapporti di produzione che corrispondono a un determinato grado di sviluppo delle loro forze produttive materiali. L'insieme di questi rapporti di produzione costituisce la struttura economica della società, ossia la base reale sulla quale si eleva una sovrastruttura giuridica e politica e alla quale corrispondono forme determinate della coscienza sociale. Il modo di produzione della vita materiale condiziona, in generale, il processo sociale, politico e spirituale della vita. Non è la coscienza degli uomini che determina il loro essere, ma è, al contrario, il loro essere sociale che determina la loro coscienza.*
>
> Marx 1859, tr.it 1969, 5

Questi rapporti materiali producono contraddizioni che generano conflitti tra gli attori in essi coinvolti. Per comprendere le radici storiche del mutamento occorre dunque analizzare a fondo tali contraddizioni proprio a partire dalle dinamiche implicite alla struttura economica di una società storicamente determinata. Eventuali sconvolgimenti politici e culturali sono infatti sempre determinati dal movimento strutturale che si realizza nell'ambito dei rapporti di produzione che determinano le aspirazioni degli uomini.

> *Quando si studiano simili sconvolgimenti, è indispensabile distinguere sempre fra lo sconvolgimento materiale delle condizioni economiche della produzione, che può essere constatato con la precisione delle scienze naturali, e le forme giuridiche, politiche, religiose, artistiche e filosofiche, ossia le forme ideologiche che permettono agli uomini di concepire questo conflitto e di combatterlo. Come non si può giudicare un uomo dall'idea che egli ha di se stesso, così non si può giudicare una simile epoca di sconvolgimento dalla coscienza che essa ha di se stessa; occorre invece spiegare questa coscienza con le contraddizioni della vita materiale, con il conflitto esistente fra le forze produttive della società e i rapporti di produzione.*
>
> ibid.

L'osservazione empirica ha dunque il compito primario di svelare il legame fra organizzazione sociale e forme della produzione. La produzione delle idee e della coscienza, così come delle forme di organizzazione sociale e politica, è infatti strettamente intrecciata alle relazioni materiali degli uomini. Le rappresentazioni sociali e individuali sono anche creazioni sociali e individuali, non si può dunque parlare di coscienza senza riferirsi in primo luogo agli esseri coscienti e cioè al processo reale della loro vita.

> *In maniera diametralmente opposta a quanto succede nella filosofia tedesca, che scende dal cielo sulla terra, in questo caso si risale dalla terra fino al cielo. In altri termini, non si prendono le mosse da quel che gli uomini affermano, fantasticano, si rappresentano, né da quel che*

si afferma, si pensa, si fantastica, si rappresenta che essi siano, per poi pervenire, da qui, agli uomini in carne ed ossa; al contrario, si prendono le mosse dagli uomini che operano concretamente e, in base al processo effettivo della loro esistenza, si rende conto pure dello sviluppo dei riverberi e degli echi ideologici di tale processo di esistenza. Pure le immagini confuse che prendono forma nel cervello umano sono necessarie sublimazioni del processo materiale della loro esistenza, riscontrabile sul piano empirico e vincolato a presupposti di tipo materiale

Marx 1845-1846, tr.it. 2011, 345

2.3.2 Società capitalistiche e pre-capitalistiche

L'attenzione di Marx si concentra in primis sul modello di produzione e sui conflitti (di classe) che esso determina. A questo riguardo, egli ci fornisce un'interessante analisi delle società storiche precedenti alla cosiddetta società moderna borghese. I suoi studi sulle formazioni economiche capitaliste e pre-capitaliste ci offrono tra l'altro un importante saggio della metodologia marxiana. Per quanto il suo interesse primario fosse quello di comprendere le dinamiche di funzionamento delle società borghesi, in diversi suoi lavori è possibile individuare tracce di analisi di quelle società collocate a un diverso e meno elevato livello di sviluppo in termini di divisione del lavoro e complessità del modello produttivo. Sia nella prima parte dell'*Ideologia tedesca* (1845-1846, tr.it. 2011) che nella parte finale del *Manifesto del partito comunista* (1848, tr.it. 1967), scritti entrambi insieme all'amico Friedrich Engels, sono rintracciabili le sue riflessioni rispetto all'Europa e agli stadi storici relativi alla divisione del lavoro e alle conseguenti dinamiche della lotta fra le classi. A questo riguardo, Marx faceva riferimento a una fase antica, una feudale e una propriamente moderna. Per il momento le riflessioni marxiane si fermano sulla realtà europea. Solo successivamente egli approfondisce i suoi studi sulle società non-occidentali, in particolare India, Cina, Russia, rispetto alle quali sono illuminanti soprattutto i diversi articoli a sua firma come corrispondente per il *New York Daily Tribune* (dal 1851 al 1862) e per la *Neue Rheinische Zeitung* (raccolti in italiano in Marx, Engels 1960).

A prescindere dal merito di queste corrispondenze, ciò che importa, sul piano analitico, è che Marx per la prima volta si confronta con l'analisi di contesti storico-sociali diversi dall'Europa, a cui dedicò comunque un'intera vita di studi. Grazie a questo interessamento, egli ha arricchito il suo quadro teorico aggiungendo alle tre epoche, corrispondenti ai tre diversi stadi di sviluppo (antico-feudale-modeno), una quarta epoca che nel suo *Per la critica dell'economia politica* definisce «modo di produzione asiatico».[1]

A grandi linee, i modi di produzione asiatico, antico, feudale e borghese moderno possono essere designati come epoche che marcano il progresso della formazione economica della società. I rapporti di produzione borghese sono l'ultima forma antagonistica del processo di produzio-

[1] I diversi studi sull'argomento che si presentano in ordine sparso nei diversi lavori di Marx, sono oggi raccolti in lingua inglese nel testo, di cui faremo ampio uso in questa sede, *Pre-Capitalist Economic Formations* pubblicato nel 1965 a New York con una brillante introduzione di E.J. Hobsbawm.

ne sociale; antagonistica non nel senso di un antagonismo individuale, ma di un antagonismo che sorga dalle condizioni di vita sociali degli individui.

Marx 1859, tr.it. 1969, 6

Quando Marx fa riferimento all'epoca antica, feudale, moderna e poi asiatica le intende come stadi di sviluppo delle formazioni economiche; oppure, quando all'inizio del *Manifesto* afferma che «la storia dell'umanità finora esistita è storia di lotte di classi» (Marx 1848, tr.it. 1967), nota Warner (1971, 53-54), non è tanto interessato a spiegare i meccanismi di funzionamento della storia, quanto piuttosto a dimostrare come l'analisi delle origini delle società storicamente determinate dimostri la validità della sua teoria materialistica. **I sistemi sociali sono a suo avviso riconducibili a modelli di produzione che si compongono di forze di produzione** (tecnologia, forme di comunicazione, competenze, individui) **e relazioni di produzione** perlopiù conflittuali tra forza-lavoro e proprietari dei mezzi di produzione. Eppure, nei suoi studi comparati, Marx raramente si sofferma sull'analisi delle forze produttive, ma sembra perlopiù interessato ad analizzare le modalità in cui si articolano le relazioni sociali di produzione. Dall'analisi delle sue principali pubblicazioni emerge, a questo riguardo, la seguente caratterizzazione rispetto alle quattro epoche (o fasi) considerate.

- **La «fase asiatica»**: quando parla di modo asiatico di produzione, Marx si riferisce a un impero dispotico che sovrasta una grande quantità di comunità di villaggio. Si tratta di un modo di produzione sostanzialmente statico, privo cioè di una vera divisione di classe e della proprietà privata della terra. Il monarca è anche il proprietario assoluto dei terreni e i contadini offrono il surplus della produzione, nonché la loro stessa forza-lavoro, direttamente allo Stato. In questo senso, l'affitto dei terreni agricoli e il sistema di tassazione coincidono. La divisone del lavoro è sclerotizzata, quasi assente, e tutto il prodotto del lavoro (perlopiù agricolo) è messo a disposizione della comunità. Come egli rileva nella prima parte dell'*Ideologia tedesca*, non esiste un sistema di classe quanto piuttosto di casta, tipico ad esempio dell'organizzazione sociale in India. Non esiste una soluzione di continuità tra un villaggio e un altro. Quando il numero della popolazione di un villaggio cresce eccessivamente si forma quasi naturalmente un nuova comunità che assume l'orizzonte come proprio confine. L'unità sociale è garantita dalla tradizione e da un forte potere di controllo da parte dello Stato che garantisce l'espletamento delle principali attività economiche. L'assenza di una effettiva proprietà della terra è per Marx la principale chiave di lettura di questo specifico modo di produzione. Questa caratteristica impedisce la formazione di antagonismi intra-societari, così come forme eccessive di individualizzazione (tipiche invece delle società occidentali). L'individuo si confonde con la comunità:

  Per esempio, quelle piccole comunità indiane antichissime, che in parte continuano ancora ad esistere, poggiano sul possesso in comune del suolo, sul collegamento diretto fra agricoltura e mestiere artigiano e su una divisione fissa del lavoro, che serve come piano e modello dato quando si formano nuove comunità. Esse costituiscono modelli

> *produttivi autosufficienti il cui territorio produttivo varia da cento acri a qualche migliaio. La massa principale dei prodotti viene prodotta per il fabbisogno immediato della comunità stessa, non come* merce; *quindi la produzione stessa è indipendente dalla divisione del lavoro [...] Se la popolazione cresce, viene impiantata in terreno vergine una nuova comunità che segue il modello dell'antica [...] Qui la legge che regola la divisione del lavoro della comunità opera con l'inviolabile autorità d'una legge naturale, e ogni particolare artigiano, come il fabbro, ecc., compie tutte le operazioni pertinenti alla sua arte secondo i modi tramandati, ma indipendentemente e senza riconoscere nessuna qual si sia autorità entro la sua officina. L'organismo produttivo semplice di queste comunità autosufficienti che si riproducono costantemente nella stessa forma e, quando per caso sono distrutte, si ricostruiscono nello stesso luogo e con lo stesso nome, ci dà la chiave per capire il segreto dell'*immutabilità *delle* società *asiatiche.*
>
> Marx 1867, tr.it 1967, 400-402

– **La «fase antica»**: al contrario, le società e le città antiche presentano livelli marcati di dinamicità, perché al loro interno sono presenti diverse forme di antagonismo e la proprietà privata si è subito configurata a un certo grado di sviluppo. In sostanza, la città antica corrisponde a una comunità di proprietari terrieri che scelgono di coesistere proprio per garantire l'inviolabilità delle loro proprietà. Ogni individuo partecipa alla comunità pagando i tributi previsti e prestando, all'occorrenza, servizio militare. L'unità è dunque garantita dalla paura nei confronti degli elementi ostili, generalmente identificati nei membri di comunità altre. In questo caso, comunità e individuo coesistono parallelamente, ma non si fondono come avviene nelle società asiatiche. Sorte in origine come comunità sostanzialmente agricole, si sviluppano poi in comunità di mestieri, mentre la proprietà delle terre si concentra nelle mani di pochi. Il livello di sviluppo non si attesta ancora a livelli significativi di organizzazione industriale e commerciale e, tra l'altro, la presenza della schiavitù come forma di proprietà privata domestica impedisce una vera polarizzazione delle relazioni di classe:

> *La seconda forma di proprietà è quella delle comunità antiche e dello Stato, frutto della fusione di diverse tribù in una città, tramite un contratto o una conquista; in esso la schiavitù continua a sussistere. Oltre alla proprietà della comunità, va già sviluppandosi la proprietà privata mobiliare e, in seconda battuta, pure quella immobiliare [...] Soltanto all'interno della loro comunità, i membri dello Stato detengono il potere sui loro schiavi lavoranti, e già solo per questo motivo sono vincolati alla forma di proprietà comunitaria [...] Si rinviene già la contrapposizione tra città e campagna, e successivamente l'antitesi tra Stati che si fanno portavoce dell'interesse cittadino e Stati che difendono invece quello agreste, e, all'interno delle stesse città, il conflitto tra industria e commercio per mare. La relazione classista tra cittadini e schiavi è pienamente dispiegata [...] la schiavitù rimaneva il fondamento dell'intera produzione. I plebei, a metà strada tra i liberi e gli schiavi, non ce la fecero mai a innalzarsi al di sopra della condizione del sottoproletariato.*
>
> Marx, Engels 1845-1846, tr.it. 2011, 335-339

– **la «fase feudale»**: Per Marx, la storia della società feudale coincide con le relazioni conflittuali tra città e campagna. Tale sistema si fonda a suo avviso sulla sostanziale autosufficienza domestica di contadini e servi della gleba che producono quanto basta per poter sopravvivere in intraprese agricole o artigianali di piccole dimensioni. I prodotti in surplus sono invece destinati ai proprietari terrieri come una specie di affitto. L'insieme dei signori feudali danno corpo a uno Stato che però non rispecchia la dimensione comunitaria tipica della società asiatica o di quella antica. Si tratta di società profondamente individualizzate. Le relazioni sociali non sono razionalizzate come avviene all'interno di un modo di produzione capitalistico e si realizza una distinzione tra proprietà e possesso (o usufrutto). I contadini, così come i servi della gleba, pur non essendo proprietari del terreno che lavorano, ne sono comunque i possessori, cioè gli usufruttuari. Essi sono organicamente legati alla terra come occupanti e produttori diretti.

> *Pertanto, nell'epoca feudale, la proprietà portante risiedeva, da un lato, nella proprietà fondiaria con il lavoro servile ad essa connesso, e, dall'altro, nel lavoro individuale con un esiguo capitale che sottometteva il lavoro dei garzoni. La strutturazione dell'una o dell'altro era determinata dalle poco sviluppate condizioni della produzione: la coltivazione della terra, limitata e gretta, e l'industria di marca artigianale. Nel corso dello sviluppo del feudalesimo, la divisione del lavoro risultava veramente limitata. Ogni paese recava in sé l'opposizione tra città e campagna.*
>
> ibid., 341

Il lavoro contadino così come quello artigiano viene tramandato di generazione in generazione (Marx 1965, 78-79). L'equilibrio di questo sistema basato sulla campagna è minato dalla crescita delle città e da una ancora primordiale divisione tra lavoro agricolo e lavoro industriale e commerciale. In questa frizione si sviluppa per la prima volta il commercio come attività autonoma basata sulla monetarizzazione dei prodotti. Il denaro acquista sempre più importanza per i signori feudali che cominciano a non accontentarsi del pagamento in natura e pretendono il pagamento vero e proprio di affitti per l'usufrutto dei terreni di loro proprietà. In questo modo, la stessa autosufficienza dei contadini comincia a erodersi, molti vengono assorbiti dal nascente mercato manifatturiero, ma molti altri non hanno alternative alla povertà assoluta:

> *Non era possibile che gli uomini scacciati dalla terra per lo scioglimento dei seguiti feudali e per l'espropriazione violenta e a scatti, divenuti eslege, fossero assorbiti dalla manifattura al suo nascere con la stessa rapidità con la quale quel proletariato veniva messo al mondo. D'altra parte, neppure quegli uomini lanciati all'improvviso fuori dall'orbita abituale della loro vita potevano adattarsi con altrettanta rapidità alla disciplina della nuova situazione. Si trasformarono così, in massa, in mendicanti, briganti, vagabondi, in parte per inclinazione, ma nella maggior parte dei casi sotto la pressione delle circostanze.*
>
> Marx 1867, tr.it. 1967, 797

– **La fase «moderna» (borghese)**: la fase compiutamente borghese è invece dominata dal modo di produzione capitalistico, in cui i mezzi di produzione sono concentrati nelle mani private di pochi, mentre la massa ormai urbanizzata ed espropriata dei propri terreni è costretta a vendere la propria forza-lavoro in cambio di un salario. Tale sistema non poteva certo svilupparsi in India, dove la divisione del lavoro era di fatto assente; sarà dunque l'Europa, e in particolare l'Inghilterra (e in seconda battuta la Francia e la Germania), il luogo congeniale allo sviluppo di un simile modello di produzione. Sul piano comparato, il capitalismo presuppone la negazione delle precedenti relazioni di produzione: la proprietà terriera, tipica dei modi di produzione antico e feudale; la proprietà degli strumenti della produzione e di competenze specifiche, tipici del lavoro artigiano dentro un contesto feudale; la proprietà dei mezzi di sussistenza tipici della realtà contadina all'interno del modo feudale o asiatico di produzione.

Nel nuovo modello di produzione la distinzione tra capitale e lavoro, in termini di relazioni di produzione, ormai è netta. Inoltre, a distinguere il nuovo modello di produzione da quelli precedenti è una marcata divisione del lavoro e il predominio nelle relazioni di mercato del cosiddetto valore di scambio. Nelle precedenti epoche la produzione era finalizzata al consumo diretto da parte del produttore o del suo padrone, o di un numero ristretto di consumatori. Nel contesto del moderno capitalismo si enfatizza la produzione di merci in astratto e, in nome dello scambio e del profitto, si genera un processo di sfruttamento e di conflitto.

> *Il capitale è lavoro morto, che si ravviva, come un vampiro, soltanto succhiando lavoro vivo e più vive quanto più ne succhia. Il tempo durante il quale l'operaio lavora è il tempo durante il quale il capitalista* consuma *la forza-lavoro che ha comprato. Se l'operaio consuma per se stesso il proprio tempo disponibile, egli deruba il capitalista. Dunque il capitalista invoca la* legge dello scambio delle merci. *Come ogni altro compratore, cerca di spremere dal valore d'uso della sua merce la maggiore utilità possibile. Ma all'improvviso s'alza la voce dell'operaio, che era ammutolita nell'incalzare e nel tumulto del processo di produzione.*
>
> Marx 1867, tr.it. 1967, 267

Relazioni di proprietà, divisione del lavoro e produzioni di merci sono dunque gli aspetti fondamentali del moderno modello di produzione:

> *Denaro e merce non sono capitale fin da principio, come non lo sono i mezzi di produzione e di sussistenza. Occorre che siano trasformati in capitale [...] debbono trovarsi di fronte e mettersi in contatto due specie diversissime di possessori di merce, da una parte proprietari di denaro e di mezzi di produzione e di sussistenza, ai quali importa di valorizzare mediante l'acquisto di forza-lavoro altrui la somma di valori posseduta; dall'altra parte operai liberi, venditori della propria forza-lavoro e quindi venditori di lavoro. Operai liberi nel duplice senso che essi non fanno parte direttamente dei mezzi di produzione come gli schiavi, i servi della gleba, ecc., né ad essi appartengono i mezzi di produzione, come al contadino coltivatore diretto ecc., anzi ne sono liberi, privi, senza. Con questa polarizzazione del mercato delle merci si hanno le condizioni fondamentali della produzione capitalistica.*
>
> ibid., 778

In questo contesto, lo Stato, a differenza di quanto avveniva nelle precedenti epoche produttive, gioca un ruolo secondario; interviene solo

di rado dal momento che il potere economico è nettamente separato dal potere politico.

Per quanto Marx sia passato alla storia come il teorico del conflitto di classe, nella sua analisi comparata delle società pre-capitalistiche non ne fa quasi menzione. La divisione sociale del lavoro nelle epoche pre-moderne è ancora troppo poco definita perché i gruppi sociali che prendono parte al modello produttivo dominante possano essere intesi come soggetti di conflitto. Nell'epoca asiatica la divisone di classe è praticamente assente, mentre prevale un assetto sociale statico fondato al limite sulla divisione sociologicamente immobile tra caste. Così come nelle società antiche, l'azione di classe è ostacolata dalla presenza della massa subalterna degli schiavi e dall'impossibilità della plebe di emergere come soggetto rivoluzionario, cioè cosciente dei propri interessi. Le dimensioni comparative verso cui Marx si sofferma sono soprattutto altre, in particolare quattro (Warner 1971, 63): le «relazioni di proprietà», la «divisione del lavoro», la «dialettica tra stato e società», e infine gli «scopi della produzione».

2.3.3. Stato e società

Per quanto riguarda la dimensione del rapporto tra Stato e società, Marx non se n'è occupato alla stessa stregua dell'enfasi riposta su altre dimensioni come le relazioni di proprietà e la divisione del lavoro, ma non per questo non ci ha lasciato importanti riflessioni che hanno diversamente condizionato i futuri sviluppi della sociologia politica. La traduzione più diffusa (e semplicistica) della concezione marxiana a riguardo è quella secondo cui lo **Stato** (e la politica) sarebbe rappresentato come un semplice epifenomeno della lotta di classe, uno strumento di oppressione nelle mani delle classi dominanti per garantire anche politicamente e giuridicamente la subalternità sociale dei lavoratori. Effettivamente questa idea è presente in Marx; eppure, egli è anche convinto che **se nessuna classe sociale ha raggiunto una posizione effettivamente dominante sulle altre classi, lo Stato è destinato a godere di una certa autonomia**, come si realizza in Francia all'epoca di Luigi Bonaparte (poi Napoleone III), tanto da assumere anche un ruolo potenzialmente rivoluzionario (Marx 1850, tr.it. 1966; 1852, tr.it. 1971). **Le istituzioni statali possono infatti essere funzionali alle nuove forze rivoluzionarie nel loro tentativo di distruggere gli assetti della vecchia società. Ma nel momento in cui una nuova classe dominante è al potere, lo Stato diventa effettivamente uno strumento ideologico e istituzionale per mantenere stabilità nelle relazioni sociali e di produzione**. Nella società asiatica non c'è soluzione di continuità tra Stato e potere dominante; il despota è padrone delle terre e padre nobile del paese e quindi di tutte le comunità che lo compongono. Nella società antica, invece, società e Stato esistono parallelamente, anche se gli individui sono subalterni al potere assoluto delle autorità politiche. Nelle società feudali abbiamo invece visto che lo Stato è poco più che un'associazione di pro-

Per Marx lo **Stato** può essere funzionale alle nuove forze rivoluzionarie nel loro tentativo di distruggere gli assetti della vecchia società; ma nel momento in cui una nuova classe dominante è al potere, esso diventa uno strumento ideologico e istituzionale per mantenere stabilità nelle relazioni sociali e di produzione

prietari terrieri (i cosiddetti signori feudali) e il suo potere di penetrazione nella vita sociale è ridotto al minimo; potere economico e politico si confondono. **È solo nella società borghese che economia e politica si astraggono a vicenda e lo Stato diventa uno strumento nelle mani delle classi proprietarie nell'ambito di un modello di produzione che viaggia su canali autonomi**.

Il concetto vero di «Stato» in quanto distinto dalla «società civile», come nota Giddens riferendosi a Marx (1971, tr.it. 1998, 33), è dunque proprio della società moderna, quando la sfera degli interessi sociali diviene parte dei diritti privati degli individui e quindi distinta dalla sfera pubblica. Per realizzare quella che Marx non esita a chiamare la «vera democrazia» occorre dunque superare l'«alienazione» prodotta tra individuo e comunità politica, sciogliendo il nodo rappresentato dalla dicotomia tra interessi egoistici di una società individualizzata e carattere sociale della vita politica. Quest'ultima riflessione introduce un concetto fondamentale in Marx, quello di **alienazione** che, per quanto elaborato in ambito economico, è destinato a divenire una categoria fondamentale della moderna sociologia politica.

2.3.4. Alienazione

Per Marx l'**alienazione** è quel processo che estranea un essere umano da ciò che fa fino al punto da estraniarsi da se stesso

Marx desume il concetto di alienazione dall'opera di Hegel, ma lo riconduce alla sfera materiale della politica e in particolare dell'economia. La sua analisi dell'alienazione parte proprio da un fatto economico attuale e si articola nella sua critica agli economisti classici che presuppongono che le condizioni economico-capitalistiche siano valide in assoluto, dando per scontato che la ricerca del profitto sia una condizione innata degli esseri umani. Essi studiano i rapporti economici in astratto come se avessero una vita indipendente dalla mediazione umana. Eppure, la stessa «moneta», nota Marx, acquista valore solo nella misura in cui entra a far parte di un insieme di relazioni sociali. Gli economisti trascurano dunque la natura sociale dell'economia che è in primo luogo un «rapporto» economico. Essi non considerano i lavoratori come i soggetti di una relazione di produzione, ma al limite come un fattore di «costo» per il capitalista. Le divisioni di classe e i conflitti che le caratterizzano sono per gli economisti politici del tutto irrilevanti. Per questo essi non vedono gli elementi di alienazione che caratterizzano le relazioni moderne di produzione.

I capitalisti, appropriandosi di tutta la ricchezza che la produzione capitalistica rende possibile, espropriano l'operaio del prodotto del suo lavoro. Il lavoratore, anzi, in quanto merce che mette sul mercato la propria forza lavoro, è considerato alla stessa stregua del suo prodotto; cessa dunque di essere «soggetto» creativo e diviene «oggetto» passivo. L'operaio stravolge la sua stessa natura e diviene schiavo del prodotto del suo lavoro, cioè schiavo del suo oggetto. Lo stesso avviene in politica quando lo Stato viene separato dalla società che lo accetta come forza suprema perdendo il controllo sulla propria esistenza. Nelle società borghesi capitalistiche l'operaio non ha nessun controllo sui prodotti del suo lavoro, come il cittadino non ha nessun controllo sulle istituzioni dello Stato. Il funzionamento della società è tale da garantire gli interessi della classe borghese che si costituisce anche come classe politica dominante. Dal momento che ogni rapporto economico è al contempo un rapporto sociale, l'alienazione nel lavoro produce alienazione sociale e politica; il denaro diventa l'unico promotore della razionalizzazione dei rapporti sociali. Marx considera dunque gli uomini come esseri creativi la cui vitalità esistenziale è totalmente asservita alle leggi repressive del capitale.

2.3.5. Ideologia e coscienza sociale

La classe economica dominante non si limita solo a costituirsi in classe politica, ma elabora principi di legittimazione sviluppando una **ideologia** specifica funzionale al consolidamento del proprio dominio. Convinzioni religiose, morali, filosofiche di una data società, cioè le idee dominanti, sono dunque sempre le idee della classe dominante e, in quanto tali, rappresentano una falsa coscienza, una forma di mistificazione del reale che inibisce ogni possibilità di costruire una reale alternativa di società. **Se i rapporti di produzione rappresentano la dimensione «strutturale» e analiticamente rilevante, ideologie e istituzioni politiche ne rappresentano l'espressione «sovra-strutturale»**.

> **L'ideologia** rappresenta per Marx una falsa coscienza e una forma mistificazione del reale espressione sovrastrutturale del potere dominante

Per ideologia, Marx non intende solo un sistema immateriale di credenze, ma anche l'assetto politico-istituzionale di una determinata società. Lo stesso sistema legale e giudiziario moderno rappresenta quindi uno dei principali sostegni ideologici allo Stato borghese e agli interessi che esso garantisce. Tali istituzioni sono però solo l'espressione attuale e visibile di un fenomeno più generale che si articola nel comportamento della classe dominante che, storicamente, riprende forme ideologiche dal passato per legittimare il suo stato di dominio (Marx 1845-46, tr.it. 2011). Infatti, la classe che dispone dei mezzi della produzione materiale dispone anche dei mezzi della produzione culturale e intellettuale e quindi, attraverso le istituzioni culturali ed educative, rafforza anche ideologicamente il suo dominio su chi non gode delle stesse possibilità. In questo modo, la classe dominante controlla anche la semplice espressione del linguaggio che, non a caso, è antico quanto la coscienza, anzi è «coscienza reale», perché connette il mondo delle idee alla mondo della vita concreta, cioè della pratica di cui quelle idee non sono che l'espressione.

Seguendo questo ragionamento, anche le idee di libertà e uguaglianza elaborate in epoca moderna riflettono di fatto un disegno ideologico volto a legittimare il dominio borghese. Esse non rappresentano una situazione reale, ma sottintendono un obbligo contrattuale di subalternità dei lavoratori salariati rispetto ai capitalisti. Dunque, non si può ragionare di ideologia in astratto, né si può giudicare una società dall'idea che essa ha di se stessa, ma occorre entrare nel profondo dei rapporti sociali cercando di svelare il ruolo mistificatorio di certe idee e certe convinzioni.

Per concludere questo breve excursus marxiano sull'ideologia, seguiamo Giddens nel suo ragionamento (1971, tr.it. 1998, 87), affermando che in Marx la questione ideologica è dunque trattata da due punti di vista strettamente collegati: il primo riguarda l'affermazione materialistica secondo cui sono le condizioni sociali in cui individui e gruppi sono inseriti a determinare la loro percezione del mondo, dunque le loro idee e la loro coscienza; il secondo riguarda invece la questione della creazione e diffusione delle idee che, in quanto espressione della classe dominante, sono fortemente condizionate dalle asimmetrie distributive del potere nelle società complesse. Non è un caso infatti che tutte le classi dominanti attribuiscano un carattere di universalità all'ideologia che legittima la loro posizione di privilegio.

Approfondimento 2.2

Sullo Stato rappresentativo liberale

«Il limite dell'emancipazione politica appare immediatamente nel fatto che lo Stato può liberarsi da un limite senza che l'uomo ne sia *realmente* libero, che lo Stato può essere un *libero Stato* senza che l'uomo sia un *uomo libero*. [...] L'emancipazione *politica* è certamente un grande passo in avanti, non è però la forma ultima dell'emancipazione umana in generale, ma è l'ultima forma dell'emancipazione umana *entro* l'ordine mondiale attuale. S'intende: noi parliamo qui di reale, di pratica dell'emancipazione. [...] Consideriamo, per un istante, i cosiddetti diritti umani, e cioè i diritti umani nella loro figura autentica, nella figura che possiedono presso i loro *scopritori*, i nordamericani e i francesi! In parte questi diritti umani sono diritti *politici*, diritti che vengono esercitati solo in comunione con gli altri. La *partecipazione* alla *comunità*, e cioè alla comunità *politica*, all'*essenza dello Stato*, costituisce il loro contenuto. Essi cadono sotto la categoria della *libertà politica*, sotto la categoria dei *diritti del cittadino* [...]. Rimane da considerare l'altra parte dei diritti dell'uomo, i *droits de l'homme* in quanto essi sono distinti dai *droits du citoyen*.

[...] Innanzi tutto constatiamo che i cosiddetti *diritti dell'uomo*, i *droits de l'homme*, come distinti dai *droits du citoyen* non sono altro che i diritti del *membro della società civile*, cioè dell'uomo egoista, dell'uomo separato dall'uomo e dalla comunità [...] Il diritto dell'uomo alla proprietà privata è dunque il diritto di godere arbitrariamente (*à son gré*), senza riguardo agli altri uomini, indipendentemente dalla società, dalla propria sostanza e di disporre di essa, il diritto dell'egoismo. Quella libertà individuale, come questa utilizzazione della medesima, costituiscono il fondamento della società civile. Essa lascia che ogni uomo trovi nell'altro uomo non già la *realizzazione*, ma piuttosto il *limite* della sua libertà. Ma essa proclama innanzi tutto il diritto dell'uomo «de jouir et de disposer *à son gré* de ses biens, de ses revenus, du fruit de son travail et de son industrie» [...] Nessuno dei cosiddetti diritti dell'uomo oltrepassa dunque l'uomo egoistico, l'uomo in quanto è membro della società civile, cioè individuo ripiegato su se stesso, sul suo interesse privato e sul suo arbitrio privato, e isolato dalla comunità. Ben lungi dall'essere l'uomo inteso in essi come specie, la stessa vita della specie, la società, appar piuttosto come una cornice esterna agli individui, come limitazione della loro indipendenza originaria. L'unico legame che li tiene insieme è la necessità naturale, il bisogno e l'interesse privato, la conservazione della loro proprietà e della loro persona egoistica.

[...] Ancor più enigmatico diviene questo fatto quando vediamo che la cittadinanza, la *comunità politica* viene abbassata dagli emancipatori politici addirittura a mero *mezzo* per la conservazione di questi cosiddetti diritti dell'uomo, che pertanto il *citoyen* viene considerato servo dell'*homme* egoista, che la sfera nella quale l'uomo si comporta come ente comune viene degradata al di sotto della sfera nella quale esso si comporta come ente parziale, infine che non l'uomo come *citoyen,* bensì l'uomo come *bourgeois* viene preso per l'uomo *vero* e *proprio* [...] L'enigma si risolve semplicemente. L'emancipazione politica è contemporaneamente la *dissoluzione* della vecchia società, sulla quale riposa l'essenza dello Stato estraniato dal popolo, la potenza sovrana. La rivoluzione politica è la rivoluzione della società civile. Qual era il carattere della vecchia società? Una sola parola la caratterizza: la *feudalità.* La vecchia società civile aveva *immediatamente* un carattere *politico,* cioè, gli elementi della vita civile, come ad esempio la proprietà o la famiglia, o la maniera del lavoro, nella forma del dominio fondiario, dello stato e della corporazione erano innalzati a elementi della vita dello Stato. In tale forma essi determinavano il rapporto del singolo individuo verso la *totalità statale,* cioè il suo rapporto *politico,* cioè il suo rapporto di separazione ed esclusione dalle altre parti costitutive della società.

[...] Come conseguenza di questa organizzazione, l'unità statale, come la coscienza, la volontà e l'attività dell'unità statale, la potenza universale dello Stato, appare necessariamente appunto come affare *particolare* di un sovrano, diviso dal popolo, e dei suoi servi.

La rivoluzione politica che abbatté questa potenza sovrana e innalzò gli affari dello Stato ad affari del popolo, che costituì lo Stato politico come affare *universale,* cioè come Stato reale, spezzò necessariamente tutti gli stati, corporazioni, arti, privilegi, che erano altrettante espressioni delle separazioni del popolo dalla sua comunità. La rivoluzione politica soppresse con ciò il *carattere politico della società civile.* Essa spezzò la società civile nelle sue parti costitutive semplici, da un lato gli *individui,* dall'altro gli *elementi materiali e spirituali* che costituiscono il contenuto della vita, la situazione civile di questi individui. [...] La *determinata* attività e le determinate condizioni di vita decaddero a significato solo individuale. Esse non formano più il rapporto universale dell'individuo nei confronti della totalità dello Stato. La cosa pubblica in quanto tale divenne piuttosto l'affare universale di ciascun individuo, e la funzione politica divenne la sua funzione universale.

[...] L'emancipazione politica fu contemporaneamente l'emancipazione della società civile dalla politica, dall'*apparenza* stessa di un contenuto universale.

La società feudale era dissolta nel suo fondamento: l'*uomo.* Ma l'uomo quale realmente era, in quanto suo fondamento, l'uomo *egoista.* Quest'uomo, il membro della società civile, è ora la base, il presupposto dello Stato *politico.* Egli è da esso riconosciuto come tale nei diritti dell'uomo.

[...] Egli non venne liberato dalla proprietà. Ricevette la libertà della proprietà. Egli non venne liberato dall'egoismo, ricevette la libertà dell'industria.

La *costituzione dello Stato politico* e la dissoluzione della società civile negli individui indipendenti – il cui rapporto è il *diritto,* così come il rapporto degli uomini degli stati e delle arti era il *privilegio* – si adempie *in un medesimo atto.* L'uomo in quanto membro della società civile, l'uomo *non politico,* appare perciò necessariamente come l'uomo *naturale.* I *droits de l'homme* appaiono come i *droits naturels,* dacché l'*attività autocosciente* si concentra nell'*atto politico.* L'uomo egoistico è il risultato *passivo* e soltanto *trovato* della società dissolta, oggetto della *certezza immediata,* dunque oggetto *naturale.* La *rivoluzione politica* dissolve la vita civile nelle sue parti costitutive, senza *rivoluzionare* queste parti stesse né sottoporle a critica.

[...] Infine l'uomo, in quanto è membro della

società civile, vale come uomo *vero* e *proprio*, come l'*homme* distinto dal *citoyen*, poiché egli è l'uomo nella sua *immediata* esistenza sensibile individuale, mentre l'uomo *politico* è soltanto l'uomo astratto, artificiale, l'uomo come persona *allegorica, morale*. L'uomo reale è riconosciuto solo nella figura dell'individuo *egoista*, l'uomo *vero* solo nella figura del *citoyen astratto*.
[...] Ogni emancipazione è un ricondurre il mondo umano, i rapporti umani all'*uomo stesso*.
L'emancipazione politica è la riduzione dell'uomo, da un lato, a membro della società civile, all'individuo *egoista indipendente*, dall'altro, al *cittadino*, alla persona morale.
Solo quando l'uomo reale, individuale riassume in sé il cittadino astratto, e come uomo individuale nella sua vita empirica, nel suo lavoro individuale, nei suoi rapporti individuali è divenuto *membro della specie umana*, soltanto quando l'uomo ha riconosciuto e organizzato le sue «forces propres» come forze *sociali*, e perciò non separa più da sé la forza sociale nella figura della forza *politica*, soltanto allora l'emancipazione umana è compiuta»

Tratto da Marx, *Sulla questione ebraica* (1843), tr.it. in Marx, 1954

2.4. Emile Durkheim [1858-1917]

Durkheim, con Weber, è senza dubbio la figura di maggiore rilevanza per la storia del pensiero sociologico, anche se il suo apporto alla sociologia politica, come nota Wasburn (1982, 30), è stato sovente trascurato. Egli è stato più volte accusato di un sostanziale disinteresse per gli affari politico-istituzionali, non considerando così le profonde ricadute politiche del suo pensiero rispetto all'organizzazione delle società moderne. Il suo «funzionalismo sociologico» che ci avviamo a descrivere brevemente è stato tra i principali ispiratori del paradigma struttural-funzionalista che ha dominato la scienza sociologica internazionale (soprattutto anglosassone) per una parte consistente del ventesimo secolo, producendo tra l'altro non poche distorsioni interpretative rispetto ai fenomeni nuovi di conflitto sociale e politico. Ma i limiti di una teoria non decretano comunque la sua ininfluenza su una comunità scientifica; il pensiero di Durkheim è senza dubbio fondamentale per comprendere i futuri sviluppi dell'analisi sociopolitica. Le sue riflessioni sono strettamente connesse all'idea che egli ha della sociologia come scienza; per questa ragione, partiremo da una breve analisi della sua concezione metodologica per poi ripercorrere quei concetti e quelle categorie che sono a nostro avviso più rilevanti rispetto alla costituzione della sociologia politica come disciplina autonoma.

2.4.1. La scienza dei fatti sociali

Durkheim è il fondatore della sociologia scientifica. Egli è convinto del fatto che gli oggetti della sociologia siano distinti da quelli delle altre scienze, ma sostiene che i sociologi debbano comunque affrontare i propri oggetti con lo stesso ordine d'idee del fisico, del chimico, o dello psicologo quando indagano una regione inesplorata della sfera scientifica (Durkheim 1894, tr.it. 1963, *prefazione alla seconda edizione*). Egli critica i sociologi del suo tempo per aver affrontato il loro campo d'indagine avendo in mente categorie astratte (come per esempio l'«evoluzione»), ragionando così di concetti piuttosto che di cose. In questo modo si sono create le condizioni per cui invece di «osservare le cose, di descriverle, di compararle, ci accontentiamo allora di prendere coscienza delle nostre idee, di analizzarle, di combinarle: invece di una scienza di cose reali, facciamo soltanto un'analisi ideologica» (ibid., 35). La strategia appropriata secondo Durkheim è opposta. Il ricercatore deve liberarsi delle idee precostituite e considerare ogni fenomeno come distinto dalle proprie impressioni, come una «cosa» che, in quanto tale, «non può venire modificata con un semplice decreto della volontà» (ibid., 45). L'atteggiamento del ricercatore rispetto alla realtà sociale dovrebbe essere quello di una sostanziale passività, trattando i fenomeni secondo le loro proprietà intrinseche e i loro tratti comuni esterni all'individuo.

L'oggetto della sociologia è rappresentato per Durkheim dai **fatti sociali** che sono distinti dai fatti biologici così come dai fatti psicologici. Essi includono tutti quegli aspetti della società che prescindono dalla consapevolezza degli individui pur esercitando sul loro comportamento una influenza vincolante. Essi devono essere dunque definiti in modo indipendente dalla coscienza individuale, devono mostrare regolarità specifiche e non esprimibili in termini prettamente psicologici, devono infine esercitare una certa influenza sul comportamento individuale:

> L'oggetto della sociologia è rappresentato per Durkheim dai **fatti sociali** che sono distinti dai fatti biologici così come dai fatti psicologici. Essi includono tutti quegli aspetti della società che prescindono dalla consapevolezza degli individui pur esercitando sul loro comportamento una influenza vincolante

> *Riconosciamo un fatto sociale in base al potere di coercizione esterna che esercita e che è in grado di esercitare sugli individui; e riconosciamo a sua volta la presenza di questo potere in base a l'esistenza di qualche sanzione determinata o alla resistenza che il fatto oppone ad ogni iniziativa individuale che tenda a fargli violenza.*
>
> ibid., 31

L'obiettivo della moderna sociologia è a suo avviso quello di produrre asserzioni che possano essere applicate a più casi. In questo senso, il suo obiettivo è quello di costruire categorie descrittive e classificatorie. Egli afferma il significato generale dei fatti sociali, mettendoli di volta in volta in relazione al concetto di «normale» o di «patologico», pur rifiutando ogni tentativo di definizione prematura della vera essenza della normalità o della anormalità. Egli cerca piuttosto «qualche segno esteriore, immediatamente percepibile ma oggettivo, che ci consenta di riconoscere l'uno rispetto all'altro». Perseguendo questo obiettivo egli segue il modo di ragionare proprio delle scienze naturali:

> *Ogni fenomeno sociologico – come del resto ogni fenomeno biologico – è suscettibile, pur restando sostanzialmente se stesso, di assumere forme differenti a seconda dei casi. Queste forme sono di due tipi. Le une sono generali per tutta l'estensione della specie; esse si ritrovano, se non in tutti gli individui, almeno nella maggior parte di essi e, anche se non si ripetono in modo identico in tutti i casi in cui possiamo osservarle, ma variano da un soggetto all'altro, queste variazioni sono però comprese entro limiti assai vicini [...] chiameremo normali i fatti che presentano le forme più generali, e denomineremo gli altri morbosi o patologici*
>
> Durkheim 1894, tr.it. 1963, 64-65

La normalità non è qui intesa solo come «normalità di fatto», ma piuttosto come una «normalità della necessità logica»: «La normalità del fenomeno verrà spiegata soltanto ricollegandolo alle condizioni di esistenza della specie in questione – sia come effetto meccanicamente necessario di tali condizioni, sia come mezzo che permette agli organismi di adattarvisi» (ibid., 68). Il significato di un fatto sociale, e quindi la sua eventuale collocazione nella categoria di normalità o anormalità, deve essere valutato mediante un'attenta considerazione del contesto sociale in cui si realizza e non per delle sue specifiche caratteristiche. Devono cioè essere considerati i bisogni della specie a un specifico livello di sviluppo. Quando per esempio, in un periodo di mutamento sociale più o meno lungo, un fatto persista anche se sono venute meno le condizioni della sua esistenza, esso andrà considerato come un fatto «patologico».

Durkheim si inserisce di prepotenza nella storia del pensiero sociale proponendo di affrontare la realtà sociale classificandola in **specie sociali** che, in quanto tali, sono comuni a tutti gli individui (o unità sociali) ma, al contempo, le une differiscono dalle altre.

2.4.2. Il funzionalismo sociologico

Per Durkheim, i fenomeni sociali sono in primo luogo le conseguenze di processi e strutture sociali su cui gli individui non possono avere alcun controllo. Le credenze, i valori e i desideri individuali prendono corpo all'interno di tali processi e strutture. Di conseguenza, la spiegazione sociologica ha il compito di connettere fatti sociali ad altri fatti sociali, trascurando l'intenzionalità degli individui. Occorre insomma sondare la regolarità con cui certi fatti si verificano ed è in questo contesto che egli introduce il concetto sociologico di **funzione**, che consente di comprendere gli elementi di somiglianza tra fatti e fenomeni sociali che si realizzano in società diverse. **Quando Durkheim parla della funzione dei fatti sociali si riferisce alla corrispondenza tra il fatto stesso e i bisogni della società all'interno della quale esso si verifica con il fine implicito di mantenere un certo ordine sociale**.

> Quando parla di **funzione**, Durkheim si riferisce alla corrispondenza tra un fatto sociale e i bisogni della società all'interno della quale esso si verifica con il fine implicito di mantenere un certo equilibrio sociale

In questo contesto, Durkheim opera una distinzione tra la «funzione» svolta da un fenomeno sociale, cioè i suoi effetti e la sua utilità, e la «causa efficiente che lo produce». Questa constatazione, a suo dire, non fornisce di per sé una spiegazione, dal momento che l'analisi causale presuppone l'individuazione di una «corrispondenza tra il fatto considerato e i bisogni generali dell'organismo sociale e in che cosa consista questa corrispondenza senza preoccuparsi di sapere se essa sia stata intenzionale [rivolta verso un fine determinato] o meno» (Durkheim 1894, tr.it. 1963, 95). Detto ciò, la conoscenza esatta della funzione è comunque indispensabile alla spiegazione dei fenomeni, dal momento che è fondamentale che un fatto sia utile per poter sopravvivere. Dentro questa consapevolezza, egli persiste nel suo rifiuto di ricondurre la spiegazione di fenomeni sociali a fattori di tipo psicologico, dal momento che il tutto, cioè una società o un gruppo, non è riducibile alla somma delle parti (o degli individui) che lo compongono.

«Il gruppo pensa, sente ed agisce in modo del tutto diverso da quello in cui si comporterebbero i suoi membri, se fossero isolati»; dunque, «ogni volta che un fenomeno sociale è spiegato direttamente da un fenomeno psichico, possiamo essere certi che la spiegazione è falsa» (ibid., 101-102). Ne consegue che «la causa determinante di un fatto sociale deve essere cercata tra i fatti sociali antecedenti, e non già tra gli stati della coscienza individuale» (ibid., 106). Il sociologo deve dunque comprendere la fisionomia specifica dell'ambiente sociale che contribuisce al carattere della vita sociale.

2.4.3. La teoria della differenziazione sociale

Il macro-frame dentro cui inserire le diverse riflessioni di Durkheim rispetto agli sviluppi delle società storiche è quello della **differenziazione sociale** connessa alla complessa articolazione della divisione del lavoro nelle società industriali moderne. Egli è convinto che a connotare le società moderne sia una crescente divisione del lavoro che, al contrario di quanto si potrebbe pensare, non tende a una progressiva disintegrazione, nonostante l'affievolirsi delle credenze morali tradizionali che in passato avevano rappresentato il principale elemento di coesione. Al contrario, una crescente specializzazione di ruoli e funzioni sociali porterebbe a una situazione di stabilità organica delle società moderne. La modernità inaugura per Durkheim una fase di crescente **individualismo** dipeso proprio dalla radicale specializzazione funzionale che è un portato della divisione del lavoro. Lo stesso processo si verifica anche negli altri settori della vita sociale, a partire dalla politica.

La teoria della **differenziazione sociale** si fonda sull'idea che le società moderne siano caratterizzate da una crescente specializzazione di ruoli e funzioni sociali e da una sempre più marcata interdipendenza tra gli individui

Coerentemente con l'idea che una singola causa produce un singolo effetto, egli presenta i suoi obiettivi nel modo seguente: in primo luogo, occorre individuare le funzioni della divisione del lavoro e quali eventuali bisogni sociali soddisfano; in secondo luogo, occorre individuare le condizioni che intensificano la divisione del lavoro; in terzo luogo, identificare alcune delle sue conseguenze.

Egli individua dunque nella **uniformità** e nella **diversità sociale** tra la popolazione due tendenze che produrrebbero due tipi distinti di solidarietà sociale. La prima tendenza, essendo connessa a una semplice divisione del lavoro, è costituita dalla «totalità di credenze e sentimenti comuni ai cittadini medi della stessa società». Tale coscienza comune tende a voler preservare una certa identità, producendo un tipo di **solidarietà meccanica** tipica delle società primitive, **integrate sulla base di una forma di solidarietà che lega i diversi membri in base a credenze, valori e sentimenti condivisi; la coesione sociale è il prodotto della somiglianza e l'organizzazione politica è poco sviluppata. Esiste in genere un capo tribale la cui autorità è garantita dalla tradizione e dalle credenze religiose. La mancanza di una vera autoaffermazione degli individui consente lo sviluppo di una forte coscienza collettiva**, cioè quel sistema di credenze e sentimenti comuni ai membri di una stessa società.

La seconda tendenza è invece legata a una più complessa divisione del lavoro. **Nelle società moderne, infatti, la complessità della divisione del lavoro**

determina un salto quantitativo e qualitativo dei contatti e delle relazioni sociali. Si sviluppa una forma di solidarietà organica attraverso cui l'integrazione non è più garantita da una comune coscienza collettiva quanto piuttosto dalla crescente interdipendenza funzionale tra individui diversi. Gli individui, liberi dal vincolo tradizionale, sono portati a perseguire interessi personali e le regole della condotta sociale perdono il loro carattere sacrale e assoluto. La contiguità e la somiglianza perdono di valore e le relazioni sociali assumono un carattere contrattuale garantito dalle norme giuridiche. La leadership perde la sua natura sacrale e ogni forma di autorità è pesata sulla base della specifica funzione che assume in società, diventando contingente e umana.

Durkheim è sempre stato molto attento all'individuazione di indicatori empirici, o «indici esterni», mediante i quali poter studiare variabili definite. Nel suo lavoro su *La divisione del lavoro sociale* (1893, tr.it. 1962), **egli identifica nei codici della legge l'insieme di elementi che rappresentano il «simbolo visibile» della solidarietà sociale**. Un contesto sociale integrato attraverso una forma di solidarietà meccanica diventa dunque visibile attraverso l'osservazione di leggi repressive (diritto penale), finalizzate a minimizzare gli spazi di devianza dalla coesione indotta per mezzo di una tradizione esaltata. La pena, nota Giddens (1971, tr.it. 1998, 137), conserva dunque un carattere di «espiazione», per colui che commette l'atto deviante, e di «vendetta», per la società per l'oltraggio ricevuto attraverso la trasgressione della coscienza collettiva (o morale sociale):

> *[la legge] è il prodotto delle più essenziali uniformità sociali, e ha per effetto il mantenimento della coesione sociale che risulta da tali uniformità. È questa la forza che il diritto penale protegge contro ogni indebolimento, esigendo da noi un minimo di somiglianze, senza le quali l'individuo sarebbe una minaccia per l'unità del corpo sociale, ed imponendoci nello stesso tempo il rispetto del simbolo che esprime e riassume tali somiglianze, al tempo stesso in cui le garantisce.*
>
> Durkheim 1893, tr.it. 1962, 124

Al contrario, si è detto, una intensificazione della divisione del lavoro produrrebbe una forma di **solidarietà organica**, su cui grava la coscienza della molteplicità di interessi prodotti dai ruoli specializzati. In questo caso, attraverso un processo di graduale **differenziazione sociale**, la società viene tenuta insieme con moderazione, controllo e soprattutto regolamentazione dei ruoli (diritto civile). **L'attenzione si sposta sull'esigenza di preservare relazioni di complementarietà nell'ambito di una popolazione altamente differenziata. Il simbolo visibile di questa solidarietà è la presenza di un diritto «restitutivo», che riconosce cioè la legittimità delle differenze individuali, operando per ricomporre un certo equilibrio tra parti potenzialmente in conflitto**. Data l'enfasi posta da Durkheim sulla connessione tra divisione del lavoro, forma di solidarietà sociale e ordinamento giuridico, questi diversi elementi dovrebbero aggregarsi, nella modalità descritta dal sociologo francese, come segue:

> *Se i due tipi di solidarietà [...] hanno l'espressione giuridica alla quale abbiamo accennato, la preponderanza del diritto repressivo sul diritto cooperativo deve essere maggiore quando il tipo collettivo è più pronunciato e la divisione del lavoro è più rudimentale; inversamente, a*

misura che i tipi individuali si sviluppano e che i compiti vengono a specializzarsi, la proporzione tra l'estensione dei due diritti deve tendere a invertirsi.

ibid., 147

2.4.4. L'anomia

Abbiamo visto che per Durkheim la divisione del lavoro determina una riduzione del peso e della diffusione della coscienza collettiva che, in un contesto di solidarietà meccanica, rappresenta il principale collante sociale. Ne risulta un corrispondente sviluppo dell'individualismo, così che la coscienza collettiva «consiste sempre più di maniere di pensare e di sentire estremamente generali e indeterminate, le quali lasciano spazio ad un numero sempre maggiore di differenze individuali» (ibid., 183). Questo non vuol dire che le società moderne integrate attraverso una forma di solidarietà organica siano prive di un certo collante morale. Una nuova coscienza collettiva si articola attorno al **culto dell'individuo** reso possibile grazie a una radicale laicizzazione di ogni settore della vita sociale. La dignità dell'individuo sostituisce il valore della collettività come forma nuova di comunità morale:

È senza dubbio ciò che si può chiamare una fede comune; ma, in primo luogo, essa è possibile solo con la scomparsa delle altre, e di conseguenza non può produrre effetti che producevano le numerose credenze venute meno. Non vi è compensazione. Inoltre, anche se essa è comune in quanto condivisa dalla comunità, essa è tuttavia individuale per quanto concerne il suo oggetto.

ibid.

Ma se esiste comunque un collante sociale, come sono spiegabili i numerosi conflitti che attraversano le società moderne? Qui Durkheim introduce il concetto di **anomia** che ha presto assunto una certa rilevanza anche in sociologia politica. Egli nota che certe forme abnormi o patologiche della società sono sostanzialmente prodotte dalla divisione del lavoro. In un primo caso, parla di **divisione del lavoro anomica** che sarebbe caratterizzata da una intensa divisione del lavoro a cui corrisponde una forma di solidarietà organica non sufficientemente sviluppata per produrre la necessaria regolazione. Qui la società vive situazioni di scombussolamento e di conflitti non regolati. In un secondo caso, egli parla di **divisione del lavoro forzata** che si realizza quando gli individui vengono distribuiti in maniera più o meno coatta in funzioni sociali che non corrispondono ai loro talenti e alle loro capacità e aspirazioni. Una sotto-specie di tale forma patologica di divisione del lavoro si realizza quando i talenti individuali vengono per qualche ragione sotto-utilizzati. Durkheim non si sofferma troppo sull'analisi di queste forme abnormi; dopo averle descritte non specifica mai le condizioni in cui forme normali di divisione sociale del lavoro vengono diversamente sostituite da forme più o meno patologiche.

Il concetto di **anomia** indica una mancanza di norme sociali, di regole atte a mantenere, entro certi limiti appropriati, il comportamento dell'individuo in un contesto di crescente divisione del lavoro

Durkheim si dedica più che altro alle cause di una più o meno intensa divisione del lavoro. Egli è convinto che la condizione principale di un allargamento della divisione del lavoro risieda in una sorta di intensificazione (quantitativa) delle interazioni tra individui. Secondo la sua logica, tale divisione si sviluppa quando vi sono più individui sufficientemente in contatto da essere capaci di agire e reagire gli uni agli altri. Definisce queste dinamiche adottando l'espressione di **densità dinamica o morale** constatando che «il progresso della divisione del lavoro è in diretta proporzione con la densità dinamica o morale della società». Aggiunge anche la variabile del **volume sociale**, cioè la dimensione della popolazione che ovviamente ha una incidenza sulla organizzazione sociale e dunque sulla divisione sociale del lavoro.

Durkheim ammette che certi cambiamenti producono un mutamento nella struttura psicologica degli individui:

> *Finché le società non raggiungono certe dimensioni ed un certo grado di concentrazione, la sola vita psichica veramente sviluppata è quella comune a tutti i membri del gruppo, identica in ognuno di essi. Ma, a misura che le società diventano più vaste e soprattutto più condensate, appare una vita psichica di nuovo genere. Le diversità individuali, in un primo tempo perdute e confuse nella massa delle uniformità sociali, si rendono indipendenti, assumono una certa importanza e si moltiplicano. Una molteplicità di cose che restavano al di fuori delle coscienze perché non incidevano minimamente sull'essere collettivo, diventano oggetto di rappresentazioni. Mentre gli individui agivano soltanto se trascinati gli uni dagli altri – eccettuati i casi in cui la loro condotta era determinata da certi bisogni fisici – ognuno di essi diventa una fonte di attività spontanea.*
>
> ibid., 340

Egli contesta l'idea marxiana secondo cui alcuni conflitti, in primis il conflitto di classe, siano una conseguenza dell'industrializzazione, ma crede piuttosto che siano il portato di una situazione anomica determinata dal sopravanzamento della divisione delle funzioni economiche rispetto allo sviluppo di un sistema di regole morali congeniali alla nuova organizzazione sociale. Mancando tali regole morali, la formazione di nuove relazioni contrattuali assume per Durkheim una forza coercitiva che sovrasta gli individui e le loro aspirazioni.

2.4.5. Il ruolo dello Stato

Durkheim sostiene un rafforzamento del **ruolo dello Stato** non solo come organizzatore dei processi economici ma anche e soprattutto come istituzione incaricata di occuparsi della crisi morale della società

Queste considerazioni portano inevitabilmente Durkheim a contrastare, pur rispettandone il valore analitico, Marx e la dottrina socialista considerata come l'espressione di un malessere sociale, ma al contempo non sufficiente a risolvere alcune disfunzioni che sono una diretta conseguenza di problematiche che, come abbiamo visto, non sono a suo avviso riconducibili alla sola sfera economica. Durkheim riconosce l'esigenza di ridurre povertà e sfruttamento attraverso un'estensione dei programmi di assistenza sociale e di altri provvedimenti finalizzati a impedire la concentrazione della ricchezza nelle mani di pochi, ma tutto questo è possibile solo attraverso una regolazione dei processi economici attraverso il rafforzamento del **ruolo dello Stato** che, però, non può solo limitarsi alla riorganizzazione economica, ma deve anche occuparsi della crisi di natura morale che, a suo avviso, è ben più incisiva. Sia i socialisti che gli economisti politici classici commettono a suo avviso l'errore di sottovalutare il ruolo dello Stato, gli uni (i socialisti) relegandolo a una funzione di mero regolatore del mercato, gli altri (gli economisti) chiedendone la pressoché totale estraneità rispetto alle dinamiche dell'economia reale, proponendo il libero gioco del mercato. Durkheim pensa invece che lo Stato debba assumersi la piena responsabilità morale ed economica di una società.

Il suo discorso sullo Stato è centrale rispetto all'intera riflessione sull'organizzazione delle società moderne. Egli afferma che la nozione di «politico» presupponga la distinzione tra governanti e governati che è un portato tipicamente moderno legato alla specializzazione dei ruoli sociali. Tale organizzazione non deve essere necessariamente legata a un territorio delimitato. La territorializzazione dello Stato riguarda senza dubbio le società moderne industrializzate, ma esistono forme di organizzazione politica anche laddove il territorio viene concepito come contesto fluido come è avvenuto per secoli tra le varie tribù nomadi. Se le società primitive concepivano l'organizzazione sociale come un surrogato delle relazioni di parentela, le società moderne si distaccano da questo modello, ma non eccessivamente. La **società politica** è infatti, per Durkheim, una unione tra famiglie e gruppi secondari:

> *Possiamo allora definire la società politica come una società formata dall'unione di un maggior o minor numero di gruppi sociali secondari, soggetti ad una stessa autorità che non è a sua volta soggetta a qualche altra autorità superiore debitamente costituita.*
>
> Durkheim 1950, tr.it. 1973, 59

A suo avviso, **il concetto di Stato non dovrebbe coincidere con quello di società politica, ma dovrebbe altresì essere utilizzato per indicare un apparato di funzionari che sono necessari a organizzare l'autorità di governo**. Come nota Giddens (1971, tr.it. 1998, 176), «i tre elementi dell'analisi di Durkheim sono quindi l'esistenza di una autorità costituita, esercitata all'interno di una società che presenta, almeno in una certa misura, delle differenze strutturali e svolta da un gruppo distinto di funzionari». Lo Stato di Durkheim non è dunque superiore alla società (e agli individui), come voleva Hegel, ma ne è uno strumento di organizzazione morale ed economica.

Lo Stato durkheimiano tende dunque a crescere di importanza con l'aumento della specializzazione funzionale delle società ed è quindi strettamente connesso al progredire dell'individualismo morale e della divisione del lavoro. Concetti culturali come l'amor patrio e l'orgoglio nazionale, diversamente riconducibili al concetto di nazionalismo, sono a suo avviso il prodotto delle rivalità internazionali, ma non assumono in società un ruolo primario. **La costruzione di istituzioni pubbliche per la regolazione delle relazioni sociali corre il rischio di degenerare in forme di tirannia burocratica che possono essere evitate rafforzando il ruolo di gruppi secondari che agiscano da anello di congiunzione tra individui e Stato**. Lo sviluppo democratico è dunque legato, a suo avviso, al consolidamento di tale pluralismo associativo che egli identifica nella rinascita delle associazioni professionali:

> *Una nazione si può conservare solo se, tra lo Stato e l'individuo, è inserita una intera serie di gruppi secondari che sono abbastanza vicini agli individui per attrarli con forza nella loro sfera d'azione e trascinarli in questo modo dentro la corrente generale della vita sociale. Noi abbiamo proprio mostrato come i gruppi professionali siano adatti a svolgere questo ruolo e che questo è il loro destino.*
>
> Durkheim 1893, tr.it. 1962, 33-34

Secondo tale impostazione, la qualità democratica si misura attraverso il livello di comunicazione reciproca tra lo Stato e gli altri livelli della società. Lo Stato, in questo contesto, agisce da **io sociale**, così come la coscienza collettiva agiva da anima sociale. L'organizzazione politica in generale e lo Stato in particolare assume un ruolo propulsivo e innovativo, ma non guida la società più di quanto non sia guidato da essa.

Approfondimento 2.3

Sulla società politica

«Un elemento essenziale che entra nella nozione di ogni gruppo politico è l'opposizione fra governanti e governati, fra l'autorità e coloro che sono ad essa soggetti. È possibile che all'origine dell'evoluzione sociale questa distinzione non sia esistita; l'ipotesi è tanto più verosimile per il fatto che troviamo alcune società in cui la distinzione è molto poco accentuata. Ma, in ogni caso, le società in cui essa esiste non possono essere confuse con quelle in cui essa manca. Le une e le altre costituiscono due specie diverse che bisogna chiamare con nomi diversi, e solo alle prime deve essere riservata la qualifica di politiche. Perché se questa espressione ha un senso, significa anzitutto organizzazione almeno rudimentale, formazione di un potere, stabile o intermittente, debole o forte, di cui gli individui subiscano l'autorità, qualunque essa sia.

[...] Ma un potere di questo genere non si riscontra solo nelle società politiche. La famiglia ha un capo i cui poteri sono talora assoluti, talora limitati da quelli di un consiglio familiare. Si è sovente paragonata la famiglia patriarcale dei Romani a un piccolo Stato; e anche se, come vedremo subito, tale paragone non è giustificato, esso sarebbe invece esatto se la società politica fosse caratterizzata unicamente dalla presenza di una organizzazione governativa. È dunque necessaria un'altra caratteristica.

Si è creduto di trovarla nei rapporti particolarmente stretti che legano ogni società politica al suolo che essa occupa. [...] Ma la famiglia è non meno legata, almeno presso molti popoli, a una parte determinata del suolo; anch'essa ha il suo pezzo di terra da cui è inseparabile perché questo è inalienabile. [...] C'è da tener presente, d'altra parte, che questa importanza fondamentale che il territorio nazionale ha risale ad epoca relativamente recente. Anzitutto, sembra alquanto arbitrario negare ogni carattere politico alle grandi società nomadi la cui organizzazione è a volte molto complessa. Inoltre, un tempo era il numero dei cittadini e non il territorio ad essere considerato l'elemento essenziale degli Stati. Annettersi uno Stato non voleva dire annettere il paese, ma gli abitanti che lo occupavano incorporandoli. Inversamente, si vedevano i vincitori andare a stabilirsi presso i vinti, sui loro territori, senza per questo perdere la loro unità e la loro identità politica. [...] Questa identificazione della società con il suo territorio si è prodotta solo nelle società più avanzate.

[...] Scartando il territorio, sembra che si possa trovare una caratteristica della società politica nell'importanza numerica della popolazione. È certo che in generale non si dà questo nome ai gruppi sociali che comprendono un numero troppo piccolo di individui. Ma una linea di demarcazione di questo tipo sarebbe estremamente incerta; perché quale è il punto al di là del quale un agglomerato umano è abbastanza numeroso per essere classificato fra i gruppi politici? [...] Ma quello che è certo è che non ci sono società politiche che non contengano al loro interno una pluralità di famiglie diverse o di gruppi professionali diversi o entrambe le cose insieme. [...] Le società politiche si caratterizzano in parte per l'esistenza di gruppi secondari. [...] Non sono soltanto necessari per amministrare degli interessi particolari, familiari, professionali, che essi racchiudono e che sono la loro ragion d'essere, sono anche il requisito fondamentale di ogni organizzazione superiore. Lungi dall'essere in antagonismo con il gruppo sociale dotato dell'autorità sovrana e che chiamiamo più particolarmente Stato, quest'ultimo implica la loro esistenza; esiste soltanto là dove essi esistono. Se non ci sono gruppi secondari, non c'è autorità politica, o almeno non c'è autorità che possa essere propriamente chiamata con questo nome. [...] Un'altra conseguenza di quanto precede è che, poiché le società politiche implicano l'esistenza di una autorità, e che questa autorità non compare se non dove le società comprendono in sé una pluralità di società elementari, le società politiche sono necessariamente policellulari o polisegmentarie. [...] Ora che sappiamo da quali segni si riconosce una società politica, vediamo in che cosa consiste la morale che vi si ricollega. Dalla stessa definizione precedente, risulta che le regole essenziali di questa morale sono quelle che determinano i rapporti degli individui con questa autorità sovrana, alla cui azione essi sono sottomessi. Siccome è necessaria una parola per designare il gruppo speciale di funzionari che sono incaricati di rappresentare questa autorità, stabiliamo di riservare per questo impiego la parola Stato. Senza dubbio capita spesso di chiamare Stato non l'organo governativo, ma la società politica nel suo insieme, cioè l'insieme del popolo e del suo governo, e noi stessi abbiamo usato questa parola in questo senso. Così si parla di Stati europei, si dice che la Francia è uno Stato. Ma poiché è utile avere dei termini speciali per delle realtà così differenti come la società e uno dei suoi organi, chiameremo più particolarmente Stato gli agenti dell'autorità sovrana, e società politica il gruppo complesso di cui lo Stato è l'organo principale. Stabilito questo, i doveri principali della morale civica sono evidentemente quelli che i cittadini hanno nei confronti dello Stato e, reciprocamente, quelli che lo stato ha nei confronti degli individui. Per comprendere quali sono questi doveri, perciò, è importante determinare anzitutto la natura e la funzione dello Stato. [...] Ecco ciò che definisce lo Stato. È un gruppo di funzionari sui generis, al cui interno si elaborano delle rappresentazioni e delle volizioni che vincolano la collettività, benché non ne siano il prodotto. Non è esatto dire che lo Stato incarna la coscienza collettiva, perché questa trabocca da tutte le parti. Essa è in gran parte diffusa; ad ogni istante troviamo moltissimi sentimenti sociali, situazioni sociali di ogni tipo di cui lo Stato non percepisce che la debole eco. [...] Possiamo dire che: lo Stato è un organo speciale, incaricato di elaborare certe rappresentazioni che valgono per la collettività. Queste rappresentazioni si distinguono dalle altre rappresentazioni collettive per il loro maggior grado di coscienza e di riflessione. [...] Lo Stato è, parlando rigorosamente, l'organo stesso del pensiero sociale. Nelle condizioni presenti, questo pensiero è rivolto verso uno scopo pratico e non speculativo. Lo Stato, in generale almeno, non pensa per pensare, per costruire dei sistemi di dottrine, ma per dirigere la condotta collettiva. Ma resta il fatto che la sua funzione essenziale rimane quella di pensare»

Tratto da Durkheim, *Lezioni di sociologia* (1950), tr.it. 1973, pp.57-64

2.5. Max Weber [1864-1920]

Max Weber è comunemente riconosciuto come uno degli autori che ha maggiormente contribuito allo sviluppo della sociologia politica. Buona parte del suo lavoro si presenta come un tentativo di estendere o correggere le analisi marxiane, anche se egli, nota Wasburn (1982, 17), al contrario di Marx, non propone una teoria elaborata della storia in rapporto alla quale i fatti sociali e politici si organizzano, ma introduce alcuni concetti chiave che saranno decisivi allo sviluppo della sociologia in generale e della sociologia politica in particolare. Si pensi al concetto di «razionalismo», in rapporto al processo di «razionalizzazione», attorno a cui si concentra l'intera riflessione weberiana sulla modernità sociale e politica e alla sua riflessione teorica sui processi di interazione, attorno a cui edifica la teoria relazionale del potere e della sua legittimazione.

Al contrario di Durkheim, Weber, sul piano metodologico, si pone il problema di fondare una scienza sociale emancipata dal vecchio impianto positivista, soffermandosi sui concetti inerenti l'oggettività conoscitiva della sociologia, la sua logica, e sul significato della «avalutatività» delle scienze storico-sociali. Tra i suoi scritti più noti si ricordano quelli relativi al rapporto tra la dimensione culturale e religiosa e la struttura socioeconomica, una parte fondamentale del suo lavoro che in questa sede decidiamo però di non affrontare, soffermandoci soprattutto su quegli scritti che, a partire dalle innovazioni weberiane in campo logico e metodologico, rientrano chiaramente nei confini disciplinari e teorici della sociologia politica. Ci riferiamo dunque alla teoria weberiana del potere, dello Stato burocratico moderno e dei partiti.

2.5.1. La sociologia comprendente

Per Weber la **sociologia comprendente** è quella scienza che si pone il compito di interpretare il significato dell'agire sociale spiegandolo causalmente nel suo corso e nei suoi effetti

L'impostazione metodologica di Weber si contrappone al neopositivismo di Durkheim. Egli crede che sia impossibile che il ricercatore possa porsi passivamente di fronte alla realtà; è altresì convinto che uno studioso non possa liberarsi di tutte le idee precostituite, dal momento che queste sono parte della sua personalità intellettuale e difficilmente il mondo reale dei fenomeni empirici può esprimere se stesso in totale autonomia.Egli considera la conoscenza scientifica della società come dipendente da punti di vista selettivi (quindi «unilaterali») di vari aspetti della vita culturale. Gli aspetti essenziali della conoscenza scientifica sono dunque il prodotto di atti di selezione, semplificazione, accentuazione di alcune caratteristiche a detrimento di altre. Weber sostiene inoltre con chiarezza che «l'unilateralità è intenzionale» (1922b, tr.it. 1958, 78) e che dunque la selettività non è determinata dalla «natura delle cose».

La realtà è dunque così complessa da offrirci una molteplicità, forse infinita, di processi «che sorgono e scompaiono in un rapporto reciproco di successione e di contemporaneità, in noi e al di fuori di noi» (ibid., 84). Dunque, «ogni conoscenza concettuale della infinita realtà da parte dello spirito umano finito poggia sul tacito presupposto che soltanto una parte finita di essa debba formare l'oggetto della considerazione scientifica» e sia cioè degna di essere conosciuta (ibid., 85). La selezione degli oggetti per Weber non viene quindi operata dalla natura delle cose. **Le configurazioni storiche interessano dunque il ricercatore perché sono per lui culturalmente significative, questo implica che egli abbia un «orientamento di valore» che lo rende soggettivamente attivo**.

> *La realtà empirica è per noi «cultura» in quanto la poniamo in relazione con idee di valore; essa abbraccia quegli elementi della realtà che diventano per noi significativi in base a quella relazione e soltanto questi elementi. Una ristretta parte della realtà individuale attualmente considerata è investita dal nostro interesse, condizionato da quelle idee di valore; ed essa soltanto ha significato per noi, e lo ha in quanto ci mostra delle relazioni che sono per noi importanti per la loro connessione con idee di valore.*
>
> ibid., 90

L'approccio senza presupposti paventato da Durkheim è quindi per Weber impossibile: «Un caos di "giudizi esistenziali" sopra infinite osservazioni particolari, sarebbe il solo esito di un serio tentativo di analizzare la realtà "senza presupposti"» (ibid., 92).

Nella definizione stessa della sociologia, intesa come formulazione di principi generali e concetti tipici sull'agire umano sociale, Weber incorpora un certo livello psicologico. L'«agire» è a suo avviso «un atteggiamento umano (sia esso un fare o un tralasciare o un subire, di carattere esterno o interno), se e in quanto l'individuo che agisce o gli individui che agiscono congiungono ad esso un senso *soggettivo*». Dunque l'agire sociale deve essere inteso come riferito «secondo il *suo senso* intenzionato dall'agente o dagli agenti – all'atteggiamento di altri individui e orientato nel suo corso in base a questo» (Weber 1922, tr.it. 1968, vol.1, 4). Anche per Weber, come per Durkheim, non tutti i comportamenti umani sono sociologicamente significativi, alcuni sono puramente *reattivi* e inoltre il significato dell'azione deve essere preso in considerazione per spiegare il comportamento degli individui o dei gruppi, ma non per questo può essere costitutivo di una esauriente spiegazione scientifica.

Vista la sua attenzione al significato soggettivo dell'azione, Weber è meno preparato ad approcciare i fenomeni culturali come fossero cose. A suo avviso, i fenomeni delle scienze sociali sono connessi a «un problema di tipo specificamente diverso da quelli che gli schemi delle scienze naturali ed esatte, in generale, possono o cercano di risolvere» (Weber 1922b, tr.it. 1958, 77). **I fenomeni delle scienze sociali sono «psicologici e intellettuali» e in quanto tali implicano una empatetica comprensione**. Anche le uniformità statistiche, di cui Weber non trascura l'importanza per la ricerca sociale, diventano rilevanti solo in quanto «possono essere considerate come manifestazioni del comprensibile significato soggettivo del corso di un'azione» (Weber 1922, tr.it. 1968, 11).

Anche Weber crede che la sociologia debba essere una scienza generalizzante, capace di produrre asserzioni che possano essere applicate a più casi. Su questa linea, dopo essersi concentrato sul significato soggettivo dell'azione individuale, egli individua una strada che consenta di spostarsi dal livello individuale a quel-

> Un **tipo ideale** (o idealtipo) è per Weber una costruzione teorica che contiene i dati storici e contingenti di determinati fenomeni, le cui relazioni e conseguenze sono riconducibili a un unico modello con il quale è possibile comprendere i tratti essenziali di una realtà storico-sociale

lo delle istituzioni e delle strutture sociali, che più direttamente rientrano tra i centri d'interesse dell'analisi sociologica. A questo riguardo, propone la concettualizzazione del **tipo ideale** come strumento impiegato per facilitare l'analisi dei fenomeni empirici. Secondo il sociologo tedesco, l'ideal-tipo è «formato da un'*accentuazione* unilaterale di uno o più punti di vista, e della sintesi di moltissimi fenomeni concreti individuali, diffusi, diversi, più o meno presenti ed occasionalmente assenti che sono organizzati, secondo quei punti di vista unilateralmente enfatizzati, in un costrutto analitico unificato» (Weber 1922b, tr.it. 1958, 87). **Il tipo ideale non è dunque direttamente una realtà empirica, ma piuttosto una selezione degli elementi decisivi di una situazione storica complessa, manipolati in un quadro semplificato. Estraendo elementi tipo da ogni situazione storica, il ricercatore li rende analiticamente comparabili. Insomma, un concetto tipico ideale è una sorta di prototipo e viene costruito mediante un'opera di astrazione e combinazione di un certo numero di elementi tutti presenti nella realtà, ma solo raramente, o addirittura mai, in quella forma specifica**.

Per quanto suggestiva, la proposta di Weber corre il rischio di scadere in una sorta di indeterminatezza teorica, anche perché non si specifica mai a quale livello di generalità si debba collocare un tipo ideale, con il rischio evidente di produrre classificazioni onnicomprensive o, al contrario, come ebbe modo di notare Talcott Parsons (1937, tr.it. 1968), a un livello di astrazione talmente basso da ricadere in una sorta di particolarismo nominalistico proprio degli storici.

In realtà, Weber sottolinea la grande utilità euristica degli ideal-tipi, considerati di alto valore sistematico per l'esposizione, nel momento in cui vengono usati come strumenti concettuali per la comparazione e la misurazione della realtà. In questo senso, i tipi ideali hanno un valore esplicativo soprattutto quando trattano «leggi» e «sequenze» inerenti allo sviluppo.

Il significato che lui dà al concetto di spiegazione è strettamente connesso alla nozione di tipo ideale e alla necessità di comprendere il significato soggettivo dell'azione, cioè scoprire il movente di un singolo attore, «ciò che lo porta a compiere qualche cosa precisamente in questo momento ed in queste circostanze» (Weber 1922, tr.it. 1968, 8). Ovviamente questo non implica un assoluto riduzionismo psicologico, dal momento che il movente di un'azione può essere rappresentato da specifici interessi o anche dall'aderenza dell'individuo a livelli normativi determinati, o ancora, «l'agire, in particolare l'agire sociale – e in modo ancora più specifico una relazione sociale – può essere orientato, da parte dei partecipanti, in base alla rappresentazione della sussistenza di un ordinamento legittimo» (ibid., 28). In ogni caso, il ricercatore, in qualsiasi situazione storica, non deve aspettarsi di trovare motivi singoli e puri, ma una loro combinazione complessa.

Weber a questo riguardo individua due tipi di spiegazione esplicativa: il primo presuppone l'interpretazione del «significato realmente intenzionale» di un'azione nella sua complessità storica; il secondo implica invece la comprensione del fenomeno a partire dal «significato attribuito ad un tipo puro (un tipo ideale), scientificamente formulato di un fenomeno comune».

Naturalmente una simile operazione di astrazione intellettuale non è sufficiente a comprendere e spiegare, questo perché la «verifica dell'interpretazione soggettiva, attraverso la comparazione con il reale corso degli eventi, diventa indispensabile, come del resto lo è per ogni ipotesi» (ibid., 8). Senza questo sforzo di comprensione della dimensione motivazionale, che rappresenta anche la definizione di una relazione significativa tra eventi, rimane solo «un'incomprensibile probabilità statistica» (ibid., 12). Weber sembra dunque convinto che le regolarità statistiche tra percentuali aggregate del comportamento siano sostanzialmente insignificanti senza il riferimento a un certo tipo di legame soggettivo tra di esse:

> *Noi possiamo, oltre alla semplice determinazione di connessioni funzionali e di regole (cioè di leggi) fornire qualcosa che rimane sempre irraggiungibile da parte di qualsiasi «scienza naturale» – intesa come determinazione di regole causali di avvenimenti e di formazioni, e come spiegazione dei fenomeni particolari su tale base – e cioè la «comprensione» dell'atteggiamento degli individui che ad essa partecipano. Invece non possiamo «intendere» il comportamento per esempio delle cellule, ma possiamo soltanto stabilirlo funzionalmente, e quindi determinarlo secondo le regole del suo sviluppo. Questo vantaggio della spiegazione interpretativa rispetto alla spiegazione fondata sull'osservazione è certamente compensato dal carattere essenzialmente ipotetico e frammentario dei risultati che si possono conseguire mediante l'interpretazione. Ma, ciò nonostante, essa costituisce appunto l'elemento specifico della conoscenza sociologica.*
>
> ibid., 14

2.5.2. La dimensione relazionale del potere

Per Weber, lo si è detto, l'oggetto della sociologia è soprattutto l'agire sociale inteso come qualunque tipo di comportamento che «può essere orientato in vista dell'atteggiamento passato, presente, o previsto come futuro di altri individui» (1922, tr.it. 1968, vol.1, 18). Esso è alla base di ogni rapporto sociale che si stabilisce nella misura in cui sussiste una certa reciprocità di comportamento tra due o più individui. Non tutte le interazioni costituiscono una relazione sociale, occorre che vi sia «intenzionalità» e sono dunque escluse le azioni istintivamente reattive. Tale concetto di relazione sociale è fondamentale per comprendere l'idea di potere in Weber. **La maggior parte dei rapporti sociali si configurano infatti come relazioni di potere che sono tanto più stabili quanto più gli individui coinvolti siano convinti di agire nell'ambito di un ordinamento legittimo**, soprattutto in un contesto politico. A decretare tale legittimità a volte è sufficiente la condivisione di una tradizione; sono cioè i costumi e le convenzioni sociali a discriminare la necessità di un determinato corso relazionale; altre volte la tradizione non è sufficiente e deve intervenire il diritto. Come nota Giddens (1971, tr.it. 1998, 259), tra costume, convenzione e diritto esiste, non a caso, una relazione empirica molto stretta. Anzi, usi e costumi sono sovente la fonte di ispirazione di quel sistema normativo che si costituisce in diritto e che prevede dunque un sistema di sanzioni, assumendo un carattere coercitivo.

Tale sistema non assume necessariamente dei tratti politici. Per Weber, **una**

comunità si dice «politica» solo nella misura in cui la sua sussistenza nonché la validità dei suoi ordinamenti entro un dato territorio vengono garantite continuamente mediante l'impiego e la minaccia di una coercizione fisica da parte dell'apparato amministrativo. Dunque, l'agire politico è per Weber in primo luogo «rivolto a riservare un 'territorio'… al dominio ordinato dei partecipanti, mediante la predisposizione della forza fisica e normalmente anche della forza delle armi» (Weber 1922, tr.it. 1968, vol. 2, 201). Questo non vuol dire ovviamente che l'ordinamento politico si regga unicamente sull'uso continuativo della forza, ma essa rimane un'opzione che può essere utilizzata quando falliscono gli altri strumenti. In questo senso, una organizzazione politica diventa Stato nel senso moderno del termine quando è nelle condizioni di esercitare con successo il monopolio della coercizione fisica legittima entro un dato territorio. La forza fisica diventa dunque lo strumento ultimo, ma necessario, per connotare il potere politico.

Weber intende per **potenza** ogni possibilità di far valere entro una relazione sociale, anche di fronte a un'opposizione, la propria volontà, quale che sia la base di questa possibilità; mentre per **potere** intende la possibilità di trovare obbedienza, presso certi individui, a un comando che abbia un determinato contenuto

A questo riguardo, Weber distingue tra **potenza** (*macht*) e **potere** (*herrschaft*, traducibile anche con il termine **dominio**), inteso come potere di governo, dunque legittimo. Nel primo caso, egli intende «qualsiasi possibilità di far valere entro una relazione sociale, anche di fronte a un'opposizione, la propria volontà, quale che sia la base di questa possibilità»; nel secondo caso, invece, «si deve intendere la possibilità di trovare obbedienza, presso certe persone, ad un comando che abbia un determinato contenuto» (Weber 1922, tr.it. 1968, vol.1, 51-52). In questo senso, lo stesso Weber ammette che il concetto di potenza, così inteso, è sociologicamente amorfo, infatti tutte le possibili qualità e costellazioni di un uomo possono metterlo nelle condizioni di esercitare una qualche forma di potenza, ma per fare questo occorre specificare i contenuti di tale dominio e, soprattutto, occorre trovare una disposizione all'obbedienza da parte di chi ne è soggetto. In questo caso, **il concetto di «potere» o meglio, di «autorità» è senza dubbio più specifico, perché comprende solo quei casi in cui una certa forma di potenza è esercitata come obbedienza a un comando specifico**. La disciplina da parte di chi riceve il comando, intesa come «la possibilità di trovare, in virtù di una disposizione acquisita, una obbedienza pronta, automatica e schematica ad un certo comando da parte di una pluralità di uomini» (ibid.), può dipendere da una abitudine meccanica o da un interesse personale, ma il suo principale sostegno è dato senza dubbio dalla convinzione della **legittimità** della propria subordinazione. In coerenza con la sua teoria dei tipi ideali, Weber identifica tre tipi puri di potere legittimo che nella realtà possono presentarsi in forma ibrida o combinata: il potere tradizionale, legale-razionale e carismatico:

– **Potere tradizionale**: la legittimità del potere tradizionale «si fonda, e viene accettata, sulla base di antichi ('esistenti da sempre') ordinamenti e poteri di signoria» (Weber 1922, tr.it. 1968, vol.1, 221). **Chi detiene questa forma di potere riesce a garantirselo in base alle regole della tradizione e ottiene obbedienza nell'ambito di un gruppo sociale che offre reverenza e riconosce la dignità personale attribuita dalla tradizione**. L'autorità non è esercitata attraverso un apparato amministrativo specializzato; in molte comunità rurali tale potere è per esempio attribuito agli anziani. Connesse a questo tipo di potere vi sono le diverse forme di **patriarcalismo** a base familiare che nella versione moderna può essere ricondotto a quelle esperienze monarchiche in cui l'autorità è trasferita da padre in figlio per via ereditaria. Quando si forma un apparato amministrativo pienamente subordinato al signore sulla base di legami di fedeltà personale, Weber parla di **patrimonialismo**, tipico di alcuni sistemi tirannici orientali (come i regimi retti da sultanato) e medioevali. A differenza del potere patriarcale, quello patrimoniale supera la dimensione parentale, che implica una certa condivisione di interessi tra tutti i consociati, e presuppone una netta separazione tra signore e sudditi. L'apparato amministrativo in un sistema patrimoniale rappresenta una risorsa personale del signore che recluta i funzionari tra coloro che sono legati ad esso da un rapporto di fedeltà e dipendenza economica. Nel caso in cui un simile sistema debba strutturarsi su basi territoriali più ampie, il signore dovrà necessariamente ricorrere a un personale amministrativo reclutato su base più larga e questo col tempo determina tensioni e conflitti tra il signore e i funzionari patrimoniali locali.

– **Potere legale-razionale**: tale forma di potere è per certi versi opposto a quello tradizionale. Qui non esiste alcuna confusione dei ruoli o commistione formale tra detentore del potere, chi ne è soggetto, o servitore. **Si tratta di una forma di potere che presuppone una organizzazione razionale del sistema a base burocratica e legittimato dalla regole del diritto.** Il reclutamento dei funzionari non dipende dalla volontà di un signore, ma passa attraverso un processo razionale di «statuizione». Chi detiene il potere legale lo può fare in virtù di norme impersonali che attribuiscono autorità alla funzione piuttosto che a chi la ricopre nella congiuntura. L'obbedienza non si fonda su una sorta di dipendenza personale, ma sull'accettazione del potere coercitivo di certe norme che definiscono i parametri dell'autorità. Chi detiene il potere lo fa grazie a un sistema normativo a cui esso stesso è soggetto: «il tipico detentore del potere legale – il 'superiore' – mentre dispone e insieme comanda, da parte sua obbedisce all'ordinamento impersonale in base al quale orienta le sue prescrizioni» (ibid., 212).

Il potere legale nella sua forma pura presuppone dunque un'amministrazione burocratica il cui apparato amministrativo agisce in maniera continuativa in base a doveri d'ufficio ben definiti. Le sfere di competenza dei funzionari sono chiaramente delimitate su un livello di autorità stratificato e gerarchico. Le regole di funzionamento dell'intero sistema sono in genere poste per iscritto e ogni membro è reclutato per le sue competenze specifiche valutate per mezzo di concorsi pubblici. La carriera di un funzionario è regolata in base a un concetto astratto di dovere d'ufficio la cui esecuzione diventa un fine in sé. Il funzionario gode generalmente di una posizione permanente, salvo diversa prescrizione, ed è remunerato con uno stipendio regolare. Tale forma di organizzazione tipico ideale è rintracciabile solo nelle società moderne capitalistiche. Forme analoghe in epoche passate sono diversamente rintracciabili nell'organizzazione burocratica dell'antico Egitto, della Cina, della Chiesa cattolica medievale e nel tardo principato romano. Tale forma di burocratizzazione nella società moderna è legata allo sviluppo della divisione del lavoro che non riguarda solo l'organizzazione economica, ma investe tutte le sfere della società.

– **Potere carismatico**: il tipo puro di potere carismatico non possiede generalmente un carattere permanente e non presuppone apparati amministrativi stabili. **Esso assume evidentemente un carattere straordinario legato alle doti particolari che si riconoscono a chi lo detiene:**

> *Per «carisma» si deve intendere una qualità considerata straordinaria (e in origine condizionata in forma magica tanto nei profeti e negli individui forniti di sapienza terapeutica o giuridica, tanto nei duci della caccia e negli eroi di guerra), che viene attribuita ad una persona. Pertanto questa viene considerata come dotata di forze e proprietà soprannaturali o sovrumane, o almeno eccezionali in modo specifico, non accessibili agli altri, oppure come inviata da Dio o come rivestita da un valore esemplare e, di conseguenza, come «duce»*
>
> ibid., 238

Non è importante che un individuo possegga realmente tutte queste qualità, ma è importante che gli altri lo riconoscano come figura straordinaria, delegando ad esso l'esercizio di autorità. Forme di potere carismatico possono emergere nei più disparati contesti storico-sociali. L'esempio paradigmatico è quello di un profeta o di un grande leader rivoluzionario. Il capo carismatico non si serve di funzionari o amministratori, ma piuttosto di un certo numero di seguaci a lui fedeli. «Il potere carismatico rovescia il passato (entro il proprio ambito), ed è in questo senso specificatamente rivoluzionario» (ibid., 240). Si tratta per Weber di un fenomeno tanto diffuso nella storia quanto irrazionale. Il carisma è forza creativa e trainante, ma si fonda esclusivamente sulla presunta autenticità delle parole del leader.

Ogni volta che il leader carismatico muore si pone dunque un problema di successione non facilmente districabile. Talvolta il capo carismatico indica il suo successore con la speranza di trasferire ad esso le sue caratteristiche eccezionali, se non altro nella percezione dei seguaci. Altre volte, il carisma viene rappresentato come una dote acquisita per via ereditaria e in questo caso si confonde con il tipo tradizionale di potere. In genere, quando il potere carismatico diventa potere in forza della tradizione si individua una fonte sacra di legittimazione che possa trasformarlo in potere riconosciuto e durevole. A questo punto il carisma diventa una forma di potere impersonale retto dalle norme della tradizione che solo le istituzioni educative e ideologiche possono radicare in un determinato gruppo sociale. Esso diventa anche attività quotidiana che necessita di un apparato amministrativo più stabile che, alla luce di certi sviluppi, può reggersi su norme sia tradizionali che legali.

2.5.3. Razionalizzazione e Stato burocratico moderno

Una parte consistente degli interessi di Weber sono rivolti al processo di civilizzazione occidentale e alle differenze intercorse sul piano delle credenze, delle pratiche e delle relazioni sociali in ambito religioso, economico e politico. Tali dinamiche sono a suo avviso spiegabili facendo riferimento ai diversi livelli di avanzamento del processo di **razionalizzazione** che viene concettualizzato in termini di specializzazione scientifica e differenziazione tecnologica tipica delle società occidentali. Sulla base di tale processo gli esseri umani avrebbero ridefinito i parametri di una certa organizzazione sociale, cercando di valorizzare gli aspetti dell'efficienza e della produttività. Un indicatore della diffusione culturale del processo di razionalizzazione risiede per Weber nel cosiddetto **disincanto del mondo**, ossia nel progressivo affrancamento umano da modi di pensare magico-religiosi e nel conseguente sforzo di riordinare i fatti del mondo su basi laiche.

Il processo di **razionalizzazione** viene concettualizzato in termini di specializzazione scientifica e differenziazione tecnologica tipica delle società occidentali moderne

Applicata alla dimensione politica, la razionalizzazione si manifesta soprattutto nelle forme dello Stato moderno che, separato dalle modalità di organizzazione del potere tipiche delle società premoderne, rappresenta un elemento cardine della sociologia politica weberiana. Come Marx, egli è interessato allo studio delle relazioni politiche che gli esseri umani intraprendono sotto determinate condizioni storiche ma, diversamente da Marx, Weber non crede che tali istituzioni siano espressione di un certo modo di produzione. Anzi, è al limite vero il contrario. Lo sviluppo dello Stato moderno che è caratterizzato da un complesso apparato amministrativo sorretto da funzionari di carriera stipendiati e fondato sul concetto moderno di cittadinanza non può infatti essere inteso come un semplice portato della razionalizzazione economica. **Il capitalismo, inteso come modello produttivo fondato sulla separazione tra proprietari di mezzi di produzione e lavoratori salariati e sulla possibilità di calcolare razionalmente in termini monetari guadagni e costi, è senza dubbio connesso alla nascita dello Stato moderno, ma certe condizioni economiche razionali non avrebbero mai potuto prendere corpo senza l'apparato amministrativo dello Stato di diritto che quindi, in un certo qual modo, le precede.**

Le istituzioni politiche possono essere classificate alla stessa stregua delle imprese economiche sulla base del possesso o meno da parte del personale amministrativo dei mezzi necessari ad amministrare. Negli Stati tradizionali, per esempio, i mezzi dell'amministrazione erano direttamente posseduti dal corpo amministrativo e i sovrani cercavano di rafforzare la propria posizione di dominio circondandosi di un personale amministrativo direttamente e materialmente dipendente da essi. Questo processo raggiunge conseguenze mai viste con la costruzione dello Stato burocratico moderno che nasce dall'espropriazione da parte del principe di quei privati cittadini che possiedono un potere di amministrazione indipendente. Questa considerazione porta Weber a riflettere sulla moderna **burocrazia** e sulle sempre più pressanti istanze democratiche.

Per Weber, lo Stato burocratico si sviluppa parallelamente alla democrazia politica. L'organizzazione della rappresentanza politica e la richiesta di uguaglianza formale di fronte alla legge impongono infatti misure giuridiche e amministrative molto complesse che rafforzano l'apparato burocratico dello Stato. **Per quanto burocrazia e democrazia siano strettamente connesse, esiste comunque una forte tensione tra di esse che si delinea attorno alle contraddizioni che esistono tra razionalità formale e razionalità materiale nell'agire sociale** (vedi anche Giddens 1971, tr.it. 1998, 294). Per razionalità formale, Weber intende il livello in cui il comportamento umano è articolato sulla base del calcolo razionale e, in questo senso, la burocrazia moderna rappresenta un prototipo di razionalismo formale; per razionalità materiale dell'agire umano s'intende invece l'utilizzo del calcolo razionale per il perseguimento e la realizzazione di scopi concreti. In questo senso, la razionalizzazione della vita moderna nelle forme burocratiche rischia di diventare una gabbia d'acciaio dentro cui gli individui si confinano. La costruzione di procedure giuridiche astratte per eliminare il privilegio introduce infatti nuove forme di privilegio che si concentrano nelle mani di un personale amministrativo che gode talvolta di un potere arbitrario. La democrazia moderna può infatti costituirsi solo nella separazione tra governanti e governati, dove i secondi hanno sui primi un limitato margine di controllo. Per evitare certe degenerazioni burocratiche possono intervenire i partiti di massa che però rappresentano, essi stessi, delle organizzazioni burocratiche governate da leader che, per ottenere consenso, devono poter sviluppare doti carismatiche. In questo modo, le democrazie moderne sono sempre soggette al **cesarismo** che rappresenta di per sé una involuzione delle forme di organizzazione politica democratica. Un antidoto al cesarismo risiede per Weber nelle forme di rappresentanza che valorizzano il ruolo dei parlamenti e che, all'occorrenza, possono agire da utile contraltare rispetto alle tendenze leaderistiche della classe politica.

Weber parla di **classe** quando a una pluralità di individui è comune una specifica componente causale delle loro possibilità di vita, nella misura in cui questa componente è rappresentata semplicemente da interessi economici di possesso e di guadagno

2.5.4. Classi, ceti, partiti

Il concetto di **ceto** è legato alla valutazione che gli individui danno della propria e della altrui posizione sociale, attribuendo ad essa una connotazione positiva o negativa relativa al livello di prestigio sociale

Il rifiuto di Weber della teoria marxiana lo porta a confrontarsi con la stratificazione di classe dentro un sistema economico capitalistico, arricchendola però di nuovi elementi e di nuovi concetti che hanno un'indiretta ricaduta politica e sono dunque fondamentali rispetto al nostro compito di sistematizzazione sociologica. Per Weber, ogni ordinamento giuridico «agisce direttamente, mediante la sua configurazione sulla distribuzione della potenza caratteristica di una comunità» (Weber 1922, tr.it. 1968, vol.2, 228). A questo riguardo, egli introduce i concetti di **classe**, **ceto** e **partito** che costituiscono, a suo avviso, fenomeni di distribuzione della potenza all'interno di una comunità.

Un **partito** è per Weber una associazione volontaria la cui organizzazione è finalizzata al perseguimento di un programma e all'acquisizione di un certo potere in società

– Weber elabora una teoria delle **classi** sociali a partire dalla sua analisi dell'agire economico inteso come quel comportamento attraverso cui si cerca di ottenere il controllo su prestazioni di utilità desiderate (beni e servizi). Le classi sociali si formano solo quando l'agire economico si articola dentro una dimensione di libero mercato, in cui l'azione speculativa è finalizzata all'ottenimento di profitto attraverso lo scambio competitivo, soprattutto nell'ambito di una economia monetaria. Il denaro consente infatti di stimare i valori scambiati su una base numerica fissata attraverso criteri oggettivi. In particolare, **una classe indica un insieme di individui che condividono la stessa situazione di classe**. Accettando il criterio marxiano del possesso, Weber ammette che proprietà e mancanza di proprietà siano il principale criterio discriminante le classi sociali in un regime di mercato concorrenziale. Va detto però che le classi non costituiscono una comunità:

> *(esse) rappresentano soltanto fondamenti possibili (e ricorrenti) di un agire di comunità. Noi parleremo di «classe» quando a una pluralità di uomini è comune una specifica componente causale delle loro possibilità di vita, nella misura in cui questa componente è rappresentata semplicemente da interessi economici di possesso e di guadagno – nelle condizioni del mercato dei beni o del lavoro*
>
> ibid., 229

In particolare, Weber distingue tra redditieri e imprenditori; nel primo caso parlerà esplicitamente di **classe possidente**, nel secondo di **classe acquisitiva**. Si tratta di classi privilegiate in senso positivo in quanto classi proprietarie di beni materiali. Tra le classi acquisitive in senso positivo, egli inserisce sia gli imprenditori industriali che quelli bancari. Tra le classi acquisitive in senso negativo inserisce ovviamente il lavoratori salariati. Tra le classi connotate in senso positivo e quelle in senso negativo, Weber, al contrario di Marx, introduce la **classe media** composta da individui dotati di particolari competenze che vendono sul mercato o di piccole proprietà che riescono a far fruttare. Tra questi, egli include contadini, artigiani e funzionari. La cosiddetta piccola borghesia composta perlopiù dai funzionari dell'apparato amministrativo dello Stato è dunque inserita nella categoria della classe media.

In una seconda formulazione, Weber, oltre alle classi possidenti e acquisitive, distingue le cosiddette **classi sociali** che connotano una certa mobilità orizzontale. Quando cioè un individuo può muoversi liberamente in senso orizzontale da un'occupazione a un'altra senza che questo muti la sua condizione socioeconomica, si può affermare che tale individuo è parte di una classe sociale. Lo sforzo di Weber è dunque quello di dare conto il più possibile delle diverse sfaccettature della stratificazione sociale, rifiutando la visione di Marx. Per esempio, egli articola ulteriormente la sua analisi affermando che, in una società capitalistica, le classi acquisitive sono suddivisibili nel modo seguente: 1) i lavoratori in generale; 2) la piccola borghesia; 3) i cosiddetti colletti bianchi (cioè i funzionari tecnici); 4) gli imprenditori e i possidenti (ibid., vol.1, 302).

L'appartenenza a una classe non presuppone lo sviluppo di una coscienza di classe. Tale fenomeno si manifesta con più facilità in una situazione di più diretta opposizione tra due classi. In questo senso, in una società capitalistica, è più facile che sia la classe operaia a organizzarsi anche politicamente per rivendicare i propri diritti nei confronti della classe imprenditoriale. La società industriale permette infatti a masse di individui di condividere la stessa situazione di classe e li mette in contatto diretto tramite il comune lavoro in fabbrica.

– Se la classe indica la condivisione di caratteristiche oggettive all'interno di una condizione di mercato che influenza l'azione sociale, a prescindere dalle valutazioni individuali, diversa è la situazione relativa ai **ceti**. Weber rifiuta la concezione materialistica secondo cui siano le condizioni sociali a determinare le coscienze individuali e pensa dunque che un sistema di valutazioni possa essere espresso anche indipendentemente dalla condizione di classe. In questo senso, **egli distingue tra situazione di classe e situazione di ceto di un individuo**; quest'ultima è data dalla valutazione che altri danno di lui e della sua posizione sociale, attribuendogli una connotazione positiva o negativa relativa al livello di prestigio sociale. **Il ceto è costituito da un insieme di individui che condividono la stessa situazione di ceto**, che cioè, rispetto alla posizione che rivestono in società (e non necessariamente economica), godono della stesso riconoscimento sociale. Al contrario di una situazione di classe che non presuppone una coscienza di classe, in una situazione di ceto gli individui sono sempre consapevoli della propria comune condizione. Per questa ragione, nell'ambito di un ceto, gli individui si distinguono adottando stili di vita comuni e selezionando le proprie relazioni sociali in modo da non inquinare la propria condizione. Anche il matrimonio rappresenta un modo per riprodurre la stessa condizione sociale, che non è generalmente legata a una condizione economico-materiale; anzi, tra condizione economica e privilegio di ceto esiste in genere una separazione netta.

– L'appartenenza a una classe o a un ceto può rappresentare la ragione per la formazione di organizzazioni politiche. I **partiti** sono in questo senso associazioni volontarie la cui organizzazione è finalizzata al perseguimento di un certo programma, In particolare, secondo Weber:

> *Per partiti si debbono intendere le associazioni fondate su una adesione (formalmente) libera, costituite al fine di attribuire ai propri capi una posizione di potenza all'interno di un gruppo sociale, e ai propri militanti attivi possibilità (ideali o materiali) – per il perseguimento di fini oggettivi o per il raggiungimento di vantaggi personali, o per entrambi gli scopi. Essi possono costituire associazioni provvisorie o permanenti, possono comparire in gruppi sociali di ogni specie e sorgere come gruppi sociali di ogni forma – seguito carismatico, servitù tradizionale, adesione razionale (rispetto allo scopo o rispetto al valore, fondata su una «intuizione del mondo»).*
>
> ibid., vol.1, 282

L'agire di partito è dunque rivolto alla potenza sociale e il suo agire di comunità presuppone sempre l'esistenza di un'associazione a differenza dell'agire di comunità di classe o di ceto (ibid., vol.2, 241). I partiti possono avere origini diverse anche se una comune condizione di classe o di ceto può essere l'elemento costituente, nonché la fonte esclusiva di reclutamento per un partito politico. Con la costruzione dello Stato moderno sono nati anche i moderni partiti di massa retti e governati dai cosiddetti **politici di professione** che vivono *di* politica e non solo, o non necessariamente, *per* la politica. Essi ricevono cioè uno stipendio per la propria attività politica, il ché rappresenta per Weber una difesa da una politica fatta solo da individui ricchi, che cioè possono dedicarsi liberamente agli affari pubblici in forza di rendite personali e familiari: «Il governo di uno stato o di un partito per mezzo di persone le quali vivano esclusivamente per la politica (nel senso economico della parola) e non di politica, comporta necessariamente un reclutamento 'plutocratico' delle categorie politicamente dirigenti» (Weber 1919, tr.it. 1971, 59). In questo senso, la possibilità che esistano politici di professione è una garanzia di apertura democratica della politica.

Approfondimento 2.4

Sulla politica e sullo stato

«Che cosa intendiamo noi per politica? Il concetto è estremamente ampio e comprende ogni sorta di attività direttiva autonoma. [...] Noi intenderemo ora per "politica" semplicemente la direzione oppure l'attività che influisce sulla direzione di un'associazione politica, cioè, oggi, di uno stato.
Ma che cos'è un'associazione "politica" dal punto di vista sociologico? Che cos'è uno "stato"? [...] "Ogni stato è fondato sulla forza", disse a suo tempo Trockij a Brest-Litowsk. E in realtà è giusto che sia così. Se vi fossero soltanto organismi sociali in cui fosse ignota la forza come mezzo, il concetto di "stato" sarebbe scomparso e al suo posto sarebbe subentrato ciò che, in questo senso particolare della parola, potrebbe chiamarsi "anarchia". Naturalmente, la forza non è il mezzo normale, né il solo di cui disponga lo stato – non vogliamo dir questo – bensì è il suo mezzo specifico. [...] Oggi dovremmo dire: lo stato è quella comunità umana, che nei limiti di un determinato territorio – questo elemento del "territorio" è caratteristico – esige per sé (con successo) il monopolio della forza fisica legittima. Giacché questo è specifico dell'epoca presente: a tutte le altre associazioni o persone singole il diritto alla forza fisica viene attribuito solo in quanto lo stato dal canto suo glielo conceda: è esso l'unica fonte del "diritto" alla forza. "Politica" significherà dunque per noi aspirazione a partecipare al potere o ad influire sulla ripartizione del potere, sia tra gli stati, sia nell'ambito di uno stato tra i gruppi di uomini compresi entro i suoi limiti. [...] Chi fa azione politica aspira al potere, o come mezzo al servizio di altri fini - ideali o egoistici – o per il potere in se stesso, per godere del senso di prestigio che ne deriva.
Lo stato, al pari delle associazioni politiche che lo hanno preceduto storicamente, consiste in un rapporto di dominazione di alcuni uomini su altri uomini, il quale poggia sul mezzo della forza legittima (vale a dire, considerata legittima). Perché esso esista, bisognerà dunque che i dominati si sottomettano all'autorità cui pretendono i dominatori del momento. Quando e perché vi si assoggettano? Su quali motivi di giustificazione intrinseca e su quali mezzi esteriori poggia questa dominazione?
Di giustificazioni intrinseche [...] ve ne sono tre principali. Anzitutto, l'autorità dell'"eterno ieri", ossia del costume, la cui stabilità è consacrata da una validità d'antichissima data fondata sulla consuetudine: la dominazione "tradizionale", com'era quella dei patriarchi e

dei principî patrimoniali d'antico stampo. In secondo luogo, l'autorità del dono di grazia (Gnadengabe) personale di natura straordinaria (carisma), la dedizione assolutamente personale e la fiducia personale nelle rivelazioni, nel carattere eroico o in altre qualità di capo di un individuo: ossia, la dominazione "carismatica", qual è quella esercitata dal profeta ovvero – sul terreno della politica – dal condottiero eletto in guerra o dal sovrano plebiscitario, dal grande demagogo o dal capo di un partito politico. Infine, la dominazione in forza della "legalità", in forza della fede nella validità della norma di legge e della "competenza" obiettiva fondata su regole razionalmente formulate, e cioè in forza dell'obbedienza fondata sull'adempimento di doveri stabiliti da norme: una dominazione qual è quella esercitata dal moderno "funzionario statale" e da tutti quei titolari del potere che sotto quest'aspetto gli rassomigliano. [...] Ma quando si ricercano i motivi di "legittimità" di siffatta docilità, ci s'imbatte pur sempre in quei tre tipi "puri". [...] Certo, i tipi puri s'incontrano di rado nella realtà. [...] A noi qui interessa soprattutto il secondo di quei tipi: la dominazione in forza della dedizione del seguace al "carisma" puramente personale del "capo". Qui infatti ha le sue radici il concetto della professione nel suo aspetto più caratteristico. La dedizione al carisma del profeta o del capo in guerra o del grande demagogo nella "ecclesia" o nel parlamento, significa che egli personalmente è per gli altri uomini un capo per "vocazione" intima, e che costoro lo seguono non in forza del costume o della legge ma perché credono in lui. [...] La figura del capo è apparsa in ogni paese ed in ogni epoca storica nelle due figure più importanti per il passato: quella del mago e del profeta da una parte, e dall'altra, quella del duce eletto in guerra, del capo di bande, del condottiero. Ma per l'Occidente è caratteristico quello che ci concerne più da vicino: il capo politico impersonato anzitutto nel libero "demagogo", sorto sul terreno dello stato cittadino proprio soltanto dell'Occidente e soprattutto della civiltà mediterranea, e in secondo luogo nel "capopartito" parlamentare, cresciuto sul terreno dello stato costituzionale che solo in Occidente ha messo salde radici. Questi politici di "professione" nel senso più rigoroso della parola, non sono mai, naturalmente, le sole figure influenti nelle vicende della lotta politica per il potere. Decisivo in sommo grado è piuttosto il genere dei mezzi di cui essi dispongono. In che modo le forze politicamente dominanti cominciano ad affermare il loro predominio? [...] L'esercizio di qualsiasi dominazione, che esiga un'opera continua di amministrazione, ha bisogno da un lato dell'azione umana sottoposta agli ordini di coloro i quali pretendono di essere investiti del potere legittimo, e, dall'altro, di disporre, mediante questa subordinazione, di quei beni materiali eventualmente necessari per l'attuazione fisica del potere: vale a dire, ha bisogno di un corpo di amministratori e dei mezzi materiali per l'amministrazione.

Lo stato maggiore amministrativo, il quale rappresenta, come ogni altra amministrazione, anche quella politica nella sua presentazione esteriore, non è naturalmente tenuto all'obbedienza rispetto al detentore del potere soltanto in virtù di quell'idea di legittimità di cui abbiamo ora parlato, bensì in forza di due mezzi che fanno appello all'interesse personale: la remunerazione materiale e la onorabilità sociale.

[...] Lo sviluppo dello stato moderno viene ovunque promosso dall'avvio dato da parte del principe all'espropriazione di quei "privati" che si trovano accanto a lui investiti di un potere di amministrazione indipendente, e cioè di coloro che posseggono per proprio diritto i mezzi per condurre l'amministrazione, la guerra e la finanza, o per conseguire comunque un fine politico. [...] Alla fine, vediamo che nello stato moderno la facoltà di disporre di tutto il complesso dei mezzi occorrenti all'esercizio dell'azione politica, converge di fatto in un unico centro, e nessun funzionario singolo è più proprietario a titolo personale del denaro che spende o degli edifici, delle scorte, degli strumenti, delle macchine di guerra di cui dispone. Oggi perciò è completamente attuata nello "stato" - il che è essenziale per questo concetto – la "separazione" del corpo amministrativo, ossia degli impiegati e degli operai dell'amministrazione, dai mezzi materiali di esercizio. [...] Lo stato moderno è un'associazione di dominio in forma di istituzione (anstaltsmässiger Herrschaftsverband), la quale, nell'ambito di un determinato territorio, ha conseguito il monopolio della violenza fisica legittima come mezzo per l'esercizio della sovranità, e a tale scopo ne ha concentrato i mezzi materiali nelle mani del suo capo, espropriando quei funzionari dei "ceti" che prima ne disponevano per un loro proprio diritto, e sostituendovisi con la propria suprema autorità. [...]

Si può fare "politica" – e cioè esercitare un'influenza sulla ripartizione del potere tra le varie formazioni politiche ed entro il loro stesso ambito – tanto come politici "d'occasione" quanto come politici dilettanti o professionali, esattamente come nel campo economico del guadagno. Politici "d'occasione" lo siamo tutti, col deporre la nostra scheda elettorale o con altre simili manifestazioni di volontà, per esempio con l'approvazione o la protesta in una riunione "politica", con un discorso "politico", e per molti il rapporto con la politica si limita a questo. Politici "dilettanti" (nebenberufliche) sono oggi per esempio tutti quegli uomini di fiducia e dirigenti di associazioni in seno ai vari partiti politici, i quali esercitano di regola questa attività solo in casi di necessità e non fanno dipendere principalmente da essa, dal punto di vista materiale o ideale, tutta la loro vita. Del pari avviene per quei membri di consigli politici e simili corpi consultivi, che entrano in funzione solo per determinate esigenze. Ma tale è pure il caso di una notevole schiera dei nostri parlamentari, che si occupano di politica solo nel periodo della sessione. [...] Ma naturalmente, al principe non poteva bastare l'aiuto di queste forze solo occasionali o dilettantesche. Egli doveva cercare di procurarsi uno stato maggiore di coadiutori dedicati interamente ed esclusivamente al suo servizio, e perciò eminentemente professionale. [...] Vi son due modi di render la politica una professione. Si vive "per" la politica, oppure "di" politica. Non si tratta normalmente di un'alternativa. Anzi, di regola, per lo meno idealmente ma per lo più anche materialmente, si fa l'una e l'altra cosa: chi vive "per" la politica, fa di questa, in senso interiore, la propria vita: egli gode del mero possesso della potenza che esercita, oppure alimenta il proprio equilibrio interiore e il sentimento della propria dignità con la coscienza di dare un senso alla propria vita per il fatto di servire una "causa". In questo senso interiore si può ben dire che ogni uomo serio, il quale vive per una causa, vive anche di questa causa. [...] "Di" politica come professione vive chi tende a farne una duratura fonte di guadagno; "per" la politica, invece, colui per il quale ciò non avviene. Affinché vi sia chi possa vivere "per" la politica in quest'ultimo significato economico, occorre la presenza di alcuni presupposti, se volete assai triviali, nel campo dell'ordinamento della proprietà privata: costui – in condizioni normali – dovrà essere economicamente indipendente rispetto ai proventi che può trarre dalla politica».

Tratto da Weber, *La politica come professione* (1919), tr.it. in Weber, 1971, pp. 47-58

Percorso di autoverifica

- Cosa si intende per «politica» sociologicamente?
- Come potremmo definire la sociologia politica?
- Che rapporto esiste tra democrazia ed eguaglianza in Tocqueville?
- Che ruolo attribuisce alla società civile?
- Quali sarebbero a suo avviso le congiunture storiche che avrebbero minato le basi dell'aristocrazia in Francia?
- Quali sono i parametri del materialismo storico indicati da Marx?
- Cosa intende per alienazione?
- Che rapporto esiste per Marx tra Stato e ideologia?
- Cosa si intende per «scienza dei fatti sociali» in Durkheim?
- In che consiste il suo funzionalismo sociologico?
- Quali sono i parametri della differenziazione sociale con particolare riferimento alla distinzione tra solidarietà meccanica e solidarietà organica?
- Che ruolo dovrebbe avere a suo avviso lo Stato in una società moderna?
- Perché Durkheim fa riferimento al concetto di anomia?
- Quali sono i parametri della sociologia comprendente in Weber?
- In che contesto egli elabora la sua teoria degli idealtipi?
- In che consiste la teoria del potere in Weber?
- Che relazione esiste tra processo di razionalizzazione e burocrazia statale?
- Che distinzione esiste tra Classi sociali e Ceti?
- Cosa intende Weber per partito politico?

I sociologi politici e le altre 'scienze'

3

L'analisi della politica si è sviluppata anche attraverso la specializzazione di ambiti disciplinari caratterizzati da approcci, teorie e prospettive affatto particolari. Crediamo però che una più seria comprensione dei fenomeni politici possa realizzarsi sviluppando un approccio interdisciplinare, che non neghi la specificità di ogni disciplina, anzi la riconosca cercando poi di scavalcare, senza cancellarli, i confini che le comunità scientifiche hanno stabilito. In questa direzione, la sociologia politica può rappresentare il luogo di incontro e integrazione tra prospettive e approcci diversi. La politica non è infatti la sola espressione di strutture e istituzioni sociali, ma gode di una sua autonomia strutturale che giustifica l'incontro tra sociologia politica e scienza politica. Al contempo, la politica è anche fatta da individui che agiscono in base ai feedback tra ambiente e sistema cognitivo; questo giustifica l'incontro tra sociologia politica e psicologia politica. Ma gli individui non agiscono solo sulla base di pulsioni, ma perseguono razionalmente interessi specifici; questo giustifica l'incontro tra sociologia politica e scienze economiche. Le forme di potere che danno corpo e significato al campo della politica sono anche espressione di culture particolari che si rafforzano attraverso l'elaborazione di rituali e sistemi simbolici; questo rende utile l'incontro tra sociologia politica e antropologia. Infine, la politica non è mai sganciata dalla dimensione territoriale; anzi, i territori, nella loro configurazione storica, sono sovente forieri di processi di identificazione e conflitto; questo rende necessaria l'integrazione tra conoscenza sociologica e geografia politica.

Obiettivi di apprendimento

- Una sociologia politica interdisciplinare è in grado di utilizzare variabili esplicative tipiche di più discipline se queste possono essere utili a dare corpo e significato all'analisi.
- La politica è il prodotto necessario della interazione tra strutture sociali e strutture politiche nell'ambito di territori definiti. Considerare entrambe le dimensioni garantisce una conoscenza più matura delle dinamiche interne alle società contemporanee.
- La politica non è fatta solo da attori collettivi, ma anche da individui che scelgono, ora razionalmente, ora per spinta ideologica ed emotiva, di partecipare collettivamente al processo decisionale, sia per l'esigenza di ottenere obiettivi specifici e particolari, sia al fine di produrre beni pubblici.

3.1. Sociologia politica e Scienza politica

la **scienza politica** è quella disciplina che indaga i diversi aspetti della realtà politica per poterne spiegare le dinamiche, adottando la metodologia propria delle scienze sociali empiriche

La disciplina con cui più spesso la sociologia politica viene messa a confronto è la **scienza politica** che, sviluppando una vecchia definizione di Bobbio (1990, 996), possiamo caratterizzare come **quella disciplina che studia e indaga i diversi aspetti della realtà politica per poterne spiegare le dinamiche, adottando la metodologia propria delle scienze sociali empiriche**. Accettando questa definizione sarebbe però molto difficile tracciare la distinzione tra scienza politica e sociologia politica e, di conseguenza, individuare le possibili connessioni tra le due discipline. Effettivamente, anche chi scrive è convinto che esistano al momento diversi elementi di incontro e, sovente, di sovrapposizione tra le due discipline che, comunque, nascono e si sviluppano su presupposti diversi, elaborando talvolta modelli teorici distinti. Nel breve spazio che abbiamo a disposizione cercheremo quindi di individuare alcuni elementi che possano chiarire gli aspetti della sovente difficile relazione che intercorre tra queste due discipline.

Abbiamo preliminarmente identificato nella sociologia politica quella scienza che si occupa di indagare le cause sociali e le conseguenze della distribuzione del potere all'interno delle società e tra società distinte, cercando al contempo di osservare quei conflitti sociali e politici che sono in grado di influenzare i processi di allocazione del potere inteso come risorsa scarsa. In realtà, tutte le discipline che studiano i processi politici lo fanno a partire dallo Stato che, per dirla con Weber, altro non rappresenta che quel sistema istituzionale che detiene il monopolio della forza legittima all'interno di un dato territorio e, dunque, è anche il luogo di concentrazione del potere politico propriamente detto. Questo vuol dire che la semplice propensione allo studio del potere e delle sue configurazioni istituzionali non ci aiuta a discriminare discipline simili ma distinte come la sociologia politica e la scienza politica.

Per Lipset, una prima distinzione tra le due discipline in oggetto sta nella tendenza storica a essersi maggiormente concentrate sulle dinamiche di conflitto o, al contrario, sugli aspetti inerenti la pianificazione e riproduzione di uno specifico ordine politico attraverso pratiche di consenso. In particolare, **la scienza politica si è subito configurata come la disciplina 'dello Stato' e la sua principale preoccupazione si è rivolta alle funzioni positive e manifeste delle istituzioni politiche. La sociologia politica si è invece configurata come una disciplina 'radicale' prestando maggiore attenzione al conflitto e al mutamento sociale e, in generale, agli aspetti politici latenti e potenzialmente disfunzionali** (Lipset 1959, 83). Ciò non toglie che «conflitto» e «consenso» siano comunque due facce della stessa medaglia e, non a caso, anche la sociologia politica si è da tempo orientata a studiare gli aspetti integrativi e consensuali della politica con particolare riferimento alla pubblica amministrazione e alle funzioni di governo.

Come nota Coser, infatti, una disciplina che si concentra esclusivamente sulla questione dell'ordine e del consenso sarebbe inadatta a spiegare le linee conflittuali che attraversano ogni processo politico ma, al contempo, un'attenzione esclusiva alle dinamiche di dissenso impedirebbero di osservare quelle tendenze equilibratrici che storicamente assicurano una relativa stabilità ai sistemi politici (Coser 1967, 2). A suo avviso, mentre la scienza politica si è da sempre focalizzata sulla specificità della sfera politica, la sociologia politica ha rappresentato lo sforzo di comprendere i processi politici nella loro interezza, il ché presuppone la costante interrelazione tra strutture politiche e strutture sociali. La sociologia politica non si limita dunque a studiare il comportamento politico o l'organizzazione politico-istituzionale di uno Stato, ma piuttosto il rapporto tra comportamenti e istituzioni politiche e alcuni elementi non immediatamente politici come la struttura ideologica, i conflitti culturali, i livelli di stratificazione sociale, e così via. Per intenderci, **i sociologi politici sono interessati a comprendere se e in che misura un ordine politico particolare o casi specifici di comportamento politico siano diversamente influenzati da fattori non-politici.** Detto ciò, il nostro lavoro di discriminazione appare ancora insufficiente e richiede un ulteriore sforzo di riflessione.

L'autore che con maggiore efficacia ha cercato di distinguere sociologia politica e scienza politica a partire però da una prospettiva politologica e quindi sostanzialmente critica rispetto a un'interpretazione sociologica dei processi politici è senza dubbio Giovanni Sartori. Egli parte dalla distinzione tra sociologia *della* politica e *vera* sociologia politica, intendendo, nel primo caso, uno dei tanti settori di specializzazione della sociologia nel suo complesso; riferendosi invece, nel secondo caso, a una disciplina capace di rivendicare una sua autonomia sia dalla sociologia generale che dalla scienza politica (Sartori 1968). Egli diffida di quelle interpretazioni che vedono nella sociologia e nella scienza politica due discipline sostanzialmente coincidenti (Pennati 1961; Runciman 1963; Duverger 1967, tr.it. 1987). Si tratta a sua avviso di tesi anacronistiche che non fanno i conti con il livello di specializzazione delle scienze sociali contemporanee. Egli, pur condividendo un atteggiamento critico rispetto a un eccessivo frazionamento in compartimenti stagni delle diverse scienze sociali, è convinto che il progresso scientifico sia derivato anche e soprattutto dal loro moltiplicarsi e, di conseguenza, dalla loro specializzazione che si fonda su una specifica divisione del lavoro. Ciò che costituisce un «problema» per una particolare scienza sociale, costituisce invece un «dato» (cioè dato per scontato) per una disciplina contigua.

La specializzazione scientifico-disciplinare consente di trattare come rilevanti alcune variabili, considerando ininfluenti le altre. Secondo Sartori, dunque, «il progresso di ogni disciplina dipende dalla sua capacità di scegliere e isolare una serie limitata e maneggevole di variabili» (Sartori 1968, 599). Per identificare le variabili rilevanti occorre però trasformare altre variabili in «parametri», cioè mantenerle «costanti». Per dirla con Smelser, a cui Sartori fa ampio riferimento, i «parametri» sono determinanti di cui si sa o si sospetta che esercitino influenza su una variabile dipendente, ma che, ai fini del problema affrontato, vengono mantenute costanti. Al contrario, le «variabili operative» sono quelle determinanti di cui, come prima, si sa o si sospetta che esercitino influenza su una variabile dipendente, ma che, «per il problema affrontato, sono lasciate libere di variare, così da poter esaminare isolatamente il modo di operare di una o comunque di poche condizioni» (Smelser 1967, 15). Gli economisti, per esempio, secondo l'impostazione sartoriana, sconterebbero come «date», cioè come parametri, la cultura e le istituzioni, i sociologi le strutture politico-istituzionali, gli scienziati politici le strutture sociali. Seguendo l'impostazione di Smelser, ripresa da Sartori, per individuare l'oggetto specifico di una disciplina occorre dunque definire le variabili dipendenti e indipendenti di cui si occupano i suoi cultori. In questo senso, la sociologia sarebbe quella disciplina che individua le proprie variabili esplicative nell'ambito delle condizioni socio-strutturali, mentre la scienza politica nell'ambito delle condizioni politico-strutturali. Questo equivale a dire che le variabili indipendenti, cioè le cause determinanti o fattori di riferimento per un sociologo sono le strutture *sociali* (stratificazione sociale, sistema ideologico e culturale, organizzazione familiare, ecc.), mentre per una scienziato politico sono le strutture *politiche* (forma di governo, sistema dei partiti, organizzazione politico-istituzionale dello Stato, ecc.). Analoga è la posizione di Bendix e Lipset, quando affermano che «la scienza politica parte dallo Stato ed esamina come esso influenzi la società, mentre la sociologia politica parte dalla società ed esamina come essa eserciti influenza sullo Stato» (Bendix, Lipset 1957, 87). Secondo l'impostazione di Sartori, per tracciare le differenze tra discipline contigue, come nel caso di sociologia e scienza politica, non serve tanto guardare alla molteplicità delle tecniche di ricerca, che sono sostanzialmente le stesse per tutte le scienze sociali, quanto piuttosto al livello formale della disciplina, cioè ai suoi schemi teorici e ai modelli esplicativi che variano al variare della prospettiva scientifico-disciplinare. Da questo punto di vista, «la teoria formale del sistema sociale finisce proprio dove comincia la teoria formale del sistema politico» (Sartori 1968, 602).

Avendo tracciato la distinzione tra schema formale sociologico e schema formale politologico, Sartori si pone il problema di come sia possibile costruire dei ponti teorici tra le due discipline, perché, se da un lato non è auspicabile negare la specializzazione nel nome di un'unica scienza sociale multicentrica, è dall'altro utile sollecitare forme di «fertilizzazione incrociata» tra le scienze sociali senza per questo negarne i caratteri specialistici. Da questo punto di vista, egli pensa alla elaborazione sistematica di **ibridi interdisciplinari** grazie ai quali sia possibile oltrepassare i confini disciplinari senza cancellarli o negarli. A questo punto, rientra in gioco la distinzione tra «sociologia *della* politica» e «*vera* sociologia politica». Nel primo caso, si intende una semplice *riduzione sociologica* della politica, nel secondo caso, invece, si intende una disciplina ibrida capace di utilizzare contestualmente e proficuamente variabili esplicative sociologiche e politologiche.

A sostegno della sua tesi, Sartori utilizza l'esempio della sociologia dei partiti, criticandone l'approccio in favore di una prospettiva politologica. A suo avviso, il limite dei sociologi starebbe nell'aver identificato i partiti come mera proiezione politica della stratificazione di classe. Dunque, l'unico modo per indagare i partiti politici risiederebbe nell'analisi del comportamento di voto delle classi sociali e della composizione sociologica delle élites. Ma è proprio dall'evidenza empirica, a detta di Sartori, che verrebbe vanificata la prospettiva sociologica classica. Se infatti la sociologia considera i partiti politici come una variabile dipendente da un complesso articolato riconducibile alla stratificazione sociale, a una particolare struttura della solidarietà e in genere alle linee di divisione (o fratture) di carattere socioeconomico, sarebbe sufficiente studiare questi aspetti per spiegare anche l'organizzazione del sistema politico e dei partiti, ma così evidentemente non è. Tale riduzione sociologica della politica si evince anche dall'ormai celebre testo di Lipset, *Political Man*, in cui il sociologo americano afferma che:

> *In ogni democrazia, il conflitto fra i diversi gruppi si esprime attraverso i partiti politici che rappresentano sostanzialmente «una proiezione, sul piano democratico, della lotta di classe». Anche se molti partiti rinnegano il principio della lotta o della solidarietà di classe, un'analisi dei loro programmi e della loro base sociale dimostra che essi non fanno altro che rappresentare gli interessi di classi diverse. Su scala mondiale, la principale generalizzazione che si può fare è che i partiti si basano principalmente o sulle classi povere, o sulle classi medie e ricche.*
>
> Lipset 1960, tr.it. 1963, 233

Alla base della riflessione di Lipset sui partiti vi è dunque la struttura di classe che si fonda su un richiamo di tipo classista da parte dei partiti, su un sostegno ai partiti fondato sulla lealtà di classe e su una esigenza di rappresentanza degli interessi di classe. Sartori afferma giustamente che, in base a un simile approccio, diventa difficile spiegare alcuni fenomeni che pure esistono, come la presenza in alcune democrazie di una debole lealtà di classe, e quindi di una debole corrispondenza tra richiamo di classe da parte dei partiti e voto popolare, come la presenza dei cosiddetti elettori fluttuanti, che orientano il proprio voto senza alcuna appartenenza ideologica, così come la presenza di élites politiche che, pur utilizzando una retorica classista, nei fatti tradiscono la propria origine sollecitando pratiche e politiche interclassiste. Dunque, né un'analisi della stratificazione degli interessi in società, né uno sguardo alla composizione sociologica delle élites sarebbe sufficiente a spiegare l'organizzazione e la politica dei partiti. Il punto dolente risiederebbe proprio sul concetto di *rappresentanza degli interessi di classe*, concetto che presuppone, al contempo, una coesione della classe, la presenza in società di interessi confliggenti e una consapevolezza sociale di questi interessi; elementi tutt'altro che scontati.

A volte sono proprio i partiti politici che, grazie alla loro posizione sostanzialmente autonoma rispetto alla società e alla sua stratificazione, riescono a garantirsi un certo consenso elettorale attraverso l'esercizio del loro potere simbolico e comunicativo, non necessariamente riconducibile alle categorie proprie della tradizionale teoria del conflitto tra classi contrapposte. È così che si può realizzare il caso di borghesi illuminati che votano partiti operai o socialdemocratici e operai o lavoratori dipendenti che sono attratti dai partiti liberali e conservatori. Inoltre, va considerato che, oltre al voto di classe, esiste anche un voto non-di-classe, sollecitato da specifici stimoli politici. L'esercizio di voto è infatti un semplice *atto* più che un'*azione*, nel senso che la scelta elettorale coinvolge un livello di comportamento sovente fondato su atteggiamenti basati su sentimenti di leggerezza e discontinuità. Se l'azione di classe può dunque inglobare in sé anche il voto di classe, non si può dire del contrario, a meno che non ci si accontenti dell'affermazione del tutto tautologica per cui la «azione di classe» significhi anche «voto di classe». Tanto per cominciare, non è detto che a una **condizione di classe oggettiva** corrisponda una certa **percezione di status** che si riferisce soprattutto a un problema di graduazione, ossia all'auto-collocazione degli individui lungo una scala di stratificazione. Non necessariamente una consapevolezza di status equivale a una consapevolezza di classe. A prescindere dalla condizione socioeconomica oggettiva (condizione di classe) esistono diversi elementi, come il titolo di studio, il tipo di occupazione e di reddito, ecc., la cui percezione semantica può variare in base alla cultura dominante in un determinato contesto sociale. **Tra «condizione di classe» e «azione di classe» esiste dunque un'area di dissolvenza che può trovare solidità solo facendo riferimento ad alcune variabili intervenienti. Tra queste vi è senza dubbio la variabile politico-organizzativa. La presenza di grandi sindacati di classe e grandi partiti di classe può cioè incidere positivamente nel processo di costruzione di una coscienza di classe traducibile in azione di classe**. A questo punto, verrebbero a cadere i presupposti di ogni riduzionismo sociologico, perché le organizzazioni politico-istituzionali, da variabile dipendente (da spiegare) diventerebbero variabile indipendente (la causa). Più che a una meccanica proiezione politica di una struttura sociale si assiste spesso a una proiezione sociale di una struttura politica che diventa ideologia condivisa attraverso il lavoro politico-sindacale e il radicamento organizzativo.

In realtà, anche Sartori si rende conto che l'errore sta nel sopravvalutare il concetto di «proiezione», mentre andrebbe maggiormente valorizzato il processo di **traduzione** politica delle strutture sociali ed eventualmente di **percezione** sociale degli input politico-istituzionali. Gli stessi Lipset e Rokkan (1967) concentrarono la loro attenzione sulle modalità attraverso cui le fratture sociali e i conflitti vengono tradotti all'interno di un sistema politico-partitico. Tali conflitti e tali fratture possono essere di diverso tipo, non solo di carattere socioeconomico, ma anche di carattere etnico-linguistico, territoriale, religioso, ideologico. **Se il problema sta nella traduzione, allora l'attenzione deve essere rivolta al «traduttore» e, al contempo, al «percettore» e quindi alle relazioni che costantemente si dispiegano tra società e politica. Dentro questo ambito, l'integrazione di sociologia e scienza politica può dare vita a una sociologia politica compiutamente matura che consideri al contempo le variabili esplicative tipicamente sociologiche e quelle tipicamente politologiche**.

In realtà, Sartori proponeva il suo ragionamento verso la fine degli anni sessanta quando la sociologia era ancora fortemente condizionata da una prospettiva che la spingeva a scadere in alcuni riduzionismi sociologici che in realtà non erano propri neanche della tradizione marxiana. Lo stesso Marx, quando parla del passaggio da classe in sé (condizione oggettiva di classe) a classe per sé (condizione soggettiva di classe), prodromica di una cosciente azione di classe, non si affidava ad alcun meccanicismo, ma aveva ben chiara l'urgenza della costruzione di un corpo intermedio di carattere politico-sindacale che fosse in grado di elaborare un progetto coscienziale fondato sulla stratificazione degli interessi socialmente contrapposti. Dunque, la variabile interveniente e talvolta indipendente della politica era al centro anche della riflessione marxiana che è a torto considerata all'origine di alcune forme di riduzionismo sociologico.

Siamo certi che se Sartori avesse tentato di concettualizzare una moderna sociologia politica in epoca più recente avrebbe considerato che da tempo anche la sociologia ha preso atto della «autonomia della politica» e delle strutture ad essa connesse. Ciò non toglie che, se da un lato occorre evitare ogni riduzionismo sociologico, dall'altro, è altrettanto dannoso scadere in forme di riduzionismo politologico, pensando che l'analisi delle strutture politiche sia sufficiente a spiegare le dinamiche di conflitto e integrazione in un contesto sociale moderno, come se la società registrasse e si adattasse supinamente agli stimoli politici. Il rischio è quello di concentrarsi su forme di ingegneria politica finalizzate all'organizzazione normativa degli assetti istituzionali senza alcun riguardo verso la stratificazione e organizzazione degli interessi sociali. **La consapevolezza dell'autonomia del politico dal sociale non può corrispondere a un distacco legittimato scientificamente della politica dalla società, che altro non vuol dire che una disattenzione politica verso il sistema di interessi che la società esprime**. È proprio nella dimensione degli interessi organizzati politicamente e contrapposti ideologicamente che la sociologia politica trova la sua realizzazione disciplinare e gli elementi di una sua potenziale (e necessaria) integrazione con la scienza politica. Attori sociali e politici sono in contatto costantemente e si influenzano reciprocamente, così come potere politico e contropoteri sociali (che di per sé acquisiscono connotati politici) sono in continua relazione. La sostanza e le dinamiche di tali relazioni sono oggetto di attenzione da parte della sociologia politica e dovrebbero esserlo anche da parte della scienza politica. In questo senso, accettiamo la definizione della sociologia politica come di una sorta di «ibrido interdisciplinare», perché siamo consapevoli che le dinamiche sociopolitiche contemporanee possano essere meglio analizzate attraverso un incontro fecondo di diverse prospettive che si integrano in una moderna sociologia politica. Tale confronto interdisciplinare non si realizza tra l'altro solo tra sociologi e politologici, ma anche tra queste due discipline e altri approcci scientifico-disciplinari che cercheremo di circoscrivere nei prossimi paragrafi.

3.2. Sociologia politica e psicologia politica

Per quanto la politica si realizzi all'interno di un'arena sociale diversamente articolata in strutture e istituzioni, essa è anche uno strumento nelle mani di individui che la agiscono da protagonisti o da semplici spettatori. L'analisi della politica non può quindi trascurare lo studio del sistema cognitivo e motivazionale dei singoli individui all'interno di un certo ambiente sociale. Si tratta del terreno di studio specifico della **psicologia politica** che, in questo senso, mantiene forti elementi di contiguità con lo specifico campo di indagine della sociologia e della scienza politica. Seguendo la logica indicata da autori come Hermann (1986), Larrue (1994) e Amerio (1996), **potremmo definire la psicologia politica come quella disciplina che studia le rappresentazioni e azioni dei (potenziali o attuali) attori della politica, ossia di qualunque soggetto concreto in quanto**

> la **psicologia politica** è quella disciplina che studia le rappresentazioni e azioni dei (potenziali o attuali) attori della politica, ossia di qualunque soggetto concreto in quanto cittadino, leader o membro di gruppi che abbiano fini di carattere pubblico o collettivo

cittadino, leader o membro di gruppi che abbiano fini di carattere pubblico o collettivo (Catellani 1997, 13). L'azione individuale diventa dunque centrale. Questo non vuol dire che gli psicologi trascurino l'ambiente sociale; lo stesso Weber ci ricorda che è proprio attraverso l'azione (individuale) dotata di senso che gli attori entrano in relazione con l'ambiente esterno; essa diventa quindi un terreno di indagine fondamentale.

Patrizia Catellani (ibid., 14-15) definisce lo specifico campo di indagine della psicologia politica individuando nell'ambito politico uno dei possibili campi di applicazione della psicologia sociale. A questo riguardo, si riferisce alla distinzione, da non intendersi mai in senso rigido, tra «ricerche di psicologia sociale estese all'ambito politico» e «ricerche di psicologia sociale della politica». Nel primo caso, si parte dal presupposto che il soggetto attore della politica porti con sé alcune caratteristiche che gli sono proprie anche in quanto attore della realtà sociale in generale; in questa direzione, per esempio, i processi cognitivi che si attivano nella formazione di un giudizio politico vengono concepiti come simili a quelli che coinvolgono gli individui anche in altri contesti e situazioni; allo stesso modo, nella scelta di far parte di uno specifico gruppo politico sarebbe possibile individuare dinamiche cognitive simili a quelle che entrano in gioco nella partecipazione a qualsiasi altro gruppo sociale. Questo approccio è molto diffuso tra gli psicologi che studiano la comunicazione politica: essi guardano al comunicatore politico come a un normale venditore che mette in atto specifiche strategie di marketing. Nel secondo caso, invece, l'accento viene posto sulla specificità del contesto politico dal momento che, per quanto vi siano dei processi cognitivi di base che coinvolgono i soggetti individuali dentro un più ampio contesto sociale, un fatto è formarsi un giudizio personale su un proprio collega o su un qualsiasi individuo conosciuto in una qualsiasi situazione, un fatto diverso è decidere di votarlo o meno in una competizione politica. Secondo questa prospettiva, **il contesto politico determina delle conseguenze nei termini degli scopi che il soggetto si pone, dei ruoli che vengono rivestiti e delle regole a cui occorre conformarsi. Tutti questi elementi nello specifico campo della politica esercitano un'influenza sulle azioni e sulle rappresentazioni degli individui**.

Queste due prospettive si sono sviluppate negli anni e si sono consolidate come area specifica di studio soprattutto in un contesto anglosassone, dove la forte attenzione politologica ai soggetti della politica ha costruito un terreno favorevole alla nascita della moderna psicologia politica. Come nota la Catellani (ibid., 16), l'evoluzione storica della disciplina può essere suddivisa in fasi a cui corrispondono approcci e tematiche prevalenti. In particolare, tra gli anni '40 e '50, l'attenzione psicologica si è concentrata sui fattori della personalità in politica; negli anni '60 e '70, l'attenzione prevalente si sposta sulle tematiche inerenti all'opinione pubblica, con particolare riferimento alle sue ricadute sul comportamento elettorale; negli anni '80 si fa strada il cosiddetto approccio cognitivista che, dall'esame degli atteggiamenti e dei comportamenti, pone l'accento sul livello di consapevolezza presente in ogni azione politica; negli anni '90 fino ai nostri giorni, oltre a un rafforzamento della prospettiva cognitiva con particolare riferimento al tema della conoscenza politica, si assiste a un graduale distacco da una prospettiva tutta individualista con una rinnovata attenzione psicologica allo specifico contesto sociale nell'ambito del quale si articola l'azione politica. È a questo punto che le connessioni già forti tra gli approcci psicologici e sociologici all'analisi dei processi politici assumono caratteri dirompenti e in un certo senso inediti. Ma seguiamo nello specifico i diversi focus appena delineati.

La psicologia politica ha sempre prestato attenzione ai fattori della personalità dei leader. Anche il politologo più ortodosso o il sociologo meno attento agli elementi individuali dell'azione politica deve infatti ammettere che i caratteri specifici della personalità di alcuni uomini politici abbiano diversamente condizionato il corso della storia. Difficile immaginare di poter analizzare le azioni politiche di uomini come Hitler, Mussolini, Stalin, Gandhi, nonché le ricadute sociali del loro comportamento, senza considerare i tratti specifici della loro personalità. La psicologia politica nasce proprio attorno a questo oggetto di studio che si articola teoricamente e metodologicamente nel tentativo di ricostruire le diverse fasi evolutive nella vita di alcuni leader. Si pensi a questo riguardo ai lavori pionieristici di Lasswell (1930; 1948) che cerca di ricostruire le ragioni (motivazioni) per cui alcuni individui scelgono di impegnarsi in politica. A suo avviso, gli uomini politici sarebbero caratterizzati da alcune ansie irrisolte, da problemi di autostima e da esigenze di conferma di sé che possono trovare soluzione nella dimensione conflittuale che caratterizza l'attività politica. Emerge indubbiamente l'influenza delle teorie psicoanalitiche e, successivamente, delle cosiddette teorie personologiche che si configurano nel modello motivazionale di Maslow (1954) che indaga sia le élites politiche che i militanti di base, facendo emergere la sua idea, antitetica rispetto alla posizione di Lasswell, secondo cui l'attività politica viene intrapresa solo quando sono più o meno soddisfatti i bisogni primari (fisiologici). Dunque, un soggetto che si trova in una posizione del genere sarebbe caratterizzato da un forte senso di autostima che sfoga nell'azione pubblica. In realtà, per quanto siano ricchi di spunti interessanti, entrambe le prospettive peccano di una eccessiva disattenzione verso gli aspetti situazionali, cioè verso il contesto in cui la personalità politica si sviluppa.

Tra l'altro, i protagonisti della politica non sono solo i leader e i militanti di partito, ma anche i semplici cittadini la cui influenza sulle dinamiche politiche si esercita attraverso diverse forme di partecipazione a partire dall'esercizio di voto. Questa consapevolezza ha fatto sì che molti psicologi politici, soprattutto dagli anni Sessanta, sviluppassero un'attenzione particolare verso il tema dell'**opinione pubblica** e degli **atteggiamenti politici**. Tale tematica era stata oggetto di studio di Walter Lippman (1922, tr.it. 1995) che possiamo considerare il principale precursore degli studi sull'opinione pubblica; egli parte dal presupposto che i soggetti (individuali) non reagiscano direttamente alla realtà politica, ma la filtrino attraverso delle rappresentazioni stereotipate e semplificate in base alle quali prendono poi le loro principali decisioni in campo politico. A questo riguardo, oltre a quello di «opinione» diventa centrale il concetto di «atteggiamento» che viene applicato per la prima volta alla politica nel celebre volume *The American Voter* pubblicato nel 1960 a firma di Campbell, Converse, Miller e Stokes. Secondo questi studiosi, il voto sarebbe un atto sostanzialmente irrazionale diversamente influenzato da fattori interni all'individuo e perlopiù riconducibili al processo di socializzazione. Il voto sarebbe dunque un atto pulsionale solo raramente collegato a una effettiva consapevolezza e conoscenza politica. Di fronte a una sostanziale povertà cognitiva, gli individui si limiterebbero ad adattare le poche informazioni che hanno alle proprie idee preconcette che rappresenterebbero il vero filtro cognitivo di ogni nuova informazione.

Questa attenzione agli atteggiamenti politici getta le basi per uno studio sul livello di razionalità, ovvero irrazionalità, presente nell'azione politica, un campo di indagine che, da un punto di vista psicologico, si sviluppa negli anni Ottanta grazie all'approccio cognitivista. Il focus si sposta dunque sui processi mentali che si attivano per far sì che un soggetto pensi e agisca in un certo modo (Lau, Sears 1986). **La *political cognition* è quell'approccio specifico che studia i processi di conoscenza, cioè le diverse fasi di elaborazione delle informazioni politiche, ponendo l'accento sulle dinamiche di codifica, organizzazione e recupero**. Gli individui diventano così soggetti che reagiscono attivamente agli input che ricevono dall'ambiente esterno, costruendo cognitivamente la realtà circostante. L'essere umano non è più solo irrazionale ed emotivo, ma un soggetto dotato di una **razionalità limitata** (Simon 1983), cioè vincolata ai limiti oggettivi della mente. Questa nuova acquisizione getta le basi per gli sviluppi contemporanei della psicologia politica in cui l'attore politico è finalmente immerso in un complesso ambiente sociale che condiziona e che lo condiziona. Sempre di più gli psicologi politici prestano attenzione al contesto, gettando le basi per nuovi studi sui processi di appartenenza a un gruppo, sulle dinamiche di partecipazione politica e sulla **identità sociale intesa come quella parte dell'immagine che un individuo si fa di se stesso che deriva dalla consapevolezza di appartenere a un gruppo (o gruppi) sociale, unita al valore e al significato emozionale associati a tale appartenenza** (Taifel 1981, tr.it.1995, 314, si veda anche Catellani, Sensales 2011). Questa attenzione per i processi di identificazione dei soggetti mette necessariamente gli psicologi politici in relazione con la sociologia.

> l'**identità sociale** è quella parte dell'immagine che un individuo si fa di se stesso che deriva dalla consapevolezza di appartenere a un gruppo, unita al valore e al significato emozionale associati a tale appartenenza

Come nota Greenstein (1969, 163), la psicologia, come la sociologia, aspira ad avanzare proposizioni generali intorno al comportamento umano, con la differenza che, mentre gli psicologi si preoccupano perlopiù di individuare le determinanti comportamentali che emergono dall'interno degli individui che agiscono in un ambiente sociale, i sociologi sono invece maggiormente preoccupati di osservare gli effetti di quell'ambiente sul comportamento individuale. In ogni caso, il focus rimane la relazione tra individui, gruppi e il contesto sociale dentro cui sono immersi. Se sul piano teorico i due approcci sembrano mutualmente esclusivi, nel "mondo reale" i sociologi sovente studiano gli individui facendo uso di variabili intrapsichiche (come gli atteggiamenti), così come gli psicologi sono interessati alle dinamiche di gruppo, all'azione collettiva e all'ambiente esterno all'individuo. I meccanismi di apprendimento, di percezione, di cognizione, di motivazione e di identificazione sono oggetto di studio di entrambe le discipline che, non solo ricorrono agli stessi metodi di indagine (tranne nel caso del metodo sperimentale che è specifico della psicologia), ma fanno anche riferimento alla stessa letteratura.

Lo stesso rapporto tra personalità individuale e politica può rappresentare un terreno di incontro importante tra le due discipline; noi possiamo infatti intendere la politica come tutte quelle attività che si realizzano all'interno di alcune strutture formali di governo, ma anche come tutte quelle attività che si realizzano seguendo canali informali ed extra-governativi (si pensi al filone di studi sui movimenti sociali e i gruppi di interesse). In entrambi i casi, abbiamo visto, entra in gioco la questione dell'esercizio del potere e dell'influenza. In questo ambito, le disposizioni individuali rappresentano indubbiamente un elemento analitico di sicuro interesse. Come afferma Lazarus:

> *Le origini del comportamento umano (la sua azione osservabile) e la sua esperienza soggettiva (come i pensieri, i sentimenti, i desideri) sono duplici: gli stimoli esterni che incidono su di esso e le disposizioni interiori che risultano dall'interazione tra caratteristiche psicologiche ereditate e la effettiva esperienza del mondo esterno. Se ci concentriamo sul primo aspetto, notiamo che un individuo agisce in un certo modo sulla base di certe qualità (individuali) dentro una specifica situazione. Per esempio, esso attacca un amico perché quell'amico lo ha insultato, o perde interesse in una lezione perché il docente è noioso o poco preparato [...] Appare evidente che il comportamento individuale varia da momento a momento, da circostanza a circostanza, cambiando al cambiare delle condizioni a cui l'individuo è esposto. Se riconosciamo la dipendenza del comportamento dagli stimoli esterni dobbiamo però essere anche consapevoli che esso non può essere considerato solo sulla base della situazione ma emerge almeno in parte dalle caratteristiche personali del soggetto.*
>
> Lazarus 1963, 27-28

Come afferma M. Brewster Smith (1968), il comportamento politico è prodotto, direttamente o indirettamente, dall'interazione tra variabili eminentemente psicologiche e tre classi di variabili sociali: la «situazione immediata» in cui il comportamento si verifica, l'«ambiente sociale immediato» che si estende dalla nascita alla vita adulta dell'individuo e all'interno del quale l'attore sviluppa una specifica personalità e attitudini particolari e, infine, «l'ambiente sociale distale» di cui l'attore non fa esperienza direttamente, ma che contribuisce a formare il contesto immediato in cui esso vive e agisce. Questa formula è importante perché fa emergere una reciproca influenza tra variabili psicologiche e variabili sociologiche senza proporre una direzione causale univoca. È evidente che, a seconda delle circostanze, le variabili sociologiche possono pesare maggiormente, mentre in altri casi saranno quelle psicologiche ad assumere un ruolo determinante. In una situazione politica "normale" è infatti evidente che i comportamenti individuali sono inseriti all'interno di ruoli perlopiù standardizzati e in questo caso la personalità individuale di un politico ha meno spazio per poter emergere. Non mancano però situazioni politicamente ambigue, soprattutto nelle fasi di transizione o nei processi di relazione informali, in cui i caratteri dell'individualità di un leader possono fare la differenza.

3.3. Sociologia politica e antropologia politica

L'**antropologia politica** è la disciplina che studia le relazioni di potere che si articolano nelle strutture elementari di una società prestando attenzione al tipo di stratificazione sociale nell'ambito del quale si realizzano i meccanismi di influenza e ai rituali presenti in ogni comunità politica, con particolare riferimento al rapporto tra potere politico e dimensione del sacro

Un'altra disciplina con cui la sociologia politica ha diversi punti di incontro è senza dubbio l'**antropologia politica**. Se la psicologia politica rappresenta un campo di specializzazione della psicologia sociale, **l'antropologia politica** può essere considerata come un campo specifico dell'antropologia sociale. Essa **indaga le relazioni di potere che si articolano nelle strutture elementari di una società – cioè le basi primarie che le danno forma – prestando attenzione al tipo di stratificazione sociale nell'ambito del quale si realizzano i meccanismi di influenza e ai rituali presenti in ogni comunità politica, con particolare riferimento al rapporto tra le forme di potere e la dimensione del sacro**. Questo ramo specifico dell'antropologia non si limita a considerare le società politiche solo nelle forme moderne di organizzazione articolate nella dimensione territoriale dello Stato nazione, ma indaga la politica soprattutto nei termini di quell'insieme di pratiche culturali, di strategie di influenza e manipolazione ad essa implicite. Da questo punto di vista, l'antropologia politica contribuisce notevolmente ad arricchire il bagaglio di conoscenza della sociologia, producendo analisi su strutture, processi e rappresentazioni politiche tipiche di società che non hanno ancora sviluppato gli elementi che caratterizzano l'organizzazione politica moderna, spostando il focus dell'attenzione analitica su contesti sociopolitici non occidentali.

A questo riguardo, gli antropologi si sono spesso soffermati sui sistemi simbolici e sui rituali presenti in società ancora ferme a un livello pre-statuale, dove la centralizzazione del potere politico tipico della modernità è pressoché assente, mentre prevale una forma segmentaria di organizzazione sociopolitica. Come nota Balandier (1967, tr.ing. 1970, 4) ci sono alcune questioni che suggeriscono gli obiettivi principali dell'antropologia politica e che in parte la definiscono ancora oggi: in primo luogo, gli antropologi sono interessati a una determinazione del politico non necessariamente legata alla concezione delle società complesse né all'esistenza di un apparato statale; in secondo luogo, essi cercano di produrre analisi sui periodi di transizione e sulle società a uno stadio primitivo di sviluppo; in terzo luogo, essi rifuggono dai limiti presenti in una certa impostazione etnocentrica, producendo ricerche comparate su casi che si estendono nell'ambito di un arco storico-geografico più ampio rispetto a quello contenuto nella tradizione occidentale in generale ed europea in particolare. Questa attenzione verso le dinamiche sociopolitiche nella società in via di sviluppo ha spesso rappresentato, tra l'altro, un proficuo punto di incontro tra antropologi e sociologi. Anche la sociologia infatti – già con Marx, Durkheim e Weber – ha prestato attenzione al rapporto tra forme di organizzazione politica tradizionali e forme propriamente moderne.

Nel campo specifico dell'antropologia politica, fin dagli anni Venti del ventesimo secolo, vengono pubblicati testi in cui si cerca di identificare alcuni fattori intra-societari (dinamiche di differenziazione) ed extra-societari (processi di conquista) che abbiano contribuito alla formazione dello Stato moderno (Lowie 1927); ma la vera rivoluzione antropologica prende piede negli anni Trenta con la produzione di una serie di indagini sulle cosiddette **società segmentarie**, meglio conosciute come società senza-Stato, o sulle comunità organizzate su strutture di parentela. A partire dagli anni Quaranta, aumentano gli studi sulle micro-società africane (Evans Pritchard 1940; Evans Pritchard, Fortes 1946) in cui emerge l'esistenza di forme anche articolate di organizzazione politica tra popoli che non conoscono la configurazione statuale tipica delle società occidentali. Molti di questi studi risentono tra l'altro dell'influenza delle indagini orientaliste e sui processi di sviluppo culturale di Max Weber e, in misura minore, di Marx ed Engels; si pensi ad esempio al testo di Leslie White sulla *Evoluzione culturale* (1959). L'attenzione è rivolta alle origini sacre, talvolta magiche, del potere e ai processi di articolazione delle prime forme statuali a partire dalla costruzione di società propriamente politiche che gradualmente sostituiscono le reti di organizzazione parentale.

L'antropologia politica si struttura insomma intorno alla critica nei confronti dell'etnocentrismo tipico della teoria politica classica che, a detta di Lowie (1927), sarebbe caratterizzata da una concezione unilaterale del governo e delle società umane. Il tentativo di produrre una conoscenza "oggettiva" delle dinamiche politiche di organizzazione e relazione presupponeva dunque una radicale de-occidentalizzazione del pensiero politico. Come è possibile identificare e qualificare "il politico"? Questo era e rimane l'interrogativo di fondo dell'antropologia politica. A questo riguardo, è possibile discriminare due tendenze ben descritte da Balandier (1967, tr.ing. 1970, 23): da un lato, vi sono i cosiddetti «massimalisti» che, sulla scia di Aristotele, affermano che non sia possibile identificare società umane prive di organizzazione politica. A questo riguardo, Nadel (1961, 141) afferma che «quando si esamina una società, si trova la politica». Dall'altro, vi sono i cosiddetti «minimalisti» che si sono rivelati piuttosto diffidenti verso l'idea secondo cui tutte le società primitive siano dotate di strutture di governo. Tra di loro vi sono numerosi storici e sociologi che, con l'importante eccezione di Weber, considerano le forme di organizzazione precedenti allo Stato come qualcosa di altro rispetto alla politica e, al limite, come una sua semplice manifestazione storica. Diversi antropologi a questo riguardo hanno dimostrato come molti gruppi primitivi facciano a meno di qualunque forma di organizzazione politica, come nel caso degli Yurok della California, studiati da MacLeod, o di alcune tribù aborigene australiane, studiate da Malinowski.

Almond e Coleman, nella loro celebre curatela sulla *Politica delle aree in via di sviluppo* (1960) e nell'ambito di una prospettiva funzionalista, propongono la loro idea, che possiede importanti risvolti antropologici, secondo cui tra le caratteristiche comuni a tutti i sistemi politici, dai più semplici e primitivi ai più complessi e moderni, vi sono due ampie categorie di funzioni che essi hanno il compito di svolgere: la prima riguarda la politica in generale e attiene soprattutto ai meccanismi di socializzazione politica degli individui, il loro addestramento all'esercizio di ruoli sociali specifici, la definizione sovente conflittuale dei sistemi di interessi, la comunicazione di simboli e messaggi relativi all'organizzazione condivisa della società; la seconda riguarda invece le funzioni propriamente di governo che presuppongono la definizione e applicazione di norme socialmente vincolanti. Se si assumono questi due riferimenti funzionali, secondo i due politologi sarebbe possibile individuare elementi comuni in diverse realtà sociopolitiche, facilitando anche il lavoro dei ricercatori comparatisti.

A nostro avviso, antropologia e sociologia politica si incontrano fino a sovrapporsi soprattutto nella definizione dell'**azione sociale e politica**. A questo riguardo, l'antropologo giamaicano M.G. Smith (1956) è convinto che la vita politica non rappresenti altro che un aspetto della vita sociale e, in particolare, l'azione sociale si fa politica quando cerca di esercitare controllo o influenza sul sistema delle decisioni socialmente vincolanti. Da questo punto di vista, le categorie antropologiche e quelle sociologiche sembrano fondersi e l'esercizio del potere e della sua legittimazione, che è alla base della sociologia politica, diventa anche oggetto di attenzione per gli antropologici. Il potere è in questo caso visto come una necessità che riguarda ogni tipo di società. Esso «può essere definito come la risultante del bisogno di lottare contro l'entropia che minaccia tutte le società attraverso il disordine» (Balandier 1967, tr.ing. 1970, 36). Tra l'altro, in ogni sistema sociale, anche quello più moderno e secolarizzato, il potere politico mantiene sempre una componente sacrale, oggetto di interesse antropologico, che è manifesta nel caso delle società tradizionali, ma sussiste in forma latente anche nelle società moderne che elaborano attorno ad esso un sistema articolato di simboli e rituali (si pensi al concetto di «patria», decisamente moderno e purtuttavia da sempre farcito da elementi mistico-sacrali).

In realtà, l'incontro tra antropologia e sociologia politica è acquisito da tempo; già nella prima metà degli anni Sessanta, il politologo Lucien Pye, nel suo studio su democrazia, modernizzazione e costruzione nazionale (1964), prendeva in prestito diversi termini provenienti dalla tradizione antropologica: si pensi ai concetti di relativismo culturale, di acculturazione, di diffusione culturale ed evoluzione sociale che sono ormai patrimonio comune tra sociologi e antropologi. Egli era consapevole che alcuni concetti elaborati per spiegare i processi di mutamento sociopolitico in Occidente non fossero adatti alle nuove realtà nazionali estranee a quella tradizione geopolitica. Non è infatti possibile produrre analisi efficaci su alcune realtà politiche senza fare riferimento alle molteplici tradizioni sub-culturali che sovente rappresentano il portato originale di popoli e territori. Come nota Ronald Cohen (1969, 33), la principale ragione dell'importanza di uno sforzo interdisciplinare soprattutto tra sociologi, politologi e antropologi sta proprio nella sostanziale debolezza del bagaglio teorico e concettuale classico nell'interpretare realtà esotiche, cioè esterne alla tradizione culturale europea. Si pensi a paesi in via di lenta nonché dubbia democratizzazione come l'Iraq e l'Afghanistan; è difficile immaginare che si possa articolare un progetto di trasformazione politico-istituzionale credibile e condiviso cercando di applicare ad essi le categorie e le norme proprie delle liberal-democrazie europee e occidentali, ignorando la complessa struttura sociale dai tratti etnici e culturali assolutamente inediti che li caratterizza. Una maggiore conoscenza dell'antropologia e delle tradizioni di quei popoli potrebbe offrire un contributo fondamentale. L'etnicità è dunque una variabile da considerare a prescindere dalle strutture sociopolitiche. Questa è, a nostro avviso, la principale assunzione antropologica che dovrebbe forgiare anche l'atteggiamento del sociologo politico: non è possibile comprendere realtà sociali non occidentali senza calarsi nel loro contesto storico e culturale. Questa è una regola che non vale solo per le realtà esotiche, ma anche per quei paesi che, in Occidente, accanto a una cultura nazionale più o meno condivisa, presentano una complessità e talvolta disomogeneità culturale che si esprime nella molteplicità delle tradizioni locali e territoriali.

3.4. Sociologia politica ed economia politica

La sociologia politica ha offerto e continua a offrire un contributo fondamentale alla conoscenza dei processi politici contemporanei, confrontandosi anche con discipline che, oltre alla psicologia, alla scienza politica e all'antropologia, si sono poste il problema di indagare da diversi punti di vista il complesso sistema delle decisioni socialmente vincolanti nell'ambito di un determinato territorio o attraverso più territori. Tra queste discipline è possibile annoverare l'«economia» e, in particolare, quella branca della scienza economica che ha mostrato maggiore attenzione al rapporto tra sfera politica e dinamiche di concentrazione e distribuzione del potere e delle risorse scarse: ci riferiamo alla **nuova economia politica**, come ebbe modo di definirla William C. Mitchell (1969, 101-136). Si tratta di una disciplina che non si caratterizza tanto per aver sviluppato un impianto teorico ben definito, quanto piuttosto per aver posto degli interrogativi che assumono una grande rilevanza sociologica e politologica. **Essa si concentra sul sistema di relazioni e interferenze reciproche tra politica ed economia** (Panebianco 1989, 449).

> L'oggetto della **nuova economia politica** sta nel capire in che modo, all'interno dei diversi sistemi politici, si arrivi a compiere delle scelte di carattere economico attraverso istituzioni non direttamente economiche ed esterne ai meccanismi di mercato. La politica è qui intesa come un fenomeno di scambio razionale tra individui o gruppi consapevoli dei propri interessi

Specie a partire dagli anni Settanta, grandi questioni dirimenti come quelle relative alla disoccupazione, all'inflazione, al debito internazionale, al controllo della spesa pubblica e, in genere, a tutte le controversie inerenti al tema del *welfare state*, hanno prodotto un dibattito che ha coinvolto economisti, politologi, storici e sociologi, sviluppando un nuovo campo disciplinare che in ambiente anglosassone ha assunto l'etichetta di *political economy e* che in Italia è stata a torto tradotta con l'espressione di «politica economica». Come nota Ferrera (1989, 452), nel nostro paese, e in genere nell'Europa latina, il termine «economia politica», traduzione letterale di *political economy*, è ricondotto alla tradizione classica del pensiero economico ottocentesco, ciò che nel mondo anglosassone è espresso semplicemente con il termine *economics* (cioè *economia*). Ma in questa sede preferiamo recuperare il lessico originale facendo riferimento, appunto, all'«economia politica» o, per meglio intenderci, alla «nuova economia politica».

Mitchell (ibid., 104) cerca di rintracciarne il campo individuando una serie di questioni basilari, tra loro interdipendenti, in cui la «nuova economia politi-

Tab. 3.1 Economia e politica economica

Questioni basilari dell'Economia	Questioni basilari dell'Economia Politica
1. Qual è il livello generale dell'attività economica, o il volume di beni e servizi, o il livello di occupazione?	1. Quali sono le dimensioni del bilancio pubblico, o il volume dei beni e servizi pubblici?
2. Per quali usi le risorse vengono destinate?	2. Qual è la composizione del bilancio pubblico, o quali beni sono prodotti e in che quantità?
3. Come sono prodotti i beni? (e questione dell'organizzazione economica)	3. Come è organizzata la divisione politica del lavoro?
4. Come è distribuito il prodotto finale? (e questione della distribuzione del reddito)	4. Come sono distribuiti beni e servizi pubblici, e come è redistribuito il reddito?

Fonte: Mitchell (1969, 104)

ca» si distingue dall'economia classica (si veda la tab. 3.1). L'oggetto fondamentale dell'economia politica sta nel capire in che modo, all'interno dei diversi sistemi politici, si arrivi a compiere delle scelte di carattere economico attraverso istituzioni non direttamente economiche ed esterne ai meccanismi di mercato.

In base all'approccio economico, la politica è intesa come un fenomeno di scambio non particolarmente diverso dagli scambi di natura economica. Gli economisti politici sono dunque inclini a enfatizzare la dimensione della **scelta razionale** da parte di individui e organizzazioni che sono diversamente coinvolti in un sistema di relazioni e di scambi con i principali attori della politica, in particolare i partiti e le élites di governo. Questi rapporti di scambio servono a perseguire interessi particolari in una condizione di incertezza dove ogni attore deve confrontarsi con gli interessi altrui. In questo contesto, essi mettono in atto una serie di **strategie** finalizzate alla riduzione dei costi e alla massimizzazione dei risultati. Tali strategie possono presupporre azioni cooperative o conflittuali tra i diversi attori coinvolti che scelgono la migliore azione sulla base di un calcolo razionale dei costi/benefici. Gli individui scelgono alleati e avversari assumendo come data la sostanziale incertezza rispetto alle scelte altrui. Si tratta di un vero e proprio gioco di scambi, dove la classe politica richiede sostegno, risorse e fedeltà, mentre i cittadini desiderano godere dei benefici conseguenti a determinate scelte da parte delle élites politiche e di governo. Se l'economista classico si preoccupa tuttalpiù della retroazione delle politiche pubbliche sul comportamento specificatamente economico degli attori sul mercato (si veda la fig. 3.1), l'economista politico si occupa invece di tutti i componenti del diagramma relazionale, enfatizzando la natura circolare del modello di scambio che include risorse, sostegno, domande, benefici (di reddito, di status, di opportunità), forme di controllo, servizi, beni pubblici (si veda la fig. 3.2). L'analisi si concentra dunque sulle condizioni di equilibrio e disequilibrio, sulle regole del gioco, e sul peso variabile dei diversi soggetti dentro il flusso relazionale.

Fig. 3.1 Il modello di scambio per gli economisti convenzionali

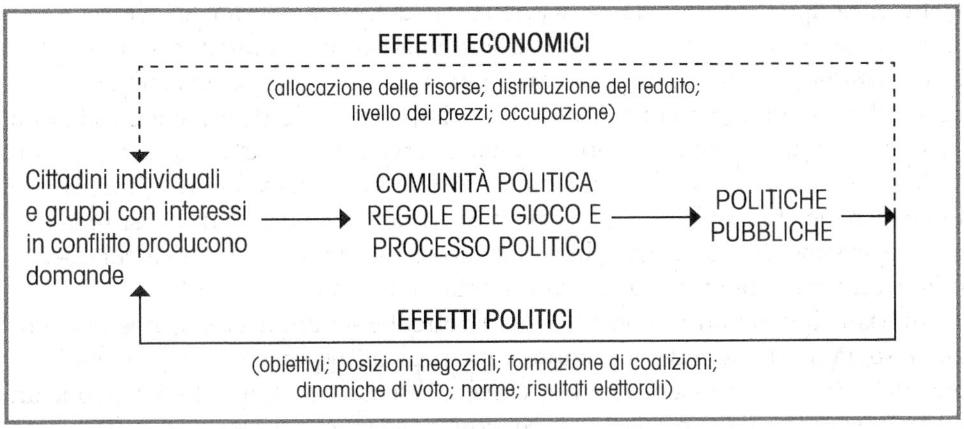

Fig. 3.2 Il modello di scambio circolare degli economisti politici

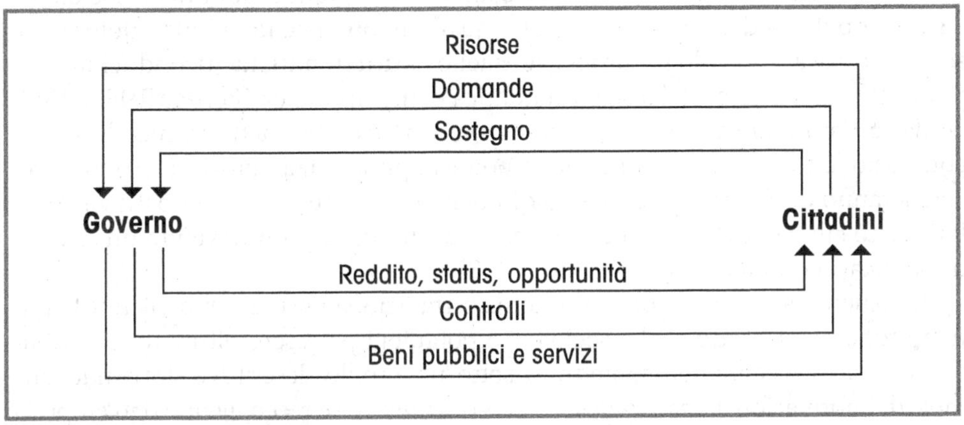

Non c'è spazio per un'idea di politica come prodotto di forze sociali e risposte non-razionali; essa è al contrario concepita come un insieme di azioni di adattamento razionale alle condizioni poste dal sistema e, al contempo, finalizzate al controllo dell'ambiente da parte di attori individuali che assumono un ruolo attivo e negoziale. I processi di allocazione delle risorse scarse, la distribuzione dei benefici di status, di reddito, di opportunità, l'allocazione degli oneri (oltre che degli onori), la divisione politica del lavoro, i processi di adattamento e stabilizzazione sistemica diventano dunque oggetto di attenzione prevalente.

La questione dell'allocazione delle risorse è tra l'altro un tema fondamentale per l'analisi politica. Ogni Stato possiede infatti un proprio budget con il quale la classe politica può implementare processi di allocazione e distribuzione delle risorse. Le decisioni connesse a queste dinamiche sono in genere oggetto di grandi discussioni e conflitti sociali tradizionalmente studiati dalla sociologia. Nella disputa entrano in gioco diversi soggetti – movimenti sociali, semplici cittadini, partiti, grandi burocrati, gruppi di interesse – e le scienze sociali studiano le dinamiche relazionali e le strategie competitive e negoziali che ognuno di essi mette in campo. Ovviamente, la distribuzione delle risorse è anche connessa alla allocazione di alcuni oneri. La ricchezza di una Nazione è infatti a somma zero, cioè quanto più si dà a qualcuno, tanto più si dovrà togliere a qualcun altro. Per decidere a chi dare e a chi togliere, o meglio, a chi dare di più e a chi dare di meno, in termini di reddito, opportunità e servizi, entra genericamente in gioco la dimensione ideologica che anima l'azione della classe politica, un aspetto fondamentale che però l'economia politica tende a trascurare. In questo caso, la sociologia subentra come disciplina in grado di entrare nel merito di alcune scelte non necessariamente dipendenti da variabili di mercato.

In base a queste ultime considerazioni potrebbe sembrare che sia nostra intenzione sovrapporre la «nuova economia politica» all'approccio teorico-metodologico della «scelta razionale» che verrà invece discusso nel Capitolo 5. Sarebbe un errore. Quando infatti parliamo di *political economy* ci riferiamo essenzialmente a un campo di studi che può essere indagato facendo ricorso a teorie e approcci anche molto diversi. Esso, infatti, dopo aver reciso ogni legame con la tradizione economica classica, è perlopiù riconducibile a due grandi filoni della sociologia e scienza politica del Ventesimo secolo: quello **neomarxista**, a lungo dominante soprattutto tra i sociologi europei, e quello **istituzionalista**, riconducibile soprattutto a una branca della scienza politica contemporanea (Ferrera 1989, 454). Se da un lato Marx è forse il primo autore classico che mette in luce la stretta connessione tra processi economici e politica, gli istituzionalisti, dal canto loro, cercheranno di integrare il concetto di potere e di istituzione (con particolare riferimento allo Stato) all'interno dell'analisi economica, promuovendo una sintesi di politica, economia e diritto (Elliot 1978).

In genere, la tendenza degli economisti tradizionali a trascurare alcuni fattori non-economici ha fatto sì che sociologi e politologi potessero offrire un contributo essenziale all'economia soprattutto sotto un profilo descrittivo, fornendo una mole di informazioni di carattere statistico-quantitativo e raccogliendo dati empirici sui sistemi politico-economici contemporanei. Il contributo delle scienze sociali all'economia ha assunto una certa rilevanza sia sul piano interno che sul lato della politica internazionale. Da questo punto di vista, i lavori sociologici e politologici non si sono limitati all'aspetto per così dire descrittivo e tematico, ma hanno anche fornito analisi importanti sulla reciproca influenza di politica ed economia. A questo riguardo, vi sono diversi contributi che gettano luce sui «condizionamenti economici della politica», mostrando come sovente gli andamenti economici esercitino influenza sulle scelte di voto individuali e quindi sulla stessa stabilità politica dei regimi democratici. Si è mostrato come gli elettori elaborino una valutazione d'insieme sulle performance politico-economiche di un governo, condizionati da fattori di ordine simbolico connessi al sistema dei media e alle pratiche di comunicazione politica. Lo stesso sistema economico internazionale può essere fattore determinante rispetto all'adozione di alcune politiche, mostrando nuovamente come fattori economici possano condizionare se non addirittura determinare output politici.

Eppure, buona parte dei lavori sociopolitici applicati al campo dell'economia politica sono perlopiù interessati a mostrare la situazione inversa, cioè come la politica eserciti influenza sull'economia, cercando di isolare l'impatto delle ideologie, degli esiti elettorali e di certi assetti istituzionali sui processi economici. Molti studi hanno per esempio mostrato come le culture politiche nazionali abbiano determinato diverse strategie di risposta ad alcune sfide economiche internazionali (Dyson 1983). Altri si sono concentrati piuttosto sull'impatto delle piattaforme ideologico-programmatiche dei diversi partiti politici (tra gli altri: Wilensky 1981; Schmidt 1983; Cameron 1985). Altri hanno invece mostrato come, in genere, le logiche del mercato politico si mischino alle logiche del mercato economico, concentrandosi soprattutto su alcune strategie elettorali, più che ideologiche, dei partiti (Dente, Regonini 1987). Specie in ambito sociologico-politico, si è sovente posto attenzione alle interazioni tra i gruppi sociali che, a livello nazionale e internazionale, agiscono da intermediatori di interessi, ponendo dunque l'accento sulle basi sociali di alcuni assetti macro-economici (Schmitter, Lehmburch 1979; Berger 1981; Gourevitch 1986).

A livello internazionale, si è invece assistito all'articolazione di diversi filoni che Ferrera (1989, 462-465) riconduce soprattutto a tre indirizzi: quello neo-mercantilista, quello neo-liberale e quello neo-marxista. Nel primo caso, le relazioni economiche internazionali sono state considerate soprattutto come la risultante di un gioco antagonistico tra Stati sufficientemente forti da poter imporre a livello internazionale i propri interessi nazionali; nel secondo caso, si tende a enfatizzare il ruolo trainante dell'economia rispetto alle vicende politiche degli Stati e dei rapporti tra Stati; nel terzo caso, infine, l'attenzione è posta soprattutto sull'articolazione di un sistema capitalistico mondiale che attanaglierebbe la politica internazionale, ostacolando l'autonomia dei singoli popoli e impedendo lo sviluppo politico-economico di alcuni paesi esterni all'area geopolitica ed economica occidentale. Si tratta in genere di terreni fecondi di ricerca e analisi in cui l'incontro teorico e metodologico tra sociologia politica ed economia ha prodotto e può ancora produrre risultati interessanti.

3.5. Sociologia politica e geografia politica

La **geografia politica** è quella disciplina che connette l'ambito del politico alla fondamentale dimensione del territorio e della territorialità, laddove i territori sono intesi come «spazi geografici» difesi, contestati, rivendicati sulla base della territorialità

Sociologi, politologi, filosofi, antropologi e anche psicologi hanno storicamente definito il campo della politica, e soprattutto della politica statualizzata, legandola a una dimensione territoriale. Questo vuol dire che il rapporto tra analisi politica e conoscenza di un campo geografico definito è fondamentale per produrre analisi dotate di senso. Negli anni, si è sviluppata una disciplina specifica che ha preso molto sul serio tale rapporto, costruendo molteplici punti di connessione con la sociologia in generale e la sociologia politica in particolare: si tratta della **geografia politica**. Per dirla con Kevin R. Cox (2002, 1), essa va intesa come la somma delle sue due parti. In questo senso, la dimensione geografica viene trattata nella misura in cui illumina la politica, così come la dimensione politica acquista significato nella sua distensione geografica. Centrali sono dunque i due concetti di **territorio** e **territorialità** attraverso cui si tiene insieme la dimensione del potere e quella dello spazio. I territori sono infatti «spazi geografici» difesi, contestati, rivendicati sulla base della territorialità. **Territorio e territorialità si presuppongono a vicenda; con la territorialità si intende un'attività di difesa, esclusione, inclusione e controllo su uno specifico territorio**. Considerando le definizioni che ci vengono date dal *The Dictionary of Human Geography*, possiamo definire il «territorio» come «un termine generale che serve a indicare un segmento di terra o di mare rispetto al quale gli Stati rivendicano una certa forma di controllo» (Johnston, Gregory, Smith 1986, 483); mentre definiamo la «territorialità» come «il tentativo da parte di un individuo o un gruppo di influenzare o esercitare una forma di controllo su un territorio chiaramente demarcato» (ibid., 482).

Attraverso queste definizioni, possiamo ben capire il livello di connessione tra sociologia politica e geografia politica, dal momento che lo Stato nazionale, oggetto di studio privilegiato dalle scienze sociali, è esso stesso espressione di un potere territoriale collegato a un insieme di processi sociali (economici, politici, giuridici, culturali, quindi simbolici). Un territorio da solo non avrebbe alcuna sostanza né importanza analitica se non diventasse sede di una serie di attività sociopolitiche ed economiche, nonché oggetto di alcune forme di conflitto. **La connessione tra un territorio, una comunità politica (nello specifico uno Stato) e un insieme di processi sociali è al centro dell'attenzione dei geografi politici, così come dei sociologi politici.**

La dimensione spaziale diventa dunque di vitale importanza, perché i territori sono soprattutto «spazi» dentro cui si articolano processi sociali e politici e che spesso sono la fonte di una intensa produzione simbolica e culturale; si pensi ai concetti di etnicità, di folclore, di subcultura, tutti strettamente legati a una dimensione territoriale e tutti oggetto di studio di sociologi e antropologi. Il territorio è a sua volta connesso ai concetti di «mobilità» e «immobilità» degli individui all'interno di uno spazio demarcato o attraverso più territori (migrazioni), oltre che alla costruzione di un insieme di attività sociali, in primo luogo economiche, che influenzano e sono influenzate dalla politica. Popoli, imprese economiche e organizzazioni di ogni tipo sono infatti strettamente dipendenti dalla distribuzione delle risorse nell'ambito dello specifico territorio in cui sono insediate. Lo Stato esercita la propria sovranità all'interno di uno spazio territoriale definito, attivando procedure di controllo e distribuendo le ricchezze al suo interno. Le strategie territoriali, cioè l'insieme dei rapporti interni a un determinato territorio, o comunque influenzati da una particolare territorialità, si articolano sempre come esercizi di potere di grande interesse sociologico. Ma cos'è che dà energia alla politica all'interno di un particolare contesto geografico? Non è infatti sufficiente riferirsi a un insieme astratto di interessi e progetti territoriali; bisogna sempre fare riferimento a oggetti, pratiche e relazioni dotate di un certo contenuto. Ognuno di questi oggetti e attività sono mediate socialmente, cioè collegate a un sistema simbolico radicato nella materialità degli interessi sociali. Reddito, occupazione, divisione del lavoro sono senza dubbio tra i principali processi sociali che condizionano la politica nei moderni Stati nazionali, così come l'esigenza di riconoscimento di specifiche identità e culture che non necessariamente sono in linea con il sistema culturale dominante. In questo caso, entrano in gioco questioni fondamentali, come quelle inerenti al riconoscimento etnico e identitario delle minoranze sociali e alla loro rivendicazione di indipendenza o autonomia rispetto al potere politico costituito. Si pensi alle rivendicazioni di indipendenza del popolo palestinese rispetto allo Stato israeliano, del popolo basco rispetto allo Stato spagnolo, del popolo nord-irlandese rispetto al Regno Unito, del popolo sahrawi rispetto al Marocco; degli indigeni maya rispetto al Messico; si tratta solo di una piccola parte dei grandi conflitti che in tutto il pianeta hanno come oggetto del contendere il rapporto tra specifiche identità (etniche o religiose) e territori particolari.

Il concetto di «identità» (e «differenza») legato al riconoscimento di noi stessi e alla conseguente definizione sociale dell'altro, è strettamente connesso allo sviluppo di un sistema di relazioni sociali che i geografi ci insegnano essere in primo luogo **relazioni spaziali**, cioè legate a un luogo e alla distinzione primaria tra chi ne fa parte e chi invece è visto come un outsider, cioè esterno al territorio, dunque alla comunità. La stessa identità nazionale viene sovente energizzata nella costruzione sociale della Patria e dei suoi "sacri" confini. Anche questo è materia di studio per sociologi, ma rimarrebbe monca senza una adeguata consapevolezza geografica. Basti riflettere brevemente, per esempio nel caso italiano, sul fenomeno politico rappresentato dalla Lega Nord (ex Lega Lombarda) che, dagli anni Ottanta, rivendica l'autonomia (talvolta l'indipendenza) delle regioni settentrionali dal resto della Penisola. Non sarebbe possibile comprendere l'intensa produzione simbolica e rituale da parte dei leader della Lega e dei suoi militanti senza avere cognizione della specificità geopolitica ed economica del Nord Italia (si veda a questo riguardo Biorcio 1991; Diamanti 1996; 2009).

In Italia, come altrove, si discute spesso sul ruolo del territorio come fonte di produzione identitaria, dato che politicamente è rilevabile soprattutto attraverso un'analisi attenta del comportamento elettorale. Di fronte al radicalizzarsi dei fenomeni di transnazionalizzazione dell'economia e dei processi culturali, sono molti a sostenere che il territorio avrebbe perso rilevanza ma, se così fosse, sarebbero inspiegabili i numerosi casi di affermazione di attori politici, vecchi e nuovi, che in tutto il mondo fanno dell'appartenenza etnico-territoriale la loro principale ragion d'essere, a partire dalla stessa Lega Nord in Italia. Il declino delle appartenenze territoriali viene fatto risalire, da un lato, ai processi di globalizzazione; dall'altro, alla crescente personalizzazione della politica che, specie in Occidente, è in genere connessa alla rilevanza della comunicazione politica e dell'uso di tecniche di marketing elettorale. In Italia, questo si tradurrebbe nel ridimensionamento del ruolo delle **subculture politiche territoriali** studiate per la prima volta da Trigilia (1981). Per i primi cinquant'anni di storia repubblicana, il voto si è infatti distribuito in maniera geograficamente omogenea, laddove nelle regioni del Nord-est si rilevava una cosiddetta subcultura «bianca», cioè cattolica, che elettoralmente si traduceva in un voto massiccio alla Democrazia Cristiana, mentre nelle regioni centrali prevaleva una subcultura «rossa», che elettoralmente si traduceva in un voto generalizzato ai partiti di sinistra in generale e, soprattutto, al Partito Comunista. Eppure, anche se entrambi questi due partiti sono ormai sciolti, l'analisi del comportamento di voto in Italia fa registrare una certa coerenza rispetto a quelle tradizioni (Baccetti 1987; Baccetti, Messina 2009; Diamanti, Riccamboni 1992). Nel Nord-Est il voto cattolico sembra essere confluito soprattutto nella Lega Nord, mentre al centro continuano a prevalere in modo significativo i partiti di sinistra e centro-sinistra. Nelle regioni meridionali, il più debole tessuto economico e associativo ha fatto si che non si sviluppassero mai vere e proprie subculture e, non a caso, il voto tendeva a privilegiare soprattutto i partiti di governo con cui i cittadini, specie a livello locale, potevano intrattenere rapporti di tipo clientelare. Anche oggi, il Sud Italia tende ad essere il bacino elettorale prevalente per i partiti di centro-destra, in cui sono confluiti buona parte delle personalità e delle formazioni politiche che hanno governato il paese dal 1945 fino alla grande crisi dei primi anni Novanta. Questo dimostra che il territorio continua ad essere fonte di forte identificazione ratificata istituzionalmente anche dal ruolo di crescente visibilità e importanza politica dei Sindaci (Diamanti 2010).

Struttura geografica e stratificazione sociale dei territori continuano a essere fonte di identificazione e mobilitazione politica, giustificando l'esigenza di consolidare un rapporto di collaborazione scientifica tra geografi e sociologi politici, soprattutto attraverso un uso intelligente delle moderne tecniche cartografiche.

Approfondimento 3.1

Il fronte POLISARIO nel Sahara Occidentale

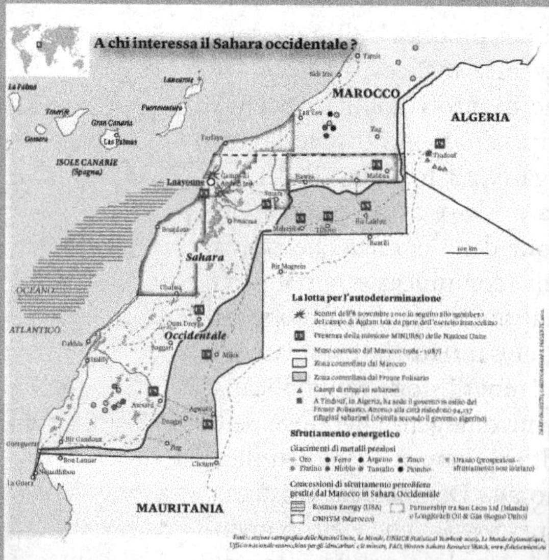

Il **Fronte Polisario**, dall'abbreviazione spagnola di Frente Popular de Liberación de Saguía el Hamra y Río de Oro, è una organizzazione militare e un movimento politico attivo nel Sahara Occidentale. Esso rappresenta il popolo sahrawi che lotta per il suo diritto all'autodeterminazione. Il movimento viene fondato il 10 maggio 1973 con l'intento di ottenere l'indipendenza del Sahara Occidentale dall'occupazione militare da parte della Spagna e della Mauritania. Il Polisario succede al Movimento di Liberazione del Sahara, fondato nel 1967 e represso militarmente dal regime franchista. Uno dei fondatori del Polisario è El Ouali Mustapha Sayed, ex membro del Partito Comunista del Marocco. Sin dalla fondazione, il Polisario organizza la guerriglia contro le forze di occupazione. Si tratta della prima strategia di guerriglia organizzata in un territorio desertico. A partire dal 1975 il Polisario si stabilisce a Tindouf, nell'Algeria occidentale. Nello stesso anno, l'Onu riconosce il Fronte e la Corte internazionale di giustizia dell'Aja riconosce il diritto all'autodeterminazione del popolo sahrawi.

Il 27 febbraio 1976 il Polisario proclama formalmente la **Repubblica Araba Saharawi Democratica** (R.A.S.D.). La Repubblica è stata riconosciuta da 76 stati, principalmente africani e sudamericani, dall'Unione Africana, ma non dall'ONU. Alcuni Paesi non hanno riconosciuto la Repubblica, ma riconoscono il Fronte come rappresentante del popolo sahrawi; altri non riconoscono né il Fronte, né l'annessione unilaterale dell'area da parte del Marocco. La Repubblica ha un governo in esilio. Il 5 agosto 1979 il Polisario firma un trattato di pace con la Mauritania che ritira le truppe dal territorio occupato. L'accordo non viene però riconosciuto dal Marocco che occupa a sua volta l'area. I combattimenti con il Marocco continuano fino al cessate il fuoco firmato il 6 settembre 1991 e monitorato dalla missione dell'Onu MINURSO (fr.:Mission des Nations Unies pour l'organisation d'un référendum au Sahara Occidental – Missione delle Nazioni unite per l'organizzazione di un referendum nel Sahara Occidentale).

Dopo l'accordo, il Marocco edifica otto mura di sabbia e pietra, i cosiddetti "muri marocchini", per contrastare l'esercito del Fronte, minando la zona circostante. Il Polisario controlla una striscia desertica del Sahara Occidentale praticamente disabitata a est dei muri. Si stima che i militanti siano circa 10.000. Le truppe non sono dislocate nel Sahara Occidentale, ma sono concentrate a Tindouf in territorio algerino. Il Polisario organizza i campi profughi per la popolazione sahrawi a Tindouf.

L'ultimo piano di pace dell'ONU, preparato dall'inviato nel Sahara Occidentale, James Baker III, prevede la soppressione della R.A.S.D. e la sua sostituzione con l'Autorità per il Sahara occidentale. L'Autorità dovrebbe avere il compito di assicurare l'autonomia del territorio sotto il governo marocchino durante un periodo di transizione di cinque anni al termine del quale è previsto un referendum per l'indipendenza. L'Autorità non si è ancora insediata e il referendum non si è ancora tenuto per la riluttanza marocchina a riconoscere qualsiasi forma di autonomia al popolo sahrawi. La ragione di questo attaccamento a una zona completamente desertica da parte del Marocco è in realtà geopolitica ed economica. La principale risorsa del Sahara Occidentale, infatti, oltre alla pesca e alla pastorizia nomade, è l'estrazione di fosfati, di cui il sottosuolo è ricco. La principale miniera, a cielo aperto, è a Bou Craa collegata al mare con un nastro trasportatore della lunghezza di circa 100 chilometri, il più lungo al mondo. La miniera, la più vasta del mondo su una superficie di 250 chilometri quadrati, è al centro di una vasta regione stimata in 1200 Km quadrati. Il minerale estratto ha una densità pari all'85% di fosfato di calcio. Questa, come tutte le altre attività economiche e commerciali, è controllata dal Marocco (che è, con la produzione del Sahara Occidentale, il terzo produttore mondiale di fosfati). Le Nazioni Unite hanno ribadito l'illegalità dello sfruttamento delle risorse naturali del Sahara Occidentale da parte del Marocco. Vengono stimate importanti riserve petrolifere e di gas, il cui sfruttamento è bloccato da decisioni delle Nazioni Unite. Il Sahara è inoltre un paese di sole e di acqua e il futuro mondiale avrà bisogno di questi due fattori per privilegiare lo sviluppo. I Sahrawi in esilio nei campi per i rifugiati a Tindouf producono infatti la maggior parte dell'energia da tecnologia solare e, se un giorno potrà tenersi il referendum per l'autodeterminazione, ci sarà un ritorno di profughi che in misura maggiore di altri popoli saranno abituati all'uso di questa tecnologia. L'acqua potabile è presente in un'importante falda freatica che è sottostante a una vasta porzione del paese.

Percorso di autoverifica

- Come possiamo definire la scienza politica e che tipo di relazione ha con la sociologia politica?
- Cosa intendiamo per «ibrido interdisciplinare» riferendoci alla sociologia politica?
- Come possiamo definire la psicologia politica?
- Quale specificità caratterizza l'approccio della *political cognition*?
- Su quali temi si realizza l'incontro proficuo tra sociologia politica e psicologia politica?
- Come possiamo definire l'antropologia politica?
- Quali temi di chiara rilevanza antropologica sono oggetto di studio anche della sociologia politica?
- Come possiamo definire la *new political economy*?
- Come possiamo definire la geografia politica?
- Perché l'incontro tra geografia e sociologia è molto importante?
- Cosa intendiamo per territorio e per territorialità?

La logica della ricerca sociopolitica

4

Tutte le discipline che da diversi approcci studiano la politica condividono la logica e i metodi delle scienze sociali empiriche, cioè producono un sapere percettivo. La conoscenza empirica si basa sull'osservazione attraverso l'elaborazione e adozione di concetti che sono sempre riferiti a un insieme di fenomeni sociali chiaramente osservabili. Non tutti i concetti sono però immediatamente riconducibili a termini osservativi, bisogna quindi procedere alla loro operazionalizzazione. La formulazione e definizione operativa dei concetti empirici non esaurisce il processo analitico; occorre anche attuare una ricognizione del fenomeno, osservando come esso si presenta nella realtà, procedendo alla classificazione o alla costruzione tipologica o, al limite, alla produzione di modelli multidimensionali. Solo in seguito sarà possibile formulare delle ipotesi che devono poi essere verificate attraverso il ricorso ai metodi di controllo empirico. A questo riguardo, l'attività più usata in sociologia politica è quella della comparazione che per molti rappresenta il metodo principale di ogni scienza sociale. La comparazione può realizzarsi sia tra più casi che in un unico caso, confrontando più punti del tempo. La dimensione temporale diventa fondamentale quando si intende produrre generalizzazioni e teorie radicate storicamente, cioè circoscritte a una dimensione spazio-temporale. Prima di procedere alla comparazione bisogna però assicurarsi che i casi scelti siano effettivamente comparabili e che cioè possiedano almeno una proprietà in comune.

Obiettivi di apprendimento

- il compito primario delle scienze sociali è quello di descrivere i fenomeni indagati, cioè comprenderli in termini osservativi. La conoscenza empirica è sempre aderente ai fatti e produce una forma di sapere percettiva, cioè imperniata sulla percezione sensibile.
- La formulazione precisa di un quesito empirico presuppone la chiara definizione del contesto, cioè dello *spazio* e dell'*arco temporale* in cui il fenomeno indagato si realizza, e dei concetti empirici utilizzati.
- Nella comparazione si confrontano sempre due o più *stati*, di due o più *proprietà*, di due o più *oggetti*, in un preciso momento storico o in un arco di tempo più ampio. La comparazione può trarre beneficio dall'uso di materiali storici mettendo in luce le azioni dotate di significato nell'ambito di specifici contesti strutturali.

4.1. La logica della ricerca nelle scienze sociali empiriche

Le **scienze sociali empiriche** si fondano sull'osservazione e cioè sull'esperienza sensibile del soggetto all'interno di una realtà attraversata nella sua interezza

Nel precedente capitolo abbiamo fatto riferimento al rapporto tra la sociologia politica e le altre scienze. Per quanto l'esigenza di specializzazione abbia fatto sì che si sviluppassero molteplici approcci allo studio della politica, in tutti i casi si registra la condivisione della logica e dei metodi delle **scienze sociali empiriche**. Il termine «empirico» deriva dal greco ἐμπειρία (empeirìa), composto da ἐν, ἦν (in, all'interno) e πεῖρα (prova), volendo significare che la conoscenza (in questo caso della politica) si fonda sull'**osservazione** e cioè sull'esperienza sensibile del soggetto all'interno di una realtà attraversata nella sua interezza. Tutte le scienze moderne si fondano su questo presupposto, distaccandosi dalla tradizione speculativa filosofica. Anche la sociologia politica, come le altre scienze sociali, ha storicamente affinato i propri strumenti di ricerca e di analisi, distaccandosi dalla tradizione filosofico-politica che, almeno fino alla prima metà del XIX secolo, ha rappresentato la principale fonte di ispirazione teorica. Le spiegazioni scientifiche devono sempre poter essere verificate e, per questa ragione, **il compito primario delle scienze sociali è quello di descrivere i fenomeni indagati, cioè comprenderli in termini osservativi**. Se la filosofia può porsi ambiziosamente il problema di rispondere a una domanda cruciale relativa al *Perché* del mondo, dell'universo, della violenza, della dittatura e della democrazia, le scienze sociali, più realisticamente, possono limitarsi a cercare risposte alla domanda altrettanto fondamentale relativa al *Come*, cioè come è fatto e come funziona il reale. **Il conoscere empirico è quindi sempre aderente ai fatti e produce una forma di sapere percettiva, cioè imperniata sulla percezione sensibile**.

Questo non vuol dire che il sapere empirico sia *concreto* perché immerso nei fatti reali, mentre il sapere non empirico sia invece *astratto*. Ogni forma di sapere deve infatti ricorrere a concetti che si collocano su **livelli di astrazione**, solo che, nel caso delle scienze sociali, tale astrazione deve sempre poter essere ricondotta a dei termini osservativi. Si tratta di un problema che i filosofi o i teologi non si pongono, perché la loro forma di conoscenza non è necessariamente appagata da una risposta descrittiva. La conoscenza filosofica trascende dunque l'empiria e fa uso di un linguaggio speculativo, cioè ultra-rappresentativo o omni-rappresentativo (Sartori 1980, 32); il suo sapere non è *percepito*, ma *concepito* e il suo oggetto non è il *mundus sensibilis*, ma il *mundus intelligibilis*. Ovviamente l'aspirazione di ogni scienza è sempre nomotetica, dal greco **νόμον τίθημι (nómon títhemi),** cioè finalizzata alla produzione di leggi (ciò che in scienze sociali, vedremo, è materia controversa); questo vuol dire che, dopo avere descritto il *come*, gli scienziati sociali devono comunque cercare di azzardare uno o più *perché*, cioè una spiegazione. Diciamo che, a differenza di ciò che accade in filosofia, in sociologia il *perché* è sempre preceduto dall'analisi del *come*, cioè la descrizione è anteposta alla spiegazione.

Prima di arrivare alla descrizione di un fenomeno e, possibilmente, alla sua spiegazione, ogni ricercatore sociale, deve poter formulare un **quesito di ricerca**, attenendosi a cinque criteri specifici: 1) attenzione al problema; 2) rilevanza del tema; 3) conoscenza della letteratura, cioè lo stato della ricerca; 4) formulazione precisa; 5) controllabilità empirica della formulazione stessa.

Un **quesito di ricerca** si definisce in base all'attenzione al problema, alla sua rilevanza, allo stato della ricerca, alla formulazione precisa e alla controllabilità empirica della formulazione stessa

- **Attenzione al problema**: il primo criterio è per così dire *soggettivo* e deriva dagli interessi individuali del singolo ricercatore o gruppo di ricerca. Quando scegliamo di studiare un fenomeno sociopolitico lo facciamo sulla base della nostra propensione a occuparci di un tema specifico piuttosto che un altro. Ogni studioso riceve degli stimoli dall'ambiente esterno e retroagisce su di essi formandosi un'idea sul mondo che lo circonda. Per esempio, leggendo i giornali o semplicemente vivendo in una realtà sociale, ogni individuo sviluppa una certa curiosità, presupposto fondamentale per ogni attività di studio, grazie alla quale orienta la sua attenzione in una direzione piuttosto che in un'altra. È dunque la sensibilità del ricercatore e il suo sistema di valori che lo orienta su un tema specifico. Questo però non significa che sia poi quel sistema di valori a dare corpo all'intero percorso di ricerca; qui entra in gioco il tema ormai classico, già caro a Weber, sulla **avalutatività della scienza**. Ogni sociologo, anche chi possiede maggiori propensioni critiche e valutative, deve cercare di rimanere imparziale quando conduce una ricerca, altrimenti il rischio è quello di produrre un sapere ideologico, cioè mistificante, impedendo il progresso della conoscenza sociale. È evidente che ogni ricercatore non potrà essere mai completamente neutrale, anche perché la neutralità è pressoché impossibile e forse non auspicabile, ma è anche vero che ogni scienziato sociale può fare ricorso a un insieme di tecniche di analisi che gli consentano di limitare l'influenza del proprio bagaglio valoriale. Come scrive Bobbio, uno studioso «fa uso di tutte le tecniche di ricerca che gli permettono per quanto è possibile di eliminare quell'universo del pressappoco in cui si insinuano più facilmente le valutazioni personali» (Bobbio 1971, 379).
- **Rilevanza del tema**: il secondo criterio a cui ogni studioso dovrebbe attenersi nella formulazione di un quesito della ricerca è quello della rilevanza dell'oggetto da indagare. Le scienze sociali hanno la pretesa di avere una qualche utilità, dunque le ricerche sociologiche e politologiche dovrebbero avere quantomeno l'aspirazione a contribuire alla risoluzione di problemi sociopolitici, focalizzandosi su fenomeni e processi caratterizzati da una certa rilevanza sociale.
- **Lo stato della ricerca**: quando uno studioso si accinge a formulare un quesito di ricerca, si presume abbia intenzione di produrre un progresso delle conoscenze sul tema in oggetto; questo presuppone che sia a conoscenza della letteratura già esistente in materia. La consapevolezza dello stato dell'arte, cioè degli studi che già sono stati effettuati e pubblicati su un argomento particolare, consente a ogni ricercatore di ripensare criticamente le proprie idee preconcette e le possibili ipotesi da formulare.
- **La formulazione precisa**: la formulazione precisa di un quesito empirico presuppone la chiara definizione del contesto, cioè dello *spazio* e dell'*arco tem-*

porale in cui il fenomeno indagato si realizza o si è realizzato. Al contempo, occorre una precisa concettualizzazione empirica dell'oggetto di analisi. Dalla definizione concettuale del problema dipende buona parte dell'intero percorso di ricerca. Se un medico non definisce chiaramente una patologia, sbaglia diagnosi e, di conseguenza, anche la terapia. Ogni concetto empirico deve dunque poter essere «operazionalizzato», cioè ricondotto a fenomeni osservabili, di qui l'esigenza di ricorrere a forme di «classificazione» o «costruzioni tipologiche» e, successivamente, alla costruzione di «ipotesi» che devono essere soggette a «controllo empirico».

– **Il controllo empirico**: la questione del controllo empirico è di vitale importanza perché è strettamente connessa alla scelta del metodo migliore per la verifica (o controllo) delle ipotesi formulate. Non è possibile alcuna spiegazione scientifica, o anche semplicemente alcuna interpretazione, senza questo passaggio fondamentale che presuppone la scelta di uno dei metodi disponibili di controllo della realtà empirica. Come vedremo successivamente, in sociologia politica il metodo o approccio più utile è in genere quello della «comparazione», attuata in una delle sue molteplici forme e sviluppata attraverso molteplici tecniche.

4.2. Definizione e operazionalizzazione dei concetti empirici

I **concetti empirici** devono sempre poter essere ricondotti a fenomeni osservabili

Abbiamo detto che un criterio fondamentale per procedere in un ricerca sociale è quello della definizione dei **concetti empirici** che devono poi essere operazionalizzati. Quando ci riferiamo alla *formazione* dei concetti, intendiamo anche il loro successivo *trattamento* e *sistematizzazione*. Per dirla con Sartori (1980, 58), un concetto può essere inteso come l'«unità del pensare», così come la «parola» costituisce l'«unità del linguaggio»; non a caso ogni concetto è espresso da un *termine* (cioè una parola) il cui significato è dichiarato per mezzo di specifiche definizioni e si rapporta a dei *referenti*, cioè è riconducibile a cose più o meno osservabili. A questo riguardo, i concetti empirici possono anche essere chiamati «termini osservativi». Il caso di massima osservabilità di un concetto empirico si realizza quando esso è immediatamente operazionalizzabile, cioè quando è subito possibile indicare le operazioni necessarie alla sua *misurazione*, caso che, in scienze sociali, si realizza abbastanza raramente.

4.2.1. La costruzione di un concetto empirico

Le procedure di costruzione di un concetto empirico sono ben esemplificate nella figura 4.1. In primo luogo, occorre stabilire il rapporto tra «parola», che nomina il concetto, e «significato», cioè le sue «definizioni caratterizzanti» (versante sinistro della figura). Ciò che va identificata è dunque la sua **connotazione** o **intensione**, cioè l'insieme di «proprietà» che il ricercatore gli attribuisce. **Un concetto si dice ambiguo quando è mal connotato**. Il modo più facile per connotare un concetto è quello di ricorrere a «definizioni dichiarative» che sono rintracciabili semplicemente consultando un dizionario e utilizzando l'etimologia greca o latina del termine a esso connesso, rispettando sempre l'ancoraggio storico e terminologico del concetto. In secondo luogo, il concetto va delimitato, attribuendo ad esso uno o più referenti empirici (versante destro della figura). Ciò che va identificata è dunque la sua **denotazione** o **estensione**, cioè la classe di oggetti (osservabili) a cui si applica. **Un concetto si dice vago quando è mal denotato**. Come nota Sartori, (ibid., 60), «afferrare il referente» di un concetto vuol dire stabilirne i confini.

Fig. 4.1 Formazione di un concetto empirico

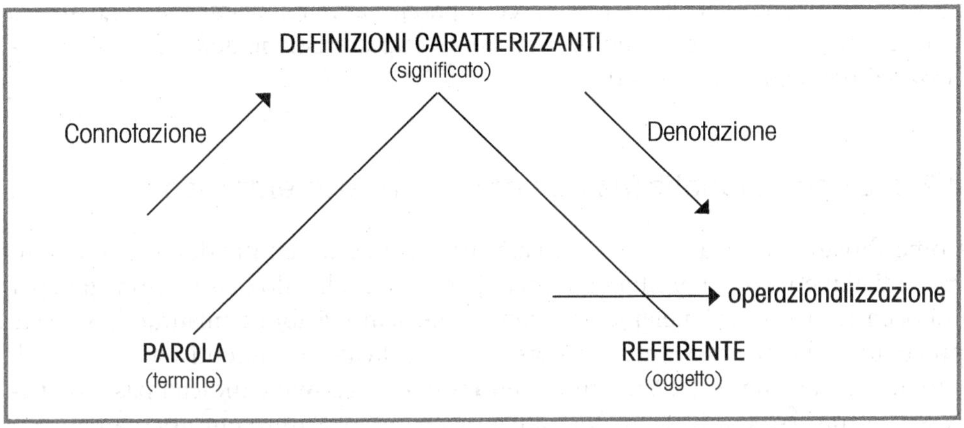

Il rapporto tra connotazione e denotazione, all'interno di una ipotetica scala di astrazione, è inversamente proporzionale, nel senso che, minori sono le caratteristiche che il ricercatore attribuisce a un concetto (cioè quanto più un concetto è ambiguo), maggiore è il numero di oggetti a cui esso potrà essere applicato. Inversamente, quanto più un concetto è connotato, tanto meno sono gli oggetti a cui esso potrà essere applicato. Facciamo l'esempio di una ricerca sui movimenti studenteschi. La prima cosa che occorre fare è definire un movimento sociale nella versione in cui noi lo intendiamo e cioè quella riconducibile alle mobilitazioni degli studenti. Potremmo quindi definirlo come «una rete di relazioni informali tra individui che condividono le stesse credenze». A questo punto, gli elementi della connotazione sono più o meno tre: l'informalità relazionale, l'incontro tra individui, la condivisione di credenze. Il ché senza dubbio rientra nella caratterizzazione di un movimento sociale, ma anche di un gruppo di amici, due casi evidentemente molto diversi. Per ridurre la vaghezza del concetto, occorre che sia meno ambiguo, serve cioè che nella connotazione vengano aggiunti ulteriori elementi definenti. Potremmo allora dire che un movimento sociale è «una rete di relazioni informali tra individui e gruppi che condividono le stesse credenze, sono legati da fiducia reciproca e solidarietà e agiscono collettivamente»; ai tre elementi di prima vengono aggiunti altri quattro elementi connotativi: la presenza di gruppi (e non solo individui), la fiducia, la solidarietà e l'azione collettiva. A questo punto, il numero di oggetti a cui il concetto può essere applicato è sensibilmente ridotto, ma tale definizione è ancora troppo vaga, perché include un movimento sociale così come una setta religiosa o, ancora, la curva di uno stadio. Occorre arricchire ulteriormente la connotazione aggiungendo altri elementi, come per esempio il conflitto e la protesta; ne esce fuori una definizione che fa al caso nostro: un movimento sociale può essere definito come una «rete di relazioni informali tra individui e gruppi che condividono le stesse credenze, sono legati da fiducia reciproca e solidarietà e agiscono collettivamente in maniera conflittuale attraverso il frequente ricorso alla protesta». Ora il concetto non è più ambiguo e i suoi referenti sono chiari. Si tratta solo di identificare le ragioni del conflitto e della protesta (scuola, università, lavoro, ambiente, ecc.) per discriminare il tipo di movimento sociale (studentesco, operaio, ambientalista, ecc.). Lo sforzo fondamentale è dunque quello di separare le «caratteristiche definenti» (cioè necessarie) da quelle contingenti.

4.2.2. L'operazionalizzazione di un concetto empirico

L'**operazionalizzazione** indica i passaggi necessari attraverso cui il ricercatore attribuisce un contenuto empirico a concetti non immediatamente osservabili

Come abbiano detto, alcuni concetti empirici non sono sempre dotati di referenti immediatamente osservabili perché si collocano a un livello di astrazione tale per cui occorre ricondurli a elementi concreti che siano visibili e misurabili. Questa procedura, che si colloca nel percorso tra significato e referenti empirici (vedi lato destro della fig. 4.1), è definita **operazionalizzazione** e indica i passaggi necessari attraverso cui il ricercatore attribuisce un contenuto empirico a concetti non immediatamente osservabili (Bruschi 1999, 72-77; Cannavò 1984). Si pensi a concetti come «democrazia», «sistema politico», «governo», «autorità», sono tutte espressioni di uso comune, eppure sono talmente astratte da dover essere trattate ricorrendo a **indicatori empirici** e **definizioni operative**. Come afferma Marradi (2007, 167), il fatto che non si possa produrre una definizione operativa diretta su una proprietà non vuol dire che si debba rinunciare a raccogliere informazioni su di essa, ma occorre ricorrere a indicatori con cui si esprime un legame di rappresentazione semantica fra il concetto più generale e un concetto più specifico di cui è possibile fornire una definizione operativa. Immaginiamo di voler indagare il livello di democrazia. Possiamo per esempio definirla individuando nella partecipazione politica una proprietà rilevante. Occorre però individuare un indicatore empirico che ci consenta di analizzare la partecipazione. Per poterlo misurare è necessario ricorrere a concetti più semplici, che sono legati a quello più generale di partecipazione da un nesso di indicazione; per esempio, la percentuale di cittadini che si recano alle urne. L'indicatore viene espresso da una **variabile** (in questo caso il voto) rilevabile attraverso categorizzazioni qualitative o attraverso misure numeriche. In quest'ultimo caso, si può anche arrivare alla elaborazione di **indici** in grado di sintetizzare numericamente le informazioni raccolte sulla base di certi indicatori. Se infatti, tornando al nostro esempio, ammettessimo che un indicatore di competizione connesso alla partecipazione è dato dalla «volatilità del voto», cioè dal cambiamento di orientamento di voto da una elezione a un'altra, sarebbe possibile combinare statisticamente i dati delle diverse elezioni e nei diversi paesi oggetto del nostro studio per poter produrre un indice di democrazia. Tale indice ci suggerirebbe che maggiore competizione e alta partecipazione elettorale significano anche alta democrazia, ipotesi tra l'altro alquanto opinabile (vedi Cotta, della Porta, Morlino 2001, 54). In genere, il ricorso a più di un indicatore è fondamentale all'analisi empirica di un dato fenomeno.

Volendo sintetizzare le fasi del processo analitico, possiamo dire, sulla scia di Lazarsfeld (1969, vol.1, 41 ss.), che si parte dalla «definizione di un concetto empirico» che corrisponde al fenomeno che intendiamo indagare; tale concetto va «scomposto in dimensioni» o proprietà; si deve poi individuare il «maggior numero di indicatori» ritenuti rilevanti; laddove possibile, cioè nelle ricerche quantitative, è poi possibile «formulare indici», cioè la misura numerica che sintetizza «il quantum di presenza dell'aspetto empirico considerato come indicatore».

4.3. Il processo di classificazione e i metodi di controllo empirico

La formulazione e operazionalizzazione concettuale non esaurisce il processo analitico. Occorre anche attuare una ricognizione del fenomeno osservando come esso si presenta nella realtà. Già con la connotazione si produce una prima distinzione del concetto analizzato dai concetti affini. Un passo successivo è quello della suddivisione dei fenomeni in **classi** o, al limite, in **tipologie**.

Classi, tipologie, e modelli multidimensionali rappresentano il tentativo del ricercatore di attuare una ricognizione del fenomeno osservando come esso si presenta nella realtà

Il processo di classificazione è da intendersi come l'operazione intellettuale con cui la denotazione di un concetto è divisa per l'appunto in classi (Marradi 1980, 44). A questo riguardo, serve individuare un criterio di discriminazione e differenziazione tra molteplici realtà, attribuendole poi alle singole classi. Tale processo è molto rigido; per questa ragione nelle scienze sociopolitiche si ricorre spesso alla costruzione di tipologie che altro non sono che classificazioni multidimensionali: **il processo di costruzione tipologica è una forma di ricognizione di realtà già definite in base a uno o più criteri distintivi**. Un esempio di criteri utili per la definizione di una tipologia ci può venire dall'analisi dei sistemi di partito. In base al numero di partiti e alla loro collocazione nello spazio politico, è possibile produrre tipologie di sistemi monopartitici, bipartitici e multipartitici, a loro volta scomponibili in sotto-tipi attraverso l'individuazione di ulteriori criteri.

Sia la classificazione che la tipologia presentano alcuni problemi: in primo luogo, classi o tipi che devono essere analizzati devono porsi allo stesso livello di astrazione, altrimenti si rischia di far sballare l'analisi. Non si può comparare sistemi di partito multipartitici, monopartitici e a pluralismo polarizzato, perché quest'ultimo è al limite un sottotipo di sistema multipartitico. In secondo luogo, sia le tipologie che le classificazioni hanno il limite di produrre una eccessiva semplificazione della realtà, agendo da filtro rispetto a fenomeni complessi e multidimensionali. Un modo per evitare l'eccessiva perdita di informazioni implicita nella logica classificatoria può essere quello di elaborare **modelli multidimensionali** che ci riportano al concetto di «tipo ideale» teorizzato da Max Weber che, ricordiamolo, aveva definito l'ideal-tipo come una selezione degli elementi decisivi di una situazione storica complessa, manipolati in un quadro semplificato. Estraendo elementi tipo da ogni situazione storica, il ricercatore li rende analiticamente comparabili. Insomma, un concetto tipico ideale è una sorta di prototipo e viene costruito mediante un'opera di astrazione e combinazione di un certo numero di elementi, tutti presenti nella realtà, ma solo raramente, o addirittura mai, in quella forma specifica. In questo senso, la nozione di «ideal-tipo» si avvicina molto a quella di «modello» in cui le diverse dimensioni di un fenomeno sono ricondotte in un quadro unitario, senza per questo produrre una classificazione o una tipologia. Si pensi a questo riguardo ai diversi modelli di partito (di notabili, di avanguardia, di massa, di cartello) identificati, come vedremo, sulla base di alcune caratteristiche (dimensioni) che ne facilitano l'analisi e la comparabilità.

Tutte queste operazioni – a partire dalla operazionalizzazione concettuale fino alla elaborazione di classi, tipologie o modelli – presuppongono una raccolta di informazioni e dati che può avvenire in diversi modi, o attingendo a dati secondari, cioè già raccolti da altri (si pensi ai dati resi noti dagli istituti di statistica), o recuperandoli direttamente (analisi di documenti, interviste, questionari, osservazioni dirette, ecc.). Questo ci consente di formulare delle ipotesi sulla relazione tra variabili. Dovendo analizzare un fenomeno e il suo funzionamento può infatti essere utile, oltre alla sua descrizione e classificazione, anche individuare, all'interno di uno specifico contesto, la relazione intercorsa tra variabili indipendenti, dipendenti e intervenienti. **La variabile dipendente è il fenomeno che vogliamo spiegare, la variabile indipendente è quella che assumiamo (ipotizziamo) possa essere la causa del fenomeno stesso, la variabile interveniente è una variabile terza che influenza la dinamica causale e ci aiuta a spiegare meglio il fenomeno, cioè la variabile dipendente**.

4.3.1. I metodi di controllo empirico

> Tutte le ipotesi su possibili correlazioni tra variabili devono poter essere controllate facendo ricorso a uno dei **metodi di controllo empirico**

Le ipotesi su possibili correlazioni tra variabili devono poter essere controllate empiricamente. Entriamo qui nel terreno spinoso del metodo, o meglio, dei **metodi di controllo empirico**. Ne possiamo identificare quattro: il «metodo sperimentale», il «metodo statistico», il «metodo comparato», e lo «studio del caso».

- **Il metodo sperimentale**: il metodo sperimentale, molto usato nelle scienze esatte e in psicologia, è molto difficile da utilizzare in sociologia politica, perché presuppone la costituzione di due gruppi di individui scelti in base agli obiettivi della ricerca e distinti secondo determinati criteri. Uno dei due gruppi (gruppo sperimentale) viene sottoposto ad alcuni stimoli per considerare la reazione dei suoi membri, mentre l'altro gruppo (gruppo di controllo) non viene toccato. Il confronto tra i due gruppi consente di valutare l'impatto effettivo dello stimolo sul comportamento dei membri. Detto in altri termini, è possibile isolare la variabile indipendente e valutare la sua incidenza sulla variabile dipendente. Si tratta senza dubbio del metodo più sicuro quando l'obiettivo è individuare relazioni di causalità. Ma, come si accennava, è in genere difficile applicarlo in sociologia politica. L'analisi politica si concentra sovente su macroprocessi (rivoluzione, modernizzazione, democratizzazione, ecc.) che non sono suscettibili di analisi sperimentali. È forse possibile ipotizzare l'utilizzo del metodo sperimentale in alcune ricerche di micropolitica, cioè focalizzate sull'analisi comportamentale di piccoli gruppi di individui, ma la riproduzione in sede sperimentale di certe condizioni sociopolitiche è a dir poco un affare complesso.

- **Il metodo statistico**: anche il metodo statistico consente di isolare le variabili, ma ha un limite che non lo rende applicabile a ogni ricerca: in primo luogo, presuppone che il ricercatore abbia a disposizione dati numerici da trattare statisticamente; in secondo luogo, presuppone una certa numerosità di casi a disposizione. Il metodo statistico è comunque più debole di quello sperimentale, perché se in quest'ultimo la direzione della relazione causale tra variabili risulta con evidenza, nell'analisi statistica essa è comunque il prodotto di argomentazioni e supposizioni teoriche. Ciò non toglie che statisticamente è possibile isolare variabili assunte come rilevanti. Se per esempio intendiamo analizzare l'impatto del «titolo di studio» sul livello di «attivismo politico» di una popolazione di giovani, è possibile farlo trasformando in «parametri», cioè mantenendole costanti, altre possibili variabili intervenienti, come per esempio il «sesso» o l'«orientamento politico dei genitori». È sufficiente avere a disposizione un campione di individui sufficientemente rappresentativo dell'intero universo di riferimento per produrre analisi dotate di una certa rilevanza. Ciò non toglie che molti studiosi, a torto o a ragione, mostrano non poche perplessità rispetto alla quantificazione di dati qualitativi. Difficile misurare (cioè quantificare) le distanze ideologiche tra attori politici, il rischio è sempre quello di introdurre elementi di arbitrarietà dovuti alle scelte del ricercatore che attribuisce un valore cardinale ai casi.
- **Il metodo comparato**: per quanto la comparazione non garantisca gli stessi margini di sicurezza del metodo sperimentale e di quello statistico, rappresenta il metodo principe delle scienze sociali. In realtà non sarebbe neanche corretto definirlo metodo, nel senso che la comparazione è un'attività cognitiva presente sia nell'azione sperimentale che in quella statistica. Si tratta dell'attività di confronto di due o più *stati*, di due o più *proprietà*, di due o più *oggetti* in un preciso momento storico o anche in un arco di tempo più ampio. Si tratta della modalità più diffusa per produrre proposizioni empiriche senza eccessive forzature e manipolazioni sulla realtà. Per questa ragione dedicheremo alla comparazione il prossimo paragrafo.
- **Lo studio del caso**: lo studio di caso rappresenta una strategia particolare di comparazione che molti abbinano al metodo storico. Si tratta di esaminare

a fondo un unico caso, magari comparandone le proprietà in più punti del tempo. In questo modo è possibile entrare nel profondo della specificità, per esempio, di una nazione o di un popolo e già questo può essere utile ad abbozzare alcune spiegazioni di fenomeni specifici. Secondo Lijphart (1971a; b; 1975) gli studi di caso possono essere così distinti: «studi ateorici», utili perlopiù a raccogliere informazioni e produrre descrizioni in quanto privi di un impianto teorico di riferimento; «studi interpretativi», che fanno riferimento a generalizzazioni e teorie, ma si preoccupano di verificarli nel tentativo di offrire una interpretazione del caso specifico; «studi generatori di ipotesi», che sono molto utili a sviluppare ipotesi e teorie da testare su casi rispetto ai quali la ricerca si trova ancora a un livello pioneristico. Vi sono poi studi di caso finalizzati a «controllare una teoria» o a «falsificarla»: ci si concentra su un caso specifico per verificare l'effettiva utilità degli schemi teorici già formulati su di esso.

4.3.2. Le generalizzazioni in scienze sociali

Le **generalizzazioni** sono enunciati applicabili a più oggetti, mentre le **teorie** sono un insieme di enunciati dotati di un certo contenuto esplicativo

Il controllo empirico delle ipotesi ci serve infine a produrre risultati concreti, cioè a dare spiegazioni, produrre generalizzazioni e possibilmente nuove teorie. Nella ricerca politica, le **generalizzazioni** – cioè enunciati applicabili a più oggetti – sono necessariamente «limitate». L'imprevedibilità insita in ogni fenomeno sociale impedisce infatti l'elaborazione di regole valide in assoluto. Ogni spiegazione e ogni teoria, per dirla con Tilly (1981), dovrà essere contestualizzata storicamente e geograficamente. Ciò non toglie che una qualche forma di generalizzazione dovrà pure essere prodotta, cioè è necessario che le ricerche sociopolitiche, seguendo un percorso analitico coerente con i parametri sopra descritti, siano in grado di produrre enunciati che descrivano proprietà ed esprimano relazioni sulla base di un insieme di informazioni e dati spazialmente e storicamente definiti. Anche le **teorie**, intese come un insieme di enunciati dotati di un certo contenuto esplicativo, non potranno che essere «teorie locali» (Boudon 1984), cioè legate a dati vincolati da precisi confini temporali e spaziali. Per quanto questa impostazione sia da tempo acquisita, non sono mancati studiosi che nel passato hanno accampato pretese nomotetiche, immaginando che le scienze sociali potessero produrre leggi sul tipo di quelle elaborate dalle scienze naturali. Ci riferiamo al classico dibattito sul metodo e alla contrapposizione tra **scienze nomotetiche**, il cui significato è già noto, e **scienze idiografiche**, dal greco **ιδιος-γραφιχος** (**ídios** e **graphikós**), con significato di «*descrivere il particolare*», negando quindi la possibilità di esprimere generalizzazioni valide in assoluto.

L'impostazione idiografica si sviluppa dunque in contrapposizione con l'assunto nomotetico di una sorta di continuità metodologica (ed epistemologica) tra scienze fisiche e scienze sociali. La distinzione tra le due impostazioni può essere ricondotta al filosofo tedesco Windelband che, nell'ambito del cosiddetto 'dibattito sul metodo' (*Methodenstreit*), in una conferenza tenuta nel 1894, riporta la polemica tra i neopositivisti, sostenitori di un approccio nomotetico sul modello delle scienze fisiche, e coloro che, in particolare Dilthey, vi si contrapponevano. Nella sua *Introduzione alle scienze dello spirito*, Dilthey (1893, tr.it. 1972) sosteneva che le scienze umane non potessero essere sovrapposte alle scienze fisiche perché erano in realtà caratterizzate da un proprio metodo specifico, cioè il *Verstehen* (la comprensione). Se le scienze naturali cercano di spiegare gli eventi riconducendoli a un sistema uniforme di leggi, le scienze dello spirito (o scienze umane) cercano invece di 'comprendere' eventi singolari basandosi sulla 'esperienza vissuta' (*Erlebnis*) dei soggetti che vi partecipano. A questa impostazione, che può essere fatta risalire a una certa tradizione umanistico-ermeneutica, si sono successivamente richiamati studiosi del calibro di Winch (1958), Habermas (1967, tr.it. 1980) e Gadamer (1960, tr.it. 1983).

Tale impostazione è stata sovente ricondotta alla pratica storiografica in cui la descrizione di cronologie e fatti particolari spesso sacrifica la possibilità di produrre spiegazioni o di operare comparazioni. A questo riguardo, Marradi (1987, 130) non solo rileva che un approccio idiografico non esclude la possibilità di comparare, ma sostiene che l'attribuzione di finalità idiografiche alla comparazione non comporta la rinuncia alla formulazione di argomentazioni esplicative, così come all'adozione di tecniche statistiche di analisi (Fideli 1998, 228). Ma torniamo alla comparazione: abbiamo detto che si tratta del metodo di controllo empirico prevalente nelle scienze sociali e politiche; per questa ragione, vale la pena spenderci qualche parola in più (a questo riguardo si veda anche: de Nardis 2011).

4.4. La comparazione in scienze sociali

La comparazione è una delle attività che danno corpo all'esperienza umana. Gli individui, oltre a comparare tra loro altri individui, operano continui confronti tra oggetti ed eventi in cui si imbattono nel corso della propria vita. Nella storia del pensiero umano, nota Smelser (1976, tr.it. 1982, 40), la tendenza dei gruppi a distorcere la percezione del «diverso» è divenuta sempre più consapevole, tanto da spingere alcuni studiosi a elaborare strategie per superare tali distorsioni attraverso la definizione di approcci in grado di comprendere le differenze di organizzazione della vita collettiva a prescindere dalle categorie intellettuali dei singoli gruppi. Questi sforzi sono stati definiti in diversi modi – analisi tra culture, tra nazioni, studi comparati – e hanno in comune l'esigenza di descrivere e spiegare i fenomeni socio-culturali così come si realizzano nelle diverse unità sociali (gruppi, società, comunità, ecc.). Come dichiarava Emile Durkheim nel suo studio su "La divisione del lavoro sociale", «la sociologia comparata non è una branca particolare della sociologia; è la sociologia stessa che cessa di essere semplicemente descrittiva e aspira a spiegare i fatti». In fondo, *descrivere* una determinata situazione presuppone un universo di situazioni che per essere spiegate hanno bisogno di essere comparate. Questa consapevolezza ci obbliga a una riflessione sulla «metodologia comparata» intesa in senso ampio come «valutazione critica dell'attività di ricerca legata agli standard normativi dell'indagine scientifica» (ibid., 41-42).

Descrivere una determinata situazione presuppone un universo di situazioni che per essere spiegate hanno bisogno di essere confrontate. La **comparazione** è una delle attività che danno corpo all'esperienza umana

In realtà, la **comparazione** nella vita quotidiana si configura come un semplice confronto o resoconto osservativo, mentre in ambito scientifico ci si muove su un livello maggiore di complessità; dipende ovviamente dal contesto e dagli obiettivi della comparazione. Come nota Marradi:

> *Le comparazioni dei grandi sociologi-storici comparatisti dell'Ottocento non erano, in genere, strutturalmente più complesse di quelle dell'uomo-della-strada. La differenza risiede non tanto nel tipo di oggetti (perché anche all'uomo-della-strada può capitare di comparare Francia e Stati Uniti) quanto nella (non sempre) maggiore accuratezza nell'accertamento degli stati sulle proprietà, e soprattutto nella capacità di immaginare proprietà più significative su cui comparare gli oggetti.*
>
> Marradi 1987, 115

In questa sede, ci interessa ragionare su quella specifica forma di comparazione che si realizza in ambito scientifico e, in particolare, in ambito scientifico-sociale. Occorre quindi identificare un criterio per stabilire *in primis* il grado di complessità della comparazione. Tanto per cominciare, occorre specificare che per definire un certo atto comparativo non occorre che vengano presi in considerazione necessariamente due oggetti (per esempio Francia e Italia o, più semplicemente, Carlo e Marco), è infatti possibile, come fanno notare Eckstein (1975, 85) e Bartolini (1991, 177), anche confrontare gli stati di uno stesso oggetto in due o più punti del tempo (per esempio il livello di stabilità politica in Italia negli anni Sessanta e negli anni Novanta, o il rendimento nello studio di Carlo nel primo anno di università e nell'ultimo). In questo senso, **«oggetti», «stati», «proprietà» e, eventualmente, «tempo» (o meglio: «punti del tempo») sono da considerarsi gli elementi logici della comparazione**. Scegliamo di seguire lo schema logico proposto da Marradi (1982). Egli prende in considerazione in primo luogo una classificazione che procede dalle forme più semplici a quelle più complesse di comparazione. Si parla di forme semplici o elementari quando ci si riferisce alla comparazione nei termini di una propensione cognitiva degli esseri umani, cioè come una tendenza facilmente riscontrabile nella esistenza ordinaria. La forma più elementare di comparazione, quella che Marradi chiama **«l'atomo logico» della pratica comparativa, si basa sul «confronto» degli «stati» di due «oggetti» su una «proprietà»** e può essere esemplificata in una frase del tipo «il Regno Unito è più popoloso dell'Italia». In questo caso, Regno Unito e Italia rappresentano i due oggetti della comparazione, il numero di cittadini residenti è il loro stato sulla proprietà (cioè la popolosità). In questo caso, la comparazione si è basata su un giudizio di maggiore/minore, ma nel caso in cui la proprietà abbia categorie non ordinate si potrebbe avere anche un semplice giudizio di uguale/diverso (es. «il Regno Unito è un paese anglosassone, l'Italia è un paese latino»), o, in altri casi, di presenza/assenza (es. «Il Regno Unito sta nel Commonwealth, l'Italia no»). Sembra quindi evidente che **non si comparano mai due oggetti "globalmente", ma sempre i loro stati su una o più proprietà**, altrimenti il rischio è quello di incappare in giudizi tautologici del tipo, «il Regno unito è diverso dall'Italia». Non è certo necessario ricorrere a un grande sforzo cognitivo per arrivare a una simile conclusione.

Dal momento che si comparano gli «stati» e non gli «oggetti», per svolgere una comparazione si è detto che non è necessario che gli oggetti siano due, è però necessario che siano due (o più di due) gli stati su una proprietà. In questo caso, occorre aggiungere l'elemento temporale, formulando giudizi del tipo, «L'Italia di oggi è più popolosa dell'Italia di trent'anni fa». L'oggetto è uno (l'Italia), ma due sono gli stati (numero di cittadini residenti) sulla proprietà (livello di popolosità). Per quanto quest'ultima forma di comparazione possa sembrare più semplice, in realtà essa introduce alcuni elementi di complessità. Se infatti il primo modello di comparazione presuppone l'esistenza di cinque elementi di tre diversi tipi (una proprietà, due stati, due oggetti), nel secondo modello, pur eliminando due elementi (un oggetto, cioè il Regno Unito, e il suo stato sulla proprietà, cioè i cittadini britannici), se ne introducono quattro in più: il 'tempo', che non essendo né 'oggetto', né 'stato', né 'proprietà' è l'elemento di un quarto tipo; due stati diversi del tempo (oggi e trent'anni fa) cui corrispondono due stati (e non più uno) dello stesso oggetto (cioè il diverso numero di residenti italiani nei due diversi momenti temporali).

Va aggiunto che due stati di uno stesso oggetto sulla stessa proprietà possono anche essere differenziati associandoli a due diversi stati di una diversa proprietà. Pensiamo alla frase, «l'Italia in estate è più popolosa per via dei turisti». Questo modello di comparazione presuppone sette elementi: un oggetto (l'Italia), due proprietà (popolosità e stagione) e due stati su ciascuna delle due proprietà (maggiore/minore popolosità e presenza/assenza di turisti). Questo modello sembra in apparenza più semplice perché, eliminando la variabile temporale, presuppone sempre sette elementi, ma di tre soli tipi (oggetto, stato, proprietà). In realtà, tale minore complessità è solo apparente dal momento che la frase «l'Italia in estate è più popolosa per via dei turisti» presuppone uno sforzo di «induzione» che si basa su alcuni «protocolli osservativi» del tipo: «nell'estate del 2000 sono venuti molti turisti che hanno affollato le città italiane». Ciascuno di questi protocolli consta a sua volta di sette elementi: un oggetto (l'Italia), il tempo e il suo stato (cioè l'anno o il giorno cui si riferisce il protocollo), due proprietà (popolosità e stagione) e i rispettivi stati. Naturalmente, il processo induttivo non si può accontentare di un solo caso, ma deve raccogliere una serie di protocolli osservativi in cui lo stato a (maggiore) sulla proprietà A (popolosità) tende a verificarsi insieme allo stato b (presenza turisti) sulla proprietà B (stagione). L'induzione sarà tanto più solida quanti più saranno i protocolli osservativi, così da poter affermare sulla base del confronto fra stati di due diverse proprietà un certo legame tra le due proprietà.

Così come avviene nella vita quotidiana, anche nell'attività scientifica la funzione più ovvia della comparazione è quella di mettere in evidenza differenze fra oggetti o, in altri casi, connessioni regolari (o covariazioni) fra proprietà, inferendone cioè che una proprietà influenza l'altra. In alcune situazioni, le conoscenze a nostra disposizione non ci consentono di stabilire un'unica direzione causale fra le proprietà e, di conseguenza, la comparazione non assume un valore esplicativo, ma in fondo la spiegazione non necessariamente è un obiettivo del ricercatore. A volte, ammesso che esista una certa direzione causale, il ricercatore è interessato semplicemente alla covariazione tra due o più proprietà.

Riassumendo quanto detto fino ad ora, seguendo lo schema di Marradi, **è quindi possibile riflettere sugli atti di comparazione in primo luogo concentrandosi sulla distinzione tra comparazione «sincronica» e comparazione «diacronica». Nel primo caso, come si è accennato, si ignora la dimensione temporale considerando equivalenti i punti del tempo cui si riferiscono gli stati oggetto di comparazione; nel secondo caso, la variabile temporale viene invece assunta come elemento significativo**. Sempre Marradi, perfezionando la sua analisi, propone una piccola schematizzazione del suo ragionamento (Marradi 1987, 118) mediante il quale le forme di comparazione sono sostanzialmente suddivisibili in sei tipi (come da tabella 4.1).

Tab. 4.1 Le forme di comparazione

Forma	Punti de Tempo	Oggetti	Proprietà	Stati
S1	1	2	1	2
S2	1	2	2	4
S3	1	2	3	6
D1	2	1	1	2
D2	2	1	2	4
D3	2	1	3	6

Fonte: Fideli (1998, 24) riadattata da Marradi (1987, 118)

La forma più semplice di comparazione sincronica (forma S1) corrisponde a una frase del tipo «Carlo pesa quanto Marco». Essa consiste di sei elementi logici: due oggetti (Carlo e Marco), una proprietà sugli oggetti (il peso), due stati sulla proprietà (il peso di Carlo e il peso di Marco), un unico punto nel tempo. Esempi di questo tipo di comparazione sono facilmente rintracciabili sia nella quotidianità che in attività scientifica. La forma più semplice di comparazione diacronica (forma D1) corrisponde invece a una frase del tipo «Carlo è più grasso di un anno fa». In questo caso, l'oggetto è uno (Carlo), ma i punti del tempo considerati sono due (oggi e un anno fa). Anche tale atto di comparazione consta di sei elementi logici: un oggetto (Carlo), una proprietà sull'oggetto (il peso di Carlo), due stati sulla proprietà (il peso di Carlo oggi e il peso di Carlo un anno fa) e due punti nel tempo (oggi e un anno fa). Sul piano logico, i modelli di comparazione S1 e D1 presentano lo stesso livello di complessità. Non mancano comunque forme di comparazione più complesse.

La comparazione sincronica può infatti articolarsi aumentando il numero delle proprietà messe in relazione. Un esempio ci viene da una frase del tipo: «Carlo prende buoni voti in filosofia, ma brutti voti in matematica; Marco invece è un bravo matematico, ma un pessimo filosofo» (forma S2). Tale forma di comparazione consta di nove elementi logici: due oggetti (Carlo e Marco), due proprietà sugli oggetti (rendimento scolastico in filosofia e rendimento in matematica), quattro stati sulle proprietà (lo specifico livello di rendimento per ciascuna materia sia di Carlo che di Marco), un unico punto nel tempo. Una forma ancora più complessa consta invece di dodici elementi logici (forma S3): due oggetti, tre proprietà, sei stati, un punto nel tempo. Un esempio di questa forma ci deriva da un sondaggio transnazionale: «Negli Stati Uniti la relazione tra preferenza partitica del padre e preferenza partitica dell'intervistato risulta molto forte indipendentemente dal sesso; in Francia la relazione risulta invece più debole» (citato in Fideli 1998, 27). In questo caso, i due oggetti (Stati Uniti e Francia) sono comparati in base agli stati di altri oggetti che si collocano a un livello inferiore di aggregazione (gli individui intervistati).

Anche la comparazione diacronica può articolarsi aumentando le proprietà messe in relazione dal ricercatore e i relativi stati. Rispetto alla forma D1, un tipo di comparazione diacronica più complessa (forma D2) corrisponde quindi a una frase del tipo: «Carlo tende ad aumentare di peso quando mangia in modo irregolare». Questa forma di comparazione presuppone che l'autore del confronto consideri un numero presumibilmente ampio di resoconti osservativi organizzati in due serie: una registra le variazioni di peso di Carlo in un dato periodo di tempo sotto effetto di una alimentazione irregolare; un'altra registra invece la variazione di peso in un periodo di tempo equivalente, ma sotto l'effetto di una alimentazione regolare. Abbiamo dunque a che fare in questo caso con nove elementi logici: un oggetto (Carlo), due proprietà (il peso di Carlo sotto alimentazione irregolare e quello sotto alimentazione regolare), due punti nel tempo, quattro stati sulle proprietà (il peso specifico di Carlo in due punti del tempo e su entrambe le proprietà). Nella forma più complessa di comparazione diacronica (forma D3) si prendono infine in considerazione tre o più proprietà come nella frase: «aumentando la luminosità della stanza e riducendo il numero di operazioni compiute da ciascun lavoratore, si è registrato un aumento di produttività per addetto» (ibid., 26). In questo caso, gli elementi logici sono diversi: *n* oggetti (i lavoratori sotto indagine), tre proprietà (la luminosità della stanza, il numero di operazioni, la produttività), *t* punti del tempo, $n*t$ stati degli oggetti sulla proprietà produttiva.

Ovviamente, uno studioso interessato a istituire nessi causali, difficilmente si potrà accontentare di operare forme di comparazione sincronica. Se infatti si adotta il concetto di causa in maniera restrittiva sarà possibile controllare un nesso causale solo attraverso forme di comparazione diacronica (in particolare D2 e D3). Come ci ricorda Marradi (1987, 78-79), una comparazione sincronica ci può al massimo portare a identificare relazioni unidirezionali o bidirezionali tra variabili operative. Il concetto di causalità nelle accezioni più restrittive presuppone infatti l'antecedenza temporale della causa rispetto all'effetto e questo ci porta inevitabilmente a considerare la collocazione degli oggetti indagati su un asse diacronico.

Detto ciò, appare condivisibile l'idea che la comparazione sia sostanzialmente un'operazione di confronto tra stati su una (S1, D1) o più proprietà (S2, S3, D2, D3). Appare dunque illusoria la pretesa di alcuni studiosi di comparare tra loro interi sistemi sociali, economici, politici o culturali, intesi nella loro globalità. Non è infatti possibile comparare un intero stato nazionale con un altro; è al limite possibile comparare il modo in cui si presentano alcuni aspetti dei due oggetti (per esempio, il numero di abitanti, la forma di governo, il livello di decentramento amministrativo, ecc.).

Gli oggetti devono inoltre essere confrontati tra loro in base ai loro stati su una stessa (o sulle stesse) proprietà. Non si può insomma comparare il peso di Carlo con l'altezza di Marco, né la forma di governo italiano con il partito socialista Francese. Questa considerazione ci conduce al dilemma della comparabilità degli oggetti. Quando possiamo dire che due oggetti sono comparabili? La risposta è: quando hanno almeno una proprietà in comune. È difficile infatti immaginare che Carlo e la Francia abbiano proprietà in comune, più facile che ce l'abbiano Carlo e Marco, o Francia e Italia. Questo non vuol dire, o non vuol dire necessariamente, che possono essere comparati solo oggetti tra loro simili. Per quanto la presenza di stati eguali su un ampio numero di proprietà presenti alcuni vantaggi, essa non è una precondizione per stabilire la possibilità o la validità di una comparazione. Una volta che si è definita la proprietà sulla quale operare il confronto è infatti possibile comparare anche oggetti molto diversi; come osserva Sartori (1971, 13), comparare non significa rendere *pari*, cioè accoppiare.

4.4.1. Gli stili di comparazione

La **raccolta delle informazioni** è da considerarsi sistematica quando vengono rilevati gli stati su tutte le proprietà oggetto di attenzione

Come abbiamo visto, Marradi (1982) propone una classificazione delle forme di comparazione in base al numero degli elementi logici considerati (oggetti, proprietà, stati, punti del tempo). Occorre però definire anche le modalità di **raccolta delle informazioni**. Tale processo è da considerarsi sistematico quando vengono rilevati gli stati su tutte le proprietà oggetto di attenzione. Generalmente si ricorre a una raccolta sistematica delle informazioni quando si intende costruire una matrice di dati elaborati attraverso tecniche statistiche di analisi. La ricerca è invece condotta in modo non sistematico quando non vengono definiti gli oggetti, le proprietà, o gli stati su tutte le proprietà. Non manca, specie tra i grandi comparatisti del passato, come per esempio Tocqueville (1835-40, tr.it. 1969a), la tendenza a enucleare proprietà e relativi stati, trascurando per esempio una chiara definizione degli oggetti, che vengono lasciati alla intuizione del lettore. Altre volte gli oggetti sono chiari, ma meno chiare sono le proprietà studiate e i relativi stati. In tal caso, la comparazione assume piuttosto il carattere di una descrizione più o meno particolareggiata. Altrettanto poco sistematica risulta una comparazione in cui il ricercatore, pur definendo oggetti e proprietà, non si preoccupa di identificare gli stati sulle proprietà di tutti gli oggetti del confronto. Questo si verifica per esempio quando, nella comparazione di due oggetti, si introduce un evento specifico che riguarda però solo uno di questi oggetti (come una rivoluzione, o la partecipazione a una guerra, ecc.).

Appare evidente che una raccolta sistematica di informazioni presenta notevoli vantaggi soprattutto se è intenzione del ricercatore controllare ipotesi causali che si estendono a più casi. Seguendo il ragionamento di Fideli (1998, 50), è possibile elaborare una tipologia di stili comparativi, prendendo al contempo in considerazione il livello di analisi e il ricorso a una raccolta sistematica delle informazioni. Ne conseguono i seguenti tipi empiricamente più diffusi: *a)* comparazione micro-analitica senza ricorso a tecniche statistiche; *b)* comparazione micro-analitica mediante il ricorso a tecniche statistiche; *c)* comparazione ecologica mediante il ricorso a tecniche statistiche; *d)* comparazione macro-analitica senza raccolta sistematica delle informazioni; *e)* comparazione macro-analitica con raccolta sistematica delle informazioni ma senza ricorso a tecniche statistiche.

Nella comparazione micro-analitica (tipi *a* e *b*), **gli oggetti del confronto sono individui o gruppi di individui**. Questo stile di comparazione presuppone spesso il ricorso a tecniche statistiche di analisi soprattutto nel caso dei sondaggi trans-nazionali, in cui vengono considerati campioni nazionali, o nei sondaggi nazionali, in cui sono invece considerati campioni sub-nazionali. **Nella comparazione macro-analitica** (tipi *d* ed *e*), **gli oggetti del confronto sono direttamente sistemi complessi** (Stati, società, culture) sulla base dei loro stati su proprietà globali o aggregate. Tale stile di comparazione è molto diffuso nella ricerca sociopolitica. Come nota Fideli (ibid., 51), «in genere i macro-comparatisti non ricorrono a tecniche statistiche di analisi, ma si limitano a riportare in forma discorsiva i risultati della comparazione». **Nella comparazione ecologica** (tipo *c*), **vengono invece confrontate unità territoriali (nazionali, sovra-nazionali o sub-nazionali) in base ai loro stati su proprietà aggregate** che sono sovente definite sul piano operativo facendo ricorso a una raccolta sistematica di dati censuari o elettorali. Si veda, per esempio, il lavoro comparato di Ronald Inglehart che analizza la relazione tra le caratteristiche della cultura politica, come per esempio la percentuale dei cittadini che dichiarano di aver fiducia per i propri connazionali, con il prodotto interno lordo di alcuni paesi occidentali (Inglehart 1990, tr.it. 1993, 35-65). Tale stile comparativo comporta generalmente l'organizzazione dei dati in una matrice e la loro elaborazione mediante tecniche statistiche di analisi.

4.4.2. I nodi metodologici della comparazione

Occorre procedere brevemente con l'analisi dei problemi metodologici a cui va incontro ogni ricercatore sociale. In primo luogo, un comparatista, prima di procedere con qualsivoglia operazione, deve stabilire: a) l'unità (o le unità) d'analisi su cui orientare la ricerca; b) L'ambito spazio-temporale dentro cui la ricerca si colloca; c) la definizione concettuale delle proprietà (o variabili) che sono oggetto di studio.

- **L'unità di analisi**

Come afferma Kalleberg (1966, 81), «prima di comparare due oggetti occorre dimostrare che appartengano alla stessa classe».Tale considerazione di carattere generale è metodologicamente corretta e ci porta a soffermarci sul dilemma della classificazione delle unità sociali (o di analisi) da comparare. **Per unità d'analisi si intende il tipo di oggetto al quale si attribuiscono le informazioni rilevate** (Marradi 1987, 20-21). Se per esempio l'oggetto di studio è il «livello di attività politica in Italia», potremmo estrarre un campione di

Una **unità di analisi** è il tipo di oggetto a cui vengono attribuite le informazioni rilevate

militanti di centro-destra e di centro-sinistra a livello regionale, e potremmo poi raccogliere ulteriori informazioni attraverso interviste mirate ai segretari di circolo o di federazione. Tali risposte alle nostre domande potrebbero essere attribuite ai singoli individui o ai partiti di appartenenza che, in questo caso, diventerebbero la nostra unità d'analisi. Come nota Zeldich (1971, 282), la scelta delle unità di analisi dovrebbe dipendere dalle considerazioni relative all'oggetto di studio. Per esempio, non è necessariamente utile individuare un unico Comune come unità d'analisi se l'obiettivo della ricerca è il grado di partecipazione politica in ambito nazionale. È evidente che la propensione a un certo attivismo politico è parzialmente influenzata dalle tradizioni subculturali, oltre che dalla cultura politica di provenienza, che possono variare sensibilmente da regione a regione, soprattutto in paesi come l'Italia, dove esistono ancora profonde differenze tra meridione, settentrione e regioni centrali. Per questo motivo, sarà necessario inserire nel campione Regioni e Comuni che rappresentino la varietà espressa in tutto il territorio nazionale.

Altro discorso vale per le ricerche trans-nazionali in cui si sceglie la Nazione come unità d'analisi, sia per la maggiore facilità a raccogliere informazioni a quel livello, sia per la tendenza consolidata nelle scienze sociali a identificare nello Stato nazionale la «meta e il risultato dei (presunti) processi di integrazione e di modernizzazione» (Caciagli 1988, 492). Eppure, per quanto nella maggior parte delle ricerche trans-nazionali, lo Stato rimane l'unità d'analisi privilegiata, Gianfranco Bettin Lattes, nella sua introduzione a una raccolta di saggi comparati sull'Europa, afferma che:

> *Le convergenze e le divergenze, le linee di frattura e gli elementi di contatto contribuiscono a ridisegnare una mappa sociale assai articolata, nella quale la dimensione nazionale rappresenta soltanto uno dei possibili criteri di analisi. È il caso della* Cross National Research *dove la variabile «nazione» è una specie di «scatola nera» talché diventa conveniente ricostruire delle aree regionali inter-nazionali che sono le autentiche matrici delle fenomenologie economiche, politiche e culturali caratterizzanti l'Europa*
>
> Bettin Lattes 1995, 8

La tendenza a individuare nella nazione l'ambito privilegiato e l'unità d'analisi della ricerca, nota Fideli (1998, 119), ha avuto dei riflessi anche sul piano della formulazione terminologica, determinando la propensione a usare «in modo intercambiabile le espressioni 'ricerca comparata' e 'ricerca transnazionale'». In realtà, anche nelle ricerche trans-nazionali occorre mostrare un atteggiamento flessibile, dal momento che non sempre l'ambito nazionale è il più adeguato rispetto agli scopi della ricerca. Per esempio, nel caso in cui l'obiettivo del ricercatore sia comparare culture o sistemi culturali, sarà necessario scegliere nazioni che presentano culture «distintamente diverse».

In ogni caso, le unità tradizionalmente scelte per le analisi comparate, specie se di tipo macro-analitico e transnazionale, sono le «culture», le «società» e gli «Stati-nazione». Ovviamente, i tratti che caratterizzano questi tre elementi sono sovente sovrapponibili. **Nella definizione di una *unità sociale* il ricercatore procede a una classificazione**. Essa si propone come il tentativo di ridurre artificialmente le fonti di variazione del contesto sociale all'interno del quale si collocano i fenomeni studiati. Serve dunque a rendere comparabili processi e fenomeni che si assumono come parte di un contesto comune. Dal momento che una classe rappresenta un tentativo di riduzione della complessità, bisogna stare attenti a non semplificare troppo la posta in gioco.

Le diverse critiche rivolte alle classificazioni troppo semplificate hanno tutte in comune la corretta considerazione che le società raggruppate in macroclassi finiscono per essere talmente eterogenee da presentare elementi significativi di omogeneità con società collocate in altre classi. Questo limite rischia di inquinare in maniera strutturale il procedimento comparativo (Gusfield 1972; Bendix 1967). Partendo da questa consapevolezza, Smelser afferma che la scelta delle unità sociali da comparare dovrebbe basarsi su cinque criteri: a) le unità d'analisi devono essere appropriate al tipo di problema teorico posto dal ricercatore; b) dovrebbero avere una rilevanza causale per i fenomeni indagati; c) le stesse unità d'analisi non dovrebbero subire alcuna variazione empirica rispetto al loro criterio di classificazione (per esempio rispetto al loro essere «nazione», «società», «cultura»); d) la selezione delle unità d'analisi dovrebbe «riflettere» il grado di disponibilità dei dati disponibili sulla unità stessa; e) sarebbe il caso che le scelte selettive del ricercatore si basassero, per quanto possibile, su procedure standardizzate e dunque ripetibili.

• L'ambito spaziale e temporale

Dopo aver definito l'unità di analisi il ricercatore deve individuare **l'ambito, cioè i casi che entreranno a far parte effettivamente della ricerca e la loro contestualizzazione storica e geografica**. Vi sono ricerche in cui è stato possibile prendere in considerazione tutti i casi facenti parte della popolazione. In diverse ricerche ecologiche di ispirazione nomotetica, dopo aver identificato nella nazione l'unità d'analisi, per esempio in una specifica area geopolitica, è stato possibile considerare tutte le nazioni che sono state confrontate mediante comparazioni sincroniche. In altre situazioni empiriche può essere necessario considerare solo un sotto-insieme di casi facenti parte di una specifica popolazione e, in questa evenienza, la selezione presuppone alcuni accorgimenti. È in genere inopportuno che il ricercatore si affidi a una estrazione casuale, specie nelle ricerche trans-nazionali.

Ci si trova dunque di fronte al problema della scelta delle unità più idonee ad essere selezionate come campione dall'universo (tribù, società, culture, nazioni, ecc.). A questo livello, si pone il cosiddetto **problema di Galton**, dal nome dell'antropologo che per primo lo riconobbe, secondo cui è molto difficile individuare società e culture sviluppatesi in modo indipendente, dal momento che vi sono buone possibilità che eventuali somiglianze siano determinate dalla diffusione storica di determinate caratteristiche culturali. Se tale preoccupazione è fondata, si pongono seri dubbi sulla possibilità di correlare gli elementi a livello interculturale poiché tali correlazioni potrebbero essere inquinate dalla interdipendenza dei casi (diffusione).

Proprio a causa della estensione indeterminata della **diffusione** storica, molti problemi di campionamento relativi alle comparazioni interculturali non possono avere soluzione: partendo da questa consapevolezza, gli studiosi hanno elaborato alcuni accorgimenti pratici per ridurre le fonti di associazione non volute. Di fronte ai problemi che sopraggiungono nel definire le giuste modalità di estrazione dei casi che vanno poi a comporre l'ambito spazio-temporale della ricerca, gli studiosi hanno negli anni elaborato due strategie distinte per la definizione dell'ambito spazio-temporale: la cosiddetta **strategia dei casi più distanti** (*most different systems design*) e la **strategia dei casi più simili** (*most similar systems design*).

Nella «strategia dei casi più distanti» il ricercatore seleziona casi tra loro eterogenei. Questo non presuppone necessariamente la scelta di un ampio numero di casi; è infatti sufficiente che i casi stessi presentino valori estremi sulla variabile dipendente. Due esempi di adozione di tale strategia nella comparazione macro-analitica ci vengono dai lavori di Barrington Moore, su *Le origini sociali della dittatura e della democrazia* (1966, tr.it. 1969) e della Theda Skocpol nel suo lavoro su *Stati e rivoluzioni sociali* (1979, tr.it. 1981). Entrambi gli studiosi selezionano casi distanti sul piano spaziale e temporale proponendosi di sviluppare generalizzazioni valide. Per definire quali dinamiche del processo di trasformazione di uno Stato rurale possano più facilmente determinare l'affermazione di un regime fascista, o comunista, o democratico, Moore considera otto nazioni (Cina, Francia, Germania, Giappone, India, Inghilterra, Russia e Stati Uniti). La Skocpol, dal canto suo, analizza le possibili cause di tre importanti rivoluzioni, quella francese del 1789, quella russa del 1917, e quella cinese degli anni Trenta, facendo riferimento in maniera marginale e sporadica ad altri casi in cui non si verificò mai un esito di tipo rivoluzionario.

La strategia dei casi più distanti è stata molto utilizzata anche nelle ricerche comparate di impronta micro-analitica. Un esempio paradigmatico ci viene dal lavoro prodotto dal *Commitee on Comparative Politics* del *Social Science Research Council* che sul finire degli anni Sessanta organizzò un sondaggio transnazionale con l'obiettivo di controllare l'ipotesi di una relazione di covariazione tra lo status socioeconomico e il livello di partecipazione politica. La rilevazione fu condotta su sette nazioni distanti tra loro sul piano politico, economico e culturale (Austria, Giappone, India, Jugoslavia, Nigeria, Olanda, Stati Uniti). Gli stessi coordinatori della ricerca ammisero che il disegno della ricerca adottato fosse «potente ma rischioso». Sarebbe stato potente qualora l'obiettivo degli studiosi fosse stato quello di individuare uniformità tra i diversi casi: «Se quindi rileviamo uniformità in un gruppo così vario, avremo una qualche garanzia che i risultati siano generalizzabili». Ma, qualora fossero invece emerse solo differenze, i risultati sarebbero stati di difficile interpretazione perché «ogni differenza che viene riscontrata può essere la conseguenza di una qualsiasi delle molte differenze sostanziali tra i paesi, o, altrettanto facilmente, un puro artefatto di una delle molte differenze nelle procedure di ricerca» (Verba, Nie e Kim 1978, tr.it. 1987, 69-70).

La strategia dei casi più distanti presenta un ulteriore inconveniente. Escludendo un controllo sulle fonti di variazione, il ricercatore comparatista che adotta tale strategia sarà costretto a prendere in considerazione un numero molto elevato di variabili indipendenti. Un problema che non si pongono invece i comparatisti che sostengono la «strategia dei casi più simili» (o «comparazione controllata») sostenuta da antropologi come Eggan (1954, 748) e Kluckohn (1962, 693) e da politologi come Eulau (1962, 397-407) e Lijphart (1975, tr.it. 1985, 163). In essa si ipotizza infatti che le proprietà (culturali, socioeconomiche e politiche) su cui gli oggetti presentano stati simili possono essere considerate costanti. A queste proprietà non possono quindi essere in alcun modo imputate le variazioni degli stati sulle proprietà indagate. Il ricercatore, escludendo le proprietà che presentano stati simili, si facilita il lavoro, riducendo il numero di proprietà su cui concentrarsi. Le proprietà simili sono assunte come variabili parametriche (o contestuali), sono le differenze ad essere oggetto di attenzione.

Per quanto i vantaggi della comparazione controllata siano evidenti, non mancano alcuni elementi di debolezza che impongono al ricercatore una certa cautela: in primo luogo, un sistema, su diversi livelli analitici, presenta comunque condizioni parametriche diverse che possono determinare variazioni nel significato causale delle associazioni; in secondo luogo, è discutibile la convinzione che il controllo parametrico su una variabile possa essere raggiunto semplicemente constatando che due sistemi vicini, o i diversi livelli di un sistema, si assomigliano rispetto a quella variabile.

La definizione concettuale delle proprietà

Per poter svolgere una comparazione, il ricercatore dovrebbe evitare di utilizzare concetti talmente specifici di una determinata cultura o di un determinato gruppo da non riuscire a trovarne esempi analoghi anche in altre culture o altri gruppi. Almond e Coleman hanno per esempio espresso insoddisfazione rispetto alla capacità di comparazione dei concetti tradizionali adottati nelle scienze politiche. Tali concetti sarebbero infatti limitati dal riferimento unico alle società occidentali e diventano del tutto inadeguati quando occorre comparare sistemi politici strutturati su culture diverse (Almond e Coleman 1960, 3-4). A questo riguardo, i due autori, ricorrendo al supporto della letteratura sociologica e antropologica, si sforzarono di estrarre dall'apparato concettuale classico alcuni concetti generali, come quello di «sistema politico», di «socializzazione politica», di «aggregazione e articolazione degli interessi», che potessero essere adatti anche all'analisi di forme politiche emergenti o comunque non occidentali.

Come nota Smelser, la ricerca di categorie comparate appropriate riflette una sorta di doppia tensione, dal momento che, da un lato, per comparare sistemi diversi occorre adottare un apparato concettuale che si collochi su livelli di astrazione più elevati; dall'altro, una maggiore astrazione concettuale «crea una pressione opposta verso la rispecificazione delle regole di individuazione degli indicatori empirici, così come potrebbero esprimersi all'interno dei diversi sistemi racchiusi in categorie più generali» (Smelser 1976, tr.it. 1982, 238). Il ricercatore è continuamente stretto in una morsa che lo vede, da un lato, soggetto al rischio di ricorrere a concetti specifici ma limitati; dall'altro, è portato a utilizzare concetti più astratti e di conseguenza troppo inclusivi. La letteratura sociologica ci offre, tra le altre, due possibili soluzioni a questa tensione:

La prima soluzione può essere definita come «alternativa relativistica». Essa considera la variabilità contestuale di ogni fenomeno, rimanendo di conseguenza fedele al significato del fenomeno stesso. In campo economico, studiosi come Mauss hanno cercato di rappresentare correttamente i vari modi in cui le diverse culture hanno definito il concetto di «economico», scegliendo poi soltanto quelle aree in cui fosse possibile «accedere alla mente della società mediante la documentazione e la ricerca filologica» (Mauss 1954, 2-3, tr.it. 1975). Su posizioni analoghe si collocano altri studiosi, specie nel campo antropologico, secondo cui è criticabile la tendenza a concettualizzare ogni problema e tendenza generale come se fossero delle costanti interculturali. Così non è; esse devono piuttosto essere considerate come funzioni della relativa infrastruttura culturale (Clark 1970). In linea generale, sarebbe utile che il livello di astrazione delle variabili e delle dimensioni generali fosse commisurato al campo di comparazione richiesto.

La seconda soluzione consiste invece nel tentativo di tenere su un livello di astrazione più elevato la definizione dei concetti generali, ammettendo quindi una gamma più vasta di variazione del contesto. A sostenere questo approccio sono gli studiosi «funzionalisti», la cui impostazione teorica si fonda sulla definizione di specifici punti di riferimento non varianti, come per esempio i «requisiti funzionali» della società, che costituiscono la base per l'individuazione di determinate «strutture» intese come espressioni variabili delle categorie (o funzioni) invarianti: «I prerequisiti funzionali si riferiscono in generale alle cose che devono essere fatte in ogni società perché possa continuare a funzionare, per esempio le condizioni generalizzate necessarie al mantenimento del sistema in questione» (Aberle et.al. 1972, 61).

Ma, come nota Lucian Pye (1958), nei paesi non democratici, o comunque non occidentali, raramente la sfera politica è differenziata in maniera netta dalla sfera dei rapporti personali e sociali, questo impone al ricercatore alcune considerazioni che l'approccio funzionalista tende a trascurare. Sarà infatti molto probabile che, nel caso dei sistemi occidentali, i processi di influenza politica siano più facilmente registrabili nella forma di scambi formali tra unità politicamente rilevanti (partiti, gruppi, movimenti); mentre, nel caso dei sistemi non occidentali, gli stessi processi assumono presumibilmente una forma meno differenziata e più informale. Il ricercatore in questo caso dovrà considerare i diversi modelli di parentela e di interazione sociale, sovente di tipo tribale, per poterne dedurre modelli peculiari di influenza politica. Gli studiosi che si riconoscono nel paradigma funzionalista non hanno mai elaborato regole convincenti per la specificazione degli indicatori empirici che «riflettano» le diverse funzioni all'interno dei sistemi sociali. D'altronde, tale sforzo rischia di essere vano dal momento che, come nota Sartori, ogni struttura, da paese a paese, può assolvere più di una funzione e spesso funzioni diverse, «talché la stessa funzione trova alternative strutturali, e cioè può essere espletata da diverse strutture» (Sartori 1971, 56).

Veniamo ora alla questione degli indicatori empirici la cui comparabilità, abbiamo visto, dipende sia dalle procedure di classificazione delle unità d'analisi sia dalla dimensione o dalla variabile che dovrebbero rappresentare. Seguendo il ragionamento di Smelser, possiamo porre la questione della comparabilità degli indicatori sotto forma di due domande fondamentali: 1) Il processo mediante il quale viene creato un indicatore è coerente con la teoria di quel processo più o meno implicita nella mente del ricercatore? Per dirla con altre parole, l'indicatore creato è valido? Cioè, in quale grado esso può realmente offrire una misura della variabile a cui si riferisce? 2) Nel caso dell'analisi comparata di unità sociali dissimili, il processo mediante il quale l'indicatore viene generato è lo stesso utilizzato in tutte le unità d'analisi considerate? Questa seconda questione pone il problema dell'**equivalenza** e quindi, dal punto di vista della misurazione, dell'attendibilità di una misura in contesti d'analisi differenti.

La scelta degli indicatori, e quindi la loro conseguente validità, non si basa tanto sulle caratteristiche intrinseche dell'indicatore o sui criteri adottati per l'individuazione degli eventuali errori di misurazione presenti in ogni indicatore, quanto piuttosto sugli scopi teorici per i quali bisogna applicare la misura e dalla sua corrispondenza logica con il significato della variabile rappresentata. «La validità di un indicatore, in definitiva, dipende da un'implicita comprensione della relazione esistente tra il processo mediante il quale viene prodotto l'indicatore e gli scopi teorici del ricercatore» (Smelser 1976, tr.it. 1982, 251). **Il problema dell'equivalenza, e quindi della comparabilità delle misure tratte da unità sociali diverse, riguarda l'esigenza di stabilire se un fenomeno misurato allo stesso modo, ma in sistemi diversi, può essere considerato come indicatore della stessa variabile**.

Il problema dell'**equivalenza** è connesso al nodo della comparabilità delle misure tratte da unità sociali diverse e riguarda l'esigenza di stabilire se un fenomeno misurato allo stesso modo ma in sistemi diversi può essere considerato come indicatore della stessa variabile

Gli stessi problemi di comparabilità si pongono in vario modo in diverse ricerche sociali a prescindere dai metodi adottati. In realtà, quando il ricercatore è coinvolto attivamente nella produzione di dati, può teoricamente controllare certe fonti di errore, ma è anche possibile che lo stesso ruolo attivo del ricercatore possa essere foriero di ulteriori errori. Per esempio, nel caso della elaborazione di un questionario, si pone il problema della traducibilità di domande e concetti che in sistemi diversi possono assumere significati altrettanto diversi (Ervin e Bower 1952). Lo stesso questionario può destare reazioni diverse a seconda della cultura della popolazione a cui lo si vorrebbe somministrare (Wilson 1958; Scheuch 1968; Mitchell 1968).

Tutti questi problemi riguardano sostanzialmente la variazione del contesto degli indicatori di unità sociali diverse (Przeworski e Teune 1966). Anche in questo caso, la letteratura scientifica ci propone diverse soluzioni che corrispondono al tentativo di controllare alcune fonti di errore. Gli economisti, per esempio, al fine di avere misure adeguate sul reddito reale di diversi paesi, hanno sviluppato stratagemmi per incorporare indicatori economici non-monetari nell'ambito di rilevamenti del reddito nazionale, riducendo i margini di errore nella misurazione (Bennett 1966; Beckerman 1966; Beckerman e Bacon 1966); gli scienziati politici hanno invece sviluppato misure finalizzate a incorporare alcune fonti di errore all'interno di indici aggregati in modo da aumentarne la comparabilità (Gurr 1966; 1968); gli psicologi utilizzano da anni strumenti non-verbali e test proiettivi per aumentare il grado di comparabilità interculturale, nel tentativo di ovviare le fonti di errore dovute alle variazioni linguistiche (Anderson 1967).

Nelle comparazioni macro-analitiche si cerca invece di risolvere il problema della equivalenza delle proprietà ponendo l'accento sull'aspetto funzionale. Barrington Moore (1966) ha per esempio comparato burocrazie, classi sociali e movimenti politici che a suo avviso avevano svolto una funzione di promozione del processo di modernizzazione. In altre ricerche macro-analitiche, si tende invece a stabilire nessi di equivalenza strutturale come nelle ricerche di Sartori sui rapporti tra sistemi elettorali e sistemi di partito (Sartori 1982; 1984b). Secondo questa logica, è possibile affermare che il sistema bipartitico statunitense e quello britannico siano strutturalmente simili. Nel definire una proprietà il ricercatore comparatista deve sempre considerare la dimensione contestuale anche se la comparazione impone poi di estrarre le proprietà stesse dal loro contesto. Questo pone un problema di «equivalenza contestuale», che si pone più o meno in tutte le ricerche comparate. Talvolta la riduzione dell'ambito spazio-temporale aiuta a limitare i rischi di una debole equivalenza nella definizione lessicale (e operativa) delle proprietà.

In ogni caso, il dilemma comparativo della concettualizzazione e del relativo livello di astrazione, così come dell'equivalenza, non può probabilmente essere risolto né riducendo l'astrazione in favore di una maggiore specificazione né, come vorrebbero i funzionalisti, attraverso un approccio eccessivamente tassonomico che predilige dunque livelli di astrazione troppo elevati. Anche in questo caso, la questione è risolvibile sulla base degli obiettivi teorici che il ricercatore si dà e del livello di comparazione a cui si aspira.

4.5. Sul rapporto tra storia e sociologia

Parlando delle forme di comparazione diacronica, così come degli approcci idiografici o del metodo dello studio del caso, facciamo implicito riferimento al contributo della «storia» in sociologia. Le scienze sociali hanno una lunga tradizione di studi storico-comparati; i fondatori della nostra disciplina avevano assunto la comparazione storica come approccio nevralgico in quasi tutti i loro lavori. Anche quando, a partire dal ventesimo secolo, la scienza sociale è stata spezzettata in discipline specialistiche, la dimensione storico-comparata della ricerca mantenne a lungo una certa rilevanza. Solo a partire dalla metà del ventesimo secolo si assiste a una eclissi parziale degli studi storici in scienze sociali a favore di studi finalizzati a produrre generalizzazioni sempre più universali e, in quanto tali, difficilmente riconducibili a un approccio che situasse le indagini in una dimensione spazio-temporale circoscritta. Negli ultimi decenni, si è assistito a una ripresa d'interesse da parte di sociologi e politologi verso un approccio alla ricerca che si riconnetta alla vecchia tradizione di studi storici e comparati. Questa ripresa del gusto sociologico per l'analisi storica è legata all'esigenza di spiegare processi strutturali che si dispiegano su larga scala e che sono riconducibili ai diversi aspetti del mutamento sociale. Si rinuncia alla generalizzazione astratta, senza per questo rinunciare anche alla possibilità di produrre spiegazioni causali. Si analizzano casi e processi a un minore livello di astrazione, cercando di spiegare il presente anche e soprattutto traendo lezioni importanti dal passato.

La cosiddetta **sociologia storica** punta a mettere in luce le azioni dotate di significato nell'ambito di specifici contesti strutturali, focalizzandosi sulla sequenza storica dei fenomeni sociali, senza però limitarsi alla loro narrazione, ma cercando sempre di individuare gli aspetti particolari, e potenzialmente ricorrenti, di specifiche strutture sociali e di specifici modelli di mutamento.

La **sociologia storica** mette in luce i fenomeni nell'ambito di specifici contesti strutturali, focalizzandosi sulla loro sequenza storica e cercando di individuare gli aspetti particolari, potenzialmente ricorrenti, di specifiche strutture e modelli di mutamento

Negli anni immediatamente successivi al secondo conflitto mondiale, con la tendenza da parte di molti studiosi a ricercare la cosiddetta *Grand Theory*, cioè un paradigma teorico capace di attanagliare la realtà sociale in maniera definitiva, l'attenzione ai processi storici finì con l'eclissarsi nel nome delle teorie "generali" della società o di forme radicali di empirismo astratto e a-storico. Wright Mills, tra i migliori interpreti della sociologia critica americana, in uno dei suoi più appassionati saggi, afferma il suo dissenso nei confronti delle tendenze sociologiche a lui contemporanee, con particolare riferimento all'antistoricismo tipico dei nuovi paradigmi teorico-empirici, affermando con nettezza che «ogni scienza sociale – o meglio, ogni studio sociale degno di nota – richiede una portata storica dei concetti adottati e un utilizzo intenso dei materiali storici» (Wright Mills 1959, 145).

Nel suo celebre *What is History?*, lo storico Edward Hallett Carr, in un passo in cui riflette proprio sul rapporto tra sociologia e storia, afferma:

> *Se [la sociologia] intende diventare un campo di studi fecondo deve, come la storia, interrogarsi sulla relazione tra l'unico e il* generale. *Ma deve anche diventare una disciplina dinamica, fondata cioè non sullo studio di una società a riposo (cosa che non esiste per nessuna società), ma sullo studio del mutamento sociale e dei processi di sviluppo. Per il resto, io direi che, se la storia diventasse più sociologica e la sociologia più storica, entrambe ne trarrebbero giovamento.*
>
> Carr 1963, 84

La riflessione di Carr è degna di considerazione. L'invito a integrare l'unico al generale, superando la polemica classica tra idiografico e nomotetico, sarebbe possibile soprattutto attraverso l'adozione di teorie sociali radicate nei processi storici. Così come lo studio del mutamento sociale – piuttosto che di società assunte come sostanzialmente statiche – presuppone l'assunzione di buone teorie piuttosto che di buoni metodi; **la sociologia dovrebbe concentrarsi sullo studio delle connessioni tra i grandi mutamenti e le alterazioni che questi producono nelle dinamiche di vita sociale**. Su questo, nota Tilly (1981, 212), è possibile individuare una prima convergenza tra storia e sociologia, come da tempo accade nella storia sociale che risponde a due vocazioni fondamentali, una «retrospettiva» e l'altra «prospettica». Nel primo caso, lo studioso (storico o sociologo che sia) assume come problematici alcuni aspetti certi del mondo contemporaneo e quindi si muove, appunto, retrospettivamente, per indagare le origini e le trasformazioni di certi fenomeni. Secondo Tilly (ibid.), i due aspetti del mondo contemporaneo che maggiormente distinguono la nostra epoca rispetto ai tempi e ai luoghi del passato sono, da un lato, la prevalenza nel mondo produttivo del lavoro salariato sotto una condizione di sostanziale espropriazione; dall'altro, il grande potere detenuto dagli Stati nazionali. Se si concorda con questa idea, un'analisi retrospettiva dovrebbe concentrarsi sullo studio dei processi di proletarizzazione e di costruzione degli Stati, nonché sulle interazioni tra i due fenomeni e i loro sviluppi contemporanei. Nel caso della cosiddetta vocazione prospettica, si tratta invece di domandarsi cosa sarebbe potuto accadere in termini di trasformazioni nelle routine della vita quotidiana se in alcuni momenti storici decisivi, quelli cioè in cui i popoli (o chi li governa) si trovano di fronte a due o più opzioni, si fosse imboccata una strada anziché un'altra. Si tratta cioè di capire *come* e *perché* siano prevalse delle opzioni storiche su altre. Entrambe le vocazioni, o impostazioni, possono essere utili sia al lavoro degli storici sia al lavoro dei sociologi.

Occorre dunque ristabilire un ordine concettuale, affermando l'importanza del lavoro storiografico. Non sono infatti mancati, soprattutto in ambito sociologico, studiosi che hanno affermato la convinzione di poter catturare analiticamente i casi sociali senza conoscerne le origini storiche (Lipset 1968). Per Tilly (1981, 5), la divisione del lavoro tra sociologi e storici, così come viene posta da certi studiosi, è paragonabile a quella «tra il micologo e il raccoglitore di funghi, tra il critico e il traduttore, tra l'analista politico e il reporter, tra la mente e il braccio. Lo storico si deve occupare della trascrizione, il sociologo dell'analisi». Si tratta di una mistificazione.

La storia non può essere considerata come una sorta di sociologia fallita, così come i materiali storici non possono essere trattati come testimonianze grezze in attesa di essere analizzate sociologicamente. A questo riguardo, Charles Tilly propone una doppia argomentazione mediante una distinzione tra «elementi di fatto» ed «elementi di principio» (Tilly 1981, 6). Su un piano strettamente fattuale, gli storici conducono le loro indagini seguendo regole che differiscono significativamente da quelle che preordinano le ricerche sociologiche, così come i materiali storici differiscono mediamente da quelli usati in sociologia. Su un piano di principio, non tutte le analisi dei processi sociali sono egualmente storiche; un'analisi è infatti storica solo nella misura in cui considera nelle sue spiegazioni il tempo e il luogo dell'azione. Da questo punto di vista, non convince la classica distinzione tra discipline 'generalizzanti' e discipline 'particolareggianti' che scimmiotta l'antica polemica tra scienze della natura e scienze dello spirito. L'integrazione del tempo con lo spazio contraddistingue l'analisi storica. È piuttosto l'analisi sociologica del mutamento su larga scala che soffre di una insufficiente consapevolezza storica. Da questo punto di vista, **la teoria sociologica ha bisogno di essere storicamente radicata, cioè incorporata nel tempo**.

Anche Stinchcombe (1978) giunge a conclusioni simili, affermando, relativamente a un suo ragionamento sulle teorie 'epocali' del mutamento sociale, che i sociologi hanno sovente commesso l'errore grossolano di elaborare modelli forzati sulla storia invece di farli interagire intelligentemente con l'evidenza storica. Le idee generali, quando sono scevre di una adeguata contestualizzazione storica, sono perlopiù illusorie. Tilly (1981, 10) ammette la sensatezza degli argomenti di Stinchcombe. Molte supposte applicazioni di grandi teorie ai processi storici si riducono all'assegnazione di nomi clamorosi (razionalizzazione, modernizzazione, secolarizzazione, egemonia, imperialismo, ecc.) a fatti conosciuti.

È dunque evidente l'importanza del ruolo potenziale che le scienze sociali possono giocare nell'ambito della ricerca storica. In alternativa, il rischio per le scienze sociali è quello di trasformarsi in una grande galleria di teorie o concetti che riguardano analogie causali del tutto astratte. Sia i sociologi che gli storici, pur seguendo logiche in parte differenti, non possono esimersi dal cercare sempre teorie adeguate ai contesti storici e sociali indagati. Per giungere a un simile risultato occorre esplorare ulteriormente il terreno degli storici. Come nota Tilly (Ibid., 12), la parola «storia» si riferisce al contempo a un «fenomeno», a un «insieme di materiali» e a un «insieme di attività».

- Come «fenomeno», la storia rappresenta l'effetto cumulativo degli eventi del passato sugli eventi del presente. Pensiamo all'industrializzazione: gli studiosi che se ne sono occupati si dividono tra coloro che sono convinti che lo stesso processo di accumulazione di capitali, crescita economica, sfruttamento di forza-lavoro si riproduca in diversi paesi, seguendo più o meno le stesse logiche, e coloro che credono invece che tale processo vari in funzione delle modalità di industrializzazione dei paesi che per primi hanno avviato le dinamiche di accumulazione. Solo i membri del primo gruppo possono evidentemente adottare procedure comuni di comparazione sincronica, assumendo cioè l'irrilevanza della dimensione temporale; i membri del secondo gruppo eviteranno tali forme di comparazione *cross-sectional*, prestando invece maggiore attenzione alle dinamiche di sviluppo storico.
- Come «insieme di materiali», la storia si configura come la massa persistente e residuale dei comportamenti del passato che possono essere riportati alla luce attraverso le vecchie cronache giornalistiche, le testimonianze, le autobiografie e qualsiasi altro materiale narrativo che possa rappresentare una piccola fetta di esperienza. Gli storici si sono soffermati soprattutto sulle testimonianze scritte anche se qualsiasi residuo del passato, dagli utensili da lavoro ai graffiti sulle pareti, possono rappresentare un piccolo frammento di una vita che fu.
- Come «insieme di attività», la storia rappresenta il tentativo degli studiosi di ricostruire il passato. Tentativo che rischia di essere senza speranza per due fondamentali ragioni che dopo una breve riflessione appariranno addirittura ovvie: in primo luogo, la disponibilità di informazioni sul passato rischia di essere quasi inesauribile, tanto da superare l'effettiva capacità anche dello storico più pedissequo di raccoglierle e sintetizzarle in maniera esaustiva; si dovrà inevitabilmente fare una scelta, selezionando solo una piccola porzione del materiale disponibile. In secondo luogo, tra gli innumerevoli eventi accaduti nel passato, gli storici dovranno sceglierne solo alcuni in base alla specifica do-

manda attorno a cui è stato costruito il disegno della ricerca. Quando si sono definiti con chiarezza gli obiettivi dell'indagine, altre informazioni che non li riguardano direttamente, potranno essere considerate irrilevanti.

In sintesi, il lavoro storico si fonda sui seguenti aspetti: a) coloro che vi si dedicano si specializzano nella ricostruzione dei comportamenti del passato; b) fanno ricorso essenzialmente a testi narrativi che rappresentano i residui del passato; c) pongono una certa enfasi solo su alcuni spezzoni di testo assunti come i mezzi più adatti per portare avanti il lavoro di ricostruzione; d) considerano il *dove* e soprattutto il *quando* di specifici eventi come elementi essenziali della loro spiegazione e del loro impatto (ibid., 13). Per quanto la pratica storica sia spesso disomogenea e metodologicamente poco accurata, non significa che i processi storici siano privi di significato per le scienze sociali. In particolare, l'antropologia, la sociologia e la scienza politica si confrontano oggi con l'esigenza di ripristinare le loro connessioni storiche.

4.5.1. L'analisi storica dei macro-processi strutturali

Due aree nelle quali la sociologia politica si è sovente dovuta confrontare con lo studio della storia sono quelle che riguardano, da un lato, il **mutamento strutturale su larga scala**; dall'altro, l'azione collettiva con particolare riferimento all'analisi dei movimenti sociali, delle ribellioni e delle rivoluzioni. La ricerca di modelli generali sui processi di industrializzazione, di razionalizzazione o di sviluppo politico porta lo studioso a compiere un doppio sforzo: da un lato, deve identificare i tratti dei grandi processi di mutamento in particolari epoche storiche; dall'altro, deve connettere le trasformazioni specifiche che si realizzano in quelle epoche ai macro-processi di mutamento precedentemente identificati. Il tentativo di formulare alcune leggi generali delle rivoluzioni o dei movimenti sociali comporta quindi l'esigenza di rintracciare alcune regolarità nell'azione collettiva in particolari epoche storiche. Secondo Tilly (1981, 44), nella nostra epoca, i due macro-processi da considerare sono rappresentati dall'espansione del sistema capitalistico e dallo sviluppo degli Stati nazionali.

Se si condivide tale idea, il problema storico da affrontare risiede nell'esigenza di determinare come e perché si sono verificati i processi di accumulazione dei capitali e le conseguenti dinamiche di proletarizzazione, come e perché si è diffuso il sistema delle relazioni di produzione, quali siano state infine le conseguenze di tale espansione. L'elemento temporale diventa essenziale e l'analisi storica indispensabile. Vi è poi la questione dello Stato-nazione, inteso come organizzazione complessa in grado di monopolizzare i mezzi di coercizione in uno specifico territorio, che si differenzia dalle altre organizzazioni che operano sullo stesso territorio, che è autonomo e centralizzato, e le cui linee di divisone interna sono formalmente coordinate. Da questo punto di vista, gli Stati sono un fenomeno relativamente giovane, dal momento che se ne possono individuare le tracce solo da poche centinaia di anni. Solo nel ventesimo secolo si può dire che gli Stati siano effettivamente diventati l'organizzazione dominante quasi ovunque nel mondo. Ancora nell'Europa rinascimentale il quadro politico internazionale era perlopiù caratterizzato da unità politiche formalmente autonome, ma ancora lontane dal somigliare al sistema degli Stati tipico dei nostri tempi. A questo riguardo, essi possono essere storicamente analizzati sia nella dimensione interna, concentrandosi sulle dinamiche attraverso cui alcune organizzazioni siano riuscite a esercitare un certo dominio sulle popolazioni di un determinato territorio fino a configurarsi nella forma di uno Stato, sia nella dimensione esterna, osservando come quelle organizzazioni abbiano difeso tale dominio dalle pressioni provenienti da organizzazioni esterne a quel territorio, cioè dagli altri Stati. Su entrambe le dimensioni diventa cruciale la questione della 'guerra', che spinge i governanti, sul piano interno, a compiere pesanti pressioni sul proprio popolo in termini di tasse, coscrizioni e requisizioni; sul piano esterno, a portare avanti intraprese belliche attraverso cui ratificare il proprio diritto di dominio esclusivo su un dato territorio. Ma soffermiamoci brevemente sul **processo di proletarizzazione** che, tra capitalismo e Stato nazionale, è per Tilly una dimensione di studio centrale.

Gli elementi caratterizzanti il **processo di proletarizzazione** sono la monetarizzazione dell'economia, l'espropriazione del lavoro da parte dei proprietari dei mezzi di produzione e lo sviluppo del capitalismo

La proletarizzazione riguarda un insieme di processi che hanno coinvolto un numero crescente di individui. I lavoratori perdono il controllo sui mezzi di produzione e, per sopravvivere, sono costretti a vendere la propria forza lavoro in cambio di un salario. **Gli elementi caratterizzanti della proletarizzazione sono dunque la monetarizzazione dell'economia, l'espropriazione del lavoro da parte dei proprietari dei mezzi di produzione e lo sviluppo del capitalismo**. Si tratta del fenomeno che ha maggiormente condizionato le dinamiche di vita sociale nel mondo occidentale. Secondo Tilly (Ibid., 179), i sociologi non sono riusciti a spiegarlo in modo corretto e coerente a causa delle distorsioni indotte dalla teoria durkheimiana sulle dinamiche di differenziazione e integrazione. Il problema della sociologia, soprattutto di matrice anglosassone, risiede in sostanza nell'adozione di una cattiva teoria. Solo gli storici e i sociologi neomarxisti sono riusciti, pur nei limiti di una certa impostazione ideologica, a dare conto di questi processi in maniera relativamente adeguata.

Secondo l'impostazione sociologica prevalente, la differenziazione sociale determina una maggiore produttività che, a sua volta, determina maggiore prosperità. È sempre la differenziazione che, attraverso una crescente interdipendenza tra gli individui, induce una trasformazione delle abitudini di vita sociale. Da cosa è causata questa differenziazione rimane però poco chiaro. Nessun riferimento esplicito o implicito viene fatto allo sviluppo del capitalismo e al conseguente processo di proletarizzazione che, sempre secondo Tilly, può assumere tre diversi significati utili ai fini analitici:

a) secondo la definizione più restrittiva, per proletari s'intendono tutti quegli individui che ricevono un salario in cambio di un lavoro non specializzato che si realizza all'interno di stabilimenti di grandi dimensioni ed è regolato da un'intensa disciplina. Gli elementi caratteristici del processo di proletarizzazione, secondo questa definizione, si configurerebbero nella frammentazione, degradazione e intensificazione del lavoro. In questo senso, si tratterebbe di un fenomeno tipico del diciannovesimo secolo e del processo di industrializzazione capitalistica; b) esiste poi una definizione più ampia, secondo cui i proletari sarebbero tutti coloro che vendono la propria forza-lavoro in cambio di un salario, a prescindere dal contesto in cui il lavoro si realizza. Secondo questa impostazione il processo di proletarizzazione si realizzerebbe in qualsiasi contesto produttivo, dai campi alle fabbriche, ai luoghi di lavoro che nel ventesimo secolo sono stati collocati nell'ambito del settore terziario; c) esiste poi un'ultima definizione che a nostro avviso meglio si addice all'analisi dei processi di conflitto nel diciannovesimo secolo e in una buona parte del ventesimo, che è riconducibile all'analisi marxiana espressa nel primo libro de *Il Capitale* (Marx 1867, tr.it. 1967), in cui il concetto di proletario (e di proletarizzazione) viene applicato al mondo della fabbrica in un contesto storico di crescente industrializzazione, ma anche al mondo agricolo e, in particolare, nelle relazioni conflittuali tra i lavoratori della terra e i grandi proprietari terrieri. Secondo questa impostazione, è designato come proletario chiunque sia costretto a vendere la propria forza lavoro ai capitalisti senza alcun controllo effettivo sui mezzi di produzione. In questo senso, l'analisi di Marx pone l'accento sulla peculiarità capitalistica e sui processi di espropriazione del lavoro. "Capitalismo" e "proletarizzazione" sono due fenomeni connessi, che riescono a spiegare la trasformazione della vita sociale tra il diciottesimo e il ventesimo secolo in maniera molto più efficace di quanto non possano fare espressioni interessanti almeno quanto generiche, sovente preferite dai sociologi moderni, come "industrializzazione" e "modernizzazione".

In questo contesto, si articolano le domande classiche della sociologia politica: in che modo la classe dominante riesce a mantenere il controllo sulla vita economica e sull'apparato politico di un dato territorio? Sotto quali condizioni una popolazione può essere attiva, organizzata e informata rispetto alla politica nazionale? Come si realizzano le sommosse, le ribellioni e le rivoluzioni? E così via discorrendo. In questo modo, è possibile assumere le asimmetrie di potere e i processi partecipativi come un problema storico da connettere ai due macro-processi rappresentati dallo sviluppo degli Stati (e del sistema di Stati) e dall'espansione del sistema capitalistico di produzione. **«Capitalismo» e «Stato» forniscono il contesto per un'analisi storicamente radicata dell'azione collettiva e dei modi mediante i quali gli individui agiscono insieme nel perseguimento di interessi condivisi**. «Piuttosto che l'estremo comportamento delle folle, noi studiamo le forme particolari dell'azione che i popoli adottano per portare avanti le proprie rivendicazioni e per manifestare il proprio disagio. Piuttosto che le leggi [generali] dei movimenti sociali, noi studiamo l'emergere dei movimenti come fenomeno politico. Piuttosto che il potere in generale, noi studiamo le modalità del potere nell'ambito di un certo modo di produzione» (ibid.-46). In particolare, i due macro-processi individuati condizionano la direzione del mutamento agendo su tre fondamentali componenti dell'azione collettiva: gli 'interessi' attorno ai quali gli individui decidono di agire collettivamente; la loro 'capacità' di agire in difesa di quegli interessi; e la 'opportunità' di avanzare o difendere quegli interessi attraverso la messa in campo di azioni coordinate collettivamente.

Percorso di autoverifica

- Che cosa si intende per scienze sociali empiriche?
- Come si formula un quesito di ricerca?
- Quali sono i passi necessari alla formulazione di un concetto empirico?
- Come si articola il processo di operazionalizzazione?
- Cosa intendiamo per classi, tipologie e modelli?
- Quali sono i principali metodi di controllo empirico?
- In cosa consiste il conflitto tra nomotetico e idiografico?
- Quali sono gli elementi logici della comparazione?
- Quali sono le modalità di comparazione?
- Cosa intendiamo per stili di comparazione?
- Come si articola la comparazione?
- Quali sono i principali nodi metodologici della comparazione?
- Che rapporto intercorre tra storia e sociologia?
- Cosa si intende per sociologia storica?
- Quali sono i macro-processi con cui la sociologia politica deve fare i conti?

Le tradizioni teoriche prevalenti

5

Lo storico della cultura Thomas Kuhn nel suo celeberrimo testo sulla «Struttura delle rivoluzioni scientifiche» (1962, tr.it. 1969) mostra come le scienze sociali, al contrario delle scienze naturali, fatichino a riconoscersi in un unico paradigma inteso come la matrice disciplinare di una comunità scientifica che si cristallizza in una visione globale condivisa, come una sorta di principio ordinatore unico; e questo per le caratteristiche implicite nei loro stessi oggetti di studio. Esse si sono perlopiù fermate allo stadio pre-paradigmatico delle «scuole» che si distinguono per prospettiva e orientamento metodologico. Malgrado ciò, non sono mancati, soprattutto a partire dalla seconda metà del ventesimo secolo, studiosi che hanno cercato di sviluppare prospettive culturali e modelli scientifici con l'ambizione di contribuire alla formazione di paradigmi, tra l'altro riconosciuti per un breve periodo come tali da un'ampia fetta della comunità sociologica e politologica internazionale. Ci riferiamo in primo luogo all'orientamento espresso dal «comportamentismo» sviluppatosi dapprima in psicologia e solo in un secondo momento nelle discipline sociologiche. Si trattò di una vera rivoluzione epistemologica da cui scaturirono diversi orientamenti paradigmatici, dalla prospettiva sistemica allo struttural-funzionalismo, fino alle elaborazioni degli studiosi che si sono diversamente riconosciuti nel variegato mondo delle teorie dell'azione, tutte riconducibili a un certo individualismo metodologico, ora di stampo fenomenologico, ora più legato a una visione economicistica delle relazioni interindividuali. In questo capitolo, pur nei limiti di spazio che ci sono concessi, cercheremo di ripercorrerne parametri e tratti salienti.

Obiettivi di apprendimento

- Con la rivoluzione comportamentista si fa strada la convinzione che sia possibile individuare nel comportamento politico delle uniformità che possono essere espresse in forma di generalizzazioni empiriche dotate di una portata esplicativa.
- Con lo sviluppo delle prospettive sistemiche e funzionaliste l'accento si sposta dalle cause dell'azione (motivazioni e socializzazione) alle sue conseguenze rispetto all'equilibrio funzionale della società. Il tutto, che sia un sistema o un insieme di strutture e funzioni, diventa più importante delle sue parti.
- Le teorie dell'azione sono riconducibili alla prospettiva dell'individualismo metodologico e all'enfasi riposta sull'azione intenzionale degli individui in società.

5.1. La rivoluzione comportamentista

Il **comportamentismo** segna uno spartiacque tra un modo di approcciarsi all'analisi politica in prospettiva storico-normativa e una concezione nuova orientata alla ricerca empirica perlopiù di stampo quantitativo

Il **comportamentismo** (in inglese *behaviorism*) è un movimento culturale che si sviluppa negli Stati Uniti a partire dagli anni Cinquanta e che segna uno spartiacque tra un modo tradizionale di approcciarsi all'analisi politica di matrice europea, fondato su un'attenzione ai concetti di Stato e di potere, sovente dentro una prospettiva storico-normativa e finalizzata alla «teoria generale», e una concezione nuova, tutta orientata alla ricerca empirica perlopiù di stampo quantitativo. Il focus si sposta dalle istituzioni agli attori individuali e ai loro comportamenti osservabili. Si tratta di una vera e propria rivoluzione epistemologica e linguistica, che introduce nuovi concetti e nuovi oggetti di analisi in ambito sociologico e politologico. Tale paradigma si sviluppa fin dagli inizi del ventesimo secolo nel campo della psicologia sperimentale per poi affermarsi nelle scienze sociali attraverso un rinnovato interesse per i fenomeni di apprendimento (socializzazione) che sarebbero alla base delle motivazioni e dei fini dell'azione di individui e gruppi. A questo riguardo, diventano oggetto di considerazione sia i fattori esterni agli individui, come la loro collocazione sociale e geografica, sia i fattori interni all'azione, come i desideri, le credenze, le motivazioni.

Per quanto il comportamentismo nelle scienze sociopolitiche già avesse preso piede verso la fine degli anni Cinquanta, la sua massima espansione si realizza nel decennio successivo. Sarà David Easton a operare un importante tentativo di sistematizzazione del nuovo approccio (Easton 1965). Egli individua i presupposti e gli obiettivi del movimento comportamentista codificando otto proposizioni di carattere epistemologico, ciascuna fondata su uno dei seguenti elementi: 1) regolarità; 2) controllo; 3) tecniche; 4) quantificazione; 5) valori; 6) sistematizzazione; 7) scienza pura; 8) integrazione:

- In origine vi è l'accettazione integrale del **principio di regolarità** secondo cui sarebbe sempre possibile individuare nel comportamento politico delle uniformità che possono essere espresse in forma di generalizzazioni empiriche dotate di una portata esplicativa.
- La validità di queste generalizzazioni si stabilisce sulla base dell'osservazione e cioè attraverso il **controllo empirico** di ogni teoria contro qualsiasi tendenza deduttiva e speculativa.
- Tale controllo empirico presuppone il perfezionamento di **tecniche di ricerca e di verifica** capaci di osservare e misurare il comportamento.
- L'esigenza di misurazione presuppone una propensione scientifica alla **quantificazione**, cioè al ricorso a tecniche statistiche di analisi.
- Il rigore analitico richiede una netta distinzione tra **valori e fatti**, presupponendo un atteggiamento avalutativo da parte del ricercatore.
- Per fare ciò, occorre connettere teoria e ricerca attraverso un costante sforzo di **sistematizzazione**.
- L'obiettivo della scienza comportamentista è lo stesso della scienza pura con-

trapposta alle scienze applicate; occorre comprendere il comportamento prima di proporre qualsiasi ipotesi di modifica della realtà.
- Il ricercatore politico, per svolgere la sua funzione, deve essere pronto a operare forme di **integrazione interdisciplinare**; non è possibile infatti ignorare i risultati delle ricerche svolte nell'ambito di altre scienze.

Anche se gli elementi cardine del movimento comportamentista possono essere ricondotti alle otto proposizioni individuate da Easton, tale approccio si è poi sviluppato in molteplici direzioni, assumendo di fatto «tanti significati quanti sono i suoi commentatori» (Sola 1998, 77). Per questa ragione è quasi impossibile in questa sede ripercorrere tutti i filoni di ricerca che possono essere ricondotti al comportamentismo. Di sicura rilevanza è l'approccio di Robert Dahl (1961) che è interessato a individuare alcune catene causali che connettano comportamento individuale e istituzioni, con particolare attenzione alla ineguaglianza dell'influenza politica a partire dalla distribuzione delle risorse in società. Le diverse risorse politiche (dal denaro alle informazioni, al potere coercitivo) non sono infatti distribuite in maniera uniforme tra i membri di una società. Per questa ragione, vi sono personalità più influenti politicamente rispetto ad altre. Ovviamente, non tutto dipende dal possesso di alcune risorse, ma anche da quanto gli individui siano *abili* a far fruttare quelle che hanno in base alle *motivazioni* per cui si impegnano in specifiche azioni. Queste caratteristiche non sono solo dipendenti da elementi di carattere attitudinale, ma anche dalle differenze nelle opportunità di apprendimento e nei conseguenti incentivi all'azione. In questo contesto, acquisisce importanza il sistema di *credenze* degli attori politici, che determinerebbe alcuni comportamenti piuttosto che altri. La connessione credenze-azioni sarebbe alla base della costruzione di determinati assetti istituzionali.

L'attenzione ai sistemi di credenza introduce un concetto fondamentale nell'analisi sociopolitica, quello di «cultura politica» che, in ambito comportamentista, è stato elaborato in primo luogo da Gabriel Almond. Egli per cultura politica intende il risultato di una combinazione virtuosa tra atteggiamenti e orientamenti diffusi della cittadinanza nei confronti del sistema politico-istituzionale. Come emerge nel volume pubblicato con Sidney Verba (Almond, Verba 1963), la *Civic Culture*, diversamente modellata dall'esperienza storica di un paese e di un popolo, sarebbe alla base di certe condotte politiche e avrebbe dunque un peso determinante nella costruzione di specifiche strutture politiche e nel loro funzionamento. La cultura sarebbe dunque alla base della condotta degli individui in una società politica e, in una prospettiva comportamentista, diventa utile individuare alcune dimensioni relative al comportamento politico. Nel caso in oggetto, i due autori si soffermano per esempio sulla componente *cognitiva*, *affettiva* e *valutativa* della cultura civica. Nel primo caso, si riferiscono alla conoscenza di strutture, procedure e credenze politiche, così come al grado di informazioni a cui i cittadini possono effettivamente attingere rispetto al sistema politico in cui vivono; nel secondo caso, si riferiscono ai sentimenti di attaccamento e impegno o, eventualmente, di rifiuto nei confronti del sistema; nel terzo caso, infine, si riferiscono alle opinioni attraverso cui i cittadini esprimono dei giudizi di valore sul sistema politico stesso. Combinando queste componenti e operativizzandole empiricamente Almond e Verba propongono delle tipologie di comportamento dei cittadini nei confronti della politica e delle istituzioni, che vengono dunque suddivisi in «provinciali» (*parochials*), quando hanno scarsa consapevolezza del sistema politico, in «sudditi» (*subjects*), quando tendono a subire passivamente le scelte politiche, e in «partecipanti» (*participants*), quando sono pienamente consapevoli del proprio ruolo e dei propri diritti e si comportano di conseguenza, cercando di partecipare attivamente alla produzione delle decisioni socialmente vincolanti.

La propensione empirica del movimento comportamentista ha prodotto alcune distorsioni metodologiche, a partire per esempio dalla scarsa attenzione verso la dimensione storica, prediligendo analisi sincroniche, e alla scelta di ambiti di ricerca circoscritti, sovente di dubbia rilevanza. La stessa enfasi nei confronti di un avalutativismo sostenuto statisticamente ha spesso schiacciato la capacità intuitiva dei ricercatori, nascondendo tra l'altro un marcato conservatorismo culturale fondato sull'accettazione di un determinato ordine sociopolitico senza possibilità di cambiamento. Inoltre, una eccessiva attenzione nei confronti del comportamento degli attori ha fatto sì che tutto il discorso sulle istituzioni venisse trascurato, sottovalutandone l'effettiva importanza. Detto ciò, la rivoluzione comportamentista ha avuto comunque il merito di porre l'attenzione sugli attori politici, inaugurando nuovi filoni di indagine che ancora oggi sono al centro degli studi sociologici e politologici, come il comportamento elettorale, la socializzazione politica e, in genere, le forme di partecipazione.

5.2. La politica come sistema

La tendenza del comportamentismo ad affrontare oggetti di studio non sempre caratterizzati da una particolare rilevanza teorica, ma piuttosto orientati a scegliere i temi in base alla disponibilità di tecniche di ricerca adeguate, ha presto prodotto una certa insoddisfazione tra sociologi e politologici che hanno gradualmente rivalutato una prospettiva «macro», attraverso cui comprendere la portata di grandi processi storico-sociali di importanza collettiva. Questo ha determinato lo sviluppo, proprio in seno al comportamentismo, di due indirizzi metodologici affini, ma analiticamente distinti: ci riferiamo al **paradigma funzionalista** e al **paradigma sistemico**. Nel primo caso, ci si propone di affrontare le strutture, e in genere i meccanismi che garantiscono l'equilibrio delle relazioni, all'interno di un determinato contesto sociale; nel secondo caso, si propone di fornire alla politica un quadro unitario nell'ambito di un sistema che non è più lo Stato in quanto tale, ma piuttosto un insieme complesso di interazioni relative alla scarsità di beni e valori e alla cogenza delle decisioni relative alla loro distribuzione. In entrambi i casi, le azioni individuali sono immesse all'interno di un contesto che ne determina la regolarità e, in un certo senso, la prevedibilità empirica.

Il **paradigma funzionalista** e il **paradigma sistemico** immettono le azioni individuali in un contesto che ne determina la regolarità e si propongono di affrontare i meccanismi che garantiscono l'equilibrio delle relazioni all'interno di un determinato insieme sociale

Come nota Sola (1998, 118), «la riscoperta della dimensione macro, il richiamo al contesto associativo e alle aggregazioni [...] spostano l'attenzione del politologo dalle azioni alle strutture, dall'individuo alle funzioni, dalle parti al tutto». Più che gli attori politici, diventa fondamentale il loro «ruolo» dentro un ambito di cui si studiano i processi di mutamento e persistenza. Il comportamento individuale è subordinato a situazioni, norme e funzioni che ne condizionano il corso, mentre le «strutture» sono intese come un insieme di ruoli tra loro connessi e interdipendenti. Il «sistema» è a sua volta inteso come un insieme di strutture a cui corrispondono funzioni e quindi ruoli. Ogni sistema è suddiviso in sottosistemi che a loro volta sono caratterizzati da strutture e ruoli che garantiscono la continuità interattiva dell'insieme.

Sia il funzionalismo che la teoria dei sistemi si distinguono dunque dal comportamentismo in primo luogo per la loro propensione a considerare il «tutto» più rilevante delle sue parti (prospettiva olistica). L'accento si sposta quindi dalle *cause* dell'azione (motivazioni, desideri, socializzazione) alle sue *conseguenze* rispetto all'equilibrio funzionale della società; per dirla sempre con Sola (ibid., 119), «le domande del ricercatore non sono più relative al *chi* o al *che cosa* della politica, ma soprattutto al *come*». Sistema sociale e sottosistema politico sono dunque concepiti come un insieme di parti interconnesse che non possono essere analiticamente isolate, perché anche un minimo cambiamento di una delle sue parti produce uno squilibrio all'intero insieme. La dimensione *oggettiva* legata all'organizzazione funzionale del sistema è dunque prevalente rispetto a quella *soggettiva* rappresentata dalle percezioni e dai comportamenti dei singoli attori che nel sistema vivono e agiscono. **Il ricercatore sistemico, al contrario del funzionalista, tende a selezionare l'oggetto di studio individuando i confini di ogni sistema e, in questo modo, concentrandosi sul funzionamento di alcune strutture piuttosto che dell'intero complesso**. Tanto per cominciare, esso distingue tra sistema sociale e sistema politico, cercando di individuare i «flussi di domande» (*input*) che provengono dall'ambiente esterno al sistema come dal suo interno; in secondo luogo, esso studia i «flussi di risposta» (*output*) da parte del sistema, per poi analizzare le modalità di retroazione (*feedback*) determinate dal rapporto domande/risposte. Per l'analista sistemico, il sistema politico è *inclusivo*, nel senso che include tutte le relazioni connesse all'esercizio del potere politico fondato sull'esercizio legittimo della forza dentro un contesto equilibrato di *interdipendenze*. Il sistema politico in quanto tale è dunque visto come un'entità relativamente autonoma rispetto al più ampio contesto sociale.

5.2.1 Il paradigma struttural-funzionalista

> Per **Robert Merton** tutte le attività sociali sono funzionali all'intero sistema sociale e ogni elemento socioculturale di un sistema svolge una qualche funzione

La prospettiva funzionalista viene introdotta in sociologia dall'opera di Talcott Parsons trovando poi applicazione negli studi di molti studiosi nel secondo dopoguerra; tra questi, **Robert Merton** proporrà di considerarlo come un vero e proprio paradigma epistemologico per le scienze sociali. Egli individua tre postulati: l'**unità funzionale**, nel senso che tutte le attività sociali sono funzionali all'intero sistema sociale; il **funzionalismo universale**, nel senso che ogni elemento socio-culturale di un sistema sociale svolge una qualche funzione; e la **indispensabilità**, nel senso che ogni elemento in quanto legato a un sistema di interdipendenze è egualmente indispensabile al sistema stesso (Merton 1949). Per ovviare ai rischi di staticità che tali postulati implicano, egli aggiungerà la nozione di **alternative funzionali**, mettendo in luce l'esistenza di alcune «disfunzioni» capaci di introdurre nel sistema elementi di conflitto. A questo riguardo, distingue tra «funzioni manifeste» e «funzioni latenti», rispondendo all'esigenza di separare analiticamente le motivazioni coscienti del comportamento sociale e le sue conseguenze sovente non volute e non previste. Merton cerca di applicare questo discorso alla macchina politica locale, affermando che il *boss* (leader), dal punto di vista delle funzioni manifeste, centralizza e organizza i bisogni espressi dai diversi gruppi che agiscono in una comunità cercando di rassicurare gli elettori che la politica rispetterà le loro aspettative. Egli trasforma dunque la politica in una sorta di vincolo personale, dimostrandosi ufficialmente sensibile ai concreti bisogni della collettività. Ma quando il leader politico scambia voti con politiche di assistenza rischia di trasformare l'intera organizzazione in una struttura che agisce seguendo canali alternativi (alternativa funzionale) rispetto a quelli formalmente (e legalmente) previsti. Questo evidenzia almeno tre funzioni latenti del cosiddetto *bossismo*: la prima consiste nella concessione di vantaggi immediati a chi fa parte di una particolare clientela; la seconda si realizza nella possibilità del leader di favorire lo sviluppo di pratiche sommerse; la terza si realizza nella possibilità non necessariamente illegale per cui la macchina politica possa diventare uno strumento di mobilità sociale per individui che sarebbero altrimenti estromessi dai canali istituzionali predisposti per organizzare la scalata a posizioni di potere più elevate.

In ambito strettamente politologico, lo struttural-funzionalismo è invece legato ai nomi di Harold Lasswell, David Easton e, soprattutto, Gabriel Almond. Laswell è interessato ai meccanismi di produzione decisionale che, all'interno di un sistema politico, passerebbero a suo avviso attraverso sette fasi a cui corrispondono specifiche funzioni: a) l'**informazione**, che presuppone la raccolta di dati e l'elaborazione da parte del decisore politico di un programma di azione; b) l'**iniziativa**, che si basa sulla promozione di politiche alternative; c) la **prescrizione**, che si basa sulla emanazione di regole generali di condotta; d) l'**invocazione**, che si fonda sul richiamarsi da parte del decisore a una specifica prescrizione, cercando con questo di influenzare i risultati; e) l'**applicazione**, che si fonda sulla pratica di una certa condotta sulla base di determinate prescrizioni; f) la **valutazione**, che riguarda il giudizio sul fallimento o meno di una certa decisione; g) la **terminazione**, cioè l'eventuale estinzione delle prescrizioni autoritative e quindi dei comportamenti che ne conseguono (Lasswell 1956).

Easton, che ci offre una delle più complete formulazioni dell'approccio sistemico in ambito politologico, è convinto che ogni sistema politico assolva tre funzioni, che egli presenta come **richieste**, **sostegno**, **decisioni**. Le richieste agiscono da stimolo al sistema politico per poter effettivamente funzionare e si configurano in forma di domande che individui e gruppi rivolgono all'autorità politica; il sostegno viene offerto alla politica in cambio del soddisfacimento di tali domande in un regime di scarsità in cui non tutti potranno essere accontentati; le decisioni completano il quadro funzionale a cui il sistema politico deve adeguarsi (Easton 1957).

• Lo schema funzionale di Gabriel Almond

Almond con il suo schema funzionale vuole mettere in luce quel sistema di interazioni riscontrabili in ogni società e in ogni sistema politico

Lo schema funzionale di **Almond** nasce dall'esigenza di individuare concetti e categorie che si adattino all'analisi comparata (Almond, Coleman 1960). Egli accoglie la prospettiva funzionalista per mettere in luce quel sistema di interazioni riscontrabili in ogni società e in ogni sistema politico. Parlare di «ruoli», piuttosto che di uffici; di «cultura politica», piuttosto che di opinione pubblica, di «socializzazione politica», piuttosto che di cittadinanza, può a suo avviso offrire al ricercatore la possibilità di comparare tra loro società anche molto distanti senza il rischio di inquinare l'indagine con uno sguardo troppo etnocentrico e legato a una visione del mondo occidentale. Egli evidenzia due categorie funzionali che considera rilevanti per l'analisi comparata:

- le **funzioni politiche**, riconducibili alle funzioni che Easton avrebbe identificato con gli *input* al sistema, e cioè la «socializzazione politica», il «reclutamento politico», la «articolazione degli interessi», la «aggregazione degli interessi», la «comunicazione politica»;
- le **funzioni di governo**, riconducibili invece alla sfera degli *output* eastoniani, e cioè la «formazione delle norme», la «applicazione delle norme», la «amministrazione giudiziale delle norme».

Tutti i sistemi politici, tradizionali o moderni, sono a suo avviso accomunati da alcuni elementi funzionali che ne consentono la comparazione. Tanto per cominciare, ogni sistema politico si dota, a suo avviso, di alcuni tipi di strutture multifunzionali che assolvono ovunque le stesse funzioni. Ogni sistema politico è inoltre un sistema «misto» dove, in termini di cultura politica, convivono elementi di tradizionalismo e di modernità. Egli propone una griglia teorica che si fonda su quattro concetti base: «sistema politico», «struttura politica», «cultura politica» e «funzione». Si concentra poi in particolare su tre tipi di funzioni sistemiche: «funzioni di rendimento», «funzioni di conversione», «funzioni di mantenimento e adattamento» (Almond, Powell 1966). Per «strutture», Almond intende tutte le attività direttamente osservabili all'interno del sistema e facilmente scomponibili in ruoli tra loro collegati. Questi elementi garantiscono una certa regolarità dei comportamenti e quindi del funzionamento del sistema stesso. Ogni sistema è a sua volta scomponibile in sotto-sistemi, come quello partitico, burocratico, di governo. Per quanto sistemi e sotto-sistemi siano dotati di una certa autonomia, essi non possono prescindere dalla cultura politica e cioè dagli atteggiamenti sociali (che possono essere conoscitivi, affettivi, valutativi) nei confronti dell'autorità. In questo contesto, la «funzione» equivale alla prestazione, cioè al funzionamento, di tutte le componenti che compongono il sistema che sono riconducibili alle due categorie sopra-indicate. Secondo la griglia funzionale di Allmond e Powell, ogni sistema politico può essere analizzato su tre livelli: il primo livello è quello relativo alle interazioni tra il sistema politico e l'ambiente, a cui sono associate le funzioni di *rendimento*; il secondo livello è quello relativo alle interazioni interne al sistema ed è associato alle funzioni di *conversione*; il terzo livello è infine quello connesso alle funzioni di *mantenimento* del sistema e al suo *adattamento* ai mutamenti che possono verificarsi nel tempo (vedi tab. 5.1).

Tab. 5.1 Elaborazione della griglia sistemico-funzionale di Almond e Powell (1966)

Livello 1	*Funzioni di rendimento* Queste funzioni riguardano le prestazioni del sistema rispetto al suo ambiente	1. Capacità estrattiva 2. Capacità regolativa 3. Capacità simbolica 4. Capacità distributiva 5. Capacità ricettiva
Livello 2	*Funzioni di conversione* Queste funzioni riguardano le modalità in cui le domande (input) sono trasformate in decisioni politiche e vengono applicate	1. Articolazione degli interessi 2. Aggregazione degli interessi 3. Comunicazione politica 4. Formazione delle norme 5. Applicazione delle norme 6. Amministrazione giudiziale delle norme
Livello 3	*Funzioni di mantenimento e adattamento* Queste funzioni riguardano le capacità del sistema di riprodurre se stesso anche di fronte a mutamenti	1. Socializzazione politica 2. Reclutamento politico

5.2.2 Il paradigma sistemico

Come si è detto, l'approccio sistemico è analiticamente affine a quello funzionale e anche per questa ragione è in genere riconducibile agli stessi autori che per molti anni lo hanno presentato come un vero e proprio paradigma. Sarebbe interessante ripercorrere le tappe del suo sviluppo riflettendo sull'opera dei tanti studiosi che vi si sono riconosciuti proponendone elaborazioni originali, come nel caso del modello cibernetico di Deutsch (1961; 1963) o del modello offertoci da Almond e Powell per l'analisi del processo politico in prospettiva comparata (1966), ma i limiti di spazio ci impongono di focalizzare l'attenzione solo su quegli autori che a nostro avviso hanno dato un certo impulso allo sviluppo della sociologia politica in prospettiva sistemica. In sociologia, tale paradigma viene fatto risalire al *The Social System* pubblicato da Talcott Parsons nel 1951 e, successivamente, alle molteplici elaborazioni di Niklas Luhmann che lo collega al tentativo di produrre una teoria generale della società, mentre, in scienza politica, l'approccio sistemico è senza dubbio legato all'opera di David Easton (1953; 1957), il primo politologo che parlò di «sistema politico» con l'intento di concepire la politica come un ambiente autonomo dal resto della società.

• Il modello sistemico di Talcott Parsons

Per quanto **Parsons** non sia specificatamente uno studioso di politica, buona parte degli studi sistemici di carattere sociopolitico sono in qualche modo debitori nei confronti del suo modello. Se nel 1951 egli elabora per la prima volta la sua concezione sistemica, bisognerà attendere alcuni anni (Parsons 1959; 1966; 1969) prima che la applicasse concretamente al campo della politica. Parsons inserisce la sua riflessione sul cosiddetto sotto-sistema politico all'interno del suo schema quadri-funzionale di sistema sociale. A suo avviso, ogni società può essere analizzata sia lungo la dimensione relativa alla contrapposizione *interno/esterno* sia lungo quella inerente al rapporto *mezzi/fini*. Nel quadrante 1 della fig. 5.1 vediamo riproposto il suo schema AGIL o, letto in sequenza, LIGA, dove per L (*latency*, latenza) si intende la conservazione del modello latente dei valori condivisi, partendo dal presupposto che ogni sistema d'azione debba possedere un modello di riferimento; per I (*integration*, integrazione) si intende invece la necessità per ogni sistema di tenere insieme le sue diverse componenti; per G (*goal attainment*, raggiungimento dello scopo) si intende la necessità per ogni sistema di produrre una certa emissione; per A (*adaptation*, adattamento) si intende infine il modo in cui il sistema si mantiene e riproduce rispetto all'ambiente in cui è inserito. A ogni funzione sistemica corrispondono dei sottosistemi in cui si articola la società (quadrante 2 della fig. 5.1): alla funzione di latenza corrispondono dunque la famiglia, la religione, l'educazione che garantiscono la riproduzione di alcuni modelli culturali; alla funzione di integrazione corrispondono le diverse istituzioni (comunità, legge, norme); alla funzione di raggiungimento dello scopo corrisponde nello specifico la politica; mentre alla funzione di adattamento corrisponde il sottosistema economico. Nel caso della «cultura» e delle «istituzioni» (L e I) ci si riferisce a sottosistemi che hanno a che fare con relazioni *interne* al sistema, dove la cultura è il mezzo e le istituzioni sono il *fine*; mentre con la «politica» e l'«economia» (G e A) abbiamo a che fare con i versanti *esterni* perché poste in relazione con l'ambiente fisico esterno al sistema, dove l'economia è il *mezzo* e la politica è il *fine*.

Buona parte degli studi sistemici di carattere sociopolitico sono in qualche modo debitori nei confronti del modello elaborato da **Parsons**

In questo caso, la politica non è identificata con lo Stato o con le istituzioni di governo (cioè con una qualche struttura), quanto piuttosto con un insieme di azioni che perseguono fini collettivi. Allo stesso modo, anche il sottosistema politico può essere a sua volta suddiviso in quattro quadranti (schema 1 della fig. 5.2) a loro volta suddivisibili in ulteriori quattro quadranti (per l'*Esecutivo* si veda schema 2 della fig. 5.2). Ciascun quadrante deve ovviamente svolgere le funzioni LIGA nell'asse dimensionale esterno/interno al sistema. A questo riguardo, se la *polity*, cioè la comunità politica, può essere scomposta in «costituzione e giustizia» (*latency*), in «legislazione» (*integration*), in «esecutivo» (*goal attainment*) e in «amministrazione» (*adaptation*), allo stesso modo, l'esecutivo può essere scomposto in «dirigenti» (L), «legislatori» (I), «governanti» (G) e «burocrati» (A).

Fig. 5.1 Il modello AGIL di Parsons

Quadrante 1

A	G	Esterno
L	I	Interno
Mezzi	Fini	

Quadrante 2

A	Economia	Politica	G
L	Famiglia Educazione Religione	Comunità Legge Norme	I

Fig. 5.2 Modello di *sistema politico* e di *sistema esecutivo* in Parsons

Quadrante 1

	Esterno		
A	Amministrazione	Esecutivo	G
Mezzi			Fini
L	Costituzione Giustizia	Legislazione	I
	Interno		

Quadrante 2

	Esterno		
A	Burocrati	Governanti	G
Mezzi			Fini
L	Dirigenti	Legislatori	I
	Interno		

• L'approccio sistemico di Niklas Luhmann

Per **Luhmann** sia l'individuo che la società possono essere considerati come «sistemi»

Come rileva Giorgio Sola (1998, 172), **Luhmann** apporta col tempo significative variazioni al suo modello sistemico (Luhmann 1964; 1966; 1968; 1975); malgrado ciò, è possibile affermare che la sua prospettiva si regga sostanzialmente su tre postulati: 1) il primo postulato si basa sulla convinzione che sia l'individuo che la società possano essere considerati come «sistemi», cioè come entità orientate a mantenere nel tempo in equilibrio le varie componenti che le compongono; 2) il secondo postulato si fonda sull'idea che ogni sistema si riferisca a processi reali nell'ambito dei quali le azioni mantengono un andamento relativamente regolare, pur all'interno di un ambiente complesso e per certi aspetti fluttuante; 3) il terzo postulato punta a oltrepassare le tradizionali immagini organicistiche e meccanicistiche del funzionalismo classico e delle varie teorie sistemiche, insistendo sull'idea che il concetto di sistema non indichi tanto l'insieme dei rapporti delle parti con il tutto, quanto piuttosto la rete di relazioni che un dato insieme intrattiene con il proprio ambiente di riferimento.

Luhmann arricchisce i tre postulati con l'ipotesi di fondo secondo cui i sistemi siano destinati a una crescente differenziazione interna che determina, da un lato, la loro scomposizione in sottosistemi, dall'altro, impone una continua ricerca di equilibrio tra istituzioni e funzioni, separazione e connessione, indipendenza e dipendenza, complessità e selettività. Il sistema sociale è dunque immerso in un determinato ambiente e si articola in sottosistemi specifici, come la famiglia, la religione, l'economia, la politica. Il sottosistema politico svolge tutte le funzioni inerenti la produzione di decisioni collettivamente vincolanti e si presenta a sua volta articolato in altri due sottosistemi: la «pubblica amministrazione» e la «politica in senso stretto». Tale separazione tra amministrazione e politica è dunque concepita come una differenziazione funzionale in seno a un sistema, quello politico, il cui compito primario è la «riduzione della complessità» attraverso la produzione decisionale. I due sottosistemi della politica sono autonomi, ma collegati tra loro: nella sfera amministrativa sono collocati i tre poteri principali (legislativo, esecutivo, giudiziario), mentre nella sfera politica in senso stretto sono collocati processi e strutture che si occupano della concentrazione del potere politico (articolazione e aggregazione degli interessi, organizzazione del consenso, socializzazione e reclutamento politico). Partiti e gruppi di pressione sono ovviamente gli attori principali della sfera politica perché contribuiscono alla messa in agenda di politiche pubbliche che spetta al sistema amministrativo di formulare e far applicare. In questo senso, gli *output* del sistema politico in senso stretto rappresentano gli *input* del sistema amministrativo.

Ogni sottosistema si organizza attraverso strutture e ruoli dentro cui si sviluppa una specifica razionalità che, nel caso della sfera politica, si concretizza nella ricerca di consenso, mentre, nel caso della sfera amministrativa, si realizza nell'attivazione di meccanismi decisionali secondo una logica di efficienza interna e di efficacia delle politiche stesse nei termini del loro impatto sociale. L'autonomia del sistema politico non si traduce per Luhmann in autarchia. L'autonomia non esclude infatti l'interdipendenza tra sistema sociale, ambiente e sistema politico. Naturalmente, affinché le relazioni tra le varie sfere siano veramente equilibrate e nel rispetto delle reciproche autonomie, occorre che il sottosistema politico sia «riconosciuto» all'interno del proprio ambiente sociale (legittimazione) dentro il quale non si costituisce un solo centro di potere omogeneo, ma si articolano una molteplicità di ambienti relativamente equivalenti tra loro (pluralismo sociale).

Per quanto riguarda i concetti di «complessità» e «selettività» del sistema politico, Luhmann individua due ulteriori postulati: il primo postulato insiste sull'idea che la complessità interna al sistema debba essere mantenuta a un livello corrispondente a quello del suo ambiente sociale; il secondo postulato presuppone che la complessità di un sistema non possa essere superiore alla sua capacità di ridurla. Un sistema politico, per essere in equilibrio, deve sempre poter contare su più di un'alternativa, nella consapevolezza che tanto più drastici sono gli strumenti di riduzione della complessità e più semplici i meccanismi decisionali, tanto più si riducono le sue alternative. Un'eccessiva complessità interna corrisponde in genere a un elevato grado di conflittualità sociale di fronte al quale il sistema può agire da normalizzatore, cercando di riportare il conflitto a una dimensione di lotta regolata, oppure può tentare di assorbirlo, riportando dentro il sistema i conflitti sorti dentro il più ampio ambiente sociale.

La riflessione politica di Luhmann si completa con la sua analisi del potere che non viene interpretato nella sua forma gerarchica (comando/obbedienza) quanto piuttosto nella sua dimensione circolare, che si realizza in un insieme fluido di relazioni. Il vero potere, risiede per Luhmann nella capacità di ridurre l'altrui complessità selezionando alternative per gli altri. Fondamentale in questo senso è la dimensione comunicativa e selettiva del potere, che porta a un rafforzamento complessivo della capacità selettiva del sistema nella sua interezza. Se la complessità del sistema supera la soglia di guardia, il potere deve diventare riflessivo, cioè deve potersi applicare a se stesso. Questo vuol dire che il potere, in quanto esercizio di influenza, può riprodursi solo se chi lo detiene accetta di essere a sua volta influenzato. Il potere diventa dunque un mezzo di comunicazione sociale capace di dare stabilità al sistema solo all'interno di una dimensione di reciprocità.

• Il sistema politico di David Easton

Easton si propone di produrre un paradigma in grado di concepire la politica come un campo autonomo e indipendente rispetto al sistema sociale

L'approccio sistemico di **Easton** deve molto, a detta dello stesso autore, all'opera di Parsons. La differenza tra i due si definisce nelle intenzioni di Easton di produrre un nuovo paradigma in grado di concepire la dimensione politica come un campo autonomo e indipendente rispetto al sistema sociale. La società diventa semplicemente un ambiente esterno al sistema politico che, a sua volta, viene configurato teoricamente attraverso un modello che serve a spiegare una forma regolare di comportamenti che si esplicano nella sequenza *immissione – emissione – retroazione*. Se Parsons intende proporre un modello generale di funzionamento sociale, Easton è al contrario interessato a spiegare il solo campo della politica, ponendo al limite l'accento sulle interrelazioni tra ambiente e sistema sotto forma di domande a cui l'autorità politica deve offrire risposte convincenti.

Easton cerca di definire cosa sia un sistema politico, come si identifichino i suoi confini e le strutture che lo compongono e soprattutto quale sia la sua logica di funzionamento. Esso è associato all'esercizio della coercizione fisica legittima che, abbiamo visto, è la caratteristica che più di altre ci aiuta a connotare il potere politico. Le interazioni che si realizzano al suo interno sono dunque orientate all'assegnazione imperativa di valori e risorse nell'ambito di uno specifico territorio. Easton si riconosce nella concezione sistemica secondo cui un «sistema» implica l'esistenza di confini tra esso e l'ambiente sociale esterno e una certa interdipendenza tra le parti che lo compongono. I confini non sono intesi in maniera rigida, ma servono analiticamente a distinguere l'arena politica da quella non-politica. L'ambiente è invece collocato fuori dal sistema, ma dentro la società in generale. A questo riguardo, egli parla di ambiente *intrasocietario* che si distingue da quello *extrasocietario*, identificato con il campo delle relazioni internazionali.

Ogni sistema politico è composto, a suo avviso, da numerosi sottosistemi in relazione reciproca, come il sottosistema partitico, burocratico, sindacale, e così via. Le componenti costitutive di ogni sistema sono: la **comunità politica**, composta da individui tenuti insieme da una certa differenziazione dei ruoli; il **regime**, che si realizza in una combinazione di valori, norme e strutture di comando; e l'**autorità**, identificata con chi effettivamente riveste ruoli autoritativi ed è quindi in grado di esercitare il potere politico e decisionale. La relazione tra sistema e ambiente si realizza attraverso la produzione di *input* (**immissione**) che l'ambiente rivolge al sistema politico sotto forma di *domande* e *sostegno*, che vengono dal sistema convertite in *output* (**emissione**), che assumono invece la forma di *risposte* e *azioni*. L'ambiente reagisce alle risposte del sistema politico innescando un *feedback* (**retroazione**). Quest'ultima dinamica che conclude la circolarità dei rapporti tra sistema politico e ambiente è fondamentale per misurare il consenso nei confronti dell'autorità politica e per generare nuove eventuali domande (Fig. 5.3). Da questo punto di vista, Easton considera le domande come le *materie prime* di cui le *risposte* sistemiche rappresentano i *manufatti*. Il compito primario di ogni sistema politico è quello di offrire, sotto forma di decisioni imperative, risposte adeguate alle domande provenienti dall'ambiente sociale. L'ambiente gratifica e stimola il sistema offrendo ad esso «sostegno», che può essere *specifico*, quando è rivolto a istituzioni particolari giudicate per la loro effettiva capacità di produrre decisioni e comportamenti, e *diffuso*, quando è genericamente rivolto al sistema nella sua triplice articolazione di comunità, regime e autorità.

Fig. 5.3 Il sistema politico di Easton

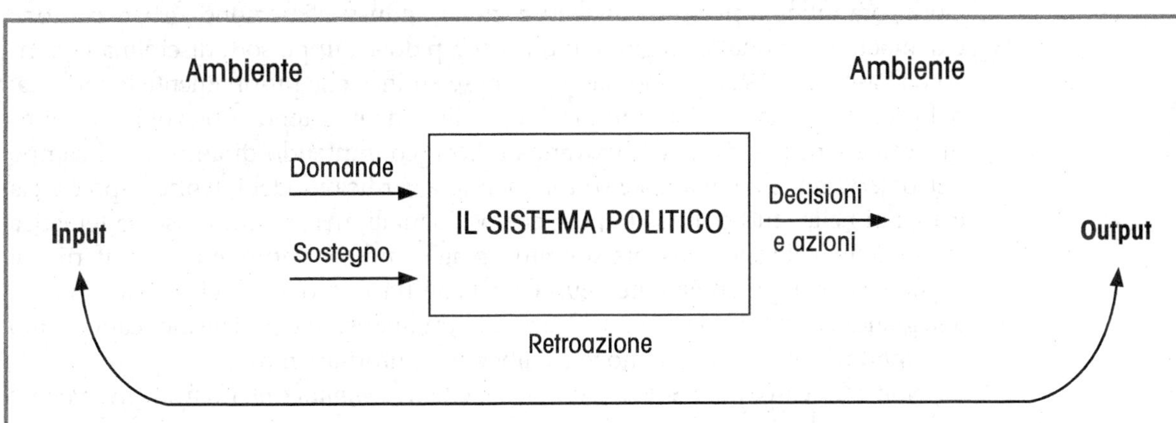

Naturalmente, le domande che l'ambiente rivolge al sistema non possono essere illimitate, pena il rischio di produrre un sovraccarico a cui il sistema stesso non potrebbe fare fronte. Occorre dunque attivare dinamiche di aggregazione degli interessi e selezione delle domande che nei regimi democratici sono in genere assolte da partiti, gruppi di pressione e leader di opinione. Domande inevase o in sovrannumero possono mettere a rischio la stabilità stessa del sistema politico che quindi individua dei **regolatori d'accesso** (*gatekeepers*), che possono essere rappresentati da partiti e gruppi, ma anche da dispositivi culturali attraverso cui si individua un quadro normativo e procedurale che ostacola l'accesso a quelle richieste che potrebbero minare le fondamenta culturali e strutturali del sistema.

5.3. Sviluppo politico e modernizzazione

Nell'ambito della rivoluzione comportamentista e della conseguente affermazione della prospettiva funzionalista e del paradigma sistemico, si costituisce un orientamento che assume l'etichetta di **prospettiva dello sviluppo politico** con l'obiettivo di studiare i caratteri dei nuovi Stati nati in seguito alla fine del secondo conflitto mondiale e al graduale avviamento dei processi di decolonizzazione in Asia e Africa. Alcuni studiosi intendono a questo riguardo individuare degli schemi universalmente validi per orientare le nuove comunità nazionali nel loro percorso di democratizzazione, industrializzazione e secolarizzazione.

La **prospettiva dello sviluppo politico** si pone l'obiettivo di studiare i caratteri dei nuovi Stati nati in seguito alla fine del secondo conflitto mondiale e al graduale avviamento dei processi di decolonizzazione

Con la pubblicazione del testo di Almond a Coleman su *The Politics of the Developing Areas* (1960), il tema dello sviluppo politico diviene centrale in ambito politologico, inteso soprattutto come costruzione dello Stato-nazione (*state building*) e graduale modernizzazione (*modernization*) della sfera socioculturale. Un'intera generazione di studiosi si affrettò a produrre una molteplicità di modelli e prospettive interpretative che andarono a privilegiare ora il collegamento tra struttura sociale e organizzazione politica, ora la connessione tra mobilitazione sociale e partecipazione politica, ora il collegamento tra cultura politica e dinamiche di modernizzazione, ora infine il nesso tra alfabetizzazione, industrializzazione, urbanizzazione e democratizzazione. Le ragioni di un così rapido sviluppo sottodisciplinare, ci ricorda Pasquino (1970), sono sia di natura scientifica che propriamente ideologica: nel primo caso, la nascita di nuovi Stati indipendenti estende notevolmente l'area di ricerca a disposizione dei giovani studiosi, consentendo di ampliare il campo dell'osservazione comparata e sottoponendo a verifica modelli, teorie e ipotesi già elaborati nello studio di realtà politiche occidentali; nel secondo caso, la tematica stessa dello sviluppo consente soprattutto agli studiosi statunitensi di soffermarsi in modo solo apparentemente neutrale sul conflitto tutto ideologico legato, allora, alle grandi contrapposizioni internazionali, tra liberismo e socialismo, capitalismo ed economia pianificata, democrazia liberale e autoritarismo.

Non è un caso, nota Sola (1998, 374), che il *Committee on Comparative Politics* nell'ambito del *Social Science Reasearch Council* avesse proposto una definizione di «sviluppo politico» calibrata sull'assetto politico-istituzionale occidentale, articolato cioè su tre assi: «eguaglianza», «capacità» e «differenziazione». Secondo questa impostazione, riproposta tra gli altri da Lucian Pye, lo sviluppo politico si manifesta su tre livelli (Pye, Verba 1965): 1) il livello relativo alla «popolazione», secondo cui lo sviluppo politico si realizza nel passaggio dalla condizione di suddito a quella di cittadino; 2) il livello relativo alle «prestazione del sistema politico-governativo», secondo cui lo sviluppo si realizza nell'aumento della capacità da parte della politica di dirigere e organizzare gli affari pubblici; 3) il livello relativo alle «modalità di organizzazione dei poteri e delle istituzioni», secondo cui lo sviluppo va a coincidere con la differenziazione strutturale e la separazione dei poteri. In ogni caso, si manifesta presto una certa insoddisfazione verso questa concezione etnocentrica, nella consapevolezza di non poter proporre una definizione univoca di sviluppo politico. Si fa quindi strada la necessità di distinguere tra «modernizzazione politica», che presuppone una separazione netta tra ciò che appartiene alla tradizione e ciò che invece appartiene alla modernità, e «costruzione della nazione», che presuppone la formazione di una coscienza nazionale in cui diventa centrale il livello di integrazione territoriale e culturale. Si viene gradualmente costituendo un nuovo filone di studi sulla «modernizzazione» che si affianca a quello dello sviluppo politico in senso stretto, coinvolgendo tra l'altro una generazione di studiosi di matrice neomarxista che approcciano al tema del sottosviluppo in termini di sfruttamento delle potenze capitaliste nei confronti del paesi del Terzo mondo.

• Lo sviluppo politico

La prospettiva dello sviluppo politico è senza dubbio legata alle attività del **Committee on Comparative Politics** del *Social Science Research Council* coordinato, tra gli anni Sessanta e Settanta, da Gabriel Almond. Il Comitato promosse una specifica collana dedicata a questi temi a partire dal 1963, anno della pubblicazione di *Communications and Political Development*, fino al 1978, anno di pubblicazione di *Crises of Political Development in Europe and the United States*. Nel corso di queste pubblicazioni si fa strada l'idea di «crisi» come concetto fondamentale per comprendere le dinamiche di sviluppo politico. Tutti i sistemi politici sono infatti soggetti a un certo numero di sfide comuni, eppure, gli esiti di questi processi tendono sovente a divergere. Il punto sta dunque nel soffermarsi sulle «sequenze» in cui le diverse crisi si manifestano nei vari paesi. In particolare, gli studiosi del Comitato ne identificarono cinque fondamentali: 1) **crisi di identità**, che servono a descrivere la genesi di uno Stato soffermandosi sul problema dell'appartenenza; 2) **crisi di legittimità**, che fa riferimento al riconoscimento sociale di certe istituzioni, nonché delle regole che esse esprimono; 3) **crisi di partecipazione**, che riguarda il livello di coinvolgimento di individui e gruppi al processo politico; 4) **crisi di penetrazione**, che si riferisce alla natura delle relazioni che si stabiliscono tra sistema politico e ambiente sociale, con particolare riferimento alla capacità dello Stato di estendere la sua influenza nei vari settori della società; 5) **crisi di distribuzione**, che si riferisce al collegamento tra autorità centrali e autorità

> La prospettiva dello sviluppo politico è strettamente legata alle attività del **Committee on Comparative Politics** del *Social Science Research Council* coordinato da Gabriel Almond

periferiche, con particolare riguardo al sistema di relazioni tra amministrazioni pubbliche, gruppi sociali e cittadini.

Lucien Pye, che partecipò alle attività del Comitato, cercò tra l'altro di definire il concetto di «sviluppo politico» distinguendone almeno dieci accezioni (1966), partendo dal presupposto che non sia tanto lo sviluppo delle strutture economiche a determinare lo sviluppo politico, quanto piuttosto l'inverso (vedi tab. 5.2). **In genere, si tenderà ad assumere un'idea di sviluppo politico come quel processo attraverso il quale una comunità si trasforma in Stato nazionale dotato di istituzioni funzionali al mantenimento dell'ordine pubblico e alla mobilitazione delle risorse per la collettività**. Ogni autore cercò di perfezionare la sua idea di sviluppo politico, chi pesando maggiormente il ruolo delle istituzioni e delle classi politiche, chi soffermandosi maggiormente sulle opportunità di partecipazione da parte dei cittadini, chi valorizzando i fattori di sviluppo economico e industriale. Tutti gli autori hanno comunque condiviso l'idea che nel concetto stesso di sviluppo sia implicita una dimensione diacronica che divide l'organizzazione sociopolitica e culturale tra un prima (sottosviluppo) e un dopo (sviluppo), separati da un periodo di mutamento sia esterno che interno al sistema.

Tab. 5.2. I significati dello sviluppo politico per Pye

Lo sviluppo politico è inteso come:	
1. Condizione per lo sviluppo economico	6. Partecipazione di massa
2. Politica delle società industriali	7. Costruzione democratica
3. Modernizzazione politica	8. Stabilità e mutamento ordinato
4. Funzionamento dello Stato-nazione	9. Mobilitazione del potere
5. Sviluppo giuridico-amministrativo	10. Mutamento sociale a più dimensioni

La proposta più completa rispetto al tentativo di costruire una griglia analitica in grado di identificare le principali crisi o fasi di sviluppo ci viene da Rokkan (1969) e dal testo *Crises and Sequences in Political Development*, pubblicato nel 1971 da Binder, Coleman, LaPalombara, Pye, Verba e Weiner. Gli autori identificano sei crisi fondamentali che corrispondono alle cinque crisi prima delineate, a cui si aggiunge la «crisi di integrazione» (tab. 5.3). Rivediamole nello specifico:

- **crisi di identità**: si manifesta quando la popolazione deve riconoscere uno Stato come la propria patria identificandosi con le istituzioni costituite;
- **crisi di legittimità**: si riferisce al rapporto tra governanti e governati con particolare riferimento al riconoscimento (legittimità) dell'autorità politica;
- **crisi di penetrazione**: si riferisce al processo attraverso cui le istituzioni politiche riescono a raggiungere con le proprie disposizioni tutti i settori della società;
- **crisi di partecipazione**: si realizza quando non vi è certezza sul reale tasso di radicamento ed espansione della politica di massa e quando, di conseguenza, l'accesso di nuovi attori nell'arena politica produce tensioni;

- **crisi di integrazione**: si riferisce alla compatibilità tra provvedimenti popolari ed efficienza delle istituzioni di governo e al rapporto tra interessi generali e interessi particolari. Tale crisi si risolve i genere con l'organizzazione di un sistema di norme e procedure che regolino i rapporti tra amministrazione pubblica e portatori di interessi;
- **crisi di distribuzione**: si riferisce alla crisi finale del processo di sviluppo e presuppone una più efficiente organizzazione delle risorse umane e materiali e una distribuzione equilibrata di risorse e benefici tra la popolazione.

Tab. 5.3. Crisi di sviluppo e soluzioni istituzionali secondo Rokkan

Crisi e sfide	*Soluzioni istituzionali*
Identità	Sviluppo del sistema mediatico e delle agenzie di socializzazione dei futuri cittadini: scuole, produzione e diffusione di libri, rituali istituzionali, costruzione di simboli nazionali (inni, bandiere, ecc.)
Legittimità	Tutti gli sforzi finalizzati a rafforzare la lealtà nei confronti del sistema con la produzione di norme e regolamenti attraverso agenzie autorizzate
Penetrazione	Creazione di un sistema amministrativo territoriale per la mobilitazione delle risorse (tasse, manodopera), controllo dell'ordine pubblico e sviluppo delle infrastrutture
Partecipazione	Estensione del suffragio e garanzie per le minoranze e le opposizioni politiche
Integrazione	Costruzione di regole per l'allocazione delle risorse e la distribuzione degli incarichi politico-amministrativi
Distribuzione	Costruzione di un sistema di servizi sociali, per la redistribuzione di benefici e reddito

Rokkan collega il processo di democratizzazione allo sviluppo della partecipazione politica

Il politologo Stein **Rokkan** (1969) collega invece la democratizzazione alla partecipazione politica. Non vi può essere infatti democratizzazione senza il coinvolgimento delle masse in politica, ma per far sì che questo si realizzi occorre superare quattro soglie istituzionali, ciascuna delle quali rappresenta una tappa fondamentale del processo di sviluppo: la **soglia di legittimazione**, che si manifesta quando nella storia di uno Stato si concretizzano le prime forme di riconoscimento al diritto di organizzazione e petizione; la **soglia di incorporazione**, che consente di valutare il tempo effettivo impiegato prima che ai sostenitori di alcuni movimenti sociali sia riconosciuto il diritto formale alla partecipazione anche elettorale; la **soglia di rappresentanza**, che serve ad analizzare le barriere esistenti alla reale rappresentanza degli attori e degli interessi espressi dai movimenti di opposizione; la **soglia del potere esecutivo**, che serve a valutare l'effettiva divisione dei poteri e il grado di permeabilità del potere esecutivo rispetto alle istanze provenienti dal Parlamento e in genere dal popolo. Superata la soglia di legittimità, si attiva secondo Rokkan il processo di sviluppo che, nel caso in cui proceda senza intoppi, passa inevitabilmente per il superamento delle altre soglie.

Organski elabora una teoria sugli «stadi di sviluppo» analizzando la costruzione degli Stati nazionali in Europa a partire dal XVI secolo

Sarà infine **Organski**, con il suo *The Stages of Political Development* (1965) a elaborare una vera teoria sugli «stadi di sviluppo», analizzando la costruzione degli Stati nazionali in Europa a partire dal XVI secolo, connettendola tra l'altro al processo di industrializzazione. Egli parte dal presupposto che, da un lato, lo sviluppo economico possa essere identificato con lo sviluppo di una nazione ma, dall'altro, lo sviluppo politico va considerato ad esso anteriore. Da questa premessa fa discendere una definizione dello sviluppo politico e una conseguente tipologia degli stadi di sviluppo. Egli, per sviluppo politico, intende dunque un aumento della capacità statale di utilizzare le risorse umane e materiali di un paese, ponendole al servizio degli interessi nazionali. Gli stadi di sviluppo sono a suo avviso quattro:

- l'**unificazione primitiva**, che si riferisce all'infanzia delle nazioni, quando i governi centrali cominciano ad assumere un certo controllo sulla popolazione, gettando le basi per la costruzione di un mercato nazionale;
- l'**industrializzazione**, che si riferisce allo stadio del decollo industriale. In questo stadio i governi si incaricano di favorire l'accumulo di capitali privilegiando una classe sociale sulle altre;
- il **benessere nazionale**, che si riferisce a Stati che hanno già raggiunto un livello considerevole di sviluppo politico ed economico e danno corpo a politiche assistenziali attraverso la distribuzione di beni e servizi;
- la **politica dell'abbondanza**, che si riferisce all'ultimo stadio di sviluppo, quando la differenziazione e centralizzazione politico-amministrativa si connette a una situazione economica rigogliosa, garantita soprattutto dalla crescita tecnologica e da un alto potere d'acquisto dei salari. È la fase del consumo di massa.

Organski non si limita all'identificazione dei quattro stadi, ma approfondisce l'analisi definendo quei modelli di governo (modello borghese occidentale, modello sovietico, modello fascista) che hanno storicamente dimostrato di saper affrontare in maniera diversa le sfide che ogni stadio pone al sistema politico. I limiti di spazio non ci consentono però di approfondire ulteriormente l'analisi del suo contributo.

Gli studi sulla **modernizzazione** seguono diversi orientamenti ma hanno tutti in comune il richiamo alla dicotomia tradizione/modernità

La modernizzazione

Anche gli studi sulla **modernizzazione**, che vengono prodotti a partire dagli anni Sessanta, seguono diversi orientamenti, ma hanno tutti in comune il richiamo a volte fin troppo rigido alla dicotomia tradizione/modernità. Il concetto di modernizzazione è spesso stato sovrapposto a quello di sviluppo politico, ma Apter (1965) ci tiene a distinguerli. In particolare egli separa analiticamente sviluppo, modernizzazione e industrializzazione, per poi insistere sui rapporti esistenti tra questi tre processi. Se per «sviluppo» intende un processo generale di crescita economica, culturale e politico-amministrativa, l'«industrializzazione» è invece un processo più specifico, legato all'espansione di un modo di produzione soprattutto nel campo manifatturiero; la «modernizzazione», a sua volta, se intesa sotto il profilo economico, agisce a suo avviso da cerniera tra sviluppo e industrializzazione. Sotto il profilo culturale, essa ha invece inizio quando in un determinato paese cominciano a diffondersi orientamenti al cambiamento e gli individui cominciano a confidare nel loro diritto di scelta e di azione. Sulla base dell'analisi di alcuni casi storici (specie in Africa e America Latina), Apter afferma che le condizioni della modernizzazione sono sostanzialmente tre: 1) un sistema sociale abbastanza dinamico da innovarsi senza per questo disgregarsi; 2) l'esistenza, conseguente, di strutture sociali flessibili e differenziate; 3) una diffusione adeguata delle conoscenze soprattutto in campo tecnologico. Queste tre precondizioni possono favorire lo sviluppo sociale in senso progressivo passando per tre macro-fasi: il declino del tradizionalismo, il passaggio all'industrializzazione e il definitivo avvento della modernizzazione.

La modernizzazione, a sua volta, si dispiega sia sotto il «profilo normativo» – cioè sul piano dei sistema valoriale che dà corpo alla società – sia sotto il «profilo strutturale» – attraverso cui si possono stabilire i limiti alle scelte e alle azioni degli individui – sia, infine, sotto il «profilo comportamentale» – che si riferisce esplicitamente ai tipi di scelte e alle motivazioni che le animano. A questo punto Apter è pronto a elaborare la sua teoria degli stadi che partono dalle società tradizionali, che sono il punto di partenza di ogni processo di mutamento. Egli propone una classificazione a due dimensioni fondata su due tipi di autorità – **autorità gerarchica** e **autorità piramidale** – e due tipi di orientamenti valoriali a livello comunitario – **valori espressivi** e **valori strumentali**. La prima dimensione dicotomica si riferisce al livello strutturale e, in particolare, al livello di responsabilità del governo nei confronti dei cittadini: se ci si trova di fronte a un governo molto centralizzato e poco responsabile, si parla di un tipo di autorità gerarchico; se invece si ha un governo decentrato e responsabile, parliamo di autorità piramidale. Quanto alla seconda dimensione dicotomica, Apter, non nascondendo un evidente influsso durkheimiano (si pensi alla divisione tra sacro e profano), si riferisce al lato eminentemente culturale. I valori si dicono espressivi (*consummatory*) quando manifestano un conflitto normativo che si colloca nell'area ideologico-religiosa; si parla invece di valori strumentali (*instrumental*) quando si esprimono nell'ambito di un conflitto di interessi che si colloca nell'area tipicamente moderna della *secolarizzazione*. Dall'incrocio di queste due dimensioni dicotomiche Apter produce una tipologia di sistemi politici (si veda la tab. 5.4):

Il primo tipo connota un modello di *collettività sacra*, generalmente contraddistinto da alta ideologizzazione e autorità gerarchica e dal prevalere di forme di controllo marcatamente coercitive; il secondo tipo caratterizza un modello *laico-libertario*, che si connota invece per una diffusione dell'informazione, il prevalere di un sistema di autorità piramidale e un orientamento valoriale strumentale. Questi due modelli esprimono due tipi di sistemi politici che Apter definisce **sistemi di mobilitazione** (tipo A) e **sistemi di riconciliazione** (tipo B). Esistono poi due forme intermedie espresse da un modello di *autocrazie modernizzanti* (o *società neomercantilistiche*) e di *sistemi teocratici*, che esprimono rispettivamente due tipi di sistemi politici che Apter definisce **sistemi burocratici** (tipo C) e **sistemi teocratici** (tipo D). Stabilita questa tipologia, Apter elabora la sua teoria della modernizzazione che si definisce nell'articolazione di un *continuum* tradizione/modernità ai cui due poli si collocano, da un lato, le cosiddette *collettività sacre* e, dall'altro, il cosiddetto modello *laico-libertario*. Nel primo caso, prevale un sistema coercitivo e religioso che propende verso forme di totalitarismo; nel secondo caso, invece, prevale un sistema in cui si adottano meccanismi comunicativi di riconciliazione dei conflitti per garantire il libero sviluppo individuale in un contesto di potere decentrato e responsabile, congeniale a regimi di tipo democratico.

Tab. 5.4. Tipologia di sistemi politici per Apter

Tipo di valori	Tipo di autorità	
	Gerarchica	Piramidale
Espressivi	A Sistemi di mobilitazione	D Sistemi teocratici
Strumentali	C Sistemi burocratici	B Sistemi di riconciliazione

5.4. La politica come azione

Con l'espressione **teorie dell'azione** si intende quell'insieme di approcci diversamente riconducibili alla prospettiva dell'individualismo metodologico

In questo paragrafo, affronteremo i tratti generali di quegli approcci che, in evidente contrapposizione rispetto al paradigma sistemico, cercano di spiegare gli eventi sociali e politici enfatizzando il ruolo dell'azione individuale. Ci riferiamo alle cosiddette **teorie dell'azione** e cioè a quell'insieme di approcci, anche molto diversi tra loro, che sono riconducibili alla prospettiva dell'individualismo metodologico e all'enfasi riposta sull'azione intenzionale degli individui. Tale prospettiva è legata al dibattito ottocentesco sui parametri fondazionali delle scienze sociali, ma solo nella seconda metà del ventesimo secolo assume i tratti di un approccio paradigmatico allo studio della società e della politica, soprattutto nella sua versione economicistica riconducibile alla teoria della «scelta razionale» e alle sue diverse derivazioni. Per quanto tale prospettiva sia stata accolta con entusiasmo perlopiù dagli scienziati politici e molto meno dai sociologi, ci sembra corretto anche in questa sede ripercorrerne i tratti salienti. Partiremo con una descrizione generale dell'individualismo metodologico per poi proporre una breve riflessione sulle teorie dell'azione in sociologia. Infine, ci dedicheremo all'approccio economico con particolare riferimento alla teoria della scelta razionale di cui abbiamo già brevemente accennato nel paragrafo relativo al rapporto tra sociologia politica e *new political economy* (cfr. par. 3.4).

5.4.1. L'individualismo metodologico

I due autori classici a cui è possibile ricondurre le prime elaborazioni dell'**individualismo metodologico** sono Carl Menger e Max Weber. La posizione metodologica di Weber e la sua attenzione all'azione individuale dotata di senso è già stata descritta nel paragrafo a lui dedicato (cfr. par. 2.5) e, per questa ragione, vi dedicheremo ora solo alcune brevi considerazioni. Come nota Petroni (1989, 137), una delle più esplicite definizioni dell'individualismo metodologico di Weber sono rintracciabili nella raccolta di saggi che hanno dato corpo al suo *Metodo delle scienze storico-sociali* (1922, tr.it. 1958) e in particolare laddove riflette sui caratteri della «sociologia comprendente» che, a suo avviso, «deve guardare all'individuo singolo e al suo agire come al proprio 'atomo'» (ibid., 256). Per quanto il nostro pensiero abbia la tendenza a dare sostanza all'agire umano in forma di società, la sociologia dovrebbe per Weber riportare l'analisi al livello dell'«azione intelligibile», cioè all'agire degli individui che vi partecipano. L'attenzione weberiana è dunque rivolta all'intenzionalità dell'azione umana e alla sua implicita razionalità.

> L'**individualismo metodologico** già con Menger e Weber si connota per la sua attenzione all'azione individuale dotata di senso

Le riflessioni di Menger, che precedono Weber di alcuni decenni (Menger 1883, tr.it. 1937), sono ancora più esplicite. Egli è interessato a «indagare i primitivi e più elementari fattori dell'economia umana, di determinare la misura dei relativi fenomeni, e di elaborare le leggi secondo le quali da quegli elementi più semplici si sviluppano le forme più complesse dell'economia umana» (ibid., 45). In questo Menger sostiene una sostanziale unità metodologica tra scienze sociali e scienze naturali: gli individui stanno alla società come gli atomi stanno alla natura e l'economia sociale non rappresenta altro che una molteplicità di economie individuali. Sono gli individui ad essere la *causa* dei fenomeni umani più complessi. Per comprendere tale complessità (cioè l'economia sociale) occorre risalire dunque ai suoi veri elementi, cioè alle «economie individuali nella collettività», esaminando le leggi secondo cui l'economia sociale deriva da quelle individuali (ibid., 70). La definizione di queste leggi prescinde dal discorso meramente metodologico e si basa sull'assoluta rilevanza che Menger attribuisce alle spiegazioni individualistiche rispetto alla genesi delle istituzioni e dello Stato, secondo il modello offerto dagli economisti classici già criticati da Marx. Con Menger e Weber siamo ancora pienamente immersi nel dibattito sulla fondazione delle scienze sociali in relazione alle più strutturate scienze naturali. La loro posizione ispirerà molte riflessioni successive; tra queste, degne di nota sono senza dubbio riconducibili al nome di Von Hayek.

> Per **von Hayek** il ricercatore deve sempre prendere le mosse dalle concezioni dalle quali gli uomini sono indotti all'azione

- **Il soggettivismo delle scienze sociali in Von Hayek**

  Tra i pensatori che hanno maggiormente contribuito allo sviluppo dell'individualismo metodologico, **Von Hayek** è senza dubbio uno di quelli che ne hanno offerto una più coerente sistematizzazione. Egli parte dall'assunto che il ricercatore sociale deve considerare «volgari» le idee che la mente popolare in genere produce su entità collettive (società, capitalismo, imperialismo, ecc.) perché esse non possono mai essere confuse con i fatti reali. Occorre altresì «prendere le mosse dalle concezioni dalle quali gli uomini sono indotti all'azione» (von Hayek 1952, tr.it. 1967, 41). Questa predisposizione sarebbe il tratto saliente dell'individualismo metodologico. Se nelle scienze naturali il compito del ricercatore è ricostruire per via sperimentale fenomeni e processualità non immediatamente osservabili, nelle scienze sociali questo non è possibile. Diventa dunque necessario soffermarsi «sugli elementi costitutivi dei fenomeni complessi», perché sono proprio tali elementi «a costituire il fattore veramente empirico nell'ambito di queste scienze» (von Hayek 1935, tr.it. 1988, 332). Gli elementi costitutivi dei fenomeni complessi sono per von Hayek gli «atteggiamenti dei singoli», cioè le idee che ogni individuo ha su di sé e sull'ambiente e che vengono soggettivamente trasformate in *dati* senza preoccuparsi di verificare se siano vere o false. Da qui è derivato il carattere soggettivistico delle scienze sociali contrapposto all'oggettivismo delle scienze naturali.

Tale soggettivismo, in von Hayek, non corrisponde a una riduzione psicologistica delle scienze sociali. La psicologia studia infatti l'azione cosciente degli individui, mentre le scienze sociali utilizzano le modalità di queste azioni come dati: «i problemi che esse cercano di risolvere si presentano solo in quanto l'azione cosciente di una molteplicità di persone dà luogo a risultati imprevisti, e in quanto si constata l'esistenza di certe regolarità maturate spontaneamente al di fuori di ogni deliberazione programmatica» (von Hayek 1952, tr.it. 1967, 43). La produzione di queste regolarità (o *ordini*) giustifica il campo di indagine delle scienze sociali. Un complesso sociale è dunque il risultato dell'interazione tra diversi piani di azione individuali.

Appare dunque chiaro come alla base dell'individualismo metodologico, di cui abbiamo accennato solo per grandi linee, ogni entità collettiva, a partire dalla società stessa, deve essere *ridotta* a termini individuali. Come nota Watkins, l'individualismo metodologico si fonda sul luogo comune «metafisico» secondo cui gli eventi sociali sono prodotti da *persone*; «questa affermazione fattuale o metafisica ha l'implicazione metodologica che i fenomeni sociali su larga scala come l'inflazione, le rivoluzioni politiche, ecc., devono essere spiegati in termini di situazioni, disposizioni e credenze di *individui*» (Watkins 1973, 179).

5.4.2. Le teorie dell'azione in sociologia

Appare ormai evidente come tutte quelle teorie diversamente riconducibili all'individualismo metodologico abbiano in comune la centralità attribuita all'autonomia dell'attore. L'azione individuale non è intesa come semplice prodotto di fattori costrittivi esterni (determinismo ambientale), ma modellata anche e soprattutto in base a scelte consapevoli (intenzionalità del soggetto). Emerge la differenza sostanziale rispetto all'approccio sistemico e funzionalista, secondo cui l'azione individuale è irrilevante perché determinata da forze sociali che esistono prima e oltre gli individui. Per le «teorie dell'azione», l'attore e i suoi fini sono variabili indipendenti da cui conseguono strutture e istituzioni sociali. Seguendo lo schema che ci offre Giglioli (1989), possiamo distinguere le teorie dell'azione in «teorie normative», che reagiscono al razionalismo utilitarista degli economisti classici, e «teorie dell'azione razionale», conosciute in sociologia soprattutto sotto la dizione di «teorie dello scambio» (Homans 1958; 1961; Blau 1964), che invece recuperano la logica economica applicata alle azioni e interazioni sociali.

La teoria normativa dell'azione in Talcott Parsons

Quando parliamo di **teoria normativa dell'azione** ci riferiamo a una specifica concezione dell'agire umano che valorizza l'aspetto motivazionale non necessariamente improntato sullo schema dell'utilitarismo economicistico. L'autore che ha probabilmente contribuito con maggiore efficacia alla sua elaborazione è Talcott Parsons (1937, tr.it. 1986) circa un quindicennio prima di dare alle stampe il lavoro in cui avrebbe inaugurato la sua concezione sistemica (Parsons 1951, tr.it. 1965). Una teoria dell'azione deve a suo avviso partire da un quadro di riferimento che implica la considerazione di quattro elementi: un «attore», dei «fini», una «situazione», e un «criterio selettivo nel rapporto mezzi-fini». La situazione può a sua volta essere scomposta in «condizioni», che non dipendono dalla volontà dell'attore, e in «mezzi», che invece l'attore può manipolare. Dentro questo quadro, ciò che emerge è un certo attivismo dell'attore che, nell'ambito di una situazione data, persegue dei fini attraverso la selezione dei mezzi giudicati più idonei al loro raggiungimento. Tale opera di selezione non sarebbe determinata da una predisposizione razionalistica e strumentale, come vogliono gli utilitaristi, perché sono molte le azioni individuali che in realtà sfuggirebbero a una logica meramente economica. L'attore è per Parsons un soggetto creativo che non agisce come uno scienziato applicato; eppure, tale creatività si dispiega all'interno di un ordine sociale che assume aspetti normativi.

> Per **teoria normativa dell'azione** si intende una concezione dell'agire umano che valorizza l'aspetto motivazionale non necessariamente improntato sullo schema dell'utilitarismo economico

Parsons utilizza il termine **normativo** per indicare «il sentimento attribuibile a uno o più attori che qualcosa è un fine in se stesso» (Parsons 1937, tr.it. 1986, 114). Esso implica un senso di obbligazione morale che spinge gli individui ad assumere come fini delle proprie azioni le definizioni che sono socialmente approvate. L'azione è sì creativa e non necessariamente calcolata, ma nell'ambito di un ordine sociale normativo, che è in primo luogo un ordine morale. Le norme, da fattori esterni si trasformano in costrizioni interne agli attori che agiscono volontariamente, cioè in condizioni di libertà, ma nell'ambito di un sistema normativo che hanno interiorizzato e che garantisce la riproduzione di un certo ordine sociale. Come nota Giglioli (1989, 112), «Parsons sposta infatti il discorso dalla reale autonomia dell'individuo al suo orientamento nei confronti di valori pre-definiti». L'attore diventa una pura espressione del sistema normativo, mettendone di fatto in discussione la reale autonomia. L'ordine sociale, anche nella concezione parsonsiana, è sovraordinato rispetto agli individui e ad essi preesiste. Ma se così è, allora i fini che essi si prefiggono diventano «condizioni date» su cui essi non possono esercitare alcuna forma di controllo. In questo Parsons di fatto priva l'individuo di una reale libertà, subordinandolo a quell'ordine normativo comprensibile solo studiando le società come sistemi.

• La dimensione cognitiva dell'azione

La **dimensione cognitiva dell'azione** si realizza sempre nella pratica effettiva delle relazioni intersoggettive

Abbiamo visto come Parsons trascuri la **dimensione cognitiva dell'azione** che si realizza nella pratica intersoggettiva, cercando altresì di risolvere la questione relativa agli aspetti motivazionali dell'agire umano, inscrivendoli dentro un ordine normativo. Sarà la fenomenologia sociale di Alfred Schütz e soprattutto la scuola etnometodologica a compiere dei passi avanti rispetto alla dimensione cognitiva.

Schütz è convinto che gli individui non facciano mai esperienze identiche del mondo sociale. Lo stesso oggetto può infatti essere esperito e interpretato soggettivamente in base alla collocazione storica e spaziale degli individui la cui biografia agisce da mediazione simbolica, condizionandone le percezioni (Schütz 1962, tr.it. 1979,7-27). L'esperienza vissuta è dunque unica, ma viene poi integrata nella pratica intersoggettiva, cioè nell'interscambiabilità dei punti di vista. I processi cognitivi hanno dunque una componente costruttiva e contingente, perché l'intersoggettività non è sorretta da un ordine normativo esterno, ma si realizza nella reciprocità della pratica quotidiana. Come nota Giglioli (1989, 122), il merito di Schütz sta nell'aver posto l'accento sul senso comune degli attori, fermandosi però su un piano prettamente programmatico. Saranno gli etnometodologi che, a partire dalle sue considerazioni, si porranno il problema della esplorazione sociologica. Se per Schütz gli aspetti cognitivi dell'azione e quelli inerenti un certo ordine normativo sono distinti, l'etnometodologia, con Garfinkel (1963), mostra che l'intersoggettività, che consente di mantenere una somiglianza dei punti di vista, non è solo il prodotto di una spinta cognitiva, ma è sostenuta culturalmente. Essa è un «compito» che gli individui si danno, aspettandosi che gli altri facciano lo stesso. Questa aspettativa poggia su un sistema di fiducia reciproca che assume inevitabilmente dei connotati morali, dunque normativi. La caratteristica principale dell'azione sta nella sua «riflessività» che permette agli individui di rimodulare in base alle diverse situazioni il proprio sistema di valori che, dunque, non è dato, ma varia in base agli stimoli che provengono dalle interazioni quotidiane. Come nota Giglioli, rispetto all'impostazione di Parsons:

> *Il determinismo normativo è basato su un'illusione ottica: partendo dal risultato dell'azione, lo imputa retrospettivamente a norme antecedenti concepite come cause necessarie e sufficienti, sorvolando sia sui processi cognitivi mediante i quali le nuove istanze vengono fatte ricadere sotto le regole, sia sul fatto che lo sviluppo dell'azione modifica le circostanze in cui si trova il soggetto agente. Al contrario gli etnometodologi sottolineano proprio questi ultimi due elementi: nello svolgersi temporale di una sequenza di azione, l'attore si trova sempre di fronte a scelte e, qualsiasi scelta compia in ogni determinato momento, essa ricostituisce riflessivamente le circostanze in cui viene compiuta.*
>
> Giglioli 1989, 124

Questo non significa che norme generali di condotta non esistano, ma esse non sono più condizioni necessarie e sufficienti per definire i fini e le modalità dell'agire umano. Da un lato c'è la regola, dall'altro esistono le pratiche che servono ad applicare quella regola. Gli individui hanno bisogno di norme (morali) per dare significato a una certa condotta ma, al contempo, essi costituiscono riflessivamente le circostanze della loro applicazione.

5.4.3. Le teorie della scelta razionale

Se la sociologia ha cercato di svincolarsi dalla prospettiva utilitarista attraverso cui gli individui erano visti come soggetti calcolatori, l'incontro tra economia e scienze sociali ha dato luogo a una rinnovata attenzione verso la dimensione razionale e strumentale dell'azione che, per molti anni, si è configurata come un vero e proprio paradigma, soprattutto in scienza politica, dando corpo alle diverse **teorie dell'azione razionale**. L'approccio economico all'analisi politica parte dall'assunto di individualismo e utilitarismo dell'*homo economicus*, presupponendo che gli individui agiscano sulla base di un razionalismo strumentale che li orienterebbe nella direzione del massimo beneficio. Gli esiti sociali sarebbero determinati dalla interazione tra i componenti individuali della società (singoli cittadini o gruppi). Da questa convinzione, nasce la cosiddetta **teoria della scelta razionale**, o del comportamento razionale, che parla di **condizioni di certezza** quando la scelta del singolo individuo è effettivamente in grado di determinare le conseguenze attese, mentre parla di **condizioni di rischio** per riferirsi a eventi casuali e quindi non prevedibili dal calcolo razionale; si riferisce infine alle **condizioni di incertezza** per indicare quelle situazioni in cui le scelte sono legate alla realizzazione di eventi di cui non si conoscono le probabilità oggettive. Il livello di incertezza è determinato sia da condizioni ambientali, dunque sistemiche, sia dall'imprevedibilità parziale delle scelte operate dagli altri soggetti che concorrono alla realizzazione di specifici obiettivi strumentali.

> Le **teorie dell'azione razionale** partono dall'assunto di individualismo e utilitarismo dell'*homo economicus,* presupponendo che gli individui agiscano sulla base di calcoli razionalistici

Tali condizioni di incertezza indurranno il decisore razionale a introdurre nel proprio comportamento la metrica probabilistica, adeguando la propria azione allo statuto cardinale dell'utilità (Martelli 1989, 169). Esso è consapevole che la scelta degli altri possa influenzare l'esito finale e, per questa ragione, metterà in campo una serie di possibili strategie o piani d'azione in relazione a ogni possibile strategia altrui, cercando di adottare la **miglior risposta** rispetto all'utilità attesa. A questo riguardo, il modello formale offerto dalla **teoria dei giochi** si occupa di studiare «l'esistenza e le caratteristiche degli *equilibri sociali di migliori risposte* date da ciascun decisore a tutti gli altri, o, come anche si può dire, degli *equilibri strategici*. Più precisamente, ogni attore considera l'insieme delle proprie e altrui strategie-base e individua la *matrice dei pagamenti*, ovvero il prospetto delle utilità finali per ogni combinazione delle strategie-base proprie e altrui» (ibid., 170). Il criterio adottato è dunque quello delle **aspettative razionali** circa il comportamento degli altri (Harsanyi 1977, tr.it. 1985, 15). Nella proposizione di un modello di uomo che assume un atteggiamento razionale-finalistico, gli studiosi che si sono riconosciuti in questo approccio hanno sempre assunto i *fini* come *dati*, concentrandosi piuttosto sui *mezzi* adottati per raggiungerli in un ambiente popolato da individui che si suppone agiscano indipendentemente e indifferentemente e che sono provvisti di risorse scarse. L'assunzione di un individuo strumentale, animato perlopiù da desideri egoistici, esclude la possibilità di comportamenti non mossi dalla ricerca dell'utile individuale, ma motivati socialmente e altruisticamente. Questo tipo di approccio è stato utilizzato per spiegare diverse forme di comportamento politico, offrendo una teoria economica della democrazia e più teorie sulla partecipazione politica, con particolare riferimento all'esercizio di voto. Si pensi all'analisi del comportamento di voto offertaci da Downs e la sua scuola, o al dilemma dell'azione collettiva studiato da Olson. Si tratta di approcci che hanno in comune la caratteristica di evidenziare i paradossi della razionalità, sviluppando ragionamenti deduttivi che però, nota Pappalardo (1989, 195), approdano spesso a risultati che contrastano con l'esperienza comune.

A prescindere dalle diverse etichette applicate alla molteplicità di orientamenti legati alla cosiddetta analisi economica della politica (scelta razionale, scelta pubblica, teoria dello scambio, teoria dei giochi, nuova economia politica, ecc.), come nota Sola (1998, 702-703), è in genere possibile rintracciare un quadro epistemologico comune a tutti coloro che si riconoscono nel cosiddetto paradigma della scelta razionale:

- L'individuo precede il gruppo e costituisce l'attore principale della società
- Ogni individuo è orientato al proprio interesse particolare
- Sono gli individui che creano valore e utilità
- L'azione individuale è sempre il prodotto di una scelta consapevole
- Ogni attore ha ordini di preferenza stabili e coerenti
- Di fronte a più opzioni, l'individuo sceglie sempre il miglior utile
- Gli attori sono sempre informati rispetto alle alternative e alle conseguenze di una loro scelta

Come si accennava, le prospettive indicate dagli studiosi (quasi tutti economisti) che si sono riconosciuti nell'approccio della scelta razionale sono molteplici e sono stati diversamente applicati all'analisi delle coalizioni politiche, del comportamento di voto, del comportamento dei burocrati, della leadership e dei decisori politici, delle diverse forme di partecipazione. In questa sede, i limiti di spazio ci consentiranno di citare solo alcuni approcci alla scelta razionale, consapevoli di trascurare molti studiosi e prospettive che meriterebbero invece di essere considerati (per una rassegna esaustiva si legga Sola 1998 e 2005). Non parleremo per esempio della teoria dei comitati di Duncan Black (1958), della teoria delle decisioni di Kenneth Arrow (1951), della teoria delle coalizioni politiche di William Riker (1962), concentrandoci piuttosto su quegli approcci che crediamo possano essere più utili ai fini del presente volume.

> Con la sua **teoria economica della democrazia**, Downs vuole individuare alcune regole che siano capaci al contempo di descrivere ma anche di prevedere il comportamento di cittadini ed élites di governo

• Anthony Downs e la teoria economica della democrazia

Tra gli approcci che consideriamo più interessanti vi è sicuramente quello inaugurato da Anthony Downs con la sua **teoria economica della democrazia**

(1957). Il suo obiettivo è individuare alcune regole che siano capaci non solo di descrivere, ma anche di prevedere il comportamento dei cittadini e delle élites di governo in un contesto democratico. Egli condivide l'assunto economico secondo cui gli individui sono in primo luogo dei soggetti razionali le cui azioni seguirebbero dunque un andamento costante, secondo una logica assolutamente causale. A suo avviso, quella stessa razionalità presupporrebbe che gli individui siano in sostanza soggetti egoistici, la cui azione è dunque orientata al perseguimento di benefici personali. La sfera politica sarebbe caratterizzata, in democrazia, dal gioco cooperativo o meno tra attori (cittadini, partiti, governi, gruppi di interesse, ecc.) che sono dunque portatori di specifici interessi. Il cittadino-elettore ha l'obiettivo di scegliere il governo che, rispetto alle sue aspettative, possa garantirgli maggiori benefici; i politici sono mossi dal desiderio di potere e di prestigio; il governo ha l'interesse di stabilizzare il consenso di cui gode; il partito è un'organizzazione di individui mossi dall'interesse di esercitare controllo sulle scelte di governo attraverso libere elezioni; i gruppi di interesse sono per definizione orientati a condizionare le scelte della classe politica.

Dentro questo contesto, Downs intende spiegare, tra le altre cose, la logica del voto. Dal momento che l'elettore è interessato all'ottenimento di certi benefici, tenderà a votare il partito a lui più congeniale rispetto al raggiungimento di questo fine. In questo senso, il comportamento elettorale si riduce a un semplice calcolo costi-benefici. Questo presuppone ovviamente che l'elettore sia anche un soggetto pienamente informato, tanto da poter formulare le sue valutazioni con cognizione di causa. Esso può sia calcolare il *differenziale attuale* tra due o più partiti (di governo e di opposizione) sia il *differenziale atteso*, cercando di prevedere il possibile comportamento di un partito nel caso vincesse le elezioni. L'elettore avrebbe a disposizione tre possibili scelte: 1) votare per il partito preferito, ritenendo che abbia buone possibilità di vittoria; 2) votare un altro partito, se dovesse ritenere che questo abbia maggiori possibilità di farcela (il cosiddetto voto utile); 3) votare un partito, pur consapevole delle scarse possibilità di vittoria, ma scommettendo su successi futuri. Generalmente, in assenza di informazioni sul possibile comportamento di voto degli altri elettori, i cittadini tendono a votare per il partito preferito. Nel ragionamento di Downs non vi è traccia di alcuna seria riflessione sul peso delle culture politiche, assumendo che l'elettore sia orientato solo al perseguimento di obiettivi specifici.

Il comportamento dell'elettore è per Downs connesso anche alle capacità di persuasione della leadership politica, che si articola sempre in una condizione di incertezza. Così i partiti politici cercheranno di convincere i cittadini che le politiche da loro promosse siano le più favorevoli ai loro interessi e i gruppi di pressione si presenteranno al governo con la pretesa di rappresentare gli interessi di quote ampie di elettori. A questi si aggiungono i cosiddetti «procacciatori di favori» che, in cambio di benefici da parte di alcuni partiti, cercheranno di influenzare il comportamento degli elettori.

Insomma, alla base del lavoro di Downs e dei suoi continuatori vi è l'idea che l'atto di votare in democrazia sia il frutto di un calcolo razionale. Il cittadino andrebbe a votare solo se in grado di associare a quel comportamento un beneficio che supera i costi potenziali. Ma l'esperienza ci insegna che dal semplice esercizio del diritto di voto non sortiscono necessariamente dei benefici per i singoli individui; dunque, volendo essere coerenti con l'approccio delineato da Downs, la stessa democrazia rappresentativa sarebbe un fenomeno inesplicabile in quanto non razionale. Consapevole di questa discordanza, lo stesso Downs introduce nuove variabili postulando, per esempio, che «votare ha valore in sé», producendo quei benefici connessi alla percezione individuale di essere parte di una comunità; è dunque un atto di responsabilità sociale indipendente dal calcolo dei guadagni e delle perdite di breve periodo (Downs 1957, 266-267). I cittadini trarrebbero soddisfazione (quindi beneficio) da comportamenti conformi a una certa etica comunitaria (Riker, Ordershook 1968, 28). Ma, nota Pappalardo (1989, 197-198), se la democrazia viene percepita come bene in sé, allora avrebbe senso studiare le origini di questa percezione, introducendo nell'analisi variabili storiche, psicologiche e sociologiche. In questo senso, la teoria della scelta razionale può essere utile solo se viene integrata con qualche altra spiegazione di natura causale che specifichi alcuni meccanismi sociali, come le consuetudini, le norme e i valori di un popolo (Elster 1986, 20).

Mancur Olson e la logica dell'azione collettiva

Mancur Olson, con la sua **logica dell'azione collettiva**, estende il paradosso del voto già analizzato da Downs alla partecipazione politica nel suo complesso

Mancur Olson, con la sua **logica dell'azione collettiva** (1965), estende il paradosso del voto già analizzato da Downs alla partecipazione politica nel suo complesso. Egli si sofferma su tutte quelle organizzazioni e istituzioni che forniscono beni collettivi. Un cittadino può decidere se contribuire o meno alla produzione e fruizione di tali beni calcolandone il valore. Se gli individui non dovessero aspettarsi alcun vantaggio dalla partecipazione alla vita di certe organizzazioni o istituzioni, semplicemente non vi parteciperebbero e nessun bene collettivo verrebbe prodotto, a meno che non intervengano forme di coercizione esterne alla volontà individuale. Olson commette l'errore di non considerare un bene collettivo come già sufficiente a motivare la partecipazione individuale, a prescindere dai calcoli utilitaristici. Egli rifiuta di prendere in considerazione la possibilità che gli individui possano partecipare in base a incentivi sociali ed etici. I beni collettivi sono considerati come prodotti collaterali di azioni individuali motivate da interessi particolari. Il suo obiettivo è quello di ricavare dall'approccio economico una «teoria generale della condotta politica». Sul piano del comportamento elettorale, per esempio, la partecipazione individuale al voto ha per Olson lo stesso valore della pratica astensionistica, così come, sul piano dell'azione politica, il comportamento leale ha lo stesso valore di quello sleale.

Downs finisce di fatto con il postulare l'irrazionalità del processo democratico che si configura nel cosiddetto «paradosso del voto». Dal momento che il numero esiguo di benefici che un cittadino si può aspettare dall'esercizio di voto non giustifica sul piano razionale la partecipazione elettorale, nel caso di Olson si prefigura una sorta di «paradosso della partecipazione»: se l'individuo è infatti orientato all'interesse particolare, non dovrebbe essere proiettato verso l'intrapresa pubblica, tanto più se questa è finalizzata alla produzione di beni collettivi da cui cioè nessuno può essere escluso. Conviene piuttosto che siano altri a partecipare ed eventualmente conquistare diritti e benefici di portata generale. Secondo quest'ottica, il comportamento veramente razionale è quello del *free rider*, cioè del «battitore libero», o meglio, dello scroccone, che è privo di legami politici stabili, ma sostiene attivamente, o in maniera latente, solo quelle organizzazioni e quelle pratiche partecipative che di fatto siano valutate come individualmente convenienti. La stessa partecipazione a un movimento sociale sarebbe mossa da interessi individuali. Gli individui si legherebbero ad altri individui o gruppi solo perché, nel calcolo razionale, valutano quel legame come funzionale al perseguimento di particolari benefici.

Appare evidente come simili approcci determinino distorsioni anche rispetto alla spiegazione delle scelte di voto. In assenza di forti identificazioni partitiche essi assumono che i cittadini voteranno i partiti che con maggiori probabilità sosterranno politiche ad essi congeniali, mentre i partiti, dal canto loro, ricercheranno dei punti di equilibrio nella competizione politica convergendo al centro. Questo esclude che l'assunzione di posizioni radicali, cioè estranee a un presunto movimento centripeto, sia di per sé comprensibile, così come si presuppone che i cittadini disincantati ideologicamente, cioè senza appartenenze esplicite a una forza politica, esercitino il voto in base a una perfetta conoscenza dei programmi messi in campo nella competizione politica, in modo da poter produrre un calcolo razionale sui possibili benefici che otterrebbero sostenendo l'una o l'altra organizzazione politica. Eppure, l'esperienza empirica dimostra che il voto è perlopiù un atto pulsionale, spesso volatile, e che molto spesso i cittadini vanno a votare senza una particolare consapevolezza politica. Anche in questo caso, l'approccio economico, che ha senza dubbio il merito di aver posto l'attenzione sulla dimensione razionale e strumentale della politica, si dimostra insufficiente senza un adeguato approfondimento sociologico.

• Albert Hirschman e il gioco *uscita-voce-lealtà*

Di altra e più ampia utilità è a nostro avviso il lavoro di **Albert Hirschman** che è convinto si possa produrre un'analogia tra la legge del contratto sociale e la legge della domanda e dell'offerta in un mercato concorrenziale. Egli sviluppa alcuni concetti che possano gettare un ponte tra questi due ambiti (sociopolitico ed economico). Come nota Fideli (1998, 213), il lavoro di Hirschman rappresenta un caso di riuscita elaborazione concettuale. L'autore cerca di spiegare le ragioni del tracollo della Repubblica democratica tedesca (Hirschman 1993) ricorrendo ai concetti (generali) di **exit, voice e loyalty**, da lui elaborati in un precedente studio (Hirschman 1970, tr.it. 1982).

Hirschman è convinto che si possa produrre un'analogia tra la legge del contratto sociale e la legge della domanda e dell'offerta in un mercato concorrenziale

Il concetto di **exit (uscita)** era stato elaborato ragionando su alcuni fenomeni tipici del sistema di mercato, come per esempio l'atteggiamento del consumatore che smette di acquistare un prodotto per una qualsiasi ragione, dall'aumento ingiustificato del prezzo all'eventuale abbassamento della qualità. Il concetto di **voice (voce)** è invece l'opposto dell'uscita: esso rappresenta la protesta del cittadino (consumatore) che può variare di intensità, esprimendosi attraverso una semplice lagnanza fino a tradursi in azione politica. Il concetto di **loyalty (fedeltà)** rappresenta invece il senso di appartenenza e quindi anche la fiducia del cittadino nei confronti di un sistema politico (o, nell'esempio in oggetto, nei confronti di un'azienda). Lo schema concettuale *exit-voice-loyalty* ha mostrato la sua utilità euristica in molte ricerche, soprattutto in ambito sociologico e politologico. Lo stesso Hirschman ammise che in origine aveva pensato che tale schema potesse essere regolato secondo un semplice 'modello idraulico' del tipo, quanto più aumentano le opportunità di *exit* tanto più si riduce il potenziale di *voice*.

Il carattere non universale del modello così semplificato emerge proprio nel già citato lavoro di Hirschman sulla Germania orientale. In origine, il neonato regime comunista era infatti riuscito ad arginare i fenomeni di *voice* (cioè di protesta interna), tollerando (se non addirittura favorendo) forme di uscita (*exit*) che si esprimevano allora nei processi di migrazione dei propri cittadini verso la Germania Ovest. Fin qui il modello idraulico regge. La situazione cambia però dopo il 1961 con la costruzione del Muro di Berlino. A questo punto, il regime si irrigidisce, attivando una politica più intensa di repressione delle forme di dissenso e, al contempo, ostacolando ogni tentativo di migrazione da Est a Ovest. Si restringono dunque le possibilità di *exit* e anche quelle di *voice*. Una politica che, secondo Hirschman, può in parte spiegare gli esiti disastrosi del 1989 e quindi la crescita di un sentimento diffuso di opposizione al regime. In questo caso, dissenso e fuga (*voice* ed *exit*) si sono alimentate a vicenda. Le fughe clandestine da Est a Ovest non si sono mai interrotte per tutto il periodo tra il 1961 e il 1989 e, al contempo, si svilupparono larghe sacche di dissidenza interna.

Secondo lo schema di Hirschman, se l'*uscita* ben rappresenta la dimensione economica (non amo un prodotto allora smetto di acquistarlo), la *voce*, cioè la protesta, è tipica della dimensione politica, dove il costo dell'uscita e spesso superiore a quello della lotta per cambiare le cose. Il concetto di *lealtà* viene introdotto per conferire maggiore rilevanza alla relazione tra *exit* e *voice*; la *lealtà* a un sistema ritarda infatti l'uscita e al limite allarga lo spazio della protesta e quindi dell'azione collettiva. ■

Percorso di autoverifica

- Quali sono i presupposti epistemologici e metodologici della rivoluzione comportamentista?
- Quale impostazione propone Robert Dahl?
- Cosa intendono Almond e Verba per Civic Culture?
- Quali sono i tratti che accomunano la prospettiva sistemica e il funzionalismo, e cosa li distingue?
- In che consiste lo struttural-funzionalismo di Robert Merton?
- In cosa consiste lo schema funzionale proposto da Almond e Coleman?
- Quali sono gli elementi su cui poggia il modello sistemico di Parsons?
- Su quali postulati si regge la teoria sistemica di Luhmann?
- In che consiste il modello di sistema politico elaborato da Easton?
- Che connessione esiste tra sviluppo politico e modernizzazione?
- Quali sono i parametri delle tipologia di sistemi politici proposta da Apter?
- Quali sono i parametri dell'individualismo metodologico?
- Cosa intendiamo per teorie dell'azione?
- In che consiste la teoria normativa dell'azione di Parsons?
- Attorno a quali presupposti si articola la dimensione cognitiva dell'azione?
- Cosa accomuna le diverse teorie della scelta razionale?
- In che consiste la teoria economica della democrazia?
- In che consiste la logica dell'azione collettiva di Olson?
- Cosa intendiamo per exit, voice e loyalty secondo la prospettiva concettuale indicata da Hirschman?

PARTE II

Il Potere e lo Stato

Le forme sociali del potere

6

Il concetto di «potere» è centrale in sociologia politica anche se rischia di essere talmente generale da determinare confusione. Occorre invece connotarlo cercando di ridurre la sua implicita ambiguità semantica. Esso va quindi distinto da concetti affini come quelli di «potenza», «influenza», «dominio», «dominanza», per poi concentrarci sul concetto di «autorità» che presuppone una forma di potere riconosciuta e accettata non solo da parte di chi lo esercita, ma anche da chi ne è soggetto. Per quanto il potere sia fondamentale in politica, quest'ultima ne connota solo una particolare manifestazione sociale che riguarda il possesso dei mezzi necessari all'esercizio della violenza fisica. Occorre dunque distinguere le forme del potere dalle risorse necessarie a esercitarlo. Questo ci consente di separare il potere politico da altre fondamentali manifestazioni di potere sociale, come il potere economico e il potere simbolico (o ideologico). Ogni forma di potere è inoltre radicata all'interno di specifiche strutture sociali dalle quali ne emerge la funzione oggettivata. A questo riguardo, gli studiosi hanno fornito diverse analisi del potere, dalla tradizione del conflitto di impronta marxista che ne fa emergere la connessione con i rapporti di sfruttamento tra classi sociali che si realizzano all'interno di specifici modelli produzione, fino alla tradizione funzionalista e sistemica che, al contrario, individua nel potere uno strumento simbolico fondamentale per la stabilizzazione dei sistemi sociali. In ogni caso, il potere rappresenta un oggetto di analisi imprescindibile per il sociologo che intende comprendere le articolazioni sociali della moderna organizzazione politica.

Obiettivi di apprendimento

- Il potere indica la capacità da parte di un soggetto di condizionare intenzionalmente l'azione di altri soggetti in forza del possesso di determinate risorse a cui viene attribuito valore. Un potere si dice legittimo quando, a chi lo detiene, è riconosciuta l'autorità di comando.
- Potere e risorse sono concetti distinti. Sulla base delle risorse necessarie a esercitarlo è possibile distinguere diverse manifestazioni sociali del potere. La violenza, il denaro, la reverenza, il sapere rappresentano alcune risorse necessarie all'esercizio di potere.
- Il potere in società presuppone la conversione di risorse in un piano strutturato di persuasione a cui i soggetti partecipano dentro un quadro condiviso di valori.

6.1. L'ambiguità semantica del potere

Nel nostro tentativo di definizione della «politica moderna» (cfr. cap. 1) e di articolazione del campo specifico della sociologia politica (cfr. cap. 2) abbiamo individuato nell'«ordine» il fine minimo della politica e nel «potere», e in particolare nel potere coattivo, la sua principale risorsa fattuale o potenziale. Appare dunque evidente come il fenomeno del potere in generale, e del potere politico in particolare, sia l'oggetto di indagine prediletto dalla sociologia politica che, non a caso, studiosi del calibro di Maurice Duverger non esitano a definire «scienza del potere» (Duverger 1967, tr.it. 1987, 39-41). Eppure, quello di «potere» è un concetto ambiguo soprattutto a causa della tendenza mediatica a semplificarne i contenuti. Sentiamo spesso parlare di «lotte per il potere» o di «conquista del potere», lasciando intendere che la sua principale caratteristica sia quella di ampliare la possibilità, da parte di chi lo detiene, di influenzare o determinare il comportamento altrui sulla base del possesso di alcune risorse riconosciute socialmente (forza, denaro, prestigio, ecc.). Il ché non è sbagliato, ma per poter produrre un'analisi sociologica del fenomeno occorre senza dubbio articolarne meglio la connotazione e le dimensioni processuali.

Il potere è stato spesso ricondotto a una certa potenza militare che possa essere esercitata nei confronti di individui o gruppi al fine di conseguire specifici obiettivi. Non è un caso che Bertrand Russell lo definisse come «la capacità [da parte di chi lo detiene] di realizzare effetti desiderati» (Russell 1938, tr.it. 1954, 43). Il concetto di «desiderabilità» tende dunque a escludere gli effetti non-intenzionali del potere, che comunque esistono, oltre a concepirlo esclusivamente nel suo esercizio, cioè come processo e attività. Ma, nota Rush (1992, tr.it. 2007, 60), concepire il potere solo in forma fattuale è riduttivo, dal momento che esso può essere «misurato» anche a prescindere dal suo effettivo esercizio: siamo in grado di stabilire la forza militare degli Stati Uniti a prescindere dal suo rendimento nel corso di una guerra; per poter preventivamente stimarne l'efficacia nel confronto con potenziali avversari (nemici), è sufficiente quantificare la sua dotazione militare in termini di armi e tecnologie, o calcolare la mole degli investimenti finanziari sull'industria bellica.

Come fenomeno sociale, il potere è generalmente inteso sia come relazione tra azioni (potere *attuale*) sia come relazione tra disposizioni ad agire (potere *potenziale*). Come nota Stoppino (1989, 240), il suo oggetto consiste in un'azione di «conformità» e tale azione conforme può realizzarsi sia in forma libera, quando per esempio i soggetti rispondono a un potere persuasivo, sia non-libera, quando rispondono invece a un potere costrittivo (che opera cioè mediante la minaccia di sanzioni o di violenza). Seguendo questa prospettiva, appare evidente che le relazioni di potere si articolino in un rapporto di «causalità», nel senso che l'azione di A determina l'azione di B, ma tale causalità non va interpretata in senso stretto quanto piuttosto in senso probabilistico, cioè l'azione di A rende probabile l'azione di B. Inoltre, il potere non rappresenta un rapporto necessariamente unidirezionale finalizzato all'«interesse» di A di ottenere obbedienza da B, ma spesso si articola sotto forma di scambio, nel senso che, nelle relazioni umane, l'obbedienza di B è sovente un suo specifico interesse (Emerson 1962).

In ogni caso, il potere non è solo «esercizio di potere», ma anche una potenzialità che può essere misurata *ex ante*. In questo caso, ci corre in soccorso la definizione di Max Weber che, ricordiamolo, definisce il potere, o meglio, la **potenza** (*Macht*) come «qualsiasi possibilità di far valere entro una relazione sociale, anche di fronte a un'opposizione, la propria volontà, quale che sia la base di questa possibilità» (cfr. par. 2.4). L'enfasi che il sociologo tedesco ripone sul concetto di «possibilità» ci consente dunque di osservare il potere non solo nella sua dimensione fattuale, ma anche in quella potenziale che non passa necessariamente per il suo esercizio attivo. Secondo questa definizione, **il potere è al contempo un processo e un'opportunità**.

- **Potenza e potere**

Ma lo stesso Weber non considera tale definizione esauriente e preferisce distinguere il concetto di «potenza» (*Macht*) da quello di «dominio» (*Herschaft*) inteso nella sua forma specificatamente politica di «potere di governo» che, ricordiamolo, viene definito come «la possibilità di trovare obbedienza, presso certe persone, ad un comando che abbia un determinato contenuto» (Weber 1922, tr.it. 1968, vol.1, 51-52). Come emerge dalle due definizioni, **se la potenza si può esercitare anche di fronte a un'opposizione, il concetto di dominio che, per comodità di linguaggio, chiameremo semplicemente potere presuppone il «consenso» di chi ne è soggetto**; la sua obbedienza non è dunque «obbligata», ma legata allo specifico contenuto del comando. Come nota Segatori (1999, 5), «la **potenza** è veramente di un'altra natura rispetto al potere»: essa si configura come un modo di imporre la propria volontà attraverso il ricorso a ogni mezzo (minaccia, coercizione fisica, ecc.) a prescindere da qualsiasi valutazione sul merito delle altrui ragioni (ibid.), mentre nel **potere** (fattuale o potenziale) si cerca sempre di salvaguardare l'equilibrio della reciprocità. «Una potenza disciplinata, canalizzata, 'tenuta di riserva' più che spesa, può così diventare il più grande atout del potere» (ibid., 6); al contrario, una potenza sfacciatamente manifestata può rappresentare la negazione stessa della socialità trasformandosi in sopruso.

> la **potenza** si configura come un modo di imporre la propria volontà attraverso il ricorso a ogni mezzo a prescindere da qualsiasi valutazione sul merito delle altrui ragioni, mentre nel potere (fattuale o potenziale) si cerca sempre di salvaguardare l'equilibrio della reciprocità

- **Potere, legittimità, autorità**

Il problema del «consenso» è strettamente connesso alla questione della «legittimazione» del potere contro i rischi di squilibrio relazionale e instabilità sistemica impliciti nell'esercizio puro di potenza. Il tema del consenso è altresì connesso alla questione, già cara ai grandi pensatori politici del passato, relativa alla «obbligazione politica». Una delle domande centrali era infatti relativa al *perché* la gente obbedisse o per quale ragione avrebbe dovuto obbedire. Gli studiosi legati alla tradizione contrattualista, pur nelle diversità, erano accomunati dall'idea di *utilità* della politica e delle istituzioni ad essa connesse. Se Rousseau risolveva la questione nel concetto di «volontà generale» o di «bene comune» partendo dal presupposto della condivisione sostanziale del potere espressa nella universalità delle leggi, Hobbes e Locke fornivano al problema una soluzione ben diversa. Entrambi condividono l'idea che obbedire alle leggi, cioè al potere reificato nei sistemi normativi, sia nell'interesse degli individui che trovano nel governo la necessaria protezione. Hobbes, dal suo canto, è convinto che l'obbedienza al governo sia necessaria per impedire il caos dello stato di natura e, in questo senso, si fa propugnatore di un governo forte accomunato all'esperienza storica dell'assolutismo; Locke, invece, considera il governo come un mezzo di protezione per gli individui vincolandone però l'azione a una certa adesione consensuale: in questo senso, il governo non può limitarsi a garantire l'incolumità fisica dei cittadini disciplinati, ma deve anche garantire loro libertà e diritti – a partire dal diritto di proprietà (cfr. par. 1.4 e 1.5). L'obbedienza al governo, ci ricorda dunque Hume, è uno specifico «interesse» degli individui che si manifesta per chi esercita il potere così come per chi ne è soggetto (cfr. par. 1.5).

Il richiamo dei classici all'interesse del comando e dell'obbedienza e alla questione relativa all'accettazione del potere ci spinge a ragionare sui concetti affini di **autorità** e **legittimità**. Come scrive Rousseau in un passo ormai celebre de *Il contratto sociale*: «Il più forte non sarebbe mai abbastanza forte per essere sempre il padrone, se non trasformasse la sua forza in diritto e l'obbedienza in dovere» (Rousseau 1762, tr.it. 1961, 14). In queste parole, il filosofo francese fa esplicito riferimento all'esigenza da parte del potere (inteso come potere di governo) di essere in qualche modo legittimato. Un sistema di potere può ottenere obbedienza anche semplicemente attraverso un esercizio puro di potenza ma, se si vuole che l'obbligazione duri nel tempo, occorre che l'«obbligato» sia convinto che la sua soggezione non sia solo necessaria in forza di una forma reiterata di coercizione, ma sia anche giusta.

Il concetto di **autorità** si riferisce a un potere legittimo, cioè collettivamente accettato

Il richiamo al riconoscimento sociale della giustezza del potere è strettamente connesso al concetto di **autorità** che si riferisce a un potere collettivamente accettato. A questo riguardo, Stoppino definisce l'autorità come quel «potere stabilizzato in cui la disposizione a obbedire in modo incondizionato è fondata sopra la credenza nella legittimità del potere» (Stoppino 1990a, 80). In questo senso, seguendo sempre il ragionamento di Stoppino, l'autorità presuppone un giudizio positivo nei confronti del potere sia riguardo alla fonte del comando, sia rispetto al contenuto del comando e, eventualmente, rispetto alle modalità in cui il comando viene impartito (procedure). Evidentemente, l'apprezzamento verso la fonte, il contenuto e le modalità del comando non sono valide in assoluto, ma si fondano su un sistema di credenze più o meno istituzionalizzato. Per questa ragione, occorre che periodicamente venga in qualche modo riaffermata la qualità attribuita alla suddetta fonte se non altro per mantenere stabile nel tempo il rapporto autoritativo. L'autorità non va dunque confusa con il concetto di potere anche se difficilmente si può esercitare potere senza che venga riconosciuta una certa autorità a chi lo esercita. Al contrario, la potenza, non presupponendo alcuna forma vera di reciprocità, implica rapporti di obbligazione che non hanno biosogno necessariamente del riconoscimento dell'autorità.

Come si è detto, il concetto di autorità è inevitabilmente connesso a quello

di legittimazione. **Un potere legittimo è un potere a cui viene riconosciuta l'autorità di comando**. Ovviamente, potenza, autorità, legittimazione non sono necessariamente legati all'esercizio potenziale e fattuale del potere politico. In ogni contesto sociale esistono infatti gerarchie che si istituzionalizzano in forme legittime di potere sulla base del riconoscimento del valore positivo attribuito collettivamente a certe risorse. Il sapere specialistico rappresenta per esempio la risorsa autoritativa che si realizza in ambito universitario, dove gli studenti riconoscono autorità al docente in virtù della sua conoscenza della disciplina, nell'ambito di una relazione di potere legittimata attraverso determinate procedure (il concorso per l'accesso ai ruoli accademici). Da questo punto di vista, Guglielmo Ferrero poteva scrivere che anche se «il potere viene dall'alto [...] la legittimità viene dal basso» (Ferrero 1942, tr.it. 1981, 325), nel senso che un potere duraturo presuppone un riconoscimento collettivo.
Il dibattito sociologico sulla legittimazione del potere è piuttosto vasto e non potremo affrontarlo in questa sede in modo esaustivo, ma più o meno tutti gli studiosi sono accomunati dall'idea che essa si fondi sulla condivisione di un *sistema di credenze*. Vale la pena a questo punto ricordare brevemente le tre forme di potere legittimo che, in linea con la sua concezione idealtipica, sono state declinate da Max Weber: egli afferma che l'autorità può avere un fondamento *legale-razionale*, quando si fonda sulla credenza nella legalità di determinati istituti giuridici, *tradizionale*, quando si fonda sulla credenza del valore sacro e universale della tradizione, e *carismatico*, quando poggia invece sul riconoscimento delle qualità straordinarie di un leader (cfr. par. 2.4, o comunque Weber 1922, tr.it. 1968, I, 221).
In genere, quello della legittimità del potere è un processo importante perché riguarda direttamente l'accettazione delle norme sociopolitiche in un determinato contesto sociale; non a caso gli studiosi struttural-funzionalisti che, abbiamo visto, erano molto attenti alla questione dell'ordine e dell'equilibrio sistemico, hanno sempre considerato quella della legittimità una dimensione fondamentale per il mantenimento di un sistema sociale e politico. Al contrario, gli studiosi di formazione marxista hanno in genere trascurato il problema della legittimità del potere, per loro inteso soprattutto come espressione di relazioni di dominio legate alla divisone in classi della società e del sistema di sfruttamento che si realizza nell'ambito della struttura economica. Per i marxisti, tale forma di potere non è legittimabile perché si costruisce sullo sfruttamento dell'uomo sull'uomo e, in questo senso, si manifesta sempre come forma di potenza che non va accettata, ma al limite sovvertita. La legittimità del potere è anzi considerata come un elemento determinante per spiegare la persistenza del modello capitalistico di produzione nei moderni Stati nazionali; si pensi a questo riguardo alle riflessioni di Althusser (1970) sugli apparati ideologici di Stato o, sempre in ambito neomarxista, alla convinzione di Poulantzas (1968), e in parte di Habermas (1973), secondo cui il sistema capitalistico per sopravvivere è necessariamente destinato a fare ricorso in maniera sempre crescente all'intervento statale, cioè al potere politico.
In genere, l'enfasi riposta sul concetto di «autorità» ha portato molti studiosi a

evidenziare, non solo in ambito giuridico, canali formali di legittimazione del potere. Si pensi alle parole di Lasswell e Kaplan (1950, tr.it. 1969, 150) quando affermano che l'autorità è sì il «possesso legittimo del potere», ma «dire che una persona ha autorità non è dire che ha effettivamente potere, ma che la formula politica le attribuisce potere». Sarà poi Sennet, sempre in ambito sociologico, a recuperare un concetto sostanziale di autorità che non corra il rischio di svuotamento implicito nelle declinazioni formaliste. Lo stesso termine «autorità» (da «autore») presuppone un'attività produttiva che le regole formali non possono colmare. Essa è dunque legata a un concetto sostanziale di potere che richiama altri concetti, come quelli di «padronanza, superiorità di giudizio, abilità nell'imporre la disciplina, capacità di incutere paura». Un'autorità riconosciuta come tale è dunque «ritenuta capace di giudicare e rassicurare» a prescindere dai canali formali da cui proviene la sua legittimazione (Sennet 1980, tr.it. 1981, 142).

Potere e influenza

Per **influenza** si indica quel fenomeno che si realizza quando un soggetto è in grado di condizionare il corso dell'azione di altri soggetti anche semplicemente esprimendo un giudizio o un'opinione in forza di un riconoscimento sociale

Avendo distinto i concetti di potenza, potere e autorità, occorre ora riflettere brevemente su un termine ad essi molto affine. Ci riferiamo al concetto di **influenza** che, per dirla con Segatori, che prende spunto da Friedrich (1963), potremmo definire come «un potere indiretto e non strutturato che si manifesta attraverso condizionamenti di varia natura» (Segatori 1999, 9). Perché parliamo di potere indiretto? Perché un individuo può essere influente anche senza esercitare una forma di potere in senso stretto. Un grande leader intellettuale, religioso, di movimento può condizionare il comportamento altrui pur senza ricorrere ad alcun esercizio intenzionale di potere. Un soggetto si dice influente quando è in grado di condizionare il corso dell'azione di altri soggetti anche esprimendo un semplice giudizio o un'opinione in forza di un riconoscimento sociale che non necessariamente passa per i canali del potere legittimo. Si pensi ai grandi leader d'opinione: basta a volte un loro gesto per condizionare lo sviluppo di credenze diffuse. Al contrario del potere, l'influenza non presuppone un rapporto diretto tra comando e obbedienza e si manifesta sovente sotto forma di manipolazione più o meno inconscia. Per quanto l'influenza non sia di per sé potere, essa può rappresentare un presupposto importante per il futuro consolidamento di relazioni di potere. In una società di massa, il concetto di influenza è strettamente legato a quello di opinione e al ruolo che i mezzi di comunicazione rivestono nel condizionare atteggiamenti e comportamenti sociali a prescindere dalle relazioni di potere classiche.

In questa sede, chiamiamo **dominio** quel fenomeno in cui il potere viene esercitato prevalentemente nell'interesse di chi lo detiene e sulla base di una sottrazione di riconoscimento del potere degli altri

Potere, dominio, dominanza

L'ultimo sforzo di decifrazione del concetto di potere, distinguendolo da altri concetti semanticamente affini, ci porta a riflettere brevemente sul **dominio** a cui decidiamo di collegare il concetto di **dominanza**. Abbiamo già visto come, con il termine «dominio», Weber intendesse il concetto di potere di governo distinto da quello di «potenza». Sfruttando l'ambiguità semantica del termine tedesco *herschaft* abbiamo comunque preferito in questa sede tradur-

lo con il termine «potere» che, rispetto alla nostra cultura, è più congeniale all'idea di una struttura relazionale stabilizzata in un rapporto legittimo di comando/obbedienza. Nella fitta letteratura sul tema, non mancano studiosi che identificano il dominio in senso weberiano riconducendolo cioè all'idea generale del potere politico istituzionalizzato in forma di governo e quindi legato al concetto di «autorità» (Friedrich 1963). Ma come ci ricorda Segatori (1999, 12), altri autori, in linea con una concezione più diffusa nella cultura occidentale, preferiscono identificare il concetto di dominio con una forma di degenerazione del potere che prescinde dunque dai canali più o meno formali di legittimazione, più legato quindi al concetto anti-relazionale di «potenza». Su questa linea, Franco Crespi definisce il dominio come «ogni forma di concentrazione del potere nelle mani di un individuo, di un gruppo o di una classe, quando il potere viene esercitato prevalentemente nell'interesse di chi lo detiene e sulla base di una sottrazione di riconoscimento del potere degli altri»; in questo senso, la caratteristica del dominio sarebbe quella di fondarsi su una legittimazione ideologica, traendo origine su un desiderio di potenza socialmente infantile (Crespi 1974, 81).
Il dominio così descritto ci riporta a un concetto caro soprattutto agli studiosi del comportamento animale a cui si ricollega una fitta schiera di sociobiologi; ci riferiamo al termine **dominanza** che, con Segatori (1999, 19-20), descriviamo «come ogni tentativo temporaneamente riuscito di stabilire e consolidare rapporti di sovraordinazione, definiti grazie a – o con la minaccia di – comportamenti aggressivi». Nel mondo animale, i rapporti di dominanza si instaurano soprattutto per il controllo del cibo, del territorio, del partner sessuale e sono dunque connessi a una concezione rigidamente gerarchica delle relazioni. Il richiamo alla gerarchia e all'aggressività ci consentono di connettere il concetto di dominanza a quello di dominio e, di conseguenza, a quello di potenza. Nel mondo umano, certi rapporti di sovraordinazione possono anche raggiungere (specie in epoca antica) livelli di stabilizzazione e relativa istituzionalizzazione in forma autoritativa; ciò non toglie che «potenza» e «dominanza», se intesi in forma pura, difficilmente sono concetti riconducibili alle moderne relazioni di potere sociale.

Chiamiamo **dominanza** ogni tentativo riuscito di consolidare rapporti di sovraordinazione definiti grazie a comportamenti aggressivi

6.2. Le manifestazioni sociali del potere

Nel precedente paragrafo abbiamo cercato di ridurre l'ambiguità semantica implicita al concetto di «potere» che può essere declinato sotto forma di «potenza», «autorità», «influenza» o «dominio», fino all'elemento più animalesco, in un certo senso riconducibile alla logica di potenza, che abbiamo definito «dominanza». La verità è che il potere è un concetto molto generale che va spiegato anche sulla base delle risorse necessarie a supportarlo che possono essere di natura finanziaria, culturale, militare, e così via. Il potere in senso astratto è talmente pervasivo che autori originali come Michel Foucault potevano affermare che esso «è dappertutto; non perché inglobi tutto, ma perché viene da ogni dove» (Foucault 1976, tr.it. 1978, 82), attribuendogli anche una funzione di produttività sociale e individuale: «il potere produce; produce il reale; produce campi di oggetti e rituali di verità. L'individuo e la conoscenza che possiamo assumerne derivano da questa produzione» (Foucault 1975, tr.it.1976, 212). Egli individua cioè all'interno del processo sociale una serie di dispositivi ed espressioni del reale diversamente riconducibili al fenomeno del potere con il rischio, però, di fargli perdere la sua specificità che, in questa sede, abbiamo invece l'obbligo di demarcare.

Ragionare sul potere in senso generale rischia di spingerci su una dimensione astratta che renderebbe lo stesso concetto di difficile utilizzo in sede scientifica. In sociologia abbiamo invece bisogno di formulare concetti empirici che siano in qualche modo comparabili. Questa esigenza ci porta a differenziare internamente il fenomeno del potere, consapevoli che esso possiede soprattutto una dimensione antropologica cioè costitutiva dell'essere umano. Come ci ricorda Rosinski (1965), il potere si costruisce in forma primordiale sull'asse uomo/natura e si definisce soprattutto nel tentativo degli esseri umani di sopravvivere attraverso il controllo, se non il dominio, sugli agenti naturali. Ma, come nota Poggi (1998, 11), muovendoci dall'antropologia alla sociologia, è possibile discriminare le manifestazioni del potere che si collocano sull'asse uomo/uomo. Da questo punto di vista, si può ragionare del fatto che, **nelle società umane, il potere inteso antropologicamente come capacità di controllo dell'uomo sulla natura, può essere diversamente distribuito, tanto da determinare asimmetrie di potere tra gruppi e individui**. Questo, abbiamo visto, era un tema centrale tra i classici della disciplina da Marx a Durkheim a Weber, per poi giungere ai teorici elitisti e pluralisti che affronteremo nel prossimo capitolo.

Sul piano antropologico, **le basi del potere si fondano sostanzialmente sulla vulnerabilità umana**: tutti gli esseri umani, nota Popitz (1986, tr.it. 1990), sono infatti esposti al rischio di una diminuzione della loro libertà e incolumità fisica; inoltre, il loro benessere dipende in larga misura dalla capacità di esercitare un certo controllo sugli eventi naturali. In questo senso, le basi del potere si possono dunque fondare sul possesso, da parte di gruppi e individui, delle risorse necessarie a ispirare negli altri soggetti una certa paura fisica e, al contempo, di minacciarli di fame. Esiste però anche una ragione per così dire culturale o identitaria che può giustificare il potere. Tutti gli esseri umani, in quanto soggetti sociali, hanno infatti un certo bisogno di riconoscimento e condivisione di valori e credenze. Questo li rende in un certo qual modo vulnerabili nei confronti di chi può negare loro dignità fornendo una nuova base al potere. Nei confronti di chi si appropria delle risorse necessarie all'esercizio di potere giocando sulla vulnerabilità altrui, i soggetti possono assumere un atteggiamento di assoggettamento e subalternità o, al contrario, di opposizione e ribellione. In ogni caso, in tutte le società esiste la tendenza da parte di uno o più gruppi di appropriarsi delle risorse che possano garantire il controllo organizzato sugli strumenti della violenza.

Detto ciò, occorre procedere in quel processo analitico che abbiamo indicato nell'esigenza di differenziazione interna del potere. Come ci ricorda J.B. Thompson (1981), la vita sociale è costituita da individui che perseguono scopi di diverso tipo dentro contesti strutturati. Per far questo, essi agiscono all'interno di insiemi di circostanze date che dotano ogni individuo di specifiche inclinazioni e opportunità; ci riferiamo a quelli che Bourdieu (1979, tr.it. 1983) definiva «campi d'interazione» all'interno dei quali i soggetti occupano posizioni diverse strettamente legate al potere che possiedono. **Nell'esercitare tale potere, essi utilizzano le risorse a loro disposizione che rappresentano gli strumenti necessari al perseguimento di interessi specifici**. Accumulando tali risorse, ogni individuo può aumentare il proprio potere dentro i campi di interazione. La specificità di queste risorse ci consente di differenziare le specie prevalenti di potere sociale.

Walter Runciman, nel suo *Trattato di teoria sociale* (1988-89, II, 13), affermava infatti che è possibile distinguere tra specie prevalenti di potere: **potere economico**, **potere ideologico** e **potere coercitivo** che si basano rispettivamente sul controllo dei mezzi (risorse) di produzione, di persuasione e di coercizione. Oggi, il potere coercitivo viene fatto coincidere con il **potere politico** che abbiamo infatti definito come la capacità da parte di un soggetto (individuale o collettivo) di monopolizzare le risorse necessarie alla minaccia e all'esercizio della violenza. Lo stesso Weber, abbiamo visto, si colloca di fatto su questa lunghezza d'onda quando distingue tra «classi», «ceti», «partiti» che rappresentano le unità sociali che perseguono rispettivamente il potere dato dal controllo delle risorse economiche, culturali e coercitive, dunque politiche. Per definire meglio queste tre specie di potere sociale ci affidiamo alle parole di Norberto Bobbio:

> *Si possono distinguere tre grandi classi nell'ambito del concetto latissimo di potere. Queste classi sono:* il potere economico, *il* potere ideologico, *il* potere politico. *Il primo è quello che si vale del possesso di certi beni, necessari o ritenuti tali, in una situazione di scarsità, per indurre coloro che non li posseggono a tenere una certa condotta, consistente principalmente nell'esecuzione di un certo tipo di lavoro. Nel possesso dei mezzi di produzione risiede un'enorme fonte di potere da parte di coloro che li possiedono nei riguardi di coloro che non li possiedono [...] Il potere ideologico si fonda sulla influenza che le idee formate in un certo modo, emesse in certe circostanze, da una persona investita da una certa autorità, diffuse con certe procedure, hanno sulla condotta dei consociati: da questo tipo di condizionamento nasce l'importanza sociale in ogni gruppo organizzato di coloro che sanno, dei sapienti, siano essi i sacerdoti delle società arcaiche, siano gl'intellettuali e gli scienziati delle società evolute, perché attraverso essi, e i valori che essi diffondono o le conoscenze che impartiscono, si compie il processo di integrazione necessario alla coesione e all'integrazione del gruppo. Il potere politico infine si fonda sul possesso degli strumenti attraverso i quali si esercita la forza fisica [...] è il potere coattivo nel senso più stretto della parola.*
>
> Bobbio 1990, 802

Per quanto le tre forme di potere siano analiticamente distinte e indipendenti, nella realtà sociale esse si collocano in sfere istituzionali specifiche (economia, religione, cultura, politica) in reciproco rapporto tra loro, tanto che Poggi può parlare di «gioco dei poteri» (Poggi 1998) per descriverne le dinamiche di interazione reciproca. Cerchiamo descriverle brevemente.

Tab. 6.1. Le forme di potere

Forme di potere	Risorse principali	Istituzioni paradigmatiche
Potere economico	Mezzi di produzione, denaro	Istituzioni economico-finanziarie
Potere ideologico (o simbolico)	Conoscenza, strumenti di comunicazione	Istituzioni culturali (Università, scuole, industrie dei media)
Potere politico (e coercitivo)	Monopolio della forza fisica legittima	Istituzioni politiche (Stato; forze armate e di polizia)

6.2.1. Potere economico e potere politico

Il **potere economico** deriva dall'attività produttiva e si fonda sulla proprietà dei mezzi di produzione e finanziari

Abbiamo affermato che il **potere economico** deriva dall'attività produttiva e cioè da quell'insieme di attività che si preoccupano di produrre i mezzi di sussistenza trasformando le materie prime in beni immediatamente consumabili e scambiabili sul mercato. Per fare ciò è necessario creare e utilizzare alcune risorse economiche e finanziarie connesse alla proprietà dei mezzi di produzione e di scambio (fabbriche, tecnologia, denaro). Se in epoche passate i mezzi di sussistenza erano perlopiù riconducibili a un'economia di tipo agricolo, nelle società moderne le istituzioni paradigmatiche del potere economico si strutturano soprattutto nel mondo del manifatturiero, nel commercio e nella sfera della finanza. Capitalismo e libero mercato sono i due macro-processi dentro cui si strutturano e destrutturano le forme di potere economico. Come nota l'economista Perroux, «l'economia è guidata non solo dalla ricerca di guadagno, ma anche dalla ricerca di potere» (Perroux 1971, 57). Non ci si riferisce a questo riguardo al solo potere di influenza rispetto ad altri soggetti economici determinato, per esempio, dalla conquista di posizioni di monopolio sul mercato, ma anche al potere che il proprietario dei mezzi di produzione esercita nei confronti dei propri lavoratori. **Il potere economico consiste dunque nella superiorità di chi possiede le risorse decisive alla produzione rispetto a chi non le possiede**.

Storicamente, potere economico e potere politico erano sostanzialmente fusi dal momento che, soprattutto nelle società pre-statali, chi deteneva il potere coercitivo tipico del potere politico lo esercitava anche per accaparrarsi le risorse necessarie all'esercizio del potere economico e produttivo. È solo con la modernità che le due forme di potere vengono istituzionalmente separate imponendo tra di loro un sistema di relazioni sovente problematico. Nel potere economico risiede la possibilità di garantire la riproduzione materiale di una società, ma le relazioni economiche non avvengono nel caos; esse hanno bisogno di un sistema di regole dentro cui dispiegarsi e che possono essere promulgate dal potere politico. Come scrive Poggi: «un'economia capitalistica ha bisogno non soltanto di un certo *hardware* (risorse tecniche e materiali, e le relative capacità professionali), ma anche di un particolare *software* – un complesso di istituzioni complesse, sofisticate, come proprietà, contratto, successione ereditaria, mercati, impresa, contrattazione collettiva, banche, assicurazioni, acquisti a rate, professioni, società per azioni. Nel contesto del nostro discorso, queste istituzioni hanno in comune il fatto di essere tutte prodotte, regolate e garantite dallo Stato» (Poggi 1998, 73). È dunque interesse del mondo economico che la politica continui a svolgere il proprio ruolo di regolatrice e garante delle relazioni di produzione e di scambio. Per fare un esempio: come potrebbe svilupparsi l'impresa capitalistica o lo stesso libero mercato se non esistesse un sistema di regole prodotte dentro una dinamica organizzata di coercizione legittima finalizzata a garantire l'istituto, tutt'altro che naturale, della «proprietà privata»?

Lo Stato che, vedremo, rappresenta il luogo di centralizzazione del potere politico nelle società moderne, utilizza dunque la sua *autorità* per sviluppare un sistema economico e, talvolta, per tutelare attori economici. A questo riguardo, le strategie pubbliche adottate possono essere molteplici e non riguardano solamente l'organizzazione di un sistema giuridico-normativo. Gli Stati, per sostenere le aziende, elaborano piani di sviluppo, implementano politiche di credito o di sostegno alla domanda, riducono la pressione fiscale sulle imprese, sostengono il cambiamento tecnologico e, qualche volta, dichiarano guerra ad altri Stati. La gestione del passaggio da un'economia di pace a un'economia di guerra può infatti essere funzionale a garantire la crescita economica determinata da un aumento di produttività delle industrie belliche che, in molti paesi, creano una porzione importante della ricchezza nazionale. Malgrado l'esigenza di forme di regolazione del sistema economico, i detentori di potere economico tendono a non apprezzare un eccessivo intervento dello Stato in economia. A loro avviso, le istituzioni pubbliche dovrebbero limitarsi ad agire da contesto istituzionale ed arbitro dei processi economici che, per il resto, dovrebbero essere lasciati in balia dei mercati. Da qui nasce il principale contrasto tra politica ed economia che, fin dalla seconda metà del diciottesimo secolo, si è risolto nel grande compromesso rappresentato dallo Stato sociale congeniale all'organizzazione di un capitalismo nazionale. Tale compromesso si incrina di fronte a quel processo di crescente transnazionalizzazione delle dinamiche economiche e finanziarie che gli analisti hanno chiamato **globalizzazione**. L'asimmetria che si crea tra economia globale e politica nazionale, cioè ancora fortemente ancorata a una dimensione territoriale, fa sì che il pendolo del potere reale tenda a orientarsi nella direzione delle grandi corporation economiche che, agendo su un livello globale, possono godere del sistema di opportunità offerto loro dalle politiche dei singoli Paesi evitando però di rispondere ai vincoli normativi degli Stati-nazione.

6.2.2. Potere ideologico e potere politico

Il **potere ideologico** o **potere simbolico** è connesso alla capacità da parte di alcuni soggetti di produrre idee e credenze socialmente condivise

Il **potere ideologico** è connesso alla capacità da parte di alcuni soggetti di produrre idee e credenze socialmente condivise. Appare dunque chiaro che i soggetti dotati di questo potere abbiano la capacità di produrre simboli e di renderli patrimonio collettivo. Non a caso, Thompson preferisce parlare a questo riguardo di **potere simbolico**, strettamente collegato allo sviluppo di determinate istituzioni culturali nonché a un certo utilizzo dei mezzi di comunicazione, tanto da poter parlare di «organizzazione sociale del potere simbolico» che consiste «nel produrre, trasmettere e ricevere forme simboliche dotate di significato» (J.B. Thompson 1995, tr.it. 1998, 11 e 30). L'attività simbolica è infatti un aspetto importante della vita sociale. Gli individui comunicano costantemente gli uni con gli altri e questa comunicazione può avvenire per compresenza oppure facendo ricorso a strumenti tecnici di comunicazione che danno corpo a forme di interazione mediata. **Il potere simbolico (o ideologico) si riferisce dunque alla capacità di alcuni soggetti di intervenire nel corso degli eventi e di influenzare la altrui esistenza attraverso la produzione di forme simboliche**. Tutti gli esseri umani hanno infatti bisogno di convinzioni condivise nonché di pratiche estetiche e rituali per esprimere simbolicamente la propria quotidianità (Mann 1986, I).

Da questo punto di vista, la religione ha giocato storicamente un ruolo fondamentale, non solo per la sua caratteristica intrinseca di produttore di un sistema di credenze che fornisca certezze agli esseri umani, ma anche e soprattutto per la sua tendenza storica a concentrare su di sé, almeno in epoca pre-statale, le principali fonti di produzione simbolica, dai mezzi di comunicazione alle istituzioni educative. Con l'evolversi del processo di civilizzazione, la religione è stata però sempre meno capace di investire in maniera autorevole i diversi problemi conoscitivi e normativi (etico-morali) e il ceto sacerdotale ha segnato il passo rispetto a una schiera di intellettuali secolarizzati collocati su diversi ambiti istituzionali. Si pensi al ruolo di filosofi e scienziati che operano dentro le istituzioni universitarie o i giuristi che, nell'esercizio delle funzioni a loro assegnate dallo Stato, interpretano le norme sociali disciplinando i comportamenti individuali. A questi si aggiunge il ruolo assunto dagli operatori dei moderni mezzi di comunicazione di massa che agiscono oggi da grandi produttori di simboli contribuendo alla formazione di atteggiamenti e opinioni diffuse. A questo riguardo, Poggi parla di «intellettuali creativi» che intrattengono rapporti durevoli con il potere politico in un processo di costante negoziazione (Poggi 1998).

Il rapporto tra potere simbolico e potere politico può dunque articolarsi in forma cooperativa o in forma conflittuale. Gli intellettuali creativi, in cambio di protezione o di sostegno finanziario da parte delle istituzioni politiche, possono offrire i loro servigi allo Stato. Questi servigi, afferma Poggi (ibid., 40), possono limitarsi all'opera di «impartire splendore al reame», utilizzando la propria influenza simbolica per esaltare le virtù di uno Stato e dei suoi governanti. Come scrive Popitz (1986, tr.it. 1995, 83), «ogni potere ambisce alla legittimazione. La legittimazione della violenza è tipicamente accresciuta, elevata dall'esaltazione» che è perlopiù effetto di forme simbolico-espressive che siano in grado di evocare sentimenti intensi nella collettività.

Un altro servigio che gli intellettuali creativi possono offrire a uno Stato sta nella determinazione simbolica di una comunità politica; in pratica, essi possono contribuire allo sviluppo di una identità nazionale. Il rapporto tra Stato e Nazione non è infatti pacifico. Lo Stato nasce dalla guerra, la Nazione è invece una forza culturale che rappresenta il senso di appartenenza a una comunità di destino che generalmente viene fatta coincidere con i confini di uno Stato. Come vedremo nei prossimi capitoli, la storia dimostra che la Nazione, tranne in rarissimi casi, non precede la nascita dello Stato, nel senso che gli Stati non sono stati il frutto di una urgenza simbolica condivisa dal popolo. Dunque, la creazione della «patria» e dei suoi «sacri confini», cioè di un senso di appartenenza nazionale, è il prodotto di un'azione coordinata di tipo politico e simbolico che si realizza con il contributo delle principali istituzioni culturali ed educative.

Un terzo ma importantissimo servigio che gli intellettuali creativi possono offrire alla classe politica è strettamente connesso al ruolo che oggi assumono i mezzi di comunicazione di massa che agiscono, sovente, da mezzi di «distrazione» di massa. Se infatti gli individui si convincono del loro ruolo dentro una specifica comunità di destino rischiano di diventare troppo critici nei confronti delle classi politiche pretendendo attraverso la partecipazione di far valore il proprio ruolo di cittadini attivi. Questo può recare non poco disturbo alle élites politiche che possono trarre giovamento da una popolazione orientata simbolicamente verso il perseguimento di interessi privati piuttosto che pubblici. Da questo punto di vista, i messaggi simbolici provenienti dai mass media giocano un ruolo fondamentale, orientando l'attenzione dei cittadini, e modellando dunque le loro opinioni, su questioni espressamente a-politiche perlopiù orientate sulla cronaca o, ancor meglio, sull'esaltazione di ogni forma di consumismo.

Naturalmente, il ruolo degli intellettuali non è solo quello di prostrarsi al potere. Essi possono anche svolgere un ruolo profondamente critico, alimentando la costruzione di schemi interpretativi anti-sistemici o anti-politici e sostenendo la formazione di contro-poteri. Inoltre, tornando al ruolo dei mezzi di comunicazione di massa, come vedremo nel capitolo a loro dedicato, essi possono pungolare il sistema politico facendo emergere le contraddizioni di un potere sempre più visibile mediaticamente, non solo nelle sue virtù, ma anche nei suoi vizi.

6.2.3. Potere politico e strutture coercitive

> Ciò che alcuni studiosi definiscono **potere coercitivo** si riferisce a quei professionisti della violenza, forze armate o forze dell'ordine, che sono finanziati dallo Stato e che agiscono per conto dello Stato

Per quanto in questa sede abbiamo optato per far coincidere il potere politico con gli strumenti della coercizione legittima, non mancano studiosi che individuano nella coercizione una quarta forma di potere che chiamano «potere militare» (Mann 1986, I) o, appunto, **potere coercitivo** (J.B. Thompson 1995, tr.it. 1998). Essi attribuiscono al potere politico un ruolo di coordinamento e regolamentazione dei modelli di interazione distinguendolo dall'uso o dalla minaccia della forza fisica che sarebbe prerogativa del potere militare, poliziesco e, in genere, coercitivo. Noi non abbiamo condiviso questa posizione perché siamo convinti dell'impossibilità di separare il potere politico dai processi relativi alla coazione organizzata. Se la violenza (latente o manifesta) è la risorsa fondamentale del potere politico, le strutture addette alla sua organizzazione nell'ambito di uno specifico territorio (esercito, polizia, ecc.) ne sono gli organi principali. Il rapporto tra politica e mezzi di coercizione è talmente stretto che studiosi come Hintze possono affermare che «in origine, la costituzione degli Stati, nel suo insieme, non è altro che una costituzione militare, costituzione dell'esercito» (Hintze 1972, 53). Ciò non toglie che il rapporto tra politica e mezzi di coercizione possa talvolta essere problematico. A questo riguardo, Poggi afferma che «le forze armate si trovano in circostanze affatto particolari rispetto a tutte le altre componenti dello Stato [...] in certe situazioni queste circostanze, e la separatezza che ne deriva, permettono loro di rapportarsi alle altre componenti partendo da una posizione di singolare, e talora minacciosa, 'alterità'» (Poggi 1998, 92).

Per forze dell'ordine, intendiamo un corpo istituito e finanziato dallo Stato e che agisce per conto dello Stato. Dal momento che gli strumenti di cui si avvalgono sono tutti riconducibili a forme minacciate o praticate di violenza, possiamo affermare che gli attori delle forze di polizia, così come dei corpi militari, sono dei professionisti della violenza a cui è consentito, in certe circostanze, un certo margine di discrezionalità operativa. **Se alle forze armate è affidato il compito di difendere il territorio statale sul versante esterno, cioè nel rapporto con gli altri Stati, alle forze di polizia spetta un compito di controllo all'interno dei confini nazionali**. In entrambi casi, la loro azione è, o dovrebbe essere, vincolata a un sistema normativo promulgato dal potere politico. Può però accadere che gli eserciti, in operazioni di guerra, così come le forze dell'ordine, in operazioni di polizia, possano raggirare le norme dello Stato configurandosi come un potere autonomo dal potere politico e, in questo senso, come una forma di potere deviante. Pensiamo a operazioni militari che tendano ad abusare della forza di fuoco coinvolgendo anche la popolazione civile di uno Stato nemico, o alle purtroppo frequenti pratiche di tortura che alcuni eserciti mettono in atto in territorio di guerra, oppure, sul versante interno, pensiamo ai casi di eccesso di violenza e abuso di potere di cui talvolta le forze di polizia si rendono protagoniste. Questo si verifica, come nota Lautmann, per la fattualità intrinseca all'aspetto violento delle attività di polizia:

> *È fin troppo facile dimenticare che la polizia ha a che fare con la violenza in un senso molto concreto, quello di costrizione fisica esercitata sulle persone. Quando viene sfondata la porta di una casa o viene ammanettato, immobilizzato o ucciso un uomo, dal punto di vista esteriore e per quel che riguarda la persona interessata non fa molta differenza che questo avvenga a opera di un criminale o di un tutore dell'ordine pubblico.*
>
> Brusten, Feest, Lautmann 1975, 2

Come rileva Peter Berger (1963), questo si verifica anche nelle società democratiche che hanno cioè inventato dispositivi istituzionali per la soluzione pacifica dei conflitti. Alla fine, l'argomento finale è pur sempre rappresentato dalla violenza che è tanto più pericolosa quanto più aumenta il livello di discrezionalità che lo Stato più o meno apertamente concede ai professionisti dell'ordine.

6.3. Potere e strutture sociali

Dopo aver definito il potere e le sue manifestazioni sociali, diventa necessario collocarlo su livelli specifici di analisi soffermandoci in modo particolare sulle dimensioni che sono diversamente riferibili a quella sfera di attività sociali che abbiamo ricondotto al termine «politica». Come ci ricorda Segatori (1999, 33), quello del «potere» è un fenomeno complesso che andrebbe probabilmente analizzato sia su un **piano esistenziale** che su un **piano strutturale**, rispettivamente osservati rappresentando l'angolazione della **collettività** e della **individualità**. Il piano esistenziale è importante perché ci aiuta a collocare il potere umano dentro quella dimensione di auto-riflessività che si realizza nella frattura inevitabile tra l'unità originaria con la natura e l'artificialità implicita nell'esperienza vissuta. Da questo punto di vista, il potere assume un ruolo di mediazione simbolica contribuendo alla ricostruzione sociale del senso del mondo (Crespi 1978). Per problemi di spazio e di merito, relativi alle finalità disciplinari del presente lavoro, ci vediamo costretti a trascurare questa dimensione soffermandoci altresì sul piano strutturale (collettivo e individuale) che, a nostro avviso, assume inevitabilmente una forte connotazione sociopolitica.

> Il **piano strutturale** del potere può essere osservato attraverso un'angolazione collettiva e individuale

Sul piano strutturale, il potere è colto nella sua «funzione oggettivata» che disciplina le condotte umane e che presuppone, nell'ambito di specifiche relazioni sociali, la conversione intenzionale di risorse materiali e simboliche in un piano strutturato di persuasione a cui individui e gruppi partecipano dentro un quadro di valori condiviso. Entra ora in gioco la doppia dimensione «collettiva» e «individuale». Dal punto di vista della collettività, il piano strutturale del potere si riferisce alle sue forme generali e impersonali mentre, dal punto di vista individuale, è invece riconducibile alle forme e alle qualità del potere riferite ai singoli soggetti che lo detengono o vi si conformano.

• Il potere nella dimensione strutturale e collettiva

Come si è accennato, secondo questa prospettiva, il potere è inteso nella sua funzione oggettivata che lo configura come fattore sociale *agente* e come meccanismo di trasformazione di risorse materiali e simboliche in dinamiche di persuasione adeguatamente strutturate, in grado di condizionare (determinare) una «concatenazione di azioni» (Luhmann 1975, tr.it. 1979, 43). L'articolazione del piano strutturale-collettivo così formulata, nota giustamente Segatori (1999, 39), ci consente in primo luogo di cogliere la differenza tra il «potere» e le «risorse» (materiali e/o simboliche) che generalmente sono ad esso associate e, in secondo luogo, aiuta a concentrarci sul processo di *reificazione* del potere stesso nelle strutture funzionali di una società. Da questo punto di vista, gli analisti che si collocano su questo piano, sia che provengano da una tradizione conflittualista (Marx e i suoi continuatori), sia che si riconoscano invece in una prospettiva struttural-funzionalista (*in primis* Parsons e Luhmann), tendono a condividere l'idea della determinazione sociale (strutturale) delle azioni di individui e gruppi.

• Il potere nella dimensione strutturale e individuale

Su questo piano analitico, il potere è inteso come la capacità di determinare la condotta altrui nell'ambito della struttura relazionale tra soggetti. Prevale dunque un'idea di potere come «relazione», cioè come «un rapporto interpersonale che si manifesta con l'obbedienza ossia con un comportamento indicante propriamente che A, B, C fanno ciò che L desidera» (Friedrich 1963, tr.it. 1970, 130). Non mancano nella letteratura specialistica tentativi di una maggiore definizione delle relazioni di potere politico. In che contesto si manifestano e dove possono essere osservate? Come vedremo in seguito, autori come Lasswell e Kaplan (1950, tr.it. 1969) e Dahl (1957; 1961b), per quanto da prospettive differenti, cercano di focalizzare la loro attenzione sui processi di produzione decisionale, mentre altri autori hanno prestato più attenzione ai soggetti di potere non immediatamente visibili, concentrandosi maggiormente sulle non-decisioni, cioè sugli attori coinvolti nelle dinamiche di soppressione delle decisioni (Bachrach, Baratz 1962). In ogni caso, gli autori che si collocano sul piano strutturale-individuale sembrano perlopiù soffermarsi su un'idea di potere inteso come capacità di far fare (o impedire di fare) qualcosa a qualcuno. La struttura relazionale del potere presuppone che esso possa essere esercitato solo all'interno di un sistema di valori socialmente condiviso; questa dimensione, su cui si sofferma soprattutto Lasswell, è di vitale importanza perché il potere deve essere riconosciuto sia da chi lo detiene sia da chi ne è soggetto. Non è possibile pretendere (se non come esercizio di potenza) che l'eventuale destinatario di un comando accetti la regola dell'obbedienza se è estraneo al quadro normativo e alla scala di valori attorno a cui si struttura la relazione di potere. Per quanto i rapporti di potere che si collocano su un piano strutturale-individuale possano sembrare i più comuni, essi sono in realtà solo i più visibili perché si articolano dentro una relazione di comando/obbedienza direttamente osservabile; ma come ci fanno notare Luhmann (1975, tr.it. 1979) e Foucault (1977) **le forme di potere più incisive sono in genere quelle che non appaiono, ma agiscono dietro le quinte dell'arena sociale**. Esse si annidano nelle forme culturali introiettate dagli individui e che si riproducono e alimentano attraverso i principali canali di socializzazione. La nostra conformità alle norme sociali risuona come una costante accettazione implicita di una struttura di potere latente che perlopiù si consolida nei riti e nella routine della vita quotidiana.
Come emerge da quanto appena detto, appare evidente che il potere in società sia ampiamente pervasivo. Gli individui si trovano immersi fin dalla nascita in una rete organica di relazioni consolidate mediante dispositivi istituzionali che servono a garantire un certo ordine sociale. Il potere, come produttore di ordine, si configura dunque sotto forma di strutturazione:

Tale strutturazione può essere relativamente formalizzata e consapevole, oppure può essere stata "naturalizzata" dalla storia, dalla tradizione, dalle credenze, fino a sembrare evidente. Nondimeno rimane sempre inevitabilmente un artefatto umano, il quale – orientando il comportamento degli attori e delimitandone la libertà e capacità di azione – rende possibile lo sviluppo delle imprese collettive degli uomini e nello stesso tempo condiziona profondamente i loro risultati.

Crozier, Friedberg 1977, tr.it. 1978, 7-8

Studiare il potere a partire dall'analisi delle strutture sociali porta lo studioso a confrontarsi con una serie di problemi interpretativi che sono stati tra l'altro oggetto di attenzione anche da parte dei classici della nostra disciplina. Si pensi al grande problema, caro a Marx e in genere a tutto il filone di studi conflittualisti, relativo alle pratiche sovrastrutturali di mistificazione ideologica che si realizzano nella configurazione del potere politico come generatore di ordine sociale ma, al contempo, esso stesso generato da altre strutture che si sviluppano nei rapporti concreti di conflitto su basi materialistiche. Si pensi alla questione, cara invece alla scuola funzionalista, relativa alla «funzione» del potere in un quadro sistemico o, ancora, al problema del potere come meccanismo che si riproduce nelle strutture sociali contribuendo alla costruzione di senso. Non potendo ripercorrere in questa sede la sterminata letteratura sul tema, decidiamo di soffermarci brevemente su alcuni filoni che crediamo abbiano contribuito alla formazione della consapevolezza sociopolitica sull'argomento. Affronteremo dunque la concezione del potere nella **tradizione conflittualista** (in particolare con Marx e Gramsci), quindi in quella **funzionalista** (in particolare con Parsons e Luhmann) e nella **scuola di Chicago** (in particolare con Lasswell), accennando infine brevemente all'approccio originale di Norbert Elias e alle sue riflessioni sulle figurazioni del potere.

Nella **tradizione conflittualista** di ispirazione marxiana, le strutture visibili del potere politico sono il prodotto della forma reale del potere che si configura nelle strutture economiche e dei rapporti di produzione

6.4. Il potere nella tradizione marxista

Anche se Marx non si è mai confrontato con una definizione organica del fenomeno del potere, esso è un elemento che attraversa tutte le sue opere. Emerge senza dubbio la sua convinzione che il potere, e in particolare il potere politico, non possa essere studiato semplicemente adottando categorie osservative, per la semplice ragione che le strutture visibili del potere politico sono a loro volta il prodotto della forma reale del potere che si configura nelle strutture economiche e dei rapporti di produzione. Già nella sua critica a Hegel, egli si oppone all'idea della società civile come luogo pre-politico caratterizzato dai conflitti tra interessi individuali e che troverebbe compiutezza politica nella formazione dello Stato. Per Hegel, è proprio lo Stato che fornisce un ordine *morale* a una socialità altrimenti caotica; secondo tale impostazione, lo Stato rappresenta l'espressione reale e razionale della moderna forma politica. Marx capovolge questa prospettiva, individuando nelle relazioni conflittuali tra interessi sociali il reale motore della storia e identificando nelle istituzioni politiche l'espressione ideologica, cioè il prodotto sovrastrutturale, dei rapporti reali. Come afferma chiaramente nella prima parte dell'*Ideologia tedesca* (1845-1846) scritto con l'amico Engels, studiare la storia dell'umanità a partire dalla storia dei *capi* e degli *Stati* è particolarmente riduttivo e per molti aspetti mistificatorio perché porta lo studioso a trascurare i rapporti reali in cui si realizzano le relazioni di dominio.

Gli esseri umani si distinsero dagli animali in primo luogo quando cominciarono a produrre i propri mezzi di sussistenza producendo indirettamente la loro stessa vita materiale (ibid.). Da questa consapevolezza, emerge la convinzione marxiana secondo cui sia il «lavoro» la categoria costitutiva del vivere sociale che consente agli individui di stabilire un rapporto attivo con la natura e con gli altri individui. Su queste basi, si consolida, come abbiamo visto, la «teoria materialistica della storia» secondo cui gli esseri umani sono, fin dalla nascita, immersi in rapporti di produzione che costituiscono la struttura economica della società «ossia la base reale sulla quale si fonda una sovrastruttura giuridica e politica alla quale corrispondono forme determinate della coscienza sociale. Il modo di produzione della vita materiale condiziona, in generale, il processo sociale politico e spirituale della vita» (Marx 1859, tr.it. 1969, 10). Emerge dunque in queste battute la concezione marxiana che identifica nel piano politico e giuridico l'espressione sovrastrutturale dei rapporti economici di produzione (cfr. par. 2.3). La base reale dei rapporti di potere è dunque ravvisabile nella struttura economica delle società storicamente determinate e questo lascerebbe poco spazio a una riflessione specifica sulla configurazione politica delle relazioni di potere; essa rappresenta senza dubbio l'aspetto più visibile, ma proprio per questo potenzialmente mistificante, delle relazioni di dominio che si strutturano nei rapporti reali di produzione. Malgrado ciò, Marx ammette che lo Stato, in epoca moderna, pur mantenendo la sua articolazione sovrastrutturale che serve a tutelare normativamente gli interessi socioeconomici della borghesia industriale, abbia acquisito un margine di autonomia che giustificherebbe una maggiore attenzione da parte degli analisti sociali. I veri detentori di potere sono comunque rintracciabili nei soggetti storici dei rapporti reali che Marx identifica nelle *classi sociali* in conflitto tra loro per la direzione del processo storico. In epoca moderna capitalistica, il potere sarebbe concentrato nelle mani della classe borghese che però è destinata a sopperire di fronte alla crescita esponenziale del proletariato che, da *classe in sé* – intesa come un insieme di individui collocati *oggettivamente* in una posizione nell'ambito della struttura dei rapporti di produzione – è destinata a trasformarsi in *classe per sé*, acquisendo dunque consapevolezza *soggettiva* della propria condizione storica, assumendo la direzione del processo di trasformazione sociale che non potrà che essere espressione di una rottura rivoluzionaria.

Per quanto Marx ed Engels siano consapevoli della grande influenza che le istituzioni politiche abbiano nella strutturazione della vita sociale, la loro sostanziale sottovalutazione del tema specificatamente politico del potere imporrà ai molti studiosi di ispirazione marxista di coprire questo vuoto parziale. Come ci ricorda Bob Jessop (2001, 7), gli intellettuali marxisti hanno studiato il potere in molti modi soffermandosi però su quattro temi tra loro interrelati: 1) in primo luogo, si sono concentrati sulle relazioni di potere come manifestazioni di un modo specifico di dominio di classe radicato nelle strutture sociali, piuttosto che leggerle come mero rapporto interpersonale: essi sono dunque interessati alle interconnessioni causali tra l'esercizio del potere sociale e la riproduzione o trasformazione del dominio di classe; 2) in secondo luogo, essi si sono diversamente soffermati sui legami sussistenti nelle forme del dominio economico, politico e ideologico; 3) in terzo luogo, hanno posto l'accento sui limiti impliciti a ogni esercizio di potere che hanno spiegato in termini di contraddizioni strutturali, affermando che qualsiasi forma di potere sociale collegata al dominio di classe sia intrinsecamente fragile e provvisoria perché, riproducendo se stessa, produce al contempo le condizioni storiche del suo stesso sovvertimento; 4) in quarto luogo, tutti gli studiosi di ispirazione marxista condividono una certa attenzione verso la prassi politica trasformativa declinata in termini di tattica e strategia: essi producono analisi empiriche finalizzate a estendere la conoscenza necessaria per il sovvertimento delle condizioni di dominio.

Da questo punto di vista, sarà proprio Lenin, interessato a tradurre in azione politico-rivoluzionaria le analisi di Marx ed Engels, a soffermarsi sul tema del potere connesso all'azione progressiva delle classi. Egli, nel suo *Che fare?* (1902, tr.it. 1965a) e successivamente in *Stato e rivoluzione* (1917, tr.it. 1965b), elabora l'idea di partito politico come avanguardia rivoluzionaria con compiti di direzione ed educazione delle masse proletarie. In questo senso, il partito come soggetto collettivo composto da rivoluzionari di professione diventa il vero detentore del potere politico in una fase di trasformazione rivoluzionaria, che si assumerà il compito, a rivoluzione compiuta, di gestire l'organizzazione politica della nuova società. Per quanto già Lenin tenda a proporre una soluzione politica di fronte all'assenza di una formulazione organica sul concetto di potere in Marx, gli elementi più originali di innovazione su questo tema sono ravvisabili nel pensiero di Antonio Gramsci che, in un certo senso, sovverte la rigida separazione marxiana tra struttura e sovrastruttura. Non a caso, i suoi *Quaderni del carcere* hanno condizionato il pensiero di intere generazioni di studiosi neomarxisti.

6.4.1. Potere ed egemonia in Antonio Gramsci

Gramsci orienta la sua attenzione sulle sovrastrutture ideologiche della società concentrandosi sul ruolo storico degli intellettuali.

Antonio Gramsci [1891-1937] fornisce una diversa interpretazione del pensiero marxiano ponendo l'accento sull'elemento umano che si realizza nell'azione organizzata della società civile. Già il leninismo ha rappresentato in un certo senso una risposta a certi limiti dell'attenzione marxiana al tema dell'organizzazione politica del potere, ponendo l'accento sul ruolo di direzione politica del partito, ma Gramsci compie ulteriori passi in questa direzione a partire dall'esigenza di comprendere le ragioni del fallimento della prospettiva rivoluzionaria in Occidente. A suo avviso, **il nocciolo del problema non risiede tanto nella non realizzazione delle condizioni storiche oggettive (crisi strutturale del modello capitalistico), quanto piuttosto nella mancanza di una realizzazione soggettiva delle condizioni oggettive per la trasformazione sociale**. Ed è proprio questa insistenza sugli elementi soggettivi della teoria di Marx che differenzia maggiormente Gramsci da Lenin. Secondo la prospettiva gramsciana, la trasformazione sociale è funzione del ruolo creativo delle masse e della capacità politica di articolare una coscienza rivoluzionaria. Da questo punto di vista, diventa cruciale il ruolo degli intellettuali. Egli afferma che ogni rivoluzione è stata storicamente preceduta da un intenso lavoro critico attraverso la diffusione di cultura e la propagazione di idee tra le masse subalterne (Gramsci 1977, 12). Al contrario di Marx, Gramsci orienta la sua attenzione proprio sulle sovrastrutture ideologiche della società concentrandosi sulla figura degli intellettuali. Lo stesso marxismo, per Gramsci, non è solo una scienza economica, ma in primo luogo una visione del mondo che punta a una riforma morale e intellettuale della società. Tale obiettivo è irraggiungibile senza una volontà collettiva che si realizza nella prassi politica. Il processo di riforma sociale è quindi il risultato della trasformazione della «classe economica» in «classe storica» che si realizza nella relazione dialettica tra masse e intellettuali (de Nardis, Caruso 2011).

Se Lenin aveva posto l'accento sul ruolo prioritario delle avanguardie rivoluzionarie organizzate nel partito, in Gramsci «avanguardie» e «partito» sono subordinati alla volontà collettiva della società civile. **È l'organizzazione autonoma delle masse che si sviluppa all'interno del partito** che, in questo senso, non rappresenta una parte della massa, ma è ad essa organico. E se la rivoluzione è in primo luogo un processo di riforma culturale, il lavoro degli intellettuali e del partito nelle masse deve essere quello di contribuire allo sviluppo di una coscienza politica e di una volontà collettiva che corrisponde alla elaborazione di un'ideologia di trasformazione storicamente radicata. **Se l'obiettivo rivoluzionario sta nella presa del potere, è anche vero che le classi subalterne, per avere successo, devono lavorare a creare le condizioni della trasformazione puntando ad essere classe ideologicamente egemone ben prima di diventare gruppo sociale dominante**. La socializzazione dei mezzi di produzione materiale è solo un aspetto del processo rivoluzionario che va accostato alla socializzazione dei mezzi di produzione culturale e intellettuale. Come nota Buci-Glucksmann (1979), il pensiero di Gramsci va oltre la semplice rilettura in chiave culturalista del marxismo classico; egli diventa un teorico delle forme politiche della transizione determinata dalla relazione dialettica tra forze sociali. Come nota Salamini (1981, 22), la struttura di questa prassi politica in Gramsci «è rappresentata dall'unità dialettica degli elementi oggettivi e soggettivi, del materialismo e dell'idealismo. I suoi protagonisti sono le masse, gli intellettuali e il partito. La sua direzione è la creazione di egemonia».

Secondo Gramsci, il processo di trasformazione può essere garantito solo dalla nascita di un nuovo **blocco storico** determinato dall'unità organica tra struttura e sovrastruttura, nel senso che l'insieme complesso delle sovrastrutture è il riflesso ideologico dei rapporti sociali di produzione. Tra i due elementi esiste una necessaria reciprocità che è appunto il processo dialettico reale (Gramsci 1977a, 48). Il blocco storico non è una sorta di amalgama o un'alleanza tra classi diverse, quanto piuttosto una situazione egemonica nella quale la coesione sociale è assicurata da una nuova concezione del mondo (dimensione sovrastrutturale) e una classe sociale dominante (dimensione strutturale). In questo contesto, il **potere dominante di una classe o gruppo sociale dato non è garantito dalla violenza e dal monopolio dei mezzi di produzione, ma anche e soprattutto da un più sottile processo di acquisizione del consenso nei confronti degli altri gruppi sociali**. Fondamentale diventa a questo punto il ruolo degli intellettuali, cioè dei funzionari della sovrastruttura (Garin 1969). Nati come una delle categorie specializzate nel mondo della produzione, essi diventano gli amministratori dell'egemonia sociale. Ogni gruppo sociale, in quanto nato sul terreno originario di una funzione essenziale all'interno del mondo della produzione economica, dà forma organicamente a uno o più ceti intellettuali che hanno il compito di garantire al gruppo di riferimento omogeneità e consapevolezza della propria funzione storica, non solo in campo economico, ma anche in campo sociale e politico (Gramsci 1977b, Q12, 3).

Ogni gruppo sociale «essenziale», emergendo dalla storia della precedente struttura economica, trova sempre categorie sociali preesistenti che appaiono come rappresentanti di una continuità storica. Basti pensare al ruolo degli ecclesiastici che sono stati a lungo i monopolizzatori delle istituzioni sociali, culturali ed educative. Essi possono essere considerati come esponenti della categoria sociale organicamente legata all'aristocrazia fondiaria e, per questo, erano anche giuridicamente equiparati alla aristocrazia con cui condividevano i privilegi. Ma il loro monopolio sulle sovrastrutture sarà col tempo limitato dalla nascita di altre categorie organicamente legate al potere secolare dei monarchi. Tutte queste categorie di intellettuali tradizionali, per quanto organici a un gruppo sociale, si percepiscono come i continuatori di una storia secolare e per questa ragione si pongono su posizioni formalmente autonome e indipendenti dal gruppo sociale dominante.

Posto che ogni sovrastruttura è legata alla struttura che perlopiù la esprime, anche gli intellettuali sono in stretto rapporto con il mondo della produzione e tale rapporto è mediato da tutto il sistema delle sovrastrutture di cui gli intellettuali sono i «funzionari». **Gramsci distingue due grandi piani sovrastrutturali: quello della «società civile», cioè dell'insieme di organismi volgarmente detti «privati», e quello della «società politica o Stato», che corrispondono alla funzione egemonica che il gruppo sociale dominante esercita su tutta la società, sia in maniera diretta, attraverso le funzioni di comando svolte dagli istituti di polizia e da quelli giuridici, sia in maniera più velata, attraverso il rafforzamento e lo sviluppo degli istituti culturali organici**. In questo senso, il ruolo degli intellettuali può essere assimilato a quello di «commessi» del gruppo sociale dominante per l'esercizio delle funzioni subalterne all'egemonia sociale e al governo politico (Gramsci 1977b, Q12, 10).

Ovviamente, le attività intellettuali possono essere divise in gradi che in alcuni momenti di particolare contrapposizione si realizzano in differenze qualitative. Al livello più alto sono da porre i creatori delle varie scienze, della filosofia, dell'arte; al livello più basso ci sono invece i cosiddetti «amministratori» e divulgatori della ricchezza intellettuale preesistente e accumulata. Dentro questo contesto, assume un ruolo il partito politico. Per alcuni, esso non è altro che il modo proprio di un gruppo sociale di elaborare la propria categoria di intellettuali organici. Effettivamente **il partito è l'istituto che nella società civile svolge la medesima funzione che lo Stato svolge nella società politica**; esso crea una saldatura tra intellettuali organici di un dato gruppo e intellettuali tradizionali. In questo senso, tutti i membri di un partito svolgono in primo luogo una funzione intellettuale nella misura in cui essa si articola nella dimensione direttiva, organizzativa ed educativa (Gramsci 1977b, Q12, 14).

Gli studiosi di Gramsci hanno prestato molta attenzione alla sua concezione del partito politico come se si trattasse del fulcro della sua elaborazione intellettuale. In realtà, sarà più facile comprendere la concezione del partito in Gramsci concentrandosi sulla relazione (di potere) tra «partito» e «masse». La nascita di un partito segna in Gramsci il passaggio di un gruppo sociale fondamentale dalla fase economica alla fase egemonica. Il partito diventa uno strumento nelle mani delle classi subalterne facendo valere la loro autonomia nell'impianto generale di una nuova società. Come nota Nardone (1971, 51), il partito gramsciano è un'entità distinta dalla massa o da un gruppo sociale non ancora politicamente attivo, ma organicamente legato ad esso in una fase successiva che è la fase della coscienza politica e dell'egemonia. In una prima fase, il partito è di fatto una élite, una avanguardia che anticipa la società futura; una sorta di storia in fieri. La realizzazione dell'egemonia, che presuppone l'unità consapevole della società civile, è la condizione storica dentro la quale il partito perde la sua utilità. A questo punto, esso rinuncia al suo carattere di parzialità e si identifica con gli interessi dell'intera società. Ciò che caratterizza il partito è qualcosa di più di un programma da realizzare. Esso ha il compito di anticipare l'esperienza futura di una società progressiva, è uno sperimentatore di nuove concezioni del mondo e rappresenta una necessità storica solo per quei gruppi sociali che aspirano a diventare egemoni raccogliendo le redini del potere.

Nelle sue riflessioni sul *Principe* di Machiavelli, egli afferma che, nella società contemporanea, il «moderno principe» non può essere identificato in una persona reale, ma piuttosto in un organismo, cioè in «un elemento di società complesso nel quale già abbia inizio il concretarsi di una volontà collettiva riconosciuta e affermatasi parzialmente nell'azione». Questo organismo può essere identificato proprio nel partito politico, «la prima cellula in cui si riassumono dei germi di volontà collettiva che tendono a divenire universali e totali» (Gramsci 1977d, Q13, 6).

L'arte della politica si basa sul fatto che esistono rapporti di potere tra governanti e governati, dirigenti e diretti. A questo punto si tratta di scegliere se limitarsi a vedere come si possa dirigere in modo più efficiente, preparando al meglio i dirigenti, o si vogliono creare le condizioni affinché tale divisione sparisca. Tale condizione è legata alle divisioni tra gruppi sociali, ma occorre tenere presente che la distinzione tra dirigenti e diretti si realizza anche all'interno di uno stesso gruppo. In questo senso, essa è espressione di una divisione del lavoro, è per così dire un fatto tecnico. Posto il principio, è senza dubbio provato che i partiti sono il modo più adeguato per elaborare i dirigenti e le capacità di direzione.

Si è detto che nell'epoca moderna, il nuovo principe non può essere un eroe personale, ma piuttosto un organismo collettivo, cioè un partito politico che si dà l'obiettivo, razionalmente e storicamente fondato, di creare un nuovo Stato. Per quanto ogni partito politico nasca come espressione collettiva di un solo gruppo sociale, ne esistono alcuni che si pongono il problema di esercitare una funzione di equilibrio tra gli interessi del proprio gruppo e gli altri gruppi, facendo in modo che lo sviluppo progressivo del proprio gruppo avvenga con il consenso e il supporto di altri gruppi.

Le masse, organizzate in una volontà collettiva, sono dunque il fondamento della trasformazione e le creatrici di nuovi blocchi storici; il partito è lo strumento di cui le masse si dotano per agire politicamente ed è sempre subordinato ad esse. Esso cessa di esistere quando diventa Stato estendendo l'egemonia delle masse sull'intera società.

Approfondimento 6.1

Sul rapporto tra strutture e superstrutture

«È il problema dei rapporti tra struttura e superstruttura che bisogna impostare esattamente e risolvere per giungere a una giusta analisi delle forze che operano nella storia di un determinato periodo e determinare il loro rapporto. Occorre muoversi nell'ambito di due principii: 1) quello che nessuna società si pone dei compiti per la cui soluzione non esistano già le condizioni necessarie e sufficienti o esse non siano almeno in via di apparizione e di sviluppo; 2) e quello che nessuna società si dissolve e può essere sostituita se prima non ha svolto tutte le forme di vita che sono implicite nei suoi rapporti [...] Intanto nello studio di una struttura occorre distinguere i movimenti organici (relativamente permanenti) dai movimenti che si possono chiamare di congiuntura (e si presentano come occasionali, immediati, quasi accidentali). I fenomeni di congiuntura sono certo dipendenti anch'essi da movimenti organici, ma il loro significato non è di vasta portata storica: essi danno luogo a una critica politica spicciola, del giorno per giorno, che investe i piccoli gruppi dirigenti e le personalità responsabili immediatamente del potere. I fenomeni organici danno luogo alla critica storico-sociale, che investe i grandi aggruppamenti, di là delle persone immediatamente responsabili e di là dal personale dirigente. Nello studiare un periodo storico appare la grande importanza di questa distinzione. Si verifica una crisi, che talvolta si prolunga per decine di anni. Questa durata eccezionale significa che nella struttura si sono rilevate (sono venute a maturità) contraddizioni insanabili e che le forze politiche operanti positivamente alla conservazione e difesa della struttura stessa si sforzano tuttavia di sanare entro certi limiti e di superare. Questi sforzi incessanti e perseveranti (poiché nessuna forma sociale vorrà mai confessare di essere superata) formano il terreno dell'"occasionale" sul quale si organizzano le forze antagonistiche che tendono a dimostrare [...] che esistono già le condizioni necessarie e sufficienti perché determinati compiti possano e quindi debbano essere risolti storicamente.
[...] L'errore in cui si cade spesso nelle analisi storico-politiche consiste nel non saper trovare il giusto rapporto tra ciò che è organico e ciò che è occasionale: si riesce così o ad esporre come immediatamente operanti cause che invece sono operanti mediatamente, o ad affermare che le cause immediate sono le sole cause efficienti; nell'un caso si ha l'eccesso di "economismo" o di dottrinarismo pedantesco, dall'altro l'eccesso di "ideologismo", nell'un caso si sopravvalutano le cause meccaniche; Nell'altro si esalta l'elemento volontaristico e individuale. [...] Un aspetto dello stesso problema è la quistione così detta dei rapporti di forza. [...] Intanto nel 'rapporto di forza' occorre distinguere diversi momenti o gradi, che fondamentalmente sono questi: 1) Un rapporto di forze sociali strettamente legato alla struttura,

obbiettivo, indipendente dalla volontà degli uomini, che può essere misurato coi sistemi delle scienze esatte o fisiche. Sulla base del grado di sviluppo delle forze materiali di produzione si hanno i raggruppamenti sociali, ognuno dei quali rappresenta una funzione e ha una posizione data nella produzione stessa. Questo rapporto è quello che è, una realtà ribelle: nessuno può modificare il numero delle aziende e dei suoi addetti, il numero delle città con la data popolazione urbana ecc. Questo schieramento fondamentale permette di studiare se nella società esistono le condizioni necessarie e sufficienti per una sua trasformazione, permette cioè di controllare il grado di realismo e di attuabilità delle diverse ideologie che sono nate nel suo stesso terreno, nel terreno delle contraddizioni che esso ha generato durante il suo sviluppo. 2) Un momento successivo è il rapporto delle forze politiche, cioè la valutazione del grado di omogeneità, di autocoscienza e di organizzazione raggiunto dai vari gruppi sociali. Questo momento può essere a sua volta analizzato e distinto in vari gradi, che corrispondono ai diversi momenti della coscienza politica collettiva, così come si sono manifestati finora nella storia. Il primo e più elementare è quello economico-corporativo: un commerciante sente di dover essere solidale con un altro commerciante, un fabbricante con un altro fabbricante, ecc., ma il commerciante non si sente ancora solidale col fabbricante; è cioè sentita l'unità omogenea, e il dovere di organizzarla, del gruppo professionale, ma non ancora del gruppo sociale più vasto. Un secondo momento è quello in cui si raggiunge la coscienza della solidarietà di interessi fra tutti i membri del gruppo sociale, ma ancora nel campo meramente economico. Già in questo momento si pone la quistione dello Stato, ma solo nel terreno di raggiungere una eguaglianza politico-giuridica coi gruppi dominanti, poiché si rivendica il diritto di partecipare alla legislazione e all'amministrazione e magari di modificarle, di riformarle, ma nei quadri fondamentali esistenti. Un terzo momento è quello in cui si raggiunge la coscienza che i propri interessi corporativi, nel loro sviluppo attuale e avvenire, superano la cerchia corporativa, di gruppo meramente economico, e possono e debbono divenire gli interessi di altri gruppi subordinati. Questa è la fase più schiettamente politica, che segna il netto passaggio dalla struttura alla sfera delle superstrutture complesse, è la fase in cui le ideologie germinate precedentemente diventano "partito", vengono a confronto ed entrano in lotta fino a che una sola di esse o almeno una sola combinazione di esse, tende a prevalere, a imporsi, a diffondersi su tutta l'area sociale, determinando oltre che l'unicità dei fini economici e politici, anche l'unità intellettuale e morale, ponendo tutte le quistioni intorno a cui ferve la lotta non sul piano corporativo ma su un piano "universale" e creando così l'egemonia di un gruppo sociale fondamentale su una serie di gruppi subordinati».

Tratto da A. Gramsci, *Note sul Machiavelli, sulla politica e sullo Stato moderno*, 1977d, pp. 50-56

6.5. Il potere nella tradizione funzionalista

Abbiamo visto come nella tradizione marxista l'attenzione alle dinamiche di potere sia finalizzata perlopiù a individuare i parametri della lotta tra classi sociali, ma manca tuttavia un'elaborazione organica riconducibile a una teoria generale del potere. Alcuni intellettuali marxisti, da Althusser (1970) a Poulantzas (1968, tr.it. 1971), hanno cercato di entrare maggiormente in profondità pur ricadendo nel vincolo della visione marxiana troppo rigidamente connessa a un'idea di politica intesa come epifenomeno dei rapporti di produzione. Di tutt'altro segno, e per molti versi in antitesi alla concezione marxista, è l'intensa elaborazione teorica di **matrice funzionalista** che, prestando molta attenzione al problema dell'«ordine» e al conseguente mantenimento di un certo equilibrio sistemico, si concentra spesso sui processi di oggettivazione strutturale del potere. Le posizioni di Parsons e di Luhmann, che a nostro avviso sono le due personalità più interessanti di tale «paradigma» intellettuale, sono già state esposte nel precedente capitolo (cfr. par. 5.2), per questa ragione, in questa sede, ci limiteremo a riflettere sugli elementi del loro pensiero più strettamente riconducibili a un'analisi delle forme del potere.

> Gli studiosi di **matrice funzionalista**, prestando attenzione al problema dell'«ordine» e al conseguente mantenimento dell' equilibrio sistemico, si concentrano sui processi di oggettivazione strutturale del potere

6.5.1. Il potere in Talcott Parsons

Come abbiamo visto, l'intento di **Parsons** è quello di cogliere le caratteristiche strutturali dell'azione sociale in un quadro sistemico. Egli parte dall'azione per giungere a una teoria sull'equilibrio del sistema sociale (Parsons 1937; 1951). Nell'agire, il soggetto è diversamente condizionato da criteri culturali (teoria normativa dell'azione) che il sistema rende disponibili sotto forma di orientamenti di valore che collegano azione individuale e sistema. Questi meccanismi creano un equilibrio di ferro che reagisce alle spinte verso il mutamento, che è in genere interpretato come un elemento di disturbo, attivando dinamiche di differenziazione e sviluppo adattivo che assorbono i conflitti. L'ossessione parsonsiana per l'equilibrio sistemico lo porta a riflettere sui mezzi di stabilizzazione rispetto alle sfide rappresentate dalle devianze individuali e dai potenziali mutamenti collettivi; è a questo punto che egli deve confrontarsi con la categoria del potere che suddivide funzionalmente in potere economico e potere politico. In un saggio specifico sull'argomento (Parsons 1963a, tr.it. 1970), egli critica la genericità con cui spesso gli studiosi si sono approcciati al tema del potere; esso è piuttosto un meccanismo specifico finalizzato a provocare mutamenti nell'azione di soggetti individuali o collettivi nel corso di molteplici interazioni sociali. Le dinamiche di potere si attivano tra l'altro sia ricorrendo a meccanismi coercitivi che consensuali. In questo senso, il potere è per Parsons:

> **Parsons** studia il potere come mezzo per la stabilizzazione del sistema sociale rispetto alle sfide rappresentate dalle devianze individuali e dai potenziali mutamenti collettivi

> *La capacità di assicurarsi l'adempimento di obblighi vincolanti da parte delle unità di un sistema di organizzazione collettiva, in cui gli obblighi sono legittimati in base alla loro rilevanza per il raggiungimento di scopi collettivi e in cui nel caso di rifiuti esiste un'aspettativa dell'imposizione di sanzioni situazionali negative, quale che possa essere il soggetto che opera concretamente tale imposizione.*
>
> ibid., 96

Il potere è per Parsons un mezzo generalizzato, una funzione sociale legata ai mezzi mediante i quali si ottiene un certo controllo dei fattori di efficacia nel perseguimento di scopi collettivi. In questo processo, abbiamo già detto che il potere può far uso di metodi duri, che si richiamano alla coercizione, o di metodi morbidi, legati alle pratiche consensuali, anche se lo stesso Parsons ammette che la durezza del potere è assimilabile soprattutto a sistemi sociali più elementari. I meccanismi culturali e istituzionali della legittimazione fanno sì che, in epoca moderna, il potere tenda a esprimersi nel riconoscimento sociale che avviene in primo luogo attraverso l'interiorizzazione sociale dei dispositivi normativi finalizzati al controllo per l'equilibrio sistemico. Il potere è dunque un mezzo simbolico che, come il denaro, non vale nulla di per sé, mentre acquista significato in un sistema di aspettative legato soprattutto alla possibilità di poter essere incassato al momento dell'attivazione di impegni che siano socialmente vincolanti. In ogni società esistono delle aspettative di potere che, quando non soddisfatte, rischiano di mettere in crisi l'intero sistema. Come nota Segatori, «in Parsons, dunque, il potere è una funzione ordinatrice sempre più sofisticata, e che, se debitamente ponderata – in quanto c'è fiducia sul fatto che venga onorata – serve il suo fine tanto meglio quanto più si presenta come mezzo impersonale e simbolico» (Segatori 1999, 100). **Non sono tanto importanti i soggetti singoli e collettivi che nelle varie fasi storiche detengono il potere, quanto piuttosto i ruoli che essi ricoprono e in cui si identificano le funzioni dell'autorità che si riproducono costantemente**.

6.5.2. Il potere in Niklas Luhmann

> Per **Luhmann** il potere non è un bene di possesso statico ma una funzione relazionale che mantiene alti i livelli di complessità offrendo alternative e inducendo motivazioni

Uno degli obiettivi di **Luhmann**, che come Parsons muove dall'*azione* per individuare risposte funzionali connesse all'esigenza di un certo equilibrio sistemico, è quello di definire un modello attraverso cui interpretare alcuni fondamenti conoscitivi del vissuto umano. Alla base del sapere, a suo avviso, vi è l'aspirazione a costruire degli schemi interpretativi, di per sé autoreferenziali, in grado di ridurre la complessità sociale (Luhmann 1970; 1984). Quella di «riduzione della complessità» è infatti per Luhmann una funzione generale che consente di muoversi agevolmente nel rapporto triadico tra *mondo*, *ambiente* e *sistema*. Da questo punto di vista, il «mondo» rappresenta la sfera della complessità, per certi versi indeterminabile, composta dall'insieme delle possibilità di per sé illimitate; l'«ambiente» riguarda invece l'insieme delle possibilità che sono determinabili in una specifica situazione; il «sistema» delimita infine lo spazio di effettiva praticabilità perché già frutto, esso stesso, di un processo selettivo. **Il sistema è dunque lo spazio della costruzione di un senso condiviso dentro cui si articola la relazione tra soggetti**. Il concetto funzionale di «senso» connesso alla selezione di opportunità, consente a Luhmann di non ingabbiarsi, come capita in Parsons, nel recinto a volte troppo stretto della stabilità sistemica, lasciando un margine alle possibilità di conflitto e di mutamento.

I sistemi sono a suo avviso autoreferenziali e autopoietici, nel senso che si autolegittimano e autoriproducono in un continuo scambio con altri sistemi e con l'ambiente che sollecita meccanismi di differenziazione. In questo contesto, diventa centrale il concetto di «comunicazione» che, a suo dire, «esprime il significato sociale del sistema sociale, così come l'evoluzione ne esprime il significato temporale e la differenziazione quello materiale» (Luhmann 1975, tr.it. 1979, 3). Ogni sistema sociale è dunque costituito di *senso* e *comunicazione* e si confronta con la complessità ambientale attraverso la sua articolazione in sottosistemi altamente differenziati che agiscono come mezzi di comunicazione simbolica e regolatori della trasmissione di prestazioni selettive (Segatori 1999, 103-104).

Dentro questo quadro teorico, Luhmann sviluppa la sua concezione di potere che esprime, in modo particolare, in due distinte pubblicazioni (Luhmann 1969, tr.it. 1982; 1975, tr.it. 1979). Egli considera inadeguate alcune convinzioni della dottrina classica. La prima convinzione fallace è quella relativa alla presunta *causalità* del potere secondo cui esso «figura come causa che, innescando il processo, domina direttamente sull'accadere» (Luhmann 1969, tr.it. 1982, 22): a questo riguardo, egli crede che la natura del potere non possa essere rintracciata in una presunta causalità, ma piuttosto nelle strutture (processuali) di riduzione della complessità che sono necessarie affinché le dinamiche comunicative possano effettivamente assumere un fondamento causale. La seconda convinzione che Luhmann contesta è quella relativa all'idea che il potere possa di per sé sempre produrre effetti prevedibili: egli crede che questa idea sia congeniale ai sistemi chiusi tipici delle società più semplici; al contrario, in epoca contemporanea, i sistemi sono invece aperti, variabili, capaci di adattamento e le loro strutture consentono una gamma di comportamenti ampia e variegata. La terza convinzione che Luhmann considera fallace è quella che, riferita al potere, enfatizza la dimensione della coercizione e dello scontro: **il potere non coincide con le risorse di cui si serve, a cominciare dal monopolio della forza; esse rappresentano piuttosto un capitale di riserva da cui può attingere all'occorrenza**. Nei meccanismi della moderna legittimazione, la forza è probabilmente la risorsa di cui il potere politico si deve servire con minore frequenza, perché il suo uso evoca situazioni di sottomissione, ma anche di speculare ribellione: «Fin dai tempi remoti, non ci si stanca di affermare che il potere non può fondarsi sulla sola coercizione, ma deve anche far capo ad una forma di consenso, ossia reggersi contemporaneamente su due gambe» (ibid., 30). Il potere si rafforza «col crescere delle libertà di entrambe le parti; esso cresce ad esempio, all'interno di una società, nella misura in cui produce alternative» (Luhmann 1975, tr.it. 1979, 8). Su questa linea, si inserisce la critica luhmaniana all'ultima convinzione classica che vede nel potere un bene di possesso a somma nulla, nel senso che quanto più potere è affidato a qualcuno tanto più sarà tolto a qualcun altro: **il potere non è un bene di possesso statico quanto piuttosto una funzione relazionale che mantiene alti i livelli di complessità offrendo alternative e inducendo motivazioni**.

Il principale campo di applicazione e realizzazione delle relazioni di potere è per Luhmann il sottosistema politico dove, all'interno di una marcata differenziazione funzionale, si verificano quelle interazioni necessarie alla produzione delle decisioni socialmente vincolanti. Abbiamo già visto come egli suddividesse il campo della politica in «politica in senso stretto» e «pubblica amministrazione» (cfr. par. 5.2), ma il suo discorso sul potere non si limita alla differenziazione interna a questo sottosistema. Attento analista dei processi di mutamento, egli guarda con interesse al conflitto, affermando non solo che sia analiticamente corretto prevedere «un esercizio del potere rivolto *contro* le istanze decisionali legittimate politicamente», ma sia altresì necessario osservare il «volume di potere sociale che si forma e si conserva *al di fuori* di un qualunque rapporto con il sistema politico» (ibid., 107, 109).

Approfondimento 6.2

Potere e forza fisica

«Ciò che accomuna il potere ad altre strutture dei sistemi sociali è il presupposto di una data quantità di alternative e di un dato ordine di preferenze. Il potere non è una sfera perfettamente autarchica, ma dipende da altri fattori per quanto riguarda le condizioni in cui esso può realizzarsi, nonché i bisogni e le pretese a cui è legato. Il potere varia innanzitutto [...] a seconda della caratteristica e della dimensione della differenziazione del sistema sociale ed in relazione alla divisione del lavoro fra singoli sistemi organizzativi. A partire da questi dati si possono costruire tipologie di potere assai diverse fra loro, a seconda del tipo di alternative che possono essere preferite o negate [...] Si può tuttavia affermare in via generale che col crescere delle interdipendenze dovuto alla differenziazione, cresce di pari passo anche la possibilità di realizzare potere e cresce inoltre il bisogno di potere [...] Se la possibilità di manifestare potere, ed il bisogno di farlo, crescono col crescere della differenziazione interna al sistema, allora questo principio di crescita resta legato all'esistenza di generalizzazioni corrispondenti entro il codice di potere stesso. Deve esistere la possibilità di scegliere determinate basi del potere che non dipendano esclusivamente dalla differenziazione sociale, ma che siano più generalmente utilizzabili. Una tale base di potere è costituita, a livello sociale complessivo, dalla forza fisica [...] La violenza fisica non può essere concepita solamente come "mezzo ultimo" posto al vertice di una scala di pressioni sempre più forti. La violenza fisica ricopre, al contrario, un significato ben più generale rispetto al codice di potere caratterizzato dalla generalizzazione simbolica, nel senso che la violenza media la relazione tra il piano simbolico e quello dell'organismo fisico, *senza con ciò coinvolgere altri insiemi funzionali non politici quali l'economia o la famiglia*. Grazie a questa funzione, la violenza rende possibile la differenziazione di un potere specificatamente politico, il quale resta comunque sempre legato alla condizione che il potere stesso non "degeneri" in violenza fisica.

[...] Nella sfera della verità, la *percezione* acquista un significato specifico; altrettanto vale nella sfera dell'amore per la *sessualità*. Il codice monetario, dal canto suo, deve riuscire a "pagare" in termini di *soddisfacimento dei bisogni*, mentre il potere è caratterizzato da un rapporto specifico con la forza fisica [...] L'uso intenzionale della forza fisica nei confronti di persone si ricollega con un mezzo di comunicazione incentrato sulla azione, quale è il potere, per il fatto che questo tipo di forza *elimina l'azione attraverso l'azione*, ed *esclude* di conseguenza anche una *trasmissione comunicativa di premesse decisionali ridotte.* Caratterizzata com'è da questi fattori, la forza fisica non può certo essere potere, mentre rappresenta il caso limite non superabile di una *alternativa da evitare* che crea potere [...] La possibilità che venga fatto uso della forza *non può essere ignorata* dall'interessato. Questa possibilità conferisce a colui che si trova in una posizione di superiorità un *alto grado di sicurezza* nel perseguimento dei propri obiettivi. *Le possibilità di usare la forza sono quasi universali,* poiché essa non è legata come strumento né a determinate situazioni né a determinate motivazioni dell'interessato. Infine, la forza che implica un'azione relativamente semplice può essere *facilmente organizzata* e dunque *facilmente centralizzata,* escludendo l'autosoddisfacimento. A ciò va aggiunto che la forza presenta nella caratteristica di *asimmetria* delle preferenze relative che è necessaria perché si crei potere: la forza risulta, infatti, meno sgradevole a colui che si trova in posizione di superiorità che non a colui che si trova costretto a sottomettersi. L'uso della forza rappresenta, inoltre, il punto culminante di un conflitto nel corso del quale diventa ineluttabile giungere ad una decisione: o prevale l'uno oppure prevale l'altro.

[...] Il fatto che tutte quelle proprietà coincidano conferisce alla forza fisica una posizione eccezionale dal punto di vista del formarsi dl potere [...] Nello stesso tempo questa combinazione di vantaggi resta vincolata al suo impiego come alternativa da evitare, per cui la sua esistenza resterà sempre legata specificatamente al potere, senza essere in grado di fungere da fondamento simbiotico di mezzi di comunicazione diversi dal potere, come ad esempio la verità o l'amore. Questo particolare mette in luce un limite insito in ogni tipo di potere fondato sulla forza: esso, pur essendo quasi universalmente utilizzabile, non è in grado di sfruttare il "plusvalore" raggiunto per conquistare nuove posizioni nell'ambito di altri mezzi di comunicazione.

[...] La forza viene posta come inizio del sistema, a partire dal quale si realizza una selezione di regole, la funzione, razionalità e legittimità delle quali si rendono autonome dalle condizioni di partenza del passato. Contemporaneamente, la forza viene rappresentata come un evento *futuro* che al momento attuale è ancora possibile evitare per il fatto che le condizioni che possono generare l'uso della forza sono note. Entrambe queste temporalizzazioni si fondano su una regolazione efficace dei comportamenti di potere di volta in volta attuali e quindi sulla codificazione secondaria del potere attraverso il diritto. Esse sostituiscono la mera onnipresenza della forza con la presenza di un presente regolato, il quale è compatibile con gli orizzonti temporali di un passato o di un futuro differenti ma non attuali».

Tratto da N. Luhmann, *Potere e complessità sociale* (1975), tr.it. 1979, pp. 69-77

6.6. Il potere e la Scuola di Chicago

Gli studiosi di scuola funzionalista hanno prodotto riflessioni di grande complessità analitica, ma tutte accomunate da livelli elevati di astrattezza teorica che ne hanno reso difficile l'operazionalizzazione empirica. Molto attenti alla necessità di costruzione di teorie empiriche, che possano cioè orientare il ricercatore in un

Gli studiosi che si sono riconosciuti direttamente o indirettamente nella **scuola di Chicago** sono accomunati dall'idea che il concetto di potere costituisca la chiave di lettura della realtà politica dispiegata e analizzata in senso empirico

percorso di ricerca sul campo, sono invece gli studiosi facenti capo alla **scuola di Chicago** che, fin dagli anni Trenta del ventesimo secolo, si era caratterizzata per un forte orientamento alla ricerca soprattutto in contesti urbani. Gli studiosi che si sono riconosciuti direttamente o indirettamente in questo filone di studi sono accomunati dall'idea che il concetto di potere costituisca la chiave di lettura della realtà politica dispiegata e analizzata in senso empirico. È dunque l'«organizzazione del potere», più che la nozione troppo stretta di «governo», a definire lo stesso campo della politica. Su questa linea, Charles E. Merriam (1934) è dunque convinto che il «potere» sia la dimensione empirica che debba caratterizzare la scienza politica, sottolineandone soprattutto le componenti simboliche. Allo stesso modo, George E.P. Catlin (1930; 1962) si concentra sulla nozione di «controllo» e sulla ricerca del potere come obiettivo principale di ogni attore sociale, in politica come in tutte le forme di organizzazione. In ogni caso, come nota Stoppino (1989, 227), l'autore che ha mostrato una maggiore creatività su questi temi è senza dubbio Harold D. Lasswell, allievo di Merriam presso l'Università di Chicago.

Secondo **Lasswell**, il potere può essere rappresentato (e osservato) soprattutto come partecipazione al processo decisionale

Secondo **Lasswell** [1902-1978], il potere si riferisce sempre a una relazione triadica perché, nota Sola (2005, 69), per definirlo, non è mai sufficiente identificare chi lo esercita e chi lo subisce, ma occorre altresì individuare l'area di attività all'interno della quale esso si dispiega. Egli crede a questo riguardo che il potere possa essere rappresentato (e osservato) soprattutto come partecipazione al processo decisionale dentro cui si mettono in evidenza almeno tre dimensioni: il **peso del potere**, inteso come il grado di partecipazione al processo che in genere presuppone il ricorso a sanzioni che possano garantire una certa prevedibilità dei risultati; la **sfera del potere**, costituita dall'insieme dei valori e delle risorse la cui concentrazione e distribuzione rappresenta il fine stesso dell'esercizio di potere; il **campo del potere**, inteso infine come l'insieme degli individui sopra i quali il potere (cioè il processo decisionale) è esercitato (Lasswell 1936, tr.it. 1975; Lasswell, Kaplan 1950, tr.it. 1969). I fondamenti del potere, cioè le risorse su cui esso si basa, non si limitano alla coercizione o alla minaccia di violenza, ma possono variare, includendo la reverenza, la ricchezza, la reputazione, il sapere, la popolarità e lo stesso affetto. La posizione di Lasswell rispetto alla nozione di potere è in un certo senso riconducibile al filone elitista che approfondiremo nel prossimo capitolo. In particolare, nelle sue riflessioni, egli si rifà esplicitamente all'elitismo italiano con particolare riferimento al pensiero di Vilfredo Pareto, pur distaccandosene su alcuni aspetti essenziali.

Anche egli, come tutti gli elitisti, è convinto che in ogni società si configuri una élite, o classe dominante, che incide pesantemente nella produzione delle decisioni collettivamente vincolanti. Il potere, in questo senso, è determinato dal possesso di un insieme di «valori» che tutti gli esseri umani cercano di ottenere. A questo riguardo, egli identifica quattro valori di **benessere** il cui possesso, in un certo grado, è necessario alla continuazione delle attività del soggetto, e quattro valori di **deferenza**, che sono necessari affinché un soggetto venga in qualche modo preso in considerazione dagli altri: nel primo caso, si riferisce al «benessere fisico», alla «ricchezza», all'«abilità» (in un'arte o un mestiere), al «sapere» (soprattutto relativo ai rapporti interindividuali); nel secondo caso, invece, si riferisce al «potere», al «rispetto», alla «rettitudine» (necessaria per consolidare una certa reputazione) e all'«affetto». Dentro questa differenziazione analitica, egli sente l'esigenza di distinguere il «potere» dall'«influenza». Se in quest'ultimo caso si intende qualcosa che si detiene soprattutto in forza dei valori sopraindicati, il «potere» rappresenta un caso particolare e sempre intenzionale di esercizio di influenza che, nel caso della politica, avviene soprattutto per mezzo di una influenza costrittiva mediante l'applicazione o la minaccia di sanzioni più o meno gravi. Il possesso di un certo ammontare di valori indica solo che un individuo o un gruppo è influente, ma il potere in senso stretto si definisce nella partecipazione alla presa di decisioni collettive. A questo riguardo, egli fornisce una distinzione (questa sì, vedremo, molto paretiana) tra «élite del potere», che include tutti quei soggetti che in forza della loro influenza sociale condizionano direttamente o indirettamente i meccanismi di produzione decisionale, e «élite in senso generale», o classe dominante, che include tutti quei soggetti che in società sono dotati di una certa influenza e che forniscono (solo in potenza) la base di reclutamento del potere politico. Il concetto di élite include dunque tutti gli influenti della società, ma non tutti hanno necessariamente una stretta connessione con il potere politico.

Va detto che Lasswell, in linea con la scuola di Chicago, rifugge un'idea convenzionale di politica che identifica il potere con l'esercizio di governo. Egli è altresì convinto che il potere politico si manifesti ogniqualvolta qualcuno riesca a prendere decisioni, o a far prendere decisioni, che abbiano una certa rilevanza sociale, a prescindere dal fatto che queste siano riconducibili alle attività di governo. In questo senso, nella teoria di Lasswell, tutte le istituzioni sociali (economiche, culturali, religiose) possono assumere una forte rilevanza politica.

Approfondimento 6.3

Sul concetto di Potere

«Il *potere* è la partecipazione alla presa di decisioni: *G* ha potere su *H* rispetto ai valori *K*, se *G* partecipa alla presa di decisioni che influenzano le linee di condotta di H riguardanti i valori *K*.

Nell'intero lessico della scienza politica quello di potere è forse il concetto più fondamentale: il processo politico è la formazione, la distribuzione e l'esercizio del potere (e, in un senso più ampio, di tutti i valori di deferenza, o dell'influenza generale).

[...] Abbiamo mostrato in precedenza che l'oggetto della scienza politica può essere utilmente concepito, per molti fini, come comprendente diversi valori, anziché il solo potere. Tale oggetto, in qualunque modo – più o meno ampio – lo si intenda, include sempre il potere. Definiamo il potere come una relazione, non come una semplice proprietà. Bertrand Russell [...] definisce concisamente il potere come "la produzione di effetti desiderati", intendendolo così come una proprietà, che può appartenere ad una persona o ad un gruppo considerato in se stesso. Ma in senso politico, il potere non può essere concepito come la capacità di produrre genericamente degli effetti desiderati, ma solo quegli effetti che riguardano direttamente altre persone: il potere politico si distingue dal potere sulla natura perché è potere su altri uomini. Friedrich [...] sottolinea questo punto affermando, come un "assioma" concernente il potere, che "esso è un certo tipo di relazione umana". Anche la definizione di Tawney [...] restringe gli effetti desiderati a quelli esercitati sulla condotta di altre persone: "Il potere può essere definito come la capacità di un individuo, o di un gruppo di individui, di modificare la condotta di altri individui o gruppi nel modo desiderato...". La presa delle decisioni è un processo interpersonale: la decisione verte sulle linee di condotta che altre persone debbono seguire. Pertanto, il potere, inteso come partecipazione alla presa di decisioni, è una relazione interpersonale.

Il potere è, inoltre, una relazione triadica. Non basta specificare chi esercita potere e chi lo subisce: occorre aggiungere l'area di attività rispetto alla quale il potere è esercitato (la sfera del potere). *A* e *B* possono avere entrambi potere su *C*, ma rispetto a diverse aree del comportamento di *C*, determinando le linee di condotta che *C* deve seguire in sfere diverse; più semplicemente, *A* e *B* possono avere potere rispetto a valori diversi di *C*. Le decisioni di *A* possono influenzare, ad esempio, la formazione e il godimento di *C* dei valori economici, e quelle di *B* la posizione di *C* in relazione al rispetto.

Definire il potere come partecipazione al processo di decisione aggiunge un importante elemento alla "produzione di effetti desiderati su altre persone", cioè la disponibilità di sanzioni nel caso che gli effetti non si verifichino. È la minaccia di sanzioni che distingue il potere dall'influenza in generale. Il potere è un caso speciale di esercizio d'influenza: è il processo mediante il quale si influenzano le linee di condotta di altri con l'aiuto di privazioni severe (attuali o minacciate) nel caso che le linee di condotta desiderate non vengano seguite.

Ma – per ripetere una vecchia cautela – questo non significa che l'esercizio del potere si basa sempre, o anche nella maggior parte dei casi, sulla violenza. Come avverte Merriam [...] "Non si può concludere, come hanno fatto molti, che l'essenza della situazione di potere è la forza, nel senso di violenza e brutalità fisica. L'altruismo ha un posto nelle relazioni e nell'organizzazione degli uomini al pari dell'egoismo, e la cooperazione ha un posto altrettanto importante della coercizione".

Il potere può basarsi su fedi e lealtà così come su interessi, per non parlare dell'abitudine e dell'apatia. E anche quando l'elemento della costrizione è preminente, non è detto che assuma la forma della violenza. Si possono applicare sanzioni che riguardano valori diversi dal benessere o dall'integrità fisica. In breve, il potere comporta soltanto che vi sia un controllo effettivo delle linee di condotta; gli strumenti mediante i quali il controllo è reso effettivo sono numerosi e svariati».

Tratto da Lasswell H.D., A. Kaplan, *Potere e società* (1950), tr.it. 1969, pp. 90-92.

Norbert Elias studia il sistema di interdipendenze che danno corpo alle figurazioni soffermandosi sugli equilibri sempre provvisori di potere che si costituiscono al loro interno

6.7. Il potere nella prospettiva figurazionale

Fuori dalla dicotomia individuo/sistema sociale, cioè individualismo metodologico/olismo, si colloca l'approccio «figurazionale» di **Norbert Elias** [1897-1990]. Egli è convinto che non esista un «Io» senza un «Noi» e che individuo e società siano due aspetti interrelati dello sviluppo storico. Ogni individuo è essenzialmente un essere sociale (Elias 1970, tr.it. 1990); dunque, l'oggetto di studio della sociologia non può essere né l'*homo clausus*, cioè l'individuo atomizzato caro ai teorici dell'azione, né tanto meno un sistema sociale deindividualizzato, caro invece agli studiosi di tradizione sistemica e funzionalista, ma piuttosto gli *homines aperti*, cioè gli **individui plurali**, che assumono la loro identità dentro un sistema di interdipendenze sociali: «Quello che spesso nel pensiero si tiene diviso come si trattasse di due sostanze diverse o strati dell'uomo, la sua 'individualità' e la sua 'determinazione sociale', non sono altro che due diverse funzioni di cui gli uomini dispongono nei loro rapporti reciproci»; la società non ha consistenza senza gli individui, come gli individui non sono nulla senza la società (Elias 1987, tr.it. 1990, 75).

Il compito della sociologia, che egli declina in chiave storica, è piuttosto quello di studiare ragioni e modalità del peso che di volta in volta possono assumere gli individui o le strutture dentro una dimensione che è sempre dinamica e processuale. La «processualità» è infatti un concetto fondamentale nella teoria di Elias, indicando la continua trasformabilità culturale e storica dei soggetti individuali e collettivi: «come punto di partenza della sociologia abbiamo esplicitamente bisogno di un'immagine dell'uomo al plurale, di una molteplicità di persone intese come processi interdipendenti relativamente aperti» (Elias 1970, tr.it. 1990, 142). Dentro questo quadro, assumono rilevanza le **figurazioni** che, nota Mongardini (1991), rappresentano il nucleo portante della teoria sociologica di Norbert Elias. Ecco come le descrive il sociologo tedesco:

> *Con figurazioni noi intendiamo il modello mutevole costituito dai giocatori intesi come una totalità, modello che i giocatori formano nella loro reciproca relazione non solo col loro intelletto ma con la loro intera persona, con la totalità dei loro modi di agire. È evidente che questa figurazione costituisce una struttura in tensione, perché l'interdipendenza dei giocatori, presupposto del loro formare insieme una figurazione specifica, può configurarsi come una interdipendenza tra alleati oppure tra avversari.*
>
> ibid., 153

È proprio nell'ambito di questa tensione che acquista significato la dimensione del potere, il cui equilibrio «oscillante» rappresenta una caratteristica strutturale di qualsiasi flusso figurazionale. Il sociologo è dunque sollecitato a studiare il sistema di interdipendenze che danno corpo alle figurazioni soffermandosi sugli equilibri sempre provvisori di potere che si costituiscono al loro interno. La provvisorietà di certi equilibri è data proprio dalla natura processuale delle relazioni sociali e interindividuali; non solo la società è processo, ma l'individuo stesso è di per sé una forma processuale.

A questo punto, egli può passare all'analisi dell'intero processo di civilizzazione in Europa, un tema centrale nella produzione letteraria di Elias (Elias 1969a, tr.it. 1980; 1969b e 1980, tr.it. 1982 e 1983). **Il processo di civilizzazione indica una concezione del mondo e della politica ispirata a valori universalistici e in un certo senso cosmopolitici e si contrappone alla *kultur*, cara ai ceti dominanti europei, soprattutto in Germania, in cui si privilegia un concetto**

di appartenenza etnica fondata sulla comunità di sangue. Elias è convinto che la civilizzazione, dal punto di vista dell'individuo e dal punto di vista delle strutture sociali, sia il concetto chiave attraverso cui analizzare la storia d'Europa:

> *[Il processo di civilizzazione] per essere spiegato esige che si esaminino nello stesso tempo nella loro totalità il cambiamento della struttura psichica e quello della struttura sociale. In un ambito più ristretto, è necessario procedere ad una ricerca* psicogenetica, *finalizzata a cogliere l'intero campo dei conflitti e dell'attività delle energie psichiche individuali, la struttura e la conformazione dell'autocontrollo pulsionale così come di quello cosciente. In un ambito più vasto, il processo di civilizzazione per essere spiegato esige una ricerca* sociogenetica, *lo studio della struttura complessiva di un determinato campo sociale e dell'ordine storico entro cui esso si modifica.*
>
> Elias 1969b, II, tr.it. 1983, 372

Da un punto di vista sociogenetico, la civilizzazione consiste, in sostanza, nella progressiva eliminazione della violenza fisica per effetto del monopolio della violenza da parte di un unico centro di potere all'interno di un determinato contesto sociale. La violenza manifesta viene perlopiù mantenuta al livello di relazioni internazionali, cioè nel rapporto tra Stati. Allo stesso tempo, e conseguentemente, molte strutture sociali che un tempo avevano una fisionomia autonoma vengono poste sotto il controllo dello Stato e diventano dunque dipendenti dalle strutture pubbliche. Da un punto di vista psicogenetico, Elias si concentra invece sulla graduale interiorizzazione da parte degli individui delle nuove pratiche relazionali (a partire dal galateo) che si realizzano in forme pacificate di interazione che stimolano gli individui a un maggiore autocontrollo e a un minore ricorso alla violenza.

Centrale diventa dunque la questione della centralizzazione dei mezzi connessi all'esercizio dell'autorità che consentono, all'interno delle singole società, l'adozione di strumenti non violenti per la risoluzione dei conflitti (sociali e interindividuali). **Il potere politico si organizza centralmente per garantire un ordine sociale che, incorporato nella percezione individuale, si realizza in un maggiore autocontrollo**. Il concetto di potere diventa dunque centrale come elemento di raccordo tra individuo e funzioni sociali. A suo avviso, anche la distribuzione del potere cambia la sua articolazione e si può assistere, specie a partire dalla fine del XIX secolo, a una graduale «riduzione del differenziale di potere tra governanti e governati» nonché tra diversi strati (Elias 1970, tr.it. 1990, 74). Col passare del tempo, il potere centralizzato allenta la sua morsa repressiva e i soggetti sociali attivano dispositivi multipolari di controlli e dipendenze reciproche. Questo non vuol dire che le società in via di civilizzazione abbiano sterilizzato le tensioni sociali che, anzi, ne rappresentano un tratto permanente confermando la provvisorietà degli equilibri di potere. Se un tempo le tensioni esplodevano periodicamente in forme espressive particolarmente violente, «ora le angosce sociali assumono il carattere di un fuoco che arde e cova senza spegnersi e la cui fiamma resta celata e soltanto di rado diviene visibile» (Elias 1969b, II, tr.it. 1983, 390). Anche nelle società civilizzate, o meglio, in via di civilizzazione, rimangono vivi i contrasti determinati dalle asimmetrie di potere che è inteso come funzione (sociale) e relazione (interindividuale), cioè un dato di fatto che si verifica nelle strutture sociali così come nelle interazioni tra individui: «Il potere non è un amuleto che una persona possiede e l'altra no, è piuttosto una caratteristica strutturale delle relazioni umane, di ogni relazione tra gli uomini» (ibid., 82-83). Finché i giochi di potere si realizzano sotto forma diadica (A esercita potere su B), i soggetti possono mantenere un certo controllo sulla situazione e il più forte può prevalere sul più debole. Ma tali relazioni sono rare in società dove assumono piuttosto una connotazione multipolare e collocata al contempo su più livelli, quello dell'azione immediata, quello delle regole sociali e quello dei regolatori. Le strutture di potere si oggettivizzano e gli individui ne perdono il controllo diretto. Si configura un contrasto tra *established* e *outsiders* e cioè tra chi detiene il potere e chi lotta per conquistarne una fetta; gli uni e gli altri non esistono autonomamente, ma si influenzano e modificano a vicenda.

Percorso di autoverifica

- In cosa consiste il fenomeno sociale del potere?
- Che differenza intercorre tra potenza e potere?
- Cosa intendiamo per autorità?
- Cosa intendiamo per influenza?
- Che connessione esiste tra potere, dominio e dominanza?
- Quali sono le principali manifestazioni sociali del potere?
- Il potere coincide con le risorse necessarie a detenerlo?
- Che rapporto esiste tra potere economico e potere politico?
- Che rapporto esiste tra potere simbolico e potere politico?
- Che rapporto esiste tra potere politico e strutture coercitive?
- Quali sono le due dimensioni strutturali del potere?
- Come si colloca la tradizione marxista rispetto allo studio del potere?
- Quali sono gli elementi centrali della teoria gramsciana del potere?
- Come viene inteso il potere nella tradizione funzionalista di Parsons?
- Come viene inteso il potere nella tradizione sistemica di Luhmann?
- Come considera il potere la scuola di Chicago?
- Perché Lasswell afferma che il potere si riferisce a una relazione triadica?
- In che consiste la concezione figurazionale del potere di Elias?

La distribuzione del potere

7

Molti studiosi hanno sviluppato la convinzione che in ogni società storica il potere sia concentrato nelle mani di una ristretta élite che comanda su una massa atomizzata e quasi naturalmente portata alla subalternità rispetto al gruppo dominante. Gli autori, la cui opera è riconducibile alla teoria delle élites, sono dunque convinti che l'andamento delle società moderne segua sostanzialmente una logica piramidale. Il gruppo dominante può essere definito ora «classe politica», ora «classe dirigente», ora «élite del potere», ma a prescindere dagli aspetti nominalistici, non cambia la realtà di un contesto sociopolitico che, anche in democrazia, è visto come inevitabilmente destinato ad assumere i tratti oligarchici di una società dove i pochi comandano i molti. I teorici elitisti partono dall'assunto che il potere (economico, politico, ideologico) sia sovrapponibile alle risorse scarse che ne contraddistinguono la manifestazione sociale e il cui monopolio da parte di uno o più gruppi determina la formazione di élite omogenee al loro interno e compatte nella propria articolazione. L'idea di omogeneità e compattezza delle élites è messa in discussione dei teorici pluralisti che, pur accettando l'idea che il potere tenda a concentrarsi nelle mani di pochi, sono altresì convinti che, in ogni società, i gruppi di potere siano molteplici, eterogenei e in concorrenza tra loro. Proprio questa competizione per il potere tra i diversi soggetti può rappresentare il luogo di incontro tra elitismo e democrazia.

Obiettivi di apprendimento

- Per gli elitisti, il potere, nelle sue manifestazioni sociali, tende sempre a concentrarsi nelle mani di una minoranza di individui che si impone sulla maggioranza.
- L'élite al potere non si identifica necessariamente con la classe politica, ma anche con quegli attori che monopolizzano le principali risorse economiche e simboliche riuscendo a influenzare il processo politico.
- In parziale contrapposizione alla teoria elitista, i pluralisti pongono invece l'accento sulla pluralità dei centri di potere, soprattutto nelle società democratiche, concentrandosi ora sul pluralismo degli interessi, ora sul pluralismo delle élites.

7.1. La teoria delle élites

Dopo aver specificato cosa intendiamo per potere e descritto le sue principali manifestazioni in un contesto di strutturazione sociale, occorre affrontare il tema, da sempre oggetto di attenzione da parte di sociologi e politologi, della sua distribuzione. Il potere è diffuso o tende altresì ad essere accentrato nelle mani di pochi? Una parte consistente dei sociologi ha condiviso l'idea di una distribuzione asimmetrica delle risorse scarse e, di conseguenza, di una altrettanto ineguale distribuzione del potere in società. È da questa convinzione che, a partire dalla seconda metà del diciannovesimo secolo, hanno preso corpo le diverse prospettive riconducibili alla cosiddetta **teoria delle élites**, secondo cui il potere, nelle sue manifestazioni sociali, tenderebbe a concentrarsi nelle mani di una minoranza di individui che riesce a imporsi sulla maggioranza. Il termine «élite» deriva dal latino *eligere* che significa «fare una scelta» e quindi da *electa* che indica, appunto, un «gruppo prescelto». Il termine, declinato al femminile, viene utilizzato in Francia a partire dal sedicesimo secolo proprio a indicare la «classe eletta», intesa come il gruppo eminente, distinto, dominante in un certo contesto.

La **teoria delle élites** si fonda sulla convinzione che in ogni regime politico le masse siano sempre soggette al potere di una esigua minoranza di individui

L'idea comune a tutti i teorici elitisti risiede nella consapevolezza che la distribuzione del potere segua sostanzialmente un andamento piramidale, a prescindere dal regime attorno a cui si struttura la vita sociale. I detentori del potere politico, anche nelle società liberali e democratiche, rappresentano sempre una esigua minoranza della popolazione che persegue i propri interessi. Da questo punto di vista, l'elitismo si sviluppa in netta contrapposizione con la dottrina materialista di Karl Marx: si contesta infatti l'idea del fondamento solo economico del potere, affermando la presenza di fattori molteplici e interdipendenti che ritrovano una sintesi nel concetto di **autonomia della politica**. A prescindere dalla concezione marxiana secondo cui la storia dell'umanità è storia di conflitto tra classi attorno a cui si configura la relazione di potere tra dominanti e dominati, lo stesso conflitto tra classi rappresenta per gli elitisti una lotta tra minoranze attive per la conquista del potere. Anche la classe operaia, che Marx identificava con il soggetto della trasformazione rivoluzionaria, agirebbe in politica attraverso una minoranza organizzata che dirige una massa altrimenti amorfa.

In realtà, tutta la tradizione di pensiero che va da Machiavelli a Hobbes è accomunata dall'idea che il campo della politica debba essere di fatto suddiviso tra qualcuno che comanda e qualcun altro, in genere i *più*, che sono invece comandati. Ma, seguendo le riflessioni di Giorgio Sola (2000), potremmo individuare nei padri del moderno pensiero sociale – Saint-Simon, Comte, Tocqueville, Taine – i precursori della teoria delle élites. Saint Simon è molto critico nei confronti dei governanti, ma non contesta l'inevitabilità di una distribuzione asimmetrica del potere: egli, avendo come riferimento la Francia dei primi dell'Ottocento, in un suo opuscolo del 1804 si scaglia contro «lo spettacolo di un mondo capovolto: quelli che dirigono gli affari pubblici avrebbero gran bisogno di essere diretti; le alte capacità si trovano nella classe dei governati; i governanti sono, per effetto della loro composizione, degli uomini assai mediocri» (Saint-Simon 1966, V, 158-159, ed.or. 1804). Pur criticando nel merito la qualità della classe di governo, egli è però convinto della inevitabilità della gerarchia, limitandosi a prescrivere la composizione ottimale della élite politica. Anche Comte, che di Saint-Simon è stato allievo, nella sua teoria degli stadi non si scaglia contro la piramide sociale, ma si limita ad affermare l'esigenza che la classe politica sia di per sé soggetta a un'élite di scienziati che definisce *l'élites de l'humanité* (Comte 1830-1842; tr.it. 1967). Tocqueville, dal canto suo, attento osservatore delle asimmetrie di potere in Francia, considera l'assetto politico come il luogo dell'esercizio del potere da parte di una minoranza di funzionari amministrativi e titolari di cariche politiche (Tocqueville 1856, tr.it. 1969b). Hippolyte Adolphe Taine, infine, autore spesso trascurato, ma che fu uno strenuo sostenitore del positivismo sociologico, è comunemente riconosciuto come uno dei i più alti precursori dell'elitismo in sociologia; egli afferma esplicitamente che, quando si vuole analizzare un aggregato sociale, «bisogna dividervi gli individui in due gruppi: da una parte i notabili d'ogni specie e d'ogni grado, dall'altra il comune degli uomini» (Mongardini 1965, 363). Nel suo monumentale lavoro sulla storia della Rivoluzione francese, Taine mantiene ferma la barra analitica sulla struttura della classe politica, concentrandosi sugli elementi che ne favorirebbero il mantenimento e la stabilità nel tempo (Taine 1876-1894, tr.it. 1986, I).

In fondo, lo stesso Max Weber, che raramente viene incluso tra i teorici dell'elitismo, dedica un ampio spazio della sua sociologia del potere alla divisione, a suo avviso incontrovertibile, tra una minoranza dominante e una maggioranza dominata. La partecipazione delle masse in politica non muta la natura oligarchica del potere, ma al limite produce alcuni cambiamenti nelle sue modalità di esercizio e nelle pratiche più o meno istituzionalizzate di selezione della classe dirigente. Come nota Sola (2000, 101-102), è possibile ravvisare alcuni elementi in comune tra la concezione del potere in Weber e il corpus teorico della tradizione elitista. In primo luogo, in entrambi i casi si presta attenzione alla distinzione strutturale tra potere formale e potere, per così dire, informale; in secondo luogo, in entrambi i casi si separa nettamente il potere economico dal potere politico, ciò che per esempio non si verifica nella tradizione marxista; in terzo luogo, sia Weber che gli elitisti mostrano una certa propensione a studiare il potere a partire dalla dicotomia governanti-governati, concentrandosi di conseguenza su composizione, organizzazione e modalità di reclutamento della élite dominante.

Weber, ricordiamolo, crede che la politica stessa non sia altro che la determinazione sociale di un'aspirazione a una partecipazione al potere e alla sua distribuzione ineguale. Lo stesso Stato che, vedremo, rappresenta la dimensione moderna di concentrazione del potere politico, è per Weber espressione di una forma di dominio (legittimo) di alcuni uomini su altri uomini grazie al monopolio delle risorse necessarie all'esercizio della violenza fisica. Il discorso elitistico di Weber si consolida tra l'altro con la sua analisi della burocrazia moderna. Anche in democrazia, intesa come quel regime politico caratterizzato da un'estensione generalizzata del suffragio, il popolo, apparentemente sovrano, finirebbe di fatto per essere governato da un solido apparato di funzionari specializzati.

In ogni caso, l'elitismo viene fatto comunemente risalire soprattutto alla produzione di due studiosi italiani, Gaetano Mosca e Vilfredo Pareto, che operano a cavallo tra il diciannovesimo e ventesimo secolo. Essi ci consegnano due tradizioni lessicali: nella prima, che fa capo a Mosca, si preferisce parlare di **classe politica**, riferendosi alla constatazione di un gruppo ristretto di individui che assumono il potere di governo; nella seconda, che fa invece capo all'opera di Pareto, si utilizza propriamente l'espressione **élite** che è di significato più ampio, non riconducibile solamente all'ambito della politica e che implica una considerazione positiva rispetto alle qualità dei membri del gruppo dominante. Un altro studioso, di origine tedesca, ma naturalizzato in Italia, Roberto Michels, come vedremo, userà indifferentemente entrambe le espressioni che, a suo avviso, sottendono a quel processo sostanziale che egli lega al concetto di **oligarchia** applicato soprattutto alla distribuzione del potere in un contesto organizzativo. I successivi sviluppi, anche contemporanei, della teoria delle élites raccoglieranno l'eredita intellettuale di questi tre autori.

7.2. L'elitismo italiano

Come nota Stoppino (1989, 222-223), sono sostanzialmente tre gli orientamenti teorici che accomunano gli esponenti dell'elitismo italiano: in primo luogo, la loro tendenza a osservare realisticamente i fatti sociopolitici a prescindere dalle forme giuridiche e dalle credenze ideologiche; in secondo luogo, la comune adesione al principio minoritario che si fonda sulla convinzione che ogni società politica sia divisa tra una minoranza che comanda e una maggioranza che è comandata; in terzo luogo, una certa attenzione alle componenti irrazionali della politica soprattutto rispetto al comportamento delle masse. Se Mosca, come Michels, presta maggiore attenzione all'impianto organizzativo della politica, la teoria di Pareto assume un maggiore impianto psicologico e motivazionale.

7.2.1. La teoria della classe politica di Gaetano Mosca [1858-1941]

Gaetano Mosca elabora una teoria generale della distribuzione del potere a partire dalla definizione dei confini della minoranza al potere che identifica con la classe politica

Gaetano Mosca è riconosciuto come uno dei fondatori della moderna scienza politica. Il suo obiettivo è costituire una teoria generale della distribuzione del potere a partire dalla definizione dei confini della minoranza di potere che egli chiama **classe politica**. In linea con la tradizione elitista, si sofferma sulla distinzione tra potere formale e potere effettivo, per poi specificare i tratti della «classe politica in senso stretto» rispetto al concetto più generale di «classe dirigente». Egli si domanda se la distribuzione del potere effettivo sia coerente con quella prescritta dagli ordinamenti giuridici (Mosca 1953, ed. or. 1896). Se infatti ci si limita a osservare i canali ufficiali della distribuzione del potere, la classe politica è identificabile con coloro che rivestono le cariche *formali* previste dagli ordinamenti costituzionali, ma se si approfondisce lo sguardo, notiamo che il potere *sostanziale* connota un concetto di classe politica più dilatato, identificando tutti quegli individui (o gruppi) che esercitano una funzione effettiva (anche se non necessariamente formalizzata) nel processo di direzione politica. A questo riguardo, Mosca si riferisce per esempio alla classe economico-finanziaria, ai ceti intellettuali, ma anche al clero e alle diverse categorie di professionisti. Egli è convinto che la «classe politica» possa essere identificata con un gruppo «speciale» di individui che svolgono le funzioni politiche in senso stretto, da non confondersi con la «classe dirigente» che comprende tutti coloro che rivestono un ruolo dominante nei diversi settori della vita sociale (economico, culturale, religioso), influenzando indirettamente i processi politici. In questo senso, **in ogni classe politica è possibile distinguere un primo strato molto ristretto composto da individui che monopolizzano la direzione dello Stato occupando le cariche formali più rilevanti e un secondo strato, relativamente più ampio, che comprende tutte le capacità direttrici del paese** (ibid., cap 2). Queste due facce del potere (formale e sostanziale) agiscono insieme per dirigere la società e dare stabilità al sistema di dominio.

La minoranza di chi governa acquista potere in forza di determinate qualità che possiede rispetto alla massa di chi è governato. Il peso di queste qualità può variare da società a società e da epoca a epoca, ma esse sono generalmente riconducibili a quattro dimensioni: il **valore militare**, la **ricchezza**, la **nascita** (dunque il ceto) e il cosiddetto **merito personale**. Il possesso di certe qualità garantisce al sistema di potere una certa riproducibilità e stabilità nel tempo. Di fronte alla tendenza al mantenimento di certe posizioni di potere, non mancano però in società alcune spinte al cambiamento che possono determinare un rinnovamento della classe politica. Da questo punto di vista, Mosca identifica una «tendenza democratica» che si configura nel tentativo di integrare la composizione della classe dominante con personalità provenienti dalla classe dominata, in opposizione alla speculare «tendenza aristocratica» che punterebbe invece alla stabilizzazione degli assetti di potere esistenti. In ogni società, le due tendenze coesistono e, talvolta, l'una prevale sull'altra. In questo contesto conflittuale, Mosca delinea tre situazioni distinte che a suo avviso preludono a un cambiamento della composizione della classe politica: 1) la prima situazione si verifica quando le attitudini al comando non sono più monopolio della classe dominante, ma diventano capacità diffuse anche tra coloro che non rivestono funzioni dirigenti; 2) la seconda situazione si verifica quando si registra un cambiamento nella distruzione delle risorse su cui si fondano le diverse forme del potere: si pensi ai casi di una diversa distribuzione della ricchezza o all'allargamento delle opportunità di accesso alle cariche politiche in seguito a dinamiche di graduale democratizzazione del sistema o, ancora, a eventuali processi di secolarizzazione e scolarizzazione che privilegiano i possessori di sapere specialistico rispetto a chi ha rivestito ruoli dirigenti in forza del proprio ruolo all'interno di istituzioni tradizionali, come la Chiesa; 3) la terza situazione si realizza invece quando la classe politica non è più nelle condizioni, per diverse ragioni storico-sociali, di offrire gli stessi servizi sociali che un tempo le hanno garantito un margine di consenso. Di fronte alla realizzazione di una di queste tre situazioni (o tutte e tre contemporaneamente) si può assistere a un rinnovamento della composizione della classe dirigente o, in alternativa, a un vero e proprio conflitto tra classe politica dominante e un nuovo gruppo che si propone come forma di potere alternativo. Nel primo caso, si parla di un rinnovamento *nella* classe politica, nel secondo, invece, di un rinnovamento *della* classe politica.

La strutturazione del potere in Gaetano Mosca è strettamente connessa alla dimensione organizzativa della classe politica. A questo riguardo, egli distingue l'organizzazione *interna* da quella *esterna*.

- **L'organizzazione interna della classe politica**: Mosca parte dal presupposto che ogni forza politica per consolidare la propria posizione di potere deve essere organizzata. L'essere «minoranza» è a suo avviso un presupposto organizzativo di vitale importanza. «Cento, che agiscano sempre di concerto e di intesa gli uni con gli altri, trionferanno su mille presi a uno a uno e che non avranno alcun accordo tra loro; e nello stesso tempo sarà ai primi molto più facile l'agire di concerto e l'avere un'intesa perché sono cento e non mille» (ibid., I, 83). Le modalità di organizzazione interna della classe politica si distribuiscono a suo avviso lungo tre dimensioni: a) la prima riguarda la disciplina dei rapporti tra le varie frazioni del gruppo governante. Ogni classe politica è infatti una realtà di per sé eterogenea sovente divisa in «frazioni», esse stesse dotate di formule organizzative proprie. Il rapporto tra queste frazioni può essere equilibrato o conflittuale. In questo secondo caso, una frazione, o forza politica, dovrà riuscire a soverchiare o assorbire le altre, pena la frantumazione dell'intero assetto di dominio; b) la seconda dimensione organizzativa riguarda la presenza di una gerarchia interna alla classe politica. La struttura piramidale fatta da un vertice e una base si ripropone anche come formula organizzativa interna al gruppo dominante dove esiste una «massa» della classe politica fatta da coloro che, pur rivestendo posizioni di potere, sono comunque subalterni alla «testa di comando»; c) la terza dimensione ha dei risvolti psicologici e parte dal presupposto che, in ogni gruppo di potere, la volontà esplicita di comando determini la compattezza. Una classe politica, per quanto espressione di un equilibrio interno delicato e talvolta precario, deve necessariamente articolarsi dentro una struttura coerente che passa per una prima fase di *coesione*, che si determina nella comunanza di interessi e sentimenti tra i vari membri del gruppo, una seconda fase che Mosca identifica nello *spirito di corpo*, che si realizza nella identificazione dei propri interessi con gli interessi dell'intero gruppo dirigente, e una terza fase che completa l'unità della classe politica e che Mosca identifica nella *volontà di coordinazione* che presuppone la costituzione di una coesione esplicita e programmata.

- **L'organizzazione esterna della classe politica**: questa dimensione si riferisce ai rapporti tra dirigenti e diretti, governanti e governati. Mosca afferma che l'organizzazione di ogni classe politica può essere ricondotta a due categorie principali: la categoria **autocratica,** in cui l'autorità è trasmessa dal vertice alla base della gerarchia sociale, e quella **liberale**, dove il processo autoritativo è invece trasmesso dalla base della piramide sociale verso il vertice. In quest'ultimo caso, l'autorità si esprime sottoforma di delega che i governati attribuiscono ai governanti. Se il sistema si struttura seguendo una logica autocratica, la classe politica sarà inevitabilmente composta da un gruppo chiuso, assai ristretto e altamente specializzato; se al contrario la logica autoritativa si fonda su presupposti liberali di legittimazione, la classe politica dovrà necessariamente essere aperta, cioè permeabile agli stimoli esterni provenienti dalla massa dei governati, e inevitabilmente sarà anche meno centralizzata e meno specializzata. In ogni caso, nessuna classe politica potrà essere completamente chiusa alla massa, perché nessuna forma di potere potrà perpetuarsi solo attraverso l'esercizio della forza fisica. A questo riguardo, Mosca parla di **formula politica** confrontandosi con la questione della legittimazione del potere. Con tale espressione, egli intende quell'insieme di principi astratti con i quali i governanti giustificano il proprio potere garantendosi l'obbedienza e sollecitando la coesione sociale. Come nota Sola (2000, 75), «il ruolo della formula politica è quello di garantire, difendere, rafforzare il potere della classe politica». Lungi dall'essere una forma di mistificazione, come avrebbe affermato Marx, le formule politiche risponderebbero invece a un bisogno implicito alla natura umana, in base al quale gli individui preferiscono obbedire a principi astratti e norme sociali piuttosto che a persone fisiche in forza di una loro presunta superiorità morale o materiale.

Approfondimento 7.1

Sulla classe politica

«Fra le tendenze ed i fatti costanti, che si trovano in tutti gli organismi politici, uno ve n'è la cui evidenza può essere a tutti facilmente manifesta: in tutte le società, a cominciare da quelle più mediocremente sviluppate e che sono appena arrivate ai primordi della civiltà, fino alle più colte e più forti, esistono due classi di persone, quella dei governanti e l'altra dei governati. La prima, che è sempre la meno numerosa, adempie a tutte le funzioni politiche, monopolizza il potere e gode i vantaggi che ad esso sono uniti; mentre la seconda, più numerosa, è diretta e regolata dalla prima in modo più o meno legale, ovvero più o meno arbitrario e violento, e ad essa fornisce, almeno apparentemente, i mezzi materiali di sussistenza e quelli che alla vitalità dell'organismo politico sono necessari.

Nella pratica della vita tutti riconosciamo l'esistenza di questa classe dirigente o classe politica, come altra volta abbiamo a definirla. Sappiamo infatti che nel nostro paese alla direzione della cosa pubblica vi è una minoranza di persone influenti, di cui la maggioranza subisce, di buon grado o malgrado, la direzione e che lo stesso avviene nei paesi vicini, e non sapremmo quasi nella realtà immaginare un mondo organizzato diversamente, nel quale tutti ugualmente e senza alcuna gerarchia fossero sottoposti ad un solo o tutti ugualmente dirigessero le cose politiche. [...]

L'uomo che è a capo dello Stato non potrebbe certo governare senza l'appoggio di una classe dirigente che i suoi ordini fa eseguire e rispettare, e se egli può far sentire il peso della sua possanza ad uno od a parecchi dei singoli individui, che a questa classe appartengono, non può certo urtarla nel suo complesso e distruggerla. Giacché, dato che ciò fosse possibile, dovrebbe subito ricostituirne un'altra, senza di che la sua azione sarebbe completamente annullata. E d'altra parte, ammesso anche che il malcontento delle masse riuscisse a detronizzare la classe dirigente, dovrebbe necessariamente trovarsi, come più avanti meglio dimostreremo, nel senso delle masse stesse un'altra minoranza organizzata, che all'ufficio di detta classe adempisse. Altrimenti qualunque organizzazione e qualunque compagine sociale sarebbe distrutta. [...]

Fin da ora però crediamo utile rispondere ad una obiezione, la quale ci pare che molto facilmente si possa fare al nostro modo di vedere. Se è agevole il comprendere che un solo non possa comandare ad una massa senza che ci sia in essa una minoranza che lo sostenga, è piuttosto difficile l'ammettere come un fatto costante e naturale, che le minoranze comandino alle maggioranze anziché queste a quelle. Ma è questo uno dei punti, come tanti se ne danno in tutte le altre scienze, in cui la prima apparenza delle cose è contraria alla loro realtà. Nel fatto è fatale la prevalenza di una minoranza organizzata, che obbedisce ad un unico impulso, sulla maggioranza disorganizzata. La forza di qualsiasi minoranza è irresistibile di fronte ad ogni individuo della maggioranza, il quale si trova solo davanti alla totalità della minoranza organizzata; e nello stesso tempo si può dire che questa è organizzata appunto perché è minoranza. Cento, che agiscano sempre di concerto e d'intesa gli uni cogli altri, trionferanno su mille presi ad uno ad uno e che non avranno alcun accordo fra loro; e nello stesso tempo sarà ai primi molto più facile l'agire di concerto e l'avere un'intesa, perché son cento e non mille.

Da questo fatto si ricava facilmente la conseguenza che, quanto più è grande una comunità politica, altrettanto minore può essere la proporzione della minoranza governante rispetto alla maggioranza governata, e tanto più difficile riesce a questa l'organizzarsi per reagire contro di quella.

Però, oltre al vantaggio grandissimo che viene dall'organizzazione, le minoranze governanti ordinariamente sono costituite in maniera che gl'individui che le compongono, si distinguono dalla massa dei governati per certe qualità, che dànno loro una certa superiorità materiale ed intellettuale od anche morale, oppure sono gli eredi di coloro che queste qualità possedevano: essi in altre parole devono avere qualche requisito, vero od apparente, che è fortemente apprezzato e molto si fa valere nella società nella quale vivono»

Tratto da Gaetano Mosca, *Elementi di scienza politica*, Vol. I, 1953, pp.78-83

Per **Vilfredo Pareto** il potere si distribuisce sempre seguendo un andamento piramidale al cui vertice colloca la cosiddetta classe eletta

7.2.2. La teoria delle élites di Vilfredo Pareto [1848-1923]

La teoria elitista di **Vilfredo Pareto** si articola nel suo tentativo di produrre una teoria generale della società (Pareto 1964, 2 voll., ed.or. 1916). Egli, economista di formazione, parte dal presupposto che l'individuo rappresenta l'atomo della società, cioè l'unità sociale di riferimento. Ogni individuo agisce spinto da motivazioni istintuali o razionali. Da questo punto di vista, egli distingue tra «azioni logiche» e «azioni non-logiche» ognuna delle quali è caratterizzata da una componente «costante», cioè ricorrente, e una «variabile». Egli stabilisce che le azioni non-logiche si definiscono tali perché la coerenza tra mezzi e fini esiste solo nella percezione soggettiva del soggetto agente, mentre, sul piano della ricorrenza o variabilità delle sue componenti, egli parte dal presupposto che, nell'agire umano, sia sempre individuabile una componente per così dire naturale che si differenzia dagli elementi artificiali su cui incide tutto quel complesso di condizionamenti, credenze e razionalizzazioni che prendono corpo nella vita sociale. La parte costante delle azioni umane, cioè quella a cui egli attribuisce un fondamento naturale, è identificata nei cosiddetti **residui** che includono gli istinti e i sentimenti dell'uomo. La parte variabile dell'azione è invece identificata nelle cosiddette **derivazioni**: «un sentimento si esprime con un residuo; se poi questo serve per spiegare, giustificare, dimostrare, si ha una derivazione» (ibid., II, 22). Tra «residui» e «derivazioni» si collocano gli **interessi** che egli intende sia in termini economici – e in questo caso si pongono a fondamento delle azioni logiche – sia in termini genericamente sociologici, e in questo senso sarebbero riconducibili ad appetiti e disposizioni non necessariamente giustificati da un punto di vista logico.

È a partire da questo impianto generale che Pareto porta avanti il suo studio sulla società, in generale, e sulla società politica, in particolare, concentrandosi sulle nozioni di «disuguaglianza» e «gerarchia». Le società sono a suo avviso eterogenee e disuguali. Tale disuguaglianza si esprime in primo luogo in una asimmetrica distribuzione del potere attraverso cui ogni sistema sociale possa essere raffigurato come una piramide al vertice della quale si colloca la cosiddetta *classe eletta* o **élite**. Tale concetto non è legato esclusivamente all'ambito della politica. Esistono infatti tante élites quante sono le sfere di attività in cui ogni società è suddivisa. È dunque possibile distinguere tra **élite di governo** ed **élite non di governo**. Entrambe queste due tipologie di classe eletta sono minoranze a loro volta distinte dalle *classi non elette*, cioè la maggioranza della popolazione che si trova negli strati inferiori della piramide sociale. Per quanto la composizione delle élites tenda a riprodursi nel tempo, si può verificare un ricambio attraverso cui si modifica l'assetto di potere tra governanti e governati. A questo proposito, Pareto introduce il concetto di **circolazione delle élites**, che può essere *orizzontale*, quando la circolazione riguarda solo i membri della élite (di governo o meno), oppure *verticale*, quando la circolazione si realizza con l'ingresso su posizioni di governo di esponenti provenienti dalla classe non eletta (ibid., II). Per quanto i casi di circolazione verticale siano molto importanti (e rari), Pareto sembra mostrare maggiore interesse per gli scambi orizzontali che si realizzano all'interno delle élites.

Per quel che riguarda la «composizione» delle élites, egli ricorre alla sua teoria dei «residui» soffermandosi sulla distinzione tra i «residui di classe I» che chiama **istinto delle combinazioni** e «residui di classe II», che definisce come **persistenza degli aggregati**: con la prima espressione, egli si riferisce a coloro che mostrano un atteggiamento innovativo e la cui azione non sembra vincolata a regole fisse, mutuate dalla tradizione; con la seconda espressione, egli si riferisce invece a quei comportamenti mossi da spirito di conservazione e orientati dunque alla difesa degli assetti di potere esistenti (ibid., I, capitoli 6, 7, 8). Trasportate in ambito politico, le due classi di residui esprimerebbero comportamenti antitetici: nel primo caso («istinti di combinazione»), l'élite sarebbe ispirata da una vocazione al cambiamento e all'innovazione, esprimendo un atteggiamento al contempo individualista e scettico; nel secondo caso («persistenza degli aggregati»), essa sarebbe invece orientata alla valorizzazione della tradizione (fede, patriottismo, ma anche conformismo).

Ovviamente, la formazione delle élites non avviene su un piano astratto, ma è strettamente connessa al possesso di certe risorse e certe qualità che, per Pareto, si articolano su quattro piani distinti e interrelati: il piano politico (élite politica), il piano di governo in senso stretto (élite di governo), il piano economico (élite economica) e il piano intellettuale (élite intellettuale); la strutturazione di queste quattro élites determina la composizione degli strati superiori di una società.

Egli sente l'esigenza di distinguere l'«élite di governo» dall'«élite politica». Nel primo caso, intende infatti quel gruppo di individui più o meno direttamente coinvolti nelle funzioni di governo; nel secondo caso, invece, il perimetro dell'élite è decisamente più ampio. Qui il discrimine sta nel possesso o meno di determinati diritti politici. Elettori, partiti, candidati rappresentano un'élite politica distinta da tutti coloro che sono per diverse ragioni (etniche, religiose, di genere, di censo, ecc.) esclusi dalla possibilità di partecipazione alla vita politica. Da questo punto di vista, l'attenzione di Pareto si concentra sui partiti politici che possono essere di governo o di opposizione, moderati o intransigenti. In ognuno di questi partiti è possibile ritrovare individui che seguono rigidamente certe regole di condotta, orientati verso fini ideali (i cosiddetti «idealisti»), o al contrario verso interessi privati, comportandosi di conseguenza (i cosiddetti «materialisti»). Questa ultima categoria di individui può a sua volta essere suddivisa in coloro che si accontentano del potere fine a se stesso, e del prestigio sociale che da esso deriva, e coloro che invece perseguono obiettivi concreti (carriera, ricchezza) per sé e per i propri seguaci.

L'«élite di governo», abbiamo detto, è composta da coloro che ricoprono formalmente incarichi di direzione istituzionale. Non si tratta sempre di una classe omogenea di individui. Essi esprimono sovente interessi contrastanti e diverse motivazioni all'agire (residui). Essi ritrovano l'accordo e la coesione quando i loro comuni interessi (in primis il mantenimento del potere di governo) sono minacciati da altri gruppi sociali. Secondo Pareto, la classe di governo può articolarsi in quattro sottogruppi che dipendono dalla distribuzione dei residui: sul piano dei mezzi a disposizione, essa può essere composta da individui che preferiscono usare lo strumento della forza, mostrando il lato violento del potere, e altri che prediligono la via del consenso, mostrando una maggiore attitudine all'astuzia, ma anche, sovente, alla frode. Gli astuti sono identificati da Pareto nelle **volpi**, gli aggressivi nei **leoni**. Se la classe di governo è osservata sotto un profilo economico, Pareto rileva invece due diverse categorie di uomini di governo: quelli che usano il proprio potere per guadagnare tanto quanto basta alla loro sopravvivenza e coloro che, invece, attraverso il potere di governo, sono riusciti a costruirsi un patrimonio (ibid., II, 623-624). La classe di governo, per esercitare il proprio potere, sfrutta esponenti della classe governata. Questi ultimi agiscono come il braccio del governo usando lo strumento della violenza (come nel caso delle forze dell'ordine e degli eserciti) o altresì lo strumento della corruzione, costituendo una *clientela*. Questa categoria di individui rappresenta una sorta di *strato cuscinetto* tra governanti e governati.

Anche l'«élite economica» non è omogenea e si articola per Pareto in due gruppi di individui che si differenziano per il tipo di reddito a loro disposizione e per il tipo di residui che ne animano l'azione: sul piano del reddito, Pareto distingue gli **speculatori**, il cui reddito non è fisso, ma dipende dalla loro capacità di trovare diverse e mutevoli fonti di guadagno, dai **redditieri**, che godono, al contrario, di rendite più o meno fisse e persistenti nel tempo. Sul piano dei residui, appare chiaro come, nel caso degli speculatori, prevarranno i cosiddetti residui di classe I (gli istinti di combinazione), che daranno corpo ad attori dinamici, individualisti e orientati all'innovazione; nel caso dei redditieri, prevarranno invece i residui di classe II (la persistenza degli aggregati), che rappresentano individui conservatori, poco innovativi e orientati alla esaltazione dello *status quo*. Da questo punto di vista, Pareto è esplicito: gli speculatori sono individui «effusivi, pronti ad accogliere le novità, pronti all'azione economica; godono nelle avventure economiche pericolose e le ricercano; in apparenza si sottomettono sempre a chi ha la forza, ma lavorano sott'acqua e sanno avere la sostanza del potere, di cui altri ha solo la sembianza; nessun rabbuffo li scoraggia; scacciati da una parte, tornano dall'altra, come le mosche» (ibid., II, 749). Una società in cui prevale una élite economica di speculatori è una società individualista, ma al contempo dinamica e orientata al cambiamento; una società in cui prevale la rendita sarà invece una società perlopiù statica e per certi aspetti cristallizzata.

L'«élite intellettuale» è invece composta da tutti quegli individui intellettualmente eminenti di una società e si può dividere in due sotto-gruppi: gli *uomini di scienza*, che hanno un'attitudine allo scetticismo e alla deduzione sperimentale, e gli *uomini di fede*, che sono al contrario propensi al dogmatismo e all'adesione a un sistema di credenze senza il bisogno di sottoporre a verifica i propri convincimenti. Ovviamente, tra gli uomini di scienza tendono a prevalere i residui di classe I, mentre tra gli uomini di fede, i residui di classe II. L'uomo di scienza è animato da istinti di combinazione e punta conseguentemente a scalzare la persistenza degli aggregati. Nel caso in cui in una società prevalga un'élite intellettuale fatta di uomini di fede, la superstizione e il dogmatismo rappresenteranno l'atteggiamento culturale dominante, condizionando anche i residui dell'élite politica e di governo.

La classe politica dominante ha infatti sempre bisogno di una rapporto intenso con le élites economiche e intellettuali, perché per mantenere il potere politico occorre denaro e un sistema morale e intellettuale che ne giustifichi la persistenza. È in questo contesto che Pareto introduce il concetto di **reggimento politico** che è strettamente connesso all'indole della classe governante e all'esercizio del potere sostanziale, cioè quello che prescinde dalla distribuzione formale prevista dagli ordinamenti giuridici. Per giustificare il proprio dominio, l'élite di governo ricorre alle cosiddette «derivazioni», che abbiamo già definito come l'aspetto artificiale e variabile dell'azione, cioè quello che si costruisce a prescindere dai residui. Le derivazioni servono a creare consenso e, in genere, a offrire una giustificazione al potere. Esse possono articolarsi in specifiche politiche finanziarie o nella costruzione artificiale di certe priorità politiche. Dietro ogni azione politica e di governo viene infatti elaborata una retorica di bisogno sociale che ne garantisca l'accettazione da parte della massa dei governati. Ciò non toglie che lo sforzo di riproduzione dell'assetto di potere esistente non impedisce una periodica circolazione delle élites. Si ha mutamento politico nel caso in cui la circolazione sia orizzontale e cioè si strutturi nell'interscambio dei ruoli tra élites di governo ed élites non di governo. Si ha invece mutamento sociale nel caso in cui la circolazione dell'élites assuma i tratti della verticalità e cioè di una sostanziale sostituzione delle élite di governo da parte di esponenti provenienti dalla base della piramide sociale. L'equilibrio del sistema si fonda su una composizione armonica di mutamento e continuità. In assenza di un circolazione verticale, la classe eletta si perpetua nel tempo, generando, a lungo andare, un incastro precario da cui si esce solo attraverso forme di mutamento radicale sotto forma di ribellioni o rivoluzioni.

Approfondimento 7.2

Sulle classi governanti

«La classe governante si trova dappertutto, anche dove c'è un despota, ma sono varie le forme sotto le quali appare. Nei governi assoluti sta solo sul palcoscenico un sovrano, nei governi detti democratici, un parlamento; ma dietro alle quinte stanno coloro che hanno gran parte nel governo effettivo. Certamente essi debbono talora piegare il capo ai capricci di sovrani o di parlamenti, ignoranti e prepotenti, ma tosto tornano all'opera tenace, paziente, costante, di cui ben maggiori sono gli effetti. Abbiamo nel Digesto ottime costituzioni sotto il nome di pessimi imperatori, come al tempo nostro abbiamo discreti codici approvati da parlamenti sufficientemente ignari; in quello come in questo caso, la cagione del fatto è la stessa, cioè che il sovrano lasciava fare i giureconsulti; in altri casi il sovrano neppure s'avvede di ciò che gli fanno fare, e i parlamenti meno di qualche avveduto capo o re. Men che mai se n'avvede il sovrano Demos, e ciò talvolta ha giovato ad ottenere, contrariamente ai suoi pregiudizi, miglioramenti del vivere sociale nonché opportuni provvedimenti per la difesa della patria: il buon Demos crede di seguire il volere suo e segue invece quello dei suoi governanti. Ma ciò spessissimo poi giova solo agli interessi di questi governanti, che, dai tempi di Aristofane ai nostri, usano largamente dell'arte di raggirare il Demos; i plutocrati nostri, come già fecero i plutocrati sul finire della Repubblica romana, badano a fare quattrini, sia per proprio vantaggio, sia per saziare le bramose canne dei loro partigiani e ▶

dei loro complici; e d'altro, poco o niente si danno pensiero. Tra le derivazioni che adoperano per dimostrare l'utilità per la nazione del potere loro, è notevole quella che afferma che il popolo può molto meglio giudicare le questioni generali che le speciali. In realtà è proprio l'opposto. Basta ragionare alquanto con persone poco colte, per vedere che intendono molto meglio le questioni speciali, che sono di solito concrete, delle generali, che sono di solito astratte. Ma le questioni astratte hanno il pregio pei governanti che, qualunque sia la soluzione che ne darà il popolo, essi sapranno trarre le conseguenze che vogliono. [...]

La classe governante non è omogenea; ha essa stessa un governo e una più ristretta classe o un capo, un comitato che effettivamente e praticamente dominano. Talvolta il fatto è palese, come per gli Efori a Sparta, il consiglio dei Dieci a Venezia, i ministri favoriti di un sovrano assoluto, o i padroni di un parlamento; tale altra volta è in parte nascosto, come per il *Caucus* in Inghilterra, le *Convenzioni* degli Stati Uniti, i dirigenti degli "speculatori" che operano in Francia ed in Italia, ecc. L'inclinazione a personificare le astrazioni o anche solo a dare ad esse una realtà oggettiva fa sì che molti si figurano la classe governante quasi come una persona o almeno come un'unità concreta, e suppongono che abbia un'unica volontà e che, mercé logici provvedimenti, rechi ad effetto i concepiti disegni. Così molti antisemiti si figurano i semiti, molti socialisti, la borghesia; mentre altri, accostandosi maggiormente alla realtà, vedono nella borghesia un ordinamento che opera, in parte, senza che ne siano consapevoli i borghesi. Le classi governanti, come altre collettività, compiono azioni logiche ed azioni non-logiche, e parte principale del fenomeno è l'ordinamento, non già il consapevole volere degli individui, i quali anzi, in certi casi, possono, dall'ordinamento, essere trascinati dove il volere consapevole non li porterebbe. Quando discorriamo degli "speculatori", non bisogna figurarseli come personaggi di melodramma, i quali, con tenebrosi artifici, recando ad effetto perversi disegni, reggono e governano il mondo. Ciò non avrebbe maggiore realtà di una favola mitologica. Gli "speculatori" sono uomini che badano semplicemente ai fatti loro, e che, avendo in sé potenti i residui della classe I, se ne valgono per procurare di guadagnare quattrini, e che si muovono per la via di minor resistenza, come infine fanno tutti gli uomini. Essi non hanno assemblee per deliberare su comuni disegni, né altrimenti deliberano su questi; ma l'accordo segue spontaneamente, perché se, in date circostanze, c'è una via di maggiore utile e di minor resistenza, la maggior parte di coloro che la cercano la troveranno, e ognuna seguendola per conto suo, parrà, benché ciò non sia, che la seguano di comune accordo»

Tratto da V. Pareto, *Trattato di sociologia generale*, 1964, Vol 2, pp. 679-682

7.2.3. La legge ferrea dell'oligarchia di Roberto Michels [1876-1936]

Per **Roberto Michels** ogni organizzazione si struttura in base alla legge ferrea dell'oligarchia

Come Mosca, anche **Roberto Michels** presta molta attenzione alla dimensione organizzativa dentro cui situa la sua **legge ferrea dell'oligarchia** su cui riflette per la prima volta nel 1911 in occasione della pubblicazione della prima edizione in tedesco (tradotta in italiano già nel 1912) della sua *Sociologia del partito politico* (1966). Egli considera che in tutte le organizzazioni, anche quelle che si costituiscono in forma volontaria, come nel caso dei partiti politici, viene a formarsi un'élite di potere. Ogni organizzazione, specie di ampie dimensioni, costituisce un terreno fertile per la costituzione di relazioni di potere oligarchiche. Ogni gruppo dirigente da leadership è destinato a tramutarsi in oligarchia che consente all'intero gruppo di sopravvivere in un ambiente ostile. Come nota Sola (2000, 93), nel testo di Michels si sviluppa una vera e propria teoria dell'azione dirigente intesa su tre livelli: una sociologia della leadership; una sociologia della leadership di partito; una sociologia delle forme oligarchiche. Da questo punto di vista, Michels è lapidario: «Chi dice organizzazione dice tendenza all'oligarchia. È insito nella natura stessa dell'organizzazione un elemento profondamente aristocratico» (Michels 1966, 56). Ma come si concilia dunque tale tendenza oligarchica con la sfida rappresentata dall'accrescimento delle condizioni democratiche? Qui Michels è altrettanto netto: per quanto l'aspirazione democratica rappresenti il tentativo di rendere sempre più egualitario e simmetrico il processo di distribuzione del potere, riducendo dunque lo spazio che intercorre tra governanti e governati, non è possibile immaginare alcuna forma democratica senza organizzazione e quanto più la democrazia si organizza tanto più si snatura, facendo emergere forme di potere rigidamente verticali. Dunque: «Con un'organizzazione in continuo aumento la democrazia è in fase di diminuzione, perché il potere dei dirigenti cresce nella misura in cui cresce l'organizzazione» (ibid., 57):

> *Le correnti democratiche nella storia sono come il battito continuo delle onde: si infrangono sempre contro uno scoglio, ma vengono incessantemente sostituite da altre. Lo spettacolo che esse offrono è entusiasmante e rattristante nello stesso tempo. Appena la democrazia ha raggiunto una certa tappa della sua evoluzione, viene sottoposta a una specie di processo di degenerazione: assume lo spirito e le forme aristocratiche di vita contro cui un tempo aveva combattuto.*
>
> ibid., 532

Una direzione democratica non è pensabile neanche in quelle organizzazioni che hanno un'ispirazione socialista e rivoluzionaria. Michels lo dimostra studiando proprio il partito socialdemocratico tedesco che rappresentava allora il più importante esempio di organizzazione volontaria su basi democratiche.

L'organizzazione è l'unico mezzo che possa essere in grado di costituire una volontà collettiva che è alla base di ogni ordinamento democratico, ma è proprio essa che genera una struttura di potere solida e piramidale in cui si configura una minoranza che dirige e una maggioranza che è diretta. Michels, come Weber, parte dal presupposto che il fenomeno organizzativo sia inevitabilmente teso a centralizzarsi e burocratizzarsi irrigidendo le relazioni di potere che vi si dispiegano all'interno. La burocratizzazione è destinata a cristallizzare una leadership professionale che in breve tempo si trasforma in oligarchia. Tale dinamica è tra l'altro accettata dal popolo per ragioni di psicologia collettiva; le masse mostrano storicamente una tendenza all'etero-direzione; esse sentono il bisogno di essere comandate da qualcuno a cui attribuiscono facoltà straordinarie. Riferendosi ai socialisti, egli afferma che, non essendo esenti da configurazioni oligarchiche, essi vivono la grande contraddizione di combattere il potere nel nome delle masse per poi assoggettarsi a un altro potere: «Le masse, dopo aver compiuto tanti sforzi si accontentano di cambiare un padrone con un altro. I lavoratori hanno avuto soltanto l'onore di *participer au recrutement gouvernemental*» (ibid., 521).

All'interno degli stessi partiti di massa si costituiscono due gruppi di dirigenti: i leader *elettivi*, che dipendono dal consenso elettorale, e i leader *burocratici*, che riproducono il loro potere attraverso un rigido controllo sull'apparato organizzativo. In entrambi i casi, si ha a che fare con professionisti della politica, che proprio la democrazia moderna ha prodotto. Per garantirsi la rielezione o il consenso all'interno dell'organizzazione, i leader devono sviluppare una serie di competenze tecnico-amministrative grazie alle quali possono confermare la propria supremazia sulle masse organizzate. Essi devono dunque diventare indispensabili all'organizzazione per garantirsi l'inamovibilità, «perché chi è indispensabile può dominare anche i suoi padroni» (ibid., 132). Il processo di formazione dell'oligarchia si completa nello stadio della «consapevolezza». Quando il dirigente e il funzionario amministrativo diventano coscienti del loro essere indispensabili, riescono indirettamente a comandare anche coloro che sarebbero gerarchicamente ad essi superiori. Essi creeranno le condizioni per inibire ogni forma di opposizione al loro strapotere, circondandosi di personalità *cooptate* e dunque ad essi fedeli. I cooptati saranno tra l'altro gratificati con incarichi puramente onorifici in modo da non costruire le condizioni per la formazione di eventuali alternative di potere. L'incastro oligarchico è così completato.

Approfondimento 7.3

Il fenomeno oligarchico nei partiti di massa

«Il sorgere di una leadership è un fenomeno che necessariamente accompagna ogni forma di vita sociale. Non è compito della scienza chiedersi se sia un bene o un male o vedere quale di questi due aspetti predomini. È invece rilevante, sul piano scientifico e sul piano pratico, stabilire che ogni sistema che preveda dei capi è incompatibile con i postulati essenziali della democrazia. Sappiamo che la legge della *necessità storica dell'oligarchia* si basa in primo luogo sopra una serie di dati forniti dalla esperienza. Come tutte le leggi scientifiche, anche questa deve essere ricavata dell'esperienza. Ma per spogliarla dal suo carattere prevalentemente descrittivo e per conferirle quella forza di esplicazione analitica, attraverso la quale soltanto un enunciato diviene legge, non è sufficiente ordinare i fenomeni empiricamente constatabili secondo criteri unitari: bisogna anche ricercare le cause. In questo consisteva il nostro compito. Le cause che hanno portato al sorgere dei fenomeni oligarchici, possono essere così ancora una volta brevemente riassunte: a prescindere dalla tendenza dei leaders a organizzarsi e coalizzarsi fra di loro, e della generale passività spirituale delle masse, le cause sono principalmente il bisogno di affer-

mazione dei leaders e la loro indispensabilità tecnica.
Il processo, che si inizia con la differenziazione dei compiti nell'ambito del partito, viene completato da un complesso di qualità che il leader ha acquisito attraverso il suo distacco dalla massa. I leaders, che in un primo tempo sorgono spontaneamente ed esercitano la loro attività gratuitamente e come carica accessoria, diventano capi di professione. A questo primo passo segue poi il secondo, poiché il crearsi di capi professionali non è altro che il preludio del sorgere di una leadership stabile e inamovibile.
Il fenomeno oligarchico prodottosi in questo modo si spiega in parte psicologicamente, vale a dire con le trasformazioni psichiche cui vanno soggetti i leaders nel corso della loro attività nel partito, in parte, e in primo luogo, con ciò che si potrebbe chiamare la psicologia dell'organizzazione stessa, cioè con le necessità di natura tattica e tecnica che derivano dal rafforzarsi di ogni aggregato che si muova disciplinatamente sul piano politico. La legge sociologica fondamentale, a cui i partiti politici (la parola "politico" è qui intesa nel suo senso più vasto) sono soggetti senza eccezione, può essere così riassunta: l'organizzazione è di per se stessa la causa del predominio degli eletti sugli elettori, dei mandatari sui mandanti, dei delegati sui deleganti.
Il formarsi di oligarchie in seno alle molteplici forme di democrazia è un fenomeno organico e perciò una tendenza a cui soggiace necessariamente ogni organizzazione, anche socialista, perfino quella libertaria. [...]
Così ogni organizzazione di partito presenta una potente oligarchia basata su presupposti democratici. Ovunque si trovano elettori ed eletti, ma anche predominio dei capi eletti sulle masse elettrici. La struttura oligarchica dell'edificio nasconde la base ideologica democratica. Qui un dover essere, là un essere. Questa sostanziale differenza non è ancora completamente stata capita dalle masse. I socialisti, ad esempio, credono, spesso in buona fede, che una nuova élite di uomini politici manterrebbe le sue promesse meglio della precedente. L'idea che sia possibile rappresentare gli interessi popolari [...] è un'illusione, un miraggio dovuto a un falso effetto di luce. [...]
Nel proletariato moderno, sotto l'influsso dell'eloquenza di leaders a lui superiori per cultura e per formazione, si va facendo strada l'idea fissa che gli basti votare e affidare i suoi interessi economici e sociali a un delegato, per "prendere parte anch'esso al potere". [...]
L'immaturità obbiettiva della massa non è, come abbiamo visto, un fenomeno transitorio, eliminabile col progresso della democratizzazione *au lendemain du socialisme*. Essa è invece insita nella natura stessa della massa in quanto tale, che è amorfa e bisognosa di una divisione del lavoro, di specializzazione e di divisione e che, anche se organizzata, è incapace di risolvere tutti i problemi che la affliggono. [...] Già l'individuo di norma è destinato dalla natura a essere guidato e lo sarà sempre più, poiché le funzioni della vita moderna si dividono e si suddividono senza posa. Il gruppo, che consiste di singoli individui, sente in misura incomparabilmente maggiore il bisogno di essere guidato»

Tratto da R. Michels, *La sociologia del partito politico*, 1966, pp. 522-528

7.3. L'elitismo marxista

Parlare di «elitismo marxista» potrà apparire un ossimoro. Si è infatti detto che le teorie elitiste si sono sviluppate in netta contrapposizione alla dottrina marxiana. Eppure, non mancano nella letteratura di stampo marxista o neomarxista elaborazioni importanti riconducibili ad analisi che non stentiamo a definire elitistiche. In fondo, la stessa teoria leniniana del partito di avanguardia come soggetto a cui è affidato il compito di direzione intellettuale e politica delle masse rivoluzionarie presenta diversi elementi di sintonia con la teoria delle élites. Lo stesso Gramsci, quando propone la sua teoria dell'egemonia attraverso la quale sarebbe possibile distinguere la classe dominante dalla classe dirigente, si spinge molto in direzione di una costruzione intellettuale di stampo elitista. Allo stesso modo, molti altri studiosi hanno proposto analisi delle società a loro contemporanee strizzando l'occhio, seppure in maniera critica, alle riflessioni elaborate dall'elitismo classico, condividendo l'idea che, in una società capitalistica, la struttura del potere finisca con il configurarsi in forma rigidamente piramidale. Non potendo proporre una rassegna esaustiva della vastissima letteratura marxista, ci soffermeremo brevemente su tre autori in cui, a nostro avviso, la fusione tra marxismo ed elitismo si propone con maggiore evidenza. Ci riferiamo alla teoria del «dominio dei manager» (o dei tecnici) di Burnham e alle riflessioni sullo Stato e sul potere politico di Miliband e Poulantzas.

7.3.1. La rivoluzione dei manager di James Burnham [1905-1987]

Come nota Giorgio Sola (2000, 119), «pochi contributi politologici negli anni compresi tra le due guerre possono vantare un successo così rilevante e una diffusione così ampia come nel caso del libro *The Managerial Revolution* di **James Burnham**» (Burnham 1941, tr.it. 1946). L'autore riesce a combinare tradizione marxista e tradizione elitista da sempre considerate incompatibili. Agli elitisti italiani egli dedicherà anche un saggio *The Machiavellians* (1943, tr.it. 1947) in cui condivide esplicitamente l'assunto di Mosca, Pareto e Michels secondo cui in tutte le società storiche si realizzerebbe una separazione tra una minoranza che comanda e una maggioranza che è comandata; così come si riconosce nella convinzione secondo cui il mutamento sociale sia in sostanza determinato da un ricambio nella composizione dei gruppi dirigenti.

> Per **James Burnham** lo Stato è complice di una strutturazione diseguale del potere diventando la base del dominio dei manager

Egli parte dal presupposto (marxista) di un declino del sistema capitalista, immaginando (elitisticamente) la futura confluenza dei blocchi di potere internazionali (capitalismo, nazifascismo e stalinismo) in un nuovo modello economico dominato dai manager. Da marxista, egli crede che la base del potere reale risieda nella proprietà che a suo avviso è la principale risorsa del dominio economico e politico (Burnham 1941, tr.it. 1946, 110). La proprietà consente di controllare gli oggetti, ma anche la distribuzione di denaro e prestigio sociale. Il controllo dei mezzi di produzione genera dunque ricchezza, prestigio e, inevitabilmente, potere politico: «Gli strumenti della produzione sono la sede del predominio sociale: chi li controlla di fatto e non di nome, controlla la società, poiché essi sono i mezzi mediante i quali la società vive» (ibid., 122). Egli, attraverso una comparazione tra capitalismo (americano) e socialismo (sovietico) prefigura un futuro in cui nessuno dei due modelli prevarrà sull'altro, ma piuttosto entrambi confluiranno in un unico modello tecnico-burocratico dominato da una nuova classe di manager a cui sarà necessariamente affidato il controllo sui processi socioeconomici e politici. Lo Stato sarà complice di questa nuova strutturazione del potere diventando la base del dominio dei manager.

Per «manager», Burnham intende tutti coloro che funzionalmente gestiscono i mezzi di produzione da un punto di vista direttivo e amministrativo. Essi non devono necessariamente esserne i proprietari formali, ma ne sono gli organizzatori sostanziali. La classe borghese capitalista avrebbe infatti lasciato la gestione delle proprie imprese a questa nuova categoria di dirigenti specializzati per dedicarsi alla speculazione finanziaria. I nuovi manager hanno dunque assunto il controllo dei processi produttivi in forza di una loro oggettiva superiorità tecnica. Per quanto i capitalisti (finanziari) abbiano mantenuto la loro posizione di classe dominante, si è ormai innestato un processo irreversibile di separazione tra proprietà formale e controllo effettivo sui processi economico-sociali. Questo comporterà nel tempo una maggiore crescita economica da parte degli Stati a cui però non corrisponderà una democratizzazione della distribuzione delle risorse. Al contrario, con il trionfo dei tecnici, si assisterà a un'ulteriore radicalizzazione del processo di subordinazione ai nuovi leader da parte della classe lavoratrice. Gli stessi Parlamenti avrebbero perso il potere sostanziale perché i luoghi veri della decisione sono ormai transitati nei consigli di amministrazione delle aziende o nelle direzioni dei partiti ormai burocratizzati.

La profezia di Burnham è chiara. Quando i manager acquisiranno consapevolezza del loro effettivo potere saranno portati a ridurre gli spazi di democrazia nella direzione di una nuova forma di dittatura totalitaria (ibid., 190 ss) che rappresenta indubbiamente la modalità di governo sociopolitico più coerente con questa nuova strutturazione del potere reale.

7.3.2. Lo Stato capitalista di Ralph Miliband [1924-1994]

Per **Ralph Miliband** la classe economica dominante in una società capitalistica occupa anche i vertici delle istituzioni politiche

Nel suo testo su *The State in Capitalist Society* (1969, tr.it. 1970), **Ralph Miliband** analizza l'organizzazione delle istituzioni politiche moderne a partire da un'analisi del modello di produzione capitalistico. Coerentemente con la prospettiva marxista che anima tutto il suo lavoro, egli considera l'organizzazione capitalista delle società industriali come un aspetto decisamente più rilevante rispetto alla crescente centralità assunta dagli Stati nazionali. Per quanto la classe economica dominante presenti livelli elevati di eterogeneità, non perde la sua coesione di fondo, perché le differenze «vengono prudentemente mantenute entro i limiti di un particolare arco ideologico e non impediscono un accordo di fondo sui problemi capitali della vita economica e politica» (ibid., 57). La coscienza storica della propria supremazia spinge infatti i detentori del potere a sviluppare strategie comuni che vanno oltre i limiti rappresentati dai potenziali contrasti. Questo consente loro di rivendicare e consolidare il proprio dominio anche sulle moderne istituzioni statali, determinando il sistema delle decisioni collettivamente vincolanti.

Come dimostra un'analisi attenta della composizione del ceto dirigenziale dello Stato, dai politici di professione ai burocrati del sistema amministrativo, la classe economica dominante ha da tempo occupato anche i vertici delle istituzioni politiche. Essa condiziona il potere politico in modo decisivo. Tutti i vertici delle principali istituzioni dello Stato, dai parlamentari ai magistrati agli ufficiali delle forze armate e di polizia, provengono infatti dalle classi economiche medio-alte, mostrando come il reclutamento politico segua sostanzialmente una logica plutocratica (ibid., 73). Inoltre, analizzando nel tempo le diverse politiche pubbliche, emerge con chiarezza come i diversi governi finiscano sempre per tutelare gli interessi della classe economica dominante. Anche i più accaniti sostenitori dell'intervento statale in economia hanno sempre agito politicamente per rafforzare gli istituti del sistema capitalistico di produzione. Anche il sistema di opportunità politiche che viene offerto alle forze dell'opposizione sociale, costringe le classi subalterne a muoversi entro i confini rigidi offerti loro da un sistema creato per riprodursi. I lavoratori si limitano dunque a rivendicare piccole concessioni materiali che mai potrebbero condizionare la struttura di fondo del modello di produzione. Se a questo si aggiungono i meccanismi di produzione del consenso messi in campo dallo Stato, anche i soggetti potenzialmente antagonisti finiscono per parlare «il linguaggio dell'accettazione della società capitalistica» (ibid., 254).

I mezzi di comunicazione di massa, il variegato mondo dell'industria culturale (teatro, cinema, televisione), le principali agenzie di socializzazione, a cominciare dalla scuola, agiscono in nome dello Stato, ma per conto di un modello economico. In questo modo, si produce un incastro culturale che inibisce le attitudini al conflitto sollecitando altresì uno spirito di conformità sociale congeniale al mantenimento di una struttura di dominio rigida. Da questo punto di vista, lo Stato diventa l'ancella del capitalismo e del modello di società che tale sistema di produzione presuppone.

7.3.3. Classi sociali e potere politico in Nicos Poulantzas [1936-1979]

Per **Nicos Poulantzas** la funzione dello Stato in una società capitalistica è quella di frammentare e disorganizzare le classi subalterne per impedire l'incisività della loro opposizione sociale alle classi dominanti

Il problema che si pone **Nicos Poulantzas** nel suo testo su *Pouvoir politique et classes sociales de l'état capitaliste* (1968, tr.it. 1971) sta nell'analisi del rapporto tra strutturazione di classe nella società capitalistica e potere politico organizzato nelle forme giuridiche dello Stato. Dal suo punto di vista, il concetto marxiano di «classe sociale» indica «gli effetti dell'insieme delle strutture, della matrice di un modo di produzione o di una formazione sociale, sugli agenti che ne costituiscono i supporti» (ibid., 77). Egli non osserva il fenomeno delle classi partendo dagli attori, ma piuttosto dai processi sociali. Il concetto di classe non connota dunque solo il sistema di relazioni in cui gli attori si collocano oggettivamente rispetto ai rapporti di produzione, ma anche e soprattutto la configurazione strutturale delle società storiche. Da questo punto di vista, la lotta economica di classe è distinta dalla lotta politica di classe. In quest'ultima, si assiste all'isolamento degli attori da parte del potere giuridico e ideologico dello Stato.

Le classi sociali nascono nel contesto economico, ma si manifestano socialmente nel conflitto. Da questo punto di vista, gli interessi di classe non si annidano nelle strutture sociali quanto piuttosto nelle pratiche di opposizione che si articolano sul livello economico, politico e ideologico. Tra questi, la sfera del potere ideologico è fondamentale perché con esso si diffonde e stabilizza l'ideologia dominante che trova la sua concretizzazione politico-istituzionale negli apparati dello Stato. Lo Stato stesso si articola sia sul piano repressivo, con la sua amministrazione (magistratura, carceri, forze dell'ordine), sia sul piano strettamente ideologico (istituzioni culturali e sindacali). La riproduzione delle classi sociali è possibile solo nella relazione con gli apparati politici ed economici. Il moderno Stato rappresentativo (liberaldemocratico) diventa la reificazione storica di una regione autonoma del sistema capitalistico, che Poulantzas identifica con il campo della politica.

In questo contesto, la funzione dello Stato è quella di frammentare e disorganizzare le classi subalterne per impedire l'incisività della loro opposizione sociale alle classi dominanti. Per fare ciò, esso non attiva solo gli strumenti della coercizione legittima, ma dispiega il suo apparato ideologico per costruire l'illusione di una unità nazionale e di popolo che non è altro che una mistificazione al servizio del capitalismo. Lo Stato è quindi uno strumento di integrazione sociale nella logica del sistema capitalistico (ibid., 235-238). Lo Stato capitalista «non rappresenta *direttamente* gli interessi economici delle classi dominanti, ma i loro interessi politici in quanto è l'elemento che organizza la loro lotta politica» (ibid., 239). L'esistenza di un blocco di potere dominante è dunque coerente con la funzione storica dello Stato nel capitalismo avanzato. Le classi dominanti, anche se frazionate, trovano unità nell'organizzazione delle relazioni di dominio sociale e politico spesso con il concorso delle classi dominate. Se nel campo economico le relazioni di potere si strutturano nella dicotomia dominanti/dominati, in ambito politico l'élite del potere si può articolare su tre livelli: quello delle «frazioni politiche dominanti», che sono parte integrante del blocco di potere socioeconomico; quello delle «frazioni regnanti», che include gli attori più rilevanti della politica, come i partiti; quello delle «frazioni che detengono l'apparato statale» (ibid., 318-319).

Questi tre livelli si possono combinare fino a sovrapporsi o altresì possono rimanere separati. La storia d'Europa dimostra che la classe economicamente dominante può al contempo essere anche classe regnante e classe detentrice dell'apparato amministrativo dello Stato.

Approfondimento 7.4

Potere politico e lotta di classe

«Le diverse istituzioni sociali e, più in particolare, l'istituzione dello Stato non hanno, propriamente parlando, potere. Le istituzioni, considerate dal punto di vista del potere, possono essere rapportate solo alle classi sociali che detengono il potere. Il potere delle classi sociali è organizzato, nel suo esercizio, in istituzioni specifiche, in centri di potere, per cui lo Stato è, in questo contesto, il centro di esercizio del potere politico. Ciò non significa tuttavia che i centri di potere, cioè le diverse istituzioni di carattere economico, politico, militare, culturale, ecc., siano semplici strumenti, organi o appendici del potere delle classi sociali. Esse hanno la loro autonomia e specificità strutturale che, in quanto tale, non può essere immediatamente riducibile ad una analisi in termini di potere.

D'altro canto, però, nel quadro di un esame delle diverse istituzioni sociali in rapporto al potere, queste devono essere considerate secondo il loro impatto nel campo della lotta di classe, poiché il potere concentrato in una istituzione è un potere di classe. In altre parole, l'autonomia relativa delle diverse istituzioni – centri di potere – in rapporto alle classi sociali non deriva dal fatto che esse posseggono un potere proprio distinto dal potere di classe, ma dal loro rapporto con le strutture. In questo senso, le diverse istituzioni non sono, in termini di potere, "organi di potere", strumenti di esercizio di un potere di classe che a loro preesiste e che li crea ai fini della propria realizzazione efficace, ma sono centri di potere. Nella misura in cui si può fare una distinzione tra più forme di potere, si può procedere ad un esame concreto, secondo le situazioni concrete, della pluralità di centri di potere, istituzioni esistenti in un momento dato, e dei loro rapporti: per esempio, aziende, Stato, istituzioni culturali, ecc. È chiaro che, a causa dello scarto che caratterizza i diversi livelli della lotta di classe e le diverse sfere del potere, i rapporti di potere tra le classi in un centro di potere che dipende da un livello dato non possono tradursi semplicemente, così come sono, in centri di potere che dipendono da altre istanze. È anche chiaro che l'organizzazione gerarchica di questi centri di potere (vedi, per esempio, le variazioni caratteristiche della combinazione Stato-Chiesa – Scuola o Stato – Scuola-Chiesa) dipende allo stesso tempo dall'articolazione delle istanze e dal rapporto tra le forze nella lotta di classe. [...]

La linea di demarcazione tra il rapporto dello Stato con le classi dominanti e il suo rapporto con le classi dominate può costituire un filo conduttore nello studio dello Stato capitalistico, la cui peculiarità sta nel fatto che il dominio propriamente politico di classe non è presente in nessun luogo sotto forma di un rapporto politico classi dominanti-classi dominate, nelle sue stesse istituzioni. Tutto accade, nelle sue istituzioni, come se la «lotta» di classe non esistesse. Questo Stato è organizzato come una unità politica di una società con interessi economici divergenti che non sono però interessi di classe, ma interessi di "individui privati", o soggetti economici: ciò si riferisce alla relazione dello Stato con l'isolamento dei rapporti sociali economici, che è in parte suo proprio effetto. Dal punto di vista di tale isolamento, la funzione politica dello Stato presenta una ambivalenza caratteristica, secondo che si tratti delle classi dominanti o delle classi dominate.

1) Nei confronti delle seconde, la funzione dello Stato capitalistico è di impedire la loro organizzazione politica (che vincerebbe il loro isolamento economico), mantenendole invece in questo isolamento che è in parte suo effetto specifico. Tale funzione è svolta in un modo molto particolare, che permette di distinguere radicalmente lo Stato capitalistico da quello schiavistico o da quello feudale, per esempio. Questi ultimi limitavano l'organizzazione politica delle classi dominate, fissando istituzionalmente la classe degli schiavi e dei servi, nelle loro stesse strutture, con statuti pubblici, vale a dire istituzionalizzando la subordinazione politica di classe: "stati e caste". Lo Stato capitalistico conserva invece la disorganizzazione politica delle classi dominate, sia mediante il suo effetto di isolamento sui rapporti sociali-economici, sia attraverso il vantaggio che trae da questo effetto, presentandosi come l'unità della popolazione composto di persone politiche-individui privati. Questa funzione è svolta quindi allo stesso tempo tramite l'occultamento, agli occhi delle classi dominate, del loro carattere di classe e tramite la loro specifica esclusione dalle istituzioni dello Stato in quanto classi dominate.

2) Al contrario, nei riguardi delle classi dominanti, lo Stato capitalistico lavora permanentemente alla loro organizzazione a livello politico, annullando il loro isolamento economico, che è anch'esso, come quello ideologico, un suo effetto specifico.

La contraddizione principale dello Stato capitalistico "popolare-di-classe", che è l'aspetto effettivo (classista) della sua contraddizione interna "privato-pubblico", può essere così descritta: esso ha la funzione di disorganizzare politicamente le classi dominate, organizzando invece politicamente le classi dominanti; di escludere dal suo seno la presenza delle classi dominate, in quanto classi, introducendovi invece, in quanto classi, le classi dominanti; di fissare il suo rapporto con le classi dominate come rappresentanza dell'unità del popolo-nazione, fissando invece il suo rapporto con le classi dominanti come un rapporto con classi politicamente organizzate; in breve, questo Stato esiste come Stato delle classi dominanti proprio escludendo dal suo seno la lotta tra le classi»

Tratto da N. Poulantzas, *Potere politico e classi sociali*, 1971, pp. 139-140 e 236-238

7.4. L'elitismo democratico

La concezione secondo cui in ogni società sia inevitabilmente una minoranza a comandare su una maggioranza ha determinato una controversia, soprattutto a partire dal secondo dopoguerra, sulla eventuale compatibilità tra democrazia e teoria delle élites. Gli elitisti non hanno in genere mostrato una grande fiducia verso la possibilità di democratizzare realmente le dinamiche di distribuzione del potere, contrapponendo piuttosto la sua inevitabile strutturazione oligarchica. La massa, come abbiamo visto soprattutto nelle elaborazioni di Pareto e Michels, è piuttosto vista come un'entità amorfa, spiritualmente debole, incapace di azioni organizzate e, di conseguenza, destinata all'eterodirezione. Lo stesso Pareto parla della democrazia rappresentativa come finzione, come derivazione metafisica. Egli attribuisce al governo democratico l'unica caratteristica di una maggiore propensione al clientelismo e alla manipolazione. Eppure, già nell'opera di Gaetano Mosca, è possibile rintracciare elementi di conciliabilità tra struttura democratica di governo e l'idea di una inevitabile organizzazione elitistica del potere. Egli parla infatti delle classi politiche democratiche come di entità eterogenee, internamente articolate, e quindi costrette alla regola della discussione libera. In questo senso, egli pensa al governo rappresentativo come a un modo efficace per far sì che i soggetti delle élites politiche possano controllarsi a vicenda (Mosca 1884).

Come abbiamo visto nel precedente capitolo, la Scuola di Chicago contribuì molto a far sì che la discussione fuoriuscisse da uno stato di stallo, individuando numerosi elementi di incontro tra dottrina e pratica democratica e organizzazione piramidale del potere. Come abbiamo rilevato, già Lasswell e Kaplan erano convinti che il livello di democraticità di una struttura sociale non dipendesse tanto dalla presenza o meno di una élite del potere quanto piuttosto dal rapporto tra potere e massa, ponendo l'accento sui meccanismi (questi sì democratici) di reclutamento delle élites (cfr. par. 6.3), collocandosi sulla stessa lunghezza d'onda di un altro studioso, di formazione economica, che pochi anni prima aveva efficacemente affrontato il problema; ci riferiamo all'opera di **Joseph A. Schumpeter** che, nel suo celebre testo su *Capitalism, Socialism and Democracy* (1942, tr.it. 1954), aveva affrontato la questione democratica proprio a partire dalla composizione e dal reclutamento delle élites politiche.

Per **Joseph A. Schumpeter** in una democrazia rappresentativa i cittadini possono liberamente scegliere le minoranze di governo

In linea con la tradizione inaugurata dalla scuola elitistica italiana, Schumpeter è convinto del fatto che in qualunque regime politico sia sempre una minoranza a dirigere la maggioranza. La stessa traduzione letterale del concetto di democrazia come «governo del popolo» può a suo avviso essere applicata solo a comunità politiche di piccole dimensioni, mentre è un'utopia nelle moderne società di massa. Occorre dunque progettare una democrazia realistica che non discuta il carattere minoritario della classe politica, ma sia altresì in grado di organizzarsi attraverso procedure certe che garantiscano al popolo la possibilità di accettare o rifiutare una élite di governo. In questo senso, egli si fa promotore di una concezione formale di democrazia intesa come insieme di regole e, in genere, come «lo strumento istituzionale per giungere a decisioni politiche in base al quale singoli individui ottengono il potere di decidere attraverso una competizione che ha per oggetto il voto popolare» (ibid., 257). Il concetto di competizione rimanda a un'idea di democrazia pluralista dove i cittadini possano scegliere liberamente quale minoranza dovrà governarli.

Anche sulla scia dell'opera di Lasswell e di Schumpeter, un'intera generazione di studiosi si confronteranno negli anni successivi con la questione fondamentale del rapporto tra democrazia e organizzazione elitistica del potere. In questa sede non potremo proporre una rassegna completa di tutti gli studi sull'argomento, ma ci soffermeremo brevemente sull'opera degli studiosi a nostro avviso più significativi. In particolare, parleremo delle «élites del potere» di Charles Wright Mills, esponente di spicco della sociologia critica americana, delle «categorie dirigenti» di Raymond Aron, della «autonomia delle élites» di Eva Etzioni-Halevy e, infine, della «centralità della classe politica» di cui parla Klaus von Beyme.

7.4.1. Le élites del potere di Charles Wright Mills [1916-1962]

Per **Charles Wright** Mills l'élite del potere si colloca in genere nel livello superiore dei luoghi di comando ed è composta da individui che si conoscono personalmente e hanno le stesse origini sociali

Charles Wright Mills, soprattutto grazie al suo *The Power Elite* (1956, tr.it. 1966), si afferma come uno dei più originali continuatori e innovatori della teoria delle élites classica. Nei suoi studi cerca di chiarire la struttura reale dei rapporti di potere negli Stati Uniti a prescindere dalle dichiarazioni formali sulle virtù democratiche del grande Stato federale. Con il suo lavoro – ispirato tra l'altro alle opere di Lasswell, Marx, Schumpeter e degli elitisti italiani – egli documenta l'esistenza di una élite del potere negli Stati Uniti composta da personalità che occupano posizioni strategiche nei vari campi della vita sociale (economico, politico, militare). Se Pareto aveva identificato le ragioni delle élites nella valutazione positiva rispetto alle qualità di chi se ne rende protagonista, Mills riporta il discorso su una dimensione non soggettivistica ma strutturale. Il potere in società è infatti istituzionalizzato e, sovente, burocratizzato ed è proprio questa sua caratteristica che ne consente la collocazione strategica sotto il profilo decisionale. Questo non comporta però la coesione delle élites che, anzi, sono per Mills sottoposte a una costante circolazione solo limitatamente attenuata dalla omogeneità dei requisiti socialmente riconosciuti come necessari per far sì che si venga selezionati per ricoprire posizioni di vertice. Tale circolarità avviene perlopiù attraverso pratiche di cooptazione e in questo ritroviamo alcuni elementi di somiglianza con la concezione elitistica di Pareto. Per quanto la democrazia si fondi sulla trasparenza del potere, l'operato delle élite è perlopiù improntato alla segretezza. I cittadini comuni, che sono parte di una massa atomizzata, sono dunque destinati all'eterodirezione, ammutoliti dal bombardamento mediatico che costruisce attorno al potere un sistema di conformità e soggezione.

In particolare, Mills distingue tre livelli di potere: un livello superiore in cui vengono decise le principali questioni nazionali e internazionali; un livello intermedio in cui si discutono le questioni settoriali o di rilievo locale; un livello inferiore che è subordinato agli altri due. L'élite del potere si colloca in genere nel livello superiore ed è composta da individui che si conoscono personalmente e provengono in genere dalla stessa classe (o ceto) sociale. Da questo punto di vista, l'élite del potere si configura come una sorta di comitato di affari che presenta un profilo psicologico e sociale piuttosto omogeneo che lo rende impermeabile agli stimoli provenienti dagli strati inferiori. Questo non vuol dire che tale élite sia formalmente organizzata. Ogni esponente all'interno dell'élite si serve infatti dell'organizzazione di cui è a capo per perseguire interessi personali. Il nucleo interno all'élite è invece compatto, come una minoranza nella minoranza, ed è composto dai vertici dei principali luoghi del potere istituzionalizzato nel campo economico-finanziario, politico e militare.

Approfondimento 7.5

L'élite del potere

«Se, come è stato detto, studiamo la storia per liberarcene, la storia della élite al potere è un chiaro esempio dell'esattezza di questa massima. La seconda guerra mondiale ha impresso un nuovo dinamismo non solo al ritmo della vita americana in generale, ma anche alle tendenze a lungo raggio della struttura del potere; alcune correnti recentissime che operano nell'ambito delle istituzioni dominanti hanno inoltre determinato la forma delle élite del potere. [...]

1) Se c'è qualche possibilità di affermare in termini politici la struttura della élite del potere dobbiamo cercarla nel declino della politica come dibattito pubblico e spassionato di proposte contrastanti, con partiti responsabili su scala nazionale e aventi una linea di azione coerente, con organizzazioni autonome che mettano in rapporto gli strati medi e inferiori del potere con i livelli al vertice cui spettano le decisioni. L'America è oggi, in buona parte, più una democrazia politica formale o burocratica che un paese a struttura sociale democratica e persino il meccanismo della democrazia formale si è ormai indebolito.

La tendenza del governo e del mondo degli affari a stringere tra di loro rapporti sempre più intricati e profondi ha raggiunto [...] un livello ancora più esplicito. Attualmente è impossibile scorgere con chiarezza il limite tra questi due mondi, che sono venuti sempre più avvicinandosi nella loro qualità di organi esecutivi dello stato. Lo sviluppo della branca esecutiva del governo, con i suoi enti di controllo sull'economia, non significa soltanto l'allargamento del governo, inteso come macchina burocratica autonoma; ha significato anche l'ascesa politica degli uomini dei grandi gruppi economici.

Durante il New Deal i grandi dell'economia si unirono ai dirigenti politici, ma solo con la seconda guerra mondiale giunsero a dominarli. Legati al governo per un certo tempo, diressero poi con autonomia quasi totale l'economia di guerra e del dopoguerra. Questa penetrazione dei dirigenti economici nella élite politica ha accelerato il declassamento già in corso degli uomini politici, membri del congresso ai livelli medi del potere.

2) Se c'è qualche possibilità di affermare in termini militari la struttura della élite del potere, dobbiamo cercarla nel fatto che i "signori della guerra" hanno acquistato una posizione politica decisiva e la struttura militare dell'America è oggi in buona parte politicizzata. La credenza in una permanente minaccia di guerra conferisce ai militari una posizione di privilegio e giustifica il controllo da essi esercitato su uomini, materie prime, denaro e potere; si può dire che tutte le azioni politiche ed economiche siano ora giudicate sulla base di una concezione militare della realtà. Ecco perché gli esponenti del Comando supremo hanno acquistato una posizione stabile nella élite del potere. [...]

Almeno in parte questo è il risultato di un fatto storico, essenziale per capire gli anni successivi al 1939; la élite, distolta dai problemi interni sui quali era stata concentrata la sua attenzione dalla depressione del 1930, si rivolse ai problemi internazionali, che a partire dal 1940, e anche dopo il 1950, furono soprattutto problemi bellici: e l'apparato governativo degli Stati Uniti, che si era formato nel tempo per mezzo e in funzione di problemi interni, si è trovato completamente sprovvisto di organi e tradizioni appropriate per affrontare

tali problemi internazionali. I meccanismi di democrazia formale che si erano creati durante i centocinquant'anni della storia nazionale anteriori al 1941 non furono affatto estesi agli affari internazionali. E la élite al potere si è sviluppata appunto in questo vuoto.
3) Se c'è qualche possibilità di affermare in termini economici la struttura della élite del potere, dobbiamo cercarla nella presenza di una stabile economia di guerra e nell'esistenza dei grandi gruppi privati. Il capitalismo americano attualmente è in buona parte un capitalismo militare, e l'aspetto più importante dei rapporti fra i grandi gruppi e lo stato sta nella coincidenza delle esigenze dei grandi gruppi con quelle dei militari, cioè delle esigenze dei ricchissimi con quelle dei "signori della guerra". Nella élite, questa coincidenza di interessi tra le alte sfere militari e i capitani d'industria rafforza le une e gli altri e subordina ulteriormente il ruolo degli uomini esclusivamente politici. A fianco dei militari, e per programmare la organizzazione dello sforzo bellico, siedono non gli uomini politici, ma i grandi dirigenti economici.
La forma e il significato della élite del potere possono essere compresi solo guardando al punto in cui questi suoi tre aspetti strutturali coincidono: il capitalismo militare dei grandi gruppi vive in un sistema di democrazia formale, indebolita, nel cui seno sta un ordine militare ormai completamente politicizzato quanto a metodi e a prospettive. Ne consegue che, al vertice di questa struttura, la élite del potere è stata formata: 1) dalla convergenza di interessi tra coloro che controllano i principali strumenti di produzione e coloro che controllano gli strumenti della violenza (e l'ambito di questi ultimi si è recentemente esteso); 2) dal declino dei politici di professione e dalla chiara ascesa al comando politico dei capitani d'industria e dei militari di carriera, 3) dall'assenza di un'autentica burocrazia civile indipendente dagli interessi costituiti»

Tratto da C. Wright Mills, *La élite del potere*, 1966, pp. 256-258

7.4.2. Le categorie dirigenti di Raymond Aron [1905-1983]

Per **Raymond Aron** le categorie dirigenti sono quelle minoranze che occupano delle posizioni e adempiono funzioni tali che non possono non avere influenza sul governo della società

Il contributo offerto da **Raymond Aron** alla teoria delle élites in un contesto democratico è di grande rilevanza. Egli propone un'analisi delle società contemporanee proprio a partire dalla struttura dell'élite cercando anche di rinnovarne la terminologia. Affronta il tema in numerosi saggi (Aron 1950; 1954; 1960; 1964; 1965) oggi disponibili anche in italiano all'interno di un unico volume (Aron 1992). Egli parte dal presupposto secondo cui «uno dei tratti più caratteristici della struttura di ogni società è la struttura dell'élite, cioè la relazione tra i gruppi che esercitano il potere, il grado di unione o disunione tra questi gruppi, il sistema di reclutamento dell'élite e la facilità o difficoltà di entrare a farvi parte» (ibid., 285).

Aron identifica due tipi di élites legati a due modelli di società: nel primo caso, si riferisce all'élite del potere nei sistemi di tipo sovietico, dove la stratificazione sociale è stata formalmente eliminata e le strutture di potere tendono a essere gestite in maniera monopolistica dagli stessi individui; nel secondo caso, si riferisce invece alla struttura del potere all'interno di società pluraliste. In questo caso, l'élite è frammentata per effetto della differenziazione tra i vari gruppi sociali. Si assiste dunque a una molteplicità di **categorie dirigenti** in competizione tra loro. Per raggiungere la completa unificazione delle élites occorre che il potere economico e politico si concentri nelle mani di un unico gruppo che assume dunque un potere illimitato (ibid., 303). È a questo punto che il vertice del potere si distacca dalla massa e si trasforma in una vera oligarchia la cui stabilità dipende dal grado di conflittualità interna e dal meccanismo più o meno aperto di reclutamento. Nel caso di una élites plurale, non è necessario a suo avviso parlare di classe dirigente, che evidentemente richiama un concetto di omogeneità, ma è più corretto parlare di «categorie dirigenti» intese come «le minoranze che occupano delle posizioni e adempiono funzioni tali che non possono non avere influenza sul governo della società» (ibid., 318).

Per quanto riguarda le manifestazioni sociali del potere, Aron identifica storicamente tre antitesi a cui corrispondono élites specifiche: si tratta dell'antitesi tra potere spirituale e potere temporale, su cui si è giocata tutta la storia della modernità politica; dell'antitesi tra potere civile e potere militare; e, infine, dell'antitesi tra potere economico e potere politico. Gli ideologi, il clero, gli intellettuali, i politici di professione, i funzionari pubblici, i capi militari, gli imprenditori, rappresentano le élites di questi blocchi di potere. Egli si concentra soprattutto sul potere politico, al cui vertice colloca le élites elettive o quelle amministrative, e sul potere economico, al cui vertice colloca i dirigenti della produzione ma anche i cosiddetti «leader delle masse», tra cui Aron include i dirigenti sindacali e, all'occorrenza, i dirigenti dei partiti classisti (ibid., 302).

Alle etichette degli elitisti classici – classe dominante, élite, classe politica – Aron preferisce dunque quella di «categorie dirigenti» che non possono essere identificate moschianamente con una classe, ma piuttosto con una minoranza che compete con altre minoranze per l'esercizio diretto o indiretto del potere (ibid., 319).

Approfondimento 7.6

Le categorie dirigenti

«La teoria italiana della "classe dirigente" ha, nella storia delle idee moderne, una duplice funzione, è critica nello stesso tempo della democrazia formale e della democrazia reale, smaschera il mito della volontà generale al pari di quello della dittatura del proletariato. Essa ricorda agli uni la ferrea legge dell'oligarchia, agli altri la persistenza del potere e della politica, l'impossibilità di una società senza potere, l'impossibilità della fusione totale tra società e Stato.

Tanto G. Mosca quanto V. Pareto hanno dimostrato infaticabilmente che i regimi rappresentativi del nostro tempo, che si autoproclamano democratici, nella essenza non differiscono dai regimi succedutisi attraverso i secoli: sono anch'essi dominati da una minoranza che tradisce più o meno negli atti la formula (o dottrina di legittimità) cui essa si richiama a parole. Il popolo governa, quando è decretato sovrano, non più di quanto governasse Dio al tempo in cui i re invocavano il diritto divino. Inoltre, i governanti delle democrazie parlamentari tradiscono la loro formula assai più che i governanti dei vecchi regimi; essi adempiono le funzioni ufficiali e si mantengono in prima fila sulla scena senza essere i veri padroni. Manipolano le masse con l'astuzia e l'eloquenza, ma sono a loro volta manipolati da coloro che posseggono gli strumenti della potenza, cioè soprattutto, nelle società moderne, i magnati dell'industria o della finanza. Da qui la nozione di plutodemocrazia, utilizzata dalla scuola machiavellica e ripresa dai propagandisti fascisti o nazionalsocialisti. [...]

La ferrea legge della oligarchia sembrava, all'inizio di questo secolo, dissipare le illusioni democratiche (o socialdemocratiche). Il potere di una minoranza dirigente era compatibile con la teoria della volontà generale? La potenza dei finanzieri o degli industriali era compatibile con la fede nelle istituzioni rappresentative? Tutte queste domande assumono un senso nuovo, meno patetico, meno temibile per i dottrinari (almeno per i dottrinari dell'Occidente) a cominciare dal momento in cui le democrazie consentono di analizzare e giustificare la democrazia in un linguaggio sociologico.

L'originalità delle società moderne non consiste nel sopprimere il fatto oligarchico, cioè l'ineguale ripartizione della potenza tra individui e gruppi in ogni sottosistema e nel sistema globale. In ogni collettività di una certa ampiezza, le decisioni vengono prese da uno o da pochi. Ma questa constatazione banale non è che l'inizio dell'inchiesta: quali sono i rapporti tra coloro che prendono le decisioni e gli altri? In che misura i capi sono influenzati dalle preferenze di coloro ai quali comandano? Vi è soltanto una catena di comando o parecchie? In particolare, al livello della società globale, esiste una o più gerarchie? Ora, senza pretendere di dare una risposta immediata a queste domande, un'osservazione spassionata scopre una differenziazione dei ruoli allo stesso titolo del fatto oligarchico (quest'ultimo preso in un senso vago: ineguale ripartizione della potenza sociale e concentrazione della autorità, delle prese di decisioni). In regime democratico di tipo occidentale, il potere politico viene esercitato da uomini che non sono essi stessi anche i proprietari o i gestori dei mezzi di produzione. Il potere è l'oggetto di una competizione regolare tra i partiti nel corso delle elezioni, tra gli individui all'interno dei partiti e nel parlamento. Gli oppositori hanno il diritto di criticare, i professori possono denunciare l'indegnità del regime e della sua "classe dirigente". I ceti sociali sfavoriti, salariati dell'industria o dell'agricoltura, sono organizzati in sindacati, i produttori di un ramo o di un altro si organizzano anch'essi in "gruppi di pressione" allo scopo di ottenere dal governo o dalle assemblee delle misure favorevoli ai loro propri interessi. In breve, una inchiesta sociologica che si pretenda scientifica e non ideologica deve prendere come punto di partenza non la classe dirigente ma le categorie dirigenti. Queste ultime rappresentano dei dati immediati, la prima è un'ipotesi.

Chiamiamo categorie dirigenti le minoranze che occupano delle posizioni o adempiono funzioni tali che non possono non avere una influenza sul governo della società»

Tratto da R. Aron, *La politica, la guerra, la storia*, 1992, pp. 315-318

7.4.3. L'autonomia delle élites in Eva Etzioni-Halevy

L'elitismo democratico di **Eva Etzioni-Halevy** si fonda sul concetto di autonomia delle élites rispetto alla loro capacità di controllo delle risorse scarse

L'opera di **Eva Etzioni-Halevy** si inserisce a pieno titolo nel filone dell'elitismo democratico. La studiosa israeliana è convinta che la compatibilità tra struttura gerarchica del potere e democrazia risieda in primo luogo nella relativa **autonomia delle élites** (Etzioni-Halevy 1989; 1993). Ella definisce le élites come un insieme di individui che riescono a monopolizzare il controllo su quelle risorse scarse che sono desiderate dagli altri individui. Su questa base, stabilisce l'esistenza di tre livelli di distribuzione del potere: il primo livello è quello delle élites, il secondo quello delle sub-élites, il terzo invece quello del pubblico. Una élite politica rappresenta un aggregato poliedrico composto dalle personalità che ricoprono ruoli decisivi nei diversi settori in cui uno Stato si articola, dal governo, all'amministrazione, all'esercito, alle forze dell'ordine. Questo aggregato è in genere affiancato dagli esponenti più rilevanti dell'élite economica in cui non include solo manager e imprenditori, ma anche i leader sindacali, gli intellettuali, i professori universitari e i vertici dei principali gruppi di interesse. Una sub-élite è invece composta dai corpi intermedi dello Stato e delle organizzazioni di cui i membri del primo gruppo sono a capo.

Come nota Sola, la ragione dell'interesse che suscita l'opera della Etzioni-Halevy è legata ai due concetti applicati alle élites di **controllo delle risorse** e di **autonomia**: «porre le risorse a fondamento dell'autonomia equivale infatti a recuperare una concezione *sostanziale* del potere» (Sola 2000, 208). Le risorse rilevanti possono a suo avviso essere di quattro tipi; quelle legate alla «coercizione fisica», che hanno una valenza soprattutto politica; quelle «materiali», che hanno una valenza soprattutto economica; quelle «amministrative e organizzative», che consentono la gestione di una organizzazione stabile senza troppe influenze esterne; quelle «simboliche», che hanno una valenza culturale e riguardano i meccanismi di produzione di idee, ideologie e valori (Etzioni-Halevy 1993, 98-99).

In base al controllo di queste risorse, è possibile ragionare di almeno due tipi di autonomia: l'autonomia *tra* le élites e quella nei rapporti tra élites e sub-élites. Può capitare che un'unica élites o una coalizione tra élites riesca a controllare una quantità molto elevata delle risorse scarse. In questi casi, si registrano forme di «collusione» tra i gruppi di potere che si consolidano, imponendo a chi ne è privo una situazione di subalternità e «sottomissione». Da questo punto di vista, il tratto a suo avviso saliente rispetto alla questione democratica risiede proprio nel concetto di «autonomia relativa delle élites». Fondamentale dunque è il grado di indipendenza dei vari gruppi rispetto alle èlites politiche che gestiscono l'apparato dello Stato (ibid., 5). La fine dell'indipendenza dei vari gruppi di potere comporta infatti la concentrazione del potere nelle mani di un unico gruppo con conseguenze devastanti rispetto all'equilibrio democratico di una sistema.

7.4.4. La centralità della classe politica in Klaus von Beyme

Negli anni Novanta, si è assistito a una generale ripresa degli studi sul potere che erano stati abbandonati per tutto il decennio precedente. In questo con-

L'elitismo democratico di **Klaus von Beyme** si fonda sulla centralità attribuita alla classe politica con particolare riferimento ai partiti

testo, l'opera di **Klaus von Beyme** ha contribuito a una rivitalizzazione degli studi sulle élites (von Beyme 1992; 1993, tr.it. 1997; 1996). Egli è interessato allo studio della classe politica e delle élites sia da un punto di vista strutturale – andando a osservare l'origine sociale dei membri dei gruppi di potere e le modalità di reclutamento e di carriera – sia da un punto di vista funzionale – cogliendo reazioni e vincoli dei loro comportamenti. Egli non è soddisfatto di come gli elitisti classici hanno affrontato il loro oggetto di studio, a partire da una questione prettamente lessicale. A suo avviso, nel concetto stesso di «classe», che per esempio Mosca applica alle élites politiche, è implicita una considerazione circa una certa coerenza di pensiero e di azione, cosa invece non scontata. A questo riguardo, von Beyme propone di distinguere la «classe politica» dalla «classe dirigente», che rappresenta un concetto senza dubbio più ampio perché può includere anche i vertici del potere economico, ideologico, dei mass-media; questi ultimi sono infatti diventati fondamentali nella distribuzione di simboli e valori (von Beyme 1993, tr.it. 1997, 23). La classe politica è solo una componente ristretta della classe dirigente che tende a rivendicare la propria autonomia ontologica e decisionale assumendo spesso i caratteri della autoreferenzialità. Al suo interno, si forma la vera élite politica che egli identifica con una minoranza organizzata, il «vero centro» del sistema. I suoi membri sono motivati da brama di potere piuttosto che da altri interessi di tipo materiale che invece sono il principale oggetto di attenzione da parte della classe politica in senso lato.

In questo contesto, egli distingue tre processi fondamentali che si riferiscono alla progressiva differenziazione delle sfere sociali, alla centralità assunta dai partiti nei processi di selezione e reclutamento delle élites politiche, al consolidamento delle pratiche di alternanza di governo che consente un ricambio della classe politica sulla base dei risultati delle elezioni (ibid., 13). A questi processi, si aggiunge quello di una disgregazione della struttura di classe che avrebbe modificato la composizione sociale del gruppo dominante. L'origine sociale delle élites si è infatti allargata per effetto della crescente democratizzazione e alfabetizzazione che consente a individui, un tempo esclusi dalla possibilità di raggiungere postazioni di potere, di entrare a far parte dei gruppi sociali politicamente dominanti. I partiti hanno in questo senso assunto un ruolo centrale di mediazione tra società e istituzioni tanto da poter parlare di una colonizzazione della società da parte delle principali organizzazioni di partito. Questo processo rende possibile l'ingresso nei centri decisionali di interessi esterni veicolati dai corpi politici intermedi.

L'influenza dei partiti nei processi di reclutamento e la loro presenza massiccia nelle istituzioni dello Stato ha profondamente alterato il rapporto tra burocrazia pubblica e società. A questo si aggiunge quel meccanismo di occupazione, sempre da parte dei partiti, dei principali centri di produzione simbolica (stampa, televisione, ecc.). Per reagire a ciò, le élites dell'informazione si sono in parte ribellate e, di fronte alla crescente importanza sociale assunta dalla comunicazione di massa, sono sovente diventate le principali antagoniste della classe politica (ibid., 75).

7.5. La teoria pluralista e poliarchica

Abbiamo visto come lo studio sociologico e politologico sulla distribuzione del potere abbia fatto sviluppare, pur nella diversità di approccio, l'idea che, in ogni società, il potere tenda a concentrarsi nelle mani di una minoranza perlopiù coesa che governa su una maggioranza altrimenti amorfa e atomizzata. Esiste però anche un'altra prospettiva che, in parziale contrapposizione alla teoria elitista, pone invece l'accento sulla pluralità dei centri di potere, quantomeno nelle democrazie occidentali. Gli autori che si riconoscono in questa consapevolezza sono riconducibili alla cosiddetta **teoria pluralista**. Alle origini del pensiero pluralista moderno può essere collocata l'opera di Schumpeter che, con la sua critica alle concezioni tradizionali, abbiamo visto come finisca col proporre un modello formale di democrazia all'interno del quale trovano spazio una molteplicità di minoranze (élites) che competono per la conquista del potere, ma che hanno bisogno del consenso popolare per raggiungere il proprio obiettivo. Egli condivide la convinzione elitistica secondo cui in ogni organizzazione e in ogni partito politico vale la regola oligarchica cara a Michels, ma è altresì convinto che l'analisi democratica non debba focalizzarsi sullo studio delle dinamiche di strutturazione del potere interna a ogni gruppo o associazione, quanto piuttosto sulle pratiche di libera concorrenza di questi gruppi (partiti) per il voto dei cittadini.

La **teoria pluralista** pone l'accento sulla pluralità dei centri di potere e sulla competizione delle élites

Seguendo lo sforzo di sistematizzazione operato da Graziano (1995) e Sola (2000), possiamo affermare che la teoria pluralista si sia sviluppata secondo due filoni principali riconducibili, da un lato, a un **pluralismo degli interessi**; dall'altro, a un **pluralismo delle élites**.

- Gli autori che pongono l'accento sul pluralismo degli interessi constatano l'esistenza di molteplici gruppi autonomi e indipendenti. Come vedremo in seguito, tali autori inaugurano lo studio dei gruppi di interesse o di pressione analizzati come uno dei fenomeni centrali all'interno delle società contemporanee. Tale impostazione è riconducibile al *The Process of Government* di Bentley (1908, tr.it. 1983), ma sarà ulteriormente sviluppata nel secondo dopoguerra da autori che, in un prospettiva non-elitistica, porranno l'accento su una sostanziale dispersione dei poteri e degli interessi nelle società contemporanee (Riesman *et al.* 1950, tr.it. 1956; Truman 1951; Latham 1952). Secondo un'impostazione comune all'interno di questo filone pluralista, gli interessi in società tenderebbero ad aggregarsi in gruppi e associazioni dotati di una propria formalizzazione. I gruppi, e non i singoli individui, diventano dunque gli attori principali delle dinamiche di relazione sociopolitiche. Come nota Sola (2000, 98), «da questo carattere relazionale derivano due conseguenze: la distribuzione del potere non è cristallizzata, ma instabile e variabile; la politica è sempre il risultato di aggiustamenti e di compromessi per cui nessun gruppo ottiene tutto quello che vuole, ma comunque non resta mai a mani vuote». Il sistema politico, secondo questo genere di pluralisti, è un'arena competitiva tra gruppi di interessi organizzati, mentre il Governo non è la sede dell'élite dominante, quanto piuttosto il luogo dell'armonizzazione e dell'equilibrio tra i diversi interessi messi in campo.

- Gli autori che pongono invece l'accento sul pluralismo delle élites non si basano tanto sulla pluralità degli interessi organizzati quanto piuttosto sulla presunta esistenza di più élites del potere. Se gli elitisti classici erano convinti che il potere nelle sue manifestazioni sociali fosse sostanzialmente concentrato nelle mani di un unico gruppo relativamente coeso, gli «elitisti pluralisti» sono altresì convinti dell'esistenza in società di molteplici gruppi di potere eterogenei tra loro e, sovente, anche al loro interno. La distribuzione del potere assume dunque i tratti di un modello policentrico. Da questo punto di vista, le differenze tra elitisti e pluralisti, oltre che, come vedremo a breve, sulle tecniche di ricerca adottate, si articolano su due elementi fondamentali: il concetto di potere utilizzato e le ipotesi di partenza.

  - Per quanto riguarda il concetto di potere, gli elitisti sono legati a una nozione per così dire «sostanziale» che lega il potere alle risorse che ne costituiscono il fondamento. A loro avviso il potere si fonda infatti sul possesso di risorse scarse che presentano un carattere cumulativo e a somma nulla, nel senso che, quante più risorse possiede un soggetto tante meno ne possiederanno gli altri. Da questo punto di vista, gli elitisti classici si concentrano molto sugli individui che detengono un potere coercitivo e unidirezionale. Per i pluralisti, il potere ha invece un carattere relazionale ed è un fenomeno che si differenzia sulla base dei soggetti coinvolti e dei processi in cui si estrinseca. Da questo punto di vista, il potere impone costanti pratiche di negoziazione e di ricerca del consenso.
  - Per quanto riguarda le ipotesi di partenza, gli elitisti sono convinti che all'ineguale distribuzione delle risorse corrisponda un'altrettanto ineguale distribuzione del potere; i pluralisti, pur accettando la logica asimmetrica del potere, sono convinti che le modalità di distribuzione di risorse (e dunque di potere) varino a seconda del contesto. Essi non sono rigidamente legati all'idea che dal possesso di certe risorse dipenda anche il grado di concentrazione del potere. Talvolta è possibile rintracciare soggetti dotati di una influenza sociopolitica significativa pur non avendo il monopolio di certe risorse scarse. Da questo punto di vista, gli elitisti sono in genere orientati verso una impostazione strutturalista, cioè sullo studio della struttura di potere che punta a rispondere alla domanda su «chi detenga sostanzialmente il potere». I pluralisti tendono a prediligere un approccio processuale legato al momento decisionale; non si occupano tanto del rapporto tra potere formale e potere reale, quanto piuttosto dell'osservazione degli attori che partecipano al processo decisionale. Il loro interrogativo di fondo è: «chi governa?».

Gli autori riconducibili all'approccio pluralista sono diversi, ma scegliamo in questa sede di concentrarci brevemente sull'opera di Robert Dahl che, a nostro avviso, è tra gli autori che lo hanno operativizzato con maggiore efficacia, contribuendo notevolmente allo sviluppo della consapevolezza sociologica e politologica sul tema. Dahl è stato tra l'altro il protagonista negli anni sessanta di un'intensa polemica con l'approccio elitistico di Wright Mills che, all'epoca, come abbiamo visto, rappresentava una figura eminente della sociologia critica nordamericana.

7.5.1. La democrazia come poliarchia

Per **Robert Dahl** in ogni processo decisionale entrano in gioco più attori portatori di interessi discordanti e che danno vita a una struttura sociale poliarchica

Con un suo articolo pubblicato nel 1958 sull'*American Political Science Review*, **Robert A. Dahl** mette in discussione le principali teorie elitiste. Il problema degli elitisti era infatti quello di concentrarsi su gruppi di potere senza però cimentarsi con l'unico sforzo che a suo avviso sarebbe stato degno di rilevanza scientifica, cioè lo studio della loro effettiva responsabilità e incidenza nei processi decisionali (Dahl 1958). Il politologo statunitense è infatti convinto che il momento delle decisioni socialmente vincolanti sia fondamentale per analizzare processi e soggetti del potere. Anch'egli, come per esempio Lasswell e la scuola di Chicago, è evidentemente legato a un'idea di potere come capacità di prendere delle decisioni. Secondo Dahl, per far sì che un'unica élite domini il meccanismo decisionale, occorre che si realizzino tre condizioni: in primo luogo, tale élite dovrebbe corrispondere a un gruppo ben definito; in secondo luogo, si dovrebbero realizzare le condizioni per cui, in un numero significativo di casi, le preferenze di un'eventuale (ipotetica) élite siano contrarie a quelle degli altri gruppi; in terzo luogo, le preferenze di questa eventuale élite dovrebbero sempre prevalere sulle altre nel momento della decisione. Queste tre condizioni, nota Dahl, è molto raro che si realizzino contemporaneamente; è invece molto più frequente che nel processo decisionale entrino in gioco più attori portatori di interessi spesso discordanti.

Dahl verifica il suo approccio in una ricerca sulla distribuzione del potere nella piccola città di New Haven cercando di rispondere all'interrogativo *Who Governs?* (chi decide?). Egli individua tre aree decisionali nel territorio considerato: il rinnovamento urbano; la pubblica istruzione; la selezione dei candidati alle cariche pubbliche locali. Per quanto riguarda le prime due aree, egli considera le decisioni più importanti assunte tra il 1950 e il 1959; per quel che concerne invece la terza area, egli ricostruisce le dinamiche di selezione dei candidati alla carica di primo cittadino a partire dal 1941. A tutti gli attori coinvolti in questi processi decisionali, Dahl attribuisce una unità di potere ogni volta che una loro preferenza prevale nel processo decisionale, oppure ogni volta che riescono a evitare la prevalenza di preferenze altrui. La somma delle varie unità di potere consente di individuare i soggetti (leader) con maggiore capacità decisionale (e influenza) nel territorio considerato. Dahl conclude che, nei vari settori decisionali, gli attori effettivamente coinvolti sono relativamente pochi, dunque esistono effettivamente delle minoranze protestative; a parte il sindaco, che assume evidentemente un ruolo in tutti i settori decisionali, gli attori coinvolti in un'area, in genere, non lo sono nelle altre due e non provengono dallo stesso strato sociale. Questo dimostra l'insussistenza della concezione elitistica rispetto all'esistenza di un'unica élite dominante tendenzialmente omogenea e coesa (Dahl 1961b). Allo stesso tempo, Dahl mostra come, attraverso le regole democratiche, i leader coinvolti nelle varie aree di decisione subiscano l'influenza dei settori più attivi dell'elettorato. Le risorse scarse nel piccolo centro di New Haven sono effettivamente distribuite in maniera disuguale, ma non assumono il carattere cumulativo che vogliono la maggior parte degli elitisti e non sono dunque sufficienti alla formazione di un gruppo sociale dominante. Da questo punto di vista, Dahl contesta l'idea di una monocrazia e parla piuttosto di una **poliarchia**, concetto che dopo un decennio cercherà di applicare all'intera società politica nordamericana (Dahl 1971).

Bachrach e **Baratz** pongono l'accento sul potere perlopiù invisibile esercitato da chi è in grado di impedire che una certa decisione sia presa in considerazione

Per quanto interessante sul piano metodologico e utile a scardinare alcune rigidità elitistiche, la tecnica decisionale applicata da Robert Dahl non sarà esente da critiche. Quella forse più incisiva proviene da **Bachrach** e **Baratz** (1962; 1963) che, appena un anno dopo la ricerca condotta da Dahl sulla città di New Haven, contestano l'idea che le dinamiche di potere possano emergere solo nei meccanismi visibili della decisione politica (iniziativa o veto). A loro avviso, il vero potere si manifesta anche e soprattutto nelle limitazioni imposte al processo decisionale considerato nel suo complesso. **Non è dunque rilevante solo l'ambito della decisione, ma anche quello della non-decisione. Se infatti chi produce con successo una certa decisione dimostra di avere potere, nello stesso modo esercitano un potere forse maggiore quegli attori che sono in grado di impedire, non solo che una certa decisione venga assunta, ma che addirittura venga presa in considerazione**. Il processo decisionale non si realizza infatti nell'ambito di un vuoto sociale, ma dentro un contesto organizzativo dove esistono regole e valori dominanti. La prima selezione avviene dunque dentro questo contesto ammettendo alla fine solo un numero di potenziali decisioni non controverse, che cioè non mettono in discussione quell'ordine ne incidono sul sistema di interessi dei gruppi di potere principali.

Un attore può dunque esercitare potere anche senza prendere direttamente parte al processo decisionale, ma sforzandosi altresì ad alimentare un certo clima sociale e a far consolidare determinati valori che limitano il campo del processo politico. Come nota Stoppino (1989, 236), «le due dimensioni delle decisioni e delle non-decisioni possono essere interpretate come il processo e la struttura del potere. Il processo del potere è la dinamica delle azioni e delle relazioni mutevoli con cui di volta in volta vengono prese le decisioni. La struttura è il quadro delle azioni e delle relazioni ricorrenti e stabilizzate entro cui si esplica il processo politico normale». L'analisi strutturale del potere impone dunque una ricognizione generale della complessa costellazione dei poteri sociali (economico, culturale, religioso, politico, ecc.) che inevitabilmente condizionano lo svolgersi dell'azione pubblica.

Le **teorie elitiste** e **pluraliste** hanno permesso lo sviluppo di almeno quattro metodi di analisi del potere nelle comunità locali

7.6. La misurazione del potere (locale)

Le **teorie elitiste** e **pluraliste** hanno animato numerose ricerche empiriche soprattutto a livello di potere locale. La dimensione subnazionale è infatti un piano particolarmente adatto all'analisi delle relazioni di potere. Volendo sintetizzare i diversi metodi di indagine del potere a questi livelli è possibile ridurli a quattro che variano sulla base della concezione del potere e dell'ipotesi di fondo che anima il ricercatore. Se ci si riconosce in una concezione elitistica del potere (e dunque l'interrogativo di fondo si basa sull'esigenza di capire *chi* abbia effettivamente il potere in un determinato contesto sociale) le tecniche a disposizione sono quella **posizionale** e quella **reputazionale**; se invece si concepisce il potere come partecipazione al processo decisionale o, al limite, al processo della non-decisione, le tecniche adottate sono quella **decisionale** o quella della **soppressione delle decisioni** (vedi tab. 7.1).

- **Il metodo posizionale**: gli autori che adottano questo metodo identificano le personalità più potenti in una comunità tra coloro che si collocano al vertice delle principali cariche istituzionali. Questa modalità, cara per esempio agli elitisti italiani, crea una configurazione sociale rigidamente piramidale. Sia Gaetano Mosca che Charles Wright Mills, l'hanno utilizzata. Quest'ultimo, che ha applicato il metodo posizionale nel suo studio sulla società americana, ha affermato che l'élite del potere è composta da quegli individui «che stanno a capo delle alte gerarchie e delle organizzazioni della società; dirigono i

Tab. 7.1 Metodi di indagine sulla distribuzione del potere

Metodi	Obiettivi	Oggetto	Risultati
Posizionale	Individuare coloro che occupano posizioni di autorità e influenza nelle istituzioni più importanti	Distribuzione delle risorse controllate dai leader istituzionali e ricognizione delle posizioni formali	Una élite di potere composta dai vertici istituzionali
Reputazionale	Scoprire quali sono le personalità più influenti nella comunità	Reputazione del potere fra le personalità più influenti	Una élite relativamente coesa, influenzata dai leader economici
Decisionale	Identificare coloro che prendono le decisioni più rilevanti nella comunità	Decisioni politiche fondamentali	Una struttura di potere pluralistica con i politici elettivi che svolgono il ruolo più importante
Soppressione delle decisioni	Considerare la possibilità che le decisioni siano limitate a questioni non controverse	Eventuali non-decisioni e mobilitazione di preferenze orientate al mantenimento dello *status quo*	Individui o gruppi influenzano i valori e controllano le procedure politiche, bloccando decisioni a loro sfavorevoli

Fonte: Sola 2000, 91

grandi gruppi economici, muovono la macchina dello Stato, comandano le forze militari» (Mills 1956, tr.it. 1966, 9). In questo modo, i top leader di una comunità si riducono in genere a un numero molto ristretto.

- **Il metodo reputazionale**: gli autori che adottano questo metodo non si limitano a identificare i detentori del potere formale, ma puntano ad approfondire l'analisi fino a individuare gli attori che detengono il potere reale a prescindere dai ruoli istituzionali che rivestono. In questo caso, si sceglie in genere un campione ristretto di esperti o testimoni privilegiati che aiutino lo studioso a svelare le principali leve del potere, cioè quegli attori che più o meno direttamente condizionano l'organizzazione sociopolitica della comunità. Tra i primi a utilizzare questo metodo sono stati i coniugi Robert e Helen Lynd famosi per la loro ricerca di sociologia urbana sulla piccola cittadina dell'Indiana, Middletown (R. Lynd, H. Lynd 1929, tr.it. 1970). Dopo un decennio, tornano nello stesso luogo e scoprono attraverso il metodo reputazionale che il potere reale nella città è detenuto da un'unica famiglia che si trova ai vertici della cosiddetta *business class* (R. Lynd , H. Lynd 1937, tr.it. 1974). Anche Hunter, uno studioso di scuola elitista, che abbiamo dovuto trascurare in questa sede, adotta un simile metodo nella sua ricerca sulla struttura del potere comunitario ad Atalanta, capitale della Georgia (Hunter 1953). Egli scopre che, per quanto il potere sembri articolarsi in una pluralità di piramidi sociali, è in realtà concentrato nelle mani di appena due dozzine di leader economici che condizionano in maniera decisiva il processo politico.
- **Il metodo decisionale**: questo metodo, perlopiù riconducibile all'opera di Robert Dahl, si propone di individuare la distribuzione del potere a partire dall'osservazione dei processi decisionali. In questo caso, non è sufficiente né una ricognizione delle principali cariche istituzionali pubbliche e private (metodo posizionale) né un'enfasi eccessiva sul potere effettivo (talvolta occulto) che finisce inevitabilmente per attribuire molta importanza ai principali detentori del potere economico (metodo reputazionale). In questo caso il contesto osservativo è il processo decisionale pubblico di cui si devono osservare gli attori principali, il loro grado di attivismo e la loro capacità di far prevalere le proprie preferenze. Adottando questo metodo, è in genere difficile individuare un'unica élite dominante, perché i gruppi di potere si definiscono di volta in volta in base ai campi decisionali.
- **La soppressione delle decisioni**: abbiamo visto come il metodo decisionale sia stato criticato da autori che pongono l'accento sulle non-decisioni. In questo caso, l'attenzione del ricercatore si rivolge verso quegli attori che giocano un ruolo fondamentale nel limitare il campo del processo decisionale. Secondo il metodo della soppressione delle decisioni, la trasparenza del conflitto tra posizioni diverse e l'individuazione di élites competitive non esauriscono il campo dell'esercizio del potere. Esistono infatti forme di potere occulto che agiscono dietro le quinte contribuendo a creare le condizioni culturali e istituzionali affinché il conflitto politico ufficiale sia perimetrato, cioè non vada a incidere su certi interessi o ad assumere decisioni che potrebbero determinare una potenziale radicalizzazione dei conflitti. Questo metodo non è di facile

applicazione anche perché presuppone una grande capacità analitica da parte del ricercatore che, non solo deve essere in grado di distinguere le decisioni «chiave» dalle decisioni, per così dire, di «routine», ma deve anche essere in grado di isolare gli attori del potere decisionale da quegli attori che esercitano una influenza occulta sul processo stesso. Occorre dunque tracciare una mappa del sistema di interessi presenti all'interno di una comunità per poi chiedersi quali gruppi li rappresentano. I gruppi di potere sono infatti impegnati costantemente nel processo di **mobilitazione delle preferenze**, influenzando i valori, le credenze, i rituali e le procedure politico-istituzionali in un dato contesto sociale o comunitario. ■

Percorso di autoverifica

- Qual è l'assunto di fondo della teoria delle élites?
- In ambito sociologico chi ne sono i precursori?
- Quali sono i fondamenti della teoria politica di Gaetano Mosca?
- Cosa intende Pareto per residui e derivazioni?
- Quali sono gli elementi di fondo della sua teoria delle élites?
- Che idea hanno gli elitisti classici della società di massa?
- Cosa intendiamo per legge ferrea dell'oligarchia?
- È possibile parlare di un elitismo marxista?
- Perché Burnham parla di rivoluzione dei manager?
- Come si configurano lo Stato e il potere politico negli approcci di Miliband e Poulantzas?
- Perché Schumpeter può essere considerato uno dei precursori dell'elitismo democratico?
- Cosa intende Mills per élite del potere?
- Cosa intende Aron per categorie dirigenti?
- Cosa intende la Etzioni-Halevy per controllo delle risorse e autonomia delle èlites?
- Quali sono i parametri dell'elitismo democratico di von Beyme?
- Quali sono i punti di distinzione tra elitismo e pluralismo?
- Cosa intende Dahl per poliarchia?
- Quali sono i quattro principali metodi di indagine sul potere locale?

La concentrazione del potere: lo Stato

8

Il principale processo di istituzionalizzazione del potere politico si realizza storicamente nelle forme dello Stato moderno per effetto di una crescente centralizzazione del potere entro una dimensione organizzativa differenziata e legata a uno specifico territorio. Il processo di costruzione dello Stato ha comportato la riduzione della frammentazione politica che si realizzava in Europa occidentale attraverso una moltitudine di centri di potere locali e indipendenti nell'ambito di una struttura sociale a prevalenza agricola. Tale fenomeno è stato generato soprattutto da un uso massiccio della violenza che si consolida attraverso la costituzione di eserciti permanenti sotto il comando di un potere centrale. Per quanto il processo di statalizzazione sia stato favorito da alcuni legati istituzionali di origine romana e feudale, esso trova il suo primo compimento nell'esperienza assolutistica evolvendosi successivamente nelle forme dello Stato di diritto, in cui l'azione del monarca cessa di essere sciolta da vincoli, ma altresì sottoposta all'ordinamento giuridico. L'introduzione del suffragio universale determina una ulteriore trasformazione dello Stato di diritto in Stato democratico di diritto in cui tutti i cittadini godono formalmente degli stessi diritti civili e politici. L'introduzione delle masse in politica impone al potere di rispondere alle domande di una società sempre più complessa e differenziata che esprime una molteplicità di interessi. Lo Stato democratico di diritto diventa dunque Stato sociale. Il processo di costruzione dello Stato è comunque distinto da quello di costruzione della Nazione. Per Nazione si intende la trasformazione di una popolazione in «popolo» cosciente della propria storia e della propria identità.

Obiettivi di apprendimento

- Lo Stato è un'organizzazione che si differenzia da altre organizzazioni operanti sullo stesso territorio, è autonomo, centralizzato e tutte le sue branche sono formalmente coordinate l'una con l'altra.
- Il concetto di Stato è logicamente connesso, ma analiticamente distinto da quello di Nazione. La Nazione indica infatti la presenza di un popolo che si percepisce come collettività significativa con una storia e un destino comuni.
- Con lo Stato democratico di diritto il potere politico si sottopone al controllo di un sistema più generale a cui tutti i cittadini sono chiamati a partecipare.

8.1. Caratteri e origini dello Stato moderno

Nei precedenti due capitoli abbiamo descritto le modalità sociali di manifestazione, strutturazione e distribuzione del potere, individuando nel potere politico quell'ambito di attività umana che si realizza *in primis* attraverso il controllo, da parte di un gruppo o di un individuo, delle risorse necessarie all'esercizio della violenza legittima; abbiamo poi identificato questo tipo di potere con il concetto di «autorità». In epoca moderna, essa tende a concentrarsi nelle strutture istituzionali di uno Stato che, non a caso, già Weber aveva identificato come il luogo del monopolio della violenza legittima. Ma lo **Stato moderno** non è un fatto naturale, come non lo è la politica, ma piuttosto un'invenzione sociale affatto peculiare e storicamente efficace per accumulare potere politico e controllarne l'impiego.

Lo **Stato moderno** è la configurazione storica più forte ed efficace del più ampio processo di istituzionalizzazione e centralizzazione del potere politico

Esiste dunque una stretta connessione tra la concentrazione istituzionale del potere nelle forme dello Stato e la violenza. Questo potrebbe indurci a identificare banditi, briganti o attori del crimine organizzato – che senza dubbio con l'uso della violenza hanno molto a che vedere – con delle figure politiche paradigmatiche, ma così non è. Come nota Poggi (1991, tr.it. 1992, 13), un qualsiasi brigante esercita infatti la propria forza coattiva, in genere illegittima, su un numero relativamente limitato di individui. Al contrario, il potere politico legittimo interessa le masse condizionandone le molteplici sfere di attività. Questo non vuol dire, ovviamente, che la politica si manifesti in primo luogo attraverso l'esercizio della violenza; si tratta piuttosto di una possibilità, un'opzione di ultima istanza. Peculiarità del potere politico non è dunque il ricorso diretto e frequente alla forza fisica, quanto piuttosto il controllo sugli strumenti materiali e organizzativi della violenza; questo lo rende superiore a qualsiasi altra forma e manifestazione di potere sociale.

Le caratteristiche fondamentali del potere politico risiedono dunque nella sua **supremazia** su un determinato territorio, che si ha il compito di salvaguardare, e nella sua **definitività**, che si realizza proprio nella possibilità di esercitare violenza nella gestione dei rapporti sociali. Il potere politico entra quindi in gioco ogni qualvolta si tratta di «rendere vincolante, per ciascun membro della collettività, il modo di impostare e regolare l'esistenza sociale che la collettività ha fatto proprio» (ibid., 23). Per fare ciò, occorre disinnescare la possibilità che singoli individui o spezzoni di società possano agire come se un ordine collettivo ad essi superiore non esistesse. In questo risiede la natura ultima del monopolio della forza. In uno Stato è vietato ai cittadini di farsi violenza a vicenda, mentre è richiesto loro di esercitarla, all'occorrenza, nel nome della comunità politica, al fine di garantire l'ordine interno o di tutelarsi da nemici esterni. Questa situazione può apparire paradossale, ma come ben argomenta Norberto Bobbio:

> *Nel caso della violenza individuale non si può mai fare ricorso al criterio di giustificazione dell'*extrema ratio *(tranne nel caso della legittima difesa), mentre nei rapporti fra gruppi il ricorso alla giustificazione della violenza come* extrema ratio *è abituale. Orbene, la ragione per cui la violenza individuale non è giustificata sta proprio nel fatto che essa è per così dire protetta dalla violenza collettiva, tanto che diventa sempre più raro, al limite impossibile, il caso in cui l'individuo singolo si venga a trovare nella situazione di dover ricorrere alla violen-*

za come extrema ratio. *Se questo è vero, ne deriva una conseguenza importante: l'ingiustificazione della violenza individuale riposa in ultima istanza sul fatto che è accettata, perché giustificata, la violenza collettiva. In altre parole, non c'è bisogno della violenza individuale perché basta la violenza collettiva: la morale può permettersi di essere tanto severa con la violenza individuale perché riposa sull'accettazione di una convivenza che si regge sulla pratica continua della violenza collettiva.*

Bobbio 1990a, 808

Fin qui abbiamo a che vedere con le caratteristiche del potere politico in senso generale. Esso può esprimersi in molteplici forme di organizzazione sociale; lo Stato è solo una delle possibili configurazioni storiche del potere politico e, in particolare, l'esempio più forte di quel fenomeno generale che identifichiamo con l'**istituzionalizzazione del potere**. Seguendo le indicazioni di Heinrich Popitz (1986, tr.it. 1990, 42), affermiamo che i tre aspetti (che poi rappresentano tre tendenze) di tale fenomeno sono: la **spersonalizzazione**, la **formalizzazione** e l'**integrazione**. Il potere istituzionalizzato non si collega più a un individuo specifico che lo esercita in un determinato momento, ma piuttosto a un insieme di «funzioni e posizioni che possiedono un carattere sovrapersonale». Al contempo, l'esercizio del potere diventa sempre più vincolato a un sistema di regole e rituali simbolici collettivamente condivisi all'interno di un quadro relativamente formalizzato. Infine, tutti i rapporti di potere vengono gradualmente integrati all'interno di un «ordinamento onnicomprensivo», nel senso che il potere stesso «viene legato ad una struttura sociale che lo sostiene e che viene da esso sostenuta».

• I requisiti dello Stato moderno

Molti autori hanno cercato di rintracciare i caratteri peculiari della «statalità», ma la definizione forse più fortunata è riconducibile a Charles Tilly che, nel capitolo introduttivo a un lavoro collettaneo sulla *Formazione degli Stati nazionali in Europa occidentale*, afferma che: «un'organizzazione che controlla la popolazione su di un territorio definito è uno Stato in quanto i) è differenziato da altre organizzazioni operanti sullo stesso territorio; ii) è autonomo; iii) è centralizzato; iv) le sue branche sono formalmente coordinate l'una con l'altra» (Tilly 1975, tr.it. 1984, 65). Per quanto i governi possano differire sotto molteplici aspetti, almeno a partire dal quindicesimo secolo, queste precondizioni sembrano caratterizzare un movimento mondiale in direzione della «statalità».

Seguendo la logica tracciata da Tilly, possiamo affermare che lo Stato è in primo luogo un'**organizzazione** nel senso che, perché si possa parlare di una situazione di «statalità», occorre che il potere politico si articoli attraverso **assetti formali (*arrangememts*) fatti di un corpo di regole, un insieme di ruoli e una concentrazione di risorse che operano congiuntamente per servire un sistema unitario di interessi**. È proprio dentro questa formula organizzativa che si realizzano quelle tendenze alla spersonalizzazione e formalizzazione di cui parlava Popitz. Non deve infatti trarci in inganno la presunta personalizzazione del potere tipico di alcune monarchie assolute; il Re poteva concentrare su di sé tutti i poteri non in quanto individuo particolare dotato di caratteri eccezionali (potere carismatico) o in quanto nobile (potere tradizionale), ma proprio in quanto Re, cioè detentore di un ruolo a cui era socialmente riconosciuto un carattere autoritativo. Il potere dipendeva già allora dalla titolarità di un ufficio.

Il secondo aspetto riguarda invece la **differenziazione**, che già Durkheim aveva individuato come uno degli aspetti peculiari della moderna divisione sociale del lavoro. Come scrive Poggi (1991, tr.it. 1992, 35), **un'organizzazione statale deve dunque poter svolgere tutte e soltanto le attività politiche**. Come abbiamo visto nel primo capitolo, la modernità politica si realizza soprattutto nella separazione dello Stato dalla morale. Uno Stato adeguatamente differenziato è uno Stato secolarizzato, che non si pone dunque il problema di incidere sulla dimensione privata degli individui, a partire da quella spirituale, considerando quindi politicamente irrilevanti le diverse appartenenze religiose. Si tratta di un aspetto peculiare di quel più ampio processo di differenziazione tra Stato e società civile che autori come Hobbes e Locke hanno messo egregiamente in luce. Secondo tale separazione, lo Stato riconosce ai propri sudditi (o cittadini) la possibilità di farsi portatori di interessi non-politici – si pensi agli interessi economici – che possono dunque essere sviluppati in autonomia.

Il terzo aspetto della «statalità» è l'**autonomia** che possiamo definire più efficacemente attraverso la nozione di **sovranità**. **Un'organizzazione statale è tale solo quando è sovrana, quando cioè non deve a nessun altra forma di potere il controllo sulla popolazione**. Tale controllo è espresso per mezzo di norme giuridiche che lo Stato stesso promulga. Non è un caso che l'etimologia del termine autonomia proviene proprio dal greco αυτονομία (αυτόνομος, composta da αυτο-/auto- e νόμος/nomos) con cui si intende la capacità di produrre le proprie norme. Evidentemente, la sovranità statale non ha un'estensione illimitata, ma è vincolata a una dimensione territoriale. La **territorialità** è dunque un aspetto fondamentale della «statalità». Per dirla sempre con Poggi (ibid., 37), «il significato fondamentale della sovranità (o autonomia) dello Stato, è che esso ha il controllo esclusivo su una determinata porzione del globo terrestre, che costituisce appunto il *suo* territorio». Il rapporto tra lo Stato e il territorio su cui esso esercita il controllo è spesso controverso, perché controversa è la questione dei confini territoriali; essi sono infatti duri (*hard*) quando il territorio ha dei confini geografici fissi, politicamente e militarmente difendibili. Accade a volte che tali confini siano interpretati simbolicamente in senso morbido (*soft*), cioè idealizzati nella formula dei «sacri confini della patria», che non sempre corrispondono a quelli formalmente riconosciuti dagli altri Stati come risultato di una storia di guerre e di conquiste. **Lo Stato, in ogni caso, non *ha* un territorio, ma è un territorio, nel senso che tende a identificarsi con esso**.

Gli ultimi due aspetti definenti l'organizzazione statale secondo l'impostazione di Tilly sono la **centralizzazione** e il **coordinamento formale delle parti**. Ogni organizzazione statale, perché possa svolgere le sue funzioni di controllo e gestione del territorio, deve essere unitaria, nel senso che, per quanto gli enti pubblici possano svolgere diverse funzioni politiche, essi devono sempre fare capo alla struttura centrale dello Stato che rimane pur sempre un'entità complessa, in quanto organizzazione, suddivisa dunque in varie componenti che, proprio in virtù della suddetta centralizzazione, devono essere coordinate a partire da una chiara suddivisione di ruoli e funzioni specifiche. Non è possibile che si costituiscano centri di potere indipendenti dall'autorità statale.

I sei aspetti fondamentali dello Stato moderno sono dunque identificabili nei concetti di «organizzazione», «differenziazione», «autonomia/sovranità», «territorialità», «centralizzazione» e «coordinamento». Questi tratti caratteristici portano alla configurazione degli Stati moderni come organizzazioni complesse che però non esistono in quanto monadi, cioè come soggetti unici e decontestualizzati, ma come strutture politiche che si sviluppano accanto ad altre organizzazioni analoghe. Ogni Stato esiste dunque accanto ad altri Stati strutturalmente simili e tutti insieme concorrono alla costruzione di un sistema più ampio che chiamiamo **sistema di Stati**. Nell'universo politico moderno, lo Stato rappresenta il centro di potere più alto, questo vuol dire che non esistono formalmente centri di potere che si collocano a livelli superiori, tranne rare eccezioni in cui più Stati decidono di cedere parte della propria sovranità a una struttura di coordinamento superiore, come avviene per esempio nel caso dell'Unione Europea. La natura sovrana, e al contempo legata a una specifica territorialità, che li caratterizza fa sì dunque che ogni Stato esista in concorrenza con gli altri Stati con cui intrattiene rapporti cooperativi o conflittuali che ruotano «intorno al *quantum* di potenza di cui ciascuno Stato può avvalersi rispetto ad altri» (ibid., 38). Ogni Stato può rappresentare un ostacolo al legittimo obiettivo degli altri Stati di perseguire interessi propri. Essi possono esorcizzare il rischio di un'eccessiva esplosione conflittuale, che si traduce storicamente nella guerra, intessendo relazioni commerciali e stringendo alleanze politiche. Ogni Stato rappresenta per gli altri un potenziale alleato, ma anche un potenziale nemico. Così come, all'interno dei confini statali, l'opzione di ultima istanza è rappresentata dall'uso politico della violenza al fine di esercitare un certo controllo, allo stesso modo, anche a livello interstatale, quando vengono meno le possibilità di comporre bonariamente i conflitti, l'ultima risorsa risiede nell'esercizio di potenza che si realizza attraverso la guerra.

Approfondimento 8.1

Sulla Sovranità

«In senso stretto, nel suo significato moderno, il temine Sovranità appare, alla fine del Cinquecento, assieme a quello di Stato, per indicare in tutta la sua pienezza il potere statuale, unico ed esclusivo soggetto della politica. Esso è il concetto politico-giuridico che consente allo Stato moderno, con la sua interna logica assolutistica, di affermarsi sull'organizzazione medievale del potere, basata, da un lato, sui ceti e sugli stati, e, dall'altro, sulle due grandi coordinate universalistiche del Papato e dell'Impero: questo avviene secondo un'esigenza di unificazione e di concentrazione del potere, per realizzare in una sola istanza il monopolio della forza in un determinato territorio e sopra una determinata popolazione, per realizzare nello Stato la massima unità e coesione politica. Il temine Sovranità diventa, così, il necessario punto di riferimento per teorie politiche e giuridiche spesso assai diverse, a seconda della maggiore o minore resistenza dell'eredità medievale, ma costante, è il tentativo di conciliare il potere supremo di fatto con quello di diritto.

La Sovranità, in quanto potere di comando in ultima istanza, è strettamente connessa alla realtà essenziale primordiale della politica: la pace e la guerra. Nell'età moderna, con la formazione dei grandi Stati territoriali, basati sull'unificazione e la concentrazione del potere, spetta esclusivamente al sovrano, unico centro di potere, il compito di garantire la pace fra i sudditi del suo regno e quello di riunirli per una difesa o un'offesa contro il nemico straniero. Il sovrano pretende di essere esclusivo, onnicompetente e onnicomprensivo, nel senso che lui solo può intervenire su ogni questione e non consentire ad altri di decidere: per questo, nel nuovo Stato territoriale, le sole formazioni armate consentite sono quelle che dipendono direttamente dal sovrano.

Si precisa, qui, il duplice volto della Sovranità, quello interno e quello esterno. Sul piano interno il moderno sovrano procede all'eliminazione dei poteri feudali, dei privilegi degli stati e dei ceti, delle autonomie locali, insomma dei corpi intermedi, con la loro funzione di mediazione politica fra gli individui e lo Stato: egli, cioè, mira a una eliminazione dei conflitti interni, attraverso una neutralizzazione e una spoliticizzazione della società, che deve essere governata dall'esterno attraverso l'amministrazione, che è l'antitesi della politica. [..] Sul piano esterno, così, il sovrano trova negli altri sovrani dei suoi pari, si trova cioè in una situazione di eguaglianza, mentre, sul piano interno, il sovrano si trova in una posizione di assoluta supremazia, perché ha sotto di sé i sudditi, tenuti all'obbedienza»

Tratto da N. Matteucci (1990a), *Sovranità*, in N. Bobbio, N. Matteucci, G. Pasquino, p.1080

• Lo Stato e la questione militare

Il processo di formazione degli Stati moderni è tra l'altro strettamente connesso al tema della guerra, come avremo modo di approfondire ulteriormente nel capitolo dedicato al rapporto tra violenza e Stato. Il processo di «statalizzazione» nell'Europa occidentale non è stato pacifico, ma ha comportato un costo altissimo in termini di vite umane, perdita di diritti, requisizione di terre e, tra l'altro, non sarebbe potuto essere altrimenti. L'Europa pre-statale era infatti una realtà in buona parte contadina e decentralizzata, caratterizzata da una molteplicità di centri di potere autonomi che agivano su scala ridottissima. La costruzione di grandi organizzazioni complesse, centralizzate, differenziate e sovrane, ha inevitabilmente comportato l'eliminazione spesso violenta di questa molteplicità di centri di potere. Le analisi storiche dimostrano che i principali sforzi militari da parte dei nascenti Stati in Europa furono appunto finalizzati a difendersi non tanto e non solo dai nemici esterni, ma anche e soprattutto dai cosiddetti rivali interni, cioè tutti quei soggetti che si sentivano minacciati dal processo di statalizzazione. Buona parte della popolazione europea oppose resistenza alla formazione degli Stati che erano visti come usurpatori. La notevole ricorrenza di ribellioni (mai sfociate in rivoluzioni) che caratterizzarono l'Europa nelle varie fasi di formazione degli Stati moderni stanno a dimostrare proprio questa diffidenza popolare nei confronti dei nuovi poteri costituiti e, al contempo, il grado di coercizione che fu necessario mettere in campo per ottenere il completo assoggettamento delle popolazioni coinvolte. In fondo, nota Tilly, «costruire Stati significò anche spremere milioni di famiglie contadine [...] gli Stati europei non avrebbero potuto acquisire molto più potere di quanto ne avevano all'inizio del diciassettesimo secolo senza intraprendere la distruzione della piccola proprietà contadina. E fu proprio quello che fecero» (Tilly 1975, tr.it. 1984, 66).

Non è un caso che una delle prime trasformazioni rilevanti che i nuovi Stati europei misero in campo fu proprio la costituzione di eserciti permanenti utilizzati come mezzo efficiente di coercizione. Gli storici registrano una connessione regolare tra la costruzione ed espansione degli eserciti di terra, gli sforzi per drenare continue risorse dalle popolazioni assoggettate, lo sviluppo di burocrazie solide, la resistenza delle popolazioni coinvolte e quindi ancora la coercizione esercitata da parte del potere politico istituzionalizzato nelle forme dello Stato. Samuel Finer, attraverso una rigorosa ricostruzione storica, mostra con grande efficacia analitica la relazione intercorsa tra sviluppo dello Stato moderno e il cosiddetto **format militare** che si realizza soprattutto nel passaggio storico da eserciti privati o semi-privati a eserciti permanenti sotto il pieno controllo delle autorità centrali (Finer 1975, tr.it. 1984). Sulla stessa linea si colloca Gianfranco Poggi (1991, tr.it. 1992, 114) quando afferma che ogni Stato, se intende continuare ad esistere come Stato, deve rappresentare un formidabile accumulo di potenza militare sia per rafforzarsi sul versante esterno, nella più ampia dimensione internazionale, sia per fornire di effettive sanzioni i propri comandi rispetto al versante interno.

> L'analisi del **format militare** è fondamentale per comprendere il processo di statalizzazione con particolare riferimento al passaggio da eserciti privati o semi-privati a eserciti permanenti sotto il controllo delle autorità centrali

Tra l'altro, lo sforzo di edificazione di una potente macchina militare non si è solo limitata a determinare un pesante onere per la popolazione, in termini di tasse, coscrizioni, requisizioni, ma ha consentito la messa in pratica di disposizioni governative che si sono perlopiù mantenute anche in tempo di pace garantendo il costante reperimento di risorse da parte del potere politico costituito. La maggior parte delle grandi tasse europee nacquero infatti come contributi straordinari richiesti dallo Stato ai propri sudditi per poter finanziare emergenze belliche, per poi essere riconfermate successivamente come fonti permanenti di entrate governative. Insomma, gli eserciti e la guerra non hanno solo permesso agli Stati di strutturarsi nella forma moderna che noi oggi conosciamo, ma hanno in un certo senso rappresentato anche uno strumento di organizzazione amministrativa. Per dirla sempre con Charles Tilly (1975, tr.it. 1984), «la guerra fece lo Stato, lo Stato fece la guerra».

8.2. Nazione e nazionalismi

Con il termine **Nazione** (o nazionalità) intendiamo quel fenomeno secondo cui una popolazione diventa una collettività cosciente

Il lettore più attento avrà notato che nella caratterizzazione della «statalità» non abbiamo mai fatto cenno al concetto di **Nazione**. Nel linguaggio comune, Stato e Nazione sono spesso utilizzati indifferentemente e sovrapposti indebitamente. In realtà, essi fanno riferimento a processi sociologicamente distinti che solo in determinate circostanze storiche camminano parallelamente; in tal caso, non si parlerà più semplicemente di Stato o di Stato moderno, ma si utilizzerà l'espressione di Stato-nazione o Stato nazionale. La «formazione dello Stato» (*state-building*) è infatti un processo analiticamente distinto dalla «formazione di una Nazione» (*nation-building*), intesa come lo sviluppo di una «coscienza nazionale» connessa a uno specifico territorio. Nella storia d'Europa, dove l'esperienza statale ha preso corpo, solo di rado la costruzione istituzionale di uno Stato ha rappresentato il prodotto di una urgenza collettiva riconducibile al sentimento di appartenenza a una comunità di destino tenuta insieme da una storia condivisa. Molto più spesso l'«identità nazionale» è stata politicamente accompagnata e sollecitata solo dopo la formazione di potenti organismi statali. Ecco come Gabriel Almond e Bingham Powel distinguono i due processi di *state-building* e *nation-building*:

> *Dobbiamo trovare un modo di definire queste sfide che possono condurre allo sviluppo politico, questi mutamenti nell'ampiezza e nel contenuto degli* inputs *che esercitano una repressione sulla cultura e struttura esistenti. Per cominciare possiamo indicare quattro tipi di problemi o sfide che si presentano in un sistema politico. Il primo di questi è il problema della penetrazione e integrazione; alludiamo ad esso come al problema della* costruzione dello Stato. *Il secondo tipo di problema relativo allo sviluppo di un sistema è quella della fedeltà e impegno, che indichiamo come il problema della costruzione della nazione. Il terzo problema è quello della* partecipazione, *la pressione cioè da parte di gruppi nella società per la partecipazione alla formazione delle decisioni del sistema. Il quarto è il problema della distribuzione o assistenza e sicurezza sociale, cioè il fatto che la società nazionale prema affinché il sistema politico usi il potere coercitivo per redistribuire reddito, ricchezza, opportunità ed onori.*
>
> Almond, Powell 1966, tr.it. 1970, 74-75

Per il momento trascureremo le questione della partecipazione e della redistribuzione delle ricchezze, due processi sociologicamente subordinati non solo alla formazione dello Stato, ma anche allo sviluppo di uno specifico senso di appartenenza nazionale che i due autori identificano con la propensione sociale alla fedeltà e all'impegno nei confronti del sistema politico. Se per Stato intendiamo una specifica forma di istituzionalizzazione del potere, **per Nazione (o nazionalità) intendiamo quel fenomeno secondo cui una popolazione diventa una collettività significativa non solo politicamente. L'identità nazionale fa sì che una certa popolazione non sia solo un aggregato collettivo sottoposto al controllo politico dello Stato, ma sia altresì un popolo o, appunto, una Nazione**. Essa, già dalla sua etimologia, sembra far riferimento a una comune appartenenza etnica: il termine «nazione» deriva infatti dal sostantivo latino *natio* che significa appunto «nascita», ma anche «specie», «razza», «stirpe», «genere» e, più generalmente, «popolo». Tale concetto fa dunque pensare a un'appartenenza primordiale, quasi naturale, che può diventare un vincolo etnico, religioso, linguistico. Da questo punto di vista, **una solida identità nazionale contribuisce al consolidamento delle istituzioni politiche di uno Stato, perché facilita la comunicazione e la coesione degli individui che vi si riconoscono come entità collettiva**. Una cosa è dunque la Francia, l'Italia e la Germania, un'altra cosa è invece la percezione collettiva di francesità, italianità e germanicità. Potranno sembrare sfumature, ma su di esse si è giocato il destino e il consolidamento dei moderni Stati nazionali. Come scrive Samuel Finer:

> *La formazione della nazione non è la stessa cosa della formazione dello Stato, anche se i due momenti hanno connessioni sia storiche che logiche. Popolazioni che siano consolidate sotto un comune organo di governo possono da un certo momento essere aiutate a raggiungere una coscienza collettiva [...] Questa è una pre-condizione dell'essere una «nazione». Per contro, ove tali sentimenti o fatti siano patrimonio cosciente di una popolazione, questa può essere motivata a cercare una propria organizzazione politica individuale, vale a dire a cercare di fare coincidere questo suo senso di comunità con il senso della fedeltà politica.*
>
> Finer 1975, tr.it. 1984, 82

Nel primo caso la Nazione rappresenta una tappa successiva alla costruzione di uno Stato su uno specifico territorio, nel secondo caso la stessa organizzazione politica è invece espressione di un sentimento collettivo ad essa anteriore. In entrambi i casi, il risultato finale è lo Stato-nazione.

Umberto Cerroni è convinto che ogni Stato, nella sua costruzione, «rastrelli» elementi preesistenti sedimentati in forme di organizzazione sociopolitica premoderne, ma soltanto nella forma moderna degli Stati nazionali questi elementi diventano finalmente visibili: «diventa così possibile definire la nazione in modo complesso e plurilaterale come una comunità socio-economica e politico-istituzionale insediata su un territorio, indipendente e sovrana e dotata di una comunanza di lingua, cultura e tradizioni nonché di un comune destino storico» (Cerroni 1996, 182). A questo riguardo, egli propone un'utile scomposizione del concetto di Nazione evidenziandone sei elementi costitutivi:

- **Elemento naturale-biologico**: ogni comunità che si insedia su un territorio mantiene e riproduce legami di sangue e «tradizioni elementari di vita biologica entro forme di organizzazione sociale primitive» (ibid.). Chi si riconosce in questo elemento, sovrapponendolo a tutti gli altri, tende dunque a esaltare il legame tra sangue e territorio (*Blut und Erde*) sviluppando anche una concezione ideologica (*nazionalismo*) e forme di razzismo nei confronti di chi non condivide le stesse origini. Da questo punto di vista il concetto di Nazione si declina in forma di etnia e razza.
- **Elemento socio-economico**: in questo caso, la tendenza è quella di esaltare la specificità economica di un determinato territorio, trascurando però che il concetto di Nazione si definisce solo con la sua organizzazione politico-istituzionale che, in epoca moderna, ha assunto quella specifica articolazione socioeconomica che abbiamo definito borghese-capitalistica nell'ambito di una strutturazione della società civile a composizione individualistica.

- **Elemento linguistico**: la comunione linguistica rappresenta uno strumento fortissimo di saldatura nazionale. Non è un caso che i paesi a più debole identità civica sono quelli che ancora sono divisi da dialetti e idiomi che rendono più complicata la comunicazione interpersonale. Una delle prime operazioni che il potere politico ha messo in campo per il consolidamento di un neonato Stato ha riguardato proprio la definizione e imposizione a tutta la popolazione di un idioma ufficiale.
- **Elemento folklorico-simbolico**: questo elemento è di particolare importanza rispetto alla percezione collettiva di una comunanza simbolica e culturale e riguarda la condivisione di tradizioni, costumi, abitudini che vengono connessi allo spirito di un popolo. Leggende, tradizioni gastronomiche, musiche, danze, rituali, rientrano in questo elemento che dà corpo alla percezione di una storia e di un destino comuni.
- **Elemento politico-istituzionale**: questo elemento riguarda il completamento politico-istituzionale di una Nazione nelle formule organizzative dello Stato. Non mancano però Stati dentro i quali convivono più esperienze nazionali. Si pensi alla Svizzera, ma anche alla stessa Spagna, dove la struttura federale dello Stato è servita anche a organizzare politicamente pezzi di territorio che la popolazione percepiva come assolutamente peculiari sia sotto il profilo folklorico sia sotto quello linguistico e culturale (pensiamo per esempio alla specificità di popolo rappresentata dall'esperienza basca o catalana).
- **Elemento storico-culturale**: questo elemento è di vitale importanza nella costruzione di una Nazione e riguarda «l'insieme della tradizione intellettuale di una nazione, comprensiva delle arti, della creazione letteraria, della scienza, della cultura politico-giuridica» (ibid., 184). Esso culmina generalmente con una ricostruzione storiografica dei vari caratteri costitutivi di una Nazione esaltando il contributo intellettuale che complessivamente è stato offerto nell'ambito di uno specifico territorio come parte di una complessa e articolata coscienza nazionale.

Da queste riflessioni, appare chiaro che l'appartenenza nazionale sia un riferimento importante anche per il sistema politico che se ne serve per rafforzare le proprie istituzioni e consolidare un sentimento unitario. Non è un caso che in ogni Stato si tenda a esaltare le specificità politico-culturali del territorio producendo un sistema apposito di simboli e rituali (dalla bandiera agli inni nazionali) costruendo una narrazione storica della propria genealogia ed enfatizzando il ruolo assunto da determinate personalità che vengono identificate come i padri della Nazione, cioè gli «eroi» che rappresentano lo sforzo storico per il consolidamento di un sistema di significato condiviso.

Il **nazionalismo** indica la dogmatica ideologizzazione dell'identità nazionale connessa a uno specifico territorio

Non si confonda però l'appartenenza nazionale con la sua dogmatica ideologizzazione che sfocia nelle forme tradizionali e moderne di **nazionalismo**. In questo caso, ad essere enfatizzato è l'elemento naturale-biologico di questa comune appartenenza che si trasforma in una leva per l'azione politica. L'identità nazionale viene rappresentata soprattutto come «legame naturale» piuttosto che come condivisione di un percorso storico-culturale, adempiendo la convinzione, che fa parte del nucleo semantico del termine Nazione, secondo cui essa investa la sfera più intima della personalità degli individui (Rossolillo 1990, 677). In senso generale, **il nazionalismo indica l'ideologia della Nazione** ed è più o meno comune a tutti gli Stati nazionali; in senso stretto, esso è invece collegato all'ideologia specifica di determinati movimenti politici «e designa una radicalizzazione delle idee di unità e indipendenza della nazione» (Levi 1990, 662). I movimenti nazionalistici si autorappresentano come gli unici veri interpreti della Nazione erigendosi a difensori di un popolo ora dalle potenze straniere – è per esempio il caso dei movimenti nazionalisti nelle realtà coloniali in Asia, America Latina e Africa – ora dalla invasione degli immigrati. Se nel primo caso i movimenti nazionalisti hanno assunto le sembianze rivoluzionarie di forze di liberazione nazionale, talvolta animate da sentimenti progressisti, nel secondo caso si tratta invece di movimenti conservatori che si definiscono su base etnica o addirittura razziale, che esaltano le tradizioni di un popolo e si oppongono a ogni forma di multiculturalismo.

Approfondimento 8.2

L'identità nazionale degli italiani

«L'analisi della identità italiana ha cessato di essere un esercizio di originalità culturale ed è diventato un tema di attualità politica. Il problema della identità nazionale, infatti, si impone come essenziale nel momento in cui si sviluppa in Europa occidentale il processo di costruzione della comunità economica e politica di Stati formatisi nel corso di duri scontri armati. La ricomposizione politica dell'Europa richiede la convivenza e la civile competizione di soggetti che mantengono un propria singolarità e che di questa singolarità si avvalgono. Il confronto civile ravvicinato, insomma, richiede una messa a punto delle identità individuali anche al fine di far emergere i tratti comuni e gli apporti specifici alla civiltà europea. Semmai tutto ciò avviene con un notevole riguardo determinato dal fatto che il processo di unificazione ha prioritariamente affrontato problemi materiali, economici e giuridici. Ora, quanto più il confronto scende nella quotidianità dei rapporti bisognerà affrontare problemi dettagliati dei quali ciascuno Stato ha fornito una propria soluzione che dovrà misurarsi con le altre. [...]

In un quadro storico comparato L'Italia appare come il soggetto carico di più lunghe e complicate tradizioni. In primo luogo essa è l'erede diretta della civiltà antica: di quella romana principalmente, ma anche di quella greca. La civiltà romana ha lasciato una traccia profonda nell'intera Europa occidentale espressa essenzialmente nella cultura linguistica romanza, nella tradizione giuridica e in quella artistica. La civiltà greca ha esercitato una forte influenza principalmente nella tradizione filosofica e artistica e ad essa il territorio italiano ha dato un apporto notevole con le scuole della Magna Grecia (Senofane, Parmenide, Empedocle, Pitagora, Gorgia) e con i grandi centri urbani di Napoli, Paestum, Elea, Siracusa, Agrigento, Taranto.

Oltre alle dirette influenze esercitate sullo sviluppo della civiltà occidentale questa eredità classica ha conferito una specifica caratteristica alla storia degli italiani, divenuti storicamente i rielaboratori e i ripropositori di quella eredità di fronte alle nuove fasi della evoluzione europea. Questa caratteristica toccò punte particolarmente alte con la rinascita giuridica romanistica, con l'Umanesimo e il Rinascimento ma riaffiorò anche nel Settecento razionalista e neoclassico, nell'Ottocento estetico, lirico, archeologico.

Su questa eredità si è sostanzialmente strutturata la muscolatura della civiltà italiana. Questa muscolatura si è però arricchita anche per una continua rimodellazione determinata da tre fenomeni storici di evidente imponenza. Il primo è costituito dalla nascita e esistenza in Italia della sede principale della Chiesa cattolica e quindi dal secolare insediamento in Italia del Papato. Il secondo è dato dalla persistenza in Italia dall'VIII secolo fino al 1861 di uno Stato temporale della Chiesa. Il primo elemento esercitò una importante influenza religiosa e culturale che proiettò nuovamente l'Italia nel mondo, il secondo determinò uno stato di fatto politico-territoriale unico in occidente.

Questi due elementi hanno fortemente influito sulla storia degli Italiani strutturando una loro unità religiosa ma al tempo stesso impedendo per secoli la loro unificazione politica e la costruzione di uno Stato territoriale nazionale. L'Italia è stata così profondamente differenziata dagli altri Stati moderni occidentali, che si sono formati tra il XIII e il XV secolo. È ben vero che l'Italia fu così anche esentata dalle guerre di religione che divisero la cristianità a seguito della Riforma protestante. Ma non fu esentata affatto dai contrasti insorti fra tradizione religiosa e modernizzazione laica. Accadde anche, addirittura, che l'Italia subisse gravi invasioni e lunghe dominazioni straniere invocate dal Papato a difesa del proprio Stato temporale e anche una dura e diretta repressione dei fermenti di modernità. In particolare la mancata riforma religiosa escluse in Italia un consistente pluralismo religioso e ritardò fortemente il processo di costruzione delle libertà moderne che dalla libertà di religione presero avvio. Il duplice fenomeno della mancata unificazione in uno Stato nazionale e della mancata riforma religiosa ebbero un'altra importantissima conseguenza sul costume degli italiani: la scarsissima consistenza di una coscienza politica diffusa e quindi un carattere fortemente privatistico della loro vita di relazione che rimase incentrata sul gruppo primario e sugli orizzonti di vita familiari e individualistici. Da qui anche il ritardo delle forme di associazione moderna e il forte radicamento di istituzioni e rapporti di tipo corporativo legati più ai rapporti di famiglia e di lavoro che non a interessi pubblici. [...]

In positivo questa tradizione individualistica fruttò una impostazione vivacissima delle personalità individuali italiane e una loro spiccata capacità di elaborazione e rielaborazione originale delle esperienze altrui che si riflette nella finezza e multiformità dell'artigianato. Nell'economia e nella tecnica della vita di relazione gli italiani primeggiano in Europa fra il XII e il XIV secolo perfezionando strumenti e istituti moderni fondamentali come la moneta di conio, la banca, il credito, il pagherò, la cambiale, la società in accomandita, l'assicurazione, la partita doppia, la Borsa, il notariato, la prima università, gli occhiali, la carta nautica, l'autopsia, l'orto botanico, l'erbario, i primi trattati di patologia medica, di chirurgia, di botanica, di zoologia, il mulino ad acqua, la bussola, l'organo di Barberia, il rigo musicale, il pianoforte, il barometro, il termometro, il gelato, la forchetta.

[...] Tutto ciò si accompagnò a un gravissimo ritardo della cultura giuspubblicista moderna. Sebbene il tema della sovranità politica laica fosse già accennato nella concezione della res pubblica romana e fosse rinverdito nella tradizione dei nostri giuristi, esso non ebbe svi-

luppi moderni. Restò avvolto nella tradizione privatistica e sboccò in una visione cosmopolitica della convivenza civile senza grande risalto per la questione nazionale. [...]
Al tempo stesso ciò determina un ritardo gravissimo nella separazione pratica fra sfera civile e sfera religiosa nonostante le precoci intuizioni di Dante e di Machiavelli. Lo sviluppo individualistico e cittadino del nord non mette capo a una visione nazionale generale rimanendo ristretto nelle competizioni locali, mentre persiste a lungo nel sud una vita privata di tipo familista e patriarcale. Nel complesso si può affermare che resta involuto e bloccato a lungo il processo moderno di separazione tra sfera privata e sfera pubblica. Nel privato, ricchissimo di iniziativa individuale, le istituzioni restarono corporative e patriarcali, nel pubblico i processi di modernizzazione arrivarono tardi e caddero dall'esterno e dall'alto sotto la triplice influenza della cultura francese, inglese e austro-germanica. Avemmo così una forte influenza francese e inglese nella cultura istituzionale e politica e poi una altrettanto forte influenza della filosofia e della dogmatica giuridica tedesca»

Tratto da U. Cerroni, *Precocità e ritardo nell'identità italiana*, 2000, pp.17-21

8.3. Lo Stato moderno e le teorie prevalenti

Nei precedenti capitoli, abbiamo già abbondantemente sviluppato la disamina dei principali approcci teorici all'analisi dei processi politici facendo emergere le posizioni paradigmatiche di alcune scuole e alcuni autori rispetto al fenomeno del potere politico e dello Stato. In questa sede scegliamo dunque di non ripeterci, limitandoci a offrire una riflessione generale rispetto alle spiegazioni che sono state storicamente date sull'organizzazione politico-istituzionale nelle forme dello Stato moderno. A questo proposito, ci soffermeremo in linea generale sulla **spiegazione evoluzionista (e funzionalista)** e sulla **spiegazione marxista** che, vedremo, hanno in comune la tendenza a spiegare l'esistenza dello Stato a partire dal loro discorso peculiare sulla società, per poi accennare alla cosiddetta **teoria stato-centrica**, che spiega lo Stato a partire dallo Stato stesso.

8.3.1. La spiegazione evoluzionista (e funzionalista)

Il paradigma funzionalista rappresenta per molti aspetti la naturale continuazione del vecchio **evoluzionismo** ottocentesco. In entrambi i casi infatti lo Stato è inteso come un aspetto specifico del più generale processo di evoluzione della specie umana e della sua organizzazione sociale; un modo con cui gli individui hanno stabilizzato le proprie relazioni in un contesto di crescente differenziazione. Lo Stato è dunque la dimensione politica e istituzionale della modernizzazione, che è un fenomeno più vasto, di natura non solo politica, ma anche economica e culturale. Alla base della concezione evoluzionista, che in parte più sfumata ritroviamo anche nello struttural-funzionalismo, vi è l'idea di una sostanziale continuità tra

Nell'**evoluzionismo** ottocentesco si esprime l'idea di una sostanziale continuità tra evoluzione biologica ed evoluzione sociopolitica e culturale

evoluzione biologica ed evoluzione socio-culturale. Così come in campo biologico-naturale può accadere che le forme di vita più semplici vengano gradualmente soppiantate da forme più complesse in grado di affrontare al meglio le nuove sfide ambientali, così anche in ambito sociale le relazioni tra individui sono caratterizzate da una crescente complessificazione che è il prodotto di un'esigenza di organizzazione delle relazioni interindividuali rispetto alle sfide poste dall'ambiente esterno. Ecco spiegate le molteplici articolazioni istituzionali connesse alla divisione sociale del lavoro che servono a garantire stabilità e continuità all'«organismo sociale». La società moderna viene dunque collocata a un livello superiore rispetto alle precedenti forme di organizzazione sociale, soprattutto grazie alla sempre più stretta corrispondenza tra assetti strutturali e requisiti funzionali. Alla base di ciò è considerato il fenomeno di **crescente razionalizzazione**, già caro a Max Weber, che si realizza in una diversa consapevolezza delle relazioni interindividuali e a un'articolazione complessa delle norme e delle procedure che governano le dinamiche del vivere sociale. La costituzione dello Stato moderno si inscrive in questo processo di evoluzione storica e si caratterizza proprio per la sua specificità politica che ne differenzia le funzioni rispetto alle altre sfere della società e per la sua organizzazione burocratica che altro non rappresenta se non la reificazione istituzionale del processo di razionalizzazione tipico della modernità. Tale spiegazione, che può avere una sua efficacia se affronta il tema della «statalizzazione» in chiave storica generale, si è dimostrata altresì inefficace rispetto al tentativo di analizzare le specificità storiche dei singoli Stati che non sempre sono riconducibili a processi lineari di evoluzione sociale.

8.3.2. La spiegazione marxista

Il **marxismo** esprime una idea di Stato come espressione politica delle contraddizioni generate dai rapporti di produzione

Dall'analisi che abbiamo effettuato delle opere di Marx ed Engels (cfr. par. 2.3) così come di alcuni teorici di ispirazione neomarxista come Miliband e Poulantzas (cfr. par. 7.3), è emersa l'idea di fondo del **marxismo** che individua nelle istituzioni politiche la concretizzazione sovra-strutturale di un sistema di contraddizioni sociali che si realizza in primo luogo nella sfera dei rapporti di produzione. La politica è intesa come una sorta di epifenomeno dell'economia, mentre lo Stato moderno è generalmente interpretato come l'organizzazione istituzionale che serve a garantire la riproduzione del modello sociale borghese-capitalistico. Le diverse interpretazioni marxiste e neomarxiste sono dunque accomunate dall'idea che lo Stato moderno sia il prodotto di un processo generale di sviluppo sociale connesso al consolidamento della struttura economica capitalistica. Le istituzioni politiche, a prescindere dal livello di razionalità che esprimono, accompagnano lo sviluppo delle strutture socioeconomiche e la loro complessità storica è dunque legata alla complessità implicita alla struttura materiale dei rapporti di produzione. La genesi e lo sviluppo dello Stato moderno sono di conseguenza spiegabili attraverso la consapevolezza della ristrutturazione dell'ambiente politico di una società al fine di garantire rapporti di dominio e sfruttamento, che assumono una specificità sociale più che politica. Risiede proprio in questa convinzione il limite dell'approccio marxista che nega la specificità storica nonché l'autonomia del politico rispetto al sociale.

8.3.3. La spiegazione stato-centrica

Di diverso avviso è la posizione di chi, come Gianfranco Poggi (1978; 1991, tr.it. 1992), propone una spiegazione dello Stato che parte dallo Stato, senza per questo negare la natura sociale del processo politico-istituzionale. Si configura così una spiegazione **stato-centrica** dello Stato. Egli, attraverso una garbata polemica con l'interpretazione marxista secondo cui la monarchia francese lavorasse a tutela degli interessi della borghesia ovvero dell'aristocrazia, sostiene con forza che sia anche possibile che la monarchia lavorasse a tutela dei suoi propri interessi, né borghesi né aristocratici, ma legati all'intero apparato di dominio che le ruotava intorno (Poggi 1978). Lo Stato è visto da Poggi come una struttura istituzionale impegnata ad accumulare e gestire il potere politico. Esso agisce dunque come una forza sociale a sé che, attraverso le articolazioni complesse della propria organizzazione amministrativa e burocratica è destinata ad agire come forza autonoma che persegue dunque interessi propri. L'analisi delle dinamiche di genesi e sviluppo dello Stato moderno dimostrerebbe infatti che lo Stato stesso «è in buona misura il risultato degli sforzi fatti dai principi, ciascuno tramite il proprio apparato di dominio, per ampliare e rinsaldare le basi del proprio potere e per rendere sempre più efficiente e sempre più discrezionale il loro intervento nella gestione e mobilitazione delle risorse della società» (Poggi 1991, tr.it. 1992, 154). Questa riflessione giustifica l'esigenza di andare, seppur per grandi linee, a ripercorrere le tappe del processo di formazione degli Stati moderni nell'Europa occidentale dove tale formula è stata per la prima volta collaudata e dove i costruttori degli Stati hanno trovato un terreno favorevole, in primo luogo grazie alla presenza di alcuni legati istituzionali e alcuni principi generali di organizzazione del dominio politico radicati nella storia di quella porzione di continente. Si pensi alla tradizione germanica di eleggere i capi per acclamazione e alla tendenza dei capi stessi di condividere il potere con un gruppo ristretto di consiglieri di eguale rango. Si pensi anche ai legati istituzionali riconducibili alla comune appartenenza a quello che fu l'Impero Romano dove si elaborò il concetto di *res publica* e la conseguente consapevolezza politica di un sistema di interessi generali che prescindono dalla molteplicità degli interessi particolari.

> La concezione **stato-centrica** propone una spiegazione dello Stato che parte dallo Stato, senza per questo negare la natura sociale del processo politico-istituzionale

8.4. Lo sviluppo storico dello Stato moderno

> Lo Stato moderno si sviluppa in **Europa occidentale** dentro un processo accidentato che acquisisce una certa regolarità tra il sedicesimo e il diciassettesimo secolo

Il primo interrogativo di fondo che lo studioso dello Stato moderno si è posto è relativo al perché esso si sia sviluppato, con velocità variabili, proprio in **Europa occidentale** nell'ambito di un processo accidentato che acquisisce regolarità tra il sedicesimo e il diciassettesimo secolo ma che, volendo, getta le sue fondamenta nei secoli precedenti. Charles Tilly (1975, tr.it. 1984) ci aiuta a farci un'idea su alcune condizioni comuni che, soprattutto a patire dal 1500, favorirono il processo di costruzione degli Stati in quella porzione di continente. Come abbiamo accennato, già la precedente unificazione indotta dall'esperienza imperiale di Roma aveva determinato alcune dinamiche di relativa convergenza non solo nelle pratiche amministrative, ma anche nei sistemi giuridici, nella religione, nel linguaggio e nelle modalità di organizzazione della proprietà. Già nel quattordicesimo secolo, e ancor più nel quindicesimo e sedicesimo, le popolazioni insediate nell'Europa centrale potevano godere di una certa cultura comune rafforzata da una fitta rete di scambi commerciali e «un groviglio di legami dinastici fra le casate sovrane. Un'unica chiesa relativamente centralizzata dominava la vita religiosa del Continente, mentre un impero flebile si allungava sulle parti centrali dello stesso, garantendo frammenti di una comune tradizione politica» (ibid., 22). Questa situazione consentì la diffusione di alcuni modelli organizzativi che avrebbero favorito la formazione degli Stati come organizzazioni sovrane e centralizzate. A questo va aggiunta un'ulteriore propensione alla omogeneizzazione all'interno dei singoli paesi da parte dei costruttori degli Stati attraverso il tentativo di integrare la cultura delle popolazioni assoggettate entro un modello di standardizzazione linguistica, religiosa e, in seguito, scolastica. Per quanto l'eterogeneità interna ai singoli territori rimase significativa, il processo di statalizzazione in Europa tese a minimizzare le varianti *interne* agli Stati esaltando al limite quelle *fra* gli Stati (ibid., 73).

Un'altra condizione favorevole alla formazione degli Stati moderni in quell'area sta nella prevalenza di un'economia agricola. Buona parte della popolazione europea era composta dal «contadiname» che rappresentava la vera forza produttiva. I parassiti sociali erano invece rappresentati da una ristretta ma diffusa aristocrazia terriera dotata di un parziale ma significativo potere politico. Ad essa era affidato il controllo di pezzi di territorio facilitando le dinamiche di relazione con i costruttori di Stati. Questa frammentata organizzazione del potere consentì infatti la creazione di alleanze variabili tra élites geograficamente concentrate. Su questa base di articolazione del potere, decentrata ma relativamente uniforme, si modellò l'esperienza europea di costruzione degli Stati moderni. Questo non vuol dire però che il processo sia stato privo di ostacoli. Gli statisti riuscirono a imporre la propria volontà solo dopo sforzi quasi inumani assumendosi sovente la responsabilità di un esercizio massiccio di coercizione per sedare le rivolte popolari e per subordinare i centri di potere locale, costituiti spesso dalle strutture di deliberazione politica che a livello territoriale e di villaggio erano diffuse in tutto il territorio europeo: «edificare un robusto potere sovrano significò cooptare, subordinare o distruggere tali istituzioni» (ibid., 25) per poi gestire col pugno duro la nuova fase:

> *C'era anche una pletora di rivali spodestati, i vescovi, i duchi, i briganti, che si batterono per ottenere autorità sovrana ma che vennero sconfitti: e dovettero essere molti gli sconfitti perché l'Europa si riducesse dalle quasi cinquecento unità più o meno indipendenti politicamente del Cinquecento, ai venti Stati o poco più del Novecento.*
>
> ibid., 27-28

Un'altra condizione che favorì lo sviluppo degli Stati in Europa è determinata dalla relativa invulnerabilità di quell'area dove mancavano grandi concentrazioni di potere, al netto di una certa estensione di territorio reso disponibile per l'espansione e lo sfruttamento di risorse. Gli Imperi adiacenti, come l'Impero Bizantino e le diverse realtà musulmane, lasciarono relativamente libera da pressioni la fascia centrale dell'Europa dove si poterono sviluppare concentrazioni politiche di piccole dimensioni. A questo si aggiunge la presenza di una fitta rete urbana e commerciale che, affiancata ai germi del primo capitalismo, consentì una relazione conflittuale, ma comunque produttiva, tra poteri economici e nascenti poteri statali.

Da queste riflessioni, emerge come l'esperienza Statale vada inscritta dentro un più ampio processo di modernizzazione sociale che caratterizzò una parte importante del continente europeo. Per quanto le prime espressioni significative degli Stati moderni divennero visibili soprattutto a partire dal diciassettesimo secolo, la modernizzazione politica delle istituzioni in Europa si realizzò in un percorso lungo che si dispiega tra il dodicesimo e il sedicesimo secolo sullo sfondo degli assetti sociopolitici del feudalesimo.

8.4.1 Il feudalesimo

La modernizzazione politica delle istituzioni in Europa si realizza in un percorso lungo che si dispiega tra il dodicesimo e il sedicesimo secolo sullo sfondo degli assetti sociopolitici del **feudalesimo**

Le radici del **feudalesimo** possono essere rintracciate negli istituti politici dei popoli tribali germanici che vivevano nell'Europa centrale in un'epoca anteriore alle invasioni barbariche (Bloch 1939-1940; Poggi 1978). In quel periodo, le relazioni politiche erano piuttosto elementari e rigidamente gerarchiche; le tribù eleggevano il proprio Re per acclamazione e, generalmente, come capo condottiero in vista di una qualche intrapresa bellica. Il Re designato si circondava dei guerrieri migliori che svolgevano anche la funzione di consiglieri politici, i cosiddetti *vassi*. Questi rappresentavano l'élite politica, cioè la *trustis* (termine germanico) del Re o, per meglio intenderci, la sua *comitiva* (termine latino). Successivamente, con le invasioni barbariche, poteva accadere che alcune tribù si coalizzassero determinando la formazione di strutture politiche relativamente più complesse.

A questo punto, il Re godeva di facoltà politiche che non si riducevano alla conduzione bellica, ma esercitava il suo potere attraverso un insieme di uffici (i cosiddetti *palatium*) generalmente occupati dai vassi. Questi ultimi erano però legati al capo da un rapporto di fedeltà molto flebile che sovente sfociava in conflittualità. Un rischio che, già nel settimo secolo, una dinastia di capi Franchi, i Pipindi, riuscì a esorcizzare istituendo un sistema di pratiche in grado di consolidare il legame vassallico. A ogni vasso era infatti affidato un *beneficium*, un altro istituto di origine romana, cioè il controllo politico, economico e militare di un piccolo pezzo di territorio che col tempo assunse la denominazione di «feudo». La gestione del feudo, anche e soprattutto attraverso lo sfruttamento della forza lavoro contadina (perlopiù non retribuita) garantiva al vassallo un certo potere e soprattutto le risorse necessarie a organizzare un piccolo esercito fedele al Re e sempre pronto a combattere. I vassalli, oltre a gestire l'ordine pubblico e amministrare la giustizia all'interno del feudo, si garantivano una certa ricchezza attraverso un sistema di tassazione con cui si spremeva la popolazione locale. In questo modo, il vassallo riusciva ad acquisire una forte autonomia rispetto al Re verso cui era comunque legato da un rapporto di fedeltà e moderata riconoscenza per i privilegi acquisiti. Talvolta riusciva a espandere ulteriormente il proprio potere istituendo ulteriori rapporti di dominanza con vassalli minori verso cui assumeva la connotazione latina di *senior* (oppure, negli idiomi volgari, di *signore*, *seigneur*, *lord*, *herr*, ecc.). L'articolazione verticale del potere che si realizzava nel dislivello tra *senior* e *vassus* poteva riprodursi più volte andando a costituire una pletora di piccoli centri di potere all'interno dei feudi di maggiore dimensione.

L'autonomia concessa ai feudi rendeva, per quanto onorevole, sostanzialmente precaria l'alleanza tra centri di potere. Ogni vassallo era infatti portato ad accrescere le proprie risorse per rafforzarsi sul piano economico e militare. Inoltre, col tempo, essi riuscirono a trasmettere ai propri eredi i privilegi acquisiti creando un inevitabile allentamento del rapporto di fedeltà che li legava al Re o ai vassalli di rango superiore. Per tutte queste ragioni, nota Poggi (1991, tr.it. 1992, 60), «gli assetti feudali non erano, per loro natura, idonei ad offrire una coerente base istituzionale a uno stabile sistema di governo di grandi dimensioni». Si trattava di un assetto sostanzialmente entropico a cui, per esempio, gli imperatori carolingi cecarono di intersecare un sistema di cariche territoriali (*conti e marchesi*) e di ispettorati (*missi dominici*), pur senza intaccarlo nella struttura. Già nell'undicesimo secolo le aree centrali dell'impero carolingio, destinate a divenire la moderna Francia, erano divise da una moltitudine di centri sotto il controllo di signori e signorotti che agivano mossi da interessi esclusivamente personali (Duby 1953, tr.it. 1985).

L'assetto feudale non rappresentava tra l'altro l'unica modalità di organizzazione del potere. Già la Chiesa aveva da tempo costituito un sistema complesso di cariche ecclesiastiche e di gerarchie che si distribuivano per tutto il territorio, condizionando i sistemi di potere secolari. Rimaneva inoltre nitida nella percezione delle élites politiche la memoria dell'Impero Romano e quindi la consapevolezza della possibilità di costruire un sistema di potere di ampia portata che potesse fare a meno della frammentazione feudale. E così effettivamente accadde. In tempi diversi, la concorrenza per il potere portò, attraverso le conquiste militari, a una graduale riduzione dei centri di potere, consentendo solo a una parte di essi di estendere il proprio dominio su porzioni di territorio sempre più ampie. Per mantenere il potere su un'area più vasta anche la qualità del controllo politico si trasformò intensificandosi e organizzandosi razionalmente. Questi progressi politici furono possibili anche grazie ad alcuni progressi sociali che ne favorirono lo svolgimento: si pensi alla costruzione di sempre più fitte reti stradali, che facilitarono la comunicazione anche tra zone reciprocamente distanti, o ai progressi nella tecnologia militare che consentirono la formazione di eserciti sempre più potenti in grado di sconfiggere nemici agguerriti e inglobare pezzi di territorio dentro un unico centro di potere.

Questi meccanismi gettano le basi per il lento superamento del feudalesimo e la graduale definizione della fase post-feudale (o di prima modernità) che si realizza nello ***Staendestaat***, cioè in un sistema di governo basato sui *ceti* (Poggi 1991, tr.it. 1992; Schiera 1990a, 1067-71). Ci troviamo in quella lunga fase di transizione, nota come basso-medioevo, che copre all'incirca il periodo dal dodicesimo al sedicesimo secolo. Si tratta dell'epoca in cui si definiscono le condizioni storiche per la costruzione degli Stati moderni sulle ceneri del feudalesimo. I grandi principi cominciano a essere portatori di prerogative alte di natura pubblica, circondando la propria persona di un'alea di maestà elevata, rafforzata da un sistema di rituali e cerimonie sacre. Accanto al principe, e spesso contro di esso, si costituiscono una molteplicità di organi, dalle assemblee deliberative locali, ai Comuni, alle corporazioni ecclesiastiche e di mestiere che dimostrano una società sempre più dinamica, consapevole di una certa differenziazione degli interessi sociali che si organizza, appunto, nei «ceti» che agiscono come organismi collettivi. Se vuole mantenere il suo potere, un principe non può più governare come se tali interessi non esistessero, ma deve convocare periodicamente le assemblee dei ceti concordando con essi le principali azioni politiche e amministrative. La società irrompe nella politica che cessa di essere un semplice scambio tra signorie autocentrate. Chi detiene il potere politico ha ormai bisogno di un certo consenso sociale motivando le proprie azioni con obiettivi di natura pubblica e quindi condivisa. Il sistema di potere in una «società per ceti» è sostanzialmente duale (Poggi 1991, tr.it. 1992, 66): da un lato, il principe che rappresenta l'autorità politica formale; dall'altro, i ceti che si considerano titolari di un diritto più alto e sovente sono dotati di risorse organizzative proprie e alcune limitate facoltà di governo. Tra i due soggetti si instaura un rapporto sovente conflittuale che sfocerà, quasi ovunque, in una lotta esplicita da cui sarà il principe a uscire vittorioso gettando le basi per una graduale riduzione delle prerogative dei poteri locali e un loro radicale accentramento. Ci si dirige a tamburo battente nella direzione dello Stato moderno e delle monarchie assolute.

> Lo ***Staendestaat*** è in un sistema di governo basato sulla rappresentanza dei *ceti* con cui si inaugura la prima fase post-feudale

8.4.2. L'assolutismo

Il processo distintivo che caratterizzò quelle aree d'Europa che raggiunsero per prime la statalizzazione fu proprio la riduzione delle prerogative politiche dei ceti e l'accentramento del potere nelle mani del Re che lo esercitava attraverso un sistema di governo monocratico. Nasce l'**assolutismo** che già Weber aveva considerato come la prima reificazione storica dello Stato moderno. Per giustificare teoricamente (e ideologicamente) queste dinamiche viene nuovamente invocata la tradizione giuridica romana e, in taluni casi, quella repubblicana greco-romana. Da questo rinnovato dibattito intellettuale viene tra l'altro elaborato il concetto moderno di «sovranità» (cfr. cap. 1 e approfondimento 8.1). Il Re che incarnava il principio sovrano non solo non ammetteva di avere fonti di potere ad esso superiori, ma rifiutava anche di condividere la gestione di governo con dei propri pari. Autori influenti come Bodin e Hobbes (cfr. cap. 1) partecipano alla teorizzazione della nuova realtà storica sostenendo l'esigenza di concentrare in un unico centro il potere di fare e disfare le leggi al fine di garantire l'ordine sociale. L'uso legittimo

> L'**assolutismo** si realizza attraverso la riduzione delle prerogative politiche dei ceti e l'accentramento del potere nelle mani del Re che lo esercita nell'ambito di un sistema di governo monocratico

della forza viene esplicitamente richiamato come una necessità per il perseguimento di fini eminentemente politici. Nasce dunque la nozione tipicamente rinascimentale di **ragion di Stato**, per la prima volta efficacemente concettualizzata da Niccolò Machiavelli, che vede nel Principe assoluto l'unico interprete di un interesse generale che sovrasta la moltitudine degli interessi particolari (Pistone 1990). Il Re, al contrario dei suoi sudditi, può operare a prescindere dai dettami della morale perché si presuppone che agisca razionalmente per l'interesse di tutti. La natura «pubblica» dell'azione di governo è posta a giustificazione della sua supremazia. Egli, in quanto monarca assoluto (dal latino *ab-solutus*, cioè «sciolto da ogni vincolo»), diventa la fonte stessa del diritto (*quod principi placuit legis habet vigorem*):

> *Il rapporto fondamentale tra il monarca e i ceti non si costituisce più attribuendo a ciascuna delle parti un* quantum *diseguale di potere politico e richiedendo il concerto di entrambe nella formazione e nell'esecuzione delle politiche. Subentra una distinzione alquanto più astratta: in linea di principio tutto il potere politico risiede nel monarca, mentre dei soggetti privi di esso continuano a godere di diritti e ad esercitare poteri di natura diversa, purché nel farlo non vengano ad interferire con le prerogative del sovrano.*
>
> Poggi 1991, tr.it. 1992, 71

Il monarca e la sua corte si consolidano dunque come centro di potere politico e si istituisce un sistema amministrativo che consenta l'instaurazione di un rapporto non mediato tra quel centro e le periferie del regno. Paradigmatica è la situazione francese del diciassettesimo secolo dove la monarchia assume una totale supremazia rifiutando qualunque forma di condivisione del potere. A questo riguardo, Schama ci propone un documento del 1766, quindi oltre un secolo dopo l'effettivo consolidamento dell'assolutismo monarchico, in cui Luigi XV respingeva le pretese delle corti chiamate *Parlements*:

> *Il potere sovrano risiede esclusivamente nella mia persona, ed è esclusivamente a me che le corti devono la loro esistenza e la loro autorità. Tale... autorità può essere esercitata soltanto in mio nome...in quanto il potere legislativo appartiene esclusivamente a me... L'intero ordinamento pubblico emana da me in quanto io ne sono il supremo custode... I diritti e gli interessi della nazione fanno necessariamente tutt'uno coi miei e non possono che risiedere nelle mie mani.*
>
> Luigi XV 1766, citato in Schama 1989, 104

Tale potere assoluto viene in primo luogo confermato nel completo monopolio degli strumenti della coazione. Anche i duelli che erano storicamente utilizzati come strumenti di risoluzione dei conflitti tra gentiluomini, vengono proibiti e trattati alla stregua di una forma minimale di faida. Attorno alla corte viene costruito un sistema simbolico che attribuisce al monarca una connotazione quasi sacrale. Si pensi al grande palcoscenico pubblico rappresentato dal palazzo di Versailles voluto con forza da Luigi XIV, chiamato, non a caso, il Re Sole. Il sovrano non rappresenta solo la sua dinastia, ma l'intero Stato francese (*L'état c'est moi*).

Al servizio diretto del Re si forma un sistema di corpi decisionali ed esecutivi, sovente chiamati «consiglio», che si sviluppano parallelamente alla corte e che, col tempo, avrebbero assunto la forma di uffici funzionanti sull'intero territorio del regno, come una sorta di braccio amministrativo decentrato, ma alle dirette dipendenze del sovrano. Da queste, si diffusero fenomeni di **patrimonialismo amministrativo**, dal momento che ai singoli individui, che sovente si compravano materialmente il diritto a esercitare certe cariche, a loro volta più o meno lucrative, venne concessa la possibilità di trasmettere per via ereditaria i loro privilegi, magari pagando una somma addizionale (la cosiddetta *Paulette*). Se vogliamo, quello del patrimonialismo amministrativo rappresentava un retaggio sia feudale che cetuale entro il sistema di governo assolutistico, dimostrando come difficilmente le tradizioni sociopolitiche siano totalmente soppiantate dallo sviluppo progressivo della storia. Il progresso, anche se radicale, si costruisce sempre su una solida base di tradizioni e comportamenti consolidati. In ogni caso, i funzionari amministrativi rispondevano a una logica verticale di obbedienza sia rispetto al monarca, che rappresentava il riferimento supremo, sia rispetto ai funzionari di rango superiore. Questa logica amministrativa basata sull'esecuzione di ordini impartiti dall'alto permane pressoché immutata anche nella struttura burocratica dei moderni Stati liberaldemocratici ma, ancor prima, raggiunge un certo livello di sviluppo nel modello burocratico assolutista dello Stato Prussiano sotto il regno degli Hohenzollern.

Per quanto si trattasse di un'organizzazione ancora rudimentale di amministrazione pubblica, rispetto alle forme amministrative precedenti, quello prussiano rappresenta senza dubbio un modello di «assolutismo illuminato» (Poggi 1978) che gli storici ricordano come l'esempio paradigmatico del passaggio a un nuovo tipo di Stato dove l'accento non era posto espressamente sulle istituzioni di tipo militare ma che, malgrado ciò, è passato alla storia con l'appellativo di **Stato di polizia** (vedi approfondimento 8.3). Questa espressione non va confusa con l'uso che oggi se ne fa relativamente alla struttura organizzativa di alcuni regimi non democratici. Nella Prussia del diciottesimo secolo il *Polizyestaat* stava a indicare un sistema di governo in cui il monarca si faceva carico di promuovere il benessere sociale dirigendo attività (anche di natura socioeconomica) che un tempo erano affidate a soggetti privati. A questo riguardo, lo Stato si serviva di una serie di «ordinanze» (*Ordnungen*) finalizzate alla migliore valorizzazione delle risorse sociali che diventavano collettivamente vincolanti anche grazie all'azione esecutiva di un corpo efficiente di funzionari. Il fine, come è facile comprendere dal termine stesso di ordinanza, era quello di garantire un certo «ordine» di polizia inteso nell'accezione non-tradizionale di un qualcosa che si ispirava all'obiettivo di garantire il benessere dei sudditi. Lo stesso concetto di «polizia», non era legato solo all'azione di un corpo armato che agiva all'interno dei confini statali, ma andava a coincidere con l'intero corpo di istituzioni e funzionari che agivano, per conto del Re, al fine di sostenere il benessere della popolazione (Raeff 1983; Schiera 1990b).

Per quanto efficiente, anche l'esperienza assolutistica è destinata ad essere superata da un nuovo modello di organizzazione dello Stato che trova nel «costituzionalismo inglese» il suo modello storico paradigmatico e nel «liberalismo» la sua giustificazione teorica in cui viene tematizzata in maniera compiutamente moderna la distinzione tra Stato e società civile che, già nella società per ceti, aveva cominciato a prendere corpo nelle pratiche di organizzazione sociale.

Approfondimento 8.3

Stato di polizia

«La polizia riassume sostanzialmente in sé il nuovo "ordine" dello Stato: ordine di elementi in parte nuovi ma anche assai antichi, fino allora lasciati quasi a se stessi, in una visione tradizionalmente gerarchizzata e quindi automatica, statica, disorganizzata, ed ora invece regolati, semplificati, guidati, diretti. Alla gerarchia statica dell'ordine chiuso medioevale (imperiale) si sostituisce, per mano del principe e della sua polizia, una struttura aperta, innovativa, meccanica, tendenzialmente egualitaria (i sudditi da una parte, il principe dall'altra), ordinata dall'alto.

Si spiega in tal modo da solo il significato tautologico dell'espressione più comunemente usata dai contemporanei per indicare il sistema politico informato all'attività di polizia: "gute Ordnung und Polizei", dove polizia ed ordine vengono ad essere sinonimi o, meglio, a costituire una sorta di endiadi in cui la polizia è vista come il mezzo per perseguire l'ordine, a sua volta inteso non come uno schema prefissato e immobile (come nella tradizione aristotelica-scolastica), ma come il frutto sempre mutevole di precisi interventi politici. Ciò è confermato dall'attributo implicito a quest'ordine di polizia: esso dev'essere "buono", deve cioè ispirarsi a precisi criteri di fondo che il principe è chiamato ad attuare non già a modificare. Tali criteri sono in sostanza riducibili ad uno solo: il *Wohlfahrt*, il ben-essere dei sudditi, anch'esso inteso in modo del tutto diverso dal suo antecedente medioevale – il *bonum commune* della Scolastica, rigido e immutabile, e da conservare più che da creare. Il benessere della "polizia" è invece non solo impregnato di elementi eudemonistici, mondani, concreti (la "felicità materiale" di cui ridondano gli scritti politici del Sei e Settecento), ma proprio perciò è sempre frutto di interventi umani, di operazioni politiche, di scelte consapevoli e faticose. Inoltre, il benessere dei sudditi non è solo un fine da raggiungere per realizzare lo Stato ideale; esso è un mezzo importante per far funzionare lo Stato nella sua concretezza storica»

Tratto da P. Schiera (1990b), *Stato di polizia*, in N. Bobbio, N. Matteucci, G. Pasquino, p.1120

8.4.3. Il costituzionalismo

Il superamento dell'assolutismo è legato alle profonde trasformazioni sociali che hanno coinvolto l'Europa tra la fine del diciottesimo e gli inizi del diciannovesimo secolo. L'esplosione dell'industrialismo nelle forme del modo capitalistico di produzione permettono il consolidamento di una borghesia sempre più consapevole della propria rilevanza all'interno del tessuto socioeconomico e, conseguentemente, desiderosa di acquisire anche un ruolo di primo piano nel campo della politica. La logica assolutistica di un potere monocratico a cui tutti sono sottoposti comincia a non soddisfare più non solo la nuova classe borghese, ma anche gli elementi più illuminati di quella nobiltà che ha storicamente condiviso il potere con il sovrano. La gestione del potere politico tipico dell'*ancien régime*, anche per quel che concerne l'organizzazione economica della società, comincia ad essere vissuta come un ostacolo per lo sviluppo di quegli istituti, come il contratto, la proprietà, il mercato, che erano considerati fondamentali per gli interessi della borghesia. Un'idea di Stato impegnato a perseguire interessi a sé stanti a cui la società era subordinata comincia a generare una crescente insoddisfazione e una conseguente spinta nella direzione di una nuova concezione di Stato come strumento di sviluppo autonomo della società stessa. Questo capovolgimento del rapporto Stato/società imponeva in primo luogo una trasformazione degli istituti giuridici. Non era più possibile accordare alla dimensione politica un insieme di poteri assoluti, anche il monarca doveva a questo punto essere vincolato a un sistema di regole. Attraverso questa nuova concezione del rapporto tra potere politico e società prende corpo il **costituzionalismo moderno** (Matteucci 1988) che trova nell'Inghilterra settecentesca un terreno fertile di collaudo.

Con il **costituzionalismo moderno** anche l'azione del monarca viene vincolata a un sistema di norme giuridiche

In Inghilterra, infatti, per una molteplicità di fattori, l'assolutismo non riuscì mai ad attecchire. Il feudalesimo implose prematuramente a fronte di una precoce modernizzazione economica. Anche la questione religiosa, che nel resto d'Europa aveva rappresentato un ostacolo alla formazione di istituzioni politiche indipendenti, fu risolta con la costituzione politica della *English Church* con a capo il Re. La natura insulare del paese permise tra l'altro di fare a meno di una forte amministrazione centralizzata e di un esercito stanziale. Tutti fattori che hanno disincentivato lo sbocco assolutista sollecitando fin dal diciassettesimo secolo un'organizzazione politico-istituzionale calibrata sui due principi basilari del moderno costituzionalismo: la «tutela dei diritti» e una «legge indipendente» e sovraordinata rispetto al monarca. Questi due principi, che sono il fondamento della *rule of law* britannica, possono essere garantiti solo da un sistema giudiziario indipendente rispetto all'esecutivo (vedi approfondimento 8.4). Insomma, il costituzionalismo inglese inaugura la separazione dei poteri (legislativo, esecutivo e giudiziario) che per Montesquieu rappresentava l'ingrediente principale per la costruzione di una società libera. Nell'Inghilterra dell'epoca questa strutturazione di poteri reciprocamente indipendenti è tra l'altro accompagnata da una sfera pubblica vitale che si esprime nel dinamismo intellettuale dei tanti club e *coffe-house* che sono destinati a diventare il luogo della libera discussione e della critica sociale.

Lo stesso Parlamento, che in Inghilterra aveva sempre rappresentato un vincolo pesante rispetto al potere del Re, si era guadagnato una posizione affatto significativa come centro effettivo del potere legislativo e luogo di composizione del Gabinetto di governo. Era nato più o meno contemporaneamente alle assemblee dei ceti (La Camera dei Comuni) del resto d'Europa ma, diversamente, era riuscito a contrastare con efficacia il tentativo del monarca di svuotarlo di significato – cosa che invece riuscì ai sovrani francesi e prussiani – consentendo anche un riconoscimento istituzionale alle opposizioni parlamentari. Come scrive Poggi: «Il Parlamento stesso era diventato il protagonista collettivo d'un processo di assolutizzazione del potere politico simile a quello che nel Continente aveva invece avuto il proprio protagonista nella persona del monarca» (Poggi 1991, tr.it. 1992, 87; ma anche Rotelli, Schiera 1974).

Il pubblico era pur sempre di dimensioni ridotte (anche se crescenti) legato al censo o al livello di istruzione (due dimensioni sovente legate), ma trovava comunque nel Parlamento un luogo di rappresentanza e di decisione garantito ulteriormente da una stampa relativamente libera e un processo elettorale periodico ed efficiente. Lo stesso esercito, tradizionalmente legato alle vocazioni assolutiste, accettò di sottostare alla supremazia degli organi legislativi. Insomma, in Inghilterra, in linea con i dettami del liberalismo classico, il vero sovrano era il «diritto». Opinione pubblica, elettorato e assemblee legislative diventano i protagonisti di quel processo di costituzionalizzazione che, nella seconda metà del diciannovesimo secolo, porterà alla formazione dei primi Stati liberali o, appunto, **Stati di diritto,** cioè quegli Stati che, per dirla con Cerroni (1996, 193), si sottopongono alle leggi che essi stessi pongono.

In queste realtà, le elezioni rappresentavano il simbolo di istituzioni politiche libere e inclusive in cui si rivendicava la contingenza del potere e la sua subalternità al consenso. Ma non tutti avevano il diritto di partecipare al processo elettorale, né attivamente (come elettori) né tantomeno passivamente (come candidati). La democrazia è un ideale ancora lontano dal realizzarsi. Un certo livello di censo e di istruzione erano i requisiti richiesti agli individui maschi e adulti. Tutte le donne, e in genere buona parte della popolazione adulta, erano escluse dal processo partecipativo. Non è un caso che Giannini (1986, 134) riconduce la natura dello Stato di diritto ottocentesco all'espressione dura ma efficace di «Stato mono-classe», dove a trovare spazio di rappresentanza era solo la vecchia aristocrazia e la nuova classe borghese radicata nel mondo della finanza e negli istituti del modello capitalistico di produzione.

È proprio all'interno del conflitto tra capitale e lavoro che si sviluppa una contrapposizione sociale che reclama la sua traduzione politica. I lavoratori esclusi dal processo politico sfruttano la relativa libertà di associazione per organizzarsi e reclamare la propria inclusione nel sistema. Altri elementi della modernizzazione sociale, come l'urbanizzazione crescente e l'alfabetizzazione, concorrono alla formazione di nuove soggettività che spingono nella direzione di una maggiore apertura democratica. Col tempo, esse riuscirono a conquistare, seppur con velocità variabili, l'estensione del suffragio che tra il diciannovesimo e ventesimo secolo diverrà universale avviando la storia del costituzionalismo democratico. **Con il suffragio universale, prima maschile e poi maschile e femminile, lo Stato liberale diventa Stato liberaldemocratico, lo Stato di diritto diventa Stato democratico di diritto**.

L'accesso delle masse in politica determina una serie di mutamenti nella composizione della struttura di potere e nell'organizzazione della società. L'esigenza di organizzare politicamente le masse popolari porta alla costruzione dei moderni partiti di massa a vocazione democratica che, come vedremo, col tempo soppiantano i vecchi partiti notabiliari adatti a gestire il processo politico in un sistema chiuso e censitario. I processi decisionali si modificano nelle modalità e nei contenuti. L'azione statale deve a questo punto affrontare problemi di ampia portata ed espressione di interessi sociali diversificati, non necessariamente legati agli obiettivi delle classi economicamente dominanti. Nuove istanze diventano oggetto di dibattito pubblico. I diritti politici sono ormai acquisiti; si tratta ora di rivendicare i diritti sociali.

Approfondimento 8.4

Costituzionalismo

«La più nota definizione di Costituzionalismo è quella che lo identifica con la divisione del potere o, nella sua formulazione giuridica, con la separazione dei poteri. A favore di questa identificazione c'è un precedente assai autorevole: *La Déclaration des droits de l'homme et du citoyen* del 1789, che così larga parte avrà nelle vicende costituzionali dell'Europa ottocentesca, dettava nell'art. 16: "Ogni società nella quale non sia assicurata la garanzia dei diritti e determinata la separazione dei poteri non ha costituzione". In armonia con questa definizione ancor oggi, in sede di scienza giuridica e politica, si identifica il Costituzionalismo con la separazione dei poteri, col sistema dei freni e dei contrappesi, con la bilancia degli organi. Si prenda, ad es., l'opera ormai classica di Carl Friedrich, *Constitutional Goverment and Democracy,* nella quale si può leggere: "L'assolutismo, in tutte le sue forme, prevede la concentrazione dell'esercizio del potere; il Costituzionalismo, al contrario, la ripartizione dell'esercizio del potere"; o, ancora, distesamente: "Il Costituzionalismo, con la divisione del potere, assicura un sistema di freni efficaci all'azione del governo. Per studiarlo bisogna esaminare i metodi e le tecniche che permettono di stabilire e mantenere questi freni [...] e di rendere in tal modo il governo responsabile". Il Costituzionalismo, così, per molti coincide con la separazione dei poteri: e la tentazione di accettare questa identificazione è assai forte [...]

Assai diversa e del tutto singolare l'esperienza costituzionale inglese, tutta incentrata attorno al principio del *rule of law,* concetto che è assai difficile da definire come da tradurre: governo della legge o regola del diritto? L'espressione si afferma nell'Inghilterra del Seicento, ma riprende largamente motivi medievali, per affermare l'eguaglianza dei cittadini inglesi di fronte alla legge e per combattere ogni arbitrio del governo, che ledesse i loro diritti legali. Alla base del *rule of law* c'è un'esperienza culturale e politica del diritto, che è tipica dell'Inghilterra. Mentre la cultura tedesca e quella continentale erano condotte dai propri presupposti teoretici a unificare Stato e diritto (ordinamento giuridico), quella inglese ha ignorato il concetto di Stato, usando piuttosto quello di "governo" che è comprensivo delle tre classiche funzioni, o almeno dell'esecutiva e della legislativa. Dall'altro lato ha sempre affermato l'autonomia del diritto accanto o sopra il governo, o la necessità di subordinare il governo al diritto.

Questo è stato reso possibile non solo per l'indipendenza dei giudici dal potere politico, ma soprattutto per il particolare carattere del diritto inglese, il quale ancor oggi vede, accanto a norme di produzione legislativa-parlamentare, la *common law,* un diritto di cui i giudici sono conservatori e depositari: essi, infatti, continuano a giudicare o rifacendosi ai precedenti giudiziari, o interpretando le leggi del Parlamento nello spirito e secondo i principi generali del diritto immanenti nella *common law*. L'affermarsi, nel Seicento, dell'onnipotenza parlamentare ha portato a restringere la supremazia della *common law*, che, all'inizio del Seicento, consentiva ai giudici di dichiarare nulle o prive di efficacia le leggi del Parlamento, che andassero contro il diritto e la ragione. Tuttavia esso dimostra ancora una sua efficacia nell'autolimitazione che fa il Parlamento della suo onnipotenza»

Tratto da N. Matteucci (1990b), *Costituzionalismo*, Bobbio, Matteucci, Pasquino, p. 250-254.

8.5. Lo Stato sociale e democratico di diritto

Lo **Stato liberaldemocratico** o democratico di diritto si fonda sull'universalizzazione dei diritti politici e serve a organizzare una società di massa strutturandosi attorno a una complessa macchina amministrativa

Lo **Stato liberaldemocratico** è pensato per organizzare una società di massa e inevitabilmente si struttura attorno a una complessa macchina amministrativa che non ha eguali nelle esperienze ad esso anteriori. Renate Mayntz (1978, tr.it. 1982, 62-63), la cui opera sarà ripresa nei capitoli dedicati alle funzioni di governo e alla sociologia della pubblica amministrazione, parte dal presupposto di una radicale differenziazione delle funzioni statali che si articolano su cinque categorie: 1) quell'insieme di attività che servono a regolare i rapporti tra una società nazionale e le altre, che hanno storicamente espresso i ministeri degli esteri e della difesa; 2) quell'insieme di attività che servono a regolare i rapporti tra i soggetti individuali e collettivi all'interno della società, che hanno invece espresso i ministeri della giustizia e degli interni; 3) quelle attività che servono a recuperare risorse mettendole a disposizione del sistema politico-amministrativo, che hanno espresso i ministeri a carattere economico; 4) quell'insieme di attività che servono a fornire servizi e soddisfare altri bisogni collettivi; 5) infine, quelle attività che servono a orientare lo sviluppo sociale. Queste ultime due categorie di attività hanno espresso ministeri ad hoc, che si occupano di sviluppo economico, semplificazione amministrativa e Stato sociale.

Con lo **Stato sociale** la politica democratica si fa carico della pluralità degli interessi radicati in società altamente differenziate

La dimensione dello **Stato sociale** è tra l'altro fondamentale per comprendere i caratteri dello Stato democratico di diritto che, non a caso, studiosi come Umberto Cerroni, non esitano a chiamare «Stato sociale e democratico di diritto» (Cerroni 1996). Se l'aggettivo «democratico» serve a indicare la generalizzazione dei diritti di cittadinanza a partire dai diritti politici garantiti dalla universalizzazione del suffragio, l'aggettivo «sociale» indica invece la necessità di uno Stato democratico di farsi carico dei problemi principali di una società di massa che si esprime in una radicale differenziazione degli interessi collettivi. La politica, in un contesto democratico, ha infatti il compito di occuparsi di tutti i cittadini che esprimono «bisogni» soggettivi (salute, alimentazione, abitazione, istruzione). Tali bisogni vengono aggregati in «interessi» collettivi che si radicano in alcune sfere di attività sociale (sanità, casa, lavoro, scuola e università). Uno Stato democratico e sociale si pone il problema di trasformare questi interessi in «diritti» (diritto all'abitare, diritto all'istruzione, diritto al lavoro, diritto alla formazione).

Le istituzioni politiche e di governo non possono più limitarsi a tutelare solo gli interessi delle classi socialmente ed economicamente privilegiate, ma devono ora occuparsi anche dei ceti sociali (classi) più svantaggiati (lavoratori dipendenti, donne, anziani, giovani) che, attraverso la partecipazione politico-elettorale, possono ormai incidere nei processi di selezione dei rappresentanti politici e sono organizzati all'interno di soggetti sociopolitici collettivi (partiti di massa e sindacati). Da questo punto di vista, lo Stato democratico, di fronte a una crescente e diversificata domanda sociale, si assume (o si dovrebbe assumere) il compito di regolatore sociale, cercando un rimedio rispetto alla scarsità e, sovente, cattiva distribuzione delle risorse. Poggi definisce questo tipo di Stato con l'espressione di «Stato servizievole», intento cioè a rispondere con spirito di servizio alle molteplici richieste sociali (Poggi 1991, tr.it. 1992, 178), che si contrappone a uno Stato che, per esempio nella visione marxista, elargisce concessioni alle classi subalterne solo per disinnescarne le potenzialità di conflitto, ma nella sostanza sostiene e difende gli interessi delle classi economicamente dominanti entro i rapporti stabiliti in un modello sociale imposto dal capitalismo industriale e finanziario.

In ogni caso, l'espansione dell'intervento pubblico nei processi socioeconomici ha dato storicamente vita all'esperienza dello **Stato del benessere**, o *welfare state*, o ancora «Stato assistenziale» che, nella definizione di Wilensky (1975), si occupa di garantire a tutti i cittadini standard minimi di reddito, occupazione, istruzione, abitazione, salute. La nascita dello Stato del benessere in un contesto liberaldemocratico viene in genere ricondotta al «Piano Beveridge», dal nome dell'economista William Henry Beveridge che, nel 1942, approntò un rapporto sulla «sicurezza sociale e i servizi connessi» che servì come base di riferimento per l'inaugurazione dello Stato sociale nella Gran Bretagna alla fine della Seconda Guerra Mondiale. In linea con le indicazioni presenti nel rapporto, dopo le elezioni generali del 1945, vennero predisposti una serie di provvedimenti su sanità e istruzione finalizzati a garantire eguali prestazioni a tutti i cittadini indipendentemente dal loro reddito. Ma, come nota Gloria Regonini, nell'ambito di un sistema liberaldemocratico, «a distinguere lo Stato assistenziale da altri tipi di Stato non è tanto l'intervento diretto delle strutture politiche per migliorare il livello di vita della popolazione, quanto il fatto che tale azione è rivendicata dai cittadini come un diritto» (Regonini 1990, 1115). **In democrazia esiste dunque una connessione diretta tra diritti civili acquisiti, partecipazione politica e diritti sociali**.

> Lo **Stato del benessere**, o *welfare state*, si occupa di garantire a tutti i cittadini standard minimi di reddito, occupazione, istruzione, abitazione, salute

Non sono infatti mancati anche in epoca pre-democratica casi di assistenzialismo pubblico. Già nel diciottesimo secolo diversi Stati europei (Austria, Prussia, Russia, Spagna) avevano attuato provvedimenti di assistenza all'interno di una struttura di potere di tipo patrimoniale; eppure, con l'affermarsi della rivoluzione industriale e del capitalismo, le norme in sostegno delle classi sociali più svantaggiate erano addirittura considerate come un ostacolo alla crescita perché considerate generatrici di una sacca di parassitismo sociale che avrebbe appesantito il libero sviluppo dell'economia di mercato. Quando alcuni provvedimenti assistenziali venivano approvati erano generalmente contrapposti ai diritti politici. Quando nel 1834 in Inghilterra fu promulgata la legge sui poveri (*poor law*), il mantenimento delle spese della collettività da parte dello Stato era garantito solo in cambio di una rinuncia alle libertà personali. Come nota Marshall (1964), il povero ottiene assistenza solo se accetta di essere messo fuori gioco rinunciando ai propri diritti civili e politici. Lo Stato provvede al suo sostentamento non perché esso sia riconosciuto come portatore di un qualche diritto, ma piuttosto perché considerato un soggetto instabile e pericoloso per la collettività. Questa contrapposizione tra diritti politici e diritti sociali rimane in piedi per tutto il diciannovesimo secolo. Anche in Prussia, quando Bismark, tra il 1883 e il 1889, promulgherà una serie di provvedimenti per garantire assistenza ai lavoratori, lo farà dentro un contesto di privazione di ogni diritto politico alla classe operaia a cui, già nel 1978, era stato proibito il diritto di riunione e propaganda.

Bisognerà attendere il ventesimo secolo per trovare tracce di assistenza pubblica legata al riconoscimento dei diritti di cittadinanza. In questo caso, la tutela dei diritti sociali diventa la naturale prosecuzione del riconoscimento dei diritti civili e politici. Per quanto già nei primi anni del secolo, con una certa accelerazione in seguito alla grande depressione del '29, è possibile registrare una tendenza verso lo Stato del benessere, bisognerà attendere gli anni successivi al secondo conflitto bellico per assistere allo sviluppo e al consolidamento del *welfare state* così come oggi lo intendiamo e cioè secondo una logica per cui tutti i cittadini, in quanto cittadini, hanno diritto a godere di un sistema efficiente di protezione sociale. In tutta Europa è gradualmente aumentata la quota del prodotto interno lordo destinata alla spesa pubblica sociale. Questo ha garantito il raggiungimento complessivo di un certo benessere collettivo dentro un compromesso virtuoso tra capitale e lavoro. I lavoratori, organizzati in partiti di ispirazione socialista e sindacati, accettano la logica del capitalismo e del libero mercato in cambio di un sistema di protezione sociale garantito dallo Stato (salario minimo, ammortizzatori sociali, sussidi di invalidità o di disoccupazione, pensione, servizio sanitario nazionale, scuola pubblica, ecc.). L'aumento della spesa pubblica determina però anche una crescita del deficit che, già negli anni Ottanta del ventesimo secolo, molti osservatori dichiaravano insostenibile e dunque foriero di una sostanziale instabilità economica. Da qui nasce la cosiddetta crisi dello Stato sociale, con la tendenza a smantellare gradualmente tutto quel sistema di protezioni sociali che era stato il perno del grande compromesso socialdemocratico del ventesimo secolo.

In ogni caso, uno Stato così organizzato presenta livelli di complessità mai sperimentati prima. La relazione tra portatori di interessi sociali e istituzioni politiche non è mai così pacifica come potrebbe sembrare da quanto appena detto. In un contesto democratico rappresentativo, il processo politico si realizza in molti luoghi ed è caratterizzato dalla presenza di più attori spesso tra loro confliggenti. In primo luogo, deve esistere una sfera pubblica, cioè quell'arena sociale, non necessariamente legata a un luogo fisico, dentro la quale si articola la libera discussione sugli affari sociali e dove una pubblica opinione si forma e si dispiega anche grazie alla presenza di mezzi di comunicazione plurali e, per quanto possibile, indipendenti. Devono poi esistere quegli attori collettivi (gruppi, partiti, movimenti, sindacati) che organizzano il conflitto, così come il consenso, nei confronti del sistema politico-governativo e delle politiche pubbliche di cui esso si fa promulgatore. Deve esistere una burocrazia efficiente fatta di funzionari specializzati e competenti che si occupano di eseguire le direttive politiche e di garantire il funzionamento dell'intero sistema. Tutti questi aspetti verranno discussi più avanti in capitoli specifici. ■

Percorso di autoverifica

- Cosa intendiamo con Stato moderno?
- Cosa intendiamo per istituzionalizzazione del potere politico?
- Quali sono i sei principali requisiti dello Stato moderno?
- Che connessione esiste tra Stato e questione militare?
- Che differenza c'è tra formazione dello Stato e formazione della Nazione?
- Quali sono i principali elementi dell'identità nazionale?
- Cosa intendiamo invece per nazionalismo?
- Cosa accomuna la spiegazione evoluzionista dello Stato e quella marxista?
- In che termini si può parlare di spiegazione stato-centrica?
- Quali caratteristiche favoriscono lo sviluppo dello Stato in Europa centrale?
- Quali sono i legati istituzionali di origine feudale che ritroviamo anche nello Stato moderno?
- Cos'è una società per ceti?
- Quali sono le caratteristiche dell'assolutismo?
- Cosa intendiamo per Stato di polizia rispetto all'esperienza prussiana?
- Cosa intendiamo per costituzionalismo moderno?
- Che differenza c'è tra Stato di diritto e Stato democratico di diritto?
- Cosa intendiamo per Stato sociale?
- Cosa intendiamo per Stato del benessere e perché entra in crisi?

Lo Stato nel sistema globale

9

Gli Stati coesistono accanto ad altri Stati con i quali intrattengono relazioni di cooperazione o conflitto. Tutti insieme danno vita al sistema politico internazionale che, anche in assenza di un'unica autorità sovrana, si dà un'organizzazione fatta di principi condivisi e regole. Tutti gli Stati sono formalmente uguali, ma non tutti hanno lo stesso peso nel processo di costruzione delle norme di comportamento. Esiste quindi una gerarchia con al vertice lo Stato o il gruppo di Stati economicamente e militarmente più forti. Il sistema internazionale non è dunque completamente anarchico. Tra la totale anarchia e la totale gerarchia esistono diverse formule intermedie che vanno dalle alleanze tra Stati, intese come impegni formali o informali tra governi nel settore della cooperazione di sicurezza, a forme più alte di integrazione, come avviene nel caso dei regimi internazionali o degli accordi tra governi dentro un quadro istituzionale garantito dalla presenza di organizzazioni internazionali, sovranazionali e transnazionali. La crescente interdipendenza tra soggetti, soprattutto sotto la spinta dei processi di transnazionalizzazione dell'economia, ha dato vita oggi a un sistema politico globale, dove gli Stati sono affiancati nell'arena globale da una serie di attori non-statali, dalle grandi corporation economiche alla miriade di movimenti e organizzazioni non governative che, insieme, danno significato a una società civile globale che agisce a livello locale e subnazionale, così come a livello transnazionale. Pur nelle diversità, oggi i governi si trovano a dover affrontare una serie di sfide nel campo della sicurezza, della sostenibilità ambientale, dei diritti e della conoscenza che fanno del mondo una comunità di destino.

Obiettivi di apprendimento

- Il sistema internazionale è composto da un insieme di Stati interagenti in un quadro di regole, istituzioni e ruoli organizzativi. Ogni Stato gode di eguale *status* ma di diversa *statura*. Esistono quindi Stati più influenti di altri.
- I processi di globalizzazione hanno determinato la costituzione di un sistema più ampio e inclusivo che comprende sia gli Stati e il loro sistema sia una pluralità di soggetti non-statali fra loro interdipendenti. Questo insieme dà corpo al sistema politico globale.
- Di fronte alle sfide di un sistema sempre più intrecciato e interdipendente, la politica è costretta a mettere in atto pratiche di integrazione internazionale anche elaborando istituzioni sovranazionali che incidano sulla politica interna dei singoli Stati.

9.1. Il sistema politico internazionale

Ogni Stato coesiste accanto ad altri Stati con cui intrattiene relazioni di cooperazione o conflitto. Tali relazioni si fondano sul quantum di potenza (socioeconomica e militare) che ogni Stato possiede e che utilizza come deterrente nei confronti degli altri al fine di garantire l'integrità dei propri confini territoriali. Si tratta di un vero e proprio sistema di Stati reciprocamente autonomi.

Il **sistema politico internazionale** è composto dall'insieme degli Stati interagenti dentro un quadro di regole, istituzioni e ruoli organizzativi

La nascita del **sistema politico internazionale**, così come lo intendiamo oggi, può essere ricondotta alla **pace di Vestfalia** del 1648 che pose fine alla cosiddetta guerra dei trent'anni e alla guerra degli ottant'anni, tra la Spagna e le Province Unite. Essa si divide nei due trattati di Münster e nel Trattato di Osnabrück; viene poi completata nel 1659 con il Trattato dei Pirenei con cui cessano le ostilità tra Spagna e Francia. Si inaugura un nuovo ordine internazionale in cui gli Stati si riconoscono in quanto Stati, al di là della fede dei vari sovrani. Viene formalmente sancito il concetto di sovranità che dà vita a una comunità internazionale fondata sulla coesistenza di più unità territoriali autonome e centralizzate. Anche sul piano delle libertà religiose, si inaugura una nuova epoca nel rapporto da sempre controverso tra Stati secolari e Chiesa di Roma. Viene infatti confermata la Pace di Augusta (1555), estendendo la tolleranza ai calvinisti e stabilendo l'obbligo dei sovrani di rispettare le minoranze religiose. Si stabilisce tra l'altro che i beni ecclesiastici in possesso dei protestanti non debbano essere restituiti alla Chiesa cattolica. Insomma, nasce un sistema internazionale relativamente ordinato, interrompendo una lunga fase di guerre di religione. Da allora in poi, le relazioni tra Stati si sarebbero svolte secondo il criterio del reciproco riconoscimento e anche i successivi conflitti bellici in Europa si sarebbero poi intrapresi per motivazioni di ordine esclusivamente politico. Ovviamente, nel diciassettesimo secolo, la configurazione del sistema internazionale è ancora in una fase primitiva; in Europa molti territori ancora non avevano raggiunto la piena statualità e dovranno aspettare la seconda metà del diciannovesimo secolo per rapportarsi agli altri come Stati sovrani. In particolare, l'attuale sistema delle relazioni internazionali dovrà attendere il ventesimo secolo per consolidarsi nelle forme organizzate che oggi conosciamo.

Come vedremo, **per quanto in un sistema di Stati non esista un'autorità sovrana fondata sul diritto, essi non si rapportano tra loro in una condizione di assoluta libertà, ma sono comunque inseriti dentro un insieme di regole che danno corpo a una certa organizzazione di governo che riflette sia la loro pari sovranità che la loro sostanziale disuguaglianza**. Naturalmente questa organizzazione del sistema internazionale non è paragonabile a quella di uno Stato nazionale dentro il quale il potere è distribuito, come abbiamo visto, in una rete di istituzioni politiche territorialmente strutturate. Eppure, come nota Attinà (2003, 85), essa è comunque paragonabile a un sistema politico, «perché esiste un sistema di regole, di istituzioni e di ruoli che organizzano le relazioni tra i suoi soggetti ed esistono processi formali e informali con i quali sono fatte scelte vincolanti sui beni del sistema stesso». Per questa ragione, anche a livello internazionale, è possibile parlare di «sistema» inteso come insieme di Stati sottoposti a un'organizzazione che produce una certa distribuzione dei ruoli e conformità dei comportamenti. **Un sistema politico internazionale è dunque composto da un insieme di Stati interagenti dentro un quadro di regole, istituzioni e ruoli organizzativi; esso è in genere organizzato gerarchicamente in base al livello di influenza che uno o più Stati esercitano nella formazione e trasformazione delle regole del gioco**. Gli Stati che possiedono le necessarie risorse politiche, economiche, culturali e militari, assumono infatti una posizione di egemonia rispetto a tutti gli altri. Gli Stati secondari, cioè impossibilitati ad assumere un ruolo guida nella gerarchia internazionale, possono sostenere l'organizzazione esistente, agendo come supporto dello Stato egemone, o avversarla, al limite sostenendo uno Stato che, per risorse e potere, può comportarsi da sfidante, con l'obiettivo di prendere il posto dello Stato guida. Esistono poi gli Stati che agiscono da *free-rider*, cioè da battitori liberi, ora agendo come se un ordine internazionale non esista, ora alleandosi opportunisticamente con lo Stato egemone ovvero con quello sfidante sulla base di un calcolo di convenienza.

Ovviamente, quando il mondo, e in particolare l'Europa, era organizzato da un sistema di Stati a regime di governo assolutistico, le regole di coesistenza si fondavano esclusivamente sul reciproco riconoscimento della sovranità su un determinato territorio e le loro relazioni si basavano su una costante minaccia di guerra in cui le gerarchie si costruivano attorno al quantum di potenza militare di cui ogni Stato era diversamente dotato. Con lo sviluppo dei mercati e del modello capitalistico di produzione, è stato necessario costruire un sistema di regole internazionali sui commerci e la moneta. Oggi, con la crescente interdipendenza prodotta dalle dinamiche della globalizzazione, il sistema internazionale, divenuto globale, è costantemente impegnato a produrre regole e politiche comuni riguardanti diversi ambiti, dalla sicurezza internazionale alla salute, dall'ambiente ai diritti umani (cfr. par. 9.4). Tali trasformazioni indicano come la struttura delle relazioni internazionali non sia statica, ma profondamente cangiante e condizionata da processi di natura politica, ma anche economica e culturale. Per valorizzare questo dinamismo, preferiamo utilizzare l'espressione di «organizzazione internazionale», dotata per definizione di una certa elasticità, piuttosto che di «ordine internazionale», che richiama invece un fenomeno tendenzialmente fisso. Quando parliamo di organizzazione, ci riferiamo alla molteplicità delle pratiche di **integrazione** del sistema internazionale che, specie a partire dal secondo dopoguerra, hanno dato vita ad attori transnazionali, sovranazionali e intergovernativi che hanno profondamente condizionato la logica competitiva delle relazioni internazionali.

> L'**integrazione** internazionale indica il processo di graduale cessione di sovranità da parte degli Stati a strutture di autorità ad essi superiori

Con il termine «integrazione» intendiamo «una condizione nella quale unità precedentemente autonome hanno più o meno ceduto funzioni vitali a un'altra unità più estesa, mentre continuano a mantenere un numero sostanziale di altre funzioni vitali» (Inkeles 1975, 471). Rapportando questa definizione al sistema degli Stati, ci riferiamo a una sostanziale cessione di sovranità a strutture di autorità ad essi superiori. Nella politica internazionale questo si realizza molto raramente. Solo nel caso della costituzione di autorità sovra-statali, come l'Unione

Europea, è possibile registrare questo fenomeno. Cionondimeno, la crescente interdipendenza internazionale ha fatto sì che il sistema si dotasse di strutture più o meno formali capaci di incidere sulle scelte dei singoli governi. In questi casi, più che di cessione di sovranità, assistiamo a un certo «livello di associazione tra attori, su di una dimensione o un'altra» in un contesto di generalizzata interdipendenza (Keohane, Nye 1975, 366). Senza una certa organizzazione, il sistema internazionale sarebbe sostanzialmente anarchico, cioè caratterizzato da un insieme di unità statali geograficamente contigue e reciprocamente autonome. **Il processo di integrazione internazionale segna quel passaggio graduale e incompiuto da un «principio ordinatore anarchico», cioè senza alcuna autorità al di sopra degli Stati, a «un principio ordinatore gerarchico» che prevede l'esistenza di attori internazionali a cui si riconosce l'autorità di prescrivere una certa condotta sociale** (Rosa, Scartezzini 2006, 326). Tra la totale anarchia e la totale gerarchia esistono diverse formule intermedie che vanno dalle **alleanze** tra Stati, intese come impegni formali o informali tra governi nel settore della cooperazione di sicurezza, a forme più alte di integrazione, come avviene nel caso dei **regimi internazionali** che, per dirla con Krasner (1986, 131), sono:

> *Complessi di principi, norme, regole e procedure decisionali impliciti o espliciti su cui convergono le aspettative degli attori di un determinato settore delle relazioni internazionali. I principi rappresentano le credenze sui fatti, sulle cause e sulle convinzioni di tipo morale. Le norme esprimono livelli di comportamento definiti in termini di diritti e doveri. Le regole pongono prescrizioni e divieti specifici riguardo alle azioni. Le procedure decisionali costituiscono pratiche comuni con cui si individuano e si realizzano le scelte che interessano la collettività.*

Tali regimi possono essere più o meno strutturati in forma di trattato o di organizzazioni intergovernative. A un livello ancora superiore di integrazione abbiamo infine le **istituzioni sovranazionali** a cui alcuni Stati si subordinano, come nel caso dell'Unione Europea. Al livello più alto del principio ordinatore gerarchico abbiamo infine gli **Imperi** caratterizzati dalla presenza di un numero più o meno ampio di Stati che si sottopongono al controllo economico, politico e militare di un unico centro di autorità. Se la costruzione di un Impero avviene seguendo dinamiche coercitive (Aron 1962, tr.it. 1970), le istituzioni sovranazionali sono in genere il frutto di un accordo tra Stati che si percepiscono come una comunità internazionale, caratterizzata da una condivisione di cultura e interessi.

La **sociologia politica internazionale** studia le dinamiche di strutturazione e destrutturazione delle formule organizzative che regolano i rapporti tra soggetti a livello internazionale

La **sociologia politica internazionale**, o sociologia delle relazioni internazionali, si occupa proprio di studiare queste dinamiche di strutturazione e destrutturazione delle formule organizzative a cui tutti i soggetti si conformano, a partire dal riconoscimento di un elemento sociale originario che, per dirla con James (1992), è rappresentato dall'uguale *status* e la diversa *statura* degli Stati. **Tutti gli Stati sono infatti autonomi e sovrani, ma non tutti sono dotati dello stesso potere di incidere sul corso organizzativo del sistema**.

Approfondimento 9.1

Denuncia dei trattati Münster e Osnabrück da parte di Innocenzo X , Roma, 20 novembre1648

«Mossi dallo zelo per la famiglia di Dio che continuamente riempie il nostro cuore, ci siamo dedicati con cura particolare al mantenimento dell'integrità della fede ortodossa e della dignità ed autorità della Chiesa cattolica, affinché i diritti della medesima, di cui siamo stati eletti difensori da Nostro Signore, non soffrano alcun danno da parte di coloro che ricercano il proprio vantaggio piuttosto che la gloria di Dio, ed affinché non si sia accusati di negligenza nel compito di governo, che ci è stato affidato, quando dovremo rispondere della nostra condotta al Giudice Supremo.

Così non è stato senza vivo dolore che abbiamo appreso come da vari articoli, tanto della pace concordata separatamente a Osnabrück il 6 di agosto dell'anno 1648 tra il nostro carissimo figlio in Cristo, Ferdinando Re dei Romani, imperatore eletto, ed i suoi alleati e seguaci da una parte e gli svedesi ed i loro alleati e seguaci dall'altra, quanto della pace conclusa a Münster in Vestfalia il 24 ottobre dello stesso anno 1648 tra il detto Ferdinando, Re dei Romani, Imperatore eletto, ed i suoi alleati e seguaci da una parte ed il nostro carissimo figlio in Gesù Cristo, Luigi cristianissimo re di Francia, pure con i suoi alleati e seguaci dall'altra, sia stato recato gravissimo alla religione cattolica, alla devozione divina, alla Sede Apostolica e romana ed alle chiese minori ed agli ordini ecclesiastici, come pure alla loro giurisdizione, potere, immunità, franchigia, libertà, esenzioni, privilegi, affari, possedimenti e diritti.

Poiché per vari articoli, sia di ambedue, sia di uno solo di questi trattati di pace, sono stati abbandonati in perpetuo agli eretici ed ai loro successori tra le altre cose i possedimenti ecclesiastici, da essi in altro tempo occupati e agli eretici, seguaci della cosiddetta confessione di Augusta, viene concessa la libera pratica della loro eresia in vari luoghi, a loro vengono assegnati luoghi, su cui costruire templi a tal proposito; sono stati ammessi con i cattolici agli uffizi, cariche pubbliche e ad arcivescovati, vescovati ed altri benefizi e dignità ecclesiastici ed alla partecipazione nelle "preghiere principali", ossia il particolare privilegio imperiale di assegnare un limitato numero di canoni ai capitoli in Germania che la Santa Sede aveva concesso allo stesso Ferdinando, Re dei Romani, imperatore eletto; sono state soppresse nei possedimenti ecclesiastici della suddetta confessione di Augusta le annate, gli *iurapalatii*, le confermazioni, i primi redditi papali e tutti i simili privilegi e riserve; la conferma delle elezioni o candidature dei cosiddetti arcivescovi, vescovi o prelati della medesima confessione è stata trasferita al potere secolare; innumeri arcivescovati, vescovati, monasteri, parrocchie, balivati, commende, canoniche ed altri benefizi ecclesiastici e possedimenti della Chiesa sono stati concessi a principi eretici e ai loro successori in feudo perpetuo, col titolo di una dignità secolare e la soppressione della loro designazione ecclesiastica; è stato decretato che contro questa pace o alcuno dei suoi articoli non debba essere citata, applicata o riconosciuta alcuna delle leggi canoniche o civili, generali o particolari, dei decreti conciliari, regole di ordini religiosi, giuramenti, o concordati con i pontefici romani, od alcuno degli altri ecclesiastici o politici statuti, decreti, dispense, assoluzioni od altre obiezioni; il numero di sette elettori dell'Impero, precedentemente ratificato dall'apostolica autorità, è stato accresciuto senza il nostro consenso e quello della suddetta Sede, e l'ottavo elettorato è stato creato a favore di Carlo Luigi, conte palatino del regno, eretico; e sono state decretate molte altre cose spiacevoli da riferire, assai pregiudizievoli e dannose alla religione ortodossa ed alla suddetta Sede di Roma, alle chiese minori e ad altri menzionati sopra.

Tutto ciò è stato compiuto nonostante il nostro venerabile fratello Fabio, vescovo di Nardo, nunzio straordinario nostro e della Santa Sede nella terra del Reno e nella bassa Germania, abbia protestato pubblicamente a nome nostro e della suddetta Sede a seguito di nostre istituzioni, e questi articoli sono stati temerariamente redatti da persone, che non ne avevano la potestà; sono perciò senza valore, nulli, ingiusti e come tali devono essere da tutti considerati; è legalmente manifesto che qualsiasi accordo o disposizione riguardante materie ecclesiastiche, stabilito senza il consenso della Sede suddetta, è nullo e senza alcun effetto o validità.

Nondimeno, desiderando un rimedio maggiormente efficace per la rettifica di tutto quanto sopra stabilito, desiderando realizzare ciò secondo l'obbligo dell'ufficio pastorale affidatoci dall'alto, e considerando che il preciso significato e i termini delle condizioni di ambedue i trattati di pace e di tutto quanto è in essi compreso, sono ampiamente e sufficientemente espressi e contenuti nel nostro presente documento, come pure il significato e i termini di altre cose vi sono logicamente espressi e compresi, come se lo fossero parola per parola, noi, di nostra propria volontà, per nostra certa conoscenza e matura riflessione e per la pienezza dell'apostolico potere, stabiliamo e dichiariamo col presente documento che i suddetti articoli di questi trattati, singolarmente e complessivamente, ed ogni altra cosa contenuta in detti trattati, che sia offensiva o rechi il più piccolo pregiudizio, o che potrebbe dirsi, capirsi, immaginarsi o considerarsi in qualche modo dannosa o molesta, alla religione cattolica, alla devozione divina, alla salvezza delle anime, alla detta Sede Apostolica romana, a chiese minori, ordini e domini ecclesiastici ed alle loro persone, membri ed affari, possedimenti, giurisdizione, autorità, immunità, libertà, privilegi, prerogative e diritti di ogni genere, con tutto quanto è derivato o potrà derivare da essi, sono e saranno legalmente ed in perpetuo nulli, di nessun valore, non validi, perversi, ingiusti, condannati, riprovati, vani e senza alcuna forza od effetto e che nessuno è tenuto ad osservarli, singolarmente o complessivamente, anche nel caso fossero rafforzati da giuramenti, e che nessuno ha potuto o potrà acquistare o reclamare per se stesso in nessun momento sulla loro base alcun diritto o carica o titolo valido o diritto prescrittivo, anche se il possesso durasse per lungo ed immemorabile tempo senza alcuna interruzione, né le sue richieste hanno alcun fondamento nella legge, così che esse dovranno essere per sempre considerate, come se non esistessero o non fossero mai state formulate ed approvate. Inoltre, per maggiore precauzione, finché sarà necessario, noi, per la suddetta volontà, conoscenza, deliberazione e pienezza di potere, condanniamo, riproviamo, estinguiamo, annulliamo e priviamo di ogni forza ed effetto i detti articoli e tutto quanto di pregiudizievole è stato sopra stabilito, e protestiamo contro di loro e dichiariamo la loro nullità agli occhi di Dio. E per quanto è necessario, ripristiniamo, ristabiliamo e reintegriamo completamente tutto quanto concerne tali materie, la Sede Apostolica romana, le chiese minori, e tutti i luoghi sacri ed il clero nel loro primitivo ed integro stato, nella stessa posizione in cui si trovavano prima di detto decreto e di qualsiasi altro accordo, trattato o convenzione, precedentemente concordato o richiesto in alcun modo o luogo, riguardante le materie summenzionate [...]».

Dato a Roma in Santa Maria Maggiore con il sigillo del Pescatore il 20 novembre dell'anno 1648 quinto del nostro Pontificato

9.2. L'organizzazione politica internazionale

Quando parliamo di organizzazione della politica mondiale ci riferiamo in primo luogo alle **regole internazionali** a cui tutti gli Stati tendenzialmente si conformano. Si tratta di principi, convenzioni e norme che sottostanno al sistema delle relazioni internazionali (Cohen 1981; Kratochwill 1989; Claude 1993; Florini 1996). Gli studiosi internazionalisti tendono a condividere l'idea che ci si possa riferire a tre tipi di regole (Attinà 2003): I «principi sociali», le «norme giuridiche» e le «regole operative» (o «regole del gioco»):

Le **regole internazionali** rappresentano l'insieme di principi, convenzioni e norme che sottostanno al sistema delle relazioni internazionali

- I **principi sociali** indicano l'accordo tra gli Stati su quei valori attorno a cui strutturare la società internazionale. Grazie ad essi è possibile prevedere una certa condotta sociale e cioè quell'insieme di comportamenti individuali e collettivi attraverso cui il sistema può essere conservato, a prescindere da eventuali alleanze politiche interstatali o istituzioni internazionali. Tali principi sono in genere declinati in dichiarazioni governative o fissati nelle carte costituzionali dei vari paesi e vengono confermati nei preamboli degli statuti delle diverse organizzazioni internazionali. Essi si fondano in genere sul rispetto della sovranità e dell'inviolabilità territoriale, nonché sull'esigenza di ridurre al minimo il ricorso alla violenza per la risoluzione delle controversie internazionali. Più recentemente, si è anche affermato il diritto all'autodeterminazione dei popoli per la difesa della quale è possibile derogare al principio dell'inviolabilità territoriale e della non interferenza negli affari interni di uno Stato. È internazionalmente riconosciuta la possibilità di ricorrere a interventi militari per scopi umanitari, qualora in uno Stato si verifichino forme eccessive di discriminazione e violenza su una porzione di popolazione. Al contempo, prende piede l'affermazione del principio della difesa ambientale, una questione che non può essere affrontata semplicemente attraverso l'azione di uno o più Stati; da questo punto di vista, è possibile derogare al principio della sovranità imponendo agli Stati politiche di sviluppo ecocompatibili.
- Se comunemente accettati, i principi sociali si trasformano in **norme giuridiche del diritto internazionale** o in norme vincolanti contenute negli accordi stipulati tra governi nazionali su questioni specifiche. Tali norme hanno generalmente a che vedere con principi sociali riconosciuti, come la tutela dei diritti umani, il rispetto degli spazi di navigazione, la tutela ambientale e, sovente, sono la base per la formazione di organizzazioni intergovernative con procedure amministrative proprie. L'anomalia del diritto internazionale rispetto ai sistemi giuridici statali sta nell'inesistenza di un'autorità sovrana che giudichi e sanzioni eventuali violazioni. Le norme del diritto internazionale sono infatti seguite per consuetudine; gli Stati condividono l'idea che i costi da sostenere in caso di trasgressione siano generalmente superiori agli eventuali vantaggi. Non mancano però circostanze in cui tali norme vengono deliberatamente violate perché considerate incompatibili con gli interessi congiunturali di una

Nazione. In ogni caso, gli Stati tendono a trasgredire le norme internazionali solo per una posta in gioco molto alta.

- Le cosiddette **regole operative**, o **regole del gioco**, riguardano speciali convenzioni tra Stati, osservate in via di fatto, senza però essere sanzionate da alcun accordo o trattato formale. Esse non sono esplicitamente enunciate, ma vengono altresì rispettate al fine di garantire un certo equilibrio nelle relazioni internazionali. Sono in genere ambigue e consentono un ampio margine di interpretazione da parte dei governi; essi possono agire in maniera anche molto distante dalle prescrizioni, senza per questo essere accusati di alcuna violazione. Una regola operativa sta per esempio nel rispetto delle «zone di interesse». Nella storia recente delle relazioni internazionali non sono mancati patti non scritti tra grandi potenze che, pur nella conflittualità formale, hanno rispettato la spartizione del mondo in zone di influenza e interesse sociopolitico ed economico. È per esempio il caso, come vedremo, della divisione bipolare tra zone di influenza nel corso dei lunghi anni di Guerra Fredda che ha visto contrapporsi due blocchi geopolitici con al vertice Stati Uniti e Unione Sovietica.

Un'**istituzione dell'organizzazione internazionale** è generata da un insieme coerente di regole, procedure e strutture decisionali

Un insieme coerente di regole, procedure e strutture decisionali danno vita a un'**istituzione dell'organizzazione internazionale**. Gli Stati possono concorrere alla definizione di una struttura amministrativa per affrontare problemi comuni. Tali strutture rappresentano l'esigenza dei governi di dare al sistema internazionale un assetto stabile fatto di regole condivise, con l'obiettivo di alzare il costo della devianza sociale (Keohane 1988). Le istituzioni internazionali possono infatti condizionare le politiche degli Stati godendo tra l'altro del contributo di soggetti transazionali non-statali (Organizzazioni non-governative, corporation, ecc.). Come ci ricorda Attinà (2003, 94-97), le istituzioni rilevanti dell'organizzazione politica del sistema internazionale sono in sostanza di due tipi: quelle di **competenza politica e di sicurezza,** che hanno in genere la forma di «organizzazioni internazionali intergovernative», e quelle di **competenza economica**, che assumono in genere la forma più complessa dei «regimi internazionali».

Le organizzazioni intergovernative sono dotate di strutture e organi permanenti e da un insieme di risorse garantite loro dai governi nazionali che vi partecipano. Attraverso di esse, è possibile svolgere attività collettive altrimenti lasciate alla volontà di potenza dei singoli Stati (Abbott, Snidal 1998). La principale organizzazione intergovernativa internazionale dotata di competenze politiche è l'Onu (Organizzazioni delle Nazioni Unite) a cui partecipano quasi tutti i governi del mondo. Essa nasce nel 1946 sulle ceneri della vecchia Società delle Nazioni (vedi approfondimento 9.2) ed è preponderante rispetto a tutte le altre organizzazioni, che assumono generalmente una portata regionale, come nel caso della Lega araba, dell'Organizzazione degli Stati Americani (Osa), dell'Organizzazione dell'unità africana (Oua) e dell'Organizzazione per la sicurezza e la cooperazione in Europa (Osce).

I regimi internazionali, come abbiamo accennato, indicano «qualsiasi istituzione con la quale gli Stati governano aree specifiche della loro cooperazione»

(Attinà 2003, 96). In genere, queste aree di cooperazione riguardano la sfera economica e finanziaria, regolando l'interdipendenza tra gli Stati sull'uso per esempio dei beni energetici (petrolio, gas naturali, ecc.), ma possono anche riguardare questioni politiche e militari (si pensi al regime di non proliferazione nucleare). I regimi internazionali sono dunque istituzioni pensate per la gestione di problemi che si collocano nel campo dell'interdipendenza tra i governi e per i quali si pensa che soluzioni concordate in maniera cooperativa siano meno costose di quelle eventualmente prese isolatamente dai singoli Stati. I regimi internazionali sono istituzioni complesse che si avvalgono del contributo di organizzazioni intergovernative e soggetti non-governativi (Krasner 1982; Keohane 1984). I regimi internazionali più rilevanti riguardano in genere l'organizzazione politica degli scambi economici. Si pensi al ruolo assunto dal Fondo monetario internazionale (Fmi) che disciplina i rapporti tra le monete statali ed eroga finanziamenti in cambio dell'adozione di specifiche politiche economico-finanziarie. Come vedremo, i processi di globalizzazione hanno sensibilmente accresciuto il numero e il peso relativo di questi regimi internazionali che sempre più spesso si espongono all'ingerenza di grandi soggetti dell'economia mondiale, come le corporation multinazionali e transnazionali.

In ogni caso, anche l'organizzazione del sistema politico internazionale deve fare i conti con le specificità territoriali. Come qualsiasi sistema politico nazionale, anche il mondo è suddiviso in regioni che danno corpo a una certa frammentazione in teatri locali di interazione e interdipendenza. Una **regione internazionale** è l'elemento attorno a cui si struttura il livello di decentramento del sistema internazionale e si configura in una rete di cooperazione tra Stati geograficamente definiti. A questo riguardo, a comporre una regione sono Stati geograficamente contigui, caratterizzati da una certa somiglianza culturale e interdipendenza economica. L'Europa, che casualmente è anche un continente, può essere considerata come una «regione internazionale», così come il Medioriente, l'Africa, le Americhe, l'Asia occidentale e quella orientale. In certi casi, si può parlare di regione mediterranea, indicando il livello di contiguità tra quegli Stati che sono bagnati dallo stesso mare, o di regioni Balcaniche o, ancora, dei Caraibi, e così via. La configurazione regionale viene in genere sancita attraverso accordi regionali di cooperazione un tempo limitati all'ambito economico, come nel caso della vecchia Cee (Comunità economica europea) e dell'Asean (Associazione degli Stati dell'Asia sudorientale), per poi estendersi su altri campi, come è avvenuto nel caso dell'Agenda Transatlantica tra Europa e Stati Uniti e nella partnership euro-mediterranea tra Unione Europea, Nord-Africa e Medioriente.

Una **regione internazionale** è l'elemento attorno a cui si struttura il livello di decentramento del sistema internazionale e si configura in una rete di cooperazione tra Stati geograficamente definiti

Insomma, **regole, istituzioni e regionalizzazione del mondo, danno corpo a una complessa organizzazione del sistema internazionale che evita il caos dell'anarchia attivando processi più o meno fluidi di integrazione internazionale**. Tale organizzazione, come abbiamo accennato, si dispone su un continuum che può variare da un estremo di verticalizzazione e gerarchizzazione, dando corpo a un sistema imperiale, a un estremo di orizzontalità, configurando appunto un sistema anarchico. Possiamo parlare a questo riguardo di un movimento potenziale da una centralizzazione totale a una decentralizzazione totale. La situazione gerarchica si realizza in genere dopo una guerra che divide il sistema tra vincitori e vinti. Le regole organizzative sono scritte dai vincitori e, anche tra di essi, vi è sempre uno Stato o pochi Stati che assumono un ruolo guida, potendo agire senza preoccuparsi troppo del contesto che li circonda. Tale assetto gerarchico tende a istituzionalizzarsi nelle principali organizzazioni intergovernative e nei regimi internazionali, dove gli Stati egemoni assumono un ruolo determinante sia in termini decisionali che nel potere di veto che è loro concesso. Abbiamo detto che tutti gli Stati sono di uguale status ma di diversa statura; le regole del sistema internazionale corrispondono a questa configurazione ratificandola e, sovente, rafforzandola.

Seguendo il ragionamento di Attinà (2003, 103-104), possiamo disporre due criteri di classificazione del sistema internazionale, valutando il ruolo assunto dagli attori primari e secondari che lo compongono. Assumiamo come criterio di riferimento, da un lato, il livello di «pariteticità» ovvero di «disuguaglianza» tra i soggetti (Stati) inscritto nelle regole e istituzioni del sistema; dall'altro, il criterio di «diffusione» ovvero di «concentrazione» del potere di incidere significativamente sul corso organizzativo del sistema. L'organizzazione del sistema può essere caratterizzata da alta o bassa pariteticità e alta o bassa centralizzazione; l'incrocio delle modalità ci consente di elaborare una griglia che esemplifica le quattro principali tipologie delle organizzazioni di governo del sistema politico internazionale (vedi tab. 9.1). Si parla dunque di un'**organizzazione a struttura egemonica** quando regole e istituzioni hanno una natura gerarchica e il ruolo organizzativo principale è assunto da uno Stato, o comunque da un numero molto ristretto di Stati. Si parla invece di **organizzazione a struttura policentrica** quando il ruolo degli Stati egemoni si indebolisce e aumenta il numero degli Stati che sono in grado di esercitare un certo controllo sul corso organizzativo del sistema. Si parla invece di **organizzazione a struttura frammentata** quando la centralizzazione è bassa e le regole internazionali sono poche e deboli, nel senso che non tutti gli Stati si sentono vincolati a rispettarle, mentre prevalgono forme organizzative a livello regionale. Si parla infine di **organizzazione a struttura democratica** quando vi è un accordo generalizzato

Tab. 9.1 Tipologia delle forme di organizzazione dei sistemi internazionali (Attinà 2003, 104)

		Centralizzazione	
		alta	**bassa**
Pariteticità	**alta**	Organizzazione democratica	Organizzazione frammentata
	bassa	Organizzazione egemonica	Organizzazione policentrica

sulle regole dentro un sistema paritario che garantisce indipendenza politica e culturale ai singoli Stati, ma anche un sistema normativo e istituzionale attraverso cui garantire gli interessi generali del sistema che coincide con gli interessi dei singoli; questo assetto presuppone comunque un alto livello di centralizzazione che si realizza attraverso la costituzione di istituzioni internazionali a cui tutti gli Stati partecipano con eguale peso. Va detto che, nell'attuale organizzazione del sistema internazionale, che si fonda sul funzionamento di organizzazioni internazionali e regimi multilaterali, tende a prevalere una struttura organizzativa di tipo egemonico, dove il ruolo organizzativo primario è assunto dagli Stati Uniti, forti della vittoria contro il rivale storico che era rappresentato dall'Unione Sovietica e dall'assenza di altri Stati che possano agire concretamente da sfidanti. Va detto che la rapida crescita di alcune potenze asiatiche come l'India e la Cina potrebbe col tempo produrre una parziale trasformazione degli assetti di potere internazionali.

Abbiamo già fatto riferimento alla natura dinamica dell'organizzazione internazionale che, per quanto durevole, è soggetta a mutamenti politici che si traducono in mutamenti organizzativi. A questo riguardo, **si può parlare di mutamento dell'organizzazione quando le principali regole e istituzioni internazionali scompaiono e vengono sostituite da nuove; parliamo invece di mutamento nell'organizzazione quando la struttura normativa e organizzativa del sistema, così come gli assetti di potere che lo caratterizzano, rimane intatta ma ne varia il contenuto**. I mutamenti dell'organizzazione internazionale sono in genere associati a una grande guerra o, per usare l'espressione comunemente accettata, a una «guerra generale» che assume sempre una funzione costituente. I mutamenti organizzativi di minor rilievo sono in genere il prodotto della struttura comunque competitiva del sistema internazionale e di eventuali conflitti tra aggregati di Stati contrapposti. Le fratture che causano conflittualità possono essere di lunga durata, come avviene nel caso dei grandi conflitti economici dovuti alla divisione internazionale del lavoro (si pensi alla grande frattura tra Nord e Sud del mondo), o anche di natura politica, come la storica frattura centro-periferia che a livello internazionale è esplosa soprattutto in seguito ai grandi processi di decolonizzazione che hanno consentito a numerosi Stati, prima esclusi dal consesso internazionale, di acquisire una propria autonomia relativa. L'esplosione del processo di globalizzazione ha fatto sì che il conflitto classico tra Stati centrali e Stati periferici assumesse sovente i tratti di uno scontro culturale tra civiltà, come si realizza nel caso del conflitto tra occidente cristiano e mondo arabo-musulmano. In questi casi è possibile che la struttura egemonica del sistema internazionale debba fare i conti con una ridefinizione organizzativa che non assuma i caratteri rivoluzionari di una trasformazione radicale, ma presupponga comunque una riaggregazione di Stati dentro un quadro normativo condiviso. Alcuni casi di aggregazione internazionale sono per esempio il G7, che mette insieme i sette Stati più industrializzati, poi divenuto G8 con l'aggiunta della Russia, o il Gruppo dei Settantasette che mette insieme i principali paesi in via di sviluppo.

Approfondimento 9.2

Dalla Società delle Nazioni alle Nazioni Unite

La *Società delle Nazioni*, anche conosciuta come Lega delle Nazioni, è stata la prima organizzazione intergovernativa con lo scopo di accrescere il benessere e la qualità della vita degli uomini. Il suo principale impegno era quello di prevenire le guerre, sia attraverso la gestione diplomatica dei conflitti che attraverso il controllo degli armamenti. Fu fondata nell'ambito della Conferenza di Pace di Parigi del 1919-1920 – formalmente il 28 giugno1919 con la firma del Trattato di Versailles – e si estinse il 19 aprile 1946 in seguito alla fine della Seconda guerra mondiale e alla nascita, nel 1945, di un'organizzazione con identico scopo, le Nazioni Unite. Il fallimento rappresentato dalla guerra fu così grande che si pensò a una nuova organizzazione. Anche perché uno dei principali artefici della vittoria alleata sul nazifascismo, gli Stati Uniti, non ne era membro nonostante fosse stato proprio un suo presidente, Thomas Woodrow Wilson, il maggiore promotore della Società delle Nazioni.

Lo funzione dell'*Organizzazione delle Nazioni Unite* (Onu) emerge fin dal peambolo del suo statuto: «Noi, popoli delle Nazioni Unite, decisi a salvare le future generazioni dal flagello della guerra, che per due volte nel corso di questa generazione ha portato indicibili afflizioni all'umanità, a riaffermare la fede nei diritti fondamentali dell'uomo, nella dignità e nel valore della persona umana, nella uguaglianza dei diritti degli uomini e delle donne e delle nazioni grandi e piccole [...]».L'Onu è dunque la più importante ed estesa organizzazione intergovernativa. L'articolo 1 e 2 della Statuto delle Nazioni Unite riassumono gli scopi e i principi che si è prefissata: mantenere la pace e la sicurezza internazionale; promuovere la soluzione delle controversie internazionali e risolvere pacificamente le situazioni che potrebbero portare a una rottura della pace; sviluppare le relazioni amichevoli tra le nazioni sulla base del rispetto del principio di uguaglianza tra gli Stati e l'autodeterminazione dei popoli; promuovere la cooperazione economica e sociale; promuovere il rispetto dei diritti umani e delle libertà fondamentali a vantaggio di tutti gli individui; promuovere il disarmo e la disciplina degli armamenti; promuovere il rispetto per il diritto internazionale e incoraggiarne lo sviluppo progressivo e la sua codificazione.

Il *Consiglio di sicurezza* è l'organo delle Nazioni Unite che ha maggiori poteri, avendo la competenza esclusiva a decidere contro gli Stati colpevoli di aggressione o di minaccia alla pace. Si riunì per la prima volta il 17 gennaio1946 a Londra. Lo scopo del Consiglio è stabilito dall'articolo 24 dello Statuto, al consiglio viene conferita «la responsabilità principale del mantenimento della pace e della sicurezza internazionale». È costituito da quindici Stati membri, di cui cinque sono membri permanenti, mentre i restanti dieci vengono eletti ogni due anni. I membri permanenti sono: Cina, Russia, Regno Unito, Stati Uniti e Francia: hanno il diritto di veto e possono bloccare qualsiasi decisione e fare in modo che non venga discussa durante le riunioni dell'Assemblea Generale presieduta da tutti gli Stati membri. La presidenza del Consiglio è detenuta a rotazione mensile secondo ordine alfabetico dagli altri Stati. Le decisioni prese dal Consiglio prendono il nome di risoluzioni. L'articolo 42 della Statuto stabilisce che il Consiglio può usare la forza contro uno Stato colpevole di aggressione o di violazione della pace e l'eventuale azione militare nei confronti del Paese colpevole è riconosciuta come un'azione di polizia internazionale sotto la supervisione del Consiglio. Le forze armate anche conosciute come «caschi blu» provengono tutte dagli Stati membri.

9.3. Gli approcci prevalenti nelle relazioni internazionali

L'organizzazione del sistema politico internazionale è diventato oggetto di studio delle scienze sociali tra la prima e la seconda guerra mondiale sotto l'impulso del Regno Unito che aveva dominato la scena politica internazionale per almeno due secoli. Gli studiosi riuniti attorno al *Royal Institute of International Affairs* (meglio noto come *Chatham House*), fondato a Londra nel 1920 e ancora oggi operativo, erano interessati a comprendere cosa stesse cambiando nel panorama internazionale e, soprattutto, il ruolo che al suo interno avrebbe potuto assumere la Gran Bretagna. Al contempo, anche negli Stati Uniti, che con la presidenza Wilson avevano interrotto una lunga tradizione di isolazionismo internazionale, sostenendo tra l'altro la formazione della Società delle Nazioni (1919), l'interesse verso la dimensione politica internazionale si consolida grazie alla creazione del *Council on Foreign Relations*, con sede a New York, il cui statuto viene formalmente depositato nel 1921. La creazione di questi due pensatoi è indicatore di una crescente attenzione verso le relazioni internazionali che si conferma con l'attivazione in quegli anni di cattedre universitarie ad hoc. Da allora, a parte una fase di comprensibile rallentamento dovuto allo scoppio della seconda guerra mondiale, gli studi internazionalistici si sono sviluppati con celerità, acquistando una crescente rilevanza nell'ambito delle scienze sociali e politiche.

La concezione a lungo condivisa tra gli studiosi di relazioni internazionali sta nella idea che il sistema di Stati sia sostanzialmente privo di un'organizzazione politica a causa dell'assenza di un'autorità sovrana che possa ricondurre le diversità all'interno di un quadro unitario. Ciò non toglie che tutti condividono la constatazione circa la presenza di un sistema di regole che rendono relativamente prevedibili i comportamenti dei governi, fornendo continuità e regolarità ai rapporti inter-statali. Come abbiamo visto nel precedente paragrafo, si ammette tra l'altro la presenza di Stati che assumano un ruolo organizzativo primario riconducendo il sistema delle relazioni internazionali dentro un quadro organico sufficientemente gerarchico. Non mancano ovviamente studiosi che continuano a dichiarare la natura sostanzialmente anarchica della politica internazionale, negando di conseguenza l'esistenza di un «sistema» dotato di un'organizzazione propria, ma si tratta di voci minoritarie. L'esistenza di un'organizzazione politica internazionale è tendenzialmente un'opinione condivisa, pur nella diversità degli approcci teorici. Come abbiamo mostrato in precedenza:

> *Il sistema politico internazionale è privo di un governo formale, ma non di un'attività di governo basata su regole e istituzioni organizzative che determinano i comportamenti degli Stati e degli altri soggetti del sistema senza tuttavia impedire comportamenti non determinati dall'organizzazione.*
>
> Attinà 2003, 23

Così come avviene nell'analisi della politica interna agli Stati, anche nel campo delle relazioni internazionali vi sono dei paradigmi dominanti nell'ambito dei quali si articolano i diversi approcci teorici. Seguendo lo schema logico offertoci da Attinà (ibid.), ma condiviso anche da altri studiosi di relazioni internazionali (Baylis, Smith 2001; Hastedt, Knickrehm 2003), i due grandi filoni dentro cui possiamo inscrivere le principali teorie della politica internazionale sono il «paradigma del conflitto e della disuguaglianza» e il «paradigma della cooperazione e dell'uguaglianza».

9.3.1. Il paradigma del conflitto e della disuguaglianza tra gli Stati

Nel **paradigma del conflitto** si tende a radicalizzare la logica competitiva propria della politica internazionale fatta di Stati caratterizzati da un profondo senso d'insicurezza e diffidenza reciproca

Gli studiosi riconducibili al **paradigma del conflitto** tendono a radicalizzare la logica competitiva propria della politica internazionale, a loro avviso caratterizzata da un profondo senso d'insicurezza e diffidenza reciproca tra gli Stati. Si trascura dunque l'uguale *status* dei diversi Stati nazionali enfatizzandone invece la diversa statura, cioè il peso specifico che alcuni governi assumono nella definizione delle regole internazionali soprattutto in forza della loro superiorità militare. Chi si riconosce in questo paradigma applica all'arena internazionale la concezione hobbesiana dello stato di natura. Così come gli individui si differenziano per potenza all'interno delle società nazionali, allo stesso modo si comportano gli Stati nella società internazionale. I singoli governi perseguono i propri interessi facendo leva sulla forza (militare) di cui dispongono. L'assenza di un patto sociale internazionale non impedisce comunque agli Stati di stringere accordi per evitare lo sbocco bellico, ma sempre dentro una logica gerarchica che attribuisce autorità sostanziale allo Stato o al gruppo di Stati militarmente più potenti. Il paradigma del conflitto ha espresso due grandi filoni teorici che sono stati a lungo prevalenti nella sociologia delle relazioni internazionali: da un lato, le «teorie realiste e neorealiste»; dall'altro, le «teorie dell'egemonia e dell'interdipendenza».

- **Le teorie realiste e neorealiste**

Per le **teorie realiste** i rapporti tra gli Stati si fondano su una politica di potenza

Il cosiddetto realismo politico ha una lunga tradizione che può essere ricondotta al pragmatismo politico di Machiavelli e alla politica di potenza (*Machtpolitik*) del diciannovesimo secolo e della prima parte del ventesimo. Le **teorie realiste** applicate alla politica internazionale tendono a riconoscersi nella convinzione che i rapporti tra gli Stati si fondano su una politica di potenza. Essi pongono l'attenzione sulla politica estera dei governi nazionali che riducono perlopiù a una politica di sicurezza. In epoca contemporanea, gli autori più rilevanti di questo orientamento teorico sono senza dubbio lo statunitense Hans J. Morgenthau [1904-1980], l'inglese Martin Wight [1913-1972] e il francese Raymond Aron [1905-1983].

Sia **Morgenthau** (1948, tr.it. 1997) che **Wight** (1947) condividono l'idea che gli Stati agiscano nell'arena internazionale come garanti di se stessi per tutelare i propri interessi. Solo accrescendo il proprio potere militare ogni Stato può sperare di sopravvivere nella grande competizione internazionale. Potenza e interessi sovrani sono dunque i due elementi determinanti al fine di comprendere le dinamiche delle relazioni internazionali. La configurazione organizzativa del sistema internazionale è dunque determinata dalla capacità di influenza degli Stati più potenti. Impegni giuridici e di cooperazione servono solo ad alleggerire la consapevolezza di un assetto che si fonda sulla violenza del più forte. Naturalmente, lo sbocco bellico non è ineludibile. Gli interessi nazionali possono infatti essere raggiunti anche attraverso la costruzione di accordi tra le potenze maggiori che determinano un **sistema di equilibrio**. I teorici realisti sono dunque convinti che il potere sia a somma zero e che la capacità di influenza di uno Stato dipenda dalla distribuzione ineguale delle risorse. Il potere di cui i realisti parlano è soprattutto militare; ciò non toglie che la capacità di influenzare i comportamenti dei governi può dipendere anche dalla profusione di sforzi diplomatici e ideologici. Essi fanno spesso riferimento al concetto di **sfera di influenza** per indicare quel campo di potere nell'ambito del quale alcuni Stati perdono di autonomia e sovranità rispetto a una potenza dominante. La sfera di influenza è di fatto una sfera di relazioni imperiali.

La *power politics* di Morgenthau e Wight, per quanto efficace nell'analisi dei rapporti di potere internazionali, è stata spesso criticata per la sua enfasi sulla questione militare. Più profonda, per quanto inserita nella stessa tradizione teorica, è l'analisi storico-sociologica di **Aron** (1962, tr.it. 1970), secondo il quale i comportamenti internazionali sono inscrivibili in un sistema di relazioni osservabili empiricamente. Anch'egli condivide l'idea che le regole del sistema internazionale siano in buona parte riconducibili alla distribuzione diseguale del potere militare; da questo assunto, egli crede sia possibile distinguere due tipi di configurazioni nei rapporti di forza internazionali: «il sistema multipolare» e il «sistema bipolare». Si tratta in entrambi casi di configurazioni elitistiche ma, nel primo caso, la forza diplomatica e militare si concentra nelle mani di una oligarchia di Stati, nel secondo, la stessa forza si distribuisce tra i due Stati più rilevanti. Dal momento che la forza militare non è tutto, ma importante è anche l'aspetto ideologico, Aron divide le possibili configurazioni internazionali in «sistemi omogenei» e «sistemi eterogenei». Nel primo caso, i diversi Stati si riconoscono nella stessa concezione della politica, nel secondo caso, si richiamano a valori diversi e contrapposti. La configurazione bipolare del mondo in seguito alla seconda guerra mondiale non era a suo avviso riconducibile alla sola forza militare delle due potenze atomiche (Usa e Urss), ma poteva essere interpretata anche alla luce della grande frattura ideologica tra capitalismo e socialismo. Sia Morgenthau che Aron si basano sulla disuguaglianza di potere tra gli Stati e sulla loro reciproca insicurezza, anche se il primo sembra riferirsi maggiormente alle scelte razionali dei governanti, mentre il secondo pone maggiore attenzione alle strategie ideologico-diplomatiche. Essi condividono un approccio statocentrico, prestando meno attenzione alla configurazione sistemica della politica internazionale, un elemento che diverrà invece centrale tra gli studiosi di **scuola neorealista**.

La **scuola neorealista** presta maggiore attenzione alla configurazione sistemica della politica internazionale

Come ci ricorda Attinà (2003, 32), la strada dell'analisi sistemica delle relazioni internazionali è stata aperta da **Morton Kaplan** (1956), pur non approfondendo forse a sufficienza tutti gli aspetti strutturali di un'articolazione sistemica. Anche in questo caso, il sistema trae la sua origine dal dato strutturale della disuguaglianza di potere tra gli Stati. Da qui non derivano però solo relazioni contingenti di potenza, ma si determina un posizionamento durevole degli Stati nella struttura anarchica e al contempo ordinata del sistema internazionale. **Waltz** (1979, tr.it. 1987) definisce tale struttura sistemica in termini di distribuzione del potere e di calcolo economico-razionale. Nel sistema internazionale, come in ogni sistema sociale, il potere può infatti essere concentrato nelle mani di un unico individuo, dando vita a una «distribuzione accentrata», o essere altresì disperso, configurando una «distribuzione diffusa». Nel primo caso, il sistema assume una struttura gerarchica che può consolidarsi dentro un'articolazione istituzionale formalizzata; nel secondo caso, il sistema è privo di autorità e assume una configurazione anarchica. Il sistema internazionale tende a suo avviso verso questa seconda versione. Esso, essendo composto da Stati sovrani e autocentrati, non può non partire da una posizione di sostanziale anarchia, anche perché i ruoli autoritativi raramente emergono in maniera formale. Le grandi potenze assumono un ruolo predominante non tanto in forza di un riconoscimento formale, ma piuttosto perché gli altri Stati ne accettano l'influenza per evitare di dover pagare il costo di una concorrenza su basi asimmetriche. In ogni caso, per Waltz, la natura anarchica del sistema internazionale non pregiudica la possibilità che esso possa configurarsi attorno a una struttura gerarchica.

Nell'approccio dell'**ordine internazionale** l'attenzione è rivolta alle dinamiche di mutamento sistemico

Fino ad ora, tutti gli studiosi di scuola realista e neorealista hanno posto poca attenzione alle dinamiche di mutamento sistemico che sono invece centrali nell'approccio dell'**ordine internazionale** (Bonanate 1979; Bonanate, Armao, Tuccari 1997). In questo caso, l'articolazione del sistema internazionale è sempre visto come il risultato di una guerra, momento fondamentale di giudizio tra gli Stati sovrani. Ogni guerra contiene dunque una forza costituente e gli Stati vittoriosi si assumono il compito di definire i parametri del nuovo ordine internazionale di cui si fanno custodi. In assenza di una guerra sufficientemente diffusa da indebolire le fondamenta del sistema, difficilmente un ordine internazionale muta. Esso è dunque prevalentemente statico, soprattutto in epoca contemporanea dove un eventuale scontro bellico tra potenze nazionali dotate di armi nucleari avrebbe quasi certamente un esito catastrofico. Con la caduta del sistema sovietico che aveva rappresentato, come vedremo, un polo fondamentale dell'ordine internazionale successivo al secondo conflitto mondiale, si rifà strada, tra i sostenitori di questo approccio, l'ipotesi del mutamento sistemico (Bonanate 1991).

Appare evidente come le teorie realiste, neorealiste o dell'ordine internazionale siano accomunate da un'attenzione particolare rivolta al fenomeno della guerra e del potere militare. Si tratta di un elemento che, per dirla con Attinà (2003, 34), le colloca più nel passato che nel presente, dal momento che oggi gli Stati sono immersi in un contesto sociale, economico, culturale e politico che pone loro dei vincoli istituzionali rispetto all'uso della violenza come strumento per la risoluzione delle controversie internazionali. Inoltre, l'eccessiva enfasi sul concetto di autonomia e sovranità degli Stati, fa sì che i teorici realisti e neorealisti trascurino la possibilità che alcuni Stati possano scegliere di costruire forme di sovranità condivisa, o tramite accordi intergovernativi o, addirittura, perseguendo la costruzione di istituzioni politiche sovranazionali che esorcizzino le velleità oppositive di alcuni Stati. Queste teorie non contemplano inoltre la crescente interdipendenza economica, ma anche politica, tra i soggetti all'interno di un sistema sempre meno internazionale e sempre più globale.

• Le teorie dell'egemonia e dell'interdipendenza

Gli studiosi che fanno riferimento alle **teorie dell'egemonia e dell'interdipendenza** considerano altri fattori oltre a quelli militari. In particolare, essi inseriscono nei propri modelli esplicativi la disuguaglianza delle capacità economiche tra gli Stati. Alcuni considerano la variabile politico-militare e la variabile economica altrettanto importanti, altri trascurano invece la dimensione politico-strategica per concentrarsi solo sulle dinamiche di diseguale distribuzione delle risorse economiche e finanziarie. **Robert Gilpin** (1981, tr.it. 1989; 1987, tr.it. 1990) e **George Modelski** (1978; 1987) sono due tra i principali sistematizzatori della cosiddetta **teoria della stabilità economica** in base alla quale l'organizzazione internazionale è interpretabile attraverso un modello di egemonia politico-economica esercitata in maniera stabile da uno Stato: egemonia economica ed egemonia politica sono dunque due facce della stessa medaglia. Secondo Gilpin, la potenza egemone si qualifica per la sua forza economica e militare che sfrutta per definire l'assetto territoriale e il sistema di relazioni sull'arena internazionale. Il suo dominio è destinato al declino quando sopraggiungono fattori di crisi che contribuiscono a deteriorare i profitti marginali dell'espansione economica e militare. Nel frattempo, emerge sempre una nuova potenza capace di subentrare alla prima, sostituendola come nuovo soggetto egemone. È tra l'altro possibile che la potenza in declino possa ricorrere alla forza militare nei confronti degli Stati sfidanti, ma sono in genere questi ultimi ad avere la meglio. Da questo punto di vista, la dimensione militare è fondamentale per acquisire potere sul piano internazionale, ma la struttura gerarchica si mantiene stabile solo grazie alla capacità di direzione economica e sociale. L'egemonia passa anche e soprattutto per la capacita di garantire il benessere di alcuni gruppi sociali. In questo senso, le teorie ege-

> Le **teorie dell'egemonia e dell'interdipendenza** misurano la potenza degli Stati non solo attraverso la variabile militare, ma anche soprattutto attraverso quella politico-economica

moniche hanno il merito di aver integrato le regole del mercato economico a quelle dei sistemi politici.

Il modello di Giplin ha però il limite di non approfondire le dinamiche di funzionamento dell'ordine egemonico; è qui che subentra l'opera di Modelski. Attento osservatore delle dinamiche organizzative del cosiddetto sistema politico globale, egli si sofferma non tanto sulle articolazioni politico-territoriali che danno corpo alla politica internazionale, quanto piuttosto ai processi di controllo dei settori chiave dell'interdipendenza economica globale. A partire dal sedicesimo secolo, le dinamiche di interdipendenza sono sempre state controllate da un'unica potenza che gestiva le principali transazioni economiche e commerciali: prima il Portogallo e l'Olanda, poi la Gran Bretagna, infine gli Stati Uniti. Queste potenze hanno gestito il sistema delle relazioni internazionali a proprio vantaggio, fornendo però anche servizi essenziali e beni collettivi. Tanto per cominciare non hanno imposto un unico modello culturale; hanno preservato il pluralismo culturale e sociale dei singoli Stati pur subordinandolo al modello unico dello Stato egemone.

Altri studiosi, specie di ispirazione marxista, hanno concentrato la loro attenzione sulla diffusione su scala mondiale del modo capitalista di produzione e sulla conseguente divisione internazionale del lavoro. Ne fuoriesce il quadro di un'economia mondiale capitalistica a cui le politiche statali sono completamente subordinate. In questo contesto, dentro una logica imperialistica, uno Stato o gruppi di Stati possono controllare l'intero processo volgendolo a proprio vantaggio. Si sviluppa la **teoria del sistema-mondo**, grazie all'opera di **Immanuel Wallerstein**, che si configura come uno dei primi tentativi di produrre una sociologia del mondo globalizzato. La prima elaborazione di questo approccio teorico è rintracciabile nel suo testo *The Modern World-System: Capitalist Agriculture and the Origins of the European World Economy in the Sixteenth Century* (1974a) in cui l'autore cerca di tracciare una storia socioeconomica dell'Europa tra il quindicesimo e gli inizi del diciassettesimo secolo. L'intero lavoro di Wallerstein si fonda sulla convinzione che la superiorità economica europea tragga le sue origini dalla tradizione coloniale del vecchio continente e quindi dalla tendenza a sfruttare le risorse provenienti dalle periferie non occidentali del mondo. Queste ultime, così depredate, sono state condannate a uno sviluppo molto più lento e a un graduale impoverimento. Wallerstein giunge alla conclusione che il progresso capitalistico occidentale si fonda sostanzialmente su un furto istituzionalizzato su scala globale. Egli non si limita ad analizzare le contraddizioni di classe all'interno di specifici casi-paese, ma assume l'intera arena globale come unità di analisi, individuando nell'Occidente il «centro», cioè il luogo in cui si sviluppano le classi superiori, mentre nelle aree non occidentali la «periferia», cioè il contesto dello sfruttamento del proletariato internazionale. In realtà, Wallerstein è sostanzialmente un africanista, come testimoniano i suoi primi studi (Wallerstein 1961; 1964; 1967), ed è proprio attraverso l'analisi del continente africano che egli sviluppa una prospettiva anti-colonialista e al contempo anti-capitalista.

La **teoria del sistema-mondo** analizza criticamente lo sviluppo del modello capitalistico inteso come sistema sociale singolo dispiegatosi su scala mondiale come una totalità unitaria

Il suo obiettivo è quello di spiegare i parametri di sviluppo del modello capitalistico inteso come sistema sociale singolo dispiegatosi su scala mondiale come una totalità unitaria (Wallerstein 1974a, 347-348). Non si tratta di un concetto politico, ma eminentemente economico. A suo avviso l'integrazione economica capitalista a livello mondiale non presuppone una parallela integrazione di carattere politico. Anzi, la mancanza sostanziale di una integrazione politica è una delle ragioni della profonda dinamicità dell'economia-mondo e della divisione mondiale del lavoro che ne consegue. L'assenza di un controllo politico centrale consente un maggiore flusso di capitali e al contempo una maggiore libertà di sfruttamento della forza-lavoro. L'unico modo per comprendere i tratti di un sistema siffatto è quello di conoscerne la storia e i percorsi di sviluppo. In primo luogo, egli è interessato a spiegare le origini di un certo sviluppo socioeconomico in Europa Occidentale a partire dal quindicesimo secolo. Se Max Weber aveva cercato di rispondere a un interrogativo analogo facendo riferimento alle dinamiche di interazione tra economia e sistemi culturali, Wallerstein è piuttosto interessato all'analisi delle interazioni tra sviluppo economico e meccanismi politici. Dal momento che all'esplosione del fenomeno capitalistico in Europa non corrisponde una forma parallela di integrazione politica, non è possibile riferirsi ad esso come a un impero politico mondiale. L'assenza di un centro politico ha tra l'altro reso possibile che i paesi dell'area atlantica proseguissero indisturbati la loro attività di espansione commerciale e colonizzazione, al contrario dell'area Pacifica, come la Cina, dove ogni tipo di attività economica è stata soggetta da sempre a un forte controllo politico centrale. Anche per garantire un certo livello di stabilità interna, l'impero cinese ha inconsapevolmente impedito lo sviluppo capitalistico. Le ragioni del successo dello sviluppo capitalistico in Europa occidentale sono dunque rintracciabili nella sua instabilità politica. La giustapposizione di Europa e Cina mostra, secondo Wallerstein, la differenza tra economia mondiale e impero mondiale. Così come la comparazione delle varie società nazionali all'interno dell'Europa mostra le ragioni della concentrazione di aree di maggior sviluppo economico e aree destinate invece a una sostanziale stagnazione.

Oltre alle ragioni storiche dello sviluppo economico, Wallerstein è anche interessato a spiegare le origini e le cause del sottosviluppo. A suo avviso, la spiegazione che riconduce i ritardi nello sviluppo a una semplice conseguenza della stagnazione economica è inadeguata. Il «ritardo attivo» è piuttosto il destino ineluttabile della periferia una volta che viene incorporata nel sistema-mondo capitalistico. Anche in questo caso egli ricorre alla comparazione, questa volta tra Polonia e Russia (Wallerstein 1974a, 301-324). Agli inizi del quindicesimo secolo si trattava di due Stati ampi e, per molti aspetti, la Polonia presentava elementi di sviluppo superiori alla Russia, ma essa era anche molto più vicina al resto d'Europa e quindi molto più soggetta alle spinte del mercato occidentale. I suoi contadini furono trasformati in servi della gleba per poter garantire prodotti agricoli destinati all'esportazione (soprattutto grano), mentre i grandi signori del latifondo si arricchirono alle spalle del popolo contro gli interessi delle città polacche e impedendo lo sviluppo di modelli altri di produzione. Nel diciassettesimo secolo la Polonia era diventata a tutti gli effetti uno Stato periferico con una debole borghesia, una classe numerosissima di contadini subalterni e un destino politico tutt'altro che roseo. In Russia, al contrario, la produzione di grano serviva perlopiù a soddisfare la domanda interna, e la nobiltà terriera, essendo priva di interessi all'estero, divenne completamente dipendente dal potere politico dello Stato. Per quanto non si sia mai sviluppata, in Russia, una forte borghesia, il paese si configurò nei secoli come una sorta di economia-mondo a sé stante dotata però di un circuito marcato di integrazione politica.

In tutta l'opera di Wallerstein, coerentemente con la sua ispirazione neomarxista, è centrale il concetto di crisi. Il capitalismo sorge dalle ceneri del feudalesimo così come il socialismo sorgerà dalle ceneri del capitalismo. All'inizio del secondo volume del *The Modern World-System* (1980), egli cerca di rendere esplicita la sua concezione di crisi ciclica e di transizione percorrendo analiticamente le fasi storiche intercorse tra il 1600 e il 1750. Egli è convinto che una crisi possa essere avviata attraverso il cambiamento nel commercio di un prodotto chiave. Tale cambiamento ha bisogno di alcuni riaggiustamenti che possono determinare l'emersione di una nuova economia. Naturalmente, gli effetti più catastrofici della crisi si percepiscono a livello periferico, mentre il «centro» riesce a capitalizzarne le conseguenze al fine di consolidare la propria posizione dominante. La dialettica tra centro e periferia è in questo contesto fondamentale per comprendere appieno l'impostazione di Wallerstein. Tra questi due poli si inseriscono invece quei paesi che non hanno raggiunto livelli tali di sviluppo da essere considerati centrali, ma non sono neanche classificabili tra le aree assolutamente periferiche. A questo punto Wallerstein introduce il concetto di «semi-periferia». Alcuni esempi storici sono rintracciabili nel caso di Venezia o della Spagna nel sedicesimo secolo, nel caso della Svezia nel diciassettesimo secolo, nel caso prussiano nel diciottesimo secolo, nel caso del Giappone tra il diciannovesimo e ventesimo secolo, così come nel caso del Brasile o del Sud Africa nella seconda metà del ventesimo secolo. I paesi semiperiferici, secondo l'elaborazione di Wallerstein, sono impegnati in una competizione costante per il raggiungimento di una posizione centrale nel sistema economico mondiale, spingendo l'intero sistema in una situazione di disequilibrio permanente. Tra l'altro, l'area semiperiferica è l'unica, tra i tre concetti, in cui è sempre possibile collocare società nazionali, mentre nel caso del «centro» e della «periferia» è sovente possibile avere a che fare anche con aree geografiche ristrette o con gruppi etnici particolari o specifiche classi sociali. Come notano Ragin e Chirot (1984, 298), la «semiperiferia» di cui parla Wallerstein agisce nel sistema mondiale come una sorta di *middle-class* facendo il lavoro sporco per il centro. Come la Spagna che al servizio del centro controllava il Sud America, un ruolo analogo è giocato oggi dal Brasile nella stessa area, e dal Sud Africa nel corno d'Africa. Le tensioni determinate da questa situazione di non assoluto equilibrio possono produrre scossoni che sfociano talvolta in processi rivoluzionari, come è avvenuto nella Russia del 1917.

Per comprendere a fondo l'impostazione di Wallerstein, occorre contrapporla alle teorie dello sviluppo e della modernizzazione che erano molto diffuse quando egli comincio a teorizzare il sistema-mondo. Tali teorie concepivano lo sviluppo come un processo sostanzialmente endogeno alle singole società nazionali e questo consentiva di utilizzare sempre la società come unità di analisi privilegiata (Ragin 1981). Secondo tali prospettive, il mutamento sociale è spiegabile attraverso l'utilizzo di leggi sociologiche generali ed è anche possibile individuare corrispondenze e regolarità, per esempio tra «economia di mercato» e «democrazia rappresentativa», tra le quali si rilevano secondo questa logica associazioni positive. Wallerstein, al contrario, assume l'idea del mutamento come processo esogeno e lo configura attraverso la costruzione del modello teorico del sistema-mondo all'interno del quale i diversi paesi operano. In questo senso, il mutamento è esogeno rispetto ai singoli paesi ma endogeno rispetto a quella entità socioeconomica rappresentata dal sistema mondiale assunto nella sua globalità. La teoria di Wallerstein è stata fonte di ispirazione per intere generazioni di studiosi internazionalisti che hanno coniugato l'idea di un'omologazione economica, data dalla diffusione mondiale del capitalismo, con la logica egemonica implicita nella consapevolezza del sostanziale dominio politico e ideologico del centro del sistema-mondo rispetto alla sua periferia (in particolare, Cox 1987; Chase-Dunn 1989).

9.3.2. Il paradigma della cooperazione e dell'uguaglianza tra gli Stati

Gli studiosi che fanno riferimento al **paradigma dell'uguaglianza** non negano la tendenza alla costruzione di una gerarchia internazionale su base egemonica, ma rifiutano di interpretarla solo attraverso una logica di dominio. Essi partono dal presupposto che in un contesto internazionale gli Stati hanno la possibilità di stringere accordi e disegnare regole comuni di funzionamento che rispettino il principio sociale della pari sovranità. Principi e regole condivisi fanno del sistema internazionale una comunità di destino capace di comportamenti solidali. È questa consapevolezza che ha dato vita alla vecchia Società delle Nazioni e, successivamente, all'Organizzazione delle Nazioni Unite. Il sistema internazionale non è dunque animato solo da una logica competitiva, ma i singoli Stati sono capaci di comportamenti virtuosi attorno ai quali si struttura il diritto internazionale.

> Il **paradigma dell'uguaglianza** si articola a partire dal presupposto che in un contesto internazionale gli Stati stringono accordi e disegnano regole comuni di funzionamento che rispettino il principio sociale della pari sovranità

La pari sovranità degli Stati è un fattore fondamentale per gli studiosi che si riconoscono in questo paradigma. Il sistema internazionale si configura come *società* di Stati che si danno un'organizzazione politica. Gli Stati più forti acquistano senza dubbio un peso maggiore, ma non per questo sono in grado di determinare il corso dell'intero sistema. Anche se non esiste un corpo di valori comuni, gli Stati accettano di sottostare a un insieme di regole di vita sociale. **Hedley Bull** (1977), tra i fondatori della scuola inglese delle relazioni internazionali, è un deciso sostenitore di questa impostazione. A suo avviso, le condizioni di un ordine internazionale devono essere rintracciate nell'ambito della **società internazionale** prima ancora che nel sistema politico internazionale. Essa è composta da una pluralità di soggetti indipendenti e sovrani che hanno tutto l'interesse a definire un corpus di regole comuni finalizzate in primo luogo a limitare l'uso della violenza, garantendo una condizione generale di pace. Società internazionale e politica internazionale interagiscono e, in questo senso, i parametri del sistema politico internazionale sono il prodotto di tre fattori: l'interesse generale a rispettare i caratteri fondamentali della vita sociale; la convenienza a rispettare quelle regole di convivenza che possono garantire l'equilibrio sociopolitico del sistema; la costruzione di istituzioni specifiche come espressione politica dei due precedenti fattori. Bull utilizza il termine «istituzione» per riferirsi a un insieme formale di regole (diritto internazionale) e una serie di consuetudini non formalizzate, ma che garantiscono il *balance of power* (equilibrio di potere). Questi due elementi disciplinano sia le relazioni diplomatiche tra gli Stati sia le eventuali dinamiche di guerra.

Per quanto differente dai teorici della disuguaglianza internazionale, anche l'approccio di Bull si attesta dentro un'ottica statocentrica; sono cioè gli Stati gli attori fondamentali del sistema internazionale. Con lo sviluppo dei processi di interdipendenza globale, si fanno strada teorie che enfatizzano il ruolo di una molteplicità di attori non-statali che concorrerebbero alla determinazione della politica globale intesa, nella **visione pluralista**, come «politica di gruppi». Dentro questo filone si colloca per esempio l'opera di **John Burton** (1972), uno dei primi autori che mettono al centro della politica internazionale l'intero sistema di **relazioni sociali mondiali**, dunque non solo le relazioni tra Stati. Nel mondo si configurano infatti reti di relazioni funzionali (sul trasporto, sulle comunicazioni, sulla conoscenza scientifica, sulle religioni) che hanno rilevanza tanto quanto le reti funzionali di relazione tra governi. Come scrive Attinà (2003, 57), «alla base della teoria burtoniana è l'assunzione del superamento dell'identità statale come identità fondamentale ed esclusiva degli uomini del ventesimo secolo». Società, imprese, chiese, movimenti, Ong rappresentano a suo avviso dei centri di identificazione che si collocano nella dimensione nazionale come in quella internazionale. Prende corpo dunque una «società multilivellata», cioè suddivisa in livelli locali, statali e sovrastatali.

> Nella **visione pluralista** si enfatizza il ruolo di una molteplicità di attori non-statali che, accanto agli Stati, concorrerebbero alla determinazione della politica globale

Sulla stessa linea si colloca l'opera di **James Rosenau** (1990), convinto assertore di una società internazionale composta da attori molteplici. Egli crede che nel contesto sociale contemporaneo coesistano due «mondi», quello «statocentrico» e quello «multicentrico». In quest'ultimo caso, gli attori del sistema internazionale sono prevalentemente soggetti privi del requisito della sovranità attribuito agli Stati e che riescono a costruire relazioni orizzontali, provvisorie e specifiche. Nessun attore è subordinato agli altri e ognuno intesse relazioni congiunturali determinate dall'esigenza di perseguire efficacemente obiettivi determinati che sono la ragione della loro stessa esistenza. Il contrasto tra i due mondi della società globale produce turbolenza. Gli attori non-statali sono infatti capaci, soprattutto nel caso delle *corporation* economiche, di ignorare le regole istituite dagli Stati, diventando i protagonisti, come vedremo, di quel processo complesso che rientra nel concetto di globalizzazione. In questo contesto lo Stato cessa di essere l'unico attore protagonista e i sistemi locali, cioè sub-statali, interpenetrano il sistema globale. Questo rende complessa e affascinate l'analisi del sistema globale e, al contempo, determina non poche difficoltà a chi si assume il compito di elaborare, o quantomeno immaginare, un sistema di regole sovrastatali e transnazionali valide universalmente.

La sfida della costruzione di una griglia teorica del sistema globale dentro cui articolare un assetto normativo è raccolta dai sostenitori della cosiddetta **democrazia internazionale**. Essi partono dal presupposto che la globalizzazione, concetto che approfondiremo nel prossimo paragrafo, sia determinata da un insieme di processi che impongono una ridefinizione del sistema delle relazioni internazionali, tenendo conto della presenza di diversi soggetti che, accanto agli Stati, rappresentano una società civile globale che pensa e agisce in maniera transnazionale. La dialettica normativizzata tra soggetti politici e sociali può essere la base per l'estensione delle condizioni democratiche a un livello sovrastatale, contro il rischio di una involuzione autoritaria di un sistema globale dentro cui non esiste alcun organo sovrano giuridicamente legittimato a produrre regole collettivamente vincolanti. Tra gli autori che hanno speso maggiori energie nel tentativo di elaborare una teoria democratica del mondo globalizzato è da annoverare **David Held**, strenuo sostenitore di una trasformazione sociopolitica diretta alla costruzione di una **democrazia cosmopolitica**.

L'idea di una **democrazia cosmopolitica** si articola attorno a un sistema politico che vada oltre gli Stati e che possa però riprodurre le dinamiche di legittimazione e responsabilità proprie della politica nazionale moderna

• La democrazia cosmopolitica come utopia di medio raggio

La constatazione dei rischi involutivi impliciti nei processi di transnazionalizzazione della politica e dell'economia spinge Held a ragionare con sistematicità sui significati e i modelli di democrazia (Held 1987, tr.it. 1997). La globalizzazione, come vedremo a breve, restringe la possibilità degli Stati di assumere decisioni vincolanti su importanti questioni politiche ed economiche, perlopiù lasciate alla libera, e per certi versi incontrollata, azione di attori politicamente irresponsabili, come avviene nel caso delle grandi multinazionali. Questo impone di ragionare su una ridefinizione dei parametri democratici su una scala globale, partendo dal presupposto della coesistenza dei due mondi (statocentrico e multicentrico) già identificati da Rosenau. Se gli Stati diventano troppo piccoli per poter agire in autonomia sull'arena mondiale, allora occorre ragionare sull'esistenza di un sistema politico che vada oltre la dimensione degli Stati e che possa però riprodurre le dinamiche di legittimazione e responsabilità proprie della politica nazionale moderna. Così come, all'interno degli Stati, attori non-statali hanno il diritto di partecipare alla vita politica e concorrere alla definizione del processo decisionale, anche a livello internazionale occorre elaborare un apparato istituzionale che sia inclusivo delle varie realtà che da anni agiscono assumendo l'intero mondo come contesto di riferimento. L'interconnessione tra Stati e organizzazioni internazionali ha fatto saltare la logica della democrazia liberale rappresentativa e, oggi, le decisioni di un'istituzione come il Fondo monetario internazionale (Fmi) possono incidere in maniera significativa sulle politiche nazionali, senza però godere di alcuna forma di legittimazione democratica. Secondo Held (1995a; 1995b; 2009) bisogna correre ai ripari, determinando una riforma istituzionale su scala globale che parta da un rafforzamento politico delle Nazioni Unite, l'unica organizzazione internazionale dotata di una struttura potenzialmente democratica. Al contempo, egli propone di creare parlamenti regionali (come quello europeo) in rappresentanza dei popoli e individuare misure di democrazia cosmopolitica sul tipo di referendum internazionali e di un'assemblea mondiale capace di produrre norme giuridiche.

Egli cerca dunque di proporre una soluzione all'assenza di uno Stato mondiale partendo dal presupposto che la democrazia, e la conseguente tutela dei diritti umani e di cittadinanza, ha bisogno di una cornice istituzionale che se ne faccia garante. Sulla questione dei diritti umani oggi concorrono per esempio diversi attori (Organizzazioni intergovernative, non-governative, delegazioni delle Nazioni Unite, singoli Stati, movimenti) che non godono però di alcun riconoscimento da una forma di autorità superiore. La questione può essere affrontata ponendo al centro della riflessione non gli Stati, ma i singoli individui nel loro rapporto diretto con le Organizzazioni internazionali e le Ong. In una democrazia cosmopolitica, l'ordine globale si articola in **reti di potere multiple** che intervengono globalmente su questioni di interesse generale, come la salute, i diritti, l'ambiente, la pace, la conoscenza, l'economia, in un contesto dove gruppi e organizzazioni godano di una discreta autonomia basata sui principi del «diritto cosmopolitico democratico», enunciati per ogni campo di azione della sfera sociale, politica ed economica. Questi principi sarebbero garantiti e legittimati da Parlamenti e Tribunali (come il Parlamento e la Corte di giustizia europei) connessi a livello sovranazionale. Held propone dunque di riconsiderare la natura dell'autorità sovrana degli Stati osservando le «disgiunture» *interne* ed *esterne* ad essi. Nel primo caso, si riferisce alla disgiuntura che si crea tra il dominio formale dei governi nazionali e la pratica concreta che oggi dà corpo al sistema economico e politico a livello regionale, nazionale e globale (Held 2000, 319); nel secondo caso, che è quello su cui l'autore pone maggiore attenzione, si rileva la frizione tra la pretesa dei governi di determinare il proprio futuro e il sistema economico mondiale (oltre alle tante organizzazioni e istituzioni internazionali) che operano quotidianamente per condizionare l'attività dei singoli Stati. A questo riguardo, egli propone quattro disgiunture esterne:

- Una disgiuntura relativa all'**economia mondiale** che si determina nella tensione tra sistema di produzione e autorità statale. In questo contesto due aspetti sono importanti: l'internazionalizzazione della produzione e l'internazionalizzazione dei movimenti finanziari organizzati dalle multinazionali. Le *corporation* agiscono infatti su scala planetaria anche se traggono origine da solide basi nazionali. Oggi le istituzioni nazionali, sovrane solo nell'ambito di uno specifico territorio, hanno notevoli difficoltà a produrre politiche pubbliche che siano vincolanti per questi grandi attori dell'economia mondiale.
- Una disgiuntura relativa al ruolo delle **Organizzazioni internazionali** nate proprio per controllare le attività transnazionali. Si tratta di vere e proprie strutture internazionali della politica che condizionano gli Stati su politiche specifiche, come la *Universal Postal Union*, l'*International Telecommuni-*

cation Union, la *World Meteorological Organization* e altri organismi analoghi sovente più influenti, come la Banca mondiale, il Fondo monetario internazionale (Fmi), l'Organizzazione mondiale per il commercio (Omc) e la stessa Unione europea (Ue).

- Una disgiuntura relativa al **diritto internazionale**, ancora poco incisivo, ma che in ogni caso influenza il comportamento di individui, Stati e Ong, raccogliendosi generalmente in dichiarazioni generali sottoscritte a livello intergovernativo, come nel caso della Dichiarazione universale sui diritti dell'Uomo stipulata nell'immediato dopoguerra, ma anche come la successiva Convenzione europea per la Protezione dei Diritti Umani e le Libertà Fondamentali. Il diritto internazionale è composto da un insieme di norme che gettano le basi di un sistema ordinato di cooperazione internazionale.
- Infine, una disgiuntura che Held (ibid., 325) definisce dei **poteri egemonici e blocchi di potere** che spesso minano l'autonomia e l'integrità politico-istituzionale degli Stati. Si pensi per esempio al conflitto postbellico tra Usa e Urss e alle rispettive sfere di dominio internazionali; ma si pensi anche al ruolo quasi-imperiale ancora oggi rivendicato dagli Stati Uniti.

Per ovviare alla natura potenzialmente frammentaria e antidemocratica di questi sviluppi, Held (ibid., 327) propone di ricorrere a un **modello federale di autonomia democratica**, dove il concetto di autonomia serve ad articolare la fondazione del *consenso* come unico principio di legittimazione e di limitazione del potere sovrano. Il fatto che gli individui dovrebbero godere di eguali diritti e doveri implica la condivisione di un'unica struttura di azione che consenta loro di perseguire un progetto individuale e collettivo. Perché questo si verifichi, occorrerebbe un doppio processo di riforma dello Stato e di ristrutturazione della società civile (Held 1989). Un doppio processo di democratizzazione attorno al principio di autonomia democratica che, a livello globale, può essere operativizzato solo costruendo una relazione stabile tra reti di Stati e reti di società civile che facciano riferimento a centri istituzionali di autorità.

9.4. Dal sistema internazionale al sistema globale

Come emerge dalla tendenza da parte degli scienziati sociali a elaborare nuove teorie delle relazioni internazionali che facciano i conti con la realtà di una sempre maggiore interdipendenza tra attori statali e non statali, si assiste oggi a una trasformazione radicale delle modalità di funzionamento sostanziale del sistema politico internazionale che deve fare i conti con le nuove condizioni imposte dalla globalizzazione. Come nota Attinà (2003, 141):

> *Accanto a circa 200 sistemi politici statali – alcuni dei quali non sono sistemi politici unitari ma sistemi politici federali o regionalizzati (cioè sistemi di sistemi) – che formano un sistema*

Il **sistema politico mondiale** indica la crescente interdipendenza tra attori statali e non-statali nell'arena politica mondiale

di soggetti collettivi interdipendenti o sistema politico internazionale, esiste ormai anche un sistema più ampio che comprende sia gli Stati e il loro sistema sia una pluralità di soggetti non statali fra loro diversamente interdipendenti e diversamente capaci di condizionare lo sfruttamento e la distribuzione delle risorse e dei valori del mondo. Questo sistema inclusivo di ogni altro sistema politico è il **sistema politico globale**.

Alle attività poste in essere dai governi nazionali si sono aggiunte altre attività e relazioni tra soggetti variegati, dalle imprese economiche alle associazioni che operano a livello transnazionale, dai vari movimenti sociali alle reti della criminalità organizzata. Questi soggetti possono basarsi su alcuni Stati come su nessuno in particolare, travalicando i confini territoriali dentro cui si strutturano i meccanismi classici dell'autorità politica. Prima di entrare nel merito di queste dinamiche che hanno assunto il nome di globalizzazione, occorre riflettere brevemente su quel sistema internazionale sulle cui ceneri esse si sono sviluppate e dispiegate.

Con **ordine bipolare** intendiamo la divisione del mondo in due blocchi politico-economici e ideologici negli anni successivi alla seconda guerra mondiale

Il sistema internazionale fuoriuscito dalla seconda guerra mondiale è stato fortemente condizionato dalla contrapposizione politica, economica e ideologica tra le due grandi potenze uscite vittoriose dal quel conflitto, gli Stati Uniti e l'Unione Sovietica. La divisione del mondo in due blocchi ha giustificato la definizione del sistema internazionale nei termini di un **ordine bipolare** dove le regole del gioco erano determinate dai due Stati egemoni. L'Unione Sovietica consolidò il suo dominio sui paesi inscritti nella propria sfera d'influenza sollecitando la proliferazione di regimi socialisti soprattutto nell'Europa orientale, mentre gli Stati Uniti hanno esercitato un'influenza politico-ideologica ed economica su tutto il mondo occidentale. Almeno fino al crollo del regime economico e politico sovietico tra il 1989 e il 1991, il sistema internazionale ha dunque assunto un assetto fortemente gerarchico secondo una forma egemonica. Il rischio di un'esplosione conflittuale di tipo militare tra due potenze atomiche ha fatto sì che fossero elaborate regole di condotta che impedissero lo scontro diretto tra i due blocchi, riuniti nel Patto di Varsavia a guida sovietica e nell'Alleanza Atlantica (Nato) a guida nord-americana. Da qui si spiega l'espressione di «guerra fredda» che ha connotato quella lunga fase storica. La costruzione dell'Onu, fortemente voluta dagli Stati Uniti, ha garantito questo equilibrio precario ma stabile anche consentendo nel Consiglio di Sicurezza il potere di veto agli Stati che avevano vinto la Guerra (Stati Uniti, Urss, Regno Unito, Francia e Cina). Dentro questa Organizzazione, il ruolo degli Stati Uniti è sempre stato determinante e comincia ad essere messo in discussione solo dopo l'avvio dei processi di decolonizzazione da parte dei nuovi Stati (asiatici e africani) che rappresentavano comunque la maggioranza nell'Assemblea generale dell'Onu. In secondo luogo, gli Usa hanno sollecitato la formazione di Organizzazioni governative internazionali come il Fmi, l'Omc e Banca mondiale per consolidare anche la propria egemonia economica.

L'Unione sovietica ha potuto minare il ruolo egemonico degli Stati Uniti soprattutto sul campo politico-militare, enfatizzando la contrapposizione ideologica tra capitalismo e socialismo. Questo impose agli Stati Uniti di attivare la cosiddetta politica del *containment* (contenimento), fatta di assistenza economica, logistica e militare a tutti gli Stati insidiati al proprio interno da una crescita delle forze politiche di ispirazione socialista. L'obiettivo americano era dunque quello di contenere l'espansione socialista nel mondo anche a costo di sostenere regimi non democratici, come è avvenuto per tutti gli anni Settanta con il sostegno ai regimi autoritari dell'America latina. Malgrado queste reciproche interferenze nelle politiche nazionali di altri Stati, Usa e Urss hanno evitato di scontrarsi direttamente. La parità nucleare li poneva infatti in una condizione affatto particolare, nella consapevolezza che un'eventuale trasformazione della guerra fredda in guerra «calda» avrebbe certamente portato alla distruzione di entrambi (*Mutual Assured Distruction*). Questo ha portato le due superpotenze ha condividere almeno quattro regole del gioco: 1) la prima regola, di natura militare, riguardava il mantenimento dell'equilibrio strategico e nucleare. Nessuno dei due Stati doveva essere tanto debole da incoraggiare l'azione preventiva dell'altro né tanto forte da sentirsi invulnerabile. Questa regola portò al regime di non proliferazione nucleare sancito dal Trattato di Mosca nel 1968; 2) la seconda regola riguardava il reciproco riconoscimento delle proprie zone d'influenza, dividendo il mondo in due blocchi geopolitici; 3) la terza regola riguardava l'impegno ad astenersi da scontri militari diretti anche se tali scontri divenivano indiretti tramite il sostegno militare ed economico a livello periferico (si pensi al sostegno sovietico ai Vietcong durante la lunga guerra del Vietnam o a quello americano ai talebani durante l'occupazione sovietica dell'Afghanistan); 4) la quarta e ultima regola riguardava l'impegno a ricercare sempre una soluzione negoziale nel caso in cui il rischio di uno scontro diretto si fosse concretizzato. Tale regola è stata per esempio praticata nel caso della crisi di Berlino, tra il 1958 e il 1961, e della crisi missilistica a Cuba nel 1962.

Con il crollo del sistema sovietico si è inaugurata una nuova stagione di assoluto predominio degli Stati Uniti che, a partire dagli anni Novanta, hanno però dovuto fare i conti con le contraddizioni implicite all'articolazione del sistema politico ed economico globale.

Approfondimento 9.3

Innovazioni e delusioni della globalizzazione

La globalizzazione coinvolge orizzontalmente tutto il mondo e tutti gli esseri umani che lo abitano anche se non tutti vi partecipano attivamente e una quota ancora più ridotta se ne avvantaggia. Tali processi sono stati talmente rapidi, specie dopo la caduta del Muro di Berlino e la fine della Guerra Fredda, che rimane il dubbio di trovarci di fronte a un *eccesso di velocità*. Essa, nota Luigi Bonanate, esprime otto tendenze innovative a cui si contrappongono però otto tendenze opposte; otto «innovazioni» e otto «delusioni».

Otto innovazioni	Otto delusioni
1. Gli Stati si sono de-statalizzati perdendo quote di sovranità	1. Anche se le loro prerogative sono diminuite il numero degli Stati è aumentato
2. I loro cittadini si sono de-nazionalizzati e molti stranieri nazionalizzati	2. I cittadini hanno mescolato le loro razze ma le barriere all'immigrazione continuano a crescere
3. Il diritto di ogni stato è diventato uno spezzone di un più ampio sistema giuridico	3. Un diritto comune e uniforme a tutti gli Stati stenta a formarsi
4. Le economie nazionali non sono più autosufficienti	4. L'interdipendenza produttiva è necessaria ma a goderne i frutti sono solo una minoranza ristretta di individui
5. In molti casi le vecchie valute nazionali sono scomparse	5. La finanziarizzazione dell'economia produce utili con i movimenti di Borsa e non più con la produzione di beni
6. Molte culture si sono avvicinate e talvolta sovrapposte	6. L'omologazione culturale rischia di schiacciare le specificità locali
7. Anche i sistemi delle forze armate sono sempre più integrati	7. Molti eserciti tendono a isolarsi e a sviluppare arsenali ad alta tecnologia difficilmente controllabili
8. La democrazia tende a diffondersi in più paesi seppur con rendimenti alterni	8. La speranza che la democrazia fosse la migliore forma di governo ha subito colpi durissimi

Tratto da Bonanate, 2004, pp. 46-47

9.4.1. Globalizzazione, globalità, globalismo

La **globalizzazione** è intesa come il processo di integrazione delle vicende di tutte le società in un solo ambito di relazione

La definizione del sistema politico globale ci impone di riflettere sul fenomeno della **globalizzazione**, intesa come quel processo sociale di strutturazione di un sistema mondiale in cui nessun evento è assolutamente isolato, cioè circoscrivibile a un'unica area geopolitica; anche quei processi che hanno origine a livello locale producono effetti sul normale corso degli eventi in altri sistemi locali (cfr. approfondimento 9.3). Siamo stati testimoni di un uso spropositato del termine «globalizzazione», intesa come un vago cambiamento del mondo in senso omogeneizzante. Essa è da tempo oggetto di dibattito politico e giornalistico, attirando su di sé l'attenzione apocalittica dei più critici e quella apologetica degli altri, con tutte le semplificazioni del caso. Come scrivono Robertson e Khondker (1998, 26), la situazione della globalizzazione è il tipico esempio di come i concetti e le teorie si sviluppino in contesti scientifici per essere successivamente utilizzati nel «mondo reale» in un modo che finisce col mettere in pericolo la loro capacità analitica. Così il concetto di globalizzazione assume un carattere peggiorativo o migliorativo a seconda delle convenienze, perdendo però gran parte delle sue potenzialità esplicative. Un termine apparentemente colto è utilizzato senza specificarne prima attributi e referenti empirici. Pur nei limiti di spazio, cercheremo di liberare il termine dall'influenza inquinante del linguaggio comune, descrivendone la morfologia e la portata. Cominceremo col prendere spunto dalla tripartizione operata da Ulrich Beck (1997, tr.it. 1999) che distingue tra «globalizzazione» e «globalità», da un lato, e «globalismo», dall'altro:

- Con «globalizzazione» s'intende quel processo in seguito al quale le singole sovranità nazionali vengono differentemente condizionate da attori transnazionali, soprattutto economici, ma anche politici, culturali, o semplicemente donne e uomini che, pur avendo come riferimento stabile un'entità territoriale, agiscono e pensano in maniera globale, contribuendo alla determinazione di una crescente interdipendenza tra Stati e società nazionali.
- Con «globalità» s'intende invece la natura globale che contraddistingue da tempo le società contemporanee, tanto che nessun gruppo o paese si può oggi isolare del tutto dagli altri. Si indica dunque quell'insieme di rapporti sociali non integrati nella politica di uno Stato-nazione e pertanto non determinati né determinabili da esso. L'elemento autopercettivo gioca qui un ruolo fondamentale, perché quando si parla di società mondiale ci si riferisce soprattutto all'autorappresentazione che di essa hanno individui e gruppi; entra dunque in gioco l'elemento riflessivo della modernità rafforzato dal potere globalizzante dei mass media. Qualcuno potrebbe obiettare che senza integrazione non vi possa essere società, ma ciò non toglie che vi possa essere la sua percezione da parte di attori coinvolti in un processo di costante comunicazione planetaria che genera una compressione spazio-temporale. Un tempo la società indicava una molteplicità integrata nelle norme morali e giuridiche di uno Stato; oggi la società globale indica invece molteplicità e differenziazione senza unità ed esprime forze produttive transnazionali, flussi di donne e uomini, ma anche guerre globali e una percezione di rischio planetario.
- Il «globalismo» indica infine quel processo di sviluppo di un mercato globale che rimuove fino a sostituire l'azione politica degli Stati, nel nome di un'ideologia neoliberale che fonda le sue basi sull'idea del dominio dell'economico sul politico. Esso, attraverso un processo di *reductio ad unum*, riconduce la multidimensionalità della globalizzazione all'unica dimensione economica, sfociando in ideologia totalizzante che liquida forse la più importante distinzione dell'epoca moderna, cioè quella tra economia e politica strutturate nelle forme del potere economico e del potere politico.

Da ciò emerge il carattere irreversibile della globalità intesa come coesistenza di diverse logiche particolari (economica, politica, ecologica, culturale, ecc.) che interagiscono su scala planetaria costruendo una rete di contatti e interdipendenze. A rendere possibile questo processo è la concomitanza di diversi fattori, dal commercio internazionale al progresso delle tecnologie della comunicazione e all'attivazione di reti di solidarietà transnazionali che si costruiscono attorno alla rivendicazione dei diritti umani. A questo si aggiungono i flussi di immagini prodotti dall'industria culturale, l'affermazione di una politica policentrica, la percezione globale del rischio, specie rispetto alla sostenibilità ecologica e al percolo di conflitti interculturali.

La questione della globalità ha dunque una stretta attinenza con la percezione che nulla di ciò che accade in un luogo potrà rimanere vincolato in quell'unica dimensione spaziale, plasmando vite e istituzioni lungo l'asse locale-globale. In questo ambito si inserisce la globalizzazione come processo che crea spazi e opportunità di legami transnazionali, non incrinando le culture locali, ma dislocandole territorialmente in una dimensione spaziale dilatata. Cerchiamo ora di affrontare queste dinamiche nello specifico, inserendole dentro la cornice storica e istituzionale della modernità.

• Modernità e globalizzazione

La globalizzazione, come integrazione delle vicende di tutte le società in un solo ambito di relazione, è l'effetto di un processo lungo che trae origine dall'espansione coloniale europea fin dagli inizi dell'epoca rinascimentale, anche se dalla seconda metà del ventesimo secolo ha subito una radicale accelerazione. In questo senso, essa non va letta come una trasformazione recente, quanto piuttosto come una radicalizzazione delle **condizioni della modernità** (Giddens 1990, tr.it. 1999; Giner 2000). La modernizzazione, per quanto sia fatta risalire alle trasformazioni socioeconomiche e sociopolitiche intercorse tra la fine del diciassettesimo e la seconda metà del ventesimo secolo, ha origini ben più antiche che possiamo ricondurre alla crisi del feudalesimo; esso, in Europa, presentava diverse modalità morfologiche che hanno poi consentito un certo dinamismo futuro. Come abbiamo visto, la società feudale aveva bisogno di un potere politico-amministrativo strutturato attorno a un'autorità signorile, che traeva forza da una frammentazione della sovranità in un sistema di relazioni di vassallaggio e un potere economico articolato entro un modo di produzione prevalentemente agricolo. Il tutto si poteva reggere grazie a un sistema relativamente complesso di prerogative signorili e a una stratificazione sociale di tipo cetuale, abbinati alla peculiarità della doppiezza secolare e religiosa dell'autorità.

La globalizzazione va letta come un processo che trae le sue origini nel passato e si configura come una radicalizzazione delle **condizioni della modernità**

Questo sistema di organizzazione sociale impedì per secoli la formazione degli Stati moderni, convertendosi in un mosaico di piccole monarchie, principati e signorie, retto da un equilibrio tanto precario da permettere però, col tempo, una rivoluzione di sistema che si sarebbe configurata attorno all'alleanza storica tra le grandi monarchie rinascimentali e la nascente e vitale borghesia mercantile. Il sistema feudale di produzione fu presto sostituito dal più dinamico sistema mercantile, gettando le basi per un nuovo modo di intendere la sfera economica dominata dalle leggi della domanda e dell'offerta e della concorrenza, tipiche di un modello capitalista ancora primordiale.

L'estensione di questo modo di produzione fondato sulla proprietà privata dei beni determinò un cambiamento anche dell'organizzazione politica e delle relazioni sociali, attraverso una diversa stratificazione fondata sulla divisione tra proprietari dei mezzi di produzione e lavoratori salariati.

Lo sviluppo tecnologico e la rivoluzione industriale rafforzarono poi la borghesia finanziaria organizzata attorno ai mercati tradizionali di Parigi, Amsterdam e Londra, contribuendo alla nascita della nuova borghesia industriale, attore primario di un sistema di produzione fondato sull'investimento di capitali e sulla costante innovazione tecnologica, al contempo stimolato dalle nuove attitudini della modernità (individualismo, razionalizzazione, secolarizzazione, spirito competitivo, fiducia nel progresso). Tali attitudini diventarono presto elementi di consolidamento ideologico della società moderna classista e capitalista.

In quest'ambito di sviluppo si creano le condizioni di una produzione di massa che impone un'ulteriore razionalizzazione del processo produttivo sull'onda di quei *Principi dell'organizzazione scientifica del lavoro* elaborati nel 1911 da Taylor, ma in gran parte applicati in via sperimentale dall'industriale americano Ford e divenuti dominanti nel secondo dopoguerra. Il **taylor-fordismo** rappresenta dunque il processo di razionalizzazione del lavoro in un sistema industriale standardizzato e per certi versi rigido; sarà proprio questa rigidità a metterlo successivamente in crisi sotto la spinta di una concorrenza internazionale sempre più pressante che richiedeva una produzione snella e una costante innovazione. Si passa così gradualmente a quello che David Harvey (1990, tr.it. 1997) definisce **regime di accumulazione flessibile di capitali**. Esso si fonda su una forte flessibilità dei modelli di produzione e di consumo, generando nuovi settori di produzione, nuovi modi di fornire servizi finanziari, nuovi mercati e «tassi molto più elevati di innovazione commerciale, tecnologica e organizzativa» (ibid., 186). Il vecchio operaio dequalificato è sostituito da nuovi lavoratori specializzati e da un'imprenditoria giovane e dinamica, esperta di marketing e alla continua ricerca di nuove nicchie di mercato. L'attenzione non si rivolge più solo alla produzione, ma soprattutto al consumo, concentrandosi sulla mutevolezza delle mode e sovente orientandole con specifiche operazioni di marketing che connettono i processi economici globali a una tendenza alla dislocazione culturale, nell'ambito di «un'estetica postmodernista che celebra la differenza, la caducità, lo spettacolo, la moda e la mercificazione delle forme culturali» (ibid., 195).

Accanto alle trasformazioni del sistema di produzione, si verifica una spettacolare espansione del mercato finanziario, elemento cardine della globalizzazione economica, successiva al passaggio, nei primi anni Settanta, dal regime di cambio fisso, predisposto dai postbellici accordi di *Bretton Woods*, a uno di cambio variabile. Oggi non si potrebbe parlare di globalizzazione in assenza del *World Financial Market*, forse il solo vero mercato globale. Se nel 1983 le transazioni monetarie nel mercato dei cambi erano già dieci volte superiori ai livelli del commercio mondiale di beni del decennio precedente, negli anni Novanta il rapporto era salito di 60 a 1 (Sassen 1996, 40). Già quello di *Bret-*

ton Woods era un sistema globale organizzato gerarchicamente e controllato politicamente dagli Stati Uniti (Harvey 1995, 8), ma ha presto lasciato il passo a un altro sistema globale più decentrato che, smantellando gli assetti del capitalismo controllato, ha determinato una radicale deregolazione. Cambi flessibili e libertà di capitali hanno consentito la nascita di un «turbocapitalismo» incontrollato e privo di ancoraggi oggettivi.

Gli Stati Uniti hanno comunque mantenuto un ruolo chiave raccogliendo i frutti di mezzo secolo di leadership sul capitalismo mondiale. I segni più visibili di questo processo li vediamo nell'influenza che essi esercitano nel dare forma alle nuove culture giovanili e, in campo politico-economico, nello sviluppo di agenzie di *governance* mondiale sotto l'egemonia del potere nord-americano, come nel caso del Consiglio di Sicurezza dell'Onu, del G8, del Fondo monetario internazionale, della Banca mondiale e dell'Organizzazione mondiale per il commercio; senza contare l'enorme potere politico-militare che ancora oggi esercitano attraverso le articolazioni della Nato. Malgrado questo predominio degli Stati Uniti, la peculiarità dell'attuale fase di espansione finanziaria sembra comunque realizzarsi nella concentrazione del potere finanziario su un variopinto aggregato di organizzazioni territoriali e non territoriali: da un lato, le grandi corporation multinazionali che da sole accumulano più capitale di buona parte degli Stati nazionali del mondo; dall'altro, assistiamo alla crescita del potere asiatico esercitato in base ai cicli e alle congiunture da piccole realtà come il Giappone, la Corea del Sud, Taiwan, Singapore, Honk Kong, e due grandi neopotenze economiche come la Cina e l'India.

Naturalmente questo processo di globalizzazione che, come abbiamo visto, trae fondamento soprattutto da dinamiche economico-finanziarie, non è lineare né unitario, così come la società globale non è né unitaria né omogenea e, come è noto, non si ha varietà senza disuguaglianza. Tali processi hanno dunque reso evidente la discrepanza economica tra paesi opulenti e paesi poveri, spesso contribuendo a un'ulteriore pauperizzazione delle realtà più periferiche, alimentando le tensioni tra le diverse regioni del mondo. Tutte le società moderne formano entità complesse in cui la presenza di un centro e una periferia è un fatto strutturale che produce continui conflitti. Si tratta di un problema fondato sulla consapevolezza di vivere in un sistema sociale le cui frontiere vanno ben oltre gli interessi dei singoli individui o gruppi (Giner 2000, 25). Il contatto del centro con la periferia e la paradossale decentralizzazione prodotta dallo sviluppo repentino delle tecnologie della comunicazione, anche nell'ambito dei trasporti, conferisce a tali società una struttura reticolare, dove la tradizionale frattura centro/periferia perde valore di fronte alle dinamiche di razionalizzazione della produzione e di conseguente interdipendenza politica ed economica del mondo.

La **globalità** è il dato di fatto di una società mondiale multidimensionale, quindi policentrica, contingente e politica

• La Globalità come società mondiale di fatto

Se la globalizzazione segnala l'intensificarsi di spazi, problemi, conflitti ed esistenze transnazionali, la **globalità** segnala invece la datità di una società mondiale multidimensionale, quindi policentrica, contingente e politica. Essa è un fenomeno ineludibile che ha comportato una mobilità transnazionale di beni, individui e stili di vita, ulteriormente facilitati dall'aumento esponenziale dei flussi migratori. Si formano quindi realtà sociali e culturali sempre più plurali, tanto che oggi la società multiculturale è un fenomeno generalizzato, inaugurando forse «una nuova epoca sociale, nella quale forme di vita transnazionali, transculturali, divengono la normalità» (Beck 1997, tr.it. 1999, 113). Gli individui si sentono legati agli altri inesorabilmente; lo si può notare soprattutto nella percezione globale del rischio determinata dalla consapevolezza di un destino comune che sovente si manifesta in maniera minacciosa (disastri ecologici, povertà globale, crescita demografica, terrorismo, ecc.), così come nel mutamento di alcuni fenomeni un tempo specificatamente locali, tutt'al più interstatali, come la guerra, che oggi si globalizza anche nelle manifestazioni apparentemente più particolaristiche e interetniche, per effetto di una popolazione mondiale di spettatori che assistono e partecipano alla rappresentazione mediatica dell'atto bellico.

Ma cosa intendiamo realmente con l'espressione di «società mondiale»? Perché si è detto che essa rappresenta un fenomeno politico? Seguendo la logica classica secondo cui non può esistere una società senza Stato e la società stessa si politicizza solo quando inserita dentro la cornice istituzionale statale, è indubbio che quella che noi chiamiamo società mondiale rappresenti una forma sovversiva della politica così intesa. Ma sta proprio qui la sua specificità. Non si tratta di un'altra epoca della società, ma di un'altra *concezione* (ibid., 125). Da tempo, la quasi totalità dei rapporti sociali si articolano in maniera non-statale, consentendo esperienze esistenziali che oltrepassano ogni confine formale. Si dissolve insomma quel nesso inscindibile tra Stato, individuo e società che ha connotato l'esperienza sociopolitica moderna, determinando una società mondiale priva di uno Stato mondiale, non legittimata politicamente, ma non per questo impolitica. Gli attori di questa nuova società sono vicini socialmente anche se distanti geograficamente. Agiscono sull'asse locale-globale superando il principio territoriale dello Stato moderno. Essi sono attivi contemporaneamente in più Stati (si pensi agli attivisti delle tante Ong internazionali, come *Greenpeace* e *Amnesty International*), spesso esprimendo un'efficacia operativa che supera le capacità attuative espresse rispetto alle istanze locali. Essi si procurano infine una propria sovranità inclusiva alleandosi periodicamente con alcuni Stati e contrastandone altri su questioni vertenziali di interesse sociale, come l'ambiente e i diritti umani. Quanto più si rafforza la capacità organizzativa di queste fasce della società mondiale, tanto più si indebolisce il ruolo politico degli Stati. Per questa ragione possiamo affermare che la società mondiale (o transnazionale) sia una nuova forma del politico; essa si politicizza depoliticizzando gli Stati senza per questo auspicarne la dissoluzione.

Il Globalismo e dominio dei mercati

Se la globalizzazione è un processo e la globalità un dato di fatto, il **globalismo** è l'ideologia del primato dell'economico sul politico. Esso prefigura una società mondiale ridotta alla sola dimensione economica e al dominio tran-

> Il **globalismo** è l'ideologia neoliberista che prescrive il primato dell'economico sul politico

snazionale dei mercati. Gli attori principali di tale ideologia sono le grandi *corporation* multinazionali e transnazionali, ma anche quelle organizzazioni governative internazionali (Fmi, Omc, Bm, ecc.) che agiscono da alfieri del neoliberismo. La società mondiale diventa così società mondiale di mercato dove tutti e tutto – cultura, ambiente, conoscenza, esseri umani – sono sottomessi alla logica mercantile del profitto. In questo senso anche il neoliberismo è una particolare manifestazione politica che si esprime in modo apparentemente antipolitico, predicando la deregolamentazione dei mercati e una riduzione della portata normativa degli Stati.

I processi di globalizzazione consentono alle imprese organizzate su scala planetaria di riconquistare un potere d'azione prima addomesticato dalle politiche nazionali convertite in Stato sociale. Rendono possibile ciò a cui il capitalismo ha sempre aspirato, cioè la libertà di espansione fuori dalla «gabbia» normativa delle istituzioni, ma anche da ogni forma di controllo democratico. L'economia globale governata dalle grandi multinazionali ha oggi il potere di sgretolare i fondamenti stessi delle economie nazionali. Esse dribblano i vincoli legali e costituzionali degli Stati spostando la produzione laddove il costo del lavoro è più basso, e in genere in quei paesi dove ai lavoratori non sono garantiti i diritti sociali fondamentali (orario e salario minimo, sindacalizzazione, ferie, maternità, ecc.). Si tratta di quel processo chiamato **delocalizzazione** delle imprese, che è una delle manifestazioni storiche del globalismo. Le multinazionali dividono prodotti e servizi, aggregandosi con altre aziende, smembrandosi in più unità produttive, spalmandosi geograficamente su tutto il globo terrestre. Mantengono così solo un flebile legame con lo Stato d'origine che è rappresentato dalla semplice nazionalità formale del *marchio* (Logo). In questo modo, possono servirsi di uno o più Stati nazionali assicurandosi le condizioni fiscali più vantaggiose. Per intenderci, queste moderne imprese possono produrre in un paese (costringendo generalmente i lavoratori a condizioni di sfruttamento oggi impensabili in Europa), pagare le tasse in un altro, dove le condizioni di prelievo fiscale sono più convenienti, e richiedere contributi pubblici in un altro paese ancora, per finanziare i momenti di crisi ciclica dei mercati. Come nota la Hertz (2001, tr.it. 2002), tra le cento maggiori economie del mondo, cinquantuno sono multinazionali e solo quarantanove nazionali; la vendita di una grande *corporation* come la *General Motors* può superare il prodotto interno lordo dell'intera Africa sub-sahariana o di Stati di medie dimensioni come la Polonia e l'Ungheria.

9.4.2. La sintesi politica degli Stati

In ogni caso, gli Stati non sono attori passivi della globalizzazione e ne affrontano le conseguenze avviando molteplici tentativi di integrazione, specie sul piano economico e della sicurezza internazionale. La crescente interdipendenza politico-economica fa sì che tutti gli Stati subiscano pressioni analoghe, soprattutto dal sistema economico internazionale, e questo determina, a livello nazionale, l'adozione di politiche simili per affrontare problemi simili. Ma non tutte le questioni poste da un sistema in rapido mutamento possono essere affrontate a partire dai governi nazionali e, per questa ragione, molti Stati hanno deciso di adattarsi alle nuove condizioni favorendo alcune trasformazioni organizzative sia interne che esterne ai singoli sistemi politici nazionali. Sul piano interno, si assiste in molti casi all'adozione di pratiche decentrate di governo, devolvendo molti poteri, un tempo attribuiti ai governi nazionali, agli enti locali, considerati i luoghi privilegiati di rappresentanza degli interessi territoriali; sul piano esterno, si sono attivate pratiche di integrazione sovranazionale dando vita a istituzioni sovraordinate a quelle statali e a veri e propri sistemi politici multistatali. L'esempio più efficace e unico nel suo genere è quello dell'**Unione Europea** (Ue). A questo si aggiunge la proliferazione di Organizzazioni tecniche e regimi internazionali che sollecitano l'adozione di pratiche comuni anche per affrontare problematiche di politica interna agli Stati. Come nota Drezner (2001), l'interdipendenza internazionale determina una spinta nella direzione di un certo isomorfismo istituzionale a livello sovrastatale, intrastatale e interstatale.

L'**Unione Europea** è l'esempio più efficace di quella pratica di integrazione sovranazionale che dà vita a istituzioni sovraordinate a quelle statali

Va detto che tali trasformazioni hanno finora riguardato soprattutto gli Stati economicamente sviluppati e che subiscono con più forza le pressioni globaliste. Anche per questa ragione gli Stati europei hanno avviato, prima con la Comunità economica europea (Cee) e poi con l'Unione, un processo di trasformazione istituzionale nella direzione di un vero e proprio sistema politico sovranazionale dotato di istituzioni relativamente democratiche. Il progetto di Comunità Europea (cfr. approfondimento 9.4) nasce nell'immediato dopoguerra per ragioni di opportunità economica e politica (Moravcsik 1998). In primo luogo, occorreva coordinare gli sforzi per sollecitare una ripresa economica dopo i disastri determinati da una guerra totale combattuta in casa; in secondo luogo, si sentì il bisogno di creare un blocco politico-economico sufficientemente forte da resistere alle pressioni della vicina Unione Sovietica. Oggi, dopo un processo lungo e tutt'altro che lineare, l'Unione si è data una struttura complessa in grado di incidere significativamente sugli Stati che vi partecipano. Le principali istituzioni Ue sono la Commissione, cioè l'organo esecutivo, il Parlamento, eletto per la prima volta nel 1979, la Corte Europea di Giustizia, che controlla il rispetto dei Trattati risolvendo le eventuali dispute tra Stati e istituzioni comunitarie, la Banca centrale europea e il Consiglio, cioè il vero organo legislativo dell'Unione, suddiviso in un Consiglio per gli affari generali, composto dai diversi ministri degli esteri degli Stati membri, e da diversi Consigli settoriali che riuniscono i ministri competenti per le materie di volta in volta esaminate.

Per quanto l'Unione Europea rappresenti l'esempio di integrazione internazionale più incisivo e analiticamente più interessante, non mancano processi di integrazione fuori dall'area europea (Christiansen 2001). Si pensi al *North America Free Trade Area* (Nafta), che ha creato nel 1992 un'area di libero scambio tra Stati Uniti, Canada e Messico, o al Mercosur, nato dall'esigenza di alcuni Stati dell'America Latina di contrastare il gigante nordamericano, costruendo un'unione doganale tra Argentina, Brasile, Paraguay e Uruguay, ma destinato ad allargarsi a diversi altri Stati della regione. Anche in Asia si assiste a movimenti analoghi di integrazione tra Stati, come nel caso dell'*Asia-Pacific Economic Cooperation* (Apec), un gruppo di 34 paesi a guida Usa che coordinano le proprie politiche economiche e commerciali, o dell'*Association of South-East Asian Nations* (Asean), nata per le stesse ragioni negli anni Sessanta attraverso un accordo tra Indonesia, Malesia, Thailandia, Singapore e Filippine a cui si sono poi aggiunti Brunei, Laos, Vietnam, Myanmar e Cambogia. Nessuno di queste esperienze di integrazione godono però della stessa solidità politico-amministrativa che ha caratterizzato l'esperienza unitaria in Europa.

Approfondimento 9.4

Il processo d'integrazione in Europa

L'Unione europea (Ue) è un'entità politica sovranazionale che dal 1° gennaio 2007 comprende 27 paesi membri, ma è destinata a espandersi ulteriormente. La sua istituzione risale al trattato di Maastricht del 7 febbraio1992 (entrato in vigore il 1° novembre1993), al quale gli Stati aderenti sono giunti dopo il lungo cammino delle Comunità europee precedentemente esistenti. L'Unione consiste in una zona di libero mercato (mercato comune), caratterizzata da una moneta unica (l'euro) regolamentata dalla Banca centrale europea (l'euro è attualmente adottato da 17 dei 27 Stati membri); essa presenta un'unione doganale avviata con il Trattato di Roma del 1957 e completata con gli accordi di Schengen, che garantiscono ai loro cittadini libertà di movimento, lavoro e investimento all'interno degli Stati membri.

L'Unione europea non è una semplice organizzazione intergovernativa (come le Nazioni Unite) né una federazione di Stati (come gli Stati Uniti). Le sue competenze spaziano dagli affari esteri alla difesa, alle politiche economiche, all'agricoltura, al commercio e alla protezione ambientale. In alcuni di questi campi le funzioni dell'Unione europea la rendono simile a una federazione (per esempio, per quanto riguarda gli affari monetari o le politiche ambientali); in altri settori, l'Unione è più vicina a una confederazione (per esempio, per quanto riguarda gli affari interni) o a un'organizzazione internazionale (come per la politica estera). Gli organi principali dell'Unione comprendono il Consiglio, la Commissione, la Corte di Giustizia, il Parlamento, il Consiglio europeo e la Banca centrale europea. L'istituzione dell'Europarlamento risale al 1950 e dal 1979 i suoi membri sono democraticamente eletti a suffragio universale per una durata di cinque anni. Da semplice organizzazione internazionale, l'Ue ha gradualmente acquisito numerose prerogative tipiche di una federazione, con il progressivo trasferimento di poteri e di sovranità dagli Stati membri agli organismi comunitari. Essa si fonda tuttora su trattati internazionali recepiti a livello interno da tutti gli Stati membri, ma ha assunto personalità giuridica propria.

Attualmente l'Unione si basa su due trattati fondativi: il Trattato sull'Unione europea (Tue; detto anche Trattato di Maastricht) e il Trattato sul funzionamento dell'Unione europea (Tfue; detto anche Trattato di Roma), poi modificati dal Trattato di Lisbona. A questi si aggiungono il Trattato Euratom e la Carta dei diritti fondamentali dell'Unione europea che ha un valore vincolante.

Il problema della definizione dell'attuale status giuridico dell'Unione sfociò, il 29 ottobre 2004, nella firma a Roma del Trattato che adotta una Costituzione per l'Europa, comunemente noto come Costituzione europea. Tale testo ribadiva la possibilità di una *cooperazione rafforzata* per la promozione di iniziative di integrazione tra gruppi di paesi, già prevista nel Trattato di Amsterdam e in quello di Nizza. Un nuovo trattato era stato richiesto dal Consiglio europeo attraverso la Dichiarazione di Laeken dal momento che il funzionamento delle istituzioni comuni era ritenuto inadatto alla coesistenza di 27 Stati, ciascuno dei quali con diritto di veto in aree fondamentali della politica comune. Il processo di ratifica della Costituzione venne però interrotto il 29 maggio 2005 con un referendum popolare in cui il 54,7% dell'elettorato francese ha scelto di non sottoscrivere il Trattato; pochi giorni dopo, il 1° giugno, anche la popolazione dei Paesi Bassi si dichiarò contraria all'introduzione del Trattato (con il 61,6% dei voti). Sebbene 18 Stati membri avessero recepito il documento, prevalentemente per via parlamentare, la Costituzione europea non entrò in vigore.

Dopo due anni, il cancelliere tedesco Angela Merkel decise di rilanciare il processo di riforma con la Dichiarazione di Berlino del 25 marzo 2007, in occasione dei 50 anni dell'Europa unita, in cui venne espressa la volontà di sciogliere il nodo entro pochi mesi al fine di consentire l'entrata in vigore di un nuovo trattato nel 2009. Nel giugno 2007 si arrivò a un accordo sul nuovo trattato di riforma che recepiva parte delle innovazioni contenute nella cosiddetta Costituzione. Venne così approvato il Trattato di Lisbona firmato il 13 dicembre 2007 dai capi di Stato e di governo. Nel Trattato vengono chiaramente declinate le competenze dell'Unione.

Momenti fondamentali dell'integrazione europea

Anno	Trattato	Principali contenuti
1952	Trattato di Parigi	Creazione di istituzioni sovranazionali e regolazione della produzione dell'acciaio e del carbone
1957	Trattati di Roma	Accordo per l'eliminazione delle tariffe commerciali e piano per un mercato comune e un'unione doganale
1985	Atto unico europeo	Rimozione delle barriere non tariffarie alla mobilità di individui, beni, servizi e capitali; inclusione nei trattati della cooperazione di politica estera
1992	Trattato di Maastricht	Creazione dell'Unione economica e monetaria e dell'Unione politica; inclusione degli affari interni e giudiziari e creazione di una struttura a pilastri
1997	Trattato di Amsterdam	Introduzione di varie riforme istituzionali, tra cui la costruzione dell'Alto rappresentante per la politica estera e forme di cooperazione rafforzata
2000	Trattato di Nizza	Riforma della Commissione del Consiglio; espansione del voto a maggioranza qualificata; adozione della Carta europea dei diritti umani
2003	Convenzione	Tentativo, poi fallito, di dare una forma quasi-costituzionale ai Trattati dell'Unione
2007	Trattato di Lisbona	Modifiche ai trattati sull'Unione e sulla Comunità europea; abolizione dei pilastri e ripartizione di competenze tra Unione e Stati membri; rafforzamento del principio democratico e della tutela dei diritti fondamentali. Redatto per sostituire la Costituzione europea bocciata dai referendum francese e olandese nel 2005

Fonte: Rosa, Scartezzini, 2006, p. 339 – rielaborato e integrato

Percorso di autoverifica

- Cosa intendiamo per sistema politico internazionale?
- A quando possiamo farne risalire le origini?
- Come si definiscono i rapporti di potere a livello internazionale?
- Quali sono i possibili percorsi di integrazione internazionale?
- Che differenza c'è tra principi sociali, norme giuridiche e regole operative?
- Cos'è un'organizzazione internazionale?
- Cosa intendiamo per regione internazionale?
- Come possiamo classificare il sistema internazionale in base ai livelli di pariteticità o uguaglianza e di diffusione o concentrazione del potere?
- L'organizzazione internazionale è statica o è soggetta a mutamenti?
- Cosa intendiamo per paradigma del conflitto e della disuguaglianza ovvero per paradigma della cooperazione e dell'uguaglianza?
- Quali sono gli elementi comuni e le differenze tra le teorie realiste e neorealiste delle relazioni internazionali?
- Quali sono le principali teorie egemoniche sul sistema internazionale?
- Cosa intendiamo per sistema-mondo secondo l'impostazione di Wallerstein?
- Cosa intendiamo per teoria pluralista delle relazioni internazionali?
- Quali sono i parametri di una possibile democrazia cosmopolitica?
- Che cos'è il sistema politico globale?
- Che differenza c'è tra globalizzazione, globalità e globalismo?
- Che cos'è l'Organizzazione delle Nazioni Unite?
- Quali sono le tappe fondamentali del processo di integrazione in Europa?

Lo Stato e la violenza

10

Il fenomeno dello Stato è inestricabilmente connesso a quello della violenza. Gli Stati moderni sorgono e si consolidano attraverso una grande mobilitazione delle risorse necessarie all'esercizio della forza fisica, che continua a essere lo strumento di ultima istanza per la risoluzione dei conflitti anche in una situazione di statualità consolidata. Nell'ambito di uno specifico territorio, la violenza dello Stato è esercitata per garantire l'ordine e la sicurezza sociali, sia contro eventuali minacce interne sia per difendere i confini da sfide esterne. Nel primo caso, la coercizione organizzata è affidata alle forze di polizia; nel secondo caso, alle forze militari. La violenza politica è dunque in primo luogo uno strumento esercitato dall'alto, cioè dallo Stato verso i cittadini, ma può anche essere esercitata dal basso, come strumento di lotta contro le istituzioni pubbliche. È il caso del terrorismo e delle varie forme di violenza politica antistituzionale, o delle rivoluzioni, intese come processi di radicale sovvertimento dell'ordinamento sociopolitico esistente da parte di blocchi di potere alternativi. La pratica terroristica, o di violenza politica pura, non è esercitata solo contro lo Stato e i suoi cittadini, ma può essere anche uno strumento di coercizione e deterrenza adottato dal potere ufficiale, sia in un contesto di guerra, sia in una situazione di stabilità politica. L'evoluzione storica delle guerre tradizionali fino all'ultimo stadio delle guerre globali asimmetriche ne sono un esempio paradigmatico.

Obiettivi di apprendimento

- Lo Stato, in quanto centro del monopolio della forza fisica legittima, esercita violenza sia come deterrente sia come forma di repressione. Le forze della coercizione legittima organizzata, polizia ed esercito, sono composti da professionisti della violenza che agiscono per conto e in nome dello Stato.
- La violenza dal basso, anche nelle forme più radicali di terrorismo politico, va intesa come fenomeno generale di partecipazione orientata alla protesta e praticata in maniera continuativa da piccoli gruppi, coesi al proprio interno, che agiscono in clandestinità.
- La rivoluzione è il processo, o quantomeno il tentativo, di sovvertimento violento delle strutture sociali, politiche e di classe nell'ambito di una specifica società statale, portata avanti da individui e gruppi che scelgono di agire collettivamente con l'obiettivo di fondare una nuova società e un nuovo Stato.

10.1. La violenza *dello* Stato e *contro* lo Stato

Nei capitoli precedenti abbiamo fatto riferimento alla stretta connessione tra politica e violenza e, in particolare, tra pratiche violente e potere politico istituzionalizzato nelle forme dello Stato. Si tratta ora di entrare nel merito di una questione spinosa per gli scienziati sociali: cosa intendiamo per violenza politica? E, soprattutto, è possibile individuare una linea di confine netta tra violenza politica *lecita*, cioè perpetrata da organi al servizio del potere legittimo, e *illecita*, cioè orientata contro i simboli e gli istituti di quel potere? **La distinzione tra violenza lecita e illecita contiene in sé il discrimine tra «forza autorizzata» e «forza non autorizzata»: la prima si esprime come forza *dell'*autorità; la seconda come ribellione *contro* l'autorità**. In entrambi i casi, le forme che la violenza può assumere sono molteplici (Ruggiero 2006). Nel caso della violenza autorizzata (o violenza dall'alto), ci riferiamo soprattutto all'operato di alcuni organi dello Stato, in particolare polizia e militari; essa può assumere le forme della repressione di Stato, della privazione della libertà per singoli individui o gruppi, fino alla guerra nei confronti di altri Stati. Nel secondo caso, ci riferiamo invece alla violenza perpetrata da individui e gruppi, generalmente organizzati in avanguardie o movimenti, che si oppongono al potere politico ufficiale; anche la violenza dal basso può assumere più forme che vanno dagli attacchi contro la proprietà a quelli contro la persona, dalle forme più estemporanee di mobilitazione e ribellione alle forme più profonde e organizzate di rivoluzione.

La **violenza politica** va intesa come un intervento fisico volontario di individui, gruppi o Stati nei confronti di oggetti, altri individui, altri gruppi, o anche contro se stessi, al fine di perseguire obiettivi politici

In questa sede, **per violenza politica intendiamo un intervento fisico volontario di individui o gruppi nei confronti di oggetti, altri individui, altri gruppi, o anche contro se stessi, al fine di perseguire obiettivi politici**. La violenza può essere diretta o indiretta: si parla di «violenza diretta» quando viene esercitata direttamente contro il nemico individuato o i simboli che lo rappresentano – si pensi all'aggressione o all'omicidio politico, ma anche semplicemente alla violenza esercitata dal basso contro i simboli del potere economico-politico e finanziario (assalti alle banche e alle vetrine di negozi griffati). Si parla invece di «violenza indiretta» quando viene per esempio esercitata sull'ambiente fisico in cui il nemico (vittima) si trova; si pensi ai casi di embargo economico che impoveriscono intere popolazioni per fiaccarne lo spirito, con il solo obiettivo di indebolire il governo dello Stato in cui vivono. In entrambi i casi, seppur con modalità diverse, il risultato è il medesimo: «una modificazione dannosa dello stato fisico dell'individuo o del gruppo che è il bersaglio dell'azione violenta» (Stoppino 1990b, 1221).

Quando nel linguaggio comune si parla di violenza politica, raramente ci si riferisce all'azione di un governo legittimo. La percezione di legittimità rende infatti l'azione violenta più sopportabile, forse perché percepita come giusta o, più probabilmente, perché si pensa che ad essa non si possa far fronte. Molto più spesso si è invece pronti a criticare la violenza politica dal basso, esercitata da movimenti antagonisti o da gruppi terroristici. In realtà, i due casi non sono analiticamente troppo diversi e conviene dunque considerarli entrambi, anche se separatamente. In realtà **la violenza di Stato connessa alle funzioni del potere coercitivo è più tollerabile non solo perché legittima, ma anche e soprattutto perché prevedibile**. Quando legittimamente esercitato, il potere coercitivo è rivolto nei confronti di attori e contesti devianti. Le regole del gioco sono dettate in anticipo, così come la misura della violenza è largamente prevista sia da chi la esercita che da chi ne è, suo malgrado, vittima. La violenza legittima incute dunque una sorta di «timore razionale» (ibid., 1223) consentendo un calcolo sui «costi» della disobbedienza. **Il terrore è invece determinato dall'imprevedibilità dell'azione violenta, che è in genere esercitata senza alcun preavviso e non mira a colpire individui o gruppi specifici, ma intere porzioni di popolazione**. La violenza terroristica non punisce qualcuno in particolare, ma mira a destabilizzare un intero sistema. Una bomba in un supermercato, un attentato suicida, ma anche il bombardamento su obiettivi civili in tempo di guerra, producono un timore non razionale, perché non prevedibile.

Come si è visto nei precedenti capitoli, il ricorso alla forza, o se non altro la minaccia di violenza, è un tratto caratteristico del potere politico. Negli Stati moderni esistono strutture governative da cui dipendono veri e propri professionisti della violenza, a cui è affidato il compito di garantire l'ordine sociale e tutelare la struttura del potere istituzionale. Ci riferiamo soprattutto alle «forze di polizia», a cui è affidato il compito di garantire l'esercizio monopolistico della violenza all'interno dei confini di uno Stato, e all'«esercito», a cui è invece delegato l'onere di difendere quei confini da possibili minacce esterne. **«Repressione» e «guerra» sono dunque i due volti violenti del potere legittimo**. Ad esse si contrappongono tutte quelle forme di violenza per così dire «privata», dunque illegittima, che minano le fondamenta dell'autorità pubblica. Secondo l'ottica dello Stato, e non potrebbe essere altrimenti, non esiste differenza tra violenza esercitata da una qualsiasi banda di gangster, scippatori, rapinatori e quella esercitata da parte di movimenti di ribellione o gruppi rivoluzionari. In realtà, almeno sociologicamente, la differenza esiste e poggia proprio sulla motivazione pubblica, dunque fondata su un'idea di bene comune, che anima l'azione politica collettiva.

Anche le autorità di governo hanno sovente abusato della propria posizione, esercitando violenza oltre la reale necessità; si pensi per esempio alla forza eccessiva con cui spesso si reprime una manifestazione di protesta relativamente pacifica e, per fuoriuscire da un campo prettamente politico, si pensi invece alla violenza gratuita che spesso connota l'azione delle forze dell'ordine nella loro funzione di repressione della devianza. La violenza di Stato, soprattutto in situazioni di guerra, o comunque entro contesti non democratici, può raggiungere i casi estremi dello sterminio, della deportazione, del genocidio. In questo caso, l'azione dello Stato si configura come una vera e propria pratica terroristica, che punta all'eliminazione fisica dell'avversario politico e all'ottenimento dell'ordine attraverso la diffusione di un sentimento di paura generalizzata. Per non parlare poi dei diffusissimi casi di tortura, sovente tollerati anche in contesti liberaldemocratici, nei confronti di potenziali nemici dello Stato; in questo caso, l'obiettivo non è eliminare fisicamente l'avversario, quanto piuttosto piegarne la volontà di resistenza. Si tratta ovviamente di casi estremi ma, purtroppo, non così rari, tanto da meritare una menzione particolare in un testo di analisi dei fenomeni politici. Oltre alla violenza dal basso, esiste dunque un altro tipo di violenza «che convenzionalmente non definisce se stessa come tale. Comunemente inflitta da attori potenti, non da diseredati, e al pari dei crimini commessi da gruppi che posseggono un elevato status sociale e risorse, questa violenza non attira la risposta civilizzatrice delle istituzioni, in quanto viene spesso inflitta dalle istituzioni medesime» (Ruggeri, Ruggiero 2009, 5).

10.2. Il potere poliziesco

Le **forze di polizia** sono la concretizzazione istituzionale del monopolio statale della forza all'interno di un dato territorio

Nel corso del capitolo rifletteremo a lungo sull'evoluzione storica del fenomeno bellico, concentrandoci sulla distinzione sociologica tra vecchie e nuove guerre; si tratta in ogni caso di violenza organizzata ed esercitata dagli Stati rispetto a una minaccia esterna. La letteratura sul tema, per quanto frastagliata, è abbastanza fitta. Meno frequenti sono invece le riflessioni sociologiche sulla violenza esercitata legittimamente all'interno dei confini di uno Stato attraverso le **forze di polizia**, che rappresentano la concretizzazione istituzionale del monopolio della forza all'interno di un dato territorio. Si tratta di un aspetto fondamentale, tanto da indurre alcuni studiosi come Michael Mann a identificare nel «potere coercitivo» una forma di potere a sé stante, separato anche dal potere politico (Mann 1986). La coazione organizzata è a suo avviso la base di una specifica forma di potere sociale, che definisce «potere militare»; alla politica spetterebbe invece il compito dell'organizzazione territoriale e della pubblica amministrazione. Questa posizione è difficilmente condividibile, anche perché fatichiamo a immaginare un potere politico intento all'organizzazione di una società statale senza poter fare affidamento sul monopolio della forza, che si realizza attraverso strumenti coercitivi. Oltre al «consenso», strumento fondamentale di legittimazione dell'autorità, abbiamo già fatto riferimento all'esigenza da parte del potere politico di rendere vincolanti i propri comandi, facendo leva sulla «fondamentale vulnerabilità fisica propria dei soggetti come esseri senzienti, esposti alla sofferenza e alla morte» (Poggi 1998, 90). «Politica» e «coazione organizzata» sono dunque due fenomeni inestricabilmente connessi; concepire la coazione organizzata come un elemento indipendente rischia di indurci in errore: essa è piuttosto una parte di quel tutto che chiamiamo organizzazione sociale o, più comunemente, politica. Ciò non toglie che le forze armate possono talvolta agire come una forma autonoma di potere sociale, tanto da costituire una sfida (e una minaccia) per lo Stato stesso.

Il fatto stesso che l'azione politica sia sorretta dalla coazione conferisce agli organi dello Stato ad essa preposti un'importanza e un potere affatto particolari. In fondo, nota Hintze, «in origine la costituzione di uno Stato nel suo insieme non è altro che costituzione militare, cioè costituzione dell'esercito» (Hintze 1972, 53). Ma, come rileva Poggi (1998, 91), la connessione tra forze armate e Stato «è di natura non soltanto genetica, bensì anche strutturale», perché esprime la natura stessa dello Stato moderno. Per dirla con Collins:

> *Se evitiamo la reificazione di questo o quell'ideale scopriamo che il significato di ciò che chiamiamo Stato è il modo in cui è organizzata la violenza. Lo Stato è formato da coloro che hanno cannoni o altri strumenti simili e che sono pronti ad usarli [...] Lo Stato è, prima di tutto, l'esercito e la polizia e se questi gruppi non avessero armi non avremmo uno Stato in senso classico.*
>
> Collins 1975, tr.it. 1980, 354

La separatezza di cui godono le strutture della coazione legittima organizzata rispetto agli altri organi della società, le pone in una posizione di superiorità schiacciante. Ovviamente, il compito di organizzare la violenza legittima non rende le forze dell'ordine delle strutture di per sé minacciose, ma gli individui che praticano il mestiere di soldato o di poliziotto possono talvolta sfruttare il rapporto privilegiato che hanno con una risorsa tanto critica, come la violenza organizzata, per insinuarsi impetuosamente nei meccanismi di funzionamento delle altre strutture attorno a cui si organizza la socialità: «L'organizzazione a cui quella gente fa capo può diventare una realtà chiusa in se stessa, relativamente insensibile rispetto alle attese e ai bisogni del resto della società» (Poggi 1998, 94). Quando ciò avviene, gli organi preposti alla coazione organizzata agiscono effettivamente come una forma di potere autonomo, capace di incidere significativamente su tutti gli altri poteri, compreso quello politico.

Finora abbiamo evitato di distinguere tra polizia ed esercito, assumendo entrambe come gli organi preposti alla sicurezza sociale. Se alle forze armate è preposto il compito di custodire il versante esterno, la polizia agisce invece precipuamente all'interno dei confini territoriali, occupandosi del mantenimento dell'ordine pubblico e dell'esecuzione della legge. Dell'esercito abbiamo parlato e ancora parleremo nel corso del capitolo, si tratta ora di approfondire la riflessione sulle forze di polizia che, per usare le parole di Poggi (ibid., 94-95), possiamo intendere come «un corpo pubblicamente istituito, finanziato e regolato di personale che esercita professionalmente, in nome e per conto dello Stato, un insieme di pratiche che comportano l'impiego di facoltà giuridiche e di risorse materiali esclusive, in linea di principio, a tale corpo». Tra queste pratiche, quella di gran lunga più significativa riguarda la possibilità di esercitare costrizione fisica su altri individui, mettendo a repentaglio la loro incolumità corporale oltre che i beni di loro proprietà. Agendo all'interno dei confini dello Stato in un contesto di relativa pace sociale, l'azione di polizia, ancor più dell'azione militare, dove l'eliminazione fisica dell'avversario è quasi una necessità, dovrebbe essere inscritta entro un quadro normativo certo, dettato dalle autorità politiche e giudiziarie. Per dirla con parole semplici, **l'azione di polizia non è un'azione di guerra**. Questo vuol dire che l'individuo deviante, ancorché suscettibile di repressione, non può essere trattato alla stregua di un nemico da abbattere. Malgrado ciò, il controllo norma-

La **devianza poliziesca** si manifesta nella tendenza, da parte di alcuni agenti, di aggirare o persino violare i vincoli giuridici che dovrebbero regolarne la condotta

tivo sull'operato delle forze dell'ordine tende a indebolirsi soprattutto quando evolve in pratica violenta. In questi casi si possono registrare fenomeni di **devianza poliziesca** che **si manifesta nella tendenza, da parte di alcuni agenti, di aggirare o persino violare i vincoli giuridici che dovrebbero regolarne la condotta**.

Come nota Poggi (ibid., 97), una delle prime ragioni che ci aiutano a spiegare i fenomeni di devianza poliziesca è riconducibile alla «fattualità intrinseca» agli aspetti violenti dell'azione di polizia:

> *È fin troppo facile dimenticare che la polizia ha a che vedere con la violenza in un senso molto concreto, quello di costrizione fisica esercitata su persone. Quando viene sfondata la porta di un'abitazione, o viene ammanettato o immobilizzato o ucciso un uomo, dal punto di vista puramente esteriore e per quel che riguarda la persona interessata, non fa molta differenza che questo accada a opera di un criminale o di un guardiano dell'ordine.*
>
> Brunsten, Feest, Lautmann 1975, 2

In certi contesti, gli agenti di polizia non riflettono sulla legittimità o meno delle loro azioni, ma si concentrano sulla propria superiorità in termini di *fire power*, cioè di «volume di fuoco». Essi rivendicano una sorta di sospensione *de facto* dei vincoli normativi per poter prevalere nella lotta contro il crimine. Ed effettivamente in certe circostanze ciò che conta è la sopraffazione violenta, ma il livello di tale violenza, cioè fino a che punto ci si possa spingere, dovrebbe essere oggetto di controllo. Da questo punto di vista le forze di polizia sono sovente tentate di ricorrere a scorciatoie utilizzando una dose di forza eccessiva. Questo non si verifica solo nella lotta contro il crimine, ma anche, per esempio, nella repressione delle manifestazioni di protesta che è spesso caratterizzata da un livello incontrollato di violenza «legittima» (della Porta 1995; della Porta, Reiter 1998). Il rischio è che le forze dell'ordine si autopercepiscano come corpo onnipotente proprio in virtù della funzione di organizzazione dell'ordine previa coercizione che è a loro assegnato. Questo avviene in contesti autoritari come nell'ambito di regimi democratici, in cui sarebbe possibile addivenire a una soluzione relativamente pacifica di alcune controversie. Come ci ricorda Berger (1963), anche nelle società democratiche che funzionano in maniera per così dire garbata, l'argomento finale è pur sempre la violenza, ma si tratta di una violenza di ultima istanza. Essa è una possibilità, non una necessità. La linea di confine che separa possibilità e necessità è purtroppo sbiadita; la scelta sul *quando* e soprattutto sul *quantum* rispetto all'uso della forza è in genere affidata al buon senso dei tutori dell'ordine. Questo rende l'azione di polizia per molti aspetti discrezionale, sia nella prevenzione che nella repressione dei comportamenti devianti, nell'ambito di una pratica continua del *sospetto* di cui spesso sono soggetti individui innocenti.

Fenomeni simili fanno pensare che sovente la polizia si comporti come una struttura autonoma della società, una sorta di «Stato dentro lo Stato» (Poggi 1998, 104), dotata di un'organizzazione indipendente, un sistema di pratiche ricorrenti e, soprattutto, uno schema interpretativo che identifichiamo con la cosiddetta «cultura poliziesca» che si alimenta nello spirito di corpo.

10.3. Violenza politica e terrorismo

Nel prossimo paragrafo (cfr. 10.4), dedicato alla guerra, riprenderemo il discorso sulla violenza dall'alto, cioè agita in nome e per conto dello Stato. In questo paragrafo, introduciamo invece il discorso relativo alla violenza politica dal basso, che si realizza in opposizione all'autorità legittima (Crenshaw 1995, 2011). Il discorso, da questo punto di vista, è complesso, perché rischia di mettere nello stesso contenitore fenomeni in realtà diversi, come per esempio l'azione violenta di alcuni gruppi di protesta e quella, per così dire, terroristica di chi invece pratica con regolarità l'omicidio per ottenere risultati politici e destabilizzare l'ordine costituito. Per questa ragione, in questa sede, decidiamo di trascurare i casi di violenza contro la proprietà praticata per esempio da alcuni gruppi di movimento che scelgono di adottare repertori d'azione radicali, ponendosi al confine tra il lecito e l'illecito; a questo riguardo, rimandiamo il lettore al capitolo sui «movimenti sociali» e i loro «repertori d'azione» (cfr. cap. 15). Scegliamo invece di riflettere su quella che Ruggiero definisce «violenza politica pura» (Ruggiero 2006), che viene in genere ricondotta alla lotta armata e alle pratiche di **terrorismo politico**.

Il **terrorismo politico** è la variante più estrema e sanguinaria della violenza politica, intesa come fenomeno generale di partecipazione orientata alla protesta e praticata in maniera continuativa da piccoli gruppi, coesi al proprio interno, che agiscono in clandestinità

Con il termine «terrore» si fa tradizionalmente riferimento allo strumento di emergenza a cui ricorre un governo per mantenersi al potere nell'ambito di un regime autoritario, anche se il caso storico più noto è riconducibile all'azione del «Comitato di salute pubblica» guidato da Robespierre e Saint-Just durante la Rivoluzione francese (1793-1794). Non tratteremo il ricorso al terrore da parte di chi già detiene il potere, ma piuttosto quella modalità di terrorismo politico che si qualifica «come lo strumento cui ricorrono determinati gruppi per rovesciare un governo accusato di reggersi per mezzo del terrore», come per esempio avvenne nel caso del movimento populista russo nella seconda metà del diciannovesimo secolo, che si rese protagonista, il 1° Marzo 1881, dell'omicidio dello Zar Alessandro II. In questi casi, l'*attentato politico*, che non esaurisce l'insieme di pratiche riconducibili al terrorismo, rappresenta l'evento catalizzatore dello scontento popolare che, nella percezione di chi lo agisce, dovrebbe scatenare la lotta rivoluzionaria per la conquista del potere.

Nei casi di terrorismo classico, nota Bonanate (1990, 1165), il presupposto principale sta nella presenza di un'organizzazione clandestina che consenta una certa continuità d'azione e che agisca, in seno al popolo, attraverso pratiche dimostrative che vengono rappresentate come atti di vendetta dal basso rispetto agli abusi dell'autorità ufficiale e che, al contempo, garantiscano una crescita quantitativa e qualitativa del movimento di opposizione al regime. Da questo punto di vista, «la pratica terroristica si adatta a una situazione sociopolitica di particolare arretratezza, nella quale è necessario *svegliare* la coscienza popolare e farle compiere il salto dal risentimento passivo alla lotta attiva» (ibid.). In questo senso, per quanto l'attentato politico sia visto come un passaggio possibile nel lungo percorso verso la trasformazione rivoluzionaria, il filone rivoluzionario moderno legato alle analisi di Marx e alle prescrizioni operative di Lenin, tende ad associare il terrorismo politico a pratiche anarcoidi e individualistiche e per questo non funzionali al percorso rivoluzionario, che si dovrebbe invece realizzare attraverso un sollevamento di popolo.

Il terrorismo è tradizionalmente associato a un contesto statale, come lotta di un gruppo contro un sistema di potere nell'ambito di uno specifico territorio. In realtà, la situazione cambia quando esso è inserito in un contesto internazionale o nell'ambito di un'occupazione militare. In quest'ultimo caso, quello che gli *occupanti* chiamano terrorismo è invece inteso dagli *occupati* come un movimento di resistenza per la liberazione nazionale. Casi del genere sono diffusissimi in epoca moderna: basti pensare alla resistenza in Italia e in Francia durante l'occupazione nazista, o ai tanti movimenti di liberazione che si sono sviluppati nel mondo tra il ventesimo e ventunesimo secolo, come i resistenti palestinesi rispetto all'occupazione israeliana, quelli afghani rispetto all'occupazione sovietica e quelli iracheni rispetto all'occupazione americana. Senza necessariamente ricorrere a situazioni esplicite di occupazione militare, possiamo fare riferimento anche ai tanti movimenti che rappresentano minoranze etniche e linguistiche nell'ambito di una situazione statalizzata relativamente pacifica (Cirulli, Conversi 2010; Bosi, della Porta 2011) e che hanno storicamente scelto di praticare la lotta armata contro il regime ufficiale per rivendicare la propria scelta di autodeterminazione: a questo riguardo, possiamo ricordare l'*Euskadi Ta Askatasuna* (Eta) nei Paesi Baschi (Roux 2010), il *Frente Farabundo Martí para la Liberacón Nacional* (Fmln) in El Salvador (Grenier 1999), le *Fuerzas Armadas Revolucionarias de Colombia* (Farc) in Colombia (Brittain 2010), il *Provisional Irish Republican Army* (Pira) nell'Irlanda del Nord (Alimi, Bosi 2009; Bean 2011), l'*Organizzazione per la Liberazione della Palestina* (Olp) in Palestina (Napolitano 2010), e così via. In ognuno di questi casi, i gruppi armati sono descritti come terroristi dalle potenze occupanti, ma come eroi della libertà dalle popolazioni invase. Questa ambiguità prospettica dimostra che il concetto di «terrorismo» sia sostanzialmente ideologico, utilizzato più per stigmatizzare che per spiegare un fenomeno (Tilly 2004), tanto che molti studiosi preferiscono parlare semplicemente di «violenza politica» per descrivere «un insieme di repertori d'azione praticati da gruppi armati e orientati a infliggere danni materiali, psicologici e simbolici a individui e/o proprietà con l'intenzione di influenzare diversi pubblici in modo da ottenere o ostruire cambiamenti politici, sociali e/o culturali» (Bosi, della Porta 2011, 5). In questo senso, la violenza politica è accostata in senso stretto all'uso massiccio di forza fisica per danneggiare gravemente un avversario e raggiungere obiettivi politici (della Porta, Tarrow 1987, 614). In realtà, questa definizione è comunque restrittiva, dal momento che ogni forma di protesta, anche quando relativamente pacifica, presuppone un certo uso della violenza, così come qualsiasi forma di conflitto politico è volto a procurare un certo danno all'avversario (della Porta 1995, 3). **Potremmo dunque considerare il terrorismo politico come la variante più estrema e sanguinaria della violenza politica, intesa come fenomeno generale di partecipazione orientata alla protesta e praticata in maniera continuativa da piccoli gruppi, coesi al proprio interno, che agiscono in clandestinità.**

Nell'ambito delle scienze sociali, la violenza politica è stata studiata da almeno due prospettive: da un lato, il filone dei *terrorism studies*, legati alla prospettiva delle relazioni internazionali, ma anche agli studi militari, storici e criminologici; dall'altro, il filone dei *social movement studies* (della Porta 2001). Se nel primo caso l'attenzione si è rivolta soprattutto ai fenomeni di terrorismo internazionale per individuare strategie di contrasto, nel secondo caso si è invece cercato di comprendere i fenomeni di violenza politica evitando di considerarli come casi eccezionali portati avanti da gruppi di fanatici o da «Stati canaglia». **I sociologi dei movimenti considerano la violenza politica come un caso particolare di partecipazione.** Essa è semplicemente uno dei possibili repertori d'azione messi a disposizione di ogni gruppo protestativo che sceglie consapevolmente di praticarla nel nome della **supremazia della prassi**, che è quella dottrina che privilegia l'«azione militante diretta» rispetto a modalità potestative pacifiche (cfr. cap. 15; Gunning 2009).Tale concezione di matrice anarco-insurrezionalista fu in realtà sviluppata per la prima volta da Andreas Baader e Ulrike Meinhof, leader della Raf (*Rote Armé Fraktión*), un gruppo lottarmatista di sinistra, paragonabile alle Brigate Rosse in Italia, che ha operato in Germania tra gli anni Settanta e i primi anni Novanta. Secondo i militanti della Raf la propria causa rivoluzionaria poteva esprimersi solo nell'azione, trasformando la soggettività politica in prassi. Rimane questa in sostanza la prospettiva di riferimento dei diversi gruppi che, oggi come in passato, scelgono di percorrere la strada della violenza politica.

La **supremazia della prassi** è quella dottrina che privilegia l'azione militante diretta rispetto a modalità potestative pacifiche

La ricerca empirica e la riflessione teorica si è concentrata soprattutto su tre livelli analitici: un livello *micro*, che si riferisce ai singoli militanti; un livello meso, che si occupa di studiare i gruppi; un livello *macro*, che propone analisi di sistema (della Porta 2001).

- **Le micro-dinamiche del terrorismo politico**: in questo caso, la prospettiva di riferimento è quella micro-sociologica, attenta a descrivere i tratti dei singoli militanti di organizzazioni terroristiche. L'approccio psico-sociale che caratterizza questa prospettiva tende a privilegiare spiegazioni riconducibili alla «teoria della deprivazione relativa», descrivendo i militanti come vittime di un sentimento di rabbia e frustrazione rispetto al gap che si crea tra aspettative individuali e realtà (Davies 1969; Gurr 1970). Da questo punto di vista, chi aderisce a un gruppo che pratica la violenza politica è considerato una figura marginalizzata e asociale. Ma questo approccio è stato contraddetto dalle ricerche sulla personalità dei terroristi la cui principale caratteristica pare essere proprio la sostanziale «normalità» (Crenshaw 1981, 390). Ma a parte questi limiti interpretativi, la prospettiva «micro» è molto importante per comprendere i fenomeni terroristici, perché ci aiuta a porre l'attenzione sulle motivazioni dei singoli terroristi che aderiscono al gruppo attraverso una rete di prossimità con altri membri con cui condividono un certo impegno politico. L'identità del singolo attore si sovrappone con quella del gruppo che in questo modo si garantisce una certa coesione fondamentale per protrarre nel tempo un'attività perlopiù clandestina. Molti di questi gruppi rappresentano un'evoluzione di attività precedenti realizzate pacificamente in seno a movimenti di massa, come per esempio è accaduto nel caso del lottarmatismo italiano o tedesco negli anni Settanta. L'adesione a piccoli gruppi ideologicamente coesi rappresentò per certi versi una risposta radicale al riflusso di quel grande movimento che aveva raggiunto il suo apice alla fine degli anni Sessanta (della Porta 2007). L'internalizzazione ideologica e la riduzione dei contatti esterni al gruppo producono una relativa distorsione percettiva dei singoli militanti, che cominciano a identificarsi ciecamente con l'entità collettiva a cui partecipano. Questa consapevolezza analitica ha spinto molti studiosi a orientare la propria attenzione sul gruppo, piuttosto che sui singoli individui.

- **Le meso-dinamiche del terrorismo politico**: a questo riguardo, molti studiosi hanno posto l'attenzione sulle dinamiche ideologiche di gruppi clandestini collocati al di fuori del sistema politico istituzionale, specie in contesti liberaldemocratici, che cercano consensi e nuovi reclutati nell'ambito di movimenti di protesta di massa e pacifici (della Porta 1990). Interessante da questo punto di vista è la distinzione della Peterson tra «coalizioni politiche di movimento» (cfr. cap. 16), che operano allo scoperto individuando repertori protestativi perlopiù pacifici, e «nuove sette», espressione mutuata dalla sociologia delle sette religiose per descrivere in questo caso la rigidità ideologica e organizzativa di gruppi politici che agiscono clandestinamente, facendo un uso quasi esclusivo di pratiche violente (Peterson 1997; 2001; 2007). A questo riguardo, si parla spesso di un processo di «incapsulamento» come conseguenza della scelta di operare in clandestinità. Questi gruppi traggono la loro forza dall'azione che è agita dentro un tempo limitato che dura lo spazio di un evento costruito dai militanti e rielaborato dal gruppo come fenomeno identitario e socioculturale. Il fatto che la violenza sia una pratica ad alto rischio non solo per chi la subisce, ma anche per chi la agisce, determina un ulteriore rafforzamento dell'identità collettiva che consolida lo spirito del corpo. Come sostiene Gurvitch (1941), le forme più intense di «fusione», che egli preferisce identificare con la «socialità», si realizzano solo raramente e nel corso di circostanze eccezionali che segnalano un pericolo imminente, come una guerra o una rivoluzione. Tale fusione è tra l'altro tanto più profonda quanto più è ridotto il numero degli individui coinvolti. Anche per questa ragione, le organizzazioni clandestine si strutturano in piccole cellule di militanti che si fidano ciecamente l'uno dell'altro, mantenendo sempre un alto livello di impegno, rafforzato da una ideologia totalizzante che li convince della bontà dei loro metodi. Essi non si rappresentano come parte di un processo di trasformazione più ampio, ma come l'esempio vivente della lotta (Peterson, Thörn 1994). In questo modo, il gruppo si configura come un'élite chiusa; il suo isolamento viene rappresentato come un fatto positivo, «una sorta di qualità autoimposta [...] I membri coltivano la propria diversità come testimonianza del loro essere parte di una comunità di eletti» (della Porta 1995, 20). Tale sentimento di fusione è ulteriormente rafforzato dalla «segretezza» implicita nella clandestinità che conferma la solidarietà di base e il senso dell'essere integrati in una collettività (Peterson 1997; 2001; Maffesoli 1995; 1996). Ne fuoriesce una prassi culturale che si realizza in una sorta di «micro-politica di resistenza» in cui la soggettività collettiva si definisce nella netta separazione tra chi sta dentro e chi fuori.

- **Le macro-dinamiche del terrorismo politico**: a questo livello, la letteratura si sofferma sulle condizioni ambientali che possono favorire lo sviluppo di pratiche politiche violente. Sono prese in considerazione variabili economiche, sociali, culturali, ma soprattutto ci si sofferma sulle relazioni tra attori protestativi e sistema politico (Eckstein 1980; Tarrow 1994; della Porta 1995; 2007). La presenza di una polizia particolarmente repressiva e l'assenza di partiti politici permeabili alle istanze di movimento rientrano per esempio tra quei fattori che, a detta di molti, possono favorire la radicalizzazione dei movimenti di protesta, nonché la scelta di alcuni militanti di transitare verso l'attività clandestina. Fasi di grave crisi sociale ed economica, a cui si aggiunge la palese inadeguatezza della classe politica a farvi fronte, contribuiscono ulteriormente allo sbocco violento, che non è un fatto ineludibile, perché è pur sempre il prodotto di una scelta presa in autonomia dai soggetti che se ne rendono protagonisti.

Quanto detto finora dimostra come gli analisti sociali si siano sforzati negli anni di comprendere la logica dei terroristi senza incorrere in valutazioni morali. Come rileva Bonanate: «Non capiremo mai il significato della presenza del terrorismo nella storia (e lungo tutta la storia), se non accetteremo di riconoscere che è un soggetto politico a pieno titolo, dotato di una teoria, di una strategia e anche di una forza persuasiva tutt'altro che casuali, approssimative o patologiche» (Bonanate 2004, 128). Giudicare i cosiddetti terroristi solo nei termini di una accozzaglia di poveri fanatici, accecati da una ideologia distruttiva e liberticida, rischia di rendere nullo il tentativo di comprenderne il comportamento e, soprattutto, di diversificare le diverse forme di azione violenta i cui contenuti variano al variare delle condizioni e dei contesti. La violenza terroristica, sia a livello nazionale che internazionale, è il prodotto della percezione, da parte di chi la pratica, di non avere altro mezzo per poter raggiungere determinati obiettivi politici. L'azione violenta, lungi dall'essere un fatto meramente pulsionale, è comunque sempre una scelta operata con cognizione di causa, dunque di per sé razionale.

10.4. Vecchie e nuove guerre

Abbiamo già fatto riferimento al ruolo assunto dalla guerra nel processo di formazione dello Stato moderno. Che ci piaccia o meno, la configurazione del mondo così come lo conosciamo oggi è il prodotto della violenza armata tra nazioni che storicamente si sono organizzate con eserciti permanenti che potessero garantire la difesa dei confini territoriali da eventuali attacchi esterni. Abbiamo visto come la guerra abbia contribuito all'organizzazione istituzionale degli Stati che, per sostenere le diverse imprese belliche, sono ricorsi al prelievo fiscale, avviando consuetudini istituzionali rimaste poi inalterate anche in tempo di pace. In questo senso, la violenza armata degli Stati contro altri Stati ha assunto storicamente una funzione costituente nel processo di modernizzazione delle istituzioni sociopolitiche. Come ricorda Finer (1975, tr.it. 1984), la guerra varia nella sua configurazione storica e le innovazioni introdotte per combatterla con più efficacia hanno sovente determinato innovazioni anche nella struttura degli assetti politici. La costruzione di un apparato militare su base permanente presuppone un'organizzazione sociale apposita e, in modo particolare, l'esistenza di risorse economiche adeguate al suo sostentamento. Quel ramo statale che oggi chiamiamo «finanze» nasce proprio con il fine di accentrare, attraverso l'imposizione fiscale, le risorse necessarie al mantenimento di eserciti permanenti (Preston, Wise 1970, tr.it. 1973).

Per quanto non esista una teoria sociologica unitaria sul fenomeno bellico (Scott 2001), le riflessioni sulla guerra e sulla pace sono state centrali nel pensiero e negli scritti dei classici della sociologia politica. Da prospettive diverse, sia Marx che, soprattutto, studiosi come Durkheim, Weber, Pareto hanno riflettuto a lungo sul ruolo della violenza nella costruzione della politica moderna e dello Stato (Toscano 1996). Come ci ricorda Battistelli (1984, 5), una riflessione meticolosa sul ruolo, sulle caratteristiche e sulle possibili evoluzioni del fenomeno bellico è presente sin dagli albori della nostra disciplina, negli scritti dei grandi pensatori sistematici del diciottesimo e diciannovesimo secolo; si pensi al grande filone illuminista espresso della scuola storica scozzese che, con Adam Smith e Adam Ferguson, ci offre un'interpretazione critica della guerra come fenomeno sociale che si realizza all'interno della moderna «società civile» (Smith 1776, tr.it. 1975; Ferguson 1767, tr.it. 1973). Altri studiosi, più recentemente, hanno tra l'altro posto l'accento sul contributo della guerra al processo di democratizzazione tra il diciannovesimo e il ventesimo secolo, specie a partire dalla «Grande guerra» del 1914-18, primo esempio storico di «guerra totale».

La **guerra totale** è il conflitto militare che un'alleanza di Stati intraprende impegnando una quota assai alta delle proprie risorse materiali e umane, condizionando l'intera struttura sociale ed economica

Con l'espressione guerra totale intendiamo un conflitto militare che una società nazionale intraprende impegnando una quota assai alta delle proprie risorse materiali e umane; tutta la popolazione ne è coinvolta, i giovani sono reclutati volontariamente o a forza per combattere in nome della patria. La «massificazione» della guerra e l'introduzione di «innovazioni tecnologiche» per combatterla ne sono i tratti caratteristici, che determinano inevitabilmente mutamenti nella struttura sociale e politica. Se lo Stato chiede ai propri cittadini di morire in suo nome, deve pur concedere loro qualcosa, anche per rafforzare il senso di appartenenza a quell'entità politica collettiva che è la «madrepatria». Non è un caso che in prossimità della prima guerra mondiale (o immediatamente dopo) si avviarono processi di trasformazione socioeconomica e politica di grande rilevanza. Prima di tutto, si registrò il tentativo di convertire l'economia industriale, coinvolgendo vaste fasce di popolazione, soprattutto femminile, nella produzione di nuove tecnologie belliche; in secondo luogo, si procedette all'estensione del suffragio (per quanto solo maschile), coinvolgendo buona parte dei cittadini nei processi decisionali pubblici (Poggi 1991, tr.it 1992). In questo modo, anche alle classi economicamente subalterne, venne messo a disposizione una quota di potere politico utilizzato, elettoralmente, per indurre le istituzioni pubbliche a introdurre provvedimenti normativi a sostegno dei ceti meno agiati.

È dunque evidente che, da un lato, la guerra ha assunto storicamente una funzione politica; dall'altro, è cambiato il modo con cui essa è combattuta. Le guerre classiche del diciannovesimo secolo si differenziano rispetto alla guerra totale della prima metà del ventesimo. La Guerra fredda nella seconda metà del ventesimo secolo ha introdotto ulteriori cambiamenti, soprattutto per effetto della nuclearizzazione degli armamenti; nascono le «guerre secondarie» e «a bassa intensità». Con la caduta del Muro di Berlino, la configurazione internazionale muta ulteriormente, così come il modo di dichiarare e combattere la guerra. In questo caso si parla, non a caso, di «nuove guerre», che presentano alcuni tratti analiticamente interessanti e per certi aspetti inquietanti. Il paragrafo si concluderà con alcune riflessioni sull'ultima evoluzione del fenomeno bellico, specie in seguito agli attentati terroristici dell'11 settembre 2001 che hanno colpito direttamente gli Stati Uniti, un paese non abituato a combattere in casa. La lotta al terrorismo globale ha prodotto la nuova invenzione della «guerra permanente», teorizzata dal governo nordamericano sotto la guida di George W. Bush, che si fonda sul tentativo di ridefinire un ordine internazionale basato sulla guerra (cfr. tab. 10.1)

10.4.1. Le guerre tradizionali

Come rilevava acutamente Clausewitz, la guerra non comporta solo la mobilitazione di uomini e risorse per infliggere violenza fisica a qualcuno, ma possiede

Tab. 10.1 Evoluzione storica delle vecchie guerre

Secolo	XVII e XVIII	XIX	Inizio XX	Tardo XX
Assetto politico	Stato assolutista	Stato-Nazione	Coalizioni di Stati, Stati multinazionali, Imperi	Blocchi
Obiettivi di guerra	Ragioni di Stato, conflitto dinastico, consolidamento dei confini	Conflitto nazionale	Conflitto nazionale e ideologico	Conflitto ideologico
Tipo di esercito	Mercenario/ professionale	Professionale/ coscrizione	Eserciti di massa	Élite scientifico-militare, eserciti professionali
Tecnica militare	Armi da fuoco, manovre difensive, assedi	Ferrovie e telegrafo, mobilitazione rapida	Massiccia potenza di fuoco, carri armati, aviazione	Armi nucleari
Economia di guerra	Regolarizzazione della tassazione e del prestito	Espansione dell'amministrazione e della burocrazia	Mobilitazione economica	Complesso militare-industriale

Fonte: Kaldor 1999

una logica interna attraverso cui le relazioni sociali sono regolate. In questo senso, essa è anche un'«attività sociale» o, per usare un'espressione ormai celeberrima, «è la continuazione della politica con altri mezzi» (von Clausewitz 1832-37, tr.it. 2000). Come nota Mary Kaldor, ogni società storica possiede una forma caratteristica di guerra e quella che noi chiamiamo **guerra tradizionale** ha preso forma in Europa tra il quindicesimo e il diciottesimo secolo (Kaldor 1999, tr.it. 1999). Nel diciassettesimo secolo, le guerre erano ancora relativamente circoscritte e legate al potere assolutistico degli Stati, per poi trasformarsi in guerre «rivoluzionarie» nel diciannovesimo secolo, come le guerre napoleoniche, che si fondavano sull'intenzione di ridefinire l'assetto politico europeo, o come la guerra civile americana, che rappresenta il tentativo di configurare un nuovo assetto politico nazionale. Si arriverà poi alle guerre di «alleanze», come le guerre totali nella prima metà del ventesimo secolo, e alle guerre tra «blocchi», come nel caso della Guerra fredda. Per quanto differenti, queste tipologie belliche non mutarono la natura di fondo della guerra come «attività di uno Stato moderno centralizzato, razionalizzato, territorializzato, gerarchicamente ordinato» (ibid., 25). Le guerre precedenti il quindicesimo secolo erano diverse nel senso che si realizzavano tra entità politiche collettive che ancora non avevano raggiunto una stabile organizzazione centralizzata e, soprattutto, non avevano ancora elaborato la separazione tipicamente moderna tra «società» e «Stato».

La **guerra tradizionale** è l'attività violenta di uno Stato moderno centralizzato, razionalizzato, territorializzato, gerarchicamente ordinato nei confronti di un altro Stato

Inoltre, il tratto fondamentale delle guerre tradizionali, ma già statalizzate, era la presenza di un esercito permanente che andava a sostituire gli eserciti privati e le truppe di mercenari dei vecchi baroni feudali e post-feudali. L'istituzione di eserciti permanenti e compagnie d'ordinanza fu anche un espediente riuscito per assicurare allo Stato il pieno controllo sulle forze armate. Le guarnigioni regolari divennero «scuole della nazione» (Keegan 1993, 12) e si introdussero per la prima volta le uniformi per distinguere i militari dai civili: «il soldato divenne l'uomo del re perché indossava la divisa del re» (Roberts 1996, 18). In questo senso, la costituzione degli eserciti rappresentò un passaggio essenziale nel processo di costruzione dello Stato moderno. Per consolidare l'idea di guerra come fenomeno razionale, espressione del monopolio legittimo della violenza attribuito allo Stato, si elaborarono alcune regole formali che, anche se sovente trasgredite, fecero della guerra un fenomeno socialmente sanzionato e politicamente organizzato:

> *Per distinguere la guerra dal semplice crimine, la si definì come qualcosa che poteva essere intrapresa solo dagli Stati sovrani. I soldati erano considerati come personale con licenza di impegnarsi nella violenza armata solo nella misura in cui lo facevano per conto dello Stato [...] essi dovevano essere regolarmente registrati, contrassegnati e controllati, per evitare che potessero compiere atti arbitrari. Potevano combattere solo se indossavano l'uniforme, se portavano le loro armi apertamente e se rispondevano agli ordini di un comandante responsabile. Non potevano assolutamente ricorrere a metodi vili come violare un armistizio e prendere nuovamente le armi dopo essere stati fatti prigionieri. La popolazione civile doveva essere lasciata in pace, nella misura in cui lo consentivano le esigenze militari.*
>
> van Creveld 1991, 41

Come ricorda la Kaldor (1999, tr.it. 1999, 31), già verso la fine del diciottesimo secolo era possibile definire quella specifica attività sociale che oggi percepiamo come guerra, collocandola sullo sfondo di alcune nuove distinzioni caratteristiche dello Stato costituzionale moderno: la distinzione tra pubblico e privato; la distinzione tra interno ed esterno rispetto ai confini nazionali; la distinzione, tipicamente moderna, tra economia e politica; la distinzione tra civile e militare; la distinzione tra violenza legittima (forze armate) e illegittima (criminali). In ultimo, la fondamentale distinzione tra guerra e pace, laddove la guerra era individuata come un male a volte necessario per il perseguimento di una società ordinata e pacifica.

Il più grande interprete del fenomeno bellico del diciannovesimo secolo è senza dubbio Karl von Clausewitz, generale dell'esercito prussiano durante le guerre napoleoniche. Il suo Trattato sulla guerra, composto di otto libri pubblicati postumi tra il 1832 e il 1837 (tr.it. 2000), è forse il più efficace testo di analisi militare e studi strategici che sia mai stato scritto rispetto al fenomeno della guerra ottocentesca, ma in un certo senso utile ad analizzare anche alcuni aspetti delle guerre totali del ventesimo secolo.

La tesi centrale di Clausewitz è che la guerra tenda verso gli estremi, componendosi di tre livelli: 1) il **livello dello Stato** (e dei leader politici), che opera sulla base della ragione; 2) il **livello dell'esercito** (e dei generali), che opera sulla base della strategia; 3) il **livello del popolo**, che opera sulla base delle emozioni. Nel primo livello, lo Stato incontra resistenze nel perseguimento di specifici obiettivi politici e per questo si vede costretto ad aumentare la pressione; nel secondo livello, l'esercito si pone il problema strategico di sconfiggere e disarmare il nemico; nel terzo livello, si esprime infine la forza dei sentimenti contrapposti, perché ogni guerra scatena emozioni e ostilità. Da questo punto di vista, la guerra è un fenomeno squisitamente razional-politico e strategico-militare, ma presuppone sempre una mobilitazione dei sentimenti popolari. Essa è tra l'altro un **elemento resistente**, in cui svolgono un ruolo determinante i cosiddetti **attriti** determinati dalle condizioni di incertezza e imprevedibilità degli eventi. Per questa ragione, Clausewitz propone delle strategie di combattimento attraverso cui si possa far fronte alla mutevolezza delle circostanze; in particolare, egli si sofferma sulla **teoria del logoramento** e sulla **teoria della manovra**: nel primo caso, si logora il nemico imponendogli un'alta percentuale di perdite attraverso un forte concentramento di forze, come nel caso della guerra di trincea; nel secondo caso, la strategia prevalente è quella di cogliere il nemico di sorpresa, sfruttando movimenti rapidi e dispersione delle truppe.

La concezione di guerra elaborata da Clausewitz, pur essendo pensata per disegnare una strategia adatta ai conflitti ottocenteschi, è paradossalmente ancora più efficace a comprendere la guerra totale del diciannovesimo secolo, che poté sfruttare l'enorme progresso nella **tecnologia militare**, a cominciare dai mezzi di trasporto che facilitarono enormemente gli spostamenti delle truppe. Gli Stati investirono massicciamente nell'industria bellica che contribuì in maniera significativa allo sviluppo delle economie nazionali a partire dalla seconda metà del diciannovesimo secolo. La guerra totale introdusse anche un ulteriore elemento, quello delle **alleanze**; si comprese infatti che la forza delle parti in conflitto sarebbe aumentata scegliendo di unirsi in alleanza con altri Stati. Anche per questa ragione la configurazione bellica assunse i caratteri di una guerra mondiale e non più di un semplice conflitto tra due Stati. «Tecnologia» e «alleanze» resero la guerra sempre più distruttiva e pervasiva; questo impose la codificazione di alcune regole, le cosiddette **leggi di guerra**, come tentativo di «preservare l'idea della guerra come strumento razionale della politica dello Stato, in un contesto in cui la logica e le tendenze estremiste della guerra, combinate con le crescenti capacità tecnologiche, stavano portando a livelli di distruttività mai raggiunti» (Kaldor 1999, tr.it. 1999, 35). Dentro questo percorso si inserisce la Dichiarazione di Parigi (1856), la prima Convenzione di Ginevra (1864), la Dichiarazione di San Pietroburgo (1868), le Conferenze dell'Aia (1899 e 1907), la Conferenza di Londra (1908). Tutte queste dichiarazioni e convenzioni contribuirono a edificare il corpus originario del diritto internazionale sulla condotta di guerra, anche per stabilire i parametri (e i limiti) della legittimità di una guerra tra Stati.

Con la prima e soprattutto con la seconda guerra mondiale si registra un significativo salto di qualità rispetto ai vecchi conflitti del diciannovesimo secolo. Nella «guerra totale», la sfera pubblica tende a incorporare pienamente le relazioni sociali, facendo sfumare la distinzione moderna tra pubblico e privato e, di conseguenza, anche quella tra civile e militare. Obiettivi civili, specie di tipo economico, erano già al centro della logica distruttiva nella prima guerra mondiale, ma è nella seconda che la guerra cessa di essere un fatto solo politico e diventa pienamente una questione sociale totalitaria. Lo sterminio degli ebrei e degli oppositori al regime da parte del Terzo Reich introdussero nel lessico giuridico il concetto di «genocidio», ma per la prima volta, soprattutto da parte anglo-americana, si sperimentarono i bombardamenti aerei su obiettivi civili che provocarono decine di migliaia di morti innocenti. La prima guerra mondiale era ancora una guerra contro eserciti, la seconda fu una guerra contro popoli. Lo sterminio dei civili fu giustificato come strumento per fiaccare il morale del nemico e, in questo senso, venne assunto come una sorta di necessità militare.

Malgrado l'enorme portata distruttiva della guerra totale, i governi non cessarono mai di ricercare un certo consenso, elaborando ideologie giustificative del conflitto. Nella seconda guerra mondiale viene introdotto per la prima volta un lessico quasi religioso a giustificazione della guerra. Essa non era rappresentata come una guerra meramente di potere, ma come un conflitto tra civiltà contrapposte, una lotta del bene contro il male. Nella rappresentazione delle classi politiche occidentali, la guerra contro il nazifascismo rappresentava in primo luogo una lotta per la difesa di una concezione di società e di uno stile di vita. In questo modo, soprattutto negli Stati Uniti, che non ebbero il «disagio» di combattere in casa, l'intervento in guerra fu in qualche modo sostenuto dalla stessa popolazione. Come scrive Gabriel Kolko (1994), ogni guerra è sempre decisa da un manipolo di uomini affetti da una sorta di cecità che però è «socialmente autorizzata». Per dirla con la Kaldor: «La guerra è un'attività paradossale. Da un lato, è un atto di coercizione estrema, che comporta ordine, disciplina, gerarchia e obbedienza socialmente organizzati. Dall'altro, presuppone fedeltà, devozione e convinzione da parte di ogni individuo» (Kaldor 1999, tr.it. 1999, 38). Da questo punto di vista, la seconda guerra mondiale produsse una fusione totale tra guerra, Stato e società, che in buona parte si riprodusse in forma diversa anche nei lunghi anni di Guerra fredda sotto la minaccia della distruzione totale. La caduta del Muro di Berlino, e il conseguente allentamento della tensione ideologica internazionale, rese in seguito più evidente il fenomeno per molti aspetti inquietante delle cosiddette «nuove guerre» che, fino ad allora, erano state oscurate dal macigno del conflitto tra Est e Ovest o relegate a casi secondari, periferici e, per certi aspetti, episodici.

***Approfondimento* 10.1**

Della Guerra

«La guerra non è un passatempo, un mero piacere dell'osare e del riuscire, non è frutto di libero entusiasmo: è un mezzo serio per uno scopo serio. Tutto ciò che essa porta con sé dal gioco variopinto della fortuna, tutto ciò che prende dagli slanci delle passioni, del coraggio, della fantasia, dell'entusiasmo, sono soltanto aspetti specifici di questo mezzo.

La guerra di una comunità – di popoli interi e segnatamente di popoli civili – viene fuori sempre da una situazione politica e viene suscitata soltanto da un motivo politico. È dunque un atto politico. Se fosse un atto compiuto in sé, immutato, un'espressione assoluta di violenza – quale si deve dedurre dal suo mero concetto - allora dovrebbe prendere il posto della politica, dal primo momento in cui è suscitata da essa come qualcosa di assolutamente indipendente. Dovrebbe cacciarla e seguire soltanto le proprie leggi, come una mina che, una volta innescata, non segue altra direzione e indicazione che quella che gli è stata predisposta. In effetti si è pensato così ogni qualvolta che una mancanza di armonia tra politica e conduzione della guerra ha portato a distinzioni teoriche di questo genere. Ma non è così, anzi questa rappresentazione è fondamentalmente sbagliata. La guerra del mondo reale [...] non è l'estremo che libera la sua tensione in un'unica scarica, ma è l'agire di forze che non si dispiegano completamente in modo uguale e in egual misura. Una volta crescono quanto basta per superare la resistenza che le oppongono l'inerzia e la frizione, ma un'altra volta sono troppo deboli per produrre una qualche reazione. Così la guerra è in un certo senso un pulsare della violenza più o meno energico che quindi scioglie più o meno rapidamente le tensioni ed esaurisce le forze. In altre parole, guida più o meno rapidamente all'obiettivo, ma dura sempre abbastanza a lungo per esercitare un'influenza così da imprimergli questa o quella direzione – in breve perché l'obiettivo rimanga sottomesso alla volontà di un'intelligenza guida.

Se consideriamo che la guerra nasce da uno scopo politico, è naturale che questo motivo primario, che l'ha chiamata in vita, rimanga anche la prima e più alta preoccupazione per la sua prestazione. Con ciò lo scopo politico non è un legislatore dispotico: deve adattarsi alla natura del mezzo e quindi spesso ne viene completamente cambiato. Ma rimane pur sempre ciò che va tenuto in considerazione per primo.

La politica dunque compenetrerà l'intero atto

di guerra ed eserciterà su di esso un'influenza costante per quanto è consentito dalla natura delle forze che in esso esplodono.
[...] Vediamo dunque che la guerra non è semplicemente un atto politico, ma un vero strumento politico, una continuazione dell'interscambio politico, una prosecuzione dello stesso con altri mezzi. Ciò che rimane di specifico alla guerra si riferisce semplicemente alla natura specifica dei suoi mezzi [...] L'intenzione politica infatti è lo scopo, la guerra è il mezzo e mai il mezzo può essere pensato senza scopo.
[...] La guerra non appartiene all'ambito delle arti o delle scienze ma all'ambito della vita sociale. È un conflitto di grandi interessi che si risolve nel sangue – e soltanto in questo si differenzia dagli altri».

Tratto da C. von Clausewitz, *Della guerra*, (1831-37), tr.it. 2000, pp. 37-39 e 94-95.

10.4.2. Le nuove guerre

Con le **nuove guerre** è difficile distinguere tra guerra, crimine organizzato e violazione su larga scala dei diritti umani

Le **nuove guerre**, come le definisce Mary Kaldor (1999, tr.it. 1999), si sono sviluppate in particolare tra gli anni Ottanta e Novanta in Africa, Asia ed Europa dell'Est, andando a comporre una casella importante del processo di globalizzazione. Pur mantenendo alcuni tratti tipici delle guerre totali, esse se ne distinguono in modo significativo. Le vecchie guerre rappresentavano la punta estrema di quella politicizzazione della violenza connaturata al potere politico e allo Stato moderno. Si trattava di conflitti violenti tra gruppi politici organizzati o Stati nazionali che gestivano direttamente tutto il processo conflittuale, dal recupero delle risorse necessarie alle scelte strategiche sulla condotta da seguire. Con le nuove guerre è invece molto difficile distinguere tra guerra, crimine organizzato e violazione su larga scala dei diritti umani. La logica politica della guerra si confonde infatti con la violenza privata tradizionalmente esercitata dal crimine organizzato e con la pratica inquietante del genocidio o della pulizia etnica. Casi del genere erano presenti anche in epoche passate, ma venivano degradati a fenomeni di guerra civile o, al limite, a conflitti di «bassa intensità», espressione coniata dai militari americani durante la Guerra fredda per descrivere i casi di guerriglia o di terrorismo. Ma, come vedremo, l'attuale salto di qualità dei fenomeni bellici li rende solo lontanamente paragonabili ai conflitti a bassa intensità del passato. Senza dubbio la dimensione della **guerriglia** esiste ma, vedremo, su basi affatto rinnovate. Non è un caso che la maggior parte degli osservatori hanno sentito l'esigenza di coniare espressioni che segnalino la differenza rispetto alle guerre tradizionali. Se la Kaldor (ibid.) preferisce parlare di «nuove guerre», altri usano espressioni come «guerre postmoderne» (Duffield 1998), «guerre informali» o «privatizzate» (Keen 1995); Martin Shaw parla addirittura di «guerre degenerate», affermando che «ciò che è nuovo delle 'nuove guerre' è che gli omicidi indiscriminati, i genocidi e le espulsioni etniche, da sotto-tema della guerra totale classica, sono oggi diventati la spinta principale dei conflitti» (Shaw 1999, par. 2.9). L'aggettivo «degenerato» applicato alle nuove guerre serve proprio a sottolineare il declino delle forze nazionali e militari in favore di gruppi armati irregolari. Seguendo la logica tracciata dalla Kaldor (1999, tr.it. 1999), affermiamo che le caratteristiche delle nuove guerre sono sostanzialmente quattro: l'**erosione dell'autonomia dello Stato** e la conseguente «privatizzazione della guerra»; l'emersione della cosiddetta **politica dell'identità**; i **diversi metodi di combattimento**; la presenza di un'**economia di guerra globalizzata**.

- ## Crisi di autonomia degli Stati

Le nuove guerre si realizzano in un contesto di graduale disintegrazione dello Stato come luogo del monopolio della violenza legittima. Tale erosione si realizza sia dall'alto che dal basso: l'erosione dall'alto, si verifica per effetto della transnazionalizzazione delle forze militari già a partire dalla fine della seconda guerra mondiale, con l'istituzionalizzazione dei due blocchi geopolitici contrapposti. La Guerra fredda ha contribuito al rafforzamento di alcuni istituti di diritto transnazionale e la possibilità degli Stati di impegnarsi in imprese belliche unilaterali si è ridotta in modo significativo: «Le alleanze militari, la produzione e il commercio internazionale di armi, le diverse forme di cooperazione e di scambi militari, gli accordi per il controllo degli armamenti, hanno ormai creato una sorta di integrazione militare globale» (ibid., 14). Ma l'erosione del monopolio della violenza organizzata è stato anche determinato da un processo dal basso di sostanziale privatizzazione. Se le guerre tradizionali sono state al contempo causa ed effetto del rafforzamento storico degli Stati, coinvolgendo una complessa rete amministrativa al servizio dei governi nazionali, le nuove guerre si realizzano al contrario in un contesto di radicale contrazione economica degli Stati e una conseguente diffusione della criminalità organizzata. La violenza, un tempo monopolio di Stato, è sempre più esercitata da mercenari, gruppi paramilitari e crimine organizzato.

- ## Politica dell'identità

Le nuove guerre si distinguono dalle vecchie anche per quella che la Kaldor definisce «politica dell'identità». **Se in passato a contrapporsi erano gruppi politici o Stati caratterizzati da una identità collettiva perlopiù riconducibile a una specifica nazione, oggi il potere viene rivendicato sulla base di identità esclusive che possono anche essere nazionali, ma il più delle volte sono invece riconducibili a comunità etniche, religiose, linguistiche**. «Con l'espressione 'politica dell'identità' intendo riferirmi a quei movimenti che muovono dall'identità etnica, razziale o religiosa per rivendicare a sé il potere dello Stato» (ibid., 90). In questo caso, il concetto di «identità», che sociologicamente può essere inteso in molti modi, è utilizzato in senso stretto come una sorta di etichetta. Nulla a che vedere dunque con i grandi movimenti nazionalistici che, nell'Europa del diciannovesimo secolo, avrebbero portato alla definizione politica degli Stati unitari. Anche per reagire ai rischi di livellamento che la globalizzazione porta con sé, in molte parti del mondo si assiste infatti a una rigenerazione di movimenti che, su base etnica e localistica, rivendicano potere politico. La loro politica identitaria non è paragonabile alla richiesta di riconoscimento, di diritti e, in molti casi, di democrazia che proveniva dai movimenti nazionalisti nell'Africa coloniale o in America latina. In quei casi, il conflitto politico era proiettato verso un'immagine del futuro e un'esigenza sociale di emancipazione. La politica dell'identità che connota le nuove guerre assume invece tratti radicalmente conservatori e punta alla frammentazione piuttosto che all'unità; «essi traggono forza dall'insicurezza, dalla rinnovata paura di nemici storici, dalla sensazione di essere minacciati da persone con differenti etichette» (ibid., 91). Questo porta, nel migliore dei casi, a forme di discriminazione nei confronti della diversità culturale e, nel peggiore dei casi, a pratiche di deportazioni di massa, pulizia etnica e genocidio. Naturalmente, questa politica distruttiva è alimentata dalla debolezza degli Stati e delle classi politiche nazionali che un tempo rappresentavano lo sforzo di costruzione di una comunità unitaria e inclusiva.

• I metodi di combattimento

Una diversa logica comporta anche diversi metodi di combattimento rispetto al passato. Le nuove modalità di combattimento sono in parte simili alle vecchie tecniche di guerriglia o di controinsurrezione, ma non possono essere ridotte ad esse. La **guerriglia** classica si realizza nello scontro tra formazioni irregolari e un esercito regolare (Attinà 1990, 481); i suoi obiettivi sono più politici che militari e, non a caso, essa si è sovente sovrapposta alle cosiddette guerre rivoluzionarie, come in Cina (1949), sotto la guida di Mao Tse-Tung, e a Cuba (1959), sotto la direzione strategica di Fidel Castro ed Ernesto Che Guevara. L'obiettivo della «guerra di guerriglia» (Che Guevara 1960), almeno sulla carta, era quello di sovvertire l'ordinamento esistente per instaurare un nuovo ordine fondato sull'emancipazione sociale. Il territorio veniva conquistato riducendo al minimo i conflitti a fuoco con l'esercito regolare, meglio equipaggiato, perseguendo piuttosto il controllo politico sulla popolazione che veniva educata alla causa rivoluzionaria. Per usare espressioni di von Clausevitz, nella guerriglia si pratica una «guerra di manovra» fondata sulla strategia della «dispersione», evitando le grandi concentrazioni di forze militari. Anche nelle nuove guerre questo si realizza, ma cambiano le modalità di controllo politico operate dalle truppe combattenti. I guerriglieri classici si ponevano il problema dell'educazione sociale alla causa rivoluzionaria, facendo leva sulle menti e sui cuori della popolazione (Mao Tse-Tung 1967); la dimensione ideologica era dunque centrale. Al contrario, **nelle nuove guerre, il controllo politico si fonda sul terrore e il sopruso; i combattenti praticano uccisioni di massa, deportazioni, intimidazioni psicologiche ed economiche**; non cercano consenso nella popolazione, ma si preoccupano piuttosto di «rimuovere» chiunque non accetti di sottostare al loro dominio. Abbiamo dunque a che vedere con un esercizio bruto di potenza sulla popolazione e, in questo senso, le nuove guerre, più che con la guerriglia, hanno elementi di analogia con le vecchie tecniche di «controinsurrezione», elaborate proprio per distruggere violentemente l'ambiente in cui operavano i guerriglieri rivoluzionari.

Questa differenza di comportamento è dipesa anche dalla natura dei combattenti. Alla guerriglia classica partecipavano truppe irregolari, ma composte da individui fortemente motivati alla lotta per mezzo di uno schema interpretativo comune; nelle nuove guerre, le unità combattenti sono invece composte da mercenari, criminali, truppe paramilitari al soldo di qualche signore locale. Sul piano organizzativo, si tratta di gruppi fortemente decentralizzati e difficilmente controllabili. In particolare, gli attori delle nuove guerre sono riconducibili a diverse unità combattenti:

- **Forze armate regolari**: in netta decadenza nelle aree di conflitto a causa dei tagli continui alle spese militari e al declino delle istituzioni statali. In molti casi, specie in alcuni paesi africani, i soldati non vengono né pagati, né addestrati e, per sostentarsi, devono ricorrere al saccheggio o intessere rapporti con fette di criminalità organizzata. Questo porta a una graduale frammentazione delle truppe e alla trasformazione dei comandanti in signori locali della guerra;
- **Gruppi paramilitari**: generalmente legati a un leader e a una fazione politica e spesso istituiti dai governi ufficiali per commettere gli atti di maggiore violenza. Questi gruppi sono composti in genere da soldati in esubero, ex detenuti o giovani disoccupati e agiscono in maniera indisturbata nei territori di loro competenza, praticando le principali tecniche di controinsurrezione;
- **Unità di autodifesa**: composte in genere da semplici cittadini volontari che si organizzano militarmente per difendersi dai soprusi dei signori della guerra. Si tratta di gruppi privi di risorse e di addestramento e quindi difficili da mantenere;
- **Mercenari**: si tratta di professionisti della violenza, in genere ex militari, assoldati generalmente dai governi nazionali con ruoli di combattimento e di addestramento delle truppe locali. Anche governi occidentali, specie inglesi e statunitensi, ne fanno largo uso nelle zone di conflitto (*contractors*). Combattono per denaro e sono in genere scarsamente fedeli alla causa di chi li assolda;
- **Truppe regolari straniere**: si tratta dell'ultima tipologia di combattenti. Esse agiscono in genere sotto l'ombrello del Consiglio di Sicurezza dell'Onu (*caschi blu*) o della Nato e intervengono nelle aree di conflitto soprattutto nell'ambito di operazioni di *peacekeeping* o, come si suole dire, di «polizia internazionale». Hanno più che altro un ruolo di controllo o di sostegno alla popolazione, ma sovente si trovano coinvolti in conflitti armati con le unità combattenti locali.

• La nuova economia di guerra

I nuovi conflitti si distinguono dai vecchi anche per le modalità di finanziamento. Come abbiamo detto, in passato il processo di reperimento delle risorse necessarie alla conduzione di una guerra era assolutamente centralizzato e governato dall'amministrazione dello Stato. **La nuova economia di guerra è invece decentralizzata al pari delle truppe che la combattono. Essa si**

inserisce generalmente nel quadro di un'erosione dei poteri politici ed economici dello Stato e finisce dunque per essere perlopiù dipendente dalle risorse che provengono esternamente. I gruppi combattenti si finanziano dunque con il saccheggio e, quando possibile, con il traffico illegale di alcuni beni di valore: diamanti in Angola e Sierra Leone; lapislazzuli, smeraldi e oppio in Afghanistan; varie droghe in Colombia e Tadjikistan. Talvolta sono finanziati segretamente da altri Stati o da organizzazioni terroristiche che operano a livello globale. Insomma: «Al carattere informale della guerra corrisponde quello altrettanto informale dell'economia» (Kaldor 1999, tr.it. 1999, 120). In assenza di risorse pubbliche, i gruppi militari (o paramilitari) privati devono ricorrere a fonti di altro tipo. Tra le più diffuse rientrano quelle pratiche che Duffield (1994) definisce tecnicamente «trasferimento di beni», che si realizzano attraverso il saccheggio, rapine, sequestri di persona, ovvero attraverso diverse pressioni sul mercato determinate dal controllo anche economico di pezzi di territorio. A queste pratiche si aggiungono quelle del mercato nero e del commercio illegale di beni di valore. Un ruolo importante hanno i finanziamenti che provengono dall'esterno, sia in termini di rimesse economiche da parte di famiglie emigrate, che vengono intercettate dai gruppi militari e utilizzate per scopi di guerra, sia attraverso il sostegno esterno da parte di governi stranieri, una pratica molto diffusa in Unione Sovietica e Stati Uniti durante gli anni di Guerra fredda, ma ancora oggi abbastanza diffusa. Una pratica purtroppo diffusissima è l'intercettazione degli aiuti umanitari nelle zone di conflitto. Parte delle provviste inviate per scopi umanitari da Stati o Organizzazioni non governative vengono infatti intercettate dai gruppi combattenti e utilizzate per finanziare la loro violenza.

Per concludere, le nuove guerre sono determinate, come le vecchie, da motivazioni politiche riconducibili però alla cosiddetta politica dell'identità. Le principali strategie militari sono la destabilizzazione, la violenza indiscriminata e la «rimozione» di intere porzioni di popolazione ad opera di truppe combattenti private o, comunque, irregolari. L'informalità di queste pratiche è intrecciata a modalità di finanziamento extra-legali che annullano la distinzione moderna tra violenza legittima e illegittima.

Approfondimento 10.2

La dottrina Bush della guerra preventiva

«... Oggi gli Stati uniti godono di una posizione di incomparabile forza militare e di una grande influenza economica e politica. Nel mantenerci all'altezza del nostro patrimonio di ideali e di principi noi non utilizziamo la forza per ricavarne vantaggi unilaterali. Miriamo invece a creare un potere equilibrato che favorisca la libertà umana [...] Difendere la nostra nazione contro i suoi nemici è il primo e fondamentale impegno del governo federale.

Oggi il compito è drammaticamente cambiato. Una volta i nemici avevano bisogno di grandi eserciti e grandi capacità industriali per mettere a rischio l'America. Ora oscure reti di individui possono provocare grande caos e sofferenza dentro i nostri confini a un costo inferiore a quello di un carro armato. I terroristi sono organizzati per penetrare nelle società aperte e per ritorcere contro di noi il potere delle moderne tecnologie.
Per difenderci da questa minaccia dobbiamo fare uso di ogni strumento del nostro arsenale: potere militare, migliori difese della patria, imposizioni legali, intelligenza e sforzi vigorosi per eliminare i finanziamenti al terrorismo. La guerra contro il terrorismo globale è un'impresa globale di incerta durata. L'America aiuterà le nazioni che hanno bisogno della sua assistenza nel combattere il terrore. L'America dimostrerà fermezza nei confronti delle nazioni compromesse col terrorismo, comprese quelle che ospitano i terroristi, perché gli alleati del terrore sono i nemici della civiltà. Gli Stati Uniti e i paesi che con noi cooperano non permetteranno ai terroristi di installarsi in altre basi. Insieme punteremo ogni volta a stanarli dai loro rifugi. [...]
l'America agirà contro queste minacce emergenti prima che si realizzino. Non possiamo difendere l'America e i nostri amici affidandoci alla speranza. Così dobbiamo essere preparati a sconfiggere i piani del nemico usando al meglio la nostra intelligenza e agendo con determinazione. La storia giudicherà duramente coloro che hanno visto giungere il pericolo senza agire. Nel nuovo mondo in cui siamo entrati l'unica via per la pace e la sicurezza è quella dell'azione [...]
Lavoreremo attivamente per portare la speranza di democrazia, sviluppo, libero mercato e libero commercio in ogni angolo del mondo. Gli eventi dell'11 settembre 2001 ci hanno insegnato che stati deboli, come l'Afghanistan possono costituire un pericolo altrettanto grande per i nostri interessi nazionali che gli stati forti. La povertà non rende i poveri terroristi e assassini. Ma povertà, istituzioni deboli e corruzione possono rendere gli stati deboli vulnerabili da parte di reti terroristiche e cartelli della droga entro i loro confini [...]La strategia nazionale degli Stati Uniti sarà basata su un internazionalismo nettamente americano, che riflette l'unione dei nostri valori e dei nostri interessi nazionali. Lo scopo di questa strategia è quello di aiutare il mondo a diventare non solo più sicuro, ma migliore [...] Gli Stati Uniti d'America stanno combattendo una guerra contro terroristi di portata globale. Il nemico non è un singolo regime politico o una persona, una religione, un'ideologia. Il nemico è il terrorismo - premeditato, violenza politicamente motivata perpetrata contro innocenti [...]
La lotta al terrorismo globale è diversa da ogni altra guerra della nostra storia. Verrà combattuta su molti fronti contro un nemico particolarmente sfuggente e per un lungo periodo di tempo [...] La natura della minaccia della guerra fredda ha richiesto agli Stati Uniti – coi nostri alleati e amici – di rafforzare la deterrenza dell'uso della forza da parte del nemico, dando luogo a una cupa strategia di mutua distruzione assicurata. Con la caduta dell'Unione sovietica e la fine della guerra fredda, la situazione della nostra sicurezza ha subito una profonda trasformazione.
[...] I concetti tradizionali di deterrenza non funzioneranno contro un nemico terrorista le cui dichiarate tattiche consistono nel distruggere deliberatamente e nel fare di vittime innocenti i suoi obiettivi; i cui cosiddetti soldati cercano il martirio nella morte e il cui maggiore punto di forza è la non appartenenza a un qualsiasi stato. La saldatura fra stati che sponsorizzano il terrore e quelli che perseguono l'ottenimento di armi di distruzione di massa ci costringe all'azione [...] Dobbiamo

adattare il concetto di minaccia imminente alle capacità e agli obiettivi degli odierni avversari. stati canaglia e terroristi non hanno intenzione di attaccarci usando armi convenzionali. Sanno che questi attacchi fallirebbero. Contano invece su azioni di terrorismo e, potenzialmente, sull'uso di armi di distruzione di massa – armi che possono essere occultate con facilità, consegnate di nascosto e utilizzate senza preavviso.
[...] È tempo di riaffermare il ruolo essenziale della forza militare americana. Dobbiamo costruire e mantenere le nostre difese rispondendo alla sfida che abbiamo di fronte. La nostra massima priorità militare è di difendere gli Stati Uniti [...] Dobbiamo potenziare gli avvertimenti e le analisi dell'Intelligence per fornire valutazioni delle minacce, per la sicurezza della patria. Dal momento che le minacce ispirate da governi e gruppi stranieri possono essere portate all'interno degli Stati Uniti, dobbiamo anche assicurarci la giusta fusione di informazione tra l'Intelligence e le forze dell'ordine. Iniziative in questo campo includeranno: rafforzare l'autorità del Direttore della Cia per sviluppare risorse di Intelligence all'estero; stabilire una nuova struttura dell'Intelligence che fornisca segnalazioni continue e integrate relative alle minacce che hanno di fronte la nazione e i nostri alleati; continuare a sviluppare nuovi metodi per la raccolta delle informazioni, per potenziare i vantaggi forniti dalla nostra Intelligence; investire in risorse future e allo stesso tempo lavorare per proteggerle attraverso uno sforzo più vigoroso, per impedire di mettere in pericolo tali risorse; raccogliere informazioni di Intelligence contro il pericolo terrorista con il governo attraverso un'analisi di tutte le fonti [...]
Proprio come le nostre istituzioni diplomatiche devono adattarsi per poter tendere la mano alle altre, abbiamo anche bisogno di un approccio diverso e più vasto agli sforzi dell'informazione pubblica che possano aiutare le popolazioni del mondo ad imparare e capire l'America. La guerra contro il terrorismo non è uno scontro di civiltà. Essa, tuttavia, rivela lo scontro all'interno di una civiltà, una battaglia per il futuro del mondo islamico. Questa è una lotta di idee e questo è un campo in cui l'America deve eccellere. Intraprenderemo le azioni necessarie per assicurarci che i nostri sforzi per soddisfare i nostri impegni di sicurezza globale e di protezione degli americani non siano compromessi dalle investigazioni, indagini o procedimenti giudiziari della Corte criminale internazionale (Icc), la cui giurisdizione non si estende agli americani e che noi non accettiamo. Lavoreremo insieme con altre nazioni per evitare complicazioni nelle nostre operazioni e cooperazioni militari, attraverso meccanismi quali accordi multilaterali e bilaterali che proteggeranno i cittadini statunitensi dall'Icc. Metteremo pienamente in pratica l'Atto di protezione dei membri di servizio americani, le cui clausole sono intese ad assicurare e intensificare la protezione del personale e degli ufficiali statunitensi...»

Tratto dal *The National Security Strategy of the United States of America* (White House, September 2002)

10.4.3. Le guerre globali asimmetriche

Le «nuove guerre» non sono però l'ultimo stadio del processo di evoluzione del fenomeno bellico. Dopo gli attentati terroristici dell'11 settembre 2001 alle *Twin Towers* e al Pentagono, si è infatti configurata una nuova forma di guerra sostenuta dalla cosiddetta dottrina della «guerra preventiva», elaborata e divulgata dal governo americano immediatamente dopo gli attentati (cfr. approfondimento 10.2). Con la guerra in Afghanistan (2001) e la successiva guerra in Iraq (2003) assistiamo a due casi di **guerra globale asimmetrica**. Il concetto di «guerra asimmetrica» è stato elaborato per indicare un conflitto tra uno o più soggetti di diritto internazionale pubblico le cui rispettive forze militari differiscono in modo significativo. Il fatto che l'attacco da parte delle grandi potenze militari occidentali in Afghanistan e in Iraq rappresenti un caso tipico di asimmetria delle forze in campo è fuori discussione. Tali guerre assumono inoltre dei tratti di «globalità», determinati dal tentativo nordamericano di edificare un nuovo ordine internazionale fondato sulla **guerra permanente** e non su un equilibrio gerarchico, ma pacifico, come avvenne negli anni successivi al secondo conflitto mondiale, attraverso la definizione delle norme di diritto internazionale.

La **guerra globale asimmetrica** si inserisce nel tentativo di ridefinire un nuovo ordine mondiale basato sulla guerra

Questo tipo di guerra presenta alcune criticità. Essa, al contrario delle guerre tradizionali, non si configura né come guerra di attacco, né come guerra difensiva, cioè in risposta a un attacco, ma piuttosto come semplici «azioni coercitive», «operazioni di polizia», o «legittima difesa preventiva». Si scatena una guerra nei confronti di uno Stato senza definirla come tale, in risposta a un'azione terroristica da parte di organizzazioni clandestine che si presume siano ospitate all'interno dei confini territoriali di uno Stato. In questo modo, si può fare a meno di vincolare l'azione militare al quadro normativo del diritto internazionale. Il nemico diventa «terrorista» e può essergli così negato lo status di combattente legittimo. Si colpisce uno Stato sovrano per combattere una soggettività astratta. Come nota Ferrajoli (2009), di fronte al terrorismo internazionale, che è generalmente radicato in decine di paesi, agiscono tradizionalmente le agenzie di intelligence e non gli eserciti. A un atto di guerra si risponde infatti con la guerra, ma a un atto terroristico, che in questo caso può essere assimilato a un'azione criminale, si reagisce con il diritto penale internazionale, avviando una collaborazione tra le agenzie di investigazione per identificare le responsabilità e isolare gli autori del delitto. La guerra è dunque uno strumento improprio, ma è stata comunque praticata fuori dalle regole del diritto internazionale, elaborando un sistema ideologico apposito e profondamente manicheo: «la lotta contro il terrore si fa con la guerra preventiva, perché è una lotta del bene assoluto contro il male assoluto e chiunque vi si opponga è un terrorista o un filoterrorista». È evidente che questa nuova retorica di guerra operi nell'ambito di una radicale semplificazione semantica che agisce sulle pulsioni degli individui, sollecitando un sentimento generalizzato di insicurezza. Ne consegue una regressione del sistema delle relazioni internazionali che si realizza nella negazione delle regole del diritto e nella rivalutazione della guerra come strumento di risoluzione delle crisi. Si opera una cesura tra legittimazione politica della violenza organizzata, richiesta e rivendicata, e legittimazione giuridica, considerata superflua rispetto a una battaglia che si configura come guerra di civiltà: «Il diritto internazionale vigente e il principio della pace, che ne è la norma fondamentale, non sono semplicemente violati. Essi sono apertamente negati, in nome di una nuova legittimità politica che pretende di imporsi come giuridica» (ibid., 84).

Il tratto paradossale delle guerre globali asimmetriche sta poi nella loro sostanziale somiglianza con il fenomeno che intendono combattere. Come molti studiosi hanno rilevato, queste guerre hanno assunto connotati terroristici. Abbiamo già accennato alla «violenza politica pura» (o terrorismo) e al fatto che essa possa essere praticata dal basso, come violenza antistituzionale, e dall'alto, a opera di governi nazionali nelle forme dello sterminio e del genocidio. Se però in passato il terrorismo di Stato era generalmente accomunato a regimi autoritari o totalitari, oggi anche le democrazie occidentali se ne rendono in qualche modo protagoniste. Il modo di combattere le guerre asimmetriche, attraverso bombardamenti indiscriminati sulle popolazioni civili e l'adozione di armi di distruzione di massa (si pensi al «fosforo bianco» utilizzato dall'esercito americano in Iraq), fa sì che l'azione degli Stati occidentali nel nome della sicurezza internazionale e della libertà si configuri, per le popolazioni colpite, come veri e propri atti terroristici. Non a caso, l'operazione militare americana che ha inaugurato la guerra in Iraq il 21 marzo 2003 fu battezzata dai vertici militari *shock and awe*, che letteralmente significa «colpisci e terrorizza», prevedendo di sganciare in un'unica notte 320 bombe su obiettivi civili. L'esaltazione ideologica della lotta contro il terrorismo comporta che, in nome del «Bene», ogni metodo sia lecito. **Ciò che è in genere considerato terrorismo, se operato in nome della lotta al terrorismo, viene presentato come atto di giustizia internazionale**. Si colpisce il popolo per educare i governanti e questo è indubbiamente classificabile come terrorismo. Infatti, per dirla con Wilkinson:

> *È terrorista chi cerca di costringere con il terrore qualcuno a fare qualcosa. Per il terrorista politicamente motivato l'obiettivo è generalmente di creare un clima di paura tra una schiera di persone più ampia di quelle che sono le vittime immediate della violenza.*
>
> Wilkinson 1987, XI

Da questo punto di vista, il terrorismo di fazione è straordinariamente simile a quello che abbiamo chiamato «terrorismo di Stato». Come nota Juergensmeyer (2000, tr.it. 2003), entrambi puntano a potenziare simbolicamente i propri sostenitori, lasciando che si diffonda in loro, attraverso la violenza di massa, un senso di invincibilità. Nelle vecchie guerre tra due Stati, entrambe le parti in conflitto raggiungevano un accordo sulle modalità di combattimento e un sistema di norme condiviso. Nelle guerre asimmetriche entrambe le parti in conflitto sono invece portate a utilizzare strumenti non convenzionali: da un lato, per chiudere il prima possibile la partita; dall'altro, per fronteggiare un nemico considerato troppo forte e quindi imbattibile attraverso l'utilizzo di mezzi convenzionali. In questo senso, «terrorismo» e «guerra al terrorismo» possono essere considerati come forme di «violenza degenerata» (Ruggiero 2006, 203), che passano anche per lo sdoganamento degli strumenti di tortura dei detenuti a cui si rifiuta di riconoscere lo status di prigionieri di guerra. L'adozione di «strumenti di persuasione» non convenzionali risulta una pratica diffusa non solo da parte di Stati arretrati e autoritari, ma anche da alcuni governi democratici impegnati nella «guerra santa» contro il terrore (cfr. approfondimento 10.3).

Approfondimento 10.3

Tecniche di interrogatorio negli USA dopo l'11 settembre 2001

Interrogatori operativi di Al Qaeda

«È stata richiesta l'opinione di questo dipartimento sulla questione della potenziale violazione del Codice degli Stati Uniti, articolo 2340A del Titolo 18, riguardante il divieto di tortura. È stato richiesto il parere di questo ufficio sulla condotta da tenersi durante gli interrogatori di Abu Zubaydah. Da quanto ci dite il Sig. Abu Zubaydah sarebbe uno dei membri più importanti dell'organizzazione terroristica Al Qaeda, contro la quale gli Stati Uniti sono al momento coinvolti in un conflitto armato internazionale [...] La presente lettera sintetizza il precedente parere verbale di questo ufficio, risalente ai giorni 24/07/02 e 26/07/02, secondo il quale la condotta suggerita non violerebbe i divieti in questione.

[...] Ci dite che non esistono in vostro possesso fatti contrari a quelli elencati qui sotto e la nostra valutazione è quindi limitata a essi [...] Al momento Abu Zubaydah si trova in custodia degli Stati Uniti. La squadra che cura gli interrogatori è certa che egli sia in possesso di ulteriori informazioni che si rifiuta di divulgare [...] Zubaydah si è abituato a un certo livello di trattamento e non mostra alcun segnale di volontà di cooperare [...] Durante questa fase, Zubaydah avrà contatti solo con il nuovo specialista nel campo degli interrogatori, che non ha mai incontrato in precedenza, e con lo psicologo/addestratore del SERE (*Survival, Evasion, Resistance, Escape*) che ha preso parte agli interrogatori sin dall'inizio. Secondo i vostri calcoli questa fase durerà parecchi giorni [...] Durante questo periodo vorreste applicare 10 tecniche che a vostro avviso confonderanno le aspettative del soggetto riguardo al trattamento che crede di ricevere e lo incoraggeranno a cedere le informazioni cruciali descritte in precedenza.

Queste tecniche sono: 1) *attention grasp*; 2) *walling*; 3) blocco del viso; 4) schiaffi in faccia; 5) isolamento in spazi ristretti; 6) posizione eretta forzata contro il muro; 7) posizioni di tensione; 8) privazione prolungata del sonno; 9) isolamento in spazi ristretti in presenza di insetti; 10) *waterboard*.

[...] La squadra addetta agli interrogatori utilizzerebbe una combinazione di queste tecniche, per persuadere Zubaydah che il solo modo che ha di migliorare la sua situazione passa attraverso la collaborazione. Avete comunque messo in chiaro che l'utilizzo di queste tecniche seguirà probabilmente un iter esponenziale che culminerà nell'annegamento simulato [...] Ci avete inoltre informato verbalmente che, malgrado alcune di queste tecniche potrebbero essere utilizzate più di una volta, la loro ripetizione non sarà frequente in quanto esse tendono a perdere di efficacia se applicate troppe volte [...] In base ai fatti che ci avete esposto, ci è dato capire che queste tecniche si svolgono come sotto descritto:

- **attention grasp**: consiste nell'afferrare l'individuo al collo con entrambe le mani, con una mano a ogni lato dell'apertura del colletto, con una mossa rapida e controllata. Con la stessa mossa il soggetto viene attirato verso chi interroga.
- **walling**: viene costruito un finto muro. L'individuo è sistemato con i talloni che toccano il muro. L'interrogante tira velocemente in avanti l'individuo e lo spinge rapidamente contro il muro, cosicché vada a colpire la parete con le spalle. Durante il movimento, la testa e il collo sono protette da un panno arrotolato o

un asciugamano che assorbono l'urto ed evitano il colpo di frusta. Allo scopo di ridurre ulteriormente il rischio di incidenti, all'individuo è permesso far leva sul muro flessibile. Siamo stati verbalmente informati che il finto muro è in parte costruito in modo tale da emettere un forte suono una volta colpito, allo scopo di cogliere ancora più di sorpresa il soggetto. L'idea è quella di creare un suono che faccia sembrare l'impatto molto più violento di com'è realmente, e che le ferite provocate dall'impatto risulteranno essere ben più gravi.

- **Blocco del viso**: consiste nell'immobilizzare la testa. I palmi delle mani vengono posizionati ai lati del viso del soggetto, le dita vengono tenute a debita distanza dagli occhi.
- **Schiaffo in pieno volto** (*insult slap*): l'interrogante schiaffeggia l'individuo in pieno viso, tenendo la mano bene aperta. La mano entra in contatto con l'area del viso compresa fra il mento e il lobo dell'orecchio. L'interrogante invade lo spazio personale dell'individuo. Lo scopo dello schiaffo in volto non è infliggere dolore fisico grave o duraturo, bensì scatenare shock, sorpresa e/o umiliazione.
- **Confinamento**: implica l'isolamento del soggetto in uno spazio ristretto, le cui dimensioni ne limitino i movimenti. Lo spazio di confinamento è di solito buio. La durata del confinamento varia in base alle dimensioni dell'area utilizzata: in spazi più ampi l'individuò può stare in piedi o sedersi, in spazi più ristretti può soltanto rimanere seduto. Nel primo caso il confinamento può durare fino a diciotto ore, nel caso di spazi ristretti non supera le due ore consecutive.
- **Posizione eretta forzata contro il muro** (*wall standing*): induce affaticamento muscolare. L'individuo è sistemato a 1/1,5 metri di distanza da una parete, le gambe divaricate con un'ampiezza pari all'incirca alle spalle, le braccia tese davanti al corpo, le dita delle mani contro il muro a sostenere il peso del corpo. Al soggetto non è permesso muoversi o cambiare la posizione di mani o piedi.
- **Posizione di stress**: è stato segnalato che queste posizioni non sono inflitte allo scopo di causare dolore associato a torsioni o contorcimenti del corpo. Piuttosto, come nel caso del *walling*, hanno l'obiettivo di provocare un disagio fisico associato ad affaticamento muscolare. Per Zubaydah verrebbero utilizzate in particolare due di queste posizioni: 1) sedersi sul pavimento con le gambe distese davanti e le braccia alzate sopra la testa, 2) inginocchiarsi a terra, piegandosi all'indietro di 45 gradi. Siamo stati verbalmente informati che osservando Zubaydah durante il periodo di custodia è stato constatato che sembra essere piuttosto agile e flessibile nonostante la ferita.
- **Privazione del sonno**: è stato segnalato che lo scopo di questa tecnica è ridurre la capacità del soggetto di pensare rapidamente e con lucidità e, attraverso il disagio associato alla mancanza di sonno, indurlo a cooperare. L'efficacia di questa privazione diminuirà in generale dopo una/due notti di sonno ininterrotto. Ci avete informato del fatto che le vostre ricerche hanno messo in luce che, in alcuni rari casi, alcuni individui con tendenza a problemi psicologici potrebbero reagire in modo inaspettato alla privazione del sonno. Anche in questi casi comunque l'equilibrio si ristabilisce dopo che al soggetto viene permesso di dormire. Inoltre, personale con conoscenze mediche è presente e pronto a intervenire in caso di reazioni inaspettate. Siamo stati verbalmente informati che Zubaydah non sarà tenuto sveglio per più di 11 giorni consecutivi e che, nonostante non gli sia stato precedentemente permesso di dormire per 72 ore, non ha riportato alcun tipo di danno fisico né mentale.
- Avete suggerito la possibilità di chiudere Zubaydah in uno **spazio ristretto in presenza di insetti**, segnalando che il soggetto sembra soffrire di una fobia al riguardo. Nello specifi-

co, suggerite di informare Zubaydah della presenza di qualche insetto dotato di pungiglione, anche se in verità sarebbero presenti solo insetti innocui [...]

• Infine, segnalate la possibilità di impiegare una tecnica chiamata *waterboarding*, o **annegamento simulato**. Durante questa procedura, il soggetto è legato a una tavola inclinata di circa 1,2 metri per 2, con i piedi in posizione elevata e uno straccio a coprire occhi e fronte. Viene versata a intervalli regolari dell'acqua sullo straccio, che viene poi abbassato fino a ricoprire naso e bocca. Quando il tessuto è saturo di acqua e ricopre naso e bocca, il flusso d'aria è limitato dai 20 ai 40 secondi dalla presenza dello straccio. Questo causa un aumento del livello di anidride carbonica nel sangue, che aumenta la difficoltà respiratoria. Lo sforzo e la presenza dello straccio creano la sensazione di "soffocamento e panico incipiente", ossia l'illusione di annegare. Il soggetto non inala acqua. Durante i 20/40 secondi l'acqua viene continuamente versata da un'altezza di 25-30 centimetri. Dopo questo lasso di tempo il tessuto viene rimosso e l'individuo può respirare liberamente per 3-4 volte. La sensazione di annegamento è immediatamente alleviata dalla rimozione del tessuto. La procedura può essere ripetuta. L'acqua viene generalmente versata da una borraccia o un innaffiatoio. Siamo stati verbalmente informati che questa procedura scatena una sensazione psicologica automatica di annegamento che il soggetto non riesce a controllare nonostante sia consapevole di non stare realmente annegando. Ci è stato inoltre segnalato a voce che questa procedura non si protrarrà per più di 20 minuti a seduta.

Ci è poi stato fatto capire che un medico autorizzato del SERE sarà presente durante l'intera durata della seduta e che la procedura sarà interrotta qualora venga ritenuto necessario, onde evitare danni fisici o mentali a Zubaydah [...] Secondo le vostre segnalazioni, Zubaydah non soffre di problemi mentali preesistenti che potrebbero causare un danno psicologico prolungato in seguito all'applicazione delle tecniche di interrogatorio proposte [...] Inoltre si riscontra che trova un "conforto stabile e duraturo" nella fede, "la benedizione dei capi religiosi e il cameratismo dei fratelli mujaheddin che condividono il suo pensiero". Durante la detenzione, Zubaydah ha tenuto sotto controllo il proprio umore, restando per la maggior parte del tempo "circospetto, calmo, controllato e deciso". Ha mantenuto questo atteggiamento durante gli interrogatori più aggressivi e la privazione del sonno. Avete segnalato che durante un momento critico in un confronto iniziale, Zubaydah aveva mostrato segni di picchi del sistema nervoso simpatico, che ritenete potessero essere segni di paura. Nonostante in quel caso sia stato indotto a rivelare informazioni delicate, è riuscito a riacquistare rapidamente il controllo, la sua aria di superiorità e la sua determinazione a non rivelare alcun tipo di informazione.

Dolore o sofferenza gravi. Perché il dolore o la sofferenza arrivino a essere considerati tortura, la norma richiede che arrivino ad essere gravi. Come illustrato in precedenza, questa connotazione implica atti di natura estrema. Ciononostante, basandoci su casi illustrati nel *Torture Victim Protection Act*, che contiene una definizione di tortura simile a quella dell'articolo 2340, riteniamo che un singolo atto che provochi un dolore sufficientemente intenso può rientrare in questa categoria. Abbiamo quindi analizzato ognuna di queste tecniche separatamente. Studiando ulteriormente i casi, abbiamo scoperto che i tribunali tendono ad adottare un approccio di analisi della "totalità delle circostanze" e a prendere in considerazione una condotta nella sua globalità onde determinare se e quando sia stata inflitta tortura. In conclusione, oltre ad aver analizzato

ogni singola tecnica separatamente, le abbiamo anche considerate globalmente come un'unica condotta.
[...] Il "blocco del viso" e l'*attention grasp* non implicano dolore fisico. In assenza di quest'ultimo è ovvio che non si possa concludere che esse infliggano un dolore o una sofferenza fisica gravi. Le posizioni di tensione e la posizione forzata in piedi contro il muro possono causare affaticamento muscolare, dato che entrambe implicano il mantenimento di una certa posizione. Nel rimanere in piedi contro il muro, si tratterà di mantenere una posizione in cui l'intero peso del corpo del soggetto viene scaricato sulla punta delle dita. Le posizioni di stress possono includere sedersi a terra con le gambe allungate davanti e le braccia tese sopra la testa, o inginocchiarsi sul pavimento con il corpo inclinato all'indietro di 45 gradi. Qualunque dolore associato all'affaticamento muscolare non presenta un'intensità sufficiente ad essere considerato "dolore o sofferenza grave" secondo le norme e, nonostante il disagio, non si può definire difficile da sopportare. Inoltre, siamo stati verbalmente informati che Zubaydah non verrà sottoposto a posizioni di stress che possano in qualche modo pregiudicare la guarigione della sua ferita. Concludiamo quindi che queste tecniche causano un disagio che rientra nelle soglie di tollerabilità.
[...] Riteniamo invece che l'utilizzo del *waterboard* costituisca una minaccia di morte imminente. Per come ci è stata illustrata questa tecnica, risulta che la procedura scateni nel soggetto un'incontrollabile sensazione di annegamento. Nonostante la procedura venga seguita da personale con conoscenze mediche e con un'ampia esperienza di questa tecnica acquisita nel SERE incaricato di assicurare la sicurezza fisica e mentale del soggetto, questi non sarà consapevole di nessuna di queste precauzioni. Una qualunque persona mentalmente lucida, in queste circostanze, avrà la percezione di annegare durante la procedura, a causa delle reazioni psicologiche incontrollabili da essa scatenate. Per questo, l'intervento presenta caratteristiche che rientrano nella restrizione dell'imminenza, costituendo una minaccia di morte imminente, venendo ad essere compreso fra i casi elencati dalle norme in esame.
Nonostante il *waterboard* costituisca una minaccia di morte imminente, affinché vengano violate le norme sul divieto di infliggere gravi danni mentali o sofferenza è necessario che ne conseguano danni mentali prolungati dall'utilizzo di questa tecnica [...] Considerando poi questi interventi come un unico modello di condotta, non siamo sicuri di poter affermare che gli stessi possano costituire una minaccia di grave danno fisico o sofferenza. Ci è stato segnalato che l'ordine o la tempistica precisa degli interventi non sono ancora stati decisi. È possibile che le tecniche vengano applicate secondo un modello di escalation, cioè in modo rapido e progressivo, iniziando da quella meno fisicamente intrusiva, il "blocco del viso", passando per il massimo del contatto fisico del walling, per concludere con il waterboard [...]
Vi preghiamo di contattarci in caso abbiate bisogno di ulteriore assistenza».

Jay S. Bybee (Assistente Procuratore Generale), tratto dal *Memorandum for John Rizzo* (Senior Deputy General Counsel CIA), Agosto 2001

10.5. Le rivoluzioni

Il termine «rivoluzione» è tra i più abusati nel linguaggio comune, così come in quello mediatico e politico. Sentiamo spesso parlare di «rivoluzione industriale», «rivoluzione culturale», «rivoluzione scientifica», «rivoluzione tecnologica», «rivoluzione sessuale», tutti termini che indicano un mutamento rapido e improvviso che sopraggiunge in alcuni settori della vita sociale. In ambito sociopolitico, il concetto di rivoluzione assume tratti per certi versi ambivalenti, ma senza dubbio connessi a una trasformazione delle condizioni sociali e politiche attorno a cui un sistema è organizzato. Per dirla con Theda Skocpol (1979, tr.it. 1981, 21), in questa sede non siamo tanto interessati al concetto generale, e per certi aspetti generico, di «rivoluzione», ma piuttosto a quello più specifico di **rivoluzione sociale**, che presuppone cioè la trasformazione degli assetti strutturali di una società.

La **rivoluzione sociale** indica il tentativo di sovvertimento violento dell'intero ordinamento sociale, economico e politico nell'ambito di una società statale

La parola «rivoluzione» viene coniata per la prima volta in epoca rinascimentale, e in ambito astronomico, per descrivere il movimento lento, regolare e ciclico delle stelle. Non a caso, il termine «rivoluzione» proviene dall'espressione tardo-latina *revolutio-onis*, letteralmente «rivolgimento, ritorno», derivato dal verbo *revolvere*, cioè «rivolgere». Solo nel diciassettesimo secolo essa viene applicata a contesti sociopolitici per indicare il «ritorno» a uno stato precedente di cose, cioè a un certo ordine che è stato turbato da alcuni eventi. Sia nella rivoluzione Inglese (1688-89) che in quella Americana (1775-83) e Francese (1789-99), i soggetti della trasformazione si concepivano come gli artefici di un ritorno a uno stato di giustizia inquinato dagli eccessi della vecchia élite. Dobbiamo aspettare il diciannovesimo secolo e le analisi di Marx ed Engels affinché il concetto di rivoluzione assumesse il significato che noi oggi gli attribuiamo, e cioè quello di sovvertimento dell'ordine esistente per instaurare un ordine nuovo di giustizia e autodeterminazione.

Possiamo così affermare che **la rivoluzione è il processo (o il tentativo) di sovvertimento, in genere violento, dell'ordine sociale e politico esistente**. Essa si distingue da altri tentativi di mutamento sociopolitico come le **ribellioni** (o **rivolte**) e i **colpi di Stato**. Le «rivolte» presuppongono infatti azioni di protesta, generalmente violenta, che si situano in un'area geografica circoscritta e in un arco di tempo relativamente ridotto. Esse non sono il prodotto di un disegno strategico di trasformazione sociale, ma piuttosto l'effetto pulsionale di uno stato di esasperazione collettiva che può essere placato con la repressione o, più serenamente, attraverso alcune concessioni che non intaccano però gli assetti di potere dominanti. I «colpi di Stato» si distinguono invece dalle rivoluzioni e dalle ribellioni perché sono in genere finalizzati a sostituire le classi politiche al potere entro il quadro socioeconomico e istituzionale esistente. Se le rivolte, così come le rivoluzioni, presuppongono un certo coinvolgimento di popolo, i colpi di Stato sono il frutto di una frattura in seno alle classi dirigenti; pezzi di élite economica, politica e militare consumano un complotto nei confronti delle autorità politiche. Anche una rivoluzione può prendere le mosse da un colpo di Stato, ma deve poi fare i conti con l'esigenza di mobilitazione popolare e, al contempo, inscrivere l'azione entro un processo relativamente lungo di trasformazione delle strutture economiche, politico-istituzionali e dell'ordinamento costituzionale. Per dirla con Pasquino:

> *Si ha una rivoluzione di massa o rivoluzione in senso stretto quando gli insorti mirano a sconvolgere in maniera fondamentale le sfere politica, sociale ed economica: in questo caso si ha alta partecipazione popolare, la durata della lotta è lunga e l'incidenza della violenza interna è molto elevata. Nel caso del colpo di Stato riformista, gli insorti si prefiggono mutamenti più o meno importanti nella struttura dell'autorità politica e trasformazioni socioeconomiche limitate, la partecipazione popolare sarà scarsa, la durata della lotta breve e il livello di violenza piuttosto basso; infine, nel caso del colpo di Stato di Palazzo, gli insorti mirano unicamente a sostituirsi ai leader politici, la partecipazione popolare sarà nulla, la durata della lotta molto breve e la violenza interna probabilmente limitatissima*
>
> Pasquino 1990, 977

Abbiamo definito la rivoluzione non solo come processo fattuale, ma anche come un «tentativo»; non è infatti scontato che un processo rivoluzionario porti a termine i propri obiettivi con successo. Tutte le rivoluzioni sono soggette a potenziali fallimenti. Questo si verifica quando i rivoluzionari non riescono a raggiungere l'obiettivo fondamentale di una trasformazione dell'ordinamento socioeconomico e quando, dopo un breve periodo di condivisione del potere con pezzi della élite politica pre-rivoluzionaria, vengono da essa schiacciati, come si è verificato nel caso storico della Comune di Parigi nel 1871, su cui lo stesso Marx ha speso molte riflessioni critiche (cfr. par. 2.3). A volte, il fallimento del processo rivoluzionario può essere determinato dalle contraddizioni interne al fronte degli insorti, che non riescono a gestire il processo, mostrando una sostanziale debolezza politica ed esponendosi agli attacchi della «reazione». Ogni rivoluzione presuppone infatti una reazione da parte dei soggetti economici e politici del vecchio regime, che non accettano mai pacificamente la loro detronizzazione. Anche per questa ragione i processi rivoluzionari sono quasi sempre accompagnati da azioni violente e da periodi più o meno prolungati di guerra civile.

Abbiamo già offerto una definizione di ciò che in questa sede intendiamo per «rivoluzione», ma per produrre una riflessione teorica sul tema occorre approfondire l'analisi rispondendo, come ci consiglia Kimmel (1990, 3), a cinque domande fondamentali: 1) Che cos'è una rivoluzione? 2) Cosa cambia durante una rivoluzione? 3) Cos'è che causa una rivoluzione? 4) Perché gli individui partecipano a una rivoluzione? 5) Quali sono le conseguenze di una rivoluzione? Offrendo una risposta convincente a questi quesiti possiamo produrre un quadro comparabile del fenomeno rivoluzionario dentro cui immettere alcuni casi storici.

- **Cosa intendiamo per rivoluzione**

In realtà, a questa domanda abbiamo già risposto quando abbiamo affermato che per noi una rivoluzione «è il processo (o il tentativo) di sovvertimento, tendenzialmente violento, dell'ordine sociale e politico esistente». In realtà, le definizioni che gli studiosi hanno offerto sul tema sono talmente varie da non poterle in questa sede ripercorrerle con la dovuta attenzione. Molti studiosi intendono la rivoluzione come un processo che ha successo, altri si limitano a considerarlo un tentativo di trasformazione sociale che, come abbiamo affermato, può anche fallire. Baecheler, per esempio, propone una definizione scarna, affermando che per rivoluzione si deve intendere «un movimento di protesta che dirige la presa del potere» (Baecheler 1975, 91), lasciando dunque intendere che l'obiettivo (la presa del potere) venga raggiunto. La Trimberger parla invece della rivoluzione come di «una conquista extralegale dell'apparato statale al fine di abbattere il potere economico e politico del gruppo sociale dominante all'interno del vecchio regime» (Trimberger 1978, 12). Anche in questo caso si presuppone che il processo rivoluzionario abbia successo. In entrambi i casi citati si lascia intendere o si afferma esplicitamente che i mezzi adottati dai rivoluzionari siano illegali o appunto «extralegali»; nessuno dei due autori accenna però alla violenza, tema invece centrale nella definizione di Friedrich, che definisce la rivoluzione come «il sovvertimento violento e improvviso dell'ordine politico esistente» (Friedrich 1966, 5). L'adozione di strumenti violenti è infatti una componente importante di ogni rivoluzione sociale, come si evince da questa frase ormai celebre tratta dalle citazioni di Mao Tse-Tung:

> *La rivoluzione non è un pranzo di gala; non è un'opera letteraria, un disegno, un ricamo; non la si può fare con altrettanta eleganza, tranquillità e delicatezza, o con altrettanta dolcezza, gentilezza, cortesia, riguardo e magnanimità. La rivoluzione è un'insurrezione, un atto di violenza con il quale una classe ne rovescia un'altra.*
>
> Mao Tse-Tung 1967, 12-13

Abbiamo inoltre detto che una rivoluzione può avere successo o altresì essere un fallimento, quindi ci sembra più giusto descriverla come un «tentativo» di trasformazione che però, nell'ottica di chi lo agisce, ha ragionevoli possibilità di successo. Da questo punto di vista, la definizione che più si avvicina alla nostra è quella di Kimmel che definisce le rivoluzioni come «tentativi da parte di gruppi sociali subordinati di trasformare le fondazioni sociali del potere politico» (Kimmel 1990, 6). Anche questa definizione, come quella che abbiamo offerto all'inizio del paragrafo, è sufficientemente ampia per includere diversi casi storici e, al contempo, per prendere in considerazione sia le rivoluzioni riuscite che quelle fallite.

• Cosa cambia con una rivoluzione

Senza dubbio, ogni rivoluzione sociale ambisce alla trasformazione degli assetti istituzionali e socioeconomici di una determinata società. Le forze rivoluzionarie possono tra l'altro esprimersi in un contesto nazionale o, al contempo, essere condizionate, come avrebbe voluto Wallerstein, dai movimenti strutturali, in primis economici, che si realizzano nell'arena internazionale e globale. A questo riguardo, Hagopian afferma che ogni rivoluzione rappresenta «una crisi acuta prolungata in uno o più dei tradizionali sistemi di stratificazione (classe, status, potere) all'interno di una comunità politica» e il conseguente tentativo di ridefinirli o ricostruirli (Hagopian 1974, 1). Ma una rivoluzione produce cambiamenti anche nel modo di pensare e quindi nello schema interpretativo che orienta i comportamenti all'interno di una società e di uno Stato. I rivoluzionari non sono mossi semplicemente da un desiderio di ribellione al sistema, ma anche e soprattutto da una visione ideologica del mondo. La dimensione morale e ideazionale delle rivoluzione è per esempio al centro delle riflessioni di Hannah Arendt che, non a caso, afferma che un processo rivoluzionario «non termina con l'abolizione dello Stato e del sistema di governo ma, al contrario, mira alla fondazione di un nuovo Stato e alla costruzione di una nuova forma di governo» (Arendt 1965, 265):

> *Solo laddove il cambiamento si realizza nel senso di un nuovo inizio, dove la violenza è stata usata per costruire insieme una differente forma di governo, che porta alla costituzione di un nuovo corpo politico, dove la liberazione dall'oppressione ambisce quantomeno alla costituzione della libertà, noi possiamo parlare di rivoluzione.*
>
> ibid., 28

Un rivoluzione sociale coinvolge dunque un ampio numero di individui che decidono di agire collettivamente per perseguire sia interessi materiali (economici e politici) che ideali (ideologici e sociali).

• Cosa causa una rivoluzione

La questione relativa alle cause della rivoluzione è centrale nell'analisi dei sociologi del mutamento che hanno offerto diverse spiegazioni in base ai loro approcci alla disciplina. Un insieme di fattori sociali, economici, politici, culturali, religiosi possono concorrere a innescare un processo rivoluzionario. Ciò che è certo è che una rivoluzione non accade semplicemente per effetto di una qualche crisi. Le crisi economiche e politiche sono infatti molto frequenti nella storia, mentre i casi riconosciuti di rivoluzione sono relativamente pochi. Lo scontento popolare può innestare forme di ribellione anche gravi, ma non sono sufficienti a dare il via a una rivoluzione. Senza dubbio, ogni rivoluzione ha le sue radici strutturali nel passato. A questo riguardo, è possibile distinguere tra: **precondizioni**, che riguardano i cambiamenti di lungo termine che intervengono nei processi strutturali di fondazione di una società; **fattori precipitanti**, che riguardano invece gli eventi storici di breve termine che, nel contesto di alcune precondizioni strutturali, rendono possibile una certa politicizzazione del disagio sociale; **fattori acceleranti**, cioè quegli eventi storici immediati che agiscono come elementi di innesto vero e proprio dell'intero processo rivoluzionario.

Gli elementi di accelerazione sono fondamentali poiché, se da un lato è importante individuare le cause generali di ordine strutturale e/o psicologico dei processi rivoluzionari, è dall'altro altrettanto importante individuarne i fattori scatenanti, intesi come «quegli avvenimenti che rendono possibile una rivoluzione mettendo a nudo l'incapacità dell'élite dominante di mantenere il suo monopolio della forza» (Johnson 1966, 99). Un primo fattore di accelerazione è in genere rappresentato da una frattura in seno alle classi dirigenti e al conseguente ricorso alla mobilitazione da parte degli sfidanti. Un secondo fattore di accelerazione si realizza quando un determinato evento intacca il sistema di fedeltà che lega gli attori della coercizione organizzata (forze dell'ordine e militari) al potere costituito. Questo può avvenire per esempio in un contesto di guerra, ma anche in tempi di pace si può assistere a fenomeni di ammutinamento a partire dai vertici dell'esercito. Se per esempio di fronte a una mobilitazione popolare le forze dell'ordine si rifiutano di esercitare la propria funzione di repressione, è molto probabile che l'insurrezione possa sfociare in un processo rivoluzionario. Un terzo fattore di accelerazione è infine rappresentato dall'attivazione di fenomeni di resistenza armata al potere dominante. In questi casi si attivano processi di guerriglia a cui il governo deve in qualche modo rispondere, o ricorrendo alla forza militare o accettando alcune delle condizioni poste dagli sfidanti.

- **Perché gli individui partecipano a una rivoluzione**

Un tema centrale è quello per così dire motivazionale. Per quale ragione la gente si ribella o si impegna in azioni ad alto rischio come potrebbero essere quelle riconducibili a un processo rivoluzionario? A questo riguardo, un contributo importante, come vedremo, lo hanno offerto autori provenienti da studi psicologici, mentre i sociologi strutturalisti hanno sovente trascurato la questione, preferendo al limite concentrarsi sulle cause sociali e sui soggetti della rivoluzione (operai, contadini, borghesi, ecc.). Senza dubbio, un presupposto affinché si attivi un processo rivoluzionario con buone possibilità di successo sta nella costituzione di una «coalizione politica di opposizione» attraverso cui organizzare lo scontento. Gli individui agiscono insieme perché percepiscono che nell'azione collettiva vi sono maggiori possibilità di cogliere nel segno. Ovviamente, la dimensione razionale è fondamentale, ma altrettanto importante è quella emotiva e passionale. Come scrive Kimmel (1990, 12), è possibile individuare almeno due fonti motivazionali che agiscono da stimolo alla partecipazione potestativa: la «disperazione» e la «speranza». La disperazione senza speranza può portare solo all'assunzione di atteggiamenti nichilistici, o a esplosioni di rabbia incontrollata e disorganizzata; ma, al contempo, la speranza senza l'elemento della disperazione o quantomeno la percezione forte di un disagio sociale, può portare solo ad atteggiamenti di fatalismo e immobilismo politico. Le spiegazioni strutturali del fenomeno rivoluzionario sono importanti e per molti aspetti fondamentali, ma ad esse va dunque aggiunto un'analisi motivazionale che scavi a fondo nei sentimenti di chi accetta di agire collettivamente.

- **Le conseguenze di una rivoluzione**

L'ultimo sforzo dei sociologi del mutamento politico sta nell'analizzare le conseguenze di un processo rivoluzionario. Questo discorso ci riporta al tema del successo o meno dell'azione insurrezionale. Anche da questo punto di vista le risposte degli studiosi sono molteplici. Per sciogliere il nodo, Tilly propone di distinguere tra **situazioni rivoluzionarie** ed **effetti (o sbocchi) rivoluzionari** (Tilly 1978). Nel primo caso, l'attenzione analitica si concentra sul processo in sé, nel secondo, sugli output, assumendo dunque che il processo abbia avuto un certo successo, determinando quelle trasformazioni politiche, sociali ed economiche per cui è stato originariamente attivato.

Per concludere con questa prima parte di riflessioni sul tema, possiamo affermare che, da una rassegna dei diversi studi, esiste un accordo di massima sui seguenti tratti caratterizzanti il fenomeno in oggetto: **ogni rivoluzione sociale è accompagnata da una «alterazione dei valori (e miti) di una società»; da una «alterazione della struttura sociale»; da una «alterazione delle istituzioni»; da «un cambiamento di leadership politica»; da un «passaggio di poteri attraverso mezzi extralegali o illegali»; da una «predominanza di comportamenti violenti» e, in genere, da una trasformazione del sistema ideologico, del regime politico e delle strutture socioeconomiche di una società**.

Cercheremo ora di ripercorrere alcuni filoni analitici sul tema delle rivoluzioni per entrare nel merito delle risposte che, da diverse prospettive, gli studiosi hanno dato ai cinque quesiti sopraesposti. I tema rivoluzionario è stato, con diversa enfasi, al centro delle analisi dei classici della sociologia politica. Abbiamo già ripercorso il pensiero di Tocqueville e Marx che senza dubbio hanno prestato alla questione un'attenzione affatto particolare; il primo si concentrò soprattutto sulle conseguenze della Rivoluzione francese, mentre il secondo, da una prospettiva materialistica, ci ha lasciato analisi raffinate sul lungo processo di trasformazione sociopolitica che va dagli anni '30 del diciannovesimo secolo alla Comune di Parigi del 1871, passando per il grande percorso di mobilitazioni del 1847-48 in Europa. Meno incisiva è stata l'attenzione al tema da parte di Weber e Durkheim che comunque ci hanno offerto pagine fondamentali per l'analisi dell'azione collettiva (cfr. par. 15.1). In genere, tutti questi studiosi erano consapevoli di vivere in società dinamiche e potenzialmente rivoluzionarie, ma ben diversa è la situazione che si sono trovati a dover fronteggiare gli scienziati sociali del ventesimo secolo. Essi hanno maturato presto la consapevolezza di essere nati in un'«era di rivoluzioni» e si sono sentiti quasi in obbligo di produrre alcuni quadri analitici ed esplicativi di un fenomeno tutt'oggi controverso. Da questo punto di vista, seguendo solo in parte lo schema logico di Kimmel (1990), distingueremo le spiegazioni «non-strutturaliste» da quelle «strutturaliste», per poi concludere con la sintesi teorica operata da Charles Tilly, che ha mostrato un'attenzione storica e sociologica alle cause strutturali delle rivoluzioni, senza però trascurare i soggetti che ne sono protagonisti e le dinamiche processuali che le caratterizzano.

10.5.1. Gli approcci non-strutturalisti all'analisi delle rivoluzioni

Tra gli approcci non-strutturalisti al tema della rivoluzione scegliamo di menzionarne tre: 1) la scuola riconducibile soprattutto all'opera di Crane Brinton che tenta di tracciare la «storia naturale» delle rivoluzioni, dalle prime forme di agitazione fino alle dinamiche di consolidamento del nuovo regime; 2) la scuola di impronta funzionalista che cerca di spiegare il fenomeno rivoluzionario come effetto catastrofico di un collasso del sistema sociale che non è più in grado di mantenersi in equilibrio; 3) le scuole di matrice socio-psicologica che si concentrano, da un lato, sulla personalità dei leader rivoluzionari e, dall'altro, sullo scontento popolare che spingerebbe le masse alla mobilitazione.

- **La «natural history» delle rivoluzioni**

Gli autori riconducibili a questa scuola sono molto attenti a ricostruire gli stadi fondamentali di un processo rivoluzionario, dalle prime sommosse, alla fase di trasformazione, all'imposizione violenta di un regime di terrore, alla restaurazione di alcuni aspetti del vecchio regime grazie alla vittoria dei moderati sui soggetti più radicali. Essi tendono a condividere l'idea che le rivoluzioni rappresentino una forma di infezione sociale diretta dalle élites intellettuali che si ritraggono dalla vita pubblica per dirigere l'opposizione sociale al sistema (Pettee 1928; Brinton 1965; Edwards 1972). Trascurano il ruolo delle classi subalterne, assumendo la rivoluzione come processo elitario e perlopiù nocivo: «Un paese in rivoluzione è come una persona affetta da un cancro mortale» (Edwards 1972, 149). Uno dei più citati lavori riconducibili alla categoria della **storia naturale** è senza dubbio il testo sull'*Anatomia della rivoluzione* scritto nel 1938, e ripubblicato nel 1965, dallo storico Crane Brinton. Esaminando le esperienze rivoluzionarie in Inghilterra, Stati Uniti, Francia e Russia, l'autore traduce il suo schema teorico (prefissato) nella metafora della «febbre», ben sintetizzata da questa lunga citazione che estraiamo dalla seconda edizione ampliata del suo lavoro:

Con la **storia naturale** delle rivoluzioni, si afferma l'idea che le rivoluzioni siano infezioni sociali dirette dalle élites intellettuali che si ritraggono dalla vita pubblica per guidare l'opposizione sociale

In società, durante o poco prima di una eventuale rottura rivoluzionaria all'interno di un vecchio regime, è possibile rintracciare i segni della perturbazione ventura. Rigorosamente, questi segni ancora non sono sintomi, dal momento che i sintomi indicano che un eventuale disagio è già presente. Sarebbe forse meglio descriverli come segni prodromici, che segnalano a un acuto diagnosta che un eventuale morbo ha cominciato il suo percorso anche se non è ancora sufficientemente sviluppato per essere considerato malattia conclamata. Arriva poi il momento in cui i sintomi si dispiegano, a quel punto si può dire che la febbre della rivoluzione è cominciata. Questa non procede con regolarità, ma piuttosto per avanzamenti e arresti nella direzione di una crisi, spesso accompagnata dal delirio, la norma dei più violenti rivoluzionari, il Regno del Terrore. Dopo la crisi sopraggiunge una fase di convalescenza [...] Finalmente la febbre è passata, il paziente esce rafforzato da questa esperienza, e per un certo periodo risulta immune da simili attacchi.

Brinton 1965, 16-17

Brinton utilizza l'immagine della società come un corpo biologico. La rivoluzione è dunque come una febbre che attanaglia il corpo e poi passa. Per quanto da una simile impostazione è possibile ravvisare una certa ostilità da parte dell'autore nei riguardi di qualsiasi fenomeno rivoluzionario, in realtà il suo obiettivo è quello di scomporre la rottura rivoluzionaria in stadi e sequenze, in linea con un certo naturalismo storico. Eppure, nota Tilly (1984, 102), un simile approccio rischia di confondere l'osservatore perché, attraverso la metafora della febbre, l'autore sembra suggerire che una rivoluzione capiti a qualcosa di simile a una persona, una sorta di società personificata. Vengono dunque trascurati tutti quegli aspetti fondamentali che impongono una migliore articolazione dell'analisi, a cominciare dalle dinamiche di coalizione tra individui e gruppi, dalle lotte tra i partiti, dalle caratteristiche strutturali di un dato contesto storico e dal ruolo giocato dalle élites così come dal popolo. L'approccio di Brinton guarda alla rivoluzione essenzialmente come a un fenomeno determinato da una certa volontà oligarchica, come un evento elitario. Il ruolo della gente ordinaria appare dunque quasi irrilevante. Inoltre gli autori tendono a enfatizzare troppo l'esperienza francese e, in genere, europea, ma la loro posizione non sarebbe in grado di spiegare alcuni casi importanti di rivoluzione intercorsi nel ventesimo secolo, come la rivoluzione in Vietnam, Cina, Messico, Nicaragua, Angola, dove, per esempio, il ruolo degli intellettuali fu quasi assente.

• L'approccio funzionalista o dello squilibrio sistemico

La **scuola funzionalista** sviluppa una spiegazione dei processi rivoluzionari a partire dallo squilibrio dei sistemi sociali

Alcuni autori di **scuola funzionalista** hanno sviluppato una spiegazione dei processi rivoluzionari a partire dallo squilibrio dei sistemi sociali. Le rivoluzioni rappresentano quindi uno dei possibili effetti distruttivi della modernizzazione all'interno di sistemi che non riescono a gestire il cambiamento, assicurando l'equilibrio delle parti. Abbiamo già analizzato i fondamenti del funzionalismo sociologico secondo cui l'ordine sociale è al contempo normale e normativo. Tutto ciò che mina tale equilibrio è quindi anormale e, inevitabilmente, deviante. Il conflitto, come il mutamento, non sono elementi funzionali del sistema sociale, ma piuttosto problemi da risolvere e spiegare. Gli autori di scuola funzionalista che si sono maggiormente confrontati con il tema dell'azione collettiva e delle rivoluzioni sono Chalmers Johnson, Neil J. Smelser e Samuel N. Eisenstadt.

Johnson (1964; 1966) cerca di sviluppare un modello sistemico delle rivoluzioni a partire dagli squilibri del sistema sociale. Egli è convinto infatti che, per comprendere le rotture rivoluzionarie, occorra prima comprendere l'organizzazione funzionale di un sistema sociale in cui gli individui scelgono di cooperare per il mantenimento di un certo ordine. Ogni sistema è internamente in equilibrio, ma può essere scosso da fattori esogeni di mutamento, tra i quali egli include anche i movimenti e le rivoluzioni, che si inseriscono dentro un processo sociale di trasformazione che il sistema non riesce a ricondurre a stabilità. Da questo punto di vista, la prima fondamentale condizione per spiegare le rivoluzioni sta nella presenza di **disfunzioni multiple** (economiche, culturali, politiche) che creano attriti nel sistema sociale. Se a questo si aggiunge una **élite politica intransigente**, che non riesce a tollerare lo scontento chiudendo gli spazi all'opposizione sociale, lo sbocco rivoluzionario diventa possibile: «La rivoluzione è il principale metodo di mutamento quando (a) il livello delle disfunzioni eccede la reale capacità di risolverle attraverso metodi tradizionali e quando (b) l'élite sistemica si oppone al cambiamento» (Johnson 1964, 10). Dunque, «disfunzioni multiple», «élites intransigenti» e, possibilmente, alcuni «fattori di accelerazione» rendono possibile lo sbocco rivoluzionario. Ovviamente, anche per Johnson, «rivoluzioni» e «ribellioni» non sono la stessa cosa. **Le ribellioni sono atti di violenza spontanea, men-**

tre le rivoluzioni si inscrivono in un processo pianificato di ricostruzione sociale. Per poter analizzare una rivoluzione, occorre dunque analizzare target, obiettivi, ideologia, organizzazione e, in genere, la composizione sociale del movimento di protesta da cui essa scaturisce. In questo modo è possibile distinguere almeno sei diverse tipologie rivoluzionarie: 1) le cosiddette **jacquerie**, il cui target è in genere la classe di governo, la composizione sociale è a prevalenza contadina ed è dotata di una ideologia poco definitiva e di un livello di organizzazione quasi nullo; 2) le rivoluzioni **millenariste**, di impianto comunitario, connesse alla presenza di un leader carismatico attorno a cui si accoda una massa di seguaci e la cui ideologia è escatologica e spiritualista; 3) le rivoluzioni **anarchiche**, la cui composizione sociale è fatta da contadini e diseredati, il cui livello di organizzazione è scarso e la cui ideologia è profondamente utopistica e antinazionalistica; 4) le rivoluzioni **comuniste giacobine** (o «grandi rivoluzioni»), sempre di impianto comunitario, ma dal carattere di massa, per quanto dirette da un'élite politico-intellettuale capace di fornire una certa organizzazione al processo dentro un contesto statale; 5) i **colpi di Stato**, che nascono da una cospirazione elitaria all'interno del regime e presentano un alto livello di pianificazione e organizzazione; 6) infine, le cosiddette **insurrezioni militarizzate di massa**, generalmente nazionalistiche e fondate sul controllo politico di pezzi di territorio per mezzo dell'azione di guerriglia organizzata.

Anche **Smelser** (1959; 1962), la cui opera sarà in parte ripresa nel capitolo specifico sui movimenti sociali (cfr. cap. 15), condivide l'idea di Johnson secondo cui i movimenti sociali rivoluzionari sono la risposta a una serie di disfunzioni sociali. Egli individua sei condizioni strutturali necessarie allo sviluppo dei movimenti sociali e quindi anche di eventuali processi rivoluzionari:

- **Propensione strutturale**: indica la presenza di fratture strutturali (economiche, sociali, politiche) che possono rendere il sistema sociale più o meno vulnerabile all'azione collettiva e alla protesta.
- **Tensioni strutturali**: indicano la presenza di tensioni sorte in risposta a certe fratture e determinate perlopiù dall'azione di organizzazioni sociali preesistenti.
- **Credenze generalizzate**: indicano la presenza di un sistema ideologico condiviso che contribuisca alla formazione e coesione del movimento di protesta.
- **Fattori precipitanti**: si riferiscono in questo caso alla presenza di eventi che confermano timori e disagi dovuti all'esistenza di specifiche tensioni sociali.
- **Mobilitazione per l'azione**: i fattori precedenti, anche se non necessariamente nell'ordine espresso, offrono le motivazioni necessarie all'esplosione dell'azione.
- **Controllo sociale**: ha a che fare con il modo in cui le autorità reagiscono all'azione collettiva delle masse in protesta.

Questi elementi contribuiscono per Smelser a spiegare la nascita e lo sviluppo di movimenti di protesta, caratterizzati «da una visione profondamente pessimistica del presente e da un'irrealistica colpa attribuita a un individuo o a una classe» (Smelser 1959, 38).

Per **Eisenstadt** la rivoluzione non si realizza all'interno di un dato sistema, ma contro di esso

Eisenstadt (1963; 1978) ci offre senza dubbio uno dei più suggestivi contributi sul tema da una prospettiva funzionalista. Come nota Hamilton (1984, 86), nel leggere oggi Eisenstadt, si ha l'impressione che il suo linguaggio sia ormai datato per via del suo approccio struttural-funzionalista: «La storia, per Eisenstadt, è situata a livello di astrazioni; eventi, persone, motivazioni, sembrano tutte osservate a distanza attraverso la finestra concettuale di 'istituzioni differenziate', 'ruoli cristallizzati', o 'orientamenti culturali'». Per questa ragione, gli studiosi contemporanei non sembrano familiarizzare troppo con il suo approccio. Se usata con leggerezza, infatti, la prospettiva struttural-funzionalista, come qualsiasi altra prospettiva, rischia di produrre riflessioni prive di senso. Ma se usata con cognizione di causa, come fa Eisenstadt, può offrire spunti interessanti per la comprensione della realtà storico-sociale. Egli si auto-colloca sul piano di quella che Hamilton (ibid.) definisce «analisi configurazionale», nel senso che il suo obiettivo è quello di interpretare la natura stessa delle istituzioni politiche imperiali o dei regimi in via di modernizzazione e, in questa direzione, prende le distanze dal dettaglio dei singoli casi, cercando di delineare un quadro d'insieme senza per questo abbracciare un'ottica evoluzionista che, anzi, contesta esplicitamente. Al contempo, egli prende anche le distanze dallo struttural-funzionalismo ortodosso, dal momento che il suo vero interesse non sta nel tentativo di esaminare gli attributi generali delle società nei termini di prerequisiti funzionali o modelli ingessati, quanto piuttosto nello specificare le qualità sistemiche di tipi specifici di società. Egli crede che lo struttural-funzionalismo contenga effettivamente l'apparato concettuale necessario a delineare i tratti generali dei tipi di società, ma al tempo stesso è convinto che certe configurazioni storiche possano emergere solo se le implicazioni universalistiche tipiche della tradizione struttural-funzionalista non siano troppo enfatizzate. Egli vuole delineare tipi reali di società, da non confondersi con i tipi ideali della tradizione weberiana. Per usare le sue stesse parole, il suo approccio si rivolge «alla natura sistemica delle società, alla molteplicità delle dimensioni dei sistemi sociali, così come alla disponibilità di situazioni di mutamento» (Eisenstadt 1978, 337). Questo è in sostanza l'obiettivo principale della sua analisi storica configurazionale. A suo avviso, la realtà empirica presenta elementi di grande complessità e diversità, ma un'osservazione attenta può rivelare l'esistenza di configurazioni indipendenti e ricorrenti.

Seguendo questo orientamento, egli scrive il suo celebre *The Political Systems of Empires* (1963) e il più recente testo su *Revolution and the Transformation of Society* (1978). Nel testo del '63, Eisenstadt isola un tipo specifico di configurazione storico-sociale rappresentata dal «sistema imperiale burocratico», nell'ambito dello Stato pre-moderno; nel testo del '78, cerca invece di analizzare la natura stessa del mutamento sociale, concentrandosi sul fenomeno delle rivoluzioni moderne. In questo caso, egli considera il mutamento rivoluzionario come una rottura radicale con il precedente sistema, che non può quindi essere spiegato in termini evoluzionisti. Le Rivoluzioni moderne hanno rappresentato al tempo stesso la causa e la conseguenza del mutamento storico-sociale. L'osservazione storica e una strumentazione concettuale solida consentono a suo avviso di selezionare configurazioni specifiche per poi individuarne le proprietà sistemiche. Egli cerca di spiegare tale processo di specificazione nella sua riflessione sugli Imperi partendo da due assunti: 1) «Il sistema politico è una parte fondamentale di ogni organizzazione sociale»; 2) «Diversi tipi di sistemi politici si sviluppano e funzionano nell'ambito di specifiche condizioni sociali e la continuità di ogni sistema politico è legata a tali specifiche condizioni» (Eisenstadt 1963, 3). A questo punto, il suo compito diventa quello di sottolineare le principali caratteristiche di tutti i sistemi politici così come le loro relazioni con le altre istituzioni sociali, per poi utilizzare tali caratteristiche come variabili in grado di individuare gruppi di casi empirici attraverso cui indicare tipi storicamente reali di sistemi politici.

Egli propone alcune considerazioni, questa volta accogliendo in pieno il lessico struttural-funzionalista: in primo luogo, tutte le attività politiche sono organizzate in ruoli, ma la loro portata e articolazione cambia da società a società; in secondo luogo, tutte le attività politiche sono istituzionalizzate, ma il grado di questa istituzionalizzazione non è lo stesso per tutti i tipi di società; in terzo luogo, tutti i sistemi politici hanno degli obiettivi, ma il loro contenuto muta in base agli interessi che la classe politica intende rappresentare e alla presenza o meno di gruppi sociali che possano più o meno incidere nella definizione dell'agenda politica; in quarto luogo, tutti i sistemi politici cercano di legittimare il loro esercizio del potere, ma i tipi di legittimazione variano da regime a regime (ibid., 9). Egli cerca poi di utilizzare tali criteri come mezzi di specificazione, concludendo che nella storia dell'umanità è possibile individuare diversi tipi di sistemi politici, concentrandosi poi sul tipo specifico dell'«impero storico burocratico centralizzato».

Nel suo testo sulle *Rivoluzioni* (1978), Eisenstadt utilizza la classificazione come mezzo per analizzare storicamente specifici processi rivoluzionari. In questo caso, non classifica società o spezzoni di società, ma lo stesso mutamento sociale. Come egli stesso ammette, la storia non fa altro che testimoniare «una predisposizione sociale universale al mutamento» (ibid., 52). Anche il mutamento, come le istituzioni, possiede una natura configurazionale. Egli a questo punto isola tre tipi di mutamento che si verificano nelle società storiche. 1) Il primo tipo rientra tra i cosiddetti «modelli di mutamento segregativo» (ibid., 73-80), che si realizzano soprattutto nei regimi patrimoniali, nelle realtà nomadi e in pochi regimi centralizzati. Il mutamento in questi casi segue i contorni di questi tipi di società attraverso una sorta di dissociazione o, appunto, segregazione di sfere istituzionali. Il mutamento si realizza all'interno di specifiche sfere piuttosto che tra di esse tanto da non riuscire effettivamente a influenzare la stabilità strutturale del sistema; in questi casi, si hanno piccoli cambiamenti portati avanti da movimenti settari o di rivolta che difficilmente assumono un ruolo effettivamente trasformazionale. 2) Il secondo tipo è quello che Eisenstadt chiama «modello coalescente di mutamento» (ibid.,

80-84). Anche questo modello è comune a diversi tipi di società e di regimi, in particolare alle società feudali e agli imperi burocratici. Il mutamento coalescente riflette i parametri sistemici del tipo di società nel quale si verifica, che si articola nella sovrapposizione di diverse sfere istituzionali: gruppi sociali, religiosi ed economici si interconnettono con le istituzioni nell'ambito del framework politico. In questo modo, un movimento di protesta che agisce in una sfera converge immediatamente verso il centro politico, contaminando anche le altre sfere. Il mutamento in questi tipi di società si fonde (ecco perché coalescente) con la società politica, assumendo i tratti di un conflitto potenzialmente catastrofico, ma non necessariamente (o comunque non naturalmente) rivoluzionario. 3) Il terzo tipo è quello che Eisenstadt chiama «modello di mutamento eccezionale» (ibid., 84-85). In questo caso, si parla dei mutamenti che possono verificarsi in quei regimi che rappresentano, appunto, un'eccezione alla regola, come nelle città-stato greco-romane o nelle società tribali mediorientali. Si tratta di mutamenti rapidi che prendono corpo da conflitti radicati e profondi che vengono ricondotti alla lotta politica in modo tale che lo stesso ordine politico venga riconcettualizzato «in un nuovo tipo di simbolismo». Per quanto siano storicamente decisivi, questi tipi di mutamento raramente si istituzionalizzano in un sistema di società stabile.

I tre tipi di mutamento sono dunque caratteristici delle società pre-moderne e, per Eisenstadt, in nessuno di questi casi è possibile parlare di Rivoluzione, dal momento che i moderni processi rivoluzionari si realizzano proprio in contrasto con i modelli di mutamento tradizionale appena descritti (ibid., 173). In particolare, le rivoluzioni moderne seguono la logica di un nuovo tipo di mutamento che punta alla «trasformazione delle premesse fondamentali dell'ordine sociale e culturale» e alla totale «ristrutturazione delle relazioni tra il centro e la periferia» (ibid., 179). La rivoluzione, in breve, non si realizza all'interno di un dato sistema, ma contro di esso. Essa crea un nuovo tipo di società.

• Gli approcci psico-sociali alla rivoluzione

Sia l'approccio della *natural history* sia quelli che aderiscono al paradigma funzionalista, pur offrendo interessanti spunti di riflessione, peccano di una pressoché totale disattenzione nei confronti dei soggetti della rivoluzione, una questione invece centrale per gli studiosi riconducibili a una **prospettiva psicologica**, che concentrano il loro interesse sulle pulsioni interiori che hanno origine nella psiche degli individui. Come scrive Platt: «Una teoria della rivoluzione deve assumere come punto di partenza la soggettività degli attori rivoluzionari» (Platt 1980, 69). Seguendo questa linea, alcuni studiosi decidono di soffermarsi sulla cosiddetta **personalità rivoluzionaria** dei leader. Per Hopper (1950, 277), ogni rivoluzione è fatta da leader e seguaci, gli uni non possono fare a meno degli altri, ma senza una leadership anteriore nessun movimento rivoluzionario può svilupparsi:

In una **prospettiva psicologica** l'attenzione è rivolta o alla personalità rivoluzionaria o al sentimento di frustrazione che anima gli insorti

[un movimento rivoluzionario] ha bisogno di una volontà di ferro e della visione audace di un

leader eccezionale che concerta e mobilita gli atteggiamenti e gli impulsi nella spinta collettiva di un movimento di massa. Il leader personifica la certezza del credo e la provocazione e grandezza del potere. Egli articola e giustifica i risentimenti arginati nelle anime dei frustrati. Egli accende la visione di un futuro mozzafiato, giustificando i sacrifici di un presente transitorio. Egli allestisce un mondo in modo da rendere indispensabile il sacrificio e l'azione unitaria. Egli evoca l'entusiasmo della comunione – il senso di liberazione da una esistenza individuale meschina e insignificante.

ibid.

Per quanto un leader sia necessario, esso non può che essere animato da una **personalità autoritaria** (Leiden, Schmitt 1968) che prende corpo nel profondo della sua esperienza adolescenziale e, in particolare, nel rapporto conflittuale con il padre. Lo spirito di contrapposizione del leader rivoluzionario nei confronti dell'autorità è la traduzione sociale di una pulsione psicologica che si realizza nel desiderio di contrapposizione con la figura paterna (Wolfenstein 1971). Di fronte a questo disagio interiore, anche dopo la presa del potere, i leader rivoluzionari sono destinati a diventare figure oppressive, tradendo le aspettative attorno alle quali avevano costruito l'esigenza dello sforzo collettivo.

Questa interpretazione tutta psicologistica della **personalità rivoluzionaria** ha il limite di trascurare le condizioni del disagio sociale che spingono leader e seguaci a immettersi in un processo di trasformazione ad alto rischio personale. Da questo punto di vista, più utili sono le considerazioni di quegli studiosi che, pur mantenendo la barra ferma sull'esigenza di valorizzare la dimensione soggettiva e psicologica degli attori di una rivoluzione, non si concentrano sulla relazione contraddittoria tra leader e seguaci, ma piuttosto su quella tra ciò che la gente desidera e ciò che effettivamente riceve, nell'ambito di uno specifico contesto sociale. Su questa linea, essi sono convinti che le rivoluzioni siano la risposta sociale (e individuale) a un sentimento di frustrazione che deriva da un senso di **dissonanza cognitiva** (Dollard *et.al.* 1967, 1). La realtà è diversa da ciò che gli individui si aspettano, allora può capitare che essi si ribellino per allinearla alle proprie aspirazioni. Le rivoluzioni sono dunque il prodotto di uno scontro cognitivo tra «realtà» e «potenzialità» (Geschwender 1968). A volte le ribellioni sono quasi necessarie. Se infatti la realtà sociale non offre opportunità di autodeterminazione, la ribellione può paradossalmente diventare una risposta razionale a condizioni sociali irrazionali.

Sulla stessa linea si collocano studiosi come James Davies e Ted Robert Gurr che, in parte ispirati dalle riflessioni di Tocqueville sulla Rivoluzione francese, elaborano la teoria della **deprivazione relativa**, che non trascura la dimensione strutturale per spiegare l'origine dei fenomeni rivoluzionari:

È più probabile che si verifichino fenomeni rivoluzionari quando un periodo prolungato di oggettivo sviluppo sociale ed economico è seguito da un periodo anche molto breve di drastica inversione di tendenza. L'effetto più rilevante nelle menti degli individui in un particolare contesto sociale, durante il periodo precedente, è lo sviluppo di un'aspettativa sulla possibilità di potere soddisfare sempre i propri desideri – aspettativa che continua a crescere – e allora, durante il periodo successivo, emerge uno stato mentale di ansia e frustrazione quando ci si

> *rende conto che la nuova realtà è diversa da quella precedente. Lo stato di sviluppo socioeconomico è tale che il progresso del passato, ora bloccato, può e deve continuare anche nel futuro.*
>
> Davies 1962, 5

Sono dunque molti gli elementi di somiglianza tra la teoria della «dissonanza cognitiva» e quella della «deprivazione relativa»; entrambe spiegano le rivoluzioni attraverso il contrasto tra aspettative e realtà, ma nessuna delle due è in grado di spiegare la ragione per cui, malgrado la ricorsività storica di situazioni di frustrazione sociale, i casi di rivoluzione siano in realtà così rari. Per trovare una spiegazione a questa risposta, è necessario ricorrere a spiegazioni strutturaliste, che radicano il comportamento collettivo entro specifici assetti storico-sociali. Le teorie psicologiche possono tuttalpiù essere utili a spiegare i casi di «sommossa» o appunto di «ribellione». Un processo rivoluzionario non è infatti interpretabile solo ricorrendo a motivazioni pulsionali e a sentimenti di frustrazione; esso è il prodotto della pianificazione razionale di una visione del mondo che si vuole concretare, facendo leva, al limite, sullo scontento popolare, che può esprimersi anche in forma di frustrazione.

10.5.2. Gli approcci strutturalisti all'analisi delle rivoluzioni

Il merito degli approcci non-strutturalisti all'analisi del fenomeno rivoluzionario sta nel aver tentato di produrre modelli e tipologie applicabili a più situazioni, con il limite però di non aver saputo spiegare il perché, date certe circostanze comuni, i processi rivoluzionari a volte si attivano e a volte no. Essi mancano cioè di un'adeguata consapevolezza storica che consenta di radicare il fenomeno rivoluzionario in contesti sociopolitici specifici, dotati dunque di una propria particolarità. Nello studio delle rivoluzioni occorre sempre prestare attenzione al ruolo assunto dalla stratificazione sociale, così come delle tradizioni culturali e ideologiche dei popoli che ne sono coinvolti. Occorre cioè contestualizzare le rivoluzioni in contesti geopolitici e sociali definiti, dotati di una propria specificità che, per quanto influenzata da contesti più ampi, è pur sempre una specificità nazionale. Come nota Kimmel (1990, 116), le rivoluzioni sono pur sempre «guerre nazionali» (*domestic wars*) che si realizzano nella lotta per il controllo politico all'interno di società definite.

Da questo punto di vista, i primi che radicarono il processo rivoluzionario dentro la specificità strutturale di un dato contesto storico sono proprio i teorici di formazione marxista. Ricordiamo che per Marx la rivoluzione è una conseguenza del graduale, ma irreversibile, impoverimento della classe oppressa; essa si ribella contro la classe economicamente dominante che, per riflesso sovrastrutturale, è anche classe politicamente dominante. Lenin (1965a; 1965b) si discosta parzialmente da questa concezione, convinto che un processo rivoluzionario si possa attivare solo quando la classe economica e politica al potere ha già esaurito la propria spinta propulsiva, mostrando la sua incapacità di reggere l'apparato dello Stato. Egli crede tra l'altro che il processo rivoluzionario non si possa attivare come effetto automatico delle contraddizioni di classe, ma serve altresì l'azione politica (e ideologica) di un'avanguardia rivoluzionaria organizzata nel partito che guidi il processo, contribuendo alla diffusione di una coscienza di classe. Da questo punto di vista, anche Gramsci, abbiamo visto, pone l'accento sull'esigenza di intellettuali organici che politicizzino il disagio nel percorso verso l'egemonia. Senza organizzazione politica, la classe subalterna è destinata alla subalternità, allo spontaneismo ribellista o, nella migliore delle ipotesi, alla mera azione sindacale che, da sola, non consente il passaggio da una fase economico-corporativa a una fase compiutamente politica di trasformazione sociale.

Tra le più efficaci analisi delle rivoluzioni, a partire da un'attenzione storico-sociale al fenomeno della lotta di classe, è da menzionare l'opera di Barrington Moore, che dialoga con la tradizione marxista pur discostandosene su alcuni aspetti significativi.

• Il modello economico-strutturale di Barrington Moore

Nel suo testo sulle *Origini sociali della dittatura e della democrazia* (1966), **Barrington Moore** analizza da un punto di vista strutturale le cause sociali e le conseguenze dell'industrializzazione e della rivoluzione in diversi contesti storici. Egli condivide con la tradizione marxista un'attenzione ai conflitti tra classi contrapposte ma, al contrario dei marxisti, pone l'accento soprattutto sul ruolo della classe contadina che, ricordiamolo, per Marx rappresentava una categoria sociale destinata alla passività sociale, potenzialmente controrivoluzionaria e rilevante nei processi di trasformazione solo nella misura in cui si fosse urbanizzata e proletarizzata. Moore si concentra proprio sulle campagne e, in particolare, sulle relazioni (di classe) tra proprietari terrieri e contadini. Egli pone dunque l'accento sul cosiddetto «capitalismo agrario» a partire dalla fase immediatamente anteriore della commercializzazione agricola da parte dei signori terrieri. Egli è convinto che lo sviluppo socioeconomico non sia necessariamente connesso a una graduale democratizzazione, ma che esistano altresì almeno tre percorsi alla modernizzazione, quello fascista, quello comunista e, ovviamente, quello democratico. In questo contesto, egli è interessato ai processi di trasformazione della classe contadina in classe proletaria e, di conseguenza, in soggettività rivoluzionaria, attraverso il processo di commercializzazione dell'agricoltura.

> **Barrington Moore** radica le rivoluzioni moderne nel processo di commercializzazione e capitalizzazione dell'economia agricola

La rivoluzione va dunque intesa come lo sbocco politico di una lunga ed estenuante lotta economica tra le classi agrarie, nell'ambito della quale lo Stato è trasformato per adattarsi a una realtà nuova che trae le fondamenta da quello specifico contesto socioeconomico. In questo senso, la rivoluzione è una conseguenza di un processo di modernizzazione economica, come nei casi inglese e francese. Essa può altresì precedere la modernizzazione, come nel caso della rivoluzione in Russia e in Cina e, in un certo senso, in Germania e Giappone, dove occorreva uno Stato forte e centralizzato per traghettare la società verso lo sviluppo socioeconomico. Egli produce dunque una tipologia di processi di rivoluzione e modernizzazione che elabora attraverso un'analisi storico-comparata di alcuni casi. Da questo punto di vista, distingue i percorsi storici in tre tipologie: 1) le «rivoluzioni borghesi» (Francia, Inghilterra e Stati Uniti); 2) le «rivoluzioni fasciste» (Germania e Giappone); 3) le «rivoluzioni comuniste» (Cina e Russia), che hanno comportato le tre diverse vie alla modernizzazione (democratica, fascista e comunista).

- La **rivoluzione borghese** è caratterizzata da un forte impulso della classe borghese che si innesta nella sconfitta della grande aristocrazia terriera per effetto di un'alleanza tra piccola nobiltà agraria, orientata al commercio, e i mercanti urbani. Questo si realizza soprattutto in Inghilterra, mentre negli Stati Uniti la borghesia urbana del Nord trionfa sui proprietari terrieri del Sud. Come ricorda Moore, non si tratta della vittoria del capitalismo sul feudalesimo, ma di un tipo di capitalismo (industriale) su un altro tipo di capitalismo (agricolo). In Francia, la vittoria sul vecchio regime si realizza grazie a una alleanza tra piccoli capitalisti agrari e le classi borghesi urbane, che si coalizzano per edificare un capitalismo moderno. Ovviamente, al netto delle somiglianze, i tre casi presentano delle proprie specificità: in Inghilterra, i signori terrieri hanno schiacciato la classe contadina; in Francia, la stessa classe era invece forte, sfruttata e potenzialmente rivoluzionaria; negli Stati Uniti, dove vigeva un'economia schiavistica, era praticamente assente. In Inghilterra, inoltre, lo Stato godeva di una certa autonomia rispetto alla stratificazione di classe, ciò che non avveniva in Francia né negli Stati Uniti, dove invece le istituzioni pubbliche erano sostanzialmente deboli e decentrate. In Francia, lo Stato era intimamente legato a una grande aristocrazia parassitaria, mentre in Inghilterra la nobiltà seppe, essa stessa, trasformarsi in classe industriale e capitalista.
- La **rivoluzione fascista** dimostra l'errore di chi afferma la connessione storica tra democrazia e capitalismo. Il percorso fascista alla modernizzazione è per Moore il tipico caso di «rivoluzione dall'alto»: «Uno studio comparativo mostra con evidenza che il capitalismo industriale può attecchire in società che non perseguono questi obiettivi democratici, o almeno, per essere più cauti, dove questi obiettivi sono secondari. La Germania e il Giappone di prima del 1945 costituiscono le due prove più valide di questa tesi» (Barrington Moore 1966, tr.it. 1969, 171). Il fascismo edifica il capitalismo rigettando i valori democratici, così come il comunismo, vedremo, rifiuta l'individualismo capitalista e la democrazia borghese per un diverso modello di economia e una forma di democrazia radicale. La rivoluzione dall'alto si realizza nei casi in cui la classe borghese, pur essendo forte economicamente, è debole politicamente, mentre i signori terrieri godono di forza politica, anche se sono deboli sul piano economico. Da questo punto di vista, il fascismo si appoggia su una coalizione tra pezzi della vecchia classe agraria al potere e una classe borghese industriale emergente. I contadini sono invece deboli e disorganizzati, quindi incapaci di attivare processi rivoluzionari dal basso. Lo Stato, legato alla tradizionale aristocrazia terriera e in assenza di una forte borghesia, dirige il processo di

modernizzazione economica. L'unione tra uno Stato forte e una forte aristocrazia terriera, a fronte di una debole borghesia, rappresenta la condizione sociopolitica favorevole per lo sbocco rivoluzionario gestito dall'alto.

– La **rivoluzione comunista** è invece per Moore una rivoluzione tipicamente contadina come dimostrano i casi russo e cinese (Barrington Moore 1966, tr.it. 1969; 1978). In entrambi i casi, l'impulso borghese è debole e le classi rurali sono altamente conflittuali. Lo Stato è relativamente dipendente dalla vecchia aristocrazia terriera e incapace di guidare un piano di sviluppo economico. In Cina i contadini sono disorganizzati, ma potenzialmente rivoluzionari a causa dell'elevato livello di sfruttamento e repressione a cui sono sottoposti; il partito comunista troverà dunque un terreno fertile per l'organizzazione di un percorso rivoluzionario. Qualcosa del genere si realizza in Russia, dove i contadini vivono in piccole comunità di villaggio profondamente solidali e nutrono un forte risentimento nei confronti dei signori terrieri.

L'analisi comparata di Barrington Moore offre certamente spunti analitici di grande interesse sociologico, soffermandosi sulle cause sociali della modernizzazione economico-politica e delle rivoluzioni; pecca però di un eccessivo economicismo, trascurando l'autonomia delle variabili politiche dei processi di mutamento sociale, una questione invece centrale nell'opera della Theda Skocpol.

• Il modello politico-strutturale della Theda Skocpol

La rivoluzione è in primo luogo un fenomeno politico che si realizza dentro un contesto statale. Lo Stato però non è solo un'arena, esso e sovente causa ed effetto di ogni rivoluzione. **Theda Skocpol** è stata tra gli studiosi che con maggiore efficacia ha coniugato l'analisi dei fenomeni rivoluzionari allo Stato, assumendo la centralità dell'autonomia delle variabili politiche. Nel suo testo più noto su *Stati e rivoluzioni sociali* (1979, tr.it. 1981), ella opera la fondamentale distinzione tra rivoluzioni sociali e rivoluzioni politiche. Nel primo caso, il processo rivoluzionario produce una trasformazione dell'intero assetto socioeconomico e politico di una società; nel secondo, invece, ad essere trasformati sono gli assetti politico-istituzionali dello Stato, senza per questo intaccare l'organizzazione delle strutture sociali e del modello di produzione:

> **Theda Skocpol** coniuga l'analisi dei fenomeni rivoluzionari allo Stato, assumendo l'autonomia delle variabili politiche

Le rivoluzioni sociali *sono trasformazioni rapide e radicali di una società statale e delle strutture di classe; e sono accompagnate e in parte attuate da rivolte di classe dal basso.* Le rivoluzioni sociali *si distinguono da tutti gli altri tipi di conflitti soprattutto per il sommarsi di due coincidenze: un mutamento strutturale della società che coincide con lo sconvolgimento delle classi, e trasformazioni politiche che vengono a coincidere con trasformazioni sociali.* Le rivolte, *invece, anche se hanno successo possono comportare la sollevazione di classi subordinate ma non si risolvono in un mutamento strutturale.* Le rivoluzioni politiche *trasformano le strutture statali ma non quelle sociali e non sono necessariamente realizzate attraverso un conflitto di classe. Quanto a processi come* l'industrializzazione, *essi possono trasformare le strutture sociali senza necessariamente apportare (o scaturire da) subitanei sconvolgimenti politici o mutamenti politico-strutturali di fondo. L'unicità della rivoluzione sociale consiste nel fatto che i mutamenti di fondo della struttura sociale e di quella politica si verificano con-*

temporaneamente, sostenendosi a vicenda. E tali mutamenti si verificano attraverso intensi conflitti sociopolitici, nei quali le lotte di classe hanno un ruolo chiave.

Skocpol 1979, tr.it. 1981, 23-24

Attraverso la comparazione storica di tre casi empirici, Rivoluzione francese, Rivoluzione russa e Rivoluzione cinese, realizzatisi in contesti storici e sociali diversi, la Skocpol produce un modello generale di rivoluzione che si basa su tre argomenti teorici fondamentali: una definizione di rivoluzione sociale; una teoria sulle cause sociali della rivoluzione; una teoria sugli effetti rivoluzionari. Abbiamo già visto come la Skocpol distingua efficacemente le «rivoluzioni sociali» dalle «rivoluzioni politiche», nonché dalle «rivolte» o «ribellioni». In una rivoluzione sociale, si verificano trasformazioni radicali della società e della politica. Esse sovvertono l'intero sistema di organizzazione strutturale di una società. Inoltre, questo processo di sovvertimento presuppone una sollevazione popolare. Non esistono dunque rivoluzioni sociali interamente gestite da un'élite. Per rafforzare questa convinzione, ella compara tra loro i tre casi citati di rivoluzione sociale (Francia, Russia e Cina), per poi confrontarli a loro volta con alcuni casi storici di «rivoluzione fallita» o di trasformazioni «non-rivoluzionarie»; in particolare, con l'Inghilterra del diciassettesimo secolo (un caso di rivoluzione politica, ma non sociale), con la Prussia e il Giappone del diciannovesimo secolo (due casi di rivoluzione dall'alto), con la Germania del 1848 e la Russia del 1905 (due casi di rivoluzione fallita). Attraverso questa comparazione, identifica tre stadi del processo rivoluzionario: a) il **collasso del vecchio regime**; b) la **mobilitazione di massa dei contadini** nell'ambito di un conflitto di classe; c) il **consolidamento di un nuovo regime statale** da parte di una nuova élite (cfr. tab. 10.2).

– Ogni rivoluzione ha inizio con un indebolimento irreversibile della struttura statale esistente. Non è dunque la rivoluzione a produrre il collasso istituzionale, ma piuttosto è vero il contrario. Il sovvertimento sistemico si inserisce sempre nell'ambito di una crisi politica e istituzionale determinata da una guerra o da una grave crisi economica a cui le élite di governo non riescono a far fronte. In questa fase, la variabile politica è centrale. Sia la Francia del diciottesimo secolo, che la Russia e la Cina del ventesimo si fondavano su un'economia agricola ed erano circondate da nazioni economicamente più avanzate. Il sistema economico si reggeva dunque su una fragile divisione del lavoro tra uno Stato ancora semi-burocratico e i grandi proprietari terrieri. In un simile contesto, la classe politica statale, per sopravvivere, deve avviare un processo di riforma che la ponga al centro del sistema sociale e produttivo. La riuscita o meno di queste riforme dipende da diversi fattori, a partire dal peso specifico della classe agraria agiata: se essa mantiene un ruolo politico autonomo, come nel caso degli «stati» nel Parlamento francese pre-rivoluzionario, è in grado di ostacolare qualsiasi percorso riformistico. In assenza di una forte pressione internazionale e in presenza di una classe agraria politicamente debole, lo Stato è al contrario nelle condizioni di gestire con forza il processo di riforma delle strutture sociopolitiche, come avvenne in Prussia nella prima parte del diciannovesimo secolo e in Giappone nella seconda metà dello stesso secolo. Se invece la crisi è pesante, come in Russia nel 1917, e la classe agraria troppo forte, come in Francia nel 1789 e in Cina nel 1949, lo Stato è incapace di produrre riforme ed entra in una crisi irreversibile (cfr. tab. 10.2/A).

- La crisi politica è una condizione necessaria, ma non sufficiente a spiegare lo sbocco rivoluzionario; essa deve essere accompagnata da una rivolta contadina contro la classe agraria agiata. Anche questo fenomeno è sostenuto da alcune condizioni strutturali: in primo luogo, incide positivamente il grado di autonomia e solidarietà della classe contadina e, al contempo, la debolezza politica dei proprietari terrieri. Sia in Francia che in Russia, i contadini erano relativamente autonomi e possedevano una porzione relativamente ampia delle terre che lavoravano; vivevano tra l'altro in piccole comunità internamente coese e solidali. In questo contesto, fu possibile produrre una rivolta organizzata contro una classe agiata relativamente debole. In Cina, al contrario, i signori terrieri erano molto forti e i contadini deboli, ma la loro rabbia fu efficacemente organizzata dal Partito comunista che assunse efficacemente la direzione del processo rivoluzionario (cfr. tab. 10.2/B).
- La concomitanza di «crisi politica» e «mobilitazione di classe» da parte dei contadini ha reso possibile, nei tre casi esaminati dalla Skocpol, l'attivazione di una «situazione rivoluzionaria» in cui i gruppi un tempo marginali partecipano alla costruzione di un nuovo regime sociopolitico. L'obiettivo di ogni rivoluzione sociale è infatti quello di ridefinire su basi diverse il potere sociale dello Stato. L'effetto più evidente di una rivoluzione sta nella creazione di uno Stato burocratico più forte di quello precedente. In questo senso, come abbiamo affermato all'inizio di questa sezione, lo Stato non è solo arena di conflitto, ma è anche causa e conseguenza di una rivoluzione (cfr. tab. 10.2/C).

Appare evidente come l'attenzione strutturalista alle cause sociali della rivoluzione e ai suoi effetti da parte di Barrington Moore e Theda Skocpol abbia contribuito notevolmente a comprenderne le caratteristiche. Ciò che però manca in entrambi i casi è una riflessione sul merito delle dinamiche interne al processo rivoluzionario; i due autori sottovalutano cioè il ruolo dell'agire umano (*human agency*) con particolare riferimento alle dinamiche attraverso cui individui e gruppi scelgono di agire collettivamente per il perseguimento di certi scopi. Per quanto riguarda l'analisi dell'azione collettiva, anche e soprattutto in termini di teoria cognitiva, si rimanda alla lettura del capitolo sui «movimenti sociali» (cfr. cap. 15). Nel caso specifico delle rivoluzioni, ci concentreremo ora sull'opera di Charles Tilly che ha saputo ben coniugare analisi strutturale e teoria dell'azione collettiva.

Tab. 10.2 Le cause delle rivoluzioni sociali in Francia, Russia e Cina (A; B; C)

10.2/A. Condizioni per le crisi politiche

	Monarchia/classe dominante	***Economia agraria***	***Pressioni internazionali***
Francia	La classe dominante fondiaria/commerciale ha leve di potere entro una monarchia assoluta semi-burocratica	In crescita, ma non in procinto di passare a un'agricoltura capitalistica	Moderate. Ripetute sconfitte in guerra, soprattutto dovute alla competizione con l'Inghilterra
Russia	Stato assolutistico altamente burocratico; la nobiltà terriera ha scarso potere politico	Crescita in estensione: scarso sviluppo delle regioni centrali	Estreme. Sconfitte a metà del XIX secolo. Prolungata partecipazione e sconfitta nella prima guerra mondiale
Cina	La classe dominante fondiaria/commerciale ha leve di potere entro lo Stato assolutistico semiburocratico	Nessuna traccia di sviluppo; limitata la crescita, date la popolazione e la terra disponibile	Forte. Sconfitte in guerra e interferenze imperialistiche

Per contrasto

Prussia/Germania	Stato assolutistico fortemente burocratico; la nobiltà terriera ha scarse leve di potere politico extra-locali	Transizione all'agricoltura capitalistica	1806: forti 1848: medie
Giappone	Stato fortemente burocratico (ma non del tutto centralizzato). Non vi è una classe fondiaria superiore	Produttività crescente all'interno di strutture tradizionali	Forte Interferenze imperialiste
Inghilterra	Stato non burocratico. La classe fondiaria domina la vita politica	Transizione all'agricoltura capitalistica	Deboli

10.2/B. Condizioni per le insurrezioni contadine

	Strutture agrarie di classe	***Politica locale***
Francia	I piccoli proprietari possiedono il 30-40% della terra; lavorano per l'80% piccoli appezzamenti. La proprietà privata è affermata, ma le comunità contadine si oppongono ai signori, che riscuotono i tributi	Villaggi relativamente autonomi, con la supervisone di funzionari reali

Russia	I contadini possiedono il 60% della terra e ne affittano di più; controllano il processo di produzione nei piccoli poderi; pagano fitti e somme per il riscatto. Comunità forte basata sulla proprietà collettiva	Villaggi sovrani, sotto il controllo della burocrazia zarista
Cina	I contadini possiedono il 50% e lavorano in pratica tutta la terra in piccoli appezzamenti. Pagani fitti alla gentry. Non vi sono comunità contadine	Gentry formata da proprietari fondiari, usurai e letterati domina la vita organizzativa a livello locale; coopera con i funzionari imperiali

Per contrasto

Prussia/Germania	A occidente dell'Elba è simile alla Francia: grandi proprietà lavorate da braccianti e contadini che hanno piccolissimi poderi. Non vi sono comunità forti	I signori fondiari, junker, sono agenti locali dello Stato burocratico; dominano l'amministrazione e la politica locali
Giappone	Comunità dominate dai contadini ricchi	Forti controlli burocratici sulle comunità locali
Inghilterra	La classe fondiaria possiede il 70%. I contadini sono suddivisi tra agricoltori yeomen e braccianti agricoli. Non vi sono forti comunità locali	I signori fondiari sono gli agenti locali della monarchia; dominano l'amministrazione e la politica locali

10.2/C. Trasformazioni sociali	
	Risultati di A più B
Francia	1787-9: crollo dello Stato assolutistico; diffuse rivolte contadine contro i signori
Russia	1860-90 circa: riforme burocratiche dall'alto 1905: fallita esplosione rivoluzionaria 1917: dissoluzione dello Stato; rivolte contadine contro i proprietari fondiari
Cina	1911: crollo dello Stato imperiale: diffusione di disordini nelle campagne, ma non rivolte autonome dei contadini contro i proprietari fondiari

Per contrasto

Prussia/Germania	1807-14: riforme burocratiche dall'alto 1848: fallita rivoluzione sociale; la monarchia burocratica resta al potere
Giappone	La rivoluzione politica opera la centralizzazione dello Stato; seguono riforme burocratiche dall'alto
Inghilterra	La rivoluzione politica stabilisce la supremazia del Parlamento entro una monarchia non burocratica

Fonte: Skocpol 1979; tr.it. 1981

10.5.3. Il «processo rivoluzionario» in Charles Tilly

Charles Tilly presta attenzione al ruolo dell'«organizzazione» e dell'«azione collettiva» entro un contesto di mutamento macro-strutturale delle società

Charles Tilly presta particolare attenzione al ruolo dell'«organizzazione» e dell'«azione collettiva» entro un contesto di mutamento strutturale della società e dello Stato. Egli è interessato alle dinamiche di conflitto in Francia e in Europa tra il XVII e il XIX secolo e vi dedica innumerevoli pubblicazioni attraverso cui perfeziona la sua teoria dell'azione collettiva (tra i testi più illuminanti: Tilly 1964; 1978; Tilly, Shorter 1974; Tilly C., L. Tilly and R. Tilly 1975). Il suo obiettivo è quello di comprendere come si sia evoluta l'azione collettiva in Europa sotto l'influsso di grandi trasformazioni strutturali, come l'industrializzazione e l'urbanizzazione, e in particolare i due macro-processi rappresentati dallo sviluppo del modo di produzione capitalistico e la nascita e consolidamento degli Stati nazionali. All'interno della più ampia categoria dell'azione collettiva, egli si concentra soprattutto sulle pratiche di mobilitazione politica, conflittuale e a tratti violenta. Si sofferma infatti sulle pratiche di sommossa contro i detentori del potere economico e politico all'interno di comunità nazionali o territoriali. Come nota Lynn Hunt (1984, 246), «Tilly enfatizza la creatività della gente ordinaria, la sua capacità di organizzarsi e di difendere i propri interessi». La dimensione degli interessi è infatti centrale nella teoria di Tilly e rappresenta una discriminante nella stessa concettualizzazione dell'azione collettiva, da lui definita, in senso generale, come la pratica attraverso cui «gli individui agiscono collettivamente per il perseguimento di interessi comuni» (Tilly 1978, 48).

Gli Stati nazionali non sono a suo avviso soggetti neutrali, ma attori autonomi che puntano a consolidare ed espandere il proprio potere. Questo percorso non è indolore e produce conflitto tra istituzioni e altri gruppi che manifestano il proprio disagio sociale. La manifestazione del disagio, anche attraverso forme radicali di conflitto, non è un'eccezione, ma la norma. Il conflitto rappresenta una forma convenzionale di politica di cui la rivoluzione è solo l'espressione più radicale e organizzata. Ciò che occorre capire sono le dinamiche attraverso cui il disagio si trasforma in «organizzazione» e «mobilitazione». I livelli analitici sono dunque tre: «conflitto»; «mobilitazione»; «organizzazione». Abbiamo già visto, come Tilly contestualizzasse storicamente le forme di conflitto all'interno del quadro rappresentato da due mutamenti macro-strutturali: la nascita dello «Stato» e il «capitalismo», con il conseguente processo di «proletarizzazione» delle masse (cfr. par. 4.5). Questi due macro-processi sono la causa e il contesto delle mobilitazioni sociali, a partire dal diciassettesimo secolo. Solo alcune di queste mobilitazioni si sono tradotte in rivoluzione che egli definisce: «un trasferimento dei poteri dello Stato attraverso la lotta armata nel corso della quale almeno due distinti blocchi di potere, portatori di rivendicazioni reciprocamente incompatibili, si fronteggiano per il controllo politico, e una parte significativa di popolazione soggetta alla giurisdizione dello Stato aderisce alle rivendicazione di uno dei due blocchi» (Tilly 1989, 3). Gli elementi centrali di questa definizione sono dunque tre: la «lotta armata», la presenza di «due blocchi contrapposti»; un certo «trasferimento dei poteri». Ovviamente questi tre elementi non sono presenti in ogni mobilitazione. Il conflitto sociopolitico non porta sempre al trasferimento dei poteri da un gruppo sociale a un altro. A questo riguardo egli, come abbiamo già accennato all'inizio di questa sezione sulle rivoluzioni, distingue tra «situazioni rivoluzionarie», in cui blocchi alternativi emergono e si organizzano conflittualmente, e «effetti rivoluzionari», che si realizzano nel passaggio dei poteri politici e nella sostituzione delle élites.

In questo contesto, gli individui riconoscono di possedere interessi comuni, contrapposti a quelli di altri individui e decidono razionalmente di agire di concerto per far prevalere i propri comuni obiettivi. L'azione collettiva, al contrario di quanto affermato da molti psicologi, è eminentemente razionale, perché presuppone un'azione razionale rispetto allo scopo: il controllo politico dello Stato e la trasformazione delle strutture sociali. Gli individui tra l'altro scelgono razionalmente come agire attingendo da specifici repertori di azione potestativa, cioè l'insieme di pratiche di protesta, dalle più moderate alle più violente, che sono a disposizione di ogni movimento sociale. (sulla teoria dei «repertori di azione di movimento»: cfr. par. 15.2).

Per concludere, Tilly individua nell'espansione dello Stato nazionale, e quindi nelle conseguenze sociali della violenza organizzata, e nello sviluppo del modello capitalistico le cause strutturali delle mobilitazioni e delle rivoluzioni. A questa consapevolezza strutturalista, egli aggiunge un'attenzione fondamentale alle dinamiche di formazione e organizzazione di coalizioni politiche di movimento, che agiscono da blocco alternativo alle forme del potere costituito: «Un azione rivoluzionaria si realizza quando, a fronte di un sistema di potere vulnerabile, gli oppositori potenziali a quel potere comunicano tra loro a sufficienza per riconoscere la loro capacità collettiva di sovvertire le strutture esistenti» (Tilly 1984, 32).

Le situazioni rivoluzionarie si verificano quando le forze strutturali creano la possibilità della mobilitazione da parte di quella porzione di popolazione che prova un profondo disagio sociale. Da questo punto di vista, ogni rivoluzione segue per Tilly un modello sequenziale (Tilly 1978, 216-271): 1) una certa mobilitazione da parte dei contendenti; 2) una crescita numerica degli individui che aderiscono alle ragioni del conflitto; 3) il fallimento dello sforzo governativo di reprimere la formazione di coalizioni di alternativa; 4) la costruzione effettiva di una coalizione di alternativa che riesce ad assicurarsi il controllo parziale sul governo; 5) l'intensificarsi delle lotte per mantenere ed espandere quel controllo; 6) la ricostruzione di una comunità politica per effetto della vittoria della coalizione di alternativa; 7) la ricostruzione di un sistema di potere che si esercita attraverso il controllo politico sul governo e sulla popolazione.

• Il caso francese

Come abbiamo detto, Tilly perfeziona il suo modello attraverso l'analisi storica di casi empirici, soffermandosi in particolare sull'esperienza francese. In realtà, la Francia del diciassettesimo secolo non è stata una terra di grandi **rivolte contadine**. Diverse furono le insurrezioni e a molte di queste prese parte anche la popolazione contadina. Sarebbe dunque sbagliato identificare solo con i contadini i tanti conflitti che si realizzarono in quel contesto storico e sociale. Per essere esatti, nota Tilly (1981, 109), i conflitti che coinvolsero la popolazione contadina in Francia nel diciassettesimo secolo non sono conformi ai

> Le **rivolte contadine** in Francia non erano orientate contro i grandi signori terrieri, ma piuttosto contro le autorità dello Stato

modelli che gli studiosi del ventesimo secolo hanno plasmato attorno al fenomeno delle rivolte contadine. Per comprendere meglio questo punto, vale la pena soffermarsi sulla caratterizzazione del fenomeno così come è stata elaborata da Jeffery Paige. Egli considera le rivolte contadine come una caratteristica forma di azione collettiva che si realizza in contesti sostanzialmente arretrati, dove i grandi proprietari terrieri fondano i propri profitti sullo sfruttamento dei braccianti, espandono la propria ricchezza attraverso la sostanziale confisca di nuove terre e, tendenzialmente, non investono nel miglioramento della tecnologia agricola. In questo contesto, continua Paige:

> *L'unico modo che essi [i contadini, nda] hanno per poter migliorare la propria condizione economica è quello di occupare la terra dei signori. L'intransigenza della classe dei proprietari terrieri e la loro incapacità di fare concessioni economiche vincola il conflitto a una sorta di disputa sulla proprietà. Le azioni dei coltivatori del feudo sono invariabilmente focalizzate sulla redistribuzione della proprietà [...] Una rivolta agraria diventa dunque probabile ogniqualvolta la classe dei proprietari terrieri si dimostra debole o quando la classe dei braccianti riesce a ottenere un certo supporto organizzativo. La contesa è agraria perché la presenza dei grandi proprietari terrieri fa sì che il conflitto si concentri sulla redistribuzione della terra e si articola nella forma di una rivolta perché azioni più moderate sarebbero immediatamente represse mentre una grande azione rivoluzionaria è resa impossibile a causa della sostanziale debolezza della classe contadina.*
>
> Paige 1975, 45

Tale caratterizzazione delle rivolte contadine corrisponde in linea di massima all'opinione diffusa tra gli studiosi del fenomeno: in primo luogo, perché la parola «contadini» tende a includere ogni sorta di coltivatori della terra; in secondo luogo, perché gli interessi attorno a cui si articolano le forme di azione e organizzazione, ammesso e non concesso che azione e organizzazione si realizzino, riguardano comunque un conflitto per il controllo della terra.

Gerrit Huizer, in un suo studio sulle rivolte contadine in America Latina, sembra differenziarsi dalla definizione di Paige, enfatizzando in particolar modo la dimensione emotiva che caratterizzerebbe le rivolte contadine, con particolare riferimento ad alcuni stati mentali come la frustrazione, il risentimento, il desiderio di vendetta. Eppure, anche in questo caso, la caratterizzazione delle rivolte contadine sembra poi convergere con quella data da Paige, concentrandosi essenzialmente sull'idea dei conflitti per il controllo della terra:

> *Complessivamente, sembra che i mezzi usati dai contadini siano caratterizzati da una illegalità minima per poter raggiungere un massimo di risultati possibili in termini di possesso della terra. Appena le loro richieste vengono anche solo minimamente soddisfatte, e le terre che lavorano entrano in loro possesso, nella maggior parte dei casi essi perdono qualsiasi interesse nel movimento [...] Sembra però che i proprietari terrieri siano così spaventati dal cambiamento da assumere posizioni che inducono i contadini a usare mezzi sempre più radicali. In questo modo, quasi inconsapevolmente, finisce che il movimento contadino possa trasformarsi in un fattore rivoluzionario nella società per quanto le domande originarie fossero limitate e l'attitudine dei contadini tendenzialmente moderata. Laddove i contadini adottano forme di azione radicali, la loro violenza civile si verifica generalmente come conseguenza diretta della intransigenza e della violenza dei proprietari terrieri.*
>
> Huizer 1973, 140-141

In questa caratterizzazione, accanto all'obiettivo della terra, diventa fondamentale il comportamento dei grandi latifondisti. La maggior parte degli studiosi di rivolte contadine hanno dunque in comune la stessa idea secondo cui esse siano sostanzialmente portate avanti dai braccianti contro i grandi proprietari terrieri. Eppure, come si accennava, se le rivolte contadine si basano solo su questi elementi, allora nel diciassettesimo secolo in Francia non se ne ritracciano casi significativi. Attacchi diretti contro i grandi signori terrieri furono rari, così come perlopiù assente era il tema del controllo sulla terra. Buona parte delle rivolte si realizzarono infatti in conseguenza di particolari pressioni fiscali (tasse, carovita, ecc.) e, nella maggior parte dei casi, la protesta fu repressa violentemente. Per rintracciare casi di rivolta contadina che si allineino alle caratterizzazioni classiche, come rileva Tilly (1981, 112), dobbiamo uscire dal territorio francese e guardare ad altri paesi come la Spagna, l'Inghilterra, l'Italia meridionale e, in alcuni casi, la Russia e l'Europa dell'Est.

Assumendo come punto di partenza la dimensione dell'espansione capitalistica e, in particolare, il ritardo accumulato dai latifondisti francesi nell'adottare strategie capitalistiche di sfruttamento delle proprie terre, si può comprendere più facilmente il perché della diversa caratterizzazione delle rivolte contadine rispetto ad altri casi storici e, soprattutto, perché e come i casi di rivolta in Francia non corrispondessero ai parametri individuati dagli studiosi nel ventesimo secolo, malgrado la presenza nel territorio di una larga base contadina e di una notevole portata conflittuale. **Il caso francese dimostra insomma come un certo sviluppo del capitalismo e l'espansione dello Stato-nazione abbiano colpito direttamente gli interessi della popolazione agraria, spingendo gli individui a intraprendere forme significative e peculiari di azione collettiva**. Come nota Tilly, «la frequenza con cui i contadini francesi si sono mobilitati in risposta alla pressione fiscale a cui erano soggetti suggerisce che le concezioni dominanti sul fenomeno delle rivolte contadine basate sulla sola dimensione del controllo della terra siano insufficienti» (ibid.).

L'analisi di Tilly si concentra dunque sugli effetti della guerra connessi alla doppia dimensione del capitalismo e dello Stato. In particolare, essa si sofferma sull'impatto dei preparativi bellici sulle forme prevalenti di conflitto nella Francia del diciassettesimo secolo. L'analisi considera i contadini come una delle tante classi coinvolte dallo sforzo monumentale dello Stato francese per costruire una potente macchina da guerra. Al contempo, essa si concentra su un fenomeno indebitamente trascurato dagli studiosi delle rivolte contadine, «il forte impatto sugli interessi della gente ordinaria, compresi i contadini, dello sforzo statale di recuperare le risorse necessarie a portare avanti intraprese belliche» (ibid., 113). In maniera più o meno diretta, tutti i materiali necessari al sostentamento dell'esercito, dagli uomini agli animali, dal cibo all'abbigliamento, provenivano dalle campagne. Tra l'altro, l'arruolamento forzato nell'esercito dei figli dei contadini privò la terra di forza-lavoro, producendo un sostanziale impoverimento delle famiglie che dal lavoro agrario traevano la principale fonte di sostentamento. A questo si aggiungeva il peso delle tasse, sempre più pesanti, che spinsero molti piccoli proprietari terrieri a vendere i propri terreni immettendosi nel mercato. In questo contesto, è facile comprendere come, più che verso i proprietari terrieri, il conflitto contadino (e non solo) si orientasse contro le autorità nazionali. ■

Percorso di autoverifica

- Cosa intendiamo per violenza politica?
- Cosa intendiamo per violenza lecita e illecita?
- Cosa intendiamo per violenza diretta e indiretta?
- Come si articola la cosiddetta violenza dall'alto?
- Qual è il ruolo delle forze di polizia?
- Cosa intendiamo per devianza poliziesca?
- Cosa intendiamo per terrorismo o violenza politica pura?
- Perché il termine terrorismo è ambiguo?
- Cosa si intende per supremazia della prassi?
- Cosa si intende per micro-dinamiche del terrorismo?
- Cosa si intende per meso-dinamiche del terrorismo?
- Cosa si intende per macro-dinamiche del terrorismo?
- Cosa intendiamo per terrorismo dall'alto?
- Che differenza esiste tra guerra tradizionale e guerra totale?
- Che differenza esiste tra guerre tradizionali e nuove guerre?
- Quali sono le dinamiche delle nuove guerre?
- Cosa intendiamo per politica dell'identità?
- Quali sono i metodi di combattimento e gli attori delle nuove guerre?
- Cosa intendiamo per guerra globale asimmetrica?
- Cosa intendiamo per rivoluzione sociale?
- Che differenza c'è tra rivoluzione sociale, politica, rivolte e colpi di Stato?
- Quali sono i principali approcci non-strutturalisti all'analisi delle rivoluzioni?
- Cosa si intende per natural history delle rivoluzioni?
- Quali sono i principali approcci di scuola funzionalista?
- Cosa intendiamo per dissonanza cognitiva o deprivazione relativa?
- Quali sono i principali approcci strutturalisti all'analisi delle rivoluzioni?
- Quali sono i parametri del modello economico-strutturale di Barrington Moore?
- Quali sono i parametri del modello politico-strutturale della Theda Skocpol?
- In che consiste la sintesi teorica operata da Charles Tilly?
- Da che punto di vista Tilly presta maggiore attenzione al processo?

PARTE III

Democrazia e partecipazione

Il processo democratico

11

La letteratura politologica fa coincidere il concetto di democrazia con la configurazione storica dei regimi liberaldemocratici, producendo un'immagine statica che si poggia su un'accezione minima e procedurale. La democrazia è identificata con quei regimi dove si è raggiunto un certo livello di estensione dei diritti civili e politici e dove il processo elettorale – l'unica forma di partecipazione veramente legittima entro questa logica – è libero, competitivo e corretto. A questa prospettiva opponiamo un'immagine processuale di democrazia, che si verifica nella relazione, sovente conflittuale, tra cittadini e Stato. A questo riguardo, introduciamo il concetto di democratizzazione, cioè quel processo in cui la relazione tra cittadini e autorità politiche si realizza attraverso una consultazione sempre più ampia, uguale, protetta e mutualmente vincolante. Ogni processo di democratizzazione è esposto però ai rischi di una de-democratizzazione, che connota il movimento regressivo delle condizioni e degli istituti democratici. Integriamo inoltre il concetto democratico di impianto liberale con altre accezioni di democrazia che, a fronte di una crisi di legittimazione delle liberal-democrazie occidentali, stanno prendendo piede soprattutto nelle pratiche collettive dei nuovi movimenti sociali: ci riferiamo alla democrazia partecipativa e alle diverse forme di democrazia deliberativa. Ogni processo di democratizzazione ha sempre inizio a partire da un contesto non democratico e, in caso di crisi strutturali, rischia sempre di riapprodarvi. A questo riguardo, osserveremo brevemente le principali forme di organizzazione non democratica dello Stato, dal tradizionalismo, al totalitarismo, alle varie tipologie di autoritarismo.

Obiettivi di apprendimento

- La «democratizzazione» è lo spostamento generale del sistema verso una consultazione sempre più ampia e uguale (universalità dei diritti di cittadinanza), ma anche sempre più protetta e mutualmente vincolante; al contrario, si parla di «de-democratizzazione» nel caso di uno spostamento inverso.
- La democrazia partecipativa mette in discussione il principio liberale della delega enfatizzando la partecipazione diretta dei cittadini al processo decisionale; al contempo, la democrazia deliberativa afferma un'idea di politica come spazio di confronto tra saperi diversi e non come semplice ricomposizione di interessi sviluppatisi fuori dal processo politico.
- Le democrazie sono sovente esposte a crisi che, talvolta, possono condurre al crollo del regime e al ritorno a una condizione di autoritarismo.

11.1. Democrazia e democratizzazione

Durante un seminario di astronomia a cui ho avuto modo di partecipare nel 2004 presso l'Università della California a Los Angeles, un giornalista, rivolgendosi a un noto fisico teorico, domandò quasi per gioco: «ma i marziani esistono?». Il noto fisico rispose ironicamente, affermando che i marziani sono un po' come la democrazia; tutti sanno che esiste, ma nessuno l'ha mai vista. Scegliamo questo aneddoto per introdurre il tema della «questione democratica» perché a nostro avviso rende bene l'idea di un fenomeno sfuggente per gli studiosi di scienze sociali ma, al contempo, di vitale importanza per la nostra disciplina. Lo stesso Lipset, nell'introduzione al suo *Political Man* (1960, tr.it. 1963), afferma che l'obiettivo della sociologia politica è in primo luogo quello di analizzare le condizioni attorno a cui si organizzano e strutturano i regimi democratici. In realtà, siamo convinti che descrivere la democrazia semplicemente come «regime» sia limitativo. Questo ci spingerebbe, come sovente accade, a formulare definizioni statiche, frutto di un compromesso cognitivo tra l'ideale democratico e la sua reale concretizzazione nei diversi contesti storici e geografici. Ne uscirebbe una definizione normativa, tra l'altro prediletta da giuristi e politologi, che non fa onore alla natura sostanzialmente «processuale», dunque dinamica, di un fenomeno così complesso. Come scrive Tilly nella prefazione di una delle sue ultime fatiche dedicate al tema in oggetto, non è tanto utile parlare di democrazia, quanto piuttosto di **democratizzazione**, intesa come processo dinamico, sempre incompiuto e, soprattutto, suscettibile di essere invertito. Di conseguenza, ogni discorso sulla democratizzazione deve contemplare i rischi di una de-democratizzazione (Tilly 2007, tr.it. 2009, 13).

La **democrazia** è un processo incompiuto che non può essere compreso adottando solo approcci normativi o procedurali

Il termine democrazia viene dal composto greco δῆμος (*démos*: popolo) e κρατεῖν (*kratéin*: comandare, avere il potere), cioè a significare «potere *del* popolo», che può essere declinato anche nella forma di «potere *dal* popolo», dove il popolo ne diventa la principale fonte di legittimazione, o «*per* il popolo», cioè esercitato in suo nome. L'etimologia del termine ci fa pensare subito alla cosiddetta «democrazia degli antichi» inaugurata con l'esperienza politica delle città greche, tra il 500 e 300 a.C., in cui tutti i cittadini «formalmente liberi» avevano diritto a concorrere alla produzione delle decisioni pubbliche nell'ambito di assemblee generali di discussione e deliberazione. Oggi sappiamo che quel concetto di democrazia è molto lontano dalla cosiddetta «democrazia dei moderni» e la discriminante risiede soprattutto nell'espressione «formalmente liberi». Nell'antica Atene, solo una percentuale esigua di cittadini aveva effettivamente il diritto di discutere e decidere. Schiavi, giovani, donne, stranieri residenti erano esclusi dall'esercizio di qualsiasi diritto di cittadinanza. Lo stesso vale per altre esperienze storiche talvolta identificate come democratiche; si pensi, in Italia, al caso della Firenze medicea, dove era prevista una certa forma di partecipazione popolare, senza però prevedere alcuna universalità dei diritti, in un contesto comunitario dove molte libertà personali erano ancora negate a buona parte della popolazione attiva. Come vedremo, bisognerà attendere il XVIII secolo, in Europa e in un contesto di moderna statalizzazione, per poter ravvisare quegli elementi di garanzia e universalità dei diritti civili e politici attorno a cui si sarebbero attivati i moderni processi di democratizzazione, oggetto di attenzione di storici, filosofi, giuristi, politologi e sociologi.

L'analisi empirica dei regimi democratici è fondamentale per comprenderne la natura processuale. Per quanto ancora minoritario a livello internazionale, il numero dei regimi formalmente democratici è decisamente aumentato negli ultimi anni; ciò non toglie che esistano indubbie differenze tra democrazie consolidate e democrazie, per così dire, di recente costituzione, così come è possibile individuare differenze significative anche tra le democrazie solide. Non serve lo sguardo attento di uno scienziato sociale per rendersi conto che le democrazie nel Regno Unito e in Italia siano diverse dalle democrazie in India e in Turchia, così come il regime democratico inglese presenta significative differenze con quello italiano. Adottare un criterio dinamico nell'analisi della democrazia ci può dunque aiutare a scorgere queste differenze a partire da un'analisi dei presupposti democratici. Cosa serve affinché un determinato regime possa essere definito democratico o, quantomeno, in via di democratizzazione? Senza dubbio il concetto di democrazia è connesso alla garanzia di determinati diritti di cittadinanza, intesi come diritti civili, politici e, vedremo, diritti sociali. Senza dubbio, il nodo delle libertà civili e dei diritti politici è fondamentale per comprendere la questione democratica. L'associazione americana *Freedom House* che monitora annualmente i regimi di tutto il mondo, attribuendo loro delle pagelle sul livello di sviluppo democratico, ha per esempio elaborato degli indicatori di democraticità connessi alla presenza di determinate libertà civili e politiche, riferite, tra l'altro, alla presenza istituzionalizzata di un'opposizione politica legittima e di alcune garanzie di libertà personale per i singoli cittadini (approfondimento 11.1.).

Approfondimento 11.1

Indicatori di democrazia secondo *Freedom House*

Diritti politici

1. Il capo dello Stato e/o quello di governo e/o altre autorità di alto livello sono eletti attraverso elezioni libere e imparziali?
2. I parlamentari sono eletti sulla base di elezioni libere e imparziali?
3. Esistono leggi elettorali imparziali, pari opportunità di accesso alla campagna elettorale ed elezioni senza brogli?
4. Gli elettori hanno possibilità di conferire ai loro rappresentanti un potere reale?
5. I cittadini hanno il diritto di organizzarsi liberamente in partiti o gruppi politici? Il sistema consente l'ascesa o la caduta di questi raggruppamenti politici?
6. Esiste un voto significativo di opposizione e una forza effettiva di opposizione in grado di costituire una valida alternativa alle forze di governo?
7. La popolazione è effettivamente libera dal potere di paesi stranieri, partiti totalitari, forze armate, gerarchie religiose, oligarchie economiche, e così via?
8. Le minoranze sociali (culturali, etniche, religio-

se, ecc.) hanno a disposizione un grado ragionevole di autodeterminazione, autogoverno e partecipazione al processo decisionale pubblico?

9. (Se applicabile) nelle monarchie tradizionali, prive dunque di partiti e processi elettorali, esiste un sistema ragionevolmente valido di consultazione periodica della popolazione e il dibattito pubblico è incoraggiato?
10. (Se applicabile) il governo o la potenza occupante stanno deliberatamente alterando la composizione etnica del paese o di un suo territorio così da distruggere una cultura o da far inclinare l'equilibrio politico in favore di un altro gruppo?

Libertà civili

1. Esiste la libertà di riunirsi in assemblea e manifestare un pubblico dissenso?
2. Esiste la libertà di creare organizzazioni politiche e associazioni civiche?
3. Esistono liberi sindacati dei lavoratori? Hanno luogo contrattazioni collettive efficaci? Esistono in genere associazioni professionali libere?
4. Esiste un potere giudiziario indipendente?
5. I cittadini sono effettivamente uguali di fronte alla legge e tutelati da un ordinamento giuridico formale? La polizia è sotto il controllo delle autorità civili?
6. Sono previste protezioni contro il libero arbitrio del potere politico (incarceramenti ingiustificati, espulsioni, torture)?
7. La popolazione è tutelata dalla corruzione del governo e dagli eccessi di affarismo?
8. Esiste la possibilità di un dibattito aperto e libero?
9. Esiste una effettiva libertà personale? Il governo controlla gli spostamenti e le scelte di residenza e di lavoro dei cittadini?
10. I diritti di proprietà e la libera intrapresa economica sono garantiti?
11. Esistono libertà sociali dell'individuo (libertà di genere, di famiglia e di scelta del coniuge)?
12. Esistono pari opportunità, compresa la libertà dalle forme di sfruttamento dai datori di lavoro o dai burocrati? Vi sono ostacoli che impediscono i legittimi guadagni economici?

Parzialmente tratto dal riadattamento di Karatnycky (2000), pp. 583-585.

A prescindere da *Freedom House*, gli studiosi di democrazia hanno prodotto negli anni diverse definizioni che, nota Tilly (ibid., 24-26), rispecchiano generalmente quattro distinti approcci al problema:

- **L'approccio costituzionale**: chi si riconosce in questo approccio presta attenzione all'assetto giuridico, cioè alle leggi emanate in un regime rispetto all'attività politica. Attraverso questa prospettiva è possibile distinguere storicamente tra monarchie, oligarchie, repubbliche, ecc., così come, nell'ambito dei regimi formalmente democratici, possiamo distinguere le monarchie in costituzionali e non, o le repubbliche in presidenziali e parlamentari o, ancora, gli Stati in federali e unitari, e così via. Tale approccio presenta molti vantaggi soprattutto nelle grandi comparazioni storiche tra Stati nazionali. Il limite principale di questa prospettiva sta però nel fatto di non distinguere le norme formali dalle consuetudini, cioè dai comportamenti concreti. Una classe di governo può formalmente emanare delle norme e poi disattenderle in maniera sistematica. Questo elemento non emerge se l'attenzione dello studioso si rivolge alla sola dimensione giuridico-normativa.

- **L'approccio fattuale (o sostantivo)**: chi si riconosce in questo approccio presta invece attenzione alle condizioni di vita dei cittadini e al tipo di politica che viene effettivamente promossa dal regime. Il nodo centrale sta qui nell'osservare se il regime promuove effettivamente il benessere dei cittadini, identificato con un livello sufficiente di uguaglianza, parità sociale, libertà individuale e sicurezza. Da questo punto di vista, l'assetto normativo passa in secondo piano rispetto alle pratiche concrete, ma alcune questioni rimangono irrisolte: come si fa ad esempio a misurare il livello di democraticità di un paese molto povero, ma in cui si garantisce una relativa uguaglianza sociale, rispetto a un paese molto ricco che presenta però livelli di disuguaglianza superiori? Adottando esclusivamente una prospettiva fattuale, diventa difficile stabilire effettivamente in quali condizioni sociopolitiche è possibile realmente promuovere il benessere sociale e individuale dei cittadini.
- **L'approccio procedurale**: chi si riconosce in questo approccio identifica un numero relativamente ristretto di pratiche di governo qualificandole come democratiche o meno. L'attenzione è riposta essenzialmente sui meccanismi di voto. Un regime è dunque considerato democratico se garantisce il suffragio universale (maschile e femminile) in competizioni elettorali libere, dove due o più forze politiche si contendono il diritto a governare. I proceduralisti concepiscono dunque la democrazia essenzialmente come «democrazia elettorale», trascurando però altre dimensioni fondamentali soprattutto rispetto all'effettivo esercizio delle libertà democratiche da parte di tutti i cittadini. In questo modo è difficile stabilire una differenza rispetto al grado di democrazia di paesi come il Regno Unito e l'India, entrambe democrazie elettorali, ma ben diverse rispetto ad altre dimensioni strettamente connesse al benessere sociale e individuale dei propri cittadini.
- **L'approccio processuale**: chi si riconosce in questo approccio identifica infine una serie di processi che devono essere attivati affinché un contesto politico possa essere definito democratico. Robert Dahl che, vedremo, è uno degli autori più influenti in tema di democrazia, elenca cinque criteri processuali (Dahl 1998, tr.it. 2000, 41-42): 1) «partecipazione effettiva», che riguarda la possibilità di tutti i membri di una certa associazione politica di dire la propria nella definizione delle strategie collettive; 2) «parità di voto», che riguarda la possibilità garantita a tutti di concorrere con il proprio voto alla produzione decisionale; 3) «diritto all'informazione», che riguarda il diritto al libero accesso a tutte le informazioni necessarie per assumere decisioni consapevoli; 4) «controllo dell'ordine del giorno», che si riferisce alla possibilità garantita a tutti di concorrere alla definizione delle priorità decisionali in agenda; 5) «universalità del suffragio», che si riferisce alla possibilità per la totalità o quasi di chi fa parte di un'associazione politica, o vive in un determinato territorio, di poter esercitare i diritti connessi ai primi quattro criteri processuali. Dahl non fa riferimento a norme, ma a processi che, come vedremo in seguito, vengono ulteriormente arricchiti quando egli sposta l'attenzione dalle associazioni politiche ai regimi. Il limite sta però nel proporre di fatto una *check-list* sostanzialmente statica, basata su valutazioni di presenza/assenza di certe

condizioni democratiche, impedendo però quel salto di qualità analitica che si fonda sull'osservazione del «grado» di democraticità. Come ci ricorda Tilly (2007, tr.it. 2009, 29), «per comparare e spiegare, dobbiamo abbandonare la *check-list* sì/no a favore di un elenco di variabili critiche». Per quanto l'intento processuale di Dahl sia lodevole, alla fine anche egli ricade dentro una logica statica proponendo una fotografia ben riuscita del perfetto regime democratico, ma trascurandone al contempo la dimensione processuale.

11.1.1. La fotografia statica della democrazia liberale

Un **regime liberaldemocratico** presuppone il suffragio universale ed elezioni libere, competitive, ricorrenti e corrette

Tutti e quattro gli approcci appena descritti, con poche distinzioni, portano all'elaborazione di una definizione statica di democrazia, perlopiù vincolata, come vedremo, alla tradizione teorica e politica liberale. A questo riguardo, il modello che gli studiosi tendono a identificare con la cosiddetta «democrazia dei moderni» è quello riconducibile allo Stato democratico di diritto, o liberaldemocrazia di massa. Come vedremo, non si tratta dell'unica forma di democrazia possibile, ma è senza dubbio quella che si è consolidata in Occidente (e non solo) a partire soprattutto dalla fine della seconda guerra mondiale. **Un regime liberaldemocratico si definisce tale quando è contraddistinto dalla garanzia reale di partecipazione politica per tutta la popolazione adulta e dalla possibilità di dissenso, opposizione e competizione all'interno dell'arena politica.**

A partire da questa definizione, studiosi di impostazione procedurale, come Schumpeter (1942, tr.it. 1954, 257), rifiutano di attribuire alla democrazia qualunque connotazione etica, preferendo accostarla a un semplice «metodo», cioè a «uno strumento istituzionale per giungere a decisioni politiche, in base al quale singoli individui ottengono il potere di decidere attraverso una competizione che ha per oggetto il voto popolare». Non troppo distante, anche se più attenta alla dimensione valoriale, è la definizione di Sartori (1969, 105), comunemente accettata dagli scienziati politici, secondo cui la democrazia è un «sistema etico-politico nel quale l'influenza della maggioranza è affidata al potere di minoranze concorrenti che l'assicurano». In questa definizione emerge la dimensione etica della democrazia, che è un sistema di regole e di valori, ma ci si ferma ancora su una connotazione procedurale minima, che vincola la democrazia stessa alla sola libertà di voto e alla delega del potere politico per mezzo dei meccanismi della rappresentanza. Queste due definizioni, entrambe legate a una concezione procedurale, sono compatibili con la cosiddetta **definizione minima di democrazia** attraverso cui si identificano pochi aspetti empiricamente controllabili grazie ai quali lo studioso possa stabilire una *soglia* al di sopra della quale un regime politico sia etichettabile come effettivamente democratico, o meglio, liberaldemocratico (Morlino 2001). A questo proposito, si sostiene dunque che un regime possa essere ragionevolmente annoverato tra i sistemi democratici nella misura in cui presenti queste caratteristiche: **a) suffragio universale, maschile e femminile; b) elezioni libere, competitive, ricorrenti, corrette; c) più di un partito; d) fonti diverse e alternative di informazione**. Tale definizione minima riconduce la democraticità alla possibilità di esercitare una gamma di diritti civili e politici garantiti da un insieme di **regole formalizzate**. La «forma», dunque, a garanzia della «sostanza». L'obiettivo della democrazia procedurale è quello di produrre decisioni socialmente vincolanti attraverso un sistema di regole certe che consentano, attraverso l'esercizio paritario del voto, l'assunzione di tutte quelle decisioni che non vadano a compromettere l'assetto generale. **La democrazia procedurale garantisce dunque una *incertezza* in merito al contenuto decisionale garantita dalla *certezza* delle regole**. In un contesto liberaldemocratico, l'incertezza decisionale trova però un limite: il processo democratico non può portare in ogni caso alla produzione di decisioni che andrebbero a intaccare quelli che, da Locke in poi, sono considerati i due capisaldi del liberalismo classico: la «proprietà privata» e il «libero mercato».

Detto ciò, appare chiaro come gli aspetti salienti della democrazia liberale declinata secondo un impianto procedurale presupponga che, all'interno di un regime che si vuole democratico, debba esserci un **accordo-compromesso** sulle regole di fondo, pur accettando forme di **dissenso** sui contenuti di tale compromesso; grazie alla possibilità del **conflitto** è possibile ammettere l'**incertezza** degli esiti decisionali, a fronte di una **certezza** delle regole del gioco; gli organi decisionali funzionano applicando la **regola di maggioranza** (una testa un voto), pur prevedendo forme di garanzia per le **minoranze**; il processo decisionale si realizza attraverso un meccanismo elettorale che garantisca la più ampia **rappresentanza** degli interessi, pur senza compromettere un certo grado di **efficacia decisionale**, difficile quando si ha la pretesa di rappresentare in modo esaustivo tutti gli interessi in campo. I sistemi elettorali (proporzionali, maggioritari o misti) e le forme di governo (parlamentari, presidenziali o semi-presidenziali) sono i meccanismi che le classi politiche liberaldemocratiche adottano per conciliare l'esigenza della rappresentatività con quella dell'efficacia decisionale.

Come emerge con chiarezza, un regime liberaldemocratico si basa sulla rappresentanza politica degli interessi. Si tratta dunque di una **democrazia delegata**, nel senso che i cittadini delegano il potere decisionale a un corpo di specialisti che vanno a comporre la classe politica in senso stretto. Ogni regime liberaldemocratico presuppone dunque l'esistenza di organi di rappresentanza nazionali (i Parlamenti) o locali (Regioni, Provincie, Comuni). Questo vuol dire che, nella logica liberaldemocratica, le garanzie di partecipazione politica si riducono essenzialmente all'esercizio del voto, così come la libertà di conflitto e dissenso è accettabile solo nella misura in cui sia traducibile nella lotta politico-parlamentare o negli organi di rappresentanza locali. Ciò non toglie che anche i regimi liberaldemocratici possano prevedere alcune forme di «democrazia diretta», come nel caso dei referendum o delle leggi di iniziativa popolare che devono però essere assunte dalla classe politica nelle sedi istituzionali della rappresentanza.

11.1.2. Democratizzazione e de-democratizzazione

Come abbiamo accennato all'inizio del capitolo, a nostro avviso è necessario proporre una concezione dinamica e processuale di democrazia che si declina in ter-

La **democratizzazione** presuppone lo spostamento generale del sistema verso una consultazione sempre più ampia, uguale, protetta e mutualmente vincolante

mini di democratizzazione o, eventualmente, di de-democratizzazione. A questo riguardo, il punto di partenza risiede nel rapporto tra cittadini – titolari di un corpus di diritti civili, politici e sociali – e Stato. Il mutamento di questo sistema di relazioni biunivoco è il centro dello sviluppo democratico in senso progressivo o regressivo. **Centrale diventa dunque la dimensione del conflitto tra cittadini residenti in un determinato territorio e autorità politiche**. La classe politica e di governo ha il compito di tradurre in politiche pubbliche le domande dei cittadini, trasformando gli interessi in diritti. In questo senso, un ruolo centrale della politica sta nella costante **consultazione** dei cittadini in merito ai loro bisogni. Ciò vuol dire che i cittadini, a loro volta, debbano provvedere a comunicare alla classe politica le proprie domande e questo può avvenire attraverso la pratica del voto, l'unica realmente legittimata in un regime liberaldemocratico, oppure attraverso altre forme di azione collettiva, come quelle che si realizzano nella dimensione potestativa dei movimenti sociali (cfr. cap. 15), o in quella contrattualistica dei gruppi di interesse e di pressione (cfr. cap. 14). Va poi considerata la reazione della classe politica, cioè i livelli di **conformità politica delle autorità agli input che provengono dai cittadini**: sarà tanto più democratico un regime in cui la classe politica produce decisioni conformi alle domande effettive della cittadinanza. Si parla in questo caso di *responsiveness* (letteralmente, *rispondenza*), intendendo la capacità di risposta alle domande sociali da parte della classe politica, sia quando queste si realizzano attraverso i meccanismi convenzionali della partecipazione elettorale, sia quando sono invece il prodotto di forme di partecipazione potestativa o comunque extra-istituzionale. Come rileva Tilly (2007, tr.it. 2009, 33-34), per valutare il livello di democraticità di un determinato paese non è però sufficiente considerare la *responsiveness* politico-istituzionale, ma occorre altresì rispondere a quattro domande fondamentali a cui corrispondono quattro dimensioni analitiche:

- Quanto è ampia la gamma di richieste espresse dai cittadini? A questo livello si articola la dimensione dell'**ampiezza**, cioè il numero di cittadini a cui è effettivamente consentito rivolgere domande al sistema politico. Un sistema sarà tanto più democratico quanto più «ampio» sarà il numero degli individui che godono dei diritti di cittadinanza.
- Quanto è imparziale il comportamento dello Stato nella traduzione in politiche delle domande provenienti dai cittadini? A questo livello si articola la dimensione dell'**uguaglianza** all'interno delle diverse categorie di cittadini che possono essere più o meno discriminati. Un sistema sarà tanto più democratico quanto più saranno assenti discriminazioni nei confronti di categorie di cittadini (etniche, religiose, di genere, di classe, ecc.).
- In che misura l'espressione delle domande riceve un'adeguata protezione politica da parte dello Stato? A questo livello si articola la dimensione della **protezione**, che varia al variare della repressione che lo Stato agisce nei confronti di alcune categorie sociali. Un sistema democratico è tale quando tutti i cittadini godono dello stesso livello di protezione da parte delle istituzioni, sia a livello di diritti sociali, sia rispetto al sistema giudiziario.

- In che misura il processo di traduzione politica delle domande sociali impegna cittadini e Stato? A questo livello si articola infine la dimensione della **consultazione mutualmente vincolante**, che è tanto più democratica quanto più cittadini e istituzioni rispettano precisi obblighi sia nella formulazione delle domande, che nella loro eventuale traduzione in politiche pubbliche. Se per ottenere benefici i cittadini devono corrompere, minacciare o usare violenza e, d'altro canto, lo Stato è sensibile a queste pratiche piuttosto che a quelle legittimamente previste dall'ordinamento, il sistema non può essere definito maturo sul piano delle pratiche democratiche.

Secondo le quattro dimensioni analitiche proposte da Tilly, in una prospettiva dinamica, **un regime è democratico nella misura in cui le relazioni politiche tra Stato e cittadini mostrano una consultazione ampia, uguale, protetta e mutualmente vincolante**. Da questo punto di vista, il processo di «democratizzazione» presuppone lo spostamento generale del sistema verso una consultazione sempre più ampia e uguale (universalità dei diritti di cittadinanza), ma anche sempre più protetta e mutualmente vincolante; al contrario, si parla di «de-democratizzazione» nel caso in cui si verifichi uno spostamento inverso. Se, come si è detto, «ampiezza» e «uguaglianza» hanno a che fare con la garanzia dei principali diritti di cittadinanza, la «protezione» è connessa invece alla cosiddetta **capacità statale**, e cioè alla capacità effettiva delle istituzioni politiche di implementare le decisioni assunte, mettendo al riparo i cittadini da eventuali soprusi da parte dei funzionari amministrativi o di altri soggetti extra-politici (si pensi alle forme di potere occulto o alla criminalità organizzata). In realtà, continua Tilly (ibid., 36), sia un livello eccessivamente basso che un livello eccessivamente alto di capacità statale rischia di inibire la democrazia; questo perché, nel primo caso, lo Stato non avrebbe la forza di proteggere i cittadini in modo adeguato; nel secondo caso, allo stesso modo, si rischierebbe uno Stato talmente forte e decisionista anche nelle sue strutture amministrative, da rendere vana e ininfluente la consultazione mutualmente vincolante. La dimensione ottimale è dunque quella intermedia, con una capacità statale né troppo alta, né troppo bassa, in cui gli agenti dello Stato possano intervenire nelle risorse e attività non statali, senza per questo trascurare le relazioni di scambio con i cittadini. Sulla base delle due macro-dimensioni della «democrazia» e della «capacità statale», che Tilly mantiene volutamente distinte, è poi possibile produrre quattro tipologie di regimi:

> Per **capacità statale** si intende la capacità effettiva delle istituzioni politiche di implementare le decisioni assunte, mettendo al riparo i cittadini dai soprusi

- **Non democratici ad alta capacità:** in questo caso gli spazi di manifestazione conflittuale dei cittadini sono strettamente vincolati dalle opportunità (quasi nulle) offerte loro dal regime. Vi è un alto coinvolgimento delle forze di sicurezza dello Stato per mantenere l'ordine sociale e, ogni possibile mutamento di regime, può avvenire o attraverso un conflitto al vertice della élite, o tramite una rivoluzione dal basso.
- **Non democratici a bassa capacità:** in questo caso la debole capacità statale fa sì che si formino poteri alternativi perlopiù extralegali. Sono frequenti le

guerre civili e, sovente, i signori della guerra controllano e governano arbitrariamente porzioni più o meno ampie di territorio.

- **Democratici ad alta capacità:** in questo caso si assiste ad alti livelli di partecipazione potestativa e/o elettorale che raramente si traducono in violenza politica. Il controllo statale sui processi politici è infatti molto elevato.
- **Democratici a bassa capacità:** anche in questo caso si assiste a livelli elevati di partecipazione popolare (movimenti sociali, gruppi d'interesse e partiti politici), ma il controllo statale è meno efficace, quindi è più facile che nel processo politico si insinuino poteri occulti, extra-legali e criminali. Anche i casi di violenza politica sono potenzialmente più frequenti.

Avendo stabilito cosa intendiamo per democratizzazione e de-democratizzazione, occorre stabilire i processi che ne favoriscono lo sviluppo. Tilly (ibid., 45) ne individua tre fondamentali: **1) crescita dell'integrazione nella sfera politica delle reti fiduciarie interpersonali** (legami di parentela, etnici, professionali ecc.); **2) distacco dalla sfera politica delle principali disuguaglianze che definiscono la vita quotidiana dei cittadini** (di genere, di etnia, di religione, di classe, ecc.); **3) decrescita dell'autonomia dalla sfera politica dei principali centri di potere** (soprattutto quelli che possiedono le risorse necessarie all'esercizio della violenza). Questi tre processi favoriscono la democratizzazione, se si verifica l'inverso si avrà al contrario de-democratizzazione. Entriamo brevemente nel merito dei tre processi.

Per **reti fiduciarie** intendiamo legami forti in cui gli individui ripongono risorse e iniziative di valore

- **Reti fiduciarie:** per «reti fiduciarie» intendiamo legami forti in cui gli individui ripongono risorse e iniziative di valore. Famiglie, sette religiose, gruppi rivoluzionari, circoli finanziari possono rientrare in questa categoria. Se tali reti rimangono isolate dalla sfera politica possono rappresentare un ostacolo serio alla democratizzazione perché chi ne fa parte si autoesclude dalla partecipazione ai canali pubblici democratici, facendo prevalere il sistema di rapporti privati in cui è coinvolto. Se le reti fiduciarie si integrano con la sfera politica, vengono inglobate nel sistema di regole previste dall'ordinamento democratico, accettando dunque di partecipare a consultazioni mutualmente vincolanti (Tilly 2005). La dissoluzione di reti fiduciarie isolate determina la formazione di reti politiche interconnesse. Come rileva Putnam (1993) nel suo studio sull'Italia, l'estensione della partecipazione ad associazioni civiche e, aggiungiamo noi, alle reti di movimento sociale, può rappresentare un buon antidoto ai rischi di un loro isolamento dalle dinamiche democratiche del processo politico.

Tutte le società si sono storicamente strutturate attorno a un sistema di **disuguaglianze di categoria**

- **Disuguaglianze di categoria:** tutte le società si sono strutturate attorno a confini eretti tra categorie sociali (etniche, di classe, di genere, di religione). Se la sfera politica assume tali disuguaglianze, andrà necessariamente a ridurre i livelli di ampiezza e uguaglianza nel riconoscimento dei diritti. Si costituiranno categorie privilegiate e inevitabili forme di discriminazione disfunzionali al percorso di democratizzazione. Tale percorso non prevede infatti l'annullamento di tali disuguaglianze, ma il loro distacco dalla sfera politica che deve comportarsi, nel riconoscimento dei diritti e nel processo di consultazione mutualmente vincolante, come se esse non esistessero. Tutti i cittadini devono essere uguali di fronte alle istituzioni, a prescindere dalle disuguaglianze effettive sul terreno socioeconomico e culturale. La politica democratica può tra l'altro agire affinché certe disuguaglianze si riducano, mettendo in atto politiche forti di riconoscimento e redistribuzione egualitaria delle risorse.

- **Centri di potere autonomo:** in ogni contesto storico-sociale esistono centri di potere che agiscono, o possono agire, in autonomia rispetto al sistema dell'autorità politica. A volte tali centri, che influenzano in modo significativo la distribuzione delle risorse e dei valori in società, sono costole dello Stato stesso e sono tanto più forti quanto più hanno accesso alle risorse necessarie all'esercizio della forza (si pensi a esercito e polizia). Una loro eccessiva autonomia dalla sfera politica è di ostacolo alla democratizzazione che si fonda sull'eliminazione di questa separatezza. Livelli alti di partecipazione politica popolare senza dubbio possono inibire la formazione o il consolidamento di centri di potere autonomi dai circuiti democratici ufficiali.

In ogni contesto storico esistono **centri di potere** che agiscono, o possono agire, in autonomia rispetto al sistema dell'autorità

11.2. Democrazia e cittadinanza

I concetti di «democrazia» e «democratizzazione» sono strettamente connessi a quello di **cittadinanza** che fa originariamente riferimento alla condizione di appartenenza di un individuo a una comunità politica e, in epoca moderna, a uno Stato (Janoski, Gran 2002). Il livello di democratizzazione di uno Stato dipende dunque dall'«estensione» della cittadinanza; un paese sarà tanto più democratico quanto più ampio sarà il numero di individui e categorie sociali a cui è riconosciuto il diritto ad essere cittadini. Abbiamo già fatto riferimento all'esperienza antica delle città-Stato greche; per quanto quel caso storico sia spesso considerato come un modello primordiale di democrazia, oggi sappiamo che così non è, dal momento che il diritto a partecipare alla vita pubblica era in realtà negato a buona parte della popolazione. Perché un regime sia veramente democratico occorre dunque che lo Stato si riconosca in un concetto di «cittadinanza allargata», garantendo i diritti civili e politici a tutti i cittadini, a prescindere dalle categorie sociali e/o culturali di appartenenza. Anche i moderni Stati costituzionali del diciannovesimo secolo presupponevano il riconoscimento dei diritti di cittadinanza alla propria popolazione, ma li vincolavano al censo o al sesso. Solo nella seconda metà del ventesimo secolo, in Occidente, è stato riconosciuto il suffragio universale senza distinzioni di sesso e origine sociale (nella democratica Svizzera, le donne otterranno il diritto di voto solo nel 1971). Ancora oggi, non tutti gli individui residenti in un determinato territorio godono dei diritti politici; si pensi ai migranti (detti anche «cittadini stranieri») che, pur vivendo e lavorando in un certo territorio, in molti Stati non hanno la possibilità di concorrere alla produzione decisionale attraverso l'esercizio del diritto di voto. Questo dimostra che la cittadinanza fu inventata per «includere» ma, come nota Wallerstein, «ciò che include, allo stesso tempo esclude» (Wallerstein 1998, tr.it. 2003, 33), stabilendo

La **cittadinanza** può essere distinta in **passiva** e **attiva**

un confine tra chi ha il diritto a essere parte di una comunità politica e chi no. Da quanto appena detto, appare evidente che il concetto di cittadinanza sia per certi aspetti ambiguo e, quantomeno, bidimensionale (Gargiulo 2008): esso fa riferimento infatti all'insieme dei diritti e doveri attribuiti a un individuo o gruppi di individui e, al contempo, all'appartenenza di un soggetto a una comunità politica. Non tutti coloro che appartengono a uno Stato godono dei cosiddetti diritti di appartenenza e non tutti coloro che vivono in uno Stato appartengono giuridicamente ad esso.

In ogni caso, rispetto ai diritti civili e politici, gli studiosi del tema distinguono tra una **cittadinanza passiva** e una **cittadinanza attiva**. Possiamo far risalire l'origine di tale distinzione all'opera di Siéyès che, in piena Rivoluzione francese, propose per la prima volta la differenziazione tra diritti passivi o attivi: nel primo caso, si riferiva essenzialmente alle principali libertà civili (diritto di espressione, uguaglianza di fronte alla legge, libertà di stampa, ecc.); nel secondo, alla titolarità dei diritti politici (*in primis* la libertà di voto). Egli giunse alla conclusione che tutti gli abitanti di un paese dovevano poter godere dei diritti civili (cittadinanza passiva), connessi alla protezione della loro persona fisica, delle loro proprietà e delle loro libertà, ma non tutti dovevano necessariamente godere dei diritti politici (cittadinanza attiva), giocando dunque un ruolo *attivo* nella formazione della pubblica autorità (Siéyès 1789, 193-194). I concetti di cittadinanza passiva e attiva hanno ormai assunto un significato diverso, strettamente connesso al riconoscimento e all'esercizio dei diritti politici. **Oggi, con cittadinanza passiva ci riferiamo alla titolarità giuridica di determinati diritti (sia civili che politici); con cittadinanza attiva, ci riferiamo invece all'esercizio effettivo di tali diritti**. Una cosa è infatti godere delle opportunità di partecipare, un'altra è farlo effettivamente. Tale distinzione ricalca dunque la differenza tra «cittadinanza come *status*», recepita dunque passivamente dai singoli cittadini, e «cittadinanza come pratica sociale», determinata dal concorso attivo dei cittadini alla costruzione della comunità politica di cui fanno parte. Se la cittadinanza passiva è essenzialmente oggetto di studio per storici e giuristi, quella attiva assume un particolare interesse per le scienze sociali empiriche, perché presuppone la messa in atto, in base alla titolarità di determinati diritti civili e politici, di un insieme di comportamenti sociali (partecipazione politica) direttamente osservabili.

La **cittadinanza liberale** pone l'accento sull'individuo, la **cittadinanza repubblicana** sulla comunità etica

I due concetti di «cittadinanza passiva» e «cittadinanza attiva» richiamano in parte l'originaria distinzione tra una **concezione liberale di cittadinanza** (Schuck 2002), ancora oggi prevalente nei paesi anglosassoni, e una **concezione repubblicana di cittadinanza** (Dagger 2002), più radicata nell'Europa continentale, soprattutto in Francia. Nel primo caso, prevale una visione formalistico-giuridica; nel secondo, una più sostanziale (o sostanzialistica). **La cittadinanza liberale pone l'accento sull'«individuo» e sui diritti di libertà (civile e politica) che ad esso devono essere riconosciuti di fronte all'ordinamento giuridico dello Stato; la cittadinanza repubblicana pone invece l'accento sulla «comunità» e sui doveri civici che i cittadini hanno nei suoi confronti**. Secondo il comunitarismo repubblicano, la buona società si costruisce con l'azione collettiva per il bene comune. Nel primo caso, la cittadinanza è sostanzialmente intesa come una protezione degli individui dal potere arbitrario dello Stato, enfatizzando il diritto individuale al perseguimento dei propri interessi privati, pur nel rispetto della legge; nel secondo, l'enfasi è invece riposta sulla società civile organizzata che agisce per la comunità senza fini egoistici:

> *Si tratta di una contrapposizione che assume la concezione della cittadinanza come differenza paradigmatica, nel senso che la natura del rapporto di cittadinanza incorpora e sintetizza una contrapposta visione sia dei soggetti della relazione, sia del ruolo della comunità e dello Stato, sia, infine, della natura del processo politico. Se per il liberalismo la cittadinanza è uno status definito dai diritti soggettivi che consentono agli individui di perseguire i loro interessi privati in uno spazio immune dall'interferenza, per i neorepubblicani la cittadinanza è l'agire politico in vista del bene condiviso dai membri della comunità. [...] Mentre dunque nella teoria liberale la cittadinanza si costruisce lungo le coordinate categoriali di individuo e diritti, nel repubblicanesimo il discorso ruota attorno alle nozioni di comunità e di partecipazione in funzione di un fine non egoistico o non privatistico.*
>
> Sau 2004, 99

Come nota Danilo Zolo, il concetto liberale di cittadinanza è riconducibile soprattutto alle prime formulazioni giuridiche continentali, ponendo l'accento sullo *status* di cittadino (distinto dallo straniero) a cui vengono ascritti un insieme di diritti passivi. Nel secondo caso, i diritti formali diventano una leva per l'azione politica collettiva, assumendo dunque una connotazione di evidente interesse sociologico e politologico (Zolo 1994). La «cittadinanza sociologica» acquisisce dunque una connessione, non solo formale, con i moderni istituti della democrazia; essa pone l'accento sulla partecipazione politica per il bene collettivo; non si riferisce più soltanto all'insieme di diritti civili e politici, ma concepisce la democratizzazione anche come luogo di graduale estensione dei principali diritti sociali connessi alle istituzioni di *welfare*.

11.2.1. Forme e origini della cittadinanza democratica

Il concetto di cittadinanza è legato al riconoscimento di determinati diritti; tali diritti possono essere civili, politici e sociali. Tra il diciannovesimo e ventesimo secolo si è assistito a una rinnovata attenzione politica verso il tema dei diritti, sia rispetto al loro *contenuto* sia rispetto alla loro *estensione*. Sul piano contenutistico, si è affermata l'idea che la cittadinanza passi per il riconoscimento di determinati **diritti civili** (protezione dal potere arbitrario dello Stato, uguaglianza giuridica, libertà personali, di parola, di impresa) e **diritti politici** (suffragio universale maschile e femminile). A questi si sono aggiunti i cosiddetti **diritti sociali** (Marshall 1949, tr.it. 1976), pensati per ridurre le disuguaglianze sociali e culturali e dunque rivolti alle categorie più svantaggiate (scuola pubblica, sanità pubblica, riduzione dell'orario di lavoro, ammortizzatori sociali, pensioni, ecc.). Sul piano dell'estensione, è aumentato in modo cospicuo il numero di individui che possono godere di queste tre tipologie di diritti, legando la cittadinanza (civile, politica e sociale) al processo di democratizzazione. In questo modo aumenta il numero degli individui (cittadini) che possono sottrarsi all'arbitrio della *fortuna* o dei po-

> La cittadinanza democratica implica il riconoscimento generalizzato di **diritti civili**, **politici** e **sociali**

tenti: «Pensiamo alle varie forme di garanzie del reddito, come le pensioni e le indennità di disoccupazione, pensiamo ai vincoli posti al licenziamento e, più in generale, all'utilizzazione della forza lavoro, pensiamo al voto e alla sua funzione di controllo sulle élite politiche, pensiamo al ruolo di una magistratura neutrale nel far valere il diritto contro il sopruso» (Zincone 1992, 31-32).

Tutti questi diritti non avanzano però in maniera omogenea e si affermano storicamente con tempi e sequenze diverse. Lo stesso Marshall, che è l'ideatore della distinzione tridimensionale dei diritti di cittadinanza, considera virtuosa la sequenza storica che vede in primo luogo l'affermazione dei diritti civili, poi quelli politici, infine quelli sociali. Secondo quest'ordine, il lungo processo verso la democrazia parte dall'assunzione delle principali libertà civili e giuridiche, che rappresentano la base per la successiva affermazione dei diritti politici e la conseguente costruzione dei partiti di massa che, insieme ai sindacati, contribuiscono all'affermazione dei diritti sociali. Ma in realtà tale sequenza non è scontata; ancora oggi vi sono categorie sociali, si pensi ai migranti, a cui sono garantiti diritti di cittadinanza minimi, ma non i diritti politici. Essi possono usufruire di alcune protezioni sociali previste dallo Stato in cui risiedono (istruzione, sanità, ecc.) e possono anche organizzarsi in associazioni civiche, ma non possono partecipare attivamente alla vita politica attraverso il voto. In realtà la sequenza di Marshall rispecchia abbastanza fedelmente l'esperienza inglese che non è però applicabile a tutti i casi storici. Molti studiosi, come abbiamo visto nei precedenti capitoli, legano l'affermazione dei diritti di cittadinanza all'esperienza della guerra totale (Poggi 1991, tr.it. 1992; Tilly 1975; 1990) che avrebbe storicamente favorito l'universalizzazione del suffragio e l'adozione di politiche sociali a protezione delle classi meno abbienti; al contempo, il riconoscimento di tali diritti non è visto solo come una forma di elargizione da parte del potere costituito, ma piuttosto come il prodotto del conflitto sociale portato avanti dalle classi popolari organizzate in movimenti collettivi (2007, tr.it. 2009). In altri casi, l'elargizione di diritti (politici e sociali) è vista come un deterrente contro lo sviluppo di forze antisistema, una sorta di azione di normalizzazione che le autorità politiche avrebbero messo in atto per scongiurare i rischi di ribellione e rivoluzione delle classi popolari (Therborn 1977). In realtà, le scuole di pensiero a riguardo sono molte e variano anche in base al peso che gli studiosi hanno attribuito di volta in volta ai *diritti politici* – che per i pensatori di scuola liberale sono gli unici effettivamente connessi al concetto di cittadinanza – o ai *diritti sociali*. A questo riguardo, e mutuando in parte la sistematizzazione logica di Giovanna Zincone rispetto all'identificazione dei fattori determinanti, cioè delle condizioni di partenza dei vari percorsi di cittadinanza, possiamo individuare almeno otto filoni analitici, che non vanno però concepiti come reciprocamente esclusivi (Zincone 1992; ma anche Alber 1986; Barbalet 1988):

- Il primo filone enfatizza la dimensione del conflitto, assumendo i diritti di cittadinanza come una conquista sociale, cioè il prodotto di mobilitazioni dal basso. In questo senso, i diritti sarebbero desiderati, perseguiti e ottenuti dai loro stessi destinatari organizzati collettivamente (tra gli altri: Goldthorpe 1967; Korpi 1978; Giddens 1983; Wood 1986).

- Il secondo filone, in un certo senso opposto al primo, imputa l'esistenza dei diritti di cittadinanza a una *mossa dall'alto*, cioè a una sostanziale concessione delle classi dirigenti, ora per indebolire le organizzazioni operaie, riducendo dunque gli spazi e le motivazioni del conflitto antisistemico (tra gli altri: Briggs 1967; Parkin 1971; Thane 1986), ora per ottenere consensi più ampi nell'ambito di situazioni conflittuali pregresse (tra gli altri: Bendix 1964; Rokkan 1970; Therborn 1977). In ogni caso, i diritti di cittadinanza non rappresentano da questo punto di vista una conquista sociale, ma piuttosto una concessione delle élites per normalizzare o inibire il conflitto.
- Il terzo filone combina le prime due prospettive, sostenendo che i diritti di cittadinanza sarebbero il prodotto dell'interconnessione di azioni dall'alto e dal basso. Un regime autoritario concederebbe infatti alcuni diritti, soprattutto diritti di protezione sociale, come azione strategica per fare fronte a una classe operaia sempre più conflittuale e organizzata (Alber 1986).
- Il quarto filone analitico connette l'affermazione dei diritti di cittadinanza al processo di modernizzazione economica e, in particolare, alla formazione di coalizioni o classi sociali egemoniche per le quali sarebbe stato storicamente funzionale un'estensione dei diritti di cittadinanza. Una simile posizione, sostenuta da autori di rilievo (tra gli altri: Esping Andersen 1985; Weir, Skocpol 1989), è stata ben sistematizzata dal già citato lavoro di Barrington Moore sulle *Origini sociali della dittatura e della democrazia* (1966, tr.it. 1969) che, nel suo studio storico-comparato di tre democrazie (Stati Uniti, Gran Bretagna e Francia), considera cinque fattori funzionali all'affermazione democratica: 1) l'esistenza di un certo equilibrio che impedisca il consolidamento di una monarchia forte e di un'aristocrazia terriera troppo indipendente; 2) una svolta verso un'agricoltura di tipo mercantile o da parte di un'aristocrazia terriera illuminata o da parte della stessa classe contadina; 3) un sostanziale indebolimento dell'aristocrazia terriera a fronte di una nobiltà indipendente dedita ad attività di tipo mercantile; 4) l'assenza di una coalizione aristocratico-borghese contro la classe contadina e operaia; 5) una rottura rivoluzionaria con il passato. Rispetto a questo punto, Moore considera le rivoluzioni inglese, americana e francese come nodi fondamentali per comprendere la successiva evoluzione in senso democratico.
- Il quinto filone, in parte legato al quarto, considera importanti le determinanti economiche che assegnerebbero forza ad alcune classi sociali. Alestalo e Kuhnle (1987) spiegano per esempio la via non violenta alla democrazia nell'area scandinava con la presenza di una forte classe contadina dedita a un'agricoltura mercantile. Lo stesso Polanyi (1944) sostiene la tesi secondo cui lo sviluppo capitalistico, con la sua tendenza alla mercificazione della terra e della forza lavoro, determinerebbe la formazione di classi sociali che resistono all'imbarbarimento, favorendo uno sviluppo democratico.
- Un sesto filone si concentra soprattutto sull'affermazione dei diritti sociali che dipenderebbe dalla presenza di strutture sociopolitiche idonee, come per esempio una burocrazia efficace e un assetto decisionale non conflittuale (Peters 1972; Heclo 1976), oppure l'esistenza di diritti politici standardizzati e

sottoposti al controllo di una forte autorità pubblica (Tilly 1975; Brinbaum 1982).

- Un settimo filone enfatizza la presenza di una cultura sociale favorevole all'estensione dei diritti di cittadinanza, come si è realizzato in Francia dopo la Rivoluzione (Dahrendorf 1984; Turner 1986), o la presenza di forze innovatrici capaci di produrre, e rendere vincenti, culture politiche solidaristiche ed egualitarie (Ewald 1986; Barbalet 1988).
- Altri autori enfatizzano invece la componente «diffusiva». Seconda tale impostazione, la democratizzazione sarebbe il prodotto di una contaminazione e, in particolare, dell'influenza esercitata da eventuali Stati limitrofi ed economicamente più avanzati (Bendix 1964; Kuhnle 1978). Questo spiegherebbe tra l'altro, sia la graduale liberalizzazione del sistema politico italiano alla fine del diciannovesimo secolo, sia i processi di democratizzazione nell'Europa dell'Est dopo il crollo del sistema sovietico.

In tutte queste ipotesi sussistono elementi di verità che servono a spiegare percorsi specifici di democratizzazione in diverse realtà storiche. Ciò che accomuna più o meno tutti i filoni appena esposti, è un'attenzione rivolta a diversi processi sociali che avrebbero concorso alla determinazione di trasformazioni politiche. La prospettiva sociologica di partenza è dunque palese.

11.2.2. Il lungo percorso della democratizzazione

Robert Dahl indica i principali percorsi storici verso la democrazia concepita secondo un impianto liberale

Abbiamo già avuto modo di citare il lavoro di **Robert Dahl**, considerato, in ambito politologico, come uno degli autori più efficaci rispetto all'analisi del fenomeno democratico, per quanto il suo orientamento orientato al processo finisca poi per produrre comunque un'immagine statica di democrazia (cfr. par. 11.1) e perlopiù legata a una concezione liberale, che concepisce il fatto democratico come luogo di concessione ed elargizione dei soli diritti politici, trascurando la pur importante dimensione che si articola nel concetto di cittadinanza sociale. Se assumiamo la liberaldemocrazia come modello statico di riferimento, la prospettiva tracciata da Dahl è senza dubbio efficace e degna di considerazione. Egli, in linea con una tradizione normativa, definisce la democrazia come «la capacità dei governi a soddisfare, in misura continuativa, le preferenze dei cittadini, in un quadro di eguaglianza politica» (Dahl1971, tr.it. 1981, 27), legando dunque la qualità democratica al concetto di *responsiveness*, cioè di rispondenza degli output governativi rispetto alle preferenze (domande) provenienti dalla società. Per far sì che questo si realizzi, il regime democratico si deve a suo avviso dotare di un sistema di procedure che facilitino i cittadini nel processo di formulazione delle preferenze. Da questo punto di vista, **una classe politica democratica deve garantire: 1) che i cittadini formulino le proprie preferenze; 2) che possano proporle al governo e ai propri concittadini attraverso il libero ricorso all'azione individuale e collettiva; 3) che ogni preferenza possa avere eguale peso** e non vi siano dunque discriminazioni di individui o categorie sociali. Perché sussistano queste tre condizioni, occorre a suo avviso che si realizzino otto garanzie costituzionali: **1) libertà di organizzazione; 2) libertà di espressione; 3) diritto di voto (a suffragio universale); 4) diritto di competizione (per il sostegno e il voto); 5) diritto a eleggere le cariche politiche; 6) fonti alternative di informazione; 7) elezioni libere e corrette; 8) istituzioni che vincolino il governo al risultato elettorale e alle domande sociali**.

La natura liberale dell'impostazione di Dahl emerge soprattutto nella centralità attribuita al processo elettorale. Perché un paese sia democratico è dunque sufficiente, in un'ottica liberale, che garantisca a tutti il diritto di esprimersi attraverso il voto in elezioni competitive, libere e corrette (cfr. par. 11.1.1). Ovviamente, lo stesso Dahl è consapevole dell'insufficienza di tale definizione statica e, in linea con la sua attenzione al «processo», propone diversi *percorsi* di democratizzazione che si fondano sulla considerazione di due fondamentali dimensioni teoriche: 1) il **diritto all'opposizione**, che presuppone l'esistenza di garanzie costituzionali che permettano ai membri di un sistema politico di controllare l'operato del governo; 2) il **grado di inclusione**, legato all'estensione dei diritti politici e cioè al numero dei cittadini a cui è riconosciuto il diritto di opposizione, nonché gli altri diritti connessi alla cittadinanza politica. Incrociando le due dimensioni, Dahl propone una tipologia di regimi politici attraverso cui può distinguere tra: **egemonie chiuse**, dove è negato il diritto di opposizione a qualsiasi cittadino; **oligarchie competitive**, dove il diritto di opposizione è garantito solo a gruppi ristretti; **egemonie includenti**, dove si registrano bassi gradi di partecipazione garantiti però a tutti i cittadini; **poliarchie**, che rappresentano la situazione compiutamente democratica, con ampi diritti di partecipazione garantiti a tutti. In base a questa tipologia quadridimensionale, Dahl propone tre possibili percorsi storici da una situazione di «egemonia chiusa» a una situazione «poliarchica», dunque liberaldemocratica (vedi fig. 11.1):

- **Percorso 1:** nel primo percorso tracciato da Dahl, la competizione precede l'inclusione, segnando un processo graduale da un'*egemonia chiusa* a un'*oligarchia competitiva*, fino alla *poliarchia*, e cioè alla liberaldemocrazia di massa. Questa sequenza logica, tipica di realtà europee come il Regno Unito, la Svezia, la Norvegia, sarebbe per Dahl quella destinata a produrre le democrazie più stabili, consentendo una socializzazione graduale da parte dei nuovi gruppi sociali alle nuove regole del gioco.
- **Percorso 2:** nel secondo percorso, l'inclusione precede la competizione, segnando un processo graduale da un'*egemonia chiusa* a un'*egemonia inclusiva*, fino a una situazione di *poliarchia*. In questi casi, il processo di democratizzazione ha fatto prevalere l'inclusione attraverso un'estensione relativamente precoce dei diritti politici (il voto). Questo percorso è per Dahl il più rischioso, perché l'estensione del suffragio precede l'interiorizzazione effettiva delle regole della politica competitiva da parte delle élites, rendendo molto più tortuosa la ricerca di un sistema di garanzie.
- **Percorso 3:** nel terzo percorso, si realizza una sorta di scorciatoia, dove inclusione e competizione crescono contemporaneamente, segnando un processo

Fig. 11.1 Il percorso della prima democratizzazione secondo Dahl

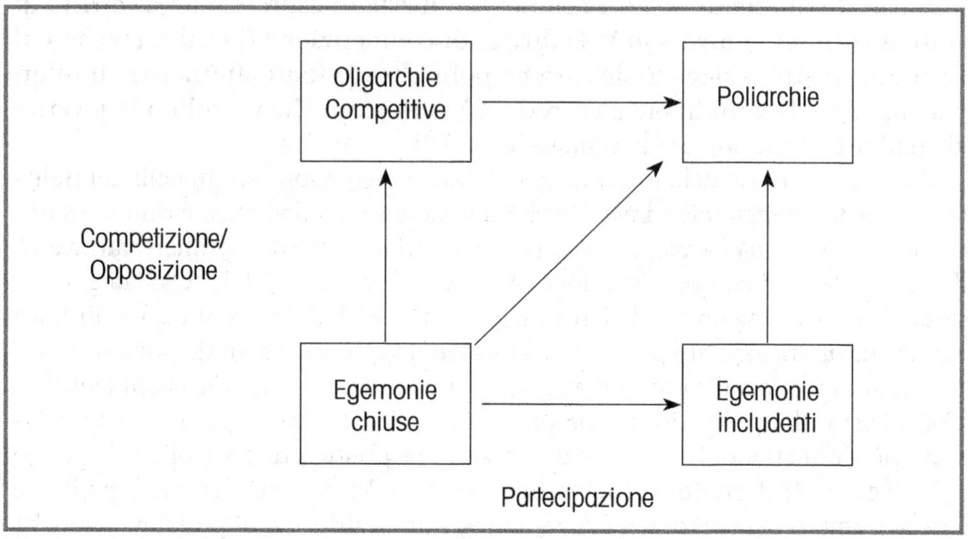

rapido da un'*egemonia chiusa* a una *poliarchia*, senza soste intermedie. Per Dahl si tratta di una via rischiosa; raramente infatti il passaggio repentino da una realtà autoritaria a una inclusiva e competitiva ha portato alla formazione di liberaldemocrazie stabili.

Rokkan individua quattro soglie istituzionali da superare nel percorso verso la democrazia

Anche se con diversi livelli di rischio, i tre percorsi delineati da Robert Dahl portano tutti all'affermazione più o meno stabile di un regime liberaldemocratico fondato su inclusione e competizione, due elementi che determinano la formazione di corpi intermedi tra élites e masse (partiti politici di massa), in grado di aggregare gli interessi sociali e tradurli politicamente nelle sedi della rappresentanza democratica. Anche grazie all'azione di queste nuove forze, l'elemento civile e politico della cittadinanza potrà arricchirsi, come abbiamo visto, dell'elemento sociale, permettendo lo sviluppo e il consolidamento, specie nella seconda metà del ventesimo secolo, degli istituti fondamentali di protezione sociale nelle forme del moderno *welfare state*. Come si è visto, l'affermazione dei partiti di massa, a partire dal riconoscimento dei diritti di opposizione e competizione, si realizza attraverso un percorso complesso e articolato. Rokkan (1970, tr.it. 1982) parla a questo riguardo di almeno quattro «soglie istituzionali» che i movimenti montanti hanno dovuto oltrepassare nel loro lungo percorso verso la costituzione dello Stato democratico di diritto: 1) la cosiddetta **soglia di legittimazione**, connessa all'affermazione dei diritti civili e quindi alla possibilità di esprimere il dissenso attraverso la libera organizzazione e la libera stampa; 2) la **soglia di incorporazione**, collegata invece alla possibilità di influenzare le scelte dei rappresentanti e quindi all'estensione del suffragio e dei diritti politici; 3) la **soglia della rappresentanza**, legata invece all'ingresso delle nuove formazioni politiche di massa nelle sedi parlamentari; 4) infine la **soglia del potere esecutivo**, legata alla capacità di controllo sulle attività di governo. Il superamento di queste soglie rappresenta un passo fondamentale per il processo di democratizzazione e per la costituzione di regimi in cui, come abbiamo affermato, le relazioni politiche tra Stato e cittadini mostrino una consultazione sempre più ampia, uguale, protetta e mutualmente vincolante.

11.3. Oltre la democrazia liberale

Fino ad ora abbiamo considerato prevalentemente quella forma di organizzazione democratica che si articola nelle norme e procedure delle liberaldemocrazie di massa e che, come si è detto, si fondano soprattutto sul suffragio universale maschile e femminile e sulla logica della rappresentanza, dunque su una forma di potere delegato dai cittadini a un corpo di specialisti della politica. Ma, come nota Eder (2010, 246), «la democrazia è un processo permanente di definizione e ridefinizione» che, nella logica processuale verso la quale abbiamo mostrato maggiore interesse, può mutare nel tempo. La democrazia liberale non è tra l'altro l'unica forma di democrazia possibile, ma piuttosto quella che storicamente si è consolidata in Occidente e, per diffusione, anche in altre aree geopolitiche. Ma è proprio nei luoghi dove essa è stata pensata, perseguita e instaurata che oggi viene da più parti contestata, non solo teoricamente, ma anche nelle pratiche sociali. Da tempo si assiste infatti, in Occidente, a un indebolimento del grado di legittimazione sociale degli istituti delle democrazie rappresentative. Gli indicatori di questo fenomeno sono molteplici, dai livelli sempre più elevati di astensionismo elettorale alla nascita di numerosi movimenti e forze politiche populiste e antisistema. Naturalmente, questa crisi di funzionamento degli istituti democratici liberali è accompagnata, e in parte determinata, da una crisi strutturale degli organi tradizionali di partecipazione e organizzazione politica, a cominciare dai partiti di massa, indeboliti ideologicamente e organizzativamente e sempre meno capaci di aggregare e tradurre in politica la molteplicità degli interessi sociali. Questo fenomeno fa riemergere alcune contestazioni teoriche alla democrazia rappresentativa che, per quanto storicamente dominante, è sempre stata accompagnata nel suo sviluppo da altre concezioni democratiche che hanno assunto molteplici etichette; si è spesso sentito parlare di «democrazia partecipativa» (Pateman 1970; Polletta 2002), di «democrazia forte» (Barber 2004), di «democrazia comunicativa» o «discorsiva» (Young 1996), per citare solo alcune possibili alternative teoriche alla democrazia liberale classica. Tutte queste varie elaborazioni si fondano su una critica alla logica della democrazia delegata, ponendo l'accento sull'esigenza di creare occasioni di conflitto e quindi di partecipazione politica diretta e spazi di deliberazione pubblica socialmente condivisi. Varia in sostanza la prospettiva rispetto al ruolo degli «interessi», dove e come si formano, e alle loro modalità di aggregazione e organizzazione.

Come nota la della Porta (2010; 2011, 15), nell'intenso dibattito sulla teoria normativa della democrazia è possibile individuare due dimensioni dirimenti: da un lato, la costruzione di interessi e identità come processi esogeni (cioè esterni) ovvero endogeni (cioè interni) al processo politico democratico; dall'altro il riconoscimento o meno del conflitto come dimensione fondamentale del processo politico. Incrociando le due dimensioni è possibile individuare quattro modelli ideali di democrazia: liberale, partecipativa, liberale-deliberativa, partecipativo-deliberativa (tab. 11.1.).

La **democrazia liberale** è oggi sfidata dalla **democrazia partecipativa** o dalle varianti della **democrazia deliberativa**

- La **democrazia liberale** si fonda sull'idea che le identità si sviluppino all'esterno del processo politico, concepito essenzialmente nelle forme della rappresentanza. Essa presuppone che corpi intermedi (i partiti) aggreghino gli interessi sociali esterni al sistema politico per poi tentare di tradurli in politiche pubbliche nelle sedi della rappresentanza istituzionale. Pur accettando la logica poliarchica di una pluralità di preferenze sociopolitiche, in una logica liberale si presuppone un consenso sostanziale su una serie di interessi compatibili con il sistema, identificando nel conflitto sociale e politico, e nelle forme di partecipazione che esso comporta, un elemento disfunzionale, dunque sostanzialmente negativo.
- La **democrazia partecipativa** rappresenta la prima sfida teorica alla democrazia liberale, riconoscendo la molteplicità dei conflitti sociali e l'esigenza di un ampio coinvolgimento dei cittadini nel processo politico al di là del momento elettorale. L'approccio partecipativo alla democrazia presuppone in ogni caso una sostanziale separatezza tra contraddizioni sociali e traduzione politica, assumendo dunque una formazione delle identità e degli interessi esogena rispetto al processo politico.
- La **democrazia liberale-deliberativa** è una variante della concezione democratico-liberale classica. Chi guarda alla democrazia in questa prospettiva enfatizza la dimensione endogena della formazione di identità e interessi rispetto al processo democratico. Si guarda con attenzione al processo di formazione degli interessi (e delle preferenze) all'interno delle istituzioni democratiche, rifiutando però la logica maggioritaria della democrazia liberale secondo cui il processo si debba concludere sempre con un voto che divide i cittadini in maggioranze e minoranze. Più che sull'output decisionale, si pone dunque l'accento sulle potenzialità discorsive del processo democratico che si fonda sul confronto tra opzioni diverse. Tale confronto può infatti concludersi in un incontro e cioè nella trasformazione di tali preferenze nel corso del processo discorsivo.

Tab. 11.1 Concezioni di democrazia in base a interessi e conflitto

	Identità esogene	Identità endogene
Consenso	Democrazia liberale	Democrazia liberale-deliberativa
Conflitto	Democrazia partecipativa	Democrazia partecipativo-deliberativa

fonte: della Porta 2010, 15

- La **democrazia partecipativa-deliberativa** è il prodotto della combinazione delle due principali critiche alla democrazia liberale rappresentativa, quella partecipativa e quella deliberativa. In questo caso la democrazia è vista sia come spazio di conflitto che presuppone una partecipazione diretta dei cittadini al di là del momento elettorale, sia come un luogo di incontro tra preferenze in conflitto che si elaborano e trasformano nel confronto discorsivo in seno alle istituzioni democratiche. La sfera pubblica, concetto di cui parleremo a breve, è concepita come il luogo ideale di conflitto tra esperienze e identità diverse che si trasformano dentro il sistema nel corso del processo democratico.

La democrazia liberale classica dimostra sotto molti aspetti di essere inadeguata a rispondere alle sfide poste da un mondo in costante trasformazione, tanto da spingere alcuni studiosi a riflettere su una possibile fase *postdemocratica* (Crouch 2003), determinata dal sostanziale indebolimento di tutti gli istituti principali della democrazia rappresentativa di impianto liberale (parlamenti, partiti di massa, separazione tra economia e politica, ecc.). L'esplosione dei processi di globalizzazione, le pressioni sempre più forti dei mercati sulla politica nazionale, il parziale indebolimento degli Stati nell'esercizio della loro sovranità, l'emersione di una società civile dinamica e organizzata che rifiuta di essere incanalata nelle forme convenzionali di partecipazione politica, sia a livello nazionale e sub-nazionale, sia a livello transnazionale, impone una riflessione sulle possibili alternative, al momento perlopiù teoriche, alle tradizionali forme di organizzazione sociopolitica. Per questa ragione rifletteremo in maniera più approfondita sulla «democrazia partecipativa» e sulle due varianti di «democrazia deliberativa» che si candidano diversamente a sostituire o integrare i meccanismi classici della liberaldemocrazia di massa.

11.3.1. La democrazia partecipativa

La **democrazia partecipativa** presuppone la partecipazione diretta dei cittadini al processo decisionale in un contesto di uguaglianza sostanziale

Lo sviluppo di svariate forme di partecipazione politica, molte delle quali orientate alla protesta, ha fatto sì che dalla seconda metà del ventesimo secolo diversi studiosi ragionassero sull'insussistenza teorica di una concezione democratica che vede nel conflitto sociale e politico un elemento disfunzionale all'organizzazione di un sistema ordinato. Critici rispetto al «dogma della rappresentanza», i sostenitori di una concezione partecipativa della democrazia pongono l'accento sulla partecipazione e sul conflitto come elementi di rivitalizzazione democratica. **La democrazia partecipativa mette in discussione il principio liberale della delega e si sofferma sulla configurazione di un sistema in cui i cittadini consapevoli partecipano direttamente al processo decisionale in una condizione di eguaglianza sostanziale**. Si critica dunque l'inevitabile degenerazione oligarchica delle democrazie rappresentative, rivendicando una concezione classica di sovranità popolare esercitata attraverso una partecipazione politica ampia e inclusiva secondo le aspirazioni dei primi movimenti democratici sviluppatisi in Europa a partire dalla fine del XVII secolo:

Il centro propulsore della democratizzazione [...] è l'eguaglianza, impiegata come strumento

> *capace di mettere in luce le differenze e denunciare l'illegittimità degli steccati che frammentano la società nazionale creando classi di cittadini reciprocamente estranee. Ed è il nesso partecipazione-uguaglianza-diritti che continua a sorreggere le rivendicazioni democratiche nel corso dell'Ottocento […] È in questa prospettiva che vengono condotti gli attacchi ai vincoli censitari del suffragio, cui l'élite politica e sociale e una parte consistente dell'opinione pubblica oppongono una tenace resistenza.*
>
> Costa 2010, 9

I sostenitori della democrazia partecipativa ritengono dunque fondamentale il coinvolgimento dei cittadini a prescindere dal momento elettorale (Arnstein 1969; Pateman 1970; Barber 2004). Come rileva la Pateman, ai cittadini dovrebbero esseri garantiti tanti spazi di azione quante sono le sfere dell'attività politico-decisionale, in un contesto di partecipazione *piena*, intesa come quel «processo in cui ogni membro individuale di un organo decisionale ha uguale potere nel determinare l'esito delle decisioni» (Pateman 1970, 70-71). Come nota Arnstein, sulla stessa linea, «la partecipazione dei cittadini è una categoria del potere dei cittadini» a cui deve essere garantito un libero accesso alle informazioni necessarie all'azione decisionale diretta, senza necessariamente scommettere sulla loro passività in favore dei professionisti della politica (Arnestein 1969, 216). La partecipazione politica così concepita assumerebbe tra l'altro una funzione di socializzazione dei cittadini ai valori e agli istituti di una democrazia concepita come azione collettiva per il bene comune. La partecipazione, dunque, come «scuola di democrazia» che produce stimoli all'attivismo sociale e fiducia reciproca:

> *L'attività civica educa gli individui rispetto al modo di pensare in pubblico come cittadini dato che la cittadinanza permea l'attività civica con il necessario senso di pubblicità e giustizia. La politica diventa la sua propria università, la cittadinanza la sua palestra, la partecipazione il suo maestro.*
>
> Barber 2004, 152

Questa dimensione di educazione civica emerge con forza nelle ricerche sugli attivisti dei movimenti sociali che, nel corso dell'azione, mostrano di trasformare se stessi alimentandosi di virtù democratiche che dall'azione partecipativa traggono la loro linfa (Szas 1995, 154). Lo stesso punto di vista è sostenuto dalla Pateman, secondo cui partecipando si impara a partecipare:

> *La principale funzione della partecipazione è […] quella educativa nel senso più ampio del termine, che include sia gli aspetti psicologici che l'acquisizione di una pratica nelle capacità e procedure democratiche […] La partecipazione sviluppa e forgia quelle stesse qualità che sono per essa necessarie: più un individuo partecipa più è capace di partecipare.*
>
> Pateman 1970, 42,43

Al contempo, la partecipazione democratica diventa lo strumento delle classi popolari per la redistribuzione di risorse e valori in società. La democrazia partecipativa è anche e soprattutto una concezione sociale della politica che si basa sull'esigenza di una libera espressione dei conflitti nella pratica collettiva per l'uguaglianza. In questo senso, nota la della Porta (2011, 57-58), essa presenta numerosi elementi in comune con le concezioni di «democrazia associativa»

(Hirst 1994) e di «democrazia radicale» (Laclau, Mouffe 2001), che enfatizzano le pratiche di autorganizzazione sociale anche in sostituzione di alcune funzioni statali, ponendo l'accento sull'esigenza di una «democrazia agonistica» come modo pacifico di gestione dei conflitti tra interessi contrapposti:

> *Mentre l'antagonismo è una relazione noi/loro in cui le due parti sono nemici che non condividono alcuna base comune, l'agonismo è una relazione noi/loro in cui le parti, pur riconoscendo che non c'è alcuna soluzione razionale del loro conflitto, tuttavia riconoscono la legittimità dell'oppositore [...] Questo significa che, seppur in conflitto, esse vedono se stessi come appartenenti alla stessa associazione politica, condividendo uno spazio simbolico in cui il loro conflitto si sviluppa.*
>
> Mouffe 2005, 20

La dimensione conflittuale e partecipativa di queste concezioni alternative al liberalismo classico è dunque evidente, dentro un quadro teorico che enfatizza comunque la separazione tra spazio sociale e spazio politico. Gli interessi contrapposti e le identità collettive prendono corpo nell'arena sociale per poi essere ricondotte al processo politico partecipativo.

11.3.2. La democrazia deliberativa

Diversa e per certi aspetti più articolata è la critica alla democrazia liberale classica proveniente dai teorici della **democrazia deliberativa** nelle due varianti liberale e partecipativa che condividono l'enfasi sulla trasformazione delle preferenze nel corso di un processo discorsivo realizzato nelle interazioni politico-deliberative (Drysek 2000a). In entrambe le concezioni si assume dunque che «interessi» e «identità» si formino e si trasformino all'interno del processo politico, contestando quelle concezioni della democrazia che si basano sull'esigenza politica di aggregare interessi esogeni al sistema:

> Con la **democrazia deliberativa** si assume il superamento dell'identificazione della democrazia con i principi del voto e della maggioranza e di una concezione della politica quale regno della razionalità strumentale

> *Alla base del modello deliberativo si pone il superamento dell'identificazione della democrazia con i principi del voto e della maggioranza e di una concezione della politica quale regno della razionalità strumentale e spazio di aggregazione tra interessi irrimediabilmente contrapposti. La politica, nel modello deliberativo, non è solo il luogo di ricomposizione degli interessi, ma anche lo spazio di confronto tra saperi diversi.*
>
> Raffini 2010, 49

La deliberazione, in un contesto di pluralismo, diventa dunque l'unica forma di legittimazione democratica delle decisioni socialmente vincolanti (Cohen 1986; Manin 1987). Il principio dell'aggregazione degli interessi è dunque sostituito da quello della loro integrazione all'interno del processo democratico. Le due prospettive deliberative, quella liberale e quella partecipativa, si distinguono per una diversa considerazione del conflitto – inibito nel primo caso, enfatizzato nel secondo – e per un'idea diversa rispetto all'individuazione della sede «naturale» della deliberazione: nella deliberazione liberale il processo discorsivo-deliberativo si realizza nella cornice destrutturata di una sfera pubblica lontana dai rapporti di potere (Habermas 1962, tr.it. 1984); nella deliberazione partecipativa lo stesso processo avviene invece nelle sedi definite da una società civile organizzata e, all'occorrenza, orientata alla protesta politica (Dryzek 2000b).

- **La «prospettiva liberale-deliberativa» pone l'accento sul confronto razionale tra individui convinti della forza del migliore argomento per giungere alla decisione politica entro una logica sostanzialmente consensuale**. Il nodo centrale sta dunque nelle argomentazioni e nel discorso. In questa logica democratica i partecipanti ai processi deliberativi si convincono a vicenda giungendo a decisioni condivise (Gutmann, Thompson 2004). La deliberazione si realizza dunque attraverso flussi di comunicazione orizzontali dove gli individui, in quanto portatori di contenuti molteplici, si confrontano tra loro mostrando una forte propensione all'ascolto. Secondo Dryzek (2000b, 64), la democrazia deliberativa, o «discorsiva», è un tipo di comunicazione spassionato, logico, ragionevole. Cade l'enfasi sulla contrapposizione tra interessi privati che sono qui ricondotti discorsivamente all'interesse generale (Cohen 1989).
La concezione deliberativa di stampo liberale ha le sue radici nell'opera di **Jürgen Habermas** che giunge alla elaborazione di una teoria normativa di democrazia a partire da una critica della razionalità strumentale che caratterizza l'epoca moderna (Habermas 1962, tr.it. 1984; 1992, tr.it. 1996). A questo riguardo, egli distingue tre mondi a cui corrispondono forme diverse di azione razionale: 1) il «mondo oggettivo» degli eventi; 2) il «mondo sociale» delle norme; 3) il «mondo soggettivo» dei dialoganti, o «mondo vitale». Il primo mondo è quello dove prevale la razionalità strumentale e una forma di agire razionale orientato allo scopo, cioè «teleologico». In questo contesto gli individui si rapportano al mondo esterno al fine di manipolarlo e piegarlo ai propri fini; il secondo mondo è quello in cui prevale un ordine normativo e quindi anche una forma di agire razionale orientato alla norma. In questo contesto gli individui agiscono conformandosi agli orientamenti (e alle aspettative) culturali del gruppo sociale di riferimento; il terzo mondo è invece il luogo della realizzazione simbolica degli individui, dove prevale un agire «drammaturgico», cioè rappresentato nelle interazioni sociali come sulla scena di un teatro. In questo contesto può prevalere una forma di razionalità discorsiva contrapposta alla mera razionalità strumentale, dando luogo a forme di agire comunicativo orientato all'intesa. **«Etica del discorso» e «razionalità comunicativa» sono alla base del modello di democrazia fondata sulla deliberazione**. In questo modo Habermas propone una via d'uscita sia dal modello liberale di democrazia sia da quello repubblicano e comunitario. Se, nel primo caso, i cittadini si incontrano nella dimensione collettiva come individui separati portatori di interessi distinti, nel secondo, individualità e comunità etica si fondono nell'unica dimensione dell'interesse generale. La terza via indicata da Habermas cerca invece di integrare autonomia individuale e integrazione sociale: «La dicotomia individuo-società trova una conciliazione, in cui assume centralità la dimensione intersoggettiva della comunicazione tra individui, nei termini della razionalità comunicativa che diviene *medium* di integrazione» (Raffini 2011, 56). Il modello procedurale di democrazia deliberativa elaborato da Habermas si fonda dunque sull'esigenza

La concezione deliberativa di stampo liberale ha le sue radici nell'opera di **Jürgen Habermas** e nella sua idea di **sfera pubblica** borghese

di istituzionalizzare i processi argomentativi nell'ambito di una **sfera pubblica** composta da un «pubblico raziocinante»:

Stabilendo un collegamento interno tra considerazioni pragmatiche, compromessi, discorsi di autochiarimento e discorsi di giustizia, questa procedura democratica fonda la presunzione che sia sempre possibile – purché si possa elaborare una quantità di informazioni relative al problema – conseguire risultati ragionevoli ed equi. Secondo questa concezione la ragion pratica non risiede più nei diritti universali dell'uomo, o nella sostanza etica di una comunità particolare, bensì in quelle regole di discorso e forme argomentative che derivano il loro contenuto normativo dalla base di validità dell'agire orientato all'intesa, dunque – in ultima istanza – dalla struttura della comunicazione linguistica e dell'orientamento insostituibile di una socializzazione comunicativa.

Habermas 1992, tr.it. 1996, 351

A partire da questo presupposto, Habermas propone una deliberazione a due livelli (*two-track*): da un lato, abbiamo la formazione di una pubblica opinione nell'ambito di una sfera pubblica separata dallo Stato; dall'altro, abbiamo il momento della produzione decisionale che avviene attraverso meccanismi istituzionalizzati (assemblee rappresentative). La sfera pubblica autonoma diventa uno spazio comunicativo sostanzialmente anarchico dentro cui percepire nuove situazioni problematiche fuori dai canali istituzionalizzati dei media *mainstream*. Essa diviene il luogo dell'emancipazione umana in un contesto di partecipazione ampia e in base a un'impostazione discorsiva realmente orientata all'intesa. Opinione pubblica e decisione politica rimangono dunque due processi separati che si realizzano in contesti autonomi: rispettivamente «sfera pubblica» e «Stato».

La **democrazia partecipativa-deliberativa** coniuga partecipazione e deliberazione in un contesto di eguaglianza sostanziale

- **La «prospettiva partecipativa-deliberativa» coniuga partecipazione e deliberazione in un contesto di eguaglianza sostanziale e inclusione sociale a partire da una critica al concetto borghese di sfera pubblica elaborato da Habermas**. Si mette infatti in discussione l'esistenza di un'unica sfera pubblica all'interno della quale si formulerebbero le opinioni. Per dirla con Nancy Fraser:

Non solo c'è sempre una pluralità di pubblici in reciproca competizione, ma le relazioni tra pubblici borghesi e altri pubblici sono sempre conflittuali. Sin da principio, contro-pubblici hanno contestato le norme esclusive dei pubblici borghesi, elaborando stili alternativi di comportamento politico e norme alternative per il discorso pubblico. A loro volta i pubblici borghesi stigmatizzavano queste alternative e cercavano in modo deliberato di bloccare una partecipazione più ampia.

Fraser 1997, 75

Il primo aspetto che differenzia la deliberazione partecipativa rispetto a quella liberale sta dunque nell'importanza rivolta al conflitto tra visioni del mondo che prendono corpo nell'ambito di sfere pubbliche distinte e contrapposte. Lavoratori, donne, minoranze etniche hanno storicamente creato arene discorsive proprie, sviluppando contro-discorsi rispetto a quelli sostenuti nella sfera pubblica borghese. Da qui emerge un'ulteriore critica alla democrazia deliberativa di impianto liberale che, con Habermas (1992, tr.it. 1996), postula un processo dua-

le, dove una deliberazione informale ed extraistituzionale influenza i processi deliberativi istituzionali. Si trascura dunque l'attivazione di processi deliberativi che si realizzano fuori dalla dimensione istituzionale nelle pratiche di movimento e all'interno di gruppi volontari (Cohen 1989; Dryzek 2000b). Secondo questa logica, la vera deliberazione, cioè quella che dà vita al processo democratico, si realizza anche e soprattutto in contesti liberi dal potere istituzionale attraverso l'azione partecipativa di cittadini organizzati in reticoli associativi. Anche in questo caso la logica discorsiva è fondamentale, ma viene integrata dalla logica della protesta: «I processi di partecipazione impegnata e responsabile includono manifestazioni di piazza e sit-in, musica e fumetti, allo stesso titolo dei discorsi parlamentari o della posta dei lettori» (Young 2003, 119).
La deliberazione liberale considera ininfluenti le disuguaglianze sociali che, al contrario, nella deliberazione partecipativa sono poste al centro del processo di conflitto. Senza un'attenzione alla portata reale delle disuguaglianze, anche la discussione in contesti deliberativi rischia di riprodurre la logica oligarchica della democrazia rappresentativa, negando ai gruppi oppressi la capacità di apprendere le regole del gioco grazie alle quali il processo deliberativo può essere realmente orizzontale. Le forme di oppressione sociale si articolano infatti all'interno di meccanismi istituzionali che impediscono di fatto ad alcuni gruppi di individui di apprendere quelle capacità necessarie a muoversi liberamente all'interno di arene decisionali socialmente riconosciute. I meccanismi di oppressione «inibiscono la capacità delle persone di interagire e comunicare con gli altri o di esprimere i loro sentimenti e le loro idee sulla vita sociale in contesti in cui gli altri possano ascoltarli» (Young 2000, 156).
La deliberazione partecipativa si può realizzare dunque solo dentro un contesto di eguaglianza, inclusione e trasparenza, all'interno di arene fisiche di discussione e deliberazione in cui tutti coloro che sono potenzialmente interessati alla posta in gioco possano argomentare razionalmente le proprie preferenze in vista del bene comune (della Porta 2005). Attraverso questa opposizione alle gerarchie, nell'enfasi riposta sulla partecipazione di base, la democrazia deliberativa e partecipativa è diventata la formula prediletta di partecipazione e decisone dei nuovi movimenti sociali. Non è un caso che i principali esperimenti istituzionali di democrazia deliberativa siano stati realizzati sotto la spinta di movimenti di base, costituendo un'evoluzione qualitativa della tradizionale democrazia partecipativa, così come dei modelli di *governance* adottati nelle moderne democrazie rappresentative (Gbikpi 2005; Freschi, Raffini 2010; Fourniau, Tafere 2010).
Tra queste nuove pratiche deliberative, la più nota è probabilmente riconducibile all'esperienza dei **bilanci partecipativi** inaugurati all'inizio degli anni Novanta in Brasile e successivamente sperimentati in Europa (specie in Italia, Spagna e Francia) a livello di governo municipale (Allegretti, Campos, Suqueira 2010). L'obiettivo del bilancio partecipativo sta nel consentire a tutti i cittadini di partecipare alla definizione del bilancio comunale attraverso la costruzione di assemblee territoriali deliberative e tavoli di lavoro dove vengono formulate proposte che il governo municipale si impegna a tradurre in politi-

che. Sul piano della piena incisività tale esperienza ha dimostrato di coinvolgere solo una piccola parte della popolazione attiva, facendo prevalere le preferenze dei cittadini già mobilitati e organizzati. In questo modo non si risolve il problema dell'autoesclusione sociale di buona parte della cittadinanza che delega ad altri il potere di discutere e decidere. Per risolvere questo problema, altri hanno sperimentato la costruzione di campioni di popolazione statisticamente rappresentativi a cui affidare il compito della deliberazione (Sintomer 2007, tr.it. 2009). In questo modo anche i cittadini comuni e più isolati possono accedere al processo decisionale in una logica di rappresentatività sociologica. Altri ancora hanno sperimentato i cosiddetti **sondaggi deliberativi** (Fishkin 1991) pensati per inserire momenti di deliberazione strutturata all'interno dei regimi liberaldemocratici. Tali sondaggi si svolgono aggregando un campione casuale di cittadini, mettendoli nelle condizioni di informarsi su determinati argomenti rispetto ai quali sono poi chiamati a deliberare. In altri casi, si è ricorso alla formazione di **giurie di cittadini**, sperimentate a partire dagli anni Settanta in molti paesi europei, coinvolgendo di volta in volta un numero relativamente ristretto di individui selezionati in base a un criterio di rappresentatività sociologica. In altri casi ancora, si sono sperimentate forme di **deliberazione elettronica**, sfruttando le potenzialità delle rete (Hančič 2010). Per quanto interessanti e per certi versi efficaci, tutti questi esperimenti di democrazia deliberativa non sono stati esenti da critiche (Raffini 2011, 68-69), accusati spesso di non riuscire effettivamente a liberare il processo decisionale dal controllo gerarchico e manipolativo delle istituzioni.

Approfondimento 11.2

Il Bilancio Partecipativo a Porto Alegre

Il Bilancio Partecipativo in Brasile è legato all'esperienza di governo del *Partido dos Trabalhadores* che nel 1988 vince le elezioni comunali a Porto Alegre, capitale dello Stato brasiliano di Rio Grande do Sul, 1 milione e 300 mila abitanti in un'area metropolitana di 3 milioni di abitanti. La nuova amministrazione del Fronte Popolare si impegna subito in un nuovo percorso di democrazia e partecipazione, elaborando il progetto del *bilancio partecipativo*, in portoghese *orçamento participativo* (O.P.), che prevede un fitto percorso assembleare nel corso dell'anno politico-amministrativo aperto a tutti i cittadini che contribuiscono a sostanziare il processo di definizione dei *Piani annuali di Investimento* del Comune. Tale esperienza si appoggia sull'attivismo di un tessuto associativo e di movimenti ampio, grazie al quale sin dal 1983 si sono formate le cosiddette UAMPA (Unione delle Associazioni di Quartiere di Porto Alegre), esercitando una pressione sul governo municipale e favorendo la costituzione di una serie di organismi consultivi.

La preparazione annuale dell'O.P. si articola in due percorsi paralleli – uno territoriale e l'altro tematico – ed è scadenzata in due turni princi-

pali, separati da un periodo intermedio di discussioni (*assembleias intermediarias*) nei vari quartieri delle 16 regioni in cui è stato diviso il territorio cittadino. La prima tornata, che ha luogo tra marzo e aprile, si sviluppa in 16 assemblee plenarie territoriali, una per regione comunale, e 5 assemblee plenarie su altrettanti temi (trasporto e circolazione, salute e assistenza sociale, educazione, cultura e riposo, sviluppo economico e tassazione, sviluppo urbano). Qui si presentano i conti e si valutano le opere realizzate nell'anno solare precedente, si eleggono i *delegati* per i Forum dei Delegati della Regione e per la Plenaria Tematica (in numero proporzionale alla partecipazione dei singoli quartieri all'assemblea della regione comunale). I delegati hanno il compito di organizzare la partecipazione popolare alle assemblee, a partire dalla preparazione della tornata intermedia, che si svolge in ogni regione tra aprile e maggio con decine di riunioni di quartiere, finalizzate alla diagnosi delle necessità locali, alla scelta delle priorità tematiche, alla definizione di una gerarchia degli obiettivi di investimento da proporre. Nella seconda tornata, i delegati eleggono i *consiglieri* (2 per ogni regione e 2 per ogni tema, quindi 32 più 10, eleggibili per non più di due volte consecutive) i quali formano il Consiglio Popolare del Bilancio Partecipativo (COP), quella che può essere intesa come l'istanza di vertice del processo partecipativo: in costante dialogo con gli stessi delegati, i consiglieri si incaricano di valutare le priorità di bilancio emerse nelle riunioni precedenti e mettono a punto la proposta di programma di investimento da presentare all'amministrazione comunale. In questa fase si attiva la negoziazione con gli organismi del governo municipale per individuare il giusto equilibrio di bilancio e la distribuzione equa delle risorse da investire tra le diverse regioni comunali. La redazione finale della proposta di bilancio, approvata o modificata dal COP, dovrà essere discussa e approvata dal Consiglio Comunale. Essa costituirà la base del nuovo Piano di Investimenti.
La partecipazione a tutte le fasi del percorso avviene su base volontaria e a titolo gratuito. L'O.P. si sviluppa in parallelo al lavoro delle Istituzioni comunali previste dalla legge nazionale brasiliana, senza avere una formalizzazione legislativa. Esso dunque non possiede una base legale, ma si regge su fondamenti etici (la sua forza risiede nel patto politico Amministrazione Popolare e cittadini).

11.4. Determinanti democratiche e mutamento

La riflessione sulle **determinanti democratiche** ha portato molti studiosi a identificare condizioni non direttamente politiche che possano favorire la democrazia

L'enfasi che abbiamo riposto sui processi di democratizzazione e de-democratizzazione ci spinge a riflettere sulle condizioni sociali favorevoli a uno sviluppo politico in senso democratico e sui processi di mutamento *delle* e *nelle* democrazie. La riflessione sulle **determinanti democratiche** ha portato molti studiosi a identificare condizioni non direttamente politiche che possano eventualmente favorire la democrazia (cfr. par. 11.2.1). Alcuni autori hanno per esempio posto l'accento sulla dimensione culturale, affermando che la democrazia è più facile che si sviluppi in contesti dove esistono storicamente strati di popolazione attiva, disposta a cooperare per il bene pubblico, che creda nella legittimità delle istituzioni e presenti, tra l'altro, una certa disponibilità culturale a conformarsi a un sistema di autorità (Budge 1970; Putnam 1973). Altri studiosi, sulla scia di Max Weber, hanno ritenuto invece la democrazia compatibile con alcune religioni, in particolare con quella cristiana protestante, che favorirebbe l'intrapresa e la realizzazione individuale. Almond e Verba (1963), in una loro celebre ricerca comparata su cinque democrazie (Stati Uniti, Gran Bretagna, Germania, Messico, Italia), hanno identificato lo spirito democratico con lo sviluppo di una **cultura civica** (*civic culture*) caratterizzata da un'attitudine generale alla partecipazione e all'impegno politico moderato, da una fiducia nei confronti delle istituzioni pubbliche, dall'assenza di dissensi profondi e dal rispetto per l'autorità.

Altri hanno mostrato come l'ostacolo di culture politiche disfunzionali all'affermazione del processo democratico possa essere superato attraverso l'azione di élite politiche illuminate e predisposte alla sintesi. È il caso delle cosiddette **democrazie consociative** (Rabushka, Shepsle 1972; Liphart 1977), caratterizzate in genere da società divise da profonde fratture ideologiche, etniche, religiose, linguistiche, come nel caso di molti paesi nord-europei. Tali conflitti, di per sé non funzionali allo sbocco democratico, sono poi ricomposti politicamente da una classe dirigente che, pur nella diversità, mostra una propensione al consenso, piuttosto che al conflitto. A questo riguardo, il ruolo della cultura politica di massa è meno rilevante rispetto agli atteggiamenti illuminati delle élites.

Altri autori hanno invece posto l'accento su determinanti socioeconomiche, facendo riferimento all'importanza del **pluralismo sociale**, cioè di un ordine sociale pluralistico per l'affermazione della democrazia, accostato a livelli alti di alfabetizzazione, all'assenza di disuguaglianze sociali eccessive e al libero sviluppo dei mass media. In realtà, tutte queste analisi possono valere per alcuni contesti, ma l'evidenza empirica mostra che cultura politica, benessere economico (magari in un'economia capitalistica), assenza di disuguaglianze e alfabetizzazione non siano legate alla democrazia da un rapporto di causa-effetto. Senza dubbio, possiamo affermare che istruzione, libera informazione e pluralismo sociale (cioè pluralismo degli interessi sociali) sono condizioni che possono favorire l'eventuale assetto democratico di un regime, ma poi entrano in gioco un insieme di variabili storico-politiche che possono condizionare il processo in un senso o in un altro. Questo ci spinge a riflettere sulle dinamiche di mutamento che accompagnano l'instaurazione e il consolidamento di un assetto democratico, ovvero la sua crisi.

11.4.1. Instaurazione e crisi democratica

Se non è possibile individuare determinanti certe, cioè necessarie e sufficienti alla costruzione di un assetto sociopolitico in cui la relazione tra Stato e cittadini si realizzi in una consultazione ampia, uguale, protetta e mutualmente vincolante, è comunque possibile definire alcune fasi del processo di democratizzazione, quando cioè un determinato regime tenta di darsi un assetto politico-istituzionale democratico. È al contempo possibile individuare gli elementi che possano mettere in crisi lo stesso processo riattivando quel meccanismo involutivo che abbiamo chiamato de-democratizzazione.

Un regime che voglia darsi un assetto democratico deve affrontare le fasi di **transizione**, **instaurazione**, **consolidamento**, **stabilizzazione** e, eventualmente, **crisi**

L'insaturazione democratica

Un regime che punta a darsi un assetto democratico deve affrontare alcune fasi processuali che gli analisti politici hanno diviso in **transizione**, **instaurazione**, **consolidamento**, **stabilizzazione** e, eventualmente, **crisi**.

– **Transizione e instaurazione:** la fase iniziale della democratizzazione corrisponde alla cosiddetta «transizione», intesa come quel periodo intermedio in cui un determinato regime abbandona gradualmente i tratti del precedente assetto, avviando un percorso verso un'organizzazione sistemica in senso democratico. In questa fase di sostanziale fluidità istituzionale, le configurazioni del nuovo assetto tendono a sovrapporsi ad alcuni elementi del precedente regime, anche se la direzione democratica del processo è già evidente. Il tratto saliente della prima democratizzazione corrisponde in genere a una graduale «liberalizzazione», e cioè alla concessione da parte delle élites di alcuni fondamentali diritti civili e politici. Questo momento non va confuso con l'instaurazione democratica. Si tratta di una fase molto precaria, diretta dalle classi dirigenti, che non garantisce di per sé il successivo sbocco democratico. Perché tale esito abbia luogo, occorre una spinta e un consenso sociale (di massa) al nuovo corso. L'«instaurazione democratica» presuppone infatti l'universalizzazione dei diritti di cittadinanza nell'ambito di un processo di sostanziale civilizzazione sociale, in cui i cittadini, al limite organizzati politicamente, si riconoscono nei valori e nelle norme di un assetto istituzionale democratico. In questo contesto entrano in gioco almeno due categorie di attori: gli **attori interni**, che possono essere divisi in «attori sociopolitici istituzionali», che hanno goduto di una situazione di privilegio anche nel passato regime, e «attori sociopolitici non istituzionali», che erano invece all'opposizione nel vecchio regime e si candidano ora a giocare un ruolo rilevante nell'organizzazione del nuovo assetto. Vi sono poi i cosiddetti **attori esterni**, tra i quali giocano spesso un ruolo fondamentale gli «attori internazionali» che, soprattutto dopo una guerra, possono incidere in modo significativo nell'orientare (o imporre) un nuovo percorso politico-istituzionale. Generalmente, le forze politiche di opposizione al vecchio regime autoritario non sono in grado, da sole, di costruire il nuovo assetto e devono dunque fare affidamento sulla capacità di influenza, e spesso sull'appoggio politico ed economico, di paesi stranieri che sono interessati all'evoluzione democratica del regime. Naturalmente, una variabile che interviene nel processo influenzandolo in una direzione o in un'altra è rintracciabile nella «durata del vecchio regime non democratico». Se infatti la popolazione ha memoria di una fase pre-autoritaria, o comunque di una passata esperienza di democratizzazione poi interrotta, è più facile che si possa raggiungere un compromesso virtuoso tra le forze sociali e politiche che intendono giocare un ruolo nel nuovo sistema, avviando dunque la **fase costituente**. È evidente che nella fase di transizione e instaurazione le élites giochino un ruolo decisivo che sarebbe però del tutto insufficiente se non fosse accompagnato da un consenso sociale generalizzato e veicolato da organizzazioni politiche di massa che riconducano il conflitto politico nell'alveo del nuovo assetto normativo. Il livello di organizzazione dell'opposizione sociopolitica al vecchio regime è dunque una variabile rilevante per comprendere le dinamiche e le modalità di organizzazione del nuovo architrave sociale e istituzionale.

- **Consolidamento e stabilizzazione:** la fase di «consolidamento» può essere relativamente lunga e si riferisce al processo di definizione e adattamento dei caratteri fondamentali e secondari delle strutture e delle norme del nuovo assetto democratico (Morlino 1986). Si tratta di un processo articolato che passa anche per il consolidamento di un sistema di prassi e consuetudini che, inevitabilmente, hanno bisogno di un certo periodo di tempo per potersi sedimentare. In questa fase il nuovo regime deve lavorare alla sua **legittimazione**, assicurandosi il monopolio della violenza e la costruzione di un sistema diffuso di legalità. Al contempo, deve stringere alleanza con i detentori del potere economico, soprattutto gli imprenditori e le loro organizzazioni di categoria, che devono avere la percezione che i propri interessi siano garantiti anche nel nuovo regime. Oltre al processo di legittimazione, il nuovo assetto deve poggiarsi su alcune **ancore** che ne garantiscano la continuità. In primo luogo è importante che la nuova configurazione politica non presenti forze antisistema, o comunque è fondamentale la prevalenza di organizzazioni politiche di massa che, pur nella conflittualità ideologica, non perseguano trasformazioni strutturali che possano mettere a rischio il nuovo corso. Occorre poi che si costituiscano organi sociali di rappresentanza degli interessi (organizzazioni imprenditoriali e sindacati) che organizzino il conflitto sociale senza rinunciare alla contrattazione con la classe politica neodemocratica. Occorre infine evitare che eventuali subculture locali prevalgano sul nuovo assetto nazionale, facendo emergere comportamenti a livello territoriale che possano risultare disfunzionali al nuovo assetto istituzionale. Se il processo di consolidamento si realizza senza intoppi, la democratizzazione procede in senso progressivo, avviando la sua graduale «stabilizzazione». In caso contrario, le democratizzazione rischia di entrare in crisi, alcune delle quali superabili, altre di carattere strutturale e destinate dunque a produrre il crollo del sistema e un processo di graduale, ma inevitabile, de-democratizzazione.

• La crisi democratica

Si parla di «crisi democratica» per indicare l'insieme dei fenomeni sociopolitici che finiscono con l'alterare i meccanismi essenziali e/o secondari di quel regime, quando cioè si attivano processi che rendono le consultazioni tra cittadini e Stato meno ampie, uguali, protette e mutualmente vincolanti. Non tutte le crisi democratiche portano con sé il rischio di un crollo di regime e il ritorno a una situazione autoritaria. A questo riguardo, è possibile distinguere

> Una **crisi democratica** si attiva in genere in corrispondenza di profonde trasformazioni socioeconomiche che modificano la configurazione degli interessi sociali

tra **crisi *nella* democrazia** e **crisi *della* democrazia**. Nel primo caso, solo alcuni meccanismi si inceppano, senza per questo inficiare l'assetto strutturale del regime; nel secondo caso, a entrare in crisi sono invece alcuni meccanismi fondamentali per la definizione democratica di un regime, esponendolo al rischio di crollo.

Una situazione di crisi democratica si attiva in genere in corrispondenza di profonde trasformazioni socioeconomiche che modificano la configurazione degli interessi sociali. In questi casi, il rischio è che la classe politica non sia in grado di fronteggiare la nuova situazione, finendo col soccombere di fronte a una conflittualità crescente. In una prima fase si assiste a una radicalizzazione delle modalità di conflitto a cui corrisponde una frammentazione della classe politica. Entra in crisi il blocco politico dominante, cioè l'insieme delle forze politiche che governano il sistema, così come il blocco sociale dominante, che si identifica nell'alleanza tra politica e interessi sociali organizzati. Un primo indicatore è rintracciabile nell'instabilità governativa; la coalizione di governo non riesce a rispondere alle crescenti domande sociali ed entra in crisi per **inefficacia decisionale**. Nascono nuovi movimenti di protesta a cui si aggiungono movimenti «populisti» e «antipolitici» che, in genere sotto la spinta catalizzatrice di un leader carismatico, contestano l'assetto politico candidandosi a guidare la transizione verso nuovi sbocchi; questi possono portare a una rivitalizzazione del regime democratico, magari attraverso una sostituzione delle élites, così come a un crollo del regime stesso nella direzione di una soluzione autoritaria. In questa fase si può assistere a una politicizzazione di poteri tradizionalmente neutrali, come l'esercito o la magistratura, che mettono dunque in discussione la capacità governativa di esercitare il proprio monopolio sulla violenza organizzata. Nei contesti politici contemporanei è molto difficile che una crisi democratica possa tradursi in un crollo di regime, dal momento che, dopo la seconda guerra mondiale, si è consolidato un sistema internazionale che vigila sulle democrazie nazionali impedendo, all'occorrenza, trasformazioni di regime troppo radicali, a meno che queste non rientrino nel disegno politico di alcune potenze mondiali.

11.5. I regimi non democratici

I **regimi non democratici** si distinguono in regimi tradizionali, regimi totalitari, regimi autoritari e regimi di transizione

Le riflessioni su «instaurazione» e «crisi» dei regimi democratici ci impongono di ragionare, seppur brevemente, sulle non-democrazie che sono il punto di partenza del processo di democratizzazione o l'approdo ultimo della de-democratizzazione. In breve, ogni paese democratico è stato non-democratico e, in caso di crisi strutturale, rischia di tornare ad esserlo. La letteratura politologica ci consente oggi di distinguere quattro modelli di regime non democratico: a seconda delle condizioni sociopolitiche, si possono infatti avere **regimi tradizionali**, **regimi totalitari**, **regimi autoritari**, o **regimi di transizione** (tab. 11.2).

Tab. 11.2 Regimi non democratici

Regime tradizionale	Oligarchia competitiva Regime sultanistico	
Totalitarismo	di destra di sinistra	
Autoritarismo	Regime militare	Tirannia militare Oligarchia militare – militari moderatori / militari guardiani / militari governanti
	Regime civile-militare	Regime burocratico militare Regime corporativo Regime esercito-partito
	Regime civile	Regime nazionalista di mobilitazione Regime comunista di mobilitazione Regime fascista di mobilitazione Regime di mobilitazione a base religiosa
Regime di transizione	Pseudo-democrazie	
	Democrazia protetta Democrazia elettorale	

Fonte: Cotta, della Porta, Morlino 2001, 139

11.5.1. I regimi tradizionali

Ci riferiamo a un regime tradizionale per definire in genere tutte le situazioni politiche pre-moderne, in cui il processo di graduale liberalizzazione non si è avviato. Abbiamo parlato a questo riguardo di «oligarchie competitive», in cui il diritto al dissenso e all'opposizione è concesso solo a gruppi ristretti e il potere politico, spesso confuso con quello economico, è saldamente concentrato nelle mani di una élite ancora più ristretta. L'espressione di «regime tradizionale» (Linz, Stepan 1996) è oggi utilizzata anche per descrivere quei regimi politici contemporanei in cui l'organizzazione politica si fonda sul potere personale di un sovrano, senza un'amministrazione pubblica particolarmente sviluppata. Si parla in questi casi di **regime sultanistico**, tipico di alcuni paesi dell'area mediorientale come l'Arabia Saudita o gli Emirati Arabi, in cui non si è sviluppata nei secoli una concezione moderna di nazione e cittadinanza. Il sovrano si circonda di collaboratori legati a lui da un rapporto di fedeltà e reverenza, alimentato da un gioco di paure e ricompense. Il potere è in questi casi usato per fini personalistici, manca qualunque forma di partecipazione politica di massa o una ideologia che legittimi la struttura politica del regime. Il ruolo dell'esercito e della polizia è fondamentale; ad essi è

Il **regime sultanistico** indica un'organizzazione politica che si fonda sul potere personale di un sovrano, senza un'amministrazione pubblica sviluppata

affidato il compito di controllo e repressione in un ambito di cittadinanza negata. La struttura sociale è semplice, in genere di tipo tribale, dove la dimensione etnica prevale sul riconoscimento di una cultura politica nazionale.

11.5.2. I regimi totalitari

I regimi totalitari sono privi di pluralismo politico

Un regime politico si definisce «totalitario» quando è privo di pluralismo politico. Il potere è saldamente gestito da un «partito unico» al vertice del quale vi è una stretta oligarchia diretta da un leader carismatico che subordina a sé ogni attività sociale. Il partito è lo strumento di organizzazione di una fitta rete amministrativa che serve a mobilitare la società civile e a controllare qualunque altro attore, dall'esercito alle istituzioni religiose. È in genere un regime che si autolegittima attraverso un'ideologia totale che si fonda sull'esigenza di edificare un «ordine rivoluzionario». La tensione sociale è elevata, ma sempre sotto il controllo monistico del partito. La mobilitazione sociale è alta dentro una società di massa completamente subalterna al potere centrale. Il partito controlla direttamente anche gli organi della giustizia (magistratura e polizia) e i limiti al potere del leader sono assoluti e perlopiù imprevedibili. L'ordine è assicurato dal sistema ideologico e da un potere esercitato con gli strumenti del terrore. Come nota Fisichella (1976, 209), l'ideologia totalitaria si realizza in un nucleo progettuale di trasformazione totale della società e si rafforza nell'identificazione di un nemico da abbattere e verso cui dirottare l'ostilità sociale. Le uniche due esperienze storiche che tutti gli studiosi concordano nel ricondurre al modello totalitario sono quelle verificatesi negli anni Trenta nella Germania nazista e nell'Unione Sovietica di Stalin, anche se, al netto degli elementi in comune, i due regimi presentavano delle differenze significative (Talmon 1952, tr.it. 2000, 14-17). L'ideologia nazista era nazionalista e razzista, mentre quella sovietica era internazionalista e antirazzista; la spinta trasformazionale della Germania, con la sua esaltazione della tradizione, era senza dubbio meno sviluppata di quella sovietica, che esaltava invece la necessità della rottura rivoluzionaria con il passato; la leadership nazista era assolutamente monistica, a fronte di un'organizzazione relativamente più democratica nelle strutture del Partito comunista bolscevico; cambia l'origine sociale dei dirigenti del partito, reclutati nella borghesia o nella vecchia aristocrazia, in Germania, e nel proletariato in Unione Sovietica; infine, il nazismo sostenne la formazione di gruppi paramilitari, proibiti invece nell'esperienza sovietica.

11.5.3. I regimi autoritari

I regimi autoritari presentano un pluralismo politico limitato

L'autoritarismo è il modello più diffuso di regime non democratico che, nelle parole di Juan Linz, può essere definito come **un sistema con pluralismo politico limitato e non responsabile, senza una elaborata ideologia guida, ma con mentalità caratteristiche, senza una mobilitazione politica estesa o intensa,**

tranne che in alcuni momenti del suo sviluppo, e con un leader o talora un piccolo gruppo che esercita il potere entro limiti formalmente mal definiti, ma in realtà abbastanza prevedibili (Linz 1964). Le dimensioni rilevanti di questa definizione sono dunque cinque: 1) **pluralismo politico limitato**: il potere è ancorato a una coalizione sociopolitica dominante in cui attori rilevanti del mondo politico, economico, religioso e militare si saldano in un'organizzazione sociale gerarchica. Può essere tollerata anche la presenza di un moderato dissenso e forze di opposizione a cui è però impedita la possibilità di stravolgere il sistema di potere costituito; 2) **mentalità caratteristiche**: un regime autoritario non è in genere sostenuto da un'ideologia articolata, come nel caso delle esperienze totalitarie, ma piuttosto da un insieme di atteggiamenti veicolati dall'apparato ideologico di Stato (culto della patria, ordine, tradizione, ecc.); 3) **mobilitazione politica assente o limitata**: l'autoritarismo non prevede la partecipazione politica di massa che è al contrario disincentivata e ostacolata attraverso un uso massiccio della repressione poliziesca; 4) **presenza di un leader o un piccolo gruppo**: i vertici del potere sono sovente affidati a un'oligarchia ristretta che si identifica nel movimento politico (o partito) dominante; 5) **limiti formalmente mal definiti del potere**: il sistema legale non è formalmente ben definito e presenta dei livelli più o meno elevati di arbitrarietà. Il potere è dunque esercitato con una certa discrezionalità da parte dell'oligarchia dominante. Le tre principali forme di autoritarismo si realizzano nei **regimi militari**, nei **regimi civili-militari** e nei **regimi civili**, a loro volta scomponibili in sotto-tipologie (tab. 11.2).

• Regimi militari

> Nei **regimi militari** l'esercito o i suoi vertici rappresentano l'attore più rilevante

In questo caso l'esercito o i suoi vertici rappresentano l'attore più rilevante del regime. Essi salgono in genere al potere attraverso un colpo di Stato, giustificando il proprio attivismo attraverso l'elaborazione di mentalità caratteristiche che si articolano attorno ai concetti di «ordine» e di «interesse nazionale» in un contesto di depoliticizzazione di massa. Essi sfruttano il proprio monopolio sugli strumenti della violenza organizzata strutturandosi come forma di potere autonomo dalla politica (Janowitz 1964). Si parla di **tirannia militare** quando al vertice del potere vi è un unico leader che domina sull'esercito e il governo. Quando il leader condivide il potere con una ristretta élite generalmente reclutata tra i vertici dell'esercito, si parla invece di **oligarchia militare**. In base al ruolo effettivamente svolto dai vertici dell'esercito possiamo, sulla scia di Nordlinger (1977; tr.it. 1978, 51-57), distinguere tra **militari moderatori**, **militari guardiani** e **militari governanti**: nel primo caso, l'esercito si limita ad agire come gruppo di pressione con potere di veto sulle scelte del governo, ma la sua gestione del potere è sostanzialmente indiretta; nel secondo caso, i militari controllano direttamente le attività di governo e supervisionano i meccanismi di funzionamento delle strutture economiche e amministrative; nel terzo caso, infine, il controllo militare sul sistema è totale. I vertici dell'esercito assumono direttamente cariche politiche, economiche e burocratiche nell'ambito di un progetto ambizioso di trasformazione sociale (in senso progressista o conservatore).

Nei **regimi civili-militari** si realizza un'alleanza tra esercito, burocrati e attori economici

• Regimi civili-militari

In questo caso si realizza un'alleanza tra militari e civili, in particolare burocrati e rappresentanti della borghesia industriale e finanziaria (Stepan 1971). Questi tipi di regime possono essere distinti in quattro sotto-tipologie:

- **Regimi burocratici-militari**: essi sono il frutto di un'alleanza tra ufficiali e burocrati. In questo caso non esiste un partito di massa dominante, ma è possibile che vi sia un partito unico gestito come struttura di potere oligarchico a bassa mobilitazione sociale. Esempi di questo tipo di regime si sono avuti nel ventesimo secolo in Argentina e Brasile, negli anni Settanta, così come nella Spagna di Primo de Rivera, negli anni Venti, e nel Portogallo di Salazar, tra gli anni Trenta e la fine degli anni Sessanta (Linz 1975).
- **Regimi corporativi**: in questi casi la mobilitazione sociale è controllata attraverso alcune strutture organiche al sistema nell'ambito di un'ideologia dominante che contrasta sia con i principi del liberalismo classico, sia con il socialismo marxista. Essi si fondano su una rappresentanza corporativa delle unità economico-sociali.
- **Regimi populisti**: in questo caso, più che di regimi particolari, ci si riferisce a un'attitudine della leadership politica che può essere presente sia nei regimi burocratici-militari, sia in quelli corporativi. Il «populismo» come formula identificatrice di specifici regimi non democratici, è un fenomeno che si è sviluppato soprattutto in America Latina nella seconda metà del ventesimo secolo ed è il frutto della traduzione politica in senso autoritario degli alti livelli di mobilitazione che si realizzano nei momenti di rapida modernizzazione economica. Caratteristica di questi regimi è la presenza di un leader carismatico che, attraverso specifici dispositivi comunicativi, allaccia un rapporto diretto, cioè non mediato, con il «popolo» concepito come soggetto astratto unidimensionale. Si pensi a questo riguardo all'Argentina di Perón o alla Colombia di Rojas Pinilla.
- **Regimi esercito-partito**: in questi casi, esercito e partito unico sono due strutture parallele che agiscono però in modo simbiotico dentro una società che presenta livelli relativamente alti di mobilitazione. L'orientamento ideologico di questi regimi si è sovente identificato nel marxismo-leninismo declinato in chiave nazionalistica. Esempi del genere si sono avuti in Africa e in Medioriente.

• Regimi civili

I **regimi civili** sono sistemi di mobilitazione a cavallo tra autoritarismo e totalitarismo

I regimi autoritari civili, sono a cavallo tra autoritarismo e totalitarismo. Essi condividono con i regimi totalitari un forte richiamo alla mobilitazione di massa organizzata nell'ambito del partito unico che si configura dunque come un partito politico di massa. Secondo le tipizzazioni che raccogliamo dalla letteratura politologica, possiamo distinguere i regimi civili di mobilitazione in quattro sotto-tipologie legate all'ideologia dominante che essi esprimono:

- **Regimi nazionalisti**: si tratta sovente di regimi sorti da una lotta nazionale per l'indipendenza da una potenza straniera occupante. Sono spesso guidati da un leader carismatico che fonda un proprio partito utilizzato come strumento di mobilitazione e manipolazione del consenso. Esperienze del genere si sono avute per esempio in Monzambico, Angola, Guinea-Bissau, negli anni Settanta del ventesimo secolo, in seguito alle lotte di liberazione dall'oppressione coloniale portoghese.

- **Regimi comunisti**: in questi casi, il partito unico di massa è al centro della coalizione dominante, dentro un contesto ideologico di trasformazione sociale che si identifica nel marxismo-leninismo, declinato in alcuni casi nella variante *titoista* (in Jugoslavia), o in quella *maoista* (in Cina). Per quanto tali regimi abbiano diversi aspetti in comune con le esperienze totalitarie (alta mobilitazione, ideologia dominante, ecc.), prevedono comunque un pluralismo politico assai limitato, come avvenne nel caso dei regimi comunisti dell'Europa orientale, che si realizza nella relativa autonomia di alcuni gruppi sociali (burocrati, attori economici, esercito).
- **Regimi fascisti**: in questo caso, che tendiamo a identificare con l'esperienza italiana tra il 1922 e il 1943, la vocazione totalitaria è evidente. Molti elementi portano diversi osservatori a identificare il fascismo italiano con il totalitarismo tedesco ad esso coevo. Gli elementi in comune sono effettivamente molti: partito unico di massa, leader carismatico, controllo totale sulla popolazione, ideologia totale di trasformazione sociale in senso nazionalistico e, a tratti, anticapitalistico. Lo sbocco totalitario fu però impedito dalla presenza, nell'Italia dell'epoca, di due soggetti fondamentali che mantennero sempre una relativa autonomia dal regime: la monarchia e la Chiesa che, per quanto vicine al regime, non furono mai formalmente subordinate ad esso.
- **Regimi a base religiosa**: la religione è stata spesso utilizzata come strumento di legittimazione di un determinato regime politico ma, in alcuni casi storici, come nell'Iran di Khomeini, l'intera struttura di mobilitazione si articola attorno al *clero*. La religione, in questo caso islamica, e le diramazioni istituzionali che da essa derivano, si trasforma nell'ideologia totale che legittima l'intero assetto sociale e politico, nell'ambito di un sistema di mobilitazione piuttosto elevato.

11.5.4. Regimi di transizione e pseudo-democrazie

A conclusione di questa fin troppo rapida rassegna sui regimi non democratici, conviene soffermarci brevemente su un quarto modello che presenta elementi significativi di diversità rispetto ai precedenti. Ci riferiamo ai cosiddetti «regimi di transizione», così definiti perché si collocano a metà strada tra democrazia e autoritarismo. Essi si verificano in genere a conclusione di un'esperienza autoritaria o totalitaria, quando il processo di democratizzazione si è ormai avviato, ma ancora non si sono consolidati tutti i prerequisiti necessari a garantire una consultazione ampia, protetta, uguale e mutualmente vincolante. Si parla a questo riguardo di **democrazia protetta**, quando i diritti di cittadinanza sono formalmente garantiti, ma esistono ancora dei forti limiti alla competitività elettorale e quindi alla corret-

I **regimi di transizione** si collocano a metà strada tra democrazia e autoritarismo, mentre una **pseudo-democrazia** è una democrazia formale che funziona come un sistema autoritario

tezza democratica dell'espressione del suffragio. In questi casi, il processo è ancora sotto il controllo di soggetti che normalmente dovrebbero essere neutrali, come l'esercito o, nel caso di una guerra appena conclusa, le potenze straniere che sono risultate vittoriose. È il caso per esempio della Germania dopo la seconda guerra mondiale, o anche dell'Iraq e dell'Afghanistan dopo l'occupazione militare statunitense e delle forze alleate occidentali. Si ha invece una **democrazia elettorale**, quando il processo di voto procede effettivamente in modo corretto, ma vi sono ancora dei limiti rispetto all'effettiva universalizzazione dei diritti di cittadinanza, con un partito egemonico che domina l'intero assetto politico. Si parla infine di **pseudo-democrazia**, quando un regime presenta tutte le caratteristiche formali di un sistema democratico, ma funziona nella sostanza come un regime autoritario, con una coalizione dominante che impedisce nei fatti il normale svolgimento dei processi democratici. In questa categoria può essere ricondotta la Russia di Putin dove, a fronte di uno sviluppo formale dei principali istituti democratici, sono stati certificati numerosi casi di controllo politico e repressione da parte della coalizione dominante finalizzati a ridurre il normale sviluppo di una stampa libera e di un'opposizione realmente competitiva. ■

Percorso di autoverifica

- Quali sono i principali approcci allo studio della democrazia?
- Cosa intendiamo per democratizzazione e de-democratizzazione?
- Quali sono gli elementi attorno a cui si identifica la democrazia liberale?
- Come definiamo un regime liberaldemocratico?
- Cosa intendiamo per ampiezza, uguaglianza, protezione in una consultazione mutualmente vincolante?
- Che differenza esiste tra regimi ad alta capacità e regimi a bassa capacità?
- Quali sono i tre processi che favoriscono la democratizzazione?
- Cosa intendiamo per diritti di cittadinanza?
- Cosa intendiamo per cittadinanza attiva e cittadinanza passiva?
- Qual è la concezione liberale di cittadinanza?
- Qual è la concezione repubblicana di cittadinanza?
- Che rapporto esiste tra diritti civili, politici e sociali?
- Quali sono gli otto principali filoni analitici rispetto all'analisi della cittadinanza?
- Come si articola il processo di prima democratizzazione secondo la logica processuale di Dahl?
- Quali sono le quattro soglie istituzionali tracciate da Rokkan?
- Quali alternative esistono alla democrazia liberale?
- Cosa intendiamo per democrazia partecipativa?
- Cosa intendiamo per democrazia liberale-deliberativa?
- In che consiste il modello normativo di Habermas?
- Cosa intendiamo per democrazia partecipativa-deliberativa?
- Quali sono i principali esperimenti istituzionali di democrazia deliberativa?
- Quali sono le principali determinati non politiche della democrazia?
- Quali sono i quattro modelli di regime non democratico?
- Cosa intendiamo per regime sultanista?
- Cosa intendiamo per regime totalitario?
- Cosa intendiamo per regime autoritario?
- Quali sono le sotto-tipologie dell'autoritarismo?
- Quali sono le principali forme assunte dai regimi di transizione?
- Cosa intendiamo per pseudo-democrazia?

La partecipazione politica 12

La partecipazione politica è connessa ai due concetti interrelati di cittadinanza e democratizzazione; i cittadini a cui sono garantiti i diritti di appartenenza a una comunità politica vi prendono parte per condizionarne il corso. Essi possono limitarsi a prestare interesse alle vicende pubbliche, sviluppando atteggiamenti politici di massa che non necessariamente si traducono in impegno diretto, o possono altresì partecipare attivamente al processo politico nelle forme convenzionali del voto o utilizzando repertori di azione non convenzionali e spesso orientati alla protesta pubblica. In entrambi i casi, l'interesse dei cittadini è orientato sui meccanismi di produzione decisionale o sulla selezione dei rappresentanti politici. La partecipazione politica può esprimersi nelle forme di un impegno individuale o, molto più spesso, si traduce in un fatto associativo che si realizza nell'ambito di soggetti collettivi. I tre principali attori della partecipazione politica sono: i «partiti politici», che incanalano la vocazione partecipativa dei cittadini organizzando il processo elettorale, i «gruppi di interesse», che rappresentano interessi specifici esercitando spesso pressioni sulla classe politica per condizionarne le decisioni, e i «movimenti sociali», che sono soggetti fluidi a cui individui e gruppi partecipano praticando repertori perlopiù non istituzionali e orientati alla protesta. Le elezioni sono senza dubbio un momento fondamentale di partecipazione politica nelle moderne democrazie liberali che giustifica l'attenzione dei sociologi per il comportamento elettorale messo in atto dai cittadini anche quando questo si esprime nelle forme del non-voto.

Obiettivi di apprendimento

- In via di prima approssimazione, la partecipazione politica è un prendere parte a una dimensione collettiva che attiene alla sfera delle decisioni socialmente vincolanti.
- La partecipazione politica manifesta si esercita individualmente o nell'ambito di soggetti collettivi (partiti, gruppi, movimenti) che la organizzano sollecitando pratiche istituzionali oppure orientate al conflitto e alla protesta pubblica.
- Il comportamento elettorale può essere studiato sia da una prospettiva micro, concentrandosi sul comportamento dei singoli cittadini, sia da un punto di visto macro, soffermandosi sulla configurazione degli interessi e sulla loro traduzione politica.

12.1. Caratteri e dimensioni della partecipazione politica

In forma di prima approssimazione la **partecipazione politica** indica un prendere parte a una dimensione collettiva che attiene alla sfera delle decisioni socialmente vincolanti

Parlare di **partecipazione politica** dopo aver a lungo discusso sui concetti di democrazia e democratizzazione non è un fatto casuale. Il fenomeno della partecipazione è infatti connesso in modo inestricabile a quello di democrazia (e cittadinanza). Siamo certi di non operare alcuna forzatura affermando che non sia possibile oggi parlare realmente di processo democratico senza fare i conti con i meccanismi di costante interazione tra cittadini e Stato che trovano un fondamentale momento di espressione nelle pratiche partecipative, sovente di tipo conflittuale. Partendo dalla definizione data dal vocabolario della lingua italiana Zingarelli, possiamo affermare che, in linea generale, il termine «partecipazione» significa «essere presente a qualsiasi avvenimento che interessi una cerchia più o meno ampia di individui» o, ancora, «dividere con altri una condizione». Entrambe queste definizioni pongono dunque l'accento sulla dimensione collettiva della partecipazione. **Non si partecipa da soli a qualcosa, ma si condivide con altri un impegno di carattere generale**. Per approfondire ulteriormente il nostro sforzo di definizione, ricorriamo all'etimologia del termine: «partecipazione» deriva dal latino *partem căpĕre*, letteralmente, «prendere parte»; ma il verbo latino *căpĭo* significa anche «raggiungere», «ottenere», «conquistare». Applicando queste definizioni al campo della politica possiamo dunque preliminarmente affermare che **la partecipazione (politica) è un prendere parte a una dimensione collettiva che attiene alla sfera delle decisioni socialmente vincolanti**. La possibilità di partecipare politicamente non è però espressione di un diritto naturale, ma il prodotto di una «conquista sociale». Gli individui possono partecipare perché hanno scelto di farlo, conquistando, attraverso l'azione collettiva organizzata, i diritti di cittadinanza, cioè il diritto ad *essere parte* di una comunità politica e, al contempo, a *prendere parte* ai processi inerenti al suo sviluppo.

Questa doppia dimensione è messa in luce anche dalla letteratura sociologica e politologica quando si afferma che «la parola partecipazione ha, tanto nell'uso politico che in quello comune, due valenze semantiche fondamentali: 1) partecipare = *prendere parte* a un determinato atto, processo; 2) partecipare = *essere parte* di un organismo, di un gruppo, di una comunità» (Cotta 1979, 203). Secondo queste definizioni l'essere parte di una comunità abilita all'azione decisionale, cioè al prendere parte (Ceri 1996, 510). Perché vi sia partecipazione occorre quindi che gli individui siano titolari di alcuni diritti di appartenenza a una comunità (cittadinanza politica), acquisendo di conseguenza il potere di contribuire al processo decisionale. In questo modo, l'azione partecipativa funge anche da fonte di legittimazione del sistema di autorità e delle decisioni che da esso provengono. Tale legittimazione può essere *specifica*, quando si riferisce al contenuto particolare di alcune decisioni (Luhmann 1983, tr.it. 1995), o *diffusa*, quando è rivolta all'intero assetto autoritativo a prescindere dal contenuto delle singole decisioni (Scharpf 1997, tr.it. 1999). È questo secondo tipo di legittimità che consente a un sistema politico di sopravvivere alla contingenza e superare quindi eventuali crisi di efficienza ed effettività del processo decisionale. Incrociando le due dimensioni dell'*essere parte* e del *prendere parte*, secondo l'impianto tracciato da Raniolo (2007, 17), emergono quattro scenari partecipativi che corrispondono anche a quattro fasi storiche nel processo di sviluppo dei diritti di cittadinanza attiva (tab. 12.1); sul piano analitico è così possibile distinguere i seguenti quattro momenti: a) **esclusione/sudditanza**, che si verifica quando i diritti di cittadinanza ancora non sono stati concessi/conquistati e gli individui, da *sudditi* non si sentono parte di una comunità e di conseguenza non vi partecipano; b) **rivendicazione**, che si realizza quando da una situazione di esclusione sociopolitica, gli individui si organizzano collettivamente per ottenere la cittadinanza politica. È questo uno stadio in cui a livelli relativamente alti di partecipazione conflittuale ancora non corrisponde un senso di appartenenza alla comunità, si prende quindi parte senza però essere parte; c) **inclusione/cittadinanza**, che si realizza quando l'inclusione sociopolitica è finalmente riconosciuta dalle autorità politiche, i sudditi diventano cittadini e, a questa conquista, segue un periodo relativamente lungo di effervescenza partecipativa, si prende cioè parte a qualcosa di cui ci si sente parte; d) **alienazione**, che può realizzarsi nelle fasi di relativo consolidamento democratico. Calato l'entusiasmo dovuto alla conquista della cittadinanza politica (democratizzazione), si abbassano sensibilmente i livelli di partecipazione. In questa fase, tipica di molte liberaldemocrazie contemporanee, i cittadini, per quanto titolari dei diritti civili e politici (cittadinanza passiva), scelgono di non esercitarli (cittadinanza attiva). Ci si sente parte di una comunità, ma non vi si prende parte.

Alle due dimensioni semantiche della partecipazione (essere/fare parte) vanno aggiunte due ulteriori caratteristiche che ci portano a distinguere la **partecipazione strumentale** dalla **partecipazione espressiva**. Nel primo caso, ci riferiamo alla dimensione partecipativa largamente sostenuta dai teorici della scelta razionale (cfr. par. 5.4.3). In questa prospettiva, il cittadino è visto come attore razionale consapevole dei propri interessi; alla luce di questa consapevolezza, esso partecipa al processo decisionale o alla selezione del personale politico per perseguire utilità specifiche. Emerge la logica «efficiente» della partecipazione all'interno di un contesto teorico che enfatizza la dimensione aggregativa degli interessi propria del processo politico (Pizzorno 1993a). Nel secondo caso, ci riferiamo alla logica partecipativa sostenuta soprattutto da chi si fa portatore di un concetto di democrazia alternativo a quello liberale (cfr. par. 11.3.1 e 11.3.2). In

La **partecipazione espressiva** è diretta al conseguimento di benefici intrinseci che si traducono nella gratificazione derivante dalla partecipazione stessa; i benefici che derivano dalla **partecipazione strumentale** sono invece estrinseci

Tab. 12.1 Concezioni di democrazia in base a interessi e conflitto

Partecipazione come		Prendere parte –	Prendere parte +
Essere/Fare parte	–	Esclusione/sudditanza	Rivendicazione
	+	Alienazione	Inclusione/Cittadinanza

fonte: Raniolo 2007, 17

questa prospettiva, l'azione partecipativa non è necessariamente legata al perseguimento di utilità specifiche, ma è un bene in sé, assumendo dunque una forte valenza simbolica. Essa svolge dunque una funzione «espressiva» e «identificante» (ibid.). L'arena partecipativa si trasforma in una «palestra democratica»: «La partecipazione espressiva è diretta al conseguimento di benefici *intrinseci* che si traducono nella gratificazione derivante dalla partecipazione stessa. [...] I benefici che derivano dalla partecipazione strumentale sono, invece, *estrinseci*. Conseguono dalla capacità di tutelare specifici interessi e di ricavare utilità concrete» (Raniolo 2007, 20-21).

Da quanto detto, appare evidente che la partecipazione politica in un contesto di democratizzazione sia un atto volontario, cioè non imposto dall'alto. Essa si realizza perché i cittadini scelgono liberamente di intervenire nel processo decisionale o nella selezione della classe politica della comunità di cui si sentono parte. Per questa ragione, in questo capitolo trascureremo la partecipazione politica che si realizza in contesti di non-democrazia, in modo particolare nei regimi totalitari o in quelli autoritari a carattere civile. In quei casi non abbiamo parlato esplicitamente di partecipazione di massa, quanto piuttosto di «regimi ad alta mobilitazione», dove la partecipazione stessa è indotta strumentalmente dall'autorità politica che interviene sulle masse per rafforzare il proprio dominio. A questo riguardo, Fisichella afferma che, «mentre la partecipazione è un modo di essere del pubblico, la mobilitazione appare al contrario una tecnica di intervento sul pubblico» (Fisichella 1982, 70-71). Parliamo in questo caso di «mobilitazione» riferendoci alla **mobilitazione manipolata**, tipica dei contesti non democratici, da non confondersi naturalmente con le forme di mobilitazione popolare tipica di alcune fasi di effervescenza partecipativa sollecitate da movimenti sociali e politici anche in contesti democratici.

> Mentre la partecipazione è un modo di essere del pubblico, la **mobilitazione manipolata** appare al contrario una tecnica di intervento sul pubblico

Sulla base della densa letteratura sull'argomento e alla luce di queste considerazioni possiamo dunque affermare che: **si parla di partecipazione politica quando, nell'ambito di un dato sistema politico o organizzazione di cui *si è parte* (o si aspira a far parte), *si prende parte* attraverso un insieme di atteggiamenti o comportamenti concreti, cercando di influenzare, in maniera più o meno diretta e più o meno legale, le decisioni socialmente vincolanti o anche semplicemente la selezione del personale politico, con l'obiettivo di conservare o modificare la struttura e i valori del sistema di interessi dominante.**

Avendo definito la partecipazione politica possiamo concentrarci, seguendo la sistematizzazione di Raniolo (2007), su cinque dimensioni analitiche:

- **Struttura delle opportunità**: tale dimensione si riferisce alle opportunità reali di partecipazione che sono garantite ai cittadini. Parliamo dell'universalizzazione dei diritti di cittadinanza politica che si è realizzata per la prima volta con l'affermazione delle liberaldemocrazie di massa. Si tratta dunque della doppia dimensione di «ampiezza» e «uguaglianza» nella consultazione mutualmente vincolante che abbiamo utilizzato per definire la democratizzazione. Ovviamente, anche in un contesto democratico, le opportunità di partecipazione possono variare al variare dei canali, istituzionali o meno, formalmente concessi ai cittadini per dispiegare l'azione collettiva.

- **Tipo di influenza**: questa dimensione è importante per distinguere il fine della partecipazione che può essere orientato a influenzare la produzione di politiche pubbliche o semplicemente la selezione del personale politico che dovrà poi prendere le decisioni principali. In quest'ultimo caso ci si riferisce soprattutto alla partecipazione che si realizza nel processo elettorale, mentre nel primo caso ci si riferisce all'azione di controllo dal basso, spesso di tipo potestativo, che i cittadini esercitano sulla classe politica nel periodo che intercorre tra un'elezione e un'altra.
- **Portata dei risultati**: in questo caso ci riferiamo in parte alla distinzione tra partecipazione strumentale ed espressiva. Essa può infatti essere orientata al perseguimento di interessi sezionali, cioè particolari, o orientata su istanze di carattere generale prevalentemente legate alla volontà di ridisegnare le asimmetrie di potere e la conseguente distribuzione di risorse e valori all'interno di una determinata comunità.
- **Impegno dei partecipanti**: questa dimensione analitica è di fondamentale importanza per comprendere le modalità partecipative. La partecipazione politica infatti ha un costo, in termini di tempo e denaro, e presuppone dunque un sacrificio personale da parte dei cittadini che scelgono di agire nell'interesse proprio o della comunità. Questo spinge la nostra attenzione anche su un altro elemento significativo, cioè quello relativo alle «competenze civiche» (*civic skills*) necessarie a rendere consapevole l'azione partecipativa. Ci riferiamo dunque alle «capacità comunicative e organizzative che sono essenziali all'attività politica» (Brady, Verba, Schlozman 1995, 273), spingendo il nostro sguardo verso quelle istituzioni secondarie (associazioni, partiti, movimenti, ecc.) che si sono storicamente assunte il compito di socializzare i cittadini alla vita politica.
- **Dimensione del conflitto**: si tratta di una dimensione centrale per la sociologia politica che attiene alla natura stessa del concetto di partecipazione. L'azione collettiva si realizza all'interno di un contesto (il tutto) dato dalla comunità politica. Ma in genere *si prende parte come parte di quel tutto*. Chi partecipa dunque persegue obiettivi (siano essi generali o specifici) che non sono universalmente condivisi. Questo vuol dire che, se da un lato, la partecipazione politica legittima il processo democratico e produce senso di appartenenza alla comunità, dall'altro, essa divide, determinando lo scontro sociopolitico tra interessi sovente non conciliabili. La dimensione del conflitto è dunque centrale non solo per comprendere la partecipazione, ma per delineare i tratti stessi della politica democratica.

Occorre ora soffermarci su due aspetti fondamentali per comprendere caratteri e dinamiche della partecipazione politica. In primo luogo, dobbiamo soffermarci sugli attori della partecipazione, che sono ovviamente i cittadini singoli, ma in genere organizzati in soggetti collettivi; in secondo luogo, dobbiamo ragionare sulle modalità di partecipazione o, ancora meglio, sulle forme che essa può assumere nell'ambito dei moderni regimi democratici. A queste questioni dedicheremo i prossimi due paragrafi.

12.2. Gli attori della partecipazione politica

La **partecipazione politica**, oltre che per gli atteggiamenti e i comportamenti dei singoli individui, passa attraverso forme di azione collettiva che implicano l'educazione, l'organizzazione, la mobilitazione

Da quanto detto nel precedente paragrafo, appare chiaro che la partecipazione politica sia legata a filo diretto con i concetti di democrazia e cittadinanza di cui abbiamo discusso nel precedente capitolo. L'attenzione alla partecipazione politica giustifica la nostra idea di democrazia come consultazione ampia, uguale, protetta e mutualmente vincolante nella relazione tra cittadini e Stato e ci porta a enfatizzare il concetto sociologico di cittadinanza, che non si limita quindi alla titolarità di certi diritti di appartenenza, ma anche e soprattutto al loro esercizio effettivo che si traduce in comportamenti individuali e collettivi facilmente osservabili. Non solo la democrazia, ma la cittadinanza stessa si realizza dunque in una dimensione processuale attraverso la partecipazione dei cittadini alla cosa pubblica. Le diverse scuole sociologiche e politologiche hanno offerto molteplici interpretazioni sul processo di democratizzazione connesso alla modernità politica e all'estensione delle opportunità di partecipazione. A questo riguardo, rimandiamo il lettore alle considerazioni svolte in tema di sviluppo politico e modernizzazione (cfr. par. 5.3) e sui percorsi della democratizzazione (cfr. par. 11.2). Occorre ora entrare nel merito degli attori della partecipazione politica. Se interpretiamo la partecipazione solo in termini di esercizio di voto, siamo costretti a leggerla come fenomeno assolutamente individuale che si realizza in seno a un'arena collettiva delimitata dai confini della comunità politica. Sappiamo però che il processo elettorale, di cui parleremo in seguito, è solo una componente del ventaglio delle opportunità partecipative che, in un contesto democratico, sono garantite ai cittadini. Tali possibilità presuppongono che i singoli cittadini agiscano insieme ad altri all'interno di soggetti politici collettivi che diventano i veri attori della partecipazione e, in un certo senso, gli artefici della democratizzazione. Si badi bene: l'immagine della partecipazione politica come attività che impegna in primo luogo i singoli cittadini non è di per sé erronea ma, se assolutizzata, rischia di trascurare il fatto che, nelle democrazie moderne, il rapporto tra cittadini e Stato è sempre più mediato da strutture intermedie. «La **partecipazione politica**, oltre che per gli atteggiamenti e i comportamenti dei singoli individui, passa principalmente attraverso forme di azione collettiva che implicano l'educazione, l'organizzazione, la mobilitazione» (Raniolo 2007, 87). Queste attività presuppongono l'esistenza di soggetti collettivi più o meno strutturati che la letteratura sociologica identifica nei **partiti politici**, nei **gruppi di interesse** e nei **movimenti sociali**. Questi tre soggetti della partecipazione politica saranno ampiamente analizzati nei tre prossimi capitoli (cfr. cap. 13; 14; 15); ci limiteremo ora a introdurli brevemente chiedendo al lettore di attendere ancora un po' per uno sguardo in profondità.

12.2.1. I partiti tra modernità e crisi

Come abbiamo sostenuto nel precedente capitolo, il processo di democratizzazione si è realizzato attraverso la graduale estensione dei diritti di cittadinanza che hanno aperto alle masse la possibilità di partecipare a pieno titolo alla vita politica della propria comunità. Questo processo di integrazione è stato rafforzato dall'affermazione storica dei partiti politici che hanno agito da mediatori nel rapporto tra cittadini e istituzioni, svolgendo una funzione di aggregazione, rappresentazione e, in molti casi, promozione degli interessi sociali. Da questo punto di vista, il **partito politico** (e in modo particolare il partito di massa) rappresenta, dopo lo Stato-nazione, il più importante istituto politico della modernità. I partiti, nota Raniolo (ibid.), da un lato, svolgono la funzione di aggregare e rappresentare gli interessi in conflitto, guidando e organizzando la mobilitazione sociale; dall'altro, organizzano la partecipazione svolgendo un ruolo di integrazione sociale. In questo senso, essi assicurano la compatibilità sistemica della partecipazione popolare. Ovviamente, l'azione dei partiti non si riduce, come abbiamo appena accennato, alla rappresentazione politica degli interessi sociali; non sono dei semplici mediatori. Per dirla con Sartori, essi «non solo esprimono, ma incanalano [...] aggregano, selezionano e, eventualmente, deviano e distorcono» (Sartori 1976, 28). Essi assumono il ruolo di semplificatori; registrano la complessità degli interessi sociali, filtrano e riducono le domande e, all'occorrenza, ne creano di nuove attraverso un'azione manipolativa.

> Dopo lo Stato-nazione, il **partito politico** (e in modo particolare il partito di massa) rappresenta il più importante istituto politico della modernità

La funzione storica dei partiti è ovviamente mutata nel tempo. Come vedremo in modo più approfondito nel prossimo capitolo (cfr. cap. 13), da semplici partiti di notabili, privi di una reale base sociale e utili a organizzare il processo politico in un contesto di democratizzazione incompiuta, essi si trasformano negli artefici della politica di massa nei nuovi contesti di inclusione politica, per poi indebolirsi nuovamente di fronte a una società civile sempre più autonoma e insofferente rispetto ai canali tradizionali della partecipazione nei regimi democratici rappresentativi. Questo percorso di sviluppo della funzione storica dei partiti è ben esemplificato dallo schema teorico proposto da Bernard Manin (1995; tr.it. 2010) che distingue tre fasi storiche del governo rappresentativo: il **parlamentarismo**, la **democrazia dei partiti** e la **democrazia del pubblico** (cfr. tab. 12.2).

- Nella fase del «parlamentarismo» si ha un rapporto diretto tra candidati ed elettori in un contesto di suffragio ancora ristretto. I deputati non sono eletti in base alla loro capacità di interpretare la complessità e di farsi portavoce delle domande sociali, ma piuttosto grazie alla reverenza di cui godono in quanto notabili. Le decisioni vengono assunte in Parlamento dopo discussioni aperte, all'interno di istituzioni rappresentative ancora relativamente impermeabili agli input esterni. Allo stesso tempo, la graduale estensione della cittadinanza passiva, cioè dei diritti civili, consente l'attivazione di una discussione extra-istituzionale relativamente libera, spesso veicolata dai ceti intellettuali o dai nascenti movimenti d'opinione che agiscono in quello spazio sociale nuovo che Habermas (1962, tr.it. 1984) ha ben descritto nei termini della «sfera pubblica civile», sede privilegiata di formazione della cosiddetta opinione pubblica borghese.

- Nella fase della «democrazia dei partiti» il processo politico è condizionato da profonde trasformazioni sociali. Le sedi della rappresentanza devono, a tutti i livelli, fare i conti con la nascente società di massa che impone una ulteriore estensione dei diritti di cittadinanza e la costruzione di organizzazioni politiche che siano in grado di gestire e veicolare una crescente richiesta di partecipazione politica proveniente dai ceti tradizionalmente esclusi. I partiti diventano dunque i protagonisti assoluti del processo politico democratico, agendo *nella* e *sulla* società e monopolizzando il processo elettorale. Anche l'opinione pubblica, un tempo libera da condizionamenti organizzativi, finisce in questa fase per coincidere con l'opinione dei partiti. La stessa partecipazione politica, un tempo patrimonio di pochi individui di cultura medio-alta, diventa ora un fatto organizzativo e associativo a cui, grazie ai nuovi partiti burocratici, possono accedere anche le masse subalterne portatrici di interessi nuovi.
- Nella fase della «democrazia del pubblico» si assiste infine a un'ulteriore trasformazione nel rapporto tra democrazia e processi partecipativi. I partiti di massa occupano ormai i principali organi dell'amministrazione pubblica e perdono la loro tradizionale capacità di organizzare gli interessi sociali guidando, all'occorrenza, i processi conflittuali. Essi cessano di essere l'unico canale di partecipazione e i cittadini si orientano verso nuove forme partecipative all'interno di soggettività più fluide, come nel caso dei movimenti sociali. Non per questo i partiti perdono potere. Essi continuano ad essere i principali organizzatori del processo politico e gli attori unici di quello elettorale, ma entra senza dubbio in crisi la loro capacità di produrre incentivi simbolici e identificazione nei confronti di una società civile sempre più autonoma. In questa fase si aprono nuovi spazi partecipativi a prescindere dal momento elettorale e crescono le occasioni di conflitto e protesta fuori dal controllo dei partiti. Anche la sfera pubblica si rinnova, specie grazie allo sviluppo di internet e delle nuove tecniche di comunicazione interattiva; essa torna dunque a divaricarsi dal processo politico-elettorale. Il voto, che nella fase precedente segnava un trend relativamente stabile in favore di quei partiti che più di altri erano in grado di mobilitare masse e coscienze, diventa sempre più volatile imponendo, vedremo, ai partiti stessi di rimodulare la propria struttura organizzativa e le modalità di azione politica (cfr. cap. 13).

Va comunque detto che, tranne nella prima fase parlamentare, sia nella seconda che nella terza fase del governo rappresentativo, i partiti politici continuano a giocare un ruolo fondamentale nell'organizzazione del processo politico-istituzionale. Cambia però la loro struttura organizzativa e, inevitabilmente, la loro capacità di produrre visioni del mondo attorno a cui costruire azione politica e mobilitare le masse popolari. Si riduce il numero degli iscritti e dei militanti, che nel tradizionale partito di massa rappresentavano la principale risorsa organizzativa; si rafforza il ruolo delle leadership nell'ambito di un sostanziale alleggerimento della struttura burocratica; tutti aspetti che analizzeremo più in profondità nel prossimo capitolo (cfr. cap. 13).

Tab. 12.2 Principi e varianti del governo rappresentativo

	Parlamentarismo	**Democrazia dei partiti**	**Democrazia del pubblico**
Elezione dei rappresentanti	– scelta di una persona di fiducia – espressione dei legami locali	– fedeltà a un partito – espressione dell'appartenenza a una classe – militante-burocrate di partito	– scelta di una persona di fiducia – risposta ai termini dell'offerta elettorale – esperto dei media
Parziale autonomia dei rappresentanti	– Il deputato vota secondo coscienza	– i leader di partito sono liberi di determinare le priorità all'interno del programma	– elezione sulla base dell'immagine
Libertà dell'opinione pubblica	– opinione pubblica ed espressione elettorale non coincidono – la voce del popolo alle porte del Parlamento	– opinione pubblica ed espressione elettorale coincidono – opposizione	– opinione pubblica ed espressione elettorale non coincidono – sondaggi d'opinione
Prova della discussione	– Parlamento	– dibattito all'interno del partito – negoziazioni inter-partitiche – neo-corporativismo	– negoziazioni fra il governo e i gruppi di interesse – dibattito mediatico ed elettori mobili

Fonte: Manin 1995, tr.it. 2010, 261

12.2.2. I gruppi tra interessi e pressione

I partiti non sono però l'unico soggetto organizzato che dispiega la sua azione nell'ambito dei regimi democratici con il fine di incanalare le domande sociali e guidare i processi partecipativi. Esistono soggetti che, al contrario dei partiti, non si candidano direttamente nelle diverse assemblee rappresentative, pur non rinunciando a un'azione di rappresentanza di interessi specifici e, all'occorrenza, di pressione sulla classe politica. Si tratta dei **gruppi di interesse** che, parafrasando Schmitter (1992, 457), **sono organizzazioni, talvolta di carattere permanente e dotate di personale a tempo pieno, quindi di una pur semplice struttura burocratica, che si specializzano nell'individuazione, promozione e difesa degli interessi, influenzando e, eventualmente, contestando le autorità e le politiche che da esse derivano**. Rientrano nella categorie dei gruppi di interesse un numero sterminato di soggettività organizzate che vanno dalle associazioni in difesa dei consumatori ai sindacati dei lavoratori, dalle associazioni imprenditoriali a quelle ambientaliste, dalle associazioni per i diritti civili a quelle legate al mondo della finanza.

I **gruppi di interesse** sono organizzazioni a carattere permanente che si specializzano nell'individuazione, promozione e difesa degli interessi, influenzando e, eventualmente, contestando le autorità e le politiche che da esse derivano

La proliferazione dei gruppi di interesse è legata all'esistenza di società altamente differenziate dove la molteplicità degli interessi (particolari) può tradursi in fattore associativo. Come nota Fisichella: «Sotto il profilo storico i gruppi di interesse sono geneticamente correlati per un verso all'emergere della società capitalistica e al successivo interventismo della mano pubblica, nei processi economici, per un secondo verso alla rivendicazione e all'affermazione della libertà di associazione, per un terzo verso alla vicenda della cittadinanza politica e in particolare all'espansione del suffragio» (Fisichella 1994, 442). Come nel caso dei partiti politici, anche la storia dei gruppi di interesse è dunque correlata al processo di modernizzazione economica e democratizzazione delle istituzioni politiche. Claus Offe li distingue in **gruppi di interesse economico** e **gruppi fruitori di politiche pubbliche**: i primi partecipano al mercato e sono espressione più o meno diretta dell'organizzazione di classe delle società contemporanee; agiscono con finalità corporative, cercando di influenzare la produzione di quelle politiche che possono incidere sulla posizione relativa che certe categorie sociali hanno nel sistema socioeconomico. I secondi sono invece gruppi i cui membri sono direttamente toccati dalle decisioni politiche (consumatori, ambientalisti, gruppi in difesa del diritto a portare armi, ma anche gay, lesbiche, transgender, ecc.) e che cercano dunque di influenzarne la direzione (Offe 1983, 189-190).

Quando un gruppo di interesse adotta strategie di azione con il fine di influenzare la produzione decisionale o la selezione stessa dei leader politici si connota come «gruppo di pressione». Usando le parole di Raniolo (2007, 93): «mentre la dizione 'gruppo di interesse' ci dice perché il gruppo opera, coglie più gli aspetti strutturali e la ragione sociale, la dizione 'gruppo di pressione' ci indica le specifiche modalità operative, in altre parole coglie il come opera e qual è la sede della sua attività (il sistema politico)». L'azione di pressione o, per usare un termine anglosassone, di *lobbying*, è esercitata in forme più o meno istituzionalizzate nell'intero percorso di formazione di una politica pubblica (cfr. cap. 14 e 19), dalla messa in agenda alla sua implementazione. In questo caso l'azione del gruppo è *policy-related*. In altri casi, il lavoro dei «lobbisti» è finalizzato a orientare la selezione stessa dei candidati e degli eletti nelle sedi della rappresentanza, finanziando campagne elettorali e fornendo in genere sostegno ai candidati più vicini alle loro istanze. In questo caso, la loro azione è *polity-related*, cioè legata a influenzare la configurazione stessa della comunità politica. Da questo punto di vista, l'attività dei gruppi di interesse e di pressione si intreccia inevitabilmente con l'azione dei partiti. Come vedremo, i gruppi possono anche partecipare e, talvolta, farsi promotori di forme di protesta pubblica, esprimendo interessi meno settoriali. In questi casi la loro attività si intreccia con quella dei movimenti sociali. Ovviamente, un gruppo di interesse, se desidera avere qualche possibilità di successo nella propria opera di pressione sul sistema politico, deve mettere in campo alcune risorse organizzative. La prima e più importante è il «denaro» con cui finanziarie la propria attività e che, generalmente, proviene dalla *membership*. Più sono gli iscritti o i donatori privati, maggiori saranno le capacità del gruppo di fare cassa e, tra l'altro, maggiore sarà il grado di legittimazione di cui potrà godere di fronte alla classe politica; la seconda risorsa sta nell'*expertise*, cioè nelle competenze tecniche rispetto ad alcuni processi. Il gruppo di interesse sarà tanto più credibile quanto più sarà in grado di sostenere le proprie posizioni facendo ricorso ad argomenti tecnici. Non è sufficiente opporsi a un'opera pubblica o a una riforma sociopolitica, occorre anche essere in grado di proporre un'alternativa valida.

Le modalità di azione dei gruppi, nonché la ragione della loro stessa esistenza, è di grande interesse sociologico e politologico soprattutto in una fase di graduale indebolimento organizzativo e progettuale dei partiti politici. Le classi politiche nelle liberaldemocrazie contemporanee sono sempre più soggette all'influenza dei gruppi di pressione. In alcuni paesi, come gli Stati Uniti, il cui sistema è da sempre molto sensibile all'azione di *lobbying* di alcune organizzazioni della società civile, l'attività di pressione sulla classe politica è da tempo istituzionalizzata e regolamentata, ma anche in Europa, dove invece i partiti politici di massa sono stati tradizionalmente molto forti e radicati, si è avviato un processo analogo di istituzionalizzazione delle attività dei gruppi di pressione, soprattutto al livello sovranazionale del Parlamento e della Commissione europea (Ruzza 2002), dove sono previsti tavoli tecnici di consultazione con i principali gruppi di interesse organizzati a livello continentale (cfr. cap. 14).

12.2.3. I movimenti tra solidarietà e protesta

Il terzo attore collettivo della partecipazione politica è rappresentato dai **movimenti sociali** che si distinguono dai partiti e dai gruppi di interesse soprattutto per il fatto di non avere confini rigidi, cioè di non essere organizzazioni burocratiche. Inoltre, la loro azione partecipativa è in genere di tipo conflittuale e orientata alla protesta pubblica. Come vedremo nel capitolo a loro dedicato (cfr. cap. 15), la fitta letteratura sociologica sull'argomento ci consente di affermare che **un movimento sociale è una rete di relazioni informali tra individui e gruppi che condividono le stesse credenze, sono legati da fiducia reciproca e solidarietà e agiscono collettivamente in maniera conflittuale attraverso il frequente ricorso alla protesta**. Anche i gruppi e i partiti possono agire in senso conflittuale partecipando o facendosi promotori di forme di protesta, ma nel loro caso la partecipazione è comunque ricondotta a una dimensione associativa. I movimenti sociali sono invece delle reti di interconnessione a cui possono partecipare individui e gruppi (anche partiti e *lobby*) che condividono gli stessi obiettivi. Tali obiettivi non sono in genere sezionali, per quanto esistano anche movimenti che focalizzano la propria azione su temi specifici (*single issue*), ma tendono ad aggregare i singoli obiettivi dei gruppi che vi partecipano entro un quadro culturale e prospettico di mutamento sociale generalizzato. All'interno dei movimenti possono agire strutture organizzate e, in questi casi, la loro azione si intreccia con quella di partiti e associazioni, ma un movimento, inteso nel suo insieme, mantiene una struttura organizzativa fluida che non nega la possibilità di gerarchie interne e l'esigenza di reperire risorse partecipative che si fondano anche e soprattutto sulla capacità associativa dei propri attivisti. Al contempo, la leggerezza organizzativa impone il ricorso a strumenti, perlopiù cognitivi, che possano garantire la continuità dell'azione. È qui che entra in gioco la dimensione simbolica e il sentimento di fiducia e solidarietà tra gli attivisti che, non essendo di per sé fatti oggettivi o scontati, sono in genere il prodotto di un complesso lavoro di costruzione sociale della realtà. Tale processo passa per l'identificazione di

> Un **movimento sociale** è una rete di relazioni informali tra individui e gruppi che condividono le stesse credenze, sono legati da fiducia reciproca e solidarietà e agiscono collettivamente in maniera conflittuale attraverso il frequente ricorso alla protesta

contraddizioni sociali su cui creare il conflitto e per la definizione di un insieme di cause e gruppi sociali contro cui orientare la protesta in una dinamica comunque finalizzata a influenzare le decisioni e l'organizzazione sociale del potere.

Con la crisi dei canali tradizionali di partecipazione (partiti, sindacati, ecc.), la partecipazione politica attraverso pratiche di movimento è divenuta sempre più frequente tanto da portare anche gli studiosi più diffidenti a riconoscere il ruolo politico dei movimenti sociali nelle democrazie contemporanee. Un movimento sociale non è però un soggetto autonomo dal sistema politico; il successo o meno delle sue rivendicazioni dipende molto dal grado variabile di ricettività dei sistemi politici rispetto alle istanze sociali. A questo riguardo, Tarrow (1996) propone una tipologia di movimenti sociali condizionata da due dimensioni fondamentali: il «livello di opposizione alle istituzioni», che può essere parziale o totale, e il «tipo di rapporto con le istituzioni», che può essere conflittuale o cooperativo. Incrociando le due dimensioni è possibile individuare quattro tipi principali di movimento (cfr. tab. 12.3): i **movimenti espressivi**, che agiscono soprattutto per affermare un'identità collettiva nell'ambito di una parziale opposizione alle istituzioni che si articola però in maniera conflittuale. In realtà la dimensione espressiva caratterizza tutti i movimenti sociali, soprattutto se in fase emergente; i **movimenti di riforma**, che in genere si mobilitano su una serie di obiettivi specifici, perlopiù legati all'affermazione di certi diritti. Il loro atteggiamento nei confronti delle istituzioni è di parziale opposizione dentro un quadro partecipativo orientato alla cooperazione con le autorità politiche, finalizzata a influenzare il processo riformistico; i **movimenti integralisti**, che articolano la loro azione in un quadro altamente conflittuale e di totale opposizione alle istituzioni politiche. Si tratta di movimenti rivoluzionari il cui obiettivo è sovvertire l'ordinamento sociale e politico esistente; i **movimenti comunitari**, che rappresentano l'unica eccezione rispetto alla vocazione pubblica e potestativa dei movimenti sociali. In un quadro di totale opposizione al sistema, essi rinunciano alla protesta cercando altresì di costruire comunità autocentrate in cui far vivere la propria alternativa di società. È il caso di alcune comuni libertarie sorte in Europa e negli Stati Uniti negli anni Sessanta e Settanta, o di alcune comunità religiose che si organizzano e agiscono come se le istituzioni dominanti in un contesto sociopolitico non esistessero.

Ovviamente, i movimenti non sono eterni, ma la loro vita è condizionata al raggiungimento o meno di alcuni obiettivi. In base al livello di ricettività del sistema di autorità, tutti i movimenti sociali sono destinati a trasformarsi, talvolta a istituzionalizzarsi o, nel caso di un'eccessiva repressione da parte dello Stato, a radicalizzarsi, frammentandosi in piccoli gruppi organizzati che sovente ricorrono alla violenza contro la proprietà o contro le persone per poter condizionare l'assetto sociale dominante. Alcune frazioni di movimenti possono darsi una struttura organizzativa evolvendosi in «gruppi di interesse pubblico» dediti all'azione di *lobbying*. In altri casi, l'evoluzione organizzativa dei movimenti può portare alla nascita di «associazioni di volontariato sociale», finalizzate all'intervento sociale e all'offerta di servizi, o di «centri contro-culturali», orientati alla produzione simbolica ed eventualmente alla partecipazione a forme di protesta anche radicale. Alcuni movimenti possono rafforzare identità localistiche traducendosi in «comi-

Tab. 12.3 Tipologia di movimenti sociali

		Livello di opposizione alle istituzioni	
		Parziale	***Totale***
Tipo di rapporto con le istituzioni	*Conflittuale*	movimenti espressivi	movimenti integralisti
	Cooperativo	movimenti di riforma	movimenti comunitari

Legenda:
- *movimenti espressivi*: tutti i movimenti cercano di affermare un'identità, il loro rapporto con le istituzioni è in fase emergente e improntato all'opposizione;
- *movimenti di riforma*: sono organizzati attorno a obiettivi molteplici e rivendicano il conseguimento di elementi di cittadinanza e di diritti di altro genere;
- *movimenti integralisti*: mirano a sovvertire le istituzioni sociali e politiche attraverso forme di azione collettiva antagonistiche;
- *movimenti comunitari*: rifiutano le istituzioni esistenti e cercano di costruire al loro interno comunità alternative e autosufficienti

Fonte: Tarrow 1996, 108

tati» di protesta e intervento pubblico che si mobilitano su vertenze politiche in genere di portata locale e territoriale.

12.3. Le forme della partecipazione politica

Dopo aver descritto l'utilità, le ragioni e gli attori della partecipazione politica, occorre soffermarsi brevemente sulle sue forme, cioè sul *come* della partecipazione. Il ventaglio delle opportunità partecipative è infatti molto ampio e va dalle forme più moderate (spesso confuse come non-partecipazione), che possono limitarsi all'assunzione di semplici atteggiamenti di interesse dei cittadini nei confronti della politica, fino a forme più visibili che presuppongono un certo attivismo di intensità variabile. Tali forme possono limitarsi all'esercizio di voto o al sostegno di un partito in campagna elettorale, o posso altresì mostrare una propensione all'attivismo politico a prescindere dal voto. In questo caso, la partecipazione può essere incanalata da partiti e gruppi o da movimenti di protesta assumendo tratti potenzialmente dirompenti rispetto alla stabilità politica del sistema. Da questo punto di vista, gli studiosi concordano nel dividere le forme di partecipazione in «latenti» e «manifeste», a loro volta articolabili in diverse dimensioni.

12.3.1. La partecipazione politica latente

Il discorso sulla **partecipazione politica latente** è strettamente connesso alle riflessioni di impronta comportamentista sulla dimensione attitudinale della politica e cioè sugli atteggiamenti politici di massa

Abbiamo a che fare in questo caso con comportamenti individuali o di gruppo non facilmente osservabili. **Il discorso sulla partecipazione politica latente è strettamente connesso alle riflessioni di impronta comportamentista sulla dimensione attitudinale della politica e cioè sugli atteggiamenti politici di massa che non necessariamente si sviluppano in impegno pubblico diretto**. Sul piano analitico, si partecipa in modo latente «seguendo con interesse le fasi e gli sviluppi delle vicende politiche, valutando positivamente le azioni e le dichiarazioni dei protagonisti, i dibattiti tra i gruppi e le decisioni di governo, mantenendosi informati sulle questioni del giorno, e anche gioendo o soffrendo per l'andamento della vita politica» (Sani 1996, 503). In questo caso, il principale indicatore della partecipazione sta nell'interesse dei singoli cittadini per le questioni politiche. Un cittadino che legge regolarmente i quotidiani, guarda almeno un telegiornale, segue trasmissioni di approfondimento politico, secondo questa logica, partecipa alla vita politica anche se sceglie di non impegnarsi direttamente.

Molto attenti alla dimensione latente della partecipazione sono gli studiosi di scuola psicologica interessati alla possibile traduzione comportamentale di specifici orientamenti psicologici dei cittadini. Da questo punto di vista è stato da tempo formulato un modello di canalizzazione dell'azione politica secondo lo schema ambiente-predisposizioni-risposte (APR), dove, in linea generale, per «ambiente» si intende la fonte degli stimoli sociopolitici che ogni cittadino riceve, per «predisposizione», l'insieme di motivazioni soggettive (opinioni, atteggiamenti, credenze) rispetto alla dimensione politica, e per «risposte», l'insieme di comportamenti manifesti che ogni cittadino può mettere in atto sulla base della combinazione di ambiente e predisposizioni (van Deth 1995). In questo caso, il nodo centrale sta proprio negli **atteggiamenti intesi come costrutti della mente che inducono a delle predisposizioni nel modo di percepire e valutare la realtà sociale e che guidano il comportamento individuale** (Trentin 1995, 230). Sono gli atteggiamenti di partenza che, sulla base di certi stimoli, producono reazioni individuali che possono incidere a diversi livelli sul processo politico. Fondamentali diventano dunque gli orientamenti individuali che, già negli anni Sessanta, Almond e Powell descrivevano nel modo seguente:

> *[Gli] orientamenti individuali includono diverse componenti, tra cui:* a) orientamenti conoscitivi, *e cioè conoscenza esatta o meno, di oggetti e credenze politiche;* b) orientamenti affettivi, *vale a dire sentimenti di attaccamento, impegno, rifiuto e simili verso oggetti politici;* c) orientamenti valutativi, *e cioè giudizi e opinioni su oggetti politici, che generalmente comportano l'applicazione di valori standard agli oggetti e agli avvenimenti politici.*
>
> Almond e Powell 1966, tr.it. 1970, 91-92

Queste tre componenti della partecipazione latente sono in genere correlate, dal momento che, per produrre valutazioni politiche, ogni cittadino deve in qualche modo conoscere l'oggetto del suo giudizio e tale conoscenza può essere diversamente condizionata da una certa predisposizione emotiva, cioè affettiva. Ma qual è il bersaglio della partecipazione politica latente? Cioè verso chi o che cosa si rivolgono gli orientamenti individuali nelle componenti conoscitive, affettive e valutative? L'espressione «oggetti politici» è fin troppo vaga. Ci riferiamo nello specifico al sistema politico o a parti di esso (istituzioni, partiti, politiche pubbliche). Nello sviluppare valutazioni proprie sulla politica, i cittadini formulano giudizi sull'azione dei politici, condizionati, eventualmente, dall'aspettativa di efficacia che si ha rispetto alla partecipazione politica. Un cittadino partecipa se crede che vi siano buone possibilità che il proprio impegno civile possa essere ricompensato, se cioè si pensa che le istituzioni politiche siano almeno in parte sensibili alle istanze sociali (Campbell, Gurin, Miller 1954).

Il discorso sugli atteggiamenti individuali in politica si è intrecciato con quello relativo alla cultura politica, che affronteremo successivamente (cfr. cap. 16). In questo momento è sufficiente affermare che, nella svolta culturalista in politica avviata da Almond e i suoi collaboratori, si tende giustamente o meno a creare connessioni tra il concetto generale di «cultura politica» e quello più specifico e di derivazione psicologica di «atteggiamento politico». In alcuni passi i due concetti vengono quasi fatti coincidere quando, per esempio, si afferma che la cultura politica serve a distinguere «l'insieme di orientamenti soggettivi nei confronti della politica presenti entro una popolazione nazionale o un suo sottogruppo [sub-cultura]» (Almond 1992, 663). Tali orientamenti soggettivi non sono estemporanei, ma tendono a riprodursi nel tempo per effetto dei processi di socializzazione, educazione, esposizione ai media che hanno luogo fin dall'infanzia. Ci si riferisce dunque al ruolo dei **valori politici** e alla loro capacità di influenzare i comportamenti dei singoli attori e l'andamento dell'intero sistema. Un tema controverso che ancora oggi non trova giudizi condivisi nella comunità scientifica.

Questa idea di cultura politica è stata per la prima volta operativizzata empiricamente dal già citato lavoro di Almond e Verba (1963) in cui gli autori arrivano a formulare il loro concetto di *civic culture* che si suddivide in tre tipi di orientamenti psicologici: la «cultura localistica» (o parrocchiale), che denota cittadini con scarsa conoscenza, ma anche scarso interesse per la politica; la «cultura sottomessa» (o suddita), che denota cittadini sostanzialmente passivi e interessati alle vicende politiche solo in termini di politiche di scambio e favori; la «cultura partecipativa», che denota invece cittadini interessati e votati all'impegno pubblico, convinti dunque dell'efficacia della partecipazione e del ruolo positivo da essa giocato rispetto all'andamento del processo politico-democratico. Non troppo distante dal concetto di cultura civica è quello di **comunità civica** elaborato da Putnam nel suo studio sulle regioni italiane. Egli è convinto che le tradizioni civiche di un paese o una regione possano influenzare la formazione del **capitale sociale** come insieme sinergico di «fiducia, norme che regolano la convivenza, reti di associazionismo civico, [tutti] elementi che migliorano l'efficienza dell'organizzazione sociale promuovendo iniziative prese per il comune accordo» (Putnam 1993, 196). L'erosione di capitale sociale, o la presenza di tradizioni culturali o sub-culturali non orientate al civismo, produce invece cittadini meno interessati alle vicende politiche e più orientati al particolare.

Nel tentativo di legare atteggiamenti politici e partecipazione, nelle forme latenti o manifeste, gli studiosi hanno cercato di elaborare alcune tipologie di cittadini. Tra le più note vale la pena ricordare quella proposta da Milibrath che divide i cittadini statunitensi in «gladiatori», cioè interessati e impegnati politicamente, «spettatori», cioè relativamente interessati alle vicende politiche, ma sostanzialmente inattivi, e «apatici», cioè del tutto indifferenti ai processi politici e partecipativi (Milibrath 1965; Milibrath, Goel 1977). Alla stessa esigenza classificatoria cercano di dare un seguito Kaase e Marsh (1979) che, nell'ambito di un'importante ricerca sulle forme di partecipazione orientate alla protesta, elaborano cinque tipi di partecipanti che si muovono su un continuum che va da un minimo a un massimo di partecipazione anche al di fuori dei canali istituzionali. Parlano dunque di cittadini «inattivi», o «conformisti», o ancora «riformisti», «attivisti», fino a tipizzare i cittadini «contestatori». Sulla stessa linea è la tipizzazione effettuata nella seconda metà degli anni Novanta in seguito a un sondaggio su un campione di popolazione italiana (Diamanti 1998; Ignazi 1998); i cittadini italiani vennero allora suddivisi in: «disincantati», cioè mediamente soddisfatti del rendimento delle istituzioni e dei servizi pubblici, ma restii a mostrare fiducia incondizionata negli altri al di fuori della propria cerchia familiare o amicale. A livello elettorale questi cittadini si collocano sull'intero spazio politico; «comunitari», generalmente inseriti in reti associative integrate e piuttosto distanti dalle istituzioni pubbliche. Politicamente sono più vicini ai partiti di centro-destra; «indifferenti», in genere insoddisfatti dal rendimento delle istituzioni pubbliche, ma non interessati a mettersi in gioco per cambiare le cose; «orientati al pubblico», consapevoli della centralità delle istituzioni e dell'importanza del proprio contributo partecipativo. Questi cittadini sono in genere orientati politicamente a sinistra; «insofferenti», in genere insoddisfatti delle istituzioni e orientati all'antipolitica; «impegnati nel locale», generalmente fiduciosi nelle istituzioni e politicamente attivi soprattutto a livello territoriale e comunale.

12.3.2. La partecipazione politica manifesta

Per quanto la dimensione degli atteggiamenti e degli orientamenti individuali sia di sicuro interesse sociologico, la maggior parte degli studiosi tendono a privilegiare nelle loro analisi quelle forme di partecipazione politica che sono direttamente osservabili, cioè riconducibili a un insieme di comportamenti volti a influenzare il sistema delle decisioni socialmente vincolanti. A questo riguardo, **parliamo di partecipazione politica manifesta quando i cittadini, singolarmente o attraverso soggetti collettivi, mettono in pratica una serie di comportamenti, leciti o illeciti, volti a influenzare la selezione del personale politico, a condizionare la formulazione di alcune politiche pubbliche, o a destabilizzare, fino a stravolgere, l'intero assetto politico-istituzionale**. In questa definizione generale includiamo sia quelle forme di partecipazione previste dall'ordinamento giuridico dei moderni regimi liberaldemocratici, generalmente riconducibili all'espressione di voto, sia tutto quel vasto insieme di comportamenti che pre-

> Parliamo di **partecipazione politica manifesta** quando i cittadini mettono in pratica una serie di comportamenti, leciti o illeciti, volti a influenzare il processo politico e decisionale

scindono dal momento elettorale e che presuppongono, all'occorrenza, l'utilizzo di pratiche conflittuali anche radicali, dall'occupazione di un edificio per scopi protestativi alle diverse forme di violenza politica antistituzionale. Da questo punto di vista, la letteratura sociologica e politologica tende a dividere le pratiche partecipative in **partecipazione politica convenzionale**, che include le forme di azione individuale e collettiva previste dall'ordinamento giuridico e costituzionale (in modo particolare il voto), e **partecipazione politica non convenzionale**, che include tutte quelle pratiche, in genere orientate alla protesta, che non sono invece previste dagli stessi ordinamenti (Barnes, Kaase 1979). A partire dalla grande ondata di partecipazione movimentistica che negli anni Sessanta ha coinvolto buona parte delle democrazie occidentali, le forme di partecipazione protestativa fuori dai canali tradizionali sono aumentate sensibilmente, tanto da rendere desueta la classica distinzione tra partecipazione convenzionale e non convenzionale. Preferiamo dunque parlare di «partecipazione istituzionale», agita dai singoli cittadini o attraverso partiti e sindacati, e «partecipazione orientata alla protesta», tipica dei moderni movimenti sociali.

La **partecipazione politica convenzionale** include le forme di azione individuale e collettiva previste dall'ordinamento giuridico, mentre la **partecipazione politica non convenzionale** include tutte quelle pratiche innovative in genere orientate alla protesta pubblica

Una delle prime classificazioni delle forme di partecipazione istituzionali (o convenzionali) ci proviene dalla già citata opera di Milibrath (1965) che propone a questo riguardo un elenco fin troppo ampio e, probabilmente, difficilmente generalizzabile, dal momento che è evidente che sia stato costruito attorno alla specificità del sistema politico nordamericano. Tale elenco propone comportamenti politici che vanno dalla semplice esposizione dei cittadini a sollecitazioni politiche, al ricoprire cariche pubbliche o di partito, passando ovviamente per l'esercizio di voto e la partecipazione ad attività politiche istituzionalizzate (tab. 12.4).

Nello sforzo tassonomico di Milibrath le forme non convenzionali di partecipazione semplicemente non sono contemplate, ma sono piuttosto ridotte a sem-

Tab. 12.4 Forme convenzionali di partecipazione

1. Esporsi a sollecitazioni politiche
2. Votare
3. Avviare una discussione politica
4. Cercare di convincere qualcuno a votare in un certo modo
5. Portare un distintivo politico
6. Avere contatti con un funzionario o dirigente politico
7. Versare offerte in denaro a un partito o un candidato
8. Assistere a un comizio o a un'assemblea pubblica
9. Partecipare a una campagna elettorale
10. Aderire a un partito politico
11. Partecipare a riunioni in cui si prendono decisioni politiche
12. Procacciare contributi in denaro in sostegno di cause politiche
13. Candidarsi a una carica politica elettiva
14. Rivestire cariche politiche o di partito

Fonte: Milibrath 1965, 18

Tab. 12.5 Forme di partecipazione politica manifesta

- Mantenersi informati attraverso i mezzi di comunicazione di massa e altri canali informali sulle questioni politiche del giorno, sul funzionamento del sistema politico, sulle attività delle forze politiche, sulle dichiarazioni dei leader, ecc.
- Discutere frequentemente di questioni politiche con amici, conoscenti, colleghi, ecc.
- Segnalare alla comunità problemi di interesse generale ed eventualmente proporre delle soluzioni.
- Contattare organi di governo o personale politico per ottenere la soluzione di alcuni problemi di interesse generale.
- Fare opera di proselitismo politico e cercare di convincere gli altri della bontà del proprio punto di vista.
- Esercitare regolarmente il diritto di voto.
- Iscriversi a partiti politici o ad altre organizzazioni politicamente rilevanti.
- Svolgere regolarmente attività all'interno di tali organizzazioni.
- Assistere a manifestazioni pubbliche a carattere politico.
- Prestare la propria attività nel corso di campagne elettorali.
- Prendere parte a iniziative di comunità a protezione di particolari interessi o valori (stesura di petizioni, raccolta firme, contatti con i media, pressioni sul governo, ecc.).
- Partecipare a manifestazioni di protesta o a sostegno di determinate cause (occupazione di edifici, blocchi stradali o ferroviari, manifestazioni, ecc.).

Fonte: Sani 1996, 504

plice azione deviante. Come abbiamo detto, così non è, soprattutto in Europa dove, già prima degli anni Sessanta del ventesimo secolo, erano presenti forme alternative di partecipazione dentro e fuori i partiti politici. In ogni caso, la moltiplicazione di forme innovative di azione politica collettiva ha imposto agli studiosi di guardare ad esse con attenzione sempre maggiore arricchendo, tra l'altro, l'elenco delle possibili forme di partecipazione politica manifesta (tab. 12.5).

L'elenco proposto da Giacomo Sani appare senza dubbio più esaustivo, includendo tutta una serie di pratiche riconducibili all'azione protestativa di gruppi e movimenti sociali. Questi comportamenti, per così dire eterodossi, hanno in comune il fatto di presupporre un'azione diretta, cioè non mediata, dei cittadini all'attività politica nel tentativo di influenzare il sistema di autorità a prescindere dal momento elettorale. A questo riguardo, lo stesso Sani propone un criterio distintivo tra forme di partecipazione istituzionali e forme non istituzionali, identificandolo nel grado di aderenza di certi comportamenti alle norme giuridiche o sociali e «alle aspettative prevalenti in un dato sistema politico» (Sani 1996, 503). Simile è la posizione di Kaase e Marsh (1979, 45) che distinguevano la «legalità» di certi comportamenti dalla loro «legittimità»: nel primo caso, si faceva riferimento alla loro conformità o meno alle norme giuridiche di un dato sistema; nel secondo caso, al livello di approvazione o meno da parte della popolazione in base al loro sistema di aspettative. Secondo questo criterio, è piuttosto evidente come il ventaglio dei comportamenti collettivi socialmente legittimi sia generalmente più ampio di quelli legalmente consentiti dagli ordinamenti. Ovviamente, molto dipende dal grado di tolleranza dei regimi democratici che, sovente, con-

Tab. 12.6 Forme di partecipazione orientate alla protesta

- Scrivere a un giornale per denunciare un fatto
- Aderire ad azioni di boicottaggio
- Disobbedire esplicitamente a una legge
- Occupare edifici pubblici o privati
- Bloccare il traffico
- Promuovere e formare una petizione
- Fare un sit-in
- Partecipare a uno sciopero selvaggio
- Prendere parte a manifestazioni pacifiche, anche non autorizzate
- Usare violenza contro la proprietà
- Usare violenza contro le persone

Fonte: Sani 1996, 504

sentono alcune pratiche partecipative non istituzionali, a meno che non siano sfacciatamente illegali. Da questo punto di vista, Morlino propone una ulteriore distinzione delle forme di azione politica, superando la dicotomia legale/illegale. A suo avviso, è possibile parlare di **azioni legali**, cioè convenzionali ed esplicitamente riconosciute dalla legge; **azioni alegali**, cioè eterodosse e innovative, non disciplinate dalla legge, ma neanche vietate; **azioni pseudo-legali**, cioè chiaramente orientate al conflitto e alla protesta anche se non violano apertamente le norme vigenti; **azioni illegali**, che contravvengono infine alle norme vigenti e che possono essere violente o non violente (Morlino 1993, 192). L'azione dei movimenti sociali, essendo prevalentemente conflittuale e orientata alla protesta, tende a connotarsi per il suo carattere alegale e pseudolegale e, talvolta, illegale (tab. 12.6). Va detto che, durante i cicli storici di partecipazione intensa e di massa, la protesta presuppone un costante pendolarismo tra partecipazione istituzionale (si può protestare anche nelle istituzioni) e non istituzionale: «quando il coinvolgimento pubblico aumenta, aumenta su tutta la linea» e gli stessi individui possono agire in modo conforme alla legge, esercitando il proprio diritto di voto, e poi aderire a forme di protesta pubblica che presuppongono repertori d'azione non convenzionali (Tarrow 1989a, tr.it. 1990, 52).

Ciò che accomuna tutte le azioni partecipative non convenzionali è dunque il loro carattere protestativo. **Per protesta politica intendiamo quella forma di azione non istituzionale, individuale o collettiva, che implica la manifestazione di uno stato di disagio, insoddisfazione, disapprovazione e opposizione, diretta a influenzare le autorità politiche e il processo decisionale** (della Porta, Diani 1997, 194-197). Per concludere sull'argomento, ogni protesta politica presuppone un'azione diretta volta a perturbare il sistema, anche se non necessariamente attraverso comportamenti violenti. Inoltre la protesta presuppone che vi siano delle richieste rivolte alla classe politica e amplificate dai mezzi di comunicazione di massa. Infine, una protesta politica può avere speranze di successo solo se conserva un carattere strategico dato da un seppur minimo calcolo razionale di rischi, costi percepiti ed eventuali incentivi all'azione.

Per **protesta politica** intendiamo ogni forma di azione non istituzionale che implica la manifestazione di uno stato di disagio, insoddisfazione, disapprovazione e opposizione, diretta a influenzare le autorità politiche

12.4. Elezioni e democrazia

Abbiamo dunque distinto tra forme di partecipazione politica latente e manifesta e, all'interno della partecipazione manifesta, tra partecipazione politica istituzionale (o convenzionale) e partecipazione orientata alla protesta (o non convenzionale). Il discorso sull'azione potestativa verrà ulteriormente approfondito nei successivi capitoli, in particolare in quello dedicato ai «movimenti sociali» (cfr. cap 15). È ora il caso di dedicare alcune riflessioni al nucleo centrale della partecipazione politica istituzionale o convenzionale nelle democrazie contemporanee e cioè al «processo elettorale» connesso all'estensione storica dei diritti di cittadinanza politica. Le elezioni sono indubbiamente un fatto di grande rilevanza nei moderni regimi democratici che coinvolge un altissimo numero di cittadini i quali, attraverso l'esercizio di voto, scelgono i propri rappresentanti nelle sedi decisionali. Nello Stato democratico di diritto le **elezioni** hanno sostituito altri meccanismi di selezione del personale politico che erano invece prevalenti nei precedenti regimi. Ci riferiamo alla **trasmissione del potere per eredità**, come avveniva nei vecchi sistemi monarchici, all'**acquisto di cariche attraverso pagamento in denaro**, una pratica molto diffusa in epoca di *ancien règime*, alla **nomina**, una pratica spesso adottata anche in epoca moderna, al **sorteggio**, molto diffuso nelle cosiddette pseudo-democrazie antiche, alla **selezione meritocratica** e, infine, alla **conquista violenta del potere**, che prelude a forme variegate di tirannide. La «nomina» si distingue dalle elezioni per il numero sensibilmente ristretto di chi la attua: un Capo di Stato può per esempio nominare alcune personalità ai vertici delle principali strutture istituzionali (come per esempio le forze armate), ma esso, a sua volta, acquisisce il diritto di nomina in quanto è stato *eletto*, non nominato, o dai cittadini attraverso elezioni dirette (è ciò che accade nei regimi presidenziali) o, in alternativa, dai rappresentanti dei cittadini in Parlamento (è ciò che accade nelle forme di governo parlamentari). In questo contesto, soprattutto nel caso delle elezioni democratiche (dunque a suffragio universale), il processo elettorale svolge una funzione fondamentale: esso non solo rappresenta un'occasione di controllo degli organi decisionali da parte dei cittadini, ma anche una forma di «addomesticamento» del conflitto politico che, attraverso la struttura normativa che regolamenta le pratiche di voto, viene ricondotto a una dimensione istituzionale. L'insieme delle regole e delle pratiche connesse all'esercizio di voto danno corpo al cosiddetto **processo elettorale**.

> Nello Stato democratico di diritto le **elezioni** libere e competitive hanno sostituito altri meccanismi di selezione del personale politico che erano invece prevalenti nei precedenti regimi

> Il **processo elettorale** è dato dall'insieme delle regole e delle pratiche connesse all'esercizio di voto

12.4.1. Il processo elettorale

Anche nei regimi non democratici possono essere previste elezioni, ma sono molto diverse da quelle che si realizzano in democrazia. Esse si riducono a processi di facciata, cioè a elezioni senza scelta vera, perché viene generalmente limitato il pluralismo politico e quindi anche la possibilità di una competizione libera. In democrazia la situazione è ovviamente diversa: un complesso insieme di norme e procedure sono istituite per garantire la regolarità dell'intero processo elettorale dentro una dimensione di libera competizione tra soggetti portatori, presumibilmente, di visioni del mondo e interessi alternativi. I principali aspetti del processo elettorale oggetto di regolamentazione sono sei (Cotta, della Porta, Morlino 2001, 277):

- **Tempi e convocazione delle elezioni:** in un contesto democratico le cariche elettive non sono a vita, ma temporalmente limitate; per questa ragione le elezioni devono essere non solo libere, ma anche ricorrenti. I cittadini devono cioè avere la possibilità di premiare o punire i propri rappresentanti attraverso la loro riconferma o sostituzione, sulla base delle loro prestazioni nel periodo in cui hanno rivestito una carica elettiva.
- **Elettorato attivo:** in un contesto democratico i diritti di cittadinanza politica sono universali e generalizzati, cioè garantiti a tutte le cittadine e i cittadini a cui è riconosciuto il diritto di appartenenza a una determinata comunità e che hanno compiuto la maggiore età (in genere diciotto anni). Come si accennava nei paragrafi dedicati al concetto di cittadinanza, è sempre all'ordine del giorno il tema di una ulteriore estensione dei diritti di cittadinanza a quelle fasce sociali che ne sono escluse: ci riferiamo soprattutto al crescente numero di immigrati che vivono e lavorano in determinati paesi, contribuendo al loro sviluppo, ma a cui il diritto di espressione elettorale è ancora negato.
- **Elettorato passivo (candidature):** l'elettorato passivo riguarda i cittadini che hanno diritto a candidarsi a eventuali cariche elettive. In un contesto democratico, l'elettorato passivo tende a coincidere con quello attivo, anche se possono essere previste delle restrizioni anagrafiche per essere candidati ad alcuni organi rappresentativi di particolare prestigio. Il discorso sull'elettorato passivo è strettamente connesso a quello relativo alle forme di reclutamento politico, monopolio tradizionale dei partiti, ma sempre più spesso affidate a pratiche di partecipazione diretta, come nel caso delle «primarie» (cfr. cap 13 e cap. 17).
- **Campagna elettorale:** una volta confezionate le liste dei partiti e dei candidati si avvia la campagna elettorale che in genere viene formalmente attivata un mese prima delle elezioni. Da questo punto di vista le tecniche e strategie di propaganda, anch'esse regolamentate soprattutto per quel che riguarda i finanziamenti, acquisiscono un'importanza analitica invadendo di prepotenza il campo della «comunicazione politica» (cfr. cap. 18).
- **Modalità di voto:** le modalità di voto sono un tema fondamentale della regolamentazione. L'esercizio di voto deve essere libero e protetto e per questa ragione lo Stato provvede a garantirne segretezza e regolarità predisponendo luoghi specifici controllati dalle forze dell'ordine. Allo stesso tempo è consentito l'accesso dei rappresentanti delle varie liste che possono in questo modo fungere da ulteriore elemento di controllo.
- **Sistema elettorale:** fondamentale è il sistema elettorale, cioè quella specifica tecnica di trasformazione dei voti in seggi, di cui ogni paese si dota ai diversi

livelli istituzionali. È un tema molto indagato dagli scienziati politici perché effettivamente può incidere sulla conformazione della rappresentanza. In questa sede ci limiteremo a poche battute. Il primo elemento da considerare riguarda il rapporto tra elettori, eletti e territorio ed è strettamente connesso alla dimensione delle circoscrizioni elettorali. È possibile infatti che vi sia un'unica circoscrizione elettorale che corrisponde al perimetro del territorio investito dal processo elettorale ai vari livelli istituzionali (Stato, Regioni, Province, Comuni) o circoscrizioni territorialmente delimitate e di grandezza variabile definita per legge. In genere si propende verso questa seconda variante legata alla formazione di circoscrizioni elettorali sub-nazionali. Tra i paesi democratici, solo Israele e i Paesi Bassi al momento adottano un'unica circoscrizione elettorale. Inoltre, un sistema elettorale può essere «proporzionale», «maggioritario», o «misto»: nel primo caso, si tende a privilegiare la rappresentanza proporzionale di tutti gli orientamenti sociopolitici presenti; nel secondo caso, si tende a valorizzare la forza delle maggioranze sulle minoranze per garantire una certa efficienza decisionale e stabilità dei governi. A questo riguardo, si può per esempio assicurare alle maggioranze relative un surplus di seggi che garantisca loro solidità nelle sedi della rappresentanza; nel terzo caso, infine, è possibile optare per sistemi elettorali che uniscano la logica proporzionale a quella maggioritaria. In questi casi, se da un lato viene garantita la formazione di maggioranze assolute (50% +1) nelle sedi della rappresentanza, dall'altro, viene anche garantito il diritto di tribuna alle forze politiche minoritarie.

Il **comportamento elettorale** include le motivazioni e le forme della pratica partecipativa che si realizza attraverso l'esercizio di voto

Avendo per grandi linee definito gli aspetti procedurali di un processo elettorale, diventa fondamentale riflettere sul cosiddetto **comportamento elettorale**, e cioè sulle motivazioni e le forme della pratica partecipativa che si realizza attraverso l'esercizio di voto. Si tratta di un tema da sempre al centro della riflessione di politologi e sociologi politici che, a partire dalla rivoluzione comportamentista, si sono sovente soffermati a ragionare sul perché i cittadini votino in un certo modo piuttosto che in un altro, o perché, al limite, scelgano di astenersi dal voto, un'opzione legittima che tra l'altro tende a essere praticata da un numero crescente di cittadini nelle moderne democrazie liberali.

12.4.2. Il comportamento elettorale

Il comportamento elettorale è un tema centrale e controverso per la sociologia politica che può essere affrontato, come abbiamo visto, sia da una prospettiva micro, concentrandosi sul comportamento razionale dei singoli cittadini che sono chiamati periodicamente a scegliere i propri rappresentanti, sia da un punto di visto macro, soffermandosi maggiormente sulla configurazione sociale degli interessi e sulla loro traduzione politica per opera di alcuni attori collettivi che dominano l'intero processo elettorale (*in pimis* i partiti, cfr. cap. 13). Abbiamo già fatto riferimento alle principali teorie razionalistiche della politica e della democrazia (approccio della scelta razionale, approccio economico, ecc.) secondo cui i cittadini, al momento del voto, compirebbero un calcolo razionale costi/benefici, agendo al fine di perseguire interessi specifici. Tale prospettiva, pur avendo il merito di spingere l'attenzione sulla componente razionale della politica rispetto agli approcci di matrice psicologica che ne hanno piuttosto enfatizzato la natura emotiva e pulsionale, hanno però il limite, come si è detto, di trascurare alcune fondamentali dimensioni dell'atto partecipativo, che non necessariamente sono ricollegabili ad atteggiamenti di tipo egoistico o privatistico. La partecipazione elettorale è, per molti, un bene in sé, cioè un atto di legittimazione intrinseca dell'ordinamento democratico; altri invece possono votare sulla base di identità collettive o ideologie di cui alcuni partiti si fanno portatori. In questi casi, la partecipazione elettorale non è solo il prodotto di un calcolo razionalistico, ma assume un alto valore simbolico e culturale.

Il comportamento di voto è strettamente connesso alla strutturazione del sistema dei partiti che hanno tradizionalmente agito da conduttori di partecipazione istituzionale, sviluppando un complesso sistema di appartenenze che ha determinato per decenni, nelle democrazie contemporanee, una sostanziale stabilità dell'orientamento elettorale. Gli studiosi hanno da questo punto di vista coniato l'espressione **voto di appartenenza** per indicare quella tendenza, piuttosto diffusa da parte degli elettori, a privilegiare stabilmente quei partiti che si facevano portatori di fratture sociali e prospettive ideologiche definite. Nel prossimo capitolo, dedicato ai partiti, approfondiremo il discorso sul mutamento dell'appartenenza politica connessa al declino delle tradizionali fratture sociali e alla trasformazione strutturale dei partiti di massa che se ne sono fatti storicamente interpreti. In questa sede ci limiteremo a considerare il dibattito relativo al declino o meno del **voto di classe** – inteso come la tendenza dei cittadini a votare i partiti che si fanno ufficialmente portavoce di determinati interessi socioeconomici – e alle **pratiche di non-voto**, con particolare riferimento al crescente fenomeno astensionistico, da più parti letto nei termini di una crisi di fiducia da parte dei cittadini occidentali nei riguardi delle istituzioni democratiche rappresentative, nonché sintomo di apatia politica generalizzata.

Con il **voto di classe** intendiamo la correlazione positiva tra status socioeconomico e preferenze politico-elettorali

• Persistenza o crisi del voto di classe

I sociologi politici hanno tradizionalmente condiviso l'idea che l'orientamento di voto fosse influenzato (se non addirittura determinato) dall'esigenza di tradurre politicamente i conflitti tra interessi contrapposti che hanno preso forma nell'ambito di fratture sociali definite e connesse ai due fondamentali macro-processi storici rappresentati dalla nascita e sviluppo degli Stati nazionali e dall'affermazione del modello capitalistico di produzione (Rokkan 1970, tr.it. 1982; cfr. cap. 13). L'esigenza di traduzione politica dei fondamentali conflitti sociali avrebbe portato alla formazione di movimenti e partiti politici che si sono fatti interpreti di certi interessi, producendo un sistema di appartenenze rafforzate dalla elaborazione di ideologie strutturate. Il declino certificato del voto di appartenenza e l'aumento di altre forme di voto (d'opinione, di scambio, astensionismo) ha attivato un dibattito intenso sull'utilità o meno di questo quadro interpretativo. In particolare, si è riflettuto molto sulla capacità effettiva dei tradizionali conflitti di natura socioeconomica (o «conflitto di classe») di determinare specifici orientamenti elettorali. Gli studi mostrano che, almeno fino alla prima metà degli anni Settanta, «condizione socioeconomica» e «orientamento elettorale» erano correlati positivamente, nel senso che, la tendenza dei cittadini era effettivamente quella di votare i partiti che si facevano interpreti dei loro interessi di classe. Di fronte a profondi mutamenti sociali, sia nella struttura del sistema economico internazionale sia in quella dei tradizionali partiti di massa, tale correlazione è stata messa in discussione e la comunità sociologica si è divisa tra chi sostiene che il voto di classe sia ancora un fenomeno significativo e chi, al contrario, sostiene il suo ineluttabile declino.

L'idea di una correlazione tra preferenze politiche e appartenenza di classe ci impone di riflettere brevemente sul concetto di classe sociale che, sociologicamente, è strettamente connesso alla divisione del lavoro nelle società moderne. In una società complessa la produzione di beni e servizi si realizza nell'ambito di una diversificazione delle mansioni, cioè delle occupazioni tra le quali gli individui sono dislocati. Per quanto ognuna di queste mansioni sia più o meno importante per il funzionamento complessivo della società, non tutte sono valutate socialmente allo stesso modo. Ciò significa che il sistema di ricompense in termini di reddito, prestigio e potere che da esse deriva è variabile e questa variabilità, in epoca moderna, è stata ed è la principale fonte di disuguaglianza sociale. Secondo gli autori di ispirazione marxiana e weberiana la divisione di classe (e gli interessi ad essa connessi) non è imputabile a semplici variabili di tipo funzionalistico (es: «l'occupazione funzionalmente più importante sarà anche la più remunerata»), ma va ricondotta a una dimensione relazionale radicata nella «situazione del lavoro» e nelle «relazioni di produzione». Secondo questo punto di vista, le occupazioni differiscono soprattutto a causa delle diverse relazioni di proprietà, impiego, autorità in cui sono inserite (Dahrendorf 1959, tr.it. 1963; Wright 1979; Erikson, Goldthorpe 1992). Sta di fatto che, a prescindere dalle accezioni prevalenti, la divisione di classe determina anche la **struttura di classe** di una società che si articola nella contrapposizione sociale (e politica) di interessi sovente contrapposti (Lipset 1960; Wright 1994). Se per Marx gli interessi di classe sono oggettivi e permanenti nella struttura delle relazioni di produzione, per Weber essi sono invece contingenti e dipendenti dalla struttura sociopolitica che ha contribuito alla loro determinazione. In ogni caso, è sempre esistito un certo accordo sull'idea che gli individui che condividono certi interessi di classe cerchino anche una forma di espressione e rappresentanza nella sfera politica (Lipset 1960; Bottomore 1979; Wright 1994). Il compito di aggregare e rappresentare questi interessi è stato storicamente assunto dai partiti politici (e dai sindacati) che, a partire dal diciannovesimo secolo e con un'accelerazione dovuta all'affermazione delle democrazie liberali, sono stati i protagonisti della mobilitazione politica ed elettorale.

La divisione di classe determina anche la **struttura di classe** di una società che si articola nella contrapposizione sociale (e politica) di interessi sovente contrapposti

A partire dagli anni Quaranta del ventesimo secolo, gli studi sul comportamento elettorale mostrarono come in tutte le democrazie occidentali esistesse un'associazione forte tra classe sociale degli elettori e preferenze politiche. I lavoratori manuali presentavano una propensione netta a votare per i partiti di sinistra e di ispirazione socialista, mentre i soggetti appartenenti alle classi sociali superiori votavano perlopiù per i partiti liberali e conservatori (Lipset 1960; Manza, Hout, Brooks 1995). Tale correlazione assumeva ovviamente una natura probabilistica dal momento che già allora, soprattutto grazie alle ricerche degli autori appartenenti alla *Columbia School* (Lazarsfeld, Berelson, Gauzet 1948; Berelson, Lazarsfeld, McPhee 1954) e alla *Michigan School* (Campbell *et al.* 1960) si mostrava che, nella scelta elettorale, il condizionamento della dimensione di classe era comunque alterato da altri fattori di tipo strutturale e psicologico (socializzazione politica; preferenze politiche dei genitori, ecc.). A partire dagli anni Ottanta, diversi studi decretarono l'esaurimento della spinta propulsiva delle classi sociali nel condizionare il comportamento degli elettori (Manza, Hout, Brooks 1995; Nieuwbeerta 1996; Evans 2000; Goldthorpe 2001). Si cominciò a documentare il graduale **deallineamento** fra classi sociali e preferenze elettorali. Le motivazioni addotte per spiegare un simile fenomeno furono molte ma, come ricorda Pisati (2010, 23-24), sono riconducibili a cinque categorie:

- **Diminuzione della disuguaglianza di classe:** il declino del voto di classe viene in questo caso imputato al declino della disuguaglianza di classe in una situazione di ricchezza e benessere relativo nelle società post-industriali.
- **Ridefinizione delle linee della differenziazione sociale:** da questo punto di vista, le linee della differenziazione sociale, in epoca post-industriale, correrebbero in modo trasversale rispetto alla tradizionale divisione di classe, stimolando forme di mobilitazione politica indipendenti. La struttura di classe come principale fonte di disuguaglianza sarebbe sfidata dal riemergere di vecchie e nuove fratture sociopolitiche basate sulla religione, sull'etnia, sulla lingua, sul territorio, ma anche sul genere e sull'identità sessuale.
- **Crescita dei conflitti basati sui valori:** secondo questa prospettiva, i valori di tipo post-materialista (ambiente, genere, diritti civili, conoscenza, ecc.) avrebbero gradualmente sostituito gli interessi materialisti e di classe come nuova fonte di mobilitazione politica. La ragione sarebbe da imputare anche in questo caso a una situazione di benessere relativo che consente agli individui di orientare la propria attenzione politica su tematiche nuove.
- **Preponderanza della mobilitazione politica di tipo cognitivo:** in questo caso l'attenzione è posta sulla crescente alfabetizzazione e l'affermazione in Occidente di una educazione di massa. Di fronte all'aumento del livello medio di istruzione gli individui sarebbero nelle condizioni di valutare la politica in modo autonomo prescindendo dalla tradizionale mediazione dei partiti o delle organizzazioni di categoria.
- **Mutamento delle basi ideologiche e dei programmi dei partiti:** in questo caso, si pone l'accento sulla trasformazione dei partiti politici (cfr. cap. 13) e della loro incapacità di produrre mobilitazione politica a fronte di un allentamento ideologico e di una tendenza a produrre programmi sempre meno radicali, cioè sempre meno legati all'esigenza di tutelare interessi specifici rispetto ad altri ad essi contrapposti. I vecchi partiti di massa sarebbero diventati essi stessi delle macchine interclassiste per recuperare voti.

In realtà, come nota chi sostiene invece la vitalità del voto di classe, le analisi di tutti questi studiosi, di per sé utili a comprendere alcuni aspetti delle forme di mutamento sociopolitico nelle società contemporanee, sarebbero però viziate dalla tendenza a dicotomizzare il rapporto tra classe e voto. Quando essi parlano di declino del voto di classe, si riferiscono all'indiscutibile crisi del voto di classe tradizionale secondo cui i lavoratori manuali avrebbero dovuto votare a sinistra, mentre i lavoratori non manuali a destra. Da questo punto di vista si registrano effettivamente forme significative di **deallineamento**. Se si utilizza una visione meno rigida e più articolata, si nota che in molti casi il deallineamento si configura piuttosto come un **riallineamento**, cioè come uno spostamento delle preferenze politiche delle classi sociali pur lasciando sostanzialmente invariata la correlazione tra classe e voto. In altri casi si registrano forme di **fluttuazione irregolare** delle preferenze di voto senza però giustificare un declino strutturale della correlazione tra interessi materiali e comportamento elettorale. Entrando nel merito di questi studi, emerge dunque che, a partire dal secondo dopoguerra, il voto di classe ha seguito andamenti diversi in genere legati a variabili contestuali. In alcuni casi si è registrato un effettivo deallineamento, in altri un riallineamnento, in altri una fluttuazione irregolare, e in altri, infine, una sostanziale stabilità delle preferenze elettorali rispetto alla condizione di classe (Pisati 2010). Le cinque categorie di spiegazioni sul declino del voto di classe precedentemente esposte sono comunque valide a spiegare alcune linee di mutamento, ma non sono di per sé sufficienti a tracciare il quadro di trasformazioni strutturali e definitive. Il voto di classe, anche se mutato, dimostra di essere ancora una dimensione analitica rilevante. L'emergere di nuove linee di differenziazione sociale, la trasformazione dei partiti di massa, l'emergere di nuovi valori post-materialisti sono variabili rilevanti, ma non esaustive. Interessante è tra l'altro la variabile politologica secondo cui, piuttosto che di una crisi dell'orientamento sociale di classe, occorre riferirsi a una crisi della «politica di classe». Nelle democrazie occidentali assistiamo infatti alla tendenza dei partiti a proporre programmi sempre più omogenei e sempre meno riconducibili agli interessi di classi contrapposte. Questo, accanto a mutamenti socioeconomici oggettivi, non può non influenzare il comportamento elettorale sollecitando forme di voto fluttuante, cioè legate alla congiuntura piuttosto che al radicamento di condizioni strutturali oggettive.

In ogni caso, per studiare seriamente l'andamento del voto di classe occorre utilizzare uno schema logico meno semplificato, che superi cioè la tradizionale dicotomia tra lavoratori manuali e non manuali. Il voto di classe esprime infatti un'articolazione più complessa che presuppone un salto di qualità analitico. Da questo punto di vista, Erikson e Goldthorpe (1992) propongono di articolare diversamente la struttura di classe, superando la dicotomia manuale/non manuale in favore di una nuova dicotomia a sua volta diversamente scomponibile. Le nuove occupazioni sarebbero a loro avviso classificabili nell'ambito di due diverse categorie: «lavoro dipendente» e «lavoro autonomo»; ognuna di queste categorie si articola in quattro classi attorno alle quali si costruirebbe la struttura delle società contemporanee (vedi fig. 12.1). Otto classi di riferimento utili a spiegare anche la definizione delle preferenze politiche. Eccole di seguito:

Fig. 12.1. Elementi essenziali della struttura di classe

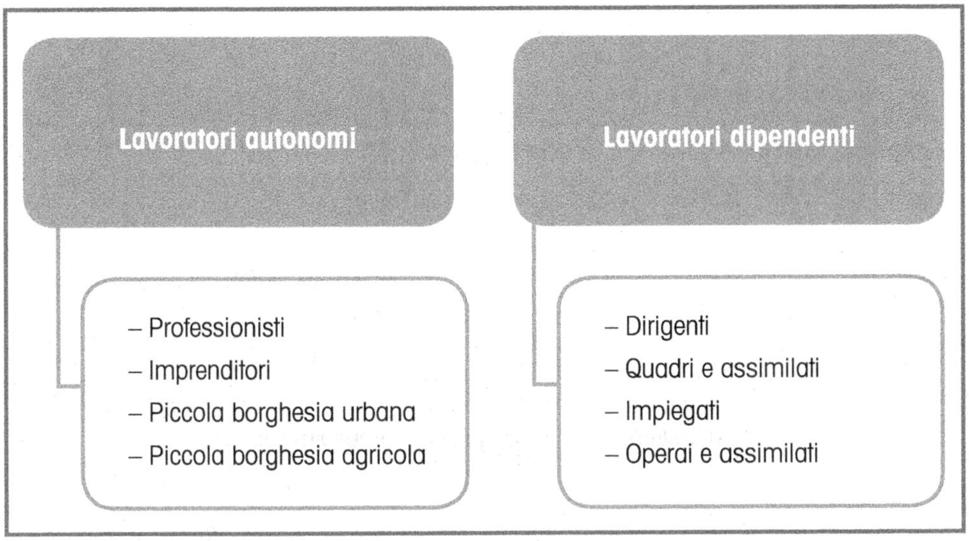

Fonte: rappresentazione da Erikson e Glodthorpe 1992

- *Professionisti:* che rappresentano tutte le libere professioni svolte in maniera autonoma (medico, avvocato, commercialista, consulente finanziario, psicologo, giornalista, ecc.).
- *Imprenditori:* che include tutti gli imprenditori con un numero minimo di dipendenti che oscilla dai quattro ai quindici.
- *Piccola borghesia urbana:* composta da lavoratori autonomi senza dipendenti o con pochi dipendenti, come nel caso di commercianti e artigiani.
- *Piccola borghesia agricola:* cioè i lavoratori autonomi senza dipendenti che operano nel settore agricolo.
- *Dirigenti:* cioè tutte le occupazioni dipendenti di tipo direttivo o dirigenziale.
- *Quadri e assimilati:* cioè tutte le occupazioni dipendenti ad alto contenuto scientifico e professionale.
- *Impiegati:* tutti i lavoratori dipendenti addetti a lavori di ufficio, ma anche, come nel caso degli insegnanti, di un certo livello di preparazione intellettuale.
- *Operai e assimilati:* cioè i lavoratori dipendenti che svolgono attività manuali nei vari settori produttivi.

• I caratteri dell'astensionismo elettorale

In termini generali intendiamo per **astensionismo** la non partecipazione al voto

Oltre che sulle ragioni strutturali e motivazionali dell'orientamento di voto, gli studiosi si sono soffermati molto sul fenomeno del non-voto, sia nei termini del voto nullo e della scheda lasciata bianca sia, e in modo particolare, nei termini delle diverse pratiche di **astensionismo, inteso come non partecipazione all'atto di voto**. Si tratta infatti di un fenomeno crescente nelle democrazie occidentali tanto che nella vulgata giornalistica si sente spesso parlare di «partito del non-voto», attribuendo all'astensionismo un carattere

Fig. 12.2. Il comportamento di voto e non-voto

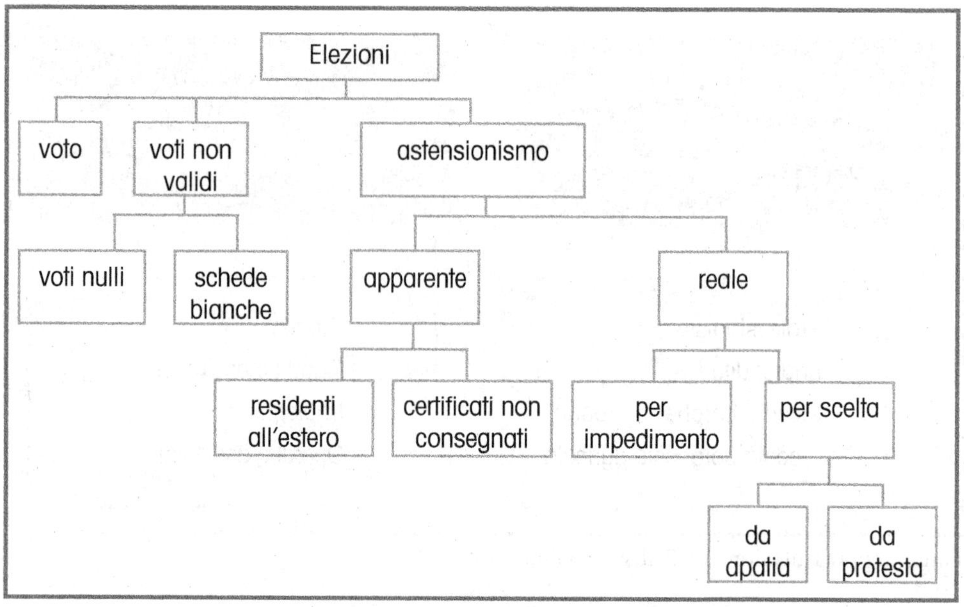

Fonte: rielaborazione parziale da Raniolo 2007, 204

necessariamente politico e un'omogeneità di intenti da parte degli elettori che snobbano la pratica elettorale. Il discorso, vedremo, è più complesso e presuppone un'analisi approfondita della pratica del non-voto. Nella figura 12.2, adattata sulla base dell'opera di sistematizzazione operata da Raniolo (2007, 204), mostriamo l'articolazione del fenomeno a partire da una distinzione tra «voti non validi» e «astensionismo», entrambi scomponibili in ulteriori sottocategorie.

Prima di entrare nel merito delle forme del non-voto occorre definire i caratteri degli elettori. Essi vanno infatti distinti in **elettori potenziali**, cioè tutti gli aventi diritto, ed **elettori effettivamente iscritti nelle liste elettorali**. In molti paesi l'iscrizione nelle liste elettorali avviene d'ufficio, ma in molti altri, come per esempio negli Stati Uniti, l'iscrizione è volontaria e questo senza dubbio incide sugli alti tassi di astensionismo. L'iscrizione volontaria, cioè affidata alla buona volontà del singolo cittadino, senza dubbio agisce da depressore della partecipazione politica, creando una forbice istituzionalizzata tra elettore attivo ed elettore potenziale.

L'**astensionismo apparente** è determinato da cause non direttamente imputabili alla volontà del cittadino

Tra gli elettori formalmente attivi, cioè regolarmente iscritti nelle liste elettorali, è possibile che si configurino forme di **astensionismo apparente**, cioè determinate da cause non direttamente imputabili alla volontà del cittadino, ma per esempio dalle modalità di compilazione e aggiornamento delle liste elettorali. Se le liste non sono aggiornate periodicamente, registrando cambi di residenza e/o decessi, finiscono col causare forme di astensionismo di natura amministrativa che incidono sulle statistiche generali del fenomeno. Un altro caso di astensionismo apparente è determinato per esempio dall'esistenza di cittadini che risiedono all'estero senza per questo aver cambiato residenza; tali elettori possono essere oggettivamente impossibilitati a recarsi alle urne. Anche in questo caso, il mancato aggiornamento delle liste può determinare un crescita del tasso di astensionismo formale, che però, in una logica sociologica, è sostanzialmente apparente (Sani 2000, 838-839).

Al netto degli astensionisti «ombra», cioè legati al non aggiornamento delle liste elettorali, occorre operare alcune ulteriori precisazioni. Lo studioso può infatti decidere di adottare una connotazione ristretta di astensionismo, considerando cioè solo il cosiddetto **astensionismo reale**, determinato dal numero degli elettori che, per diverse ragioni, non si sono recati alle urne (Caciagli, Scaramozzino 1983), o utilizzare un concetto di astensionismo dilatato, aggiungendo al nonvoto anche la percentuale di chi, pur recandosi alle urne, ha preferito per diverse ragioni annullare la scheda o lasciarla in bianco. Si parla in questo caso di **voti inespressi** che, come si può ben capire, non è analiticamente corretto sommare alle forme reali di astensionismo, anche se alcuni studiosi hanno a questo riguardo parlato di **astensionismo civico** o **astensionismo attivo**, proprio per indicare la tendenza, in genere congiunturale, di alcuni elettori a non esprimere alcuna preferenza pur recandosi regolarmente alle urne. Questi casi sono sociologicamente interessanti perché esprimono una manifesta espressione di insoddisfazione da parte degli elettori nei riguardi delle alternative politiche a loro sottoposte.

L'**astensionismo reale** è determinato dal numero degli elettori che, per diverse ragioni, non si sono recati alle urne e, nella sua versione politica, può essere determinato da **apatia** o da **protesta**

Avendo distinto l'astensionismo apparente da quello reale e, entrambi, dalle forme di astensionismo civico o, semplicemente, dai cosiddetti voti non validi, ci rimane da scomporre in sottocategorie l'astensionismo reale, che merita un'attenta considerazione analitica. Tanto per cominciare, va detto che **l'astensionismo reale può essere determinato da una scelta deliberata dell'elettore o, al contrario, da un impedimento oggettivo**. Questa distinzione è importante perché segna il discrimine tra forme di astensionismo «politico» e forme di astensionismo «non-politico» (Mannheimer, Sani 2001). In questo secondo caso, le ragioni del non voto sono legate a una qualche forma di impedimento oggettivo, come per esempio una malattia o l'assenza temporanea del cittadino perché impegnato all'estero o in un'altra regione rispetto a quella dove può esercitare il suo diritto a votare; nel primo caso, invece, il non-voto è una scelta che può essere determinata da **apatia** o da **protesta**.

- L'**astensionismo apatico** (o «da alienazione») esprime un effettivo disinteresse al voto da parte di cittadini disincantati rispetto all'offerta politica e «ha le sue radici nella posizione di marginalità che la politica occupa nell'orizzonte psicologico di molti elettori delle moderne democrazie di massa» (Sani 2000, 842). Si tratta di un fenomeno preoccupante perché segnala, specie nelle giovani generazioni, un senso di marginalità rispetto al campo del politica a cui si accompagna una sostanziale indifferenza rispetto all'impegno pubblico. Esso è stato spiegato in diversi modi. Alcuni studiosi lo hanno ricondotto alla classica frattura tra centro e periferia (Milibrath, Goel 1977) segnalando il senso di perifericità e conseguente marginalità che alcuni cittadini hanno rispetto a una serie di fenomeni di mutamento socioeconomico e sociopolitico; secondo questa prospettiva la perifericità sociale determina marginalità politica. Altri studiosi hanno invece spiegato alcune forme di apatia politica facendo riferimento alla trasformazione dei valori e degli stili di vita nelle società postmoderne. In questo contesto sociale prevarrebbero infatti stili di vita concentrati sul sé e sulla ricerca dell'autorealizzazione personale, creando un sistema di priorità cognitive tra le quali la gratificazione individuale e immediata schiaccerebbe l'impegno collettivo per l'interesse generale (Fuchs, Klingemann 1995, 20). Altri studiosi, infine, riconducono l'apatia politica e, di conseguenza, le forme di astensionismo da essa determinate, alla crisi di rappresentanza e mobilitazione dei partiti; la marginalità dell'elettore è in questo caso determinata dalla distanza dai circuiti organizzativi attorno a cui si struttura il processo elettorale (Corbetta, Parisi 1987).

- L'**astensionismo per protesta**, al contrario di quello apatico, non dimostra una lontananza dell'elettore dalla politica, ma piuttosto «un consenso esplicitamente negato, una dimostrazione di sfiducia e in molti casi di aperta ostilità verso la sfera della politica e, in particolar modo, nei confronti della classe politica» (Sani 2000, 833-844). Gli studiosi hanno a questo riguardo elaborato una tipologia di astensionisti per protesta: vi sono in primo luogo gli elettori che esprimono un **non-voto ideologico**, animati da un sentimento qualunquista e radicalmente antipolitico, ovvero inseriti in circuiti alternativi a quelli politico-istituzionali, come nel caso dei militanti di movimenti anarchici o di partiti extra-parlamentari; vi sono in secondo luogo gli elettori che esprimono un **non-voto strategico** o punitivo che segnala una sostanziale insoddisfazione rispetto all'offerta politica; vi sono infine gli elettori che esprimono un **non-voto da reidentificazione** (Montero 1984), inteso come un momento di astensione temporanea in attesa di modificare la propria scelta partitica. In questo caso, il cittadino salta una consultazione elettorale prima di individuare una nuova forza politica verso cui orientare la propria scelta di voto. ■

Percorso di autoverifica

- Cosa intendiamo per partecipazione politica?
- Quali sono i quattro scenari partecipativi rispetto alla doppia dimensione semantica della partecipazione?
- Cosa intendiamo per partecipazione espressiva e strumentale?
- Cosa intendiamo per mobilitazione manipolata?
- Quali sono le cinque dimensioni analitiche su cui concentrare lo studio delle pratiche partecipative?
- Quali sono gli attori della partecipazione politica collettiva?
- Che ruolo hanno i partiti politici?
- Come si articolano le tre fasi del governo rappresentativo?
- Cosa sono i gruppi di interesse?
- Cosa sono i gruppi di pressione?
- Cosa intendiamo per movimento sociale?
- Quali sono i quattro principali tipi di movimento?
- Cosa intendiamo per partecipazione politica latente?
- Cosa intendiamo con lo schema APR (ambiente-prediposizione-risposte)?
- Cosa intendiamo per partecipazione politica manifesta?
- Quali forme può assumere?
- Come possiamo classificare le forme di partecipazione manifesta?
- Come si articola il rapporto tra elezioni e democrazia?
- Come si articola il processo elettorale?
- Come è mutato nella storia il voto di appartenenza?
- Si può ancora parlare di voto di classe?
- Cosa intendiamo per astensionismo reale e apparente?
- Come possiamo scomporre analiticamente le diverse forme di non-voto?

I partiti politici 13

I partiti agiscono nel sistema politico al fine di tradurre politicamente le principali istanze sociali attraverso un'azione di aggregazione degli interessi che non sono semplicemente esogeni al processo politico. I partiti, infatti, anche attraverso la produzione di identità collettive, hanno la capacità di riaffermare le condizioni sociali della loro esistenza, elaborando ideologie e predisponendo programmi in base ai quali chiedono il consenso dei cittadini. Il processo di evoluzione storica dei partiti segue le dinamiche della democratizzazione. L'esigenza di organizzare politicamente un ampio numero di cittadini ha fatto sì che i vecchi partiti di notabili fossero sostituiti da grandi organizzazioni burocratiche di massa nell'ambito delle quali una moltitudine di professionisti della politica contribuisce al radicamento territoriale del partito e all'integrazione sociopolitica di individui e gruppi sociali. Con gli anni, anche il partito di massa ha subito delle trasformazioni con il graduale alleggerimento della propria struttura organizzativa e l'indebolimento della propria capacità di produrre identità collettive, ma ha comunque mantenuto un ruolo di primo piano nell'organizzazione politica e amministrativa dei regimi. Per comprendere le dinamiche di funzionamento dei partiti occorre fare riferimento agli scambi di potere che si realizzano al loro interno e alla capacità della leadership di gestire il mutamento senza mai perdere la forza di produrre incentivi che garantiscono la lealtà degli iscritti. Il rapporto tra società civile e partiti politici è mutato nel tempo, ma non per questo è mutata anche la funzione di organizzazione politica delle democrazie svolta dai partiti.

Obiettivi di apprendimento

- I partiti agiscono nel sistema politico per influenzarne l'ordinamento e le decisioni. Essi svolgono funzioni di reclutamento, socializzazione, formulazione e organizzazione politica delle domande sociali e strutturazione del processo elettorale.
- Il partito di massa è un partito di classe, ideologico e organizzato burocraticamente in modo da integrare socialmente e politicamente le masse lavoratrici attraverso l'azione permanente di una moltitudine di funzionari professionali.
- La funzione storica della politica, attraverso l'azione dei partiti, non è la neutra acquisizione delle preferenze, ma la formulazione stessa di quelle preferenze; essa trasforma l'ambiente sociale elaborando identità collettive.

13.1. Caratteri e funzioni dei partiti politici

I **partiti politici** agiscono all'interno di un sistema politico tentando di influenzarne l'ordinamento e le decisioni

Nel precedente capitolo abbiamo definito il partito politico come uno dei più importanti istituti politici della modernità. I partiti hanno avuto la funzione storica di organizzare la partecipazione politica in un contesto di modernizzazione sociale, giocando un ruolo da protagonisti nel processo di graduale democratizzazione dei regimi politici occidentali. Da questo punto di vista, è difficile immaginare un sistema politico che possa oggi fare a meno del ruolo organizzativo e istituzionale dei partiti. Ma cos'è nello specifico un **partito politico** e, soprattutto, a cosa serve? Una delle più note definizioni del concetto di partito è riconducibile all'opera di Max Weber (cfr. par. 2.5.4) che, ricordiamolo, afferma che:

> *Per partiti si debbono intendere le associazioni fondate su una adesione (formalmente) libera, costituite al fine di attribuire ai propri capi una posizione di potenza all'interno di un gruppo sociale e ai propri militanti attivi possibilità (ideali o materiali) per il perseguimento di fini oggettivi o per il perseguimento di vantaggi personali, o per tutti e due gli scopi.*
>
> Weber 1922, tr.it. 1968, vol.I, 282

Il primo dato rilevante che salta agli occhi leggendo questa celebre definizione weberiana riguarda la sfera propria dell'agire partitico che il sociologo tedesco individua nella «potenza», che noi abbiamo preferito tradurre con il termine «dominio», inteso come «potere politico». **I partiti agiscono all'interno di un sistema politico tentando di influenzarne l'ordinamento e le decisioni**. Per far questo essi organizzano la partecipazione politica cercando di piazzare il proprio personale nelle sedi della rappresentanza. Da questo punto di vista, l'azione politica dei partiti è connessa al processo elettorale, tanto che autori come Downs li definiscono come compagini di individui «che cercano di ottenere il controllo dell'apparato governativo a seguito di regolari elezioni» (Downs 1957, 25); una posizione non troppo diversa da quella di Weber, secondo cui, i partiti...

> *... possono essere organismi effimeri o permanenti, e i mezzi da essi usati per acquistare potenza possono essere i più diversi – dalla pura e semplice violenza di ogni specie alla propaganda elettorale condotta con mezzi grossolani o raffinati come il denaro, l'influenza sociale, la potenza della parola, la suggestione e l'aperta soverchieria, fino alla tattica, più o meno grossolana o ingegnosa, dell'ostruzionismo nell'ambito di organi parlamentari.*
>
> Weber 1922, tr.it. 1968, vol.II, 243

I partiti svolgono alcune **funzioni** fondamentali nel processo di organizzazione dei sistemi politici democratici

Effettivamente, all'interno dei regimi democratici è la competizione per il voto che distingue realmente i partiti dalle altre associazioni: «quali che siano le altre possibili arene che hanno in comune con altre organizzazioni, soltanto i partiti operano nell'arena elettorale, competono per i voti» (Panebianco 1982, 30). Ma, a parte l'organizzazione dei consensi in un contesto liberale rappresentativo, quali sono le principali funzioni dei partiti politici? Essi, assumendosi il compito di organizzare complessivamente il sistema politico, assolvono almeno sette **funzioni** fondamentali, le une strettamente legate alle altre:

- **Strutturazione delle domande:** i partiti organizzano la volontà popolare partecipando alla strutturazione delle domande sociali.
- **Semplificazione della complessità:** la strutturazione delle domande presuppone che i partiti operino una semplificazione della complessità sociale, aggregando gli interessi che possano assumere una rilevanza politica. Essi formano l'interesse collettivo mediando tra i diversi interessi individuali.
- **Strutturazione del voto:** semplificando la complessità, i partiti organizzano la competizione tra interessi contrastanti nell'ambito del processo elettorale: «essi creano l'ordine dal caos di una moltitudine di elettori» (Bryce 1921, 119-122).
- **Socializzazione politica:** i partiti non si limitano a monopolizzare il processo elettorale; essi, accanto ad altre istituzioni, socializzano i cittadini ai valori e alle pratiche politiche, «modellando atteggiamenti, inculcando valori e distribuendo capacità politiche ai cittadini e alle élites» (Almond, Powell 1966, tr.it. 1970, 125). Essi educano i cittadini alla democrazia svolgendo una fondamentale funzione di «integrazione sociale»; trasformano il cittadino privato in «animale politico» (Neumann S. 1956; tr.it. 1971).
- **Reclutamento politico:** socializzazione politica e strutturazione del voto consentono ai partiti di svolgere un'importante funzione di reclutamento politico, guidando il processo di selezione delle candidature e in genere delle personalità che andranno a rivestire cariche politico-istituzionali.
- **Controllo dei governati sui governanti:** i partiti svolgono poi un'importante funzione di collegamento tra cittadini e istituzioni consentendo, dall'opposizione, di vigilare attentamente sull'operato del governo e sollecitando una maggiore responsabilità da parte della classe politica.
- **Formazione delle politiche pubbliche:** infine, i partiti politici, occupando le principali cariche elettive, guidano il processo decisionale contribuendo in modo decisivo alla formazione delle politiche pubbliche. Essi elaborano programmi che sono posti al vaglio degli elettori; se ottengono il consenso, è loro dovere cercare di metterli in atto.

Appare dunque evidente l'essenzialità dei partiti politici per l'organizzazione e il buon funzionamento di un regime. Ovviamente, non tutti gli studiosi li studiano nella stessa maniera: da un lato, c'è chi, riconoscendosi in un approccio razionale, si concentra sul rapporto strumentale tra elettori e partiti all'interno del mercato elettorale; dall'altro, c'è chi, pur non trascurando l'importanza della dimensione elettorale e rappresentativa, predilige un approccio identitario, focalizzandosi sul ruolo dei partiti politici nella formazione di identità collettive.

13.1.1. L'approccio economico all'analisi dei partiti

Come già accennato riferendoci alle teorie economiche e della scelta razionale (cfr. par. 3.4 e 5.4.3), alcuni studiosi guardano ai partiti essenzialmente come soggetti orientati al profitto, inteso come il massimo dei voti all'interno di una competizio-

Secondo la **teoria economica della democrazia** il rapporto tra cittadini e partiti nel mercato elettorale è paragonabile a quello tra imprenditori e consumatori

ne elettorale. In particolare, Antony Downs, con la sua **teoria economica della democrazia** (1957), propone un'idea del processo elettorale basato sul concetto di «razionalità». Da questo punto di vista, partiti ed elettori sarebbero legati da un rapporto strumentale. Da un lato, i partiti puntano al potere massimizzando il consenso elettorale; dall'altro, gli elettori sono portatori di interessi esogeni, cioè formatisi fuori dal processo politico, e al momento del voto agirebbero da attori razionali, operando cioè un calcolo costi/benefici che li porterà a preferire il partito o la coalizione di partiti che, con più probabilità, soddisferanno i loro personali bisogni. Tale approccio non solo presuppone che gli elettori siano consapevoli dei propri interessi, dato di per sé tutt'altro che scontato, ma sostiene anche che siano in grado di produrre una graduatoria delle preferenze politiche a partire dalle alternative che vengono loro offerte all'interno del «mercato politico». I partiti avrebbero il solo obiettivo di vincere le elezioni e, a questo fine, cercheranno di accontentare il più ampio numero di cittadini; questi ultimi, dal loro canto, saranno interessati alla formazione di politiche pubbliche specifiche e offriranno la propria preferenza al partito/candidato che se ne farà portatore:

> *I partiti politici in democrazia sono analoghi agli imprenditori in un'economia basata sulla ricerca del profitto. Per ottenere i loro benefici privati, essi formuleranno qualsiasi politica ritengano permetta loro di guadagnare il maggior numero di voti, esattamente nello stesso modo in cui gli imprenditori producono qualsiasi prodotto che ritengono porterà loro maggiori profitti.*
>
> ibid., 295

In questo senso, l'autonomia dei partiti è relativa perché il loro comportamento sarà dipeso in buona misura dalla collocazione dei cittadini sul continuum destra-sinistra, inteso però non come collocazione identitaria, ma piuttosto come posizionamento strumentale. Sulla stessa linea si colloca l'**approccio della scelta pubblica** (*public choice*) di James Buchanan (1989) secondo cui i partiti al governo, per accrescere i propri consensi, farebbero un uso disinvolto di beni e risorse, aumentando la spesa pubblica in favore di alcune categorie di cittadini. Questo è destinato a produrre effetti negativi sulla stabilità economica del sistema, condannato a una crescita costante del debito pubblico. Non è un caso che i fautori del *public choice approach* saranno anche tra i principali sostenitori dello «Stato minimo» e quindi di una posizione teorica che professa la graduale riduzione del ruolo dei partiti e delle istituzioni pubbliche nella regolazione della vita sociale. Essi finiscono col sostenere le principali dottrine liberiste che, in epoca di globalizzazione, si declinano nelle forme del «globalismo economico» (cfr. par. 9.4.1).

13.1.2. L'approccio identitario all'analisi dei partiti

L'economicismo razionalista è stato molto criticato per il fatto di trascurare la dimensione identitaria della politica (Pizzorno 1983). Presupporre un comportamento razionale da parte di elettori e partiti all'interno di un processo elettorale letto come una dinamica di mercato sarebbe erroneo perché nelle elezioni non esiste alcun *medium generalizzato*, come può essere il denaro, che permetta di calcolare in modo esatto costi e benefici di una certa azione. Inoltre, per quanto i partiti siano effettivamente interessati alla massimizzazione dei consensi, il loro comportamento non è sempre finalizzato ad accontentare gli interessi (individuali) degli elettori. La formulazione di certe politiche è comunque evitata se contraddice l'orientamento simbolico del partito che, ricordiamolo, non è solo un'organizzazione, ma piuttosto una sommatoria tra un'organizzazione e una cultura politica, cioè una tradizione. I partiti non si limitano tra l'altro a tradurre in politica interessi esogeni ma, come abbiamo detto, svolgono un'azione di semplificazione della complessità e di strutturazione delle domande. Una politica che rincorre gli interessi egoistici dei cittadini è destinata alla frammentazione. **La funzione storica della politica non è la neutra acquisizione delle preferenze, ma la formulazione stessa di quelle preferenze; essa trasforma l'ambiente sociale elaborando identità collettive**. In questo senso la politica, attraverso l'azione dei partiti, è orientata «alla modificazione dei bisogni assai più che alla semplice soddisfazione di quelli esistenti» (ibid., 165):

> *Affinché possa avvenire la valutazione di un interesse, cioè il calcolo dei costi e dei benefici, occorre che al soggetto calcolante venga assicurato il riconoscimento di una* collettività identificante. *Da essa riceverà i criteri che rendono possibile la definizione degli interessi; o, in altre parole, che permettono di dare significato all'azione.*
>
> Pizzorno 1993, 167

Secondo l'**approccio identitario** adottato da Pizzorno, il compito primario dei partiti sta dunque nella produzione di identità collettive che diano senso all'azione dei cittadini, consentendo loro di riconoscere alcuni interessi sociali. In questo senso, la stessa coscienza sociale è il prodotto di un'identificazione collettiva, non la sommatoria di preferenze individuali. Come nota Donatella della Porta: «l'azione identificante ha un ruolo positivo in democrazia: la politicizzazione del conflitto sociale impone a esso procedure, orientando l'azione verso la costruzione di identità collettive» (della Porta 2009, 22). Alla luce di ciò, anche la partecipazione elettorale assume un significato simbolico più che strumentale:

Secondo l'**approccio identitario** il compito primario dei partiti sta nel produrre identità collettive che diano senso all'azione dei cittadini

> *Nel dibattito politico e intellettuale, nella simbologia, nei modi di organizzare l'esercizio del voto, il suffragio si presenterà allora non come un atto di scelta, bensì come un rito di appartenenza; non un'espressione del calcolo degli interessi del singolo, ma piuttosto della coscienza, per ogni cittadino di star compiendo, contemporaneamente a tutti gli altri cittadini, una funzione che fa vivere politicamente la collettività.*
>
> Pizzorno 1996a, 980

La formazione di identità collettive è dunque il presupposto per la formazione di appartenenze politiche di cui i partiti si servono per mantenere una stabilità di consensi. Attraverso lo sviluppo di un'**attività identificante**, i partiti preservano se stessi e tutelano la propria collettività di riferimento, producendo simboli in grado di trasmettere fiducia e solidarietà tra i membri della propria comunità. I cittadini saranno così nelle condizioni di assicurare identificazione e lealtà a un partito a cui si affideranno per il soddisfacimento dei propri bisogni. Ovviamente il ruolo dei partiti non è solo quello di produrre simboli. Il partito non è solo un mero esercizio simbolico (o retorico). Esso, dopo aver prodotto identità e appartenenze, si dedica alla cosiddetta **attività efficiente**, perseguendo cioè politiche finalizzate al miglioramento delle condizioni di vita della propria collettività di riferimento.

13.2. L'evoluzione storica dei partiti

Da un punto di vista ideologico e organizzativo, i partiti politici non sono tutti uguali. La loro struttura è mutata con il mutare delle condizioni sociopolitiche dei regimi. La generalizzazione dei diritti di cittadinanza e la successiva universalizzazione del suffragio ha reso possibile che un numero sempre più ampio di cittadini e gruppi potessero prendere parte alla vita politica, imponendo una riorganizzazione dei partiti su basi di massa. Prima di allora, i partiti erano piuttosto delle associazioni di notabili nate per rappresentare interessi individuali. Tali associazioni assumevano la forma di comitati elettorali che si attivavano saltuariamente in un contesto di suffragio ristretto. Con l'avvio della democratizzazione e l'esigenza di organizzare politicamente le masse proletarie, un tempo escluse da ogni forma di partecipazione, si rese necessaria la costruzione di grandi organizzazioni burocratiche che assunsero la forma di vere e proprie macchine finalizzate a incanalare la vocazione partecipativa delle masse subalterne, svolgendo sovente una importante funzione di integrazione sociale (tab. 13.1).

13.2.1. Dal partito di notabili al partito burocratico di massa

Per tutto il diciottesimo secolo e parte del diciannovesimo i partiti politici si sono formati attorno a singole personalità che godevano di un proprio seguito in forza della posizione di privilegio che rivestivano in società ancora profondamente

Tab. 13.1 Partiti di notabili e partiti di massa secondo Max Weber

	Partito di notabili	**Partito burocratico di massa**
Personale di partito	Notabili dotati di risorse autonome	Politici di professione che vivono di politica
Risorsa dei politici	Deferenza	Delega
Attività di partito	Saltuaria e finalizzata alle campagne elettorali	Permanente
Situazione in cui si sviluppa	Composizione elettorale ristretta	Suffragio universale

ineguali. Signori fondiari, notai, giudici erano nelle condizioni sociali ed economiche per dedicarsi all'attività politica facendo leva sulla «deferenza» che quasi naturalmente era a loro dovuta. Max Weber parla a questo riguardo di **partiti di notabili**, identificando come «notabili» tutti gli individui che sono in grado di agire in modo continuativo all'interno di un gruppo svolgendo funzioni direttive anche e soprattutto in virtù della loro condizione economica. L'attività politica diventava una professione secondaria, «senza uno stipendio oppure con uno stipendio onorario o nominale». Tali individui, sempre secondo Weber, «godono di una considerazione sociale, fondata non importa su quale base, che dà loro la possibilità di accettare uffici» (Weber 1922, tr.it. 1968, vol. I, 287). L'attività politica di questi partiti era saltuaria e legata prevalentemente al momento della propaganda elettorale. Una volta eletti in Parlamento, i vari notabili si liberavano da qualsiasi legame effettivo con la società. Interagivano tra loro in modo orizzontale e senza alcun effettivo coordinamento (verticale).

I **partiti di notabili** nascono attorno a singole personalità in forza del prestigio che rivestono in società profondamente ineguali

A questo riguardo, Duverger parla di partiti organizzati attraverso la forma del **comitato**, composto da pochi individui, non più di una dozzina, selezionati senza alcun atto formale:

> *Non occorre iscriversi, firmare una scheda di adesione [...] questo gruppo rappresenta una certa élite, intesa nel senso di persone che si considerano una élite. Sono dei notabili, delle persone influenti [...]. Troviamo un medico, un procuratore, un notaio, un industriale, un commerciante influente, ecc. [...]. Queste persone hanno un peso sociale. Se firmano un manifesto in favore di un candidato, trascineranno con loro altre persone che, per un fenomeno di ammirazione e contagio sociale, tenderanno ad allinearsi sulla posizione politica di questi notabili. Il comitato è d'altra parte un organismo che non ha un carattere assolutamente permanente [...] Certo i suoi membri si vedono spesso, si mantengono in contatto, si riuniscono ogni tanto. Ma è raro che queste riunioni abbiano una regolarità perfetta. Soprattutto si osserva che vi sono fasi di attività e di inattività: è nei periodi elettorali che i comitati sono più attivi, più vivaci.*
>
> Duverger 1953-54; tr.it. 1971, 115-116

Partiti così strutturati servivano a rappresentare interessi specifici di gruppi ristretti di elettori. A questo riguardo, Neumann parla di associazioni a **rappresentanza individuale** tipiche «di una società con un campo politico limitato e con un basso grado di partecipazione. Questa si manifesta, agli effetti partitici, soltanto nel voto, e l'organizzazione di partito (anche se esiste) resta inattiva nei periodi tra un'elezione e l'altra» (S. Neumann 1956, tr.it. 1971, 153). Weber descrive le funzioni di questi partiti in termini di **patronato**: «insediare il loro capo nella carica direttiva affinché egli assegni poi gli uffici statali al suo seguito, e cioè all'apparato dei funzionari e dei protagonisti di partito. Sprovvisti di ogni contenuto di principi, essi iscrivono di volta in volta nel loro programma, in concorrenza tra loro, queste richieste alle quali attribuiscono la maggiore forza propagandistica presso gli elettori» (Weber 1922, tr.it. 1968, vol. II, 709). In un simile contesto politico, l'arena istituzionale è relativamente a-conflittuale, la maggior parte dei conflitti si esprimono infatti al di fuori del Parlamento, all'interno di una nascente sfera pubblica borghese che, per dirla con Habermas (1962, tr.it. 1984, 171), «si sviluppa nel campo di tensione fra Stato e società, ma in modo tale da rimanere essa stessa parte dell'ambito privato». Nascono in questo contesto i primi movimenti di opinione che premono sulla sfera politica per un allargamento dei diritti di cittadinanza; libera stampa, petizioni, banchetti pubblici sono i repertori e gli strumenti di questi primi germi di democratizzazione. Malgrado ciò, essi rimasero a lungo relativamente ininfluenti almeno fino alla nascita di un movimento destinato a stravolgere la concezione stessa della politica e della partecipazione collettiva: si tratta del **movimento operaio e socialista** che irrompe di prepotenza nelle dinamiche di sistemi politici sempre più inadeguati di fronte ai nuovi sviluppi delle condizioni sociali ed economiche. Nasce così il **partito di massa**, capace di radicamento territoriale, strutturato attorno a un'organizzazione burocratica fatta di militanti motivati ideologicamente.

I partiti di massa sono organizzazioni burocratiche gestite da professionisti della politica che si assumono il compito di integrare politicamente una moltitudine di cittadini

L'esigenza di organizzazione politica delle masse impone ai partiti di strutturarsi burocraticamente attraverso una moltitudine di professionisti della politica. Gli affari pubblici cessano di essere l'attività secondaria di qualche privilegiato, ma diventano al contempo «missione» e «professione». I proletari impegnati nei nuovi partiti socialisti fanno della politica il proprio orizzonte, ma anche la propria fonte di sostentamento. La partecipazione non è più un lusso garantito a chi già gode di una rendita, ma diventa una pratica potenzialmente di massa e, per fare ciò, occorre che la politica stessa venga remunerata con i fondi che il partito raccoglie grazie alle quote degli iscritti e a eventuali campagne di autofinanziamento:

> *Non era solo apponendo il segno di croce sulla scheda elettorale che i lavoratori potevano costituire il loro partito, perché nella loro classe non si trovavano notabili che potessero contribuire finanziariamente. Inoltre, con 15 ore di lavoro giornaliero era impossibile ai proletari svolgere un'attività onorifica. L'apparato dovette perciò essere costituito e formato da persone professionalmente qualificate. Gli aggravi finanziari derivanti dalle attività generali, dalle agitazioni e dalle battaglie elettorali dovevano essere sostenuti dai contributi di molti membri* .
>
> Neumann F. 1968, tr.it. 1971, 52

I partiti di massa diventano così **partiti di integrazione sociale**, nel senso che non si limitano a svolgere funzioni di rappresentanza, ma sono capaci di produrre identificazione e appartenenza. Per fare ciò devono agire come strutture permanenti, a prescindere dal processo elettorale; devono organizzarsi attraverso unità di base territoriali che diventano luogo stabile di incontro, confronto e promozione politica. I partiti di massa di ispirazione socialista si caratterizzano come strutture di apparato con politici professionisti nei ruoli di direzione, in grado di inquadrare politicamente le masse proletarie nullatenenti; al reclutamento per cooptazione tipico dei vecchi partiti di notabili si sostituisce «l'inquadramento integrato» in un organo sociale di massa. Il concetto di «libera rappresentanza» che caratterizzava la vecchia politica delle élites viene sostituito da un processo complesso dove i dirigenti sono eletti sulla base di un progetto e un programma nell'ambito di assemblee congressuali a cui possono accedere tutti gli iscritti.

Il partito di massa non si esaurisce nella sua burocrazia, ma può contare su una fitta rete di associazioni a esso vicine che operano nel sociale, contribuendo alla costruzione di subculture specifiche e alla creazione di comunità solidali:

«Appartenere a questo mondo significava anche vivere gran parte del tempo lavorativo entro un'*area di uguaglianza* dove ci si dava del tu [...] dove quindi erano innumerevoli le occasioni di nuovi rapporti personali» (Pizzorno 1996a, 1018, *corsivo nostro*). Dentro questo contesto di sviluppo e rafforzamento identitario, un ruolo di primo piano era giocato dall'«ideologia» che agiva da leva per l'azione collettiva, sviluppando coesione e solidarietà. Per concludere, possiamo affermare che, fin dai suoi albori, **il partito di massa è un partito di classe, ideologico e organizzato burocraticamente in modo da integrare socialmente e politicamente le masse lavoratrici attraverso l'azione permanente di una moltitudine di funzionari**.

13.2.2. Le tipologie organizzative dei partiti

L'evoluzione storica dei partiti non passa solo attraverso l'utile distinzione weberiana tra «partiti di notabili» e «partiti di massa». Molti autori hanno infatti preferito percorrere un approccio diverso, analizzando i diversi tipi di partito a cominciare dalla loro struttura organizzativa, con particolare attenzione rivolta alle **unità di base**, cioè alla struttura posta alla base della gerarchia organizzativa dei partiti politici. A questo riguardo Maurice Duverger (1953-54; tr.it. 1971) propone una efficace tipologia di partiti politici che distingue in partiti di *comitato*, partiti di *sezione*, partiti di *cellula* e partiti di *milizia* (tab. 13.2).

L'**unità di base** è la struttura posta alla base della gerarchia organizzativa dei partiti politici e ne indica il tipo specifico

- Il **partito di comitato** si sovrappone a quello di notabili di weberiana memoria. Ogni comitato è una struttura di una dozzina di individui che godono di un posizione di privilegio all'interno di comunità ancora scarsamente inclusi-

Tab. 13.2 Tipologia dei partiti per unità di base secondo lo schema di Duverger

	Comitato	Sezione	Cellula	Milizia
Numero di componenti	Piccolo nucleo di 10/15 notabili	Organismo di massa	Organismo ristretto di circa 30 membri	Piccoli gruppi
Tipo di adesione	Cooptazione	Iscrizione formale	Inquadramento permanente	Reclutamento militare
Risorse dei membri	Prestigio sociale	Attivismo	Partecipazione comunitaria	-
Luogo di adesione	Circoli borghesi	Territoriale	Fabbrica	Fedeltà
Tipo di struttura	Informale	Burocratica	Totalizzante	Gerarchica
Tipo di partito	Partiti liberali	Partiti socialisti	Partiti comunisti	Partiti fascisti

ve. Essi sono cooptati all'interno di circoli aristocratico-borghesi sulla base del loro prestigio sociale e della capacità di mobilitazione che possono garantire in base ad esso. L'organizzazione dei partiti di comitato è leggera, funzionale a un'attività politica saltuaria, e le relazioni che si articolano al suo interno non sono in genere formalizzate. Il tipo di partito che generalmente viene ricondotto a questa tipologia è il **partito liberale** che gestiva politicamente le società in via di modernizzazione tra il diciottesimo e il diciannovesimo secolo anche se, in molti paesi, esso è sopravvissuto anche in epoca democratica riducendo in modo significativo i suoi consensi.

– Il **partito di sezione** si sovrappone invece al partito burocratico di massa. La «sezione», diversamente dai «comitati», è pensata come parte (*sezione* appunto) di una totalità organizzata che tracima consensi a livello territoriale. Essa serve ad aggregare le masse. La «qualità», intesa come appartenenza a una élite, che era uno dei presupposti per il reclutamento all'interno dei partiti di notabili, diventa ora una dimensione secondaria rispetto all'esigenza di valorizzare la «quantità» dei membri e dei simpatizzanti. L'appartenenza a un partito di sezione, o di massa, si realizza attraverso un atto di adesione formale e presuppone che ogni iscritto faccia fronte a un insieme di doveri nei confronti dell'organizzazione a cui hanno scelto di aderire. Si tratta perlopiù di doveri di attivismo (o militanza). Ogni membro del partito deve dare il suo contributo al funzionamento della macchina organizzativa: in primo luogo, pagando regolarmente la quota di iscrizione (una delle principali fonti di sostentamento del partito); in secondo luogo, lavorando all'interno e all'esterno del partito per rafforzarne il radicamento e accrescerne i consensi. Come si accennava nel precedente paragrafo, l'attività di un partito di massa ha una connotazione pedagogica: esso educa la cittadinanza alla partecipazione, integrandola nel sistema sociopolitico. Il tipo di partito che viene in genere ricondotto a questa tipologia è tradizionalmente il **partito socialista** o **socialdemocratico** nato nel diciannovesimo secolo per organizzare politicamente i lavoratori.
– Il **partito di cellula** è invece tipico dei **partiti comunisti** o **di avanguardia rivoluzionaria** nati da una costola dei partiti socialisti dopo la rivoluzione sovietica del 1917. Il loro obiettivo è quello di radicarsi nelle fabbriche educando politicamente gli operai leninisticamente intesi come classe rivoluzionaria. La «cellula» è strutturalmente simile a una sezione, ma quantitativamente più piccola e insediata nei luoghi di lavoro. Il reclutamento non avviene su base territoriale, come nel caso dei partiti di massa tradizionali, ma su base professionale, e cioè dentro il luogo di lavoro. Anche la cellula, come la sezione, è un organismo permanente, ma la sua capacità di aggregazione è molto più intensa. L'inquadramento dentro una cellula è totalizzante, garantendo ai militanti, anche durante le ore di lavoro, un legame diretto e permanente: «non è un organo che si riunisce ogni mese. È una comunità che vive realmente ogni giorno» (ibid., 118).
– Il **partito di milizia** è invece tipico dei **partiti fascisti** della prima metà del ventesimo secolo. Esso si organizza in modo totale dentro una struttura paramilitare. Vi sono gerarchie rigide, uniformi, talvolta armi. Si adatta a regimi

politici autoritari e totalitari e richiede ai propri membri fedeltà assoluta. Generalmente, l'inquadramento avviene sulla base di mentalità caratterizzanti (ordine, disciplina, culto della patria), ma può anche sviluppare un'ideologia di trasformazione rivoluzionaria della società in senso naturalmente antidemocratico.

Ovviamente, tale tipologia organizzativa è, come abbiamo detto, connessa alla storia specifica di alcuni partiti (partiti liberali, socialisti, comunisti, fascisti), ma ha offerto anche un modello che è stato sovente assunto anche da altri tipi di partiti. Per quanto si sia raramente assistito alla formazione di partiti liberali di massa, la necessità di recuperare consensi in epoca di democratizzazione ha fatto sì che molti altri partiti assumessero la struttura organizzativa dei partiti burocratici di massa, tipica del campo socialista. Come vedremo, anche questo modello è però destinato a entrare in crisi, o comunque a subire significative trasformazioni.

13.3. Le basi sociali dei partiti politici

Se da un lato la distinzione dei partiti politici sulla base delle tipologie organizzative è di indubbia utilità, dall'altro politologi e sociologi hanno sentito l'esigenza di spiegarne la genesi, uno sforzo fondamentale per discriminare i fondamenti sociali, le ideologie e i programmi dei vari tipi di partito. Se i partiti nascono per aggregare e organizzare interessi sociali, devono necessariamente essere ricondotti a una dimensione conflittuale. In particolare, Lipset e Rokkan (1967) hanno rilevato che i diversi sistemi di partito hanno storicamente la tendenza a riflettere specifiche **fratture sociali** o, in inglese, **cleavages** (si veda anche Rokkan 1970; tr.it. 1982). Le fratture sociali individuate sono quattro: due si sarebbero sviluppate nel graduale processo di formazione dello Stato nazionale, mentre altre due avrebbero invece preso corpo durante la rivoluzione industriale e, in particolare, la formazione del sistema capitalistico di produzione.

I diversi sistemi di partito hanno storicamente la tendenza a riflettere specifiche **fratture sociali** o **cleavages**

Tab. 13.3 Fratture sociali e partiti politici secondo Rokkan

Origini	Frattura	Tipo di partiti	Oggetti di conflitto
Stato-nazione	- Centro/Periferia - Stato/Chiesa	- Regionalisti - Confessionali e liberali	- Lingua - Istruzione
Rivoluzione industriale	- Città/campagna - Capitale/lavoro	- Contadini - Conservatori e socialisti	- Barriere doganali - Stato sociale

13.3.1. Fratture sociali e partiti

Come emerge dalla tabella 13.3, le quattro principali fratture sociali che hanno storicamente generato conflitti da cui sono scaturiti specifici movimenti politici sono riconducibili alle dicotomie **centro/periferia**, **Stato/chiesa**, **città/campagna** e **capitale/lavoro**:

> *Due di questi* cleavages *sono il prodotto diretto di quella che potremmo chiamare Rivoluzione Nazionale: il conflitto tra la* cultura centrale della costruzione della nazione *e la crescente resistenza delle* popolazioni sottomesse, *etnicamente, linguisticamente o religiosamente differenziate, nelle province e nelle periferie; il conflitto tra* stato-nazione *centralizzante, uniformante e mobilitante, e i privilegi corporativi storicamente consolidatisi della* Chiesa.
> *Due di questi* cleavages *sono prodotti della Rivoluzione industriale: il conflitto tra gli* interessi agrari *e la classe nascente degli* imprenditori industriali*; il conflitto tra* proprietari e datori di lavoro *da un lato e* affittuari, braccianti e operai *dall'altro. Molta storia d'Europa, a partire dal XIX secolo, può essere descritta nei termini dell'interazione tra questi due processi di cambiamento rivoluzionario.*
>
> ibid., 176

- **Frattura centro/periferia**: si riferisce alle tensioni tra il centro economico, politico e culturale e le aree periferiche che, nel processo di statalizzazione, vengono gradualmente incorporate nel governo centrale. Da questa frattura si generano soprattutto conflitti relativi alla tutela dell'autonomia etnico-linguistica dei territori, con la nascita di partiti regionalisti o etnico-territoriali. Il centro politico è stato definito come «area privilegiata del territorio dove i detentori delle principali risorse politiche, economiche e culturali si riuniscono in apposite istituzioni per esercitare il loro potere decisionale» (Urwin 1991, 709). Al contrario, la periferia rappresenta quella fetta di territorio dipendente economicamente e politicamente dal centro; è spesso una regione conquistata e culturalmente marginale, amministrata da funzionari dello Stato. Non sempre tale tensione è stata politicizzata, ma quando ciò è accaduto sono nati partiti agguerriti a rappresentanza territoriale che hanno rivendicato autonomia e, talvolta, indipendenza dalle istituzioni centrali.
- **Frattura Stato/chiesa**: si riferisce alla tensione storica tra politica e religione e, in particolare, tra istituzioni politiche e istituzioni religiose per il controllo spirituale e sociale degli individui. Lo sviluppo della politica e dello Stato moderno nasce infatti dall'emancipazione delle istituzioni politiche dal controllo temporale della chiesa che, in epoca pre-moderna, era fonte di legittimazione politica e godeva del monopolio delle istituzioni educative. Il rafforzamento dello Stato nazionale cozza necessariamente con gli interessi corporativi delle istituzioni ecclesiastiche che, negli anni, hanno promosso diversi partiti democristiani o di orientamento confessionale che, con il tempo, hanno accettato i principi basilari del liberalismo politico assumendo anche ruoli di primo piano nei governi degli Stati secolari.
- **Frattura città/campagna**: la modernità sociale e politica si realizza nell'ambito di un processo di graduale urbanizzazione che determina una tensione tra

città e campagna. Mentre le città assumevano un ruolo di primo piano accentrando nel proprio territorio le principali funzioni economiche, politiche e di promozione culturale, le campagne, luogo di produzione agricola, diventavano sempre più periferiche ed economicamente marginali. Le principali fonti di conflitto furono la questione dei prezzi dei prodotti agricoli e delle barriere doganali che, in alcuni casi, furono alla base della nascita di partiti agrari in difesa degli interessi economici delle campagne rispetto allo strapotere della borghesia industriale e finanziaria saldamente ancorata al potere politico delle città.

- **Frattura capitale/lavoro**: si tratta di una delle fratture sociali più rilevanti che, nell'ambito del modello capitalistico di produzione, ha visto contrapporsi proprietari dei mezzi di produzione e lavoratori salariati, traducendosi politicamente nel conflitto classico tra partiti liberali e liberaldemocratici e partiti laburisti e socialisti. Attorno a questo conflitto si è generata anche una fitta rete di associazioni collaterali ai partiti, dai sindacati dei lavoratori alle associazioni degli imprenditori.

L'importanza storica di queste fratture sociali, e della loro traduzione politica, è tale che ancora oggi i principali partiti dell'arco costituzionale dei regimi democratici occidentali, anche se sono mutati nella configurazione organizzativa e, sovente, nel nome, sono riconducibili ad esse. I partiti, si è detto, non si limitano solo a tradurre politicamente certe fratture sociali e a rappresentarne gli interessi, ma spesso le riproducono ideologicamente generando un sistema di appartenenze che dura nel tempo, anche quando le condizioni storiche generali imporrebbero un aggiornamento delle analisi e un adattamento culturale ai processi di mutamento socioeconomico. Come hanno avuto modo di rilevare molti studiosi, il quadro politico occidentale mostra un sostanziale **congelamento delle fratture sociali classiche**, dal momento che, non solo i partiti sono sostanzialmente gli stessi nati negli anni Venti del ventesimo secolo (Lipset, Rokkan 1967, 50), ma anche la loro forza in termini di consensi elettorali sarebbe sostanzialmente stabile (Rose, Urwin 1970, 295). Almeno fino al 1989, anno di grandi trasformazioni politiche a livello internazionale, si registra infatti una bassa volatilità elettorale e, ancora oggi, malgrado una sostanziale crisi del voto di appartenenza, i partiti nati originariamente da una delle quattro fratture identificate da Rokkan mantengono un nocciolo duro di consensi e, nella maggior parte dei casi, si contendono il governo dei regimi liberaldemocratici.

Per **congelamento delle fratture sociali** si intende la capacità dei partiti di riprodurre ideologicamente le condizioni sociali della propria genesi

13.3.2. I partiti tra vecchie e nuove fratture

L'ipotesi del congelamento delle fratture e dei conflitti che esse generano ha stimolato la curiosità degli studiosi che, in molti casi, hanno cercato di produrre un quadro meno semplificato, approfondendo lo schema genetico proposto da Lipset e Rokkan. In particolare, Klaus von Beyme (1985) ha introdotto il concetto

Per **famiglie spirituali di partiti** indichiamo la molteplicità dei partiti accomunati da concezioni del mondo analoghe

di **famiglie spirituali di partiti** per indicare la molteplicità dei partiti accomunati da concezioni del mondo analoghe (tab. 13.4).

Come emerge dalla tabella 13.4, fratture sociali, processi storici e variabili congiunturali hanno concorso alla formazione di diverse tipologie di partito che, con le dovute distinzioni, tendono effettivamente a confermare l'ipotesi genetica di Lispet e Rokkan e anche quella del congelamento delle fratture. L'unica famiglia

Tab. 13.4 Le «famiglie spirituali» di partiti politici

- **Partiti liberali e radicali:** definiti come quei partiti che si fecero portatori, a partire da XIX secolo, degli interessi della borghesia contro i proprietari terrieri, chiedendo una rimozione delle barriere doganali oltre ai fondamentali diritti civili [...] In particolare nei paesi cattolici questi partiti assunsero posizioni anticlericali. Ancora adesso, questi partiti tendono a difendere le libertà, soprattutto in termini di diritti civili, e a limitare l'intervento dello Stato nella società e, soprattutto, nell'economia.
- **Partiti conservatori:** emersero originariamente in opposizione ai liberali, per difendere gli interessi dei proprietari terrieri e, spesso, del clero, contrastando l'estensione del suffragio e degli altri diritti di cittadinanza [...] Laddove ancora presenti, questi partiti hanno oggi teso ad abbracciare le dottrine liberali di deregolamentazione e limitazione dell'intervento dello Stato, restando comunque ostili all'ampliamento dei diritti civili e politici.
- **Partiti socialisti e socialdemocratici:** nati nel XIX secolo dalla mobilitazione della classe operaia con richieste non solo di diritti politici, ma anche di diritti sociali. Sebbene sostenitori di una trasformazione del sistema capitalista, essi si proposero di operare attraverso le procedure democratiche. Nel secondo dopoguerra, i partiti socialisti – alcuni di essi cambiando il nome in social-democratici – rinunciarono alla socializzazione dell'economia a favore di economie miste, di tipo keynesiano.
- **Partiti democristiani:** nati nel XIX secolo per esprimere l'opposizione della chiesa cattolica alle emergenti democrazie liberali [...] Propensi all'estensione di alcuni diritti sociali, essi hanno invece espresso un forte rifiuto rispetto ad alcuni diritti civili, in particolare in tema di diritto di famiglia e controllo delle nascite.
- **Partiti comunisti:** fondati dopo la rivoluzione russa per scissione dai partiti socialisti delle componenti più vicine all'Unione Sovietica. A lungo fedeli all'idea di una rivoluzione sociale necessaria a mutare gli assetti produttivi, molti di questi partiti hanno compiuto un percorso di revisione ideologica, fino ad accettare non solo le regole della democrazia ma anche l'economia capitalista.
- **Partiti agrari:** nati, soprattutto nei paesi di piccola dimensione, per difendere gli interessi delle campagne durante la rivoluzione industriale.
- **Partiti etnico-regionalisti:** emersi in difesa delle minoranze etnico-linguistiche con notevoli differenze interne in termini di ideologia e strategia d'azione.
- **Partiti della destra radicale:** comprendenti un eterogeneo insieme di partiti anti-liberali e anti-democratici. Mentre in passato questa famiglia era rappresentata principalmente dai partiti fascisti del periodo fra le due guerre mondiali e dalle loro successive derivazioni, nell'Europa contemporanea ci si riferisce principalmente ai partiti xenofobi e a quelli populisti.
- **Partiti ecologisti:** emersi negli anni Ottanta con attenzione prevalente alla difesa dell'ambiente dall'inquinamento. Hanno sottolineato i limiti delle risorse disponibili sul pianeta e gli effetti perversi di un progresso economico incapace di tenere conto di questi limiti, sottolineando invece le potenzialità positive di uno «sviluppo sostenibile», cioè rispettoso dell'ambiente.

Fonte: von Beyme 1985; Ware 1996; della Porta 2009, 52-54

spirituale che sembra rappresentare un'eccezione è quella riconducibile ai **partiti ecologisti** o **verdi** che sono nati al di fuori dei vecchi *cleavages*. Essi sono espressione di un altro grande conflitto politico che si sviluppa nella seconda metà del ventesimo secolo, e cioè quello tra **valori materialisti**, in buona parte riconducibili alle quattro fratture classiche, e **valori postmaterialisti** di cui i movimenti sociali, negli anni Sessanta e Settanta, e i partiti verdi, negli anni Ottanta, si sono fatti portatori (Inglehart 1977; Liphart1984). Al centro dei conflitti postmaterialisti vi sarebbero concetti nuovi, come la qualità dell'aria, dell'ambiente, la compatibilità ecologica dello sviluppo, ma anche l'autodeterminazione individuale e non solo sociale. Sono temi verso cui le nuove generazioni di attivisti, nate in un contesto di benessere relativo, prestano particolare attenzione contribuendo a una riconfigurazione parziale del quadro politico contemporaneo. Anche se l'emergere di questi nuovi temi, in parte recuperati dai partiti ecologisti, ma oggi fatti propri da molti altri partiti, ha fatto sì che qualcuno mettesse in discussione l'utilità analitica e politica della vecchia diade destra/sinistra che si fondava soprattutto sulla rappresentazione politica di vecchi conflitti sociali di natura materialistica, in realtà, nel maggior parte dei casi, movimenti e partiti postmaterialisti si sono col tempo collocati alla sinistra del quadro politico, riuscendo a collegare il tema dell'ambiente e di uno sviluppo sostenibile alla critica del modello capitalistico.

In ogni caso, la nascita di nuovi partiti e nuovi temi attorno a cui si struttura la dialettica conflittuale tra forze politiche ha fatto parlare di un parziale **scongelamento delle fratture sociali** (della Porta 2009), giustificato anche da una crescente volatilità elettorale che ha incrinato un po' ovunque la stabilità del quadro politico. Nuovi processi, dalla globalizzazione allo sviluppo dei mezzi tecnologici e di comunicazione, hanno in molti casi prodotto delle vere trasformazioni antropologiche che non possono non ripercuotersi nel mondo politico. Il vecchio partito di massa entra in crisi così come le ideologie attorno a cui ha storicamente sviluppato un senso di appartenenza. Nascono nuovi «partiti mediatici» che mobilitano un elettorato d'opinione anche attraverso un loro alleggerimento organizzativo, in favore di un rafforzamento dei leader che diventano i nuovi grandi comunicatori dell'arena mediatica.

> Lo **scongelamento delle fratture sociali** si realizza con la crescente volatilità elettorale e con la nascita di partiti **postmaterialisti**

13.4. Le trasformazioni del partito di massa

Dagli anni Settanta del ventesimo secolo gli analisti hanno cominciato a parlare di **crisi funzionale e organizzativa dei partiti**. L'enfasi riposta sulla questione ha lasciato sovente intendere una loro emarginazione dalla scena politica del terzo millennio, magari sostituiti da altre forme di autorganizzazione politica (movimenti, comitati, ecc.) o, tutt'al più, schiacciati sotto il peso di gruppi di interesse sociale ed economico. In realtà, come notano Morlino e Tarchi (2006), l'evidenza empirica mostra il contrario, anche se si registrano effettivamente dei mutamenti radicali nell'assetto organizzativo e nelle scelte strategiche dei partiti

> Dagli anni Settanta del ventesimo secolo gli analisti hanno cominciato a parlare di **crisi funzionale e organizzativa dei partiti**

che vantavano una tradizione di forte radicamento e organizzazione. Diminuisce l'importanza delle unità territoriali, mentre si intensifica il ricorso a nuove professionalità, specie sul piano della comunicazione e del marketing (Dalton e Wattemberg 2000). Non sembrano però profilarsi democrazie post-partitiche. A questo riguardo, è dunque necessario declinare meglio il concetto di crisi, che è in realtà di tipo selettivo, nel senso che più che coinvolgere i partiti in quanto tali, sembra riguardare solo un tipo specifico di partito politico che è stato dominante nelle sue forme per quasi tutto il ventesimo secolo, e cioè il partito di massa o, per meglio specificarlo, il «partito di integrazione di massa». Dice bene Raniolo (2008, 134) quando afferma che probabilmente «oltre la crisi dei partiti - almeno fino ad ora - ci sono i partiti» e che il paradigma della crisi dovrebbe essere sostituito «con quello più realistico ed euristicamente più efficace del cambiamento», che riguarda sia l'ambito organizzativo che quello strategico e ideologico (Bosco e Morlino 2007).

Per intenderci: non sono in crisi i partiti in sé, che anzi sembrano resistere e accrescere la propria influenza nei sistemi politici contemporanei, quanto piuttosto quei partiti che si erano connotati come associazioni di iscritti, radicati territorialmente grazie alla presenza capillare di unità di base o circoli di lavoro vitalizzati da un esercito di militanti. Questa constatazione segue di fatto l'indirizzo tracciato da Kircheimer (1966; 1971) che quasi quarant'anni orsono aveva individuato i tratti di una trasformazione tipologica dei partiti di massa che, per recuperare concettualizzazioni di alcuni studiosi (Bartolini e Mair 2001; Mair 2006), avrebbero col tempo determinato una loro «integrazione disgiunta», solo istituzionale e sempre meno politica, accompagnata da un indebolimento strutturale della configurazione organizzativa nell'ambito di forme di coordinamento solo interne alle istituzioni.

Questa tesi è stata elaborata e più volte ripresa da Katz e Mair (1994) che, come nota Raniolo (2007), hanno se non altro il merito di aver superato l'immagine unitaria del partito politico. I due studiosi approcciano ai partiti come a organizzazioni scomponibili in almeno tre dimensioni: il **party on the ground** (partito sul territorio), che riguarda soprattutto la dimensione della *membership* e cioè del radicamento territoriale; il **party in central office** (partito di apparato), che riguarda soprattutto gli apparati centrali di direzione; e il **party in public office** (partito nelle istituzioni), che riguarda infine tutto quel sistema di rapporti che a vari livelli si articolano tra partito e istituzioni (riprenderemo la tripartizione nel prossimo paragrafo).

Da questo punto di vista, lo stesso Mair, più di recente, non usa mezzi termini, affermando che il terzo millennio è segnato dal declino incontrovertibile «dei partiti in quanto organizzazioni di iscritti» (e militanti), con la conseguente «espansione del *party in public office*» (2006, 69-70). I partiti dismettono gradualmente le proprie burocrazie, si alleggeriscono, tanto da meritare l'appellativo ironico di *party without partisans*, cioè «partito senza partigiani», intesi come militanti (Dalton e Wattenberg 2000). Questo non vuol dire che i leader di questi «nuovi partiti di quadri» abbiano smesso di investire sulla *membership* che rimane pur sempre una solida base di legittimazione ma, come nota Ware (1996), prediligono l'elaborazione di strategie atte a fidelizzare i semplici simpatizzanti, pur mantenendoli fuori dai confini formali dell'organizzazione. Essa è vista dunque più come un costo che come una risorsa; apparato burocratico e militanti troppo motivati ideologicamente sono interpretati come un freno all'innovazione.

In ogni caso, studiare il mutamento dei partiti non è un'impresa facile. Essi, nota Raniolo (2006, 19), sono delle «cose» difficili da afferrare tanto che Janda, senza nascondere un filo di ironia, ne parlava in questi termini: «Le organizzazioni partitiche sono i *leprechauns* della foresta politica, leggendarie creature dotate di speciali poteri che non si fanno vedere» (1983, 319). Come è stato fatto notare (Bosco 2000; Morlino e Tarchi 2006), il problema del mutamento partitico, nella letteratura specialistica, incontra due principali prospettive analitiche: la prima, guarda ai partiti dall'esterno e ne individua le trasformazioni nel lungo periodo seguendo un approccio "tipologico" o "morfologico"; la seconda, invece, ne analizza le trasformazioni gettando lo sguardo ai meccanismi interni ai partiti stessi e inevitabilmente in un arco temporale più ridotto, seguendo un approccio per così dire "dinamico". Ripercorriamone i parametri.

13.4.1. Le trasformazioni tipologiche del partito di massa

L'**approccio tipologico** si sofferma dunque sui tipi o modelli di partito prevalenti in specifiche fasi storiche, privilegiando appunto una dimensione temporale di lungo periodo. Osservare la crisi di un vecchio modello e la successiva affermazione del nuovo può voler dire infatti prendere in considerazione un arco temporale anche di alcuni decenni. Per far questo i partiti devono necessariamente essere analizzati come variabili dipendenti dall'ambiente esterno; dunque, anche le loro trasformazioni vengono studiate in relazione alle evoluzioni sistemiche (comunicazione di massa, suffragio universale, industrializzazione, ecc.). Secondo questo approccio, un partito reagisce a sfide ambientali e si adatta al nuovo ambiente assumendo una forma che lo rende tutto sommato simile agli altri partiti. È la storia ormai nota del passaggio dal partito di quadri al partito di massa di cui ci parlava Duverger (1951, trad.it. 1961), o di quello dal partito a rappresentanza individuale al partito di integrazione sociale di cui parlava Neumann (1956; tr.it. 1971).

> L'**approccio tipologico** all'analisi dei partiti si sofferma sui tipi o modelli di partito prevalenti in specifiche fasi storiche, privilegiando una dimensione temporale di lungo periodo

- Sarà Kircheimer ad anticipare la forma che avrebbero assunto nei decenni successivi i tradizionali partiti di massa. Lo studioso tedesco parte dall'assunto della crisi di quella che Hobsbawm aveva definito l'«età dell'oro» della politica di massa. Con la fine degli anni Sessanta si riproduce infatti la storica tensione tra partecipazione istituzionale e non istituzionale. Si aprono spazi di partecipazione innovativa anche attraverso percorsi individualizzati e la sfera pubblica recupera autonomia rispetto al sistema dei partiti separandosi dalla sfera politico-elettorale.

  In questo contesto, i partiti di massa si andrebbero gradualmente trasformando in **catch-all parties** (cioè «partiti pigliatutto» o «pigliatutti»). Essi cali-

> I **catch-all parties**, cioè «partiti pigliatutto» o «pigliatutti», calibrano se stessi sull'obiettivo del massimo consenso elettorale

brano se stessi sull'obiettivo del massimo consenso elettorale, tralasciando la classica funzione della «formazione intellettuale e morale delle masse» (Kircheimer 1966, trad.it 1971, 251). Questo presuppone, secondo Kircheimer, una riduzione del richiamo ideologico da parte dei partiti, con il conseguente allentamento dei rapporti con la propria classe di riferimento e la contemporanea diversificazione di contatti con gruppi sociali e *lobbies*. Ne consegue una trasformazione dell'articolazione organizzativa con una inevitabile riduzione del ruolo giocato dalla *membership*, cioè dei singoli membri del partito, in favore dei gruppi dirigenti che, senza più un forte controllo da parte della base, acquistano una notevole libertà di azione. Questo nuovo partito è a vocazione maggioritaria e governativa facendo leva soprattutto su un elettorato d'opinione de-ideologizzato. Questa nuova forma-partito sarebbe dunque la risposta ad alcuni mutamenti ambientali come l'indebolimento dei tradizionali *cleavage* (fratture sociali) che hanno dato vita alle principali famiglie partitiche, alla crescente individualizzazione e riflessività dei cittadini, oltre che al presunto indebolimento delle contraddizioni di classe.

Il **partito elettorale** o **professionale-elettorale** è molto alleggerito nella sua organizzazione e indebolito nella sua *membership*

- Sulla stessa linea di Kircheimer si colloca Leon Epstein che parla di fatto di una graduale «americanizzazione dei partiti di massa» destinati a transitare verso un modello di **partito elettorale**, cioè molto alleggerito nella sua organizzazione e indebolito nella sua *membership*. Una sorta di formazione di quadri di classe media e medio-alta fatto da «molti capi, ma pochi indiani» (Epstein 1967, 258). Per dirla con Raniolo (2006, 41): «Così come il partito di massa gestiva i processi di politicizzazione delle masse, il partito elettorale diventa la soluzione organizzativa per gestire i processi di spoliticizzazione dei cittadini delle democrazie stabili». In questa prospettiva, fondamentale è la variabile indipendente rappresentata da un insieme di mutamenti sociopolitici che trasformano l'ambiente dentro cui i partiti si trovano ad operare, a partire dal ruolo crescente svolto dai mezzi di comunicazione che innescherebbero tendenze contro-organizzative. In questo modo i leader possono entrare direttamente nella casa degli elettori facendo a meno dell'impegno organizzativo dei militanti.
  Naturalmente questo fa dilatare anche i costi della politica. I tanti meccanismi di autofinanziamento su cui si basavano i tradizionali partiti di massa sono ormai del tutto insufficienti. Per prevalere all'interno di una competizione politica, i partiti devono procacciarsi denaro, o recuperando grandi sovvenzioni private, come avviene tradizionalmente nei paesi anglosassoni, oppure ricorrendo alle rendite d'autorità, cioè utilizzando le diverse forme di finanziamento pubblico ai partiti (rimborsi elettorali, finanziamenti a giornali e radio di partito, rimesse economiche dei rappresentati eletti ai diversi livelli istituzionali). Epstein, a questo riguardo, parla esplicitamente di un inevitabile «contagio da destra» che si sostituisce al «contagio da sinistra» di cui parlava Duverger descrivendo l'affermazione dei partiti di massa di ispirazione socialista e socialdemocratica, che si fondavano su un forte richiamo ideologico di tipo classista e su un lavoro capillare e massiccio da parte di un esercito di militanti.

Tab. 13.5 «Partito di massa» e «partito professionale elettorale» secondo Panebianco

Partito burocratico di massa	Partito professionale elettorale
Centralità della burocrazia (competenza politico-amministrativa)	Centralità dei professionisti (competenze specialistiche)
Partito di membership; legami organizzativi verticali forti; appello all'elettorato di appartenenza	Partito elettorale, legami organizzativi verticali deboli; appello all'elettorato d'opinione
Finanziamento tramite tesseramento e attività collaterali	Preminenza dei rappresentanti pubblici; direzioni personalizzate
Accento sull'ideologia; centralità dei credenti dentro l'organizzazione	Accento sulle issues e sulla leadership; centralità dei carrieristi e dei rappresentanti dei gruppi di interesse dentro l'organizzazione

Non distante dalla posizione di Epstein è quella espressa da Panebianco (1982) che, a questo riguardo, parla di una trasformazione del partito di massa in **partito professionale-elettorale** (tab. 13.5) che si fonda su una crescente professionalizzazione della struttura organizzativa, a fronte di un indebolimento del rapporto di identificazione con il tradizionale elettorato di «appartenenza». La stessa adesione al partito sarebbe sempre meno basata su una condivisione ideologica e sempre più condizionata da interessi personali e di carriera. Come nota lo stesso Panebianco (ibid., 500), il rischio di una simile evoluzione sta nella possibile dissoluzione dei partiti come fusione armonica di una «organizzazione» e una «cultura politica»: «Il punto terminale è una situazione in cui i partiti perdono totalmente la propria identità organizzativa e si trasformano in bandiere di comodo con le cui insegne corrono imprenditori politici indipendenti».

- Richard Katz e Peter Mair aggiungono nuovi elementi di analisi, sempre nell'ambito di una prospettiva tipologica. I due studiosi, dopo aver condotto una ricerca sulle dinamiche di mutamento di 79 partiti di 12 democrazie occidentali in un arco temporale che va dal 1960 al 1990, partono dalla considerazione che i partiti politici non possono essere analizzati come soggetti unitari perché si configurano sempre come organizzazioni multidimensionali (1992, 6). Essi, come abbiamo già accennato, si articolano dentro tre distinti sottosistemi ben declinati da Mair (1994, 4): quello degli eletti ai livelli istituzionali (il cosiddetto *party in public office*); quello degli iscritti e dei militanti (il cosiddetto *party on the ground*); e quello dell'organizzazione politica non istituzionale (il cosiddetto *party in central office*). La tendenza registrata dai due studiosi è quella di una graduale autonomia acquisita dal *party in public office* dal resto del corpo organizzativo del partito. Gli «eletti» sono attratti dalle rendite di potere e dagli incentivi materiali provenienti dalla presenza nelle istituzioni.

Questo condiziona anche i dirigenti o in genere tutti quei funzionari riconducibili al *party in central office* che, attraverso una sempre più massiccia professionalizzazione, trascurano la *membership* sostituendo tutte quelle attività un tempo dedicate alla cura del *party on the ground* con attività finalizzate invece alla mobilitazione dell'elettorato. Questo porterebbe dunque all'affermazione di un nuovo modello di partito che Katz e Mair chiamano **cartel party** (cioè "partito di cartello"), una sorta di agenzia pubblica sganciata dalla società che si serve dello Stato come «struttura di sostegno istituzionalizzata» (1995, 16). La riduzione dei contributi dei militanti avrebbe aumentato la dipendenza dei partiti dai finanziamenti pubblici:

Il **cartel party** è una sorta di agenzia pubblica sganciata dalla società che si serve dello Stato come struttura di sostegno istituzionalizzata

> *I partiti hanno dovuto cercare altrove le loro risorse e, in questo caso, il loro ruolo come governanti e legislatori ha facilitato il loro ricorrere allo Stato a quel fine. La principale delle strategie che potevano qui utilizzare era l'offerta e la regolazione dei finanziamenti pubblici ai partiti politici che, sebbene variando da paese a paese, oggi costituiscono spesso una delle principali fonti di risorse finanziarie e materiali attraverso cui i partiti possono condurre la loro attività sia in Parlamento che nella società più ampia.*
>
> ibid., 15

Come nota la della Porta (2009, 161), «accordandosi fra loro per aumentare il finanziamento pubblico, i partiti sono entrati in rapporti di reciproca complicità», ulteriormente facilitata da una ridotta polarizzazione ideologica che restringe il gap culturale che divide le varie formazioni partitiche. A fronte di una ridotta capacità dei partiti di organizzare e trainare la società civile, si assiste a un loro speculare rafforzamento all'interno dello Stato. Si parla in questo caso di «statalizzazione dei partiti».

Approfondimento 13.1

Il «partito sociale connettivo»

Il «partito sociale connettivo» è una delle forme assunte dai partiti della sinistra radicale europea. Per quanto i partiti di sinistra radicale non siano immuni dai condizionamenti contro-organizzativi provenienti dall'ambiente in cui agiscono, presentano tratti di ambiguità che ne complicano non poco l'osservazione. Infatti, se da un lato, anch'essi devono porsi il problema di un alleggerimento della propria struttura organizzativa per meglio rispondere alle sfide esterne poste da un ambiente sociale sempre meno permeabile agli input provenienti dal sistema dei partiti, dall'altro, si fanno ancora portatori di una cultura politica riconducibile a un pensiero *forte* che presuppone l'esistenza di una struttura organizzativa capillare e di una *membership* motivata ideologicamente. Due casi di «partito sociale connettivo» sono il Partito della Rifondazione Comunista (Prc) in Italia – nato dopo lo scioglimento del vecchio Pci nel 1991 e che ha da tempo avviato un processo di trasformazione culturale e organizzativa – e il cosiddetto Partito del «pomodoro» olandese – così soprannominato per via del simbolo (un pomodoro rosso) – fondato nel 1971 con il nome di Partito Comunista d'Olanda/Marxista-Leninista, di ispirazione maoista, ma già nel 1972 convertito in *Socialistiese Partij* (Partito Socialista), per poi abbandonare formalmente, nel 1991, l'ideologia marxista-leninista, collocandosi stabilmente alla sinistra dei socialdemocratici.

Il partito sociale agisce da connettore tra i conflitti espressi in società, senza per questo ricondurli necessariamente dentro le istituzioni. Il lavoro dei militanti, generalmente attivi nei diversi movimenti sociali, è fondamentale, ma altrettanto importante è il richiamo a un movimento di opinione fatto di una relativamente vasta area di simpatizzanti non iscritti. Il partito sociale è forza di opposizione sociale, organizzativamente forte, ma non per questo chiuso dentro i recinti consolatori della sua burocrazia. Un partito in grado di radicarsi nei territori e nei luoghi delle contraddizioni, confrontandosi e contaminandosi con gli altri soggetti di conflitto. Questo richiede un lavoro di inchiesta che permetta di riconoscere quelle contraddizioni sociali che nell'epoca della globalizzazione neoliberista si manifestano in maniera nuova ponendo un problema di soggettivazione politica. Per far ciò, è necessario ridiscutere alcune vecchie convinzioni. A lungo la sinistra comunista è stata convinta che l'essere sociale determinasse la coscienza individuale e che la classe *in* sé, attraverso il semplice lavoro politico, magari attraverso il collateralismo sindacale, fosse per necessità storica destinata a trasformarsi in classe *per* sé. Le articolazioni della società contemporanea, nonché i risultati elettorali, mostrano che questa connessione non è scontata. La crisi della grande fabbrica e la precarietà trasformata in campo di conflitto esistenziale producono una divaricazione tra condizione sociale e attitudini politico-culturali. La sfida sta nella comprensione della nuova geografia dei conflitti, per opporre un progetto di trasformazione sociale al disegno egemonico prodotto dagli attori del neoliberismo.
La presa del potere statale, che era alla base della teoria classica del comunismo, cessa di essere un punto cruciale o preliminare del processo rivoluzionario. Questo perché la costruzione di una società egualitaria inizia prima della presa del potere e continua anche dopo quel momento. Lo Stato diventa il terreno di un'iniziativa politica dove è possibile far emergere le contraddizioni interne al sistema, valorizzando i luoghi del conflitto generati dalla tensione reale dei movimenti sociali. Nell'ambito di questa logica processuale, l'allargamento degli spazi di democrazia diventa l'obiettivo di breve termine, perché all'interno degli istituti democratici è possibile trasformare le contraddizioni in conflitto. La rivoluzione viene rideclinata come democratizzazione radicale e integrale della vita quotidiana e il socialismo non viene più inteso come *meta*, ma come *viaggio*, cioè come movimento reale di emancipazione che si conduce collettivamente attraverso le forme organizzate del conflitto sociale e dell'azione politica.
I partiti sociali connettivi mettono mano alla «organizzazione sociale dell'opposizione» accettando la sfida del *fare società* in contrasto con la deriva dell'autonomia della politica, cioè di una politica senza società. Pensano a un modello di intervento intellettuale completamente interno al soggetto sociale e propongono al tempo stesso una concezione forte di democrazia partecipativa fondata su processi di auto-emancipazione collettiva. Si tenta dunque l'intreccio tra partiti che si socializzano e movimenti che si politicizzano. Il partito sociale si trasforma da soggetto di declamazione verbale in processo organizzato di lavoro. Per raggiungere questo risultato serve che il partito si doti di una struttura e una pratica che lo avvicini agli strati popolari espropriati e isolati proprio sul terreno della sopravvivenza, offrendo loro spazi di socializzazione e di supporto, sviluppando cioè esperienze di mutualismo e cooperativismo sociali. Il tentativo è quello di creare un partito che si organizza dentro una logica plurale combinando dimensioni diverse, quella associativa, quella dell'autorganizzazione economica, quella della capacità comunicativa, quella della militanza politica.
I partiti della sinistra di alternativa che aderiscono alle forme del Partito sociale connettivo cercano l'interazione con soggettività sociali diversificate, riuscendo a connettere le diverse forme di conflittualità sociale che si esprimono a livello territoriale con le forme di lotta che si realizzano a livello trans e sovra-nazionale, cercando di incidere su tutte le sfere del potere sociale dove il sistema capitalistico agisce direttamente o indirettamente. In questo contesto, il rapporto con i movimenti sociali diventa essenziale, perché essi interpretano la complessità delle relazioni sociali contemporanee e, dentro di essi, soggettività poliedriche trovano spazio di espressione, diventando di fatto la rappresentazione radicale di un conflitto di classe mutato.

Fonte: F. de Nardis 2009a; 2009b

13.4.2. Le dinamiche di mutamento organizzativo dei partiti

L'**approccio dinamico** all'analisi del mutamento partitico si basa sullo studio delle dinamiche interne ai partiti a partire da certe condizioni

L'**approccio dinamico** all'analisi del mutamento partitico offre invece una prospettiva diversa. Il problema non risiede qui nell'individuare il livello di approssimazione dei partiti a un modello idealtipico prevalente in una determinata fase storica, quanto piuttosto nell'analizzare le dinamiche interne di mutamento a partire da certe condizioni. Non si punta cioè a individuare modelli generali validi per tutti i partiti, ma gli esiti specifici dei processi di mutamento avviati dentro ogni partito. Per far ciò, non occorre più prendere in esame archi temporali ampi, ma è sufficiente analizzare le dinamiche di mutamento dentro una specifica congiuntura o fase sociopolitica (Bosco 2000, 23). Ciò non vuol dire che secondo questo approccio i partiti andrebbero studiati come fossero delle ipostasi, cioè delle monadi decontestualizzate, ma l'influenza esterna è legata a eventi specifici, come ad esempio una sconfitta elettorale, piuttosto che a trasformazioni sociopolitiche epocali.

Angelo Panebianco ci offre un contributo importante sul piano teorico nell'ambito di questa prospettiva analitica. Egli, riallacciandosi alle acquisizioni teoriche dell'analisi organizzativa nella loro variante più conflittualista, analizza le dinamiche di mutamento interne alle formazioni comuniste (Panebianco1979), per poi sviluppare un modello analitico facilmente generalizzabile (Panebianco1982). Secondo questa prospettiva, il mutamento organizzativo dei partiti sarebbe spiegabile attraverso l'osservazione dei conflitti per il potere che si realizzano al loro interno (Bacharach, Lawler 1980). I partiti sarebbero dunque esaminabili come «universi conflittuali», al pari di qualsiasi altra organizzazione, il cui funzionamento è determinato dall'esito di «scontri tra razionalità contingenti, multiple e divergenti di attori relativamente liberi che utilizzano le fonti di potere a loro disposizione» (Crozier e Friedberg 1977, trad.it. 1978, 62). A partire da questo assunto, anche le dinamiche di mutamento partitico sono spiegate attraverso l'osservazione dei rapporti di potere interni all'organizzazione politica.

La conformazione di una **coalizione dominante** si modifica quando si altera il livello di coesione e stabilità così come la mappa del potere organizzativo

Un mutamento fondamentale si realizza dunque quando si cambia la conformazione della «coalizione dominante», composta «da quegli attori formalmente interni e/o esterni alla organizzazione che controllano le zone di incertezza più vitali» (Panebianco 1982, 87). **La sua conformazione si modifica quando si altera il livello di *coesione* e *stabilità* così come la *mappa del potere organizzativo***. La «coesione» dipende dal livello di conflittualità fra i gruppi che compongono la coalizione, mentre il livello di «stabilità» è misurabile in base al grado di solidità, ovvero di precarietà, degli accordi stipulati fra i gruppi stessi. La «mappa del potere organizzativo» è invece un concetto più complesso che attiene ai rapporti tra gli uffici che compongono l'apparato del partito e il suo organigramma, nonché alle relazioni, se esistono, tra quell'apparato e altre organizzazioni esterne al partito, ma ad esso più o meno collaterali, come potrebbe essere un sindacato (ibid., 85-89).

Secondo questa prospettiva, il mutamento partitico sarebbe connotato da tre fasi: *a)* nella prima, la crisi è innescata da una sfida ambientale, come una pesante sconfitta elettorale, ma precipita solo se ne esistono le condizioni, come per esempio l'esistenza nel partito di una contro-élite interessata a rovesciare il gruppo dirigente in carica; *b)* nella seconda fase, gli sfidanti, sfruttando il momento di debolezza della coalizione dominante, che evidentemente non riesce più a controllare alcune aree di incertezza vitali, riescono a sostituire in parte o integralmente la direzione del partito; *c)* nella terza fase, infine, la nuova coalizione dominante cerca di consolidare la propria posizione ridefinendo, da un lato, gli scopi ufficiali dell'organizzazione, modificando, dall'altro, la struttura organizzativa, per esempio attraverso modifiche statutarie o dei regolamenti interni, per rafforzare il proprio controllo sul partito (ibid., 447-448).

Come nota la Bosco (2000, 26), nella prospettiva analitica che ci offre Panebianco, il mutamento partitico, se decisivo, coinvolge tre ambiti fondamentali: la **leadership**, l'**ideologia**, l'**organizzazione**. Non è facile tra l'altro che una simile trasformazione si realizzi perché, come notano Harmel e Janda (1992; 1994), i partiti sono organizzazioni sostanzialmente conservatrici, e per cambiarne la struttura organizzativa o la cultura politica occorre superare una serie di resistenze interne. Per esaminare l'assetto organizzativo di un partito, come si è detto, occorre investigare la struttura del potere interna ad esso. Come è distribuito dentro l'organizzazione, come si riproduce e come si modificano le asimmetrie di potere. È infatti innegabile che in ogni partito i leader posseggano un'ampia capacità di controllo e manipolazione, ma è altrettanto innegabile che l'esercizio di questa possibilità non possa avvenire in modo del tutto arbitrario e in autonomia rispetto alla base del partito e alle componenti di minoranza. Occorre dunque indagare tanto la capacità manipolativa quanto i limiti posti all'arbitrio della leadership. Blau (1964) ci parla del **potere come rapporto di scambio** in cui uno può ricavare più dell'altro ma, allo stesso tempo, uno non sarà mai completamente disarmato di fronte all'altro. In questo senso, **il potere è sì asimmetrico, ma pur sempre reciproco e si manifesta all'interno di una «negoziazione squilibrata» dove un attore guadagna più di un altro**. Esso però non è mai assoluto perché i limiti sono impliciti alla sua natura relazionale.

Nei partiti **il potere** è asimmetrico, ma pur sempre reciproco e si manifesta all'interno di una «negoziazione squilibrata» dove un attore guadagna più di un altro

I leader hanno dunque un potere di controllo su aree di incertezza cruciali per l'organizzazione, ma anche l'ultimo dei militanti possiede qualche risorsa, fosse anche la semplice minaccia di abbandonare l'organizzazione o di appoggiare una delle minoranze interne. In questo contesto, è possibile distinguere tra **negoziazioni orizzontali** (fra gruppi dirigenti) e **negoziazioni verticali** (fra leadership e base). **Quanto più ampia è la libertà di manovra che i leader riescono a conquistare negli scambi di potere verticali tanto maggiori saranno le risorse a loro disposizione nei processi di negoziazione orizzontale**. Ecco perché la rincorsa al voto degli iscritti in occasione di un confronto congressuale diventa un momento fondamentale nella dialettica interna a un partito. Maggiori saranno i consensi ottenuti dal documento di maggioranza, maggiore sarà il margine di manovra della leadership. Una coalizione dominante che ottiene un ampio consenso da parte della base avrà sicuramente margini di manovra e libertà d'azione maggiori rispetto alla relazione conflittuale con le minoranze interne. In questo senso, i giochi di potere verticali sono la precondizione dei giochi di potere orizzontali.

Quando in un partito si parla di leadership, non ci si riferisce dunque a un solo individuo. Per quanto infatti i leader di partito possano godere di un margine di decisionalità ampio, la struttura del potere tende in genere ad assumere una configurazione complessa. Il «capo», pur controllando zone di incertezza cruciali, deve questa possibilità a processi di negoziazione (orizzontali) interni al gruppo dirigente. Scegliamo dunque di usare l'espressione di «coalizione dominante» per descrivere la leadership nel suo complesso. Essa infatti ci consente di cogliere meglio la complessità della struttura di potere interna al partito. Come abbiamo già accennato, per Panebianco (1982, 87), la sua fisionomia può essere analizzata principalmente lungo due dimensioni: il grado di *coesione interna* e il grado di *stabilità*. A queste egli aggiunge una terza dimensione, cioè *la mappa del potere organizzativo* che riguarda i rapporti tra le unità organizzative del partito (in termini di predominio dei gruppi istituzionali, dei dirigenti nazionali, dei dirigenti periferici, ecc.), così come tra il partito e le organizzazioni esterne (come può essere un sindacato, una rete associativa, o una chiesa).**Il grado di coesione di una coalizione dominante dipende dalla esistenza o meno di *fazioni*, intese come gruppi a forte organizzazione, o *tendenze*, cioè gruppi a debole organizzazione** (Rose 1976; Belloni, Beller 1978). Al contrario delle *tendenze*, che generalmente sono aggregati di vertice privi di una base organizzativa, le *fazioni* (o «correnti organizzate») tagliano verticalmente tutto il partito. In un partito in cui i gruppi interni si articolano sotto la forma fazionistica, il controllo sulle zone di incertezza sarà suddiviso tra i vari gruppi e la coalizione dominante presenterà un grado minore di coesione perché determinata in parte da un compromesso tra questi. La presenza di tendenze (debolmente strutturate) consentirà la formazione di una coalizione più coesa. **Che si tratti di fazioni o di tendenze, la coalizione è comunque il risultato di un'alleanza fra gruppi**.

Il grado di coesione di una coalizione dominante dipende dalla esistenza o meno di **fazioni** o **tendenze**

Il grado di stabilità riguarda invece gli scambi orizzontali tra le élites e, in particolare, il livello di precarietà ovvero stabilità dei compromessi al vertice. In genere, una coalizione coesa è anche stabile, ma non è detto il contrario e cioè che la presenza di fazioni dentro il compromesso di maggioranza sia necessariamente foriera di instabilità coalizionale. La combinazione di questi due elementi definisce la **conformazione** di una coalizione dominante che è cosa diversa dalla sua **composizione**, cioè gli individui che materialmente ne fanno parte.

La **conformazione** di una coalizione dominante che è cosa diversa dalla sua **composizione**, cioè gli individui che materialmente ne fanno parte

Nella maggior parte dei casi, un mutamento organizzativo è l'effetto intenzionale o meno di uno stimolo esterno che agisce da detonatore, agendo su fattori interni che già stavano scavando nella struttura del potere (mutamento generazionale, conflitti tra le componenti interne, ecc.). Lo stimolo esterno agisce quindi da catalizzatore accelerando una trasformazione della struttura di potere laddove già ve ne siano le precondizioni. In particolare, ciò che si realizza è un **mutamento dell'*ordine organizzativo***, cioè un cambiamento della struttura di autorità dell'organizzazione politica. Se tale mutamento si realizza, vuol dire che sono state introdotte alterazioni tali da modificare le relazioni tra le varie componenti interne (Panebianco 1982, 445). In questo caso, il mutamento dell'ordine organizzativo corrisponde a un mutamento della *conformazione* della coalizione dominante, ristrutturando sia i giochi di potere verticali (scambi élite-base) sia quelli orizzontali (scambi élite-élite).

Ai fini analitici, abbiamo detto, tale mutamento può essere scomposto in tre fasi: la prima fase è determinata da una crisi organizzativa dovuta a una forte pressione ambientale, per esempio una sconfitta elettorale e cioè un radicale peggioramento dei termini di scambio sull'arena elettorale; la seconda fase consiste nel ricambio del gruppo dirigente e quindi nella composizione della coalizione dominante, per esempio attraverso la conta congressuale; la terza fase consiste nella ristrutturazione organizzativa, sia attraverso un cambiamento delle regole del gioco, sia nella ridefinizione degli scopi ufficiali dell'organizzazione, operazione necessaria anche a mostrare a tutti gli iscritti che il ricambio del gruppo dirigente ha motivazioni profonde legate ai destini dell'organizzazione stessa.

La nuova coalizione dominante promuove dunque un cambiamento di programma che spesso corrisponde anche a una parziale o totale trasformazione ideologica e organizzativa, come emerge nelle teorie tipologiche. Ma tale processo è graduale e non privo di ostacoli che provengono proprio dalle resistenze dei militanti di base e dei dirigenti che compongono il corpo intermedio del partito. Questo perché difficilmente una coalizione politica di maggioranza all'interno di un partito può sollecitare forme di **sostituzione dei fini** connessi all'ideologia organizzativa (Michels 1966). Attraverso di essi è possibile infatti offrire quegli **incentivi collettivi** (o simbolici) che garantiscono una base di lealtà da parte dei militanti. Piuttosto è possibile che si realizzino forme di **articolazione dei fini** attraverso l'adattamento dei fini stessi alle esigenze organizzative legate alla congiuntura politica.

> Difficilmente una coalizione politica di maggioranza all'interno di un partito può sollecitare forme di **sostituzione dei fini** connessi all'ideologia organizzativa

Si parla di *incentivi collettivi* quando ci si riferisce a benefici o promesse di benefici che l'organizzazione dovrebbe elargire a tutti i partecipanti in ugual misura. Si parla invece di *benefici selettivi* per indicare quei benefici che vengono altresì distribuiti in modo ineguale. Gli incentivi collettivi possono essere distinti tra incentivi di *identità* (si partecipa perché ci si identifica nell'organizzazione), di *solidarietà* (si partecipa per solidarietà con gli altri partecipanti), e *ideologici* (si partecipa perché ci si identifica nella "causa" dell'organizzazione). Gli incentivi selettivi sono invece legati ad aspirazioni *materiali*, di *status* o di *potere* (sulla teoria degli incentivi: Schelsinger 1966; Panebianco 1982).

> Con **incentivi collettivi** si intendono benefici o promesse di benefici che l'organizzazione offre a tutti i partecipanti in ugual misura

I partiti politici in genere elaborano strategie in cui si cerca di bilanciare la logica della competizione e la logica dell'identità; per dirla con Raniolo, «la loro faccia efficiente con la loro faccia espressiva» (2006, 34). Anche perché uno dei presupposti per il buon funzionamento di un'organizzazione politica nell'ambito di una competizione anche elettorale, che quindi presuppone una tattica politica finalizzata alla massima efficienza, è quella di poter contare su un alto numero di sostenitori che siano ideologicamente motivati. La logica dell'identità interviene infatti suscitando legami stabili e solidarietà tra chi vi si riconosce consentendo una più forte partecipazione emotiva nell'ambito dell'azione collettiva. Non è un caso che uno dei compiti primari nei tradizionali partiti di massa, ma non solo, fosse quello di mantenere e riprodurre la propria identità culturale. Infatti, per qualsiasi organizzazione, «le strategie espressive operano sul campo simbolico e mirano a proteggere la stabilità e la coerenza dei significati condivisi. Esse possono essere orientate all'interno o all'esterno: nel primo caso, consentono ai membri del gruppo di mantenere viva la coscienza della loro identità collettiva; nel secondo caso, consentono alle organizzazioni di offrire un'identità riconoscibile al mondo esterno» (Berg, Gagliardi 1995, 321-338).

L'identità non si limita dunque ad essere fonte di significato, rallentando magari i percorsi di innovazione, ma agisce piuttosto da "filtro" distinguendo le azioni astrattamente possibili da quelle politicamente opportune. Essa consente all'organizzazione di dominare l'ambiente riducendo i rischi già paventati di un eccessivo adattamento al contesto esterno. Inoltre, essa rappresenta un bagaglio di condivisione che riduce le possibilità di *exit*, cioè di fuga da parte di iscritti e simpatizzanti. Non è un caso che i partiti di massa, sul versante propriamente strategico e nelle relazioni con l'ambiente esterno, abbiano sempre assolto il compito di «costruire, preservare e rafforzare le identità politiche» attraverso la produzione e riproduzione di «simboli che servono ai membri di una collettività data per riconoscersi come tali, comunicarsi la loro solidarietà, concordare l'azione collettiva» (Pizzorno 1993, 175). E non è un caso che gli studiosi concordino sul fatto che uno dei principali aspetti della crisi dei partiti di massa risieda proprio nell'indebolimento della loro capacità di fornire senso all'azione, orientando normativamente i propri aderenti e ancorando credenze e valori collettivi.

13.5. Partiti e sistemi di partito

Un tema a volte trascurato dai sociologi, ma molto indagato dagli scienziati politici, riguarda le dinamiche di **competizione** tra i partiti politici che variano in base al loro numero all'interno di un sistema politico e al livello di polarizzazione ideologica. Il primo autore a proporre un criterio di analisi in base al numero dei partiti è Maurice Duverger (1951, tr.it. 1961). Egli distingue tra sistemi **monopartitici** – cioè con un unico partito – tipici dei regimi non democratici, sistemi **bipartitici** – cioè con due partiti che si alternano al governo – tipici dei regimi che adottano un sistema elettorale maggioritario secco, cioè senza correttivi, e sistemi **multipartitici** – cioè con più di due partiti. L'assetto multipartitico caratterizza buona parte delle democrazie contemporanee e la pluralità delle forze in campo è determinata soprattutto dalla presenza di determinate fratture sociali, come quelle indicate da Rokkan, che chiedono di essere tradotte e rappresentate politicamente.

La tripartizione di Duverger verrà criticata da Giovanni Sartori secondo il quale non è sufficiente contare il numero dei partiti presenti in un sistema. Il conteggio numerico ci offre solo un indicatore del livello di frammentazione politica, ma per andare in profondità occorre produrre un «conteggio intelligente», che tenga cioè conto della rilevanza effettiva che certi partiti hanno all'interno di un sistema politico. Tale rilevanza si misura individuando il **potenziale di coalizione** e il **potere di ricatto** che alcuni partiti hanno, anche se di piccole dimensioni. Nel primo caso, si intende la capacità di un certo partito di entrare a far parte di una coalizione politica che si candida a governare un paese; nel secondo caso, si

La rilevanza dei partiti in un sistema politico si fonda sul loro **potenziale di coalizione** e **potere di ricatto**

intende invece la capacità del partito in oggetto di influenzare effettivamente le scelte tattiche degli altri partiti (Sartori 1970).

Un altro dato rilevante per analizzare le dinamiche competitive tra partiti riguarda la dimensione ideologica e, in particolare, i livelli di **polarizzazione ideologica** che riguardano la collocazione degli elettori lungo l'asse destra-sinistra. Con queste accortezze, Sartori propone un quadro più articolato della vecchia tripartizione di Duverger (Sartori 1976).

Un altro dato rilevante per analizzare le dinamiche competitive tra partiti è il livello di **polarizzazione ideologica**

- **Regimi monopartitici**: secondo Sartori, i regimi monopartitici possono essere di tre tipi: *a)* **partito singolo**, quando solo un partito è legale (tipico di una situazione non democratica); *b)* **partito egemonico**, quando solo un partito può realmente aspirare ad assumere un ruolo di governo, mentre gli altri partiti, per quanto legali, sono politicamente irrilevanti; *c)* **partito predominante**, quando, in un contesto multipartitico, i partiti minori sono in competizione con il partito più forte pur non riuscendo a vincere le elezioni.
- **Regimi bipartitici**: si definiscono tali quei regimi in cui, a prescindere dal numero effettivo dei partiti politici, solo i due maggiori possono effettivamente aspirare a governare senza il bisogno di stringere alleanze. La polarizzazione ideologica, per quanto forte, si traduce politicamente in un movimento centripeto dei partiti che tendono ad assumere politiche e programmi moderati per conquistare l'elettorato fluttuante che si assume essere collocato al centro. È il caso degli Stati Uniti e della Gran Bretagna. In quest'ultimo caso, il duopolio del quadro politico che per anni è stato caratterizzato dalla competizione tra Laburisti e Conservatori ha visto col tempo rafforzarsi la posizione del Partito liberale, portando a tre il numero dei partiti rilevanti.
- **Regimi multipartitici**: a questo riguardo, Sartori propone tre tipi di regimi multipartitici: *a)* **pluralismo moderato**, quando i partiti che contano non sono più di cinque e generalmente si alleano tra loro per vincere le elezioni cercando di conquistare i consensi degli elettori moderati; *b)* **pluralismo polarizzato**, quando il numero dei partiti è superiore a cinque con il centro del sistema saldamente occupato da un partito di maggioranza che guida governi di coalizione. Esiste in genere una doppia opposizione di destra e di sinistra ideologicamente radicale. Di fronte alla radicalità delle opposizioni che corrisponde alle mentalità ideologiche dei cittadini e all'assenza di una vera competizione per il governo, saldamente tenuto dal partito di maggioranza e i suoi alleati, in questo tipo di regimi la politica tende ad essere irresponsabile. Chi sta al governo sa che rimarrà al governo, chi è all'opposizione sa che rimarrà all'opposizione. Si crea dunque un sistema sostanzialmente bloccato, come è avvenuto in Italia almeno fino alla seconda metà degli anni Settanta; *c)* **multipartitismo segmentato**, è il caso dei regimi con più di cinque partiti, ma a bassa polarizzazione ideologica.

Percorso di autoverifica

- Cos'è nello specifico un partito politico?
- Quali sono le sue funzioni storiche?
- Su cosa si basano gli approcci razionalisti all'analisi dei partiti?
- Come si articola invece l'approccio identitario?
- Cos'è un partito di notabili?
- Cosa si intende per partito a rappresentanza individuale?
- Cosa intendiamo invece per partito burocratico di massa?
- Perché si dice che esso svolge una funzione di integrazione sociale?
- Cosa intendiamo per comitato, sezione, cellula, milizia?
- Quali sono le quattro fondamentali fratture che rappresentano le origini sociali di molti partiti?
- Cosa intendiamo per congelamento delle fratture sociali?
- Cosa intendiamo invece per scongelamento delle fratture sociali?
- Quali sono le principali famiglie spirituali di partiti?
- Che partiti nascono dallo scontro tra valori materialisti e postmaterialisti?
- Cosa intendiamo per trasformazione tipologica dei partiti di massa?
- Cosa intendiamo per *catch-all-party*?
- Cosa intendiamo per *party on the ground*?
- Cosa intendiamo per *Cartel Party* e per partito professionale-elettorale?
- Su cosa si basa l'analisi dinamica all'analisi del mutamento partitico?
- Cosa intendiamo per coalizione dominante?
- Come si articolano gli scambi di potere all'interno di un partito?
- Cosa intendiamo per coalizione dominante?
- Cosa intendiamo per conformazione e composizione della coalizione dominante?
- Cosa intendiamo per coesione e stabilità della coalizione dominante?
- Cos'è la mappa del potere organizzativo?
- A cosa si riferisce la teoria degli incentivi?
- Come possiamo contare i partiti all'interno di un sistema?
- Come possiamo misurare la loro rilevanza?
- Che ruolo gioca nella competizione partitica la polarizzazione ideologica?

I gruppi di interesse e di pressione 14

I partiti politici non sono gli unici soggetti che lavorano per aggregare, promuovere e organizzare gli interessi sociali. La modernizzazione socioeconomica e la differenziazione sociale hanno infatti sollecitato la nascita di una molteplicità di gruppi specializzati nella promozione e difesa degli interessi di alcune categorie sociali. Tali gruppi possono essere di natura economica e professionale, esprimendo l'organizzazione di classe delle società moderne, o possono altresì mobilitarsi a tutela di interessi generali, come l'ambiente, i diritti civili e l'autodeterminazione degli individui. Tali soggetti diventano attori politici nella misura in cui cercano di influenzare la selezione della classe politica o l'elaborazione di specifiche politiche pubbliche. In questo caso, i gruppi di interesse diventano gruppi di pressione, relazionandosi con i propri interlocutori attraverso diverse modalità che possono variare dalla concertazione istituzionalizzata alla protesta pubblica. In quest'ultimo caso, l'azione dei gruppi si sovrappone a quella dei movimenti. Per quanto l'azione conflittuale e protestativa sia sempre una opzione a disposizione dei gruppi, essi vi ricorrono raramente. I gruppi infatti, al contrario dei movimenti sociali che sono in genere espressione di soggettività oppositive, sono attori pragmatici dunque orientati al compromesso e alla negoziazione. La scelta delle tattiche e delle strategie di pressione dipende da diversi fattori, tra cui alcune condizioni istituzionali, le tradizioni e gli stili prevalenti nella produzione di politiche pubbliche e le caratteristiche del sistema dei partiti che, insieme, concorrono a definire le opportunità di accesso alle diverse arene di policy.

Obiettivi di apprendimento

- I gruppi di interesse sono organizzazioni dotate in genere di personale a tempo pieno che si specializzano nell'individuazione, promozione e difesa degli interessi, influenzando le autorità e le decisioni politiche che da esse derivano.
- Il lobbying va inteso come l'insieme delle tattiche e delle strategie con le quali i rappresentanti dei gruppi di interesse cercano di influenzare la formazione e attuazione delle politiche pubbliche a beneficio dei gruppi rappresentati.
- L'efficacia della loro azione dipende in primo luogo dalle opportunità di accesso alle arene decisionali. L'accesso è un concetto che introduce allo studio dei tentativi compiuti dai gruppi di entrare nelle sedi rilevanti per le deliberazioni cui essi sono interessati e delle condizioni che facilitano oppure ostacolano tali tentativi.

14.1. Gruppi di interesse e società complesse

I **gruppi di interesse** sono organizzazioni dotate di personale a tempo pieno che si specializzano nell'individuazione, promozione e difesa degli interessi influenzando le autorità politiche

Come abbiamo accennato (cfr. par. 12.2.2), i partiti non sono gli unici attori che si sono storicamente assunti il compito di rappresentare gli interessi sociali. La complessità e la differenziazione sociale tipiche della modernità hanno infatti determinato la formazione di gruppi organizzati con il fine di rappresentare specifici interessi senza necessariamente partecipare al processo elettorale con propri candidati. Si parla in questo caso di **gruppi di interesse** che, ricordiamolo, abbiamo definito come **organizzazioni, talvolta di carattere permanente e dotate di personale a tempo pieno, che si specializzano nell'individuazione, promozione e difesa degli interessi, influenzando e, eventualmente, contestando le autorità e le politiche che da esse derivano**. Come emerge da questa definizione, i gruppi di interesse non sono alieni dal processo politico. Essi infatti possono scegliere di influenzare gli attori politici istituzionali attraverso diverse forme di intervento sul processo decisionale, o svolgendo pressioni dall'esterno o, vedremo, partecipando direttamente al processo di *policy making* come esperti e consulenti. Da questo punto di vista, **la letteratura specialistica ha distinto i «gruppi di interesse» dai «gruppi di pressione». Se il termine «interesse» serve ha identificare il perché il gruppo esiste, con il concetto di «pressione» intendiamo invece le specifiche modalità di azione del gruppo nella sfera politica**. Le tattiche e le strategie di pressione dei gruppi di interesse sono sovente definite come azioni di **lobbying**, espressione mutuata dalla tradizione anglosassone su cui ci soffermeremo nel corso del capitolo.

In realtà, la letteratura socio-politologica non ci offre una definizione univoca di gruppo. Per Arthur Bentley (1908, 211) esso coincide per esempio con ogni sezione di società dotata di interessi e che agisca o tenti di agire in qualche modo; il concetto di gruppo finisce qui con il sovrapporsi a quello di interesse: «Non c'è gruppo senza interesse [...] Gruppo e interesse non sono separabili» (ibid.). David Truman pone invece l'accento sulla dimensione degli atteggiamenti, affermando che con l'espressione «gruppo di interesse» si deve intendere «qualsiasi gruppo che, sulla base di uno o più atteggiamenti condivisi, presenta delle domande ad altri gruppi della società» (Truman 1951, 23). Altri studiosi, come Almond e Powell (1966, tr.it. 1970), pongono invece l'accento sulla dimensione dell'appartenenza, soffermandosi sulla consapevolezza dei legami che uniscono i diversi membri di un gruppo sulla base di interessi condivisi. A prescindere dalla moltitudine delle definizioni date sui gruppi di interesse connessi alla più ampia categoria dei gruppi sociali, dalla nostra definizione appare chiaro che, in questa sede, intendiamo osservare le dinamiche di funzionamento di quei gruppi che si qualificano come **organizzazioni formali**, cioè dotate di una struttura permanente fatta di ruoli e funzioni specifiche nella relazione tra una *membership* e una *leadership* facilmente identificabili e in grado di poter contare su un minimo di risorse materiali attraverso cui portare avanti la propria azione nel contesto sociopolitico. Un altro elemento significativo è dato dall'esigenza di un'**adesione volontaria** al gruppo che viene scelto liberamente come orizzonte organizzativo da individui che ne discutono gli obiettivi e le modalità di azione e, all'occorrenza, nel caso di contrasti irrecuperabili, sono liberi di abbandonarlo. Come vedremo, questo elemento non vale per i «gruppi di interesse istituzionali», privi di una reale *membership* che si sovrappone in genere con gli utenti di servizi specifici o con personale retribuito che esegue le direttive della dirigenza. L'ultimo elemento significativo che si evince dalla nostra definizione riguarda il rapporto tra il gruppo e la politica. Un gruppo di interesse diventa sociologicamente e politologicamente significativo quando si trasforma in **attore politico**, mettendo in atto repertori di azione partecipativa finalizzati a influenzare la definizione della classe politica o, più probabilmente, le decisioni prese dagli attori politici istituzionali.

Un gruppo di interesse diventa sociologicamente e politologicamente significativo quando si trasforma in **attore politico**

Prima di agire nell'arena politica un gruppo di interesse deve costituirsi e crearsi una seppur minima *membership* che corrisponde, almeno in parte, alle categorie sociali che si intende rappresentare e tutelare. Da questo punto di vista, per fa sì che l'azione collettiva portata avanti dai gruppi sia dotata di un minimo di efficacia, occorre che essi procedano alla **definizione e selezione degli interessi** da rappresentare, due operazioni empiricamente sovrapponibili, ma analiticamente distinte.

- **Definizione**: come nel caso dei partiti, anche i gruppi devono infatti operare una certa semplificazione della complessità, aggregando la molteplicità delle preferenze della *membership* potenziale o fattuale in alcuni «obiettivi omogenei». Si tratta di un processo articolato che presuppone un primo livello di negoziazione tra leadership e base. Un gruppo di interesse è per propria natura una struttura pragmatica che punta a ottenere risultati concreti, sovente di carattere materialistico. In questo senso, il gruppo dirigente si deve impegnare a *definire*, a prescindere dalla molteplicità delle aspirazioni e dei bisogni dei singoli appartenenti al gruppo, una serie di obiettivi che siano più facilmente negoziabili con le proprie controparti (Schmitter, Streeck 1999, 45-47). In altri casi, come notano studiosi di scuola neomarxista, per quanto le organizzazioni non siano particolarmente rilevanti nella definizione degli interessi dei capitalisti che sono oggettivamente dati dalla struttura stessa del sistema produttivo, diventano altresì fondamentali nella definizione degli interessi dei lavoratori dipendenti che, data la loro posizione di subalternità in seno alle relazioni di produzione, senza un adeguato supporto organizzativo non sarebbero in grado di identificare autonomamente un sistema di interessi comuni; da questo punto di vista, è evidente che tali studiosi attribuiscano una certa importanza alle funzioni svolte dalle organizzazioni sindacali (Offe, Wiesenthal 1980). In questo senso, nota Martinelli (1994), il processo di «definizione» degli interessi e degli obiettivi organizzativi passa per un'azione di intermediazione finalizzata a conciliare la **logica della membership** con la **logica dell'influenza**. Nel primo caso, gli interessi dell'organizzazione coincidono con la molteplicità delle preferenze dei singoli membri del gruppo a cui l'organizzazione stessa offre protezione, incentivi e servizi di consulenza o

Il processo di «definizione» degli interessi e degli obiettivi organizzativi passa per un'azione di intermediazione finalizzata a conciliare la **logica della membership** con la **logica dell'influenza**

assistenza; nel secondo caso, ci si riferisce alla relazione tra gruppi e controparti (pubbliche o private). Da questo punto di vista, non sono rilevanti solo gli interessi dei membri del gruppo, ma anche quelli di coloro a cui il gruppo presenta le proprie rivendicazioni (imprenditori, burocrati, classe politica, ecc.). A questo punto diventa fondamentale l'azione di negoziazione interorganizzativa. Esistono dunque dei vincoli all'azione (pragmatica) del gruppo che, per esempio, chiede riconoscimento e concessioni offrendo in cambio qualcosa. Nel caso delle relazioni sindacali, la merce di scambio è in genere una certa moderazione dell'azione conflittuale dei gruppi e la messa in campo di comportamenti conformi alle esigenze aziendali.

- **Selezione**: il processo di «selezione degli interessi» è altrettanto rilevante e, in un certo senso, precedente alla loro «definizione». Per dirla con Liborio Mattina: «Le organizzazioni, infatti, trasferiscono nella società politica le domande che maturano nella società civile provvedendo, attraverso la selezione, a renderle compatibili con le capacità di assorbimento del sistema politico» (Mattina 2010, 72). La prima fase del processo di selezione degli interessi presuppone la definizione da parte dell'organizzazione del proprio **terreno di caccia (*domain*)** da cui reclutare la propria membership. Anche in questo caso, il processo ha successo se l'organizzazione è in grado di aggregare, cioè semplificare, la molteplicità delle preferenze dei soggetti che operano all'interno del *domain* o, altresì, se è in grado di adottare modelli organizzativi che rendano possibile la convivenza di interessi anche contrastanti. Dopo aver tracciato i confini del proprio terreno di caccia, il processo di selezione degli interessi implica la definizione degli obiettivi specifici o generali, materiali o immateriali, da perseguire. Questa operazione varia ovviamente secondo il «tipo» di gruppo, come vedremo nel prossimo paragrafo: se infatti il gruppo persegue obiettivi generali o addirittura ecumenici, come nel caso dei gruppi umanitari che si battono per l'affermazione dei diritti civili, la loro membership di riferimento (dunque il proprio terreno di caccia) sarà potenzialmente illimitato. Nel caso di gruppi che invece si danno obiettivi specifici, come per esempio impedire o sollecitare un'opera pubblica, la membership di riferimento sarà più limitata e includerà tutti i soggetti che sarebbero potenzialmente danneggiati o favoriti da tale opera. In altri casi, specie per i gruppi di natura economica, la logica dell'inclusività del gruppo sarà **settoriale**, nel senso che, una volta definito il terreno di caccia, per esempio il mondo del lavoro, il gruppo dovrà decidere i settori da rappresentare e, eventualmente, da cui reclutare membri e sostenitori. Un sindacato si riferirà alle diverse categorie di lavoratori, mentre le organizzazioni imprenditoriali si riferiranno ai proprietari dei mezzi di produzione.

14.1.1. I tipi di gruppi di interesse

Come si può evincere fin dalla nostra definizione preliminare, non tutti i gruppi sono uguali. Essi possono infatti essere distinti sulla base della **natura degli in-**

teressi attorno a cui si formano, della **struttura organizzativa** che assumono e delle **strategie adottate** di pressione e/o mobilitazione. Già in precedenza (cfr. par. 12.2.2) abbiamo fatto riferimento alla distinzione operata da Claus Offe tra «gruppi di interesse economico» e «gruppi fruitori di politiche pubbliche», dove i primi sarebbero una diretta espressione del mercato e della organizzazione di classe della società, mentre i secondi sarebbero invece gruppi di altro genere, cioè costituiti per rappresentare interessi non direttamente economici, ma la cui tutela dipende dalla produzione di specifiche politiche pubbliche. Almond e Powell (1966, tr.it. 1970), propongono per esempio una tipologia dei gruppi basata sulle differenze di struttura organizzativa, distinguendone quattro tipi: **gruppi di interesse anomici**, cioè soggetti disorganizzati che si sviluppano velocemente attorno a istanze conflittuali e altrettanto rapidamente si disperdono; **gruppi di interesse non-associativi**, che si formano su interessi derivati da identità condivise (etnia, religione, lingua, ecc.) che sono fonte primaria di coesione tra i partecipanti e mobilitazione; **gruppi di interesse istituzionali**, che hanno una struttura altamente differenziata e specializzata e si organizzano all'interno di strutture istituzionali (esercito, burocrazie pubbliche, enti locali, chiese, ecc.); **gruppi associativi**, che sono strutture relativamente specializzate che si organizzano in base alla definizione di interessi specifici. Rientrano in questa categoria i sindacati, le organizzazioni degli imprenditori, ma anche le associazioni etniche, religiose e in genere settoriali.

I gruppi possono essere distinti sulla base della **natura degli interessi** attorno a cui si formano, della **struttura organizzativa** che assumono e delle **strategie adottate** di pressione e mobilitazione

Robert H. Salisbury (1975, 182) ci propone invece una tipologia di gruppi di interesse che a nostro avviso valorizza meglio la loro specificità. Egli distingue tra «gruppi sezionali o economici» e «gruppi promozionali o per una causa». A questi due tipi, seguendo la sistematizzazione di Mattina (2010), aggiungiamo i cosiddetti «gruppi istituzionali» che meritano una considerazione a parte (vedi tab. 14.1).

- **Gruppi sezionali o economici:** questo tipo include quei gruppi che aggregano interessi radicati nel mondo economico o delle professioni, come nel caso dei sindacati, delle organizzazioni imprenditoriali, ma anche di certe associazioni professionali (avvocati, magistrati, medici, sociologi, ecc.).
- **Gruppi promozionali o per una causa:** questo tipo è composto da associazioni volontarie che aggregano interessi non direttamente riconducibili alla sfera economico-professionale e ne fanno parte individui che condividono aspirazioni e obiettivi. Tra questi gruppi si possono annoverare almeno tre sotto-tipi: *a)* i **gruppi di interesse pubblico**, che perseguono obiettivi legati al bene comune, di cui possono cioè beneficiare tutti i cittadini (associazioni per i diritti umani, ambientaliste, pacifiste, associazioni dei consumatori, ecc.); *b)* i **gruppi identitari**, che rivendicano il riconoscimento di identità specifiche (gruppi di donne, gruppi a tutela di un libero orientamento sessuale, o per la protezione di una specificità linguistica, ecc.); *c)* i **gruppi localistici**, che si sviluppano per la difesa territoriale rispetto a certe opere pubbliche (la costruzione di un'autostrada, di una discarica, di una centrale nucleare, ecc.). Talvolta questi gruppi, che in genere articolano la propria azione in maniera

Fig. 14.1 Tipi di gruppi di interesse

Gruppi sezionali o economici	Gruppi promozionali	Gruppi istituzionali
Organizzazioni: • Sindacali • Imprenditoriali • Professionali • Finanziarie • Ecc.	Organizzazioni: • Di volontariato e filantropiche • Ricreative-culturali • Scientifiche • Di reduci, ecc.	• Imprese (commerciali, agricole, industriali, finanziarie, ecc.) • Burocrazie pubbliche ed Enti locali • Chiese • Enti di pubblica utilità (università, ospedali, ecc.)
Gruppi di interesse pubblico	**Gruppi identitari**	**Gruppi localistici o Nimby**
• Diritti umani • Ambientalisti • Pacifisti • Consumatori • Ecc.	• Religiosi • Etnici • Di genere • Di generazione • Orientamento sessuale • Ecc.	• Contro grandi opere • Contro basi militari • Contro discariche • Contro centrali nucleari • Ecc.

Fonte: *Mattina 2010*, 16, parzialmente riadattata.

conflittuale, adottando repertori di azione potestativa, si sono configurati sotto forma di **gruppi Nimby** (acronimo di *Not in my back yard*, cioè «non nel mio giardino di casa»), etichetta utilizzata dagli analisti per descrivere le forme di mobilitazione che perseguono benefici immediati e carattere localistico. La ricerca sui movimenti sociali dimostra però che alcune mobilitazioni apparentemente riconducibili all'etichetta Nimby sono invece legate alla definizione di schemi interpretativi più ampi che prescindono dalla semplice vertenza territoriale e sono invece legati al perseguimento di obiettivi generali e di interesse pubblico, tracimando consensi nell'ambito di movimenti sociali che possono anche assumere un carattere nazionale o transnazionale (della Porta, Piazza 2008). In questo modo, opporsi alla costruzione di una base militare (obiettivo specifico) viene legato al più ampio schema interpretativo pacifista (obiettivo generale), l'opposizione alla costruzione di una centrale nucleare o di una grande autostrada (obiettivo specifico) viene legato a una critica generale a un certo modello di sviluppo (obiettivo generale), e così via.

- **Gruppi istituzionali:** questi tipi di gruppi possono essere pubblici o privati. I gruppi istituzionali pubblici sono in genere legati a enti locali o rami specifici dell'amministrazione (si pensi alle associazioni dei comuni o delle regioni) e competono tra loro o con gruppi privati per difendere gli interessi dell'istituzione che rappresentano; i gruppi istituzionali privati sono invece legati a specifiche istituzioni sociali (aziende, università, chiese, ospedali) e agiscono attraverso i propri rappresentanti per ottenere risorse e politiche pubbliche favorevoli. I gruppi istituzionali interloquiscono perlopiù con i governi centrali, sono organizzazioni gerarchiche a struttura manageriale e non prevedono una membership né alcuna forma di partecipazione democratica. Sono composti da un gruppo dirigente e un corpo di funzionari retribuiti che si relazionano con i decisori pubblici.

La continuità (e l'efficacia) dell'azione dei gruppi di interesse è in larga misura dipesa dalle **risorse** a loro disposizione, che naturalmente variano al variare del tipo di gruppo. I gruppi di interesse devono infatti poter contare su: **risorse economico-finanziarie**, che evidentemente possiedono soprattutto i gruppi di interesse economici o quelli che possono comunque contare su una larga membership; **risorse numeriche**, tipiche di quei gruppi che sono in grado di mobilitare vasti settori di popolazione, come nel caso di alcuni sindacati; **risorse di influenza**, legate soprattutto allo status sociale e al livello di riconoscimento di cui godono i membri del gruppo. È evidente che un'associazione di imprenditori, o comunque una struttura in grado di offrire una certa expertise sulle tematiche oggetto del contendere, potrà influenzare significativamente i decisori rispetto a un piccolo gruppo promozionale, a prescindere dalla bontà delle sue ragioni; **risorse conoscitive**, legate alla capacità del gruppo di mettere in campo un sistema di sapere specialistico sulle questioni di proprio interesse; **risorse organizzative**, legate alla struttura del gruppo stesso. Ovviamente, un gruppo a struttura permanente potrà godere di una certa efficienza e continuità nelle dinamiche dell'azione; **risorse simboliche**, legate alla capacità dei gruppi di produrre simboli e valori attorno a cui raccogliere consenso sociale. Quest'ultimo tipo di risorse è connesso alle capacità comunicative dei gruppi stessi che, specie nell'ambito di azioni conflittuali, avranno maggiori possibilità di successo se sapranno legare i propri interessi specifici a interessi generali. È evidente che, se da un lato, un gruppo dotato di risorse economiche potrà farle valere nella propria azione, offrendo finanziamenti o minacciando di toglierli, un gruppo dotato di risorse simboliche sarà invece maggiormente in grado di mobilitare sulle proprie istanze l'opinione pubblica.

> La continuità (e l'efficacia) dell'azione dei gruppi di interesse è in larga misura dipesa dalle **risorse** a loro disposizione

14.1.2. I precursori storici dei gruppi

La presenza di **gruppi organizzati** a tutela di certi interessi non è un'invenzione moderna o contemporanea. Fin dai tempi della Roma antica (prima repubblicana, poi imperiale) erano presenti associazioni di mestiere, dette **collegia**, che assunsero, in certe fasi, importanti funzioni di organizzazione politica. Con la crisi dell'Impero e l'avvio dell'epoca medioevale, i *collegia* vennero col tempo sostituiti dalle **gilde**, o «corporazioni», nate verso la metà del tredicesimo secolo con l'affermarsi in Europa della tradizione comunale. Le *gilde* acquisirono subito una notevole capacità di autogoverno che, soprattutto nei comuni italiani, consentì loro di assumere un significativo ruolo politico sotto il controllo delle autorità

> La presenza di **gruppi organizzati** a tutela di certi interessi non è un'invenzione moderna o contemporanea

pubbliche, organizzando pezzi della nascente borghesia (Brucker 1981, 89). Il sistema delle corporazioni di eredità medievale entra in crisi con l'affermazione dello Stato moderno centralizzato. Le corporazioni, già nella Francia rivoluzionaria, erano considerate un ostacolo al perseguimento dell'interesse generale e un motivo di stagnazione del sistema economico. Per questa ragione furono abolite. Con lo sviluppo del pensiero politico ed economico liberale che gettava enfasi sulla libertà di associazione, ma anche sull'esigenza di rappresentanza individuale degli interessi, la logica corporativa subì un ulteriore colpo, anche se sopravvisse in alcuni Stati dove le autorità centrali accettarono di condividere lo sforzo di regolazione dei mercati con alcuni attori collettivi privati (si pensi all'Austria, alla Germania e ai Paesi Scandinavi). In altri casi – come in Olanda, Svizzera e Belgio – la sopravvivenza di un sistema corporativo di organizzazione degli interessi sopravvisse anche per mitigare i rischi di frammentazione sociale dovuti all'eccessiva segmentazione culturale (Crouch 1986, 317-335). Nell'Europa meridionale, dove lo Stato si consolidò nella lotta contro le aspirazioni temporali della Chiesa, la centralizzazione del potere si realizzò attraverso il conflitto delle autorità pubbliche contro ogni centro di potere (reale o potenziale) privato. In quest'area la rottura con l'esperienza corporativa fu dunque più radicale. Nei paesi latini, vi fu un recupero del sistema delle corporazioni durante la parentesi autoritaria degli anni Trenta, ma esso venne nuovamente abbandonato con l'avvio della democratizzazione

Le antiche corporazioni sono naturalmente altra cosa rispetto ai moderni gruppi di interesse. Questi ultimi sono senza dubbio più numerosi e variegati, espressione di società complesse e differenziate e, come abbiamo visto, non si strutturano solo a tutela di interessi economici o professionali. Inoltre i gruppi di interesse sono strutturalmente più fragili delle vecchie corporazioni; l'adesione degli individui ai gruppi è volontaria e contingente e, al contrario di ciò che accadeva nel sistema delle corporazioni, sono possibili anche forme di **appartenenza multipla**, cioè a più di un gruppo. Quello dei gruppi è dunque un sistema più dinamico e competitivo, ma non mancano, nota Mattina (2010, 22-23), diversi elementi di similarità tra gruppi moderni e antiche corporazioni. Il primo elemento di similarità è legato alla «specializzazione funzionale»; sia nelle corporazioni che nei moderni gruppi essa non è rigidissima. In passato potevano aderire a una corporazione che, ricordiamolo, era un soggetto politico a tutti gli effetti, anche individui che non condividevano con gli altri membri lo stesso mestiere. Anche in epoca moderna esistono associazioni locali di mestiere a tutela di certe tradizioni (specie artigiane e manifatturiere) che hanno più di un elemento di somiglianza con le vecchie corporazioni. Ancora oggi esistono gli **ordini professionali** (ingegneri, giornalisti, farmacisti, notai, avvocati, ecc.) che, se vogliamo, rappresentano la traduzione moderna più fedele del vecchio sistema corporativo: «Da notare che l'esercizio della vigilanza sul rispetto delle regole che disciplinano l'attività professionale si configura come una *delega di funzioni pubbliche* che lo Stato affida a gruppi privati» (ibid., 23).

Ma quali sono le condizioni storico-sociali che favoriscono la formazione dei gruppi? La letteratura specialistica concorda sul fatto che la crescente alfabetizzazione e la crescita dei ceti medi aumentano notevolmente la propensione degli individui ad associarsi, ma vi sono anche condizioni storiche che vanno prese in considerazione. Tanto per cominciare, la scomparsa delle corporazioni ha determinato la necessità di inventarsi nuove forme di rappresentanza degli interessi sollecitando la proliferazione dei gruppi. Tale vocazione organizzativa si è storicamente rafforzata nei momenti di grave crisi economica (come nel corso delle grandi depressioni del 1783 e del 1929) quando gli interessi minacciati si organizzarono per interloquire con le autorità pubbliche. A favorire la nascita dei gruppi, specie di carattere economico, contribuirono anche le due grandi guerre mondiali nel corso delle quali si assistette a una collaborazione tra Stato e gruppi professionali per gestire la nuova economia di guerra. Successivamente, l'espansione dello Stato sociale, quasi a risarcire i ceti subalterni delle gravi sofferenze patite durante la guerra, favorì ulteriormente il consolidamento dei gruppi di rappresentanza degli interessi. In ogni caso, gli autori che per primi hanno studiato il fenomeno, identificano nella **diversificazione degli interessi** la causa principale della proliferazione dei gruppi nelle società moderne (Truman 1951; Key 1964; Almond, Powell 1966, tr.it. 1970).

14.2. Gli approcci prevalenti all'analisi dei gruppi

Lo studio dei gruppi di interesse è centrale nelle analisi di sociologi e politologi che condividono l'idea di una loro funzione in seno alle democrazie liberali. I due approcci fondamentali allo studio dei gruppi sono quello «pluralista», che individua nella molteplicità e competitività dei gruppi una fonte di equilibrio democratico e una garanzia di autonomia della società dallo Stato, e quello «neocorporativo», che propone un diverso modello di rappresentazione funzionale degli interessi che enfatizza e sostiene le somiglianze con le vecchie corporazioni (vedi tab. 14.1). Dopo aver descritto questi due approcci fondamentali dedicheremo alcune riflessioni a quegli studiosi che, in modo forse meno ambizioso, si concentrano sulle cosiddette «reti di policy», soffermandosi sul ruolo dei gruppi nella definizione e costruzione dei processi decisionale in aree specifiche.

14.2.1. Il pluralismo

I **pluralisti** sono convinti che la competizione tra i diversi gruppi possa garantire una mediazione tra gli interessi privati e il conseguente approssimarsi a qualcosa di simile all'interesse comune

L'approccio teorico allo studio dei gruppi che ha avuto maggiore fortuna è senza dubbio riconducibile alle **teorie pluraliste** di cui abbiamo già in parte discusso nel capitolo dedicato alla distribuzione del potere, con particolare riferimento alla teoria poliarchica di Robert Dahl (cfr. par. 7.5). Per quanto i prodromi del pluralismo siano rintracciabili già nella filosofia europea a partire dalla fine del diciottesimo secolo, è negli Stati Uniti che tale approccio si sviluppa nell'ambito

Tab. 14.1 Principali differenze tra modello pluralista e modello neocorporativo

PLURALISMO	NEOCORPORATIVISMO
• Piccole e tante • Unità multiple • Adesione volontaria • Rapporti concorrenziali • Assenza di coordinamento gerarchico	• Grandi e poche • Unità monopolistiche • Contribuzione non volontaria • Sfere d'azione differenziate • Coordinamento gerarchico
• Assenza di riconoscimento, licenze, sovvenzioni e controlli • Accesso differenziato in base alle circostanze • Alleanze mutevoli • Azione di Lobbying	• Riconoscimento esplicito, licenze, sovvenzioni e controlli • Incorporazione strutturata • Compromessi stabili • Azione concertativa

Fonte: *Schmitter* 1992, 458, riadattata e integrata

della rivoluzione comportamentista. I primi studi ispirati al pluralismo risalgono già alla prima metà del ventesimo secolo, ma sarà negli anni Cinquanta e Sessanta che alcuni studiosi gli attribuirono un vero e proprio statuto teorico (tra gli altri: Latham 1952; Almond 1958; Eckstein 1960; Dahl 1961b; LaPalombara 1964). Alla base del pluralismo vi è la convinzione che i gruppi possano garantire lo sviluppo equilibrato delle condizioni democratiche. Addirittura, Arthur Bentley, per molti un anticipatore della moderna teoria pluralista, attribuiva ai gruppi di interesse una funzione quasi sociogenetica: «Quando i gruppi sono adeguatamente definiti, ogni cosa è definita. Dicendo ogni cosa, io intendo ogni cosa» (Bentley 1908, tr.it. 1983, 251). **I pluralisti sono convinti che la competizione tra i diversi gruppi possa garantire una mediazione tra gli interessi privati e il conseguente approssimarsi a qualcosa di simile all'interesse comune**.

David Truman, che è senza dubbio il più importante esponente di tale corrente negli anni Cinquanta, sostiene la compatibilità tra gruppi in competizione, stabilità sistemica e sviluppo democratico (Truman 1951). A suo avviso, i gruppi, formulando domande al sistema politico, di fatto lo sostengono. La presenza di molti gruppi spinge verso un continuo negoziato che impedisce la supremazia di un'unica organizzazione (e degli interessi di cui si fa portavoce) sulle altre. Tra l'altro, l'attivismo dei gruppi porterebbe alla mobilitazione dei cosiddetti **gruppi latenti**, composti da quegli individui che, pur condividendo gli stessi interessi, ancora non hanno dato loro un corpo organizzativo. La possibile affermazione di un sistema di interessi spingerebbe dunque a forme di **contro-mobilitazione** (Key 1964, 150) che raramente però sfociano in conflitti radicali. Questo perché i gruppi di interesse, nella logica pluralista, non sono strutture ideologiche, ma soggetti dotati di una burocrazia leggera che rende possibile forme di **appartenenza multipla** (*overlapping membership*), nel senso che ogni individuo è portatore di più interessi che trovano rappresentanza in più di un gruppo. Questa tendenza alla partecipazione plurale inibisce l'assorbimento ideologico degli individui in un unico gruppo, favorendo lo sviluppo di pratiche orientate al pragmatismo e al compromesso piuttosto che al conflitto ideologico e allo scontro (Truman 1951, 156-167). Appare evidente che quando Truman parla della «società dei gruppi», pensa di fatto alla realtà sistemica statunitense dove la pluralità sociale ha consentito anche lo sviluppo di una molteplicità di gruppi in competizione.

Secondo i pluralisti, i gruppi avrebbero anche un ruolo pedagogico, dal momento che i cittadini che vi partecipano, anche per effetto delle appartenenze multiple, sarebbero socializzati al dialogo e alle pratiche di negoziato. Da questo punto di vista, i gruppi sarebbero i veri artefici della democrazia, esprimendo la capacità della società di organizzarsi dal basso in autonomia rispetto allo Stato che, in questa logica, si limiterebbe ad essere arbitro tra gli interessi sociali in competizione (Key 1964). Questo riduzionismo pluralistico rispetto al ruolo attribuito allo Stato negherebbe dunque la funzione autoritativa propria delle istituzioni pubbliche. E questa è una delle critiche più rilevanti che sono state rivolte al modello pluralista. In particolare, Theodore Lowi (1979, 31-63) mette in evidenza che la sottovalutazione del ruolo dello Stato nei processi di governo impedisce ai pluralisti di rilevare che, in assenza di istituzioni politiche attive, a prevalere nella competizione sociale tra interessi organizzati sono sempre i gruppi più forti, capaci di influenzare il processo decisionale in forza delle maggiori risorse di cui dispongono. Da questo punto di vista la logica pluralista di fatto avalla una radicale asimmetria di poteri che si traduce in livelli alti di disuguaglianza sociale, un elemento senza dubbio disfunzionale allo sviluppo democratico. Questa critica pone il problema dello **squilibrio permanente** tra gruppi deboli e gruppi espressione di interessi e poteri forti. Non tutti gli interessi sociali hanno tra l'altro modo di organizzarsi e questo pone un ulteriore problema, quello delle **barriere all'entrata** e dei **limiti di accesso** che alcuni gruppi devono subire rispetto al processo politico e decisionale. Tutti nodi che i pluralisti non sono riusciti a sciogliere.

14.2.2. Il neocorporativismo

Il declino del pluralismo ha in parte determinato, in Europa, lo sviluppo di una nuova corrente di studi sulle dinamiche politiche dei gruppi di interesse. Si tratta del **neocorporativismo** che riduce l'enfasi sulla competizione tra gruppi orientando la propria attenzione su un modello di organizzazione sociopolitica fondato sulle grandi organizzazioni di rappresentanza degli interessi (soprattutto socioeconomici e professionali). Per dirla con Philippe Schmitter, il neocorporativismo è uno dei possibili metodi di mediazione degli interessi nel quale «hanno un ruolo centrale le organizzazioni di carattere permanente e dotate di personale a tempo pieno, che si specializzano nell'opera di individuazione, promozione e difesa degli interessi, influenzando e contestando le politiche pubbliche» (Schmitter 1992, 457-458). Non si pone qui l'accento sulla molteplicità degli interessi

Il **neocorporativismo** si basa sulla partecipazione istituzionalizzata dei gruppi alle attività di governo al fine di produrre politiche pubbliche attraverso la concertazione tra interessi organizzati e Stato

organizzati e veicolati da un alto numero di gruppi in competizione, ma piuttosto su grandi strutture organizzative (come i sindacati o le organizzazioni padronali) che assumono di fatto il monopolio della rappresentanza in determinati settori del mondo produttivo, finanziario e delle professioni. In molti casi l'iscrizione a tali gruppi è automatica ed essi hanno la facoltà di esercitare controllo sui propri membri imponendo sanzioni ed elargendo servizi e incentivi materiali. Sono queste macrostrutture organizzative che si relazionano con le istituzioni pubbliche; partecipano al processo decisionale mettendo in atto pratiche di **concertazione**, talvolta triangolari, come nel caso dei negoziati tra imprese, sindacato e Stato. Esse non temono la concorrenza di altri gruppi, dunque la competizione è minima o nulla, anche perché godono del riconoscimento istituzionale dello Stato che li identifica come unici interlocutori. Le autorità pubbliche, dal canto loro, non svolgono un ruolo neutrale, o di semplice mediazione tra interessi esogeni, come vogliono i pluralisti, ma intervengono attivamente nella vita di queste organizzazioni favorendole e sollecitandole, magari con finanziamenti diretti o esenzioni fiscali, e regolandone le attività attraverso norme, sanzioni e autorizzazioni. **Il sistema di rappresentanza corporativa si fonda dunque sulla partecipazione istituzionalizzata dei gruppi alle attività di governo al fine di produrre politiche pubbliche attraverso la concertazione tra interessi organizzati e Stato** (Lehmbruch 1982, tr.it. 1984, 16).

Il modello neocorporativo non è esente da critiche. L'istituzionalizzazione di alcune organizzazioni di interessi sarebbe per molti la causa di un grave **squilibrio nell'accesso** andando a favorire, con il riconoscimento ufficiale dello Stato, alcuni gruppi (e alcuni interessi) a detrimento di altri. Inoltre il modello neocorporativo tende a considerare solo i gruppi di interesse economico e professionale, trascurando il ruolo che nelle democrazie moderne assumono o possono assumere altri gruppi di azione pubblica. Infine, il modello neorporativo enfatizza la concertazione tra gruppi istituzionalizzati e classi di governo, che insieme diventano i veri protagonisti del processo decisionale riducendo, di conseguenza, il ruolo dei Parlamenti, cioè gli organi legislativi, che si limiterebbero in questa logica a ratificare in modo quasi notarile decisioni prese altrove.

14.2.3. Le reti di «policy»

Le **reti di policy** si configurano nei rapporti di scambio tra apparati dello Stato e gruppi privati, tenendo conto della crescente settorializzazione dell'amministrazioni pubbliche

Il declino nella letteratura specialista di pluralismo e neocorporativismo ha determinato un cambio di atteggiamento da parte degli studiosi che sono sembrati meno attenti a considerare la centralità o meno dei gruppi nell'organizzazione generale dei sistemi sociopolitici, soffermandosi invece sull'osservazione delle dinamiche concrete del *policy making*, cioè dei processi di produzione decisionale. In questa prospettiva si guarda con attenzione alle cosiddette **reti di policy** (o *policy networks*) che si configurano nei rapporti di scambio tra apparati dello Stato e gruppi privati, tenendo conto della crescente settorializzazione delle amministrazioni pubbliche (Rhodes 1985; 1990; Jordan 1990). Attraverso la segmentazione settoriale lo stesso processo decisionale si sarebbe disaggregato in diverse «arene di policy» che si muovono indipendentemente le une dalle altre (Rhodes, Marsh 1992). Gli studiosi che si riconoscono nel *policy networks approach* contestano sia l'idea pluralista di uno Stato debole che media tra diversi gruppi relativamente forti e autonomi, sia quella neocorporativa di uno Stato forte che si relaziona con pochi gruppi largamente istituzionalizzati. Guardando attentamente le diverse arene di *policy* e quindi considerando la settorializzazione dei processi di produzione delle politiche, si nota infatti che le due logiche possono convivere. Nei sistemi politici dominati da assetti pluralisti esistono arene di policy che si strutturano secondo una logica neocorporativa e, al contempo, laddove prevalgono modelli di organizzazione neocorporativa, non mancano contesti decisionali dove il processo si caratterizza secondo una logica pluralistica che si fonda sulla competizione tra gruppi. Secondo questa prospettiva, sono almeno tre i modelli prevalenti di *policy networks*: *a)* i cosiddetti «triangoli di ferro»; *b)* le «reti tematiche» (o *issue-networks*); *c)* le «comunità di policy» (o *policy communities*).

- **Triangoli di ferro**: secondo questo schema, alcune arene di *policy* si costituirebbero attorno a strutture relazionali chiuse caratterizzate dallo scambio tra «gruppi di interesse», «burocrati» e «commissioni parlamentari». Il numero dei partecipanti al processo decisionale è dunque limitato e gli scambi reciproci sono stabili e mutualmente vantaggiosi (Cater 1964; Freeman 1965).
- **Reti tematiche**: il concetto di *issue networks* suggerisce invece uno scambio tra gruppi, reti di esperti, burocrazie, rappresentanti dei movimenti e apparati pubblici attorno a politiche specifiche. Si tratta dunque di reti di scambio costituite *ad hoc* per prendere decisioni su questioni specifiche e destinate a sciogliersi alla fine del processo (Heclo 1978).
- **Comunità di policy**: con questo concetto si tende a sottolineare la relativa stabilità e continuità nel tempo di reti di *policy* settoriali a cui partecipano un numero limitato di gruppi con una leadership capace di produrre una sintesi tra le diverse preferenze messe in campo. Lo stile decisionale prevalente nelle comunità di *policy* è decisamente consensuale e votato a un pragmatismo di fondo (Rhodes, Marsh 1992).

14.3. I gruppi e gli attori della partecipazione

Come si evince da quanto scritto finora relativamente ai gruppi di interesse e ai partiti politici e da quanto scriveremo sui movimenti sociali nel prossimo capitolo, i tre principali attori della partecipazione politica democratica tendono a condividere alcune funzioni, tanto da far pensare a una loro sostanziale interscambiabilità. Tutti e tre hanno storicamente il compito di aggregare, organizzare e promuovere determinati interessi, con la differenza che i partiti puntano a piazzare propri rappresentanti nelle sedi decisionali e rappresentative e che i movimenti prediligono repertori d'azione protestativi e sono quindi meno propensi a cercare un accordo con le élites politiche e di governo. I gruppi sono spesso confusi con i movimenti sociali, soprattutto quando si ha a che fare con «gruppi promozionali» di carattere identitario o localistico. Ma le differenze ci sono e sono significative. Tanto per cominciare i gruppi di interesse sono organizzazioni formali, mentre i movimenti, abbiamo detto, sono sostanzialmente reti di relazioni informali. I gruppi tendono a sviluppare un'attitudine al pragmatismo e a ricercare una interlocuzione stabile con le proprie controparti istituzionali; i movimenti, invece, esprimendo soggettività sovente antagoniste, sono in genere restii a scendere a patti con il potere istituzionale. I gruppi si mobilitano in prevalenza su interessi specifici, mentre i movimenti, pur dandosi degli obiettivi di medio termine per così dire concreti, tendono a inscrivere la loro azione dentro un processo ampio di trasformazione complessiva della società, unendo specificità e generalità nell'ambito di schemi interpretativi articolati. Non mancano però occasioni in cui i gruppi di interesse, dopo aver registrato una certa difficoltà ad essere riconosciuti come interlocutori dalle élites di governo, scelgano di intraprendere la via della protesta, sperimentando repertori d'azione non istituzionali capaci, nel loro auspicio, di mobilitare le coscienze e condizionare in proprio favore l'opinione pubblica. In questi casi, non così rari, le strade dei gruppi e dei movimenti si incontrano. Ma è con i partiti politici che evidentemente i gruppi sono più interessati ad avere relazioni più o meno stabili. In un contesto liberaldemocratico i partiti hanno infatti il monopolio della rappresentanza e quindi sono inevitabilmente i protagonisti del processo decisionale. Sul rapporto tra partiti e gruppi di interesse e sulle specifiche modalità di relazione e di scambio tra questi due importanti attori politici vale dunque la pena spendere qualche riflessione aggiuntiva.

14.3.1. Le alleanze tra partiti e gruppi

Come si è detto, i gruppi di interesse diventano attori politici nella misura in cui riescono ad accedere all'arena politico-decisionale, cioè quando entrano a far parte della cosiddetta «società politica». Per fare ciò, essi devono inevitabilmente confrontarsi con coloro che hanno il monopolio del processo decisionale. Un confronto tra gruppi e partiti è inevitabile; esso sovente si configura sotto forma di alleanza. Ovviamente **la rilevanza dei partiti nell'orizzonte relazionale dei gruppi dipende da quanto i partiti stessi siano in grado di assumere e mantenere effettivamente il ruolo di gatekeepers**, per usare una espressione eastoniana, cioè di «controllori di accesso» e protagonisti del processo decisionale. Per fare ciò, i partiti devono creare le condizioni per cui il sistema delle decisioni socialmente vincolanti sia subordinato al circuito elettorale rappresentativo, di cui hanno il monopolio (Morlino 1991). Da questo punto di vista, i gruppi possono *intervenire* sui partiti in diversi modi: *a)* **a livello elettorale**, sostenendo un candidato o un partito di cui richiedono l'appoggio; *b)* **a livello interno ai partiti**, piazzando propri esponenti negli organi decisionali dei partiti stessi; *c)* **a**

La rilevanza dei **partiti** nell'orizzonte relazionale dei gruppi dipende da quanto i partiti stessi siano in grado di assumere e mantenere effettivamente il ruolo di *gatekeepers*

livello programmatico, svolgendo attività di consulenza su specifiche questioni e influenzando di conseguenza la stessa elaborazione dei programmi politici dei partiti; *d)* **a livello decisionale**, influenzando direttamente il processo nelle sedi parlamentari (aula e commissioni) o intervenendo direttamente su esponenti del governo. Ovviamente il rapporto tra partiti e gruppi non è unilineare, ma si configura sempre come un rapporto di scambio. I partiti possono aver bisogno del sostegno finanziario o delle competenze che i gruppi sono in grado di offrire e, in cambio, questi ultimi hanno tutto l'interesse che i partiti si facciano promotori di politiche a loro favorevoli. Seguendo lo sforzo di sistematizzazione di Mattina (2010, 95-118), sulla base della non troppo vasta letteratura specializzata sui rapporti tra partiti politici e gruppi di interesse (tra gli altri: Duverger 1972; Morlino 1991; Poguntke 2002), possiamo affermare che le **alleanze** tra partiti e gruppi possono assumere cinque configurazioni (vedi tab. 14.2): *a)* «dominio», quando il partito domina sul gruppo; *b)* «subordinazione», quando è il gruppo che domina sul partito; *c)* «collaborazione», quando i due soggetti sono legati da relazioni paritarie; *d)* «simbiosi», quando il legame tra partiti e gruppi è rafforzato da un

Le **alleanze** tra partiti e gruppi possono assumere almeno cinque configurazioni

Tab. 14.2 Configurazioni delle alleanze tra partiti e gruppi

Tipo di alleanza	Carattere dell'alleanza	Contatti gruppi-partiti	Affinità ideologica	Sostegno elettorale del gruppo	Autonomia finanziaria e organizzativa	Sovrapposizione e interscambio di leadership e membership
Dominio	Dominata dal partito	Continui	Moderata	Sì	Trasferimento di risorse pubbliche al gruppo da parte del partito	Occupazione delle posizioni apicali del gruppo da parte del personale di partito
Subordinazione	Dominata dal gruppo	Continui	Forte	Sì	Dipendenza dal gruppo	Il gruppo fornisce o seleziona la leadership al partito
Collaborazione	Paritaria	Frequenti	Moderata	Sì	Sì, di entrambi	Assente
Simbiosi	Asimmetrica	Continui	Forte	Sì	Limitata	Frequente
Scambio	Asimmetrica	Ad hoc	Modesta	Sì	Parziale dipendenza dal gruppo	Assente

Fonte: Mattina 2010, 97

comune orientamento ideologico; *e)* «scambio», quando l'alleanza tra i due attori è occasionale e si realizza soprattutto tra gruppi e singoli esponenti di partito (in genere candidati).

- **Dominio**: in questo tipo di alleanza il partito prevale sul gruppo e si realizza soprattutto quando il sistema politico-elettorale si struttura attorno a un partito egemone, che è sempre al governo da solo o in coalizione con partiti minori. Il partito controlla tutti i principali centri decisionali e può scegliere di occupare alcuni gruppi con il proprio personale politico. In questi casi è possibile che vi sia anche una moderata affinità ideologica tra partiti e gruppi la cui relazione è comunque improntata al pragmatismo e alla strumentalità. Casi storici di dominio dei partiti sui gruppi di interesse si sono rilevati in Italia nella seconda metà del ventesimo secolo che ha visto la Democrazia cristiana stabilmente al governo, così come in Giappone, dove il Partito liberaldemocratico ha mantenuto stabilmente le redini del governo dal 1955 al 2009, o in India, dove il Partito del Congresso ha dominato senza sostanziali contrasti il governo federale dal 1947 al 1984.
- **Subordinazione**: in questo tipo di alleanza è il gruppo che domina sul partito. È infatti possibile che un forte gruppo di interesse, piuttosto che cercare di influenzare i partiti esistenti, decida di sponsorizzarne uno in particolare, magari contribuendo alla sua formazione. Si tratta in questi casi di partiti *single issues* cioè strutturati attorno a singoli interessi. Si tratta in genere di partiti piccoli, ma capaci di destabilizzare il sistema politico, come accadde in Francia quando l'*Union de Défense des Commerçant et Artisans*, un forte sindacato autonomo, promosse la nascita della Uff (*Union et Fraternité Française*) che nel 1956 ottenne un discreto risultato elettorale. Questi casi sono comunque relativamente rari, anche perché un partito legato da un rapporto di subordinazione a un gruppo tende ad assumere posizioni non negoziabili importando rigidità nei sistemi politici e, inoltre, quando i partiti diventano dipendenti da gruppi esterni, perdono la loro funzione storica di aggregazione, promozione e rappresentanza politica degli interessi. Si tratta dunque di un'anomalia rispetto al classico funzionamento del processo sociopolitico.
- **Collaborazione**: questo tipo di alleanza si realizza tra partiti e gruppi ideologicamente affini che sono attenti a promuovere interessi e valori comuni. Non esiste sovrapposizione di membership, ma il rapporto si configura soprattutto nei termini di un sostegno elettorale e finanziario del gruppo al partito, pur mantenendo una relativa autonomia organizzativa. Talvolta può capitare che i gruppi possano anche candidare propri esponenti nelle liste del partito di riferimento. Le relazioni di collaborazione non sono tra l'altro esclusive; non mancano infatti casi in cui alcuni gruppi, come sovente capita alle organizzazioni imprenditoriali nei confronti dei partiti moderati, ricorrano ad **appelli multipartitici**, offrendo la propria collaborazione a più di un partito, generalmente di governo.
- **Simbiosi**: in questo tipo di alleanza tra partiti e gruppi, oltre a una sostanziale affinità ideologica, si registra una sovrapposizione di leadership e membership

tra partiti e gruppi. Partiti e gruppi di interesse si sostengono a vicenda (politicamente e finanziariamente) intessendo rapporti stabili e continuativi di natura comunque asimmetrica. A volte infatti il gruppo assume un ruolo prevalente sul partito, in altri casi accade il contrario. Esempi tipici di relazione simbiotica si sono storicamente verificati in Europa tra sindacati dei lavoratori e partiti *pro-labour*, socialisti e comunisti. In Gran Bretagna l'iscrizione al sindacato si sovrapponeva a quella al Partito laburista e, di fatto, così capitava in Italia tra CGIL e Partito comunista.

- **Scambio**: questo tipo di alleanza del tutto strumentale si realizza quando i gruppi sostengono elettoralmente candidati specifici. Lo scambio non si realizza tanto tra gruppi e partiti, quanto tra gruppi e singoli esponenti (candidati) di partito. Perché questo accada, occorre che il sistema politico si organizzi attorno a strutture partitiche leggere e interclassiste. Casi empirici di questo tipo di relazioni tra partiti e gruppi si verificano regolarmente negli Stati Uniti, dove i grandi partiti (democratici e repubblicani) sono debolmente istituzionalizzati e si configurano piuttosto come strutture al servizio dei candidati. In questi casi i gruppi che, come vedremo, tendono a professionalizzarsi, scelgono di appoggiare i candidati che hanno maggiori opportunità di vittoria per garantirsi alleati nelle sedi decisionali. Talvolta i candidati possono scegliere di rafforzare quest'alleanza inserendo rappresentanti dei gruppi (che si configurano sotto forma di *lobby*) nei propri comitati elettorali. In questi casi, i gruppi, attraverso i propri membri, agiscono da *bundlers* (cioè «impacchettatori di assegni») organizzando materialmente la raccolta fondi per la campagna elettorale.

Ovviamente, queste alleanze non sono statiche, ma possono variare nel tempo al variare delle condizioni sociopolitiche e ambientali. Rapporti di simbiosi e dominio sono infatti più frequenti in realtà dove i partiti sono organizzativamente forti e dotati di una burocrazia propria. Il graduale alleggerimento della forma-partito nelle democrazie occidentali ha fatto sì che, anche in quelle realtà in cui esistono forme tradizionali di collateralismo tra partiti e gruppi (specie tra partiti social-comunisti e sindacati), la natura del rapporto mutasse in favore di alleanze meno vincolanti e più orientate allo scambio e alla collaborazione.

14.4. Dai canali di accesso all'azione di lobbying

Le riflessioni sulla capacità dei gruppi di influenzare i processi decisionali ci porta a ragionare sulle effettive possibilità di «accesso» alle arene di policy che il sistema garantisce loro e, al contempo, sulle tattiche e strategie di «pressione» (*lobbying*) messe in atto dai gruppi di interesse in un contesto relativamente competitivo.

14.4.1. L'accesso alle arene decisionali

L'**accesso** è un concetto che ci introduce ai tentativi compiuti dai gruppi di entrare nelle sedi rilevanti per le deliberazioni cui essi sono interessati e alle condizioni che facilitano o ostacolano tali tentativi

Per dirla con Mattina (2010, 122), **l'«accesso» è un concetto che introduce allo studio dei tentativi compiuti dai gruppi di entrare nelle sedi rilevanti per le deliberazioni cui essi sono interessati e delle condizioni che facilitano oppure ostacolano tali tentativi**. Ovviamente un gruppo sarà tanto più influente quanto più riuscirà a stabilire contatti stabili e continuativi con i principali decisori politici. Questo ci spinge a riflettere brevemente sulle condizioni che facilitano ovvero ostacolano l'accesso. Tali condizioni variano da paese a paese e, all'interno di un singolo Stato, possono variare al variare dell'arena di *policy*, come hanno ben rilevato gli studiosi dei *policy networks*. Senza dubbio un paese che si dà una struttura amministrativa di tipo federale offre maggiori condizioni istituzionali di accesso, dal momento che il decentramento amministrativo garantisce una moltiplicazione delle sedi decisionali, rispetto a un sistema politico a struttura centralizzata, dove quindi il processo decisionale si articola nell'ambito di un'unica dimensione istituzionale. Inoltre esistono alcuni fattori inerenti alla configurazione dei gruppi che possono condizionare positivamente l'apertura sistemica nei loro confronti. Senza dubbio influiscono variabili di tipo reputazionale, nel senso che un gruppo che gode di una notevole **reputazione sociale** per la sua storia o per il prestigio dei suoi membri avrà, gioco forza, maggiori opportunità di essere ascoltato; lo stesso dicasi per quei gruppi che contano un'**ampia membership**, come nel caso dei grandi sindacati, e che quindi sono dotati anche di un'ampia capacità di mobilitazione. Infine, a giocare un ruolo positivo è la capacità del gruppo di offrire una certa **expertise**, cioè competenze tecnico-specialistiche che possono essere di aiuto al politico per produrre le proprie decisioni. A questi fattori se ne aggiungono degli altri che la letteratura specialistica tende a raggruppare in **condizioni istituzionali**, **tradizioni e stili di policy** e **caratteristiche del sistema partitico** (ibid., 124-134).

I fattori che influenzano l'accesso dei gruppi tendono ad essere raggruppati in **condizioni istituzionali**, **tradizioni e stili di *policy*** e **caratteristiche del sistema partitico**

- **Condizioni istituzionali**: già si è detto che, da un punto di vista istituzionale, una struttura di governo decentrata offre, almeno sulla carta, maggiori opportunità di accesso ai soggetti della società civile organizzata. I target dei gruppi di interesse sono in genere il governo, la burocrazia e il Parlamento. In quest'ultimo caso, cioè nel caso del Parlamento, molto dipende dal ruolo che esso assume all'interno del sistema politico. Laddove i partiti sono molto forti, i gruppi preferiscono, come in molti paesi europei, intervenire direttamente sui dirigenti politici o sui rappresentanti del governo; laddove, come negli Stati Uniti, i partiti sono relativamente deboli, mentre il potere decisionale si configura soprattutto in seno alle commissioni parlamentari, l'attenzione dei gruppi sarà rivolta soprattutto a quel livello.
- **Tradizioni e stili di policy**: per quanto le condizioni istituzionali abbiano un certo peso, forse ancora più rilevanti sono le tradizioni e gli stili di policy. Esistono realtà dove la consultazione dei gruppi di interesse prima di prendere le decisioni su alcuni temi è una prassi consolidata, come avviene per esempio in Gran Bretagna (e in genere nei paesi anglosassoni) dove le com-

missioni governative dispongono di vere e proprie «liste di consultazione» che includono i principali gruppi di organizzazione degli interessi (Richardson 1993, 86). L'obbligo della consultazione è molto presente anche nei paesi europei di tradizione neocorporativa e, soprattutto, nell'Unione Europea che, fin dalla sua costituzione, ha previsto diversi canali di accesso per i gruppi di interesse. Se le tradizioni di un paese sono rilevanti, altrettanto importante è lo stile di policy. **Il cosiddetto policy style riguarda l'insieme delle procedure standardizzate che le istituzioni utilizzano abitualmente per fare e attuare le politiche pubbliche** (Richardson, Gustaffson, Jordan 1982, 2). A questo riguardo, possiamo affermare che l'accesso ai gruppi è scarsamente regolato quando prevale uno **stile di policy reattivo** (tipico dei paesi anglosassoni), quando cioè il potere decisionale non è particolarmente concentrato e le burocrazie pubbliche dipendono fortemente dalle informazioni tecniche che possono provenire dai gruppi di interesse; al contrario, le possibilità di accesso diminuiscono quando prevale uno **stile di policy anticipatorio**, caratteristico di quei contesti istituzionali (tipici di alcuni paesi europei o del Giappone) dove esistono governi centralizzati e burocrazie autonome le cui decisioni sono prese a prescindere dai gruppi esterni o, tutt'al più, seguono rapide consultazioni con i gruppi maggiori e più rappresentativi (Atkinson, Coleman 1989).

- **Caratteristiche del sistema partitico**: questa dimensione è importante soprattutto a misurare i livelli di **frammentazione della domanda di accesso**. La domanda si dice frammentata quando i gruppi si muovono su più livelli decisionali, moltiplicando le domande di accesso nella speranza di individuare il luogo istituzionale più appropriato al raggiungimento dei propri obiettivi; viceversa, i livelli di frammentazione si riducono quando i gruppi riescono ad aggregare le domande indirizzandole verso pochi punti di decisione. Evidentemente, le condizioni istituzionali incidono sul livello di frammentazione, dal momento che è presumibile che in un sistema di governo federale (es: Stati Uniti) o multilivello (es: Unione Europea) la moltiplicazione dei centri di decisione favoriscano anche una certa frammentazione, ma non è detto; molto dipende infatti dalle caratteristiche del sistema partitico. Per esempio, nei sistemi politici dove si realizzano alleanze improntate al «dominio», a prescindere dalle strutture istituzionali, il partito dominante cercherà sempre di controllare le domande di accesso favorendone l'aggregazione. In questi casi, il partito farà prevalere una logica di **parentela**, favorendo un «accesso riservato» ai gruppi ideologicamente affini. In questo senso, con il termine «parentela» ci riferiamo a un rapporto di «consanguineità politica» (LaPalombara 1964, tr.it. 1967, 284). Può verificarsi che alla parentela i partiti preferiscano far prevalere una logica di **clientela**, che si realizza invece quando alcuni gruppi riescono a farsi percepire come rappresentanti esclusivi di certi interessi sociali di fronte all'organo burocratico istituito per controllarne le attività, garantendosi così un canale di accesso privilegiato al sistema decisionale (ibid., 245). Casi del genere si sono storicamente realizzati nel rapporto tra ministeri dell'industria o del lavoro e alcune organizzazioni imprenditoriali o sindacali.

14.4.2. L'azione di lobbying

Non ci resta che concludere il capitolo con alcune riflessioni sulle modalità di pressione che i gruppi mettono in atto per influenzare il decisore politico. Come si è accennato, se nei sistemi di tradizione neocorporativa il rapporto tra *decision makers* e gruppi segue prevalentemente una «logica concertativa» e quindi largamente istituzionalizzata, nei contesti pluralistici, dove i gruppi competono tra loro e si *conquistano* l'attenzione dei politici, la capacità di influenza può essere raggiunta solo attraverso specifiche azioni di pressione che, con linguaggio anglosassone, abbiamo definito *lobbying*. La parola **lobby** è di derivazione latina medioevale (da *lobia*: loggia, portico); altre fonti la fanno invece derivare dall'Antico Alto-Tedesco *lauba*, che significava «deposito di documenti», che divenne poi *lobby* nell'adattamento inglese. Il dizionario Webster ricorda che questa parola designa anche il recinto dove vengono raggruppati gli animali destinati al macello. Fu nella prima metà del diciannovesimo secolo che il termine *lobby* venne a indicare, nella *House of Commons* britannica, quella grande anticamera in cui i membri del Parlamento usavano votare durante una *division*. Successivamente, il termine venne attribuito a quella zona del Parlamento in cui i rappresentanti dei gruppi di pressione cercano di contattare deputati e senatori. Per indicare questi rappresentanti e l'attività da essi esercitata si iniziò a fare uso del termine *lobbyist*, cioè «lobbista»; oggi la parola *lobby* indica il gruppo di interessi da essi rappresentato.

Il **lobbying** va inteso come l'insieme delle tattiche e delle strategie con le quali i rappresentanti dei gruppi di interesse influenzano la formazione e attuazione delle politiche pubbliche a beneficio dei gruppi rappresentati

I lobbisti che si assumono la responsabilità di contattare i *decision makers* nelle diverse arene di *policy* possono essere membri dell'organizzazione lobbistica o liberi professionisti assunti all'occorrenza dai dirigenti del gruppo di interesse (Thomas 2004, 152). Il loro compito primario sta nel trasmettere ai decisori alcune informazioni relative a determinate questioni che possono essere oggetto di decisione politica. Per far ciò, il lobbista deve dare prova di grandi qualità personali. Deve essere un individuo dotato di capacità diplomatiche e comunicative e, al contempo, deve mostrare ai *decision makers* di essere competente sul tema discusso. Ovviamente l'azione di *lobbying* ha più possibilità di cogliere nel segno se incontra alcune condizioni favorevoli. Tanto per cominciare, sarà presumibilmente più credibile il rappresentante di una categoria ampia e unitaria, piuttosto che ristretta e frammentata, e avrà più possibilità di essere ascoltato se le sue richieste non sono troppo distanti dalla cultura politica dominante (Grant 1989, 119). Insomma: l'attività lobbistica è tutt'altro che semplice; essa presuppone comunicazione, competenza e capacità di trasformare ogni informazione in influenza. **Il lobbying va dunque inteso come l'insieme delle tattiche e delle strategie con le quali i rappresentanti dei gruppi di interesse cercano di influenzare la formazione e attuazione delle politiche pubbliche a beneficio dei gruppi rappresentati** (Mattina 2010, 154).

Questa definizione introduce il tema delle «tattiche» lobbistiche che possiamo intendere come i tipi di azione che i lobbisti mettono in atto per influenzare i decisori politici. La letteratura sul tema è molto vasta, soprattutto negli Stati Uniti dove il lobbismo ha una lunga tradizione. In questa sede non potremo esaurirne l'analisi, ma è sufficiente affermare che le ricerche empiriche sull'argomento hanno rilevato un repertorio di tattiche di pressione abbastanza ricorrente. I lobbisti preferiscono in genere i contatti diretti con legislatori e burocrati, ma questa possibilità dipende ovviamente dalle opportunità di accesso all'arena di *policy*. Talvolta i gruppi devono ripiegare su tattiche diverse che presuppongono la mobilitazione dal basso e l'azione protestativa, esercitando una pressione per così dire indiretta sui decisori. Ma osserviamo nel merito alcune di queste tattiche di pressione e influenza.

- **Contatti diretti con legislatori e burocrati**: la pratica del contatto diretto con legislatori e burocrati ha il vantaggio per i lobbisti di consentire la costruzione di relazioni stabili con i propri interlocutori che possono trasformarsi in rapporti di reciproca fiducia. In questo modo i decisori possono ricevere informazioni importanti sulle *issue* rispetto alle quali bisogna produrre decisioni e i lobbisti, dal canto loro, possono garantirsi una maggiore attenzione istituzionale traducibile in politiche favorevoli ai propri clienti. Queste dinamiche diventano meno improbabili nella misura in cui tra decisori e rappresentanti dei gruppi esiste una sintonia ideologica. In questi casi i politici possono spingersi fino a chiedere sostegno elettorale e finanziario ai gruppi offrendo in cambio un'attenzione particolare ai loro interessi. I gruppi possono dal canto loro affidare la rappresentanza dei propri interessi a personalità pubbliche, magari ex parlamentari o funzionari in pensione, sfruttando la loro rete di contatti. Questo meccanismo, molto diffuso negli Stati Uniti e non solo, è chiamato **revolving door** (letteralmente: *porta girevole*) e indica proprio il meccanismo per cui alcune personalità entrano nelle arene di policy come rappresentanti istituzionali o funzionari e vi escono come «esperti» in grado di mettere sul mercato le proprie competenze (Schlozman, Tierney 1986, 268-271). Il meccanismo della porta girevole è relativamente diffuso anche fuori dagli Stati Uniti; in Francia viene per esempio definito **pantouflage** e riguarda soprattutto gli alti ranghi delle burocrazie pubbliche successivamente assunti da aziende private (Charle 1987), mentre in Giappone dinamiche analoghe sono sintetizzate dall'espressione **amakudari** (letteralmente: *discesa dal paradiso*), riferendosi al «sacrificio» compiuto da ex burocrati pubblici che si fanno assumere come esperti, consulenti e lobbisti da grandi *corporation* economiche (Colignon, Usui 2001).
- **Partecipazione alle audizioni parlamentari**: questa pratica è molto diffusa anche in Europa. Le audizioni sono in genere richieste dai legislatori che raccolgono in questo modo informazioni importanti sulle politiche da approvare. È una tattica molto apprezzata dai gruppi perché riduce notevolmente gli sforzi e i costi della pressione, ma ha diverse controindicazioni. La partecipazione alle audizioni avviene infatti su invito da parte delle istituzioni che riconoscono solo parte dei gruppi di interesse. Vengono così privilegiati i gruppi più forti e organizzati, ergendo di conseguenza delle insormontabili barriere all'accesso. Inoltre i legislatori possono decidere di invitare solo i gruppi alleati o ideologicamente affini, manipolando inevitabilmente l'esito della consultazione (Schlozman, Tierney 1986, 297-297).

- **Formazione di coalizioni**: talvolta, alcuni gruppi di interesse possono decidere di coalizzarsi con altri gruppi per rafforzare l'azione di lobbying. Tali coalizioni possono essere anche relativamente formalizzate presentando livelli variabili di omogeneità interna. Una coalizione *intrasettoriale* è in genere più compatta di una *intersettoriale* perché è più probabile che si determinino obiettivi condivisi riducendo la competizione tra gruppi affini.
- **Presentazione di dossier**: la presentazione di dossier scritti su tematiche specifiche è una tattica molto diffusa tra i lobbisti. Tali documenti saranno tanto più credibili e considerati quanto più saranno arricchiti da dati tecnici che dimostrino la competenza della lobby sulla *issue* oggetto di discussione.
- **Sostegno elettorale**: questa pratica, di cui abbiamo già parlato, può essere utilizzata sia come tattica di accesso che come pratica di lobbying. Per metterla in atto servono però molte risorse di cui non tutti i gruppi possono disporre. In questo caso si ripropone il problema dello «squilibrio» tra i gruppi organizzati. Non è un caso che tale tattica sia praticata soprattutto dai rappresentanti di grandi multinazionali che finanziano campagne elettorali di partiti e singoli candidati in cambio di sostegno politico.
- **Lobbying di base e protesta**: il «lobbying di base» (o **grass root lobbying**) è praticato soprattutto da quei gruppi che hanno meno possibilità di ottenere contatti diretti con i *decision makers*. Per praticarlo occorre comunque una certa capacità di mobilitazione e una struttura organizzativa in grado di sollecitare segmenti di cittadinanza. Tale tattica è sovente accompagnata da forme organizzate di **protesta pubblica** che esercita una pressione indiretta sui legislatori. Alcuni gruppi, come per esempio i sindacati, possono scegliere di muoversi su due livelli: a livello di base si fanno promotori di mobilitazione sociale e protesta, mentre a livello istituzionale ricercano contatti diretti con i propri interlocutori istituzionali mettendo in atto pratiche di negoziazione sulle *issue* oggetto del contendere. In genere, i gruppi di interesse, avendo una vocazione pragmatica e orientata al compromesso, utilizzano la protesta solo raramente e come opzione di ultima istanza.

Come abbiamo visto, i gruppi di interesse o *lobby* possono contare su un repertorio di tattiche piuttosto variegato e definito. Esse possono essere ovviamente utilizzate in combinazione dando il segno della **strategia** di lobbying scelta dalla dirigenza dei gruppi. Ovviamente nella definizione strategica delle azioni di lobbying gioca un ruolo fondamentale più di un elemento. Importanti sono le condizioni istituzionali in cui i gruppi si muovono, la salienza politica della *issue* e, naturalmente, le risorse effettive a loro disposizione. ■

Percorso di autoverifica

- Cosa intendiamo per gruppo di interesse?
- Cosa lo distingue dal gruppo di pressione?
- Come si articolano i processi di selezione e definizione degli interessi?
- Cosa intendiamo per logica della membership e logica dell'influenza?
- Cosa intendiamo con l'espressione «terreno di caccia» o domain?
- Qual è la tipologia organizzativa dei gruppi di Almond e Powell?
- Cosa intendiamo per gruppi sezionali, gruppi promozionali e gruppi istituzionali?
- Quali sono le possibili risorse a disposizione dei gruppi?
- Quali sono i precursori storici dei gruppi di interesse?
- Quali sono le condizioni che ne favoriscono la formazione?
- Quali sono i parametri del pluralismo?
- Quali sono i parametri del neocorporativismo?
- Cosa intendiamo per reti di policy?
- Cosa intendiamo per triangoli di ferro, reti tematiche e comunità di policy?
- Che rapporto c'è tra gruppi e movimenti?
- Che rapporto e che tipo di alleanze possono esserci tra gruppi e partiti?
- Da quali variabili dipendono le possibilità di accesso alle arene decisionali?
- Cosa intendiamo per lobbying?
- Quali sono le principali tattiche e strategie di lobbying?

I movimenti sociali 15

I movimenti sociali sono i soggetti attraverso cui le masse danno storicamente voce alle proprie rivendicazioni. Anche l'attenzione mediatica su di essi è crescente, tanto che oggi è difficile trovare un quotidiano che, relativamente a un qualsiasi contenzioso che può variare dai diritti civili ai diritti animali, dall'ambiente al lavoro, dalla pace alla qualità dell'aria, non faccia riferimento alle mobilitazioni che esso produce per effetto della capacità della società civile di organizzarsi collettivamente. I movimenti non sono organizzazioni, ma vivono di organizzazione; non sono gruppi di interesse, perché articolano la propria azione dentro una dimensione extra-istituzionale, eppure non possono esimersi dal confrontarsi con le istituzioni politiche; si organizzano orizzontalmente attraverso reti di relazioni informali, ma hanno comunque una gerarchia interna e un sistema di leadership; nascono come fenomeni nazionali, ma hanno la capacità di dispiegarsi su una dimensione transnazionale; possono essere transitori o duraturi, violenti o non violenti, parametri che variano in base agli obiettivi che si prefiggono e ai repertori d'azione adottati nell'ambito di una forma di partecipazione orientata alla protesta. Tutti questi elementi saranno trattati nel corso di questo capitolo in cui tocchiamo gli aspetti salienti delle modalità di formazione e articolazione dei movimenti sociali contemporanei.

Obiettivi di apprendimento

- I movimenti sociali sono spesso stati trascurati dagli scienziati sociali e politici o interpretati come espressione di una sorta di malfunzionamento sociale. Eppure la storia dimostra che ogni processo di mutamento sociale in senso progressivo è stato in genere preceduto da ondate di movimento.
- Ogni movimento è l'effetto di una soggettività che si esprime attraverso la manifestazione di protesta, ma anche di solidarietà collettiva. Al contempo, ogni movimento sociale è l'espressione razionale di una soggettività che agisce collettivamente per il perseguimento di interessi specifici.
- Ogni movimento sociale punta a destabilizzare o comunque a condizionare uno specifico sistema di potere. Allo stesso tempo, l'organizzazione sociale e istituzionale di quel sistema è determinante per comprendere le modalità partecipative e i repertori di azione che il movimento sceglie di praticare. Sistema politico e movimenti di protesta sono in costante relazione.

15.1. Movimenti sociali e modernità

I movimenti sociali rappresentano un importante agente di mutamento. Essi hanno storicamente introdotto elementi di innovazione che riguardano aspetti fondamentali della vita, legati alle dinamiche di produzione e riproduzione materiale delle società contemporanee, come la questione del lavoro o, più recentemente, le questioni attinenti alla rivendicazione di una soggettività culturale, di genere, di orientamento sessuale, o di rispetto dell'ambiente come spazio comune di agibilità esistenziale.

La natura dei movimenti sociali è cambiata nel corso dei decenni. Il movimento che ha dominato la scena politica per tutto il XIX secolo e buona parte del XX è quello operaio, al cui interno la solidarietà tra i partecipanti era determinata dalla consapevolezza di una comune subalternità a una forma di dominio che si realizzava in seno ai rapporti di produzione. Il fine di questo movimento era quello di resistere al potere padronale nell'ambito del conflitto capitale/lavoro, perseguendo una nuova organizzazione sociale fondata sul principio di eguaglianza. L'identità operaia garantiva di per sé una soggettività rivoluzionaria, nata dalla consapevolezza di essere membri di una stessa classe, riconosciuta come tale anche all'esterno.

A partire dagli ultimi tre decenni del XX secolo, a questa tipologia di movimento si sono affiancate nuove forme di azione collettiva organizzata, dentro le quali l'identità dei membri si pone in termini nuovi. Determinante diventa l'esigenza di resistere alle forme di dominio che si realizzano in tutti gli aspetti della vita, rivendicando il controllo soggettivo della produzione di senso nell'agire individuale e sociale. La formazione di un'identità autonoma viene sottratta alla manipolazione di un sistema che agisce come forma totalitaria di controllo attraverso lo sfruttamento degli apparati di produzione simbolica nei settori più disparati della vita sociale.

Preso atto della necessità di resistere al dominio, gli attori coinvolti si impegnano nella costruzione dell'azione collettiva, fondamentale alla definizione di una soggettività propria e di un'identità sociopolitica che sia riconosciuta esternamente come parte di un processo di trasformazione sociale. La combinazione tra *resistenza* a un dominio culturale, oltre che socioeconomico, e *azione* sociopolitica permette ai membri dei nuovi movimenti di definire la propria identità (Farro 1998, 127). Tutto ciò si realizza in seno a società dinamiche dove il conflitto pervade ogni aspetto della vita. Il conflitto sociale diventa dunque una delle chiavi di lettura delle società contemporanee. Esso si verifica nella struttura di un rapporto sociale tra chi domina e chi è dominato, dove i secondi rivendicano il diritto a un controllo autonomo sugli orientamenti politici e culturali della esistenza sociale.

15.1.1. I movimenti nel pensiero sociale classico

Come abbiamo visto (cfr. cap. 2), i principali autori classici della sociologia offrono delle suggestioni interessanti sul tema dell'azione collettiva e, seppur con

Approfondimento 15.1

Il movimento operaio

Il movimento operaio si sviluppa storicamente a partire dal secolo XIX in Europa e negli Stati Uniti e prende piede, a seguito della rivoluzione industriale e capitalistica e del conseguente conflitto tra capitale (borghesia imprenditoriale) e lavoro (proletariato industriale), con la nascita di associazioni e organizzazioni di lavoratori il cui obiettivo era quello di mobilitare politicamente la classe operaia nella direzione di una società più equa. Inizialmente, questi movimenti assumono la forma di società di mutuo soccorso, leghe operaie e leghe contadine, fino alla nascita del Sindacato, in primo luogo in Gran Bretagna. I primi sindacati sono infatti le *Trade Union* inglesi (1824), seguite dalle leghe francesi (1864) e tedesche (1869). Queste associazioni si pongono l'obiettivo di migliorare i salari e, in generale, le condizioni di vita anche attraverso la riduzione dell'orario lavorativo, la tutela del lavoro minorile e femminile. A questo fine, esse sollecitano riforme sociali e organizzano le lotte operaie. Nello stesso periodo, si sviluppa e radica il socialismo scientifico elaborato da Karl Marx e Friedrich Engels che darà vita – insieme ad altre correnti, come l'anarchismo di Michail Bakunin e il socialismo cooperativistico di Pierre-Joseph Proudhon – alla Prima Internazionale o Associazione Internazionale dei Lavoratori (A.I.L.), per certi aspetti ispiratrice della Comune di Parigi del marzo1871. Seguiranno numerose altre Internazionali che si rifaranno a quella esperienza di organizzazione proletaria e socialista transnazionale. A condizionare gli sviluppi e le prospettive del movimento operaio fu anche la corrente del sindacalismo rivoluzionario ispirata al pensiero del francese Georges Sorel che ebbe una forte diffusione in Italia.

Il movimento operaio, nei principali paesi europei e negli Stati Uniti, dà la spinta alla costituzione di movimenti politici e partiti di ispirazione popolare e operaia di diversa matrice, dai riformisti di varia ispirazione (mazziniana, socialista, laburista, cattolica) a quelli rivoluzionari, di ispirazione socialista rivoluzionaria e comunista, agli anarchici. Da questi partiti, o dall'unione dei movimenti operai, nacquero le prime grandi formazioni sindacali come la *Confédération générale du travail* in Francia (23 settembre1895) e la *Confederazione Generale del Lavoro* in Italia (1906) ora *Confederazione Generale Italiana del Lavoro* (CGIL).

Oggi l'espressione «movimento operaio» è usata principalmente dalle forze della sinistra sociale per indicare l'insieme del movimento sindacale e dei partiti politici di sinistra che fanno riferimento agli interessi della classe salariata e dei lavoratori dipendenti.

sensibilità e approcci differenti, la inseriscono nel processo storico di modernizzazione delle società occidentali. **Marx** si concentra sulla tematica del conflitto materiale tra classi contrapposte, creando le condizioni teoriche per la formazione del movimento dei lavoratori. Al centro delle sue riflessioni vi è l'analisi delle contraddizioni capitalistiche e dell'antagonismo espresso dalla classe operaia che, attraverso la pratica di conflitto, avrebbe spinto la storia nella direzione di una

La teoria conflittualista di **Marx** si fonda sulla connessione storica tra rapporti di classe e lotta politica per l'emancipazione

società senza classi e quindi senza più antagonismi. La trasposizione politica della contraddizione storica espressa nel conflitto capitale/lavoro è per Marx fondamentale ai fini del compimento del percorso umano verso la sua emancipazione. Perché questo avvenga non è sufficiente la condivisione di una condizione di classe, cioè essere classe *in sé*, ma è necessario che i proletari ne acquistino coscienza, diventando classe *per sé* e quindi soggetto politico rivoluzionario. Questo perché «la lotta di classe contro classe è una lotta politica» (Marx 1847, tr.it. 1973, 224). «Condizione sociale» e «coscienza politica» diventano quindi i presupposti per la costituzione di un movimento organizzato di liberazione.

Durkheim analizza i fenomeni collettivi sia come conflitto espresso in seno ai rapporti di lavoro in un contesto di solidarietà organica, sia come azione collettiva i cui membri sono mossi da grandi ideali di trasformazione

Durkheim lega i fenomeni collettivi alla dimensione di eccezionalità che assumono in un contesto di crescente differenziazione sociale. Da un lato, si sofferma sulla conflittualità espressa in seno ai rapporti di lavoro, laddove «conflitto» e «organizzazione collettiva» sarebbero finalizzati a ridefinire i parametri dell'integrazione sociale in una dimensione di solidarietà organica; dall'altro, riconosce ai movimenti, i cui membri sono coinvolti da grandi ideali di trasformazione sociale, un ruolo nel processo di mutamento del corso stesso della storia. Se nel primo caso, identifica nelle organizzazioni professionali e di categoria (sindacati e organi imprenditoriali) i principali attori, nel secondo, invece, il coinvolgimento sarebbe più generalizzato perché finalizzato a una incidenza storica effettiva sul modello delle grandi mobilitazioni sociali del XIX secolo (Durkheim1924, tr.fr. 1996, 134-135). In quest'ultimo caso, gli individui sarebbero travolti dalla dimensione collettiva, superando i sentimenti individuali e la dimensione dell'esperienza privata.

Max Weber distingue tra quei fenomeni collettivi che si realizzano nel contesto della razionalizzazione economica, finalizzati al perseguimento di interessi materiali, e quelli che assumono i tratti straordinari di un processo legato al carisma di un leader

Weber si concentra soprattutto sul carisma come fonte di mobilitazione che non riesce comunque a evitare gli esiti di una istituzionalizzazione, riconducendo il discorso sull'azione collettiva al processo moderno di razionalizzazione. Egli distingue tra due diverse tipologie di fenomeni collettivi: la prima, che assume i tratti dell'ordinarietà, si realizza nel contesto della razionalizzazione economica della vita quotidiana ed è strettamente legata a un agire associativo finalizzato al perseguimento razionale di interessi materiali; la seconda, assume invece i tratti straordinari di un fenomeno che estranea gli individui da quella stessa quotidianità e li inserisce in un processo collettivo legato alle caratteristiche carismatiche – dunque non-razionali – di un leader. La prima forma di azione collettiva sarebbe legata alle mobilitazioni delle classi, nelle quali ogni individuo si trova inserito sulla base della condivisione con altri di una specifica condizione socioeconomica (Weber 1922, tr.it. 1961, vol.1, 299). Ogni individuo può unirsi ad altri in gruppi di classe e associazioni finalizzate al perseguimento di interessi comuni. La seconda tipologia è invece legata al caso dei movimenti carismatici, che distaccano gli individui dalla dimensione della vita quotidiana. I movimenti legati a leader carismatici godono di uno *statu nascendi* connesso al carisma del capo e in genere svincolato dalle normali consuetudini e dalla razionalità, salvo poi subire anch'essi un processo di istituzionalizzazione che può assumere i tratti dell'innovazione, così come di un ritorno alla tradizione.

Per altri studiosi è stato difficile collocare i movimenti nell'ambito delle trasformazioni sociali a cui si è assistito nel corso di tutto il XIX secolo e gli inizi del XX, tanto che i fenomeni collettivi sono sovente stati interpretati come il prodotto di una crisi ed epifenomeno di un processo in realtà regressivo delle società moderne. È il caso di studiosi come Sighele e Le Bon che, da una prospettiva psicologica, assumono un atteggiamento apocalittico nei confronti dei fenomeni collettivi, definiti in negativo con l'appellativo di «folla». Per Sighele [1868-1913], rientra nella categoria di **folla** tutto quell'insieme di fenomeni empirici che possono andare dal pubblico di una competizione sportiva a una moltitudine di lavoratori in sciopero e che hanno in comune il fatto di essere qualitativamente inferiori rispetto agli individui che la compongono. Questa inferiorità è spiegata alla luce dell'istinto di imitazione che si attiverebbe in seno a un'entità collettiva e che tende a uniformare le individualità inibendone gli aspetti razionali. Sulla stessa linea è il ragionamento di Le Bon [1841-1931] secondo cui, allo stesso modo, i fenomeni collettivi sono da intendersi come folle che, a partire dalla fine del XIX secolo, rappresentano la componente collettiva predominante delle società moderne. La voce delle folle sarebbe per Le Bon una forza prevalente anche e soprattutto in politica, dimensione in cui i giochi di potere e le attitudini dei sovrani avrebbero perso completamente incidenza sociale. È la folla dunque che detterebbe ai re la loro condotta: «Non è più nei consigli dei principi, ma nell'anima delle folle che si preparano i destini delle nazioni» (Le Bon 1981, 2).

Per Sighele e Le Bon, la **folla** è qualitativamente inferiore rispetto ai singoli individui che la compongono

Diverso è l'approccio del padre della psicoanalisi **Sigmunt Freud** [1956-1939] che raffina e approfondisce l'analisi dell'azione collettiva, sostituendo al termine folla quello più consono di «massa». Freud si pone il problema di spiegare ciò che Le Bon si è limitato a descrivere, e cioè l'origine delle masse e la natura delle suggestioni a cui gli individui sono soggetti in seno ad esse. L'origine di tutto starebbe nella «libido», ossia in quella «energia delle pulsioni attinenti a tutto ciò che può essere compendiato nella parola *amore*» (Freud 1989, 280). Naturalmente le masse variano tra loro; alcune sono di durata breve, formatesi sulla base di interessi transitori, altre assumono invece i caratteri di una maggiore stabilità e omogeneità, come la chiesa e l'esercito. Si tratta in questo caso di masse artificiali, perché salvaguardate per mezzo di una coercizione esterna. Non sempre l'appartenenza a una massa passa per una scelta consapevole degli individui e, al contempo, non è facile uscirne, tranne che a condizioni particolari e spesso costose per gli individui. In queste masse organizzate Freud individua due tipi principali di legami emotivi: quello verticale, della massa con il capo, e quello orizzontale, tra i singoli individui che compongono la massa. Il padre della psicoanalisi si preoccupa dunque dell'inconscio incarnato dalla massa stessa (Farro 1998, 43) e della sua tendenza «a voler essere dominata da una violenza senza confini [...] sempre sommamente avida di autorità», oltre che di una certa sete di sottomissione (Freud 1989, 315).

Per **Freud**, l'origine dei comportamenti di massa è rintracciabile nella libido, cioè in quella energia delle pulsioni attinenti a tutto ciò che può essere compendiato nella parola amore

15.2. Comportamenti collettivi, azioni razionali e nuovi conflitti

Dopo l'ondata di proteste degli anni Sessanta, varie forme di movimento sono riemerse negli ultimi anni tanto da spingere qualcuno a parlare di *movement society* per descrivere le società occidentali (Neidhardt, Rucht 1991). Durante l'ondata di movimento del '68 si sollevavano soprattutto interrogativi di ordine pratico che riguardavano una valutazione attenta delle forme emergenti di partecipazione e degli attori impegnati in quei conflitti (giovani, donne, nuovi gruppi professionali) che solo in parte erano riconducibili alle fratture attorno a cui si erano strutturati i sistemi politici delle società industriali. Quei movimenti segnalavano con forza la difficoltà dei due principali filoni analitici nelle scienze sociali, lo struttural-funzionalismo e il marxismo, a cogliere i nuovi tratti delle società in mutamento.

Approfondimento 15.2

Il Sessantotto

Il 1968 è stato un anno di grande vitalità sociale in cui movimenti di massa attraversarono quasi tutti i paesi del mondo tanto da far vacillare governi e sistemi politici in nome di una trasformazione radicale della società. Il movimento nacque originariamente a metà degli anni Sessanta negli Stati Uniti e raggiunse la sua massima espansione nel 1968 in Europa, con il suo apice simbolico nel celebre Maggio francese. Nel campo occidentale (Europa e Stati Uniti), un vasto schieramento di studenti e operai prese posizione contro la nuova società dei consumi, che proponeva il valore del denaro e del mercato nel mondo capitalista come punto centrale della vita sociale.
Negli Stati Uniti la protesta si schierò contro la guerra del Vietnam, legandosi alla battaglia per i diritti civili e alle filosofie che esprimevano un rifiuto radicale dei principi della società dei consumi. Al contempo, alcune popolazioni del blocco orientale si sollevarono per denunciare l'invadenza della burocrazia di partito nei paesi della sfera sovietica. La contestazione ebbe come nemico comune il principio dell'*autorità*. Nelle scuole gli studenti contestavano l'autoritarismo dei professori, della cultura ufficiale e del sistema scolastico classista e obsoleto. Nelle fabbriche gli operai rifiutavano l'organizzazione del lavoro e i principi dello sviluppo capitalistico. La famiglia tradizionale veniva scossa dal rifiuto del conformismo dei ruoli. Facevano il loro esordio nuovi movimenti che mettevano in discussione le discriminazioni in base al sesso (con la nascita del femminismo e del movimento di liberazione omosessuale) e all'etnia.
Obiettivo comune era la riorganizzazione della società in senso egualitario, il rinnovamento della politica in senso democratico e partecipativo, l'eliminazione di ogni forma di oppressione sociale e di discriminazione e l'estirpazione della guerra come forma di risoluzione dei conflitti. Il movimento pacifista e per i diritti civili negli Stati Uniti rappresentò per molti aspetti un modello internazionale. In Europa, sotto la spinta delle contestazioni, nasce la cosiddetta *nuova sinistra* per distinzione con la sinistra tradizionale. Gli elementi di novità erano vari. Innanzitutto era vitale la solidarietà con i popoli del terzo mondo, così come con le rivoluzioni del mondo arabo, dell'Asia e di Cuba. La nuova sinistra rifiutava la convinzione secondo cui l'evoluzione storica lavorava necessariamente in favore dell'emancipazione del proletariato e dei popoli oppressi. Il rischio di una razionalizzazione capitalistica che in-

tegrasse i ceti proletari nello sfruttamento dei popoli oppressi rendeva la ribellione una necessità etica.
La presenza di giovani operai al fianco degli studenti fu la caratteristica anche del Sessantotto italiano, il più intenso e ampio tra tutti quelli dell'Europa occidentale assieme a quello francese. L'esplosione degli scioperi in fabbrica si saldò con il movimento degli studenti che contestavano i contenuti arretrati e parziali dei programmi di studio e rivendicavano l'estensione del diritto alla formazione anche ai giovani di condizione economica disagiata. La contestazione fu attuata con forme di protesta fino ad allora sconosciute: vennero occupate scuole e università e vennero organizzate manifestazioni che in molti casi portarono a scontri con la polizia. Nel maggio del '68 tutte le università italiane, esclusa la Bocconi, erano occupate.
Nonostante fosse diffusa in tutto il mondo, la protesta giovanile si spense all'inizio degli anni '70, mentre proseguì con diverse modalità e intensità solo in pochi paesi, soprattutto in Italia. Il Sessantotto fu dunque un grande movimento generazionale di tipo etico-politico piuttosto che un insieme di movimenti politici finalizzati alla realizzazione di un programma definito. Esso mise al centro dell'attenzione valori e tematiche nuove. Il pacifismo, l'antirazzismo, il rifiuto del potere come forma di dominio, i diritti delle donne e l'interesse per l'ambiente entrarono a far parte del dibattito politico e socio-culturale del mondo intero.

Negli Stati Uniti, la critica allo struttural-funzionalismo venne portata avanti da tre prospettive che si interrogavano da punti di vista diversi sul *come* dell'azione collettiva, ossia su quei meccanismi che traducono in azione alcune tensioni strutturali: 1) la teoria del "comportamento collettivo", di chiara impronta interazionista; 2) quella della "mobilitazione delle risorse"; 3) quella del "processo politico". In Europa, invece, dove era tradizionalmente prevalso un approccio neomarxista, si sviluppò la prospettiva dei "nuovi movimenti sociali" che, attenta alle trasformazioni delle basi strutturali dei conflitti, si poneva il problema del *perché* dell'azione (Melucci 1982). Alla base delle differenze di approccio tra le due sponde dell'Oceano, non vi era solo una diversa tradizione intellettuale, ma anche una sensibile diversità degli oggetti di studio. Se infatti negli Stati Uniti, sia i movimenti degli anni Sessanta che i successivi movimenti (femministi o ecologisti) avevano presto assunto una natura pragmatica strutturandosi in gruppi di interesse; in Europa, i movimenti sociali avevano invece mutuato molte caratteristiche dai movimenti operai esprimendo una forma tradizionale di azione collettiva, fortemente ideologica e a tratti antisistemica.

15.2.1. Quattro approcci allo studio dei movimenti

Ancora oggi è possibile individuare quattro principali prospettive teoriche e di ricerca sui movimenti sociali: la teoria del «comportamento collettivo»; la teoria della«mobilitazione delle risorse»; la teoria del«processo politico»; la teoria dei«nuovi movimenti sociali».

Per gli studiosi di **comportamento collettivo** l'azione collettiva viene definita come comportamento orientato al mutamento

- **Comportamento collettivo**: gli struttural-funzionalisti come Smelser (1962) vedevano nei movimenti il sottoprodotto di trasformazioni sociali troppo rapide in un sistema sociale che, per dirla con Parsons, sarebbe composto da sottosistemi in equilibrio. Il comportamento collettivo rappresenterebbe dunque la spia di tensioni che i meccanismi di riequilibrio del sistema non riescono a riassorbire. Seppur da un punto di vista diverso, anche alcune teorie di derivazione psicologica condividono l'idea del comportamento collettivo come prodotto di crisi. Essi sono quindi visti come la manifestazione sociale di un sentimento di privazione nei confronti di altri soggetti rispetto a quelli che si mobilitano e, conseguentemente, di un sentimento di aggressione generato dalla frustrazione di aspettative diffuse (e deluse). In questo senso, l'emergere dell'estremismo politico poteva essere associato al diffondersi della società di massa che disgrega i legami sociali tradizionali (famiglia e comunità). Il conseguente isolamento rendeva l'individuo più debole e quindi più esposto al richiamo di movimenti potenzialmente antidemocratici (Kornhauser 1959; Gusfield 1963).
  Già negli anni Venti, un gruppo di studiosi generalmente identificato nella "Scuola di Chicago" (tra questi, Robert E. Park, Ernest W. Burgess e Herbert Blumer), prese le distanze dalla psicologia, soffermandosi sull'analisi del comportamento collettivo come campo specifico della sociologia. In questa direzione, l'attenzione, prima riposta sullo stato psicologico degli individui (deprivazione e frustrazione), viene rivolta alle azioni direttamente osservabili. La tendenza era quella di connettere le diverse forme di azione collettiva ad alcuni indicatori di mutamento sociale, come la mobilità sociale, lo sviluppo delle comunicazioni di massa, la crisi delle forme di cultura tradizionale. Così **l'azione collettiva viene definita come comportamento orientato al mutamento** (Blumer 1951, 199) e, su questa linea, i movimenti sociali diventano parte del normale funzionamento di una società.
  Il merito dei teorici del comportamento collettivo è quello di aver identificato nei movimenti sociali non un elemento di devianza quanto piuttosto un'azione consapevole e propositiva, motore di mutamento. Al contempo, gli studiosi più legati a un approccio interazionista hanno posto l'accento sui processi di elaborazione simbolica e di formazione dell'identità che rappresentano effettivamente un elemento fondamentale nelle dinamiche di azione collettiva. Il limite di questi studiosi è stato forse quello di aver spesso confuso forme consapevoli di movimento con altri fenomeni collettivi solo apparentemente affini e non altrettanto razionali, come la folla, i tumulti, la moda. Inoltre, enfatizzando l'aspetto dell'osservazione empirica, i contributi di tali studiosi, pur offrendoci descrizioni dettagliate di frazioni di comportamento, difficilmente si sono posti il problema di indagare le ragioni strutturali che danno vita a un movimento sociale (della Porta, Diani 1997, 20).

Per l'approccio della **mobilitazione delle risorse** i movimenti sociali costituiscono un'estensione delle forme convenzionali di azione politica

- **Mobilitazione delle risorse**: un'altra prospettiva teorica è quella che nasce dall'esigenza di valorizzare la dimensione strategica dell'azione collettiva. Chi tra i funzionalisti identificava i movimenti protestativi con alcune disfunzioni sistemiche, finiva con il ridurli a un fenomeno patologico e puramente reattivo. Un filone di studi in seno alla sociologia nord-americana, fin dagli anni Settanta, inaugurò programmi di ricerca sui movimenti enfatizzandone invece la dimensione razionale, cioè centrando l'analisi sulla mobilitazione delle risorse necessarie all'azione collettiva. **I movimenti sociali costituiscono quindi un'estensione delle forme convenzionali di azione politica e gli attivisti agiscono razionalmente perseguendo i loro interessi**. I movimenti vanno dunque considerati come parte del normale processo politico dentro il quale acquisiscono importanza i cosiddetti **imprenditori di movimento** che mobilitano le risorse necessarie all'azione.

Zald (Zald, Asch 1966; McCarthy, Zald 1973), che fu tra i capostipiti di questo approccio, e Tilly (1978) definirono i movimenti come azioni razionali, propositive e organizzate, che si fondano su un calcolo dei costi e benefici influenzato dalla presenza o meno di alcune risorse, come l'organizzazione e le interazioni strategiche che sono necessarie allo sviluppo di un movimento. Analizzare le tensioni strutturali che generano protesta è dunque importante, ma lo è ancor di più studiare le condizioni che consentono di trasformare lo scontento in mobilitazione. Molto dipende dalla disponibilità di risorse materiali (denaro, tempo, servizi) e immateriali (autorità, impegno morale, fede, relazioni di amicizia) e dalla capacità degli imprenditori di movimento di organizzare lo scontento riducendo i costi dell'azione, costruendo reti di solidarietà, acquisendo consensi esterni e, infine, distribuendo incentivi agli attivisti.

Gli studiosi che si richiamano a questo filone si sono spesso soffermati sulle forme di organizzazione e mobilitazione delle risorse e sulla solidarietà. In particolare, enfatizzando il ruolo delle **reti di solidarietà**, si scardina la convinzione secondo cui i movimenti farebbero breccia essenzialmente tra gli individui più isolati e sradicati. Anche se non sono mancate le critiche verso la scarsa attenzione riposta verso la dimensione strutturale dei conflitti (Melucci 1982), i meriti di questo approccio sono evidenti. Al contempo, questa prospettiva ha il limite di sottovalutare il peso delle emozioni nelle dinamiche di movimento, concentrandosi solo sulla dimensione razionale dell'azione.

- **Processo politico**: questa prospettiva pone l'accento sul contesto politico e istituzionale entro il quale i movimenti operano. In particolare, gli studiosi che si richiamano a questo filone di indagine sono interessati al rapporto che intercorre tra attori politico-istituzionali e protesta. Sfidando un ordine sociale e politico, i movimenti non possono non interagire con tutti quegli attori che all'interno di quell'ordine godono di una posizione consolidata. Le modalità di queste interazioni non possono non condizionare le dinamiche, ma anche l'efficacia dell'azione di movimento. Si parla quindi di **struttura delle opportunità politiche**, espressione adottata per la prima volta da Eisinger (1973) che in una ricerca sugli esiti della protesta in alcune città americane si concentrò sul livello di apertura o chiusura dei sistemi politici locali. Altre variabili rilevanti che sono state successivamente prese in considerazione sono «l'instabilità elettorale» (Piven, Cloward 1977), la «disponibilità di alleati influenti»

L'approccio del **processo politico** si sofferma sui livelli di interazione tra movimenti sociali e sistema politico-istituzionale

(Gamson 1975), il «grado di tolleranza» delle élites politiche nei confronti della protesta (Jenkins, Perrow 1977). Sarà poi Sidney Tarrow a dare ulteriore linfa a questo approccio analizzando i cicli di protesta in Italia, con particolare riferimento all'ondata movimentistica degli anni '60-'70, e individuando quattro variabili significative: 1) **il livello di apertura/chiusura dei canali formali di accesso al sistema politico**; 2) **la stabilità/instabilità degli assetti politici**; 3) **la presenza di potenziali alleati**; 4) **il grado di divisione all'interno delle élites politiche** (Tarrow 1989a, 35; 1994, 85-89). Il merito di questo approccio è stato quello di aver posto l'accento sull'interazione tra i vecchi e i nuovi attori dell'azione non convenzionale e il sistema istituzionalizzato di mediazione degli interessi, rifiutando di vedere nei movimenti solo un fenomeno di per sé antistituzionale. Al contempo, questa impostazione è stata criticata di "riduzionismo politico" (Melucci 1987, 1989), perdendo di vista l'elemento di forte "innovazione culturale" presente in alcuni dei nuovi movimenti (giovani, donne, gay-lesbiche-trans, ecc.).

L'approccio dei **nuovi movimenti sociali** contesta l'idea dell'azione conflittuale come espressione radicata solo in seno alle relazioni di produzione

- **Nuovi movimenti sociali**: quest'ultimo filone di studi è quello che si è confrontato con la tradizione marxista europea e con l'inadeguatezza del conflitto capitale/lavoro come variabile entro cui spiegare la totalità dei conflitti sociali. **Gli studiosi che si sono rifatti a questo approccio contestano la rappresentazione dei movimenti come soggetti omogenei fondati esclusivamente sull'appartenenza di classe**, ma al contempo hanno avuto difficoltà a identificare la centralità di un nuovo conflitto che avrebbe caratterizzato la società emergente definita ora postindustriale, ora post-fordista, ora tecnocratica o programmata.

  Il principale esponente di questo filone è stato Alain Touraine secondo cui i movimenti: «non sono dei rifiuti marginali dell'ordine; essi sono le forze centrali che lottano l'una contro l'altra per dirigere la produzione della società per se stessa, l'azione delle classi per la direzione della storicità» (Touraine 1978, 46). Se nella società industriale come nelle società agrarie tradizionali una classe superiore si era storicamente contrapposta a una popolare, nelle società "programmate" contemporanee, nuove classi, fatte di burocrazie tecnocratiche e ceti medi intellettuali, avrebbero sostituito capitalisti e proletari come attori centrali del conflitto sociale.

  Anche Clauss Offe (1985) rileva come i nuovi movimenti portino avanti una critica sostanzialmente metapolitica dell'ordine sociale e della democrazia liberale, sfidando i modi tradizionali del fare politica attraverso la rivendicazione di una democrazia radicale. Tra le novità principali dei nuovi movimenti, egli individua la critica ferrea all'ideologia della modernità e del progresso e la loro struttura fortemente decentrata e partecipativa, funzionale alla rivendicazione di spazi di autonomia e allo sviluppo di solidarietà interpersonali contro la spersonalizzazione dei sistemi burocratici. In questo senso, i nuovi movimenti sociali sarebbero caratterizzati da una struttura fluida, inclusiva e non ideologica, riponendo la loro attenzione più su esigenze di trasformazione culturale che di benessere economico e materiale.

Alberto Melucci, infine, prendendo spunto dall'analisi di Habermas sulla colonizzazione dei mondi vitali, descrive le società contemporanee come sistemi altamente differenziati che richiedono un'integrazione crescente e quindi l'estensione dei sistemi di controllo. In questo contesto, i movimenti si opporrebbero alla manipolazione e alla penetrazione dello Stato e del mercato nella vita sociale e privata, rivendicando la riappropriazione di spazi nuovi di soggettività e costruzione identitaria. Quindi, i nuovi movimenti sociali non si limiterebbero al perseguimento di interessi materiali, come fu nel caso del movimento operaio, ma anche e soprattutto di spazi di autorealizzazione, sfidando le rappresentazioni culturali dominanti dell'agire politico e sociale.
Se da un lato, il merito di questo approccio è quello di aver posto l'accento sulle contraddizioni strutturali delle società, inserendo quindi il dispiegamento dell'azione protestataria in seno a dinamiche di mutamento sociale, dall'altro, esso ha il limite di preoccuparsi poco del passaggio dalla consapevolezza del conflitto strutturale all'azione politica di movimento, anche se autori come Offe (1990) e Melucci (1994) hanno poi parzialmente modificato la propria posizione: il primo, riconoscendo l'importanza dell'azione politica tradizionale nel condizionare le dinamiche di movimento; il secondo, concentrandosi sui meccanismi attraverso cui certe rappresentazioni del mondo e delle identità si trasformano nel tempo.

15.2.2. I movimenti come contenitori fluidi di solidarietà

L'estensione qualitativa e quantitativa delle ricerche sui **movimenti sociali** ha consentito il contatto tra studiosi europei e nordamericani e una proficua integrazione tra le diverse scuole. Anche se non è possibile parlare di una teoria generale sui movimenti è comunque riscontrabile un'attenzione comune su quattro aspetti caratteristici: 1) le **reti di relazioni informali**, dal momento che ogni movimento può essere considerato come un sistema di rapporti non formalizzati tra una pluralità di individui, gruppi, associazioni e organizzazioni; 2) le **credenze condivise e la solidarietà**, visto che ogni movimento per essere considerato tale ha bisogno di elaborare una rappresentazione simbolica della realtà, cioè un sistema di credenze condivise da tutti i partecipanti che sono legati tra loro da rapporti di fiducia e solidarietà; 3) l'**azione collettiva di tipo conflittuale**, dal momento che ogni movimento è tale quando si impegna a promuovere o ostacolare il mutamento sociale entro una situazione di conflitto politico, sociale e/o culturale; 4) il **ricorso alla protesta**, visto che l'elemento conflittuale è sempre legato a un'azione di tipo protestativo prevalentemente non-istituzionale.

Detto ciò, appare chiaro che i movimenti sociali *non sono* organizzazioni, per quanto è possibile che alcune organizzazioni – partiti, gruppi di interesse, sindacati – possano partecipare alle attività di un movimento (Tilly 1978). Un movimento perde tra l'altro la sua spinta propulsiva quando al suo interno cominciano a prevalere le identità organizzative, cioè quando il senso di appartenenza a un'organizzazione di movimento diventa dominante rispetto alla collettività più ampia. Per questa ragione molti studiosi concentrano la propria attenzione non tanto sulle singole organizzazioni, quanto piuttosto sui *network* di relazione informale che meglio interpretano anche il ruolo degli individui nei movimenti stessi (Diani, McAdam 2003).

Allo stesso tempo, per far sì che un movimento sussista, è necessario che esista una visione del mondo che funzioni da collante tra i diversi attori che vi partecipano e che, in suo nome, danno continuità all'azione. Questa è per esempio la principale differenza tra un movimento e una coalizione politica. Quest'ultima può essere confusa con un movimento perché anch'essa si struttura attorno a un sistema informale di relazioni che però, diversamente da ciò che avviene in un movimento, tende ad essere effetto di alleanze perlopiù strumentali e congiunturali, legate cioè a uno specifico conflitto (la costruzione di un'autostrada, di una discarica, la presenza di antenne elettromagnetiche, ecc.), senza una visione del mondo unificante. La partecipazione a una coalizione politica non produce, da sola, un'identità collettiva.

15.3. Movimenti e mutamento delle strutture sociali

L'emergere dei nuovi movimenti che si mobilitano su tematiche specifiche come l'ambiente, la pace, l'autodeterminazione di genere, ha posto gli studiosi di fronte al problema di come interpretare i nuovi conflitti alla luce di trasformazioni sociali che hanno aperto nuove contraddizioni e nuovi spazi di mobilitazione. Non è così semplice individuare le basi sociali degli attori di movimento perché le tematiche oggetto di conflitto non sono più necessariamente legate a una tematica di classe; anzi, i nuovi movimenti sovente si mobilitano su obiettivi interclassisti dove i ceti medi operanti nei servizi e nelle professioni intellettuali giocano un ruolo fondamentale, così come la piccola e media borghesia urbana. La qualità dell'aria, dell'acqua, la conoscenza come bene comune diventano i tratti distintivi di nuovi conflitti che segnalano una trasformazione sociale intesa non come separazione tra struttura sociale e azione collettiva, quanto piuttosto come l'estensione di una conflittualità dilatata, ma dotata anch'essa di una base strutturale.

I movimenti sociali sono stati tradizionalmente associati a due processi strutturali tipici dell'epoca moderna: da un lato, l'emergere e lo sviluppo di un'economia di mercato organizzata nelle forme del capitalismo moderno; dall'altro, la formazione dello Stato-nazione come luogo di realizzazione della cittadinanza (Rokkan 1970; Lipset, Rokkan 1967; Giddens 1990). In questi casi, gli attori coinvolti in una dinamica conflittuale si mobilitavano a tutela di interessi materiali o politici e si autorappresentavano in base a quegli interessi. Grazioli e Lodi (1984) hanno invece identificato il segno principale dei nuovi movimenti – come quello ecologista, pacifista o femminista – nel passaggio da forme di azione fondate sulla **condizione**, tipiche della prima modernità, a forme di mobilitazione fondate invece sulla **convinzione**. Qualcuno si è spinto oltre, diagnosticando l'emersione di un nuovo paradigma della politica (Offe 1985) e l'irrilevanza acquisita dalla dimensione di classe come elemento di portata conflittuale. In realtà, quest'ultima ipotesi non tiene conto di una fatto fondamentale, e cioè che negli anni Sessanta e Settanta, quando nascono i primi movimenti che si mobilitano su istanze "nuove", si registra anche una contemporanea ripresa di iniziativa da parte dei "vecchi" attori collettivi come la classe operaia e le minoranze etnico-linguistiche. Sempre nel rapporto tra azione sociale e mutamenti strutturali, non è dunque utile e necessario decretare la morte di qualcosa per enfatizzare l'emergere di qualcos'altro, quanto piuttosto capire se e dove un certo tipo di mutamento nelle strutture sociali abbia o meno creato condizioni favorevoli all'avvento di nuovi interessi e nuovi attori collettivi accanto a quelli tradizionali.

il segno principale dei nuovi movimenti, come quello ecologista, pacifista o femminista,è stato identificato nel passaggio da forme di azione fondate sulla **condizione**, tipiche della modernità, a forme di mobilitazione fondate invece sulla **convinzione**, tipiche dell'epoca contemporanea

La relazione tra condizioni strutturali e mobilitazione può dunque essere osservata, da un lato, alla luce di due prospettive che guardano alle classi sociali come aggregato di soggetti che occupano una posizione simile all'interno di un determinato sistema di stratificazione sociale; dall'altro, come attori collettivi dotati di una identità specifica e di una coscienza di sé. Se nel primo caso l'*autoconsapevolezza di classe* può essere trascurata, come se l'appartenenza a una specifica categoria sociale sia di per sé sufficiente a produrre azione collettiva, concentrandosi dunque sulla correlazione tra l'appartenenza degli individui a un determinato strato sociale o categoria socio-professionale e il loro comportamento politico; nel secondo caso, invece, l'azione esisterà solo se correlata alla condivisione di un'identità legata al riconoscimento di uno status e un destino comune. Il limite del primo approccio, che pure è stato dominante per decenni, è quello di postulare un legame diretto tra collocazione strutturale degli individui e comportamento collettivo, cosa tutt'altro che scontata. Più proficuo è a nostro avviso l'approccio che si concentra sul ruolo giocato da un determinato gruppo sociale all'interno del sistema di relazioni che caratterizza una determinata società. Prioritaria diventa quindi la centralità svolta da un determinato gruppo nel processo di produzione e riproduzione materiale (e non) di una società, quella stessa centralità assunta in epoca industriale dai protagonisti del processo di appropriazione e trasformazione delle risorse materiali guidato dai meccanismi di mercato.

15.3.1. Mutamento politico-economico e azione collettiva

La condivisione di un luogo comune e un comune sistema di azione, dentro unità produttive ampie e in situazioni di mobilità lavorativa relativamente bassa, consentiva in passato di individuare nella classe operaia un attore sociale specifico, intrinsecamente coeso. **Con il mutare delle condizioni del modo di produzione capitalistico, la classe operaia ha in parte perso la sua tradizionale centralità nel sistema di produzione**. Il peso dei settori produttivi è cambiato e, anche all'interno del sistema industriale, le forme di organizzazione del lavoro sono diverse e il progresso tecnologico ha fatto sì che piccoli gruppi di operai specializzati sostituissero, almeno parzialmente, la vecchia figura operaia

Con il mutare delle condizioni del **modo di produzione capitalistico** la classe operaia perde la sua centralità come attore protagonista delle azioni di conflitto

dequalificata. Non svolgere più le stesse mansioni nello stesso luogo e dentro un ritmo rigidamente scandito dalla catena di montaggio ha determinato un forte indebolimento di quel sistema di solidarietà collettiva che in passato era stato tra i principali stimoli alla mobilitazione. Al contempo, la produzione si è, da un lato, frammentata in piccole unità produttive; dall'altro, transnazionalizzata, spostando la produzione in quelle zone del mondo dove il costo del lavoro è più basso. Entrambi questi fenomeni hanno incrinato il rapporto tradizionalmente forte tra unità di produzione e territorio e, al contempo, hanno determinato una diversa divisione internazionale del lavoro che ha contribuito a far nascere nuove sacche di sottoproletariato, specie in Occidente, che sovente assume forti tratti di natura etnica, dovuta all'accelerazione dei processi migratori dai paesi del Sud del mondo.

Anche la relazione tra occupati e non occupati è mutata. L'ingresso nel mondo del lavoro è ritardato, prolungando le condizioni di vita non adulte, e la stessa occupazione ha assunto i caratteri precari della moderna flessibilità, riducendo il peso che l'identificazione con il lavoro ha nelle dinamiche di mobilitazione sociopolitica. Crescono le sacche dei non garantiti, così come cresce a dismisura la mobilità, specie orizzontale e cioè connessa a quegli individui che si trovano a dover cambiare mestiere più volte nel corso della propria vita. Tutti questi processi hanno naturalmente indebolito quelle precondizioni strutturali che avevano fatto della variabile di classe la principale chiave di lettura dei movimenti sociali moderni. Individuare oggi una specifica categoria sociale che possa attivare dinamiche di identificazione politica diventa un'impresa sempre più ardua.

Anche il ruolo della politica e dello Stato è mutato. La politica può incidere fortemente nel processo di definizione di specifici gruppi sociali, da un alto, fissando i confini territoriali della loro azione; dall'altro, orientando la spesa pubblica in modo da facilitarne o ostacolarne l'organizzazione. La concezione politica ufficiale fissava l'azione collettiva dentro una dimensione temporale e spaziale che coincideva con i confini del moderno Stato nazionale. Quest'ultimo, attraverso il monopolio della violenza legittima, fissava i suoi confini così come i margini di relazione che danno corpo alla società, che si configurava quindi come società statale. In questo contesto, assumevano rilevanza tutti quegli attori capaci di incidere sulla formulazione della politica nazionale. Oggi la tradizionale coincidenza tra Stato e società si è affievolita, dal momento che la globalizzazione consente la formazione di relazioni sociali che prescindono dai confini spaziali dello Stato. D'altro canto, l'interdipendenza crescente tra Stati e organismi politico-economici sovra-nazionali ha ridotto il peso delle strutture nazionali nella regolazione dei comportamenti sociali.

> Un movimento sociale si dice a **single issue** quando si configura come un movimento monotematico, come può essere il movimento contro la costruzione di una grande opera o il movimento contro il nucleare

In sintesi, la crescita storica dello Stato ha prodotto una moltiplicazione di quegli attori sociali che si sono mobilitati su istanze legate alle fratture tradizionali centro-periferia e capitale-lavoro, declinate su un piano nazionale. Partiti e gruppi rappresentavano strutture fondamentali di mediazione e organizzazione degli interessi, mentre oggi crescono gli spazi per nuove forme di tutela degli interessi e nuove arene di formazione di identità collettive. Nascono movimenti sempre più monotematici (o ***single issue***). L'espansione del ruolo dello Stato ha inoltre contribuito a definire i confini tra sfera pubblica e sfera privata. Esso è poi intervenuto in maniera crescente nella vita privata fornendo servizi e rafforzando le agenzie di *Welfare*. Questo ha determinato un maggiore controllo politico anche su dimensioni esistenziali, che si erano tradizionalmente affidate alla regolazione autonoma degli attori sociali, e una politicizzazione di settori sociali come la famiglia, i giovani, le donne, gli anziani, i migranti, i disabili, aprendo spazi per l'emersione di nuovi conflitti.

Se quindi nella società industriale la distinzione tra pubblico e privato era netta, facilitando il compito di chi cercava di interpretare il conflitto sociale; con il tempo, le mobilitazioni per l'estensione della cittadinanza determinano l'inclusione di gruppi sociali che ne erano tradizionalmente esclusi. Il consolidamento graduale della presenza femminile negli uffici pubblici e l'aumento dei flussi migratori ha reso urgente la definizione di nuovi diritti e nuove opportunità. Le differenze tra i gruppi sociali non si determinano più solo sulla base del controllo di risorse materiali, ma anche sul livello di autonomia nella definizione di identità individuali e collettive, che includono stili di vita e sistemi di valore.

15.3.2. Nuove classi e nuovi conflitti

Questi mutamenti nell'ambito dell'azione collettiva segnalano un incremento cospicuo di tutte quelle attività legate alla produzione della conoscenza e alla manipolazione dei simboli tanto che anche la scienza, e con essa tutta quella sfera sociale che si occupa della produzione e organizzazione dei saperi, diventa oggetto di conflitto. Molti comportamenti individuali, un tempo relegati alla sfera privata, assumono oggi rilevanza pubblica diventando oggetto di conflitto sociopolitico. Si pensi all'alimentazione, agli stili di vita, allo scambio ineguale di potere nelle relazioni di coppia. Tutto ciò diventa fonte potenziale di conflitto. Questo non significa che stili di vita e caratteri ascrittivi come il genere o l'etnia abbiano sostituito la dimensione materiale e redistributiva come sorgente di azione collettiva. Sono molti i movimenti sociali che ovunque sono nati negli ultimi due decenni su istanze classiche. Si pensi al movimento operaio, sempre vitale, o alle mobilitazioni relative a tutte le forme di marginalità, come quelle dei "senza tetto", o dei disoccupati. Ciò non toglie che l'attenzione di molti studiosi si rivolge oggi a quei movimenti che si mobilitano su istanze non materiali, dove la posta in gioco è il controllo di risorse simboliche, come l'informazione, i saperi, gli stili di vita.

Soprattutto in Europa, sull'onda delle riflessioni di studiosi come Alain Touraine, si è continuato a lavorare con insistenza sul nesso tra mutamenti strutturali e manifestazioni di conflitto. La stessa sociologia dei movimenti sociali non sarebbe oggi separabile «da una rappresentazione della società come sistema di forze sociali che si disputano la direzione di un campo culturale» (Touraine 1978, 47), in cui due forze antagoniste determinano il tipo di azione trasformatrice che ogni società esercita su se stessa (Touraine 1975, 95-96). Il tratto peculiare della società postindustriale, che il sociologo francese preferisce chiamare società "programmata", sarebbe identificabile nel controllo dell'informazione che diventa la principale fonte di potere sociale, spostando quindi il conflitto dai luoghi di lavoro manuale verso i mass media o le aree della ricerca. Gli attori centrali di questi **nuovi conflitti** non sarebbero più le classi, legate alla produzione industriale dei beni materiali, ma i gruppi sociali portatori di interessi e orientamenti opposti circa l'uso delle risorse cognitive e simboliche (si pensi per esempio al movimento dei precari della ricerca).

I cosiddetti **nuovi conflitti** sono un tratto peculiare delle società postindustriali fondate sull'esigenza di controllo delle informazioni come nuova fonte di potere sociale

La rilevazione di nuovi conflitti è quindi connessa all'emersione di nuovi attori sociali legati alla classe media composta da individui ad alta qualificazione intellettuale e tendenzialmente occupati nel settore dei servizi (Bell 1973; Gouldner 1979). Fin qui rimane incerto il legame tra trasformazioni strutturali, nuovi movimenti e nuovi conflitti. Potremmo superficialmente affermare che la presenza massiccia di questa nuova classe nei nuovi movimenti riflette il loro bisogno di realizzazione culturale e, al contempo, rispecchierebbe la tradizionale predisposizione dei ceti medi all'impegno pubblico. Naturalmente i dati a nostra disposizione non ci consentono di rilevare fratture analoghe a quelle capitale/lavoro o centro/periferia, ma senza dubbio l'analisi dei mutamenti strutturali delle società contemporanee ci forniscono informazioni importanti circa l'emergere di nuove identità politiche che si strutturano attorno a nuovi conflitti, come quelli che si focalizzano su tematiche libertarie o ecologiste.

15.4. Movimenti e produzione simbolica

Un aspetto fondamentale nell'analisi dei moventi sociali è il ruolo giocato dalla dimensione simbolica e culturale dell'azione collettiva (Williams 2004). Per intenderci, che rapporto intercorre tra cultura e azione? In primo luogo, ci si può soffermare sulla relazione tra dimensione assiologica e agire collettivo; in secondo luogo, occorre mettere in luce la dimensione culturale dell'azione sociale, cioè tutti quei meccanismi cognitivi attraverso cui gli individui attribuiscono significato alle proprie azioni.

Analizzare l'azione collettiva seguendo un approccio che enfatizza l'**aspetto valoriale** presuppone un'analisi dell'azione come sostanzialmente ispirata a e da un sistema di principi in cui gli individui si identificano

Analizzare l'azione collettiva seguendo un approccio che enfatizza l'**aspetto valoriale** presuppone un'analisi dell'azione come sostanzialmente ispirata *a* e *da* un sistema di principi in cui gli individui si identificano. Gli attori sociali impegnati nell'azione individuano alcuni obiettivi che perseguiranno attraverso un repertorio di azione che sia al contempo efficace e moralmente accettabile. Il loro perseguimento è già sufficiente a un'autorealizzazione sociale e individuale perché i valori che sostengono l'azione agiscono di fatto da incentivi simbolici per gli attori coinvolti. Se l'azione si rivolge contro il sistema, essa può essere analizzata partendo dalla considerazione dell'incapacità del sistema stesso di riprodurre un proprio insieme di valori, lasciando quindi spazio all'affermazione di visioni del mondo alternative (Kornhauser 1959). Un simile approccio è stato applicato a diversi fenomeni di movimento specie in riferimento alle istanze della *new politics* emerse negli anni Settanta e Ottanta sui temi dei diritti, dell'ambiente e della pace

(Kriesi 1993; Dalton 1988; Rohrschneider 1988), mentre studiosi di fama come Roland Inglehart lo hanno applicato alle trasformazioni della partecipazione politica presupponendo una transizione verso un sistema di valori di tipo postmaterialistico (1977), cioè ipotizzando una connessione stretta tra gli indicatori del mutamento economico-sociale (materiale) e valori sociali.

Ciò che resta scarsamente specificato è il passaggio dal riconoscimento individuale di un sistemi di valori e l'azione collettiva. Per intenderci, è possibile condividere una visione del mondo senza per questo impegnarsi a perseguirla. Entrano dunque in gioco fattori probabilmente esterni all'individuo che contribuiscono a determinare o rafforzare la transizione da valori individuali a valori sociali che siano prodromici all'azione collettiva.

15.4.1. La prospettiva cognitiva della frame analysis

A risolvere almeno in parte questa imprecisione interpretativa è la prospettiva cognitiva secondo cui la cultura non sarebbe riconducibile solo a un sistema di valori, ma anche a stili di vita, rituali, credenze, abitudini, competenze che possono dare corpo a una strategia di azione collettiva (Swidler 1986). Questo ci aiuta a spiegare il perché sistemi di valore analoghi in certi contesti orientino un'azione di mutamento, mentre in altri non riescano a fornirle motivazioni adeguate. Al contempo, tale approccio prende in considerazione l'ambiente esterno all'individuo, ponendo in evidenza anche i meccanismi di adattabilità a condizioni ambientali variegate, anche eventualmente riformulando il proprio sistema di valori e riadattandolo parzialmente agli orientamenti dominanti nell'opinione pubblica (Snow *et.al.* 1986; Snow 2004). In questo senso, l'esperienza di movimento diventa anche una prassi cognitiva (Eyerman, Jamison 1991) che comporta una costante produzione e riproduzione di codici culturali (Melucci 1982, 1989; Benfort, Hunt 1992; Hunt, Benford 1994). In questo contesto, una fortuna particolare lo ha avuto il concetto di **schema interpretativo** o *frame*, mutuato dall'opera di Goffman (1974). Per usare le parole di P.R. Donati, esso è:

> *Una struttura generale, standardizzata, predefinita (nel senso che già appartiene alla conoscenza che il ricettore di un messaggio ha del mondo) che permette la ricognizione e orienta la percezione [...] permette di costruire aspettative di ciò che sta per avvenire, vale a dire di dare senso alla propria realtà.*
>
> P.R. Donati 1992, 141-42

Con il concetto di **schema interpretativo**, o *frame*, si intende quel complesso sistema cognitivo fatto di percezioni e aspettative che fornisce senso all'azione collettiva

In pratica, **con *frame* s'intende quel complesso sistema cognitivo, fatto di percezioni e aspettative, che dà senso e significato all'azione collettiva**. Schemi interpretativi adeguati consentono di trasformare una condizione di vita in problema sociale. Essi esistono perché sono interpretati alla luce di schemi culturali specifici. Il *frame* contribuisce dunque alla definizione della realtà dando senso a un'azione conflittuale. Tanto per cominciare, esso contribuisce all'identificazione dei soggetti responsabili di una condizione percepita come negativa (Gamson 1992a). Ogni schema interpretativo opera una riduzione della complessità, concentrando l'attenzione degli attori che vi si riconoscono su alcuni soggetti e alcune situazioni. Ma non si limita a identificare situazioni conflittuali; si spinge oltre, ipotizzando soluzioni e delineando nuovi spazi di azione.

Uno schema interpretativo fornisce anche gli *incentivi simbolici* all'azione e, per far questo, deve generalizzare un determinato problema connettendolo con altri eventi e con la condizione di altri gruppi sociali (Gerhards 1995). Esso crea così un legame cognitivo tra la sfera individuale e quella collettiva dell'esperienza. Per questa ragione, per far sì che un evento di protesta possa aver successo è necessario che si verifichi un *allineamento* degli schemi interpretativi tra gli attori di movimento e la popolazione che si intende mobilitare. Occorre cioè che si realizzi un «legame tra le interpretazioni della realtà prodotte dagli individui e quelle prodotte dalle organizzazioni di movimento, in modo che determinati interessi, valori e credenze dei primi appaiano congruenti e complementari con gli obiettivi, le attività, le ideologie delle seconde» (Snow *et al.*, 1986, 464). Ogni movimento che abbia la pretesa di mantenersi coeso al suo interno e ottenere anche un certo consenso sociale dovrà dunque operare secondo le dinamiche di seguito indicate:

- **Frame bridging**: evidenziare gli «elementi comuni» tra schemi interpretativi altrimenti isolati.
- **Frame amplification**: «amplificare» uno schema interpretativo offrendo una visione del mondo chiara.
- **Frame extension**: «estendere» tale schema creando una sintonia tra le preoccupazioni della base potenziale del movimento e gli obiettivi di carattere generale.
- **Frame transformation**: lo schema interpretativo, così trattato, potrà essere ulteriormente «trasformato» in modo tale da renderlo più simile ai codici culturali di settori importanti dell'opinione pubblica.

Questo ci dimostra come ogni l'azione collettiva sia in primo luogo un'azione di «manipolazione creativa di simboli» (della Porta, Diani 1997, 92) e, al contempo, la «riaffermazione di una tradizione e di una specificità culturale» (ibid.). Innovazione e continuità viaggiano all'unisono per dare forza e radicamento all'azione di protesta.

Questo ci aiuta anche a spiegare la ragione per cui i movimenti di protesta non si sviluppino isolatamente, ma tendano a concentrarsi in fasi storico-politiche specifiche. L'elaborazione delle organizzazioni di movimento deve sempre fare i conti e al contempo connettersi con gli orientamenti generali prevalenti in un dato periodo. Quando si realizzano e individuano momenti particolarmente favorevoli allo sviluppo dell'azione collettiva, le visioni del mondo dominanti in quella fase non potranno non influenzare, e in alcuni casi determinare, le dinamiche di protesta. Emergeranno un numero limitato di «schemi interpretativi dominanti» (*master frames*) a cui le varie organizzazioni di movimento saranno più o meno direttamente riconducibili. La possibilità di successo di un dato schema interpretativo saranno maggiori se il messaggio mobilitante espresso dai movimenti sarà capace di allinearsi con il *master frame* di quel periodo (Diani 1996).

Con l'aiuto di Sidney Tarrow (1994) e Mario Diani (1996) è possibile individuare almeno due criteri di classificazione degli schemi interpretativi: il primo è direttamente riconducibile alla stabilità o instabilità delle fratture ideologiche che strutturano storicamente un certo sistema politico; quando sono incapaci di interpretare i conflitti emergenti in una data fase, offrono maggiori opportunità di introdurre nuove identità e schemi. Il secondo fa invece riferimento agli spazi che il sistema offre ai movimenti per un margine di azione relativamente autonoma; questo può dipendere dall'assetto politico-istituzionale, cioè, da un lato, dalla configurazione dei canali istituzionali per la formazione delle domande politiche; dall'altro, dalla presenza o meno di alleati nel sistema politico e dal livello di divisione interno delle *élite*.

Combinando le diverse percezioni di tali opportunità sistemiche è possibile, con Diani (1996, 1057), individuare quattro schemi interpretativi dominanti rispettivamente orientati alla *critica antisistema*, al *riallineamento*, all'*inclusione*, alla *rivitalizzazione*:

- **Critica antisistema**: in questo caso, il *frame* dominante tende a mettere in discussione entrambi gli aspetti costitutivi di un regime politico, cioè le sue identità, e di conseguenza le fratture che ne sono emanazione, e la sua capacità di «incorporare» il dissenso dentro il processo politico ufficiale. In questo caso, gli attori di movimento proporranno una destrutturazione complessiva del sistema politico finalizzata alla costruzione di un sistema alternativo.
- **Riallineamento**: in questo caso, si realizza una combinazione tra la percezione di opportunità positive offerte dal sistema e la convinzione generalizzata sull'inadeguatezza delle fratture ideologiche tradizionali. In questo caso, l'enfasi sarà riposta sull'opportunità di ristrutturare il sistema politico sulla base di identità nuove, senza per questo delegittimare gli attori già consolidati che operano al suo interno, così come i suoi meccanismi di funzionamento.
- **Inclusione**: in questo caso, si parte dall'assunto che le opportunità positive offerte dal regime politico consentano l'inclusione di attori politici nuovi nel sistema, dentro fratture politico-ideologiche sostanzialmente immutate. L'innovazione risiede nella composizione degli attori interni al sistema che si propone di riarticolare.
- **Rivitalizzazione**: in questo caso, lo schema interpretativo registra l'assenza di opportunità politiche positive per l'azione collettiva di tipo conflittuale, all'interno di un sistema identitario considerato comunque stabile. Gli attori di movimento tendono a unirsi nella lotta con organizzazioni politiche tradizionali per modificarne gli obiettivi e rivitalizzarne la struttura interna.

15.5. Identità politica e azione collettiva

Quando parliamo di identità rispetto all'azione collettiva ci riferiamo al processo tramite il quale ogni individuo si riconosce – ed è riconosciuto dagli altri attori –

come parte di una collettività più ampia attraverso cui attribuisce significato alle proprie azioni passate, presenti e future. La costruzione di un'identità sociopolitica non è riconducibile a una dinamica tutta psicologica, ma è piuttosto frutto di un percorso sociale. Essa consente ai soggetti di definire i parametri e gli obiettivi del conflitto, di riconoscere le contraddizioni contro cui si intende agire e di individuare gli attori conflittuali. Al contempo, la condivisione di un'identità consente di stabilire relazioni di fiducia e di creare connessioni tra eventi che si verificano in tempi e spazi diversi. L'identità, in quanto espressione di una soggettività sociale, non è mai statica, ma è soggetta a continue ridefinizioni stimolate dal rapporto sovente controverso tra pulsioni psicologiche ed eventi esterni all'attore.

Il senso di appartenenza collettiva orienta l'azione degli individui; ciò non significa che l'identità sia una semplice precondizione dell'azione. Essa è il prodotto complesso del rapporto tra il processo di definizione di sé da parte degli individui e l'elaborazione del contenuto della relazione che lega più attori. In questo senso, l'identità non è mai statica e l'azione può rafforzarla come indebolirla a seconda delle circostanze. L'azione sociale, lungi dall'essere una mera variabile dipendente, produce continui percorsi di ridefinizione identitaria. Per dirla con Melucci (1995), ogni processo di costruzione di un'**identità** rappresenta una componente integrale dell'azione collettiva, che ci consente di individuare un *Noi*, e quindi il senso di appartenenza a qualcosa, e un *Altro*, cioè l'avversario contro cui si chiama la mobilitazione (Gamson 1992b).

> Ogni processo di costruzione di un'**identità** rappresenta una componente integrale dell'azione collettiva, che ci consente di individuare un *Noi*, e quindi il senso di appartenenza a qualcosa, e un altro, cioè l'avversario contro cui si chiama la mobilitazione

Al contempo, definire un'identità vuol dire anche costruire rapporti solidi di fiducia, fondamentali in un contesto conflittuale che sovente comporta una serie di rischi. Gli attori coinvolti potranno sostenere il peso del rischio implicito nell'azione solo nella consapevolezza di non essere soli e di poter contare sul supporto materiale e psicologico dei compagni, frutto di un sentimento forte di solidarietà collettiva (Pizzorno 1977; 1996). Se un tempo tale sentimento si costruiva attraverso la condivisione di spazi comuni e quindi l'intensificazione di interazioni faccia-a-faccia, oggi il radicamento territoriale o la condivisione professionale hanno in parte perso rilevanza rispetto a relazioni che, anche attraverso il filtro dei nuovi media, non passano per contatti personali diretti; si pensi per esempio al sentimento di solidarietà internazionale verso popoli lontani di cui si viene a conoscenza attraverso appelli lanciati al mondo tramite internet. Gli attori diventano consapevoli di essere parte di una comunità allargata e di una realtà ben più ampia rispetto a quella di cui possono avere esperienza diretta. Questa consapevolezza non indebolisce l'azione, ma la carica altresì di un forte significato simbolico. Inoltre, la produzione di un'identità collettiva consente la continuità dell'azione nel tempo per quanto con cariche di attivismo altalenanti. L'azione collettiva attraversa infatti «fasi manifeste» e «fasi di latenza» (Melucci 1984b). Se nella prima fase prevale la dimensione pubblica e protestativa dell'azione, nella seconda prevarrà invece quella riflessiva, di elaborazione, di scambio e cooperazione tra gli attori coinvolti. Questo non presuppone alcuna fissità identitaria. Come si è accennato, l'identità è sempre il prodotto di un'azione selettiva dei soggetti che rielaborano il proprio essere rispetto a un contesto sociale.

Assodata la non fissità dell'identità, essa va concepita dunque come un processo sociale che risulta da un'operazione di autodefinizione del soggetto e di un riconoscimento esterno, nel senso che le auto-rappresentazioni dei soggetti si confrontano sempre con le immagini che di loro hanno altri attori sociali. L'identità è dunque frutto di un'aspirazione individuale e collettiva a differenziarsi dal resto del mondo, ma anche a essere riconosciuti da esso (Melucci 1982), questo perché l'elaborazione simbolica di un processo identitario non può darsi per effetto di una semplice auto-legittimazione, ma deve inevitabilmente trovare un riscontro nell'immagine offerta da soggetti esterni.

In questo senso, lo sviluppo e il rafforzamento dei movimenti dipende anche dalla loro capacità di prevalere dentro una battaglia simbolica di rivendicazione di una specificità identitaria rispetto agli stereotipi che provengono da chi non partecipa all'azione collettiva pur avendo la forza di creare opinione, rafforzando quindi immagini potenzialmente negative. Non è un caso che la produzione e imposizione di definizioni stigmatizzanti è uno degli strumenti simbolici principali in ogni meccanismo di dominio sociale. Gli attivisti di un movimento di trasformazione, per rendere efficace la propria azione, dovranno continuamente offrire rappresentazioni di sé alternative rispetto a quelle offerte dal sistema di potere contro cui si mobilitano, onde evitare di essere etichettati come soggetti socialmente disfunzionali e devianti.

15.5.1. Identità multiple e azione razionale

I movimenti sociali sono spesso rappresentati come attori collettivi dotati di un'identità omogenea; in realtà così non è. Ogni identità collettiva è il frutto di un processo costante di negoziazione tra gli attivisti che pongono sul piatto della contrattazione collettiva le loro molteplici appartenenze che di per sé presentano un certo grado di fluidità, proprio in quanto parte di un processo sociale (Lemert 1994). Identificarsi con un movimento non vuol dire essere necessariamente portatori di una visione del mondo sistematica; anzi, i sentimenti di appartenenza a un movimento variano in quanto esso è in genere dotato di una struttura policentrica, non gerarchica né rigida.

L'appartenenza a un'organizzazione di movimento è spiegabile con la necessità individuale di rafforzare un percorso identitario che passa per la dimensione organizzativa. Quella che viene pubblicamente definita **identità di movimento** è in realtà frutto anch'essa di una negoziazione costante tra attori e organizzazioni per offrire quell'immagine di omogeneità che serve a dare forza all'azione collettiva anche rispetto a un'esigenza di riconoscibilità esterna. L'analisi delle identità è tra l'altro importante anche per comprendere le motivazioni che spingono gli individui a diventare parte di un soggetto collettivo. In questo contesto, si innesca la discussa riflessione di Olson (1965) sull'irrazionalità dell'azione collettiva. Secondo lo studioso, ogni movimento altro non è che un attore collettivo finalizzato alla produzione di beni comuni. Secondo la logica della"razionalità strumentale" abbracciata da Olson, l'azione collettiva è sostanzialmente irrazionale dal momento che chi si impegna nell'azione è destinato a sopportare tutti i costi di un

> L'**identità di movimento** è il frutto di una negoziazione costante tra attori e organizzazioni per offrire quell'immagine di omogeneità che serve a dare forza all'azione collettiva anche rispetto a un'esigenza di riconoscibilità esterna

possibile fallimento, mentre in caso di successo sarebbe costretto a condividere i frutti della sua azione anche con chi non si è impegnato direttamente nel loro perseguimento.

Alla luce di ciò, le organizzazioni di movimento, per compensare questa asimmetria, sarebbero costrette a distribuire ai propri attivisti degli incentivi selettivi che consentano a chi partecipa di godere di benefici maggiori rispetto a chi non partecipa. Questi incentivi possono essere *esterni* – qualora facciano riferimento alla soddisfazione di aspettative in termini di ricompense morali o materiali previste per chi partecipa – o *interni*, quando fanno direttamente riferimento alle motivazioni della partecipazione come fonte di autorealizzazione, dunque di gratificazione personale da parte degli individui coinvolti. Secondo molti studi autorevoli, la partecipazione individuale a una o più azioni collettive sarebbe sostenuta maggiormente dal riferimento a valori e simboli, vissuti come principali incentivi selettivi, piuttosto che da ricompense materiali (Marwell, Ames 1979; Opp 1988). Detto ciò, il limite maggiore del modello olsoniano risiede nella sua scarsa attenzione per la dimensione diacronica. La natura prettamente microeconomica del suo ragionamento lo porta ad analizzare i parametri dell'azione collettiva solo in una prospettiva temporale relativamente breve, mentre essa è un processo complesso che si sviluppa nei tempi lunghi e, in questo senso, è molto difficile valutarne a priori o nell'immediato i costi e i benefici (Pizzorno 1977; 1983; 1986).

Queste considerazioni si muovono comunque all'interno di un paradigma razionalista che è probabilmente inadeguato a dar conto dei diversi fenomeni di azione collettiva che, difficilmente, si basano su presupposti di tipo utilitaristico (Melucci 1989). Nella mobilitazione sociale vanno contemplati elementi non sempre riconducili a una dimensione razionale, come le emozioni, i sentimenti e, non ultima, quella dimensione utopica, frutto dell'unione tra ragione e passione che dà senso e significato all'azione collettiva.

15.6. Le reti di movimento

Ormai la natura fluida di un movimento è assodata. Esso è un aggregato di gruppi, individui e organizzazioni. Nessuna di queste organizzazioni può ambire ad assumere la rappresentanza singola dell'intero movimento la cui forza dipende in primo luogo dalla capacità di raccordo e cooperazione tra tutte le sue componenti. Perché questo si realizzi, ognuno deve saper rinunciare alla rigidità della rivendicazione ideologica facendo invece prevalere la coesione data dall'intreccio tra diversità politico-culturali. Emerge così la natura policefala e reticolare dei movimenti, frutto di una mappa complessa di relazioni attraverso cui gruppi e organizzazioni, individualmente deboli, riescono a giocare un ruolo politico rilevante. Secondo Diani (2004), è possibile individuare almeno tre tipi di *network*: 1) quelli che legano diverse organizzazioni in occasione di mobilitazioni specifiche; 2) quelli nati dalla condivisione tra più organizzazioni di medesimi attivisti che si trasformano così nei nodi di congiunzione tra le varie strutture; 3) quelli infine che consentono il reclutamento di attivisti nuovi sulla base della partecipazione a mobilitazioni precedenti.

15.6.1. Reti sociali, individui e organizzazioni

Tutti gli studiosi concordano ormai sull'importanza dei reticoli sociali nel dispiegamento dell'azione collettiva. Chi adotta l'approccio della «scelta razionale» considera i partecipanti potenziali a un'azione collettiva come «attori razionali radicati in specifiche relazioni» la cui integrazione «aumenta la probabilità che l'individuo attribuisca valore all'identità di attivista e scelga di comportarsi di conseguenza» (Friedman, McAdam 1992, 161 e 170). Altri studiosi, come Melucci (1984a, 1989), sostengono invece che i reticoli siano di per sé il luogo privilegiato della produzione simbolica dove si integrano la dimensione affettiva delle relazioni primarie con la mobilitazione politica. Questi **reticoli**, comunque li si voglia intendere, sono fondamentali nel processo di reclutamento di nuovi attivisti che, dall'interno, possono creare nuovi legami di comunicazione tra organizzazioni e gruppi differenti. Questo è possibile attraverso un sistema di **appartenenza multipla**, cioè a più di un gruppo tra quelli che partecipano alle mobilitazioni. In certi casi, l'adesione a un gruppo è esclusiva, cioè preclude la partecipazione ad altri gruppi. In tal caso si costituisce una comunità autoreferenziale, tipica delle sette religiose che tracciano un confine rigido tra chi sta dentro e chi sta fuori. Nel caso dei movimenti sociali questo avviene solo di rado, mentre i singoli attivisti contribuiscono all'integrazione delle diverse aree del movimento. L'appartenenza a più organizzazioni facilita infatti la costituzione di legami informali da cui nascono forme a volte molto proficue di raccordo sociopolitico. Il fatto di avere attivisti in comune consente lo sviluppo di sentimenti condivisi che sono alla base di quella solidarietà collettiva e fiducia reciproca che donano forza e incisività all'azione di movimento. Inoltre, ogni singolo attivista diventa fonte di raccordo tra *la* o *le* organizzazioni di cui fa parte e il suo ambiente sociale.

I **reticoli** di movimento sono fondamentali nel processo di reclutamento di nuovi attivisti che dall'interno possono creare nuovi legami di comunicazione tra organizzazioni e gruppi differenti. Questo è possibile attraverso un sistema di appartenenza multipla

L'intensificazione degli scambi tra le organizzazioni di un movimento è vincolata alle risorse necessarie al loro mantenimento, specie in termini di tempo, energie personali e disponibilità alla mediazione. L'assenza di cooperazione è in questo senso molto più diffusa di quelle circostanze in cui si riesce a integrare le diverse identità organizzative. In linea con quanto afferma Diani (della Porta, Diani 1997), è possibile individuare nella *competizione* e nella *cooperazione* i due elementi cardine per definire la natura di almeno quattro **tipologie di scambio interorganizzativo**:

- **Competizione cooperativa**: essa si realizza attraverso la presenza simultanea di competizione e cooperazione, dove due o più organizzazioni di movimento che lavorano sugli stessi temi hanno interesse a portare avanti iniziative in comune, condividendo identità e obiettivi. La competizione in questo caso nasce dal riferimento alla stessa base e dalla pretesa di rappresentanza dello stesso target di opinione pubblica. In questi casi, si verificheranno situazioni di forte polemica interorganizzativa senza però arrivare a rotture drastiche.

- **Cooperazione non competitiva**: essa si realizza nel caso di un'alta cooperazione e una bassa competizione, quando organizzazioni diverse, che non parlano allo stesso referente sociale, trovano comunque ragioni sufficienti all'attivazione di campagne comuni. In questo caso, la cooperazione è circoscritta ad alcuni ambiti che non presuppongono una solidarietà forte e la condivisione di una prospettiva comune.
- **Frazionismo**: esso si realizza nel caso di un'alta competizione e una bassa cooperazione, quando il riferimento alla stessa base sociale si trasforma in conflitto aperto di tipo settario.
- **Neutralismo**: esso si realizza nel caso di bassa cooperazione e bassa competizione, quando cioè la diversità di obiettivi e riferimenti sociali rende superfluo lo scambio e l'azione comune, ma anche il conflitto e la competizione.

15.6.2. Reti sociali e scambi interorganizzativi

Quando riflettiamo sull'importanza dello scambio tra organizzazioni di movimento attraverso l'azione di raccordo dei singoli attivisti, ci riferiamo soprattutto al ruolo delle reti come precondizione dell'azione collettiva. Secondo questa prospettiva, la densità dei rapporti tra i vari attori di movimento inseriti in contesti organizzativi plurimi è fondamentale a orientare il modo con cui risorse importanti vengono messe in circolazione all'interno del movimento (Marwell, Oliver 1993). Eppure i *network* di movimento, oltre che come *precondizione*, possono essere visti come *prodotto* dell'azione collettiva, cioè come l'insieme di quegli atti attraverso cui i vari attori di movimento individuano e selezionano i propri interlocutori e partner. Le reti così configurate condizioneranno ogni azione successiva dando corpo al movimento.

l'azione di ***networking*** è tutt'altro che semplice e casuale. I vari attori devono operare una selezione tra un numero relativamente ampio di interlocutori potenziali, necessitando di una serie di criteri attraverso cui operare una riduzione della complessità del loro ambiente organizzativo

In questo senso, l'azione di ***networking*** è tutt'altro che semplice e casuale. I vari attori devono operare una selezione tra un numero relativamente ampio di interlocutori potenziali, necessitando di una serie di criteri attraverso cui operare una riduzione della complessità del loro ambiente organizzativo (Marwell, Oliver 1993). Successivamente, è fondamentale che si realizzi una certa divisione del lavoro tra organizzazioni, per identificare il ruolo che ognuno andrà ad assumere nell'espletamento delle campagne comuni e per ridurre gli spazi di conflitto. Tanto per cominciare, occorre porre un argine alle organizzazioni troppo forti e influenti che destabilizzano le altre indebolendo il legame coalizionale (Staggemborg 1986). Al contempo, le organizzazioni più strutturate sono comunque fondamentali perché in grado di fornire importanti infrastrutture organizzative facilitando contatti ed eventuali azioni di pressione politica.

In questo senso, le reti sociali si struttureranno diversamente a seconda dei fini e delle condizioni ambientali. Nel caso prevalga un sentimento di pragmatismo tra i vari partner è possibile che la rete assuma una cosiddetta **struttura a ruota**, in cui tutti gli attori tranne uno sono impegnati in una sola relazione, per quanto poi possano entrare in contatto tra loro. Esiste dunque un attore centrale di contatto che controlla i flussi comunicativi tra tutti gli altri attori della relazione. In questo caso, si avrà un movimento in cui «gli orientamenti di tipo strumentale prevalgono sui sentimenti di solidarietà, e i singoli attori hanno una identificazione piuttosto debole con il movimento nel suo complesso [...] essi preferiscono concentrarsi sui propri temi, limitando i loro contatti a una sola organizzazione centrale [...] gli attori che occupano la posizione centrale forniscono un legame a tutti coloro che sono attivi sui medesimi temi e che condividono i medesimi sentimenti di appartenenza» (Diani 1992a, 120).

Nelle situazioni in cui sarà forte invece il peso delle ideologie tenderanno a prevalere strutture di relazione dense, ma con forti rischi di frammentazione.

Fig. 15.1 La struttura dei network di movimento

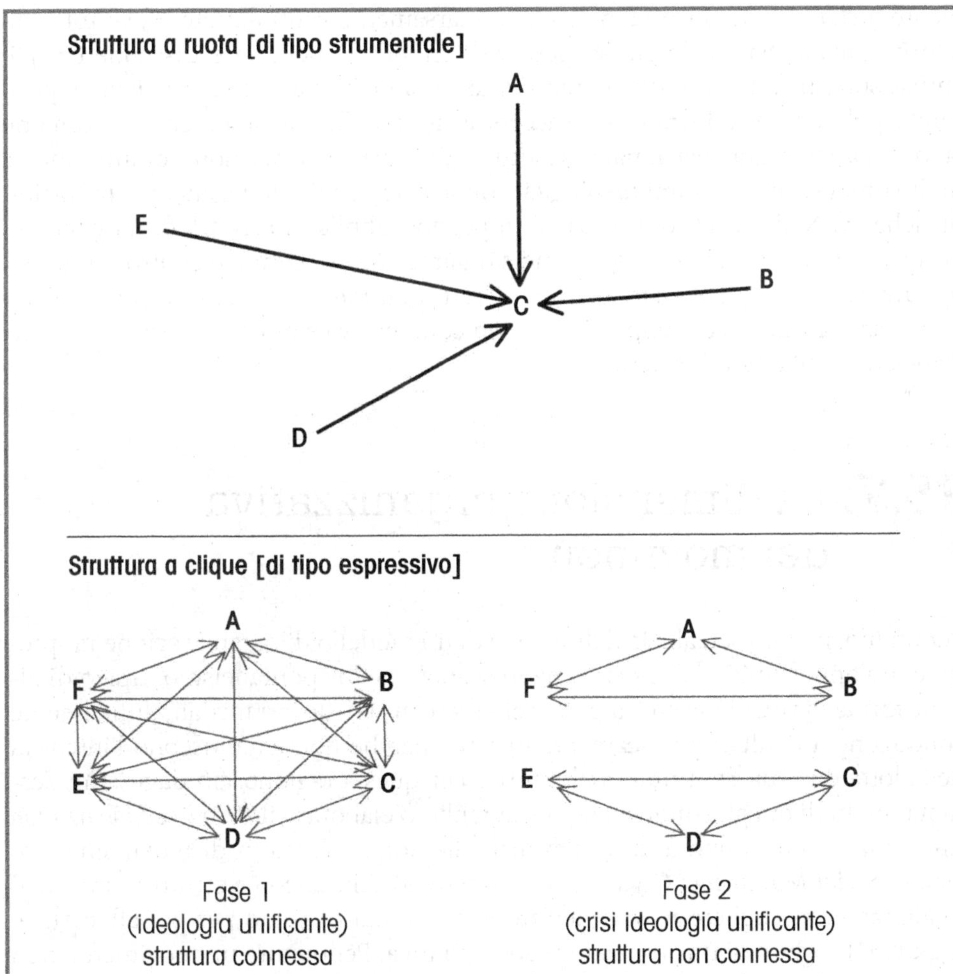

Fonte: della Porta, Diani 1997

Qualora esista una forte ideologia unificante, che si ha nella fase ascendente del movimento, si realizzerà quella che nel linguaggio della *network analysis* è stata definita **struttura a clique** (Knoke, Kuklinski 1982, 56), in cui tutti gli attori mostrano una tendenza ad attivare scambi dentro una struttura coalizionale poco differenziata e poco centralizzata. Tale struttura «tenderà a prevalere in quelle fasi del processo di formazione di un movimento in cui i legami sociali e culturali pre-esistenti si indeboliscono e nuovi rapporti si istaurano» (Diani 1992a, 120-121). È possibile, d'altro canto, che l'ideologia unificante a un certo punto del processo venga meno; in questo caso, si accentueranno i fenomeni di frazionismo e si configureranno diverse *clique* non comunicanti e costituite dall'unione di organizzazioni dotate di una intrinseca coesione ideologica.

Operando una sintesi (della Porta, Diani 1997, 157), possiamo affermare che: 1) nella fase ascendente di un ciclo di protesta, caratterizzato in genere da un clima effervescente a da una particolare propensione sociale alla mobilitazione, i sentimenti di solidarietà collettiva si accentueranno dando vita a reti di movimento a *clique*, cioè poco ideologiche e scarsamente centralizzate, dove tutti gli attori coinvolti hanno lo stesso peso nell'azione; 2) nella fase discendente, gli entusiasmi tipici del momento precedente, accanto a una restrizione delle opportunità politiche, produrranno un'accentuazione delle ideologie che frantumerà la vecchia struttura relazionale, sostituita da diverse *clique* non comunicanti e molto omogenee in termini ideologici, con il forte rischio di degenerazioni frazionistiche; 3) Nelle situazioni di basso impegno pubblico i *network* di movimento potranno dissolversi, lasciando spazio a organizzazioni settarie o contro-culturali, oppure assumere le sembianze di una struttura *a ruota*, cioè di tipo pragmatico, con relazioni interne di cooperazione non competitiva e orientate a massimizzare l'efficienza della mobilitazione.

15.7. La dimensione organizzativa dei movimenti

Per un movimento sociale, la definizione di un modello di organizzazione rappresenta un'opportunità strategica pena lo scadere nello spontaneismo, tipico di alcune forme di ribellione che, a parte l'effervescenza delle fasi iniziali, difficilmente conducono a risultati politicamente incisivi, perché non garantiscono l'intensità della lotta e la sua continuità nel tempo. Per questa ragione, fin dagli anni Sessanta, molti di quegli studiosi che poi avrebbero elaborato il *Resource Mobilization Approach* cominciarono a dare rilevanza alle «organizzazioni di movimento sociale» (*Social Movements Organizations*, o SMOs), intese come strutture razionali finalizzate a raccogliere risorse nell'ambiente in cui operano per poi allocarle ai fini di un progetto di trasformazione sociopolitica. Per quanto un movimento non possa ridursi alla somma delle organizzazioni che ne fanno parte, il loro studio è comunque fondamentale.

Secondo la nota definizione di McCarthy e Zald (1977a, 1218), un'**organizzazione di movimento** è una struttura complessa i cui fini coincidono con le preferenze di un movimento sociale. Il loro ruolo è funzionale allo svolgimento della pratica di azione collettiva attraverso il reperimento di risorse, sia in termini di denaro sia attraverso la pianificazione del lavoro volontario da parte degli attivisti (McCarthy, Zald 1987, 19). Al contempo, esse hanno il compito di selezionare, formare ed eventualmente sostituire i membri che offrono un servizio alla causa del movimento. Come ogni organizzazione esse sono composte da un sistema di *strutture sociali*, le cui relazioni sono regolate all'interno dell'organizzazione, di *partecipanti*, di *mete*, cioè di un sistema di fini collettivamente condivisi, e di una pur minima *tecnologia* (Scott 1981).

un'**organizzazione di movimento** è una struttura complessa i cui fini coincidono con le preferenze di un movimento sociale

Coerentemente con la struttura decentrata dei movimenti sociali, anche la loro organizzazioni interna tende a essere **segmentata**, con gruppi o cellule che nascono e muoiono a seconda delle contingenze; **policefala**, senza cioè un unico leader unificante; e **reticolare**, basata quindi su legami multipli tra gruppi che si legano in network dai confini flessibili (Gerlach 1976). Queste strutture si caratterizzano tutte per l'enfasi riposta sull'elemento partecipativo e quindi su una distribuzione del potere finalizzato alla costruzione di pratiche democratiche non mediate e su una politica antiburocratica. Esse si caratterizzano inoltre per la forte *solidarietà* interna. Essa rende possibile lo sviluppo di gruppi coesi al cui interno si elaborano valori alternativi rispetto a quelli proposti dal sistema dominante, cosicché la partecipazione a un gruppo di movimento non diventi solo l'adesione a pratiche di azione collettiva finalizzate a obiettivi politici, ma anche a specifici stili di vita (Whalen, Flacks 1989). Infine, ogni movimento è in genere caratterizzato da una **leadership** che secondo le categorie weberiane potremmo definire *carismatica*, legata cioè alla capacità di uno o più esponenti di impersonare i valori del movimento anche se in fasi contingenti dell'azione collettiva e, in tal caso, si parla di *leadership ad hoc*, che dura per periodi brevi e in relazione a obiettivi specifici (Diani, Donati 1984; Morris, Staggemborg 2004).

Importante è stabilire non solo i parametri, ma anche il *grado di organizzazione*, cioè la strutturazione interna che, secondo Kriesi (1996), deriva da: 1) **formalizzazione**, cioè la presenza o meno di criteri formali di adesione, regolazione dei comportamenti dei diversi membri e definizione della leadership; 2) **professionalizzazione**, che si ha nel caso vi sia un sistema di funzionari, cioè uno staff remunerato; 3) **differenziazione interna**, che si ottiene attraverso una specifica divisione funzionale del lavoro; 4) **integrazione**, che si ottiene elaborando forme di coordinamento orizzontali e/o verticali.

Importante è anche la *distribuzione del potere* all'interno dell'organizzazione che già Janda (1970) considerava una variabile determinante nell'analisi di organizzazioni specifiche come i partiti politici. E questo si rileva considerando il livello di **centralizzazione della leadership**, le **dinamiche decisionali** e di elaborazione dell'agenda politica, oltre che di definizione della ***mission* organizzativa**. Nel caso particolare delle organizzazioni di movimento, McCarthy e Zald (1987) hanno distinto a suo tempo tra organizzazioni *federate*, cioè organizzate su piccoli nuclei locali, e *non federate*, dove i margini di incontro tra i diversi aderenti è ridotto e legato a una leadership tendenzialmente centralizzata che si muove attorno a pratiche di coordinamento verticali.

Un altro elemento da considerare è il *livello di impegno* che le organizzazioni chiedono ai propri militanti. In questo senso, si distinguono le organizzazioni **inclusive** (Curtis, Zurcher 1974), che consentono appartenenze multiple sviluppando quindi scambi frequenti con l'ambiente esterno, da quelle **esclusive**, che hanno confini netti e una rigida disciplina interna che presuppone un impegno costante dei militanti e una lunga gavetta prima di poter accedere a ruoli organizzativi e decisionali di rilievo. In quest'ultimo caso, l'impegno richiesto è spesso totale, permeando tutti gli aspetti della vita dei militanti (Zald, Ash 1966).

Nella pianificazione delle azioni di protesta, le organizzazioni di movimento possono darsi strutture miste, con nuclei locali a livello più decentrato dotati di una basso grado di strutturazione e di una natura tendenzialmente inclusiva la cui adesione è rafforzata attraverso l'elargizione di incentivi simbolici. Questi nuclei locali possono darsi talvolta un'organizzazione *a ombrello*, funzionale al coordinamento di campagne specifiche e alla costituzione di eventuali coalizioni con altri gruppi, così come al reperimento dei fondi necessari alla continuazione logistica della protesta. L'organizzazione tende a essere prevalentemente inclusiva nel caso dei «gruppi di interesse pubblico», sul tipo delle organizzazioni professionali di movimento sociale, che sovente sono anche nelle condizioni di elargire alcuni incentivi materiali. Essi si strutturano attorno a una leadership che si dedica a tutto tondo alle attività di movimento e a una base di membri che spesso si limitano alla sola adesione formale senza alcuna richiesta di impegno aggiuntivo. Queste organizzazioni, anche se di piccole dimensioni, tentano sovente di imporsi come portavoce ufficiali della protesta, organizzandosi in modo da poter influenzare la definizione delle politiche pubbliche (McCarthy, Zald 1987, 375). Per quanto la loro azione tenda ad assimilarle a normali gruppi di pressione, le organizzazioni professionali di movimento si rivolgono non tanto ai referenti delle battaglie attorno a cui si mobilitano, ma piuttosto a una sorta di *conscience constituency* composta da tutti coloro che si riconoscono nelle battaglie del movimento. I leader di questo tipo di organizzazione agiscono da veri e propri **imprenditori di movimento** che cercano consenso manipolando immagini e utilizzando al meglio i mezzi di comunicazione di massa.

I leader delle principali strutture organizzative agiscono da veri e propri **imprenditori di movimento** che cercano consenso manipolando immagini e utilizzando al meglio i mezzi di comunicazione di massa

15.7.1. Le fasi di un movimento e i repertori organizzativi

I movimenti sociali non seguono mai uno schema evolutivo predefinito. Blumer (1951) ha distinto un primo stadio, quello del **fermento sociale**, in cui l'agitazione è tendenzialmente disorganizzata in quanto legata a una dimensione spontaneistica; un secondo stadio, quello della **eccitazione popolare**, nel quale le cause del malessere sono identificate con maggiore chiarezza e gli obiettivi dell'azione collettiva prendono corpo; un terzo stadio, quello della **formalizzazione**, in cui il movimento si dota di un'organizzazione formale e di un disegno strategico; infine, un quarto stadio, quello della **istituzionalizzazione**, nel quale il movimento si trasformerebbe in struttura professionale diventando parte organica della società.

In realtà la deriva istituzionale non è affatto scontata, anzi, nel caso delle organizzazioni di movimento sociale, essa si realizza solo di rado, in primo luogo perché molte di esse si sciolgono, specie nel caso del raggiungimento dei fini, o si fondono con altre, ridefinendo quindi l'organigramma del movimento (Zurcher, Curtis 1973). Inoltre, la moderazione dei fini, tipico sbocco di un eventuale processo di istituzionalizzazione, non è scontata. Sovente le organizzazioni di movimento si **radicalizzano**; le forme di azione diventano sempre meno convenzionali, spesso violente, e i fini sempre più ambiziosi. In altri casi, le organizzazioni di movimento possono invece subire un processo di **commercializzazione**, rafforzando la propria presenza sul mercato come erogatori di servizi sociali. Esse rinunciano alla mobilitazione politica in favore di intraprese commerciali di tendenza e più o meno proficue, come cinema, librerie, pub, teatri. In questi casi, più che strutture di movimento, esse diventano luoghi di promozione di nuovi stili di vita e **controculture**.

Gli sbocchi evolutivi di un movimento sono quindi molteplici e dipendono molto dai **repertori organizzativi** adottati e cioè dalle modalità di interazione tra strutture organizzative e ambiente esterno, oltre che dalla capacità dei leader di reperire risorse e dare continuamente nuova vitalità alle ragioni della protesta. L'*elemento tecnologico* può rappresentare una grande risorsa esterna. L'espansione dei mezzi di comunicazione di massa ha per esempio permesso, per dirla con Tarrow (1994, 143-145), di «esternalizzare» alcuni costi, riducendo la necessità di organizzazioni ben strutturate per far circolare messaggi. Oggi sono sufficienti organizzazioni leggere e flessibili che riescano a catturare l'attenzione dei media attraverso l'elaborazione di campagne specifiche o l'adozione di determinati repertori d'azione. Altre risorse importanti sono l'*istruzione*, che accresce la fiducia dei militanti e la convinzione di poter giocare un ruolo nel processo di trasformazione della società; la *struttura delle istituzioni*, che possono garantire spazi di agibilità democratica a seconda se si organizzano attraverso formule decentrate o meno e assetti repressivi o tolleranti; la presenza o meno di *alleati* nel sistema, come alcuni partiti politici, che possono garantire sbocchi istituzionali e supporti logistici.

Gli sbocchi evolutivi di un movimento sono quindi molteplici e dipendono molto dai **repertori organizzativi** adottati e cioè dalle modalità di interazione tra strutture organizzative e ambiente esterno

La stessa durata di un movimento è quindi connessa alla capacità delle SMOs di sfruttare risorse e adattarsi all'ambiente esterno anche adottando specifiche formule organizzative, che però sono limitate e non sempre disponibili. Per dirla con Donatella della Porta (della Porta, Diani 1997, 182), le organizzazioni di movimento sociale producono risorse in fasi specifiche della mobilitazione che serviranno a supportare le fasi successive. In questo senso, le scelte organizzative tendono ad essere sempre condizionate da strutture preesistenti ereditandone idee, impostazioni, ma anche alleati e nemici.

Senza dubbio i modelli organizzativi scelti dai movimenti giocano un ruolo determinante nella riuscita delle azioni di protesta. Secondo molti studiosi, una struttura flessibile, policefala e reticolare può consentire uno sviluppo rapido ed efficace. In particolare Gerlach (1971) individua la migliore formula in sette definizioni strategiche: 1) evitare la soppressione del movimento da parte degli oppositori; 2) permettere una penetrazione da più fronti; 3) massimizzare le possibilità di adattamento; 4) produrre un sistema solido; 5) consentire l'escalation dell'azione; 6) promuovere costantemente l'innovazione strategica; 7) ridurre gli effetti di possibili fallimenti. Altri studiosi hanno invece enfatizzato la rilevanza di formule organizzative più tradizionali. Gamson (1975) afferma che la presenza di organizzazioni ben strutturate aumenta sensibilmente le opportunità di successo da parte degli "sfidanti". In realtà, è difficile stabilire a-priori un modello organizzativo ottimale, dal momento che tutti hanno dei pregi e dei limiti. Senza dubbio, organizzazioni ben strutturate garantiscono una certa efficienza decisionale, ma anche scarse possibilità di adattamento al mutevole ambiente esterno, mentre organizzazioni leggere e flessibili possono muoversi con agilità, ma sono soggette ai rischi di disgregazione.

15.8. Repertori d'azione e cicli di protesta

Dopo la grande stagione di movimento degli anni Sessanta, fasce sempre più ampie di cittadini hanno intrapreso pratiche di protesta per esercitare pressione sui governi nazionali. Infatti, leggere, informarsi, discutere di politica, o svolgere attività di partito finalizzata all'orientamento del voto, cioè quelli che secondo Barnes e Kaase (1979) rientrano nelle forme di partecipazione convenzionale, non escludono tutto l'arco dei repertori partecipativi e vengono affiancati da forme più innovative e radicali, come l'adesione a scioperi selvaggi, manifestazioni non autorizzate, *sit-in*, occupazioni di edifici, boicottaggi, e così via. Queste pratiche di **azione diretta** hanno rapidamente ottenuto una forte legittimazione sociale tanto da non essere più stigmatizzate come *devianti*. In questo senso, per dirla con Lipsky (1965), queste forme di influenza indiretta, cioè adottando i canali informali della protesta pubblica, rappresentano la principale risorsa politica nelle mani dei senza-potere, cioè di tutti coloro che non possiedono nulla da poter scambiare sul mercato politico. Un ruolo fondamentale nel veicolare queste dinamiche è giocato dai mezzi di comunicazione di massa che, da un lato, diffondono messaggi indirizzati al pubblico di riferimento della protesta; dall'altro, svolgono la funzione di amplificatore di scontento che inevitabilmente si ripercuote sulle arene decisionali.

15.8.1. Repertori d'azione e logiche della protesta

Per **repertori d'azione** si intende l'insieme di mezzi a disposizione di un gruppo per presentare rivendicazioni di diverso tipo a individui differenti

I movimenti sociali possono attingere da un sistema ampio di **repertori d'azione** che Charles Tilly (1986, 2) ha definito come «l'intero insieme di mezzi a disposizione di un gruppo per presentare rivendicazioni di diverso tipo a individui differenti». Un certo tipo di azioni conflittuali è stato presente in ogni periodo storico anche se, almeno fino alla Rivoluzione francese, esse si limitavano ad assumere una portata locale, attraverso repertori scarsamente generalizzabili in altri contesti. Dal XIX secolo, le proteste assumono una dimensione nazionale e una caratteristica di sostanziale *modularità*, nel senso della loro potenziale utilizzabilità da parte di attori diversi in luoghi diversi. Boicottaggi, manifestazioni, barricate, petizioni popolari, sono ancora oggi le pratiche dominanti del repertorio d'azione moderno inaugurato dai rivoluzionari francesi alla fine del XVIII secolo, anche se non mancano elementi di novità dovuti essenzialmente al diverso ruolo assunto dallo Stato nazionale. Per quanto esso mantenga un ruolo predominante nel panorama politico internazionale, è oggi affiancato da entità politiche subnazionali e sovranazionali che inevitabilmente influenzano il corso della protesta politica. Gli attivisti di movimento hanno elaborato strategie di coordinamento transnazionale che consente loro di parlare un linguaggio comune capace di unire la logica della pressione politica con quella tutta simbolica della testimonianza.

Le forme di protesta così coordinate possono raggiungere diversi livelli di radicalismo che Dalton (1988, 65) inserisce in un *continuum* segnato da almeno tre soglie: la prima è quella che indica il passaggio da forme di partecipazione politica convenzionale a forme non-convenzionali, attraverso l'adozione di pratiche politiche, come la partecipazione a cortei autorizzati e la firma di petizioni che, pur non assumendo i tratti dell'ortodossia e della conformità, ancora rientrano nei limiti delle norme giuridicamente accettate; la seconda indica il passaggio a tecniche di azione diretta come il boicottaggio, che può limitarsi all'astensione dal consumo di beni prodotti da multinazionali identificate come target della protesta, fino ad azioni più radicali di disobbidienza, come la distruzione di piantagioni di prodotti geneticamente modificati o il *train-stopping*, cioè impedire il passaggio di treni occupando i binari; la terza soglia indica invece il passaggio a repertori di azione illegali, ma non necessariamente violenti, come l'adesione a scioperi selvaggi e l'occupazione di edifici; la quarta soglia infine indica il passaggio a repertori di azione radicali che vanno dalla violenza contro la proprietà a quella contro le persone.

In tutti questi casi, la logica comune della protesta è la rottura del consenso (della Porta, Diani 1997, 201) che si può perseguire in forme diverse a seconda che gli attivisti basino le proprie azioni su: 1) una *logica dei numeri*, sottolineando quindi la diffusione quantitativa delle proprie convinzioni; 2) una *logica del danno materiale*, quando la protesta punta ad apportare danni materiali al sistema sociale e politico in cui si realizza; 3) una *logica di testimonianza*, enfatizzando quindi la dimensione espressiva e simbolica dell'azione come modello da perseguire:

- **Logica dei numeri**: si tratta di quella logica che DeNardo (1985) ha definito *power in number*, dentro la quale gli attivisti di movimento si comportano su per giù allo stesso modo dei militanti di partito, secondo cui il successo o meno della mobilitazione dipende essenzialmente dal numero dei sostenitori. In questo senso, la protesta funziona come una sorta di *elezione vicaria* seguendo una dinamica tipica della democrazia rappresentativa, dove la decisione spetta alla maggioranza. Gli attivisti, in questo caso, fanno pressione sulle autorità politiche attraverso modalità che dimostrano la forza numerica del movimento, cioè attraverso cortei di massa, petizioni popolari e campagne referendarie, come a dimostrare la loro capacità di realizzare in società maggioranze alternative a quelle istituzionali.

- **Logica del danno materiale**: chi si riconosce in questa logica adotta repertori d'azione che destabilizzano il sistema incidendo direttamente sul suo funzionamento. Lo sciopero che blocca la produzione per un determinato lasso temporale, rientra in questa categoria, come tutti quei repertori radicali che adottano la violenza contro la proprietà o addirittura contro la persona, producendo perdite monetarie o umane. A parte questi casi estremi di radicalismo politico, va detto che la logica del danno tende a essere presente in quasi tutte le azioni di movimento che, di per sé, assumono un carattere dirompente o *disruptive* (Tarrow 1994, 103), finalizzato alla sfida delle *élites* politiche.
- **Logica della testimonianza**: in questo caso, l'obiettivo principale degli attivisti è quello di perseguire, offrendo il proprio esempio, la possibilità di un'azione collettiva finalizzata allo sviluppo di un processo sociopolitico. L'impegno personale diventa quindi una delle principali risorse a disposizione degli attivisti che *testimoniano* la propria tensione etica anche attraverso l'adozione di repertori che comportano alti costi, come nel caso di alcune forme di disobbedienza civile. In questo senso, la logica della testimonianza enfatizza l'aspetto emozionale della partecipazione nella pratica di azioni eclatanti per attirare l'attenzione dei media sul proprio universo simbolico.

Approfondimento 15.3

La plebe non ha realtà sociologica

Ci avete visto correre per le strade di città assediate. Saltare a piè pari sulle carcasse di auto in fiamme. Fuggire da cacciatori di taglie privi di anima e saettare tra i detriti come piccoli ratti. Infrangere vetrine nuove di zecca e svaligiare negozi di beni di lusso. Erigere barricate rivolte al nulla, ennesimo solco di un mondo di confini. Ci avete visto lanciare sassi, oggetti e bottiglie incendiarie, Brandire spranghe e bastoni a mo' di alabarde. Tendere nervi e muscoli in gesti improbabili. E poi, scappare, nasconderci, mimetizzarci, uscire dal niente e rientrare nell'ombra.
Riottose comparse di uno spettacolo per gli occhi del mondo? [...] Chi siamo? Chi sono le pulci nere dagli istinti primari scivolate nel baratro dell'assenza di qualunque ragione? Forse piccole bestie uscite dal ventre ben caldo di una bestia più grande chiamata denaro? Certo, vi piacerebbe sapere che siamo adolescenti ben pasciuti, pargoli di genitori separati, viziati al logo e solo per cipiglio fuggiti dall'altro lato della barricata. Vi piacerebbe credere che siamo la punta dell'iceberg di una generazione senza valori, mutazione antropomorfica dai micropoligoni di una playstation. Vi piacerebbe vederci come il piccolo cancro di relazioni affettive corrotte così da correggerle e salvare il vostro sistema [...]
Ma forse la vostra brutta sociologia vi porterà ▶

a vedere solo ciò che vorrete. A cercare definizioni, nomi, epiteti per descrivere ciò che siamo, come viviamo e cosa vogliamo. Senza ascoltare e senza vedere veramente un mondo di pratiche, grida, gioie, amori.
Chi sono? Chi sono le pulci nere? Domanda che rivela l'ossessione identitaria della società occidentale, sempre pronta ad accusare le altre di colpe in realtà solo sue. Chi sono? Sbirri travestiti, fascisti in libera uscita, o semplici autonomi abbigliati da stilisti di lusso? Brutte canaglie guastafeste, in realtà molto telegeniche. Ringraziatele hanno fatto audience.
Noi siamo il nome di un mondo di senza nome. Siamo la forma di ciò che forma non ha. Siamo la plebe. Siamo il residuo preindividuale che sta dentro ciascuno di voi. Siamo la rabbia, siamo anche la vostra rabbia. Siamo ciò che distrugge la merce. Siamo quello che volete che siamo. Siamo ciò che identità non ha e, dunque, non cercatela ...

Tratto da: *Io sono un black bloc: poesia pratica della sovversione* (2002, 13-14)

15.8.2. Opzioni strategiche e cicli di protesta

Le tre logiche della protesta spesso si integrano nelle dinamiche d'azione di specifici movimenti sociali che adottano diversi repertori per effetto di valutazioni strategiche che considerano la complessità degli obiettivi da raggiungere. In primo luogo, ogni azione di tipo protestativo ha un costo e la sua radicalità può produrre solidarietà tra gli attivisti agendo da incentivo simbolico. Per dirla con Pizzorno (1993), ogni azione di protesta svolge un'importante funzione verso l'interno producendo e rafforzando un'identità collettiva. Se da un lato favoriscono la coesione della base, dall'altro le azioni più radicali non sono sempre adatte a costruire consensi esterni al movimento. Per questa ragione, i leader della protesta devono talvolta favorire una moderazione delle pratiche per evitare di perdere la fiducia della propria *protest costituency*. Al contempo, le azioni radicali sono quelle che in genere attirano maggiormente l'attenzione dei media che, come rileva Gitlin (1980), giocano un ruolo fondamentale nell'influenzare le caratteristiche delle stesse organizzazioni di movimento; si pensi per esempio all'attenzione quasi morbosa che i mass media dedicano alle pratiche di violenza contro la proprietà ascritte ai cosiddetti *black bloc*. Per questa ragione, ogni movimento deve sempre sperimentare repertori più o meno radicali e comunque innovativi per evitare la determinazione di una certa disattenzione mediatica.

Insomma, i leader delle organizzazioni di movimento nella scelta dei repertori d'azione si trovano di fronte a una serie di dilemmi strategici che li spinge a considerare diverse variabili e a rapportarle a una serie di fattori interni ed esterni alla protesta. Intanto il repertorio delle forme d'azione non è illimitato ed è quindi strettamente legato alla tradizione tramandata da generazioni di attivisti; inoltre, per quanto modulare e adattabile a più di un contesto, tale repertorio è connesso a gruppi sociali che si differenziano anche sulla base delle strategie d'azione adottate. Naturalmente, per quanto la tradizione sia una variabile significativa, non mancano strategie innovative che indicano una predisposizione movimentistica alla sperimentazione. Va anche considerata l'interazione tra gli attivisti e le forze dell'ordine con cui sovente si contrattano i confini delle pratiche tollerate in modo da evitare possibili escalation di violenza. La rigidità dell'ordine costituito accanto a una adozione continuativa dell'**apparato repressivo dello Stato** produce inevitabilmente una radicalizzazione delle azioni, attivando un gioco a spirale dove sfidanti e controllori si avvolgono in circoli viziosi di aggressività e repressione.

Naturalmente, le scelte strategiche dei movimenti si evolvono col tempo e risultano dall'intreccio di interazioni complesse tra attori diversi e dalle fasi storico-sociali in cui il movimento dispiega la sua azione. Quest'ultima considerazione introduce un nuovo concetto, quello di **ciclo di protesta** che, come scrive Tarrow, coincide con:

Un **ciclo di protesta** corrisponde a quelle fasi in cui i momenti di azione collettiva di tipo protestativo si intensificano in settori differenti della vita sociale con ricadute inevitabili sulla stabilità del sistema politico. Attori nuovi si affacciano sull'arena pubblica con il loro portato antagonistico e innovativo

> *Una fase di conflitto acuto nel sistema sociale che include: una rapida diffusione dell'azione collettiva dai settori più mobilitati a quelli meno mobilitati; una innovazione rapida nelle forme di conflitto; schemi interpretativi sull'azione collettiva nuovi o trasformati; una combinazione di partecipazione organizzata e non organizzata; e sequenze di interazione intensificata tra sfidanti e autorità che possono sfociare in riforma, repressione e talvolta rivoluzione.*
>
> Tarrow 1994, 153

I cicli di protesta corrispondono quindi a quelle fasi in cui i momenti di azione collettiva di tipo protestativo si intensificano in settori differenti della vita sociale con ricadute inevitabili sulla stabilità del sistema politico. Attori nuovi si affacciano sull'arena pubblica con il loro portato antagonistico e innovativo, sia nella cultura politica che esprimono sia nei repertori d'azione adottati. Un ciclo di protesta si esaurisce per diverse ragioni, che vanno dall'eccessiva violenza repressiva dello Stato alla acquisita irraggiungibilità dei fini. Nel riflusso di un movimento un ruolo fondamentale lo giocano i media che, da forti e inconsapevoli alleati dei movimenti nella loro fase acuta, in cui la novità rende le azioni collettive ancora *notiziabili*, ne diventano i peggiori nemici, trasformando sovente l'attenzione in indifferenza.

15.9. Movimenti sociali e contesto politico

I movimenti sociali, per quanto sappiano interagire con l'ambiente esterno, sono da esso fortemente influenzati. La cultura dominante, la struttura sociale ed economica, il sistema tecnologico, l'assetto dei media, sono tutte variabili che condizionano necessariamente lo sviluppo dell'azione collettiva, spesso determinandone la direzione. È evidente che ogni movimento sociale, soprattutto nel momento della protesta, rappresenta un fenomeno eminentemente politico e questo fa sì che gli attori di movimento interagiscano con il sistema istituzionale. È partendo da questo assunto che nasce, si sviluppa e acquista rilevanza quel concetto di **struttura delle opportunità politiche** di cui si accennava in precedenza.

L'assetto delle istituzioni politiche è un aspetto molto rilevante per un'analisi che consideri il tipo di relazioni che si instaurano tra i movimenti e il contesto politico in cui operano. Gli studiosi, a questo riguardo, si sono concentrati su alcuni elementi che possono diversamente condizionare queste relazioni: il livello di centralizzazione degli apparati statali, la dipendenza o meno del potere giudiziario da altri poteri, in primis quello esecutivo, il ruolo giocato dalla politica nel controllare e pianificare i meccanismi del mercato (Rucht 1994) o, ancora, il livello di decentramento territoriale, la presenza o meno di meccanismi di democrazia diretta, la divisione funzionale del potere (Kriesi 1995). Quasi tutte queste analisi tendono a ripercorrere le considerazioni di Alexis de Tocqueville sul ruolo giocato, rispetto alla funzione della società civile, da uno Stato *debole* sul modello americano, ovvero *forte* sul tipo di quello francese (Kriesi 2004). Secondo il pensatore francese, in quei paesi in cui esiste un'organizzazione statuale non centralizzata e pervasiva (come nel caso americano), la società civile avrà maggiori possibilità di emergere come attore rilevante. Al contrario, in quelle realtà in cui le istituzioni politiche si sono sviluppate sull'onda di una forte burocratizzazione e centralizzazione del potere statale (come nel caso francese), la società civile avrà maggiori difficoltà a dispiegare la propria azione e si verificheranno dunque rivolte episodiche e violente con possibili evoluzioni in senso rivoluzionario. Sidney Tarrow (1994, 62-65) ha criticato l'analisi di Tocqueville giudicandola inadeguata anche rispetto alle esperienze storiche su cui l'autore francese si era concentrato. Già l'esperienza della guerra civile americana dimostrava infatti come le istituzioni politiche di uno Stato *debole* fossero in realtà del tutto incapaci di relazionarsi con un sistema di interessi contrapposti; mentre studi relativamente recenti sull'esperienza rivoluzionaria in Francia, hanno dimostrato la presenza, anche in quel paese, di una società civile forte e dotata di una considerevole capacità di organizzazione e mobilitazione.

Per quanto analisi più accurate abbiano fatto emergere le falle presenti nelle considerazioni di Tocqueville, il rapporto tra Stato e società civile è rimasto centrale nella sociologia dei movimenti sociali. Piuttosto ci si è concentrati sul livello di apertura delle istituzioni politiche valutato in base al livello di dispersione dei sistemi di potere. Nel senso che, maggiore è il numero di attori che partecipano alla gestione del potere pubblico, maggiori saranno anche le opportunità di organizzare forme di azione collettiva dal basso. In particolare, gli studiosi si sono concentrati su tre elementi considerati fondamentali per spiegare le dinamiche di evoluzione dei movimenti rispetto all'organizzazione del sistema politico (della Porta, Diani 1997, 230-231):

- **Il decentramento territoriale del potere**: la conviznione è che maggiori sono i poteri distribuiti ai sistemi periferici (enti locali, Regioni o Stati federali), maggiori saranno anche le opportunità di accesso dei movimenti al sistema decisionale. Tale postulato si richiama alla teoria della sussidiarietà secondo cui l'accesso sarà tanto più facilitato quanto più contigua al cittadino è l'unità amministrativa.
- **La dispersione funzionale del potere**: in questo caso, il sistema politico è da

considerarsi tanto più aperto quanto più è definita la divisione tra potere legislativo, esecutivo e giudiziario. E anche all'interno dei singoli poteri, quanto più ampia sarà l'autonomia degli attori che vi operano, tanto maggiori saranno le possibilità di accedervi da parte della società civile. Per quanto riguarda l'ambito del potere legislativo, un sistema elettorale proporzionale, enfatizzando la rappresentanza degli interessi, è da considerarsi *più aperto* di un sistema maggioritario. Così come, nell'ambito del potere esecutivo, un sistema parlamentare sarà considerato più aperto di un sistema presidenziale, dove buona parte del potere decisionale si concentra nelle mani del presidente. Infine, un potere giudiziario forte e autonomo può intervenire sia sul legislativo che sull'esecutivo; dunque, tanto più il potere giudiziario è indipendente dagli altri due poteri, tanto maggiori saranno presumibilmente le possibilità di accesso dei movimenti.

- **La quantità di potere controllata dallo Stato**: il postulato di fondo riguarda in questo caso la quantità di potere gestita dallo Stato rispetto ad altri attori pur rilevanti del sistema politico, come i partiti, i gruppi di interesse, le organizzazioni dei cittadini e i media. In questo senso, la pubblica amministrazione di impianto anglosassone risulta più aperta di quella di derivazione romanistica che tende a evitare contaminazioni esterne.

Tutti questi elementi sono senza dubbio importanti a spiegare il rapporto che intercorre tra movimenti sociali e assetti politici, anche se studi accurati ne hanno dimostrato il ruolo non determinante. La presenza di un'apertura marcata ai canali di accesso alle istituzioni, se da un lato offre buone opportunità ai movimenti, dall'altro le offre anche alle forze a essi antagoniste. Inoltre, l'assetto istituzionale non sembra avere un peso così rilevante nel condizionare i livelli di mobilitazione. Kriesi e altri (1995) hanno condotto un'accurata ricerca comparata su alcuni casi-paese europei che presentano assetti istituzionali diversi. Ne è emerso che proprio relativamente ai livelli di decentramento amministrativo (si pensi a Stati federali, come la Germania e la Svizzera, contrapposti a Stati unitari, come la Francia e l'Olanda), e al livello di dispersione dei poteri (si pensi a uno Stato forte e centralizzato, come la Francia, e ad altri casi di Stati deboli, come la Svizzera), l'andamento delle mobilitazioni presenta una scarsa linearità, dimostrando l'inadeguatezza di queste due variabili a spiegare le possibilità di attivazione di forme più o meno durature di azione collettiva.

15.9.1. Sistemi di repressione e alleati politici

Interessante è anche analizzare le dinamiche di movimento in rapporto alle strategie adottate dagli Stati di fronte a forme più o meno organizzate di azione collettiva. In genere, ogni movimento tende a essere condizionato se non addirittura permeato dalla cultura politica prevalente nei contesti in cui opera. Per intenderci, quanto più sarà egualitaria e liberale la cultura dominante di una data società, tanto meno l'azione collettiva dovrebbe assumere i contorni di un forte antagonismo sociale. Anche la storia democratica di un paese può influenzare le strategie prevalenti, nel senso che, soprattutto in paesi che hanno un passato autoritario relativamente recente, può accadere che un rigido richiamo all'ordine anche attraverso l'adozione di strategie di repressione dura possa riemergere di fronte all'esplosione di una fase movimentistica. Gli spazi di agibilità dei movimenti sociali possono quindi essere condizionati dagli atteggiamenti delle *élites* politiche. Alcune ricerche mostrano che in quei paesi i cui Governi per tradizione adottano strategie più assimilative, riconoscendo come legittimi anche interessi esterni ai partiti, si registrano dinamiche di mobilitazione che assumono forme meno radicali (Flam 1994b).

Naturalmente, considerare gli assetti istituzionali per valutare la struttura delle opportunità politiche di un movimento sociale è importante, ma non sufficiente. Le istituzioni così come la cultura mutano molto lentamente nel tempo e per questa ragione gli stessi attivisti tendono a considerarle come fattori costanti con cui fare i conti piuttosto che come l'oggetto di trasformazioni nel medio-breve periodo. Rilevanti sono invece quegli studi che si concentrano su fattori più dinamici che influenzano fortemente anche le strategie dei movimenti e gli esiti della protesta, come l'**instabilità elettorale** e l'eventuale **divisione tra le *élites***. Come notano alcuni studiosi, i fattori istituzionali sono mediati da due variabili riconducibili, da un lato, al «comportamento del sistema di alleanze»; dall'altro, al «comportamento del sistema di conflitto» (Kriesi 1989; Klandermans 1989b, 1990; della Porta, Rucht 1995). Nel primo caso, ci si riferisce agli attori che sono alleati dei movimenti; nel secondo caso, ci si riferisce invece a chi vi si oppone. Il sistema di alleanze può fornire importanti risorse alla mobilitazione, oltre che spazi fondamentali di agibilità; il sistema di conflitto tende invece a restringere i margini dell'azione collettiva. La predominanza di uno dei due sistemi è decisa dalla configurazione del potere, ossia dalla sua distribuzione tra gli attori rilevanti. Dal momento che alleati dei movimenti possono essere alcuni partiti politici, senza dubbio il successo elettorale di quei partiti dovrebbe ampliare la struttura delle opportunità politiche, creando spazi sociali dove portare avanti le rivendicazioni senza il rischio di rimanere schiacciati sotto la morsa repressiva dello Stato.

La questione del **controllo di polizia** è infatti una variabile molto importante che sovente determina le strategie prevalenti in seno a un movimento sociale. **Lo Stato, come detentore del monopolio della forza fisica, utilizza la polizia per controllare la protesta, chiamando «ordine pubblico» ciò che generalmente gli attivisti rappresentano come «repressione»**. In questo senso, concordiamo con Lipsky quando afferma che «le forze di polizia con la loro azione contribuiscono a definire i termini del conflitto urbano» (Lipsky 1970, 1). Come nota G.T. Marx (1979), le azioni repressive della polizia possono cambiare a seconda degli obiettivi che essa si dà e che possono variare dalla creazione di un'immagine pubblica sfavorevole rispetto alle mobilitazioni, alla riduzione delle risorse disponibili, dalla raccolta di informazioni, allo scoraggiamento degli attivisti, fino ad arrivare all'esplicito sabotaggio di alcune azioni.

A partire dagli anni Settanta, le strategie di intervento delle forze dell'ordine rispetto ai movimenti hanno teso a ridurre al minimo la violenza repressiva

Per strategie di **de-escalation** si intendono quelle azioni di intervento delle forze dell'ordine rispetto ai movimenti tese a ridurre al minimo la violenza repressiva proprio per evitare l'irrigidimento dei rapporti tra movimenti e Stato con la conseguente radicalizzazione delle forme di protesta

proprio per evitare l'irrigidimento dei rapporti tra movimenti e Stato che aveva caratterizzato quella stagione. Gli analisti parlano in questo caso di strategie di **de-escalation**. Anche alcune forme di disobbedienza civile e di violazione della legge spesso sono tollerate per evitare un'escalation violenta che si verifica ogni qual volta la gestione dell'ordine pubblico si presenta con il volto duro della repressione di Stato. Gli stili di repressione drastica, se da un lato disincentivano la protesta, dall'altro tendono a inibire le componenti più politicizzate dei movimenti rafforzando di fatto quelle più radicali. Da una ricerca comparata che la della Porta (1995; o anche 2007) ha condotto sulla stagione dei movimenti in Italia e Germania, questo fenomeno emerge con evidenza. Nel primo caso-paese, la degenerazione violenta è coincisa con una fase di forte repressione da parte degli organi dello Stato. Al contrario, in Germania, l'apertura offerta dal governo composto da socialdemocratici e liberali ha fatto sì che i movimenti potessero adottare repertori d'azione più convenzionali, almeno fino a un certo livello del loro sviluppo.

Oltre che un sistema repressivo più o meno tollerante, fondamentale per gli attivisti di movimento è poter contare su un **circuito di alleati politici** e su un sistema dei media il più possibile pluralistico e autonomo che consenta l'accesso agli sfidanti del potere. Per quanto riguarda i potenziali alleati, possono essere di diverso tipo: gruppi, associazioni, altri movimenti, ma l'attenzione degli studiosi si focalizza essenzialmente sui partiti, in particolare quelli di sinistra, tendenzialmente più sensibili a istanze di trasformazione. In genere, tra partiti di sinistra e movimenti sociali si costruisce un sistema di interscambi che varia al variare dei contesti. Tanto per cominciare, se i partiti interessati sono all'opposizione, è più facile che possano sostenere la protesta politica espressa dai movimenti, mentre i rapporti rischiano di incrinarsi nel momento in cui assumono ruoli di governo, quando i vincoli di bilancio e il rispetto di alcune compatibilità portano le coalizioni di partito a ridurre la disponibilità verso le domande emergenti (si veda a riguardo de Nardis 2009). Inoltre, l'alleanza tra partiti di sinistra e movimenti condiziona le strategie dei movimenti stessi, riducendo la necessità di ricorrere a repertori d'azione troppo radicali (della Porta 1995; della Porta, Fillieule 2004). Isolamento e radicalizzazione, in questo senso, sono strettamente connessi.

15.10. Movimenti sociali e globalizzazione

Pur nascendo in un contesto nazionale, i movimenti possono dispiegarsi su un livello transnazionale (*cross-national*), espandendo il cosiddetto *social movement sector*. La protesta non sempre deve essere reinventata nelle sue basi e nei suoi repertori, ma sovente può ispirarsi a tattiche e idee elaborate in contesti sociali e nazionali altri (McAdam, Rucht 1993). La diffusione di pratiche e ideologie può avvenire in maniera diretta, attraverso contatti non-mediati tra i diversi attivisti, o indiretta, attraverso il supporto tecnico dei mezzi di comunicazione. Alcuni studi (della Porta, Rucht 1995) hanno messo in evidenza forti analogie tra quei movimenti che articolano la protesta su tematiche simili. Questo, se da un lato dipende dal tema stesso su cui si dispiega l'azione collettiva che presuppone un certo repertorio di azione protestativa già sperimentato in altri contesti, dall'altro, è il frutto delle interazioni crescenti tra i diversi movimenti sociali nazionali. Se questo era già vero nei movimenti del passato, è ancora più evidente a partire dalla metà degli anni Novanta con i movimenti sociali che ovunque nel mondo si sono riconosciuti nelle mobilitazioni *NoGobal* o, meglio, per una globalizzazione dal basso (Andretta *et.al.* 2002; de Nardis 2003, della Porta 2003).

Già la Leonardi (2001), aveva descritto la strutturazione della società civile a un livello sovranazionale come la **dimensione sociale della globalizzazione**, connessa ai livelli di internazionalizzazione economica, culturale e politica. Se infatti i movimenti sociali nascono con la costituzione degli Stati e il conseguente sviluppo della politica nazionale, è evidente che una risposta coerente ai processi di **transnazionalizzazione** della politica sia quella di dispiegare l'azione protestativa su un piano che prescinda dai rigidi confini geopolitici degli Stati (Smith 1995; 2004; della Porta *et.al.*,1999). La costituzione di arene politiche continentali e globali sul tipo delle *Inter-Govenmental Organizations* (IGOs), ha necessariamente stimolato la formazione di attori collettivi concepiti per un'azione sociopolitica globale sul tipo delle *Non-Governmental Organizations* (NGOs), e delle *Transnational Social Movement Organizations* (TSMOs), spesso alleate in mobilitazioni comuni (della Porta, Mosca 2002).

> Se i movimenti sociali nascono con la costituzione degli Stati, una risposta ai processi di **transnazionalizzazione** della politica sta nel dispiegare l'azione collettiva su un piano che prescinde dai confini nazionali

Anche se il potere statale non si annulla dentro queste dinamiche, da tempo, alcuni cambiamenti sociali, culturali e soprattutto geopolitici hanno modificato l'ambiente sociale e istituzionale dei movimenti. A livello nazionale, si registra quasi ovunque un indebolimento degli attori politici tradizionali con un conseguente trasferimento dei poteri dal Parlamento (organo formalmente sovrano sui processi legislativi) all'Esecutivo. A livello sovra-nazionale, assistiamo alla nascita di istituzioni politiche ed economiche internazionali che minano la sovranità politica degli Stati, andando direttamente a incidere sui processi decisionali. Nel frattempo, reti sociali, economiche e politiche informali si espandono oltre i confini nazionali configurando quello che Sidney Tarrow e Donatella della Porta hanno descritto come una sorta di **internazionalismo complesso** (2005) che non può non trovare riscontro anche nelle modalità di articolazione transnazionale dei movimenti sociali contemporanei. In particolare, sono stati individuati tre principali strategie di transnazionalizzazione dei movimenti:

- **Diffusione** (*diffusion*): essa rappresenta la forma più antica di transnazionalizzazione dei conflitti che si verifica con l'espansione delle idee e delle pratiche di un movimento da un paese a un altro. Alcuni esempi storici ci vengono dal movimento contro la schiavitù, che nel XVIII secolo si diffuse dall'Inghilterra a tutto il continente europeo (Drescher 1987), o negli anni Sessanta del XX secolo, quando le pratiche del movimento studentesco americano si diffusero nella Germania Occidentale e poi nel resto d'Europa, per mezzo degli studenti europei che avevano studiato nei Campus statunitensi (McAdam, Rucht

1993). Un altro esempio ci viene dalla rivolta zapatista nello Stato messicano del Chiapas che in breve tempo, a partire dalla metà degli anni Novanta, è riuscita a produrre una rete di solidarietà internazionale radicando le proprie ragioni soprattutto nei movimenti dell'Europa meridionale (Tarrow, McAdam 2005). Uno degli elementi che caratterizza il nuovo sistema internazionale sta proprio nella facilità di trasferimento di informazioni, linguaggi e pratiche da uno Stato a un altro, sia grazie alla prolificazione dei mezzi di trasporto *low cost*, sia grazie allo sviluppo delle nuove tecnologie della comunicazione (Bennett 2003; 2005).

- **Domesticalizzazione** (*domestication*): con questo processo intendiamo il dispiegarsi a livello locale e nazionale di conflitti che hanno origine esternamente. L'evidenza empirica mostra che molte proteste che identificano come target i governi nazionali riguardano in realtà decisioni elaborate o implementate a livello sovranazionale. Esempi di questo tipo ci vengono dalle proteste contro le politiche dell'Unione Europea (Imig, Tarrow 2001; Bush, Simi 2001) o da quelle rivolte direttamente a istituzioni politico-economiche internazionali come il Fondo Monetario Internazionale (Walton 2001; Auyero 2003).
- **Esternalizzazione** (*externalization*): con questo processo intendiamo invece le azioni di protesta che coinvolgono istituzioni sovranazionali pur avendo origine a livello locale e nazionale. Molte ricerche mostrano in questo caso come Ong che tradizionalmente operano a livello internazionale cerchino da tempo di costruire legami e forme di connessione con alcuni movimenti sociali nazionali allargando la sfera del conflitto (Keck, Sikkink 1998; Sikkink 2005). In questo senso, i movimenti sociali dimostrano di guardare alla dimensione internazionale come fonte di risorse partecipative da spendere a livello nazionale (Chabanet 2002). Le strategie di esternalizzazione sono per esempio molto evidenti nel caso dei movimenti ambientalisti in Europa che guardano all'Unione Europea (cioè esternalizzano la protesta) quando riscontrano una debole struttura delle opportunità politiche a livello nazionale (Rootes 2002; 2005).

La composizione di questi tre processi dà vita a quelli che molti studiosi hanno soprannominato *movimenti sociali globali*, mentre altri preferiscono definirli, più prudentemente, come **forme di azione collettiva transnazionale**, che si realizzano soprattutto attraverso la pianificazione di campagne coordinate a livello internazionale, mettendo insieme reti di attivisti che si mobilitano contro altri attori, Stati, o istituzioni internazionali (della Porta, Tarrow 2005).

I processi di transnazionalizzazione sono poi ulteriormente facilitati da alcuni cambiamenti ambientali che si sono verificati negli ultimi due decenni. Il primo riguarda la crisi del Blocco Sovietico e la conseguente fine della Guerra Fredda. Questo ha determinato una vera e propria ondata di sostegno verso quelle Ong che agivano in Europa orientale e negli Stati dell'ex Unione Sovietica (Mendelson, Glenn 2002). Un secondo cambiamento è relativo allo sviluppo delle forme elettroniche di comunicazione che senza dubbio hanno facilitato il raccordo transnazionale tra gruppi e network che operano in diversi contesti (Tilly 2007). Senza contare poi i processi migratori che hanno stimolato forme di attivismo e autorganizzazione dei migranti (Guarnizo, Portes, Landolt 2003). Un terzo importantissimo cambiamento ambientale è quello rappresentato dal potere crescente delle *corporation* economiche e delle istituzioni politico-economiche internazionali (WTO, IMF, WB, G8, ecc.). Tutti questi elementi offrono opportunità nuove di attivismo e di raccordo transnazionali. La presenza di questi organismi internazionali (istituzionali e non) che di fatto agiscono verticalmente, ha reso possibile la formazione di legami orizzontali tra gruppi e network di attivisti che il più delle volte si realizzano attraverso la costituzione di vere e proprie coalizioni politiche (Peterson 2007) che agiscono su una dimensione transnazionale, pur essendo composte da gruppi e associazioni fortemente radicati a livello nazionale e locale, tanto da meritare l'appellativo di **rooted cosmopolitans** (cosmopoliti radicati) (Tarrow, della Porta 2005, 228).

Approfondimento 15.4

Le Contentious Coalitions

I movimenti sociali si compongono generalmente di coalizioni di conflitto, cioè gruppi di attori, intesi come organizzazioni, network di azione, e individui che puntano al cambiamento di un sistema sociale e politico e del sistema di relazioni che si articolano in esso. In maniera propositiva essi si mettono insieme per perseguire un progetto che non potrebbero perseguire come singoli.

Abby Peterson (1997) parla a questo riguardo di **rainbow coalitions** (coalizioni arcobaleno) intese come alleanze temporanee tra organizzazioni, gruppi e individui diversi finalizzate alla mobilitazione e pianificazione di eventi di protesta. Il politico afroamericano Jesse Jackson introdusse questa nozione negli anni Ottanta. Si riferiva a quelle alleanze che attraversavano le barriere razziali tra gruppi afroamericani, ispanici, asiatici, per contrastare l'oppressione razzista. La stessa nozione è stata poi riutilizzata da gruppi di diversa natura, nel caso dei "guerrieri arcobaleno" (*rainbow warriors*) di Greenpeace o del movimento gay e pacifista in Italia. Essa divenne un simbolo potente perché condensava le aspirazioni e le visioni trasgressive espresse da alcuni *action network*. La coalizione arcobaleno per sussistere ha bisogno di tre elementi: 1) essere limitata nel tempo, cioè predisposta in preparazione di eventi di protesta specifici e destinata a sciogliersi col termine di tali eventi; 2) essere limitata nello spazio, cioè finalizzata a produrre mobilitazione in uno spazio geografico definito; 3) produrre vari significati, nel senso che l'unione tra soggetti diversi rappresenta anche la connessione tra diversi obiettivi di lotta che presuppongono diverse soluzioni.

Le coalizioni arcobaleno diventano uno strumento utile per comprendere diverse forme di mobilitazione in occasione di specifici eventi politici (come nel caso dei contro-vertici). Questi eventi aprono temporaneamente spazi di azione conflittuale aggregando target di lotta simbolici, come i governi degli Stati nazione, cercando al contempo di attirare l'attenzione dei media mondiali su un tempo e un luogo specifici. Tali coalizioni non si costituiscono solo in occasione dei cosiddetti giorni di protesta, ma sono concepiti per aggregare una poliedricità di gruppi sociali e politici su obiettivi specifici. Il concetto di *rainbow coalition* tende a essere in parte distinto da quello di **campaign coalition**, cioè quelle coalizioni costruite su specifici obiettivi, e da quello di **resistance coalition** o **colour revolution**, che si riferisce alle coalizioni formate sulla proposta esplicita di sovvertire un sistema di potere, sostituendo un Governo in carica con uno nuovo espresso dall'opposizione (si pensi alla 'rivoluzione arancione' in Ucraina). Ognuno di questi tre tipi di coalizione rappresenta una diversa istanza per la costruzione di una struttura coalizionale di mobilitazione. Ciò che hanno in comune i tre tipi discussi di coalizione, così come le *contentious coalitions* in generale, è che si tratta sempre di network di azione e comunicazione. Aprono spazi di discussione e dialogo come **communication networks coalitions**. Uniscono gruppi diversi e precedentemente sconnessi attivando processi di crescita e apprendimento comuni. I diversi attivisti sono così costretti a condividere interessi e identità.

Per saperne di più si legga il saggio di Abby Peterson in F. de Nardis (2007)

Soprattutto a partire dalla metà degli anni Novanta si è assistito a una accelerazione delle forme di coordinamento transnazionale tra organizzazioni di movimento. Un esempio lampante è rintracciabile nell'imponente movimento pacifista che il 15 Febbraio 2003 è riuscito a coordinare una mobilitazione mondiale che ha visto manifestare contro l'intervento militare anglo-americano in Iraq circa 17 milioni di cittadini sparsi nel mondo. Si trattò della più grande mobilitazione della storia che per la prima volta non coinvolse solo gli attivisti delle grandi capitali occidentali, ma anche gruppi e movimenti dei paesi in via di sviluppo. L'espansione dell'ideologia e delle istituzioni neoliberali, il tentavo nord-americano di ridefinizione di un nuovo ordine attraverso la strategia della guerra permanente, i rischi ambientali generati da una fiducia cieca nel concetto di sviluppo e il consolidamento delle nuove tecnologie della comunicazione hanno dunque permesso la nascita di un sistema di solidarietà internazionale che specie nel caso del movimento per un'altra globalizzazione ha saputo trasformarsi in azione collettiva incidendo sui processi politici globali. Ma si pensi anche alla grande mobilitazione contro la crisi finanziaria globale fissata per il 15 ottobre 2011 dal movimento transnazionale degli *indignados* che vide mobilitarsi lo stesso giorno 951 città in 82 diversi paesi.

Le nuove generazioni di attivisti si organizzano dunque in network transnazionali che hanno il merito di riprodurre le rivendicazioni sulle politiche nazionali e internazionali (Smith, Johnston 2002). Esse trovano uno sbocco concreto in documenti appositi e in repertori strategici di pressione, persuasione e conflitto. Essi non decidono direttamente, ma possono concorrere a decidere attraverso la cooperazione con le forze politiche istituzionali che si realizza specie al livello di governo locale e attraverso la produzione, lo scambio e l'uso strategico delle informazioni. In questo senso, essi rappresentano innegabilmente un attore rilevante del contemporaneo assetto politico internazionale (Keck, Sikkink 1998).

La politica mondiale si configura attorno a una relazione asimmetrica tra Stati nazionali, ma anche tra attori non statali che interagiscono reciprocamente e si strutturano sotto forma di network relazionali sempre più visibili in ambito internazionale. Gli attivisti di movimento agiscono non solo per influenzare l'outcome della decisione pubblica, ma anche e soprattutto per cambiare i termini del dibattito politico mondiale, spostando l'asse del confronto sociopolitico. I network che costituiscono materialmente i nodi di movimento si realizzano attraverso strutture comunicative con l'obiettivo di influenzare discorsi, procedure, politiche, reinventando un nuovo spazio di discussione e deliberazione.

Approfondimento 15.5

Il Global Justice Movement

Si tratta di un movimento altrimenti definito *no-global* o anti-globalizzazione per indicare un insieme internazionale di gruppi, Ong, associazioni e singoli attivisti accomunati dalla critica al neoliberismo, la cui prima comparsa mediatica è riconducibile, nel 1999, alla mobilitazione contro la Conferenza Ministeriale del Wto tenuta a Seattle negli Stati Uniti. Di quello che è stato inizialmente chiamato **popolo di Seattle** non è mai stata data una denominazione unica, per via dell'enorme varietà e complessità delle organizzazioni che vi si sono riconosciute. La critica principale del movimento è indirizzata alle multinazionali il cui potere è così forte da condizionare le scelte dei singoli governi su politiche non eco-sostenibili, sovente imperialiste e in genere dannose per le condizioni dei lavoratori. Nomi alternativi per il movimento vengono usati spesso. Se si usano termini come *new global* (che propugna un'altra forma di globalizzazione) o *movimento dei movimenti*, in ambito accademico, alcuni autori parlano di *Global Justice Movement* per sottolinearne due caratteristiche peculiari: il suo essere una rete transnazionale di movimenti sociali e il suo focalizzarsi su diverse aree tematiche che possono essere ricondotte alla più generale richiesta di una giustizia globale. In altri paesi (come in Francia) la denominazione di *alter-mondialismo* tende a essere utilizzata, in sostituzione di quella di anti-globalizzazione, per indicare comunque una visione positiva e propositiva. Si tende in definitiva a sottolineare il fatto che il rifiuto è nei confronti del tipo di globalizzazione che si sta sviluppando e non del concetto di globalizzazione in sé.

Il movimento sorge in parte come risposta a tensioni che si sono accumulate dalla fine della guerra fredda, con la crisi dello stato sociale, la crisi dei partiti politici di massa, la caduta delle barriere economiche tra gli Stati, la delocalizzazione dei comparti produttivi, lo sfruttamento della manodopera nel terzo mondo, il rafforzamento dei monopoli e del potere delle multinazionali, la progressiva perdita di controllo politico da parte dei cittadini sul mondo economico finanziario. Il movimento si sviluppa quindi con numerose iniziative di protesta contro i processi di globalizzazione dell'economia, resi possibili dagli accordi sul commercio internazionale, sanciti nell'ambito del WTO, e dalle scelte dei governi riuniti in organismi quali il G8, nonché di alcune istituzioni internazionali come il Fondo Monetario Internazionale e la Banca Mondiale. Il movimento si è riunito a partire dal gennaio 2001 ogni anno in America Latina, ma anche in Asia o in Africa per il Forum Sociale Mondiale in contrapposizione al Forum Economico Mondiale di Davos, nonché per i diversi Forum Sociali nazionali e continentali. Ha organizzato numerosi contro-vertici guadagnando una significativa attenzione mediatica.

Nel 2002, dopo l'attentato alle torri gemelle e la successiva guerra in Afghanistan, le mobilitazioni confluiscono in un più ampio movimento pacifista. Le istanze mosse dai manifestanti si mescolano con quelle di opposizione alla politica militare del governo nord-americano. Il movimento per una giustizia globale non ha confini netti; esso contiene moltissime istanze della società civile che spesso si esprimono politicamente e operano in ambiti limitati e con caratteristiche peculiari. Ha rappresentato un momento di rinascita della società civile e ha promosso, specie a livello locale, diverse esperienze di democrazia partecipativa e deliberativa. Gli strumenti di lotta del movimento sono consistiti principalmente nel boicottaggio, nelle manifestazioni, nella controinformazione e nella promozione di uno stile di vita per così dire sostenibile (si pensi alle pratiche di consumo critico).

Percorso di autoverifica

- Quale movimento ha dominato la scena politica per tutta la modernità?
- Quali suggestioni offrono i classici della sociologia rispetto al fenomeno dell'azione collettiva?
- Quali sono i quattro principali approcci all'analisi dei movimenti sociali? A quali paradigmi teorici che hanno dominato le scienze sociali per buona parte del ventesimo secolo essi rispondono (e reagiscono)?
- Integrando i diversi approcci allo studio dell'azione collettiva, che tipo di definizione possiamo dare di un movimento sociale?
- Che rapporto esiste tra mutamento delle strutture socioeconomiche e sociopolitiche e azione collettiva?
- Cosa intendiamo per movimento a single-issue?
- Con cosa identifichiamo i nuovi conflitti?
- Cosa è uno «schema interpretativo», ma soprattutto come viene elaborato e manipolato?
- Cosa si intende con il concetto di «identità multipla» applicata al fenomeno dei movimenti sociali?
- Come possiamo definire un reticolo di movimento?
- Quali sono le principali tipologie di scambio interorganizzativo?
- Che ruolo hanno le organizzazioni di movimento nella strutturazione della protesta?
- Cosa intendiamo per repertori organizzativi e di azione e quali sono le logiche della protesta?
- Come si articola un ciclo di protesta?
- Cosa intendiamo per struttura delle opportunità politiche e quale configurazione istituzionale facilita l'organizzazione dell'azione collettiva?
- Che rapporto esiste tra radicalizzazione della protesta e pratiche repressive dello Stato?
- Quali sono le principali strategie di transnazionalizzazione della protesta e dei suoi repertori?
- Cosa intendiamo per «coalizioni di conflitto» e che forme possono assumere?

PARTE IV

Processi sociali e funzioni politiche

Ideologie e culture politiche 16

Ideologie e culture politiche sono due concetti affini ma empiricamente distanti che hanno a che fare con il rapporto complesso tra politica e cultura. La cultura politica rappresenta l'insieme di valori e simboli aventi funzione cognitiva, affettiva e valutativa rispetto al funzionamento di una comunità politica. Essa può essere di massa, indicando gli orientamenti valoriali del popolo, o di élite, indicando invece gli orientamenti valoriali delle classi politiche. La cultura politica, a certe condizioni, può sostenere i valori e gli istituti delle democrazie moderne; in tal caso, si parla di cultura politica civica. L'ideologia rappresenta invece una delle possibili forme che può assumere il tentativo umano di organizzare e giustificare, da un punto di vista cognitivo, un certo ordine di cose e, se applicata alla dimensione politica, si configura come un sistema di credenze, altamente integrato e poco suscettibile al cambiamento, che agisce da leva per l'azione politica. La crisi delle vecchie ideologie ha fatto sì che venisse messa in discussione anche la classica dicotomia destra/sinistra che invece si dimostra ancora utile a produrre identità e integrazione politica. In ogni caso, il declino in termini di legittimazione delle classi politiche occidentali ha fatto sì che si sviluppassero anche nei contesti democratici sentimenti antipolitici di massa. L'antipolitica è connessa ai nuovi fenomeni di populismo in buona parte facilitati dalla crisi dei partiti di massa e dalle dinamiche di personalizzazione e mediatizzazione del processo politico in Occidente.

Obiettivi di apprendimento

- La cultura politica rappresenta quell'insieme di atteggiamenti, credenze e sentimenti che danno ordine e significato al processo politico contribuendo a orientare il comportamento dei cittadini e degli attori politici all'interno di una comunità.
- L'ideologia politica corrisponde a un sistema di credenze esplicite, integrate e coerenti, che giustificano l'esercizio del potere, spiegano e giudicano gli eventi storici, identificano ciò che è bene e ciò che è male in politica, fornendo una guida per l'azione.
- Il tratto saliente di ogni movimento populista sta nel richiamo costante al «popolo», inteso come soggetto indifferenziato e portatore dei valori autentici di una moralità superiore.

16.1. Società, politica, cultura

I concetti di «ideologia» e «cultura politica» sono tra i più abusati, ma non esiste per entrambi una definizione che unisca la comunità sociologica e politologica. Si tratta dunque di temi controversi che hanno a che vedere con il rapporto complesso tra processo politico e dimensione culturale. Prima di tentare una concettualizzazione empirica dei due termini, occorre dunque precisare cosa intendiamo per «cultura» e il tipo di connessione che essa ha con il campo della politica. **La cultura può essere definita come quel patrimonio intellettuale e materiale, tendenzialmente durevole nel tempo, ma suscettibile di trasformazioni, fatto di valori, norme, tecniche comportamentali, aventi funzione cognitiva, affettiva, regolativa, trasmesso attraverso simboli, di generazione in generazione, tra i membri di una società**.

La **cultura** è quel patrimonio intellettuale e materiale fatto di valori, norme, tecniche comportamentali, aventi funzione cognitiva, affettiva, regolativa, trasmesso attraverso simboli, di generazione in generazione

La cultura rappresenta dunque l'insieme, ampiamente condiviso, di valori, atteggiamenti e conoscenze che può variare da una società all'altra. Essa è in genere alla base di ogni **identità collettiva**, intesa come quell'insieme di consuetudini, rituali, norme attorno a cui si costruisce il senso di appartenenza a un gruppo sociale. Una identità può mutare nel tempo ed è proprio la sua variabilità che la distingue dalla natura umana, biologicamente innata. Non è tendenzialmente facile assistere a un mutamento culturale; i fattori centrali di una cultura sono infatti restii al cambiamento: in primo luogo, perché è molto difficile cambiare gli aspetti centrali dell'apparato cognitivo di un individuo adulto; in secondo luogo, perché quegli stessi aspetti si radicano a tal punto nella coscienza individuale che perderli potrebbe voler dire piombare in uno stato di incertezza e angoscia. Per assistere a un mutamento culturale non si può dunque prescindere da una dimensione osservativa longitudinale che tenga conto del passaggio generazionale a cui spesso fa seguito un ricambio delle convinzioni e degli stili di vita. Quando si parla di cultura non si può non tenere conto del fatto che **gli individui elaborano risposte di fronte a condizioni oggettive sulla base di modelli cognitivi soggettivi che variano da cultura a cultura, ma che si oggettivizzano al suo interno, segnando i confini delle diverse tradizioni sociali**. Tali tradizioni si riproducono nelle dinamiche della socializzazione in base alle quali ciò che si è appreso prima condiziona inevitabilmente le successive fasi di apprendimento.

Per comprendere meglio il concetto di mutamento culturale, mutuando un'intuizione di Moscovici (1988; 1989), potremmo assumere la cultura come **rappresentazione sociale**, intesa come una sorta di «*mega* software di base capace di garantire l'interazione sociale» (Santambrogio 1999, 907). Moscovici evidenzia due processi fondamentali che metterebbero in luce il carattere sostanzialmente plastico di una rappresentazione sociale riconducibile a un sistema di cultura: l'**ancoraggio** e l'**oggettivazione**. Se, con il primo caso, si intende la fase in cui nuovi riferimenti simbolici si *ancorano* su un sistema simbolico preesistente, attivando un processo di mutamento o, comunque, di condizionamento culturale, nel secondo caso, invece, si intende quella fase in cui i nuovi elementi sono riempiti di contenuti simbolici arrivando a istituzionalizzarsi, a oggettivarsi, accostandosi o sostituendosi ai vecchi riferimenti culturali. Il nuovo «paradigma» si consolida solo nel momento in cui riesce a raggiungere un certo grado di familiarità con i nuovi simboli che si sono intromessi in modo quasi «disturbante» per poi diventare un punto di riferimento culturale. Sulla base di questa impostazione, autori come Abric (1992) e Flament (1992) hanno sviluppato la **teoria del nucleo centrale** secondo cui, all'interno di qualsiasi rappresentazione sociale, vi sono aspetti più saldi e duraturi, i cosiddetti **stereotipi**, condivisi dall'intera collettività, e aspetti più malleabili e suscettibili di cambiamento, come le **opinioni**, che si articolano in genere su un piano individuale aggregato, e gli **atteggiamenti sociali**, condivisi invece da porzioni di società (Santambrogio 2001). Stereotipi, opinioni e atteggiamenti informano la vita quotidiana dei membri di una comunità dando corpo alla «cultura politica» di un popolo che è analiticamente qualcosa di diverso dalle sue «ideologie», per quanto non manchino elementi in comune.

16.1.1. Cultura e politica: alcuni precordi

> Una certa attenzione agli **assetti culturali** ha radici che risalgono ai primordi dell'analisi politica

La tendenza a voler spiegare l'agire politico attraverso il riferimento agli **assetti culturali** ha in realtà radici che risalgono ai primordi dell'analisi politica. Concetti base come «socializzazione», «cultura politica», «mutamento culturale» sono presenti anche nella letteratura classica. Platone, ne *La Repubblica* (544d), scrive che «anche di temperamenti umani ci sono per forza tante specie quante ce ne sono di costituzioni. Credi forse che le costituzioni nascano da una quercia o da una roccia, anziché dai caratteri dei cittadini, caratteri che, come pesi, si trascinano dietro tutto il resto?». E non rappresenta forse una lezione di «civismo» quella di Socrate, nel *Critone*, quando si rifiuta di sfuggire alla sua condanna a morte pur di non trasgredire quelle leggi che egli stesso ha contribuito a creare in quanto membro di una comunità? Lo stesso Aristotele attribuisce grande rilevanza alle variabili politico-culturali e alla loro relazione con le dinamiche di stratificazione sociale. Egli considera l'importanza dei processi di socializzazione primaria correlati allo status socioeconomico degli individui rispetto alla formazione di una coscienza civica. Lo Stato è concepito da Aristotele come una comunità in cui individui e famiglie condividono una concezione di «bene comune», intesa come una sorta di cultura politica unitaria che dà stabilità al sistema. Secoli dopo, studiosi come Machiavelli, Montesquieu, Rousseau hanno offerto un contributo prezioso all'analisi della cultura politica: i primi due facendo riferimento alle virtù civiche della Roma antica circa l'importanza dei valori e dell'educazione morale dei cittadini; il terzo facendo riferimento ai concetti di «costume», «usanza», «opinione», fondamentali per l'analisi delle rappresentazioni socioculturali.

Importanti sono anche i contributi di Hobbes (1651) e Locke (1690) che, su posizioni diverse, si fanno comunque fautori di una concezione dello Stato come creazione sociale per il governo della comunità. Kant (1784) lancia le basi del moderno liberalismo di stampo illuminista fondato su uno Stato repubblicano laico; uno Stato di ragione orientato su finalità etiche, che è anche Stato di diritto, traendo forza dall'emanazione di regole desunte dalla ragione umana e condivise dalla comunità. Tocqueville (1835-1840) presta infine attenzione ai «costumi» di un popolo che sarebbero alla base della conservazione della repubblica democratica.

Nella seconda metà del diciannovesimo secolo, lo studio della cultura politica e delle ideologie cominciò ad essere trascurato per poi rivitalizzarsi su basi però conservatrici nell'opera di Carl Schmitt sulle *Categorie del politico* (1927, tr.it. 1972). L'autore intende rifondare le basi teoriche della politica moderna enfatizzando la costruzione di una identità autonoma del politico, fondata sulla contrapposizione radicale amico/nemico. L'elemento qualificante del conflitto politico sta nell'identificazione di un «nemico» (*feind*). Secondo Schmitt l'azione politica si fonda su sentimenti di odio e ostilità nei confronti dell'*hostis*, cioè del **nemico pubblico** che è cosa diversa dal nemico personale; non occorre infatti odiare personalmente l'avversario politico per combatterlo con radicalità. Tale concezione considera la politica solo nella sua versione infuocata, di contrapposizione tra parti avverse e inconciliabili. Il bersaglio teorico di Schmitt è dunque la concezione classica del liberalismo che si fonda sulla moderazione dei conflitti attraverso la normalizzazione procedurale. Negli anni Trenta del ventesimo secolo prende tra l'altro piede il tema delle «ideologie», soprattutto sotto la spinta dell'opera di Karl Mannheim che, con il suo *Ideologia e utopia* (1929, tr.it 1957), si pone l'obiettivo di individuare le implicazioni pubbliche e politiche del pensiero umano che diventa così uno strumento di vita collettiva.

In seguito, la crisi delle aspettative illuministico-liberali del diciannovesimo secolo stimola un ripensamento teorico generale sul concetto di cultura politica. Come scrive Almond, curatore della voce «cultura politica» nell'*Enciclopedia delle scienze sociali* (1992), non si può tra l'altro trascurare il grande sviluppo metodologico delle scienze sociali empiriche a partire dal secondo dopoguerra, specie negli Stati Uniti, dove si realizzarono le prime ricerche con questionario che avrebbero contribuito ad alimentare il desiderio di verificare sul campo le diverse concezioni culturali della politica.

16.2. La cultura politica: una introduzione

La **cultura politica** è quell'insieme di atteggiamenti, credenze e sentimenti che danno ordine e significato al processo politico e orientano il comportamento dei cittadini e degli attori politici

Avendo stabilito cosa per noi si intende per «cultura» e accogliendo l'idea che essa possa anche essere concepita come una forma di rappresentazione sociale, procediamo a una definizione preliminare del concetto di «cultura politica». Gli studiosi offrono a questo riguardo indicazioni discordanti ma, cercando di valorizzare gli elementi in comune, possiamo affermare che **la cultura politica rappresenta quell'insieme di atteggiamenti, credenze e sentimenti che danno ordine e significato al processo politico e che contribuiscono a orientare il comportamento dei cittadini e degli attori politici**. Essa racchiude in sé parte delle componenti psicologiche e soggettive della politica, determinate sia dalla storia collettiva di una comunità sia dalle diverse storie di vita di chi ne fa parte.

La cultura politica è stata sovente associata a espressioni che implicano una durata nel tempo relativamente ampia, come quelle di «ideologia politica», «ethos nazionale», psicologia politica nazionale intesa come «spirito di una nazione» e «valori fondamentali di un popolo». Ciò che appare subito evidente è che, per cultura politica, intendiamo qualcosa di più profondo e complesso di altri fenomeni come l'opinione pubblica, con cui è sovente confusa.

Il tentativo di concettualizzare la cultura politica ha, come abbiamo visto, radici antiche, ma l'attenzione su di essa da parte degli scienziati sociali è, come vedremo, senza dubbio riconducibile all'opera della scuola comparatista animata da Gabriel Almond negli anni Sessanta del ventesimo secolo, per poi riattivarsi negli anni Novanta come reazione all'insufficienza analitica dell'approccio neo-istituzionalista allora dominante, secondo cui la politica deve essere studiata prestando attenzione ai soli aspetti procedurali e alle pratiche istituzionali. I neo-istituzionalisti trascuravano dunque il fatto che, accanto agli aspetti formalizzati, il processo politico è composto anche da fenomeni difficilmente osservabili, le cosiddette «partite invisibili» di cui parla Sartori (1980), intese come tutto quell'apparato cognitivo, affettivo e valoriale che *giustifica* le procedure all'interno di un sistema politico.

Le definizioni che sono state date alla cultura politica sono comunque diverse; trascuriamo per il momento quelle riconducibili ad Almond e i suoi collaboratori, su cui ci soffermeremo nel prossimo paragrafo. Per Easton (1965), essa non è altro che quell'insieme di valori e norme istituzionalizzate che guidano e delimitano il processo politico, mentre Elkins e Simeon (1979) optano per una definizione in termini di **codici ideazionali**, recuperando un approccio propriamente antropologico; essi interpretano la cultura politica come un insieme di «assunzioni» sulla vita politica in gran parte inconsapevoli e caratterizzate da una dinamica collettiva che prescinde dalle pulsioni individuali. Un altro gruppo di definizioni abbandona l'ipotesi dei *codici* recuperando invece la dimensione simbolica. Per Lehman (1972), la cultura politica sarebbe caratterizzata da due ordini simbolici: da un lato, quelli che hanno il compito di tipizzare i comportamenti incorporati nelle istituzioni politiche; dall'altro, quelli che, legittimando il primo ordine di simboli, lo rendono plausibile. Per Elder e Cobb (1983, 143), i «simboli» non sono altro che «gli elementi caratteristici di una cultura politica», cioè gli «oggetti focali» di atteggiamenti politici precisi. Dittmer (1977), dal canto suo, separa i simboli dagli atteggiamenti. A suo avviso, in polemica con l'impostazione di Almond, se si riduce la cultura politica agli atteggiamenti nei confronti della politica, si rischia di scadere in una sorta di riduzionismo psicologico, mentre più utile è porre attenzione sugli oggetti di quegli atteggiamenti, dunque su fattori esterni agli eventi mentali degli individui. Da questo punto di vista, la cultura politica si fonde con la struttura stessa di un sistema politico.

Dalla rassegna pur breve delle diverse posizioni sul tema, emergono, nota Fedel (1989, 368-369), tre linee di tensione: ***a)* perché si abbia una cultura politica è necessaria una certa attività della mente abbinata a un corpo esterno; *b)* è possibile distinguere l'aspetto di orientamento della cultura politica, fondato sugli elementi cognitivi, valutativi, affettivi degli atteggiamenti, o**

su quello comunicativo, fondato su codici e simboli; *c)* **è possibile ipotizzare una relazione tra dimensione orientativa e dimensione comunicativa e, in particolare, tra «atteggiamenti» e «simboli» da un lato, «valori» e «codici» dall'altro**. Tanto gli atteggiamenti quanto i simboli identificano il fatto culturale in *eventi*, mentre valori e codici li identificano in *premesse* di eventi. Ovviamente, qualsiasi discorso sulla cultura politica presuppone un elemento di continuità e discontinuità che caratterizza il mutamento concettuale nel corso dello sviluppo storico. Eventi storici possono concorrere al cambiamento di una cultura politica; tali mutamenti sono in genere più rapidi rispetto all'adattamento che si realizza nell'ambito dei processi di socializzazione attraverso cui le culture politiche sono trasmesse di generazione in generazione e questo può determinare una discrasia tra cultura e prassi politica.

16.2.1. Cultura politica e cultura civica

Come si è accennato, la ripresa di un'attenzione politologica allo studio della cultura politica si deve alla scuola comparatista animata da Almond e, in particolare, a un testo che ha lasciato una traccia importante. Ci riferiamo a *The Civic Culture*, pubblicato da Gabriel Almond e Sidney Verba nel 1963. Gli autori, prima di condurre la loro ricerca su cinque democrazie (Germania Federale, Italia, Messico, Gran Bretagna e Stati Uniti) propongono una definizione articolata della cultura politica che si basa su tre elementi: una definizione concettuale, un'analisi del rapporto tra cultura e struttura politica e, infine, tra cultura politica e democrazia (liberale). A loro avviso, **la cultura politica rappresenta l'anello di congiunzione tra micro e macro-politica** (Almond, Verba 1963, 33), dove, con la dimensione micro, intendono l'ambito motivazionale degli individui; mentre, con la dimensione macro, si riferiscono agli aspetti strutturali del sistema politico. A questo riguardo, **la cultura politica è intesa soprattutto come l'insieme degli orientamenti psicologici di una società nei confronti della politica**. Tali orientamenti possono essere di tipo *cognitivo* – determinati dall'insieme di conoscenze che si hanno sul sistema politico – *affettivo* – dati dai sentimenti che si nutrono nei confronti del sistema – e *valutativo* – cioè le opinioni e i giudizi che si hanno sul sistema politico e che richiedono una combinazione di informazioni, sentimenti e strumenti di valutazione. In base a questi tre elementi, gli autori identificano tre tipi di cultura politica:

- **Cultura politica parrocchiale** (*parochial*), cioè localistica, tipica di società semplici e poco differenziate, dove il processo di graduale autonomizzazione della politica dal resto della società non è maturo e i principali ruoli politici e le istituzioni ad essi annesse tendono a coincidere con le strutture economiche e religiose.
- **Cultura politica di sudditanza** (*subject*), cioè deferente, quando valutazioni e sentimenti nei confronti della politica riguardano il sistema nel suo complesso e, in particolare, gli aspetti di *output* delle strutture politico-amministrative,

cioè le decisioni assunte e passivamente accettate. Meno attenzione è riposta invece verso le dinamiche di *input* e cioè verso le domande che provengono dalla società e che agiscono da stimolo per la politica. La sudditanza implica dunque una sostanziale subalternità alle *élites* politiche.

- **Cultura politica partecipativa** (*participant*), che si fonda cioè su un certo impegno pubblico dei cittadini. In questo caso l'attenzione è rivolta sia agli *output* che agli *input* del sistema che viene riconosciuto come arena e al contempo obiettivo di un intenso attivismo sociale.

Per la scuola comparatista la **cultura civica** è la base di legittimazione delle istituzioni democratiche

Da questa tipologia i due autori arrivano a elaborare il concetto di **cultura civica**, intesa come «cultura politica democratica» che **si raggiunge attraverso una combinazione virtuosa tra «atteggiamento deferente» nei confronti delle istituzioni politiche e «atteggiamento partecipativo», pur nei limiti delle compatibilità sistemiche**. Va detto che, per i due studiosi, l'apice della partecipazione si realizza nel momento del voto, essendo dunque pienamente interni a una concezione liberale di democrazia modellata attorno al sistema politico statunitense. In questo senso, **la cultura civica diventa la base di legittimazione delle istituzioni democratiche**. Ma, come notano i critici dell'impostazione almondiana, il concetto di democrazia non viene mai discusso dai due autori che lo fanno acriticamente coincidere con l'esperienza anglo-americana. Il sistema politico nordamericano viene dunque considerato come la migliore approssimazione empirica alla democrazia e diventa inevitabilmente il modello di riferimento a partire dal quale si esprimono valutazioni e giudizi sull'esperienza politica di altri paesi. La natura prettamente normativa del concetto di *civic culture* proposto da Almond e Verba lo rendono utile sul piano della concettualizzazione, ma meno adatto all'analisi empirica, perché viziato da evidenti pregiudizi ideologici. Come scrive Santambrogio, ciò che è necessario chiarire «è che tutto il dibattito sul rapporto tra cultura politica e cultura civica è viziato dal fatto che viene inserita una fin troppo evidente distorsione normativa: se il primo concetto è, nei limiti concessi a ogni concetto usato dalle scienze sociali, un concetto descrittivo, il secondo è invece un concetto esplicitamente normativo» (Santambrogio 2001, 48). Un'altra critica all'impostazione della scuola comparatista che, crediamo, vada presa seriamente in considerazione, si riferisce all'insufficienza metodologica del sondaggio (*survey*) – largamente utilizzato da Almond e Verba nella loro ricerca – per studiare caratteri e processi culturali. Le tecniche di rilevazione con questionario possono infatti catturare atteggiamenti e opinioni, ma difficilmente potranno carpire gli elementi durevoli, sedimentati storicamente, che caratterizzano una cultura politica.

Le **subculture** identificano gruppi di individui o segmenti sociali che si differenziano da una più larga cultura di cui fanno parte per stili di vita, credenze e visione del mondo

Infine, la scuola comparatista tende a offrire un'immagine della cultura politica come qualcosa di omogeneo e coeso, ma la ricerca sociale ha dimostrato che le culture politiche generali (o nazionali) convivono abbastanza stabilmente con **subculture** (o *sotto-culture*) a cui sociologi e antropologi si riferiscono per descrivere **gruppi di individui o determinati segmenti sociali che si differenziano da una più larga cultura di cui fanno parte per stili di vita, credenze e visione del mondo** (Hebdige 1981; Gelder 2007). Una subcultura può accomunare un insieme di individui con caratteristiche simili, come per esempio l'età, l'etnia, la classe sociale, il credo religioso o politico, l'appartenenza territoriale, l'abbigliamento. Ogni subcultura è espressione di particolari conoscenze, pratiche o preferenze (estetiche, religiose, politiche, sessuali, ecc.) e a volte è definita nell'ambito di una classe sociale, di una minoranza (linguistica, etnica, politica, religiosa) o di un'organizzazione. Celebri sono ormai le ricerche che sul tema delle sotto-culture sono state condotte in Italia, sia riferendosi alle **subculture politico-ideologiche** espresse dai grandi partiti di massa (Galli 1968a; 1968b; Parisi, Pasquino 1977), sia alle **subculture territoriali**, focalizzandosi sulla specificità dei territori nello sviluppo di determinate subculture politiche (Bagnasco 1977; Bagnasco, Trigilia 1984; Trigilia 1981; 1986; Fantozzi 1997). In tutti questi studi si valorizzano le reti locali e familiari che, a certe condizioni, possono rappresentare un motivo di coesione tra gruppi e, come è accaduto nel Nord-Est italiano, anche un motore per lo sviluppo socioeconomico. Le subculture svolgono dunque una funzione fondamentale di integrazione sociale a base localistica, che non necessariamente è destinata a sfociare in forme privatistiche di «familismo amorale» (Banfield 1958; tr.it. 2010). Talvolta esse imboccano direzioni innovative diventando un fattore di mutamento.

16.2.2. Cultura politica e mutamento valoriale

Da quanto detto, emerge chiaramente la connessione tra cultura politica e valori sociali di un popolo. È proprio sul mutamento dei valori che alcuni studiosi hanno concentrato le loro analisi. In particolare, Roland Inglehart, sempre ruotando intorno al concetto di *civic culture*, si sofferma sulla trasformazione dei valori nelle società contemporanee con particolare riferimento alla transizione generazionale da un sistema di **valori materialisti** a uno improntato sulla prevalenza di **valori postmaterialisti**. L'autore studia la cultura politica e i mutamenti valoriali associandoli alla struttura socioeconomica. A suo avviso, dopo la fine della seconda guerra mondiale, i paesi occidentali hanno attraversato una straordinaria crescita economica, in parte sostenuta dall'affermazione dello Stato sociale. Questo avrebbe determinato nell'animo degli individui una tale sicurezza esistenziale da produrre col tempo un mutamento dei valori in senso postmaterialista, anteponendo cioè questioni come la qualità della vita e la tutela ambientale a questioni materialiste come il reddito e la sicurezza. La teoria di Inglehart, esposta per la prima volta in una ricerca pubblicata nel 1977 (tr.it. 1983) e poi riproposta e in parte integrata negli anni successivi (in particolare: Inglehart 1990, tr.it. 1993; e 1996, tr.it. 1998), si basa su due ipotesi di fondo strettamente correlate:

> Secondo Inglehart in un contesto di post-scarsità è possibile che si realizzi un mutamento valoriale in senso **postmaterialista**

- **Ipotesi della scarsità**: si ipotizza che le priorità di ogni individuo riflettano l'ambiente socioeconomico, assegnando un valore soggettivo maggiore a quei beni di cui non esiste una scorta sufficiente.
- **Ipotesi della socializzazione**: si ipotizza che il rapporto tra ambiente socioeconomico e priorità valoriali degli individui non sia immediato, ma si realizzi in un intervallo di tempo più o meno lungo, perché i valori di base di un indi-

viduo riflettono in parte le condizioni ambientali che prevalevano durante gli anni della sua adolescenza.

L'idea di fondo si basa sulla gerarchia dei bisogni e, in particolare, sulla priorità universale dei bisogni materiali e fisiologici su quelli immateriali, cioè estetici, intellettuali e generalmente sociali. Se un uomo ha fame, prima di qualunque altro bisogno, dovrà soddisfare la sua esigenza di mangiare. Questa fondamentale regola individuale vale in linea teorica anche per le società nel loro complesso, nel senso che, in società caratterizzate da un livello di sicurezza e benessere socioeconomico, è più facile che gli individui possano perseguire il soddisfacimento di bisogni non immediatamente materiali, dedicandosi ad attività legate al bene comune e all'autorealizzazione. Nelle società industriali avanzate, per quanto i livelli di disuguaglianza elevati ancora creino un gap difficilmente colmabile tra poveri e benestanti, la maggior parte della popolazione non vive in condizioni di indigenza e questo avrebbe col tempo determinato un mutamento degli orientamenti valoriali connessi a bisogni intellettuali di appartenenza e autostima. **In base alla «ipotesi della scarsità», periodi prolungati di prosperità sociale incoraggerebbero la diffusione di valori postmaterialisti che, politicamente, si traducono nel declino dei partiti tradizionali che fondano la propria identità su fratture di carattere socioeconomico, in favore di partiti e movimenti che si mobilitano su istanze diverse, come l'ambiente, la pace, le libertà (di genere, di culto, di orientamento sessuale, ecc.)**. Di converso, nei paesi più poveri, gli orientamenti sociali dominanti saranno invece legati al soddisfacimento di bisogni materialistici (sicurezza e reddito).

Eppure non mancano eccezioni a questa regola che Inglehart spiega attraverso l'«ipotesi della socializzazione». Una delle convinzioni condivise dalle diverse teorie della socializzazione riguarda la cristallizzazione della «personalità individuale di base»: gli individui, che si sono socializzati fin dalla prima infanzia a certe condizioni e certi valori, difficilmente mettono poi in discussione quelle convinzioni di fondo. Possono al limite maturare alcune nuove convinzioni, ma non scardinare il proprio assetto generale che è diventato parte della loro identità. Per assistere a un mutamento valoriale bisogna dunque aspettare una nuova generazione socializzata a condizioni ambientali diverse. Anche per questa ragione le nuove generazioni sono in genere innovative rispetto a quelle che le precedono. Se quindi l'ipotesi della scarsità ci convince che la prosperità determina un mutamento dei valori in senso postmaterialista, l'ipotesi della socializzazione ci dice che tale mutamento non può avvenire in una notte, ma diventa visibile quando una generazione più giovane subentra a una più adulta:

> *L'ipotesi della socializzazione compendia quella della scarsità. Essa aiuta a spiegare i comportamenti apparentemente devianti: da un lato, l'avaro che sperimenta la povertà nei primi anni di vita e implacabilmente continua ad ammucchiare ricchezza molto tempo dopo aver ottenuto la sicurezza materiale; e dall'altra parte il santo che rimane fedele ai suoi fini di un ordine superiore anche a fronte di severe privazioni. In entrambi i casi, una spiegazione del comportamento che può sembrare deviante di questi individui porta alla loro socializzazione primaria.*
>
> Inglehart 1996, tr.it. 1998, 57

L'autore cerca poi di verificare le sue ipotesi in una serie di rilevazioni attraverso la tecnica della *survey* effettuate sugli abitanti di diversi Stati e, malgrado una preminenza di valori materialisti, constata una tendenza, specie tra i giovani, a riconoscersi sempre più in istanze sociopolitiche postmaterialiste.

> *Appena la fame è passata [...] la sicurezza economica è ancora qualcosa che ciascuno vuole, ma non è sinonimo di felicità. Sempre più i pubblici delle società industriali avanzate hanno cominciato a dare importanza ai valori della qualità della vita, dando qualche volta priorità ai valori della protezione ambientale piuttosto che alla crescita economica.*
>
> ibid., 58

A dimostrazione della tesi, Inglehart constata tra l'altro che nelle società dove i postmaterialisti sono più numerosi si registrano tassi più bassi di crescita economica, per quanto i cittadini presentino un livello molto più alto di benessere soggettivo.

16.2.3. Cultura politica d'élite e di massa

In ogni società esiste una differenza tra la **cultura politica delle masse** e quella **delle élites**

Fino ad ora ci siamo soffermati su un concetto generale di cultura politica declinato anche nelle forme liberaldemocratiche di *civic culture* ma, per comprendere al meglio le dinamiche di mutamento sociale e culturale, occorre distinguere tra **cultura politica d'èlite** e **cultura politica di massa** (a sua volta declinabile nelle forme della *civic culture*). In ogni società esiste infatti una differenza, talvolta notevole, tra gli orientamenti valoriali di chi possiede responsabilità di gestione istituzionale e decisionalità politica e chi, invece, svolge nel sistema una funzione di semplice osservazione più o meno partecipante. Gli orientamenti di valore delle classi politiche sono generalmente differenti da quelli della massa, anche se può capitare che coincidano. Nella maggior parte dei regimi democratici moderni, caratterizzati da sistemi politici relativamente stabili, i cittadini vengono socializzati a una cultura politica (civica) prima di assumere eventuali ruoli politici attivi, di modo che l'élite politica non si faccia portatrice di valori e sentimenti troppo distanti dal senso comune. Nei casi di maggiore instabilità sistemica, in cui la democratizzazione ancora stenta a consolidarsi, l'identità nazionale, intesa come cultura politica civica, è molto debole e sovente inquinata da forme subculturali legate a tradizioni localistiche se non addirittura familistiche. In questi casi, la classe politica prende il sopravvento gestendo il sistema sulla base di orientamenti di valore distanti dai sentimenti popolari. Eppure, «cultura politica d'élite» e «cultura politica di massa» restano strettamente correlate. I rischi di frizione aumentano quando al cambiare di una delle due non corrisponde un adeguamento o aggiornamento dell'altra.

Diventa comunque essenziale definire analiticamente la cultura politica delle *élites* distinguendola per esempio dalle ideologie politiche a cui dedicheremo parte del capitolo. Fondamentale a questo riguardo il contributo di Lucian W. Pye, tra i teorici della scuola almondiana che, per primo, nel 1965, distingue tra cultura politica di élite e di massa, a seconda se ad essere considerati siano gli orientamenti culturali della classe politica, cioè gli attori politici per eccellenza, o della società civile (Pye, Verba 1965). Tendenzialmente, scrive Pye, i paesi meno sviluppati sono anche quelli in cui si assiste a una crisi della leadership politica. È per questa ragione che in molte realtà asiatiche o africane l'attenzione degli studiosi si è concentrata sulla dimensione elitaria della cultura politica. Nei paesi più avanzati, il nucleo della discussione si sofferma invece sulla questione della sopravvivenza degli istituti democratici e, soprattutto, sul ruolo che a questo riguardo assumono i sentimenti e le cognizioni politiche della popolazione nel processo di sviluppo democratico. L'interesse sociologico e politologico si orienta in questi casi sulla cultura politica delle masse (ibid., 15). In realtà, pur prendendo per buona la distinzione di Pye e l'idea di una connessione tra sviluppo politico e cultura politica, occorre considerare un cambiamento rispetto al 1965, anno in cui l'autore elaborava la sua tesi. Se infatti all'epoca una crisi della leadership era riscontrabile soprattutto nei paesi meno sviluppati, oggi è proprio nei sistemi democratici liberali di più antica tradizione che si assiste a una crisi di legittimazione delle classi politiche. Dunque, pur non abbassando la guardia rispetto ai valori sociali di massa, diventa utile rivolgere uno sguardo analitico anche alla dimensione culturale delle cosiddette *élites* democratiche in Occidente.

16.3. L'ideologia politica: una introduzione

L'**ideologia** è una delle possibili forme che può assumere il tentativo umano di organizzare e giustificare da un punto di vista cognitivo un certo ordine di cose

Abbiamo in linea di massima definito cosa intendiamo per cultura politica; occorre ora definire i caratteri dell'**ideologia** che, per quanto condivida con le culture politiche la connessione con una dimensione valoriale, simbolica e, talvolta, normativa, rappresenta un fenomeno a parte che, come tale, va considerato. Nel suo *Dizionario di Sociologia*, Luciano Gallino la descrive come un «complesso di valori, credenze in parte vere e in parte false, opinioni, atteggiamenti, inerenti alla natura dell'uomo e della società [...] condiviso in varia natura dai membri di una classe sociale, un gruppo d'interesse, un'*élite*, una professione, un partito [...] avente la funzione precipua di descrivere, spiegare, e soprattutto giustificare, per sé e per gli altri, la posizione o lo *status* della collettività considerata» (Gallino 1983, 353). Da questa definizione, emerge che **l'ideologia non è di per sé una peculiarità del campo politico, ma riguarda in genere una delle possibili forme che può assumere il tentativo umano di organizzare e giustificare da un punto di vista cognitivo un certo ordine di cose**. Il fatto che essa si configuri sotto forma di «credenze» (*in parte vere e in parte false*) dimostra come un'ideologia non si sottoponga alla verifica empirica, ma piuttosto si *imponga* come «rappresentazione reale» e «sistema di verità».

L'ideologia non è sempre stata considerata in questi termini. La parola fu coniata dal filosofo francese Destutt de Tracy che la intendeva, in conformità con l'etimologia greca (*idea* e *logía*), come «conoscenza delle idee» o, addirittura, «scienza delle idee» da cui sarebbero sortite tutte le altre scienze e l'intera organizzazione sociale (Destutt de Tracy 1817). Solo successivamente, soprattutto per effetto della teorizzazione marxiana, essa avrebbe assunto il significato opposto di «pensiero distorto» e «falsa coscienza». Tale concezione accomuna tutti quegli studiosi che attribuiscono all'ideologia un significato «forte». La distinzione tra **ideologia forte** e **ideologia debole** è riconducibile a l'opera di Norberto Bobbio: nel primo caso, si riferisce a quegli studiosi che, da Marx in poi, sono accomunati dall'idea che l'ideologia sia una «mistificazione del reale» (cfr. par. 2.3.5), cioè una «falsa credenza» dietro cui soggiace il tentativo di giustificare sul piano cognitivo i rapporti reali di dominazione; nel secondo caso, l'ideologia è invece interpretata come una *species* variamente definita dei sistemi di credenze politiche, cioè un insieme di valori e concezioni del mondo finalizzato a orientare il comportamento politico collettivo.

Gli studiosi che attribuiscono all'ideologia un significato negativo (*forte*) la intendono evidentemente come qualcosa che va ben oltre la sfera specificatamente politica. Il concetto di «falsità», nota Stoppino (1974; 1990c), può essere inteso sia come **falsa rappresentazione** – secondo cui una credenza ideologica è falsa perché non corrisponde ai fatti – sia come **falsa presentazione** – secondo cui una credenza ideologica è falsa perché presentata in modo tale che un giudizio di valore sia travestito da asserzione di fatto – sia, infine, come **falsa motivazione** – secondo cui una ideologia è falsa nella misura in cui, giustificando le asimmetrie di potere, offre motivazioni al comando e, specularmente, all'obbedienza. Quest'ultima concezione di falsità è presente in quasi tutti gli autori che attribuiscono all'ideologia un significato «forte». Non solo Marx che, ricordiamolo, riconduceva l'ideologia alle sovrastrutture culturali e istituzionali edificate dalla classe borghese per giustificare il proprio dominio economico-sociale e politico, ma lo stesso Pareto, nel suo *Trattato*, definisce le ideologie come «formule politiche» che la classe politica utilizza per razionalizzare e giustificare il proprio potere, pur sapendole ingannevoli e false (Pareto 1964, ed.or. 1916). Come ci ricorda Bobbio (1969), la critica di Pareto alle ideologie è in buona parte una critica della falsità, pur trascurando la dimensione del dominio che era centrale nelle analisi marxiane. Pareto non riconduce infatti l'ideologia ai rapporti di dominio e a una forma determinata di società, ma direttamente alla coscienza individuale.

In ogni caso, **adottare una concezione troppo forte e negativa di ideologia ci impedisce di valutarne il ruolo politico e la capacità che essa possiede di produrre integrazione sociale e mobilitazione collettiva**. Lo stesso Gramsci, come abbiamo visto, pur nell'ambito di una concezione marxista della società, ne rivaluta la funzione, identificando nelle ideologie elaborate da un corpo di intellettuali organici uno strumento fondamentale nel percorso verso l'egemonia (cfr. par. 6.4.1). Non è un caso che i sociologi politici si siano in genere riconosciuti in una concezione *debole* di ideologia, in grado di dispiegarne tutte le potenzialità in termini di leva per l'azione politica. Questo percorso presuppone in primo luogo una distinzione tra ideologia in generale e ideologie politiche. Come ricorda Sartori (1969), quando si parla di «ideologia» occorre in primo luogo distinguere tra «ideologia del sapere», che indica se e quanto un insieme di conoscenze sia ideologicamente condizionato, e «ideologia in politica», che indica invece se e quanto l'ideologia sia in grado di spiegare la politica come elemento integrante. Nel primo caso, si parla di *dottrina* o *dottrinarismo*; nel secondo, l'oggetto dell'analisi diventa la *mentalità ideologica* o *ideologismo*. In questa sede trascureremo nostro malgrado i saperi dottrinari concentrandoci invece su quelle specifiche ideologie che pervadono il processo politico.

16.3.1. Ideologie e azione politica

Filosofi, sociologi e politologi hanno prodotto diverse definizioni del concetto di **ideologia politica**, quasi tutte altrettanto efficaci a delinearne caratteri e funzioni. Friedrich ne parla in termini di «sistemi di idee connessi con l'azione» e, in particolare, la descrive come un programma a cui si accosta una strategia per la sua attuazione al fine di «cambiare o difendere l'ordine politico esistente» (Friedrich 1963, 89). David Easton descrive invece l'ideologia politica come l'insieme dei «principi etici» che definiscono «gli scopi, l'organizzazione e i confini della vita politica», offrendo «un'interpretazione del passato, una spiegazione del presente e una visione del futuro» (Easton 1965, 290). Tali ideologie possono a suo avviso essere **partigiane**, quando organizzano il consenso verso tipi particolari di linee politiche e soggetti collettivi, **legittimanti**, quando contestano o al contrario sostengono un regime politico e la sua classe governante, **comunitarie**, quando sono finalizzate alla difesa o alla trasformazione della comunità politica intesa nel suo complesso. Si tratta di tre tipi puri che, nota Stoppino (1990c, 485), si configurano piuttosto come un aspetto di ideologie più generali, come il liberalismo, il socialismo e il conservatorismo. Una delle definizioni più complete del concetto di ideologia politica ci viene da Herbert McClosky (1964, 362) che la definisce come **sistemi di credenze espliciti, integrati e coerenti, che giustificano l'esercizio del potere, spiegano e giudicano gli eventi storici, identificano ciò che è bene e ciò che è male in politica, definiscono i rapporti tra la politica e gli altri campi di attività e forniscono una guida per l'azione**.

> Un'**ideologia politica** è un sistema di credenze che giustificano l'esercizio del potere, spiegano e giudicano gli eventi storici, identificano ciò che è bene e ciò che è male in politica fornendo una guida per l'azione

Edward Shils (1968), anche sulla base delle tante possibili definizioni che possono essere date al termine «ideologia» come sistemi di credenze morali sull'antropologia umana e la società, ne identifica nove tratti caratteristici. Un'ideologia politica presuppone: 1) una formulazione esplicita; 2) un alto livello di integrazione e sistematicità; 3) la rivendicazione di una diversità rispetto agli altri sistemi di credenze; 4) una certa resistenza all'innovazione, dunque un certo dogmatismo; 5) una certa imperatività con la quale esige obbedienza da parte di chi vi si riconosce; 6) una forte carica emotiva; 7) un consenso totale da parte di chi vi si riconosce; 8) il carattere autoritativo che i suoi aderenti attribuiscono a ogni sua promulgazione; 9) il nesso con una qualche forma di associazione collettiva (partito, movimento, gruppo, ecc.) che diventa il veicolo organizzativo attraverso cui diffondere l'ideologia e cercare di metterla in pratica.

16.3.2. Ideologia e pragmatismo

La **mentalità ideologica** è antitetica rispetto a un atteggiamento orientato al **pragmatismo**

L'enfasi riposta dagli studiosi sulla sistematicità, ma al contempo sulla dogmaticità dei sistemi di credenze ideologici, sembra giustificare il tentativo di Giovanni Sartori di distinguere la **mentalità ideologica** dalla **mentalità pragmatica** e, di conseguenza, la «politica orientata ideologicamente» dalla «politica orientata al pragmatismo» (Sartori 1987). Il politologo fiorentino condivide la posizione di chi identifica nelle ideologie un «sistema di credenze» piuttosto che un «sistema di idee». Le ideologie, malgrado l'etimologia del termine, non possono essere considerate al pari delle idee. Esse sono infatti il prodotto di elaborazioni complesse di carattere dottrinario che, una volta sistematizzate, non accettano di essere sottoposte alla giurisdizione logica e alla verifica empirica. Esse sono tuttalpiù «idee convertite in leve sociali» (Bell 1962, 440). Una volta elaborate le ideologie vengono raramente messe in discussione e rinnovate diventando ex-idee, cioè idee non più pensate; si trasformano dunque in «credenze» che sono tali perché *credute*, non pensate; anzi, la credenza serve proprio a dare certezze economizzando il pensiero.

Quando si parla del rapporto tra ideologie e credenze è chiaro che ci si riferisce a un «sistema di credenze» (politico, scientifico, ideologico, religioso) di cui l'ideologia è una sotto-classe, cioè l'aspetto politico di una struttura diffusa di credenze. Tale sistema di credenze si colloca all'interno di una linea continua che va da un massimo a un minimo di ideologismo. L'opposto dell'ideologismo è dunque il «pragmatismo», anch'esso un sistema di credenze che può informare il modo d'essere di un sistema o di una forza politica. Ma se sia l'ideologia che il pragmatismo sono sistemi di credenze, occorre individuare altri elementi discriminanti che ne giustifichino la distanza. Il problema che si pone Sartori è quindi quello di definire **un sistema ideologico di credenze** in modo da distinguerlo da un **sistema pragmatico di credenze**.

Secondo Rokeach (1960) il fattore discriminante tra i due sistemi di credenze è dato dalle cosiddette **autorità cognitive**, cioè dal modo in cui gli individui si rapportano alle autorità che dichiarano cosa è vero e cosa è falso sul mondo. Partendo dal presupposto dell'importanza delle *authority belief*, occorre definire le modalità con cui si scelgono alcune autorità anziché altre e vengono interiorizzate certe istruzioni. A questo riguardo, Rokeach (ibid.) distingue tra *mente aperta* e *mente chiusa*, nel senso che gli individui possono essere distinti anche per il diverso livello di apertura mentale. Quanto più una mente è chiusa tanto meno sarà in grado di vagliare criticamente le informazioni ricevute e tanto più tenderà ad affidarsi a un'autorità cognitiva assoluta. Al contrario, quanto più una mente è aperta tanto più sarà in grado di adottare un metro di valutazione discriminante sulle informazioni ricevute e tanto meno sarà soggetta all'influenza di autorità cognitive superiori.

Tendenzialmente, «mente chiusa» e «mentalità ideologica» si richiamano a vicenda, nel senso che la chiusura mentale è determinante nella configurazione del dogmatismo ideologico, cioè della sua rigidità (così come nel suo dottrinarismo nel caso dell'ideologia nel sapere). Detto ciò, possiamo affermare che **la mentali-**

tà ideologica si realizza in una struttura cognitiva chiusa, ricondotta a uno stato cognitivo di impermeabilità dogmatica, a fronte di una mentalità pragmatica identificabile invece con una struttura cognitiva aperta, ricondotta a uno stato cognitivo di permeabilità mentale.

Fin qui tutto è chiaro; eppure va detto che la dimensione cognitiva, così come descritta, è una condizione senza dubbio necessaria, ma non sufficiente al nostro sforzo di distinzione tra ideologismo e pragmatismo. Un ruolo importante è giocato anche dalle «emozioni», nel senso che, **assumendo che il piano cognitivo sia costante, è comunque possibile imbattersi su diversi livelli di intensità emotiva**. Una struttura mentale ideologica non comporta di per sé un certo attivismo sociale e politico; questo è di gran lunga determinato dalle passioni e, in particolare, dalla **passionalità ideologica** che sposta inevitabilmente il nostro discorso dalla mente al cuore, cioè dalla struttura cognitiva a quella emotiva. A questo punto Sartori (1987, 111) costruisce quattro combinazioni che integrano dimensione cognitiva e dimensione emotiva, determinando quattro tipi di mentalità applicabili ai sistemi politici ma, a nostro avviso, facilmente trasferibili anche a singoli soggetti politici (partiti, gruppi, movimenti):

Studiando le ideologie politiche non possiamo esimerci dal considerare la dimensione emotiva che dà corpo alla **passionalità ideologica**

- **Sistemi fissi**: si tratta di sistemi o soggetti politici caratterizzati da mentalità chiusa e forte partecipazione emotiva.
- **Sistemi inelastici**: si tratta di sistemi o soggetti politici caratterizzati da mentalità chiusa e una debole intensità emotiva.
- **Sistemi saldi**: si tratta di sistemi e soggetti politici caratterizzati da mentalità aperta e una forte partecipazione emotiva.
- **Sistemi flessibili**: si tratta infine di sistemi e soggetti politici caratterizzati da una mentalità aperta e una debole intensità emotiva.

Se il «sistema fisso» può essere considerato come il massimo livello di ideologismo, il «sistema inelastico» si attesta invece su un livello intermedio, caratteristico di sistemi e soggetti ormai consolidati dove la forte partecipazione emotiva, tipica delle condizioni di *statu nascenti*, si è ormai allentata, pur mantenendo alti livelli di dogmatismo e chiusura mentale. Entrambi sono caratterizzati da una sostanziale reticenza al cambiamento, ma sono divisi dal grado di attivismo che sono in grado di mettere in campo. I «sistemi saldi» e «flessibili» sono più orientati al pragmatismo: se nel primo caso, l'apertura mentale dimostra uno stato di permeabilità rispetto all'argomentazione logica, ma al contempo una capacità di produrre partecipazione emotiva, nel secondo caso il pragmatismo è assoluto. I soggetti politici flessibili, nella logica appena esposta, tendono a dare risposte di breve termine senza preoccuparsi di inserire la propria azione dentro una dimensione strategica di lungo periodo. Per intenderci meglio, assumiamo che un sistema di credenze politico sia fatto di *simboli*, *valori* e *opzioni*: nel primo caso, intendiamo tutti quei fenomeni che coinvolgono gli aspetti più emotivi della politica (inni, bandiere, riti, ecc.); nel secondo caso, intendiamo gli aspetti più riflessivi e di orientamento all'azione; nel terzo caso, intendiamo infine le prassi politiche e le scelte più immediatamente operative. **Possiamo affermare che, in un contesto**

fortemente ideologico, *valori* e *simboli* tenderanno a prevalere sulle opzioni; al contrario, in un contesto orientato al pragmatismo, la dimensione delle *opzioni* sarà centrale, sovente sganciata da una seria dimensione progettuale. È ciò che effettivamente accade nei sistemi politici occidentali, dove dalle ceneri dei grandi partiti di massa ideologici sono spuntati come funghi partiti personali, elettorali o «pigliatutti», per utilizzare categorie politologiche note. Questi partiti, anche quando sono eredi diretti dei vecchi partiti di integrazione sociale, si sono indeboliti sul piano ideologico e organizzativo, votandosi a un pragmatismo estremo, come tra l'altro sociologi e politologi avevano predetto già negli anni immediatamente successivi alla seconda guerra mondiale. Il dibattito sulla **crisi delle ideologie**, con particolare riferimento alle tre classiche macro-famiglie ideologiche – liberalismo, socialismo, conservatorismo (cfr. approfondimento 16.1) – si è attivato già intorno alla metà degli anni Cinquanta protraendosi fino ai nostri giorni. All'epoca, sociologi influenti come Raymond Aron (1955), Edward Shils (1958), Daniel Bell (1962, II edizone), Seymour M. Lipset (1960) già rilevavano un declino dei sistemi ideologici di credenze per effetto della crescita economica, della democratizzazione e dello Stato sociale che, congiuntamente, avevano a loro avviso prodotto un consenso generalizzato attorno agli istituti democratici, riducendo la presa sociale delle vecchie ideologie totalizzanti, pregne di intensità emotiva e miranti alla trasformazione totale della società. Negli stessi anni, come abbiamo visto nel capitolo dedicato ai partiti, si comincia a teorizzare anche la crisi dei partiti di massa che avevano costruito la loro forza proprio attorno a progetti talvolta radicali di trasformazione del mondo.

Approfondimento 16.1

Liberalismo, conservatorismo, socialismo

In crisi o meno, le ideologie continuano a condizionare il dibattuto politico contemporaneo. Esse sono cambiate, così come lo sono i soggetti politici che se ne sono fatti storicamente interpreti, ma continuano a svolgere un ruolo di condizionamento del processo politico. Non avendo il tempo di discorrere in questa sede sulle cosiddette «nuove ideologie» – femminismo, ambientalismo, regionalismo, comunitarismo, nuovo nazionalismo – vale la pena introdurre schematicamente i parametri delle tre ideologie classiche che hanno condizionato il processo politico in Occidente per almeno due secoli: il «liberalismo», il «conservatorismo», il «socialismo».

- **Liberalismo**

Si tratta dell'ideologia della modernità economica e politica, per molti l'ideologia dell'Occidente industriale avanzato. Una sorta di **meta-ideologia** o ideologia *superiore*, perché ha posto le basi si cui anche gli altri sistemi ideologici si sono sviluppati. Esso si è consolidato soprattutto tra la fine del diciannovesimo secolo (sotto la spinta della rivoluzione francese e di quella industriale), ma getta le sue radici nei secoli precedenti. Se vogliamo, il liberalismo è l'ideologia della crisi degli assetti socioeconomici e politici feudali, sollecitando la modernità politica – nelle forme dello Stato moderno costituzionale – e quella economica – nelle forme del libero mercato e poi del capitalismo. Gli elementi distintivi del liberalismo sono:

– ***Ragione***: i liberali credono nella capacità razionale di costruzione del mondo e sono gli inventori dell'idea di «progresso» (sociale, scientifico, politico ed economico).

– ***Individualismo***: al centro del liberalismo è posto l'individuo e la sua capacità di costruire razionalmente le condizioni della propria esistenza.

– ***Libertà***: il liberalismo classico sostiene l'importanza delle libertà individuali. Agli individui è consentito tutto nei limiti della libertà altrui. Tali limiti sono sanzionati dalla legge che ha il compito salvaguardare la proprietà e l'equilibrio delle relazioni sociali.

– ***Uguaglianza politico-giuridica***: l'uguaglianza politica (cittadinanza passiva e attiva) e giuridica («tutti sono uguali di fronte alla legge») è un principio fondamentale del liberalismo. Si rifiuta invece l'uguaglianza sociale, perché il livello di ricchezza e benessere sociale va conquistato attraverso la libera competizione tra individui dotati di talenti e meriti diversi. Gli individui sono dunque uguali nella forma, ma non nella sostanza.

– ***Tolleranza***: la libera realizzazione individuale è resa possibile anche grazie alla sostanziale accettazione delle diversità culturali e religiose. Il pluralismo è dunque un elemento fondamentale del liberalismo, almeno fin quando non mette a rischio l'equilibrio del sistema socioeconomico e politico.

– ***Consenso***: il liberalismo accetta l'inevitabile funzione del potere politico, ma afferma la necessità della sua legittimazione sottoponendolo al consenso e all'accordo.

– ***Costituzionalismo***: pur accettando le gerarchie politiche, i liberali credono che il potere debba essere vincolato da un quadro normativo e sottoposto alle leggi che esso stesso ha posto. In questo senso il liberalismo è l'ideologia dello Stato costituzionale moderno e della divisione dei poteri.

Sul piano economico il liberalismo sostiene la libera intrapresa individuale sotto il braccio regolatore del mercato. A questo riguardo, i liberali mal sopportano l'intervento pubblico in economia, anche se non mancano forme di «liberalismo sociale» che nella seconda metà del ventesimo secolo hanno sostenuto e sollecitato la nascita dello Stato sociale.

• Conservatorismo

Il conservatorismo si sviluppa in reazione al liberalismo come ideologia anti-moderna che, dopo la Rivoluzione francese e gli sconvolgimenti sociopolitici della fine del diciottesimo secolo, si fa sostenitrice di un ritorno all'*ancien régime*. Esso si fonda dunque sul sostegno a un ordine sociale tradizionale e, in questo, si contrappone anche al socialismo e all'idea di progresso. Gli elementi distintivi del conservatorismo sono:

– ***Tradizione***: alla base dell'ideologia conservatrice vi è un'esaltazione della tradizione nei costumi e nelle istituzioni, intesa come saggezza del passato e veicolo di ordine sociale.

– ***Imperfezione umana***: i conservatori hanno una concezione antropologica che si fonda sulla convinzione dell'imperfezione umana. Gli individui sono *per natura* egoisti e corruttibili e hanno quindi bisogno di essere governati (e orientati) da un ordine morale e politico superiore.

– ***Pragmatismo***: l'accento sui limiti della razionalità umana fa sì che i conservatori diffidino dei sistemi di pensiero astratti e, anche in politica, facciano prevalere una prassi tendenzialmente orientata al pragmatismo.

– ***Organicità***: l'enfasi sulla tradizione e sulle relazioni comunitarie fa sì che i conservatori non credano all'idea della società come artefatto umano. Essa è piuttosto un soggetto vivente che si sorregge grazie a istituti considerati «naturali» (come la famiglia, le comunità locali e la nazione).
– ***Gerarchia***: disuguaglianza e gerarchia sono per i conservatori un fatto «naturale» e disdegnano qualunque tentativo umano di trasformazione dello *status quo*. L'ordine presente deve essere difeso da una leadership forte che, in passato, era addirittura concepita come una sorta di *aristocrazia naturale* (monarchia).
L'ideologia conservatrice è dunque fortemente comunitaria ed è stata la base per la formazione in passato di partiti e movimenti in difesa della vecchia aristocrazia terriera e, anche oggi, elementi di conservatorismo sono il fondamento teorico di molti piccoli partiti della cosiddetta «nuova destra» che si battono contro l'immigrazione, la globalizzazione e in difesa della purezza comunitaria. Sovente, la religione (in particolare quella cristiano-cattolica) è alla base dei movimenti conservatori che la identificano come il simbolo di un ordine morale superiore e della purezza etnico-culturale di un popolo. Non sono storicamente mancati partiti conservatori, come i *Tory* in Gran Bretagna, e i diversi partiti democristiani in Europa, che hanno conciliato tradizionalismo e liberalismo facendosi spesso promotori di un cosiddetto *conservatorismo paternalistico* che è alla base di molte politiche assistenzialistiche.

• Socialismo

Elementi di socialismo sono ravvisabili già nella *Repubblica* di Platone e nei testi di alcuni pensatori del sedicesimo secolo (si pensi alla *Città del sole* di Campanella o a *Utopia* di Thomas Moore), così come nelle opere e nelle azioni di alcuni pensatori umanisti del diciottesimo e primo diciannovesimo secolo (Saint-Simon, Fourier, Owen, Blanc, Blanqui, Proudhon), ma esso raggiunge la sua completezza scientifica grazie alle opere di Karl Marx e dei suoi continuatori. Esso nasce come reazione allo sviluppo del capitalismo industriale e alle relazioni di sfruttamento tra borghesi capitalisti e lavoratori salariati, ponendosi l'obiettivo di una società di eguali senza più sfruttamento e divisione classista della società. Gli elementi di base del socialismo sono:
– ***Solidarietà***: i socialisti, rispetto all'enfasi liberale sull'individualismo, preferiscono forme di cooperazione. Gli individui sono infatti inseriti in una dimensione collettiva di condivisione di interessi e bisogni. Il gruppo sociale prevale dunque sugli individui.
– ***Comunità***: l'enfasi sulla dimensione collettiva diventa dunque sostegno a un concetto di vita comunitario dove i membri di un contesto sociale sono legati da sentimenti di fratellanza e reciproco sostegno.
– ***Uguaglianza sociale***: rispetto all'enfasi liberale sull'uguaglianza delle opportunità (tutti devono avere le stesse opportunità di base per perseguire la propria realizzazione individuale), i socialisti, in nome della solidarietà, fanno prevalere un concetto di uguaglianza sociale, che è uguaglianza dei risultati, secondo la massima marxiana: «da ciascuno secondo le sue possibilità, a ciascuno secondo i suoi bisogni».
– ***Bisogni***: il concetto di «bisogno» è dunque centrale nella dottrina socialista, inteso soprattutto come bisogni materiali aggregati in interessi sociali.
– ***Classi sociali***: il socialismo si fonda sulla teoria delle classi sociali, secondo cui ogni società è divisa in gruppi (classi), radicati nel tessuto socioeconomico e nelle relazioni di produzione, in cui gli individui condividono interessi contrapposti a quelli di un altro gruppo (o un'altra classe) che si colloca su un diverso livello della gerarchia produttiva.

– ***Proprietà comune***: alla base del socialismo vi è una critica al concetto liberale di «proprietà privata» – considerata il fondamento della disuguaglianza – in favore della proprietà comune che, con Marx, diventa soprattutto proprietà comune (o proprietà pubblica) dei mezzi di produzione.
Come nel caso del liberalismo, anche il socialismo si è poi evoluto in diverse direzioni. Da un lato, vi sono quei socialisti che col tempo hanno accettato il pluralismo politico e il libero mercato diventando socialdemocratici; dall'altro vi è chi, dopo la rivoluzione sovietica del 1917, si è riconosciuto nella dottrina rivoluzionaria che sottostà al marxismo-leninismo, dando vita a movimenti e partiti comunisti.

16.4. La dicotomia destra/sinistra

Con il declino delle grandi ideologie sistematiche che hanno dato corpo al conflitto politico nella modernità, da più parti si è fatta strada l'idea che anche la vecchia **dicotomia destra-sinistra** sia ormai desueta e incapace di dare conto della complessità delle relazioni sociopolitiche contemporanee. Le origini della diade destra/sinistra sono riconducibili all'esperienza della Rivoluzione francese alla fine del diciottesimo secolo. Nel maggio 1789, poco prima che scoppiasse la scintilla rivoluzionaria, il re Luigi XVI convocò gli Stati generali, cioè un'assemblea che doveva rappresentare i tre ceti sociali allora istituiti: il clero (*primo stato*), la nobiltà (*secondo stato*) e la borghesia (*terzo stato*). Quest'ultimo si ordinò all'interno dell'emiciclo con gli esponenti conservatori capeggiati da Pierre Victor de Malouet che presero i posti alla destra del Presidente, i radicali di Honoré Gabriel Riqueti de Mirabeau quelli alla sinistra. Questa divisione si ripresentò anche in seguito, quando si formò l'Assemblea nazionale. A destra si collocava la corrente volta a mantenere i poteri monarchici, a sinistra stava la componente rivoluzionaria; a destra i conservatori, a sinistra i progressisti democratici e i repubblicani. Tale distinzione si estese anche oltre i confini francesi assumendo presto un carattere fondante nella dialettica politica dei due secoli avvenire.

La comunità scientifica è divisa rispetto al significato e alla utilità integrativa accordata in epoca contemporanea alla tradizionale **dicotomia destra/sinistra**

16.4.1. Crisi o persistenza della diade

La convinzione sul carattere obsoleto della diade destra-sinistra non è solo legata agli orientamenti prevalenti dell'opinione pubblica, che in genere tende a sovrapporre le culture politiche con i soggetti politici che se ne fanno portatori, cosa non necessariamente corretta, ma è radicata anche nel pensiero di alcuni illustri intellettuali e sociologi contemporanei come Christopher Lasch (1991; tr.it 1992) e Anthony Giddens (1994), entrambi convinti che la vecchia diade destra-sinistra abbia ormai esaurito la sua funzione storica. I due studiosi, da prospettive diverse, condividono l'idea che la *diade* sia la rappresentazione geometrica di due diversi punti di vista nei confronti dell'idea di «progresso», tipica della modernità:

la sinistra tendenzialmente a favore, la destra tendenzialmente contro. Lasch, in particolare, contrappone all'idea moderna di un progresso illimitato una **cultura dei limiti**. A sua avviso, in un primo momento, seppur con modalità antitetiche, sia la destra che la sinistra hanno espresso il progetto della modernità, ma sono poi entrate in crisi con il compimento di quel progetto. La modernità esprime infatti una vocazione universalizzante che non lascia spazio ai particolarismi, compresi quelli che si configurano nelle identità politiche.

Giddens, dal canto suo, descrive la destra e la sinistra come due modi di intendere lo sviluppo storico, dal momento che il tema centrale della modernità, di cui entrambe sono espressione diretta, è il **cambiamento**. Di fronte alla radicalizzazione delle condizioni della modernità, destra e sinistra sono a suo avviso destinate a divenire concetti sempre più vaghi e confusi. Tradizionalmente, la sinistra sosteneva la modernizzazione e la conseguente rottura con il passato regime, verso un ordine sociale più umano ed egualitario; al contrario, la destra si opponeva a questo esito, perseguendo un ritorno al passato. Questi due atteggiamenti nei confronti della modernità sono ormai inutili di fronte alla sua radicalizzazione che si realizza nella globalizzazione, nell'affermazione di un ordine sociale di post-scarsità e nella crescente riflessività sociale che fa prevalere l'autonomia dei soggetti rispetto a identità imposte dall'esterno. Occorre a suo avviso ridefinire lo stesso «concetto di radicalità politica», affermando un nuovo modello di solidarietà in grado di fare i conti con una «nuova politica» che non risponde più alle vecchie fratture del passato. A questo riguardo, Giddens parla di «politiche della vita» (*life politics*) dove la difesa delle identità prevale sulla difesa degli interessi. Questa trasformazione renderebbe vano lo sforzo di organizzare il conflitto politico secondo la logica bipolare destra-sinistra.

In realtà, le posizioni di Lash e Giddens peccano di un eccessivo semplicismo. Se da un lato è contestabile l'idea di Lasch secondo cui destra e sinistra esprimono due diversi atteggiamenti nei confronti dell'idea di progresso, dall'altro è altrettanto opinabile anche l'idea di Giddens secondo cui la diade avrebbe preso corpo nel sostegno ovvero nella critica al cambiamento sociale. Se dalla speculazione passiamo all'osservazione ci rendiamo infatti conto che sono esistite forze di sinistra contrarie a una certa idea di progresso così come a un certo corso del mutamento sociale, così come la destra, specie se di matrice liberale, si è fatta sovente portatrice di istanze progressiste e quindi anche di un certo mutamento, pur nella continuità con i valori e gli istituti tradizionali.

Quando si parla di destra e sinistra più che di una contrapposizione tra individualismo e collettivismo, o tra **libertà** ed **eguaglianza**, si dovrebbe parlare di due diverse concezioni della libertà

Altri studiosi sostengono invece l'utilità della diade anche in un periodo di forte complessità sociale, cercando di definirne i tratti distintivi. Tra questi, Norberto Bobbio (1995) e Louis Dumont (1991), seppur da posizioni culturali diverse, condividono l'idea che il tratto discriminante tra la destra e la sinistra sia rintracciabile nel diverso atteggiamento nei confronti dell'**uguaglianza**: la sinistra di aperto sostegno; la destra di diffidenza. In particolare, Bobbio contesta la tendenza a voler trascinare la diade destra/sinistra nello stesso baratro in cui sarebbero piombate le vecchie ideologie. Destra e sinistra non sono infatti ideologie, ma piuttosto gli estremi di una linea continua all'interno della quale si possono configurare diverse posizioni intermedie. In realtà, la posizione che identifica nell'«uguaglianza» un tratto distintivo rischia di essere fin troppo superficiale, nel senso che quello di uguaglianza non è un termine universale, ma va riempito di contenuti. Sia i liberaldemocratici che i socialisti guardano con attenzione al concetto di uguaglianza ma, come abbiamo visto (cfr. approfondimento 16.1), i primi la intendono soprattutto sul piano giuridico e politico, mentre i secondi si riferiscono essenzialmente all'esigenza di eliminare ogni forma di sfruttamento nelle relazioni economiche e di produzione, soffermandosi poi sulla necessità di una equa redistribuzione delle ricchezze. Come nota Santambrogio (1998, 43), «sia la destra che la sinistra sono egualitarie e disegualitarie, ma *lo sono per aspetti diversi*». Quello di uguaglianza è un concetto formale che, da solo, non può sindacare sui suoi contenuti e, di conseguenza, non può discriminare la destra e la sinistra. Il fatto è che la tendenza è quella di voler riaffermare la vulgata classica che contrappone «libertà» e «uguaglianza». La destra liberale e individualista sarebbe per la libertà (individuale), mentre la sinistra collettivista sarebbe per l'eguaglianza. Questa contrapposizione, come vedremo, è inconsistente. La diade destra-sinistra è infatti un prodotto politico della modernità che, come ben sappiamo, si fonda sui concetti basici di «razionalismo» e «individualismo». In questo senso, l'enfasi posta sulla dimensione individuale è un tratto caratteristico della modernità con cui sia la destra che la sinistra si sono dovute confrontare. Di conseguenza, **più che di una contrapposizione tra individualismo e collettivismo, o tra libertà ed eguaglianza, si dovrebbe parlare di due diverse concezioni della libertà e del rapporto tra individuo e società**.

16.4.2. La *diade* nella scissione individualistica della modernità

L'errore compiuto dagli autori che sostengono il declino ovvero la persistenza della dicotomia destra/sinistra sta nel tentativo di individuare un criterio sostanziale di distinzione tra due termini che, in fondo, rappresentano semplicemente due immagini spaziali, due contenitori che sono stati riempiti di contenuti diversi a seconda del contesto storico e sociale. Seguendo il ragionamento di Santambrogio (1998, 72), occorre dunque separare il contenitore dal contenuto, la forma dalla sostanza; in breve, è necessario separare la dimensione teorica *della destra* e *della sinistra* dalla dimensione storica *delle destre* e *delle sinistre*, cioè della molteplicità dei soggetti politici che si sono storicamente collocati alla destra o alla sinistra dello spettro politico. Come si è detto, la *diade* è strettamente legata al fenomeno della modernità che è in primo luogo complessità e differenziazione. Dunque, **«destra» e «sinistra» si sono potute affermare come categorie politiche nella misura in cui si sono dimostrate come le più efficaci nell'esprimere il carattere conflittuale delle società in via di democratizzazione, imponendosi rispetto ad altre alternative semantiche**. Esse hanno efficacemente interpretato il carattere antagonistico della modernità, garantendo l'espressione di posizioni anche radicali, senza per questo rinunciare alla mediazione che passa per la legittimazione delle posizioni alternative. Esse hanno poi ben interpretato le macrofratture sociali su cui si è edificata la struttura sociopolitica moderna. *Ultimus* *at non minime*, hanno soddisfatto il bisogno di identificazione collettiva in un contesto di generalizzata incertezza sociale. In questo senso, destra e sinistra sono anche, e forse soprattutto, «tradizioni che agiscono a livello psicologico e sociale, la cui applicazione al contesto è sempre assolutamente comprensibile da parte degli attori, proprio perché fungono da schemi di interpretazione pre-codificati, che vengono anteposti all'oggetto di analisi» (ibid., 86-87).

Destra e sinistra sono due modi diversi di rappresentare la **scissione individualistica** della modernità e il conflitto tra particolare e universale

Da questo punto di vista, continua Santambrogio (ibid., 90-91), **destra e sinistra rappresentano due modi diversi di rappresentare la scissione individualistica della modernità e il conflitto tra particolare e universale**. Nello specifico, la sinistra deve sempre poter avere un punto di vista esterno con il quale accostarsi all'individuo, ponendo così la soluzione del suo rapporto con la società; per la destra il criterio è invece di tipo interno. Se un nodo cruciale della modernità sta nell'esigenza di autodeterminazione dei soggetti (sociali e individuali), per la sinistra essa è possibile attraverso una critica che la fa emergere dal *dato*, vissuto sempre come limitante, e che invece viene enfatizzato dalla destra. **Per la sinistra, la realizzazione dell'individuo passa per il superamento della propria datità; per la destra, quella stessa datità diviene norma e assunta come criterio di riferimento**. L'etica della sinistra si esprime nella negazione della dimensione fattuale, cioè dello *status quo*, quella stessa dimensione che invece viene valorizzata dalla destra. L'universalismo della sinistra si realizza nella prospettiva di un superamento dei limiti di fatto; per la destra il criterio universale è inteso come dato di fatto da riconoscere. **La soggettività è per la sinistra qualcosa che sporge sempre oltre il soggetto; per la destra coincide con il soggetto stesso**. Questa caratteristica accomuna il marxismo alla sinistra liberale, così come il fascismo alla destra liberale.

Tornando alla questione della distinzione tra «forma» e «sostanza», la *diade* non coincide dunque con i contenuti, ma esprime due diversi modi di osservare e costruire i propri contenuti. Da questo punto di vista, la *fine delle ideologie*, non coincide con la fine della dicotomia destra/sinistra, ma piuttosto con la fine di alcuni contenuti. Concetti come libertà, uguaglianza, nazione, progresso, emancipazione, conservazione non sono termini di sinistra o di destra, ma piuttosto contenuti specifici della modernità a cui destra e sinistra hanno storicamente dato un significato secondo lo schema logico appena esposto. Gli stessi concetti di Nazione e nazionalismo sono stati declinati a sinistra, quando hanno rappresentato un processo di emancipazione da uno stato di datità, come nel caso dei processi di decolonizzazione o, se vogliamo, durante la Rivoluzione francese, mentre sono stati declinati a destra quando hanno rappresentato il tentativo di valorizzare una dimensione data, come nel caso del nazionalismo nazi-fascista o dei neocomunitarismi contemporanei.

Ciò che è cambiato è la capacità integrativa della *diade*. Un tempo essa riusciva a esaurire lo spettro identitario dell'individuo moderno che era modellato sulle fratture sociali tradotte in conflitto politico. In epoca di crescente riflessività, la politica stessa diventa solo uno dei possibili campi funzionali della società. Da questo punto di vista, le possibilità di appartenenza si moltiplicano e gli individui sono chiamati continuamente a compiere delle scelte che si ripercuotono sul processo di costruzione delle identità. In questo senso, destra e sinistra non coincidono più con identità sociali onnicomprensive; viene quindi a cadere la coincidenza tutta moderna tra identità sociale e identità politica; le identità sociali sono ormai multiple, mentre la dimensione politica richiede una logica bipolare. Malgrado ciò, nessuna alternativa semantica è al momento nelle condizioni di produrre integrazione politica al pari della diade destra/sinistra.

16.5. Antipolitica e populismo

Il declino delle vecchie ideologie e dei partiti di massa tradizionali, a cui è anche seguita una crisi di rendimento delle istituzioni liberaldemocratiche a fronte delle sfide costanti provenienti da un ambiente sociale ed economico complesso, ha in parte determinato il sorgere di un senso di sfiducia generalizzata nei confronti delle classi politiche occidentali. Sono così nati un po' ovunque movimenti e partiti che si sono autorappresentati come i veri interpreti dell'autenticità democratica e gli alfieri del rinnovamento sociale e politico. Questi processi sono legati a due fenomeni analiticamente distinti ma empiricamente connessi: da un lato, il dilagare in Occidente di un generalizzato «sentimento antipolitico»; dall'altro, la nascita, e spesso il consolidamento, di «movimenti e partiti populisti». Cercheremo, nei limiti di spazio che ci sono consentiti, di descriverne gli aspetti.

16.5.1. Il sentimento antipolitico

Il concetto di **antipolitica** è in genere associato a fenomeni di protesta nei confronti dei partiti e dei politici di professione, ma gli studiosi del tema tendono a distinguere il sentimento antipolitico da quello antipartitico. Il termine è di per sé ambiguo e difficile da connotare. Secondo Schedler (1996; 1997), esistono due grandi famiglie antipolitiche: la prima riguarda un sentimento di ostilità generalizzato nei confronti della politica e finalizzato a «detronizzarla»; la seconda riguarda un sentimento di rabbia nei confronti di una certa politica e un desiderio conseguente di «colonizzarla»:

> Il concetto di **antipolitica** è associato a un sentimento di ostilità nei confronti dei partiti e dei politici di professione, ma gli studiosi tendono a distinguere il sentimento antipolitico da quello antipartitico

- **Bandire la politica**: una sostanziale diffidenza nei confronti della dimensione politica, soprattutto rispetto al ruolo attribuito alle istituzioni pubbliche, è in fondo presente all'interno della stessa tradizione liberale che crede nella capacità di autoregolazione dei mercati in un contesto di libera competizione tra gli individui. La funzione politica di mediazione e organizzazione sociale è in un certo senso negata, ed è anche per questa ragione che raramente nella storia si è assistito alla formazione di un partito liberale di massa. Ma una certa dose di antipolitica è presente anche tra coloro che, pur non riconoscendosi nei valori del liberalismo classico, constatano una progressiva incapacità della politica di mettere ordine nel caos, interpretando le nuove fratture sociali. Si rileva dunque un sostanziale svuotamento di significato della politica tradizionalmente intesa che si riduce così a gestione del contingente, senza più alcuna capacità progettuale attorno a cui chiedere il consenso dei cittadini. Di fronte all'inconsistenza fattuale della politica, è possibile che il sentimento di ostilità nei suoi confronti, che lo stesso Schedler definisce «ideologia antipolitica», si traduca nel desiderio di liberarsene o comunque di «ridurla nelle sue espressioni minimali» (Schedler 1997, 9).

- **Colonizzare la politica**: esiste poi una seconda famiglia antipolitica che si pone l'obiettivo di sostituire la politica esistente con qualcosa di altro. Schedler, a questo riguardo, distingue quattro sotto-specie di antipolitica: *a)* l'«antipolitica strumentale», secondo cui l'attività politica dovrebbe essere affidata ai cosiddetti *tecnocrati*; *b)* l'«antipolitica amorale», che nega il ruolo pubblico della politica, considerandola come un gioco di potere finalizzato a trarre vantaggi personali; *c)* l'«antipolitica morale», che anima i sentimenti di coloro che credono che la politica debba essere subalterna a principi morali considerati inviolabili e assoluti, di conseguenza estranei alla discussione pubblica che si fonda sull'opinabilità delle poste in gioco; *d)* l'«antipolitica estetica», secondo cui la sostanza della politica deve essere sostituita dalla logica dello spettacolo, dunque da una *verità* che si fonda sull'apparire.

Ciò che accomuna entrambe le famiglie antipolitiche è forse la logica semplicistica che le contraddistingue. L'antipolitica tende infatti a realizzarsi in una critica generalizzata che non problematizza e non distingue. La politica *tout court*, o la classe politica che se ne fa interprete, sono ugualmente soggetti allo stesso sentimento di ostilità e rifiuto. Esso può sfociare nell'indifferenza e nel riflusso partecipativo, ovvero nella protesta, dando vita a forme di mobilitazione e, talvolta, a partiti politici che si autorappresentano come gli attori del cambiamento. Da questo punto di vista, John Street (2002) distingue tra **antipolitica attiva**, **antipolitica passiva** e **antipolitica indifferente**: nel primo caso, si riferisce all'opposizione consapevole nei confronti di alcuni aspetti della politica e non della politica nel suo insieme; nel secondo caso, si riferisce a quelle forme di cinismo politico che si manifestano consapevolmente attraverso un basso livello di partecipazione e impegno pubblico; nel terzo caso, si riferisce infine al sentimento di irrilevanza assoluta attribuita alla politica da parte dei cittadini, che si traduce in un disinteresse generalizzato verso tutto ciò che è pubblico e a un ripiegamento nella dimensione guicciardiniana del *particulare*.

Tra l'altro, nota Mete (2003), **l'antipolitica può realizzarsi a livello di massa o a livello di *élite***. I tre tipi individuati da Street si collocano chiaramente a un livello di massa, indicando un sentimento generalizzato di ostilità verso la politica o alcuni suoi aspetti. Ma l'antipolitica può anche essere uno strumento di alcuni leader che sfruttano lo scontento delle masse per imporsi come i condottieri di un nuovo corso. In questo senso, seppure analiticamente distinti, l'antipolitica di massa e quella di *élite* sono in genere collegate. In ogni caso, quando la critica antipolitica diventa uno strumento retorico dei gruppi dirigenti, configurandosi in genere come critica alla partitocrazia e alla classe politica professionale, si traduce nella nascita di nuovi partiti e soggetti politici, i cosiddetti *anti-political-establishment-parties*, per usare una espressione cara a Schedler (1996), che puntano ad essere riconosciuti come gli unici interpreti della protesta antisistemica. La nascita di questi soggetti è inevitabilmente connessa al fenomeno dei populismi che presuppongono, vedremo, una capacità di mobilitazione delle masse sotto il richiamo di una leadership carismatica.

16.5.2. Crisi sociale e populismo

L'elemento distintivo di ogni forma di **populismo** sta nella tendenza di un leader a richiamarsi costantemente al «popolo», inteso come soggetto indifferenziato e portatore dei valori autentici di una moralità superiore

Il **populismo** è connesso all'antipolitica con cui condivide la critica nei confronti della politica ufficiale. I bersagli principali dei movimenti populisti sono infatti i partiti tradizionali e i simboli di una politica considerata inadeguata a fornire risposte convincenti alle molteplici domande sociali. Anche le fratture politico-culturali classiche sono contestate, a partire dalla dicotomia destra-sinistra rispetto alla quale i populisti si collocano al di sopra. **Il tratto saliente di ogni movimento populista sta nel richiamo costante al «popolo», inteso come un soggetto indifferenziato e portatore dei valori autentici di una moralità superiore**. I meccanismi di mediazione politica non servono ai leader populisti che cercano di creare una connessione sentimentale *immediata* con le masse. Come nel caso dell'antipolitica, anche il populismo trova il proprio terreno fertile nelle situazioni di crisi. L'incertezza dilagante, anche per effetto dell'esplodere repentino dei fenomeni di globalizzazione, del declino della politica degli Stati rispetto ad attori politico-economici sovranazionali e transnazionali, della situazione di quasi persistente crisi economico-finanziaria che affligge l'Occidente industrializzato, della conseguente crisi di legittimità delle classi politiche, diventa la fonte di una crisi di sfiducia nei confronti delle istituzioni politiche che si traduce, sovente, in antipolitica e populismo. Come ricordano Meny e Surel (2000, tr.it. 2001, 85), le forme di populismo contemporaneo sono facilitate da tre grandi fenomeni sociopolitici: la crisi dei sistemi di mediazione politica e delle istituzioni democratiche rappresentative; la crescita del ruolo dei mass media nella determinazione dei processi politici; la conseguente personalizzazione della politica (e del potere).

Come si accennava, **il populismo si concretizza nell'esercizio di mobilitazione delle masse da parte di un leader carismatico che mette in campo specifiche strategie di comunicazione politica per instaurare un rapporto diretto con il popolo**. In questo modo, la missione politica (o antipolitica) viene identificata nel leader che si pone a capo di movimenti e partiti più o meno organizzati ma, in ogni caso, mai così pesanti da mettere in discussione il potere del capo. È proprio a questo riguardo che possiamo individuare una differenza tra antipolitica e populismo. **L'antipolitica è un sentimento che si realizza soprattutto (ma non solo) a livello di massa, mentre il populismo presuppone forme di mobilitazione dall'alto che si realizzano nella sostanziale subalternità del popolo a un leader**:

> *I fenomeni di avversione ai simboli e alle istituzioni della politica corrente che si sviluppano a livello di base del sistema sociale possono ricondursi alla categoria dell'antipolitica; l'appello alle virtù politiche del popolo e le critiche ai partiti, al professionismo politico, ai costi eccessivi della politica, ecc. che provengono dal livello dell'élite del sistema politico possono essere ricomprese sotto l'etichetta del populismo.*
>
> Mete 2003, 354-355

Questo carattere verticale del fenomeno populistico (dal capo alle masse) fa sì che esso sia sovente identificato con regimi o movimenti di destra, o comunque non democratici. Non è un caso che il termine «populismo» entri a pieno titolo nel vocabolario sociologico e politologico per offrire una categoria interpretativa di alcuni dei principali regimi autoritari sud-americani del ventesimo secolo. Eppure, possiamo far rientrare nella categoria populistica anche movimenti e regimi di orientamento progressista e socialista, come nel caso del regime di Chavez in Venezuela, di Morales in Bolivia, o di Menem in Argentina. Come nota Segatori (2012a), possiamo affermare che, fin dalle prime esperienze storiche di populismo nella seconda metà del diciannovesimo secolo – si pensi al *narodni estvo* russo (di orientamento socialisteggiante) e al *people party* statunitense (di orientamento conservatore) – fino alle esperienze più recenti, tutti i movimenti populisti, al netto delle differenze ideologiche e contestuali, tendono a presentare almeno tre caratteristiche comuni: *a)* un appello simbolico all'autenticità del popolo; *b)* una leadership che catalizza le pulsioni popolari; *c)* una porzione di popolazione che si autorappresenta come quel popolo autentico, ma reso marginale da una politica vecchia e corrotta. Questi tre elementi si possono realizzare solo per effetto di uno «spiazzamento» (ibid.) di cui la popolazione è vittima di fronte a grandi trasformazioni socioeconomiche che in genere la politica non riesce a ricondurre a sintesi. Senza spiazzamento e senza crisi difficilmente un movimento populista potrebbe nascere o comunque ottenere il consenso necessario per sopravvivere. Eppure, per quanto il populismo venga in genere ricondotto a soggetti antisistemici, nei contesti democratici, che per definizione tendono a essere inclusivi, essi possono trasformarsi anche in forze di governo (Campus 2006). Malgrado le velature autoritarie, il populismo raramente si propone come movimento antidemocratico; al contrario, i movimenti populisti si sentono gli interpreti della vera democrazia:

> *Nei sistemi di partiti i movimenti populisti hanno quindi una duplice funzione: ricordare costantemente i fondamenti democratici del sistema e mettere in evidenza le distorsioni rispetto agli ideali originali provocate dalle manovre dei titolari del potere. In un certo modo i partiti populisti si caratterizzano quindi per una duplice ibridazione: sono nel sistema e ne denunciano le derive; ricordano il primato del popolo rispetto alle élite al potere, mostrandosi come le uniche organizzazioni «autenticamente» rappresentative.*
>
> Mény, Surel 2000; tr.it. 2001, 229

Da questo punto di vista, il populismo è ormai un tratto endemico delle democrazie occidentali in cui il potere è sempre più personalizzato e mediatizzato (cfr. cap. 18). A fronte di situazioni di crisi persistente, sia sul piano socioeconomico che politico, gli Stati occidentali danno spesso ospitalità a leader carismatici che, in quanto *outsider* rispetto al quadro politico tradizionale o in forza di una loro posizione di prestigio nel mondo economico e delle professioni, si presentano ora come i nuovi *salvatori*, ora come i veri interpreti dei valori tradizionali della Nazione o della specificità etnica di un territorio, ora come gli alfieri del cambiamento, ora come i moralizzatori di una classe politica di cui, volenti o nolenti, sono già parte integrante.

Percorso di autoverifica

- Cosa intendiamo per cultura?
- In che senso essa può essere definita come una rappresentazione sociale?
- Cosa intendiamo nello specifico per cultura politica?
- Quali sono le tre linee di tensione che la caratterizzano?
- Che differenza c'è tra cultura politica e cultura civica?
- Cosa intendiamo per subcultura?
- Che differenza c'è tra cultura politica d'èlite e cultura politica di massa?
- Come si articola il rapporto tra valori materialisti e post-materialisti?
- Che cosa è una ideologia?
- Cosa intendiamo per ideologia forte e ideologia debole?
- Che rapporto esiste tra ideologia e falsità?
- Che legame esiste tra ideologia e azione politica?
- Che rapporto esiste tra mentalità ideologiche e pragmatismo?
- Quali sono le quattro combinazioni individuate da Sartori?
- Quali sono le origini della dicotomia destra/sinistra?
- Perché alcuni autori ne sostengono l'inconsistenza?
- Perché altri autori ne rivendicano l'utilità?
- Come si relaziona la *diade* nella scissione individualistica della modernità?
- Cosa intendiamo per antipolitica?
- Che connessione esiste tra antipolitica e populismo?
- Che rapporto c'è tra populismo e democrazia?

Socializzazione e reclutamento politico 17

Valori, norme e tradizioni che danno corpo a una cultura politica non sono innati, ma vengono appresi attraverso un lungo processo che ha inizio fin dall'infanzia. Gli studiosi lo descrivono con l'espressione «socializzazione politica» per intendere una serie di stimoli a cui gli attori sono soggetti e che rielaborano nel corso della loro vita sviluppando un senso di appartenenza e, talvolta, di rifiuto critico nei riguardi di una comunità politica. Se un tempo si pensava che la socializzazione politica avesse un inizio e anche una fine che coincideva con l'acquisizione consapevole di orientamenti specifici sulla politica, oggi si tende a condividere l'idea che essa sia senza fine: si parla infatti di socializzazione politica permanente nell'ambito di un processo di autoformazione riflessiva di un sé politico. La socializzazione politica è connessa al concetto di «generazione politica» utilizzato da molti studiosi per analizzare i processi di mutamento a partire dal ruolo in essi assunto dai giovani. Sociologicamente, una generazione non è intesa solo da un punto di vista biologico, ma soprattutto nel senso di una condivisione di stimoli, valori e prospettive. Si può avere la stessa età, ma non per questo appartenere alla stessa generazione politica. Socializzazione e generazione ci portano a riflettere sul concetto di «reclutamento politico» che riguarda i meccanismi attraverso cui gli individui vengono arruolati nelle cariche politico-amministrative; si tratta di un processo un tempo di assoluta competenza dei partiti, oggi indeboliti sul piano ideologico e organizzativo, tanto da imporre pratiche di reclutamento formalmente più aperte e capaci di rinvigorire il consenso sociale verso le istituzioni e gli attori della politica.

Obiettivi di apprendimento

- La socializzazione politica indica il processo attraverso cui gli individui diventano parte di una comunità politica imparando a rispettarne le norme, i valori, le istituzioni, ma anche a criticarne eventualmente gli attori e le dinamiche.
- La generazione, come fatto storico e politico, presuppone che gli individui sviluppino un legame fondato sulla partecipazione cosciente e responsabile ai problemi del loro tempo.
- Il reclutamento politico è il processo attraverso cui, nell'ambito di un sistema politico, i cittadini vengono selezionati per ricoprire alcune cariche pubbliche, sia di carattere elettivo che di altro genere, sia di tipo eminentemente politico che nelle amministrazioni, nelle forze armate e nel sistema giudiziario.

17.1. La socializzazione politica: una introduzione

La **socializzazione politica** è il processo di apprendimento attraverso il quale gli individui diventano parte di una comunità politica

Le nostre riflessioni sulla cultura politica ci portano inevitabilmente a ragionare sui processi di **socializzazione politica**. La cultura di un popolo, cioè i valori, le istituzioni e le tradizioni che danno corpo e significato a una determinata società, non sono infatti un fenomeno naturale. Esse non sono innate, ma diventano parte del bagaglio identitario di un individuo attraverso un lungo processo di apprendimento che ha inizio con la nascita e termina di fatto con la morte. Non si finisce mai di imparare e i nostri valori sono costantemente soggetti a nuovi stimoli che col tempo possono produrre un mutamento culturale. **Se la socializzazione, come fenomeno generale, indica quel processo mediante il quale i neonati diventano parte di una società, la socializzazione politica, come fenomeno particolare, segnala il processo attraverso cui gli individui diventano parte di una comunità politica, imparando a rispettarne le norme, i valori e le istituzioni.**

Da questo punto di vista, il tema della socializzazione è di vitale importanza per la sociologia politica, perché ne arricchisce i contenuti andando oltre i temi tradizionali del potere e dello Stato, intersecandosi di fatto con altri importanti fenomeni di cui abbiamo già parlato, come i valori, le culture, le identità e la partecipazione. Essa, come nota Bettin Lattes (2011b), può essere definita a partire da due prospettive: una per così dire **micropolitica** (o individuale-soggettiva) e una **macropolitica** (o istituzionale). Nella prospettiva «micro», la socializzazione politica può essere definita come «quell'insieme di esperienze che nel corso del processo di formazione dell'identità sociale di un individuo contribuiscono in particolare a plasmare l'immagine che egli ha di se stesso nei confronti del sistema politico e nel definire il rapporto che egli instaura con le istituzioni politiche. Gli orientamenti, le emozioni, gli atteggiamenti verso i diversi oggetti della politica, le capacità cognitive ed espressive necessarie ad ogni agire politico vengono pertanto considerati come il risultato di un processo di formazione-apprendimento sociale» (Oppo 1990, 1057). Nella prospettiva «macro», la socializzazione politica è invece intesa come quel «processo attraverso cui le culture politiche prendono forma, si mantengono o modificano» (Almond, Powell 1966, tr.ir. 1970, 62). In questa prospettiva, la socializzazione politica presuppone una **dimensione normativa**, relativa all'«interiorizzazione» dei principi fondamentali di un dato sistema politico; una **dimensione espressiva**, relativa alla «formazione» di atteggiamenti e orientamenti nei confronti degli attori e delle istituzioni di uno specifico sistema politico; una **dimensione cognitiva**, che riguarda infine le dinamiche di «apprendimento» di tutte le informazioni e i codici culturali relativi alla sfera politica e alle sue eventuali rappresentazioni.

Dopo aver definito cosa si intende in linea di massima per «socializzazione politica» e averne condiviso l'importanza, gli studiosi si sono soffermati sulle diverse **fasi** del processo di socializzazione (dall'infanzia all'età adulta) e sulle cosiddette **agenzie** di socializzazione (dalla famiglia, alla scuola, al gruppo dei pari, ai mass media, ecc.) che contribuiscono diversamente a trasformare un individuo in cittadino e a svilupparne gli orientamenti verso la comunità politica, il regime e gli attori politici. Secondo molti studiosi, le esperienze fatte da un individuo fin dalla prima infanzia giocano un ruolo cruciale nella formazione della sua identità politica. Soprattutto studiosi di orientamento micropolitico, cioè attenti alla dimensione individuale e psicologica nella formazione delle identità sociali, pongono l'accento sulla cosiddetta **età infantile**. L'apprendimento nei primi anni di vita assume fortissime valenze emotive e si caratterizza per identificazioni affettive intense che sovrastano le informazioni ancora scarse sul mondo e perlopiù di carattere pre-politico. L'assenza di sovrastrutture fa sì che tutte le informazioni acquisite in questa fase si radichino a tal punto da divenire la base e al contempo la cornice dentro cui le successive informazioni si cumuleranno. Per questa ragione, l'infanzia è una fase fondamentale nella formazione di una personalità politica.

Gli studiosi si sono soffermati sulle diverse **fasi**, nonché sulle **agenzie** di socializzazione politica

Con l'**età adolescenziale** l'individuo compie ulteriori passi avanti nel processo di consolidamento di attitudini e orientamenti nei confronti della politica. Anche in questa fase la dimensione emotiva e affettiva gioca un ruolo fondamentale e l'attenzione degli individui si sofferma su contesti e personalità che vengono riconosciuti come fonti principali di informazioni sul mondo della politica. In questa fase, gli individui possono anche intraprendere le prime esperienze politiche attive e cominciano a dare corpo a specifiche culture politiche che, in alcuni casi, possono sfociare in vere e proprie identificazioni ideologiche. Gli sviluppi e le influenze adolescenziali sono forse ancora più rilevanti nello stabilire se la politica assumerà un ruolo decisivo nella vita di un individuo. Ed è proprio con l'**età adulta** che i soggetti cominciano ad acquisire informazioni direttamente e specificatamente politico-istituzionali. Essi assumono una posizione esplicita nei confronti del sistema politico e dei suoi attori, posizione che difficilmente muterà nel corso degli anni, pur subendo inevitabili scosse la cui influenza varierà al variare del grado di suscettibilità alle sollecitazioni provenienti dall'ambiente esterno. In genere, di fronte a un'identità politica formata, difficilmente si assiste a cambiamenti radicali. Solo eventi eccezionali che irrompono nella vita di ogni individuo, da una guerra a una grande depressione economica, possono sortire l'effetto di modificarne i lineamenti culturali, perché rappresentano eventi dirompenti che agiscono nel profondo della psicologia individuale, imponendo una risocializzazione che consiste nell'adeguamento a condizioni ambientali nuove.

La letteratura scientifica in tema di socializzazione politica è tutt'altro che uniforme. Gli studiosi di formazione sociologica, politologica e psicologica hanno prodotto indagini a partire da prospettive e punti di vista talvolta molto differenti, eppure, seguendo lo sforzo di organizzazione analitica di Gianfranco Bettin Lattes (2011b), possiamo distinguere i diversi studi in tema di socializzazione politica in tre grandi filoni che, pur non configurandosi come vere e proprie «scuole», denotano tre prospettive generali a cui, in linea di massima, gli scienziati sociali si sono conformati nel tempo. Ci riferiamo all'approccio sviluppatosi soprattutto negli Stati Uniti che si sofferma sulla funzione di integrazione sociale svolta dalla socializzazione politica, a quello sviluppatosi in Francia che si sofferma soprattutto sulla dimensione interattiva della socializzazione, a quello infine tipico di una certa sociologia tardomoderna (o postmoderna) che si concentra sugli aspetti di riflessività che denotano la socializzazione politica nel mondo «post-ideologico» contemporaneo.

17.1.1. La socializzazione politica integrativa

L'approccio della **socializzazione politica integrativa** enfatizza la sua funzione di integrazione sociale finalizzata alla stabilità del sistema liberaldemocratico

Con l'espressione «socializzazione politica integrativa» indichiamo un certo numero di studi e ricerche svolte negli Stati Uniti tra gli anni Cinquanta e gli anni Settanta (tra gli altri: Hyman 1959; Greenstein 1968; Easton, Dennis 1969; Jennings, Niemi 1981). Tutti questi lavori sono accomunati da una certa influenza funzionalista secondo cui il processo di socializzazione politica è importante soprattutto al fine di spiegare alcuni aspetti dei sistemi democratici liberali (stabilità dei sistemi politici, orientamenti politici di base, comportamento elettorale, ecc.). **Tali studiosi sono soprattutto interessati a spiegare il processo di formazione degli atteggiamenti, delle credenze e delle opinioni politiche individuali**, partendo dal presupposto (individuale-soggettivo) che la questione degli orientamenti politici sia soprattutto un fenomeno psicologico con profonde ripercussioni sulla dimensione sociale e collettiva. Come scrive Hyman:

> *La socializzazione politica rinvia a quei processi di apprendimento sociale che la maggioranza degli individui o dei sottogruppi esperiscono, in contrasto con l'apprendimento che è di carattere individualizzato. Il primo produce le regolarità e le uniformità che sono direttamente rilevanti nella stabilità del sistema politico e che si prestano alle pratiche sociali ed educative. Il secondo produce variabilità infinite e sfida le forme istituzionali del controllo. La trattazione completa dell'apprendimento politico riguarda entrambi questi processi, ma i loro effetti dovrebbero essere prudentemente distinti, in modo da determinarne il peso relativo e le differenti conseguenze in campo politico.*
>
> Hyman 1959, VII-VIII

Alcuni studiosi che hanno condiviso questo approccio si sono interrogati sul carattere consapevole ovvero inconscio della socializzazione politica che, in quest'ultimo caso, si ridurrebbe a un semplice condizionamento ambientale. A questo riguardo, Greenstein (1968) parla della socializzazione politica come di un processo sia formale che informale di trasmissione di un insieme di conoscenze; non tutte queste conoscenze sono direttamente politiche, ma in ogni caso incidono nel modo in cui gli individui concepiscono e si rappresentano il mondo politico. Prendendo spunto da Bettin Lattes (2011b, 834), possiamo affermare che i contributi della cosiddetta «scuola americana» sono riassumibili in due presupposti teorici:

- **Gli orientamenti politici di base si acquisiscono durante l'infanzia:** secondo questo presupposto, come si accennava già nell'introduzione, le opinioni e i comportamenti politici degli individui adulti affondano le proprie radici nei processi di apprendimento che si realizzano nei loro primi anni di vita. Per questa ragione, lo studio delle prime fasi del ciclo di vita è di fondamentale importanza per comprendere la politica stessa.

- **Gli orientamenti politici di base tendono ad essere resistenti al cambiamento:** in base a questo presupposto, una certa importanza assumono le dinamiche della socializzazione politica con particolare riferimento a quei soggetti e quelle istituzioni sociali che svolgono il ruolo di «attori socializzanti». Si tratta delle cosiddette *agenzie di socializzazione* (soprattutto «famiglia» e «scuola») che svolgono una decisiva funzione educativa e di integrazione sociale. A questo riguardo, gli studiosi hanno perlopiù condiviso la bipartizione del processo di apprendimento: da un lato, si ha la «socializzazione primaria», che si realizza nell'infanzia, in cui gli individui acquisiscono i valori e i miti politici fondamentali di un popolo, entrando in contatto con il lessico politico di una Nazione, così come con i concetti di «autorità», «patria», «Stato»; dall'altro, si ha la «socializzazione secondaria», che si realizza a partire dalla prima adolescenza e attraverso la quale l'individuo entra in contatto con la politica intesa come sotto-sistema della società. In questa fase, in cui la scuola, il gruppo dei pari, eventuali reti associazionistiche e i media assumono il ruolo di attori socializzanti, gli individui acquisiscono codici politico-culturali complessi e talvolta assumono essi stessi un ruolo attivo nel processo politico (come attivisti o militanti). Il sistema di conoscenze acquisite nelle due fasi della socializzazione politica tende a produrre orientamenti politici e comportamenti tendenzialmente resistenti al cambiamento. Secondo la prospettiva integrazionista, **più è precoce il processo di apprendimento, più è difficile che gli orientamenti di fondo si modifichino nel tempo.**

Il merito dell'approccio alla socializzazione politica che abbiamo definito «integrazionista», perché ne valorizza soprattutto la funzione di integrazione sociopolitica, è senza dubbio quello di porre l'accento sulla dimensione microsociale rispetto alla formazione delle identità politiche. Ciò non toglie che tale prospettiva si sia esposta negli anni a numerose critiche. In primo luogo, gli studiosi della scuola americana, enfatizzando la funzione integrativa della socializzazione politica, di fatto la identificano con un processo al servizio del potere dominante. Se la socializzazione politica è infatti connessa alla stabilità del sistema, la si vincola nella strettoia dell'ordine politico escludendo la possibilità che essa possa anche determinare senso critico e opportunità di conflitto. La stessa importanza che questi studiosi attribuiscono alle agenzie di socializzazione classiche (famiglia e scuola) fa sì che si escluda la grande potenzialità socializzativa di atre agenzie meno istituzionalizzate e, sovente, meno al servizio del potere costituito e dei valori tradizionali della società, come i mass media e il gruppo dei pari. Inoltre, **la scuola americana ha una visione unidirezionale della socializzazione politica che si configura come processo verticistico di inculturazione di individui giovanissimi destinati a diventare «soggetti ultrasocializzati»** (*oversocialized model of man*) o addirittura «culturalmente dopati» (*cultural dope*), per dirla con Garfinkel (1967). Secondo tale modello, dove l'influenza parsonsiana è fin troppo evidente, l'ordine sociale sarebbe garantito in primo luogo dalla presenza di individui educati fin dall'infanzia alla fedeltà al sistema. I limiti di questa concezione sono così lampanti da non aver bisogno di ulteriori considerazioni.

17.1.2. La socializzazione politica transazionale

L'approccio della **socializzazione politica transazionale** enfatizza la sua natura interattiva e mutidirezionale

In Francia, soprattutto grazie all'opera della sociologa Annick Percheron (1974), si consolida un approccio alternativo allo studio della socializzazione politica. Ci riferiamo a quella che abbiamo definito «socializzazione politica transazionale» che, nota Bettin Lattes (2011b, 842-843), può essere riassunta in cinque concetti chiave:

- **Transazione** (*transaction*): con il concetto di «transazione» si pone l'accento sulla natura interattiva e multidirezionale della socializzazione politica intesa come momento di incontro tra due soggetti attivi, come una sorta di «compromesso tra i bisogni e i desideri dell'individuo e i valori dei gruppi differenti con cui egli entra in relazione» (Percheron 1974, 26).
- **Rappresentazione del mondo** (*représentation du monde*): in quanto fenomeno transazionale, la socializzazione politica non si configura come mera inculturazione e trasmissione valoriale, ma piuttosto come il processo di formazione condivisa di una rappresentazione della politica e dei suoi aspetti (democrazia, partiti, autorità, ecc.). Essa non si realizza solo attraverso l'azione di alcune agenzie di socializzazione, ma è elaborata criticamente dai soggetti che traggono spunto dai molteplici stimoli che ricevono dall'ambiente.
- **Socializzazione latente** (*socialisation latente*): da questo punto di vista, la socializzazione politica non si realizza come azione formale ed esplicita, ma soprattutto come processo latente e per molti aspetti non intenzionale. L'individuo elabora stimoli e messaggi, spesso contraddittori, che provengono dalla società e la maggior parte di questi messaggi non hanno una valenza direttamente politica.
- **Codice simbolico** (*code symbolique*): la socializzazione politica si realizza come scambio ed elaborazione di un «codice simbolico», inteso come «un sistema di riferimento e di valutazione della realtà» che orienta l'individuo nell'azione (ibid., 37).
- **Identità** (*identité*): se la scuola americana si concentra sulla formazione della cosiddetta personalità politica, i sociologi politici francesi preferiscono soffermarsi sui processi di formazione delle «identità» che sono lo sbocco inevitabile di ogni processo di socializzazione. Gli individui imparano a riconoscersi in un gruppo di riferimento che può essere una comunità ampia o un partito e un'associazione. Il codice simbolico è dunque necessario allo sviluppo di appartenenze collettive.

Se gli americani avevano sviluppato un concetto di socializzazione politica sostanzialmente autonomo dal resto della società, per la Percheron essa è una componente particolare della socializzazione generale. Politica e società sono dunque inscindibili anche analiticamente. Il merito di questo approccio sta nell'aver enfatizzato la natura transazionale della socializzazione politica, con il limite però di identificarla con il processo di costruzione graduale di un senso di appartenenza a un unico gruppo di riferimento. Gli sviluppi della sociologia contemporanea ci mostrano come gli attori sociali siano oggi restii ad ancorare la propria identità a un unico gruppo. Lo stesso processo di costruzione identitaria, in quanto riflessivo, è per forza di cose articolato e multiplo. Gli individui sviluppano appartenenze plurali che danno corpo a identità fluide.

17.1.3. La socializzazione politica riflessiva

L'approccio della **socializzazione politica riflessiva** valorizza i tratti di un processo aperto e riflessivo di autoformazione dei soggetti

Sia l'approccio integrazionista che, in misura minore, quello transazionale collocano i momenti essenziali della socializzazione politica nei primi anni di vita dell'individuo trascurando invece l'età adulta. In realtà, è proprio su questa fase che alcuni si soffermano, enfatizzando la capacità riflessiva dei soggetti che nel corso di tutta la loro vita rielaborano esperienze e modificano i propri orientamenti per effetto di processi significativi (da eventi eccezionali a dinamiche di mobilità sociale e territoriale). A questo riguardo, si parla espressamente di «socializzazione politica adulta» (Sears e Funk 1999) o di «socializzazione politica permanente» (Sigel 1989). Tale processo è dunque continuo e accompagna i soggetti nel corso di un intero ciclo di vita, facendo cadere la consistenza analitica ed empirica della suddivisione in socializzazione primaria e secondaria. Come nota Bettin Lattes (2011b, 848), «parlare di 'socializzazione politica permanente' significa, in primo luogo, spostare l'attenzione dalla famiglia tradizionale alle nuove relazioni familiari e, in secondo luogo, ad altri contesti di socializzazione, in particolare il gruppo dei pari e i mass media». **Nella «socializzazione politica riflessiva» si allenta la contrapposizione generazionale che si configurava nel flusso asimmetrico di potere esercitato dagli anziani nei confronti delle generazioni giovani**.

Lo stesso ruolo della famiglia e della scuola è in parte mutato e la socializzazione si realizza in processi differenziati di costruzione identitaria. L'allungamento di fatto dell'età adolescenziale fa sì che l'azione socializzante ed educativa della famiglia si confonda con le dinamiche sociali che si realizzano in seno al gruppo dei pari con cui i soggetti condividono modelli di vita innovativi in un contesto relazionale informale e orizzontale. Nella rete amicale «il socializzato può essere anche contemporaneamente un socializzatore e viceversa» (ibid.), in un contesto di costante (e perlopiù inconsapevole) sperimentazione. A questo si aggiunge l'impatto dei mezzi di comunicazione di massa e dei media elettronici che sono una fonte costante di stimoli e informazioni, contribuendo inevitabilmente alla formazione di identità fluide e rappresentazioni sociali del mondo e della politica. **La socializzazione politica diventa dunque un processo aperto e riflessivo di autoformazione dei soggetti**. Molti studiosi hanno criticato questo nuovo corso, denunciando la tendenza dei mass media a produrre una indebita semplificazione delle informazioni che si traduce, come vedremo nel prossimo capitolo, in una spettacolarizzazione della politica in cui la ricerca ossessiva del gossip e l'enfasi riposta sui casi di malcostume, favorirebbero lo sviluppo di sentimenti antipolitici e l'assunzione di ruoli sociali sostanzialmente passivi compensati da un consumismo esasperato (Massa 2002).

In ogni caso, come vedremo nel prossimo paragrafo, venendo meno il rapporto asimmetrico che caratterizzava tradizionalmente le relazioni familiari, molti sociologi politici hanno riconsiderato lo stesso concetto di «generazione» connesso all'interesse nei confronti della politica. Oggi il percorso di transizione alla vita adulta si è allungato, tanto da dover parlare di «giovani adulti» che si trattengono in famiglia fin oltre i trent'anni, impedendo la prevedibilità classica delle traiettorie biografiche di costruzione delle identità:

> *I confini delle generazioni diventano sempre più vaghi e confusi, in quanto svanisce il legame tra età e posizione nella catena generazionale; i patti tra le generazioni diventano più aleatori e continuamente da rinegoziare. I giovani stentano a diventare una nuova generazione, ad accollarsi l'onere della transizione; a questo proposito si parla di blocco della progettualità.*
>
> Bettin Lattes 2011b, 851

Questa situazione non può non avere ripercussioni sul rapporto tra giovani e politica, come emerge tra l'altro da tutte le ricerche comparative svolte sul tema. I livelli di partecipazione politica giovanile si sono nettamente abbassati rispetto al passato. Senza dubbio, la crisi delle ideologie e dei partiti di massa ha contribuito a questi sviluppi spingendo i giovani verso obiettivi legati al loro quotidiano e dunque lontani dalla dimensione pubblica che connota l'impegno politico. La socializzazione politica diventa un processo di autocostruzione individuale in cui i soggetti imparano a usare risorse perlopiù simboliche prive però di contenuti fissi. Le identità politiche che sortiscono da questo processo sono dunque fluide e instabili e suscettibili di cambiamento nel corso della vita.

17.2. Le generazioni politiche: una introduzione

Una **generazione politica** presuppone una coscienza di gruppo e una memoria collettiva condivisa

La consapevolezza che ci viene dalla socializzazione politica riflessiva ci porta a ragionare sul concetto di **generazione politica** che getta nuova luce anche sull'analisi sociologica dei conflitti che non sono solo tra Nazioni o tra classi contrapposte, ma si configurano sovente come conflitti tra soggetti appartenenti a diverse generazioni. Non a caso molti studiosi prendono spunto dal concetto di generazione per spiegare la quantità e qualità dei movimenti giovanili che hanno affollato la scena sociopolitica occidentale a partire dalla seconda metà del ventesimo secolo. Nell'analizzare le generazioni politiche si prescinde dal dato meramente anagrafico e ci si sofferma sui diversi stili di vita e sui diversi orientamenti ideologici e culturali.

La «generazione politica» non è tra l'altro un target analitico recente, ma è stato oggetto di attenzione di diversi studiosi anche in epoche passate. Giuseppe Ferrari già alla fine del diciannovesimo secolo la assumeva come variabile di riferimento dei suoi studi descrivendola in questi termini: «La generazione politica o storica, che non si deve confondere con la generazione materiale costituita da un certo numero di individui che nascono, vivono e muoiono nel medesimo tempo senza essere associati, senza collaborare alle medesime imprese, senza neppure conoscersi», deve altresì «comporsi di uomini che nascono, vivono e muoiono nei medesimi anni e, amici o nemici, appartengono alla medesima società» (Ferrari 1874, 7-8).

Ortega y Gasset, dal canto suo, ci propone già nel 1923 (ristampa in opere complete, 1947) un primo abbozzo della sua teoria analitica delle generazioni, senza per questo porsi mai il problema di definirne i parametri empirici. Egli, nota Bettin Lattes (2011a, 310), è convinto che le generazioni siano uno strumento sociale che serve alla realizzazione del mutamento storico. In *El tema de nuestro tiempo*, la sua prospettiva è resa esplicita:

> *Le variazioni della sensibilità vitale, decisive nella storia, si presentano sotto l'aspetto delle generazioni. Una generazione non consiste in un gruppo ristretto di uomini egregi, né in una massa: è come un nuovo corpo sociale integro, con la sua minoranza eletta e la sua moltitudine, che è stato lanciato nell'ambito dell'esistenza con una traiettoria vitale determinata. Il concetto di generazione, compromesso dinamico tra massa e individuo, è il più importante della storia e, per così dire, il cardine attorno al quale essa compie i suoi movimenti.*
> *[...] Le generazioni nascono le une dalle altre, sicché quella nuova incontra le forme che la precedente ha già dato all'esistenza. Per ciascuna generazione, vivere è dunque un impegno su due piani, uno dei quali consiste nel ricevere quello che è stato già vissuto dalla precedente: idee, valutazioni, istituzioni, ecc.; l'altro, nel lasciare fluire la propria spontaneità.*
>
> Ortega y Gasset 1947, 145-148

Ma il contributo classico che ha avuto una maggiore influenza nei successivi sviluppi di un'attenzione sociologica al tema delle generazioni politiche è senza dubbio quello riconducibile alle opere di **Karl Mannheim** che già nel 1928 (tr.it. 1974) connetteva il concetto di «generazione» alla sfera eminentemente politica. Dal suo punto di vista, dentro il campo della politica si configura «la situazione strutturale degli impulsi sociali decisivi come pure la differenziazione delle generazioni si può cogliere nel modo più evidente» (Mannheim 1928, tr.it. 1974, 410 nota 52). Egli intende chiarire i caratteri del legame sociale che tiene insieme gli individui appartenenti a una generazione, consapevole che essa non vada confusa con un gruppo sociale, ma che può altresì costituire la base per la costruzione di gruppi e movimenti. Il legame generazionale è a suo avviso costituito dalla cosiddetta **affinità di collocazione** che si basa sul fatto di essere nati e vissuti in un certo periodo storico, ma questo dato anagrafico non è sufficiente perché in esso si esplicitano potenzialità che possono essere sviluppate oppure compresse. Per far sì che un certo legame generazionale si consolidi occorre che gli individui appartenenti a una stessa generazione partecipino a un destino comune. Come scrive a questo riguardo Gianfranco Bettin Lattes (2011a, 312), nella prospettiva mannheimiana «il legame generazionale allude, vale la pena sottolinearlo, alla possibilità che gli attori appartenenti alla stessa generazione partecipino con piena coscienza e responsabilità ai problemi del loro tempo». La generazione cessa dunque di essere un fatto puramente biologico e diventa un fatto storico e politico. Questo non esclude la diversità dei punti di vista in seno a una generazione, tanto da poter parlare di una **pluralità di unità di generazioni**. Sempre Bettin (ibid.) ci ricorda che «i giovani della metropoli e i giovani di campagna, nati nello stesso periodo, sono indubbiamente affini sotto il profilo della collocazione generazionale eppure non per questo fanno un'esperienza di vita basata sul legame di generazione perché non vivono gli stessi problemi e non hanno un destino comune».

La questione dell'«unità di generazione» è dunque centrale nella prospettiva di Mannheim: «La gioventù che è orientata in base alla stessa problematica storica attuale vive un 'legame di generazione'; i gruppi che elaborano queste esperienze all'interno dello stesso legame di generazione in modo di volta in volta diverso, formano diverse 'unità di generazione' nell'ambito dello stesso legame di generazione» (Mannheim 1928, tr.it. 1974, 353). Essere soggetti agli stessi stimoli ambientali e aver esperito una comune socializzazione politica diventa un presupposto indispensabile alla costruzione di unità generazionali. Si condividono valori comuni, che sono anche valori politici, che prendono forma e si consolidano anche e soprattutto attraverso la comune partecipazione a una dimensione associativa dove è possibile realizzare forme di interazione diretta.

Da queste fin troppo brevi battute, appare evidente come Mannheim, pur senza sviluppare empiricamente le sue tesi, abbia fornito un contributo fondamentale all'inquadramento sociologico del concetto di generazione. Alla base di una sociologia delle generazioni politiche vi è infatti la consapevolezza che l'età non sia sufficiente a definire una generazione, ma serve anche una esperienza comune; **l'età, da sola, definisce piuttosto una *coorte* intesa come semplice aggregato di individui che condividono un dato temporale. La generazione presuppone una coscienza di gruppo e, nel caso della generazione politica, anche una memoria collettiva condivisa e filtrata dalle diverse unità generazionali**.

17.2.1. Generazioni e mutamento politico

La nascita di una generazione politica è in genere legata a qualche **evento storico-sociale** che irrompe nella vita dei giovani determinando un **sentire comune**

Dopo Mannheim, molti studiosi hanno affrontato il tema delle generazioni sociali e politiche cercando sempre di inserirlo all'interno di un quadro di riferimento sociologico, che non si limiti cioè alla sola constatazione di un'affinità di collocazione anagrafica. Heberle, per esempio, in uno dei primi studi teorici sui movimenti sociali, definisce le generazioni proprio enfatizzandone gli aspetti sociologici:

> *Una generazione sociale non può essere definita in termini biologici o nei termini di gruppi di età definiti, ma piuttosto nei termini di esperienze, sentimenti e idee comuni [...]. Una generazione è pertanto un nuovo modo di sentire e di percepire la vita, che si pone in contrasto con il modo precedente o almeno ne differisce. Una generazione è un fenomeno morale e mentale collettivo. I membri di una generazione si sentono legati da una comunanza di punti di vista, credenze, desideri.*
>
> Heberle 1951, 119

Le generazioni sociali agirebbero dunque come attori collettivi e sarebbero alla base di ogni processo di mutamento, in primo luogo politico. Considerate sociologicamente, secondo la prospettiva di Heberle, le generazioni non possono essere altro che «generazioni politiche». Se escludiamo la dimensione biologica occorre comunque definire l'origine di una generazione. Una comunanza di valori non nasce dal nulla, ma è legata a eventi e situazioni che gli individui esperiscono. **Quasi tutti gli studiosi contemporanei tendono a condividere l'idea che la nascita di una generazione politica sia legata a qualche evento storico-sociale che irrompe nella vita dei giovani determinando un sentire comune e, di conseguenza, un agire comune**. Tale evento può essere una guerra (si pensi al ruolo assunto dalla guerra del Vietnam per la generazione politica degli anni Sessanta), un atto di terrorismo, l'esplosione di una grande crisi economico-sociale, la fine di un regime, tutti fenomeni che agiscono come fattori costitutivi di una generazione politica. Come scrive Bettin Lattes (2011a, 317-318), «Non è l'avvenimento in sé ad originare una generazione politica quanto la sua rielaborazione sociale e la sua ricostruzione nella memoria collettiva di un gruppo. L'elaborazione sociale del significato delle esperienze è all'origine della costituzione delle generazioni».

I giovani che condividono con altri una unità generazionale possono riconoscersi in progetti politici innovativi e dare vita a movimenti sociali o comunque a soggetti collettivi di trasformazione. Anche per questa ragione, l'attivismo politico non istituzionale (o non convenzionale) è in genere caratterizzato da una prevalenza di giovani. Essi hanno più tempo, ma anche più speranze. Da questo punto di vista, il conflitto generazionale non si realizza solo tra generazioni diverse sul tipo giovani *vs.* anziani, come per molto tempo si è pensato, ma anche all'interno della stessa generazione dove possono coesistere e sovente confliggere più unità generazionali che aspirano, da punti di vista diversi, al ruolo di protagonisti storici di un ciclo politico. In questo senso, il concetto di generazione è strettamente connesso a quello di mutamento sociale e politico di cui le giovani generazioni sono sovente il motore trainante:

> *La gioventù è una parte importante di quelle riserve latenti che sono presenti in ogni società. Dipende dalla struttura sociale se quelle riserve, e quali di esse, sono mobilitate ed integrate in una funzione [...]. Il fattore particolare che rende il giovane uno degli elementi positivi più importanti per un nuovo passo della società è che egli non accetta come dato l'ordine stabilito e non ha interessi investiti o nel suo ordine economico o in quello strutturale.*
>
> Mannheim 1943; tr.it. 1951, 61

Assodata l'importanza del concetto di generazione politica per spiegare le dinamiche del mutamento sociale, occorre renderlo empiricamente significativo definendone le dimensioni analitiche. Senza dubbio, i membri di una generazione condividono alcuni atteggiamenti politici che possono rimanere stabili o al contrario mutare. Per spiegare stabilità e mutamento di valori e atteggiamenti politici, Attias-Donfut (1988), in modo fin troppo schematico, identifica tre **variabili intervenienti**:

- **Effetto del corso della vita** (o semplicemente «effetto età»): a questo riguardo ci riferiamo all'influenza esercitata sui comportamenti politici dalla collocazione di un individuo in una certa fase del ciclo della vita (esser giovane, adulto, anziano).

- **Effetto di coorte**: a questo riguardo ci riferiamo al ruolo assunto dalla socializzazione politica, assumendo che ogni individuo formi la propria identità politica e i propri orientamenti nei primi anni di vita e che essi rimangano relativamente stabili anche in età adulta.
- **Effetto di periodo**: ci riferiamo a questo riguardo all'influenza esercitata da particolari eventi che connotano un certo periodo storico influenzando la formazione di specifiche unità generazionali.

Per comprendere la connessione tra mutamento sociale e generazioni politiche occorre identificarne **variabili intervenienti** e **dimensioni costitutive**

Dopo aver definito le variabili che incidono nella definizione degli orientamenti, occorre stabilire le **dimensioni costitutive** di una generazione politica. La letteratura sociologica tende a concordare sul fatto che una generazione sia caratterizzata da tre dimensioni analitiche fondamentali:

- **Ampiezza**: con questa dimensione ci riferiamo alla *membership* della generazione, cioè al numero (impossibile da quantificare) degli individui che vi appartengono. Essa dipende ovviamente dai confini temporali e spaziali che si prendono in considerazione e dalla portata dell'evento storico che agisce da fattore costitutivo.
- **Intervallo temporale**: altrettanto complesso è il tentativo di fissare l'intervallo temporale che segna l'inizio e la fine di una generazione. In realtà le generazioni si succedono costantemente e, se può essere agevole fissare un intervallo di tempo quando le si considera sotto l'aspetto biologico, è invece piuttosto difficile, se non in modo approssimativo, delimitare il ciclo di vita di una generazione politica. Per quanto utile non è tuttavia molto sensato individuare un ambito temporale standard da applicare indistintamente a tutte le generazioni. Sono molti i fattori sociali, economici e culturali che intervengono nel ciclo di vita generazionale. Oggi i giovani tendono, per una serie di motivazioni di ordine culturale ed economico, a posticipare l'ingresso nella vita adulta che in genere corrisponde all'abbandono della casa genitoriale, così come gli anziani tendono a essere attivi molto più a lungo, condividendo diversi elementi, anche culturali, con la generazione che li succede.
- **Territorio**: ogni generazione politica ha poi un proprio radicamento territoriale e anche questa dimensione dipende molto dalla portata dell'evento storico scatenante. Se per esempio una qualsiasi guerra tradizionale incideva sulla formazione di generazioni politiche nell'ambito dei due o più Stati coinvolti, oggi, con lo sviluppo dei media e del sistema di interdipendenza economica e finanziaria, è molto probabile che eventi di natura politica, militare ed economica abbiano una portata internazionale contribuendo alla costituzione di unità generazionali di natura transnazionale (si pensi alla caduta del Muro di Berlino nel 1989, agli attentati terroristici alle *Twin Towers* nel 2001, o alle grandi crisi economiche internazionali).

In ogni caso, la sociologia contemporanea, come rileva efficacemente Bettin Lattes

(2011a, 325-326), si è occupata di generazioni politiche in modo discontinuo facendo emergere due impostazioni di fondo: da un lato, vi sono gli studi che si soffermano sul tema dei valori e della socializzazione politica (si pensi alle ricerche di Roland Inglehart a cui abbiamo fatto riferimento nel capitolo precedente), cercando di comprendere come le società integrino culturalmente le nuove generazioni; dall'altro lato, vi sono gli studi che si soffermano sulla portata conflittuale delle generazioni politiche, focalizzandosi sui conflitti intergenerazionali o, in alcuni casi, sulla capacità delle nuove generazioni di dare corpo a movimenti sociali anche di natura transnazionale (si pensi alle tante ricerche condotte sul movimento dei forum sociali per una giustizia globale).

Tutti gli studi condividono comunque l'idea di un mutamento valoriale generazionale che, soprattutto a partire dagli ultimi due decenni del ventesimo secolo, si è realizzato sull'onda di una crescente individualizzazione che, in molti casi, si è tradotta in indifferenza politica e crisi di progettualità. In realtà, come rilevano alcune delle ricerche più illuminate sul tema (Bettin Lattes 2001; Bontempi, Pocaterra 2007; Bettin Lattes, Bontempi 2008), di fronte al mutamento delle condizioni sociali e politiche (precarizzazione del lavoro, crisi dei partiti e delle ideologie; crescente incertezza sociale), i giovani vivono una condizione di disincanto rispetto alle generazioni che li hanno preceduti, ma non necessariamente tale situazione è destinata a tradursi in antipolitica. L'impegno pubblico non è forse la principale preoccupazione dei giovani del terzo millennio, come lo è stato per i giovani degli anni Sessanta e Settanta, ma si registra comunque un forte interesse rispetto alle tematiche postmaterialiste, come rilevava Inglehart, e anche per nuove forme «non tradizionali» di attivismo sociale nell'ambito di comitati (territoriali) di interesse pubblico, movimenti sociali e reti associazionistiche.

17.3. Il reclutamento politico: una introduzione

Dopo aver descritto per grandi linee le dinamiche della socializzazione politica, soffermandoci poi sull'importanza della variabile generazionale per comprendere alcuni processi di mutamento politico, occorre concentrare la nostra attenzione su un'altra importante funzione politica: ci riferiamo al **reclutamento politico, che definiamo come quel processo attraverso cui, nell'ambito di un sistema politico, i cittadini vengono selezionati per ricoprire alcune cariche pubbliche**. La letteratura specialistica tende ad adottare una concezione ristretta del reclutamento politico, soffermandosi soprattutto su quelle cariche politiche che, in un contesto democratico, assumono un carattere elettivo. In realtà, non tutte le cariche politiche sono elettive; si possono assumere incarichi politici di rilievo anche per effetto di nomina o cooptazione. Si pensi per esempio al Presidente del Consiglio in un regime parlamentare: i cittadini eleggono i loro rappresentanti attraverso regolari elezioni, ma il capo del governo è poi nominato (non eletto)

> Il **reclutamento politico** è il processo attraverso cui i cittadini sono selezionati per ricoprire alcune cariche pubbliche

dal Presidente della Repubblica dopo aver verificato l'esistenza di una maggioranza parlamentare. In regimi parlamentari regolati secondo la logica del *party government*, come in Gran Bretagna, il *premier* (cioè il Capo del Governo) non è eletto dai cittadini, né nominato dal Re, ma è di norma il leader del partito di maggioranza e può essere cambiato in corsa nel caso il partito si scelga un nuovo capo. Inoltre, considerare solo le cariche specificatamente politiche è altrettanto riduttivo, dal momento che in ogni sistema politico i vertici delle amministrazioni pubbliche (burocrazie), così come i magistrati o le alte dirigenze delle forze dell'ordine e dell'esercito, assumono notoriamente una importante valenza politica; dunque, la loro selezione merita di essere considerata una forma di reclutamento politico. Inoltre, in molti paesi, i vertici delle amministrazioni, dell'esercito e di altre strutture pubbliche sono di nomina politica. Si pensi per esempio agli Stati Uniti, dove vige la consuetudine dello *spoils system* (letteralmente "sistema del bottino"), in cui tutte le nomine ai vertici dei servizi pubblici sono di natura politica e, secondo la logica del *the winner takes all* ("il vincitore prende tutto"), i vincitori alle elezioni politiche (sia presidenziali che al Congresso) hanno il diritto di sostituire tutti i dirigenti nominati dalla precedente maggioranza politica.

Per sintetizzare, il reclutamento politico riguarda la selezione dei cittadini che andranno a ricoprire le cariche politiche, ma anche le cariche amministrative, i vertici di esercito e forze dell'ordine e del sistema giudiziario:

- **Reclutamento alle cariche politiche**: le principali cariche politiche oggetto di attenzione degli studiosi di reclutamento sono quelle relative al potere legislativo (parlamentari) e al potere esecutivo (presidenti, primi ministri, ministri). Ovviamente, questa bipartizione vale a livello nazionale così come al livello delle assemblee rappresentative e delle giunte dei governi locali (province, comuni, regioni). Come notano Gallagher e Marsh (1988), il reclutamento politico a questi livelli è in genere controllato dai partiti, ma le modalità di reclutamento differiscono da paese a paese. Se in molti paesi la scelta dei candidati è una questione interna ai partiti politici che li individuano tra i propri militanti o simpatizzanti, in altre realtà, dove non esiste una tradizione partitica molto consolidata si ricorre alla tecnica delle *primarie*, ormai istituzionalizzata per esempio negli Stati Uniti, ma sempre più diffusa anche in molti paesi occidentali. Le modalità di svolgimento delle elezioni primarie possono variare ma, nel complesso, la logica che le anima è quella di affidare la scelta dei candidati a un'elezione pubblica a cui possano partecipare tutti gli iscritti di un determinato partito o, in certi casi, tutti i cittadini a prescindere da una loro collocazione politica (cfr. par. 17.3.2). Come nota Rush (1992, tr.it. 2007, 165-166), i criteri che possiamo applicare alle dinamiche di reclutamento delle cariche politiche possono essere «formali» o «informali»: nel primo caso, la possibilità di essere candidati è vincolata ad alcuni presupposti formali (cittadinanza, residenza, età, ecc.); nel secondo caso, ci riferiamo a quei criteri sostanziali che giocano un ruolo fondamentale nella determinazione dei risultati del processo di reclutamento (genere, etnia, occupazione, istruzione, ecc.). Senza dubbio, specie nel caso dei reclutamenti per nomina o cooptazione, giocano un ruolo decisivo anche altri elementi, come l'esperienza dei potenziali candidati, la loro disposizione ideologica, le loro risorse (in primis competenze tecniche e denaro) e le loro motivazioni individuali.

- **Reclutamento alle cariche amministrative**: negli Stati moderni i processi di reclutamento nelle diverse strutture amministrative sono in genere regolamentati e sottoposti al vincolo di procedure legali-razionali che si realizzano in primo luogo nello svolgimento di concorsi pubblici; in alcuni casi, l'esame può essere sostituito da interviste o test attitudinali. In questo senso, l'accesso alle diverse cariche amministrative è in genere soggetto a un forte controllo pubblico. Ciò che varia da paese a paese è invece l'intensità del controllo politico. In Francia, per esempio, si prevede un percorso specifico di addestramento dei futuri dirigenti pubblici attraverso l'*Ecole Nationale d'Administration*, mentre negli Stati Uniti, per effetto del meccanismo dello *spoils system*, di cui abbiamo già accennato, la copertura di cariche amministrative è quasi sempre di nomina politica. Per questa ragione, in Francia i dirigenti delle burocrazie pubbliche sono politicamente neutrali, mentre negli Stati Uniti sono legati da un rapporto di fedeltà con il leader politico responsabile della loro nomina.
- **Reclutamento del personale delle forze armate e del sistema giudiziario**: negli Stati moderni, il personale giudiziario e delle forze dell'ordine è in genere indipendente ma, sotto-ordinato rispetto alla classe politica. Non mancano però casi in cui alcune di queste cariche assumano forti valenze politiche. Negli Stati Uniti, i giudici sono eletti dai cittadini in regolari elezioni, esattamente come i rappresentanti politici e, non a caso, la carriera in magistratura è spesso un trampolino di lancio per una futura carriera politica.

In ogni caso, il discorso sul reclutamento politico si intreccia con la sociologia delle *élites*, un tema che abbiamo svolto abbondantemente nel capitolo sulla distribuzione del potere. Questo vuol dire che molte riflessioni sul reclutamento si sovrappongono con le analisi degli studiosi elitisti. Sono diversi i fattori che entrano in gioco nelle dinamiche del reclutamento politico e non tutti sono riconducibili a elementi politico-istituzionali. I sociologi tendono per esempio a condividere l'idea che un'influenza particolare nel processo la abbiano fattori di tipo socioeconomico; non è un caso che quasi tutte le ricerche tendano a confermare che buona parte degli individui che vanno a ricoprire importanti cariche pubbliche provengano da uno *status* sociale elevato. Questo indica una tendenza alla riproduzione politica di alcune disuguaglianze sociali, sia in termini di istruzione che di classe sociale. Lasswell (1965) parlava a questo riguardo di **agglutinazione**, per intendere la saldatura di alcune condizioni privilegiate, soprattutto di carattere socioeconomico, necessarie per accedere a fondamentali cariche politiche.

17.3.1. Le dinamiche del reclutamento politico

Come ci consiglia Paolo Turi (2006, 205), seguendo le indicazioni di Robert Putnam (1976), è utile soffermarsi su almeno cinque aspetti del reclutamento politico:

- **I canali utilizzati per raggiungere posizioni di vertice**: da questo punto di vista, specie per le dinamiche di reclutamento eminentemente politico, è evidente che i canali partitici abbiano un ruolo molto significativo. I candidati alle cariche politiche provengono spesso dalle file dei partiti e ancora più spesso hanno avuto passate esperienze politico-istituzionali soprattutto ai livelli di governo locale.
- **Come e chi effettua la selezione**: a questo riguardo, Putnam (1976, 52) distingue tra tecniche di selezione «automatiche», «semiautomatiche», e «discrezionali»: si parla di automatismo quando per esempio (specie nei regimi monarchici e tradizionali) il criterio di assunzione di alcune cariche è ereditario; si parla invece di semiautomatismo quando per esempio, a livello amministrativo, il salto a cariche di maggior rilievo si effettua attraverso concorsi interni o per anzianità di servizio; si parla invece di piena discrezionalità di selezione nel caso di arruolamento per nomina o cooptazione. Come vedremo, questa tripartizione rischia però di escludere molte potenziali tecniche di reclutamento.
- **Le caratteristiche degli aspiranti candidati**: le caratteristiche degli aspiranti candidati possono essere *ascritte* o *acquisite*: l'appartenenza familiare o di status può essere considerata una caratteristica ascritta che, specie nei percorsi automatici di selezione, può assumere un ruolo molto rilevante; diversamente, le abilità personali e le competenze tecniche possono essere ricondotte a caratteristiche acquisite che, nella norma, dovrebbero rappresentare una dimensione cruciale nei moderni Stati democratici di diritto.
- **I livelli di abbandono di importanti cariche politiche**: anche i livelli di abbandono di cariche politiche e conseguente circolarità delle élites sono un fattore sociologicamente rilevante. In genere, se si escludono i casi di abbandono per cause naturali (malattia o morte), le ricerche hanno rilevato livelli più alti di abbandono e sostituzione delle élites nei momenti di crisi politica e/o economica.
- **I diversi modelli di reclutamento e il loro impatto sulle élites**: i modelli di reclutamento adottati hanno in genere una forte influenza non solo sulla composizione delle élites, ma anche sulle attitudini e gli orientamenti del personale politico e amministrativo che, a seconda delle modalità di elezione o nomina, potranno essere più portati a un atteggiamento di prudenza ideologica (o addirittura di conservazione, specie nei casi in cui il controllo politico è più scarso) o, al contrario, di partigianeria e intensità emotiva con effetti diretti sulla struttura sistemica.

Tutti questi aspetti giocano un ruolo importante nell'analisi delle forme di reclutamento politico. Tra di essi è senza dubbio oggetto di attenzione quello relativo al *come* del reclutamento, e cioè ai meccanismi che tale processo assume a seconda dei contesti. Come si accennava, la tripartizione di Putnam, che distingue tra metodi automatici, semiautomatici e discrezionali, per quanto utile sul piano analitico, non sempre esaurisce tutte le possibili modalità di reclutamento. Esiste per esempio la **rotazione** delle cariche, che si prevede in molti ordinamenti costituzionali in cui una stessa personalità non può rivestire lo stesso incarico per più di uno o due mandati. Esiste poi la tecnica del **sorteggio**, utilizzata già nell'antica Grecia e ancora oggi prevista in alcuni ordinamenti seppur in casi eccezionali: in Gran Bretagna, per esempio, in caso di pareggio nelle elezioni, la forza politica che andrà al governo è appunto decisa per sorteggio. Esiste infine il **patronage**, tecnica di antica tradizione, ma ancora utilizzata (perlopiù informalmente) in molti paesi; essa consiste nella distribuzione (discrezionale) delle cariche tra coloro che già occupano importanti incarichi pubblici, con il consenso (e sotto gli auspici) delle élites sociali ed economiche. Se vogliamo, anche lo *spoils system* all'americana richiama sotto certi aspetti questo meccanismo.

Michael Rush (1992, tr.it 2007, 159-160), sviluppando una intuizione di Martin Holland (1986) che aveva studiato le dinamiche di reclutamento per il Parlamento Europeo, propone un modello che si fonda sui concetti di **eleggibilità** e **aspirazione**: nel primo caso, si riferisce a tutti coloro che hanno i requisiti (formali e informali) per essere candidati ed eventualmente eletti (o nominati) a certe cariche pubbliche; nel secondo caso, si riferisce invece al livello motivazionale. Tutti i cittadini sono almeno formalmente eleggibili, ma non tutti hanno eguali possibilità di riuscirci. Prima di tutto bisogna desiderarlo, nel senso che entrare a fare parte della élite deve rientrare nelle ambizioni personali di chi ne ha formalmente il diritto; in secondo luogo, bisogna possedere quelle caratteristiche (ascritte e/o acquisite) che il «sistema» richiede. A questo riguardo, Rush parla di tre livelli strutturali di opportunità:

> **Eleggibilità** e **aspirazione** sono due concetti che possono aiutarci a comprendere le dinamiche di reclutamento politico

- **Struttura primaria delle opportunità**: il numero dei potenziali candidati, che formalmente coincide con tutti coloro che possiedono i diritti di cittadinanza, si riduce notevolmente sulla base di un struttura primaria delle opportunità nell'ambito della quale entrano in gioco una serie di fattori che operano una prima selezione *de facto*: si tratta di requisiti formali (ovviamente), ma soprattutto di requisiti socioeconomici e di motivazione psicologica legati ai percorsi specifici di socializzazione politica. A questo livello, i «requisiti» prevalgono nettamente sui meccanismi più o meno formalizzati di «controllo».
- **Struttura secondaria delle opportunità**: anche in questo secondo livello di opportunità i requisiti e le motivazioni sono fattori decisivi, ma in più bisogna dimostrare di possedere alcune qualità tra cui è ovviamente incluso lo status socioeconomico, ma anche il livello di istruzione, il tempo a disposizione, le competenze tecniche e una certa disposizione ideologica.
- **Struttura terziaria delle opportunità**: a questo livello, l'imbuto si stringe ulteriormente. Oltre ai requisiti necessari per superare i primi due livelli, entrano in gioco altre dinamiche che attribuiscono importanza ad alcuni elementi, come essere parte di una rete di conoscenze che contano, essere membro di un partito o comunque essere inserito in un circuito associativo. A questo livello, il «controllo», per esempio da parte dei dirigenti di partito, prevale nettamente sui requisiti.

17.3.2. La tecnica delle primarie

Le **primarie** sono uno strumento utilizzato per selezionare i candidati a cariche elettive in genere monocratiche, ma non necessariamente

Da anni si assiste in Occidente a un trend inequivocabile che coincide in molti casi con la crisi strutturale e di legittimità dei vecchi partiti ideologici di massa. Sempre più spesso si invoca una democratizzazione dei processi di selezione e reclutamento politico che viene identificata nella tecnica delle **primarie**. In questo modo, **leader politici e candidati vengono selezionati attraverso un processo elettorale che coinvolge ampie fasce della cittadinanza, privando i partiti di una delle funzioni che hanno tradizionalmente svolto**, e cioè quella di selezionare i membri della futura classe dirigente. La crescente personalizzazione della politica non fa che facilitare questo processo. Gli stessi partiti, ormai post-ideologici, si identificano sempre più con le figure dei propri leader a cui è affidato il compito di raccogliere consensi sociali anche e soprattutto in forza di presunte qualità personali che un tempo avremmo racchiuso nel concetto di *carisma*.

Ma, nella sostanza, in cosa consistono le primarie e come si svolgono? L'esperienza Usa, il paese in cui, anche per via della tradizionale debolezza organizzativa e ideologica dei suoi partiti, si è da decenni istituzionalizzato tale meccanismo di selezione dei candidati, ci offre un esempio per molti versi paradigmatico. Negli Stati Uniti è possibile individuare almeno cinque modelli di primarie a loro volta caratterizzati da molteplici sfumature e che variano lungo un continuum distinto da un **maggiore/minore grado di apertura** e, di conseguenza, **un maggiore/minore grado di controllo da parte dei partiti** (Fabbrini 2005, 70-72; Florida 2011, 40-42).

- **Primarie chiuse**: a questo tipo di primarie possono partecipare solo quei cittadini che si sono preventivamente registrati come elettori di un partito, secondo le regole elettorali vigenti negli Stati Uniti. Il registro degli elettori è in genere depositato presso un'autorità pubblica. Gli elettori ricevono una scheda in cui sono elencati solo i candidati del partito a cui sono registrati. In questo modo, il controllo del partito sul processo è senza dubbio elevato.
- **Primarie chiuse ma aperte agli indipendenti**: come nel precedente modello, possono partecipare alle primarie solo i cittadini preventivamente registrati come elettori di un partito, ma è consentito partecipare anche a quegli elettori «indipendenti» che dichiarano apertamente di voler partecipare alle primarie di un certo partito. Tale dichiarazione equivale in genere a una registrazione. A questo livello, il controllo del partito sul processo è ancora alto per quanto esistano maggiori margini di apertura.
- **Primarie *open declaration*** («dichiarazione aperta»): a questo tipo di primarie possono partecipare tutti i cittadini che dichiarano di volerlo fare il giorno della selezione, senza alcun bisogno di registrarsi preventivamente nelle liste di un partito. Tale dichiarazione in alcuni Stati vale come una sorta di registrazione informale nelle liste elettorali di un partito.
- **Primarie *private choice*** («scelta privata»): in questo caso, i partiti hanno scarse possibilità di controllo. Questo tipo di primarie, definite anche *non-partisan*, prevedono che gli elettori che si recano ai seggi ricevano tutte le schede

dei partiti che partecipano al processo per poi esercitare la propria scelta nella segretezza dell'urna. In ogni caso, si può votare solo la scheda di un partito, mentre le altre dovranno essere riconsegnate in bianco.

- **Primarie *blanket*** («generale», «globale»): quest'ultimo modello, non a caso oggetto di grandi contestazioni, non prevede alcuna forma di controllo sull'elettorato. Gli elettori ricevono un'unica scheda dove sono indicate le candidature di tutti i partiti. In alcuni Stati questo tipo di primarie ha solo un valore consultivo, nel senso che i partiti non le considerano vincolanti.

Appare evidente come l'adozione di un modello di primarie anziché un altro possa avere delle conseguenze significative sulla vita organizzativa di un partito. I risultati di primarie troppo aperte possono tra l'altro risultare molto destabilizzanti, facendo a volte prevalere candidati *outsider*, cioè esterni all'organizzazione e invisi al corpo del partito. Lungi dall'essere un vero strumento di partecipazione democratica, a volte le primarie sono utilizzate proprio per regolare i conti tra le fazioni di un partito diviso e caratterizzato da un profilo identitario debole. **Se da un lato, sollecitando la partecipazione democratica, le primarie possono davvero svolgere una funzione rivitalizzante, rafforzando il cosiddetto *citizen power*** (Arnstein 1969), **dall'altro, esse possono rappresentare la tattica perversa di una classe politica in crisi, accompagnando e, sovente, consolidando la «torsione personalistica» dei partiti politici contemporanei** (Musella 2010, 1).

Le primarie possono essere uno strumento di ***citizen power***, ma anche produrre una torsione plebiscitaria dei sistemi politici contemporanei

Da queste riflessioni emerge che una delle questioni cruciali per comprendere il senso delle primarie riguarda proprio il concetto di **controllo** da parte dei partiti sull'intero processo che, come affermano Bolgherini e Gelli (2011, 21-23), va inteso come **controllo sulle procedure**, **controllo sulla partecipazione** e **controllo sui risultati**: nel primo caso, ci riferiamo a l'esistenza di regole chiare e standardizzate a cui vincolare le primarie. Il problema, soprattutto in molti paesi europei, sta nella totale assenza di regolamentazione del meccanismo; nel secondo caso, ci riferiamo alla capacità dei partiti di mobilitare i propri simpatizzanti anche per le primarie, evitando dunque che il processo sia del tutto privo di controlli. Di fronte alla crisi organizzativa dei partiti, il controllo sulla partecipazione è sempre più scarso e, soprattutto nel caso si scelga di adottare modelli aperti di primarie, è molto facile che il processo possa produrre risultati destabilizzanti per gli stessi partiti che l'hanno promosso; nel terzo caso, strettamente connesso al secondo, ci riferiamo alla capacità dei partiti di indirizzare il voto riuscendo a ridurre le possibilità di risultati disattesi. In molti casi, a prevalere sono stati candidati esterni rispetto alle indicazioni dei partiti, segnalando una crescente incapacità dei dirigenti di partito di controllare e fidelizzare i propri elettori.

Da qui sorge la domanda relativa al ruolo delle primarie rispetto ai partiti politici contemporanei. Esse rappresentano il segno della loro debolezza o di una loro ripresa? Evidentemente, la scelta di molti partiti, specie in Europa, di adottare lo strumento delle primarie è indicatore della ricerca di consolidare consensi sociali sanzionandoli attraverso procedure almeno apparentemente democratiche. In questo senso, lo sviluppo crescente di questa tecnica di selezione dei candidati è il sintomo di una crisi organizzativa dei partiti; ma è pur vero che le primarie stesse, mobilitando simpatizzanti e iscritti, possono rappresentare un'occasione importante di riscatto del *party on the ground*, cioè del partito radicato sul territorio, rispetto al *party in central office*, cioè del partito-apparato che, secondo le intuizioni di Katz e Mair, avrebbe da tempo preso il sopravvento sulla base (cfr. par. 13.4). Molto più preoccupanti sotto il profilo sociologico sono invece le torsioni plebiscitarie che le primarie potrebbero determinare (Anastasi 2011). Soprattutto nel caso di primarie aperte, si rischia che a prevalere siano personalità dotate di risorse personali (notabili locali, ricchi imprenditori, ecc.) trasformando le primarie da strumento democratico in tecnica di consolidamento di disuguaglianze sociali e di forme oligarchiche di potere. ■

Percorso di autoverifica

- Cosa intendiamo per socializzazione politica?
- Cosa intendiamo per approccio micropolitico e macropolitico allo studio della socializzazione politica?
- Quali sono le tre dimensioni della socializzazione politica secondo Almond e Powell?
- Come si sviluppa la socializzazione politica tra infanzia ed età adulta?
- Cosa intendiamo per socializzazione politica integrativa?
- Quali sono i cinque concetti chiave della socializzazione politica transazionale?
- Cosa intendiamo per socializzazione politica riflessiva?
- Cosa intendiamo per generazione politica?
- Come si rapporta al processo di socializzazione?
- Su cosa si focalizza il contributo di Mannheim allo studio sociologico delle generazioni?
- Da cosa ha origine una generazione politica?
- Che rapporto esiste tra generazioni e mutamento sociopolitico?
- Quali sono le variabili intervenienti e le dimensioni costitutive di una generazione politica?
- Cosa intendiamo per reclutamento politico?
- Quali forme di reclutamento politico esistono?
- Cosa intende Lasswell con il concetto di agglutinazione?
- Quali sono le tre strutture delle opportunità che ci aiutano a comprendere le dinamiche del reclutamento politico?
- Cosa intendiamo per eleggibilità e aspirazione?
- In che consistono le primarie?
- Quali modelli di elezioni primarie esistono?
- Quali sono le forme di controllo che un partito può esercitare sul processo delle primarie?
- In che senso le primarie possono essere uno strumento di espansione democratica?
- In che senso possono sollecitare una degenerazione sistemica in senso plebiscitario?

Comunicazione e processi politici

18

Non è possibile ragionare di politica senza fare i conti con la sua dimensione comunicativa. Lo sviluppo dei mezzi di comunicazione di massa ha avuto un impatto decisivo sulle dinamiche del processo politico, tanto da poter parlare di mediatizzazione dell'azione pubblica. Dentro questo quadro, si definisce lo spazio della comunicazione politica che si realizza nello scambio simbolico e asimmetrico tra media, attori politici e cittadini-elettori. Sistema politico e industria mediale sono ormai legati da un rapporto di interdipendenza: da un lato, i politici sono alla continua ricerca di visibilità in uno spazio pubblico trasformato in arena politica mediatizzata; dall'altro, i media hanno bisogno della politica come fonte di informazioni e luogo di produzione decisionale anche rispetto alle condizioni economiche e istituzionali nell'ambito delle quali è possibile svolgere le professioni mediali. Gli effetti della centralità dei media sulla politica si concretizzano soprattutto nella sua personalizzazione e radicale spettacolarizzazione, mentre i cittadini, che sembrano destinati a rivestire il ruolo passivo di semplici spettatori, mantengono un potere fondamentale perché, in democrazia, essi rappresentano una fonte di consenso per la politica e di profitto per i media. Attraverso i mezzi di comunicazione non si producono solo effetti sulla politica, ma anche sul sistema cognitivo e sui comportamenti degli individui. I mass media condizionano le dinamiche della socializzazione politica e definiscono le condizioni della propaganda politica, influenzando gli orientamenti elettorali; possono narcotizzare come stimolare la partecipazione e rappresentano, comunque, il principale luogo di definizione dell'opinione pubblica.

Obiettivi di apprendimento

- La comunicazione politica è lo scambio e confronto di contenuti simbolici di interesse pubblico prodotti rispettivamente dal sistema politico, dal sistema dei media e dai cittadini-elettori.
- Il linguaggio politico è una componente della comunicazione politica connessa alla produzione simbolica. Non può esservi politica senza rituali né rituali senza simboli. Il rituale può essere inteso come uno specifico linguaggio attraverso cui si manifesta in modo visibile la competizione politica per il potere.
- Il marketing politico è l'insieme delle tecniche di derivazione commerciale che hanno l'obiettivo di favorire l'adeguamento di un candidato al suo elettorato potenziale, di farlo conoscere al maggior numero di elettori e a ciascuno di loro in particolare.

18.1. Lo spazio della comunicazione politica

La politica è anche e soprattutto un «fatto comunicativo». Questa evidenza era ben presente già negli scritti dei pensatori greci. Sia Platone che Aristotele, pur non parlando mai esplicitamente di comunicazione, fanno riferimento all'importanza della retorica intesa come linguaggio persuasivo. Come ci mostra Chesnais, anche nella Roma repubblicana, quando il governo era guidato da magistrati eletti dai cittadini, la lotta per il potere non si riduceva agli scontri armati tra fazioni contrapposte, ma era caratterizzata soprattutto da una intensificazione dell'attività politica: «In quegli anni, le tecniche di seduzione e manipolazione dell'elettorato si sviluppano notevolmente fino a diventare strumenti fondamentali per la conquista del potere» (Chesnais 1995, 120-121). L'esercizio retorico, cioè la forma arcaica di comunicazione politica, si realizzava in uno spazio pubblico identificato con la fisicità di una piazza (l'antica *agorà*). Così nasce il termine **comizio**, dal latino *comitium* con cui si intende letteralmente un «luogo di riunione» dove lo scambio simbolico si realizza nella compresenza di un oratore e un uditorio. Con la fine dell'epoca elettorale, anche la comunicazione politica entra in crisi e, tranne nel caso della parentesi comunale in Italia, bisognerà attendere la rivoluzione americana e quella francese e la nascita degli ideali democratici e libertari affinché il suo esercizio riprenda vigore. Con il ventesimo secolo e l'avvento dell'epoca della comunicazione di massa si creano infine le condizioni di una radicale interdipendenza tra strumenti di comunicazione e pratica politica.

Diventa centrale la dialettica tra sistema politico e sistema dei media e, in particolare grazie alla televisione, l'antica arena pubblica si trasforma, come vedremo, in **spazio pubblico mediatizzato**. Il rapporto tra comunicazione e politica diventa così stretto da giustificare negli anni un campo di studi specifico e interdisciplinare in cui si mettono in gioco competenze sociologiche, politologiche, psicologiche e linguistiche. La vecchia sfera pubblica borghese di cui aveva parlato Habermas si trasforma secondo la nuova ottica della comunicazione mediata: «I mezzi di comunicazione, trasformando la ricezione dei prodotti mediali [...] hanno creato una situazione comunicativa che è tutt'altra cosa dallo scambio dialogico che aveva luogo tra chi si riuniva nei circoli e nei caffè della prima modernità» (Thompson 1995, tr.it. 1998, 111). Entra nel lessico comune, ma soprattutto in quello scientifico, il termine **comunicazione politica intesa come scambio e confronto di contenuti simbolici di interesse pubblico prodotti rispettivamente dal sistema politico, dal sistema dei media e dai cittadini-elettori**.

Con lo sviluppo dei mezzi di comunicazione di massa, l'antica arena pubblica si trasforma in **spazio pubblico mediatizzato**

La **comunicazione politica** è lo scambio e confronto di contenuti simbolici di interesse pubblico

Per usare una definizione del sociologo Dominique Wolton, la comunicazione politica è «lo spazio dove si scambiano i discorsi contraddittori dei tre attori che hanno la legittimità di esprimersi pubblicamente sulla politica e che sono gli uomini politici, i giornalisti e l'opinione pubblica» (Wolton 1989, 28). Come disciplina accademica, essa si sviluppò *in primis* negli Stati Uniti sull'onda dei fermenti intellettuali che negli anni Cinquanta avevano dato inizio alla rivoluzione comportamentista, soffermandosi soprattutto sulla comunicazione elettorale dei leader politici. Ci si concentra dunque sulla «retorica», quindi sui messaggi e gli stili della comunicazione politica, sulle tecniche e modalità di «propaganda», sulla capacità dei comunicatori di influenzare il «voto» dei cittadini, sul progresso delle «tecnologie della comunicazione». Solo negli anni successivi, e non solo negli Usa, si sviluppa un interesse scientifico per altri temi importanti, come l'interazione tra i tre attori della comunicazione politica (politici, media, cittadini) e la connessione tra comunicazione politica, costruzione mediatica delle notizie e formazione dell'opinione pubblica.

Jay Blumler e Dennis Kavanagh (1999) individuano tre **fasi storiche** della comunicazione politica:

A partire dal diciannovesimo secolo è possibile individuare almeno tre **fasi storiche** della comunicazione politica

- **Fase 1 (dagli anni '40 ai '50)**: a partire dal secondo dopoguerra, la scena politica in Occidente, ma soprattutto in Europa, era dominata da partiti politici organizzati e ideologicamente motivati. La comunicazione politica era dunque subordinata a un sistema di credenze politiche molto saldo. I leader politici inviavano messaggi robusti senza preoccuparsi troppo della loro immagine pubblica. I cittadini rispondevano facendo leva soprattutto sul proprio senso di appartenenza a un soggetto politico.
- **Fase 2 (dagli anni '60 agli '80)**: le vecchie ideologie politiche entrano in crisi e, contemporaneamente, si diffonde il medium televisivo che amplia le opzioni di attenzione di un pubblico sempre più laico. La pervasività della comunicazione televisiva consente alla politica di raggiungere anche quella porzione di pubblico tradizionalmente meno interessato alle sue dinamiche. I tempi della comunicazione televisiva condizionano le strategie comunicative dei politici che abbandonano le grandi prospettive ideologiche mostrando sempre più attenzione verso gli umori del pubblico che si traducono nella mutevolezza, talvolta effimera, dell'opinione pubblica.
- **Fase 3 (dagli anni '90 a oggi)**: l'offerta comunicativa (soprattutto grazie alla tv satellitare) si è talmente moltiplicata da essere difficilmente gestibile. I media elettronici (internet, blog, forum, ecc.) si aggiungono alla televisione come ulteriori fonti di informazioni, ponendosi talvolta come valida alternativa ai media di sistema (Bentivegna 1999; 2004; 2006). Le trasformazioni sulla politica sono ormai notevoli. Si professionalizza il rapporto dei politici con l'opinione pubblica, affidando il compito di definire le migliori strategie comunicative a esperti di settore (marketing politico). L'abbondanza delle fonti di informazione produce una competizione tra i diversi format. La politica diviene oggetto di consumo e i politici stessi accettano di partecipare a programmi di intrattenimento sottoponendosi alle regole del mercato televisivo. Programmi scandalistici, varietà, telegiornali rosa diventano il nuovo veicolo del cosiddetto *infotainment*, cioè di una fusione tra informazione (leggera) e intrattenimento. Come in un grande supermercato i cittadini diventano consumatori occasionali di comunicazione politica e i politici, alla ricerca di nuove strategie di marketing, confezionano nuovi prodotti per soddisfare un pubblico frammentato. In questo contesto, le istituzioni, da luogo forte della politica,

diventano l'oggetto di una rappresentazione mediatica. I cittadini tendono a essere ammaliati dal miglior comunicatore, sollecitando lo sviluppo di nuovi populismi.

18.1.1. Visibilità del potere e pubblicità mediata

Con lo sviluppo dei media di massa si passa dunque dalla **pubblicità tradizionale della compresenza** alla cosiddetta **pubblicità mediata**

Oggi non sarebbe immaginabile alcuna forma politica senza un uso massiccio dei mezzi di comunicazione di massa. Prima dello sviluppo delle tecnologie della comunicazione (dalla stampa alla televisione), i detentori del potere erano perlopiù invisibili ai normali cittadini (sudditi). Il potere diventava visibile solo nelle rare occasioni pubbliche in cui i leader politici o il sovrano si mostravano al popolo; anche in quei casi, essi potevano essere visti solo dai pochi cittadini che avevano modo di partecipare all'evento. L'interazione politica poteva realizzarsi solo nella condivisione di un luogo fisico. Con l'invenzione della stampa, e in misura ancora maggiore con la televisione, i detentori del potere diventano accessibili a un vasto pubblico, almeno nell'esteriorità della loro immagine pubblica. In questa sede, utilizziamo evidentemente un concetto di «pubblico» diverso da quello comunemente inteso dalla teoria politica, in cui lo si identifica con tutte le attività legate allo Stato e all'autorità che da esso deriva; **rispetto alla questione comunicativa, intendiamo per «pubblico» tutto ciò che è «accessibile», cioè «aperto» e «visibile»**. Da questa prospettiva, non consideriamo la tradizionale contrapposizione tra pubblico e privato, ma piuttosto quella tra «pubblicità» e «riserbo», «apertura» e «segretezza», «visibilità» e «invisibilità» (Thompson 1995, tr.it. 1998, 174). Se in passato la notorietà dei politici era legata allo scambio simbolico nella condivisione di uno spazio fisico, con l'avvento dei mezzi di comunicazione di massa il pubblico si sgancia dal luogo. **Si passa dunque dalla «pubblicità tradizionale della compresenza» alla cosiddetta «pubblicità mediata», in cui la classica interazione faccia a faccia è sostituita dallo scambio simbolico consentito da un medium tecnico che rende visibile le azioni dei politici a un pubblico potenzialmente illimitato** (ibid., 177-179).

Ovviamente, l'impatto sulla politica della carta stampata, per quanto rivoluzionario, è di gran lunga inferiore rispetto a quello avuto dalla televisione. Se con la stampa il rapporto tra notorietà e visibilità si era inevitabilmente attenuato, con la televisione esso assume una valenza nuova, in un certo senso condivisa con la classica interazione faccia a faccia, mantenendo però alcune differenze significative. In primo luogo, la comunicazione è de-spazializzata; in secondo luogo, il pubblico televisivo è molto più ampio; in terzo luogo, solo uno dei due soggetti del rapporto comunicativo è visibile all'altro: se infatti il comunicatore acquista visibilità e notorietà, il pubblico rimane anonimo; in quarto luogo, le forme di comunicazione televisiva (tranne nel caso di alcuni *talk show* dove si consente l'intervento telefonico del pubblico) sono più che altro unilaterali, nel senso che non esiste un vero dialogo. A questo riguardo Thomspon parla di **quasi-interazione mediata** proprio a descrivere la specificità del rapporto comunicativo per mezzo di cinema e, soprattutto, televisione. La differenza di posizione tra produttori del messaggio e riceventi è dunque radicale. Infine, il campo visivo che offre la televisione è potenzialmente molto più ampio di quello che si realizza in una situazione di compresenza, ma è fuori dal controllo del pubblico, dal momento che angolatura, immagini e punti focali sono scelti da chi gestisce il medium. In questo senso, il pubblico mantiene una funzione di semplice spettatore che però retroagisce attivamente formandosi un'opinione che, presumibilmente, farà valere nei momenti opportuni.

Questi sviluppi non possono non avere profonde implicazioni sul funzionamento della politica. La grande visibilità che la televisione offre ai politici rappresenta senza dubbio una opportunità di costruzione di consenso. Oggi non esiste politico che possa fare a meno di sottomettersi alla dura legge dell'immagine. Ma tale visibilità mediata rappresenta un'arma a doppio taglio. I media non mostrano solo l'immagine del grande condottiero, ma anche le sue fragilità. La personalizzazione della politica veicolata mediaticamente fa sì che i leader politici debbano, ben più che in passato, stare molto attenti all'utilizzo intelligente dei mezzi comunicativi di cui dispongono, pena il rischio di ottenere risultati opposti a quelli sperati. Questo capita per esempio in caso di *gaffe* o di *eccessi*, che denotano l'incapacità del politico di gestire razionalmente alcune situazioni, ma anche nel caso di calcoli sbagliati, partecipando a programmi televisivi con impatto negativo sul pubblico. I politici mediatizzati sono inoltre sempre esposti al rischio di *fughe di notizie*, non riuscendo a controllare la pubblicazione di informazioni che si vorrebbe rimanessero riservate, e di *scandali*. Quello dello **scandalo politico** è un rischio sempre presente quando il politico non mette in gioco solo le sue idee e i suoi progetti, ma la sua intera persona (Thompson 2000); il termine scandalo deriva dal tardo latino *scandalum*, che significa letteralmente «inciampo», «trappola». In passato tale espressione era legata soprattutto a comportamenti offensivi nei confronti della religione, ma ancora oggi è usato per indicare pratiche irrispettose nei confronti di una presunta morale, pubblica o privata.

18.1.2. Attori e dinamiche della comunicazione politica

Per contestualizzare sociologicamente il fenomeno della comunicazione politica dobbiamo inserirlo dentro uno spazio pubblico dinamico dove si realizza una interazione costante tra istituzioni politiche, mass media e cittadini. La letteratura scientifica a questo riguardo propone un **modello pubblicistico-dialogico** che illustra analiticamente le dinamiche relazionali tra i tre attori della comunicazione politica (Mazzoleni 2004, 20-23). Governi, partiti, leader, candidati, cioè tutti gli attori che danno corpo al sistema della politica, interagiscono con i cittadini creando uno spazio comunicativo condiviso. Al contempo, la politica si relaziona anche con il sistema dei media dando vita a un ulteriore spazio di condivisione. A loro volta i media si relazionano con i cittadini dando vita a un flusso comunicativo perlopiù a senso unico. Questi tre spazi comunicativi costituiscono una rete di scambi simbolici che chiamiamo «comunicazione politica». Quando i tre spazi condivisi si sovrappongono, coinvolgendo tutti e tre gli attori contempo-

Il **modello pubblicistico-dialogico** illustra analiticamente le dinamiche relazionali tra i tre attori della comunicazione politica

raneamente, si realizza la cosiddetta **comunicazione politica mediatizzata**. Il modello pubblicistico dialogico, dunque, «colloca tale comunicazione all'interno di un ampio processo di interazioni discorsive tra tutte le componenti dello spazio pubblico politico, dello spazio pubblico mediatizzato e della società civile» (ibid., 21).

Tale modello descrive perlopiù un sistema di comunicazioni di tipo tradizionale dove i media sono solo un semplice attore della comunicazione. Nell'epoca della politica spettacolarizzata e delle comunicazioni di massa, il peso esercitato dai media nel sistema della comunicazione politica è decisamente superiore a quello degli altri due attori. È in questo senso che gli studiosi parlano di **mediatizzazione della politica, secondo cui l'azione politica pubblica si realizza all'interno di uno spazio mediale e dipende in larga misura dall'azione dei media. In questa prospettiva, la comunicazione politica diventa il prodotto dell'interazione e competizione tra i tre attori di uno spazio pubblico mediatizzato**. È possibile tra l'altro analizzare le diverse forme della comunicazione politica a partire dai flussi comunicativi tra gli attori dello spazio pubblico mediatizzato (ibid., 25-28):

Con la **mediatizzazione della politica** l'azione politica pubblica si realizza all'interno di uno spazio mediale e dipende in larga misura dall'azione dei media

- **Dalla politica ai media**: il flusso comunicativo dagli attori politici al sistema dei media può assumere diverse forme: *regolamentazione*, che si riferisce alle politiche pubbliche che governano le attività dei media; *media e news management*, che si realizza quando gli attori politici cercano di condizionare l'attività dei media e la produzione delle notizie attraverso conferenze stampa, forme di lottizzazione, o mettendo in campo una rete di relazioni pubbliche; *fonti di informazione*, che si realizza quando alcuni attori politici intrattengono rapporti discreti di collaborazione con alcuni *news media*.
- **Dalla politica ai cittadini**: il flusso comunicativo dagli attori politici ai cittadini-elettori può assumere le seguenti forme; *comunicazione pubblica* o *istituzionale*, quando a comunicare sono soprattutto enti pubblici e amministrazioni; *contatto personale*, quando i politici interloquiscono direttamente con i cittadini, specie in campagna elettorale; *propaganda-pubblicità*, quando i politici si rivolgono all'opinione pubblica attivando forme di comunicazione persuasiva.
- **Dai cittadini alla politica**: il flusso comunicativo dai cittadini al sistema politico assume le seguenti forme: *voto*, che è la massima espressione di volontà del cittadino in un sistema liberaldemocratico; *dibattito pubblico*, che consiste nella partecipazione del cittadino a discussioni di interesse generale e che possono assumere anche la forma protestativa delle mobilitazioni dal basso; *interazione diretta*, che si realizza negli incontri diretti in occasione di comizi, trasmissioni televisive e incontri occasionali in campagna elettorale; *sondaggio d'opinione*, che per molti studiosi è la moderna forma di espressione della volontà popolare.
- **Dai media alla politica**: i media comunicano con la politica attraverso diverse modalità che assumono la forma di: *informazione*, quando i media producono informazioni di natura sociopolitica; *vigilanza e critica*, quando i media si fanno portavoce dei disagi dei cittadini trasformandosi in controllori

e giudici della politica; *partigianeria*, quando i media assumono un atteggiamento di subalternità nei confronti di alcuni attori politici (si pensi alla stampa di partito); *mediatizzazione*, quando i media impongono alla politica i propri linguaggi come avviene nei casi di spettacolarizzazione e costruzione dell'immagine.

- **Dai media ai cittadini**: il flusso comunicativo dai media ai cittadini è perlopiù unilineare, nel senso che ai cittadini non è lasciato un grande margine di interazione, e può a assumere le seguenti forme: *informazione*, quando i media forniscono informazioni di interesse pubblico ai cittadini (si pensi ai telegiornali o alle trasmissioni di attualità); *informazione partigiana*, che si realizza quando i media si fanno portavoce di partiti o gruppi di interesse; *pubblicità*, che si realizza quando i media prestano (o vendono) spazi comunicativi agli attori politici, come avviene nel caso degli spot politico-elettorali.
- **Dai cittadini ai media**: come si è detto, il flusso di comunicazione tra cittadini e media è sostanzialmente di natura asimmetrica, ma i cittadini possono comunque retroagire scegliendo di boicottare i medium, non comprando un giornale, spegnendo la televisione, o girando canale.

18.2. Linguaggi e rituali della politica

Abbiamo descritto la comunicazione politica come uno «scambio simbolico». Questo ci porta a considerare non solo tutti quei riti e simboli che danno corpo e significato al processo politico, ma anche il linguaggio della politica che è lo strumento con cui, nello spazio comunicativo, i simboli sono trasmessi. Il concetto di **linguaggio politico** è talmente rilevante che alcuni studiosi lo sovrappongono alla comunicazione politica in generale, mentre altri lo utilizzano per definire il «discorso politico» o per analizzare il contenuto dei «messaggi politici». A questo riguardo, lo sviluppo delle tecniche di indagine sociologica ha consentito l'elaborazione di numerosi strumenti di *content analysis* (analisi del contenuto) finalizzati all'osservazione, attraverso procedure standardizzate, di modalità linguistiche e specificità simboliche dei discorsi politici. In particolare, **possiamo intendere il linguaggio politico come una categoria analitica della comunicazione politica che possiede fondamenti teorici propri e può dunque essere analizzato in autonomia rispetto al generale processo comunicativo**. La politica non è fatta solo di forza e violenza, ma anche e soprattutto di parole, tanto che Edelman poteva affermare che «è il linguaggio sugli eventi politici, piuttosto che gli eventi stessi [...] ciò di cui il pubblico fa esperienza: anche gli avvenimenti più prossimi derivano il proprio significato dal linguaggio che li descrive. [...] Il linguaggio politico è la realtà politica» (Edelman 1988, tr.it. 1992, 98). Come scrive Mazzoleni:

Il **linguaggio politico** è una categoria analitica della comunicazione politica

> *Affermare che il linguaggio politico è un potente fattore politico, che i politici e i cittadini si avvalgono di esso per «fare politica», è affermare che la retorica, i simboli e i rituali politici sono fattori cruciali della comunicazione politica, che le istituzioni, i partiti, i soggetti politici*

> *sono immersi nel simbolismo, comunicano attraverso i simboli, celebrano i rituali per legittimare se stessi e per confermare il proprio ruolo nella società, e che la cittadinanza è sensibile a questo tipo di comunicazione e partecipa ai grandi e piccoli rituali che rassicurano (o sfidano) l'ordine politico.*
>
> Mazzoleni 2004, 114

18.2.1. La retorica e il linguaggio politico

Lo studio del linguaggio politico si intreccia inevitabilmente con l'**arte della retorica**

Lo studio del linguaggio politico si intreccia inevitabilmente con l'**arte della retorica** che, come si è accennato, è una delle più antiche formulazioni del discorso politico. Essa è il linguaggio della seduzione e della persuasione che oggi assume le forme molteplici della **propaganda elettorale**. A questo riguardo, qualcuno parla di «nuova retorica», che si realizza nell'incontro tra retorica classica e nuovi mezzi di comunicazione (Reboul 1994; tr.it. 1996). Non ci si riferisce solo alle modalità comunicative via stampa o televisione, ma anche alle tecniche di comunicazione politico-elettorale attraverso volantini, manifesti, o siti internet. La nuova retorica riguarda dunque «tutte le forme moderne del discorso persuasivo», spingendosi anche oltre la semplice comunicazione verbale: «Si costituisce così una retorica del manifesto, del cinema, della musica per non parlare di quella dell'inconscio» (ibid., 101). Oggi, più che di retorica, si preferisce parlare di propaganda o di pubblicità che si innovano nelle forme moderne del marketing politico-elettorale. Secondo questa logica, l'emittente, per essere veramente persuasivo, deve adottare alcune accortezze: deve produrre messaggi capaci di attirare l'attenzione dei riceventi; i ragionamenti contenuti nel messaggio devono essere immediatamente afferrati dal pubblico; chi riceve i messaggi deve assimilarli a tal punto da accettarli come una verità.

In ogni caso, studiare il linguaggio politico impone allo studioso di prenderne in considerazione sia l'aspetto «semantico», sia quello «sintattico»: la **semantica politica** si riferisce ai termini-chiave, gli slogan, le dottrine, dal punto di vista di chi li comprende, del modo in cui sono intesi e percepiti; la **sintattica politica** si riferisce invece alle relazioni logico-grammaticali del discorso. In genere, la semantica si occupa di due questioni di fondo: il significato di ciò che è detto dagli attori politici e il particolare stile oratorio adottato. In entrambi i casi, il linguaggio assume una funzione di distribuzione di significati culturali attraverso la riproduzione di schemi simbolici analizzabili attraverso le molteplici tecniche di **analisi del contenuto**. Per rendere l'osservazione più completa, lo studioso non dovrà limitarsi ad analizzare i contenuti e le forme del linguaggio, ma anche le caratteristiche del comunicatore, l'ambiente in cui la comunicazione si realizza e i tipi di segni ricorrenti nel discorso (de Nardis 2002a).

Il linguaggio politico può essere analizzato osservandone **scopi** e **stili**

Dall'analisi della letteratura specialistica è stato possibile estrapolare diverse prospettive di analisi del linguaggio politico. Ne proponiamo brevemente quattro:

- Mancini (1981) si concentra per esempio sugli **scopi** dell'oratore che imposta una specifica tecnica oratoria capace di convincere l'uditorio. I comunicatori politici utilizzano infatti le modalità narrative ritenute più adatte a *convincere* gli indecisi, ad *ampliare* la sfera dei simpatizzanti e a *ratificare* fatti compiuti. Nel primo caso, si tende a utilizzare un linguaggio particolare in cui l'oratore pone maggiore enfasi sul destinatario attraverso discorsi fondati su immagini di senso comune che aumentano le possibilità di ricezione e comprensione del messaggio; nel secondo caso, l'enfasi è riposta sull'enunciatore stesso del linguaggio che ha tutto l'interesse a presentarsi nella sua veste più autorevole; nel terzo caso, l'oratore ha lo scopo di fare accettare una decisione già assunta utilizzando un linguaggio giustificativo, ma al contempo aggressivo, invocando la mobilitazione e radicalizzando la critica nei confronti degli avversari politici.

- Borgström (1982) è convinto che lo scopo della comunicazione dipenda dalla natura del rapporto che intercorre tra oratore e uditorio. Quando l'oratore gode di un certo *status di autorità* è probabile che adotti un linguaggio orientato alla **formalizzazione**, facendo riferimento al sistema simbolico e di credenze che rafforzano la sua legittimità. Nel caso in cui l'oratore non goda di grande autorità, adotterà un linguaggio orientato alla **persuasione**, utilizzando argomenti convincenti in grado di produrre consenso. Nel caso della formalizzazione, è probabile che il linguaggio assuma caratteri di «ritualismo», con uno stile rigido dal vocabolario limitato; al contrario, l'esigenza di persuasione impone un linguaggio argomentativo caratterizzato da uno stile libero e creativo, vincolato al solo contenuto della comunicazione.
- Secondo Bailey (1969), la strategia linguistica del comunicatore politico dipende dalla **percezione preventiva** che esso ha dell'uditorio. Il politico, nel definire una strategia comunicativa, deve cercare di anticipare le aspettative dei riceventi. Fattori rilevanti diventano dunque: il *piano del discorso*, che è il tipo di discorso predisposto quando ci si aspetta una certa condivisione ed è caratterizzato da un linguaggio non-emotivo, toni imperativi e un'argomentazione concreta; *l'ideologia*, che si colloca al polo opposto, utilizzata dall'oratore quando si crede di dover diffondere maggiori certezze, facendo uso di slogan, formulazioni vaghe e un linguaggio emotivo; il *programma*, che è infine la strategia adottata dall'oratore quando è incerto sulla natura del rapporto con il suo uditorio. In questo caso, prevarranno formulazioni precise arricchite da moduli linguistici emotivi.
- Edelman (1976, tr.it. 1987), attento analista delle variabili identificate nell'«emittente», nell'«argomentazione» e nel «destinatario», individua quattro tipi di linguaggio politico: il **linguaggio esortativo**, tipico della comunicazione politico-partitica, in cui si integrano i registri dell'ideologia, della retorica e della persuasione. In questo tipo di linguaggio la drammatizzazione del messaggio e l'emotività espositiva sono elementi costitutivi; il **linguaggio giuridico**, utilizzato soprattutto nella comunicazione istituzionale, che è scarsamente emotivo e ricco di definizioni e imperativi; il **linguaggio amministrativo**, che deriva direttamente da quello giuridico, è utilizzato soprattutto da amministratori e burocrati che segnano una distanza dall'uditorio. Esso non è dunque un linguaggio seduttivo; il **linguaggio della contrattazione**,

Tab. 18.1 Schema dei due opposti stili linguistici

Stili linguistici	Modalità linguistiche
Logico-argomentativo	– Linguaggio libero e creativo – Contenuti definiti – Tendenza al pragmatismo – Scarsa emotività
Espressivo-simbolico	– Ritualismo oratorio – Contenuti vaghi – Forte ideologismo – Forte emotività

che riguarda la cosiddetta comunicazione politica *back-stage*. Esso è infatti il linguaggio dello scambio e dei negoziati.

Tutte queste tipologie, seppur su livelli diversi, si riferiscono al ruolo dell'oratore e alla situazione in cui si verifica il processo comunicativo. Componendoli possiamo ipotizzare che il linguaggio degli attori politici si collochi su un *continuum* di moduli discorsivi caratterizzato, a un polo, da uno **stile logico-argomentativo**, a un altro, da uno **stile espressivo-simbolico** (cfr. tab. 18.1). Tali stili, che rappresentano ovviamente due tipi ideali sovente sovrapponibili nella realtà, possono variare al variare del contesto (uditorio, scopo dell'oratore, percezioni preventive delle aspettative della platea, status di autorità, dislocazione in una dimensione simbolica o al contrario strumentale dell'azione politica, ecc.). Inoltre, nell'adozione di uno stile linguistico incide notevolmente la personalità dell'oratore e i contenuti della comunicazione (de Nardis 2002a, 35-36). L'adozione di una certa strategia comunicativa e stile oratorio non è tra l'altro una scelta radicale, nel senso che l'oratore può far prevalere elementi logico-argomentativi pur non trascurando quelli espressivi e simbolici, o viceversa.

18.2.2. Rituali e simboli politici

Non può esservi politica senza **rituali** né rituali senza **simboli**

La riflessione sul linguaggio politico è connessa a quella sui rituali e sui simboli politici. **Non può esservi politica senza rituali né rituali senza simboli. Il rituale può essere di per sé inteso come uno specifico linguaggio attraverso cui si manifesta in modo visibile e per certi versi teatrale la competizione politica per il potere**. Lukes lo definisce come «un'attività di natura simbolica che concentra l'attenzione dei suoi partecipanti su oggetti cognitivi ed affettivi che essi ritengono particolarmente significativi» (Lukes 1977, 54). Esso rappresenta fin dall'antichità un aspetto fondamentale della politica che, in epoca medievale, serviva soprattutto a ratificarne la natura quasi sacrale (si pensi alla formula del «sovrano unto dal Signore»), per poi convertirsi in quelle *liturgie politiche* che danno corpo a vere e proprie religioni civili (si pensi, in epoca moderna, al «culto della patria»). Secondo Navarini (1998; 2001), il rituale politico può essere impiegato per diversi scopi: esso può servire per **raccogliere solidarietà**, assumendo una funzione di integrazione sociale; per **mostrare un potere**, rendendo tangibile forza e status di chi esercita il comando; per **costruire il significato**, dando un senso condiviso agli eventi della vita sociale e politica; per **distruggere un'immagine pubblica**, identificando per esempio un nemico da combattere per il bene della società.

Il **simbolismo politico** si riferisce alla fenomenologia e alla riflessione scientifica sulle dimensioni simboliche della politica

Tutti i rituali, a differenza dei costumi e delle abitudini che sono in parte frutto di una certa attività psicologica degli individui, hanno una forma standardizzata e vengono creati dalla società e proposti agli individui. Da questo punto di vista, contribuendo a svolgere una funzione integrativa, essi assumono un carattere conservatore finalizzato a riprodurre le condizioni di una certa stabilità politica. Eppure non mancano rituali che possono acquisire una forte capacità trasformativa, o addirittura sovversiva. Si pensi ai cortei dei lavoratori (come quello del primo Maggio) o del movimento femminista (come quello dell'8 Marzo). In questi casi la ritualità serve a riprodurre un sentimento di contestazione sociale creando sistemi di significato alternativi al normale corso sistemico. Come nota Kertzer: «Dei rituali cambiano la forma, il senso simbolico, gli effetti sociali, e mentre sorgono nuovi riti, quelli vecchi si dissolvono. [...] I riti hanno al tempo stesso un'istanza conservatrice e un potenziale innovativo» (Kertzer 1988, tr.it. 1989, 21-22).

Lo stesso discorso vale anche per i simboli politici. Sempre Ketzer rileva che in fondo un rituale non è altro che «un'azione avvolta in una trama di simboli» (ibid., 18). Quando si parla di **simbolismo politico ci si riferisce alla fenomenologia e alla riflessione scientifica sulle dimensioni simboliche della politica, alla trasmissione e allo scambio dei significati e dei valori, ossia delle risorse non materiali della politica presenti in tutte le culture, arcaiche e moderne, religiose e laiche, occidentali e non** (Mazzoleni 2004, 128).

> *L'esercizio del potere richiede sempre pratiche simboliche. Non c'è governo senza riti e senza simboli, per quanto demistificato e lontano dal magico un governo possa apparire. Non si può compiere l'atto di governare senza storie, segni e simboli che indichino e riaffermino la legittimità di quel governo in mille modi non detti. In un certo senso la legittimità è l'accordo generale sui segni e sui simboli.*
>
> Hunt 1984; tr.it. 1995, 59

Non esiste alcuna azione politica che non sia stata sostenuta e rappresentata da una rete di simboli. Sotto il profilo simbolico, pratica politica e pratica religiosa non si distinguono.

18.3. La politica mediatizzata

In un contesto di **mediatizzazione della politica** il sistema politico è in parte dipendente dai mezzi di comunicazione di massa

Abbiamo già fatto riferimento alla **mediatizzazione della politica** che, nell'ambito del rapporto tra i tre attori della comunicazione politica, si caratterizza per una netta prevalenza dei mass media su attori politici e cittadini. In realtà, gli studiosi tendono a ridimensionare il ruolo dei cittadini, spesso visti come semplici spettatori, concentrandosi soprattutto sul rapporto di esplicita interdipendenza tra sistema politico e media. La mediatizzazione della politica è un processo che si è consolidato a velocità alterne in Occidente per poi assumere i caratteri di una «necessità», tanto che oggi il sistema politico è in buona parte dipendente dai mezzi di comunicazione di massa che, per dirla con McQuail (1994, tr.it. 1996, 19), sono ormai «una fonte di potere» e uno strumento di influenza, controllo e innovazione. Essi sono diventati l'arena dentro cui si svolgono (e si rappresentano) le vicende politiche nazionali e internazionali. I media sono il luogo di produzione delle immagini della realtà sociale in cui si definiscono gli orientamenti culturali delle società contemporanee. Essi sono infine «la fonte di un sistema di significati per la sfera pubblica» che garantisce fama e celebrità a chi vi partecipa (ibid.). Di conseguenza, i politici che intendono raggiungere un vasto pubblico devono necessariamente negoziare con i media tempi, modalità, registri e, sovente, contenuti dei loro discorsi.

Per quanto il ruolo dei media sia centrale, essi hanno comunque bisogno della politica, sia perché le loro attività sono oggetto costante di regolamentazione pubblica, sia perché la politica, nel bene o nel male, rimane pur sempre una fondamentale fonte di informazioni per i media che, come è noto, vivono di notizie. A questo riguardo, Tim Cook parla di **negoziazione della notiziabilità**: «Gli attori politici e i giornalisti (solo di rado i cittadini) interagiscono con una serie costante seppur implicita di negoziazioni su chi controlla l'agenda, che cosa si può chiedere, dove e come, e sulle risposte più adatte da dare» (Cook 1998, 12). In questo senso, notano Mazzoleni e Schulz (1999, 260), «politica mediatizzata non è sinonimo di governo dei media».

18.3.1. L'interdipendenza tra politica e mass media

Nei precedenti paragrafi abbiamo già fatto riferimento alle diverse modalità di interazione tra media e politica. Naturalmente le dinamiche variano al variare dell'attore politico (presidente, governo, parlamento, partiti, gruppi, magistrati) o di quello mediatico (stampa, televisione, nuovi media). Le forme della comunicazione provenienti dal sistema politico, come abbiamo visto, cambiano a seconda se l'attore politico esprima interessi partigiani, e in questo senso adotterà un linguaggio tendenzialmente persuasivo e propagandistico, o sia al contrario espressione di una funzione pubblica e di governo, adottando dunque uno stile comunicativo finalizzato perlopiù all'informazione e, eventualmente, all'educazione.

Gli attori politico-istituzionali si proteggono dai media attivando strategie di **media management** e di **news management**

La comunicazione del potere esecutivo, sia quando è espresso da un governo parlamentare, sia quando è invece espressione di una carica monocratica, come nei sistemi presidenziali, può variare dalla comunicazione istituzionale alla comunicazione propriamente politica. Il rapporto con i media è fondamentale perché dal trattamento che essi riservano all'operato del governo dipendono buona parte dei futuri assetti elettorali. In questo caso, l'esecutivo può mettere in campo due diverse strategie: il cosiddetto **media management**, che consiste nell'instaurare rapporti collaborativi con il sistema dei media, e il cosiddetto **news management** (o *information management*), che consiste invece in tecniche di manipolazione delle informazioni da parte dei detentori del potere. «L'informazione è un'arma politica potente, e la sua selettiva diffusione, restrizione e/o distorsione da parte dei governi è un elemento decisivo nel controllo dell'opinione pubblica» (McNair 1995, 132-133). A questo fine, i leader istituzionali ricorrono spesso, specie nei paesi anglosassoni, all'opera di **spin doctor**, che sono in genere consulenti specializzati a confezionare le informazioni da rendere pubbliche. Essi, per dirla con Watts (1997, 121), hanno il compito di «massaggiare il messaggio» estraendo il meglio da ogni situazione in cui è implicato il leader.

Un rapporto analogo con il sistema mediale lo intrattengono tutti i diversi attori della politica. Non solo Governo e Parlamento si devono quotidianamente confrontare con la **comunicazione giornalistica**, ma anche partiti e gruppi hanno bisogno di intrattenere rapporti tendenzialmente cordiali con chi detiene il potere di produrre simboli e significati. La dialettica di partito può infatti configurarsi sia a livello intra-partitico, consistendo nei rapporti comunicativi tra leader e *membership*, sia a livello interpartitico, assumendo sovente i toni conflittuali della competizione politica. La presenza sulla stampa e in televisione è una necessità per i partiti che sono alla continua ricerca di visibilità. Tale realtà è talmente evidente che da tempo molti partiti hanno avviato trasformazioni strutturali che li rendono più appetibili sul piano comunicativo. Nascono **partiti personali**, che si strutturano attorno alla figura di un leader carismatico, o addirittura **partiti mediali**, trasformati in prodotti di consumo televisivo (Calise 2010). Allo stesso modo dei partiti, anche i gruppi di interesse e i movimenti hanno bisogno di ricorrere all'uso dei media per rendere visibili le proprie ragioni e incisiva la propria azione di pressione e/o protesta (Mosca 2009).

I media, dal canto loro, svolgono funzioni importanti che li portano spesso a confliggere con gli interessi della politica istituzionale. In altri casi, essi si mostrano invece subalterni al potere dominante con cui condividono l'appartenenza a una élite sociale che ha tutto l'interesse a riprodurre le condizioni del proprio dominio. In ogni caso, la letteratura specialistica (in particolare: Martin 1981; Blumler, Gurevitch 1995; Norris 2000; Mazzoleni 2004) sembra trovare l'accordo su alcune importanti **funzioni dei mass media** e sugli **ostacoli** che essi incontrano nel loro svolgimento. In relazione al sistema politico, le funzioni dei media sono:

I mas media svolgono una serie di **funzioni** per le quali devono affrontare una serie di **ostacoli**

- Raccolta e trattamento imparziale delle informazioni.
- Interpretazione della notizia per renderla comprensibile anche ai cittadini meno esperti.
- Sorveglianza nei confronti del sistema politico anche, all'occorrenza, assumendo il ruolo critico di *watchdog* (cane da guardia).
- Produrre conoscenza critica stimolando impegno civico e mobilitazione sociale.
- Intervenire direttamente nel dibattito pubblico tematizzando questioni importanti al fine di influenzare le decisioni politiche.
- Resistere ai tentativi del sistema politico di ridurre l'autonomia dei centri di informazione.
- Tenere i conti economici in pareggio, in poche parole: «fare profitti».

Al contempo, i media devono affrontare non pochi ostacoli nello svolgimento di tali funzioni. Il primo ostacolo è rappresentato proprio dalla necessità di fare profitti. Questo li porta inevitabilmente a trovare un compromesso non sempre virtuoso tra l'aspirazione a produrre un'informazione libera e indipendente e l'esigenza di rincorrere i gusti di un pubblico sovente depoliticizzato e quindi non sempre disponibile a seguire con continuità un giornalismo di approfondimento. Il cittadino meno attento deve dunque essere attratto per mezzo di strategie mediatiche che vanno dall'alleggerimento dell'informazione politica alla sua radicale spettacolarizzazione, con un'attenzione a volte ossessiva alla dimensione del gossip, piuttosto che alle questioni di reale interesse pubblico. Ovviamente, il ruolo dei media cambia anche in base al mezzo utilizzato. La stampa, che è il più antico strumento di informazione politica, è in genere più libera di riflettere sulle opinioni, ma anch'essa è vincolata alle leggi di mercato e agli interessi politico-economci degli editori. I cosiddetti **giornali di qualità**, che si pongono cioè il compito di produrre approfondimenti e riflessioni, registrano una crisi di lettori in favore dei cosiddetti **tabloid**, cioè giornali popolari, che non hanno particolari ambizioni culturali pur avendo un forte (talvolta catastrofico) impatto sul processo politico. La televisione, dal suo canto, ha rivoluzionato l'intera dinamica della dialettica politica. Come scrive Mazzoleni:

Gli organi di stampa si distinguono in **giornali di qualità** e **tabloid**

> *La televisione ha cambiato profondamente la politica e la leadership politica a tal punto che non è esagerato affermare che l'invenzione della televisione è stata una delle pietre miliari della storia della politica e della democrazia [...]. Dalla televisione in poi, la politica si è trasformata, non nel senso che ha perso la sua antica natura di competizione per il potere, ma nel senso che questa competizione è giocata in modo completamente differente.*
>
> Mazzoleni 2004, 76

Oggi non è possibile immaginare l'azione politica a prescindere dalla sua rappresentazione televisiva, soprattutto nell'epoca della **tecnologia digitale** che ha ulteriormente frammentato l'offerta televisiva con l'effetto di rompere la coesione del pubblico di massa, destrutturandolo in tante nicchie di pubblico, da un lato, sempre meno capaci di costruirsi una visione critica d'insieme sulla vita politica e sociale; dall'altro, anche meno suscettibile di manipolazione politica. Va infine considerato il grande impatto dei cosiddetti **nuovi media**, in particolare internet, che hanno ulteriormente moltiplicato le fonti di informazione stimolando spesso nuove forme di aggregazione e mobilitazione, rompendo il monopolio informativo tradizionalmente esercitato dal giornalismo di sistema.

18.3.2. Modelli di interazione tra media e politica

Le dinamiche di interazione media/politica seguono alcuni modelli ricorrenti chiaramente individuati dalla letteratura specialistica e inseriti all'interno di almeno due parametri che ne definiscono lo spazio semantico: ci riferiamo al «parametro sistemico-normativo» e a quello «massmediale», individuati da Blumler e Gurevitch (1975) e ripresi da Mazzoleni (2004).

- **Parametro sistemico-normativo**: questo parametro si definisce secondo le dimensioni del *continuum* subordinazione/autonomia dei media dal sistema politico e si concentra su quattro diversi livelli di integrazione tra media e politica: 1) il **grado di controllo statale**, che si riferisce agli strumenti a disposizione della politica per porre un freno alla libertà dei media. Come sappiamo, l'azione di controllo della politica sul sistema mediale si può realizzare sia attraverso le dinamiche del *news management*, sia attraverso forme di finanziamento o agevolazioni fiscali. Inoltre, in alcuni paesi, esistono imprese mediali pubbliche i cui vertici sono nominati da governi e parlamenti; 2) il **grado di partigianeria**, che si riferisce ai livelli di «parallelismo» tra media e politica. Il rapporto tra i due attori può variare da un livello minimo di partigianeria da parte dei media, che sono completamente autonomi nella definizione della propria linea editoriale, a un livello massimo, che si realizza quando gli attori politici sono direttamente coinvolti nell'impresa mediale, o perché ne sono i proprietari (si pensi alla stampa di partito), o perché riescono a creare le condizioni di una collaborazione che si configura come una sorta di fiancheggiamento; 3) il **grado di integrazione** nella élite politico-mediale, che si realizza nella possibile prossimità sociale e culturale tra attori politici e attori mediali. Il grado massimo di integrazione si realizza quando i giornalisti sono socializzati e reclutati negli stessi ambienti dei politici; 4) il **grado di convincimento** riguardo alla funzione sociopolitica della professione giornalistica, che riguarda il livello di consapevolezza che i media hanno del proprio ruolo in un contesto democratico. Più è forte la loro coscienza professionale, più è probabile che cercheranno di autonomizzarsi dalle influenze del sistema politico.
- **Parametro massmediale**: questo secondo parametro si riferisce all'orientamento professionale dei media informativi. Essi possono infatti essere caratterizzati da un **orientamento pragmatico**, e quindi anche da un approccio laico che li porta a distinguersi dalla politica e a produrre informazioni che rispondano alle domande del proprio pubblico, o da un **orientamento sacerdotale**, che si configura in un sistema mediale sensibile agli interessi del sistema politico e dei suoi attori.

> Il **parametro sistemico-normativo** si definisce secondo le dimensioni del continuum subordinazione/autonomia dei media dal sistema politico, mentre il **paramtero mass mediale** si riferisce all'orientamento professionale dei media informativi

Dentro lo spazio semantico definito da questi due parametri si articolano i cinque principali **modelli di interazione** tra media e politica (Mazzoleni 2004, 87-93):

> Dentro lo spazio semantico definito da questi due parametri si articolano i cinque principali **modelli di interazione** tra media e politica

- **Modello avversario**: tale modello si realizza quando i media svolgono una funzione critica e di controllo nei confronti della politica. Essi agiscono come *watchdog* (cani di guardia) nella consapevolezza della propria autonomia rispetto al sistema di relazioni politiche.
- **Modello del collateralismo**: tale modello si colloca sul polo opposto rispetto al precedente, identificando un giornalismo politicamente schierato che agisce, di fatto, come megafono di gruppi e partiti.
- **Modello dello scambio**: tale modello, che è anche il più diffuso, segnala

il livello di interdipendenza tra media e politica. Da un lato, i media hanno interesse a mantenere la propria autonomia, ma hanno anche bisogno delle informazioni dirette che possono ottenere dal sistema politico grazie a un rapporto cordiale con i suoi attori; dall'altro, i politici hanno tutto l'interesse ad avere accesso alle opportunità offerte dai media di massa e si vedono quindi costretti a negoziare con loro tempi e modalità di tale accesso.

- **Modello della competizione**: tale modello indica un atteggiamento di sfida dei media nei confronti della politica. Essi partecipano al dibattito politico come attori autonomi. Diventano di fatto dei soggetti politici indipendenti che producono opinione e mobilitazione. Dentro questo modello è contemplata anche una possibile deriva *videocratica*, in cui i media invadono il campo della politica.
- **Modello del mercato**: tale modello segnala la natura delle imprese mediali che sono attori comunque soggetti alle regole del mercato. Questo le porta necessariamente ad aumentare il proprio pubblico di lettori o ascoltatori producendo informazioni *soft*, cioè alla portata di tutti. In questo modo, anche le dinamiche politiche vengono rappresentate in maniera «spettacolare», tra il serio e il faceto, in modo da attirare anche l'attenzione del pubblico più depoliticizzato. Dentro questo modello sono inscrivibili le dinamiche dell'**infotainment** e della conseguente **tabloidizzazione** della politica, che si caratterizzano per un generale scadimento della qualità dell'informazione politica, sempre più orientata alla ricerca dello scandalo o dei pettegolezzi. La politica viene dunque rappresentata come un fenomeno di gossip.

18.3.3. Le conseguenze sistemiche della mediatizzazione

Abbiamo fatto più volte riferimento alla centralità dei mezzi di comunicazione di massa in un contesto di mediatizzazione della politica. Essi hanno avuto un impatto profondo sulle dinamiche del processo politico contemporaneo, tanto da poter distinguere alcuni importanti **effetti sistemici** connessi al cosiddetto **potere dei media**. In questo senso, **la mediatizzazione corrisponde al *media power* che si concretizza in una serie di effetti empiricamente osservabili sul funzionamento del sistema politico**. Tali effetti possono essere distinti in «effetti mediatici» ed «effetti politici» (Mazzoleni 2004, 94-107).

> Il ***media power*** si concretizza in una serie di effetti empiricamente osservabili sul funzionamento del sistema politico

- **Effetti mediatici**: le tre principali conseguenze mediatiche sono ravvisabili nella **spettacolarizzazione della politica**, nella capacità di **costruzione dell'agenda politica** e nella **frammentazione dell'informazione politica**: il processo di mediatizzazione ha radicalizzato la dimensione di teatralità che in genere connota il processo politico. La politica ha ormai perso il carattere di sacralità del passato; i media la drammatizzano e i politici modulano i primi registri seguendo schemi linguistici coerenti con gli orientamenti della cultura di massa. I media hanno inoltre acquistato un forte potere nel processo di *agenda building*, cioè di elaborazione delle questioni che sono destinate a diventare oggetto prioritario di intervento politico. Attraverso una costante tematizzazione, i media hanno oggi il potere di selezionare i temi al centro del dibattito pubblico. Al contempo, essi sono stati spesso accusati di frammentazione e conseguente banalizzazione del discorso politico. I vincoli, soprattutto commerciali, dell'industria mediale impongono l'adozione di registri semplificati riducendo ai minimi termini la complessità del discorso politico.

- **Effetti politici**: se gli effetti mediatici condizionano soprattutto la sfera discorsiva della politica, vi sono alcuni effetti che condizionano l'azione stessa degli attori politici. La letteratura ne individua tre fondamentali: **personalizzazione**, **leaderizzazione**, **selezione delle élites**: le esigenze di spettacolarizzazione portano i media a trascurare la dimensione culturale e organizzativa della politica concentrandosi sulle persone. La politica si adegua e, non a caso, la crisi della centralità della dimensione organizzativa dei partiti coincide con l'ascesa di una politica fortemente personalizzata. Legato al processo di personalizzazione della politica vi è quello speculare della personalizzazione della leadership. Oggi, la personalità, le capacità comunicative e, in genere, il carisma dei leader politici è la principale variabile di riferimento della politica. Il leader diventa esso stesso la reificazione del progetto politico e la sua stessa storia di vita diventa la dimostrazione della bontà o meno di una proposta politica collettiva. Di fronte alla crisi della dimensione strutturale e organizzativa della politica, i mass media hanno tra l'altro acquistato il potere di selezionare la futura classe dirigente. I candidati telegenici sono oggi preferiti ai candidati preparati. La politica si trasforma in comunicazione politica e i partiti, in larga parte subalterni a questa nuova logica, sono disposti a individuare i propri candidati non solo all'interno della propria *membership*, ma anche e soprattutto tra quelle personalità esterne (imprenditori, leader sindacali o di movimento, personaggi dello spettacolo) che già godono di una certa attenzione mediatica. Variabile di riferimento diventa dunque il *profilo mediatico* degli attori politici.

18.4. Le campagne elettorali

Per quanto la mediatizzazione della politica sia un fenomeno che investe l'intero processo politico contemporaneo, è indubbio che gli effetti sul discorso e sull'azione politica siano visibili soprattutto sotto elezioni, tanto che molti studiosi concordano sul fatto che la comunicazione politica sia soprattutto comunicazione elettorale. Le elezioni rappresentano infatti un momento simbolico forte, dove la necessità di raccogliere consensi impone agli attori politici di fuoriuscire dalle stanze del potere e comunicare se stessi e i propri progetti al «pubblico» degli elettori. Un tempo tali dinamiche si attivavano solo nelle poche settimane che precedevano le elezioni; oggi, in linea con le esigenze imposte dalla crescente spettacolarizzazione, è sempre più frequente che gli attori politici si comportino come se vivessero una **campagna elettorale permanente** (Blumenthal 1982).

Le **campagne elettorali** esprimono un agonismo drammatizzato in cui si evidenzia la capacità dei media di incidere sulla politica

18.4.1. Lo «spettacolo» delle elezioni

L'importanza che gli studiosi di comunicazione politica attribuiscono alle campagne elettorali è dovuta soprattutto al loro carattere drammaturgico. Esse esprimono infatti un agonismo drammatizzato in cui si evidenzia la capacità dei media di incidere sulla politica. Le modalità di gestione politica del momento elettorale è infatti variata in modo considerevole rispetto all'utilizzo dei mezzi di comunicazione. Da questo punto di vista, Pippa Norris (2000) propone la seguente periodizzazione del percorso evolutivo delle «partite» elettorali:

- **Campagne elettorali premoderne**: dall'inizio del periodo elettorale, nel diciannovesimo secolo, fino almeno agli anni Cinquanta del ventesimo, le campagne elettorali si caratterizzavano soprattutto per la ricerca di un'interazione diretta tra candidati ed elettori. I cittadini, relativamente ideologizzati, erano perlopiù ancorati all'identificazione con partiti e gruppi.
- **Campagne elettorali moderne**: dagli anni Sessanta fino almeno agli anni Ottanta, entra in gioco la televisione che sostituisce la compresenza nelle piazze con le forme di quasi-interazione mediata. I militanti di partito cominciano ad essere affiancati da consulenti esterni specialisti in comunicazione. Nasce la «politica spettacolo».
- **Campagne elettorali postmoderne**: dagli anni Novanta in poi, la pianificazione strategica delle campagne elettorali ad opera di specialisti di marketing acquisisce centralità rispetto al lavoro del *party on the ground*. Le strategie propagandistiche vengono stabilite sulla base dei risultati di sondaggi appositamente commissionati. Il politico non comunica più un progetto di società, ma cerca di assecondare gli umori del pubblico.

Queste forme di evoluzione delle pratiche di propaganda cambiano anche la natura delle campagne elettorali e i comportamenti degli attori politici che si devono confrontare con un elettorato sempre più volubile e al contempo laicizzato rispetto alle tradizionali appartenenze politico-partitiche. Le contese elettorali del passato si configuravano soprattutto come **campagne di posizione**, in cui la forza strutturale dei partiti e la presenza di un elettorato schierato determinava la tendenza dei leader politici a mobilitare risorse simboliche in grado di galvanizzare i propri sostenitori e al limite ampliare una platea già nutrita di elettori; oggi, diversamente, la propaganda elettorale assume piuttosto i caratteri di una **campagna di conquista**, in cui i leader dei partiti, ormai post-ideologici, devono ricorrere massicciamente all'impiego dei mass media per conquistare un elettorato laico e fluttuante. Questo impone loro di professionalizzare ulteriormente le campagne elettorali, pagando profumatamente i cosiddetti *costruttori di immagine*, cioè una schiera di esperti di marketing politico che diventano i veri strateghi del processo elettorale.

18.4.2. Il marketing politico-elettorale

Quando parliamo di marketing politico, ci riferiamo all'utilizzo, ai fini propagandistici, di mezzi di derivazione commerciale. Il marketing si identifica con l'insieme di tecniche necessarie a far sì che un prodotto si adatti al suo mercato potenziale. L'obiettivo è quello di far conoscere il prodotto, renderlo desiderabile con lo scopo di fare profitti, cioè di venderlo. In questo senso, **il marketing politico è l'insieme delle tecniche che hanno l'obiettivo di favorire l'adeguamento di un candidato al suo elettorato potenziale, di farlo conoscere al maggior numero di elettori e a ciascuno di loro in particolare, di fare la differenza con i concorrenti e gli avversari e, con un minimo di mezzi, di ottimizzare il numero di suffragi che occorre guadagnare nel corso della campagna** (Bongrand 1993, 13-14). Il cittadino, in un ottica di marketing, diventa dunque il consumatore potenziale di un prodotto politico che va adeguatamente pubblicizzato.

Il **marketing politico-elettorale** è l'insieme delle tecniche che hanno l'obiettivo di favorire l'adeguamento di un candidato al suo elettorato potenziale

Philippe Maarek identifica la comunicazione politica con il marketing politico e, nel suo manuale teorico-pratico, identifica quattro fasi del marketing elettorale professionale (Maarek 2001):

- **Fase uno**: la prima fase è quella della definizione strategica della campagna elettorale. Un candidato poco noto opterà per una strategia tutta orientata a ottenere maggiore visibilità, mentre un politico di lunga data dovrà enfatizzare la sua esperienza vendendola come punto di forza.
- **Fase due**: la seconda fase è quella dell'analisi dell'arena elettorale dove il candidato giocherà la sua partita. Cattaneo e Zanetto (2003) parlano a riguardo di **analisi dello scenario competitivo**, ipotizzando la presenza di cinque collegi a cui il candidato deve fare riferimento: il *collegio fisico*, che è il più importante, cioè il territorio definito dalla legge elettorale che è il luogo da cui il candidato dovrà prendere i voti; il *collegio politico*, che rappresenta i leader di partito e i politici di professione con cui il candidato dovrà intrattenere rapporti di massima cordialità; il *collegio di categoria*, che riguarda la classe o ceto sociale di appartenenza del candidato da cui, presumibilmente, dovrà cercare di garantirsi un pacchetto di voti; il *collegio atipico dei media*, che include tutti quegli operatori del sistema mediale con cui il candidato dovrà relazionarsi per volgere a proprio favore il loro potere di influenza sociale; il *collegio della concorrenza*, che riguarda gli avversari politici, cioè i *competitor* con cui il candidato dovrà confrontarsi prestando sempre attenzione alle loro strategie elettorali.
- **Fase tre**: la terza fase è quella per così dire «tattica», in cui, una volta definite le caratteristiche della domanda, anche e soprattutto attraverso un massiccio uso dei *sondaggi*, vengono messe a punto le modalità di comunicazione e pubblicità del prodotto-candidato. Vengono stabiliti i temi forti, gli slogan, i mezzi di comunicazione da utilizzare.
- **Fase quattro**: la quarta fase è quella strettamente operativa della discesa in campo del candidato che può avvenire appena prima dell'inizio della campagna elettorale o, in un contesto di campagna permanente, in un qualsiasi momento della vita politica nazionale. Si tratta di una fase molto delicata che si attiva solo dopo aver concluso tutte le operazioni previste dalle prime tre. Il candidato deve conoscere le caratteristiche sociodemografiche del territorio,

le sue possibilità di vittoria, i gusti e gli orientamenti degli elettori. Deve inoltre aver già tessuto buoni rapporti con i leader politici e i principali operatori mediali.

A questo punto comincia il duro lavoro di **image management**, cioè di gestione della propria immagine pubblica, che può passare anche attraverso il tentativo di distruggere l'immagine pubblica dell'avversario. Da questo punto di vista, il mezzo televisivo è fondamentale. I candidati, attraverso i propri *consulenti d'immagine*, mettono in campo una serie di **tecniche audiovisive** (partecipazione a programmi di intrattenimento o approfondimento, tribune autogestite, spazi pubblicitari a pagamento, ecc.), che sono diventate centrali rispetto alle tecniche di **marketing tradizionale** – come il *porta a porta*, le cene di sostegno, i comizi, ecc. – e di **marketing diretto** – come il *telemarketing* (con l'ausilio del telefono) e il *mailing*, cioè l'invio per posta di materiali elettorali.

18.4.3. Copertura mediatica e *news management*

Le ***media campaign*** sono campagne elettorali giocate soprattutto sull'arena mediatica

Da queste battute appare chiaro come la copertura mediatica delle campagne elettorali sia strettamente intrecciata all'attività dei *news media* (cioè media informativi) che definiscono il *quantum* di visibilità da concedere a un candidato o a un altro all'interno del processo di negoziazione tra media e politica. A questo riguardo, gli studiosi parlano di **media campaign** (Arterton 1984) per definire quelle campagne elettorali giocate soprattutto sugli spazi concessi e determinati dall'attività dei media e in particolare dei *news media*. Da questo punto di vista, gli operatori dei mezzi di comunicazione di massa assumono un potere decisivo che li rende attori protagonisti del percorso elettorale. Il *giornalista* assume un ruolo centrale nel decidere a chi dare o meno visibilità e in che termini. **I media, producendo una rappresentazione della realtà, di fatto determinano la realtà oggettiva, almeno nella percezione degli spettatori**. Si tratta della questione, fin troppo nota agli specialisti di comunicazione, del *news making* (costruzione della notizia) da cui deriva la costruzione sociale di una realtà rappresentata, ma percepita come reale. A questo riguardo, la letteratura scientifica ci aiuta a distinguere tra **realtà oggettiva** – cioè eventi, attori e situazioni come effettivamente accadono – **realtà soggettiva** – cioè la stessa realtà come è percepita dai soggetti – e **realtà costruita** – che rappresenta solo quegli eventi che ricevono una certa copertura mediatica e sono dunque percepiti attraverso la visibilità e l'angolazione che i media stabiliscono (Kaid, Gerstlé, Sanders 1991, 12). **I cittadini-spettatori vedono il mondo e la politica essenzialmente attraverso la lente soggettiva dei media. Nella loro percezione, la realtà costruita diventa realtà oggettiva**.

La **logica dei media**, che risponde essenzialmente a esigenze commerciali e di profitto, porta a escogitare strategie e modelli narrativi in grado di trasformare i fatti politici in notizie appetibili, che attirino cioè l'attenzione anche dello spettatore più refrattario. L'agonismo politico in campagna elettorale viene dunque rappresentato negli stessi termini di una competizione sportiva. Si definisce il campo di gioco, si stabiliscono i favoriti, si stilano classifiche, si enfatizzano i goal segnati per esempio attraverso una buona prestazione di un politico in un *talk show* e, soprattutto, ci si concentra sui protagonisti, cioè sui candidati più che sulle ragioni del conflitto, secondo la logica di spettacolarizzazione e personalizzazione di cui abbiamo abbondantemente discorso.

Per queste ragioni, i politici devono mettere in atto un insieme di strategie per proteggersi materialmente dall'azione dei media e, possibilmente, rivolgerla in proprio favore. In questo senso, la classe politica considera lo spazio comunicativo come un *collegio atipico* e i *news media* come un vero e proprio **elettorato alternativo** da cui ottenere fiducia e consenso (Cattaneo, Zanetto 2003). A questo fine, i politici devono mettere in pratica alcune strategie di *news management* tra cui, le più note sono: affidare la gestione dei rapporti con i media a un portavoce specializzato; tenere periodicamente conferenze-stampa per richiamare l'attenzione su di sé e proporre la propria visione dei fatti; organizzare eventi di richiamo in tempo utile per garantirsi la copertura mediatica; intrattenere rapporti cordiali con i giornalisti garantendo loro un flusso di informazioni, anche riservate; modulare il proprio linguaggio in modo tale da soddisfare l'esigenza mediatica di spettacolarizzazione del conflitto.

18.5. La comunicazione politica e i cittadini

Finora ci siamo concentrati sugli effetti sistemici della comunicazione politica e sull'interdipendenza tra media e attori politici. Il terzo attore della comunicazione politica, cioè il cittadino-elettore, sembra quasi rivestire un ruolo secondario, oggetto passivo di manipolazione della politica e dei media. In realtà, alla fine dei conti, senza un atteggiamento attivo dei cittadini, la politica non potrebbe ottenere consensi e i media sarebbero privi di un audience e, di conseguenza, di profitti. Questo ci porta a considerare il ruolo dei cittadini nello spazio della comunicazione politica.

18.5.1. I cittadini e l'ambiente comunicativo

Il cittadino non è un soggetto passivo dell'azione manipolativa di media e politici. Esso riceve una molteplicità di stimoli simbolici attraverso i quali elabora il proprio punto di vista sul mondo e sulla politica. Gli individui sono immersi in un complesso **ambiente comunicativo** e producono le loro opinioni grazie agli input che ricevono da almeno tre fonti di informazione: i «media», l'«interazione sociale», i «soggetti politici» (Mazzoleni 2004).

Gli individui sono immersi in un complesso **ambiente comunicativo**

- **Media**: sul ruolo dei media e la loro centralità nel processo politico si è detto molto. Rispetto ai cittadini, essi possono rappresentare una fonte di informazione e conoscenza, possono fornire chiavi interpretative sulle vicende politiche e possono infine agire come strumento di persuasione. Oggi i media (vecchi e nuovi) sono senza dubbio uno strumento necessario a ogni individuo e una fonte inestimabile di informazioni. Da questo punto di vista, essi possono agire da **iniziatori** del processo di conoscenza individuale dando notizia di eventi su cui costruire opinioni e atteggiamenti; possono altresì agire da **fattori intervenienti** inserendosi con le loro rappresentazioni in discussioni pubbliche già avviate; possono infine rappresentare un **fattore di potenziamento** o **distorsione** della comunicazione prodotta dai principali soggetti politici. In ogni caso essi, costruendo la notizia e rappresentando la realtà, sono senza dubbio una fonte di **chiavi interpretative** (*frame*), nel senso che le modalità di confezionamento della notizia condizionano le decisioni dei soggetti (Legrenzi, Girotto 1996). Infine, selezionando e prospettando fatti e situazioni, i media possono svolgere una funzione di persuasione sociale. A questo riguardo, essi devono rispettare alcune accortezze: saranno tanto più persuasivi quei media che godono di una certa **credibilità sociale** e che producono notizie dotate di una certa **attrattività** nei confronti di un pubblico distratto, ma al contempo sempre più esigente; la tematizzazione dei fatti sociali e politici dovrà rispettare una logica di **salienza**, nel senso che dovranno calcolare il grado di interesse che una notizia potrà presumibilmente suscitare negli individui; i media saranno poi tanto più influenti quanto più tratteranno un certo tema con **intensità** e **ripetitività**; la moltiplicazione dell'offerta mediatica fa sì che i media debbano anche **differenziare** la propria offerta per accontentare i gusti di un pubblico sempre più frammentato; infine, essi dovranno stimolare l'emotività del pubblico costruendo un **ordine di presentazione** e predisponendo adeguate **strategie retoriche**.

- **Interazione sociale**: i media devono fare i conti con la forza di influenza sociale data dalle diverse forme di comunicazione interpersonale. Gli individui sono infatti immersi dentro **reti informali di comunicazione interpersonale** che co-determinano il processo di costruzione delle opinioni. Tale tipo di influenza può essere **diadica**, quando gli individui riconoscono una certa autorità cognitiva a dei propri simili che si trasformano di fatto in leader d'opinione, o **di gruppo**, quando è una rete più ampia di relazioni interpersonali che incide nella costruzione di punti di vista condivisi. Per dirla con Mazzoleni:

Insieme ai mass media, dunque, la comunicazione interpersonale è riconosciuta come una fonte importante di conoscenza della realtà politica e con i media condivide un forte potere di influenza sulla costruzione dei quadri cognitivi e dei convincimenti che a loro volta influenzano le scelte politiche dei cittadini elettori.

Mazzoleni 2004, 231

Gli individui sono dunque immersi in un clima d'opinione che non è determinato solo dalla produzione simbolica dei mezzi di comunicazione di massa, ma si configura anche come «clima di opinione interpersonale o microclima, che nasce dalle interazioni a livello di vita quotidiana».

Grossi 1998, 9

- **Soggetti politici**: vi sono infine i diversi soggetti politici che comunicano se stessi o, se non altro, quella parte di se stessi che considerano più attraente per gli individui. Essi utilizzano tutti i canali necessari per rendere partecipi i cittadini delle proprie azioni e dei propri progetti, cercano di convincerli della bontà delle proprie posizioni e, in certi casi, anche di mobilitarli su istanze di interesse pubblico.

Il discorso sulla complessità dell'ambiente comunicativo ci porta a riflettere sull'effettiva capacità di influenza che i mezzi di comunicazione di massa riescono a esercitare sugli individui. A questo riguardo, la letteratura sociologica, politologica e psicologica è ricca di contributi che, per problemi di spazio, non potremo ripercorrere in questa sede (per una rassegna rapida, ma abbastanza esaustiva: Mazzoleni 2004, 236-252).

18.5.2. Gli effetti sociali della comunicazione politica

L'insieme dei rapporti comunicativi in cui gli individui sono immersi, non condiziona solo le loro cognizioni, ma anche le loro azioni. In particolare, gli specialisti hanno da tempo riconosciuto gli **effetti** dei media su alcuni processi direttamente connessi al sistema comportamentale degli individui: ci riferiamo alla «socializzazione politica», alla «conoscenza politica», alla «partecipazione politica», alle «scelte di voto» e, infine, all'«opinione pubblica» intesa al contempo come cognizione e comportamento collettivo. Tutti questi temi sono stati diversamente trattati nei precedenti capitoli; dunque, vi dedicheremo in questa sede solo poche battute.

Gli specialisti hanno riconosciuto gli **effetti** dei media sui comportamenti dei cittadini-elettori

- **Socializzazione politica**: da tempo gli studiosi di socializzazione politica hanno accettato il ruolo fondamentale svolto dai media nel processo di apprendimento necessario a far sì che gli individui diventino parte di una comunità politica. Accanto alle tradizionali agenzie di socializzazione, i mezzi di comunicazione di massa agiscono direttamente sul sistema cognitivo e affettivo degli individui, fin dalla prima infanzia. Anche un semplice cartone animato può agire da strumento simbolico di socializzazione ad alcuni valori politici:

  > *Ci sono contenuti nei media che i piccoli possono assorbire senza accorgersene, ma non per questo sono meno influenti sulle loro visioni politiche. Un film come il Re leone è un inno alla gerarchia, al potere patriarcale e alla monarchia. Un bambino di 6 anni può immaginare cose del genere? Ovviamente no. Tuttavia il messaggio del film può lasciare una traccia significativa nel'immaginario politico del bambino.*
  >
  > Jackson 2002, 32

  Ma anche in età giovanile e adulta la funzione di trasmissione di una specifica cultura politica è svolta in primo luogo dai mass media.
- **Conoscenza politica**: i media, lo si è detto, sono una fonte inestimabile di informazioni che danno corpo al sistema di conoscenze degli individui. Per

quanto i messaggi provenienti da un sistema mediatico, che agisce in un contesto di mercato altamente competitivo, siano sovente frammentati e votati alla banalizzazione, riescono comunque a produrre quel minimo di conoscenza necessaria al cittadino per orientarsi in una dimensione di **democrazia pragmatica**, cioè «a bassa razionalità informativa»: dove «l'acquisizione dell'informazione politica è una norma civica, questa informazione è abbastanza accessibile attraverso la scuola e i media, e i cittadini hanno sufficiente motivazione e abilità cognitive da apprendere e ritenere un quantitativo moderato di conoscenza fattuale» (Delli Carpini, Keeter 1996, 153).

- **Partecipazione politica**: i media non sono solo uno strumento di informazione, ma anche di mobilitazione. Soprattutto i nuovi media, in particolare internet, sono diventati da tempo uno strumento a basso costo per produrre forme anche massicce di partecipazione politica, come dimostra la storia dei movimenti sociali transnazionali. Diverso è invece il ruolo della televisione, che pare abbia al contrario una funzione narcotizzante sugli istinti partecipativi dei cittadini. Come scrive Franklin, «nella democrazia mediatica la politica alla pari del calcio è diventata un'attività da poltrona: assistere alla gara seduti comodamente in soggiorno ha sostituito la necessità di giocare sul campo» (Franklin 1994, 11).
- **Scelta di voto**: secondo la «teoria del prospetto» elaborata da Tversky e Kahneman (1981), la decisione dei soggetti è molto condizionata dal modo in cui le diverse opzioni sono loro prospettate. In questo senso, l'importanza dei media è evidente. Quanto alla capacità dei media di determinare gli orientamenti di voto, gli studiosi non sono in accordo, anche se sembra piuttosto che essi riescano a svolgere una funzione di potenziamento di orientamenti politici già formati attraverso la fitta rete di relazioni data dall'ambiente comunicativo considerato nel suo complesso. Come nota Zaller (1992), se non esiste un pregresso sistema di appartenenze politico-partitico, gli elettori più facili da persuadere sono comunque quelli più interessati alla politica, perché prestano maggiore attenzione ai messaggi che la riguardano. I cittadini de-politicizzati sarebbero in linea teorica i più influenzabili, ma sono anche i più difficilmente raggiungibili a meno che non si elaborino strategie mediatiche eccezionali («spettacolari») che attirino la loro attenzione. Le parole di Watts sul ruolo della televisione ci sembrano a riguardo molto convincenti:

> *La verità è che nessuno conosce veramente quali siano gli effetti della televisione e diverse ricerche arrivano a diverse conclusioni. Gli individui reagiscono in mille modi. Alcuni, già orientati verso un partito, cercano nei programmi televisivi la conferma alle proprie visioni; altri al contrario vi cercano l'informazione per potersi fare un'idea; altri ancora, da spettatori passivi, seguono la televisione senza grande interesse né coinvolgimento. In altri termini, è fuorviante parlare dell'impatto dei media come se fosse lo stesso impatto su tutti i segmenti di elettorato. Gli effetti dell'esposizione televisiva possono essere affatto diversi su alcune porzioni di popolazione come i giovani e gli anziani, gli occupati e i disoccupati […] – in nessuno di questi casi possiamo assumere che gli individui coinvolti agiscano nella stessa maniera. Vi sono molti differenti effetti su molti differenti individui.*
>
> Watts 1997, 80

- **Opinione pubblica**: il rapporto tra media e opinione pubblica è molto stretto e avremmo bisogno di molto più spazio a disposizione per poterne parlare in maniera esaustiva. Ci basti citare Price (1992, 91) quando afferma che l'opinione pubblica «è fondamentalmente un fenomeno di comunicazione». Gli individui reagiscono agli stimoli che ricevono dall'ambiente comunicativo formandosi delle opinioni che sono all'inizio un fatto sostanzialmente individuale che diventa questione pubblica nel momento in cui viene rilevato attraverso le tecniche di sondaggio che, non a caso, sono uno strumento sempre più utilizzato da politici e media alla ricerca della formula perfetta per ottenere consenso e audience.

Percorso di autoverifica

- Cosa intendiamo per spazio pubblico mediatizzato?
- Cosa intendiamo per comunicazione politica?
- Quali sono le tre fasi storiche della comunicazione politica?
- Cosa intendiamo per quasi-interazione mediata?
- Cosa intendiamo per pubblicità mediata?
- Quali sono gli attori principali della comunicazione politica?
- Cosa intendiamo per modello pubblicistico-dialogico?
- Come si articolano i flussi comunicativi tra gli attori della comunicazione politica?
- Cosa intendiamo per linguaggio politico?
- Come si può analizzare?
- Che stili linguistici si possono avere?
- Che ruolo hanno riti e simboli nel processo politico?
- Cosa intendiamo per mediatizzazione della politica?
- Cosa intendiamo per negoziazione della notiziabilità?
- Cosa intendiamo per *media management* e *news management*?
- Come interagiscono i media con la politica?
- Cosa intendiamo per tabloidizzazione della politica?
- Quali sono gli effetti dei media sul processo politico?
- Quali sono i principali modelli di interazione media/politica?
- Che ruolo hanno i media nel processo elettorale?
- In che consiste il marketing politico-elettorale?
- Cosa intendiamo per campagna di posizione e campagna di conquista?
- Cosa intendiamo per *media campaign*?
- Come si configura l'ambiente comunicativo dei cittadini?
- Quali sono gli effetti dei media sul sistema cognitivo e di azione degli individui?

Amministrazioni pubbliche e funzioni di governo

19

Il nostro studio sulla politica si conclude con un'analisi delle pubbliche amministrazioni e dei processi di costruzione delle politiche pubbliche. Si tratta di due fenomeni fondamentali da cui deriva l'impatto reale della politica sulla società. Le pubbliche amministrazioni si consolidano in forma burocratica attraverso il processo di accentramento del potere politico nella forma statuale moderna per rispondere all'esigenza di specializzazione e differenziazione delle funzioni politiche. Nel modello classico si registra una netta separazione tra politica e amministrazione. Alla prima spetta il compito di decidere i provvedimenti pubblici socialmente vincolanti; alla seconda quello di eseguirli secondo un principio di neutralità. Ma nell'analisi del comportamento amministrativo tale divisione sfuma nella concretezza dei processi di definizione e implementazione delle politiche pubbliche, dove i funzionari godono di una radicale autonomia dagli organi di governo e gli stessi politici devono condividere il processo di formulazione e decisione delle politiche con una molteplicità di attori istituzionali e non-istituzionali. Di fronte alla crisi della sovranità degli Stati in un contesto di globalizzazione neoliberista, si assiste inoltre a una generalizzata trasformazione dei sistemi di governo, che si declinano nelle moderne formule della governance, e delle burocrazie pubbliche, che sono riorganizzate in base a una logica di frammentazione e managerializzazione delle funzioni.

Obiettivi di apprendimento

- L'amministrazione pubblica è l'insieme degli apparati di cui il governo si avvale per esercitare la funzione di implementazione delle politiche, intese come procedimenti per mezzo dei quali certe questioni sono tradotte in decisioni operative su casi specifici.
- Le politiche pubbliche sono programmi di azione pubblica formulati da autorità governative che esprimono l'intenzione di influenzare il comportamento dei cittadini, individualmente o collettivamente.
- La nuova *governance*, in un quadro politico dominato dai dettami neoliberali, presuppone una riforma strutturale degli assetti pubblici. La burocrazia cessa di essere l'unico attore dei processi di implementazione delle politiche e l'amministrazione pubblica è riformata secondo una logica imprenditoriale.

19.1. Amministrazione, Stato moderno, burocrazia

Le **amministrazioni pubbliche** sono l'insieme degli apparati di cui il governo si avvale per esercitare la funzione di messa in opera dei provvedimenti adottati su casi specifici

Chiunque voglia analizzare seriamente i processi politici deve fare i conti con la dimensione organizzativa degli Stati moderni che si concretizza nelle strutture burocratiche delle **amministrazioni pubbliche**. Già in epoca premoderna, il concetto di amministrazione era utilizzato per indicare l'insieme dei funzionari specializzati che agivano sul territorio per conto del monarca assoluto. La burocrazia nasce proprio all'interno del processo di consolidamento dello Stato nazionale come «specifico strumento di potere attraverso cui si stabilizza il centralismo della monarchia assoluta» (Mayntz 1978; tr.it. 1982, 34), assumendo per questo un carattere spregiativo nella percezione degli individui, perché fatta coincidere con il potere tirannico dei funzionari. In realtà, **il rapporto tra «politica» e «amministrazione» è fondamentale e, almeno formalmente, designa la relazione tra due sfere distinte dell'azione pubblica: da un lato, il luogo della decisione; dall'altro, quello dell'esecuzione**. Alla politica in senso lato, spetterebbe il compito di costruire le condizioni democratiche del dibattito pubblico, di gestire il conflitto per il potere e orientare il sistema in una direzione o in un'altra, assumendo decisioni fondamentali sull'organizzazione della vita economica e sociale; all'amministrazione spetterebbe invece il compito di rendere esecutive le decisioni prese in sede politica, rendendole efficaci sul territorio. Da un lato, il potere di governo esercitato dai partiti o comunque da coloro che sono eletti nelle assemblee rappresentative; dall'altro, il compito di dare efficacia alle decisioni politiche attraverso l'azione di funzionari, dirigenti ministeriali e tecnici di vario tipo. Nel corso del capitolo vedremo che la distinzione tra le due sfere dell'azione pubblica non è poi così netta; è comunque indubbio che dall'azione amministrativa dipende gran parte dell'impatto che le decisioni politiche hanno sulla società, così come il grado di soddisfazione dei cittadini rispetto al rendimento socio-istituzionale di uno Stato.

Per quanto sovente trascurato dagli scienziati sociali, molto attenti a osservare le dinamiche di potere e di costruzione del consenso nei contesti di democratizzazione, l'analisi delle amministrazioni e, vedremo, delle politiche pubbliche è un terreno fecondo che consente l'incontro tra prospettive diverse in cui si integrano approcci sociologici, politologici e delle scienze delle organizzazioni. L'analisi delle pubbliche amministrazioni è un segmento cruciale della più generale analisi dello Stato che, come accennato, si configura soprattutto attraverso una struttura amministrativa che, di fronte alla crescente pervasività delle funzioni pubbliche e di governo, si consolida presto in forma burocratica. Ai fini analitici, possiamo affermare che **l'amministrazione pubblica e le strutture burocratiche ad essa connesse rappresentano l'insieme degli apparati di cui il governo si avvale per esercitare la funzione di messa in opera delle norme, intese come i procedimenti per mezzo dei quali determinate regole sono tradotte in decisioni operative su casi specifici**.

L'analisi socio-politologica delle burocrazie pubbliche deve molto all'opera di

Max Weber che, come Marx prima di lui, è attento alle modalità di organizzazione del potere nello Stato moderno, inscrivendole nel più ampio **processo di razionalizzazione** e specializzazione delle attività sociali tipico della modernità (cfr, par. 2.5.3). Egli lega il concetto di «burocrazia» alle forme idealtipiche di legittimazione del potere, affermando che «la burocrazia è il tipo tecnicamente più puro del potere legale» (Weber 1922, tr.it. 1968, vol. II, 260) e che «ogni potere si manifesta e funziona come amministrazione; e ogni amministrazione, in quanto per la sua direzione devono pur sempre essere posti nelle mani di qualcuno dei poteri di comando, richiede in qualche modo il potere» (ibid., 252). **Il potere burocratico non è però esercitato in maniera discrezionale, ma rispetta un insieme di regole astratte la cui applicazione neutrale rientra nei compiti di funzionari specializzati e pagati per svolgere funzioni regolamentate da norme giuridiche**. I caratteri discriminanti del concetto weberiano di burocrazia pubblica sono dunque: le **norme astratte e universali**, emanate da un potere legittimo; la specializzazione e differenziazione dei compiti individuati sulla base di **aree di competenza**; la **formalizzazione** delle procedure in un contesto di **spersonalizzazione** delle relazioni sociali; un corpus di funzionari reclutati (in genere tramite concorso) grazie alle loro **competenze tecniche**, il cui potere è vincolato ai compititi spettanti a chi è titolare di un **ufficio**. I burocrati non sono dunque politici ma, almeno in linea teorica, sono portatori di un sapere specialistico di cui devono dare prova nell'ambito di un'attività professionale regolarmente remunerata. L'ultimo aspetto, ma anche uno dei più importanti, della concezione weberiana di amministrazione riguarda l'**organizzazione gerarchica** di ogni burocrazia pubblica; le relazioni amministrative seguono infatti una logica autoritativa rigidamente piramidale, secondo un principio di sovra-ordinazione e sub-ordinazione, con forme di controllo sull'operato della base da parte dei vertici della piramide.

Il **potere burocratico** non è esercitato in maniera discrezionale, ma rispetta un insieme di regole astratte e impersonali

Questo tipo di organizzazione sociale del potere esecutivo ha consentito allo Stato di crescere, centralizzarsi, ma al contempo di offrire servizi pubblici, specie in un contesto di crescente democratizzazione. L'analisi sociologica ha però posto in evidenza anche alcuni rischi connessi all'organizzazione burocratica del potere legale-razionale: in primo luogo, è un sistema eccessivamente **rigido**, poco suscettibile al cambiamento, ma anche al semplice adattamento a condizioni sociopolitiche mutate; in secondo luogo, l'enfasi riposta sulla spersonalizzazione, se da un lato rappresenta una protezione rispetto ai rischi di discrezionalità del potere, dall'altro non lascia spazio a creatività ed emozioni, richiamando quella nozione di «alienazione» che Marx utilizzava per descrivere il senso di estraniazione dei lavoratori nel capitalismo industriale, ma che, in un contesto burocratico, non consente nemmeno quelle speranze «di liberazione associate alla possibile crisi del capitalismo e alla sua sostituzione con un diverso ordine sociale» (d'Albergo 2006, 98).

19.1.1. Lo sviluppo delle burocrazie pubbliche

Come si è ripetutamente detto, lo sviluppo delle amministrazioni pubbliche è connesso alla crescita e al consolidamento dello Stato nazionale in un contesto di rafforzamento anche degli istituti economici legati all'economia monetaria e alla sua evoluzione in senso capitalistico (Page 1985, tr.it. 1990). Non sarebbe infatti pensabile un'organizzazione burocratica sul tipo weberiano senza l'affermazione di un'**economia monetaria** per mezzo della quale è stato possibile stipendiare i funzionari. Al contempo, per quanto vi possano essere esempi di strutture amministrative complesse anche in epoche passate, la struttura burocratica pubblica è inevitabilmente connessa alla **specializzazione** delle funzioni politiche che si realizza dalla modernità in poi. La separazione della politica da altre importanti sfere sociali, come l'economia e la religione, e la sua differenziazione in aree di intervento e competenza ha imposto un sistema di coordinamento centralizzato che potesse contare su dei corpi intermedi che intervenissero anche a livello territoriale (Badie, Birnbaum 1982). Fondamentale è stato tra l'altro il ruolo propulsivo della **guerra**, non solo come causa e al contempo conseguenza del consolidamento dello Stato (cfr. cap. 8), ma anche e soprattutto come fenomeno che ha imposto una ulteriore centralizzazione delle strutture politico-amministrative per fare fronte all'esigenza, anche in tempo di pace, di un maggiore prelievo fiscale, di un riconoscimento almeno parziale delle rivendicazioni dei cittadini e dello sviluppo conseguente delle **istituzioni di welfare**.

La struttura burocratica pubblica è connessa alla **specializzazione** delle funzioni politiche che si realizza nella modernità

Il processo di democratizzazione ha inoltre dato una spinta decisiva allo sviluppo della burocrazia pubblica. Lo Stato come erogatore di **politiche sociali** si è dotato di ministeri appositi sempre più ramificati e, nell'ambito dei quali, dirigenti e funzionari hanno assunto un ruolo esecutivo e, talvolta, propulsivo di evidente rilevanza. In questo processo hanno inciso le spinte dei gruppi economicamente più deboli che, forti del peso elettorale conquistato, domandavano maggiori opportunità di vita e maggiore protezione sociale, imponendo allo Stato di dotarsi di strutture adeguate per **programmare lo sviluppo** e intervenire direttamente nei processi economici. Nello stesso tempo, anche la borghesia nazionale ha sollecitato uno Stato strutturalmente forte che potesse garantire le regole, ma soprattutto le infrastrutture necessarie allo sviluppo e al consolidamento del sistema capitalistico di produzione.

Insomma, le amministrazioni non sono storicamente immobili, ma hanno attraversato un lungo percorso di sviluppo, incrementando notevolmente i propri compiti. Se all'inizio l'apparato amministrativo di uno Stato svolgeva sostanzialmente i compiti connessi alla gestione dell'ordine esterno (Ministero della difesa e della Guerra), dell'ordine interno (Ministero degli interni e della giustizia) e della riscossione dei tributi (Ministero dell'economia e delle finanze), già con lo Stato assoluto, ma ancora di più con lo Stato di diritto, poi Stato democratico di diritto, le funzioni politiche e di governo aumentano imponendo una più ampia e articolata struttura amministrativa. Lo Stato si fa dunque carico dell'assistenza sociale, dell'erogazione di servizi di ogni tipo, della programmazione economica e sociale:

> *Dal punto di vista della storia amministrativa questo può essere visto come una progressiva differenziazione, dal corpo organizzativo del ministero degli interni, di nuovi ambiti di attività, che producono articolazioni amministrative indipendenti. [...] Oltre alle «attività statuali definitorie», alcuni compiti di cui gli Stati territoriali assoluti cominciano a farsi carico nel loro sviluppo riguardano peculiarmente la promozione del benessere economico. Questa*

> *funzione statuale a favore dello sviluppo economico non è espletata solo in via legislativa – attraverso la facilitazione delle attività economiche oppure con protezionismi doganali – ma anche con sovvenzioni o con l'attiva assunzione di funzioni produttive all'interno dell'amministrazione statale.*
>
> Mayntz 1978, tr.it. 1982, 65

Come vedremo a breve, le amministrazioni pubbliche hanno poi acquisito una forte autonomia tanto da influenzare lo stesso processo di produzione decisionale che sarebbe, in linea teorica, una prerogativa eminentemente politica, spingendo gli studiosi a mettere in discussione il paradigma weberiano della divisione netta dei compiti tra politica e amministrazione e, nello stesso tempo, anche dell'assoluta razionalità del comportamento amministrativo. Inoltre, le spinte provenienti da un ambiente esterno in costante mutamento e la tendenza alla de-regolazione e privatizzazione dell'azione pubblica ha comportato in Occidente processi di riforma che mutano strutturalmente le condizioni organizzative dell'amministrazione statale nella direzione di un alleggerimento burocratico e una tendenziale managerializzazione delle funzioni. Ma approfondiremo questo discorso alla fine del capitolo.

19.1.2. Il comportamento amministrativo

Come si è accennato, il concetto weberiano di burocrazia si fonda su una concezione strutturale del modello burocratico incentrata sul principio di razionalità dell'azione. A lungo, l'analisi sociologica si è affidata a questa impostazione che comincia ad essere messa in discussione quando viene posta di fronte alla verifica empirica, attirando critiche e sollecitando revisioni. **I primi appunti all'idealtipo weberiano provengono dalla scuola funzionalista che pone l'attenzione sulle conseguenze inattese dovute all'adozione di modelli organizzativi di tipo burocratico**. Se infatti la burocrazia rappresenta la risposta moderna alla domanda sociopolitica di riduzione dell'incertezza nell'organizzazione del lavoro, ma anche di riduzione del conflitto (Smelser 1981, tr.it. 1987, 157 ss.), emergono sovente i limiti della sua effettiva efficacia. Merton (1949), per esempio, in una sua ormai celebre ricerca, ha evidenziato le disfunzionalità legate al modello burocratico, considerato poco flessibile e incapace di valorizzare l'iniziativa dei funzionari. Essi sono infatti addestrati a rispettare regole rigide che possono garantire una certa efficienza solo in condizioni di routine, ma quando gli obiettivi cambiano l'intero sistema rischia di implodere. I funzionari hanno difficoltà ad adattarsi alle nuove condizioni e a perseguire i nuovi obiettivi. Questa situazione porta Merton a mettere in discussione la reale portata razionale dell'organizzazione burocratica.

> La **scuola funzionalista** pone per la prima volta l'attenzione sulle conseguenze inattese dell'azione burocratica

Alvin Gouldner (1954, tr.it. 1970) pone piuttosto l'accento sulle disfunzioni determinate dalla tensione tra disciplina gerarchica e competenze professionali e dal conseguente squilibrio nella distribuzione del potere nelle burocrazie. L'utilizzo di modalità autoritative non può sempre essere considerato il metodo di funzionamento oggettivamente più efficace, perché l'adozione di schemi impersonali impedisce all'osservatore di considerare il punto di vista di chi materialmente agisce in seno a un'amministrazione. Le stesse norme devono fare i conti con la soggettività dei comportamenti reali. **L'attenzione si sposta dunque dalla struttura amministrativa ai comportamenti amministrativi. L'oggettività delle norme sovente stride con la soggettività delle azioni**.

Secondo le prospettive riconducibili a un certo **individualismo metodologico** le organizzazioni non sono altro che aggregati di attori instabili, portatori di interessi propri e sovente inconciliabili

Questo spostamento di prospettiva, dalla struttura alle azioni, ha fatto sì che, negli anni successivi, le critiche al modello weberiano fossero sviluppate anche nell'ambito dell'**individualismo metodologico** (cfr. par. 5.4.1) che, da una prospettiva opposta rispetto al funzionalismo, si concentra sulle azioni individuali spiegando caratteri ed eventuali disfunzioni del modello burocratico a partire dall'analisi dei comportamenti e delle decisioni dei singoli operatori. Nell'ambito di una prospettiva di sociologia delle organizzazioni, la scuola francese facente capo a Michel Crozier (Crozier 1964, tr.it. 1969; Crozier, Friedberg 1977, tr.it. 1978) propone, nell'analisi del **fenomeno burocratico**, una **teoria dell'azione strategica** attraverso cui si enfatizza la tendenza degli attori amministrativi a sviluppare proprie strategie di azione. In ogni burocrazia gli individui godono infatti di un certo grado di libertà che consente loro di controllare alcune zone di incertezza e adeguare soggettivamente il proprio comportamento alle finalità organizzative: «il potere, dunque, non corrisponde necessariamente alla distribuzione formale dell'autorità, ma ha una natura negoziale» (d'Albergo 2006, 101). Le regole, per quanto rigide, non possono da sole definire le dinamiche di funzionamento della struttura burocratica dal momento che, nell'ambito di un quadro normativo, gli individui mantengono comunque uno spazio di autonomia che li spinge a perseguire valori e interessi soggettivi.

Secondo il modello della **razionalità limitata**, l'obiettivo del decisore non è quello di massimizzare i propri valori, ma di individuare la soluzione più soddisfacente tra quelle effettivamente praticabili

La struttura amministrativa non sembra essere dunque così razionale, come voleva Weber, per la semplice ragione che gli attori amministrativi sono anch'essi dotati di una propria razionalità che non sempre corrisponde ai parametri della razionalità sistemica. Questa consapevolezza spinse, già alla fine degli anni Sessanta, Herbert Simon a elaborare il suo modello di **razionalità limitata** fondato sull'idea che ogni scelta razionale presuppone una selezione tra diverse opzioni strategiche finalizzate al perseguimento di obiettivi precedentemente stabiliti (Simon 1957, tr.it. 1967, 43). Seguendo un approccio razionale, dopo aver definito gli obiettivi, «il processo decisionale si svolge in tre fasi: 1) redazione di un elenco di tutte le strategie alternative; 2) determinazione di tutte le conseguenze di ciascuna alternativa; 3) valutazione comparata di questi gruppi di conseguenze» (ibid., 127). Tale schema è però fin troppo astratto perché non fa i conti con una realtà che pone numerosi vincoli all'adozione di modelli di comportamento affatto razionali. **In base al modello della razionalità limitata, l'obiettivo del decisore non è quello di massimizzare i propri valori, ma di individuare la soluzione più soddisfacente tra quelle effettivamente praticabili**. Non è dunque possibile parlare di razionalità umana senza prendere in considerazione l'insieme dei fattori cognitivi, affettivi e psicologici che contribuiscono a determinare il contesto dell'azione amministrativa.

In linea con la posizione di Simon, Charles Lindblom (1959) propone la sua idea di **comparazioni limitate successive**, secondo cui il processo decisionale si sviluppa sulla base di un **metodo incrementale** (o *incrementalismo incoerente*). L'attore compara un numero limitato di alternative che rendono possibili costanti aggiustamenti adattivi nell'adeguamento dei mezzi ai fini stabiliti. Al contempo, l'azione decisionale possiede una componente manipolativa che deriva dal tentativo di trasformare l'ambiente in cui si agisce. In questo modo, si abbandona l'idea che attraverso un comportamento lineare si possa risolvere un problema in maniera definitiva, ma si lascia altresì lo spazio a possibili aggiustamenti successivi che consentano di correggere eventuali errori.

Secondo le prospettive riconducibili a un certo individualismo metodologico le organizzazione non sono altro che aggregati di attori instabili e portatori di interessi propri e sovente inconciliabili. Questa visione fin troppo radicale verrà messa in discussione dall'**approccio neo-istituzionalista** che, pur sviluppando alcuni assunti del funzionalismo, non trascureranno il ruolo degli attori dentro il contesto amministrativo e istituzionale. Secondo gli autori che tra gli anni Ottanta e Novanta del ventesimo secolo hanno dato vita a questo approccio, **le istituzioni influenzano le strategie utilizzate da individui e gruppi così come le politiche da essi promosse. I soggetti sono infatti sempre vincolati a modelli comportamentali difficili da modificare anche di fronte a convenienze personali** (Powell, DiMaggio1991, tr.it. 2000). Un sistema pubblico è dunque inteso come un insieme di organizzazioni e individui che perseguono interessi talvolta divergenti, all'interno però di **vincoli istituzionali** determinati dalle specifiche culture organizzative, così come dall'insieme delle regole formali e informali. **Le istituzioni non sono dunque una semplice somma di funzioni e funzionari, ma soprattutto un tessuto di regole, procedure e valori che danno significato alle azioni individuali** (March, Olsen 1989, tr.it. 1992). I comportamenti organizzativi, lungi dall'essere il mero prodotto di interessi personali, sono altresì determinati da una serie di **obbligazioni culturali** e **norme sociali** che prevalgono sull'egoismo degli attori.

Per il **neoistituzionalismo**, le istituzioni influenzano le strategie utilizzate da individui e gruppi così come le politiche da essi promosse

Le istituzioni diventano dunque una «collezione di ruoli e routines interconnessi che definiscono le *azioni appropriate* in termini di relazioni tra ruoli e situazioni [...] esprimono le regole del prendere decisioni, fornendo una logica di *appropriatezza* per le azioni» (ibid., 232, *corsivi nostri*). È dunque il **principio di appropriatezza**, inteso come rispetto delle norme, che condizionerebbe il comportamento amministrativo (March, Olsen 1995, tr.it. 1997, 42). L'esistenza di regole definite e i processi di routinizzazione rendono prevedibili i comportamenti dei soggetti: «Semplici stimoli innescano modelli di azione complessi, standardizzati, senza richiedere un'approfondita analisi, la soluzione di problemi o il ricorso al potere discrezionale» (ibid., 47). Le istituzioni sono anche il prodotto di una **memoria istituzionale** che si manifesta attraverso miti e simboli che sono sovente la causa di una tendenza alla conservazione dell'esistente e a una ritrosia al cambiamento.

19.1.3. Il rapporto tra politica e amministrazione

Un tema fondamentale per comprendere le dinamiche di funzionamento di un'amministrazione riguarda il suo rapporto con il potere politico. Come abbiamo accennato, già nel modello weberiano la distinzione dei ruoli è netta: ai politici spetta la decisione, ai burocrati l'esecuzione; e non potrebbe essere altrimenti soprattutto in un contesto democratico in cui il potere decisionale in ambito politico è vincolato alla **legittimazione rappresentativa**, una caratteristica che, inevitabilmente, subordina la burocrazia, che non segue una logica di rappresentanza, al controllo di un potere politico superiore. La collaborazione tra classe politica e burocrati pubblici dovrebbe dunque realizzarsi nella logica di una netta distinzione delle funzioni: i politici possono, e in certo senso devono, esprimere una posizione di parte definendo l'indirizzo generale delle politiche pubbliche, mentre i burocrati, in forza del loro ruolo tecnico, devono rendere operative le direttrici politiche seguendo un **principio di neutralità**. Eppure, nota Renate Mayntz, la neutralità degli organi amministrativi è un fenomeno che nella realtà si riscontra molto raramente:

Formalmente, il potere decisionale in ambito politico è vincolato alla **legittimazione rappresentativa**, mentre i burocrati dovrebbero agire da meri esecutori secondo un **principio di neutralità**

> *La possibilità che l'amministrazione si sottragga alla direzione ed al controllo politico e diventi un centro d'azione capace di scegliere i propri fini e di esercitare una sua influenza dipende, in generale, dal fatto che l'amministrazione stessa deve disporre, per poter svolgere in maniera efficace i compiti assegnatile, di competenza, informazioni e mezzi e anche dal fatto che deve essere dotata della discrezionalità necessaria all'espletamento della sua attività esecutiva. L'amministrazione ha bisogno di un certo grado di autonomia per tutelarsi dalle pressioni di individui e gruppi [...]. Questa indipendenza, in certa misura funzionalmente necessaria, nasconde in sé, d'altra parte, il pericolo che l'amministrazione sottragga il suo operato anche al controllo del potere legittimo e cominci ad utilizzare la sua discrezionalità nel suo interesse o nell'interesse di un progetto politico autonomo.*
>
> Mayntz 1978, tr.it. 1982, 86

Si tratta dunque di capire quali siano le condizioni che possono sollecitare una eccessiva autonomia dei burocrati nello svolgimento delle loro funzioni.

- Una prima considerazione riguarda il cosiddetto **profilo sociale della burocrazia** che di fatto la rende strutturalmente partigiana. Se un certo *conservatorismo* è, come già dimostrato, implicito nella struttura burocratica che tende sempre ad essere riluttante di fronte alle istanze e alle esigenze di innovazione, la stessa origine sociale dei burocrati può determinare una predisposizione al conformismo e alla subalternità ai valori dominanti. Le ricerche sul tema hanno dimostrato che in molti paesi gli alti dirigenti delle burocrazie pubbliche condividono l'appartenenza alla classe borghese, facendo sì che gli interessi specifici dei funzionari coincidano con quelli di un gruppo sociale determinato. La stessa dirigenza pubblica può talvolta configurarsi come un gruppo sociale separato, portatore di interessi propri. Samuel N. Eisenstadt (1963) è per esempio molto attento a questa variabile nel valutare il potenziale orientamento politico della burocrazia.
- Una seconda considerazione riguarda la crescente **differenziazione** interna all'amministrazione pubblica nei contesti di democratizzazione. La moltiplicazione delle funzioni e la scomposizione in sottosistemi d'intervento in aree di competenza specifiche favorisce lo sviluppo di atteggiamenti amministrativi sganciati dalle finalità organizzative ufficiali, indebolendo la coesione istituzionale e determinando aree di autonomizzazione infra-organizzativa.

- Una terza considerazione riguarda la **natura dei compiti** spettanti all'amministrazione. Se, nota la Mayntz (1978, tr.it. 1982, 88), a un'amministrazione è affidato il monopolio della gestione di importanti compiti d'ordine e di organizzazione di servizi, è ovvio che essa acquisirà un potere autonomo che la spingerà ad affermare politicamente le proprie rivendicazioni.
- Una quarta considerazione riguarda la **continuità istituzionale** che i funzionari pubblici possono garantire in forza della loro più lunga durata in carica rispetto ai politici, il cui potere è vincolato alla durata di una legislatura. Questo determina il fatto che, anche nella definizione del processo decisionale, i politici abbiano bisogno di determinate informazioni che riposano inevitabilmente nella memoria istituzionale dei burocrati (Peters1995, tr.it. 1999, 315). Per la stessa ragione è possibile che i funzionari che abbiano stabilito un buon rapporto di collaborazione con una maggioranza politica, si sentano meno vincolati al rispetto delle indicazioni generali nel momento in cui quella maggioranza, nel gioco democratico dell'alternanza elettorale, dovesse essere sostituita da una colazione politica di diverso colore.
- Una quinta ma fondamentale considerazione riguarda il **monopolio del sapere** di cui i funzionari godono rispetto alla classe politica. Già Weber considerava che le competenze specialistiche che sono un parametro di funzionamento, ma anche di reclutamento, dei funzionari pubblici possono creare situazioni di soggezione da parte di politici non altrettanto competenti. Esiste dunque un'asimmetria cruciale nel rapporto tra politici e burocrati:

  > *Mentre l'amministrazione è o potrebbe essere, all'interno della sua sfera di competenza, pienamente sovrana ed autosufficiente, in grado, cioè, di trasformare pienamente gli input in risultati effettivi, lo stesso non può dirsi per gli eletti ed i politici, che, in ogni singola attività, avranno sempre bisogno di una collaborazione da parte degli uffici, mancando la quale non saranno assolutamente in grado di raggiungere i risultati.*
  >
  > Dente 1995, 23

Infine, occorre considerare il cambiamento delle finalità delle pubbliche amministrazioni che, come vedremo, sono da tempo coinvolte anche nel percorso specificatamente politico della decisione. Le competenze dei funzionari, il loro ruolo gestionale, la loro capacità di intrattenere rapporti con importanti gruppi di interessi, li ha resi protagonisti del processo di produzione delle politiche pubbliche in tutte le fasi della loro elaborazione, tanto che alcuni studiosi hanno pensato bene di parlare di «democrazie post-parlamentari» (Ham, Hill 1984, tr.it. 1995, 45), proprio a indicare il coinvolgimento nei processi decisionali di gruppi e istituzioni estranei ai luoghi e agli attori a cui è costituzionalmente riconosciuto il potere legislativo.

19.1.4. Struttura amministrativa e potere burocratico

Finora abbiamo enfatizzato la struttura gerarchica che, da Weber in poi, sembra contraddistinguere il modello burocratico. In realtà il flusso di potere asimmetrico, dai vertici alla base, non è sempre così lineare dal momento che, se i funzionari amministrativi godono in generale di uno spazio di indipendenza notevole rispetto al controllo politico, all'interno dell'amministrazione stessa gli operatori che agiscono alla base della piramide sono sovente dotati di una forte libertà di azione e discrezionalità. Ci riferiamo ai cosiddetti **street-level bureaucrats** (o **burocrati di base**) che, soprattutto nel settore dei servizi pubblici, sono il vero volto dell'amministrazione (per non dire dello Stato) nella percezione dei cittadini. I funzionari di base sono coloro che nella quotidianità hanno a che fare direttamente con il pubblico, compiendo continuamente delle scelte gestionali che nascono da un sistema di regole informali estranee alla logica burocratica, ma fondamentali per definire il comportamento amministrativo e la qualità delle prestazioni sociali.

I **burocrati di base**, soprattutto nel settore dei servizi pubblici, sono il vero volto dell'amministrazione nella percezione dei cittadini

Se il potere dei burocrati di base ci fa mettere in discussione la reale portata gerarchica della struttura amministrativa, le stesse modalità di funzionamento formale delle burocrazie pubbliche da tempo si strutturano in maniera al contempo verticale e orizzontale. L'espansione delle pubbliche amministrazioni ha determinato in molti campi la strutturazione di **reticoli frammentati** nell'intreccio funzionale tra strutture gerarchiche e strutture di coordinamento orizzontali. Le burocrazie pubbliche, sempre più disarticolate, hanno da tempo perso il loro carattere di macrosistema unitario, configurandosi piuttosto «come una costellazione di apparati semiautonomi, debolmente connessi, dotati di forme giuridiche, logiche d'azione e finalità profondamente differenziate» (Bobbio 1996, 49). Come vedremo, questi mutamenti sono sanzionati da processi di riforma della pubblica amministrazione che, da un lato, sembrano orientati a una maggiore **trasparenza**, elaborando anche alcuni strumenti di controllo e co-partecipazone ai processi decisionali affidati direttamente ai cittadini; dall'altro, a una crescente **deregolazione** e **privatizzazione** dei servizi pubblici che, rispetto alla vecchia logica di amministrazioni monolitiche sorrette da funzionari esperti, sembra far prevalere un agire amministrativo orientato ai risultati attraverso una sua managerializzazione (Fedele 1998). Questo ha imposto anche la creazione di **authority** o **autorità garanti**, come organi di supervisione e controllo che, teoricamente, dovrebbero garantire la neutralità dei processi a difesa dell'interesse collettivo.

19.2. Funzioni di governo e politiche pubbliche

Il discorso sulle amministrazioni pubbliche che, come si è visto, presenta significative implicazioni organizzative relative alle modalità di strutturazione delle istituzioni in un contesto politico statalizzato, è strettamente connesso all'azione pubblica e alle dinamiche di intervento politico sulla società. Questo aspetto riguarda i processi decisionali politici che si riferiscono a tutti quei provvedimenti indirizzati a modificare il funzionamento e la strutturazione di segmenti di società. La politica non è fatta solo di conflitti per il potere, ma anche, e forse soprattutto, di scelte strategiche che si ripercuotono più o meno direttamente sulla vita dei cittadini. Questo aspetto della politica è fondamentale anche perché attraverso di esso è possibile misurare il suo reale impatto sulla società. Per usare un linguaggio sistemico, possiamo affermare che, anche in base agli *input* provenienti da una società diversamente stratificata, ogni sistema politico produce degli *output*, cioè delle **emissioni** destinate a incidere sui comportamenti dei membri di una comunità politica. Questi provvedimenti si diversificano per **materia**, **portata** e **natura** (Capano, Giuliani 1996; Ham, Hill 1984, tr.it. 1995; Meny, Thoening 1989, tr.it. 1991). Essi possono riguardare la promozione e regolazione dei processi economici, l'organizzazione ed erogazione di specifici servizi pubblici, così come la gestione dei rapporti con altri Stati; possono riguardare piccole porzioni di popolazione o di territorio, così come la popolazione nel suo complesso (come nel caso di una riforma generale del sistema pensionistico o del sistema sanitario nazionale); possono infine implicare l'assegnazione e distribuzione di beni materiali (incentivi fiscali, reddito, ecc.), o limitarsi a introdurre forme di regolamentazione perlopiù a costo zero (come nel caso di una riforma del codice stradale). Per anni gli studiosi hanno osservato questi processi limitandosi a parlare di **decisioni**, ma da tempo si è optato per l'espressione analiticamente più efficace di **politiche pubbliche** il cui studio non riguarda solo il momento decisionale, ma l'intero processo che va dall'identificazione di un problema all'attuazione di un provvedimento; si parla in questo caso di **policy making**, cioè di costruzione delle politiche pubbliche che implica un coinvolgimento ampio di attori diversi, mobilitando partiti, movimenti, burocrati e gruppi di interesse.

Le **politiche pubbliche** sono norme formulate da una qualche autorità che esprimono l'intenzione di influenzare il comportamento dei cittadini attraverso l'uso di sanzioni positive o negative

Si sono avute molte definizioni del concetto di *policy* che traduciamo appunto con l'espressione «politiche pubbliche». Lasswell e Kaplan (1950) ne parlavano in termini di **programmi di azione proiettati verso il futuro che si fondano sull'individuazione e conseguente perseguimento di obiettivi specifici**. Questa definizione tende a enfatizzare il carattere al contempo *intenzionale* e *programmatico* di una politica pubblica, pur accettando la possibilità di *conseguenze impreviste* relative al non raggiungimento dei risultati auspicati anche per l'intervento di attori diversi che ne possono influenzare il corso. Lowi cerca invece di enfatizzare il *carattere normativo* e la natura *coercitiva* delle politiche emesse da autorità legittime, affermando che **una politica pubblica è una norma formulata da una qualche autorità governativa che esprime un'intenzione di influenzare il comportamento dei cittadini, individualmente o collettivamente, attraverso l'uso di sanzioni positive o negative** (Lowi 1999, 230). Più scarna, ma altrettanto efficace, è la definizione secondo cui, in sostanza, **una politica pubblica non è altra cosa che un programma d'azione attuato da un'autorità pubblica** (Meny, Thoening 1989, tr.it. 1991, 10).

19.2.1. I tipi di politiche pubbliche

Gli studiosi di politiche pubbliche si sono spesso avventurati nel tentativo di produrre tipologie in grado di rendere conto di un fenomeno senza dubbio com-

Si possono individuare diversi **tipi di politiche**: in particolare, esse possono essere distributive, redistributive, regolative e costituenti

plesso. La più nota, e per certi aspetti efficace, è la tipologia proposta da Theodore Lowi che distingue le politiche in «distributive», «redistributive», «regolative» e «costituenti» (Lowi 1964; 1972):

- **Politiche distributive**: le politiche distributive sono quelle che prevedono la distribuzione di benefici su basi particolaristiche. Esse concedono qualcosa a tutti i destinatari evitando contatti tra favoriti e danneggiati. Un aumento delle accise sulla benzina o dell'IVA sui prodotti di consumo colpisce tutti indistintamente, anche se, nella sostanza, a pagarne le conseguenze saranno soprattutto i ceti economicamente più svantaggiati.
- **Politiche redistributive**: le politiche redistributive creano al contrario le condizioni di una distinzione netta tra favoriti e danneggiati e sono sovente al centro di fenomeni di conflitto sociale. Si tratta di politiche sul tipo di una riforma fiscale (c'è chi paga di più o chi paga meno) o di una riforma del lavoro. Quello delle politiche redistributive è il terreno in cui è più evidente il conflitto tra interessi e classi contrapposte.
- **Politiche regolative**: le politiche regolative prevedono una limitazione dei comportamenti di soggetti specifici facilmente individuabili. Pensiamo alle norme sulla sicurezza nei luoghi di lavoro che limitano la libertà di azione degli imprenditori, o le norme del codice della strada che limitano la libertà di azione dei guidatori.
- **Politiche costituenti**: le politiche costituenti riguardano la definizione di un quadro normativo nuovo che ha dirette ripercussioni sul sistema di potere, come nel caso della creazione di una nuova autorità di garanzia, o della riforma di un sistema elettorale. Si tratta di politiche che apparentemente non hanno un impatto sociale diretto ma che, inevitabilmente, sono importanti nella definizione degli assetti di potere, una questione, dunque, che andrà inevitabilmente a influenzare la vita di tutti i membri di una comunità politica.

Come accennato, Lowi lega direttamente la questione delle politiche pubbliche alle dinamiche di coercizione, dal momento che **ogni politica è emanata da autorità che godono del monopolio della forza**. L'impiego della coercizione per assicurare il rispetto delle norme può essere *immediato* o *remoto*: nel primo caso, si prevedono sanzioni dirette; nel secondo, la politica pubblica non prevede alcuna sanzione diretta. Inoltre, l'ambito di applicazione delle sanzioni può riguardare direttamente le *azioni degli individui*, o l'*ambiente* nell'ambito del quale i soggetti agiscono. L'impiego di sanzioni negative immediate che vanno a colpire direttamente l'azione dei singoli attori riguarda perlopiù le politiche regolative: se un autista viola il codice stradale sarà immediatamente soggetto a sanzioni.

Questi quattro tipi di *policies* sarebbero per Lowi associate a specifiche modalità di agire politico. Le politiche distributive sarebbero per esempio associate alla pratica del *log rolling* in cui ciascun attore, portatore di interessi particolari, fa un passo nella direzione di altri attori per raggiungere una posizione di compromesso; le politiche redistributive sono invece associate allo scontro ideologico tra interessi apparentemente non conciliabili, perché nella logica della redistribuzione è implicito un gioco a somma zero, nel senso che ciò che viene dato a qualcuno dovrà essere tolto a qualcun altro; le politiche regolative e, in alcuni casi, anche quelle costituenti sono più facilmente associabili a pratiche di negoziato.

19.2.2. Gli attori delle politiche pubbliche

Prima di entrare nel merito delle fasi del *policy making* dedicheremo qualche battuta agli attori del processo di produzione delle politiche pubbliche. Nei modelli teorici tradizionali essi sono facilmente individuabili: parlamenti e governi decidono e le amministrazioni si impegnano a garantire una corretta esecuzione. In realtà, come abbiamo più volte accennato, il processo è più complesso e presuppone l'intervento di più attori diversamente interessati a influenzare il corso e la direzione di una determinata politica pubblica. È possibile distinguere gli attori del *policy making* in **istituzionali** e **non istituzionali**: nella prima classe rientrano ovviamente governi, parlamenti, pubbliche amministrazioni, ma anche i partiti politici che, come abbiamo visto, attraverso il monopolio della rappresentanza politica, sono diventati soggetti istituzionali a tutti gli effetti; nella seconda classe rientrano invece tutti quei soggetti portatori di interessi (*stakeholders*) che, in forza di un potere a loro riconosciuto dalle istituzioni politiche, assumono un ruolo nel processo di definizione e produzione delle politiche. Ad essi si aggiungono i cosiddetti tecnici, cioè quegli esperti che, sulla base di uno specifico *expertise*, sono in grado di contribuire alla definizione e in certi casi stabilire la direzione e le modalità attuative di specifiche politiche.

> È possibile distinguere gli attori del *policy making* in **istituzionali** e **non istituzionali**

- **Governo**: ancor prima che si definissero i parametri dello Stato di diritto, i governi hanno assunto il ruolo di decisori per antonomasia. Ad essi era ed è demandato il compito di dirigere l'attività pubblica, formulando soluzioni a problemi di interesse generale, promuovendo il processo decisionale e assicurando la messa in opera delle decisioni assunte. Ogni Governo dovrebbe teoricamente esprimere una collegialità unitaria, la cui coesione è rappresentata dal suo Capo. In realtà, all'interno di ogni governo esiste una dimensione plurale e talvolta conflittuale. Esso è infatti composto da Ministri a cui è affidata la gestione di una specifica *area di policy*. Essi dunque competono tra di loro per l'accaparramento delle risorse e, al contempo, intrattengono relazioni formali e informali con soggetti portatori di interessi diversi. Può dunque capitare che all'interno di un governo si costituiscano delle aree di *sub-government* cioè di governi particolari legati da una dialettica sovente accesa.
- **Parlamento**: il Parlamento, in quanto luogo di espressione della sovranità popolare e responsabile della funzione legislativa, è senza dubbio il luogo per eccellenza della produzione decisionale all'interno di un rapporto dialettico con i governi. Il suo ruolo varia al variare della sua autonomia dall'Esecutivo. Nei regimi parlamentari esso assume un forte potere propulsivo, che può invece ridursi a una semplice ratifica di decisioni già prese nei regimi presidenziali, in cui il Governo, e in particolare il suo Capo, è legittimato anch'esso dal voto

popolare. In ogni caso, più di qualunque altro attore del *policy making*, il Parlamento non può essere considerato come un soggetto unitario: in primo luogo, perché al suo interno si realizza la dialettica conflittuale tra soggetti politici contrapposti; in secondo luogo, perché esso non si compone solo dell'assemblea rappresentativa, ma anche di una molteplicità di *commissioni permanenti* che hanno un ruolo determinante nella formulazione delle politiche.

- **Partiti**: i partiti, come si è detto, sono la cinghia di trasmissione tra società e istituzioni. Essi rappresentano gli interessi sociali a cui offrono uno sbocco politico-istituzionale. Naturalmente, la capacità dei partiti di influenzare il processo decisionale dipende soprattutto dalle loro caratteristiche e dalla loro capacità di tessere rapporti con altri soggetti sociali portatori di interessi specifici.
- **Amministrazioni pubbliche**: come si è più volte affermato, alle amministrazioni è affidato il compito dell'esecuzione delle politiche ma, in quanto strutture complesse e diversificate, sovente portatrici di competenze particolari e interessi specifici, esse assumono un ruolo decisivo in tutte le fasi di costruzione e implementazione delle politiche.
- **Soggetti portatori di interessi**: in questo caso ci riferiamo soprattutto a gruppi di interesse che influenzano il *policy making* fin dalle prime fasi di individuazione e messa in agenda di un problema, offrendo soluzioni e talvolta presentando al governo pacchetti di *policy* da approvare. Ci riferiamo alle grandi organizzazioni di interesse (come i sindacati o le associazioni imprenditoriali) o a singole imprese (in genere multinazionali) che, in forza del loro potere economico, si conquistano la capacità di influenzare il processo politico. Inoltre, tali soggetti sono spesso portatori di competenze fondamentali su aree specifiche di *policy* di cui governi, partiti e parlamenti possono avere bisogno.
- **Tecnici**: la complessità delle aree di intervento pubblico impone ormai la mobilitazione di competenze specifiche e diversificate. Questo fa sì che nel processo di costruzione delle politiche assumano un ruolo decisivo i cosiddetti *esperti* (professori, economisti, giuristi, medici, ecc.) che, a seconda del settore di intervento, incidono in modo determinante in tutte le fasi del processo, dalla formulazione degli obiettivi, alla valutazione di impatto.

19.2.3. Le fasi delle politiche pubbliche

Il **policy making** prevede l'individuazione di un problema, la formulazione di una soluzione, la decisione, l'implementazione e, infine, la valutazione dei risultati

Parlando degli attori del *policy making* abbiamo spesso fatto riferimento a un'articolazione per fasi che non è riducibile al solo momento decisionale, né al doppio livello di decisione e messa in opera. I vari attori di una politica entrano infatti in gioco in diverse occasioni all'interno dello stesso processo. **Gli studiosi di politiche pubbliche condividono l'idea che il processo di policy making preveda l'individuazione di un problema, la formulazione di una soluzione, la decisione, l'implementazione e, infine, la valutazione dei risultati** (Jones 1970; Meny, Thoening 1989, tr.it. 1991). È dunque possibile ipotizzare uno schema a cinque fasi in cui attori diversi interagiscono per promuovere e talvolta ostacolare l'emissione di provvedimenti specifici.

- **Individuazione del problema**: le politiche pubbliche servono a risolvere problemi chiaramente identificati e scelti come prioritari rispetto ad altri. Essi devono dunque essere inseriti nell'agenda di governo. Non è un caso che il termine anglosassone per definire la fase di individuazione di un problema è **agenda setting** (letteralmente, *definizione dell'agenda*). Si tratta di un processo alquanto complesso perché non sempre i punti di vista concordano. Alcuni attori possono considerare prioritarie questioni che per altri sono secondarie o, addirittura, non costituiscono un problema da affrontare in sede pubblica. In questa fase entra dunque in gioco il conflitto tra interessi contrapposti e diversi attori competono per far sì che alcune *issue* diventino oggetto di attenzione politica. Non solo i partiti, ma gruppi di interesse, movimenti sociali e mass media concorrono alla definizione delle priorità di governo.
- **Formulazione di una soluzione**: una volta identificata una rosa di problemi, occorre formulare una soluzione. Ad ogni problema infatti corrispondono diverse possibili soluzioni e la loro variabilità dipende perlopiù dal punto di vista e dall'orientamento ideologico degli attori che più di altri hanno il potere di incidere sul processo decisionale. In questa fase è necessaria una certa **attività di analisi** che renda possibile la comprensione di questioni complesse e la **selezione delle alternative possibili**. Entrano qui in gioco tutti i soggetti che sono nelle condizioni di arricchire il dibattito di ulteriori elementi di conoscenza, dai giornalisti, ai tecnici, ai funzionari amministrativi. La fase di formulazione di una *policy* comporta dunque una dimensione *tecnica*, relativa all'esigenza di mobilitare conoscenze specifiche, e una dimensione *politica*, in cui i valori e l'identità dei decisori subentrano in maniera preponderante.
- **Decisione**: trovato l'accordo sulle *policy* da adottare, si entra nel pieno del momento decisionale, da sempre al centro dell'attenzione politologica. In un contesto liberaldemocratico, il decisore deve essere in qualche modo espressione della volontà popolare. Per questa ragione il luogo prediletto del *decision making* è il Parlamento. Ciò non toglie che, a prescindere dai canali formali, esistono dei meccanismi informali che entrano in gioco nel processo decisionale, influenzandone le dinamiche. Molto spesso tali meccanismi sono talmente influenti che al Parlamento non resta da fare altro che ratificare formalmente decisioni assunte altrove, per esempio nelle segreterie di partito, negli incontri informali tra politici e rappresentanti dei gruppi di interesse, e così via. Fondamentale è dunque individuare sempre gli attori del processo decisionale, le modalità con cui le decisioni sono prese e in quale contesto (formale o informale). Il discorso relativo al *come*, cioè alle modalità del *decision making* è importante per definire i parametri di funzionamento di un sistema politico. Le decisioni possono infatti essere assunte a maggioranza, senza sentire l'esigenza di considerare più di tanto le ragioni delle minoranze, o possono altresì essere oggetto di negoziazione.
- **Implementazione**: la quarta fondamentale fase del *policy making* riguarda la messa in opera dei provvedimenti formulati e decisi. Questa fase vede in gene-

re protagonisti i funzionari delle pubbliche amministrazioni che però, si è detto, raramente si comportano come meri esecutori di decisioni assunte altrove sulla base di un processo rigidamente piramidale sul tipo *top-down*, in cui le politiche seguono un percorso dall'alto verso il basso. In realtà, una volta decisa una politica pubblica, si attiva quasi sempre un processo di *adattamento* alla realtà concreta a cui essa si riferisce. Spetta proprio agli esecutori formali che, abbiamo visto, godono però di una certa autonomia, attivare processi di ridefinizione delle previsioni iniziali. Inoltre, i diversi attori che entrano in gioco nella fase di implementazione sono portatori, essi stessi, di interessi specifici che possono spingerli a facilitare e potenziare il provvedimento o addirittura ostacolarlo fino a farlo naufragare del tutto. In questo senso, specie quando si attivano i destinatari della politica, il processo di implementazione assume un carattere al contempo discendente (*top-down*) e ascendente (*bottom-up*).

- **Valutazione**: l'ultima fase del processo di costruzione delle politiche riguarda la valutazione dell'*efficienza* e dell'*efficacia* della politica stessa. Nel primo caso, si analizza la coerenza dei percorsi della messa in opera e la capacità di ottimizzare le risorse umane e finanziarie a disposizione; nel secondo, se ne valutano gli effetti, cioè si cerca di osservare l'impatto effettivo della politica e le sue conseguenze nell'area di intervento per cui è stata adottata. Il problema è dunque valutarne le conseguenze inattese, verificando se il provvedimento ha raggiunto o meno l'obiettivo per cui è stato formulato. La fase di valutazione è molto complessa perché presuppone competenze tecniche e capacità di analisi in cui sovente entrano in gioco variabili di tipo politico e ideologico. Nel caso la valutazione fosse negativa si può procedere a una **revisione** del provvedimento giungendo, in alcuni casi, alla **fine di una politica**. Infatti un qualsiasi provvedimento politico può essere corretto o anche «terminato», sostituendolo con altri o esaurendolo di fatto attraverso la graduale riduzione delle risorse ad esso destinate.

19.3. La governance neoliberista

La struttura delle pubbliche amministrazioni, così come le dinamiche di produzione delle politiche, non rientrano in un modello fisso e immutabile. In particolare, a partire dagli ultimi due decenni del ventesimo secolo, lo stesso ruolo della politica è mutato sotto la spinta della globalizzazione e di nuove forme di governo multilivello che, sia a livello sovra-nazionale che sub-nazionale, hanno messo in discussione il tradizionale ruolo dello Stato come centro della sovranità e unico luogo di erogazione di servizi e politiche socialmente vincolanti (cfr. par. 9.4). Lo stesso concetto di pubblico è cambiato sganciandosi dalla sua tradizionale connotazione statale. **Non tutto ciò che è pubblico è anche statale e non solo le strutture statali sono impegnate nella formulazione e implementazione di provvedimenti di natura pubblica**. Questo, vedremo, ha cambiato notevolmente lo stesso concetto di governo, declinato oggi in termini di *governance*, determinando anche una graduale trasformazione delle amministrazioni pubbliche nella direzione di un modello per così dire *post-burocratico* (d'Albergo 2006, 108 ss.). Queste trasformazioni, di cui parleremo in quest'ultimo scorcio di capitolo, non si sono ovviamente attivate sotto la pressione di scosse sismiche di origine naturale, ma sono state sollecitate da specifiche scelte politiche orientate ai dettami dottrinari di quello che abbiamo chiamato «globalismo» (cfr. par. 9.4.1), ma che, in questa sede, possiamo chiamare **neoliberismo**, cioè l'ideologia che enfatizza le presunte capacità regolative dei mercati economici e finanziari senza il bisogno di alcuna normazione politica. Per quanto il numero degli Stati sia aumentato sensibilmente rispetto ai decenni passati, la loro sovranità è oggi insediata da processi di radicale **deregolazione** delle funzioni pubbliche. Nuovi attori politici sovranazionali (Unione Europea, Fondo monetario internazionale, Banca mondiale, Organizzazione mondiale per il commercio, ecc.) oggi influenzano in maniera determinante le scelte politiche ed economiche degli Stati sovrani, ulteriormente indeboliti nella loro capacità normativa da generalizzati processi di decentramento amministrativo che tendono a dare maggiori poteri politico-amministrativi ai livelli di governo locale. A questo si aggiunge una generale tendenza alla privatizzazione del settore pubblico, dando sempre maggiore spazio a soggetti non-statali portatori di interessi che partecipano in tutte le fasi di costruzione delle politiche, contribuendo in modo significativo a ridisegnare lo stesso profilo delle pubbliche amministrazioni.

In epoca di **neoliberismo** la sovranità degli Stati è insidiata da processi di radicale **deregolazione** delle funzioni pubbliche

19.3.1. Le reti di governance

Come si accennava, le principali trasformazioni indotte dalle dinamiche connesse alla globalizzazione neoliberista riguardano soprattutto le modalità di governo e, in particolare, di decisione e implementazione delle politiche. La crisi della sovranità statale si rileva soprattutto nel cortocircuito che si è creato nei meccanismi classici del *policy making*, dalla selezione dell'agenda fino alla valutazione delle politiche e alla loro eventuale riformulazione. Il duopolio Governo/amministrazione è in crisi e diversi altri attori partecipano e sovente determinano le emissioni dei sistemi politici. Da tempo gli analisti, di fronte alla crisi conclamata del vecchio modello gerarchico, tendono perlopiù a ragionare su **reti di azione pubblica** (o *policy network*) di cui abbiamo parlato, non a caso, nel capitolo dedicato ai gruppi di interesse (cfr. par. 14.2.3). Al centro del concetto di *policy network*, ricordiamolo, vi è la constatazione che i programmi di azione pubblica (*policies*) siano ormai ideati e implementati con il concorso di una molteplicità di attori per mezzo dei quali lo stesso rapporto tra interessi e sfera pubblica è mutato (Rhodes 1997; Marsh 1998). Lo stesso concetto classico di «governo» (*government*) è stato sostituito dalla sua variante neoliberista e, per così dire, relazionale, che assume la denominazione di *governance*. Il **government** indica infatti l'assetto istituzionale dell'attività di governo (produzione e implementazione delle politiche pubbliche) strutturato attorno a dinamiche piramidali e gerarchiche, fondate quindi sul principio di autorità. Quando gli analisti parlano delle dinamiche di *government* si riferiscono perlopiù agli assetti istituzionali del governo, cioè le istituzioni legalmente preposte a questa funzione (potere legislativo ed esecutivo). La cosiddetta **governance**, che si radica nelle esperienze di gestione aziendale in un contesto di sviluppo capitalistico, si riferisce invece alle dinamiche e agli effetti dell'attività di governo piuttosto che alle strutture istituzionali. Essa pone enfasi sulle relazioni tra i diversi attori sociali che intervengono nel campo di azione della *policy*. Elementi fondamentali nei processi di *governance* sono dunque il decentramento amministrativo e la sussidiarietà che danno vita a dinamiche di governo a rete, anziché piramidali o gerarchiche.

Le **reti di governance** sono caratterizzate dall'interdipendenza fra attori pubblici e privati dentro una logica di **network management**

Le **reti di governance** sono quindi caratterizzate dall'interdipendenza fra attori pubblici e privati dentro una logica di **network management**, inteso come coordinamento di «strategie di attori con diversi scopi e preferenze rispetto a determinati problemi o misure di politiche all'interno di una rete esistente di relazioni inter-organizzative» (Kickert *et al.* 1997, 10). Ogni attore è di per sé portatore di interessi specifici intesi come costrutti sociali che si formano e modificano attraverso l'interazione.

19.3.2. Il new public management

La logica della *governance* in un quadro politico dominato dai dettami del globalismo presuppone una riforma graduale, ma strutturale degli assetti pubblici. Da un lato, la burocrazia non è più interpretata come unico attore protagonista dei processi di implementazione delle politiche; dall'altro, la stessa amministrazione pubblica viene rimodulata secondo la logica del cosiddetto **new public management**, cioè il modello di organizzazione amministrativa che meglio si associa al neoliberismo. A fondamento del *new public management* vi è un decalogo che trae origine nei sistemi di organizzazione dell'impresa capitalistica e che è stato divulgato alla fine del ventesimo secolo (Osborne, Gaebler 1995). Esso si fonda sulla esigenza di aumentare la produttività, migliorare i servizi, ma al contempo ridurre i costi della produzione.

Il **new public management** è il modello di organizzazione amministrativa che meglio si associa al neoliberismo

Il decalogo di Osborne e Gaebler sul *New Public Managment*

1. L'amministrazione non deve gestire l'azione pubblica, ma indirizzarla.
2. Chi usufruisce delle prestazioni pubbliche non deve essere considerato come un utente portatore di diritti, ma come un cliente portatore di bisogni.
3. I clienti devono essere coinvolti nell'azione amministrativa attraverso la rilevazione del loro gradimento.
4. I fornitori di servizi devono poter competere sul mercato, contro ogni monopolio (statale).
5. L'azione amministrativa non deve essere orientata alle regole, ma a obiettivi e risultati.
6. L'amministrazione deve ridurre le spese e massimizzare i guadagni.

7. L'amministrazione deve riuscire a prevenire i problemi sociali, piuttosto che erogare servizi.
8. L'amministrazione deve svolgere attività di governo attraverso azioni di strutturazione del mercato.
9. A un assetto gerarchico deve essere preferita una struttura orizzontale di copartecipazione alle azioni di management.
10. L'apprendimento amministrativo e l'efficienza dovrebbero essere favoriti da una politica di incentivi, materiali e immateriali, concessi dai dirigenti ai dipendenti.

Questo decalogo è stato applicato attraverso diverse modalità a seconda dei paesi, determinando, nel complesso, una sostanziale frammentazione delle strutture e dei processi di messa in opera delle politiche in una logica di imprenditorialità anche del burocrate (Fedele 1998). Una buona parte dei servizi, un tempo erogati dalle amministrazioni pubbliche, sono stati esternalizzati e affidati a strutture private elaborando nuove formule di partenariato pubblico/privato e di accreditamento di aziende private come erogatrici di servizi sociali.

Ovviamente questo processo non è stato privo di ostacoli. Come nota d'Albergo (2006, 114-115), dinamiche tanto innovative hanno certamente incontrato alcune **resistenze organizzative** a cui si aggiungono alcune **resistenze politiche e sociali**. Sul piano organizzativo il modello del *new public management* si è scontrato con una cultura amministrativa fortemente radicata e restia a certi cambiamenti. Questo ha fatto sì che il vecchio modello, nella maggior parte dei casi, non sia stato completamente sostituito, ma piuttosto affiancato da valori e pratiche di origine imprenditoriale (d'Albergo, Vaselli 1997). Al contempo, il nuovo corso è stato messo in discussione da quei soggetti politici e sociali (movimenti, gruppi, talvolta partiti) che inscrivono la loro opposizione nella più ampia critica al modello culturale ed economico neoliberista (Alteri, de Nardis 2009). Tali soggetti criticano la tendenza a sovrapporre interessi pubblici e privati e propongono una nuova declinazione del pubblico che si configura nella difesa dei beni comuni, la cui gestione e organizzazione dovrebbe essere protetta dalle incursioni privatistiche del mercato. ■

Percorso di autoverifica

- Come si configura tradizionalmente il rapporto tra politica e amministrazione?
- Cosa intendiamo per amministrazione pubblica?
- Come si esercita secondo il modello classico il potere burocratico?
- Quali sono i caratteri discriminanti nel modello burocratico weberiano?
- In quali contesti storici si sviluppano e consolidano le amministrazioni pubbliche?
- Su cosa si basano le critiche funzionaliste al modello weberiano?
- Quali sono gli apporti dell'individualismo metodologico allo studio delle amministrazioni?
- Su cosa si basa il modello della razionalità limitata?
- Cosa si intende per incrementalismo incoerente?
- Quali sono i parametri dell'approccio neo-istituzionalista?
- Su cosa si basa il rapporto complesso tra politica e amministrazione?
- Cosa si intende per burocrate di base?
- Cosa intendiamo per politiche pubbliche?
- Quali sono i principali tipi di politiche?
- Quali sono gli attori coinvolti nel policy making?
- Quali sono le fasi di una politica pubblica?
- Come si ridefinisce l'azione pubblica in un contesto di neoliberismo?
- Cosa intendiamo per governance?
- Cosa intendiamo per reti di governance?
- Cos'è il New Public Management?

Bibliografia

Abbott K., D. Snidal (1998), "Why State Act through Formal International Organizations", *Journal of Conflict Resolution*, XLII, 1, pp. 3-32.

Aberle D.F., A.K. Cohen, A.K. Davis, M.J. Levy Jr., F. Sutton (1972), "The Functional Prerequisites of a Society", in *Comparative Politics: Notes and Readings*, Homewood, Illinois, The Dorsey Press.

Abric J.C. (1992), "Lo studio sperimentale delle rappresentazioni sociali", in D. Jodelet (a cura di), *Le rappresentazioni sociali*, Napoli, Liguori, pp. 209-224.

Alber J. (1986), *Dalla carità allo Stato sociale*, Bologna, Il Mulino.

Alestalo M., S. Kuhnle S. (1987), "The Scandinavian Route: Economic, Political and Social Developments in Denmark, Finland, Norway and Sweden", in Eriksen R. (ed.), *The Sandinavian Model*, New York, Sharpe, pp. 3-38.

Alighieri Dante (1985) *Monarchia*, Milano, Garzanti (ed.or. 1310-1313).

Alighieri Dante (2005), *Convivio*, Milano, Garzanti (ed.or. 1304-1307).

Alimi E., L. Bosi (2009), "Un'analisi storica comparata dei processi di radicalizzazione: il *Weather Underground* e la *Provisional Irish Republican Army*", *Ricerche di storia politica*, 3, pp. 273-292.

Allegretti G.C., F. Suquieira (2010), "Anestetizzare il conflitto? Slittamenti di significato di due casi brasiliani di Bilancio Partecipativo", *Partecipazione e conflitto*, 3, pp. 16-39.

Almond G.A. (1958), "Research Note: A Comparative Study of Interests Groups and the Political Process", *American Political Science Review*, 52, 1, pp. 270-282.

Almond G.A. (1992), "Cultura politica", in *Enciclopedia delle Scienze Sociali*, Roma, Istituto dell'Enciclopedia Italiana, II, pp. 660-668.

Almond G.A., B.G. Powell (1966), *Comparative Politics: A Developmental Approach*, Boston, Little Brown and Co; tr.it., *Politica comparata*, Bologna, Il Mulino, 1970.

Almond G.A., J.S. Coleman (1960, eds.), *The Politics of the Developing Areas*, Princeton, Princeton University Press.

Almond G.A., S. Verba (1963), *The Civic Culture: Political Attitudes and Democracy in Five Nations*, Princeton, Princeton University Press.

Alteri L., F. de Nardis (2009), "Governance multilivello e partecipazione politica: una introduzione", *Partecipazione e conflitto*, 2, pp. 5-30.

Althusser L. (1970), "Idéologie et appareils idéologiques d'Etat", *La Pensée*, 151, pp. 3-38.

Amerio P. (1996, a cura di), *Forme di solidarietà e linguaggi della politica*, Torino, Boringhieri.

Amin S., G. Arrighi, A.G. Frank, I. Wallerstein (1990), *Transforming the Revolution. Social Movements and the World System*, New York, Monthly Review Press.

Anastasi A. (2011), "Le primarie: democratizzazione interna ai partiti, partecipazione dei cittadini e istanze plebiscitarie", *Partecipazione e conflitto*, 1, pp. 80-99.

Anderson B.W. (1967), "On the Comparability of Meaningful Stimuli in Cross-Cultural Research", *Sociometry*, XXX, 2, pp. 124-136.

Andretta M., D. della Porta, L. Mosca, H. Reiter (2002), *Global, NoGlobal, New Global*, Roma-Bari, Laterza.

Apter D.E. (1965), *The Politics of Modernization*, Chicago, University of Chicago Press.

Arendt H. (1965), *On Revolution*, New York, Viking Press.

Aristotele, *Politica*, in *Opere*, 11 voll., Bari, Laterza, 1983.

Arnstein S.R. (1969), "A Ladder of Citizen Participation", *Journal of the American Institute of Planners*, 35, 4, pp. 216-224.

Aron R. (1950), "Social Structure and the Ruling Class", *British Journal of Sociology*, I, pp. 131-143.

Aron R. (1954), "Note sur la stratification du pouvoir", *Revue française de science politique*, IV, 469-483.

Aron R. (1955), *L'Opium des intellectuels*, Paris, Calmann-Lévy; tr.it., *L'oppio degli intellettuali*, Bologna, Cappelli, 1958.

Aron R. (1960), "Classe sociale, classe politique, classe dirigeante", *Archives européennes de sociologie*, I, pp. 260-281.

Aron R. (1962), *Paix et Guerre entre les Nations*, Paris, Calmann-Lévy; tr.it,

Pace e guerra tra le nazioni, Torino, Edizioni di Comunità, 1970.

Aron R. (1964), "Macht, Power, Puissance: prose démocratique ou poésie democratique?", *Archives européennes de sociologie*, V, pp. 27-51.

Aron R. (1965), "Catégories dirigeante ou classe dirigeante?", *Revue française de science politique*, XV, pp. 7-21.

Aron R. (1992), *La politica, la guerra, la storia*, Bologna, Il Mulino.

Arrighi G., T.K. Hopkins, I. Wallerstein (1992), *Antisystemic Movements*, Roma, Manifestolibri.

Arrow K. (1951), *Social Choice and Individual Values*, New York, Wiley.

Arterton F.C. (1984), *Media Politics: The News Strategies of Presidential Campaigns*, Lexington, Lexington Books.

Atkinson M.M., W.D. Coleman (1989), "Strong States and Weak States: Sectoral Policy Networks in Advanced Capitalist Economies", *British Journal of Political Science*, 19, 1, pp. 47-67.

Attias-Donfut C. (1988), *Sociologie des générations: l'empreinte du temps*, Paris, Puf.

Attinà F. (1990), "Guerriglia", in Bobbio N., N. Matteucci, G. Pasquino, *Dizionario di politica*, Torino, TEA, pp. 481-482.

Attinà F. (2003), *Il sistema politico globale*, Roma-Bari, Laterza.

Baccetti C. (1987), "Memoria storica e continuità elettorale. Una zona rossa nella Toscana rossa", *Italia contemporanea*, 167, pp. 7-30.

Baccetti C., P. Messina (2009, a cura di), *L'eredità. Le subculture politiche della Toscana e del Veneto*, Torino, Utet.

Bacharach S.B., E.J. Lawler (1980), *Power and Politics in Organizations*, San Francisco, Jossey-Bass.

Bachrach P., M.S. Baratz (1962), "Two Faces of Power", *American Political Science Review*, 56, pp. 947-952.

Bachrach P., M.S. Baratz (1963), "Decisions and Non-Decision; An Analytical Framework", *American Political Science Review*, 57, pp. 632-642.

Badie D., P. Birnbaum P. (1982), *Sociologie de l'Etat*, Paris, Grasset.

Baecheler J. (1975), *Revolution*, New York, Harper & Row.

Bagnasco A. (1977), *Tre Italie. La problematica territoriale dello sviluppo italiano*, Bologna, Il Mulino.

Bagnasco A., C. Trigilia (1984, a cura di), *Società e politica nelle aree di piccola impresa: il caso di Bassano*, Venezia, Arsenale.

Bailey F.G. (1969), "Political Statements", *Contribution to Indian Sociology*, 3, pp. 1-16.

Balandier G. (1967), *Anthropologie politique*, Paris, Presses Universitaires de France; tr.eng., *Political Anthropology*, Baltimore, Penguin Books.

Banfield E.C. (1958), *The Moral Basis of a Backward Society*, Glencoe, The Free Press; tr.it., *Le basi morali di una società arretrata*, Bologna, Il Mulino, 2010.

Barbalet J.M. (1988), *Citizenship*, Milton Keynes, Open University Press.

Barber B. (2004), *Strong Democracy*, Berkeley, University of California Press.

Barisione M. (2009), *Comunicazione e società. Teorie, processi, pratiche del framing*, Bologna, Il Mulino.

Barnes S., M. Kaase *et.al.* (1979), *Political Action*, London-Newbury Park, Sage.

Barnes S.H., M. Kaase (1979, eds.), *Political Action: Mass Participation in Five Western Democracies*, London, Sage.

Bartolini S. (1991), "Tempo e ricerca comparata", in Sartori G., L. Morlino (eds.), *Comparazione e metodo comparato*, Bologna, Il Mulino, pp. 165-209.

Bartolini S. e Mair P. (2001), "Challenges to Contemporary Political Parties", in Diamond L., R. Gunther (eds.), *Political Parties and Democracy*, Baltimore-London, The John Hopkins University Press, pp. 327-343.

Battistelli F. (1984), *Sociologia e guerra: il problema della guerra nelle origini del pensiero sociologico*, Quaderno 2, Roma, Archivio disarmo.

Baylis J., S. Smith (2001, eds.), *The Globalization of World Politics*, Oxford, Oxford University Press.

Bean K. (2011), "La strategia dello Stato e l'incorporazione dei movimenti sociali: il caso del movimento repubblicano irlandese fra il 1970 e il 1998", *Partecipazione e conflitto*, 3, pp. 59-79.

Beck U. (1992), *Risk Society: Towards a New Modernity*, London, Sage.

Beck U. (1997), *Wast Ist Globalisierung?*, Frankfurt, Suhrkamp Verlag; tr.it., *Che cos'è la globalizzazione*, Roma, Carocci, 1999.

Beckerman W. (1966), *International Comparisons of Real Incomes*, Paris, Organization for European Economic Cooperation.

Beckerman W., R. Bacon (1966), "International Comparisons of Incomes Levels: A Suggested New Measure", *The Economic Journal*, LXXVI, 3, pp. 519-536.

Bell D. (1962), *The End of Ideology*, New York, The Free Press, 2nd edition.

Bell D. (1973), *The Coming of Post-industrial Society*, New York, Basic Books.

Belloni F.P., D.C. Beller (1978, eds.), *Faction Politics: Political Parties in Comparative Perspective*, Santa Barbara, ABC Clio.

Bendix R. (1964), *Nation-Building and Citizenship*, New York, Wiley; tr.it., *Stato Nazionale e integrazione di classe*, Bari, Laterza, 1969.

Bendix R. (1967), "Tradition and Modernity Reconsidered", *Comparative Studies in Society and History*, IX, 3, pp. 292-346.

Bendix R., S.M. Lipset (1957), "Political Sociology: An Essay and Bibliography", *Current Sociology*, VI, 2, pp. 79-169.

Bendix R., S.M. Lipset (1966), "The Field of Political Sociology", in Coser L.A., *Political Sociology*, New York, Harper & Row, pp. 9-47.

Benfort R.D., S.A. Hunt (1992), "Dramaturgy and Social Movements: The Social Construction and Communication of Power", *Sociological Inquiry*, 62, pp. 36-55.

Bennett M.K. (1966), "International Disparities in Consumption Levels", *The American Economic Review*, XLVI, 3, pp. 452-461.

Bentivegna S. (1999), *La politica in rete*, Roma, Meltemi.

Bentivegna S. (2004), *Politica e nuove tecnologie della comunicazione*, Roma-Bari, Laterza.

Bentivegna S. (2006), *Campagne elettorali in rete*, Roma-Bari, Laterza.
Bentley A. (1908), *The Process of Government: A Study of Social Pressures*, Chicago, University of Chicago Press; tr.it., *Il processo di governo*, Milano, Giuffrè, 1983.
Berelson H., P.F. Lazarsfeld, W.N. McPhee (1954), *Voting: A Study of Opinion Formation in a Presidential Campaign*, Chicago, The University of Chicago Press.
Berg P.O., P. Gagliardi P. (1995), "Immagini dell'impresa: lo studio del rapporto tra organizzazione e il suo ambiente nella prospettiva simbolica", in Gagliardi P. (a cura di), *Le imprese come culture. Nuove prospettive di analisi organizzativa*, Torino, Isedi, pp. 321-338.
Berger P.L. (1963), *Invitation to Sociology: A Humanistic Perspective*, New York, Doubleday.
Berger S. (1981), *Organized Interests in Western Europe*, Cambridge, Cambridge University Press.
Bettin Lattes G. (1995, ed.), *La società degli europei. Lezioni di sociologia comparata*, Bologna, Monduzzi.
Bettin Lattes G. (2001, ed.), *Giovani, Jeunes, Jóvenes*, Firenze, Firenze University Press.
Bettin Lattes G. (2011a), "Generazione politica", in G. Bettin Lattes, L. Raffini (eds.), *Manuale di sociologia*, Vol. I, Padova, Cedam, pp. 305-337.
Bettin Lattes G. (2011b), "Socializzazione politica", in G. Bettin Lattes, L. Raffini (eds.), *Manuale di sociologia*, Vol. II, Padova, Cedam, pp. 831-866.
Bettin Lattes G., M. Bontempi (2008, ed.), *Generazione Erasmus? L'identità europea tra vissuto e istituzioni*, Firenze, Firenze University Press.
Binder L. *et al.* (1971, eds.), *Crisis and Sequences in Political Development*, Princeton, Princeton University Press.
Biorcio R. (1991), "La Lega come attore politico: dal federalismo al populismo regionalista" in Mannheimer R. (a cura di), *La Lega Lombarda*, Milano, Feltrinelli, pp. 34-82.
Biorcio R. (2003), *Sociologia politica: partiti, movimenti sociali e partecipazione*, Bologna, Il Mulino.
Birnbaum P. (1982), *La logique de l'Etat*, Paris, Fayard.
Black D. (1958), *The Theory of Committees and Elections*, Cambridge, Cambridge University Press.
Blau P. (1964), *Exchange and Power in Social Life*, New York, Wiley.
Bloch M. (1939-1940), *La Societé Féodale*, (2 voll.) Paris, Albin Michel; Traduzione inglese, *Feudal Society*, London, Routledge & Kegan Paul Ltd., 1961.
Blumenthal S. (1982), *The Permanent Campaign*, New York, Touchstone Books.
Blumer H. (1951), *Social Movements*, in McLung Lee A. (ed.), *Principles of Sociology*, New York, Barnes & Nobles, pp. 199-220.
Blumler J.G., D. Kavanagh (1999), "The Third Age of Political Communication: Influences and Features", *Political Communication*, 16, 3, pp. 209-230.
Blumler J.G., M. Gurevitch (1975), "Towards a Comparative Framework for Political Communication Research", in Chaffee S.H. (ed.), *Political Communication: Issues and Strategies for Research*, Beverly Hills, Sage, pp. 165-193.
Blumler J.G., M. Gurevitch (1995), *The Crisis of Public Communication*, London, Routledge.
Bobbio L. (1996), *La democrazia non abita a Gordio*, Milano, FrancoAngeli.
Bobbio L. (2002), "Le arene deliberative", paper presentato al Convegno annuale della Società Italiana di Scienza Politica (SISP), Genova.
Bobbio N. (1969), *Saggi sulla scienza politica in Italia*, Bari, Laterza.
Bobbio N. (1971), "Considerazioni sulla filosofia politica", *Rivista Italiana di Scienza Politica*, 1, 2, pp. 367-379.
Bobbio N. (1990a), "Politica", in Bobbio N., N. Matteucci, G. Pasquino (a cura di), *Dizionario di politica*, Torino, TEA, pp. 800-809.
Bobbio N. (1990b), "Scienza politica", in Bobbio N., N. Matteucci, G. Pasquino, *Dizionario di politica*, Torino, TEA, pp. 996-1002.
Bobbio N. (1995), *Destra e sinistra. Ragioni e significati di una distinzione politica*, Roma, Donzelli.
Bodin J. (1964), *I sei libri dello Stato*, Torino, Einaudi (ed. or. *Le six livres de la Republique* 1576).
Bolgherini S., F. Gelli (2011), "Elezioni primarie: controllo dei partiti o partecipazione popolare? Una introduzione", *Partecipazione e conflitto*, 1, pp. 5-33.
Bonanate L. (1979), "Sistema internazionale", in Id. (a cura di), *Politica Internazionale*, Firenze, La Nuova Italia, pp. 352-397.
Bonanate L. (1990), "Terrorismo politico", in Bobbio N., N. Matteucci, G. Pasquino, *Dizionario di politica*, Torino, TEA, pp. 1164-1167.
Bonanate L. (1991), "La rivoluzione internazionale", *Teoria politica*, VII, 2, pp. 3-20.
Bonanate L. (2004), *La politica internazionale fra terrorismo e Guerra*, Roma-Bari, Laterza.
Bonanate L., C.M. Santoro (1986, a cura di), *Teoria e analisi delle relazioni internazionali*, Bologna, Il Mulino.
Bonanate L., F. Armao, F. Tuccari (1997), *Le relazioni internazionali. Cinque secoli di storia: 1521-1989*, Milano, Bruno Mondadori.
Bongrand M. (1993), *Le marketing politique*, Paris, Puf.
Bontempi M., R. Pocaterra (2007, eds.), *I figli del disincanto: giovani e partecipazione politica in Europa*, Milano, Bruno Mondadori.
Borgström B.E. (1982), "Power Structure and Political Speech", *Man*, 17, 2, pp. 313-327.
Bosco A. (2000), *Comunisti. Trasformazioni di partito in Italia, Spagna e Portogallo*, Bologna, Il Mulino.
Bosco A. e Morlino L. (2007, eds.), *Party Change in Southern Europe*, London and New York, Routledge.
Bosi L., D. della Porta (2011), "La violenza politica: una introduzione", *Partecipazione e conflitto*, 3, pp.5-16.
Bottomore T, (1979), *Political Sociology*, London, Hutchinson.
Boudon R. (1984), *Les methods en sociologie*, Paris, Harmattan.
Bourdieu P. (1979), *La distinction: critique sociale du jugement*, Paris, Minuit; tr.it., *La distinzione: critica sociale del gusto*, Bologna, Il Mulino, 1983.
Brady H.E., S. Verba, K.L. Schlozman

(1995), "Beyond SES: A Resource Model of Political Participation", *American Political Science Review*, 2, pp. 271-294.

Briggs A. (1967), "The Welfare State in Historical Perspective", in Schottland C.I. (ed.), *The Welfare State: Selected Essays*, New York, Harper & Row.

Brinton R. (1965), *Anatomy of Revolution*, revised and expanded edition; first published in 1938, New York, Vintage.

Brittain J.J. (2010), *Revolutionary Social Change in Colombia: The Origin and Direction of the FARC-EP*, London, Pluto Press.

Brucker G. (1981), *Dal comune alla signoria: La vita pubblica a Firenze nel primo Rinascimento*, Bologna, Il Mulino.

Bruschi A. (1999), *Metodologia delle scienze sociali*, Milano, Bruno Mondadori.

Brusten M., J. Feest, R. Lautmann (1975), *Die Polizei: eine Institution ffentlicher Gewalt: Analysen, Kritik, empirischen daten*, Neuwied, Luchterhand.

Bryce J. (1921), *Modern Democracies*, London, Macmillan.

Buchanan J.M. (1989), *Stato, mercato, libertà*, Bologna, il Mulino.

Buci-Glucksmann C. (1979), *Gramsci and the State*, London, Lawrence & Wishart.

Budge I. (1970), *Agreement and the Stability of Democracy*, Chicago, Markham Publishing.

Bull H. (1977), *The Anarchical Society: A Study of Order in International Society*, New York, Columbia University Press.

Burnham J. (1941), *The Managerial Revolution: What is Happening in the World*, New York, John Day Company; tr.it., *La rivoluzione dei tecnici*, Milano, Mondadori, 1946.

Burnham J. (1943), *The Machiavellians: Defenders of Freedom*, New York, John Day Company; tr.it., *I difensori della libertà*, Milano, Mondadori, 1947.

Burton W.J. (1972), *World Society*, Cambridge, Cambridge University Press.

Caciagli M. (1988), "Quante Italie? Persistenza e trasformazione delle culture politiche sub-nazionali", *Polis*, 1, 2, pp. 429-457.

Caciagli M., P. Scaramozzino (1983, a cura di), *Il voto di chi non vota: L'astensionismo elettorale in Italia e in Europa*, Milano, Edizioni di Comunità.

Calhoun C. (1994, ed.), *Social Theory and the Politics of Identity*, Oxford-Cambridge, Blackwell.

Calise M. (2010), *Il partito personale: I due corpi del leader*, Roma-Bari, Laterza.

Cameron D.R. (1985), "Does Government Cause Inflation? Taxes, Spending and Deficits", in Lindberg L.N., C.S. Maier (eds.), *The Politics of Inflation and Global Stagnation*, Washington, The Brookings Institution, pp. 181-209.

Campbell A., G. Gurin, W. Miller (1954), *The Voter Decides*, Evanstone, Row Peterson.

Campbell A., P.E. Converse, W.E. Miller, D.E. Stokes (1960), *The American Voter*, New York, Wiley.

Campus D. (2006), *L'antipolitica al governo. De Gaulle, Reagan, Berlusconi*, Bologna, Il Mulino.

Cannavò L. (1984), "Definizioni operative, concettualizzazione e logica della ricerca", *Sociologia e ricerca sociale*, 13, pp. 99-140.

Capano G., M. Giuliani (1996, a cura di), *Dizionario di politiche pubbliche*, Roma, NIS.

Carr E.H. (1963), *What is History?*, New York, Knopf.

Catellani P. (1997), *Psicologia politica*, Bologna, Il Mulino.

Catellani P., G. Sensales (2011, a cura di), *Psicologia politica*, Milano, Raffaello Cortina.

Cater D. (1964), *Power in Washington*, New York, Random House.

Catlin G.E.G. (1930), *A Study of the Principles of Politics*, London, Allen and Unwin.

Catlin G.E.G. (1962), *Systematic Politics: Elementa Politica et Sociologica*, Toronto, University of Toronto Press.

Cattaneo A., O. Zanetto (2003), *(E)lezioni di successo: Manuale di marketing politico*, Milano, Etas.

Ceri P. (1996), "Partecipazione sociale", in *Enciclopedia delle Scienze Sociali*, Roma, Istituto dell'Enciclopedia Italiana, VI, pp. 508-516.

Cerroni U. (1966, a cura di), *Il pensiero politico*, Roma, Editori Riuniti.

Cerroni U. (1995), *Il pensiero politico italiano*, Roma, Newton & Compton.

Cerroni U. (1996), *Politica*, Roma, Seam.

Cerroni U. (1997), *L'identità civile degli italiani*, S. Cesario di Lecce, Manni.

Cerroni U. (2000), *Precocità e ritardo nell'identità italiana*, Roma, Meltemi.

Charle C. (1987), "Le pantouflage en France (vers 1880-vers 1980)", *Annales. Économies, Sociétés, Civilizations*, 42, 5, pp. 1115-1137.

Chase-Dunn C. (1989), *Global Formation: Structures of the World-Economy*, Oxford, Blackwell.

Che Guevara E. (1960), *La guerra de guerrillas*, Avana, Cuba, Departamento de Instrucción del MINFAR.

Chesnais R. (1995), "Châsse aux électeurs dans la Rome antique", *Médiaspouvoirs*, 38, pp. 120-125.

Christiansen T. (2001), "European and Regional Integration", in Baylis J., S. Smith (eds.), *The Globalization of World Politics*, Oxford, Oxford University Press, pp. 494-518.

Cirulli A., D. Conversi (2010), "Movimenti e conflitti etnoterritoriali: una introduzione", *Partecipazione e conflitto*, 2, pp. 5-14.

Clarke J.J. (1970), "On the Unity and Diversity of Cultures", *American Anthropologist*, LXXII, 3, pp. 545-554.

Claude I.L. (1993), "The Tension between Principle and Pragmatism in International Relations", *Review of International Studies*, XIX, 3, pp. 215-226.

Cohen J. (1986), "An Epistemic Conception of Democracy", *Ethics*, 97, pp. 26-38.

Cohen J. (1989), "Deliberation and Democratic Legitimacy", in Hamlin A., Ph. Petit (eds.), *The Good Polity: Normative Analysis of the State*, Oxford, Basil Blackwell, pp. 17-34.

Cohen R. (1969), "Anthropology and Political Science", in Lipset S.M. (ed.), *Politics and the Social Sciences*, New York, Oxford University Press, pp. 29-48.

Cohen R. (1981), *International Politi-*

cs: the Rules of the Game, London, Longman.

Cohen R., S. Rai (2000, eds.), *Global Social Movements*, London, The Athlone Press.

Colignon R., C. Usui (2001), "The Resilience of Japan's Iron Triangle: Amakudari", *Asian Survey*, 41, 5, pp. 865-895.

Collins R. (1975), *Conflict Sociology: Toward an Explanatory Science*, New York, Academic Press; tr.it., *Sociologia*, Bologna, Zanichelli, 1980.

Comte A. (1830-1842), *Course de pshilosophie positive*, Paris, Rouen; tr.it., *Corso di filosofia positiva*, 2 voll., Torino, Utet.

Cook T.E. (1998), *Governing with the News: The News Media as a Political Institution*, Chicago, Chicago University Press.

Corbetta P., A. Parisi (1987), "Il calo della partecipazione elettorale: disaffezione dalle istituzioni o crisi dei riferimenti partitici", *Polis*, 1, pp. 29-65.

Coser L.A. (1966), "Introduction", in Coser L.A. (ed.), *Political Sociology*, New York, Harper & Row, pp. 1-8.

Coser L.A. (1966, ed.), *Political Sociology*, New York, Harper Torchbooks.

Costa P. (2010), "Democrazia e diritti", in Pizzorno A. (ed.), *La democrazia di fronte allo Stato democratico*, Milano, Feltrinelli, pp. 1-48.

Costabile A., P. Fantozzi, P. Turi (2006, a cura di), *Manuale di sociologia politica*, Roma, Carocci.

Cotta M. (1979), "Il concetto di partecipazione politica: linee di un inquadramento teorico", *Rivista Italiana di Scienza Politica*, 2, pp. 422-433.

Cotta M., D. della Porta, L. Morlino (2001), *Scienza Politica*, Bologna, Il Mulino.

Cox K.R. (2002), *Political Geography: Territory, State, and Society*, Malden, Blackwell.

Cox R.W. (1987), *Production, Power, and World Order: Social Forces in the Making of History*, New York, Columbia University Press.

Crenshaw M, (1981), "The Causes of Terrorism", *Comparative Politics*, 13, pp. 379-399.

Crenshaw M. (1995, ed.), *Terrorism in Context*, Pennsylvania, Upenn.

Crenshaw M. (2011), *Explaining Terrorism: Causes, Processes and Consequences*, London, Routledge.

Crespi F. (1974), *Teoria sociologica e socializzazione del potere*, Milano, FrancoAngeli.

Crespi F. (1978), *Esistenza e simbolico: prospettive per una cultura altermativa*, Milano, Feltrinelli.

Crouch C. (1986), "Le origini storiche dei rapporti tra stati e interessi organizzati nell'Europa Occidentale", *Stato e mercato*, 18, pp. 315-345.

Crouch C. (2003), *Postdemocrazia*, Roma-Bari, Laterza.

Crouch C., A. Pizzorno (1977, a cura di), *Conflitti in Europa. Lotte di classe, sindacati e stato dopo il '68*, Milano, ETAS Libri.

Crozier M. (1964), *The Bureaucratic Phenomenon*, Chicago, University of Chicago Press; tr.it., *Il fenomeno burocratico*, Milano, Etas Kompass, 1969.

Crozier M., E. Friedberg (1977), *L'acteur e le système. Les contraintes de l'action collective*, Paris, Seul; trad.it., *Attore sociale e sistema. Sociologia dell'azione organizzata*, Milano, Etas libri, 1978.

Curtis R.L., L.A. Zurcher (1974), "Social Movements: An Analytical Exploration of Organizational Forms", *Social Problems*, 11, pp. 356-270.

d'Albergo E. (2006), "Politica e amministrazione nell'analisi sociologica: dallo Stato moderno alla governance neoliberista", in Costabile A., P. Fantozzi, P. Turi (a cura di), *Manuale di sociologia politica*, Roma, Carocci, pp. 93-118.

d'Albergo E., P. Vaselli (1997), *Un'amministrazione imprenditoriale? Il cambiamento nel sistema pubblico fra apprendimento e ipocrisia*, Roma, Seam.

Dagger R. (2002), "Republican Citizenship", in Isin E.I., B.S. Turner (eds.), *Handbook of Citizenship Studies*, London, Sage, pp. 145-158.

Dahl R. (1957), "The Concept of Power", *Behavioral Science*, 2, pp. 201-205.

Dahl R. (1958), "A Critique of the Ruling Elite Model", *American Political Science Review*, 52, 463-469.

Dahl R. (1961a), "The Behavioral Approach in Political Science: Epitaph for a Monument to a Successful Protest", *American Political Science Review*, 55, pp. 763-772.

Dahl R. (1961b), *Who Governs? Democracy and Power in American City*, New Haven, Yale University Press.

Dahl R. (1971), *Polyarchy: Participation and Opposition*, New Haven, Yale University Press; tr.it., *Poliarchia: Partecipazione e opposizione nei sistemi politici*, Milano, FrancoAngeli, 1981.

Dahl R.A. (1998), *On Democracy*, New Haven, Yale University Press; tr.it., *Sulla democrazia*, Roma-Bari, Laterza, 2000.

Dahrendorf R. (1984), *Al di là della crisi*, Bari, Laterza.

Dakrendorf R. (1959), *Class and Class Conflict in Industrial Society*, Stanford, Stanford University Press; tr.it., *Classi e conflitto di classe nella società industriale*, Bari, Laterza, 1963.

Dalton R.J. (1988), *Citizen Politics in Western Democracies: Public Opinion and Political Parties in the United States, Great Britain, West Germany, and France*, Chatham, Chatham House.

Dalton J. e Wattemberg P. (2000, eds.), *Parties without Partisans*, Oxford, Oxford University Press.

Dalton R.J., M. Kuechler (1990, eds.), *Challenging the Political Order: New Social and Political Movements in Western Democracies*, Cambridge, Polity Press.

Davies J.C. (1962), "Toward a Theory of Revolution", *American Sociological Review*, 27, 1, pp. 5-19.

Davies J.C. (1969), "The J-curve of Rising and Declining Satisfaction as a Cause of some Great Revolution and a Contained Rebellion", in Graham H.D., T.R. Gurr (eds.), *Violence in America: Historical and Comparative Perspective*, Beverly-Hills, Sage, pp. 690-730.

de Nardis F. (2002), "Nel guado della società mondiale: morfologia e portata", *il Dubbio*, 2, pp. 7-20.

de Nardis F. (2002a), *Logomachia: i linguaggi della politica nelle elezioni amministrative a Roma*, Roma, Carocci.

de Nardis F. (2003), *Cittadini Globali. Origini e identità dei nuovi movimenti*, Roma, Carocci.

de Nardis F. (2004a), "Il movimento antiglobalista. Genealogia e portata della società civile globale", *Sociologia e politiche sociali*, 1, pp. 11-62

de Nardis F. (2004b), "I new global al forum sociale europeo. Politica, democrazia, partecipazione negli atteggiamenti dei giovani antiglobalisti", *Quaderni di Scienza Politica*, 1, pp. 85-106.

de Nardis F. (2004c), "The Political Change in the Practice of the Antiglobalist Movement: A Comparison between Italy and France", *il Dubbio*, 1, pp. 7-17.

de Nardis F. (2005), "Movement, Globalization and Supranational Institutions in the First European Social Forum", *International Review of Sociology*, 2, pp. 259-275.

de Nardis F. (2007, a cura di), *La società in movimento*, Roma, Editori Riuniti (University Press).

de Nardis F. (2009a),"The «Social Connective Party» as alternative way to the «Cartel Party»: The Case of The Refoundation Communist Party in Italy in its relationship to the Social Movements", unpublished paper presented during the round-table organized by the Instituto de Ciências Sociais da Universidade de Lisboa, 4th September.

de Nardis F. (2009b), *La rifondazione comunista: asimmetrie di potere e strategie politiche di un partito in movimento*, Milano, FracoAngeli.

de Nardis F. (2011), *Sociologia comparata: appunti sulle strutture logiche della ricerca sociopolitica*, Milano, FrancoAngeli.

de Nardis F., L. Caruso (2011), "Political Crisis and Social Transformation in Antonio Gramsci. Elements for a Sociology of Political Praxis", *International Journal of Humanities and Social Science*, vol.1, n.6, pp. 13-23.

della Porta D. (1990), *Il terrorismo di sinistra in Italia*, Bologna, Il Mulino.

della Porta D. (1995), *Social Movements, Political Violence, and The State*, Cambridge-New York, Cambridge University Press.

della Porta D. (2001), "Terror against the State", in Nash K., A. Scott (eds.), *The Blackwell Companion to Political Sociology*, Oxford, Blackwell, pp. 208-216.

della Porta D. (2003), *I new global*, Bologna, Il Mulino.

della Porta D. (2005), "Making the Polis: Social Forums and Democracy in the Global Justice Movement", *Mobilization*, 10, 1, pp. 73-94.

della Porta D. (2007), "Violenza politica e Nuova sinistra", in de Nardis F. (a cura di), *La società in movimento*, Roma, Editori Riuniti (University Press), pp. 159-188.

della Porta D. (2009), *I partiti politici*, Bologna, Il Mulino, II edizione.

della Porta D. (2010), "Movimenti sociali e Stato democratico", in Pizzorno A. (ed.), *La democrazia di fronte allo Stato democratico*, Milano, Feltrinelli, pp. 193-233.

della Porta D. (2011), *Democrazie*, Bologna, Il Mulino.

della Porta D., D. Rucht (1995), *Left Libertarian Movements in Context: Comparing Italy and West Germany, 1965-1990*, in Jenkins C.J., B. Klandermans (eds.), *The Politics of Social Protest: Comparative Perspectives on States and Social Movements*, Minneapolis-London, University of Minnesota Press-UCL Press.

della Porta D., G. Piazza (2008), *Le ragioni del No: le campagne contro la Tav in Val di Susa e il Ponte sullo Stretto*, Milano, Feltrinelli.

della Porta D., H. Kriesi, D. Rucht (eds., 1999), *Social Movements in a Globalizing World*, London, Macmillian.

della Porta D., H. Reiter (eds., 1998), *Policing Protest. The Control of Mass Demonstration in Western Democracies*, Minneapolis, The University of Minnesota Press.

della Porta D., L. Mosca (2002), *Globalizzazione e movimenti sociali*, Roma, Manifestolibri.

della Porta D., M. Diani (1997), *I movimenti sociali*, Roma, NIS.

della Porta D., O. Fillieulle (2004), "Policing Social Protest", in Snow D.A., S.A. Soule, H. Kriesi (eds.), *The Blackwell Companion to Social Movements*, Malden, MA, Blackwell Publishing Ltd, pp. 217-241.

della Porta D., S. Tarrow (1987), "Unwanted Children: Political Violence and the Cycle of Protest in Italy. 1966-1973", *European Journal of Political Research*, 14, 607-632.

Delli Caprini M.X., S. Keeter (1996), *What Americans Know about Politics and Why It Matters*, New Haven, Yale University Press.

DeNardo J. (1985), *Power in Numbers. The Political Strategy of Protest and Rebellion*, Princeton, Princeton University Press.

Dente B. (1995), *In un diverso Stato*, Bologna, Il Mulino.

Dente B., G. Regonini (1987), "Politica e politiche in Italia", in Lange P., M. Regini (a cura di), *Stato e regolazione sociale*, Bologna, Il Mulino, pp. 83-122.

Destutt de Tracy A.L.C. (1817), *Elèments d'idéologie*, Paris, Courcier (ed.or. 1801).

Deutsch K.W. (1961), "Social Mobilization and Political Development", *American Political Science Review*, 3, pp. 493-514.

Deutsch K.W. (1963), *The Nerves of Government*, New York, The Free Press.

Diamanti I. (1996), *Il male del Nord. Lega, localismo, secessione*, Roma, Donzelli.

Diamanti I. (1998), "Gli Italiani e lo Stato: un difficile slalom tra disincanto e impegno sociale", *Il Sole 24 Ore – Rapporti*, 8 Luglio, p.1.

Diamanti I. (2009), *Mappe dell'Italia politica. Bianco, rosso, verde, azzurro … e tricolore*, Bologna, Il Mulino.

Diamanti I. (2010), "Le subculture territoriali sono finite. Quindi (r)esistono", in Baccetti C., S. Bolgherini, R. D'Amico, G. Riccamboni (a cura di), *La politica e le radici*, Novara, Liviana, pp. 45-60.

Diamanti I., G. Riccamboni (1992), *La parabola del voto bianco*, Vicenza, Neri Pozza.

Diani M. (1992a), "The Concept of Social Movement", *Sociological Review*, 40, pp. 1-25.

Diani M. (1996), "Linking Mobilization Frames and Political Opportunities: Insight from Italian Regional Populism", *American Sociological Review*, 61, pp. 1053-1069.

Diani M. (2004), "Networks and Participation", in Snow D.A., S.A. Soule,

H. Kriesi (eds.), *The Blackwell Companion to Social Movements*, Malden, MA, Blackwell Publishing Ltd.
Diani M., D. McAdam (2003), *Social Movements and Networks. Relational Approaches to Collective Action*, Oxford, Oxford University Press.
Diani M., P.R. Donati (1984), *L'oscuro oggetto del desiderio: Leadership e potere nelle aree di movimento*, in Melucci A. (a cura di, 1984a), *Altri codici*, Bologna, Il Mulino, pp. 315-344.
Diani M., R. Eyerman (eds., 1992), *Studying Collective Action*, London, Sage.
Dilthey W. (1893), *Einleitung in die Geistenwissenschaften. Versucheiner Grundlegungfür das Studium der Gesellschaft und der Geschichte*, Leipzing; (trad.it.) *Introduzione alle scienze dello spirito*, Assisi-Roma, Carucci, 1972.
Dittmer L. (1977), "Political Culture and Political Symbolism", *World Politics*, 29, pp. 552-583.
Dollard J., L. Doob, N. Miller, O.H. Mowrer, R. Sears (1967), *Frustration and Aggression*, New Haven, Yale University Press.
Donati P.R. (1992), *Political Discourse Analysis*, in Diani M., R. Eyerman (eds.), *Studying Collective Action*, London, Sage, pp. 136-167.
Downs A. (1957), *An Economic Theory of Democracy*, New York, Harper and Row.
Drezner D.W. (2001), "Globalization and Policy Convergence", *International Studies Review*, 3, 1, pp. 53-81.
Dryzek J.S. (2000a), "Discursive Democracy vs. Liberal Constitutionalism", in Saward M. (ed.), *Democratic Innovation, Deliberation. Representation and Association*, London-New York, Routledge and ECPR, pp. 78-89.
Dryzek J.S. (2000b), *Deliberative Democracy and Beyond: Liberals, Critics and Contestations*, Oxford, Oxford University Press.
Duby G. (1953), *La societé aux XI et XII siècles dans la région maconaise*, Paris, Colin; tr.it., *Una società francese nel Medioevo: la regione di Mâcon nei secoli XI e XII*, Bologna, Il Mulino, 1985.
Duffield M. (1994), "The Political Economy of Internal War: Asset Transfer, Complex Emergencies and International Aid", in Macrae J., A. Ziwi (eds.), *War and Hunger: Rethinking International Responsens*, London, Zed Press, pp. 50-69.
Duffield M. (1998), "Post-Modern Conflict: Warlords, Post-adjustment States and Private Protection", *Journal of Civil Wars*, Spring, pp. 65-102.
Dumont L. (1991), *Homo aequalis*, II. *L'ideologie allemande. France-Allemagne et retour*, Paris, Gallimard.
Durkheim E. (1893), *De la division du travail social*, Paris, Alcan, (tr.it.) *La divisione del lavoro sociale*, Milano, Edizioni di Comunità, 1962.
Durkheim E. (1894), "Les Règles de la méthode sociologique", *Revue Philosophique*, XXXVII; (tr.it.), *Le regole del metodo sociologico*, Milano, Edizioni di Comunità, 1963.
Durkheim E. (1950), *Leçons de sociologie*, Paris, (tr.it.) *Lezioni di sociologia: fisica dei costumi e dei diritti*, Milano, Etas libri, 1973.
Durkheim E. (1996), *Sociologie e philosophie*, Paris, Puf (1° ed. or. 1924).
Duverger M. (1951), *Les partis politiques*, Paris, Colin; tr.it., *I partiti politici*, Milano, Edizioni di Comunità, 1961.
Duverger M. (1953-54), *Le partis politiques. L'organisation des partis*, cicl.; tr.it. in G. Sivini (a cura di), *Sociologia dei partiti politici*, Bologna, Il Mulino, 1971, pp. 109-141.
Duverger M. (1967), *Sociologie de la politique. Eléments de Science Politique*, Paris, Presses Universitaires, II. ed., tr.it., *Sociologia della politica*, Milano, SugarCo, 1987.
Duverger M. (1972), *Party Politics and Pressure Groups: A Comparative Introduction*, New York, Thomas Y. Crowell.
Dyson K. (1983), "The Cultural, Ideological and Structural Context", in Dyson K., S. Willks (eds.), *Industrial Crisis*, London, Basic Blackwell, pp. 26-66.
Easton D. (1953), *The Political System: An Inquiry into The State of Political Science*, New York, Knopf.
Easton D. (1957), "An Approach to the Analysis of Political Systems", *World Politics*, 9, pp. 383-400.
Easton D. (1965), *A System Analysis of Political Life*, New York, Wiley.
Easton D., J. Dennis (1969), *Children in the Political System: Origins of Political Legitimacy*, New York, McGraw-Hill.
Eckstein H. (1960), *Pressure Group Politics: The Case of the British Medical Association*, Stanford, Stanford University Press.
Eckstein H. (1975), "Case Study and Theory in Political Science", in Greenstein F.J., N.W. Polsby (eds.), *Handbook of Political Science*, vol. VII, *Strategies of Inquiry*, Reading, Addison-Wesley, pp. 79-137.
Eckstein H. (1980), "Theoretical Approaches to Explaining Collective Political Violence", in Gurr T.H. (ed.), *Handbook of Political Conflict*, New York, Free Press, pp. 135-165.
Edelman M (1988), *Constructing the Political Spectacle*, Chicago, Chicago University Press; tr.it., *Costruire lo spettacolo politico*, Torino, Nuova ERI, 1982.
Edelman M. (1976), *The Symbolic Uses of Politics*, Champaign, University of Illinois Press; tr.it., *Gli usi simbolici della politica*, Napoli, Guida, 1987.
Eder K. (2010), "The Transformations of the Public Sphere and their Impact on Democratization", in Pizzorno A. (ed.), *La democrazia di fronte allo Stato democratico*, Milano, Feltrinelli, pp. 247-283.
Edwards L. (1972), *The Natural History of Revolution*, Chicago, University of Chicago Press.
Eggan F.R. (1954), "Social Anthropology and Method of Controlled Comparison", *American Anthropologist*, LVI, 5, pp. 743-763.
Eisenstadt S.N. (1963), *The Political Systems of Empires: The Rise and Fall of the Historical Bureaucratic Societies*, New York, Free Press of Glencoe.
Eisenstadt S.N. (1978), *Revolution and the Transformation of Society*, New York, Free Press.
Eisinger P.K. (1973), "The Conditions of Protest Behavior in American Cities", *American Political Science Review*, 67, pp. 11-28.
Elder C., R. Cobb (1983), *The Political Uses of Symbols*, New York, Longman.

Elias N. (1969a), *Die höfische Gesellschaft. Untersuchungen zur Soziologie des Königtums und der höfischen Aristokratie*, Berlin, Neuwied; tr.it., *La società di corte*, Bologna, Il Mulino, 1980.

Elias N. (1969b), *Über den Prozess der Zivilisation. Soziogenetische und psychogenetische Untersuchungen*, 2 voll., nuova edizione per la Frankfurt, Suhrkamp, 1980; tr.it., *La civiltà delle buone maniere*, Bologna, Il Mulino, 1982; e *Potere e civiltà*, Bologna, Il Mulino, 1983; oggi in *Il processo di civilizzazione*, Bologna, Il Mulino, 1988.

Elias N. (1970), *Wast ist Soziologie?*, München, Juventa Verlag; tr.it., *Che cos'è la sociologia?*, Torino, Rosemberg & Seller, 1990.

Elias N. (1987), *Die Gesellschaft der Individuen*, Frankfurt, Suhrkamp; tr.it., *La società degli individui*, Bologna, Il Mulino, 1990.

Elkins D., R. Simeon (1979), "Cause in Search of Its Effects, or What does Political Culture Explain", *Comparative Politics*, XI, pp. 127-143.

Elliot J.E. (1978), "Institutionalism as an Approach to Political Economy", *Journal of Economic Issue*, 1, pp. 91-114.

Elster J. (1986), "Introduction" in Elster J. (ed.), *Rational Choice*, Oxford, Basil Blackwell, pp. 1-33.

Elster J. (1986, ed.), *Rational Choice*, Oxford, Basil Blackwell.

Emerson R.M. (1962), "Power Dependence Relations", *American Sociological Review*, 27, pp. 31-40.

Epstein L.D. (1967), *Political Parties in Western Democracies*, New York, Praeger.

Erikson R., J.H. Goldthorpe (1992), *The Constant Flux*, Oxford, Clarendon.

Ervin S., R.T. Bower (1952), "Translation Problems in International Surveys", *Public Opinion Quarterly*, XVI, pp. 595-604.

Esping-Andersen G. (1985), "Cittadinanza e socialismo nel Welfare State", *Stato e mercato*, 14, 253-282.

Etzioni-Halevy E. (1989), "Elite Power, Manipolation and Corruption: a Demo-Elite Perspective", *Government and Opposition*, XXIV, pp. 215-231.

Etzioni-Halevy E. (1993), *The Elite Connection*, Cambridge, Polity Press.

Eulau H. (1962), "Comparative Political Analysis: A Methodological Note", *Midwest Journal of Political Science*, 6, 4, pp. 397-407.

Evans G. (2000), "The Continued Significance of Class Voting", *Annual Review of Political Science*, 3, pp. 401-417.

Ewald F. (1986), *L'Etat providence*, Paris, Grasset.

Eyerman R., A. Jamison (1991), *Social Movements: A Cognitive Approach*, Cambridge, Polity Press.

Fabbrini S. (2005), *L'America e i suoi critici*, Bologna, Il Mulino.

Falk R. (1999), *Predatory Globalization. A Critique*, Cambridge, Polity Press.

Fantozzi P. (1997), *Comunità, società e politica nel Sud Italia*, Soveria Mannelli, Rubbettino.

Farro A. (1998), *I movimenti sociali. Diversità, azione collettiva e globalizzazione della società*, Milano, Franco Angeli.

Fedel G. (1989), "Cultura e simboli politici", in A. Panebianco (a cura di), *L'analisi della politica*, Bologna, Il Mulino, pp. 365-390.

Fedele M. (1998), *Come cambiano le amministrazioni pubbliche*, Roma-Bari, Laterza.

Ferguson A. (1767), *An Essay on the History of Civil Society*, Edimburg; tr.it., *Saggio sulla storia della società civile*, Torino, Vallecchi, 1973.

Ferrajoli L. (2009), "Guerra e terrorismo internazionale: Un'analisi del linguaggio politico", in Ruggeri F., V. Ruggiero (a cura di), *Potere e violenza: guerra, terrorismo e diritti*, Milano, FrancoAngeli, pp. 77-94.

Ferrari G. (1874), *Teoria dei periodi politici*, Milano-Napoli, Hoepli.

Ferrera M. (1989), "«Political economy» e scienza politica: un primo bilancio", in Panebianco A. (a cura di), *L'analisi della politica*, Bologna, Il Mulino, pp. 451-468.

Ferrero G. (1942), *Pouvoir*, New York, Brentano's; tr.it., *Potere*, Milano, SugarCo, 1981.

Fideli R. (1998), *La comparazione*, Milano, Franco Angeli.

Finer S. (1975), "State and Nation-Building in Europe: The Role of the Military", in Tilly Ch. (ed.), *The Formation of National States in Western Europe*, Princeton, Princeton University Press; tr.it., "La formazione dello Stato e della nazione in Europa: la funzione del «militare»", in Tilly Ch. (ed.), *La formazione degli Stati nazionali nell'Europa occidentale*, Bologna, Il Mulino, 1984, pp. 79-152.

Fishkin J.S. (1991), *Democracy and Deliberation: New Directions in Democratic Reform*, New Haven, Yale University Press.

Fisichella D. (1976), *Analisi del totalitarismo*, Firenze-Messina, D'Anna.

Fisichella D. (1982), *Elezioni e democrazia*, Bologna, Il Mulino.

Fisichella D. (1994), "Gruppi di interesse e di pressione", in *Enciclopedia delle Scienze Sociali*, Roma, Istituto dell'Enciclopedia Italiana, IV, pp. 442-452.

Flam H. (1994b), *Political Responses and the Anti-nuclear Challenge, I, Standard Deliberative and Decision-making Settings*, in Flam H. (ed., 1994a), *States and Anti-nuclear Movements*, Edimburg, Edimburg University Press, pp. 299-328.

Flam H. (ed., 1994a), *States and Anti-nuclear Movements*, Edimburg, Edimburg University Press.

Flament C. (1992), "Struttura e dinamica delle rappresentazioni sociali" in D. Jodelet (a cura di), *Le rappresentazioni sociali*, Napoli, Liguori, pp. 227-241.

Florida A. (2011), "Primarie e partiti: che tipo di primarie e per quale modello di partito?, *Partecipazione e conflitto*, 1, pp. 35-53.

Florini A. (1996), "The Evolution of International Norms", *International Studies Quartely*, XL, 3, pp. 362-390.

Foucault M. (1975), *Surveiller et punir: naissance de la prison*, Paris, Gallimard; tr.it., *Sorvegliare e punire: nascita della prigione*, Torino, Einaudi, 1976.

Foucault M. (1976), *Historie de la sexualité, 1: La volonté de savoir*, Paris, Gallimard; tr.it., *La volontà di sapere*, Milano, Feltrinelli, 1978.

Foucault M. (1977), *Microfisica del potere*, Torino, Einaudi.

Fourniau J-M., I. Tafere (2010), "La cittadinanza all'opera nei meccanismi della democrazia deliberativa: un cittadino più «amatore» che ordinario", *Partecipazione e conflitto*, 3, pp. 40-64.

Franklin B. (1994), *Packaging Politics: Political Communications in Britain's Media Democracy*, London, Arnold.

Fraser N. (1997), *Justice Interruptus*, London, Routledge.

Freeman J.L. (1965), *The Political Process: Executive Bureau-Legislative Committee Relations*, New York, Random House.

Freschi A.C., L. Raffini (2010), "Democrazia, partecipazione e deliberazione: introduzione", *Partecipazione e conflitto*, 3, pp. 5-15.

Freud S. (1989), *Psicologia delle masse e analisi dell'io*, in *Opere 1917-1923. L'io, l'es e altri scritti*, Vol. IX, pp.257-330, Torino, Bollati Boringhieri (1° ed. or. 1921).

Freund J (1965), *L'essence du politique*, Paris, Sirey.

Friedman D., D. McAdam (1992), *Collective Identity and Activism*, in Morris A., C. Mueller (eds.), *Frontiers in Social Movements Theory*, New Haven, Yale University Press, pp. 156-173.

Friedrich C.J. (1963), *Man and His Government*, New York, McGraw-Hill; tr.it. sotto forma di estratto, "Potere e influenza" in Sartori G. (a cura di), *Antologia di scienza politica*, Bologna, Il Mulino, 1970, pp. 129-139.

Friedrich C.J. (1966), *Revolution*, New York, Atherton.

Fuchs D., H.D. Klingemann (1995), "Citizens and the State: A Changing Relationship?", in H.D. Klingemann, D. Fuchs (eds.), *Citizens and the State*, Oxford-New York, Oxford University Press, pp. 1-23.

Gadamer H.G. (1960), *Wahreit und Methode*, Tübingen, Mohr; (tr.it.) *Verità e metodo*, Milano, Bompiani, 1983.

Gallagher M., M. Marsh (1988, eds.), *Candidate Selection in Comparative Prespective: The Secret Garden of Politics*, London, Sage.

Galli G. (1968a), *Il bipartitismo imperfetto: comunisti e democristiani in Italia*, Milano, Mondadori.

Galli G. (1968b), *Il comportamento elettorale in Italia: una indagine ecologica sulle elezioni in Italia fra 1946 e il 1963*, Bologna, Il Mulino.

Gallino L. (1983), "Ideologia", in Id., *Dizionario di sociologia*, Torino, Utet, pp. 353-358.

Gallino L. (1989), "Politica, sociologia della", in Id., *Sociologia della politica*, Torino, Utet, pp. 165-172.

Gamson W.A. (1975), *The Strategy of Social Protest*, Homewood, Dorsey.

Gamson W.A. (1992a), *The Social Psycology of Collective Action*, in Morris A., C. Mueller (eds.), *frontiers in Social Movement Theory*, New Haven, Yale University Press, pp. 53-76.

Gamson W.A. (1992b), *Talking Politics*, Cambridge, Cambridge University Press.

Garfinkel H. (1963), "A Conception of, and Experiment with, «Trust» as Condition of Stabled Concerted Actions", in Harvey O.J. (ed.), *Motivation and Social Interaction*, New York, The Ronald Press Company.

Garfinkel H. (1967), *Studies in Ethnomethodology*, Cambridge, Cambridge University Press.

Gargiulo E. (2008), *L'inclusione esclusiva: sociologia della cittadinanza sociale*, Milano, FrancoAngeli.

Garin E. (1969), "Antonio Gramsci nella cultura italiana", *Studi Gramsciani*, 3-14.

Gbikpi B. (2005), "Dalla teoria della democrazia partecipativa a quella deliberativa: quali possibili continuità?", *Stato e mercato*, 73, pp. 97-130.

Gelder K. (2007), *Subcultures: Cultural Histories and Social Practice*, London, Routledge.

Gerhards J. (1995), "Framing Dimensions and Framing Strategies: Contrasting Ideal and Real-type Frames", *Social Science Information*, 34, pp. 225-248.

Gerlach L. (1971), "Movements of Revolutionary Change. Some Structural Characteristics", *American Behavioral Scientist*, 43, pp. 813-836.

Gerlach L.P. (1976), *La struttura dei nuovi movimenti di rivolta*, in Melucci A. (a cura di), *Movimenti di rivolta*, Milano, ETAS Libri, pp. 218-232.

Geschwender J.A. (1968), "Explorations in the Theory of Revolutions and Social Movements", *Social Forces*, 47, 2, pp. 127-135.

Giannini M.S. (1986), *Pubblico potere: Stato e amministrazioni pubbliche*, Bologna, Il Mulino.

Giddens A. (1971), *Capitalism and Modern Social Theory*, Cambridge, Cambridge University Press, (tr.it) *Capitalismo e teoria sociale*, Milano, Est, 1998.

Giddens A. (1983), "La società europea negli anni ottanta: divisioni di classe, conflitto di classe e diritti di cittadinanza", in Pasquino G. (a cura di), *Le società complesse*, Bologna, Il Mulino, pp. 153-200.

Giddens A. (1990), *The Consequences of Modernity*, Cambridge, Polity Press; tr.it., *Le conseguenze della modernità*, Bologna, Il Mulino, 1994.

Giddens A. (1994), *Beyond Left and Right: The Future of Radical Politics*, Cambridge, Polity Press.

Giglioli P.P. (1989), "Teorie dell'azione", in Panebianco A. (a cura di), *L'analisi della politica*, Bologna, Il Mulino, pp. 107-134.

Gilpin R. (1981), *War and Change in World Politics*, Cambridge, Cambridge University Press; tr.it., *Guerra e mutamento nella politica internazionale*, Bologna, Il Mulino, 1989.

Gilpin R. (1987), *The Political Economy of International Relations*, Princeton, Princeton University Press; tr.it., *Politica ed economia delle relazioni internazionali*, Bologna, Il Mulino, 1990.

Giner S. (2000), "La mundialización: orígenes, naturalezza, alcance", *Cuadernos Aragoneses de Economia*, 10, 1, pp. 15-63.

Gitlin T. (1980), *The Whole World is Watching: Mass Media in the Making and Unmaking of the New Left*, Berkeley-Los Angeles, University of California Press.

Goffman E. (1974), *Frame Analysis*, Cambridge, Harvard University Press.

Goldthorpe J.H. (1967), *The Development of Social Polcy in England 1800-1914*, Atti del V Congresso mondiale di sociologia.

Goldthorpe J.H. (2001), "Class and Politics in Advanced Industrial Societies", in T.N. Clark, S.M. Lipset (eds.), *The Breakdown of Class Politics: A Debate on Post-Industrial Stratification*, Baltimore, The John Hopkins University Press, pp. 105-120.

Gouldner A.W. (1954), *Patterns of Industrial Bureaucracy*, Glencoe, The Free Press; tr.it., *Modelli di burocrazia aziendale e lo sciopero a gatto selvaggio*, Milano, Etas, 1970.

Gouldner A. (1979), *The Future of Intellectuals and the Rise of the New Class*, New York, Continuum.

Gourevitch P. (1986), *Politics in Hard Times*, Ithaca, Cornell University Press.

Gramsci A. (1977), *Selections from Political Writings 1910-1920*, New York, International Publishers.

Gramsci A. (1977a), *Il materialismo storico e la filosofia di Benedetto Croce*, Roma, Editori Riuniti.

Gramsci A. (1977b), *Gli intellettuali e l'organizzazione della cultura*, Roma, Editori Riuniti.

Gramsci A. (1977c), *Il Risorgimento*, Roma, Editori Riuniti.

Gramsci A. (1977d), *Note sul Machiavelli sulla politica e sullo Stato moderno*, Roma, Editori Riuniti.

Gramsci A. (1977e), *Letteratura e vita nazionale*, Roma, Editori Riuniti.

Grant W. (1989), *Pressure Groups, Politics and Democracy in Britain*, London, Philip Allan.

Graziano L. (1995), *Lobbyng, pluralism, democrazia*, Roma, NIS.

Grazioli M., Lodi G. (1984), *La mobilitazione collettiva negli anni Ottanta: tra condizione e convinzione*, in Melucci A. (a cura di), *Altri codici*, Bologna, Il Mulino, pp. 267-313.

Greenstein F. (1968), "Political Socialization" in Sills D. (ed.), *International Encyclopedia of the Social Sciences*, New York, McMillian & Free Press.

Greenstein F.I. (1969), "Personality and Politics: Problems of Evidence, Inference, and Conceptualization", in Lipset S.M. (ed.), *Politics and the Social Sciences*, New York, Oxford University Press, pp. 163-206.

Grenier Y. (1999), *The Emergence of Insurgency in El Salvador: Ideology and Political Will*, Pittsburgh, University of Pittsburgh Press.

Grossi G. (1998), "Lo studio delle elezioni: problemi, metodologie e prospettive di ricerca", *Comunicazione politica*, prima serie, 7, 1, pp. 7-15.

Gunning J. (2009), "Social Movement Theory and the Study of Terrorism", in Jackson R., M. Breen Smyth, J. Gunning (eds.), *Critical Terrorism Studies: Framing a New Research Agenda*, London, Routledge, pp. 156-177.

Gurr T.R. (1966), *New Error – Compensated Measures for Comparing Nations*, Princeton, Center for International Studies.

Gurr T.R. (1968), "A Casual Model of Civic Strife: A Comparative Analysis Using New Indices", *American Political Science Review*, 62, 4, pp. 1104-1124.

Gurr T.R. (1970), *Why Men Rebel*, Princeton, Princeton University Press.

Gurvitch G. (1941), "Mass, Community, Communion", *Journal of Philosophy*, 28, 2, pp. 485-496.

Gusfield J.R. (1963), *Symbolic Crusade*, Urbana, University of Illinois.

Gusfield J.R. (1972), "Tradition and Modernity: Misplaced Polarities in the Study of Social Change", in Shepard J.M., *Organizational Issues in Industrial Society*, Englewood Cliffs, N.J., Prentice Hall, pp. 35-49.

Guttman A., D. Thompson (2004), *Why Deliberative Democracy?*, Princeton, Princeton University Press.

Habermas J. (1962), *Strukturwandel der Öffentlichkeit. Untersuchungen zu einer Kategorie der bürgerlichen Gesellschaft*, Neuwied, Hermann Luchterhanh; tr.it. *Storia e critica dell'opinione pubblica*, Roma-Bari, Laterza, 1984.

Habermas J. (1967), *Zur Logik der Sozialwissenschaften*, Tübingen, Mohr; (tr. it.) *Agire comunicativo e logica delle scienze sociali*, Bologna, Il Mulno, 1980.

Habermas J. (1973), *Legitimationsprobleme in Spätkapitalismus*, Frankfurt a.M., Suhrkamp; tr.it., *La crisi della razionalità nel capitalismo maturo*, Bari, Laterza, 1975.

Habermas J. (1981), *Theorie des kommunikativen Handelns* (vol. 1: *Handlungsrationalität und gesellschaftliche Rationalisierung*, vol. 2: *Zur Kritik der funktionalistischen Vernunft*), Frankfurt a.M., Suhrkamp; tr.it., *Teoria dell'agire comunicativo* (2 voll.), Bologna, Il Mulino, 1997.

Habermas J. (1992), *Faktizität und Geltung. Beiträge zur Diskurstheorie des Rechts und des demokratischen Rechtsstaates*, Frankfurt a.M., Suhrkamp; tr.it., *Fatti e norme*, Milano, Guerini e Associati, 1996.

Hagopian M.N. (1974), *The Phenomenon of Revolution*, New York, Dodd, Mead.

Ham C., M. Hill (1984), *The Policy Process in the Modern Capitalist State*, Brighton, Harvester Press; tr.it., *Introduzione all'analisi delle politiche pubbliche*, Bologna, Il Mulino, 1995.

Hamilton G.R. (1984), "Configurations in History: The Historical Sociology of S.N. Eisenstadt", in Skocpol T. (ed.), *Vision and Method in Historical Sociology*, Cambridge, Cambridge University Press, pp. 85-128.

Hančič T. (2010), "La maggiore età dell'analisi della deliberazione pubblica (*online*): una rassegna di ricerche empiriche", *Partecipazione e conflitto*, 3, pp. 112-128.

Harmel R, K. Janda (1992), "Environment, Performance, and Leadership as Factors in Party Change", paper presentato al workshop su *Democracies and Organization of Political Parties*, Ecpr Joint Sessions, University of Limerik, 30 marzo-4 aprile.

Harmel R., K. Janda (1994), "An Integrated Theory of Party Goals and Party Change", *Journal of Theoretical Politics*, VI, pp. 259-287.

Harsanyi J. (1977), *Rational Behavior and Bargaining Equilibrium in Games and Social Situations*, Cambridge, Cambridge University Press; tr.it., *Comportamento razionale ed equilibrio di contrattazione*, Milano, Il Saggiatore, 1985.

Harvey D. (1990), *The Condition of Postmodernity*, Oxford, Basil Blackwell; tr.it., *La crisi della modernità*, Milano, Il Saggiatore, 1997.

Hastedt G.P., K.M. Knickrehm (2003), *International Politics in a Changing World*, New York, Longman.

Hebdige D. (1981), *Subculture: The Meaning of Style*, London, Routledge.

Heberle R. (1951), *Social Movements*, New York, Appleton-Century Croft.

Heclo H. (1976), *Conclusions: Policy Dynamics*, in Rose R. (ed.), *The Dynamics of Public Policy*, London, Sage, pp. 237-266.

Heclo H. (1978), "Issue Networks and the Executive Establishment", in A. King (ed.), *The New American Political System*, Washington, American Enterprise Institute, pp. 87-124.

Hegel G.W.F. (1954), *Lineamenti di filosofia del diritto*, Bari, Laterza (ed.or. 1821).

Held D. (1987), *Models of Democracy*, Cambridge, Polity Press; tr.it., *Modelli di democrazia*, Bologna, Il Mulino, 1997.

Held D. (1989), *Political Theory and the Modern State*, Cambridge, Polity Press.

Held D. (1995a), *Democracy and the Global Disorder*, Cambridge, Polity Press.

Held D. (1995b), "Democracy and the New International Order", in Archibugi D., D. Held (eds.), *Cosmopolitan Democracy: An Agenda for a New World Order*, Cambridge, Polity Press, pp. 96-120.

Held D. (2000), "Democracy, the Nation-State, and the Global System", in Nash K. (ed.), *Contemporary Political Sociology*, Oxford, Blackwell, pp. 310-335.

Held D. (2009), "Ridefinire la *governance* globale: apocalisse subito o riforma", *Partecipazione e conflitto*, 2, 2, pp. 31-54.

Hermann M. (1986, ed.), *Political Psychology*, San Francisco, Jossey-Bass.

Hertz N. (2001), *The Silent Takeover: Global Capitalism and Death of Democracy*, London, William Heinemann; tr.it., *La conquista silenziosa: perché le multinazionali minacciano la democrazia*, Roma, Carocci, 2002.

Hintze O. (1972), *Staat und Verfassung*, Göttinger, Vandenhoeck & Ruprecht.

Hirschman A.O. (1993), "Exit, Voice, and the Fate of the German Democratic Republic. An Essay in Conceptual History", *World Politics*, 45, 1, pp. 173-202.

Hirschman A.O. (1970), *Exit, Voice and Loyalty*, Cambridge, Harvard University Press; (tr.it.) *Lealtà, defezione, protesta*, Milano, Bompiani, 1982.

Hirst P. (1994), *Associative Democracy: New Forms of Economic and Social Governance*, Cambridge, Polity Press.

Hobbes T. (1948), *De Cive. Elementi filosofici sul cittadino*, Torino, Einaudi (ed. or. 1641).

Hobbes T. (1965), *Il Leviatano*, Torino, Utet (ed.or. 1650).

Holland M. (1986), *Candidates for Europe: The British Experience*, Gower, Aldershot.

Homans G.C. (1958), "Social Behavior as Exchange", *American Journal of Sociology*, 62, pp. 597-606.

Homans G.C. (1961), *Social Behavior: Its Elementary Forms*, New York, Harcourt, Brace and World.

Hooper R.D. (1950), "The Revolutionary Process", *Social Forces*, 18, 3, pp. 270-279.

Huizer G. (1973), *Peasant Rebellion in Latin America*, Harmondsworth, Penguin.

Hume D. (1910), *Ricerca sull'intelletto umano e sulla morale*, Bari, Laterza (ed.or. 1749).

Hume D. (2008), *Trattato sulla natura umana*, in *Opere filosofiche*, vol.1, Roma-Bari, Laterza (ed.or. 1740).

Hunt L. (1984), "Charles Tilly's Collective Action", in Skocpol T. (ed.), *Vision and Method in Historical Sociology*, Cambridge, Cambridge University Press, pp. 211-243.

Hunt L. (1984), *Politics, Culture and Class in French Revolution*, Berkeley, University of California Press; tr.it., *La rivoluzione francese: politica, cultura e classi sociali*, Bologna, Il Mulino, 1995.

Hunt S.A., R.D. Benford (1994), "Identity Talk in the Peace and Justice Movement", *Journal of Contemporary Ethnography*, 22, pp. 488-517.

Hunter F. (1953), *Community Power Structure*, Chapel Hill, University of North Carolina Press.

Hyman H. (1959), *Political Socialization*, New York, Free Press.

Ignazi P. (1998), "Ma i nuovi apatici sono dei critici", *Il Sole 24 Ore – Rapporti*, 8 Luglio, p. 5.

Inglehart R. (1977), *The Silent Revolution. Changing Values and Political Styles among Western Politics*, Princeton, Princeton University Press; tr.it., *La rivoluzione silenziosa*, Milano, Rizzoli.

Inglehart R. (1990), *Culture Shift in Industrial Advanced Societies*, Princeton, N.J., Princeton University Press; (tr.it,) *Valori e cultura politica nella società industriale avanzata*, Padova, Liviana, 1993.

Inglehart R. (1996), *Modernization and Postmodernization: Cultural, Economic and Political Change in 43 Societies*, Princeton, Princeton University Press; tr.it., *La società postmoderna: mutamento, ideologie e valori in 43 paesi*, Roma, Editori Riuniti.

Inkeles A. (1975), "The Emerging Social Structure of the World", *World Politics*, 27, 4, pp. 467-495.

Isin E.I., B.S. Turner (eds., 2002), *Handbook of Citizenship Studies*, London, Sage.

Jackson D.I. (2002), *Entertainment and Politics: The Influence of Pop Culture on Young Adult Political Socialization*, New York, Lang.

James A. (1992), "The Realism of Realism: the State and the Study of International Relations", *Review of International Studies*, XV, 3, pp. 215-230.

Janda K. (1970), *A Conceptual Framework for the Comparative Analysis of Political Parties*, Beverly Hills, Sage.

Janda K. (1983), "Cross-National Measures of Party Organizations and Organizational Theory", *European Journal of Political Research*, 11, pp. 319-332.

Janoski T., B. Gran (2002), "Political Citizenship: Fondations of Rights", in Isin E.I., B.S. Turner (eds.), *Handbook of Citizenship Studies*, London, Sage, pp. 13-52.

Janowitz M. (1964), *The Military in the Political Development of the New Nations: An Essay in Comparative Analysis*, Chicago, University of Chicago Press.

Jenkins C.J., B. Klandermans (eds., 1995), *The Politics of Social Protest: Comparative Perspectives on States and Social Movements*, Minneapolis-

London, University of Minnesota Press-UCL Press.

Jenkins C.J., Perrow C. (1977), "Insurgency of the Powerless: The Farm Workers Movements 1946-1972", *American Sociological Review*, 42, pp. 249-268.

Jennings K., Niemi R. (1981), *Generations and Politics*, Princeton, Princeton University Press.

Johnson C. (1964), *Revolution and the Social System*, Stanford, Hoover Institution Studies.

Johnson C. (1966), *Revolutionary Change*, Boston, Little & Brown.

Johnston H., B. Klandermans (eds., 1995), *Social Movements and Culture*, Minneapolis-London, University of Minnesota Press-UCL Press.

Johnston R.J., M.Watts, D. Gregory, D. Smith (1986, eds.), *The Dictionary of Human Geography*, Oxford, Blackwell.

Jones C.O. (1970), *An Introduction to the Study of Public Policy*, Belmont, Duxbury Press.

Jordan G. (1990), "Sub-Governments, Policy Communities and Networks: Refilling the Old Bottles", *Journal of Theoretical Politics*, 2, 3, pp. 319-338.

Juergensmeyer M. (2000), *Terror in the Mind of God: The Global Rise of Religious Violence*, Berkeley, University of California Press; tr.it, *Terroristi in nome di Dio: la violenza religiosa nel mondo*, Roma-Bari, Laterza, 2003.

Kaase M., M. Marsh (1979), "Political Action: A Theoretical Perspective", in S.H. Barnes, M. Kaase (eds.), *Political Action: Mass Participation in Five Western Democracies*, London, Sage, pp. 27-56.

Kaid L.L., J. Gerstlé, K.R. Sanders (1991, eds.), *Mediated Politics in Two Cultures: Presidential Campaigning in the United States and France*, New York, Praeger.

Kalberg S. (1980), "Max Weber Types of Rationality: Cornerstones for Analysis of Rationalization Processes in History", *American Journal of Sociology*, 85.

Kaldor M. (1999), *New and Old Wars: Organized Violence in a Global Era*, London, Polity Press; tr.it., *Le nuove guerre: la violenza organizzata nell'età globale*, Roma, Carocci, 1999.

Kalleberg A.L. (1966), "The Logic of Comparison: A Methodological Note on the Comparative Study of Political System", *World Politics*, XIX, 1, pp. 69-82.

Kant I. (1995), *Stato di diritto e società civile*, Roma, Editori Riuniti (ed.or. 1784).

Kant I. (2005), *Principi metafisici della dottrina del diritto*, Roma-Bari, Laterza (ed.or. 1797).

Kaplan M. (1956), *System and Process in International Politics*, New York, Wiley and Sons.

Karatnycky A. (ed., 2000), *Freedom in the World: The Annual Survey of Political Rights & Civil Liberties 1999-2000*, New York, Freedom House.

Katz R. e P. Mair (1994, eds.), *How Parties Organize: Change and Adaptation in Party Organizations in Western Democracies 1960-1990*, London, Sage.

Katz R.S. e Mair P. (1995), "Changing Models of Party Organization and Party Democracy: The Emergence of the Cartel Party", *Party Politics*, I, pp. 5-28.

Katz R.S., P. Mair (1992), "Introduction. The Cross-National Studies of Party Organizations, in Katz R.S. e Mair P. (eds.), *Party Organizations. A Data Handbook of Party Organizations in Western Democracies, 1960-1990*, London, Sage, pp. 1-20.

Keck M.E., K. Sikkik (1998), *Activists Beyond Borders. Advocacy Networks in International Politics*, Ithaca-London, Cornell University Press.

Keegan J. (1993), *A History of Warfare*, Hutchinson, London.

Keen D. (1995), "When War Itself is Privatized", in *Times Literary Supplement*, December.

Kehoane R.O. (1984), *After Hegemony: Cooperation and Discord in the World Political Economy*, Princeton, Princeton University Press.

Kehoane R.O. (1988), "International Institutions: Two Approaches", *International Studies Quartely*, XXXII, 4, pp. 379-396.

Kehoane R.O., J. Nye (1975), "International Interdipendence and Integration", in Greenstein F.I., N.W. Polsby (eds.), *International Politics: Handbook of Political Science*, 8 voll., Reading, Addison-Wesley, pp. 363-414.

Kertzer D.I. (1988), *Ritual Politics and Power*, New Haven, Yale University Press; tr.it., *Riti e simboli del potere*, Roma-Bari, Laterza, 1989.

Key V.O. (1964), *Politics, Parties and Pressure Groups*, New York, Crowell.

Kickert W., E.K. Klijn, J. Koppenjan (1997, eds.), *Managing Complex Networks: Strategies for the Public Sector*, London, Sage.

Kimmel M.S. (1990), *Revolution: A Sociological Interpretation*, Philadelphia, Temple University Press.

King A. (1997, ed.), *Culture, Globalization, and the World System*, Minneapolis, University of Minnesota Press.

Kircheimer O. (1966), "The Trasformation of the Western European Party Systems", in La Palombara J., Weiner M. (eds.), *Political Parties and Political Development*, New York, Princeton University Press.

Kircheimer O. (1971), "La Trasformazione dei sistemi partitici dell'Europa occidentale", in Sivini G. (a cura di), *Sociologia dei partiti politici*, Bologna, Il Mulino, pp.177-202.

Klandermans B, H. Kriesi, S. Tarrow (1988, eds.), *From Structure to Action. Comparing Social Movement Research across Cultures*, International Social Movement Research, I, Greenwich, JAI Press.

Klandermans B. (1989a, ed.), *Organizing for Change. Social Movements Organizations in Europe and United States*, Greenwich, JAI Press.

Klandermans B. (1989b), *Introduction: Social Movements Organizations and the Study of Social Movements*, in Klandermans B. (ed.), *Organizing for Change. Social Movements Organizations in Europe and United States*, Greenwich, JAI Press, pp. 1-17.

Klandermans B. (1990), *Linking the "Old" and "New": Movement Networks in the Netherlands*, in Dalton R.J., M. Kuechler (eds.), *Challenging the Political Order: New Social and Political Movements in Western Democracies*, Cambridge, Polity Press, pp. 122-136.

Kluckohn C. (1962), *Culture and Behavior*, Glencoe, The Free Press.

Knoke D., J.H. Kuklinski (1982), *Network Analysis*, London, Sage.

Kolko G. (1994), *A Century of War: Politics, Conflicts and Society since 1914*, New York, New Press.

Koopmans R. (2004), "Protest in Time and Space: The Evolution of Waves of Contention", in Snow D.A., S.A. Soule, H. Kriesi (eds.), *The Blackwell Companion to Social Movements*, Malden, MA, Blackwell Publishing Ltd.

Kornhauser W. (1959), *The Politics of Mass Society*, Glencoe, Free Press.

Korpi W. (1978), *The Working Class in Welfare Capitalism*, London, Routledge & Kegan Paul.

Krasner S.D. (1982, ed.), *International Regimes*, special issue of *International Organization*, XXXVI, 3.

Krasner S.D. (1986), "Cause strutturali e conseguenze del concetto di regime", in Bonanate L., C.M. Santoro (a cura di), *Teoria e analisi delle relazioni internazionali*, Bologna, Il Mulino, pp. 131-154.

Kratochwil F.V. (1989), *Rules, Norms, and Decisions: on the Conditions of Practical and Legal Reasoning in International Relations and Domestic Affairs*, Cambridge, Cambridge University Press.

Kriesberg L. (1979, ed.), *Research in Social Movements, Conflict and Change*, II, Greenwich, JAI Press.

Kriesi H. (1989), "The Political Opportunity Structure of the Dutch Peace Movement", *West European Politics*, 12, pp. 295-312.

Kriesi H. (1993), *Political Mobilization and Social Change. The Dutch Case in Comparative Perspective*, Aldershot, Avebury.

Kriesi H. (1995), *The Political Opportunity Structures of New Social Movements: Its Impact on Their Mobilization*, in Jenkins C.J., B. Klandermans (eds.), *The Politics of Social Protest: Comparative Perspectives on States and Social Movements*, Minneapolis-London, University of Minnesota Press-UCL Press, pp. 167-198.

Kriesi H. (1996), *The Organizational Structures of New Social Movements in a Political Context*, in McAdam D., J.D. McCarthy, M.N. Zald (eds.), *Comparative Perspective on Social Movements. Political Opportunities, Mobilizing Structures, and Cultural Framing*, Cambridge-New York, Cambridge University Press, pp. 152-184.

Kriesi H. (2004), "Political Context and Opportunity", in Snow D.A., S.A. Soule, H. Kriesi (eds.), *The Blackwell Companion to Social Movements*, Malden, MA, Blackwell Publishing Ltd., pp. 67-90.

Kuhn T.S. (1962), *The Structure of Scientific Revolutions*, Chicago, University of Chicago Press; tr.it, *La struttura delle rivoluzioni scientifiche*, Torino, Einaudi, 1969.

Kuhnle S. (1978), "The Beginnings of the Nordic Welfare States: Similarities and Differences", *Acta Sociologica*, XXI, pp. 9-35.

Laclau E., Ch. Mouffe (2001), *Hegemony and Socialist Strategy*, London, Verso.

LaPalombara J. (1964), *Interests Groups in Italian Politics*, Princeton, Princeton University Press; tr.it., *Clientela e Parentela: studio sui gruppi di interesse in Italia*, Milano, Comunità, 1967.

Larana E., H. Johnston, J. Gusfield (eds.), *New Social Movements. From Ideology to Identity*, Philadelfia, Temple University Press.

Larrue J. (1994), "La psychologie politique dans le monde francophone", *Connexions*, 64, pp. 31-54.

Lasch Ch. (1991), *The True and the Only Heaven*, New York, W.W. Norton & C.; tr.it. *Il paradiso in terra: il progresso e la sua critica*, Milano, Feltrinelli, 1992.

Lasswell H.D. (1930), *Psychopathology and Politics*, Chicago, University of Chicago Press.

Lasswell H.D. (1936), *Politics: Who Gets What, When, How*, New York, McGraw-Hill; tr.it., "La politica: chi prende che cosa, quando, come", in Stoppino M. (a cura di), *Potere, politica e personalità*, Torino, Utet, 1975, pp. 235-295.

Lasswell H.D. (1948), *Power and Personality*, New York, Norton.

Lasswell H.D. (1956), *The Decision Process: Seven Categories of Functional Analysis*, College Park, University of Maryland Press.

Lasswell H.D. (1965), "Introduction: The Study of Political Elites", in H.D. Lasswell, D. Lerner (eds.), *World Revolutionary Elites: Studies in Coercive Ideological Movements*, Cambridge, The MIT Press, pp. 3-28.

Lasswell H.D., A. Kaplan (1950), *Power and Society: A Framework for Political Inquiry*, New Haven, Yale University Press; tr.it., *Potere e società: uno schema concettuale per la ricerca politica*, Milano, Etas Kompas, 1969.

Latham E. (1952), *The Group Basis of Politics*, Ithaca, Cornell University Press.

Lau R.R., D.O. Sears (1986, eds.), *Political Cognition*, Hillsdale, NJ, Erlbaum.

Lazarsfeld P.F. (1969), "Dai concetti agli indicatori empirici", in Boudon R., P.F. Lazarsfeld (eds.), *L'analisi empirica delle scienze sociali*, Bologna, Il Mulino, vol.1.

Lazarsfeld P.F., B.R. Berelson, H. Gauzet (1948), *The People's Choice*, New York, Columbia University Press.

Lazarus R.S. (1963), *Personality and Adjustment*, Englewood Cliffs, Prenitice-Hall.

Le Bon G. (1981), *Psychologie des foules*, Paris, Puf (1° ed. or. 1895).

Legrenzi P., V. Girotto (1996, a cura di), *Psicologia e politica*, Milano, Cortina.

Lehman E. (1972), "On the Concept of Political Culture: A Theoretical Reassessment", *Social Forces*, 50, pp. 361-369.

Lehmbruch G. (1982), "Introduction: Neo-Corporatism in Comparative Perspective", in G. Lehmbruch, P.C. (eds.), *Patterns of Comparative Policy Making*, London, Sage, pp. 1-28.

Lemert C. (1994), *Dark Tought about the Self*, in Calhoun C. (ed.), *Social Theory and the Politics of Identity*, Oxford-Cambridge, Blackwell, pp. 100-129.

Lenin V.I. (1965a), "Che fare?", in *Opere scelte*, Roma, Editori Riuniti (ed.or. 1902).

Lenin V.I. (1965b), "Stato e rivoluzione", in *Opere scelte*, Roma, Editori Riuniti (ed.or. 1917).

Leonardi L. (2001), *La dimensione sociale della globalizzazione*, Roma, Carocci.

Levi L. (1990), "Nazionalismo", in Bobbio N., N. Matteucci, G. Pasquino (a cura di), *Dizionario di politica*, Torino, TEA, pp. 662-669.

Lijphart A. (1971a), "Comparative Politics and the Comparative Method", *American Political Science Review*, LXV, 3, pp. 682-693.

Lijphart A. (1971b), "Il metodo della comparazione", *Rivista Italiana di Scienza Politica"*, 1,1, pp. 67-92.

Lijphart A. (1975), "The Comparable-Case Strategy in Comparative Research", *Comparative Political Studies*, 8, 2, pp. 158-177; (tr.it. parz.) *Caratteri del metodo comparato*, in Fisichella D. (ed.), *Metodo scientifico e ricerca politica*, Roma, Nis, pp. 269-292.

Lijphart A. (1977), *Democracy in Plural Societies: A Comparative Exploration*, New Haven, Yale University Press.

Lijphart A. (1984), *Democracies: Patterns of Majoritarian and Consensus Government in Twenty-One Countries*, New Haven, Yale University Press; tr.it., *Le democrazie contemporanee*, Bologna, Il Mulino, 1988.

Lindblom C.E. (1959), "The Science of Muddling Through", *Public Administration*, XIX, pp.78-88.

Linz J.J. (1964), "An Authoritarian Regime: The Case of Spain", in Allardt E., Y., Littunen (eds.), *Cleavages, Ideologies and Party System*, Helsinky, Westermark Society, pp. 291-341.

Linz J.J. (1975), "Authoritarian and Totalitarian Regimes", in Greenstein F.I., N.W. Polsby (eds.), *Handbook of Political Science*, vol III, *Macropolitical Theory*, Reading, Addison Wesley, pp. 175-411.

Linz J.J., A. Stepan (1996), *Problems of Democratic Transition and Consolidation: Southern Europe, South America and Post-Communist Europe*, Baltimore, John Hopkins University Press.

Lippman W. (1922), *Public Opinion*, New York, Hartcourt, Brace; tr.it., *L'opinione pubblica*, Roma Donzelli, 1995.

Lipset S.M. (1959), "Political Sociology", in Merton R. (ed.), *Sociology Today*, New York, Basic Books, pp. 81-114.

Lipset S.M. (1960), *Political Man: The Social Bases of Politics*, London, Heinemann; tr.it, *L'uomo e la politica: le basi sociali della politica*, Milano, Edizioni di Comunità, 1963.

Lipset S.M. (1968), "History and Sociology: Some Methodological Considerations", in Lipset S.M., R. Hofstadter (eds.), *Sociology and History: Methods*, New York, Basic Books, pp. 20-58.

Lipset S.M. (1969), "Politics and the Social Sciences: Introduction", in Lipset S.M. (ed.), *Politics and the Social Sciences*, New York, Oxford University Press, pp. vii-xxii.

Lipset S.M. (1969, ed.), *Politics and the Social Sciences*, New York, Oxford University Press.

Lipset S.M., S. Rokkan (1967), "Cleavages Structures, Party Systems and Voter Alignment: An Introduction", in Lipset S.M., S. Rokkan (eds.), *Party Systems and Voter Alignments*, New York, The Free Press, pp. 1-64.

Lipsky M. (1965), *Protest and City Politics*, Chicago, Rand McNally & Co.

Locke J. (1974), *Trattato sul governo*, Roma, Editori Riuniti (ed.or. 1690).

Lowi T.J. (1964), "American Business, Public Policy, Case Studies, and Political Theory", *World Politics*, 16, pp. 677-715; tr.it, "Politiche pubbliche, «case studies» e teoria politica", in Id., *La scienza delle politiche*, Bologna, Il Mulino, 1999, pp. 5-36.

Lowi T.J. (1972), "Four Systems of Policy, Politics, and Choice", *Public Administration Review*, 4, pp. 298-310; tr.it., "Politica e politiche: quattro sistemi di relazione", in Id., *La scienza delle politiche*, Bologna, Il Mulino, 1999, pp. 37-58.

Lowi T.J. (1979), *The End of Liberalism: The Second Republic of the United States*, New York, Norton.

Lowi T.J. (1999), *La scienza delle politiche*, Bologna, Il Mulino.

Lowie R. (1927), *The Origin of the State*, New York, Russell & Russell.

Luhmann N. (1964), "Zweck-Herrschaft-System. Grundbegriffe und Prämisse Max Webers", *Der Staat*, 3, pp. 129-158; tr.it., "Scopo, potere, sistema" in Id., *Stato di diritto e sistema sociale*, Napoli, Guida, 1990, pp. 157-192.

Luhmann N. (1966), "Politische Plannung", *Jahrbuchfür Sozialwissenschaft*, 17, pp. 271-296; tr.it., "La pianificazione politica", in Id., *Stato di diritto e sistema sociale*, Napoli, Guida, 1990, pp. 121-155.

Luhmann N. (1968), "Soziologie als Theorie Sozialer Systeme", *Kölner Zeitschrift für Soziologie und Sozialpsychologie*, 20, pp. 705-733; tr.it., "La sociologia del sistema politico" in Id., *Illuminismo sociologico*, Milano, Il Saggiatore, 1983, pp. 179-204.

Luhmann N. (1969), "Klassische Theorie der Macht", *Zeitschrift fur Politikit*, 16; tr.it., "La teoria classica del potere" in id., *Potere e codice politico*, Milano, Feltrinelli, 1982, pp. 21-61.

Luhmann N. (1970), *Soziologische Aufklärung*, I, Westdeutscher Verlag, Opladen; tr.it., *Illuminismo sociologico*, Milano, Il Saggiatore, 1983.

Luhmann N. (1975), *Macht*, Stuttgart, Ferdinand Enke; tr.it., *Potere e complessità sociale*, Milano, Il Saggiatore, 1979.

Luhmann N. (1983), *Legitimation durch Verfahren*, Frankfurt, Suhrkamp; tr.it., *Procedimenti giuridici e legittimazione sociale*, Milano, Giuffrè, 1995.

Luhmann N. (1984), *Soziale Sisteme: Grundriss einer allgemeine Theorie*, Frankfurt, Suhrkamp; tr.it., *Sistemi sociali: fondamenti di una teoria generale*, Bologna, Il Mulino, 1990.

Lukes S. (1977), *Essays in Social Theory*, London, Macmillan.

Lynd R., H. Merrel Lynd (1929), *Middletown*, New York, Harcourt Brace & World; tr.it., *Middletown*, Milano, Comunità, 1970.

Lynd R., H. Merrel Lynd (1937), *Middletown in Transition*, New York, Harcourt Brace & World; tr.it., *Middletown dieci anni dopo*, Milano, Comunità, 1974.

Maarek P. (2001), *Communication et marketing de l'homme politique*, Paris, Litec.

Machiavelli N. (1991), *Il Principe*, Roma, Società Editrice Dante Alighieri (ed. or. 1513).

Machiavelli N. (1993), *Discorsi sopra la prima deca di Tito Livio*, Torino, Bollati Boringhieri (ed.or.1519).

Maffesoli M. (1995), *The Time of the Tribes*, London, TCS and Sage.

Maffesoli M. (1996), *The Contemplation of the World*, Minneapolis, University of Minnesota Press.

Maheu L. (ed., 1995), *Social Movements and Social Classes*, London, Sage.

Mair P. (1994), "Party Organizations: From Civil Society to the State", in Katz R.S. e Mair P. (eds.), *How Parties Organize. Change and Adaptation in Party Organizations in Western Democracies*, London, Sage, pp. 1-22.

Mair P. (2006), "Party System Change", in Katz R.S. e Crotty W. (eds.), *Handbook of Party Politics*, London, Sage, pp. 63-73.

Mancini P. (1981), "Strategie del discorso politico", *Problemi dell'informazione*, 6, pp. 195-218.

Manin B. (1987), "On Legitimacy and Political Deliberation", *Political Theory*, 15, pp. 338-368.

Manin B. (1995), *Principes du gouvernement représentatif*, Paris, Champs Flammarion; tr.it., *Principi del governo rappresentativo*, Bologna, Il Mulino, 2010.

Mann M. (1986), *Source of Social Power*, Cambridge, Cambridge University Press, vol. I.

Mannheim K (1943), *Diagnosis of Our Time: Wartime Essays of a Sociologist*, London, K. Paul, Trennch % Co.; tr.it., *Diagnosi del nostro tempo*, Milano, Mondadori, 1951.

Mannheim K. (1928), "Das Problem der Generationen", *Kölner Vierteljahreshefte für Soziologie*, 7, pp. 157-185; tr.it., "Il problema delle generazioni", in Id., *Sociologia della conoscenza*, Bari, Dedalo, pp. 323-371.

Mannheim K. (1929), *Ideologie und Utopie*, Bonn, Cohen; tr.it. *Ideologia e utopia*, Bologna, Il Mulino, 1957.

Mannheimer R., G. Sani (2001), *La conquista degli astenuti*, Bologna, Il Mulino.

Mansbridge J.J. (1986), *Why We Lost the ERA*, Chicago, University of Chicago Press.

Manza J., M. Hout, C. Brooks (1995), "Class Voting in Capitalist Democracies since World War II: Dealignment, Realignment, or Trendless Fluctuation?", *Annual Review of Sociology*, 21, pp. 137-162.

March J.G., J.P. Olsen (1989), *Rediscovering Institutions: The Organizational Basis of Politics*, New York, Free Press; tr.it., *Riscoprire le istituzioni: le basi organizzative della politica*, Bologna, Il Mulino, 1992.

March J.G., J.P. Olsen (1995), *Democratic Governance*, New York, Free Press; tr.it., *Governare la democrazia*, Bologna, Il Mulino, 1997.

Marradi A. (1980), *Concetti e metodi in scienza politica*, Firenze, Giuntina.

Marradi A. (1982), "Introduzione all'edizioni italiana" di Smelser N.J., *La comparazione nelle scienze sociali*, Bologna, Il Mulino.

Marradi A. (1987), *Concetti e metodo per la ricerca sociale*, Firenze, Giuntina.

Marradi A. (2007), *Metodologia delle scienze sociali*, Bologna, Il Mulino.

Marsh D. (1998, ed.), *Comparing Public Policy*, Buckingham, Open University Press.

Marshall T.H. (1949), *Citizenship and Social Class*, London, Pluto Press; tr.it., *Cittadinanza e classe sociale*, Torino, Utet, 1976.

Marshall T.H. (1964), *Class, Citizenship and Social Development*, Garden City, Doubleday & Company.

Marsilio da Padova (1960), *Il difensore della pace*, Torino, Einaudi (ed.or. 1324).

Martelli P. (1989), "Teorie della scelta razionale", in Panebianco A. (a cura di), *L'analisi della politica*, Bologna, Il Mulino, pp. 159-192.

Martin L.J. (1981), "Government and the News Media", in Nimmo D.D., D.L. Sanders (eds.), *Handbook of Political Communication*, Beverly Hills, Sage, pp. 445-465.

Martinelli C. (1994, a cura di), *L'azione collettiva degli imprenditori italiani*, Milano, Comunità.

Marwell G., P. Oliver (1993), *The Critical Mass in Collective Action. A Micro-social Theory*, Cambridge, Cambridge University Press.

Marwell G., R.E. Ames (1979), "Experiments of the Provision of Public Goods, I, Resources, Interest, Group Size, and the Free Rider Problem", *American Journal of Sociology*, 84, pp. 1335-1360.

Marx G.T. (1979), "External Efforts to Damage or Facilitate Social Movements: Some Patterns, Explanations, Outcomes and Complications", in McCarthy J.D., M.N. Zald (eds.), *The Dynamics of Social Movements*, Cambridge, Winthrop, pp. 94-125.

Marx K (1967), *Il manifesto del partito comunista*, Roma, Avanzini e Torraca Editori (ed.orig. 1848).

Marx K. (1954), *Sulla questione ebraica*, in Marx K., *Carteggio del 1843 e altri scritti giovanili*, Roma, Edizioni Rinascita (ed.or. 1843).

Marx K. (1965), *Pre-Capitalist Economic Formations*, New York, International Publishers.

Marx K. (1966), *Lotte di classe in Francia dal 1848 al 1950*, Milano, Feltrinelli reprint (ed.or. 1850).

Marx K. (1967), *Il Capitale* (vol.1) Roma, Editori Riuniti (ed.or. 1867).

Marx K. (1969), *Per la critica dell'economia politica*, Roma, Editori Riuniti (ed.or. 1859).

Marx K. (1971), *Il 18 Brumaio di Luigi Bonaparte*, Milano, Feltrinelli reprint (ed.or. 1852).

Marx K. (1973a), *La guerra civile in Francia*, Roma, Newton Compton (ed.or. 1871).

Marx K. (1973b), *Miseria della filosofia*, in Marx K., F. Engels, *Opere Complete*, Roma, Editori Riuniti, vol.VI, pp.105-225 (1° ed. or. 1847).

Marx K. (1976), *Manoscritti economico-filosofici del 1844*, Torino, Einaudi (1° ed. or. 1870-1871).

Marx K. (2011), *L'ideologia tedesca*, Milano, Bompiani (scritto nel 1845-1846, pubblicato per la prima volta in tedesco nel 1932).

Marx K., F. Engels (1958), *Selected Works*, Moscow, Foreign Languages Publishing House, 2 voll.

Marx K., F. Engels (1960), *India, Cina, Russia*, Milano, Il Saggiatore.

Massa A. (2002), "Giovani, mass media e socializzazione politica", *Sociologia*, 3, pp. 17-27.

Matteucci N. (1988), *Organizzazione del potere e libertà: storia del costituzionalismo moderno*, Torino, Utet.

Matteucci N. (1990a), "Sovranità", in Bobbio N., N. Matteucci, G. Pasquino (a cura di), *Dizionario di politica*, Torino, TEA, pp. 1079-1088.

Matteucci N. (1990b), "Costituzionalismo", in Bobbio N., N. Matteucci, G. Pasquino (a cura di), *Dizionario di politica*, Torino, TEA, pp. 249-260.

Mattina L. (2010), *I gruppi di interesse*, Bologna, Il Mulino.

Mauss M. (1954), *The Gift: Forms and Functions of Exchange in Archaic Societies*, Glencoe, The Free Press; (tr. it.) *Il dono*, in *teoria della magia e altri saggi*, Torino, Einaudi, 1975.

Mayntz R. (1978), *Soziologie der öffentlichen Verwaltung*, Heidelberg, C.F. Muller Juristicher Verlag; tr.it., *Sociologia dell'amministrazione pubblica*, Bologna, Il Mulino, 1982.

Mazzoleni G. (2004), *Comunicazione politica*, Bologna, Il Mulino, seconda edizione.

Mazzoleni G., W. Schulz (1999), "Mediatization of Politics: A Challenge for Democracy?", *Political Communication*, 16, 3, pp. 247-261.

McAdam D., D. Rucht (1993), "The Cross-National Diffusion of Movement Ideas", *The Annals of the AAPSS*, 528, pp. 56-74.

McAdam D., J.D. McCarthy, M.N. Zald (eds., 1996), *Comparative Perspective on Social Movements. Political Opportunities, Mobilizing Structures, and Cultural Framing*, Cambridge-New York, Cambridge University Press.

McCarthy J.D., M.N. Zald (1973), *The Trend of Social Movements in America: Professionalization and Resource Mobilization*, Morristown, General Learning Press.

McCarthy J.D., M.N. Zald (1979, eds.), *The Dynamics of Social Movements*, Cambridge, Winthrop.

McCarthy J.D., M.N. Zald (1987, eds.), *Social Movements in an Organizational Society*, New Brunswick, Transaction Books.

McClosky H. (1964), "Consensus and Ideology in American Politics", *American Political Science Review*, LVII, pp. 361-382.

McLung Lee A. (1951, ed), *Principles of Sociology*, New York, Barnes & Nobles.

McNair B. (1995), *An Inroduction to Political Communication*, London, Routledge.

McQuail D. (1994), *Mass Communication Theory*, London, Sage; tr.it., *Sociologia dei media*, Bologna, Il Mulino, 1996, terza edizione.

Melucci A. (1976, a cura di), *Movimenti di rivolta*, Milano, ETAS Libri.

Melucci A. (1982), *L'invenzione del presente. Movimenti, identità, bisogni individuali*, Bologna, Il Mulino.

Melucci A. (1984a, a cura di), *Altri codici*, Bologna, Il Mulino.

Melucci A. (1984b), *Movimenti in un mondo di segni*, in Melucci A. (a cura di), *Altri codici*, Bologna, Il Mulino, pp. 417-448.

Melucci A. (1987), *Libertà che cambia*, Milano, Unicopoli.

Melucci A. (1989), *Nomads of The Present. Social Movements and Individual Needs in Contemporary Society*, London, Century Hutchinson Ltd.

Melucci A. (1994), "A Strange Kind of Newness: What's "New" in New Social Movements?", in Larana E., H. Johnston, J. Gusfield (eds.), *New Social Movements. From Ideology to Identity*, Philadelfia, Temple University Press, pp. 101-130.

Melucci A. (1995), "The Process of Collective Identity", in Jhonston H., B. Klandermans (eds.), *Social Movements and Cultures*, Minneapolis-London, University of Minnesota Press-UCL Press, pp. 41-63.

Menger C. (1883), *Untersuchungenüber die Methode der Sozialwissenschaften un der Politischen konomie insbesondere*, Leipzig, Verlag von Dunker und Humblot; tr.it., *Il metodo della scienza economica*, Torino, Utet, 1937.

Mény Y, Y. Surel (2000), *Par le peuple, pour le peuple*, Paris, Libraire Arthème Fayard; tr.it., *Populismo e democrazia*, Bologna, Il Mulino, 2001.

Merriam C.E. (1934), *Political Power: Its Composition and Incidence*, New York, McGraw-Hill.

Merton R.K. (1949), *Social Theory and Social Structure*, Glencoe, The Free Press.

Mete V. (2003), "Antipolitica", in G. Bettin Lattes (a cura di), *Per leggere la società*, Firenze, Firenze University Press, pp. 337-373.

Michels R. (1966), *Sociologia del partito politico*, Bologna, Il Mulino (ed.or. 1912).

Miliband R. (1969), *The State in Capitalist Society*, London, Weidenfeld and Nicolson; tr.it., *Lo Stato nella società capitalista*, Bari, Laterza, 1970.

Milibrath L.W. (1965), *Political Participation: How and Why Do People Get Involved in Politics*, Chicago, Rand McNally.

Milibrath L.W., M.L. Goell (1977), *Political Participation: How and Why Do People Get Involved in Politics*, Chicago, Rand McNally.

Millefiorini A. (2002), *La partecipazione politica in Italia*, Roma, Carocci.

Mills C.W. (1956), *The Power Elite*, New York, Oxford University Press; tr.it., *La élite del potere*, Milano, Feltrinelli, 1966.

Mills C.W. (1959), *The Sociological Imagination*, New York, Oxford University Press.

Mitchell R.E. (1968), "Survey Materials Collected in the Developing Countries: Obstacles to Comparison", in Rokkan S. (ed.), *Comparative Research across Cultures and Nations*, Paris-The Hague, Mouton, pp. 210-238.

Mitchell W.C. (1969), "The Shape of Political Theory to Come: From Political Sociology to Political Economy", in Lipset S.M. (ed.), *Politics and the Social Sciences*, New York, Oxford University Press, pp. 101-136.

Modelski G. (1978), "The Long Cycle of Global Politics and Nation-State", *Comparative Studies in Society and History*, XX, 2, pp. 214-235.

Modelsky G. (1987), "A System Model of Long Cycle", in Id. (ed.), *Exploring Long Cycles*, Boulder, Lynne Ruenner, pp. 112-128.

Mongardini C. (1965), *Storia e sociologia nell'opera di Taine*, Milano, Giuffrè.

Mongardini C. (1991), "È possibile la società? Il contributo di Norbert Elias", *Studi di sociologia*, 29, 4, pp. 421-428.

Montero J.R. (1984), "L'astensionismo elettorale in Europa: tendenze, tipologie ed alcuni problemi di analisi", *Quaderni dell'osservatorio elettorale*, 13, pp. 37-77.

Montesquieu C.L. de Secondat (2005), *Lo spirito delle leggi*, 2 voll., Torino, Utet (ed.or. 1748).

Moore B. jr. (1966), *Social Origins of Dictatorship and Democracy: Lord and Peasant in the Making of Modern World*, Boston, Beacon Press; (tr.it.) *Le origini sociali della dittatura e della democrazia. Proprietari e contadini nella formazione del mondo moderno*, Torino, Einaudi, 1969.

Moore B. jr. (1978), *Injustice: The Social Bases of Obedience and Revolt*, White Plains, Sharpe.

Moravcsik A. (1991), "Negotiating the Single European Act: National Interests and Conventional Statecraft in the European Community", *International Organization*, 45, 1, pp. 19-56.

Morgenthau H.J. (1948), *Politics among Nations*, New York, Knopf; tr.it., *La politica tra le Nazioni: la lotta per il potere e la pace*, Bologna, Il Mulino, 1997.

Morlino L. (1986), "Consolidamento democratico: definizione e modelli", *Rivista Italiana di Scienza Politica*, 16, 2, pp. 197-238.

Morlino L. (1991, a cura di), *Costruire la democrazia: gruppi e partiti in Italia*, Bologna, Il Mulino.

Morlino L. (1993), "Dissenso", in *Enciclopedia delle Scienze Sociali*, Roma, Istituto dell'Enciclopedia Italiana, III, pp. 189-194.

Morlino L. (2001), *La democrazia fra consolidamento e crisi*, Bologna, Il Mulino.

Morlino L. e Tarchi M. (2006, a cura di), *Partiti e caso italiano*, Bologna, Il Mulino.

Morris A., C. Mueller (eds., 1992), *Frontiers in Social Movements Theory*, New Haven, Yale University Press.

Morris A.D., S. Staggemborg (2004), "Leadership in Social Movements", in Snow D.A., S.A. Soule, H. Kriesi (eds.), *The Blackwell Companion to Social Movements*, Malden, MA, Blackwell Publishing Ltd., pp. 171-196.

Mosca G. (1884), *Sulla teoria dei governi e sul governo parlamentare: studi storici e sociali*, Torino, Loescher.

Mosca G. (1953), *Elementi di scienza politica*, 2 voll., Bari, Laterza (ed. or.1896).

Mosca L. (2009), "Partecipare comunicando in una società mediatizzata: una introduzione", *Partecipazione e conflitto*, I, pp. 7-18.

Moscovici S. (1988), "Le rappresentazioni sociali", in V. Ugazio (a cura di), *La costruzione della conoscenza*, Milano, FrancoAngeli, pp. 255-284.

Moscovici S. (1989), "Il fenomeno delle rappresentazioni sociali", in R.M. Farr, S. Moscovici (a cura di), *Rappresentazioni sociali*, Bologna, Il Mulino, pp. 23-94.

Mouffe Ch. (2005), *On the Political*, London, Routledge.

Musella F. (2010), *Il paradosso delle primarie*, Napoli, Mimeo.

Nadel S.F. (1961), *The Foundation of Social Anthropology*, London, Cohen.

Napolitano P. (2010), "Fatah e il processo di istituzionalizzazione: la lunga strada verso la Sesta Conferenza", *Partecipazione e conflitto*, 2, pp. 90-113.

Nardone C. (1971), *Il pensiero di Gramsci*, Bari, De Donato.

Navarini G. (1998), "Tradizione e postmodernità della politica rituale", *Rassegna italiana di sociologia*, 39, 3, pp. 305-332.

Navarini G. (2001), *Le forme rituali della politica*, Roma-Bari, Laterza.

Neidhardt F., D. Rucht (1991), *The Analysis of Social Movements: The State of the Art and Some Perspectives for Further Research*, in Rucht D. (ed.), *Research in Social Movements: The State of Art*, Frankfurt-Boulder, Campus Verlag-Westview Press, pp. 421-464.

Neumann F. (1968), "Entstehung und Entwicklung der politischen Parteien", in W. Abendrot, K. Lenk (eds.), *Einführung in die politische Wissenschaft*, München, Francke Verlag; tr.it. parzialmente in G. Sivini (a cura di), *Sociologia dei partiti politici*, Bologna, Il Mulino, 1971, pp. 27-44.

Neumann S. (1956), "Toward a Comparative Study of Political Parties", in S. Neumann (ed.), *Modern Political Parties*, Chicago, Chicago University Press, pp. 395-421; tr.it. parzialmente in G. Sivini (a cura di), *Sociologia dei partiti politici*, Bologna, Il Mulino, 1971, pp. 143-154.

Nieuwbeerta P. (1996), "The Democratic Class Struggle in Post-War Societies: Class Voting in Twenty Countries, 1945-1990", *Acta Sociologica*, 39, pp. 345-383.

Nordlinger E. (1977), *Soldiers in Politics*, Englewood Cliffs, Prentice Hall; tr.it., *I nuovi pretoriani*, Milano, Etas Libri, 1978.

Norris P. (2000), *A Virtuous Circle: Political Communications in Postindustrial Societies*, Cambridge, Cambridge University Press.

Offe C. (1983), "L'attribuzione dello status pubblico ai gruppi di interesse: osservazioni sul caso della Germania occidentale", in S. Berger (a cura di), *L'organizzazione degli interessi nell'Europa occidentale*, Bologna, Il Mulino, pp. 165-216.

Offe C. (1985), "New Social Movements: Changing Boundaries of the Political", *Social Research*, 52, pp. 817-868.

Offe C. (1990), "Reflections on the Institutional Self-transformation of Movement Politics: A Tentative Stage Model", in Dalton R.J., M. Kuechler (eds.), *Challenging the Political Order: New Social and Political Movements in Western Societies*, Cambridge, Polity Press, pp. 232-250.

Offe C., H. Wiesenthal (1980), "Two Logics of Collective Action: Theoretical Notes on Social Class and Organizational Form", in M. Zeitlin (ed.), *Political Power and Social Theory*, Greenwich, Jai Press, vol. 1, pp. 67-115.

Olson M. (1965), *The Logics of Collective Action*, Cambridge, Harvard University Press.

Opp K.D. (1988), *Community Integration and Incentives for Political Protest*, in Klandermans B, H. Kriesi, S. Tarrow (eds.), *From Structure to Action. Comparing Social Movement Research across Cultures*, International Social Movement Research, I, Greenwich, JAI Press, pp. 83-101.

Oppo A. (1990), "Socializzazione Politica", in Bobbio N., N. Matteucci, G. Pasquino (a cura di), *Dizionario di politica*, Torino, TEA, pp. 1057-1061.

Organsky A.F.K. (1965), *The Stages of Political Development*, New York, Knopf.

Ortega y Gasset J. (1947), "Il tema de nuestro tiempo", in *Obras Completas*, III, *Revista de Occidente*, Madrid, pp. 145-150,

Osborne D., T. Gaebler (1992), *Reinventing Government*, Reading, Addison Wesley; tr.it., *Dirigere e governare*, Milano, Garzanti.

Page E.C. (1985), *Political Authority and Bureaucratic Power: A Comparative Analysis*, New York, Harvester; tr.it., *Burocrazia, amministrazione, politica: un'analisi comparata*, Bologna, Il Mulino.

Paige J. (1975), *Agrarian Revolution: Social Movements and Export Agriculture in the Underdeveloped World*, New York, The Free Press.

Panebianco A. (1979), "Imperativi organizzativi, conflitti interni e ideologia nei partiti comunisti", *Rivista Italiana di Scienza Politica*, IX, pp. 511-536.

Panebianco A. (1982), *Modelli di partito*, Bologna, Il Mulino.

Panebianco A. (1989, a cura di), *L'analisi della politica*, Bologna, Il Mulino.

Pappalardo A. (1989), "L'analisi economica della politica", in Panebianco A. (a cura di), *L'analisi della politica*, Bologna, Il Mulino, pp. 193-216.

Pareto V. (1964), *Trattato di sociologia generale*, 2 voll., Milano, Comunità (ed.or. 1916).

Parisi A., G. Pasquino (1977, a cura di), *Continuità e mutamento elettorale in Italia: le elezioni del 20 maggio 1976 e il sistema politico italiano*, Bologna, Il Mulino.

Parkin F. (1971), *Class Inequality and Political Order*, London, Paladin.

Parsons T. (1951), *The Social System*, Glencoe, The Free Press.

Parsons T. (1959), "*Voting*, and the Equilibrium of the American Political System", in Burdick E., A. Brodbeck (eds.), *American Voting Behavior*, New York, The Free Press, pp. 58-93.

Parsons T. (1963a), "On the Concept of Political Power", in *Proceedings of the American Philosophical Society*, 107, 3, pp. 232-262; e in Bendix R., S.M. Lipset (eds.), *Class, Status and Power*, Glencoe, The Free Press; tr.it, *Classe, potere e status. Status e rapporti di potere*, Padova, Marsilio, 1970, pp. 87-138.

Parsons T. (1963b), "On the Concept of Influence", *Public Opinion Quarterly*, 27, 1, pp. 37-62.

Parsons T. (1966), "The Political Aspect of Social Structure and Process" in Easton D. (ed.), *Varieties of Political Theory*, Englewood Cliffs, Prentice-Hall, pp. 71-112.

Parsons T. (1969), *Politics and Social Structure*, New York, The Free Press.

Parsons T., (1937), *The Structure of Social Action*, New York, McGraw-Hill; tr.it., *La struttura dell'azione sociale*, Bologna, Il Mulino, 1986.

Pasquino G. (1970), "Lo sviluppo politico", in Sartori G. (a cura di), *Antologia di scienza politica*, Bologna, Il Mulino, pp. 421-437.

Pasquino G. (1990), "Rivoluzione", in Bobbio N., N. Matteucci, G. Pasquino (a cura di), *Dizionario di politica*, Torino, TEA, pp. 977-986.

Pateman C. (1970), *Participation and Democratic Theory*, Cambridge, Cambridge University Press.

Pennati E. (1961), *Elementi di sociologia politica*, Torino, Edizioni di Comunità.

Percheron A. (1974), *L'univers politique des enfants*, Paris, Colin.

Perroux F. (1971), "The Domination Effect and Modern Economic Theory", in Rothschild K.W. (ed.), *Power in Economics*, London, Penguin, pp. 56-74.

Peters B.G. (1995), *The Politics of Bureaucracy*, New York, Longman; tr.it., *La pubblica amministrazione*, Bologna, Il Mulino, 1999.

Peters G. (1972), "Economic and Political Effects on the Development of Social Expenditure in France, Sweden and United Kindom", *Midwest Journal of Political Science*, XVI, pp. 228-238.

Peterson A, (1997), *Rainbow Coalitions and Neo-Sectarianism: Youth and the Drama of Immigration in Contemporary Sweden*, Aldershot, Ashgate.

Peterson A. (2001), *Contemporary Political Protest: Essays on Political Militancy*, Aldershot, Ashgate.

Peterson A. (2007), "Coalizioni di conflitto e nuove sette: per meglio comprendere gli attori contemporanei del mutamento", in de Nardis F. (a cura di), *La società in movimento*, Roma, Editori Riuniti (University Press), pp. 71-110.

Peterson A., H. Thörn (1994), "Social Movements as Communicative Praxis: A Case Study of the Plowshares Movement", *Young: Scandinavian Journal of Youth Research*, 2, 2, pp. 26-44.

Petroni A. (1989), "L'individualismo metodologico", in Panebianco A. (a cura di), *L'analisi della politica*, Bologna, Il Mulino, pp. 135-158.

Pettee G.S. (1938), *The Process of Revolution*, New York, Harper and Brothers.

Pianta M. (2001), *Globalizzazione dal basso*, Roma, Manifestolibri.

Pisati M. (2010), *Voto di classe: posizione sociale e preferenze politiche in Italia*, Bologna, Il Mulino.

Pistone S. (1990), "Ragion di Stato", in Bobbio N., N. Matteucci, G. Pasquino (a cura di), *Dizionario di politica*, Torino, TEA, pp. 918-926.

Piven F.F., R. Cloward (1977), *Poor People's Movements*, New York, Pantheon.

Pizzorno A. (1977), "Scambio politico e identità collettiva nel conflitto di classe", in Crouch C., A. Pizzorno (a cura di), *Conflitti in Europa. Lotte di classe, sindacati e stato dopo il '68*, Milano, ETAS Libri, pp. 407-433.

Pizzorno A. (1983), "Sulla razionalità della scelta democratica", *Stato e Mercato*, 7, pp. 3-46, oggi in Id., *Le radici della politica assoluta*, Milano, Feltrinelli, 1993, pp. 145-184.

Pizzorno A. (1986), "Sul confronto intertemporale delle utilità", *Stato e Mercato*, 16, pp. 3-25.

Pizzorno A. (1993), *Considerazioni sulla teoria dei movimenti sociali*, in Id., *Le radici della politica assoluta*, Milano Feltrinelli, pp. 129-144.

Pizzorno A. (1993a), *Le radici della politica assoluta*, Milano Feltrinelli.

Pizzorno A. (1996), "Decisioni o interazioni? La micro-descrizione del cambiamento sociale", *Rassegna Italiana di Sociologia*, 37, pp. 107-132.

Pizzorno A. (1996a), "Mutamenti nelle istituzioni rappresentative e sviluppo dei partiti politici", in *La storia dell'Europa contemporanea*, Torino, Einaudi, pp. 961-1031.

Platt G.M. (1980), "Thoughts on a Theory of Collection Acion: Language, Affect and Ideology in Revolution", in Albin M., R.J. Devlin, G. Haeger (eds.), *New Directions in Psychohistory: The Adelphio Papers in Honor of Erik Eikson*, Lexington, Lexington Books.

Poggi G. (1978), *La vicenda dello Stato moderno: profilo sociologico*, Bologna, Il Mulino.

Poggi G. (1991), *The State: Its Nature, Development, and Prospects*, Stanford, Stanford University Press; tr.it., *Lo Stato*, Bologna, Il Mulino, 1992.

Poggi G. (1998), *Il gioco dei poteri*, Bologna, Il Mulino.

Poguntke T. (2002), *Parties without Firm Social Roots? Party Organizational Linkage*, Keele European Parties Research Unit, Working Paper 13, pp. 1-31.

Polanyi K. (1944), *The Great Transformation*, Boston, Beacon Press, (edizione rivista 1957).

Polletta F. (2002), *Freedom is an Endless Meeting. Democracy in American Social Movements*, Chicago, University of Chicago Press.

Popitz H. (1986), *Phänomene der Macht. Autorität – Herschaft – Gewalt – Technik*, Tübingen, Mohr (Siebeck); tr.it., *Fenomenologia del potere*, Bologna, Il Mulino, 1990.

Poulantzas N. (1968), *Pouvoir politique et classes sociales*, Paris, Maspero; tr.it., *Potere politico e classi sociali*, Roma, Editori Riuniti, 1971.

Powell W.W., P.J. DiMaggio (1991, eds.), *The New Institutionalism in Organizational Analysis*, Chicago, University of Chicago Press; tr.it., *Il neoistituzionalismo nell'analisi organizzativa*, Torino, Edizioni di Comunità, 2000.

Preston R.A., S.F. Wise (1970), *Men in Arms: A history of warfare and its interrelationships with Western society*, New York, Praeger Publishers; tr.it., *Storia sociale della Guerra*, Milano, Mondadori, 1973.

Price V. (1992), *Public Opinion*, Newbury Park, Sage.

Prospero M. (2002), *La politica moderna*, Roma, Carocci.

Przeworski A., H. Teune (1966), "Equivalence in Cross-National Research", *Public Opinion Quarterly*, XXX, 4, pp. 551-568.

Putnam R.D. (1973), "Atteggiamenti dell'alta burocrazia nell'Europa occidentale", *Rivista Italiana di Scienza Politica*, 3, 1, pp. 145-186.

Putnam R.D. (1976), *The Comparative Study of Political Elites*, Englewood Cliffs, Prentice-Hall.

Putnam R.D. (1993), *Making Democracy Work*, Princeton, Princeton University Press; tr.it., *La tradizione civica nelle regioni italiane*, Milano, Mondadori, 1993.

Putnam R.D. (1993), *Making Democracy Work: Civic Traditions in Modern Italy*, Princeton, Princeton University Press; tr.it., *La tradizione civica nelle regioni italiane*, Milano, Mondadori, 1993.

Pye L. (1964), "Democracy, Modernization, and Nation Building", in Pennock J.R. (ed.), *Self-Government in Modernizing Nations*, Englewood Cliffs, Prentice-Hall, pp. 6-25.

Pye L.W. (1958), "The Non-Western Political Process", *Journal of Politics*, XX, 3, pp. 468-486.

Pye L.W. (1966), *Aspects of Political Development*, Boston, Little Brown e Co.

Pye L.W., S. Verba (1965), *Political Culture and Political Development*, Princeton, Princeton University Press.

Rabushka A., K. Shepsle (1972), *Politics in Plural Societies: A Theory of Democratic Instability*, Columbus, Merril Publishing.

Raeff M. (1983), *The Well-Ordered Police State*, New Haven, Yale University Press.

Raffini L. (2010), *La democrazia in mutamento*, Firenze, Firenze University Press.

Ragin C., D. Chirot (1984), "The World System of Immanuel Wallerstein: Sociology and Politics as History", in Skocpol T. (ed.), *Vision and Method in Historical Sociology*, Cambridge, Cambridge University Press, pp. 276-312.

Ragin C.C. (1981), "Comparative Sociology and Comparative Method", *International Journal of Comparative Sociology*, 22, 1-2, pp. 102-120.

Raniolo F. (2000), *I partiti conservatori nell'Europa occidentale*, Bologna, Il Mulino.

Raniolo F. (2006), "Un'analisi organizzativa dei partiti politici", in Morlino L. e Tarchi M. (a cura di), *Partiti e caso italiano*, Bologna, Il Mulino, pp. 19-51.

Raniolo F. (2007), *La partecipazione politica*, Bologna, Il Mulino (2° edizione).

Raniolo F. (2008), "Dentro la crisi del party on the ground", *Partecipazione e conflitto*, 0, pp. 117-140.

Reboul O. (1994), *Introdution à la rethorique*, Paris, Puf; tr.it., *Introduzione alla retorica*, Bologna, Il Mulino, 1996.

Regonini G. (1990), "Stato del benessere", in Bobbio N., N. Matteucci, G. Pasquino (a cura di), *Dizionario di politica*, Torino, TEA, pp. 1114-1118.

Rhodes R.A.W. (1985), "Power-Dependence, Policy Communities and Intergovernmental Networks", *Public Administration Bulletin*, 49, pp. 4-31.

Rhodes R.A.W. (1997), *Understanding Governance: Public Networks, Governance, Reflexivity and Accountability*, Buckingham, Open University Press.

Rhodes R.A.W., D. Marsh (1992), "New Directions in the Study of Policy Networks", *European Journal of Political Research*, 21, 1-2, pp. 293-317.

Richardson J.J. (1993), "Interests Group Behavior in Britain: Continuity and Change", in Id. (ed.), *Pressure Groups*, Oxford, Oxford University Press, pp. 86-99.

Richardson J.J., G. Gustaffson, G. Jordan (1982), "The Concept of Policy Style", in JJ. Richardson (ed.), *Policy Styles in Western Europe*, London, Allen & Unwin, pp. 1-16.

Richter M. (1969), "Comparative Political Analysis in Montesquieu and Tocqueville", *Comparative Politics*, I, pp. 126-160.

Riesman D., D. Glazer, R. Denney (1950), *The Lonely Crowd: A Study of the Changing American Character*, New Haven, Yale University Press;

tr.it., *La folla solitaria*, Bologna, Il Mulino, 1956.
Riker W.H. (1962), *The Theory of Political Coalitions*, New Haven, Yale University Press.
Riker W.H., P.C. Ordershook (1968), "A Theory of the Calculus of Voting", *American Political Science Review*, 62, pp. 25-42.
Ritzer G. (1983), "The McDonaldization of Society", *Journal of American Culture*, 6.
Ritzer G., (1996), "The McDonaldization Thesis: Is Expansion Inevitable?", *International Sociology*, vol.II, 3.
Ritzer G., (2000), *The McDonaldization of Society*, London, Sage, New Century Edition.
Roberts M. (1996), "The Military Revolution 1560-1660", in Ralston D.B. (ed.), *Soldiers and State: Civil-Military Relations in Modern Europe*, Boston, Heath and Company.
Robertson R. (1992), *Globalization: Social Theory and Global Culture*, London, Sage.
Robertson R. (1997), *Social Theory, Cultural Relativity and the Problem of Globality*, in King A. (ed.), *Culture, Globalization, and the World System*, Minneapolis, University of Minnesota Press.
Robertson R., H.H. Khondker (1998), "Discourses of Globalization: Preliminary Considerations", *International Sociology*, 13, 1, pp. 25-40.
Rohrschneider R. (1988), "Citizen's Attitudes towards Environmental Issues: Selfish or Selfless?", *Comparative Political Studies*, 21, pp. 347-367.
Rokeach M. (1960), *The Open and Closed Mind*, New York, Basic Books.
Rokkan S. (1969), "Models and Methods in the Comparative Study of Nation-Building", *Acta Sociologica*, 12, pp. 53-73.
Rokkan S. (1970), *Citizens, Elections, Parties*, Oslo, University of Oslo Press; tr.it., *Cittadini, elezioni, partiti*, Bologna, Il Mulino, 1982.
Rosa P., R. Scartezzini (2006), "Integrazione internazionale", in Costabile A., P. Fantozzi, P. Turi (a cura di), *Manuale di sociologia politica*, Roma, Carocci, pp.325-343.
Rose R. (1976), *The Problem of Party Government*, Harmondsworth, Penguin Books.
Rose R., D.W. Urwin (1970), "Persistence and Change in Western Party System since 1945", *Political Studies*, XVIII, pp. 287-319.
Rosenau J. (1990), *Turbolence in World Politics: A Theory of Chance and Continuity*, New York, Harvester-Wheatscheaf.
Rosinski H. (1965), *Power and Human Destiny*, London, Pall Mall.
Rossolillo F. (1990), "Nazione", in Bobbio N., N. Matteucci, G. Pasquino (a cura di), *Dizionario di politica*, Torino, TEA, pp. 675-679.
Rotelli E., P. Schiera (1974, a cura di), *Lo Stato moderno*, (vol. III) Bologna, Il Mulino.
Rousseau JJ. (1961), *Il contratto sociale*, Torino, Einaudi (ed.or. 1762).
Roux C. (2010), "La lingua basca in Spagna e in Francia: verso l'inclusione degli attivisti etnolinguistici?", *Partecipazione e conflitto*, 2, pp. 15-38.
Rucht D. (1991, ed.), *Research in Social Movements: The State of Art*, Frankfurt-Boulder, Campus Verlag-Westview Press.
Rucht D. (1994), *Modernizierung und Soziale Bewegungen*, Frankfurt am Main, Campus.
Rucht D. (2004), "Movement Allies, Adversaries, and Third Parties", in Snow D.A., S.A. Soule, H. Kriesi (eds.), *The Blackwell Companion to Social Movements*, Malden, MA, Blackwell Publishing Ltd.
Ruggeri F., V. Ruggiero (2009), "Premessa", in Id. (a cura di), *Potere e violenza: guerra, terrorismo e diritti*, Milano, FrancoAngeli, pp.5-9.
Ruggiero V. (2006), *La violenza politica*, Roma-Bari, Laterza.
Runciman W.C. (1963), *Social Sciences and Political Theory*, Cambridge, Cambridge University Press.
Runciman W.G. (1988-89), *A Treatise on Social Theory: The Methodology of Social Theory*, Cambridge, Cambridge University Press, vol. II; tr.it., *Trattato di teoria sociale: metodologia*, Torino, Einaudi, 1989.
Rush M. (1992), *Politics and Society: An Introduction to Political Sociology*, Englewood Cliffs, Prentice Hall; tr.it., *Politica e società: introduzione alla sociologia politica*, Bologna, Il Mulino, 2007 (nuova edizione).
Russell B. (1938), *Power*, London, Allen & Unwin; tr.it., *Il potere: una nuova analisi sociale*, Roma, Fratelli Bocca Editori, 1954.
Ruzza C. (2002), "I gruppi d'interesse dell'Unione Europea", in S. Fabbrini (a cura di), *Le istituzioni e gli attori di un sistema sovranazionale*, Roma-Bari, Laterza, pp. 277-297.
Saint-Simon C.H. de (1966), *De l'organisation sociale* (1804), in *Oeuvres*, Paris, Anthropos, vol.V.
Salamini L. (1981), *Sociology of Political Praxis*, London, Routledge & Kegan Paul.
Salisbury R.H. (1975), "Interest Groups", in F.I. Greenstein, N.W. Polsby (eds.), *Handbook of Political Science, Nongovernmental Politics*, Reading, Addison-Wesley, pp. 171-228.
Sani G. (1996), "Partecipazione politica", in *Enciclopedia delle Scienze Sociali*, Roma, Istituto dell'Enciclopedia Italiana, VI, pp. 502-508.
Sani G. (2000), "Consenso negato?", *Il Mulino*, 5, pp. 836-846.
Santambrogio A. (1998), *Destra e sinistra: un'analisi sociologica*, Roma-Bari, Laterza.
Santambrogio A. (1999), "Rappresentazioni sociali e cultura politica", in G. Bettin (a cura di), *Giovani e democrazia in Europa*, vol. 2, Padova, Cedam, pp. 905-954.
Santambrogio A. (2001), "Sul concetto di cultura politica: una prospettiva sociologica", in F. Crespi, A. Santambrogio (a cura di), *La cultura politica nell'Italia che cambia*, Roma, Carocci, pp. 43-84.
Sartori G (1984b), "Le 'leggi' sulla influenza dei sistemi elettorali", *Rivista Italiana di Scienza Politica*, 14, 1, pp. 3-40.
Sartori G. (1968), "Alla ricerca della sociologia politica", *Rassegna Italiana di Sociologia*, IX, 4, pp. 597-639.
Sartori G. (1969), *Democrazia e definizioni*, Bologna, Il Mulino.
Sartori G. (1970), "The Typology of Party Systems: Proposal for Improvement", in E. Allardt, S. Rokkan

(eds.), *Mass Politics*, New York, The Free Press, pp. 322-352.

Sartori G. (1971), "La politica comparata: premesse e problemi", *Rivista Italiana di Scienza Politica*, I, 1, pp. 7-66.

Sartori G. (1976), *Parties and Party Systems: A Framework for Analysis*, Cambridge, Cambridge University Press.

Sartori G. (1980), *La politica: logica e metodo in scienze sociali*, Milano, Sugarco.

Sartori G. (1982), *Teoria dei partiti e caso italiano*, Milano, Sugarco.

Sartori G. (1984a), "Guidelines for Concept Analysis", in Sartori G. (ed.), *Social Science Concepts. A systematic Analysis*, London, Sage, pp. 15-85.

Sartori G. (1987), *Elementi di teoria politica*, Bologna, Il Mulino.

Sassen S. (1996), *Losing Control: Sovereignty in an Age of Globalization*, New York, Columbia University Press.

Sau R. (2004), *Il paradigma repubblicano: saggio sul recupero di una tradizione*, Milano, FrancoAngeli.

Schama S. (1989), *Citizens*, New York, Knopf.

Scharpf F.W. (1997), *The Problem Solving Capacity of Multilevel Governance*, Florence, European University Institute; tr.it., *Governare l'Europa: Legittimità democratica ed efficacia delle politiche nell'Unione Europea*, Bologna, Il Mulino, 1999.

Schedler A. (1996), "Anti-Political-Establishment-Parties", *Party Politics*, 3, pp. 291-312.

Schedler A. (1997), "Introduction: Antipolitics – Closing and Colonizing the Public Sphere", in Id. (ed.), *The End of Politics? Explorations into Modern Antipolitics*, Basingstoke, Macmillian, pp. 1-20.

Scheuch E.K. (1968), "The Cross-Cultural Use of Sample Surveys: Problems of Comparabilities", in Rokkan S. (ed.), *Comparative Research across Cultures and Nations*, Paris-The Hague, Mouton, pp. 176-209.

Schiera P. (1990a), "Società per ceti", in Bobbio N., N. Matteucci, G. Pasquino (a cura di), *Dizionario di politica*, Torino, TEA, pp. 1067-1071.

Schiera P. (1990b), "Stato di polizia", in Bobbio N., N. Matteucci, G. Pasquino (a cura di), *Dizionario di politica*, Torino, TEA, pp. 1118-1122.

Schlesinger J.A. (1966), *Ambition and Politics*, Chicago, Rand McNally.

Schlozman K.L., J.T. Tierney (1986), *Organized Interests and American Democracy*, New York, Harper & Row.

Schmidt M. (1983), "Stato ed economia in tempo di crisi: ventitré democrazie industriali a confronto", *Rivista Italiana di Scienza Politica*, 1, pp. 103-137.

Schmitt C. (1927), *Der Begriffdes Politischen*, in *Archivfür Sozialwissenschaften und Sozialpolitik* 58/1927, tr.it. *Le categorie del politico*, Bologna, Il Mulino, 1972.

Schmitter P., G. Lehmburch (1979, eds.), *Trends towards Corporatist Intermediation*, London, Sage.

Schmitter P.C. (1992), "Corporativismo/Corporatismo", in *Enciclopedia delle Scienze Sociali*, Roma, Istituto dell'Enciclopedia Italiana, II, pp. 457-468.

Schmitter P.C., W. Streeck (1999), "The Organization of Business Interests: Studying the Associative Action of Business in Advanced Industrial Societies", *MPLFG Discussion paper* 99/1.

Schuck P.H. (2002), "Liberal Citizenship", in Isin E.I., B.S. Turner (eds.), *Handbook of Citizenship Studies*, London, Sage, pp. 131-144.

Schumaker P.D. (1975), "Policy Responsiveness to Protest Group Demands", *Journal of Politics*, 37, pp. 488-521.

Schumpeter J.A. (1942), *Capitalism, Socialism and Democracy*, New York, Harper and Brothers; tr.it., *Capitalismo, socialismo, democrazia*, Milano, Comunità, 1954.

Schütz A. (1962), *Collected Papers*, vol. I, Nijhoff, The Hague; tr.it., *Saggi sociologici*, Torino, Utet, 1979.

Scott A. (2001), "The Political Sociology of War", in Nash K., A. Scott (eds.), *The Blackwell Companion to Political Sociology*, Oxford, Blackwell, pp. 183-194.

Scott W.R. (1981), *Organizations; Rational, Natural and open System*, Englewood Cliffs, Prentice-Hall.

Sears D., C. Funk (1999), "Evidence of the Long-Term Persistence of Adults' Political Predispositions", *Journal of Politics*, 1, pp. 1-28.

Segatori R. (1999), *L'ambiguità del potere: necessità, ossessione, libertà*, Roma, Donzelli.

Segatori R. (2012a), "Mutamento politico e populismo nell'Italia contemporanea", in E. Recchi, M. Bontempi, C. Colloca (a cura di), *Metamorfosi sociali. Attori e luoghi del mutamento nella società contemporanea*, Soveria Mannelli, Rubbettino.

Segatori R. (2012b), *Sociologia dei fenomeni politici*, Roma-Bari, Laterza.

Sennett R. (1980), *Authority*, New York, Knopf; tr.it., *Autorità. Subordinazione e insubordinazione: l'ambiguo vincolo tra il forte e il debole*, Milano, Bompiani, 1981.

Shaw M. (1999), "War and Globality: The Role and Character of War in the Global Transistion", in Ho-Won Jeong (ed.), *The New Agenda for Peace Research*, London, Ashgate, pp. 61-80.

Shils E. (1958), "Ideology and Civility: On the Politics of the Intelectual", *Sewanee Review*, LXVI, pp. 79-99.

Shils E. (1968), "The Concept and Function of Ideology", in Sills D.L. (ed.) *International Encyclopedia of Social Sciences*, New York, McMillian and Free Press, Vol. VII, pp. 66-76.

Siéyès E.J. (1789), "Préliminaire de la Constitution, lu les 20 et 21 juillet 1789, au Comité de Constitution", in *Receuil des pièces authentiques approuvés par l'Assemblée Nationale de France*, Genève, I, pp. 178-200.

Sigel R. (1989), "Adult Political Learning: A Lifelong Process", in Id. (ed.), *Political Learning in Adulthood*, Chicago, University of Chicago Press.

Sighele S. (1985), *La folla delinquente*, Venezia, Marsilio (1° ed. or. 1891).

Simon H.A. (1957), *Administrative Behavior: A Study of Decision-Making Process in Administrative Organization*, New York, Free Press; tr.it., *Il comportamento amministrativo*, Bologna, Il Mulino, 1967, nuova edizione.

Simon H.A. (1983), *Reason in Human Affairs*, Stanford, Stanford University Press.

Sintomer Y. (2007), *Le pouvoir au peuple. Jurys citoyens, tirage au sort et démocratie participative*, Paris, La Découverte; tr.it., *Il potere al popolo: Giurie cittadine, sorteggio e democrazia partecipativa*, Dedalo, Bari, 2009.

Skocpol T. (1979), *States and Social Revolutions. A Comparative Analysis of France, Russia and China*, Cambridge, Cambridge University Press; (tr.it.) *Stati e rivoluzioni sociali. Un'analisi comparata di Francia, Russia e Cina*, Bologna, il Mulino, 1981.

Smelser N.J. (1959), *Social Change and the Industrial Revolution*, London, Routledge and Kegan Paul.

Smelser N.J. (1962), *Theory of Collective Behavior*, New York, The Free Press.

Smelser N.J. (1967), "Sociology and the Other Social Sciences", in Lazarsfeld P.F. et al. (eds.), *The Uses of Sociology*, New York, Basic Books, pp.3-44.

Smelser N.J. (1971), "Alexis de Tocqueville as Comparative Analyst", in Vallier I. (ed.), *Comparative Methods in Sociology: Essays on Trends and Applications*, Berkeley, University of California Press, pp. 19-47.

Smelser N.J. (1976), *Comparative Methods in the Social Sciences*, Englewood Cliffs, N.J., Prentice-Hall, (tr.it.) *La comparazione nelle scienze sociali*, Bologna, Il Mulino, 1982.

Smelser N.J. (1981), *Sociology*, Englewood Cliffs, Prentice-Hall; tr.it., *Manuale di sociologia*, Bologna, Il Mulino, 1987.

Smith A. (1776), *An Enquiry into the Nature and Causes of the Wealth of Nations*, London, tr.it., *La ricchezza delle nazioni*, Torino, Utet, 1975.

Smith J. (1995), "Transnational Political Processes and Human Rights Movement", *Research in Social Movements, Conflict and Change*, 18.

Smith J. (2004), "Transnational Processes and Movements", in Snow D.A., S.A. Soule, H. Kriesi (eds.), *The Blackwell Companion to Social Movements*, Malden, MA, Blackwell Publishing Ltd., pp. 311-336.

Smith M.B. (1968), "A Map for the Analysis of Personality and Politics", *Journal of Social Issues*, 24, pp. 15-28.

Smith M.G. (1956), "On Segmentary Lineage Systems", *Royal Anthropological Institute*, vol. 86, 2, London.

Snow D.A. (2004), "Framing Processes, Ideology, and Discursive Fields", in Snow D.A., S.A. Soule, H. Kriesi (eds.), *The Blackwell Companion to Social Movements*, Malden, MA, Blackwell Publishing Ltd., pp. 380-412.

Snow D.A., R.D. Benford (1989), "Schemi interpretativi dominanti e cicli di protesta", *Polis*, 3, pp. 5-40.

Snow D.A., B.E. Rochford, S. Worden, R. Benford (1986), "Frame Alignment Processes, Micromobilization, and Movement Participation", *American Sociological Review*, 51, pp. 464-481.

Snow D.A., R.D. Benford (1992), *Master Frames and Cycles of Protest*, in Morris A., C. Mueller (eds.), *frontiers in Social Movement Theory*, New Haven, Yale University Press, pp. 133-155.

Snow D.A., S.A. Soule, H. Kriesi (2004), "Mapping the Terrain", in Snow D.A., S.A. Soule, H. Kriesi (eds.), *The Blackwell Companion to Social Movements*, Malden, MA, Blackwell Publishing Ltd., pp. 3-16.

Snow D.A., S.A. Soule, H. Kriesi (eds., 2004), *The Blackwell Companion to Social Movements*, Malden, MA, Blackwell Publishing Ltd.

Sola G. (1998), *Storia della scienza politica*, Roma, Carocci.

Sola G. (2000), *La teoria delle élites*, Bologna, Il Mulino.

Sola G. (2005), *I paradigmi della scienza politica*, Bologna, Il Mulino.

Staggemborg S. (1986), "Coalition Work in the Pro-choice Movement: Organizational and Environmental Opportunities and Constraints", *Social Problems*, 33, pp. 623-641.

Stepan A. (1971), *The Military in Politics*, Princeton, Princeton University Press.

Stinchcombe A.L. (1978), *Theoretical Methods in Social History*, New York, Academic Press.

Stoppino M. (1974), *Le forme del potere*, Napoli, Guida.

Stoppino M. (1989), "Potere ed élites politiche", in Panebianco A. (a cura di), *L'analisi della politica*, Bologna, Il Mulino, pp. 221-253.

Stoppino M. (1990a), "Autorità", in Bobbio N., N. Matteucci, G. Pasquino (a cura di), *Dizionario di politica*, Torino, Tea, pp. 80-86.

Stoppino M. (1990b), "Violenza", in Bobbio N., N. Matteucci, G. Pasquino (a cura di), *Dizionario di politica*, Torino, Tea, pp. 1221-1227.

Stoppino M. (1990c), "Ideologia", in Bobbio N., N. Matteucci, G. Pasquino (a cura di), *Dizionario di politica*, Torino, Tea, pp. 483-495.

Street J. (2002), *Cultures of Cynicism? Popular Television Drama and Antipolitics*, paper presentato in occasione della XXIX ECPR Joint Session, Università di Torino, 22-27 marzo.

Swidler A. (1986), "Culture in Action: Symbols and Strategies", *American Sociological Review*, 51, pp. 273-286.

Szas A. (1995), "Progress through Mischief: The Social Movements Alternative to Secondary Associations", in Wright E.O. (ed.), *Associations and Democracy*, New York, Verso, pp. 148-155.

Taine H. (1876-1894), *Origenes de la France contemporaine*, 3 voll., Paris, Hachette; tr.it. parzialmente, *L'antico regime*, Milano, Adelphi, 1986.

Tajfel H. (1981), *Human Groups and Social Categories*, Cambridge, Cambridge University Press; tr.it., *Gruppi umani e categorie sociali*, Bologna, Il Mulino, 1995.

Talmon J.L. (1952), *The Origins of Totalitarian Democracies*, London, Secker & Warburg; tr.it., *Le origini della democrazia totalitarian*, Bologna, Il Mulino, 2000.

Tarrow S. (1989a), *Democracy and Disorder. Protest and Politics in Italy1965-1975*, Oxford, Clarendon Press; tr.it., *Democrazia e disordine: movimenti di protesta e politica in Italia. 1965-1975*, Roma-Bari, Laterza, 1990.

Tarrow S. (1989b), "Mutamenti della cultura di opposizione in Italia 1965-1975", *Polis*, 3, pp. 41-63.

Tarrow S. (1994), *Power in Movements. Social Movements, Collective Action and Politics*, New York-Cambridge, Cambridge University Press.

Tarrow S. (1996), "Movimenti politici e sociali", in *Enciclopedia delle Scienze*

Sociali, Roma, Istituto dell'Enciclopedia Italiana, VI, pp. 97-114.

Taylor V., N. Whittier N. (1992), "Collective Identity in Social Movement Communities: Lesbian Feminist Mobilization", in Morris A., C. Mueller (eds.), *Frontiers in Social Movements Theory*, New Haven, Yale University Press, pp. 104-132.

Thane P. (1986), *The Fondation of the British Welfare State*, London, Longman.

Therborn G. (1977), "The Rule of Capital and the Rise od Democracy", *New Left Review*, XXI, pp. 3-41.

Thomas C.S. (2004), "Lobbyists: Definitions, Types, and Varying Designations", in Id. (ed.), *Research Guide to US and International Interests Groups*, London, Praeger, pp. 151-154.

Thompson J.B. (1981), *Critical Hermeneutics: A Study in the Thought of Paul Ricoeur and Jürgen Habermas*, Cambridge, Cambridge University Press.

Thompson J.B. (1995), *The Media and Modernity: A Social Theory of the Media*, Cambridge, Polity Press; tr.it., *Mezzi di comunicazione e modernità*, Bologna, Il Mulino, 1998.

Thompson J.B. (2000), *Political Scandal: Power and Visibility in the Media Age*, Cambridge, Polity Press.

Tilly Ch (1981), *As Sociology meets History*, New York, Academic Press.

Tilly Ch. (1964), *The Vendée*, Cambridge, Harvard University Press.

Tilly Ch. (1975, ed.), *The Formation of National States in Western Europe*, Princeton, Princeton University Press; tr.it., *La formazione degli Stati nazionali nell'Europa occidentale*, Bologna, Il Mulino, 1984.

Tilly Ch. (1978), *From Mobilization to Revolution*, Reading, Addison-Wesley.

Tilly Ch. (1984), *Big Structures, Large Processes, Huge Comparisons*, New York, Russel Sage Foundation.

Tilly Ch. (1986), *The Contentious French*, Cambridge, Harvard University Press.

Tilly Ch. (1989), "Changing Forms of Revolution", *Working Paper 80*, Center for Studies of Social Change, New School for Social Research.

Tilly Ch. (1990), *Coercion, Capital and European States*, Cambridge, Basil Blackwell.

Tilly Ch. (2004), "Terror, Terrorism, Terrorists", *Sociological Theory*, 22, 1, pp. 5-13.

Tilly Ch. (2005), *Trust and Rule*, Cambridge, Cambridge University Press.

Tilly Ch. (2007), *Democracy*, Cambridge, Cambridge University Press; tr.it., *La democrazia*, Bologna, Il Mulino, 2009.

Tilly Ch., E. Shorter, (1974), *Strikes in France, 1830-1848*, Cambridge, Cambridge University Press.

Tilly Ch., L. Tilly, R. Tilly (1975), *The Rebellious Century, 1830-1930*, Cambridge, Harvard University Press.

Tocqueville A. de (1835-1840), *De la Démocratie en Amérique*, 2 voll., Paris, Gasselin (vol. I), Gasselin e Coquebert (2 voll.); (tr.it.) *La democrazia in America*, in *scritti politici*, 2 voll., Torino, Utet, 1969a, e Milano, Rizzoli, 1982, .

Tocqueville A. de (1856), *L'Ancien Régime at la Révolution*, Paris, Michel-Lévis frères; (tr.it.) *L'antico regime e la rivoluzione*, in Id., *Scritti politici*, Torino, Utet (vo. I), 1969b.

Tommaso d'Aquino (1933), *De regimine principum*, Lanciano, Carabba (ed. or. XIII sec.).

Toscano M.A. (1996), *Trittico sulla guerra: Durkheim, Weber, Pareto*, Roma-Bari, Laterza.

Touraine A. (1975), *La produzione della società*, Bologna, Il Mulino.

Touraine A. (1978), *Le voix et le regard*, Paris, Seul.

Trentin R. (1995), "Gli atteggiamenti sociali", in L. Arcuri (a cura di), *Manuale di psicologia sociale*, Bologna, Il Mulino, pp. 229-295.

Trigilia C. (1981), "Sviluppo economico e trasformazioni socio-politiche dei sistemi territoriali a economia diffusa: le subculture politiche territoriali", *Quaderni della Fondazione Feltrinelli*, 16.

Trigilia C. (1981), *Le subculture politiche territoriali*, Milano, Fondazione Feltrinelli.

Trigilia C. (1986), *Grandi partiti e piccole imprese: comunisti e democristiani nelle regioni a economia diffusa*, Bologna, Il Mulino.

Trimberger E.K. (1978), *Revolution from Above: Military Bureaucrats and Development in Japan, Turkey, Egypt and Peru*, New Brunswick, NJ, Transaction Books.

Truman D.B. (1951), *The Governmental Process: Political Interests and Public Opinion*, New York, Knopf.

Tse-Tung Mao (1967), *Citazioni dalle opere del Presidente Mao Tse-Tung*, Pechino, Edizioni in Lingue Estere.

Turi P. (2006), "Élite, classe politica, reclutamento politico", in A. Costabile, P. Fantozzi, P. Turi (eds.), *Manuale di sociologia politica*, Roma, Carocci, pp. 181-208.

Turner B.S. (1986), *Citizenship and Capitalism*, London, Allen & Unwin.

Tversky A., B.D. Kahneman (1981), "The Framing of Decisions and the Psychology of Choice", *Science*, 211, pp. 453-458.

Urwin D.W. (1991), "Centro e periferia", in *Enciclopedia delle scienze sociali*, Istituto dell'Enciclopedia Italiana, pp. 708-714.

van Creveld M. (1991), *The Transformation of War*, London, Free Press Macmillian.

van Deth J.W. (1995), "Introduction: The Impact of Values", in J.W. van Deth, E. Scarbrough (eds.), *The Impact of Values*, Oxford-New York, Oxford University Press, pp. 3-16.

Verba S., N. Nie, J. Kim (1978), *Participation and Political Equality. A Seven-Nation Comparison*, Chicago, Chicago University Press; (tr.it.) *Partecipazione ed uguaglianza politica. Un confronto fra sette nazioni*, Bologna, Il Mulino, 1986.

von Beyme K. (1985), *Political Parties in Western Democracies*, Aldershot, Gower.

von Beyme K. (1992), "Der Begriff der politischen Klasse. Eine neue Dimension der Elitenforschung?", *Politische Vierteljahresschrift*, XXXIII, pp.4-32.

von Beyme K. (1993), *Die politische Klasse in Parteienstaat*, Frankfurt am Main, Surkhamp; tr.it., *Classe politica e partitocrazia*, Torino, Utet, 1997.

von Beyme K. (1996), "The Concept of Political Class: A New Dimension of

Research on Elites?", *West European Politics*, XIX, pp. 68-87.

Von Clausewitz K. (1832-37), *Vom Kriege*, Berlin; tr.it., *Della Guerra*, Torino, Einaudi, 2000.

von Hayek F.A. (1952), *The Counter-Revolution of Science: Studies of the Abuse of Reason*, Glencoe, The Free Press; tr.it., *L'abuso della ragione*, Firenze, Vallecchi, 1967.

von Hayek F.A.(1935), "Socialist Calculation II: The State of the Debate", in AA.VV., *Collectivist Economic Planning*, London, George Routledge and Sons; tr.it., in *Conoscenza, mercato, pianificazione*, Bologna, Il Mulino, 1988.

Wallerstein I. (1961), *Africa: The Politics of Independence*, New York, Vintage Books.

Wallerstein I. (1964), *The Road to Independence: Ghana and the Ivory Coast*, The Hague, Mouton.

Wallerstein I. (1967), *Africa: The Politics of Unity: An Analysis of a Contemporary Social Movements*, New York, Random House.

Wallerstein I. (1974a), *The Modern World System: Capitalist Agriculture and the Origins of the European Word-Economy in the Sixteenth Century*, New York, Academic Press.

Wallerstein I. (1974b), "The Rise and the Future Demise of the World Capitalist System: Concepts for Comparative Analysis", *Comparative Studies in Society and History*, 16, pp. 389-415.

Wallerstein I. (1979), *The Capitalist World-Economy*, Cambridge, Cambridge University Press.

Wallerstein I. (1980), *The Modern World-System II: Mercantilism and Consolidation of the European World-Economy 1600-1750*, New York, Academic Press.

Wallerstein I. (1988), *One World, Many Worlds*, New York.

Wallerstein I. (1997), "The National and the Universal: Can There Be Such a Thing as World Culture?", in King A. (ed.), *Culture, Globalization and the World System*, Minneapolis, University of Minnesota Press, pp. 91-105.

Wallerstein I. (1998), *Utopistics: Or, Historical Choises of the Twenty-First Century*, New York, The New Press; tr.it., *Utopistica: le scelte storiche del XXI secolo*, Trieste, Aterios, 2003.

Waltz K. (1979), *Theory of International Politics*, Reading, Addison-Wesley; tr.it., *Teoria della politica internazionale*, Bologna, Il Mulino, 1987.

Ware A (1996), *Political Parties and Party Systems*, Oxford, Oxford University Press.

Wasburn O.C. (1982), *Political Sociology: Approaches, Concepts, Hypotheses*, Englewood Cliffs, Prentice-Hall.

Waterman P. (1998), *Globalisation, Social Movements and the New Internationalism*, London, Mansell.

Watkins J.W.N. (1973), "Methodological Individualism: A Reply", in O'Neil J. (ed.), *Modes of Individualism and Collectivism*, London, Heinemman, pp. 179-184.

Watts D. (1997), *Political Communication Today*, Manchester, Manchester University Press.

Weber M. (1919), *Politik als Beruf*, tr.it., "La politica come professione", in Weber M., *Il lavoro intellettuale come professione*, Torino, Einaudi, 1971.

Weber M. (1920-1921), *Die Protestantische Ethik und der «Geist» des Kapitalisums, Hinduismus und Buddhisums, Konfuzianisums und Taoismus*, in *Gesammelte Ausfätzezur Religionssoziologie*, 3 voll., Tübingen, Mohr; (tr. it.) *Sociologia delle religioni*, 2 voll., Torino, Utet, 1976.

Weber M. (1922), *Wirtschaft und Gesellschaft*, Tübingen, Mohr; (tr.it.) *Economia e società*, Milano, Edizioni di Comunità (2 voll.), 1968.

Weber M. (1922a), *Die Protestantische Ethik und der Geist des Kapitalismus*, in *Gesammelten Aufsätzezur Religionsoziologie*, 3 voll., Tübingen, Mohr, trad.it. *L'etica protestante e lo spirito del capitalismo*, Firenze, Sansoni, 1965.

Weber M. (1922b), *Gesammelte Aufsätzezur Wissenschaftslebre*, Tübingen, Mohr; (tr.it.) *Il metodo delle scienze storico-sociali*, Torino, Einaudi, 1958.

Weber M. (1950), *General Economic History*, Glencoe, The Free Press.

Weber M. (1971), *Il lavoro intellettuale come professione*, Torino, Einaudi.

Weir M., T. Skocpol (1989), "State Structures and the Possibilities for «Keynesian» Responses to the Great Depression in Sweden, Britain, and the United States", in Evans P.B. , D. Rueshemeyer, T. Skocpol (eds.), *Bringing the State back in*, Cambridge, Cambridge University Press, chapter 4.

Whalen J., R. Flacks (1989), *Beyond the Barricades: The Sixties Generation Grows up*, Philadelphia, Temple University Press.

White L.A. (1959), *The Evolution of Culture*, New York, McGraw-Hill.

Wight M. (1947), *Power Politics*, Leicester, Leicester University Press.

Wilensky H.L. (1975), *The Welfare State and Equality*, Berkeley, University of California Press.

Wilensky H.L. (1981), "Leftism, Catholicism and Democratic Corporatism: The Role of Political Parties in Recent Welfare State Development", in Flora P, A.J. Heidenheimer (eds.), *The Development of Welfare State in Europe and America*, New Brunswick, N.J., Transaction Books, pp. 345-382.

Wilkinson P. (1987), "Terrorism: An International Research Agenda?", in Wilkinson P., A.M. Stewart (eds.), *Contemporary Research on Terrorism*, Aberdeen, Aberdeen University Press, pp. xi-xx.

Williams R.H. (2004), "The Cultural Context of Collective Action: Constraints, Opportunities, and Symbolic Life of Social Movements", in Snow D.A., S.A. Soule, H. Kriesi (eds.), *The Blackwell Companion to Social Movements*, Malden, MA, Blackwell Publishing Ltd., p. 91-115.

Wilson E.C. (1958), "Problems of Survey Research in Modernizing Areas", *Public Opinion Quarterly*, XXII, 3, pp. 230-234.

Wilson J.Q. (1973), *Political organizations*, New York, Basic Books.

Winch P. (1958), *The Idea of Social Sciences*, New York, Routledge.

Wolfenstein E.V. (1971), *The Revolutionary Personality: Lenin, Trotsky, Gandhi*, Princeton, Princeton University Press.

Wolton D. (1989), "La communication politique: construction d'un modèle", *Hermès*, 4, pp. 27-41.
Wood E.M. (1986), *The Retreat from Class*, London, Verso.
Wright E.O. (1985), *Classes*, London, Verso.
Wright E.O. (1994), *Interrogating Inequality: Essays on Class Analysis, Socialism and Marxism*, London, Verso.
Wrigth E.O. (1979), *Class Structure and Income Determination*, New York, Academic.
Young I.M. (1996), "Communication and the Other: Beyond Deliberative Democracy", in Benhabib S. (ed.), *Democracy and Difference: Contesting the Boundaries of the Political*, Princeton, Princeton University Press, pp. 120-135.
Young I.M. (2000), *Inclusion and Democracy*, Oxford, Oxford University Press.
Young I.M. (2003), "Activist Challenges to Deliberative Democracy", in Fishkin J.S., P. Laslett (eds.), *Debating Deliberative Democracy*, Malden, Blackwell, pp. 102-120.
Zald M.N., Ash R. (1966), "Social Movement Organizations: Growth, Decay and Change", *Social Forces*, 44, pp. 327-340.
Zaller J.R. (1992), *The Nature and Origins of Mass Opinion*, New York, Cambridge University Press.
Zelditch M. Jr. (1971), "Intelligible Comparisons", in Vallier I. (ed.), *Comparative Methods in Sociology. Essays on Trends and Applications*, Berkeley, University of California Press, pp. 267-308.
Zincone G. (1992), *Da sudditi a cittadini*, Bologna, Il Mulino.
Zolo D. (a cura di, 1994), *La cittadinanza: appartenenza, identità, diritti*, Roma-Bari, Laterza.

Indice analitico

R

S

T

U

V